정보통신선진국을 향한 발전사

정보통신 선진화 30년

시리즈 2 : 초고속 정보통신 시대의 실현

이정욱 지음

정보통신선진국을 향한 발전사

정보통신 선진화 30년

시리즈 2 : 초고속 정보통신 시대의 실현

인 쇄 : 2024년 5월 10일 초판 1쇄
발 행 : 2024년 5월 16일 초판 1쇄

저 자 : 이정욱
발행인 : 송 준
발행처 : 도서출판 홍릉
주 소 : 01093 서울시 강북구 인수봉로 50길 10
등 록 : 1976년 10월 21일 제5-66호

전 화 : 02-999-2274~5, 903-7037
팩 스 : 02-905-6729
e-mail : hongpub@hongpub.co.kr
http://www.hongpub.co.kr
ISBN : 979-11-5600-196-6(93000)

정 가 : 50,000원

서 문

우리나라 정보통신은 140년의 역사를 가지고 있다. 1885년 9월 한성-제물포 간에 최초의 전신선이 개통됨으로써 이 땅에 정보통신의 역사는 시작되었다. 그 후 우리나라의 정보통신은 근대화 시대, 여명기를 거쳐 1970년대부터 정보통신 선진화 시대를 열어가게 되었다. 저자는 우리나라 정보통신 140년의 역사를 4단계로 구분하였다.

(1) 전신전화를 최초로 개시한 전기통신의 근대화시대(1880년대-1930년대)

(2) 자동전화로의 현대화를 시작한 전기통신의 여명기(1940년대-1960년대)

(3) 전국 기간통신망의 현대화를 달성한 정보통신의 선진화시대(1970년대-1990년대)

(4) 전 국민 스마트폰을 실현한 정보통신의 개인화시대(2000년대 이후)

이 책은 그 중 정보통신 선진화시대 30년의 발전사이다. 우리나라 정보통신 선진화는 1982년 1월 1일 한국전기통신공사가 창립되면서 본격적으로 시작되었다. 이때부터 통신정책부문은 체신부 및 정보통신부가 담당하고, 공중전기통신사업은 한국전기통신공사가 전담하게 되었다. 이러한 통신발전을 위한 정부와 한국통신의 노력으로 1990년대 후반 우리나라는 정보통신 선진화를 완성하여 세계적으로 정보통신 선진국 10위권에 진입하였다.

저자는 한국전기통신공사가 우리나라의 정보통신수준을 선진국 대열로 끌어올린 역사적 과정을 정보통신 선진화 30년(情報通信 先進化 30年)이라는 이름으로 그 발전사를 발간한다. 이 책을 집필함에 있어 기준, 범위 및 근거는 다음과 같다.

첫째, 한국전기통신공사(약칭: 한국통신)는 우리나라 정보통신 선진화 30년 동안 정보통신의 기반시설인 기간통신망을 주도적으로 건설 운용하였다. 정보통신 선진화기간 동안 시내통신망, 장거리통신망, 국제통신망, 인터넷망 등의 기간통신망의 총 확장규모에 대해 정리하였다.

둘째, 정보통신 선진화 30년 동안 방대한 기간통신망의 건설을 위한 정부의 정책결정사항, 한국통신의 통신망 확장계획내용 및 건설과정 등을 정보통신 발전역사 측면에서 기술하였다.

셋째, 정보통신 선진화를 완성하기 까지 정책수립, 계획수립, 통신망 건설공사집행, 통신망운용 등 각 부문별로 이를 주관한 책임자 및 관련자를 가능한 범위에서 확인 기록하였다.

넷째, 본 책자의 주요내용은 당시 한국전기통신공사, 체신부, 정보통신부, 한국정보인증(주), 공공기관 등에서 발행한 결재문서, 보고서, 발간책자, 임직원 명부, 주요내부자료 등 각종 유인물을 근거로 집필되었다.

한편 이 책은 집필범위 및 내용면에서 다음과 같은 한계와 부족함이 있었음을 알려드리며 양해를 구한다.

① 정보통신 선진화 30년 동안 기간통신망의 확장 건설은 체신부, 정보통신부 및 한국전기통신공사의 통신망 건설담당부서가 주도하였다. 그러나 상당부분 여러 관련부서와 협력 수행되었으나 저자가 가진 자료에 의존하다 보니 통신망의 공급계획 수립 및 집행부서 중심으로 소개되고 관련 타 부서의 실적을 제대로 담지 못하였다.

② 집필내용의 상당부분이 저자가 보유한 자료를 근거로 기술한 관계로 저자중심으로 표현되었다.

③ 일부 주요 통신망 건설 및 운용에 대해서는 사정상 개략적으로만 표현하고 상세한 내용은 생략하였다.

④ 선진화 30년 기간에 영업, 재무, 조직개편 등 일반관리부문에 대하여는 저자가 보유한 자료가 없는 관계로 내용면에서 부족한 상태에서 마무리 되었다.

한편 1970년대부터 1990년대까지의 정보통신 선진화 기간에 대통령들이 결정한 많은 정보통신정책이 있으나 여기에서는 저자가 보유한 자료에서 확인된 대통령들의 결재문건 및 지시사항에 한하여 소개하였다. 그 중 주요내용을 보면 박정희 대통령은 대한민국의 정보통신현대화를 위한 5차5개년계획을 수립하여 전자교환기의 대량공급을 결정하였으며, 전자교환기의 국산화개발을 지시하는 등 정보통신 선진화의 기반을 마련하였다. 이를 바탕으로 전두환 대통령은 1982년부터 1986년까지 매년 100만회선 규모의 전자교환기를 대량 공급하여 1987년에는 전국전화의 자동화를 완성하고 자동전화 1천만회선의 위업을 달성하였다.

김영삼 대통령은 무궁화위성 1호 발사를 추진하여 위성통신시대로 진입하게 하였으며, 국내기술로 개발한 전자교환기의 공급을 1천만회선으로 확장함으로서 이때부터 우리나라는 정보통신 선진국(세계 9위) 반열에 올라서게 되었다. 김대중 대통령은 전자서명 공인인증기관을 설립하여 전자상거래 시대를 앞당겼다. 이처럼 정보통신발전을 위한 역대대통령들의 선도적 정책결정이 견인차가 되어 우리나라의 정보통신 선진화는 조기에 달성될 수 있었다고 본다.

끝으로 「정보통신 선진화 30년」은 총 3권으로 발간되었으며 각권의 주제는 <제1권> 전국민 자동전화공급 조기완성, <제2권> 초고속정보통신 시대의 실현, <제3권> 21세기를 위한 차세대 정보통신 으로 정하여 집필하였다. 이 책은 2010년 1월에 집필을 시작하여 2024년 5월에 마침으로써 총 집필기간은 14년 5개월이 걸렸다. 이 책이 앞으로 우리나라 정보통신의 선진화를 완성한 정보통신 발전사(情報通信 發展史)로서 역할을 해 주기를 기대한다.

2024년 5월 서울 강북구 KT미아빌딩
KT리더스포럼 사무실에서 이 정 욱

차 례

제1장

개인주택 전화선의 초고속화

1. 가입자망의 현대화 출발

1.1 가입자케이블의 선종교체

가. 지절연 가입자케이블의 공급중단

1980년대 중반부터 우리나라 통신망에 국산전자교환기(TDX)를 비롯한 디지털 전자교환기가 도입되면서 이를 출발신호로 하여 시내통신망의 디지털화와 초고속화를 서두르고 있었다. 그러나 당시 우리나라 가입자 엑세스망은 전량 지절연 케이블(paper insulated copper cable)로 시설되고 있었다. 우리들이 알고 있는 바와 같이 지절연 케이블은 동선을 종이로 절연하고 있는 케이블로서 고주파 특성이 나쁘고 심선 접속의 기계화가 곤란하다. 뿐만 아니라 고장이 많고 전체 케이블에 공기주입이 필요하다. 새롭게 도입되는 TDX를 비롯한 전전자교환기는 디지털 방식의 고속통신기기이다.

전전자교환기에 이러한 종류의 아날로그 저속도 전송로를 이용하여 전국통신망을 구축할 수는 없었다. 그래서 한국전기통신공사는 21세기 광대역 정보통신서비스를 위하여 우리나라 시내통신망은 물론 시외 및 국제 통신망에 이르기 까지 모든 투자계획을 총괄 집행하는 책임을 가진 계획국에 통신망계획부를 신설하였다(1984. 7. 1). 이때 통신망계획부(부장 이정욱)에서는 통신 분야 선진국 20여 개국에 전문을 보내 시내 전송로에 어떤 케이블을 사용하고 있는지를 조사하였다.

조사해본 결과 대부분의 국가에서 이미 오래전에 지절연 케이블의 사용을 중지하였고 통신망의 특성을 개선하고 경제적인 투자를 위해 PEF(Polyethylene Formed)케이블이나 FS(Foamed Skin)케이블로 변경한 사실을 알게 되었다. 참고로 그 당시 조사한 각국의 지절연 케이블의 중단 시기를 보면 미국 1974년, 영국 1958년, 일본 1981년, 카나다 1967년, 프랑스 1958년, 싱가폴 1973년, 대만 1985년, 오스트리아 1980년, 호주 1950년이었다. 앞서가는 교환기의 디지털화에 보조를 맞추어야 할 전송로의 디지털화는 시급하였다.

이를 위해 지절연 케이블의 공급을 즉시 중단하고 FS(Form Skin)케이블로의 전환을 서둘기 시작하였다. 가장 중요한 것은 국내 케이블 생산업체가 단기간에 필요한 FS케이블을 대량생산하여 공급해야 한다. 이 과제를 해결하기 위한 방안을 찾고 있든 중 (주)일진으로부터 FS케이블의 일부 제품이 상용시험 중에 있으며 1986년부터 공급할 수 있다는 회신을 받게 되었다(1985. 10). 당시 통신망계획부장은 (주)일진의 박영조 사장을 만나 확인해본 결과 (주)일진에서는 1985년 말에는 0.4-600p FS케이블의 상용시험을 완료할 예정이고 케이블 생산기계설비 2대를 설치하여 연간 생산능력이 2천톤(1,500Km)이 되고 있었다. 이 기회에 다른 케이블 생산회사의 사정도 알아본 결과 이 케이블의 생산에 별 문제가 없는 것으로 판단되었다.

이에 따라 FS케이블 도입을 추진하려고 나섰을 때 뜻하지 않은 돌발 상황에 부딪치게 되었다. 전선조합 회원사 20개사로부터 FS케이블을 새롭게 납품하려면 생산설비를 새로 갖추어야 하고 이에 따른 신규투자비 부담이 가중된다는 점을 들어 지절연 케이블에서 FS케이블로의 전환을 보류해 달라는 문서를 받게 되었다. 설상가상으로 금성전선과 대한전선마저도 FS케이블 생산라인이 준비되지 않아 신규 생산설비 준비에 상당기간이 필요하니 지절연 케이블을 계속 사용해 달라는 강력한 민원을 여러 경로를 통하여 받게 되었다. 이 두 회사는 그때까지 우리나라 시내케이블 분야에 지절연 케이블을 몇 십년간 독점 공급하고 있었다.

그러나 확인해 본 결과 금성전선과 대한전선은 각각 생산기계설비 4대를 갖추고 년간 생산능력이 4,800톤(3,408Km)이나 되고 있었고 국제전선에서도 생산기계설비 3대에 년간 생산능력이 3,600톤(2,556Km)이 된다는 것이 확인되었다. 당시 국내에는 총 25개 전선업체가 있었는데 그 중 (주)일진, 금성전선, 대한전선 등 9개 업체에서 FS케이블의 생산이 가능하다는 것을 확인하였다. 그러나 FS케이블의 도입을 반대하는 업체들의 공동민원에 대한 시시비비 와중에 몇 달이 흘러 버렸다. 더구나 이 과정에서 담당부장이 FS케이블 신규업체로부터 청탁을 받고 이 계획을 서둘고 있다는 모함과 투서를 받아 관계기관에 다니면서 해명해야 하는 견디기 힘든 시련의 시기를 보내야 했었다.

나. FS케이블 및 광케이블 공급시도

이처럼 어려운 상황에서도 한국통신 계획국(국장 이응효)은 이 계획을 포기하지 않고 지절연 케이블의 공급을 중단하고 FS케이블로의 전환 공급을 주위에 설득하기 시작하였다. TDX교환기를 비롯한 디지털 전자교환기가 대량 공급되고 있을 뿐만 아니라 국가가 목표로 하고 있는 고속의 데이터 통신을 조속히 실현하기 위하여 하루가 급한 일이 아닐 수 없었다.

먼저 이자헌 체신부장관께 이 전환계획을 보고하였다(1985. 10. 30). 이어서 그해 11월에는 당시 민정당 정책조정실 안영하의원, 국회 교통체신위원회의 신민당 간사인 장충준의원 그리고 민정당 교통체신전문위원인 강동석 의원에게 설명하였다. 1986년에 들어서면서 한국통신은 이 전환방침의 필요성을 관련 정부부처에 본격적으로 설득하고 나섰다.

이와 같은 어려운 과정을 거쳐 FS케이블로의 전환계획을 최종 확정하게 되었다(1986. 3. 7). 이 계획의 명칭은 「가입자선로 개선계획(통신429-1126)」이며 주요내용을 보면 가입자 액세스 망에 지절연 케이블을 공급 중지하고 전송특성이 양호한 FS케이블로 전환 공급한다는 것이었다. 이 계획의 주관부서 및 결재자는 제1장 말미의 참고자료 편에 기록되어 있다.

이 계획에는 1986년과 1987년에 기술적인 특성 및 경제성 확인을 위하여 시험 공급하고 1988년부터 본격 공급 한다는 방침을 확정하고, 장기적으로는 가입자 전송로에 광케이블을 확대 공급하도록 되어 있었다. 이에 따라 1986년 5월에는 FS케이블(일반 시내용 케이블)에 대한 약식규격을 제정하고 1986년 12월에는 표준규격을 확정하였다. 이러한 어려운 과정을 거쳐 우리나라는 FS케이블을 공급하기 시작하였고 오늘날 디지털 전자교환기의 백본망으로서 수천만 회선이 건설되어 있고, 초고속 인터넷을 할 수 있는 기반이 구축되었다.

한편 당시 우리나라 가입자전송로를 위한 FS케이블의 주요제조사였고, 기간통신망의 광케이블 공급업체였던 대한전선은 30여년이 지난 2018년 현재까지 통신선 제조사업을 꾸준히 이어오고 있다. 대한전선(대표 최진용)은 그동안의 사업상황과 앞으로의 통신선사업방향을 다음과 같이 밝히고 있다(대한전선의 부활노래, 2018. 12. 19, 조선일보).

<보도내용> 1955년 설립된 대한전선은 한국최고(最古)의 종합전선업체였다. 1970년대에는 재계서열 10위에 올라섰던 기업이었다. 2004년 2세 경영인이었던 설원량 회장이 뇌출혈로 별세하고 이후 회사는 부동산 개발, 골프장 같은 비주력사업에 몰두하다가 부도위기에 몰렸다. 이처럼 2000년대 중반부터 무분별하게 사업을 확장하다 막대한 부채를 짊어지고 결국 회사는 채권단 관리에 들어갔고 오너 일가는 지분 전체를 포기했다.

2014년 대한전선의 부채비율이 2,452%에 달했으며, 과도한 부채 문제를 해결하기 위해 4년간 20여개의 비주력 계열사를 정리했고 앞으로도 4개 정도 더 정리할 계획이다. 앞으로 초고압케이블, 5G(5세대 이동통신)용 통신선 등 미래 기술에 대한 투자를 확대해 성장 궤도를 달리는 기업으로 만들어 2025년까지 매출을 두 배 수준으로 키우고 세계 10위권 이내에 들어가는 전선회사로 만들겠다.

1.2 가입자전송로의 다중화 및 품질개선

가. 가입자전송로의 PCM화

5차 5개년계획기간에 전자교환기가 대량 공급되자 가입자 측의 PCM화를 서둘러 추진하였다. 특히 가입자전송로가 5Km이상인 경우에는 원격교환장치, 전송로교환장치(L/C) 등을 공급하여 고속화하였는데, 당시 공급장비는 <표 1-1>과 같다. 그리고 가입자전송로의 배선케이블도 3천회선(0.4mm) 및 2천회선(0.5mm)으로 다대화하여 건설토록 하였으며, 특히 대용량 국간중계용, 수요밀집지역의 가입자선로용, 전력선 유도가 예상되는 지역 등은 1983년부터 광통신방식을 도입하기로 결정하였다.

또한 서울지역에는 1982년부터 4개의 선로집중센터(Wire Center)를 설치하여 운용하였으며, 선로집중센터별 수용 전화국은 <표 1-2>와 같다. 서울지역 선로집중센터에는 관할지역의 전화국이 성형으로 구성되며 집중센터 간에는 대용량 직통케이블을 설치하였다. 그러나 국간거리가 8Km이내인 경우에는 직통케이블을 구성하여 운용하였다.

한편 부산지역의 경우 1983년부터 3개의 무선집중센터(M/W PCM)를 설치하여 운용하였다. 이들 센터와 전화국 간은 마이크로웨이브 PCM을 이용하여 대용량의 무선전송로를 직접 구성하였으며 무선집중센터별 관할지역은 <표 1-3>과 같이 설정하였다.

<표 1-1> 가입자전송로 측의 PCM화

방식별	No1A	M10CN	기계식
장비명	RSS(1,024회선) SLC(96회선)	SLC(96회선)	선로교환장치 (128회선)

<표 1-2> 서울지역의 선로집중센터

Wire Center	광화문	전농	영동	당산
관할지역	신촌 외 8국	청량 외 11국	잠실 외 4국	노량진 외 9국

<표 1-3> 부산지역의 무선전송로집중센터

무선집중센터	부산진	동래	중부산
관할지역	사상 외 3국	구포 외 3국	초량 외 5국

나. 원거리 가입자의 통화개선

1983년도 가입자선로 건설을 위해 자동식선로 2,761억5천5백만 원, 자석식선로 55억5천9백만 원, 자연부락 112억1백만 원 등 총 2,929억1천5백만 원이 소요되었다. 이때 가입자 케이블의 공급목표량은 81만4천 회선이었고 성립예산은 1,449억7천7백만 원으로 되었다. 그래서 가입자선로의 회선 당 가격은 케이블 17만6천원, 관로 8만1천원 등 실행단가는 25만7천원으로 분석되었다.

1984년도의 케이블 건설목표량은 1,010천 회선으로 결정하였으며 이에 따른 성립예산은 1,173억5천7백만 원으로 회선 당 단가는 11만6천원으로 산출되었다. 이때 원거리 가입자를 통화품질을 향상시키면서 경제적으로 수용하기 위해 두 가지 장비- 원격교환장치(RSU: Remote Switching Unit)와 전송로집선장치(LC: Line Concentrator)에 대하여 검토하였다.

이들 장치에 대해 공급회선 규모별로 경제성을 비교하여 보면 공급규모가 700회선일 때 소요비용이 비슷하게 나타났다. 그리고 공급량이 700회선 이하인 경우 LC가 유리하고, 그 이상인 경우에는 RSU가 경제성이 있는 것으로 분석되었다. 이에 따라 한국통신 계획국은 원거리 가입자의 통화개선을 포함한 가입자선로 품질개선 기본계획을 수립 추진하였다(1986. 3. 7). 이 계획의 주관부서 및 결재자는 제1장 말미의 참고자료 편에 기록되어 있다. 그 주요내용을 요약하면 다음과 같다.

첫째, 일반가입자 선로는 2선식 심선케이블을 공급하고, 지절연 케이블에서 FS케이블로 전환 공급한다.

둘째, 장기적으로는 광케이블을 공급하고 원거리지역은 원격시설을 공급하여 신뢰성있고 품질 좋은 가입자선로망을 경제적으로 구축한다. 이와 같이 추진하여 장차 종합정보통신망 건설을 위한 기반을 조성한다.

<표 1-4> RSS와 LC의 경제성 비교

회선수	100	300	500	700	900	1,100	1,300	1,500	1,700	1,900
LC	660	660	580	600	620	590	600	580	590	580
RSS	3,300	1,200	780	600	510	640	560	510	470	440

2. 광대역 통신시대의 도래

2.1 가입자망의 광케이블화 시동

가. 광케이블 도입제기

1980년대 중반이 되면서 전기통신기술의 선진국은 물론 그렇지 않은 나라에서도 한결같이 미래통신의 목표는 종합정보통신망(ISDN)이 될 것이라고 주장하고 이를 실체화하기 위한 기술개발에 온 힘을 쏟고 있었다. 당시 우리나라는 매년 100만회선 이상의 전자교환기를 공급함으로써 큰 투자를 하고 있었다. 이 결과 5차 5개년계획이 완료되는 1986년 말에는 전국의 전화가 근 900만대에 육박할 것으로 예상하였다.

따라서 6차 5개년계획 기간 동안에는 우리나라의 모든 가정이 통신공사의 전화혜택을 입는 소위 전화시대에 진입할 것으로 보고 있었다. 이러한 상황에서 한국전기통신공사 계획국 통신망계획부(부장 이정욱)에서는 이처럼 투자될 방대한 전화망을 바탕으로 하여 장차 데이터교환, 비디오텍스, 디지털 팩스와 같은 비전화서비스를 전화와 마찬가지로 널리 보급하고자 시도하였다. 이와 같은 방향에서 미래의 정보통신시대를 여는 노력을 기울이면서 그

기반이 될 광케이블의 도입 촉진을 다음과 같이 주장하였다(ISDN-우리의 전략. 1985. 11, 한국전기통신/ 한국전기통신공사).

첫째, 미래의 종합정보통신망 특히 광대역 ISDN은 가입자에서 가입자까지가 현재의 동케이블로부터 광케이블로 바뀔 때 가능하다. 싱가폴에서는 통신망에 광화이버 케이블을 설치하기 시작하였는데, 두 전화국 간에 실제 트래픽을 운반하는 광화이버 통신망은 자기들 것이 세계 최초라고 1985년 5월 Asia Telecom ′85에서 자랑하였다.

둘째, 해저광케이블은 세계 여러 나라에서 실험 중에 있는데, 첫 상업서비스는 1988년 미국과 유럽 간에 완성될 것으로 보이는 태평양횡단 해저광케이블 시스템이 될 것으로 기대된다.

셋째, 데이터 전송이 증가함에 따라 더 많은 가입자가 2Mbps 전송의 필요성이 늘어나기 때문에 광케이블의 도입이 필요하다. 고속팩시밀리, 대화형 비디오에는 이보다 큰 비트레이트를 요구하고 있고, 기존 TV와 다른 다음 세대의 초고품질 TV를 위하여는 70Mbps 정도를 필요로 하고 있다.

넷째, 새로운 서비스를 제공하기 위해서는 가용주파수대역이 포화상태에 있으므로 케이블망의 구축이 불가피하다. 그러나 광대역 서비스의 시설수요가 있을 것인지에 대하여는 회의적인 반응도 있는 것이 사실이다. 이점에 대하여 영국의 STC회장인 Corfield경은「수십 년 전 어떤 사람이 가솔린엔진이 과연 효율적이고 신뢰할 만한 말(馬)보다 나은 점이 무엇인가라고 묻는 질문이 연상된다」고 말하고 있다. 광통신은 앞으로 기술의 발달에 따라 1.55μm 파장에서 운용되는 광케이블이 채택될 것이다.

나. 광통신망 건설지침 및 구축기본계획

1990년대 후반 한국통신은 시내통신망에 광통신 전송시설을 본격 공급하기 위한 세부 공급지침을 수립 추진하였으며, 이를 위해 그동안 많은 시행계획 및 적용기준을 만들어 왔다. 그 주요내용으로는 수요조사 보고서(가입전화, 전용회선, 대형건물별 수요, ISDN 등), 국간중계회선표, 모·자국 간 전송로망 현대화 추진지침(1992. 10), 대도시 국간전송로 자동분배접속망 구축지침(1992. 11), 광 가입자 전송망구축 시행지침(1994. 11)이 있다.

이 외에도 상호접속협정 및 업무처리지침(1996. 3), 광 가입자망 중장기 발전계획(1996. 3), 시내 및 시외 국간전송망 발전 기본계획(1996. 3), 초고속 전용통신망 구축계획(1996. 3), 기타 관련기준 및 지침 등이 있다. 이를 근거로 1998년도 광통신 전송시설을 위한 시설방침 및 목표량 산정 등에 관한 지침을 다음과 같이 수립 시행하였다(1998년 시내통신시설 투자 사업계획 수립지침, 1996. 6, 한국통신 네트워크본부).

(1) 국간전송망의 초고속화, 광대역화를 위한 PCM 전송로의 광통신화를 완성하고, 초고속 광대역 동기식 광 전송망을 연차적으로 구축한다. 그리고 전량 동기식 광통신회선으로

신증설하고, 대도시 국간전송로는 자동분배접속망으로 구축한다.

(2) 공급대상으로는 1998년도 소요대비 시설부족구간, 광케이블 이원화에 따른 단일전송망 안정화 필요구간, 국사신축 등으로 인한 신규전송망 구축 구간, 전송망의 고도화를 위한 전송품질 저하구간 등을 선정한다.

(3) 목표량 산정을 위한 수요는 PSTN, 전용회선, OX, 초고속관련회선, ISDN, 상호접속회선, DID 등 구간별로 Y+2년 수요로 산출한다. 그리고 6대 도시지역은 전구간 당년 소요회선의 1.2배를 적용하고, 기타 공급대상구간은 전년도 계획대비 실적 변동율을 적용한다.

(4) 기존 전송망의 고도화를 위하여 PCM 전송로시설은 1998년에 광통신화를 완성하고, 비동기식 광전송시설은 2005년에 동기식 광통신화를 완성한다. 그리고 대도시 전송로 집중국간 및 대규모 소요구간에는 2.5G 시스템을 공급하고, 집중국과 단국 간, 단국상호간에는 622M 시스템을 공급한다. 한편 소규모 소요구간 및 DS1급 정합소요구간에는 155M 시스템을 공급한다.

(5) 모자국 간의 PCM 전송시설은 연차적으로 광통신화 하여 2001년에 완성하고, 국내개발 장비의 분기 및 결합기능을 이용하여 경제적인 통신망을 구성한다. 그리고 모자국 구간별, 전송로 루트별로 Y+2년 수요를 적용토록 한다.

2.2 가입자선로 광통신시대의 개막

가. 가입자선로의 다중화 추진

한국통신은 당초 2015년까지 각 가정에 100% 광케이블을 공급하려던 계획을 기술발전, 경제성 등에 따라 광케이블 및 동선, 무선 등 다양한 매체를 활용하는 방안으로 전환하여 지속적으로 멀티미디어화를 추진하였다. 1990년대 초 우리나라는 1가구 2전화 또는 1가구 1전화+1데이터(PC, FAX 등) 접속을 원하는 수요가 발생하고 있었으나 아파트 등의 배선부족으로 추가 증설하는데 문제가 대두되고 있었다.

이를 해결하기 위해 한국통신 기술기획실(실장 이정욱)에서는 가입자선로 1회선을 디지털화하여 구내배선부족을 해소하고 서비스를 개선하는 가입자선로 다중화 계획을 세웠다(가입자선로 다중화 기본계획, 1994. 3, 기술기획실 통신망계획2국). 이 계획의 주관부서 및 결재자는 제1장 말미의 참고자료 편에 기록되어 있다. 이 계획의 추진방침은 구내배선 부족지역에 우선 공급하고, 기존 가입자의 1가구 2전화(1PC) 실현을 가입자선로 다중화 장치로 실현하고 신설가입자는 ISDN가입자로 수용한다는 것이었다. 그리고 설비의 설치비용은 한국통신이 부담하며, 자체개발조달이 아닌 외부에서 최초조달형식으로 공급하였다.

한편 건축된 지 오래된 아파트군 및 빌딩, 1가구 2전화 희망가입자를 주 대상으로 하되 개축예정인 건물은 제외하였다. 이후 가입자망의 고도화를 위해 기존 동선에 ADSL, VDSL,

HDSL 등 모뎀기술을 활용하여 고속 광대역화 하는 방안과 광 케이블화 방안을 동시에 추진하였다. 특히 전화국에서 주택까지의 케이블을 음성 뿐만 아니라 데이터, 영상 등 종합정보통신서비스가 가능하도록 광케이블을 공급하는 가입자선로의 광통신시대를 개막하였다.

1990년대에 들어서면서 한국통신 기술기획실(실장 이정욱)은 개인주택별 전화선으로 광케이블을 공급하는 광 가입자망 구축전략을 수립하였다(1993년도 주요사업 추진실적분석, 1994. 2, 기술기획실). 이 계획에 따르면 1단계(1997년까지)에서는 대형건물위주로 공급하고, 2단계(2001년까지)에 가서 수요밀집지역까지 확대 공급하게 하였다. 그리고 3단계(2006년까지)가 되면 가입자 주택별 댁내에 공급을 시작하고 4단계(2015년까지)에 가서는 가입자 댁내로 확산토록 정하였다. 또한 기술기획실에서는 이와 동시에 동기식 광 전송시스템 종합개발전략을 수립하였다(1993. 11). 여기에서는 FLC-B형, 2.5G, B-DCS 등을 기술적 필요조건 등을 공통기술규격으로 정하여 업체별로 경쟁개발하게 하였다.

나. 광가입자 전송시스템 개발

1990년대 중반 한국통신 기술기획실(실장 이정욱)에서는 시내통신망의 광 케이블화를 시행하기 위해 광 가입자 전송시스템(FLC)를 개발하는 등 기본계획을 다음과 같이 수립 추진하였다(1995년도 주요업무 발전계획, 1995. 2, 한국통신 기술기획실).

첫째, 광가입자 전송시스템(FLC)을 연차적으로 개발한다. 우선 표준형은 1994년, 분기형은 1995년, 집단형은 1998년에 개발한다. 그리고 끝으로 주택형은 2002년에 개발 완료한다.

둘째, 개인주택별 전화선의 광 케이블화는 단계별로 추진한다. 우선 대도시, 대형건물에 광 케이블 공급은 1997년까지 시행하고, 수요밀집지역에는 2001년까지 광 케이블을 공급한다. 이와 같은 가입자댁내 광 케이블화는 2015년까지 완성한다. 이를 위한 소요예산 약 11조2천억 원을 확보토록 한다.

셋째, 케이블TV의 동축케이블 전송로를 광케이블 전송로로 전환한다. 이는 2003년부터 2015년까지 시행하며, 광가입자 전송로를 공급할 때 케이블TV를 수용하고 기존의 동축 케이블TV전송로는 철거토록 한다.

다. 가입자통신망의 광대역 전송능력 확보

한국통신 기획조정실(실장 이정욱)에서는 멀티미디어 시대에 필수적인 개인주택별 통신망의 광대역 전송능력을 확보하여 이용자의 다양한 통신수요를 충족시킬 수 있는 실행계획을 수립 추진하였다(가입자전송로 기술발전계획, 1995. 6, 기획조정실 기술조정2국장 김문수). 이 계획에서는 동선케이블, 동축케이블, 광케이블, 무선전송로 등 가입자 전송로 매체별 기술발전방향을 정하였다.

그리고 전화, 전화+PC, 전화+FAX, 전화+PC+FAX 등 이용자 수요패턴에 부합하는 가입자 전송로를 구축하고, 광대역 가입자계 통합을 위한 단계별 발전모형을 제시하였다.

이후 네트워크본부(본부장 이정욱)에서는 초고속 정보통신의 하부 기반시설인 가입자 광전송망 구축을 위한 핵심기술을 확보하기 위한 기본계획을 수립하였다(광가입자 전송기술 확보 기본계획, 1996. 5, 네트워크본부 기술기획국장 김문수). 이 계획에서는 가입자 광전송망과 그 구성요소의 모델을 정의하고 구성요소별 핵심기술을 도출하며, 각 요소별 기술의 확보방안을 제시하였다.

2.3 가입자통신망에 광케이블 공급개시

가. 광케이블 중장기 공급전략

우선 도시 상업지역, 초고속사업 특정지역, 대형아파트단지 등의 가입자통신망에 광케이블을 공급하였다. 특히 초고속사업 특정지역(226개 지역)에 광케이블을 조기 공급하고, 지방자치단체와 협의하여 지하관로 등 기초시설 확보에 주력하였다. 이를 위해 총 2조8,400억원의 예산을 투입하는 것으로 정하였다. 장기적으로는 멀티미디어 통신망으로 발전시키는 것이었으며, 이 목적을 달성하기 위해서는 선진국수준의 첨단기술 장비를 개발 보급해야 하였다. 2000년대를 향한 가입자 광케이블의 연도별 공급계획은 <표 1-5>와 같다.

<표 1-5> 가입자 광케이블의 연도별 공급계획(단위 %)

구분		1997-1998년	2002년	2007년
대도시	상업지역	100	-	-
	주거지역	30	100	-
중소도시	상업지역	100	-	-
	주거지역	20	30	100

가정용 댁내장비로서 일반전화와 PC통신에 동시에 사용 가능한 개량형 NT를 개발하고, 초고속 모뎀(512Kbps)을 공급 추진하였다(1997년). 그리고 대형 가입자용 댁내장비의 경우 가입자용 광전송장치(FLC)를 1997년까지 개발하고, FLC-A/B형은 도시지역 상업용 건물에 1995년부터 공급하였으며, FLC-C형은 수요밀집 주택지역에 1998년부터 공급하기로 하였다. 한편 정보통신 이용수준을 단계적으로 끌어올리는 계획도 추진하였다.

먼저 개인주택의 경우 1단계(1995년-1997년)에서는 N-ISDN 수준을 확보하게 하였다. 그래서 1가정에 전화 2대, PC 1대를 기본적으로 이용할 수 있는 가입자 통신망 환경을 구축하려는 구상이었다. 이때 케이블TV는 별도 케이블을 설치하는 것으로 하였다. 2단계(1998년-2015년)에 가서 B-ISDN 수준의 통신망을 구축하여 전화, PC, 광대역 영상통신을 실현하고자 하였다. 특히 공공기관, 기업체 등 대형건물의 경우에는 이보다 조기에 B-ISDN 수준의 통신망을 건설하는 방향으로 추진하였다.

나. 도시지역에 광케이블 우선 공급

1990년대 초 우리나라는 가입자선로의 광케이블공급 중장기계획을 <표 1-6>과 같이 확정하였다(1994년도 주요업무 발전계획, 1993. 7. 26, 한국통신 기술기획실). 이를 위해 1993년에 국산제품을 개발 완료하고 1994년에는 국산제품으로 상용공급을 개시하는 것으로 전국 개인주택의 광케이블화 추진계획을 수립하였다.

<표 1-6> 가입자전송로 광케이블화 중장기 계획

단계별	1단계(1992-1996년)	2단계(1997-2001년)	3단계 (2002년 이후)
공급모형	FTTO	FTTC	FTTH
공급지역	대형건물 위주로 공급	수요밀집지역까지 확대공급	가입자 댁내까지 공급

1990년대 중반 초고속정보통신망의 구축이 국가적으로 추진되고 경쟁 환경이 심화됨에 따라 한국통신 네트워크본부(본부장 이정욱)에서는「광 가입자망 중장기 발전계획」을 수립 추진하였다(1996. 3). 1단계(1997년까지)에서는 도시의 상업지역에 광 가입자망의 휘더망을 공급하고, 2단계(2002년까지)에는 초고속 정보통신 사업지역과 도시의 수요밀집지역 위주로 광가입자 휘더망을 건설하는 계획을 마련하였다.

<표 1-7> 광 가입자망 구축목표(단위 %)

구분	대도시		중소도시	
	상업지역	전지역	상업지역	전지역
1997년	100	30-40	100	20- 30
2002년	-	100	-	30- 50
2007년	-	-	-	100

당시 한국통신에서는 시내전화시장의 개방에 따라 도심 상업지역을 경쟁심화지역으로 보고 여기를 크림스키밍(Cream-Skimming)효과를 극대화할 수 있는 대형고객시장으로 예상하였다. 그래서 도심사업지역의 광케이블 화를 우선적으로 시행하여 대형고객의 광케이블을 요구할 때 즉시 제공할 수 있는 광 휘더망(FTTO)을 구축 추진하였다.

이 후 멀티미디어 서비스수요의 선도가 예상되는 도시 수요밀집지역을 위주로 광 휘더망(FTTC)을 확산하고, 초고속국가통신망 가입자 및 특정지역 초고속사업자 지역의 광 케이블화를 우선적으로 추진토록 하였다. 그리고 3단계(2007년까지)에서는 ATM을 기본으로 하여 대도시 사업지역의 광전송로를 고도화하고, 전국 수요밀집지역의 광가입자 휘더망을 완성토록 되어 있었다. 이어서 4단계(2015년까지)에서는 가입자 댁내에도 광케이블을 전면 공급하는 계획이었다.

2.4 개인주택별 통신망에 광케이블 본격공급

가. 동선케이블의 문제점

개인주택별 통신망은 한국통신 뿐만 아니라 모든 통신사업자가 공유하는 기반시설이며, 시설규모, 설치비용 면에서 전체통신망의 75%를 점유하고 구축하는데 장기간(15년-20년)이 소요되는 특성을 가지고 있었다. 1990년대 중반 한국통신이 보유한 가입자통신망의 규모는 35,568천 회선을 넘어서고 있었다(1996. 12). 한국통신은 1991년부터 특성이 우수한 폼스킨 케이블과 광케이블로 전량 공급하고 있었다.

그러나 당시 지절연 케이블(55.6%)이 절반을 차지하고 있었으며, 폼스킨 케이블(44%)이 상당량으로 늘어난 상황이었으며, 그때까지 광케이블의 보유량은 소량(0.4%)에 불과하였다(1996. 12). 그런데 동선케이블은 ISDN 이용 시 2Km 이내로 거리가 제한되는 문제가 있었다. 그 외 동선케이블 가입자선로의 경우 다음과 같은 문제점이 대두되었다.

① 가입자 수용구역의 제한으로 전화국 숫자가 과다하게 늘어날 수밖에 없다. 그리고 동선케이블은 누화, 순단, 임펄스잡음, 유도잡음 등 전송특성이 불충분하여 고속 광대역 멀티미디어 통신서비스를 전송하는데 제한이 걸린다.

② 동선케이블은 광케이블에 비해 운용, 유지보수효율이 저하되고, 점퍼선의 누적으로 본 배선반(MDF)이 폭주하는 문제가 발생한다.

나. 광케이블의 연차적 공급

동선케이블의 문제점을 해결하고 개인주택별 통신망의 고속화와 광대역화를 위하여 한국통신 네트워크본부(본부장 이정욱)는 가입자망 중장기 발전계획을 다음과 같이 수립 추진하였다(중장기 네트워크 발전계획, 1996. 9, 한국통신). 이 계획의 주관부서 및 결재자는 제1장 말미의 참고자료 편에 기록되어 있다.

첫째, 광가입자 휘더망과 광 가입자망을 구분하여 구축하고, 사업경쟁에 대응하여 광가입자 휘더망을 조기에 구축한다. 그리고 초고속정보통신망 사업지역 광케이블화 방안을 수립하고, 시범사업을 통한 광전송 및 운용기술을 확보한다. 또한 향후 멀티미디어 서비스의 상용화를 목표로 광 가입자망을 구축한다.

둘째, 광 가입자망 구축 장기계획 중 광케이블 공급을 연차적으로 추진한다. 1997년까지 도시 주요 사업지역에 광가입자를 위한 휘더망을 구축한다. 그리고 1998년-1999년에는 도시상업지역의 광가입자 휘더망을 확대하고, 6대 도시 수요밀집지역에도 광가입자 휘더망을 구축한다. 이때 초고속정보통신 사업지역에 광케이블을 공급한다. 그 후 2000년-2002년에는 상업용 가입자에게는 전량 광케이블을 공급하고, 대도시 수요밀집지역에 광 휘더망을 구축한다. 그리고 2007년까지 전국 수요밀집지역에 광가입자망을 구축하고, 2015년까지

가입자 댁내까지 광케이블을 확대 공급한다.

셋째, 광 가입자망 구축을 위해 광전송장치 공급도 연차적으로 추진한다. 먼저 1997년까지 FLC-A형, B형 등 대용량 광가입자 전송장치인 FLC(Fiber Loop Carrier)를 공급한다. 그리고 수요밀집지역에 광 전송장치인 FTTC(Fiber To The Curb)를 공급하고, 멀티미디어 시스템을 구축한다(1998년-1999년). 또한 중소용량 사업용 건물에는 FLC- D/E 장치를 공급한다. 그 후 2000년-2002년에는 FLC-A, FLC-B, FLC-C, FLC-D와 FTTC 장치를 공급하고, 2007년까지 멀티미디어 서비스를 상용화하여 시스템을 구축한다. 그리고 2015년까지 멀티미디어 시스템을 확산한다.

넷째, 광가입자 휘더망은 대도시 주 상업지역은 1997년에 100% 공급 완료하고, 대도시 전 지역에 대해서는 1997년에 30-40%, 2002년에 100% 공급 완료한다. 그리고 중소도시 주 상업지역은 1997년에 공급 완료하고, 2002년에는 중소도시 전지역30-50%, 2007년에는 100% 공급 완료한다.

다섯째, 도입단계(1997년까지)에서는 도시 상업지역을 위주로 광가입자 휘더망을 구축 완성하고, 대용량 상업용 건물에는 FLC-A, FLC-B를 공급하여 광 가입자망을 구축하며, 초고속정보통신 사업지역에 광 가입자망을 구축한다. 그리고 IDLC(Integrated Digital Loop Carrier) 기술 확보계획을 수립하고, 광 가입자망 구축 시범사업을 추진한다. 또한 광 가입자망 관련업무 추진방안을 정립하고, 파이롯트 시스템 구축을 추진한다.

여섯째, 발전단계(1998년-2002년)에는 초고속정보통신 사업지역 광가입자 휘더망의 구축을 확산하고, 도시 사업지역 광가입자 휘더망 구축을 확산하며, 도시 수요밀집지역 광가이자 휘더망을 구축한다. 그리고 VoD 등 광대역 멀티미디어 서비스를 상용화할 때 FTTC 광 전송장치를 이용하여 구축한다.

일곱 번째, 확산단계(2003년-2007년)에 가서는 대도시 상업용 건물 밀집지역에는ATM 전송을 기본으로 광전송로를 고도화한다. 그리고 가입자 광전송로 운용 및 유지보수를 자동화하고, 전국 수요밀집지역 광가입자 휘더망을 구축 완성한다. 완성단계(2008년-2015년)에는 가입자 댁내 광케이블을 공급하고, 지능화된 광 가입자망을 완성한다.

한편 일반전화기와 PC통신이 동시에 가능한 가정용 댁내장비를 개발 보급하기 시작하였다. 이를 위해 1997년부터 다중화장치인 VDM(Voice Data Multiplexer)과 SLM (Subscriber Line Multiplexer)를 공급하였다. 그리고 1998년부터는 개량형 NT(Network Termination)와 일반가입자용 광전송장치인 FLC를 개발하여 공급하기로 추진하였다(한국의 정보통신네트워크 추진계획, 1997. 4. 17, 한국통신). 그리고 디지털 케이블TV방식도 공급 추진하였다.

이를 요약하면 1997년까지 주요 대도시 및 중소도시 지역의 사업지역에 광가입자 휘더망 구축을 완료하고 2006년까지 대도시 및 중소도시 전지역에 100% 구축 완료하여 6대 도시 대형빌딩 밀집지역에서는 공공기관및 기업가입자가 요구하였을 때 즉시 광통신을 공급할 수 있도록 기반을 조성하였다. 한국통신은 이상과 같은 가입자선로의 광케이블화를 위해 1997년부터 2006년까지 총 12조8,087억 원을 투입하는 재원계획을 수립 추진하였다(네트워크의 고도화 추진계획, 1997. 6, 한국통신).

2.5 2000년대를 대비한 가입자통신망 공급방침

가. 1998년도 가입자 선로시설 공급방침

한국통신은 2000년대를 대비하여 가입자선로시설의 공급방침과 공급기준을 다음과 같이 수립 시행하였다(1998년도 시내통신시설 투자사업계획 수립지침, 1996. 6, 한국통신 네트워크본부).

첫째, 가입자 선로시설은 최근 수요조사 자료에 의해 공급하고, N-ISDN 가입자통신망의 실현 등 기술발전을 고려하여 시설을 공급한다. 그리고 재원확보 분석을 통해 합리적 공급계획을 수립하고, 치국계획과 수용변경을 고려하여 시설계획을 수립한다. 이를 위해 최근 수요조사보고서, 교환시설 공급계획, 장기치국계획 및 유관사업계획, 가입자선로 광케이블화 추진계획 등의 자료를 적용하여 시설계획을 수립한다.

둘째, 공급대상국은 1998년 말 수요에 비해 휘더케이블 배율이 낮은 국, 치국계획에 의한 신설국, 국사용량부족 등으로 수용구역조정이 필요한국을 우선 대상국으로 한다. 그리고 아파트 등 공동주택 공급지역, 개발지역, 공단조성 등 특수수요 발생지역과 기타 전화가설 난지역 해소를 위해 선로공급이 필요한 국소 등도 대상으로 정한다.

셋째, 휘더 케이블의 공급주기는 전화회선, 전용회선, 공중전회회선, 기타회선 등에 대한 전화국별 년 평균수요증가율에 따라 차등 적용한다. 이때 수요증가율이 11% 이상인 국은 3년을 적용하고, 11% 미만인 국은 5년을 적용한다. 다만 서울, 부산, 대구, 대전, 광주 등 대도시는 3년을 적용하고, 광 케이블화 진척상황에 따라 신축적으로 적용한다.

넷째, 휘더 케이블의 공급목표량은 공급주기년도 수요수×공급배율(k)-보유시설수로 산출하고, 이때 공급배율(k)은 1.43을 적용함을 원칙으로 한다. 다만 수요증가율이 낮은 주택단지, 농어촌지역 등 수요안정지역은 공급배율을 1.2-1.4로 탄력적으로 감소 적용한다.

다섯째, 국별 공급목표량은 당해 전화국 관내 유휴심선을 확인 후 결정한다. 이를 위해 광케이블 또는 PCM케이블 공급으로 유휴된 심선, PABX가 설치된 건물 또는 다대케이블 인입건물, 수용변경으로 유휴 휘더케이블 심선이 많은 지역 등을 확인한다. 그리고 광케이블 공급대상건물에 대한 동선공급은 FLC 광단국 구간의 DS0급 채널뱅크 공급기준을 전용한다. 또한 집단전화국 신설 및 통합기준에 관한 공급기준 개선에 따라 적정하게 휘더케이블을 공급한다. 당시 설치기준을 5천회선 이상건물에서 600회선 이상 건물로 변경한 바 있다(1995. 10). 한편 신축대형건물 등에 대하여는 영업부서와 교환계획부서에서는 집단전화 설치여부를 사전에 확인 후 휘더케이블 공급여부를 결정토록 한다.

나. 1998년도 가입자 선로시설 공급

한국통신은 1998년도 교환시설확장에 따른 가입자선로시설의 확보를 추진하였는데, 세부내역은 다음과 같다(1998년도 주요업무계획, 1998. 2, 한국통신 네트워크본부).

첫째, 교환시설 168만8천회선 공급에 따른 선로시설을 확보하고, 이때 공급주기의 단축, 공급배율의 축소조정 등으로 적정시설을 공급한다. 그리고 기존시설을 활용하여 휘더케이블의 사용율을 높여 공급목표량을 축소한다.

둘째, 선로시설은 173만9천 회선을 공급하고, 이중 84만8천 회선은 1997년 착공하여 1998년 개통하고, 70만 회선은 1998년 착공 1998년 개통, 19만1천 회선은 1998년 착공 1999년 개통 사업으로 추진한다. 이를 위한 소요예산은 4,453억7천5백만 원이나 실행예산은 3,683억3천만 원으로 편성되어 770억4천5백만 원이 부족하다.

셋째, 특히 1998년 착공 1998년 개통 분은 392억 원이 부족하여 18개 전화국 선로시설 6만6천회선이 착공이 불가하고, 1998년 착공 1999년 개통분도 378억 원이 부족한 상황이어서 50개 전화국 선로시설 19만1천회선의 확보가 어려워 적체가 발생할 것으로 예상된다.

넷째, 이에 대한 대책으로 가입자선로 대개체 사업비 100억 원, 모자국간 광선로 건설비 50억 원, 시외국간 광선로 건설비 50억 원, SLMOS/ LCR 구축비 36억 원 등을 조정하여 총 296억 원을 확보한다. 그리고 개선사업도 축소 조정하여 96억 원을 충당하고, 1998년 착공 1999년 개통분 사업비 378억 원은 채무예산으로 확보하여 1998년 9월에 착공토록 조치한다.

다. 1998년도 가입자 광케이블 공급

1998년도에는 가입자선로 광케이블 공급으로 초고속통신망의 기반을 확보하고, 고속 데이터회선 수요를 충족하고 고품질서비스를 즉시 제공하고자 하였다. 이를 위해 고속데이터서비스 확산에 대비하여 광 가입자망을 구축하고, 광간선망(휘더망)과 인입통신망으로 구분하여 추진하며 대형 업무용건물부터 중소형 건물로 단계적으로 추진하였다. 한국통신은 2010년까지 업무용건물 1만동에 FTTC를 공급 추진하였다. 1997년 말 당시 가입자광선로는 업무용 건물 1,777개 구간에 공급되었으며, 1998년에 255개 구간, 1999년에 718개 구간, 2,000년에 527개 구간에 공급하는 것으로 계획하였다.

특히 1998년에는 총 183억4천8백만 원을 투입하여 255구간에 공급 추진하였다. 이를 위한 시설공사는 1997년 9월부터 1998년 12월까지 시행하였다. 이로써 광간선망 건설로 고속회선 돌발수요에 적극 대처할 수 있게 되었으며, 가입자선로 고도화로 정보통신사회 발전기반을 구축하게 되었다. 또한 1998년에는 초고속통신을 위한 가입자 광케이블 공급사업을 다음과 같은 전략으로 추진하였다(1998년도 주요업무계획, 1998. 2, 한국통신 네트워크본부).

첫째, 광전송로 수요가 발생할 때는 15일 이내에 제공하는 체제를 갖추도록 하고, 서울,

부산, 대전 등 3대도시에는 광간선망의 구축으로 완료한다. 그리고 대형건물, 밀집지역, 가입자댁내 순으로 단계적으로 추진하고, 경쟁사업자의 크림스키밍 지역에는 전략적으로 공급한다.

둘째, 이 사업을 위해 전송시설을 255개 건물에 공급하고, 광케이블 217Km를 건설한다. 소요예산은 총 583억4천2백만 원으로 편성 추진한다.

셋째, 중장기계획으로 광간선망(휘더망)을 2006년까지 1,888구간에 6,627Km를 건설한다. 그리고 가입자선로의 광케이블화를 위하여 FTTO는 2010년까지 1만 구간 2만4천Km를 공급하고, FTTC는 1999년부터 아파트 신축단지 등 수요밀집지역에 공급하며, FTTH는 2002년 이후 단계적으로 추진한다. 이때 1998년 목표는 255개 구간을 시행하며, 이렇게 되면 1998년말에는 총 1,544구간에 광케이블이 공급된다.

한편 1998년도 가입자전송로의 고도화를 위한 대·개체 사업을 다음과 같이 수립 추진하였다(1998년도 주요업무계획, 1998. 2, 한국통신 네트워크본부).

첫째, 공기누설 및 외피손상케이블을 우선 대개체하고, 수익성 및 품질향상 등을 감안하여 대개체를 추진한다. 그리고 품질고도화를 위한 대부분의 대개체는 1999년으로 연기한다. 이때 사업목표량은 1,815Km이고 소요예산은 810억7천1백만 원인데 비해 실행예산은 610억7천1백만 원으로 편성되어 200억 원이 부족하다.

둘째, 특히 노후불량 선로시설 대개체 사업 544Km(200억 원) 등 1998년 착공 1998년 개통분의 소요예산이 부족하여 품질확보가 어려운 상황이다. 이렇게 되면 불량케이블 개체작업이 지연되어 고장발생이 증가하고, 고장다발단지 등을 대개체하지 못하여 가입자 불만이 급증할 것으로 예상된다.

셋째, 1998년 착공 1998년 개통분 사업비 200억 원은 채무예산으로 확보 시행한다.

라. 광대역 통합망의 세 가지 과제

우리나라는 가입자통신망의 광케이블화를 기반으로 광대역 통합망으로 가고 있었다. 이때 한국POF통신포럼 회장(이정욱)은 광대역 통합망을 완성하기 위한 세 가지 과제를 다음과 같이 제시하였다(광대역통합망의 세 가지 과제, 2004. 9. 6, 전자신문).

<기사내용>「한국에서는 광대역 통합망이나 디지털TV 방송과 같은 신기술 프로젝트가 정부주도로 추진되느냐」 지난해 9월 미국 시애틀에서 개최된 제12차 플라스틱 광케이블(POF) 국제회의에서 기조연설 후 미국과 일본 참가자로부터 집중적으로 받은 질문이다. 이에 대해「한국정부는 모든 면에서 강해서 그렇다」고 좀 엉뚱스럽게 답변을 한 적이 있다. 특히 한국정부가 신성장 동력의 핵심과제로 광대역 통합망(BcN)을 지정, 2007년까지 1천만 가구에 제공할 것이라는 부분에 많은 관심을 보였다.

또한 한국이 초고속 인터넷 이후에 다시 BcN을 개발해 한단계 더 발전할 것으로 짐작하

는 듯 보였다. 지금 생각해보면 우리나라 초고속인터넷 서비스는 너무 일찍부터「초고속」이라는 화려한 명칭을 붙여준 것 같다. 이보다 전송속도가 몇 백배 빠른 BcN이 이제 출현하고 있기 때문이다. BcN은 통신과 방송을 한가닥의 광케이블에 통합해 고속·고품질로 안방까지 전달하겠다는 것이 기본구상이며 이것을 차세대 네트워크로 계속 발전시킨다는 전략이다. 그러나 BcN을 성공적으로 구축하기 위해서는 짚어보고 가야 할 세 가지 과제가 있다.

첫째는 FTTH망의 전면적인 확장이다. 현재 가입자망을 보면 통신과 방송이 각각 전용 네트워크를 가지고 있는데, 이는 성능 면에서나 시설비 면에서나 결코 좋은 방법이 아니다. 이 두 가지 서비스를 하나의 전송매체에 통합, 수용하기 위해서는 그만큼 큰 용량의 브로드밴드 특성을 갖는 FTTH망으로 확장하지 않고서는 불가능하다. 따라서 이런 획기적인 프로젝트를 성사시키기 위해서는 누구보다도 KT가 적극적인 의지를 갖고 가입자 액세스망의 광 케이블화를 서둘러야 한다.

둘째는 BcN에 방송을 수용하는 문제다. FTTH 망을 기반으로 통신과 방송을 융합하는 기술에는 광전송로의 구성 모형과 광다중화 기술면에서 AON과 PON 방식이 있다. FTTH PON 방식에 의하여 통신과 지상파TV, 위성TV, 케이블TV 등의 방송을 통합하는 것은 기술적으로 가능하지만 비즈니스 측면에서 보면 어려움이 많다. 더구나 우리나라는 통신과 방송에 관한 규제기구가 각각 다르고 사업영역 구분이 엄격하여 FTTH 망의 건설을 주도하고 있는 통신사업자가 통신과 방송의 융합을 적극적으로 추진할 수 없는 실정이다.

또한 이 방식으로는 통신과 방송의 통합지점이 통신사업자의 전화국 사이거나, 케이블TV· SO사업자의 건물이 될 수밖에 없어 현실적으로 통합에 어려움이 따른다. FTTH AON 방식을 채택하는 경우에는 통신사업자나 케이블TV 사업자의 건물이 아닌 유저영역인 아파트단지 내의 구내 통신실에서 통합할 수 있어 보다 용이하다. 이제는 통신사업자와 케이블TV사업자가 함께 새로운 서비스를 실현하겠다는 적극적인 협력정신이 요구된다.

셋째는 통신과 방송의 융합을 목표로 구축되는 BcN이 어느 정도의 전송속도와 대역폭을 갖도록 할 것인가의 기준을 다시 한번 따져보아야 한다. 가정 당 전송속도에 대해 지금까지 논의되고 있는 주장들을 정리해 보면 가정 당 32Mbps, 91Mbps, 100Mbps, 가장 크게는 10Gbps까지 소요되는 것으로 다양하게 제시되고 있다. 이처럼 가정 당 전송속도 기준이 큰 차이를 보이고 있는 것은 지금까지 BcN의 범위와 기술방식을 명확하게 정리하지 못했기 때문이다. 공동주택이냐 단독주택이냐에 따라 FTTH을 구축할 때 적용기술이 다르고 네트워크 구성 모형도 다르다.

공동주택의 홈 네트워크는 건물 간선계와 수평계 배선으로 이루어지는 건물 내부망과 홈 내부망으로 구성되고, 단독주택의 경우에는 세대별 인입망과 홈 내부망으로 이루어진다. 홈 네트워크의 범위를 이같이 정했을 때 구간마다 유통되는 전송량이 크게 다르다. 뿐만 아니라 홈 네트워크를 AON방식으로 구성하느냐, PON시스템을 이용하느냐에 따라서 방송채널의 선택위치가 달라지기 때문에 소요대역폭은 큰 차이가 발생한다.

앞으로 어느 한 가지 기술방식이 아닌 복수의 홈 네트워크 솔루션으로 구축 발전해 나갈 것이 분명하기 때문에 일률적인 기준을 정하는 것은 난센스다. 이런 점을 고려할 때 건물 내부망에서는 150Mbps 수준으로 가능하기도 하고 1.3Gbps 정도의 광대역이 필요한 경우도 있다. 홈 내부망에서는 20Mbps 면 충분하지만 앞으로 멀티미디어기기 사용에 대비해 홈 랜 방식으로 구축한다면 800Mbps 이상이어야 한다고 본다.

3. 가입자망의 무선화 및 통신구 건설

3.1 가입자망의 무선화

가. 기본방향

한국통신은 1990년대 후반에 접어들면서 통신시장개방에 능동적으로 대처하여 가입자 선로부문의 경제성을 높이고 케이블 건설이 어려운 지역에 무선가입자 선로를 공급하여 새로운 기술 환경에 대처하고자 하였다. 이에 따라 네트워크본부(본부장 이정욱)는 통신망의 이원화, 멀티미디어화 및 초고속화를 위해 가입자계에 고정무선통신기술 발전계획을 수립하였다(업무계획보고, 1996. 5, 네트워크본부 기술기획국장 김문수).

이 계획의 추진방침은 초고속 무선통신망 기반기술을 확보하고, 가입자계 고정무선통신 기술을 확보하는 체계를 정립하며, 한국통신 환경에 적합한 기술의 발전방향을 제시하는 것으로 결정하였다. 이에 따라 시행할 주요내용으로는 우선 국내외 WLL (Wireless Local Loop) 및 무선 케이블TV 기술상황, 표준화 및 개발동향을 조사하였다. 다음에는 고정통신망의 유무선 상호보완을 위해 WLL 및 무선 케이블TV 사업적용방안을 검토하여, WLL및 무선 케이블TV 관련기술의 확보방안을 결정하는 일이었다.

이어서 한국통신 네트워크본부(본부장 이정욱)는 유선가입자 선로의 경제성을 높이고 시내전화시장을 공격적으로 방어하며, 향후 ISDN 및 초고속정보통신 가입자망을 무선으로 공급하는 쪽으로 방향을 잡았다. 이에 더하여 통신시장개방에 따른 사업 환경변화에 대응하여 장기적인 경쟁력을 증대하고자 가입자회선 무선화를 본격 추진하기 위한 중장기 발전계획을 수립하였다(중장기 네트워크 발전계획, 1996. 9, 한국통신 네트워크본부). 이 계획의 주관부서 및 결재자는 제1장 말미의 참고자료 편에 기록되어 있으며, 이때 단계별 추진계획은 다음과 같다.

첫째, 1단계에서 시험망(Test bed)을 설치하여 무선가입자망 구축에 소요되는 신기술 및 장치운용기술을 확보하고, 국내 전파환경을 분석하여 사업화시 문제점을 도출하고 대책을 마련한다. 이 시험망은 상용화 제품이 개발되면 2개 시스템(기지국과 가입자 단말장치)을 대도시 및 농어촌지역에 설치하여 운용한다.

둘째, 2단계에서는 가입자 선로의 대개체가 도래한 지역에 우선 가입자 무선화 장치를 공급하여 상용화사업을 추진하고 경제성을 검토한다. 이를 통하여 주요 통신가입자회선을 이원화하고 가입자 선로의 포설이 어려운 지역과 전용회선의 적기개통이 곤란한 지역에 적용토록 한다. 이를 통하여 2×64Kbps 이하의 전화회선, 데이터회선과 ISDN BRI(2B+D) 서비스를 제공하며, 이때 시내교환기와 기지국은 E1으로 연결한다.

또한 가입자통신망의 멀티미디어 기능을 실현하기 위해 광케이블방식과 무선통신방식의 복합통신망으로 발전시킨다는 목표를 세웠다(한국의 정보통신네트워크 추진계획, 1997. 4. 17, 한국통신). 여기에서 가입자망의 무선통신방식으로는 WLL방식과 LMCS (Local Multipoint Communication Service) 등이 도입대상이었다. 이들 시스템은 국내표준으로 개발하여 가입자선로의 신증설이 곤란한 구간에 우선 적용하고 주요통신 및 대형고객의 선로를 유무선 방식으로 이원화하였다. 그래서 2005년에는 WLL가입자가 380만명에 이를 것으로 내다보았다.

또한 한국통신은 고객의 이동통신 요구에 부응하여 차세대 종합통신망(FPLMTS)을 구축하기 위해 한국전자통신연구소(ETRI), 통신사업자, 장비공급업체들과 합동으로 관련기술을 연구 개발하여 2000년 이후에는 제3세대 이동통신서비스로 자리 잡을 수 있도록 상용화를 추진하였다. 이것을 실현함으로서 세계 어디서나 하나의 단말기를 이용하여 음성 및 동영상서비스를 제공받을 수 있게 하였다. 한국통신은 이상과 같은 가입자망의 무선화를 위해 1997년부터 2006년까지 총 3조4,569억 원을 투입하는 재원계획을 수립 추진하였다(네트워크의 고도화 추진계획, 1997. 6, 한국통신).

나. 2.3G 및 25G 무선방식의 도입

통신선진국 중 일본, 영국, 미국 등은 가입자망 무선방식(WLL) 중 2.3G방식을 사용하였다. 일본은 PHS 사업자인 아스텔동경이 기존의 PHS를 개량하여 WLL 서비스를 공급하고 았었다. 영국은 BTalc Ionica가 WLL 사업권을 확보하여 WLL 서비스를 개시하였다(1996. 5). 그리고 미국은 US West, Ameritech에서 WLL 서비스를 공급하고 있었다. 당시 국내상황으로는 국내주파수는 2.3GHz 대역에 30MHz 확보되었으며, 한국통신은 10MHz를 기 확보하였다.

그리고 신규 시내전화사업자는 2.3GHz 대역에 10MHz를 확보할 예정이었고, 시외전화사업자에게는 각각 5MHz씩 할당되었다. 한편 WLL장비의 국내개발은 1998년에 마칠 예정으로 추진되고 있었다. 이 무선방식은 농어촌 원거리 가입자 수용, 대도시 등 지하구조물 포화구간, 인터넷 등 신규서비스 수용, 대형고객 및 주요기관의 유무선 이원화, 긴급회선 구성 등에 활용하는 것으로 하였다.

한편 미국, 캐나다, 유럽 등지에서는 25GHz대역에서 광대역 무선가입자 시스템을 개발하여 시험서비스를 제공하고 있었다. 국내에서는 SK텔레콤, 금호텔레콤 등에서 장비를 개발중에 있었으며, 주파수는 25.5GHz- 27.5GHz가 가입자회선용으로 분배되었다. 당시 이 방식을 위해 수립한 통신망 구축계획은 다음과 같다(시내전화 경쟁대응 네트워크발전전략, 1997. 6, 한국통신 네트워크본부).

첫째, 이 방식은 HFR(Hybrid Fiber Radio) 개념의 무선 초고속가입자망으로 활용하고, 2.3G WLL망 구축지역에 가입자회선용량이 증가할 경우 광대역 WLL로 대체한다.

둘째, 1단계(시범사업추진)는 주로 수도권 주변지역을 대상으로 하여 2000년부터 2002년까지 시행하고, 2단계(상용화사업추진)에서는 사업지역을 대도시 및 주변도시 위주의 전국일원으로 하여, 2003년부터 초고속가입자구축과 연계하여 추진한다.

셋째, 광대역 WLL시스템은 1997년-2000년에 개발하고, 25G WLL방식을 이용하여 팩, 케이블TV, NOD 등 멀티미디어 서비스를 제공하고, 고속 양방향 인터넷서비스를 제공한다.

3.2 기초관로 및 통신구 건설

가. 1980년대 초반의 사업추진

기초관로는 대부분 가입자케이블 수용을 위한 시내전화용 지하관로이며, 통신구는 도로관리청인 서울시, 부산시 및 지하철과 신도시 건설시 위탁하여 건설하였다. 서울시내 지하철구간(2호선, 3호선, 4호선)에 12Km, 부산지하철구간(1호선)에 5Km, 단독구간 4Km 등 총 21Km를 건설하였다. 도로유관사업은 유관기관의 도로계획과 병행하여 지하관로를 포설 시행하였다. 이렇게 함으로서 도로의 이중굴착을 방지하여 예산을 효율적으로 집행하였다. 1980년대 초(1981년, 1982년)의 기초시설 및 통신구건설 실적은 <표 1-8>과 같다.

<표 1-8> 기초시설 및 통신구 건설실적(1981년/1982년)

구분	1981년		1982년	
	목표량(Km)	예산(백만원)	목표량(Km)	예산(백만원)
기초관로	68	6,880	50	7,700
통신구	26	33,800	21	52,120
도로유관	148	2,743	31	2,983

1983년도 사업목표량은 기초관로 105Km, 통신구 21.5Km를 구축하게 되어 있었다. 이를 위한 소요예산은 기초관로 구축에 122억7천9백만 원, 통신구 건설에 688억5천9백만 원이

소요됨으로서 총 811억3천8백만 원이 투입되었다. 이때 기초관로 건설단가는 14만7천원/Km으로 분석되었다. 한편 1983년도 사업집행을 하는 과정에서 총 374억2천5백만 원의 예산부족상황에 부딪치게 되었다. 내용별로 보면 지하철 공사와 관련하여 시행해야할 통신구 21.5Km의 건설을 위해 165억5천2백만 원이 부족하였고, 개포 가락지구 공동구 설치에 35억 원이 추가 소요액이 필요하였다.

또한 경부간 광통신시설 관로공사 지원금 64억 원, 농어촌 자석식전화 1만5천회선 목표량 증가에 따른 추가소요액 및 자연부락 통신지원 부족액 76억 원, 서울시내 장기적체해소를 위한 월구수용을 위한 전송로집선장치 소요액 33억7천3백만 원 등 총 374억2천5백만 원이 부족하였다. 당시 이 부족예산은 가입자선로 사업부분에서 127억 원, 국간중계케이블 사업부분에서 130억 원을 절감하고 재고물량 302억2천만 원을 활용하여 충당하였다(전자식 선로예산, 1983. 4. 12, 한국통신 도시계획부 선로과장).

이어서 1984년도 사업목표량은 가입자 101만 회선을 확장하는 것으로 결정하였으며 이를 위한 관로 건설을 위해 502억6천9백만 원의 성립예산을 확보 추진하였다. 또한 동시에 기초관로건설 898Km를 위하여 529억4천5백만 원의 예산계획을 수립하였으며, 통신구는 총 82.9Km를 건설하는 계획을 세워 소요예산 1,583억8천6백만 원을 성립하였다.

나. 1990년대 후반의 사업추진

한국통신 네트워크본부(본부장 이정욱)에서는 1998년도 시내통신시설 사업 중 도로유관관로의 공급방침 및 공급기준을 다음과 같이 정하여 추진하였다(1998년도 시내통신시설 투자사업계획 수립지침, 1996.6, 한국통신 네트워크본부).

첫째, 도로유관관로는 도로관련공사 및 지하통신시설 공사와 병행 시공하여 경제적 투자가 되도록 하고, 신개발지 등 특별수요발생지역에는 적기에 통신지원을 하는 방향으로 시행한다. 그리고 도시기반시설과 연계 추진하고 중장기 수요에 대비하여 적정한 수준의 시설을 공급한다.

둘째, 도로유관관로의 건설 대상구간은 도로공사구간에 지하관로소요가 있고, 병행시공이 가능한 구간을 우선 공급한다. 그리고 도로공사가 완료된 구간이라도 굴착통제기간 내에 선로공급이 예상되는 구간이나, 특별법에 의하여 조성되는 개발단지 내 구간에는 시공한다.

셋째, 관로의 공급기준으로 공급할 관로공수는 (시내케이블 조수+중계 및 시외케이블 조수+기타)×환경배율+동축 및 직매케이블 조수+예비관으로 정한다. 여기에서 시내케이블 조수는 15년 후 수요수×공급배율(k)/ 계획케이블대수로 정허며, 이때 공급배율(k)은 1.43으로 한다. 다만 신개발지역 등 수요발생 예측이 어려운 지역은 종국기 수요범위내에서 공급배율을 1.65까지 탄력적으로 적용한다. 한편 중계 및 시외케이블은 장기계획에 의한 케이블 조수로 정하고, 케이블TV 등 신규서비스 수요 및 유지보수에 필요한 부분을 반영한다.

넷째, 도로유관 관로공사 그 공사의 특성, 긴급순위에 따라 계획을 수립 추진한다. 1순위는 포장도로 신설 및 확장구간, 2순위는 포장도로의 관련공사구간, 3순위는 보도구간 등으로 정하여 시행한다. 그리고 대형고객 광케이블, 전용회선 공급, 집단전화 중계회선 등 한국통신 사업경쟁력 강화를 위해 선로공급이 예상되는 구간은 최우선 반영한다.

다음에는 당시 통신구시설의 공급방침과 공급기준을 다음과 같이 수립 추진하였다(1998년도 시내통신시설 투자사업계획 수립지침, 1996.6, 한국통신 네트워크본부).

첫째, 국사용량이 5만회선 이상 신축국사에는 인입통신구를 건설하고, 지하철 건설구간에는 병행통신구를 건설한다. 그리고 도심지 내 대단위 도로굴착구간과 신시가지 개발구간에는 공동구를 건설하고, 지하철 병행통신구와 인근 전화국간을 연결하는 통신구도 건설한다.

둘째, 공동구는 지하철 건설구간 및 신시가지 개발지역의 선로집중구간에 건설한다. 그리고 지하상가, 철도횡단 및 기타 유관공사 구간 등 특수한 지역여건에 따라 공동구를 건설하는 것이 경제적이라고 판단되는 구간에 건설한다. 연결통신구는 공동구와 인근 전화국 간 연결구간, 선로집중국 간 연결구간, 도심지 번화가의 선로집중 구간, 관로시설로 종국수요 충족이 어려운 구간에 건설토록 한다. 또한 인입통신구는 신설 전화국, 증개축 전화국의 인입구간에 시공하고, 관로시설로 종국수요처리가 어려운 기존국사의 인입구간에는 이를 건설한다.

셋째, 통신구는 종국기 소요 관로공수가 40공 이상인 경우 이를 건설하고, 공동구 건설은 향후 수요증가에 대비하여 적극 추진한다. 그리고 연결통신구는 도로여건, 현재 관로시설의 유지보수상황 등을 감안하여 우선순위에 따라 공급하고, 5만회선 이상의 전화국 치국 시에는 국사 및 국내통신구 용량 등을 감안하여 통신구를 계획한다.

한국통신은 1998년도 기초통신시설 확충사업으로 수요밀집지역의 대량시설 인입을 위한 통신구 건설, 도로관련 통신관로 건설 및 이설계획을 다음과 같이 건설하였다(1998년도 주요업무계획, 1998. 2, 한국통신 네트워크본부).

첫째, 수요밀집지역의 다량케이블 수용을 위한 지하공간을 확보하고, 이를 지하철 건설 및 지하공간사업과 병행 추진한다. 그리고 중복투자가 예상되는 필수적인 구간 만 반영한다.

둘째, 1998년도 사업으로 통신구 10Km를 건설하고 이를 위한 소요예산 869억5천9백만 원을 확보하여 1998년 착공 1998년 개통목표로 추진한다. 주요지역별로 보면 서울 8개국 2.6Km, 부산 15개국 2.8Km, 경기 8개국 1.7Km, 대구 4개국 1.7Km등 총 42개국 10Km이다.

셋째, 도로관련 통신관로 건설은 도로신설 및 포장구간의 통신시설을 적기에 이설토록 하고, 도로 및 굴착공사 등의 유관 관로공사와 적기에 병행 시행한다. 그리고 굴착 통제기간 (3년)내 케이블 공급이 필요한 대상구간의 관로를 우선 시공한다.

넷째, 1998년도 도로관련 통신관로 건설사업의 목표량은 3,375Km이고 소요예산은 1,692억4천6백만 원으로 계획되었다. 그러나 이를 위한 실행예산은 790억8천만 원이 부족한 901억6천6백만 원이 배정되었다. 이런 관계로 도로굴착 제한기간(3년)내 케이블 60개국 452Km(소요예산 201억 원)의 공급이 불가하고, 도로신설 및 확포장구간 케이블 신증설 215개국 1,086Km(소요예산 557억 원)의 시행이 불가능하게 되었다. 또한 교량 신개축 구간 등 37개국 44Km(소요예산 33억 원) 건설도 불가하였다.

다섯째, 이 문제를 해결하기 위하여 도로유관 관로시설 1,225Km(소요예산 610억 원) 사업은 채무예산으로 확보하여 1998년 8월 착공 추진한다. 그리고 디지털 회선분배장치(배정예산 70억 원), 가입자선로 대개체사업(배정예산 100억 원), TIMS사업(배정예산 10억 원) 등 타 사업의 시기를 조정하여 이로부터 180억 원을 충당토록 한다.

참고자료

(1) 가입자선로 개선계획(1986. 3. 7)

한국통신은 가입자 액세스 망에 지절연 케이블의 공급 중지하고 전송특성이 양호한 FS 케이블로 전환 공급하는 가입자선로 개선계획(통신429-1126, 1986. 3. 7)을 결정하였다. 이이에 따라 1986년과 1987년에 기술적인 특성 및 경제성 확인을 위해 시험 공급하고 1988년부터 본격 공급하며, 장기적으로는 가입자 전송로에 광케이블을 확대 공급하도록 하였다. 이 계획은 계획국 통신망계획부 담당과장(우승술, 장건, 서용희), 부장(이정욱)이 주관하고 국장(이응효), 사장(이우재)의 결재로 확정 시행되었다.

(2) 가입자선로 품질개선 기본계획(1986. 3. 7).

1986년 한국통신 계획국은 원거리 가입자의 통화개선을 위해 가입자선로 품질개선 기본계획을 수립 추진하였다(1986. 3. 7). 이 계획의 주요내용은 ① 일반가입자 선로는 2선식 심선케이블을 공급, ② 원거리지역은 원격시설을 공급하여 신뢰성 있고 품질좋은 가입자선로망을 구축하여 장차 종합정보통신망의 기반을 조성한다는 것이었다. 이 계획은 계획국 통신망계획부 담당과장(우승술, 장건, 서용희), 부장(이정욱)이 주관하고 국장(이응효), 사장(이우재)의 결재로 확정 시행되었다.

(3) 가입자선로 다중화 기본계획(1994. 3)

1994년 한국통신 기술기획실은 가입자선로 1회선을 디지털화 하여 구내배선부족을 해소하고 서비스를 개선하는 가입자선로 다중화 계획을 세웠다(가입자선로 다중화 기본계획, 1994. 3, 기술기획실 통신망계획2국). 이에 따라 가입자선로 다중화장치를 구내배선 부족지역에 우선 공급하고, 기존 가입자의 1가구 2전화(1PC) 실현하였다. 이 계획은 기술기획실 전송망계획부장(김용군), 통신망계획2국장(안승춘)이 주관하고 실장(이정욱), 부사장(김상국), 사장(조백제)의 결재로 확정 시행되었다.

(4) 중장기 네트워크 발전계획(1996. 9. 9)

한국통신은 가입자망에 광케이블을 확대 공급하기 위한 중장기 발전계획을 수립하였다(중장기 네트워크 발전계획, 네트2510-3162, 1996. 9. 9). 이 계획에 의해 1997년까지 도시 주요 사업지역에 광가입자망의 휘더망을 구축하고 1998년-1999년에는 6대 도시 수요밀집지역에도 광가입자 휘더망을 구축하며 2015년까지 가입자 댁내까지 광케이블을 공급하는 청사진이 제시되었다. 이 계획은 네트워크본부 담당과장(4급행정 이재춘), 시설계획부장(오경래), 종합기획국장(엄재건)이 주관하고 시설운용실장(김기천), 본부장(이정욱), 사장(이준)의 결재로 확정 시행되었다.

제2장

장거리통신망의 대대적인 확장

1. 장거리통신망의 현대화 방향

1.1 정부 5개년계획에 의한 추진

가. 5차5개년계획 중 장거리통신시설

우리나라의 정보통신 발전과정을 보면 1960년대 초까지의 일반적 인식은 통신은 개인간의 단순의사 전달기능이고, 소수계층의 전용물로 취급되었다. 그리고 사치품화 함으로서 산업발전의 부산물시 되고 있는 상황이어서 정부는 적극적인 개발정책이나 투자에 인색하였다. 우리나라는 1907년 경성-평양 간 장거리 시외전화가 개통된 이후 1961년 말 당시 시외전화 시설은 총 1,177회선을 운용하고 있었다.

이후 1962년부터 1981년까지 기간에는 통신이 경제사회발전의 필수적 전제조건으로 인식되기 시작하였다. 따라서 4차에 걸친 통신사업 5개년계획을 통하여 개발 촉진되었다. 이에 따라 1981년말 시외전화는 88,571회선으로 늘어나면서 1961년에 비해 75배나 늘어나게 되었다. 그러나 당시 고도경제성장에 따른 급속한 통신시설 수요증가에 부응하지 못하고 있었다.

정부의 5차 경제개발 5개년계획에 맞추어 한국통신은 장거리통신시설을 대량 확장하였다. 이 사업을 효율적으로 시행하기 위해 한국통신 계획국은「장거리교환망 기본계획」을 수립 추진하였다(1985. 1. 11). 이 계획의 주관부서 및 결재자는 제2장 말미의 참고자료 편에 기록되어 있다. 그 주요내용을 요약하면 ① 현재 총괄국, 중심국, 집중국, 단국의 4개 국계위(局階位)를 총괄국, 중심국, 단국의 3계위로 조정한다. ② 서울주변지역 통화량을 서울시내 텐덤교환기(시내/텐덤 겸용)를 경유하여 처리토록 한다는 것이였다.

1980년대 중반 한국통신 통신망계획부는 통신부문의 5차 5개년계획에 의하면 장거리 교환시설 44만5천 회선, 장거리 전송로 13만3천 회선을 공급 추진하였다. 이때 연도별 공급계획은 <표 2-1>과 같다(통신망 현대화계획, 1985. 12. 17. 한국통신 계획국 통신망계획부). 또한 1985년 전반기 한국통신 계획국은「장거리 기간전송로계획」을 수립 추진하였다(1985. 3. 11). 이 계획의 주관부서 및 결재자는 제2장 말미의 참고자료 편에 기록되어 있다. 그 주요내용을 요약하면 다음과 같다.

첫째, 1987년부터 전량 디지털방식으로 건설하며, 비음성서비스의 확재 보급을 위하여 시단위 이상 구간을 광전송로로 확보한다.

둘째, 통신시설의 안정성을 고려하여 루트를 다원화하며, 평시에 분산 수용하여 운용한다. 또한 집중자동제어 및 감시를 위하여 전송로 통신망 관리시스템을 설치한다.

셋째, 교환과 전송의 디지털화로 추가적인 AD 변환을 하지 않게 됨으로써 통신망의 경제성을 높이고, 신뢰성과 안정성을 확보하며, 종합정보통신망의 기반을 구축토록 한다.

이때 장거리전화의 5차5개년 간 발전목표는 <표 2-2>와 같이 세우고 추진하였다(통신망 현대화계획, 1985. 12. 17. 한국통신 계획국 통신망계획부).

<표 2-1> 5차 5개년계획기간의 장거리통신시설 공급계획(단위 1,000회선)

구분		1982년	1983년	1984년	1985년	1986년	계
교환시설	당년	115	205	125	-	-	445
	누계	115	335	445	445	445	445
전송시설	당년	32	29	19	22	31	133
	누계	124	153	172	194	225	225

<표 2-2> 5차5개년계획 기간의 시외전화 발전전망(단위 %)

구분	1981년말	1983년말	1986년말
시외교환시설 전자화율	0	95	100
시외전송로 디지털화율	18.8	36.8	51

나. 제6차 5개년계획에 의한 확장

정부의 제5차 5개년계획에 이어 제6차 5개년계획이 추진되었다. 이 계획 중 통신부문계획의 기조는 장거리통신망 수요의 완전충족과 디지털화에 두었으며, 주요내용은 다음과 같다(제6차 경제사회발전 5개년계획, 1986. 10, 통신부문계획위원회).

첫째, 시외회선수요의 완전 충족과 통신품질의 제고하고 신규공급물량은 전량 디지털방식으로 공급한다. 이 기간에 교환시설 10만 회선, 전송시설 15만4천 회선을 공급하며, 연도별 공급계획은 <표 2-3>과 같다. 1986년 말 장거리시설의 디지털화율을 보면 교환시설 100%, 전송시설 51%이었다. 교환시설은 이미 디지털화가 완성되었고, 전송시설은 1991년까지 72%까지 향상시키는 계획으로 추진하였다.

둘째, 장거리 기간전송로에 광통신시설을 우선 공급하고, 비음성서비스의 확대를 위한 전송로로 공급하며, 올림픽 통신을 위한 전송로로 공급한다. 이 기간에 광전송로시설은 총 10만3천 회선을 공급하고 광케이블은 총 3,779Km를 건설하는 것으로 결정하였으며, 이에 대한 연도별 시설계획은 <표 2-4>와 같다.

셋째, 주요 고속도로구간에 광통신시설을 건설한다. 경부고속도로, 중부고속도로, 호남고속도로, 올림픽고속도로 등에 광관로, 광케이블, 광전송로 시설을 설치하는데 세부내역은 <표 2-5>와 같다.

넷째, 제주-육지 간 국내통신수요를 충족하고, 태평양 해저광케이블에 수용되는 국제회선 수요를 공급하기 위해 제주-육지 간에 해저광케이블을 건설한다. 이 해저광케이블의 용량은 2001년 장기수요를 감안하여 결정하고, 건설구간은 제주 성산과 전남 고흥 간 190Km으로 한다. 건설기간은 1985년-1988년이며, 광통신시설 목표량은 1만2천회선(280Mbps 시스템)으로 한다.

<표 2-3> 장거리통신시설 제6차 5개년계획(단위 1,000회선)

구분	1986년	1987년	1988년	1989년	1990년	1991년
교환시설 공급	-	-	-	18	39	43
전송시설 공급	-	30	30	31	32	31
시설누계(교환)	445	445	445	463	502	545
시설누계(전송)	236	260	290	321	353	383

<표 2-4> 광통신시설 제6차 5개년계획(단위 1,000회선)

구분	1986년	1987년	1988년	1989년	1990년	1991년
광전송로 (회선)	-	17,472	19,488	21,504	22,176	22,848
시설누계	25,608	43,080	62,568	84,072	106,248	129,096
광케이블(Km)	-	958	828	783	692	515
시설누계	1,378	2,336	3,164	3,947	4,639	5,157

<표 2-5> 주요고속도로 광통신시설 추진일정(6차 6개년계획)

구분	경부고속도로	중부고속도로	호남고속도로	올림픽고속도로
광관로	1983-1986년	1985-1987년	1984-1985년	1982-1983년
광케이블	1986-1987년	1987-1993년	1986-1987년	1987년
광전송로	1986-1987년	1987-1993년	1986-1987년	1987년

한편 한국통신은 위의 6차 5개년계획을 근간으로 하여 장거리전화시설을 대폭 확장하여 1987년까지 전국 자동전화 즉시화를 실현하고, 시외교환기를 전량 전자화 하는 목표를 수립 추진하였다. 이를 위해 교환시설은 1983년 33만 회선으로부터 2001년에 123만 회선으로 대폭 증설하고, 전송로는 1983년 15만 회선에서 2001년에는 108만 회선으로 크게 확장하는 것으로 추진하였다.

또한 교환시설의 디지털화는 1983년 95%에서 1984년에 100% 달성하고, 전송로 디지털화는 1983년 36%에서 1996년에는 100% 완성하는 목표로 추진하였다. 이때 장거리전화의 연도별 디지털화 계획은 <표 2-6>과 같다. 여기에서 No.4, AXE-10 등 시외교환기는 1984년에 디지털화를 완성하고, 장거리전송로는 1987년부터 전량 디지털방식으로 공급하는 것으로 하였다.

<표 2-6> 장거리전화 디지털화 계획(단위 %)

구분	1987년	1989년	1991년	1996년	2001년
교환시설	100	100	100	100	100
전송로	61	71	83	100	100

한편 한국통신 계획국에서는「중심국이하 전송로 장기계획」을 수립 추진하였다(1987. 2. 23). 이 계획의 핵심사항은 1987년부터 장거리 전송시설을 전량 디지털방식으로 건설하고, 비음성 서비스의 확대보급을 위하여 대용량 구간은 광전송로를 확보하게 하였다. 그리고 통신망의 안정성을 고려하여 전송루트를 환형(Loop)화하고 평시 분산 수용한다는 것이었다. 이 계획의 주관부서 및 결재자는 제2장 말미의 참고자료 편에 기록되어 있다.

1.2 장거리통신망의 현대화

가. 장거리통신시설의 대용량화

한국통신은 광케이블을 기반으로 한 가입자전송로, 시내통신망, 장거리 통신구간 등 기간통신망의 주요전송장치의 대용량화를 추진하였다. 이를 위해 156Mbps 및 622 Mbps급의 고속 대용량 전송장치를 1988년부터 1992년까지 개발하여 1994년에 상용화하였다.

이어서 2Gbps, 5Gbps, 100Gbps급 등 초고속 대용량 시스템을 1989년부터 1996년까지 개발하여 1990년대 후반(1995년-1998년)에 상용 공급하는 것으로 추진하였다. 그러나 1990년대 초반까지 상황을 보면 많은 양의 비동기식 전송망을 운용하고 있었으며, 효율적인 통신망 관리환경이 미흡한 실정이었다. 또한 대전중계소의 통과회선이 과다하고 5대 도시 간에 광 전송로가 편중되어 있었다.

이 문제를 해결하기 위해 기술기획실(실장 이정욱)에서는 고속 광대역 전송로를 다원화하고 트래픽 집중점을 분산하여 기간전송망의 신뢰성을 향상시켜 21세기 고도정보화사회 기반구조를 구축하기 위한 기간전송망 중장기발전계획을 수립하였다. 우선 1994년부터 데이터통신망의 고속화를 추진하였다. 이를 위해 2.5Gbps(3만2천 회선급)의 초고속 대용량 광 전송장치를 전화국 상호연결루트와 장거리통신 구간에 도입하고, 1995년부터는 국내개발제품으로 공급하였다(1994년도 주요업무 발전계획, 1993. 7. 26, 한국통신 기술기획실).

이와 동시에 5대도시 간 편중된 광 전송로를 우회 루트로 이원화하고 고속의 광대역 기간전송망을 조기에 완성하기 위한 「기간전송망 발전전략」을 수립하였다(1993. 12, 기술기획실 전송망계획부). 이에 따라 대전지역 통과 전송로의 우회로를 구성하고, 서울, 부산, 대구, 광주, 대전 등 5대 도시 간은 성형망을 구성하며, 2001년까지 초고속 대용량 동기식 광 전송망을 구축토록 하였다.

또한 유선통신망의 동기식 전송망을 구축하고, 부족한 전파자원을 효율적으로 이용하기 위해 전송용량을 확대하고 Co-Ch방식을 채용한 동기식 마이크로웨이브(MW) 장비를 공급 추진하게 되었다. 이를 위해 한국통신에서는 유선통신망의 동기식 전송망 발전전략을 수립하였다(1992. 4. 3). 그리고 체신부에서는 주파수배치는 Co-Ch방식으로 하고 전송용량은 155Mbps이상으로 하는 전파지정기준을 개정하였다(1992. 12. 26).

1990년대 중반에 접어들면서 한국통신 기획조정실(실장 이정욱)에서는 광통신의 직접중계 및 장거리 무중계 전송을 구현하기 위해 초고속 대용량의 차세대 광전송시스템을 개발하기로 결정하였다(차세대 광전송시스템 개발계획, 1995. 6, 기획조정실 기술조정2국). 이를 위한 추진방침은 핵심 소요기술은 도입하거나 국제 공동연구하고, 소자 제조기술은 산학연 공동개발하며, 시스템은 설계에서부터 제조까지 자체 개발하는 것으로 정하였다. 특히 광직접중계방식이란 기존의 광전(光電)변환에 의한 재생중계방식이 아닌 직접 광증폭에 의한 전광(全光)중계방식을 말하는데, 이때 추진한 계획의 주요내용은 다음과 같다.

첫째, 광증폭 기술, 광파장 주파수 분할 다중기술 등 차세대 광 전송기술을 연구한다. 둘째, 발광소자, 수광소자, 광 커넥터, 광 커플러 등 초고속 광소자의 제조기술을 확보한다. 셋째, Tera급 광 전송시스템 등 초고속 광대역 광 전송시스템의 개발능력을 확보한다.

또한 기획조정실에서는 고속, 광대역 통신기술 발전에 맞추어 근본적이고 체계적인 「중장기 광섬유 기술발전계획」도 수립하였다(1995. 6). 이 계획에 의해 초고속 종합정보통신망 구축에 기반이 되는 차세대 광섬유와 광증폭 광섬유 및 고강도 광섬유기술을 개발하는 것을 추진방침으로 정하였다.

이를 위해 광섬유에 관한 연구를 적극적으로 추진하고, 국내 광섬유기술을 선진국 수준으로 향상시키며, 초고속 종합정보통신망 구축에 적합한 광섬유를 확보하는 세부계획을 추진하게 되었다. 이 세부추진계획도 1995년 3/4분기까지 확정 추진하였다. 한편 한국통신은 경부고속철도 건설 유관사업에 참여하여 고속철도구간의 광관로 포설권을 확보하였다

(1995년도 업무계획보고, 1995. 6, 기획조정실). 한국철도건설공단이 추진하는 서울-부산 간 442Km의 고속철도건설공사는 1995년부터 2001년까지 시행되며 이를 위해 총 10조7천억 원이 투자될 계획이었다.

이때 한국통신은 역사건축(Teleport) 및 역세권 개발사업에 참여가 가능하고, 고속철도 구간에 광관로 포설권을 확보하며 고속철도용 초고압 송전선에 따른 유도방지대책공사를 맡을 수 있었다. 당시 한국통신의 광관로 확보와 한국철도공단의 전력유도대책 간 비용 상계방안으로 추진하였다.

나. 장거리전송망의 동기화 추진

한국통신은 기간통신망의 비동기식 마이크로웨이브(MW) 전송망을 동기식으로 전환하고, 집중운용 보전체제를 완성하는 「기간통신용 MW전송방식의 전환계획」도 수립하였다(1993. 12, 기술기획실 전송망계획부). 이 계획에 따르면 동기식 MW전송장치는 1995년부터 공급하고, 집중운용 보전시설은 1997년부터 설치 운용하게 하였다. 이어서 보다 구체적인 MW전송망 동기식 전환 기본계획을 다음과 같이 수립하였다(1994. 2. 19, 기술기획실 통신망계획2국).

첫째, 동기식 MW장비는 도입단계(1995년-1996년), 확장단계(1997년-2003년), 완성단계(2004년-2010년)로 나누어 단계별로 공급한다.

둘째, 전송용량은 155Mbps, 312Mbps, 622Mbps로 증대시켜 나간다. 이를 위해 고변조방식을 적용하며, 단순하고 융통성있는 전송망을 구성토록 한다. 그리고 전파집중지역을 해소하고 운용보전체계를 개선한다.

셋째, 동기식 전환율은 21%, 95%, 100%로 높여나간다.

그 후 통신망의 디지털화와 전송시스템의 고속화, 대형화에 따라 고품질의 동기망을 구축하여 디지털 통신망의 신뢰성을 높이고 고품질을 확보하고자 동기망 중장기 발전계획을 수립하였다(1996. 2). 이 계획에서 우선 1996년에 동기망 계위와 통신망 계위를 일원화하고, GPS Timing System을 이용한 동기원의 이원화를 추진하게 하였다(1996년- 1998년). 그리고 1996년에 디지털 클럭 분배장치(DOTS)에 대해 SDH 동기품질을 반영하고 통신망관리기능을 부가하는 등 성능을 개선하며, 주 동기원인 KRF를 서울로 이전하고 자체 운용한다(1998년-1999년).

다. 마이크로웨이브 기간전송망 장기발전계획

1980년대 초반 한국통신은 마이크로웨이브(MW) 중계소를 건설하고 종사원의 복리를 위한 건물을 신증축하였다(통신투자사업 추진현황, 1983. 3, 한국통신 중앙건설사무소 시설본부). 이때 주요내용을 보면 ① 흑산중계소 150m², 학산중계소 150m², 미산중계소 150m²의 건물을 신축하였다(1983. 5- 1983. 9). ② 종사원 복리를 위한 건물로서 고남산

505m^2, 두대산 149m^2, 원효봉 248m^2, 한백산 298m^2, 가엽산 198m^2, 송나산 347m^2, 용문산 347m^2, 도솔산 149m^2, 앞산 347m^2, 새오름 260m^2를 건설하였다(1983. 6-1983. 11).

1990년대 초반까지 우리나라 기간전송망의 마이크로웨이브 방식은 비동기식으로 설치 운용되고 있었다. 이후 1992년 4월에는 마이크로웨이브 기간망을 동기식으로 전환하도록 결정하였으며, 그해 6월에는 주파수자원의 효율적 이용계획을 수립하여 동기식 마이크로웨이브의 동일채널 이중편파방식을 적용하고 IRF당 채널전송용량을 확대토록 정하였다. 또한 마이크로웨이브 기간전송망은 주파수 이용 효율측면과 통신보안 대처측면에서 통신망구축계획의 보완이 필요하였다. 뿐만 아니라 B-ISDN의 도입에 대비하고 광통신망의 동기식방식과 연계하여 마이크웨이브 시설을 동기식으로 전환하는 것이 필요하였다.

이를 위해 기술기획실(실장 이정욱)에서는 동기식 마이크로웨이브 방식 전환과 병행하여 송신소 위치조정 등 통신망의 재구축계획을 수립하였다(MW 기간전송망 장기발전계획, 1994. 11, 기술기획실 통신망계획2국). 이때 마이크로웨이브 기간전송망을 동기방식으로 전환하는 방침을 다음과 같이 정하여 추진하였다.

첫째, 당시 마이크로웨이브 기간전송망의 남북방향 구성을 탈피하여 효율적인 방법으로 재구축한다.

둘째, 전국 마이크로웨이브 기간전송망의 송신소 위치 등을 재조정하고 대전 이북의 미사용 MW시설은 해제 추진한다.

이어서 한국통신 기획조정실(실장 이정욱)에서는 마이크로웨이브 전송기술의 동기식 전환, 전화수요 급증 및 무선통신 이용패턴의 다양화, 고도화에 따라 「MW 시스템 기술발전계획」을 수립하였다(1995. 6). 이 계획의 추진방침은 당시 시스템의 문제점을 파악하고 마이크로웨이브 기술의 발전추이를 전망하며 새로운 무선통신방식의 개발방향을 정립하는 것으로 정하였다. 그리고 추진계획의 골자는 산업체 위주로 MW 장비가 개발되도록 유도하고, 개발부담이 큰 기초기술 분야에만 한국통신이 개발에 참여하며, 무선통신개발단의 기능을 보강하는 것이었다. 이를 위한 세부발전계획은 1995년 4/4분기 내에 확정하는 것으로 추진하였다.

2. 시외통신망에 전자교환방식 도입

2.1 대도시에 시외전자교환기 도입

가. 대용량 시외전자교환방식의 공급

1970년대 후반기가 되면서 체신부 계획국에서는 국제통신시설 이전 및 소통개선대책을 수립하였다(1977. 3. 25). 이때 우리나라 장거리 통신망에 대용량 시외전자교환기의 도입을 검토하기 시작하였으며, 이에 필요한 기초자료를 조사하기 위해 관계직원 2명이 2개월간 미국 AT&T와 일본 KDD에 해외출장을 다녀왔다(1977. 4. 10- 6. 20).

이 출장보고서의 주요내용은 앞으로 장거리통신망은 국제 및 시외 겸용으로 건설하고, 디지털방식을 도입해야 하고, 이를 위한 교환기는 기 개발품 중에서 선정하는 것이 유리하다는 것이었다. 그리고 시외교환기 도입을 위한 협의대상으로 AT&T(미국), GTE(미국), NEC(일본), Fujitsu(일본)를 제시하였다. 당시 계획국은 시외전자교환기 도입을 1980년 계획에 반영하기 위해 기술정책관실에 전자교환방식 채택 및 기종선택여부에 대해 문의하였다(체계사 1620-144, 1978. 12. 6, 계획국). 그러나 기술정책관실로부터 회신이 없었다.

다음해 초 체신부 계획국에서는 시외 및 국제교환시설을 위해 전자교환기를 도입하는 방침을 결정하였다(시외 및 국제ESS 도입, 체계사 1620-3291, 1979. 1. 30). 이때 기종 선정을 위한 기본방침을 다음과 같이 정하였다.

첫째, 이 전자교환기의 용도는 시외 및 국제 전자교환기, 시외 및 시내 탠덤 전자교환기로 하고, 용량은 시외 전자교환기는 5만 단자 이상, 국제 전자교환기는 3천 단자 이상으로 한다.

둘째, 기존의 설계 완제품 중에서 선정하고, 기존에 설치 운용되고 성능보장이 증명된 것으로 하며, 가능한 운용, 제조 및 개발이 동일계열회사 제품으로 한다.

이에 따라 본 교환기 기종선정 실무작업은 한국통신기술연구소(KTRI)에서 시행토록 결정하였으며, 체신부는 시외용 전자교환기 도입방침 및 추진계획을 KTRI에 시달하였다(체계사 1620-517, 1979. 1. 20). 그로부터 5개월 후 KTRI로부터 실무작업 중간보고서를 접수하였다(교방 제6호, 1979. 5. 14). 이 보고서에 의하면 KTRI에서는 관련 9개회사에 텔렉스를 발송하여 그 중 8개사로부터 회신을 접수하였다(1979. 4. 2-4. 6). 이를 검토하여 기종별로 용량, 가격 등을 비교하였는데 결과는 <표 2-7>과 같다. 여기에서는 2만회선 기준으로 비교하였으며, 가격단위는 1,000달러이고, T는 Turn Key, F는 FOB가격을 말한다. 그 후 검토과정에서 당초 시외 및 국제교환기 도입추진(안)은 차관결재 후 폐기되었다(1979. 5. 18).

그러나 실무작업반은 GTE의 No.3 EAX와 WECO의 No.4 전자교환기 중에서 선정하는 것이 바람직하며, 이 중에서도 운용실적과 성능 면에서 우위인 No.4 전자교환기를 추진할 것을 건의하였다. 이때 체신부장관(이재설)은 다음과 같이 지시하였다(1979. 5. 21).

첫째, 본건은 10개 기종을 1매에 비교 작성하고 한국통신기술연구소(KTRI)로 하여금 차관조건을 각 회사로부터 제출받아 비교 작성할 것.

둘째, 제2기종 선정에 영향이 있으므로 본 건 및 PCM 기종선정 작업은 보류할 것.

이와 같은 장관지시에 따라 바로 시외 및 국제전화용 전자교환기 도입에 따른 관계관 회의가 계획국장실에서 열렸다(1979. 5. 21). 이 회의에는 계획국장(이응효), 계획4과장(김낙성), KTRI의 경상현, 안병성 박사가 참석하였으며, 여기에서 10개 기종의 비교표 작성요령과 차관조건을 협의 병행 추진하는 것으로 협의하였다.

이에 따라 KTRI에서는 다시 NEC, Fujitsu, LME, Philips, GTE, WECO, Siemens, Northern Telecom 등 8개 회사에 텔렉스로 필요한 자료를 요구하였다(1979. 6. 26). 이때 통화량 1만 어랑, 회선수 2만 단자를 만족하는지를 판단하기 위한 교환기 용량에 관한 자료와 PCM 전송방식이 아닌 아날로그 방식의 트렁크를 요구하는 전송로에 대한 자료를 요구하였다. 또한 세부가격 및 차관조건도 제시할 것을 요구하였다.

<표 2-7> 대용량 시외전자교환기의 특성 및 가격

회사명(국가)	기종명	호처리 능력	통화량 (ERL)	가격	개통	설치기간 (개월)
Fujitsu(일본)	FETEX 100	450K	9,000	12,930T	-	24-37
NEC(일본)	NXE-10	140K	8,000	37,000T	-	24
NEC(일본)	NEAX 61	410K	27,000	10,240	-	30
GTE(미국)	No.3 EAX	360K	17,000	12,000F	In Service	24
WECO(미국)	No.4 ESS	618K	47,000	30,000T	1976-1978	27
WECO(미국)	No.1A ESS	360K	10,167	-	1978	-
LME(스웨덴)	AXE-10	800K	27,200	9,100F	1980-1981	12-20
NT(카나다)	DMS-100	350K	20,000	18,000	-	18-24
Philips(화란)	DRX-TCD	140K	28,000	20,000	-	36
Siemens(서독)	EWSD	750K	26,200	4,000-6,000	-	12-18

또한 계획국에서는 KTRI에서 작성한 규격서 내용 중 서울 혜화국의 물량을 시외 5만회선, 국제 3천회선으로 변경토록 요구하였다(1979. 7. 4). 얼마 후 KTRI로부터 각 회사의 차관조건 내역, 물자가격 세부내역, 각 회사의 정합(Interface) 보증내역 등에 관한 자료를 접수하였다(KTRI 교방 제12호, 1979. 8. 16). 그 후 WECO측으로부터 5만단자의 중계회선(Trunk) 배분내역, 10만단자의 중계회선 배분내역, 세부물자내역에 대한 서신도 접수하였다(1979. 10. 15).

나. No.4 전자교환기의 결정

이러한 과정을 거쳐 정부는 시외 및 국제용 대용량 전자교환기로 No.4 전자교환기를 결정하였다(계사 1602.1-41859, 1979. 12. 13). 특히 이 전자교환기의 설치장소가 서울과 부산이므로 대용량이어야 하고, 시내전화용 제2기종과 동일 시스템이 되어야 유리하므로 이 기종을 선택하게 되었다. 기종선정 당시 가격, 회선 수, 차관예정액 등은 <표 2-8>과 같다.

기종 결정 당시 공급물량은 국제교환기 3천 단자 1식, 시외교환기 5만 단자 3식, 중계교환기 2만 단자 6식으로 총 27만3천 단자로 결정되었다. 그리고 이를 위한 차관 예정액은 2억4백만 달러로 되었는데, 당초계획은 총 67만5천 단자에 5억6천5백만 달러이었으나 차관을 신청할 때 감소 시행하였다. 이에 따라 No.4 전자교환기 국별 공급계획이 <표 2-9>와 같이 조정되었다(계사 1602-95651, 1980. 3. 13).

<표 2-8> No.4 ESS 기종결정 당시의 가격(FOB)

단자 수	1만	3만	5만	7만	9만
가격(달러/단자)	1,350	700	560	500	470

<표 2-9> No.4 전자교환기 국별 공급계획

구 분	국별 공급량(단자)	계
시외교환기	서울 혜화 53,000, 서울 구로 40,000, 부산 40,000, 대구 25,000	158,000
시내텐덤교환기	광화문 20,000, 전농 15,000, 구로 10,000, 부산 10,000, 대구 10,000	65,000

여기에서 서울 혜화국의 시외교환기 5만3천 단자는 국제용 3천 단자를 포함한 숫자이며, 구로, 부산, 대구의 시내탠덤교환기 각 1만 단자는 시외겸용으로 공급하는 것이었다. 본 사업의 집행을 위해 체신부 계획국에서는 국별 공급계획, 연도별 구간회선 수, 시외지역번호 등 No.4 전자교환기의 규격작성 자료를 체신부 기술정책관실로 보냈다(1980. 3. 13).

이후 기술정책관실에서는 No.4 전자교환기 1차분으로 서울 혜화국 5만3천 단자에 대한 구매규격서를 확정하였다(1980. 6. 24). 이를 가지고 다음 달 체신부 시설국에서는 조달청에 구매 요구하였다(1980. 7. 31). 이와 관련하여 체신부 계획국에서는 통신시설사무소에 주변 도시는 직접 No.4 전자교환기에 연결하도록 지시하였다(계사 1602- 49697, 1980. 12. 2).

이어서 통신시설사무소에서는 2차분으로 구로 4만 단자, 부산 4만 단자, 대구 2만5천 단자 등 총 10만5천 단자를 구매 발주하였다(1981. 1. 10). 이에 따라 1차와 2차 발주분에 대하여 AT&T로부터 견적서를 접수하였다(1981. 4. 29/ 6. 13). 여기에서 혜화 5만3천 단자의 총 가격은 자재비이며, 공사비로 10,305천 달러를 제시하여 전체 가격은 52,305천 달러가 되어 단자 당 가격은 공사비를 포함한 가격이다.

<표 2-10> No.4 ESS 발주물량 및 견적서 가격(CIF 가격)

국별	공급량(단자)	총 가격(1,000달러)	가격/단자	소요기간(주)
혜화	53,000	42,000	988	115
부산	40,000	33,789	845	74
구로	40,000	32,852	821	76
대구	25,000	25,318	1,013	85

이때 No.4 전자교환기의 회선당 가격은 4대도시를 기준으로 볼 때 <표 2-10>에서 보는 바와 같이 800달러 이상으로 시내전자교환기에 비해 상당히 높다. 그리고 소요기간은 L/C 개설 후 공사기간을 포함한 것이다. 반면 부산, 구로, 대구의 경우는 당시 공사비를 제시하지 않았으며, 소요기간도 L/C 개설 후 선적기간을 말한다. 이어서 통신시설사무소에서는 혜화, 부산, 구로, 대구의 15만8천 단자 분을 조달청에 계약 요구하였다(1981. 7. 8).

다. No.4 전자교환기 사업추진 및 개통

1979년 12월 체신부는 향후 우리나라가 운용할 대용량 시외교환기로서 No.4 전자교환기를 도입하기로 결정하였다. 이 사업의 초기 추진상황을 보면 다음과 같다(1982년도 주요사업계획 및 당면과제, 1981. 11, 체신부).

(1) No.4 전자교환기 사업은 1억1천4백만 불의 차관을 도입하여 추진하였으며, 당시 차관선은 미국 EXIM은행이고, 공급선은 미국 AT&TI사 이었다.

(2) 1980년 중반부터 서울, 부산, 대구를 위한 1차분 15만8천 회선의 자재를 발주하였다(1980. 7-1981. 1). 이에 따라 1차분에 대한 견적서를 접수하고 기술검토결과 를 송부하였다(1981. 4-1981. 7).

(3) 조달청(OSROK)과 AT&TI 간 계약협의 진행되었다(1981. 11). 이때 당초견적가격과 계약희망가격 간 차이가 발생하였는데. 이는 주로 권리금, 공구사용료, 용역비, 공사비 등에 의한 것이었다.

(4) 1차분에 대한 추진일정은 혜화 5만3천회선, 부산 4만회선, 대구 2만5천회선 등은 1983년 중반에 준공하고, 구로 4만 회선은 1984년 초에 준공하는 것으로 추진하였다.

이후 이 사업은 체신부로부터 한국전기통신공사가 이어받아 혜화는 1983년 5월, 부산은 1983년 8월, 대구는 1983년 9월, 구로는 1984년 1월에 준공되었다(통신투자사업추진현황, 1983. 3, 한국통신 중앙건설사무소). 이어서 1984년 하반기 한국통신은 광주 3만회선과 대전 3만회선의 No.4 전자교환기를 개통하였다. 이 No.4 전자교환기 공사는 ATTI에서 시공하였다.

드디어 1984년 10월 29일에는 대전시외전화국에서 No.4 전자교환기 3만회선 개통식을 가졌으며, 이 행사에는 한국통신 장거리통신본부장(김낙성), 충청지사장(김상국), 연수원장(송영식)을 비롯한 주요기관장들과 한국전자통신연구소장(경상현) 등 관내 유관기관장들이 참석하였다.

이때 대전시외전화국 No.4 전자교환기의 개통을 마지막으로 지난 1983년 5월 서울 혜화전신전화국에 시외전자교환시스템이 설치 개통된 이래 부산, 대구, 구로, 광주 등 전국 대도시권에 총 21만8천회선의 시외통신망이 모두 전자식으로 바뀌게 되었다(한국전기통신, 1984. 11, 한국전기통신공사).

2.2 중소도시에 시외전자교환기 도입

가. 중용량 시외전자교환기의 필요성

1980년대 초반에 들어서면서 체신부는 서울, 대구, 광주, 대전 등 총괄국 및 부산(중심국)은 장기적 수요를 고려하여 대용량 시분할교환기인 5만회선 기준의 No.4 전자교환기의 도입을 결정하고 1984년까지 개통을 추진하고 있었다. 이어서 중소도시에도 중심국용 중용량 시분할교환기를 조속히 도입하는 쪽으로 추진하였다(시분할교환기 기종선택을 위한 검토, 1981. 5, 체신부 계획국). 그 이유는 다음과 같다.

첫째, 시외통화수요에 대한 장기적 기반구축과 사업수익을 증대해야 하는 상황이고, 현행 DDD, STD 및 수동교환시설은 불완전한 임시적 시설로서 회수 이전에 철거해야 하는 낭비적 시설임에도 불구하고 매년 투자하고 있다.

둘째, 전국 DDD를 촉진하기 위해서는 총괄국과 더불어 중심국에서 4선식 중계교환이 가능해야 하며, 전국의 DDD화 시외통화의 원활한 소통과 오접속의 극소화가 선행되지 않는 한 시외공중전화 서비스가 곤란하다.

셋째, 별도체계로 구성되어 있는 수동식 교환망을 TDM교환망에 통합시킴으로서 회선효율을 제고시키고, 중계교환작업을 생력화하고 대기시간을 감소시켜야 한다. 또한 TSPS(Cordless 교환대)에 의한 작업의 표준화, 간편화를 도모해야 한다.

넷째, 장기적 안목에서 중심국 이하는 우선적으로 디지털통신망(Digital Network)으로 신설을 유도해야 하며, No.4 전자교환기를 공급하는 ATTI에 대한 견제력으로서 타 공급선을 참여시킬 필요가 있다.

다섯째, 중심국용은 17개소로서 한정적이고 소요시기가 시급하며 기술적으로 어려움이 있으므로 시설 및 설치공사, 초기운용은 전부 외국기술에 의존해야 하므로 전액 외국차관으로 추진한다.

이와 같은 이유로 전국 DDD망 구성을 위해 17개 중심국에서 시외중계교환을 위한 중용량 시외전용 시분할 교환기의 설치가 불가피하였다. 이것은 5대 도시에 대용량 시외전용 시분할교환기 설치계획에 맞추어 병행 추진할 필요가 있었다. 이때 체신부는 시외용 전자교환기로 No.4 전자교환기를 도입하기로 결정하였으나 중소도시에는 이 교환기가 적합하지 못하다는 판단을 하고 있었다.

나. 중용량 전자교환기의 대두

1980년 중반 체신부는 스웨덴 대사로부터 우리나라 중소도시에 중용량 전자교환기로 스웨덴 LME사의 제품을 사용할 것을 요청하는 문서를 외무부를 통해 접수하였다(경일 762-604, 1980. 5. 14, 외무부). 이어서 주한 스웨덴대사의 전자교환기(ESS) 관련 요청문서를 외무부를 통해 접수하였다(경일 762-25909, 1981. 7. 4, 외무부).

이러한 요청에 대해 체신부에서는 대도시에는 No.4 전자교환기를 설치하며, 중소도시에는 기종 미확정 상황이며, 기종확정 후 국제 입찰할 계획임을 외무부로 통보하였다(계사 1602-29752, 1980. 7. 25). 체신부 계획국은 이런 상황에서 실무적인 검토를 거쳐 중용량 전자교환기 도입방침을 결정하였다(계사 1620-54474, 1980. 12. 29). 이에 따라 기술조정관실에서는 한국전기통신연구소(KETRI)로 중용량 시외교환기의 선정방침을 시달하였다(1981. 1. 12).

KTERI에서는 <표 2-11>과 같이 7개국 9개의 외국생산회사에 중용량 시외교환기에 대한 자료제출을 요청하였다(1981. 1. 21). 한국정부의 자료요청에 GTE와 WEI에서는 회신이 없었으며 이를 제외한 7개사의 자료가 접수되었으며 KETRI에서 이를 기술 검토하였다(1981. 1. 31). 이어서 계획국에서는 중용량 교환기의 입찰대상을 NEC(일본), LM&E(스웨덴), NT(카나다)로 선정하였다(계사 1602-08002, 1981. 2. 24, 계획국). 한편 벨지움 대사로부터 디지털시스템사업에 벨지움 덤회사의 참여를 요청하는 문서도 접수되었다(BB-0283, 1981. 2. 25).

<표 2-11> 중용량 시외교환기 자료제출요청 회사

회사명	국가	회사명	국가	회사명	국가
NEC	일본	ITT	미국	GTE	미국
WEI	미국	NT	카나다	LM&E	스웨덴
BTM	벨지움	Philips	화란	Siemens	서독

그로부터 얼마 후 외무부로부터 디지털시스템 사업에 벨지움 업체참여를 배려하는 문서를 접수하였다(경일 762-08558, 1981. 3. 6, 외무부). 또한 입찰대상에 ITT(미국)와 Siemens(서독)을 추가하였다(계사 1602-09533, 1981. 3. 7, 계획국). 이에 따라 KETRI에서 중용량 전자교환기 입찰규격을 작성하여 5개사로 입찰서를 발송하였으며(1981. 3. 12), 이들 5개사로부터 입찰서를 접수하여 검토하였다(1981. 4. 24-5. 25). 이와 같은 과정을 거쳐 체신부는 한국전기통신연구소로부터 중용량 전자교환기의 검토내용을 접수하였다(1981. 5. 27).

다. 통신산업육성에 관한 건의문

중용량 전자교환기의 선정작업이 한창 진행되는 시기에 체신부는 한국전자통신(주)로부터 통신산업육성에 대한 건의문과 중소형 시외교환기 기종선정에 대한 건의문을 접수하였다(1981. 5월-6월). 당시 ITT와의 1차 협상 경과를 포함한 건의문 내용은 다음과 같다.

<건의문>

첫째, 당사는 기생산중인 제1기종 전자교환기의 기술 제공선인 ITT와의 합작협상과정에

서 ITT의 시스템 1210이 정부로부터 시외용 교환기로 선정된다는 전제하에 다음과 같은 사항을 일차적으로 합의하였음.

① 동 기종의 국산화를 유리한 조건으로 지원함은 물론 ITT가 기생산중인 통신제품을 대부분 무상으로, 현재 개발 중인 제품은 염가로 기술 제공함(다목적교환기 System1240 포함).

② 아울러 ITT가 현재 보유하고 있는 전반도체기술과 향후 10년간 개발될 기술을 유리한 조건으로 제공하며, 또한 한국 방위산업발전을 지원함은 물론 ITT의 기술지원으로 당사가 생산하는 제품의 수출을 적극 지원함.

둘째, ITT가 제공예정인 반도체의 기술내용과 제공조건은 반도체 기술전수를 기피하는 세계적인 추세와 그간 당사가 기술도입을 협의한 타 외국업체의 태도에 비추어볼 때 파격적으로 유리한 것이며, 이러한 유리한 조건의 기술도입은 앞으로 더 이상 기대할 수 없는 것으로 판단됨.

① 도입기술의 내용을 보면 현재 ITT가 보유하고 있는 모든 기술 및 향후 10년간 개발될 전 기술을 포함함. 즉 설계의 자동화기술, 제조공정기술, 제품검사기술, 응용기술, 자동화설비의 공급, 반도체 품질관리기술 등 설계에서부터 제조에 이르는 전반기술임. 또한 개별소자와 집적회로의 전 제품에 대해서도 협의됨. 개별소자로는 TR부문에 V-MOS, FET를 포함하고, Rectifier부문은 3A/200-1,300V까지 포함하고 있음. 또한 Si-Diode는 Schottkey를 포함하고 있으며 Z-Diode는 Bi-Directional까지임. 그리고 집적회로에는 Bi-Polar부문에 Linear IC, Digital IC, MOS IC부문은 N-MOS, C-MOS, P-MOS가 들어있음.

② 도입조건은 10년간 매출액의 평균 1.7%에 상당하는 기술료를 지급함. ITT사는 반도체 매출액 규모로서도 세계 상위이나 그 기술내용면에서는 세계1급 수준으로 통신기기용은 물론 가전용 및 산업용의 전반 기술을 보유하고 있으며, Diode 생산부분에서는 세계 최대업체이며 최근 초집적회로(VLSI)인 64K 메모리도 개발 완료하였으며, 이미 16 Bit Microprocessor를 개발 실용화하고 있음.

셋째, 현재 정부에서 도입을 추진 중에 있는 중소형 시외교환기의 선정을 가상 추정된 수요를 기준으로 한 용량 면에서 보다는 현실적인 용량을 기준으로 검토하고, 아울러 우리가 필수적으로 도입하여야 하는 반도체기술을 유리한 조건으로 도입할 수 있고, 또한 디지털 통신기술을 가장 경제적으로 자립화할 수 있는 산업정책적인 면을 고려하여 「중소형 시외교환기로서 ITT의 System 1210을 선정하여 주시고 이를 국산화할 수 있도록 정책적 배려를 하여 주실 것」을 건의합니다.

이상과 같은 정책적 배려를 하여 주시면 당사는 그간의 ITT와 협의결과를 토대로 ITT로부터 더욱 유리한 조건을 유도하여 System 1210의 국산화와 반도체 기술도입을 다음과 같이 추진할 것입니다.

① System 1210을 국산화함에 있어서 당시 생산 중에 있는 M10CN과 동일계열의 이점을 활용하여 설비투자비를 최소로 축소하고 기술전수비용을 극소화하며 부품의 국산화를 촉진시키겠음. 또한 ITT로부터 기술을 무상으로 제공받아 제품을 생산하므로서 생산 2차년도-3차년도 부터는 수입 완제품보다 저렴한 가격으로 공급할 뿐만 아니라 타 기종을 국산화하는 것보다도 디지털기술의 자립화 및 반도체 수요창출을 조기에 달성하고 외자절약효과도 증대시킬 것임

② 반도체기술을 도입함에 있어서 현재까지 ITT가 제시한 조건에 추가하여 반도체를 생산 및 시험하기 위한 설비의 제작기술도 포함시키고, 원천적 기술을 신속하고 완벽하게 도입할 수 있도록 추진함으로서, 반도체 국산화제품에 경쟁력을 향상시키고 해외시장 개척능력을 제고시킬 것임.

③ 아울러 ITT가 개발 중인 전전자식 교환기로서 시내, 시외 및 농어촌용 등 다목적으로 사용이 가능한 디지털교환기인 System 1240을 유리한 조건으로 도입할 것임.

이러한 정책수행은 국내 통신공업 및 전자산업 발전에 기여할 뿐만 아니라 국내통신망을 기 시설되어 있는 북미방식으로 일원화시키므로 통신기기 간 접합 시 문제점을 극소화하여 통신시설의 효율적인 운영과 통신기술의 자립화에 공헌하게 될 것임.

2.3 중용량 시외교환기의 본격검토

가. 중용량 전자교환기 실태조사

체신부는 한국전기통신연구소와 함께 관련 직원을 스웨덴, 서독, 불란서에 파견하여 이에 필요한 조사를 하였으며, 이때 스웨덴의 LM Ericsson사의 AXE-10교환기가 사우디아라비아 등에서 성공적으로 운용되고 있음을 확인하였다(1980. 8). 또한 체신부 관련 직원을 미국, 캐나다에 파견하여 다음과 같은 실태를 조사 파악하였다(1980. 11).

첫째, Bell 연구소는 No.5 전자교환기를 1982년 중에 실용시험을 개시하여 국제시장에 공급은 1985년 이후에나 전망된다. 그리고 ITT 연구소는 System 1240을 개발 시험 중에 있으며 1982년에 실용할 예정이다. 또한 Northern Telecom사는 DMS-200을 1980년에 최초로 개통시킨다고 한다.

둘째, Bell 연구소의 권고에 따르면, No.1A 4선식 시외방식(4-W Toll)은 설치상의 까다로운 조건 때문에 권고할 수 없으며, No.1A 2선식 시외방식(2-W Toll)은 한국의 지리적 조건(비교적 근거리)으로 시외/시내 겸용으로 사용하는 것이 유리할 것이다.

이런 검토과정을 거쳐 전국 DDD망 구성계획에 의거 중심도시에 중용량 전자교환기의 도입방침을 결정하였다(1980. 12. 29). 이 방침에 따라 세계적 전자교환기 제조업체인 WE, ITT, NT, LM Ericsson, Siemens, Phillips, NEC, GTE 등 8개사에 관련 전자교환기의 운용실

적을 조회하였다(1981. 1).

그리고 운용실적이 있다고 회신한 NEC 등 5개사에게 사양서를 제시하여 입찰을 종용하였으며, 입찰을 통해 필요한 자료를 확보하였다(1981. 4. 24). 이어서 5개사에 대한 기종검토가 실시되었다(1981. 2. 24-5. 28). 한편 LM Ericsson사의 집요한 상담에 따라 17개 중심국의 회선수요를 제시하여 개략적인 오퍼를 받은바 있었다. 또한 ATTI에 대하여 No.1A 전자교환기가 설치 예정인 춘천과 서청주에 대하여 2선식 시외방식(2-W Toll)의 소요예산을 요구한바 개략적인 오퍼가 제시되었다(1981. 5).

<표 2-12> 중용량 시외교환기 입찰참여회사

회사명	국가	회사명	국가	회사명	국가
NEC	일본	LM&E	스웨덴	NT	카나다
ITT	미국	Siemens	서독		

나. 시외용 중용량 전자교환기와 농어촌용 전자교환기의 종합검토

한편 농어촌 전자교환기를 위한 1981년도 시험용 기종사업이 보류되면서 체신부 계획국에서는 그때까지 분리 추진 중인 농어촌용 전자교환기와 시외용 중용량 전자교환기에 대하여 종합 검토하는 방침을 결정하였다(계삼 1602.4-23837, 1981. 7. 14, 체신부 계획국). 이에 따라 한국전기통신연구소(KETRI)에 이에 대한 종합검토 작업을 의뢰하였다. 이때 계획국에서는 농어촌용 시분할교환기를 선택함에 있어 몇 가지 중요한 기능을 제시하였다.

첫째, 이 교환기는 모자국 기능으로서 분산 설치가 가능해야 하고, 이를 위해 주 교환기와 원격교환장치로 구성되어야 한다.

둘째, PCM, 정합장치 등 부가설비가 필요하지 않아야 하고, 원격제어장치는 무인운용이 가능해야 하며 집중과금, 집중보수, 트래픽 관리 등의 기능이 있어야 한다.

셋째, 시외교환기능을 갖추고 있어 시내 및 시외 겸용교환기이어야 한다.

이러한 제반 기능을 확인하고 시험과정을 통하여 우수기종을 선정하고 지역특성에 적합한 공급계획을 수립하려고 계획하였다. 그리고 모자국 기능을 갖는 신세대 시분할교환기의 채택 필요성도 있었다. 이 임무는 당시 한국전기통신연구소(KETRI)가 수행하였다(1981. 7. 14-8. 17).

다. 기술검토

앞에서 언급한 바와 같이 중용량 시외용과 농어촌 전자교환기를 종합 검토하게 된 것은 기종의 체계화를 이루고 국내연구개발능력을 향상 유도하기 위한 방안이었다. 이에 따라 한국전기통신연구소(KETRI)에서 ITT, LM&E, NEC, NT, Siemens, SC 등 제작회사별 전자교환기에 대하여 기술 검토를 시행하였다(1981. 7. 14). 이때 필요로 하는 전자교환기는 중심국용 시외전용교환기, 집중국용 시내/시외 겸용 교환기, 읍·면단위 농어촌용 교환기로 구분하여 검토하였으며, 기술요건과 경제성에 대하여도 다음과 같은 방침을 정하여 시행하였다.

① 신기술이 적용된 교환기일 것이며, 투자비가 적고 증설이 용이할 것.

② 기존시설과의 정합이 용이하고 시스템의 신뢰도가 높을 것.

③ 국내개발 및 기술전수가 유리할 것.

<표 2-13> 전자교환기의 용도별 필요용량

용도	종류	용량
중심국용 시외전용	중용량	20,000 Trunk 정도
집중국용 시내/시외겸용	중용량	시내 20,000회선+시외 5,000회선
읍면단위 농어촌용	소용량	5,000회선 정도

3. 신기술방식의 전자교환기 도입시동

3.1 심의위원회 구성 및 1차 회의

가. 기종선정 심의위원회 운영

1981년 체신부는 시분할 전자교환기(TDM) 기종선정을 위한 종합심의위원회를 체신부 차관(오명)을 위원장으로 하여 <표 2-14>와 같이 구성하였다(계삼 1602.4-27592, 1981. 8. 18, 계획국). 본 심의위원회에서는 3차에 걸쳐 중용량 시외용과 농어촌 전자교환기의 공급방안과 전자교환기의 국산화방안 등 다음 사항을 검토하였다.

<표 2-14> 시분할 전자교환기 기종선정 심의위원회

위원장	차관(오명)
위원	기획관리실장(배호원), 통신시설사무소장, 계획국장(이응효), 전무국장(이희두), 보전국장(김정렬), 기술조정관(안희수), 전기통신시험검사소장(정도길), 한국전기통신연구소장(최순달), 한국전기통신연구소(경상현)
간사	계획국 계획3과장(이정욱)

(1) 중소도시의 시외용과 농어촌지역의 단국용으로 동일기종을 공급할 때와 다른 기종으로 공급할 때 교환망 구성, 유지보수 및 국산화면에서 예상되는 문제점.

(2) 전자교환기의 국산화는 외국모델을 활용하여 국산화하는 방안과 우리나라 고유모델을 개발하여 국산화하는 방안을 비교 검토하고, 전자교환기 도입에 따른 기술전수방안.

나. 제1차 회의(1981. 8. 20)

체신부는 시외용 및 농어촌용 시분할 전자교환기의 기종선정심의위원회 제1차 회의를 1981년 8월 20일(15:30-17:30)에 개최하였다. 이때 주요 심의주요내용은 다음과 같다. 이 회의록의 주관부서 및 결재자는 제2장 말미의 참고자료 편에 기록되어 있다.

<차관> 시분할교환기 사업의 추진경위를 계획국으로 부터 듣도록 하자. <계획3과장> 그 동안의 시분할 전자교환기의 추진경위를 유인물로 보고함(보고제목: 중용량 시외용 및 농어촌용 시분할교환기의 추진경위). <차관> 농어촌 전자교환기의 시험운용결과 우리나라에서 TDM방식으로 전환하는데 문제점이 없는 것으로 본다. 중용량 시분할교환기를 도입키로 한 것은 위원회를 구성하여 결정한 것인지?

<계획국장> KETRI에서 종합 검토하였으며, 대도시에는 No.4 전자교환기가 적합하나 중소도시에는 비경제적이다.<차관> 중용량 시외용과 농어촌용을 종합 검토하는 것이 좋은지, 분리 검토하는 것이 좋은지에 대한 의견은? <기술조정관> 분리해서 검토하는 것이 좋겠으며, 그리고 정합 문제없이 되어야 한다. 농어촌용은 KETRI의 국산화와 관련하여 검토되어야겠고 국내기술축적 소요기간이 필요하다.

<기획관리실장> 중용량 시외용은 국산화가 어려우므로 외국제품을 도입하고 농어촌용은 동일기종이면 좋겠다. <보전국장> 기 도입된 No.4 방식에다 중용량 시외용 1국과 농어촌용 1국 등 3종이 되므로 가능하면 기종 수는 적어야겠다. <차관> 기종이 늘어나는 것은 어려운 문제가 있으므로 같은 기종으로 하는 것이 예를 들어 교육훈련에도 좋다. 국산화 시키는 방법은?

<한국전기통신연구소장> 막대한 자금을 들여서 하느니만큼 기술전수를 받아 국산화 추진해야한다. <차관> 국산화하여 저렴한 가격으로 살 수 있어야 하고, 장차 수출도 해야 함으로 국산화하는 것이 내 의지다. 우리 고유모델을 만들었으면 좋겠는데 얼마나 시간이 걸리는지? <경상현 박사> 과거 6년 동안 해온 것을 앞으로 얼마나 더해야 우리모델이 나올 것인지는 알 수 없다. 경험이 많고 해외시장에서 좋은 평가를 받아온 회사의 협력과 도움을 받는다면 5-10년이면 될 것이다.

<차관> 외국기종을 활용하여 우리 No.를 붙여 해외시장에 나갈 수 있는 최소한의 기간은? <경상현 박사> 2-3년이면 가능하다. 단, 상대방이 양해하여 외국기종을 모디화하는 경우이다. <보전국장> 우리 모델로 국산화하는 경우 그 가능성은 얼마나 있는지? <경상현 박사> 외국기술을 받아 몇 년 내에 우리 것으로 바꾸어 쓸 수 있는 경우가 있고, 10년이 걸리더라도 우리 설계에 의해 우리 모델을 만들어내는 방법이 있다.

<차관> 외국기술자를 고용하는 방법이 있고, 구매력을 이용하는 방법도 있는데 상대방의 모델을 우리가 활용하는 것이 빠른 방법이다. 따라서 기술제공이 분명한 회사 중에서 선정하는 것이 좋겠다.

3.2 제2차 및 3차 회의 심의내용

체신부는 시외용 및 농어촌용 시분할 전자교환기의 기종선정심의위원회 2차 회의(1981. 8. 21, 14:30-16:00) 및 3차 회의(1981. 8. 22, 11:00-12:00)를 개최하였으며 이때 주요 심의주요내용은 다음과 같다. 이 회의록의 주관부서 및 결재자는 제2장 말미의 참고자료 편에 기록되어 있다.

가. 제2차 회의

<차관> 시분할교환기 기종별 검토내용을 먼저 보고 받고 회의를 진행하자. <계획3과장> 중용량 시외용 및 농어촌용 시분할교환기 검토결과(한국전기통신연구소, KETRI 보고서 요약)를 보고함. 이때 계획3과장이 보고한 주요내용은 <표 2-15>와 같다.

<표 2-15> 각 사별 시분할교환기의 주요보고내용

순서	보고내용	순서	보고내용
1	교환기 성능 및 구조	2	System 용량
3	원격교환장치	4	신호방식 및 소요전력
5	개발상황 및 기술전수사항		

<계획국장> 농어촌용의 용량기준은 5천 회선 정도가 적합하다. <차관> 중용량 시외용과 농어촌용을 분리 검토할 것인가, 종합 검토할 것인가? <검사소장> 중용량 시외용만 우선 도입하고 농어촌용은 시간을 가지고 다루자. 국산화 문제는 1, 2기종 시 협의한 바 있으므로 그 방향에서 강력히 추진하자.

<차관> 언젠가는 농어촌 문제가 대두될 것이니 중용량 시외용과 연결된 농어촌용을 지금부터 미리 검토하자. <전기통신시험검사소장> 사전검토가 좋으나 선진국에서도 대량공급이 되어 있지 않은 시외용 TDM교환기는 완제품으로 사다 쓰자. <기획관리실장> 중용량 교환기를 우선 검토하고 농어촌용은 국산화 추진하자.

<경박사> 현시점에서 중용량 시외용과 농어촌용을 TDM교환기로 선정하는 것은 시기상조다. 그것은 현 통신망 체계인 총괄국-중심국-집중국-단국도 맞는지 틀리는지 모른다. 그리고 장래 변동여건의 검토 없이 도입은 빠르다. 또한 1, 2기종 선정 때에도 업계에 큰 파란이 있었으나 이제는 우리나라에 기술축적이 되어 있고 국내에서 가장 힘있는 2개 회사가 참여하고 있다. 따라서 조급하게 결정하지 말고 10년 후에 시작하자.

<차관> 그러면 현재 시외교환의 문제점을 해결하는 방법은? <경박사> No.4 ESS의 용도를 바꾸는 방법과 M10CN이나 No.1A를 시외용으로 사용하는 방법이 있다. TDM이 원칙이나 자신있는 단계에 갈 때까지. <차관> No.4 ESS의 추진내용은 계획국에서, 중용량 시외용

과 농어촌용을 국산화하는 방안은 KETRI에서 내일 보고하기로 하고 회의 완료한다.

2차 회의에서의 주요내용은 중용량 시외용 및 농어촌용으로 TDM방식의 전자교환기 공급에 대한 필요성, M10CN 및 No.1A 기종의 활용방안, No.4 전자교환기의 시설계획, TDM 전자교환기의 국내개발 시 제작능력 및 생산문제 등을 검토하였다.

나. 제3차 회의

<차관> No.4 전자교환기 방식을 채택할 필요가 있었는지? <계획3과장> 시외전자교환기(No.4 ESS) 도입 추진과정을 유인물로 보고. <계획국장> ATT에서도 중용량 시외교환기 설치를 추진하고 있다. 중심국 시외교환은 TDM 중용량 교환기가 되어야 한다. <경상현 박사> TDM 전자교환기의 도입에는 필요한 요원문제가 있다. <계획국장> 초기에는 외국기술자를 2-3년 고용하는 방법도 있다.

<기술조정관> 중용량 시외용과 농어촌용의 도입은 구분해서 하자. 중용량 시외용부터 먼저 기종을 선정하고 농어촌용은 앞으로 국산화 추진하자. <한국전기통신연구소장> 외국의 도움없이 TDM 교환기의 자체생산은 관계직원과 검토결과 회의적이다. 현 수준까지는 가능하나 그 이상의 수준은 외부의 도움이 필요하다. <경박사> 중용량교환기와 농어촌용을 구분해서 생각한다는 것은 의미가 없고, 선정된 기종회사의 기술전수만 받는다면 국내개발에 큰 문제점은 없다.

<차관> 중용량교환기를 도입하면서 기술 전수하여 우리 모델로 국산화하자. <전무국장> KETRI 개발품은 어느 정도인가? <경상현 박사> 제어계통 면에서 완전분산방식으로 추진하고 있다. 국내 생산하는 경우 가격이 다소 비쌀 것으로 보며, 유지보수 면에서나 기능면에서 외국 수준은 불가능하다. <계획국장> 국내 개발하여 국내수요는 공급할 수 있을 것인지?

<경상현 박사> 생산문제는 KETRI 과제가 아니다. <보전국장> 시험용으로 1-2국은 괜찮으나 국산화한 후 불완전한 시설을 10-20만을 시설하는 것은 곤란하고 국산제품이라도 완전무결해야 한다. <경상현 박사> 약간 고장율이 높아도 국산화 추진해야 한다. 실제 고장문제는 설계상에는 없고 생산 공정에 달려 있다. <보전국장> 연구소에서 설계한 후 공장에서의 제작과정과 걸리는 시간을 고려해야 한다.

<기획관리실장> M10CN 기종도 현재 완전 소화 못하고 있으므로 국산화할 경우 완전무결을 기대하는 것은 곤란하다. <계획국장> 생산과정이 중요하므로 생산하여 운용해 본 후 문제점을 다시 보완하고 문제점이 없을때 대량 생산해야 한다. <계획국장> NEAX 61보다는 DMS형을 추가하여 검토하자. <차관> 3개-4개 기종으로 압축 검토하여 보고할 것.

<차관> 지금까지 회의에서 논의된 내용을 다음과 같이 요약한다.

① 중용량 시외용을 구입하고 농어촌용은 기술지원을 받아 개발하는 방안이 있고, 처음

부터 우리 고유모델을 개발하기 위하여 시작하는 방안이 있다. 교환기 구조면에서 분산 및 복수제어방식이 신기술인데, 이는 AXE-10, NEAX 61, EWSD, ITT 1240형이고, 국내개발 면에서 본다면 AXE-10, NEAX 61, ITT 1240형이 적합하다.

② 종합적으로 보면 예를 들어 AXE-10형을 중용량 시외용으로 도입하고 기술지원을 받아 농어촌용을 개발하는 방안이 있고, AXE-10형을 중용량 시외용으로 도입하고 농어촌용은 다른 기종을 선정하는 방안도 있다. 또한 NEAX 61를 중용량 시외용으로 선정하고 농어촌용은 기술 전수하여 개발하는 등 컴비네이션에 의한 여러 가지 방안이 있을 수 있다.

③ 본 회의에서는 AXE-10, NEAX 61, ITT 1240형의 3개 기종으로 압축하여 검토 보고토록 하고, 이 후에 연관 산업정책, 가격 등 필요사항을 검토하여 최종 결정하는 것이 좋겠다. 가급적이면 KETRI가 개발하고 있는 사업도 관련시켜서 검토되어야 한다.

4. 시분할 전자교환기의 기종 및 성능

4.1 기종선정 기본방침

가. 전자교환기의 제반조건

1980년대 초 체신부 계획국에서는 시내 및 시외전화의 완전자동화를 위해 중소도시에 중용량 시외교환기를 설치하고, 농어촌에 전자교환기 공급을 위한 적정기종의 시분할 전자교환기(TDM)를 선정하는 실무작업에 착수하였다.

우선 새롭게 선정하는 기종의 용도는 중심국용 시외전용, 집중국용 시내/ 시외 겸용, 읍면단위 농어촌용으로 정하였다. 그래서 선정할 전자교환기의 용량을 시외전용, 시내 및 시외 겸용, 농어촌용으로 구분하여 정하였다. 그리고 그동안의 실무경험에 비추어 이 전자교환기가 갖추어야 할 호처리 능력, 처리통화량, 수용단자 수 등 용량을 <표 2-16>과 같이 설정하였다(중용량 시외 및 농어촌용 시분할 전자교환기 종합검토, 1981. 8, 체신부 계획국).

<표 2-16> 중용량 시외 및 농어촌용 전자교환기 필요용량

구 분	시외전용	시내/시외 겸용	농어촌용
호처리(BHCA)	450,000 이상	75,000-150,000	45,000-90,000
통화량(ERL)	20,000 이상	2,000-4,000	1,000-2,000
단자수(회선)	20,000- 60,000	20,000+5,000T	10,000-20,000

이때 교환기 용량기준, 교환기의 기능 및 구조, 시스템 용량 및 성능 등을 면밀히 검토하였으며, 이 작업은 당시 체신부 계획국장(이응효)과 계획3과장(이정욱)이 주관하였다. 또한

기술요건 및 경제성 면에서도 첫째는 초기 투자비가 적고 증설이 용이하여야 하고, 기존시설과 정합이 용이하여야 하며, 둘째로는 시스템의 신뢰도가 높고, 차관조건 및 기술전수가 유리하여야 하는 것으로 검토하였다.

나. 교환기 기능 및 구조

당시 우리나라 통신망 현대화계획에 참여하기 위해 스웨덴의 LME를 비롯하여 6개의 선진국 회사들이 뛰어들어 경쟁을 하고 있었다. 체신부 계획국에서는 이들 기종에 대하여 교환기의 기능 및 구조를 검토하였다. 먼저 이들 신형 전자교환기를 <표 2-17>과 같이 다용도 교환기, 이중용도 교환기, 단일용도 교환기로 구분한 후 그 기능을 검토하였다(중용량 시외 및 농어촌용 전자교환기 종합검토, 1981. 8, 체신부 계획국).

<표 2-17> 시분할 전자교환기 기종별 기능

구분	기능	기종	제작사
다용도교환기	시내용 단국	ITT 1210/1240	ITT
	농어촌용 단국	AXE-10	LME
	시내/시외 겸용국	NEAX 61	NEC
	시외전용국	EWSD	Siemens
이중용도교환기	시내용 단국	DMS 100	NT
	농어촌용 단국	DCO	SC
단일용도교환기	농어촌용 단국	DMS 10	NT
	시외전용국	DMS 200	NT
	시내/시외 겸용국	DMS 100/200	NT

다음에는 S1210, S1240, AXE-10, NEAX 61, DMS계열, EWSD, DCO 등 10개 기종의 전자교환기에 대해 구조면에서 본 제어방식, CPU의 이중화 방식, CPU 기종수, 구조면의 기술성 등을 검토하였으며, 그 세부내용은 <표 2-18>과 같다.

첫째, 교환기 제어방식에서는 ITT사의 1210형, DMS계열, DCO는 단일제어방식, 에릭슨사의 AXE-10형은 복수제어방식을 채택하였다. 일본 NEAX형은 단일제어와 하위제어의 복합형, 독일 시멘스사의 EWSD는 복수제어와 하위제어를 복합한 제어방식을 채택하고 있었다. 한편 미국 ITT사의 S1240형은 분산제어방식으로 개발되었다.

둘째, CPU 이중방식의 경우에는 S1240형은 분산식, NEAX 61형은 기능분담식, EWSD형과 DCO는 부하분담식이었다. 그리고 DMS계열은 대기식, AXE-10형은 병렬동기식으로 되어 있었다. 한편 CPU의 기종수를 보면 S1240형, AXE-10형, DMS계열은 1개 기종으로 구성되었다. 반면 ITT사의 1210형은 2종, NEAX 61형과 DCO는 3종, EWSD형은 4종으로 되어 있었다.

<표 2-18> 전자교환기의 제어방식 및 CPU의 이중화

<table>
<tr><th>기종별</th><th>제어방식</th><th>CPU이중화</th><th>CPU기종수</th><th>구조면 기술성</th></tr>
<tr><td>1210</td><td>단일제어</td><td>대기식</td><td>2종</td><td>구기술(가)</td></tr>
<tr><td>1240</td><td>분산제어</td><td>분산식</td><td>1종</td><td>최신기술(수)</td></tr>
<tr><td>AXE-10</td><td>복수제어(8)</td><td>병렬동기식</td><td>1종</td><td>비교적
최신기술(우)</td></tr>
<tr><td>NEAX 61</td><td>단일(1)
+하위제어(22)</td><td>기능분담식</td><td>3종</td><td>신기술(미)</td></tr>
<tr><td>DMS 10</td><td rowspan="4">단일제어</td><td rowspan="4">대기식</td><td rowspan="4">1종</td><td>구기술(가)</td></tr>
<tr><td>DMS 100</td><td rowspan="3">일반기술(양)</td></tr>
<tr><td>DMS 100/200</td></tr>
<tr><td>DMS 200</td></tr>
<tr><td>EWSD</td><td>복수(2)
+하위제어(14)</td><td>부하분담식</td><td>4종</td><td>일반기술(양)</td></tr>
<tr><td>DCO</td><td>단일제어</td><td>부하분담식</td><td>3종</td><td>구기술(가)</td></tr>
</table>

4.2 시스템용량 및 제반성능

전자교환기의 중요한 부분인 시스템용량을 조사하여 보면 먼저 호 처리능력은 1만6천-110만 BHCA, 통화량은 1,400-2만9천 Erl, 단자 수는 7,500-20만 회선으로 큰 차이를 나타내었으며 세부내용은 <표 2-19>와 같다(중용량 시외 및 농어촌용 전자교환기 종합검토, 1981. 8, 체신부 계획국). 여기에서 단자 수는 시내용 1,000회선, 시외용은 Trunk수이다. 검토결과 성능과 운용실적 면에서 보면 AXE-10, DMS형, S1240형이 모든 용도에 적합하였으며, 신기술 적용면에서는 S1240형이 가장 높게 평가되었다.

그리고 이들 10개 기종에 대한 기종별 원격교환장치의 용량, 실장방식, 관리방식은 <표 2-20>과 같다(중용량 시외 및 농어촌용 전자교환기 종합검토, 1981. 8, 체신부 계획국). 이표의 실장방식에서 표시된 FC는 Frame Container, RC는 Rack Container, PC는 Pole Container, BC는 Building Container, HC는 Hut Container를 말한다.

전자교환기 기종별 원격교환장치의 용량을 살펴보면 S1240, AXE-10, NEAX 61은 2천회선 규모이고, DMS계열, EWSD, DCO는 1천회선 이하로 개발되었다. 그리고 통화로 부분은 AXE-10, DMS 10, DCO는 TST 구조이고, S1240, NEAX 61, EWSD의 경우는 TSST 구조로 구성되었다. 그 외 이들 10개 기종에 대한 통화스위치 구조, 프로그램 언어, 신호방식,

소요전력 등을 조사하였다(중용량 시외 및 농어촌용 전자교환기 종합검토, 1981. 8, 체신부 계획국).

(1) 프로그램 언어로는 S1240과 EWSD는 CHILL 어셈블러, AXE-10은 PLEX, NEAX 61은 PLC/6000 어셈블러, DMS 10은 HLP, DCO는 PASCAL 어셈블러를 사용하고 있었다.

(2) AXE-10과 NEAX 61은 농어촌용의 경우 R2신호를 개발 완료하고, 시외전용교환기는 PCM정합을 개발 완료한 상태이었다. 그리고 EWSD는 농어촌용의 R2신호방식은 개발중이었고, 시외전용교환기에 대하여는 PCM 전송정합의 개발이 필요하였다.

(3) DCO는 농어촌용의 경우 R2신호방식의 개발이 필요한 상황이었으며, 시외전용교환기는 PCM정합을 개발하여야 하였다. 반면 시내/시외 겸용교환기에 대한 신호방식은 모든 기종이 미개발 상태에 있었으며, S1240의 경우는 농어촌용, 시외전용, 시내/시외겸용의 어느 부분도 확인하지 못 하였다.

(4) 소요전력을 살펴보면 직류전원(48V)은 S1240, AXE-10, NEAX 61, EWSD의 경우 400A 정도이었으며, AXE-10은 520A로 소요전력이 가장 높았으며, DCO는 370A로 가장 낮았다.

(5) 온도특성(섭씨/도)은 S1240은 0-35, AXE-10은 0-45, NEAX 61은 18-30, DMS 10은 10-30, EWSD는 5-40, DCO는 10-30이었다. 그리고 동작습도(%)는 S1240은 20-80, AXE-10은 10-90, NEAX 61은 30-65, DMS 10은 22-55, EWSD는 10-80, DCO는 20-65로 조금씩 차이가 있었다.

<표 2-19> 전자교환기의 기종별 시스템용량

기종별		호처리능력 (천 BHCA)	통화량 (Erlang)	단자 수	
				시내용	시외용
ITT	1210	200	6,000	64	15,360
	1240	750	20,000	100	64,000
LME	AXE-10	1,100	29,360	200	65,000
NEC	NEAX 61	700	27,000	60	60,000
NT	DMS 10	16	1,400	75	-
	DMS 100	200	22,200	100	-
	DMS 100/200	350	22,200	100	60,000
	DMS 200	350	22,200	-	60,000
Siemens	EWSD	700	250,000	100	60,000
SC	DCO	130	6,016	32.4	4,080

<표 2-20> 전자교환기 기종별 원격교환장치

기종별		형명	용량(회선)	실장방식	관리방식
ITT	1210	RLS	320	FC	무인
	1240	MRSU, SE, RC	2,000	RC, PC	무인
LME	AXE-10	RSU	2,048	BC	무인
NEC	NEAX 61	NEAX 61R	2,000	BC	무인
NT	DMS 10	REM/RCT	420/252	RC	무인
	DMS 100	RLM	1,280	Rack	무인
Siemens	EWSD	DIC 24	976	RC	무인
SC	DCO	DSU/RLS	240/1,080	HC	무인

4.3 국내도입조건

가. 개발상황 및 기술전수

이들 기종을 국내에 도입 공급하기 위해 개발상황, 기술전수, 가격, 차관조건, 국내통신망에의 적용성 등을 조사 검토하였다(중용량 시외 및 농어촌용 전자교환기 종합검토, 1981. 8, 체신부 계획국). 당시, 검토대상 전자교환기 10개 기종의 개발상황은 대부분 상용화직전의 개발완료단계에 있었다. EWSD와 DCO는 소용량은 개발완료 되었으나 대용량은 개발 중인 것으로 확인되었다. 그 중 AXE-10, NEAX-61, DMS-100은 대부분 개발이 완료된 상태라서 농어촌지역과 시외교환기로 공급 가능한 기종은 이들 3개 기종으로 압축되었다.

해당 전자교환기에 대한 기술전수 가능성을 확인한바 대부분 가능한 것으로 회답을 받았다. 또한 각 교환기 기종별로 기술추세, 국내개발, 생산공급, 수출목표 등을 고려하여 기술전수의 적합성도 검토하였다. 이 중 ITT사, LME사, NT사가 기술전수 경험이 있는 것으로 확인되었다. 각 기종별 개발상황을 보면 다음과 같다.

① 1210형 전자교환기는 3천어랑 규모(소형)는 개발 완성되었고, 6천어랑 규모(소형)는 개발 중이며, 1만2천어랑 규모(중형)는 완성예정으로 있었다(1984. 12). 이 기종의 기술전수는 가능하나 기술전수 적합성은 부적합한 것으로 판단함. 그리고 1240형 전자교환기는 현재 개발 중이고, 1천 회선규모 실험기의 시험개통 예정이다(1981. 12). 이 기종에 대한 기술전수는 가능하고 기술전수 적합성은 가장 적합한 것으로 평가함.

② AXE-10형 및 NEAX 61형 전자교환기는 대부분 개발 완료되었고, 이 기종에 대한 기술전수는 가능하고 기술전수 적합성은 적합한 것으로 평가함. 그리고 DMS 10형 전자교환기는 개발 완료되었으나 소형용도에 국한되는 문제가 있으며, 기술전수는 가능하나 기술전

수 적합성은 부적합한 것으로 판단됨. 그리고 DMS 100형, DMS 100/200형, DMS 200형 전자교환기는 대부분 개발 완료되었으며 기술전수는 가능하나 기술전수 적합성은 부적합한 것으로 평가함.

③ EWSD형 전자교환기의 경우, 3천회선급(DE3)은 개발 완료되고, 1만2천회선급(DE4) 개선 중이며, 또한 대형 CPU 개발 중이고 시외용은 미개발되었음. 이 기종의 기술전수는 가능하나 기술전수 적합성은 부적합한 것으로 평가함. 그리고 DCO형은 소형(4만 BHCA)으로 개발 완료되었으며, 기술전수는 가능하나 기술전수 적합성은 부적합한 것으로 판단함.

나. 가격 및 차관조건

당시 체신부 계획국에서는 각 전자교환기의 가격 및 차관조건을 파악하였다. 농어촌용의 가격(회선당)은 기종에 따라 256달러-600달러로 나타났으며, 또한 시외전용(2만 단자기준)의 경우에도 255달러-600달러로 상당한 차이를 보이고 있었다. 이때 NEAX 61, AXE-10, DMS형이 모든 용도에 합리적인 가격을 제시하였으며, 이 중 ITT의 1240형은 시외용 가격을 제출하지 않았으며, Siemens사는 운용실적이 없어 제시가격을 인정하기 곤란하였다. 이때 농어촌용 전자교환기의 기종별 제안 가격은 <표 2-21>과 같고, 시외전용 전자교환기의 기종별 제안가격은 <표 2-22>와 같다.

<표 2-21> 농어촌 전자교환기 제안가격($/회선, 1981. 8)

구분	ITT		LME	NEC	NT		Siemens	SC
	1210	1240	AXE 10	NEAX 61	DMS 10	DMS 100	EWSD	DCO
가격($)	325	350	350	340	450	400-600	256	340-380

<표 2-22> 시외전용 전자교환기 제안가격($/단자, 1981. 8)

구분	ITT	LME	NEC	NT	Siemens
	1210	1240	AXE 10	NEAX 61	DMS 10
1만 단자	444	560	625	750	300
2만 단자	430	465	343	600	255
4만 단자	-	407	236	600	228
6만 단자	-	391	225	576	223

한편 회사별 차관조건을 검토한 결과, 차관금에 대한 거치기간 3년, 상환기간 10년은 각 사에게 동일조건이었으며, 이자율은 NEC가 낮고, Siemens가 높게 제출되었다(중용량 시외 및 농어촌용 시분할 전자교환기 종합검토보고, 1981. 8, 체신부). 이 표에서 *표시숫자는 해당사에서 자료 미 제시로 기존차관 실례를 적용한 것이며, SE Bank는 Skandiaviska Enskil da Bank의 약자이다. 이 중에서 NEC사, LME사, ITT사는 차관선, 이자율, 상환기간 등을 고려할 때 차관조건이 적정한 것으로 평가되었다.

<표 2-23> 시분할 전자교환기 공급회사별 차관조건

구분	ITT	LME	NEC	NT	Siemens	SC
차관선	EXIM Bank	SE Bank	일본수출입은행	EDC	KFW	미제출
이자율 (년간,%)	8.375*	8.0625	7.75	8.635*	9.5 (DM8.5%)	미제출

다. 국내통신망과의 적합성 검토

끝으로 국내통신망에의 적합성을 검토하였다. 이를 위해 농어촌용, 시내/시외 겸용, 시외전용 등으로 설치하는 경우 각각에 대한 적합성을 검토하였으며, 검토한 결과는 <표 2-24>와 같다. 한편 공급 및 운용능력 면에서는 LME사와 NT사가 공급능력이 충분하고, NT사는 운용기술도 보유한 것으로 파악하였다. 이와 같이 교환기 기술발전추세, 국내개발 및 생산공급의 용이성, 수출목표달성 등을 고려하고 교환기의 기술전수 적합성을 면밀히 검토한 결과 DMS 10, EWSD, DCO는 부적합하고 S1240, AXE 10, NEAX 61은 적합한 것으로 판정하였다.

<표 2-24> 기종별 국내통신망 적용성

기종별	농어촌용 적합성	시내/시외 적합성	시외전용 적합성
1210	적합(현재가능)	소형만 가능	소형만 가능
1240	개발 중	개발 중	개발 중
AXE-10	적합(현재가능)	적합(현재가능)	적합(현재가능)
NEAX 61	적합(현재가능)	적합(현재가능)	적합(현재가능)
DMS 10	소형만 가능	-	-
DMS 100	적합(현재가능)	-	-
DMS 100/200	-	적합(현재가능)	-
DMS 200	-	-	소형만 가능
EWSD	개발중(소형만가능)	개발중(소형만가능)	개발 중
DCO	개발중(소형만가능)	개발중(소형만가능)	불가

당시 개발이 완료된 기종을 보면 농어촌용으로 1210, AXE-10, NEAX 61, DMS 100이 있었고 시외전용으로는 AXE-10과 NEAX 61이 있었다. 또한 시내용/시외용으로는 AXE-10 등 3개 기종이 적합한 것으로 확인되었으며 1240과 EWSD 기종은 개발 중이었다.

5. 시분할 전자교환기 기종선정

5.1 기종선정 추진과정

가. 추진상황의 대통령 보고

1981년 8월 체신부 계획국(국장 이응효)은 농어촌과 중용량 시외용으로 적합한 전자교환기를 선정 검토하는 과정에서 선정추진상황을 대통령(전두환)에게 중간보고하였다(시분할교환기 종합검토 중간보고, 1981. 8. 28). 이 보고서의 주관부서 및 결재자는 제2장 말미의 참고자료 편에 기록되어 있다. 당시 보고서는 현황, 시분할교환기의 특징, 사업개요, 추진경위, 전자교환기 도입현황, 검토내용, 기종선정방안, 건의 순으로 작성되었다. 이때 기종선정 방안과 건의내용은 다음과 같다.

제1안은 중용량 시외용은 LME와 NT사 중에서 택일하고, 농어촌용은 LME, NT, NEC사 중에서 택일한다. 이 방안의 장점은 시외용은 2개 회사, 시내용(국산공급)은 3개 회사의 경쟁체제가 구축된다. 그리고 중심국 시외교환기의 조기설치를 할 수 있으며, 동양정밀(주)의 처리가 용이하며, WE의 No.4 전자교환기 도입에 경쟁을 유도할 수 있다. 그 대신 단점으로는 기종이 많아 정합 및 운용보수가 곤란하고, 시내용 국산회사가 3개사로 되어 공급 및 생산에 문제가 있다.

제2안은 중용량 시외용과 농어촌용을 LME와 NT사 중 택일한다. 다만 중용량 시외용은 도입한다. 이 방안의 장점은 제1안과 동일한데, 농어촌용을 조기 추진할 수 있으며, 기 추진 중인 차관의 이용이 가능하다. 그러나 시내용 국산회사가 3개사로 되어 공급 및 생산에 문제가 생기는 단점이 있다.

제3안은 중용량 시외용은 LME와 NT사중 택일하고 농어촌용은 WE와 ITT사 중 택일한다. 이 안의 장점은 중심국 시외교환기를 조기에 설치할 수 있고, WE의 No.4 전자교환기 도입에 경쟁을 유도할 수 있다. 또한 경쟁력이 부족한 공간분할형 전자교환기(SD ESS)의 원활한 대체가 용이하며, 시내용 국산회사가 2개회사 체제로 안정된 공급 및 생산을 할 수 있다. 그러나 기종이 많아 정합 등 운용보수에 문제가 있으며, 동양정밀(주)의 처리 문제가 남게 되는 단점을 가지고 있다.

제4안은 중용량 시외용과 농어촌용을 WE와 ITT사 중에서 택일한다. 이 방안으로 시행하는 경우 외국회사의 추가 진출이 불필요하고 공급 및 생산 면에서 유리하다. 또한 정합 및 운용보전 상 가장 유리하며 기 확정된 차관금의 이용이 가능한 장점을 가지고 있다. 반면에 양 기종 운용실적이 없어 사업 지연이 우려되고 동양정밀(주)의 처리 문제가 여전히 미해결되며, 기존 공간분할방식을 시분할방식으로 전환하는데 지연되는 단점이 있다. 이 방안의 보

와의 회합 11회, 기술자료 작성, 계약조건검토, 안전성을 위한 회의 24회, 협상실무 작업관련 체신부 관계관과의 회의 4회 시행하였음.

둘째, 농어촌 전자교환기종은 지정된 협상대상회사의 기종이 공히 1982년 말까지 국내공급이 불가능한 것으로 판정되어 협상을 중지하였음. 시외용 중용량 시분할 전자교환기종 선정업무를 중심으로 추진하였음. 주된 협상대상 외국회사는 LM Ericsson사 이었으며, 이 회사와 협의된 계약구조는 총괄 합의서 하에 물자공급합의서, 기술용역합의서, 기술전수합의서1, 기술전수합의서2로 되었음.

① 총괄 합의서는 체신부와 LM Ericsson간 체결되는 합의문서로서 본 프로젝트를 전개함에 있어 우리 측 기본입장을 표명하고, 본 프로젝트 수행에 있어서 LME에 총괄책임을 부과하는 내용을 담는다. 그리고 체신부의 사업전반을 관장, 감독, 조정에 관한 권한을 명시하며, 부대계약인 물자공급계약, 기술용역제공, 계약, 기술전수계약(1, 2) 등을 명시하고 이에 관련된 LME 산하기관을 명시한다.

② 물자공급합의서는 체신부와 LM Ericsson 간 체결되는 물자공급관계문서로서, LME가 공급할 물자의 종류, 기준단가를 정하고, 물자의 공급방법, 기술문헌의 제공, 보증 등을 규정한다. 또한 물자거래에 있어서 상거래조건 등을 규정한다.

③ 기술용역제공합의서는 체신부와 ERIFON 간 체결되는 용역제공 관계문서인데, AXE-10의 설치공사, 시험에 관한 용역의 종류, 기준단가를 정한다. 그리고 체신부 요원의 기술훈련에 관한 사항을 규정하며, 용역제공에 따른 거래조건, ERIFON의 의무사항을 규정한다.

④ 기술전수합의서1은 체신부와 ERIFON 간의 통신기술전수에 관한 계약관계문서이며, 기술전수합의서2는 체신부와 RIFA 간의 반도체 기술전수에 관한 계약관계문서이다. 여기에는 체신부 또는 체신부가 지정하는 한국의 기관이 기술을 전수받을 수 있도록 규정한다.

한편 본 보고서에서는 협상추진상의 문제점도 적시하고 먼저 시간의 제약성을 지적하고 있었다. 즉 한정된 시간 내에 여러 가지 사항을 검토, 분석함에 상당한 어려움이 있다는 것이다. 본 프로젝트를 통해 물자, 서비스 뿐 만 아니라 기술전수까지도 얻고자하는 목적을 충실히 달성하려면 시간의 여유가 있어야 하겠다는 지적이었다.

또한 계약을 체결한 후에 기본적인 사항을 협상함은 힘이 약해져서 어렵다고 보며, 협상에 필요한 서류를 준비하고 작성하는데 충분한 시간이 없었다. 더하여 정보의 한계성을 가지고 있었으며, 국제변호사 인선문제에 있어서도 이미 계약관계에 있거나 알고 있는 변호사는 경쟁관계에 있는 업체(국내외)와 자문계약을 체결하고 있는 등 애로가 많음을 보고하였다. 그러면서 이 보고서는 앞으로의 협상방침을 다음과 같이 밝히고 있었다.

첫째, 도입되는 기종이 우리의 요구조건을 최대한 만족시키도록 기술적인 면에서 세밀히 점검하고, 기술도입사업 전개에 따른 우리 측 제약을 최소화시키며, LME의 의무조항을 강화합에 최선의 노력을 경주한다.

둘째, 기술이양에 관한 사항을 실제 적용할 수 있는 대상을 구체적으로 정하고 기간 내에 소기의 목적을 성취하여 성과 있는 기술습득이 되도록 장치함에 최선을 다 하고자한다.

앞으로의 일정계획은 총괄 합의서 우리 측 제안(11. 24), 물자공급합의서 우리 측 제안(11. 28), 기술용역합의서 우리 측 제안(11. 30), 기술전수합의서 우리 측 제안(11. 30), 제2단계 협상완료(12. 10), 제3단계 협상완료(12. 15), 최종협상완료(12. 19), 협상결과 종합정리 및 체신부 이관(12. 23)의 일정으로 추진하였다. 이러한 종합검토과정을 거쳐 AXE-10기종이 최종 선정되었으며, 이 선정결과는 당시 체신부장관(최광수)이 대통령(전두환)에게 보고한 후 확정되었다.

5.3 시분할 교환기 도입에 대한 평가

가. 시분할 교환기에 대한 한국통신의 입장

우리나라 통신망에 시분할 전자교환기를 도입하기 위한 본격적인 검토가 진행되는 과정에서 한국통신은 시분할교환기의 도입 필요성을 검토하여 공사의 입장을 재확인하였다(시분할 교환방식에 관한 공사입장, 1982. 3, 한국전기통신공사). 먼저 시분할 교환방식으로 점진적으로 전환해야 할 필요성을 다음과 같이 정리하였다.

첫째, 기계식 자동교환방식 및 공간분할방식(SD)의 운용은 비경제적이다. 시분할 교환기를 활용하는 경우 통신망 투자비에서 약 30-40%가 절감될 수 있다. 또한 비음성 통신수요를 효율적으로 충족할 수 있어 장래 종합통신망으로서의 기반을 구축할 수 있다.

둘째, 시분할 교환기의 경우 공간분할방식 교환기에 비해 반도체 부품 소요량이 약 3배에 달해 국내 반도체시장 수요를 대거 확대시킬 수 있다.

당시 정부방침은 한국전기통신연구소(KETRI)에서 이미 개발한 농어촌 시분할 교환기를 양산화하도록 추진하는 것이었다. KETRI의 개발교환기는 1978년-1982년 기간 중 개발한 것으로 1982년 6월 현장실용시험을 시작하였으며, 1984년 후반기-1985년 전반기에는 본격적인 공급이 가능하다고 보았다. 한편 도시용 시분할 교환기는 운용기술의 축적, 경제성 보장 등을 감안하여 점진적으로 공급하고자 하였다.

또한 한국통신은 한국전기통신연구소의 개발 경험을 토대로 1986년 말까지 도시용 시분할 교환기를 개발한다는 방침을 가지고 움직였다. 시분할 교환기를 장기적으로 국내개발을 추진한다는 입장이었다. 이것은 교환기 및 통신기술의 자립화를 달성하고, 반도체, 전자, 통신 등 관련 산업을 발전시키며, 국내교환기종을 통일하여 통신망의 합리화를 추구한다는 점에서 국내개발노력이 필요하였다.

이를 위해 한국통신이 이 사업을 주관하고 지원하며, KETRI 중심으로 관련 산업체와 공동으로 개발하며, 여기에 중용량 전자교환기 기술을 활용하고자 하였다. 이 개발제품은 1980년대 후반에 실용 및 상용시험을 실시하여 부분적으로 공급하며, 1990년대부터 본격적인 대량 공급을 시행한다는 방침도 세웠다. 또한 이런 본격 공급 가능 시 부터 국내표준으로 교환기종의 통일화한다는 구상이었다.

한편 과도기(1983년-1984년)에는 농어촌지역에 기계식 자동교환기 철거분을 우선 활용하여 공급하고, 경제적으로 타당성이 명확히 입증되는 일부 지역의 경우에는 공간분할방식 전자교환기(SD-ESS)를 공급하고자 하였다.

나. 중용량 시외전자교환기 도입에 관한 언론보도

중용량 전자교환기가 선정된 후 중소도시에 공급 운용된 지 반세기가 지난 2000년, 언론에서는 정보통신부 비사의 한 부분으로서 지난 1981년 당시 중용량 시외전자교환기 도입 및 기종선정에 대해 다음과 같이 보도하였다(TDX 도입기종 대통령 결재 받아, 2000, 전자신문/ 이현덕의 정보통신부 비사).

<기사내용> 1981년 체신부는 시분할 교환기종 선정을 위한 협상을 진행하고 있었다. 체신부는 이를 위해 오명 차관을 위원장으로 기종 선정심의위원회를 구성해 운영했다. 심의위원은 체신부 배호원 기획관리실장(체신공제조합 이사장 역임, 작고), 이응효 계획국장(한국전기통신공사 부사장, 데이콤 사장 역임), 이희두 전무국장(한국전기통신공사 국제통신사업본부장 역임), 김정렬 보전국장, 안희수 기술조정관, 정도길 전기통신시험소장(정보통신훈련센터 이사장 역임)과 최순달 한국전기통신연구소장, 경상현 한국전기통신공사 부사장 등이었다.

위원회 간사는 이정욱 체신부 계획3과장(한국통신 부사장 역임, 현 한국정보통신감리협회장)이 맡았다. 당시 미국과 스웨덴, 캐나다, 일본, 서독 등의 주요 교환기업체들이 기종경쟁을 벌였다. 이들의 로비는 치열했다. 오 차관은 8월 20일부터 연속 3일간 시분할교환기 기종선정을 위한 심의위원회를 열었다. 오 차관 주재로 8월 22일 열린 3차 회의 발언 내용을 들어보자.

<오 차관> 시외 전자교환기(NO.4 ESS)를 채택할 필요가 있는가. <이응효 계획국장> 초기에는 외국 기술자를 고용하는 방법도 있다. <안희수 기술조정관> 중용량 시외용과 농어촌용 도입을 구분하자. 먼저 중용량 시외용부터 기종을 선정하고 농어촌용은 국산화하자. <경상현 부사장> 의미가 있다. 선정한 기종회사에서 기술전수만 받는다면 국내 개발에 큰 문제는 없다.

<오 차관> 중용량 교환기를 도입하면서 기술전수를 받아 우리모델로 국산화하자. <김정렬 보전국장> 시험용은 괜찮으나 국산화 후 불완전한 교환기를 10만~20만대 설치하는 것은 곤란하다. <경 부사장> 고장률이 높아도 교환기를 국산화해야 한다. <배호원 실장> 국산

화해도 완전무결을 기대하는 것은 무리다. <오 차관> 논의된 내용을 토대로 3~4개 기종을 압축, 검토해 보고하라.

체신부는 위원회 안에 기종선정 실무반을 구성했다. 총괄책임은 이응효 계획국장이 맡았고 행정실무는 이정욱 계획3과장과 이상범 계획4과장이 담당했다. 기종협상은 전자통신연구소가 맡아 가격과 공급시기 등을 협의키로 했다. 연구소는 계약과 기술협상 실무반을 편성해 외국 교환기업체와 협상을 벌였다. 막판까지 경합을 벌인 외국 교환기업체는 노던텔레콤(NT)과 에릭슨이었다. 그러나 NT는 기술이전에 소극적이었다.

<중용량 시외교환기 도입협상을 맡았던 양 단장의 증인>「협상상대는 스웨덴 에릭슨이었다. 에릭슨이 제시한 1억6천만 달러를 협상을 통해 1억2천만 달러로 4천만 달러를 깎았다. 당시 환율로 계산하면 240억 원이었다. 협상으로 개발비 240억 원을 벌었다. 오 차관은 여러 자리에서 이 일을 자주 언급했다.」

체신부는 이런 과정을 거쳐 그해 12월 중용량 시외전자교환기종 도입방침을 전두환 대통령에게 보고했다. 체신부는 가격과 성능, 한국에 대한 교환기 및 반도체 기술이전 등을 검토해 에릭슨의 AXE-10 기종 도입이 가장 유리하다고 보고했다. 전 대통령은 1982년 2월 5일 이 서류에 서명했다. 이 일은 막대한 이권이 걸린 일이었다. 그런 관계로 대통령의 재가를 받아 뒷말이 나오지 않도록 했던 것이다.

<기종 선정의 실무를 담당했던 이정욱 체신부 계획3과장의 증언>「최종적으로 기술전수 내용과 가격을 평가해 에릭슨의 AXE-10기종을 결정했습니다. 이 보고서는 과기처와 상공부, 외무부 장관 협조를 얻어 부총리와 총리를 거쳐 대통령 재가를 받았습니다.」

6. 장거리통신망의 선진화 완성

6.1 시외통신망의 전면자동화 및 대폭확장

가. 시외전화공급 5차 5개년계획

1980년대 초 우리나라는 시외통신망으로 교환시설(STD) 27,178회선을 운용하고 있었으며, 이에 따른 전송로시설로는 마이크로웨이브 시설(MW) 15,168회선, 동축반송시설 27,480회선, 케이블반송시설 18,816회선, PCM반송시설 12,372회선을 운용하고 있었다.

당시 17개 중심국의 총 시외회선수요는 1983년에 175,200회선, 1986년에 262,000회선, 1991년에는 444,100회선으로 증가하고 있었다(시외전화회선 수요보고서, 1980년도판, 체신부 계획국). 이때 17개 중심국별 시외회선 수요는 <표 2-26>과 같다.

<표 2-26> 17개 중심국별 시외회선수요

중심국명	1986년	1991년	중심국명	1986년	1991년
전주	37,500	66,400	마산	33,300	60,700
수원	22,600	36,300	진주	18,900	31,800
순천	15,000	28,000	포항	15,200	26,500
강릉	13,800	23,100	목포	14,300	23,900
안동	12,100	19,100	천안	12,000	19,300
구미	12,600	21,200	홍성	11,200	18,100
청주	10,500	17,400	충주	9,800	15,900
제주	8,100	13,100	춘천	8,200	12,600
원주	7,000	10,700	계	262,000	444,100

이와 같은 상황에서 체신부는 당시의 DDD방식이나 STD방식으로 전국 완전자동화는 불가능하다고 판단하여 5차 5개년계획의 중요부문으로 시외전화의 전자화를 추진하기 시작하였다. 이에 따라 이 기간에 총 5천1백억 원의 예산을 투입하여 도시지역에 39만8천회선, 농어촌지역에는 25만회선의 전자교환기를 공급하는 시외통신망 확장계획을 체신부장관(최광수)이 대통령(전두환)에게 보고하였다(시분할 교환기 종합검토 중간보고, 1981. 8. 28). 이에 대한 세부내역은 <표 2-27>과 같다.

<표 2-27> 5차 5개년계획 중 시외전화공급계획(1981. 8)

구분	대도시		중소도시 이하	
	DDD	STD	STD	수동식
시설수(1981. 12)	9,000	25,000	47,000	
시설공급(1982-86)	No.4 ESS 398천회선		TDM 250천회선	
소요예산(1982-86)	3,600억 원		1,500억 원	

이때 서울, 대전, 대구, 부산, 광주 등 5개 총괄국에는 대용량 전자교환기(No.4 ESS)를 공급하고, 수원, 청주, 천안, 충주, 홍성, 구미, 안동, 포항, 마산, 진주, 순천, 목포, 춘천, 전주, 원주, 강릉, 제주 등 17개 중심국에는 중용량 시외용 전자교환기(AXE-10)를 공급하기로 하였다(1980. 12. 29). 이를 위해 중용량 시외전용 시분할교환기 17대(25만 Trunk)를 도입하고, 소요예산은 총 1,500억 원을 배정하였다.

이중 공사비 및 훈련비로 차관액 1억8천500만 불을 사용하고, 제세 및 내자공사비는 내자 300억 원으로 충당하게 하였다. 이때 가능하면 1984년까지 단축하여 공급하려고 노력하였다. 또한 130개 군(郡)단위 지역에는 시내 및 시외겸용 전자교환기를 공급하여 전국 장거리통신망을 자동화를 추진하였다. 그 후 농어촌용과 중용량 시외용 기종선정을 통합 검토하는 방침이 결정되었음을 대통령(전두환)에게 보고하였다(시분할 교환기 종합검토 중간보고, 1981. 8. 29, 체신부).

나. 시외통신망의 대폭확장

정부의 5차 5개년계획이 개시되는 첫해인 1982년에 한국통신의 장거리전화사업은 우선 시외통신망과 국제통신망에 전자교환시설을 도입하고, 장거리전송로를 획기적으로 보강하는 방향을 잡았다. 이에 따라 전자교환기를 1981년 15만8천회선, 1982년 11만8천 회선을 공급하여 대폭 확장 추진하였다. 이때 1981년에 4천만 불, 1982년에 8천90만 불의 차관을 사용하였다. 1981년 및 1982년 장거리통신망 건설계획의 세부내용은 <표 2-28>과 같고, 단위표시는 공급량은 회선이며, 예산은 백만원이다.

<표 2-28> 장거리통신망 건설실적(1981년/1982년)

구분	시설별	1981년		1982년	
		공급량	예산	공급량	예산
교환시설	DDD	379	325	-	-
	STD	6,980	8,061	1,580	4.502
	ESS	158,000	30,418	118,000	68,127
전송로시설	MW	6,062	16,799		32,357
	동축반송	7,800	16,824	6,0007,500	19,698
	케이블반송	2,400	1,668	1,260	560
	PCM반송	57,240	26,286	18,408	10,613

1981년에는 우선 급증하는 시외통화량의 원활한 소통을 위해 전자식 시외교환기(No.4 ESS)를 혜화에 5만3천회선(국제교환기 3천회선 포함), 구로에 4만회선, 부산에 4만회선, 대구에 2만5천회선 등 총 15만8천 회선을 공급하였다. 1981년에는 이외에도 전송로 기반시설인 동축케이블 291Km(8,841백만 원), 시외케이블 1,036회선(21,439백만 원), 통신망 통합 1천회선(13억3천6백만 원) 등 선로시설을 건설하였다. 또한 도서통신방식을 개선하고 이동무선전화에 대한 사전준비를 하기로 정하였다.

1982년에는 총 1,762억5천4백만 원을 투입하여 전송로, 교환시설, 선로시설을 건설하고, 그 외 시외전화국 이설 등을 시행하였다(1982년도 주요사업계획 및 당면과제, 1981. 11, 한국전기통신공사 계획국). 세부적으로 보면 713억2천6백만 원의 예산을 투입하여 교환시설 11만8천 회선을 신증설하였으며, 이를 위한 전송로 31만9천회선(679억3첨만 원)과 선로 1,065,000회선(223억1천6백만 원)을 건설하였다.

또한 18억5천9백만 원을 들여서 시외전화국 5개국을 이설하였으며 이동가입전화 시설을 확충하였다(소요예산 7억3천6백만 원). 그리고 시내전화가 계속 증가하고 생활권의 광역화로 시외통화량이 격증함에 따라 총 45억2백만 원의 예산을 들여서 STD시설 1,580회선(69개 구간)을 신증설하였다. 그래서 1982년 말에는 STD시설이 총 28,758회선으로 늘어나게 되었으며, 1983년 이후에는 이 시설의 신증설을 중단하였다.

다. 장거리통신망의 유무선 이원화

1982년에는 전국 기간통신망의 유무선 이원화를 실현하기 위해 마이크로웨이브(MW), 동축반송, 케이블반송, PCM반송 등 다중통신시설을 건설하였다.

첫째, MW시설은 종래의 2GHz에서 15GHz로 확대함으로서 시스템 최대용량이 2,700채널로 늘어나게 되었다. 1981년에 당초 6,060회선을 신·증설할 계획이었으나 사정상 실제로는 3,060회선을 공급하였다. 그리고 1982년에는 경부간 및 경인간에 디지털방식 1,860회선을 설치하고, 전국 기타구간에는 아날로그 방식 4,140회선을 신·증설하는 등 총 6천 회선을 공급하였다. 이를 위한 예산은 미국 EXIM차관 11,300천불을 포함하여 323억5천7백만 원이 소요되었다. 그래서 1982년말 MW시설은 총 18,228회선으로 늘어나게 되었다.

둘째, 동축반송시설은 1968년 국내 최초로 서울-수원 간에 180채널을 개통한 이래 1981년 말에는 총 연장 2,406Km, 35,280회선을 운용하고 있었다. 그 후 이 장비는 장거리 대용량 다중전송시설로서 전국 대도시의 중심국 이상 국간을 연결하는데 사용되었다. 이를 위해 세심동축방식과 표준동축방식이 있었으며, 여기에는 P-4M(960채널), SP-12M(2,700채널), C-60M(10,800채널)이 있었다. 특히 장거리 자동전화(ESS, DDD, STD) 구간과 공업단지의 전용회선을 위해 공급하였다. 1982년에는 7,500회선을 증설하여 그해 말에는 총 42.780회선으로 증가되었다. 이를 위해 176억9천8백만 원의 예산을 사용하였으며 당시 회선 당 단가는 2,209천원으로 산출되었다.

셋째, 케이블 반송장비는 중장거리 다중유선통신시설로서 중심국 이하 집중국 상호 간을 연결하는데 설치하였다. 이 장비는 시외케이블 심선에 반송단국장치와 중계장치를 접속하여 시스템 당 12회선을 구성하는 방식이었다. 위의 <표 2-28>에서 보는 바와 같이 1981년에 2,400회선(1,800회선 재배치), 1982년에 1,260회선(전량 재배치)을 증설하여 1982년 말에는 총 19,416회선을 운용하였다. 당시 이 장비의 회선 당 단가는 1981년 69만5천원, 1982년 44만4천원으로 분석되었다. 특히 중소도시 상호 간의 STD회선 구간의 전송로로 충당하였으며, 또한 공업단지, 관광단지의 시외회선을 위하여 공급되었다.

넷째, PCM 장비는 중장거리 다중유선시설로서 중심국- 집중국, 집중국 상호 간을 연결하는데 시설하였다. 그리고 서울, 부산, 대구, 광주, 대전 등 대도시 주변의 위성도시의 통화권 흡수에 따른 전송로를 확장하는 목적으로 투입되었을 뿐만 아니라 시외 전자교환기의 대량도입에 따라 필요한 전송로로 사용하였다. 1982년에는 PCM-24B 2,352회선, KD-4 PCM 2,088회선, DE-4 PCM 13,968회선 등 총 18,408회선을 공급하여 그해 말에는 총 37,020회선으로 크게 증가되었다. 이러한 신기술방식에 의한 통신망 구축으로 전국 일일생활권을 앞당기게 되었으며, 고속 데이터통신도 가능하게 되었고 동시에 이러한 신기술을 선진국으로부터 습득하여 국내산업발전에도 크게 기여하였다.

다섯째, 이외에도 1980년부터 1983년까지 나선반송설비를 벽지 농어촌 통신소통을 위해 활용하였다. 1981년에 540회선(재활용), 1982년에 540회선(재활용), 1983년에 420회선(재활용)하여 시설하여 총 5,777회선을 운용하였다. 특히 인접한 농어촌 상호간 통신망을 구성하고 대시 20분 통화권 형성을 위한 면단위 통신소통을 위해 재활용 공급하였다. 이 장비의 1982년분 회선 당 단가는 137만원으로 분석되었다.

6.2 대도시지역의 시외전자교환기 확대공급

가. 서울지역의 장거리통신망 확장(1983년-1984년)

1983년 교환시설 20만5천 회선을 신증설하였으며, 여기에 1135억4천7백만 원을 투입하였다. 이를 위한 전송로 30만3천회선(599억44백만 원)과 선로 70만회선(146억4천7백만 원)을 건설하였다. 또한 8억5천2백만 원을 들여서 시외전화국 7개국을 이설 하였으며 이동가입전화 시설을 확충하였다(소요예산 41억1천7백만 원). 그래서 장거리 전화시설을 확장하는데 총 1,931억7백만 원을 투입하였다. 특히 구로 No.4 전자교환기 착신회선을 혜화전화국에 수용하는 방안을 검토하였다. 당초 관내 화곡 등 6개 시내교환기와 구로 No.4 전자교환기 간 시외용 중계회선을 총 3,144회선으로 확장 추진하였으며, 구간별 세부내역은 <표 2-29>와 같다.

<표 2-29> 구로 No.4 전자교환기 간 중계회선 구성계획

구간	시내교환기 공급	개통예정일	중계회선 수
화곡-구로	No.1A 2만 회선	1983. 4	480
봉천-구로	M10CN 2만 회선	1983. 11	504
구로-구로	M10CN 1만 회선	1983. 8	888
대방-구로	M10CN 2만 회선	1983. 9	504
노량진-구로	No.1A 3만 회선	1983. 9	456
시흥-구로	M10CN 2만 회선	1983. 5	312

이때 구로 No.4 전자교환기는 개통일이 1984년 1월로 계획되어 있는데 화곡 등 5개 시내교환기는 1984년 4월-11월에 개통됨으로 시외회선 구성이 불가한 상황이 발생하였다. 이를

해결하는 방안으로 이들을 혜화 No.4 전자교환기의 착신망으로 구성하는 방안을 검토 추진하였다. 그런데 구로-혜화 간에는 1982년도 사업으로 스크린 케이블(0.65-400p)을 포설하고 있어 여기에 PCM 중계기를 전량 설치하여 소요회선을 확보하였다. 이 통신망은 구로 No.4 전자교환기가 개통된 후 당초계획대로 환원 조치하였다.

나. 대도시의 No.4 전자교환기 확장(1983년-1984년)

전국적으로 시외전자교환기(No.4 ESS) 설치는 서울지역에 혜화, 구로 외 대도시 지역으로 부산, 대구, 광주, 대전 등 6개 시외전화국에 설치하였다. 이때 각 시외전화국의 수용지역은 다음과 같다.

혜화시외국은 서울 강북지역, 의정부, 포천 등 경기도 북부 일부지역을 수용하기로 정하였으며, 이를 위해 No.4 전자교환기 5만3천 회선을 공급하여 1983년 5월에 개통예정으로 추진되었다. 세부수용지역은 서울강북, 원당, 문산, 김포, 강화, 의정부, 철원, 구리, 전곡, 가평, 포천 등 11개 지역으로 결정하였다.

구로시외국은 서울 강남지역, 인천, 성남 등 경기도 남부지역을 수용 운용하기로 정하였으며, 이를 위해 No.4 전자교환기 4만 회선을 공급하여 1984년 1월에 개통예정으로 추진되었다. 세부수용지역은 서울강남, 인천, 성남, 안양, 광주, 반월, 양평, 여주 등 8개 지역으로 결정하였다.

부산시외국에서는 부산시내, 울산, 김해 등 관내 주요도시지역을 수용하기로 정하였으며, 이를 위해 No.4 전자교환기 4만 회선을 공급하여 1983년 8월에 개통예정으로 추진되었다. 세부수용지역은부산시내, 울산, 양산, 기장, 김해, 밀양 등 6개 지역으로 결정하였다.

대구시외국은 대구시내, 고령, 성주 등 인근 주요지역을 수용하기로 정하였으며, 이를 위해 No.4 전자교환기 2만5천 회선을 공급하여 1983년 9월에 개통예정으로 추진되었다. 세부수용지역은 대구시내, 청도, 고령, 성주, 왜관, 군위, 영천, 현풍, 하양 등 9개 지역으로 결정하였다.

광주시외국은 광주시내, 화순, 금성 등 주요지역으로 정하였으며, 이를 위해 No.4 전자교환기 3만 회선을 공급하여 1984년 4월에 개통예정으로 추진되었다. 세부수용지역은 광주시내, 화순, 금성, 담양, 장성, 영광, 함평, 곡성 등 8개 지역으로 결정하였다. 한편 1983년 본 건물 1,800m²를 증축하였다(1983. 9). 이 공사는 광일토건에서 시공하였으며, 당시 공사감독자는 중앙건설사무소 권학용으로 지정되었다(통신투자사업 추진현황, 1983. 3, 한국통신 중앙건설사무소 시설본부).

대전시외국의 경우는 대전시내, 옥천, 영동 등 충남북의 인근 주요지역을 담당하게 하였으며, 이를 위해 No.4 전자교환기 3만 회선을 공급하여 1984년 5월에 개통예정으로 추진되었다. 세부수용지역은 대전시내, 논산, 공주, 조치원, 옥천, 금산, 영동, 부여 등 8개 지역으로 결정하였다.

6.3 중소도시의 시외전자교환기 확장

가. 전국 17개 도시에 중용량 전자교환기 공급

중용량 시외교환기는 사업의 시급성과 고도의 기술성이 요구되므로 시설 및 설치공사를 외국차관으로 추진하기로 정하였다. 전국 17개 중소도시의 중심국에 중용량 시외전자교환기 25만 회선을 공급하기 위해 차관을 도입하였다(1983년-1984년). 이 사업을 위해 외자(차관) 1억8천6백만 불, 내자(한국통신자금) 250억 원 등 총 2억2천2백만 불(1,500억 원)을 조달하기로 추진하였다.

이 차관사업은 먼저 공공차관도입을 위한 1981년도 국회동의요청자료(1억8천5백만 불)를 경제기획원에 제출하여 사업타당성을 검토하였다(1981. 7). 그 후 공공차관도입 심의위원회의 심의, 국무회의 의결을 거쳐, 국회동의를 받았다(1981. 12). 이에 따라 1982년 4월 차관협정을 체결함으로써 AXE-10형 중용량 시외교환기를 1983년도에 착공하게 되었다. 이 시외전자교환기는 1983년-1984년에 설치하기로 정하였다. 즉 마산, 수원, 진주, 포항, 구미, 안동, 춘천, 원주, 목포, 전주, 청주, 제주, 홍성, 순천, 충주, 천안, 강릉 등 17개 중소도시로 결정하였으며, 시설 공사는 스웨덴의 ERIFON이 담당하였다.

나. 10개 중소도시에 중용량 시외전자교환기 공급

1983년에는 먼저 10개 중소도시에 중용량 시외교환기(AXE-10형)를 공급하고 통화권내 주요지역을 수용하여 시외통신망을 전자교환방식으로 전환하였다.

(1) 수원시외국은 AXE-10 시외전자교환기 2만5천 회선을 공급하여 1983년 11월에 개통예정으로 추진되었다. 세부수용지역은 수원시내, 평택, 안성, 용인, 이천, 발안 등 6개 지역으로 결정하였다.

(2) 춘천시외국은 AXE-10 시외전자교환기 1만 회선을 공급하여 1983년 12월에 개통예정으로 추진되었다. 세부수용지역은 춘천시내, 화천, 양구, 인제, 홍천 등 5개 지역으로 결정하였다. 그리고 원주시외국은 AXE-10 시외전자교환기 1만 회선을 공급하여 1984년 4월에 개통예정으로 추진되었다. 세부수용지역은 원주시내, 횡성, 영월, 평창, 원주 등 5개 지역으로 결정하였다.

강릉시외국은 AXE-10 시외전자교환기를 공급하여 1984년 12월에 개통예정으로 추진되었다. 세부수용지역은 강릉시내, 속초, 동해, 태백, 양양, 삼척, 정선 등 7개 지역으로 결정하였다.

(3) 청주시외국은 AXE-10 시외전자교환기를 공급하여 1983년 7월에 개통예정으로 추진되었다. 세부수용지역은 청주시내, 보은, 진천 등 3개 지역으로 결정하였다. 그리고 홍성시외국은 AXE-10 시외전자교환기를 공급하여 1984년 9월에 개통예정으로 추진되었다. 세부수용지역은 홍성, 대천, 청양, 서산, 태안, 서천 등 6개 지역으로 결정하였다.

천안시외국은 AXE-10 시외전자교환기를 공급하여 1984년 11월에 개통예정으로 추진되었다. 세부수용지역은 천안시내, 온양, 예산, 당진 등 4개 지역으로 결정하였다.

(4) 충주시외국은 AXE-10 시외전자교환기를 공급하여 1984년 10월에 개통예정으로 추진되었다. 세부수용지역은 충주시내, 제천, 단양, 괴산, 은성 등 5개 지역으로 결정하였다.

(5) 마산시외국은 AXE-10 시외전자교환기 2만7천 회선을 공급하여 1983년 10월에 개통예정으로 추진되었다. 세부수용지역은 마산시내, 함안, 진해, 의령, 고성, 충무 등 6개 지역으로 결정하였다.

진주시외국은 AXE-10 시외전자교환기 1만6천 회선을 공급하여 1983년 12월에 개통예정으로 추진되었다. 세부수용지역은 진주시내, 사천, 남해, 하동, 산청, 함양, 거창, 합천 등 8개 지역으로 결정하였다.

다. 7개 중소도시에 중용량 시외전자교환기 공급

1984년에는 7개 중소도시에 중용량 시외교환기(AXE-10형)를 공급하고 통화권내 주요지역을 수용하여 시외통신망을 전자교환방식으로 전환하였다.

(1) 포항시외국은 AXE-10 시외전자교환기 1만2천 회선을 공급하여 1984년 1월에 개통예정으로 추진되었다. 세부수용지역은 포항시내, 경주, 영덕, 울진, 울릉 등 5개 지역으로 결정하였다. 구미시외국은 AXE-10 시외전자교환기 1만3천 회선을 공급하여 1984년 2월에 개통예정으로 추진되었다. 세부수용지역은 구미시내, 김천, 상주, 점촌, 가은 등 5개 지역으로 결정하였다. 또한 안동시외국은 AXE-10 시외전자교환기 1만2천 회선을 공급하여 1984년 3월에 개통예정으로 추진되었다. 세부수용지역은 안동시내, 영주, 봉화, 영양, 청송, 의성, 예천 등 7개 지역으로 결정하였다.

(2) 목포시외국은 AXE-10 시외전자교환기를 공급하여 1984년 5월에 개통예정으로 추진되었다. 세부수용지역은 목포시내, 진도, 완도, 해남, 무안, 영암, 강진 등 7개 지역으로 결정하였다. 순천시외국은 AXE-10 시외전자교환기를 공급하여 1984년 10월에 개통예정으로 추진되었다. 세부수용지역은 순천시내, 여수, 구례, 장흥, 고흥, 광양, 보성 등 7개 지역으로 결정하였다.

(3) 전주시외국은 AXE-10 시외전자교환기 2만6천 회선을 공급하여 1984년 6월에 개통예정으로 추진되었다. 세부수용지역은 전주시내, 이리, 군산, 진안, 장계, 무주, 김제, 남원, 임실, 순창, 정주, 부안, 고창 등 13개 지역으로 결정하였다.

(4) 제주시외국은 AXE-10 시외전자교환기를 공급하여 1984년 8월에 개통예정으로 추진되었다. 세부수용지역은 제주시내, 서귀포, 고산, 성산포 등 4개 지역으로 결정하였다.

그 후 1987년 한국통신 계획국 통신망계획부(부장 이정욱)는 중용량 시외교환기(AXE-10)의 잔여시설을 시내가입자용으로 활용토록 하는「시내·시외 겸용 교환망계획」을 수립 추진하였다(1987. 1. 9). 이에 따라 시외 중심국의 신규수요는 시내·시외 겸용교환기로 공급하고, 공간분할 전자교환기 설치운용국은 시스템 충만 시까지 활용한 후 겸용교환기로 공급하였다. 이 계획의 주관부서 및 결재자는 제2장 말미의 참고자료 편에 기록되어 있다.

7. 장거리통신망의 고도화 시행

7.1 고속회선교환망 구축

한국통신 계획국(국장 이응효)은 종합정보통신망으로 이행하는 중간과정에서 기존 전화망을 이용하여 고속 데이터통신의 실현하는 경제적인 회선교환망을 구축하는 계획을 수립 추진하였다(고속회선 교환망 건설계획, 1985. 5. 23). 이 계획의 주관부서 및 결재자는 제2장 말미의 참고자료 편에 기록되어 있으며 주요내용은 다음과 같다.

가. 기본방침 및 구성방안

(1) 기존시설(No.4 전자교환기)을 이용하여 고속회선 교환망을 구축하고, 변환장치를 개발하여 PSTN과 회선교환망을 연동함으로써 회선효율을 높이고 통신의 범위를 확대하여 PSTN 이용자에게 새로운 통신서비스를 제공한다.

(2) ISDN의 실현단계에서 고속회선 교환망 가입자는 ISDN 회선으로 통합하되 사용단말기의 계속성을 유지할 수 있도록 한다. 그리고 시범운용을 통하여 서비스의 유용성을 확인하고 관련제도를 보완하여 공중서비스를 제공토록 한다.

(3) 회선교환망은 고속데이터를 전송하기 위한 통신망으로서 현재 PSTN 1,200 bps, PSDN 300-9600bps인데 비해 CSDN은 56Kbps로 고속화된다. 또한 BER이 10^{-5}이상으로 양질의 전송품질을 확보할 수 있다. 그리고 컴퓨터와 컴퓨터 단말기기, 고속팩스(G.IV), 화상회의시스템, 고속텔리텍스 등 다양한 정보단말기기의 접속이 가능하다.

(4) 회선교환망의 구성을 위하여 국번호 및 가입자번호를 등록하고, 디지털 시외루트를 지정하는 등 No.4전자교환기에 국 데이터를 입력한다. 이때 가입자 수용 전화국의 PCM 장치(D4 또는 DE4)에 데이터포트를 설치한다. 그리고 가입자선로는 4선식으로 구성하고 가입자 댁내에 DSU를 설치한다. 또한 단말기와 DSU는 34핀 컨넥터(V.35)로 연결한다.

(5) 다이얼방법은 PSTN 번호체제와 동일하다. 예를 들면 서울시내는 900- ××××, 서울-부산은 51-900-××××, 부산-서울은 2-900-××××를 다이얼링하면 된다. 이때 시외식별번호 0은 불필요하다.

나. 세부시행계획

고속회선 교환망 건설계획(1985. 5. 23)에 의해 고속 데이터통신의 실현을 위해 시외교환기(No.4 전자교환기)를 이용하여 56Kbps 고속회선 교환망을 구축하여 고속 팩시밀리, 화상전화 등 다양한 서비스를 제공하고, 정보통신망의 확충과 정보통신서비스의 다양화를 위하여 고속회선 교환망을 구축하며, 관련 단말기술 개발을 촉진한다는 추진방침을 재확인하였다.

그리고 회선교환망 서비스의 제반준비를 위해 기술검토 및 공중서비스 제공을 단계별로 추진하였다. 제1단계(1985. 7-1987)는 시범운용을 시행하고, 제2단계(1988년부터)에 이르러 상용서비스를 제공하기로 하였다. 그 세부내용은 다음과 같다.

① 우선 전국 No.4 전자교환기에 소규모 회선을 운용하면서 기능을 확인하고, 통신센터 및 자사 간에 고속 팩스, 텔리텍스 등 단말기를 설치하야 소규모로 시범운용한다(1985. 7-1985. 12). 이를 위한 시범용 단말기로 텔리텍스는 연구소 시제품을 사용하고, 고속팩스는 업체로부터 대여 사용토록 한다. 한편 No.4 전자교환기에 대한 입력 등 회선구성은 AT&T의 기술지원을 받아 시행한다.

② 1986년부터 업무용 시범운용에 들어간다(1986년-1987년). 이때 서울, 부산, 대구, 대전, 광주지역의 No.4 전자교환기를 이용하여 고속회선교환망을 구성한다. 그리고 체신부, 공사, 지사, 직할기관 간 업무용회선으로 텔리텍스, 고속팩스 등을 시범운용한다. 이를 위하여 텔리텍스 33대, 고속팩스 33대, DSU 70대, DF 70대, 키패드 70대 등을 확보토록 하고 소요예산은 8억8천6백만 원을 편성한다.

③ 제2단계(1988년 이후)에서는 팩스통신망으로 활용한다. 이때 전국의 우체국 또는 전신전화국 등 취급지역을 확대하고, 주민등록등본을 우체국 창구에서 발급하는 등 타 부처 민원업무의 원격처리제도를 시행 검토한다. 또한 현재 A4 1매당 5,000원인 요금을 인하토록 하며, 구체적인 추진방안은 체신부와 협의 결정하여 전자우편제도의 이용을 활성화하도록 한다. 회선교환서비스의 시범 운용기간을 통하여 홍보 및 수요를 창출하고, 관련제도를 검토 보완한다.

한편 1990년대 초반 우리나라의 데이터통신을 위한 당시의 패킷교환망(X.25)은 복잡한 프로토콜로 처리율이 저하되어 있었으며, 56Kbps이하의 속도로 제공되어 고속 데이터 전송이 불가능하였다. 그래서 한국통신은 에러가 극히 적은 전송로와 지능화된 사용자 단말기를 공급하고, 프로토콜 처리를 간략화 하여 1.5Mbps의 고속데이터 전송을 실현하고자 Frame Relay를 공급하였다(1994. 12).

7.2 장거리통신망의 구조 및 운용보전체계 개선

1990년대 중반 한국통신 네트워크본부(본부장 이정욱)에서는 시외교환망, 시외전송망을 포함한 장거리통신망에 대한 통신망구조, 시설공급, 운용보전체제를 개선하는 중장기 발전계획을 다음과 같이 수립 추진하였다(중장기 네트워크 발전계획, 1996. 9, 9, 한국통신 네트워크본부). 이 계획의 주관부서 및 결재자는 제2장 말미의 참고자료 편에 기록되어 있다.

가. 시외교환망

당시 서울 주변의 신도시개발과 인구증가로 인하여 수도권지역 내 시외통화량은 전국통화량의 약 1/2을 차지하고 있었다. 수도권 시외트래픽이 구로시외국, 혜화시외국 및 겸용 텐텀으로 이원화 처리됨으로써 통신망이 복잡해지고 회선효율이 저하되어 소통품질이 떨어지는 문제가 발생하였다. 이런 상황에서 앞으로 시스템을 증설하여 루트수가 늘어나게 되면 당시의 통신망 구조로는 수도권 시외통화를 소통시키기에는 부적합하였다. 더구나 도시구조가 중앙집중형에서 분산형구조로 발전됨에 따라 중장기적 관점에서 이에 적합한 교환망 모델이 요구되었다.

이에 따라 한국통신은 수도권 시외교환망 구조를 재편하기로 결정하였다. 우선 당시 통화권과 행정구역을 고려하여 서울을 중심으로 수도권을 분할하는 도넛형 분할방식을 적용하여 수도권을 5개 권역별로 블록화하는 방안을 추진하였다. 이때 생활권과 트래픽수요를 고려하고, 전국 도단위 통화권 개편까지 검토하여 분할하여 수도권 시외교환망을 다음과 같이 개편 구축하였다.

① 서울권은 강남, 강북지역을 분리 이원화 구성한다. 강북지역은 혜화, 신설동을 시외교환국으로 구성하고, 강남지역은 구로, 목동, 잠실을 권역 내 시외교환국으로 구축한다. 다만 잠실시외국의 통신망 전환은 국사 준공시기를 고려하여 1999년 이후 추진토록 한다.

② 인천권은 인천, 김포지역을 수용하고, 이를 위해 인천, 남부평 시외교환기에 수용하고, 이때 영등포 시내겸용 텐덤교환기에 연결되어 운용중인 주변회선을 수용 변경한다(1999년). 남부권 중 수원, 용인, 오산, 평택, 안성지역은 수원과 남수원 시외교환기에 수용하고, 안양, 안산지역은 1998년에 남수원과 평촌 시외교환기에 수용한다.

③ 동부권은 성남, 광주, 여주, 구리, 양평, 이천지역으로 정하고, 이들은 분당, 하남 시외교환기에 수용한다. 이때 잠실, 전농 시내겸용 텐덤교환기를 이용하고 있는 주변회선을 수용 변경한다(1998년). 그리고 북부권은 고양, 파주, 의정부, 포천, 전곡지역으로 정하고, 이들을 일산, 동의정부 시외교환기에 수용한다(1998년). 이때 신촌 시내겸용 텐덤교환기에 이용하는 주변회선을 수용 변경한다.

④ 시외교환시설을 지역적으로 분산 수용하여 안정성을 도모한다(1997년-1998년). 우선 부산지역은 기존의 부산번호안내국 외 동래전화국에 시외교환기를 신설하고, 대전지역의 경우 기존의 대전번호안내국 외 진잠전화국에 시외교환기를 신설한다. 이와 같이 시행하여 시외국사를 이원화 분산시키고, 부산과 대전의 No.4 전자교환기를 대체한다.

⑤ 목포, 순천지역은 하당과 동순천에 시외교환시스템을 공급한다. 그리고 원주, 강릉지

역은 동강릉에 시스템을 신설 공급하여 원주 AXE-10형 교환기 간 게이트를 이원화 조정하고, 원주 AXE-10형 교환기의 수용능력을 확보한다.

나. 시외전송망의 광통신화 및 초고속화

당시 우리나라 시외전송망은 대부분 비동기식 전송방식으로 운용되고 있었다. 1995년말 기준으로 회선분포를 보면 광통신 85%, PCM 6%, 기타 9%이고, 동기식 전송장치는 1994년부터 공급되기 시작하였다. 이때 한국통신은 1996년부터 1999년까지 시외전송망 공급계획을 <표 2-30>과 같이 수립 추진하였다.

<표 2-30> 시외전송망 연도별 공급계획

년도별	1995년말	1996년	1997년	1998년	1999년
공급목표(회선)	1,413,000	437,000	313,000	312,000	329,000

당시 시외전송망의 운용상황을 보면 자동 절체율이 저조할 뿐 아니라 다양한 전송시스템과 운용시스템이 공존하고 있었으며, 전송로 분포가 특정구간에 집중되어 있었다. 또한 DS1급 단대단 유지보수체제 구축이 어렵고, 비동기식 다중화 및 광단국 운용으로 전송망의 실시간 품질관리가 곤란한 실정이었다. 한국통신은 이러한 문제점을 해결하기 위하여 다음과 같이 개선방침과 발전계획을 수립 추진하였다.

첫째, 시외전송시설은 기초시설 확보차원에서 투자재원을 최우선적으로 배분하고, 도로망에서 간선도로 또는 고속도로 기능을 수행토록 하였다. 그리고 초고속 광대역 정보통신망 기반을 조기에 구축하고 이를 위해 대용량 동기식 전송장치를 공급하였다. 또한 시외중계소의 자동화를 실현하고, DS1급 단대단 회선관리체제를 구축하는 등 전송로의 고품질화 및 현대화를 추진하였다.

둘째, PCM 전송로의 광 통신화를 1997년까지 추진하고, 시외국간 전송망은 2005년까지 동기식으로 전환한다. 이를 위한 시행계획을 다음과 같이 수립 추진하였다.

① 전송망 구성의 계층별 특성을 고려하여 톱다운 방식으로 추진한다. 5대도시 시외중계국간은 1998년에 완성하고, 시외전화국 간은 2002년, 기타 전화국 간은 2005년까지 완성한다. 그리고 동기식 전송로는 1+1 구성의 장점을 충분히 살릴 수 있도록 루트를 완전 이원화하고 기술발전추세에 따라 전송로의 고속 대용량화를 지속적으로 추진한다.

② 동기식 전송장치의 국내개발이 지연될 경우 주요사업은 당초 계획대로 긴급 및 외자조달방식으로 추진한다. 이때 국내개발일정을 보면 2.5G는 1996년, 10G는 1997년, 100G는 2002년, BDCS는 1996년으로 계획되었다. 그리고 하위 계위국간이라도 동기식 전송로 필요시에는 조기추진하고, 전환 과도기 단계의 기존시설 재활용에 의한 전송로는 한시적으로 비동기식을 구성한다.

셋째, 경쟁서비스별로 전송로를 분리한다. 동기식 전송로 공급 시 경쟁서비스 회선을 우선 수용하며, 시외중계국간은 조기 분리하고 기타국간은 회선수요, 경쟁여건을 감안하여 추진한다. 그리고 전용회선과 국제회선을 2002년까지 각각 분리한다.

넷째, 초고속 전송용 광케이블을 공급 추진한다. 이를 위하여 1997년 이후 10G 전송로는 기존 광케이블을 최대한 활용하고 필요시 분산보상을 실시하고, 수십G 이상 전송로 공급시는 시스템 공급과 병행하여 DSF 광케이블을 포설한다. 2002년 이후에는 WDM 등 새로운 초고속 전송방식에 적합한 DSF 규격개정과 연계하되 모든 구간에 DSF 광케이블을 공급한다.

다섯째, 운용보전체제도 개선하기 위해 시외중계소의 자동화를 2005년까지 실현한다. 동기식 신호처리가 가능한 DCS(BDCS, WDCS) 및 다중화기를 5대 도시 시외중계국에는 1998년, 대용량 시외국은 2002년, 기타 시외국은 2005년까지 완료하는 것으로 추진한다. 동시에 전송로시설 집중운용보전기능을 강화하고, 1997년까지 DTMS, DELMONS, TRUMAN 등 기존 집중운용보전시스템 간 연동 기능을 확보하며 각 시스템 운용단말기의 기능을 통합 추진한다.

여섯째, 동기식 전송망관리시스템(MOST)를 1998년부터 2001년까지 완료한다. 이때 MOST 구축전 기 공급된 동기식 전송장치는 OAM&P 기능을 보완하고, 기운용중인 외국산 동기식 장치 및 향후 개발예정 장치까지도 수용할 수 있도록 MOST 시스템을 지속적으로 보완한다. 또한 광 선로 운용감시시스템을 1998년부터 2001년까지 설치 완료한다.

다. 시외통신망 종합관리시스템의 운용

한국통신 통신망관리단은 시외통신망 시설의 각종도면 및 관련 자료를 전산화하여 시설계획, 설계, 시설공사, 운용보전을 효율적으로 관리하기 위한 시외통신망 종합관리시스템(MASTER)을 구축하였다. 이때 통신망관리단과 선로기술연구소가 공동으로 기념행사를 시행하였다(1997. 5. 23). 통신망관리단 10층 대강당에서 개최된 이 행사에서 개발관계자 표창(2명), 감사패 수여(쌍용정보통신 사장), MASTER에 대한 시스템 및 기능 소개, MASTER 운용시범 등이 진행되었다. 이 행사에는 부사장(이정욱), 네트워크본부장(이상복), 시설운용실장(이경준), 연구개발본부장(이용경), 통신망관리단장(남교중), 개발운용관계자, 쌍용정보통신(주) 사장 등 100여명이 참석하였다.

7.3 시외통신망의 고도화 착수

가. 시외통신망에 국산전자교환기(TDX-10A) 공급개시

1990년대 중반 한국통신은 시외통신망에 국내개발 시외교환기를 공급하기 시작하였다. 먼저 목동전화국에 국산전자교환기(TDX-10) 8만4천 회선을 1995년 4월 23일에 착공하여 1995년 11월 22일에 준공하였다. 이 시설은 삼성전자(주)가 시공하였으며, 이후 남서울통신망운용국에서 인수 운용하였다. 또한 신설동시외전화국에도 시외교환기로 국산전자교환기(TDX-10) 8만4천 회선을 1995년 4월 7일에 착공하여 1995년 11월 8일에 준공하였다. 이 시설은 LG정보통신(주)가 시공하였으며, 이후 서울통신망운용국에서 인수 운용하였다.

다음 시외전송로를 위해 광 반송장치(2.5G)를 목동에 7개 시스템, 신설동에 4개 시스템을 1995년 10월 9일에 착공하여 1995년 12월 27일에 준공하였다. 이 장치는 캐나다의 노던텔레콤사(NT) 장비를 외자로 도입한 것으로서, 성미전자(주)와 NT가 시공하였다. 한편 성미전자와 대한전선에서 제작한 국내개발품인 광 반송장치(155M)는 목동에 63,198회선, 신설동에 62,286회선을 공급 준공하였다(1995. 12). 당시 이 시외교환시설과 시외전송로시설은 위와 같이 준공되었으나 회선구성이 당초 1995년 12월 28일부터 1996년 2월 11일까지로 계획되었으나 1996년 2월 24일부터 1996년 3월 26일로 지연되었다. 이때 지연구성사유 및 문제점은 다음과 같다.

① 이 시설들을 1996년 2월 11일까지 회선구성을 완료할 계획이었으나, 전송로에 에러가 발생하여 지연되었다. 2.5G 광전송장비와 연동 시 국내개발 납품된 155M 장비의 T1회선에 간헐적인 에러가 발생하는 등 상태가 불량하였다. 이때 대한전선 제품은 T1 불량, E1 양호이고 성미전자 제품은 T1, E1 모두 양호하였다. 그리고 외국산 2.5G 광장비는 양호한 상태였다.

② 통신망관리단 장거리건설국으로부터 대한전선 제품 중 T1 회선이 불량하여 구성이 불가능하다고 보고되었다(1996. 1. 14). 이에 따라 시외사업본부에서 품질보증단과 대한전선에 이에 대한 조치를 요구하였다(1996. 1. 15). 또한 시외사업본부는 품질보증단, 건설국, 대한전선 실무자들을 신설동 현장에 소집하여 대책회의를 가졌으며, 1996년 1월 24일까지 원인을 규명한 후 회선불량 문제를 보완토록 대한전선에 요청하였다(1996. 1. 16).

③ 동기클럭 관련 유니트회로(LSMB-N)를 보완하였다(1996. 1. 17-1. 24). 회로보완후 시험결과 보완 전보다는 개선되었으나 여전히 상태가 불안정하였다(1996. 1. 25-1. 30). 다시 시외사업본부장은 원인규명을 위한 관계자회의를 가졌다(1996. 1. 31).

④ 본 장비의 상태불안정 문제를 해결하기 위해 전담반을 운용하였다(1996. 2. 2- 2. 14). 여기에는 시외사업본부, 품질보증단, 통신망관리단, 한국전자통신연구소(ETRI), 한국표준과학연구원, 4개회사 개발연구원, NT 등에서 참여하여 155M 광 전송장비 및 2.5G 광 전송장비를 점검하고, KRF 표준클럭과 클럭공급장치를 점검하였다. 점검결과 원인을 규명하고 보완조치를 완료하였다(1996. 2. 15).

나. 품질보증시험 강화요청

앞에서 언급된 바와 같이 목동시외국 및 신설동시외국 전송로시설 확장에서 전송장비(155M) 불량으로 시외통신망의 개통이 1개월 이상 지연되는 문제가 발생함에 따라 시외사업본부(본부장 정규찬)는 품질보증단(단장 이영환)에 다음과 같이 품질보증시험을 강화해 줄 것을 문서로 요청하였다(품질보증시험 강화요청, 1996. 2. 5, 시외사업본부 시설국).

① 시외경쟁 중에 있는 시외통신망의 고도화를 위해 최첨단 통신망장비를 도입 설치하고 있으며 사용자 신뢰성 확보를 위해서는 경쟁사보다 품질 좋은 회선을 적기에 제공하여야 하나, 근간에 조달된 일부장비는 시공과정에서 장비특성 불량 등으로 회선개통에 어려움이 있음.

② 향후 유사한 재발방지를 위해서는 제품규격에서 시공에 이르기까지 철저한 품질관리가 요구되어 붙임과 같이 우리본부 의견을 송부하오니 품질보증업무에 검토 반영하여 주시기 바람.

③ 광전송장치 상용시제품에 대한 현장시험을 강화함. 국산개발 2.5G 장비자체 대향시험 외 SMOT-4 및 SMOT-1(FLC포함)으로 종단하여 시험하고, 국산개발 2.5G 현장시험 시 SMOT-4 및 SMOT-1(FLC 포함) 허브기능의 전송로를 구성하여 시험 요망함. 또한 2.5G allc 622M 장비는 향후 C4(ATM CELL) 수용에 대비하여 AUG 단위로 시험 요망함.

④ 동기식 광 전송장비 납품 시 물품검사를 강화함. SMOT-1 및 SMOT-4 장비의 자체대향시험 외 기설치 운용중인 2.5G 장비(도입장비)와 국산개발 2.5G 장비의 연동시험을 요청함. 그리고 2.5G 장비에서 SMOT-1(FLC 포함) 및 SMOT-4 장비를 이용, 허브전송로를 구성하여 연동시험 요청함. 또한 SMOT-4 이상 장비는 초고속전송로 구축에 필요한 C4(ATM CELL) AUG 단위의 시험이 필요함.

⑤ 동기식 디지털 마이크로웨이브(MW) 장비 납품 시 물품검사를 강화함. 동기식 디지털 MW 장비를 자회사외 타 회사장비 간 연동시험(STM-1 및 DS-3)이 강화되어야 하고, 동기식 디지털 MW장비와 동기식 광전송장비의 연동시험(STM-1 및 DS-3)이 요구됨. 또한 동기식 디지털 MW 장비의 DS-3 신호와 인터리브 디지털 MW 장비 DS-3 신호의 연동시험이 필요함.

⑥ 장비 설치현장과 동일한 조건에서 환경시험을 시행하는 등 환경시험의 개선을 요망함. 또한 규격의 소심의, 본심의시 현장시험을 시행한 운용부서를 심의위원회에 의무적으로 동참시켜 책임한계를 명확히 할 것을 요청함.

다. 시외통신망 고도화를 위한 시외교환기 공급방침

한국통신 네트워크본부(본부장 이정욱)는 시외통신망의 고도화를 위한 시외교환기 공급추진방침, 공급기준, 공급계획 등을 다음과 같이 수립 추진하였다(1997년).

첫째, 시외전화 수요를 충족하고 타 사업자망 접속을 위해 시외교환기를 신증 설 공급한다. 그리고 통신망 안정성 및 신뢰성 확보를 위하여 교환망을 이원화하고, 기존 시스템 용량한계가 도래되는 지역은 통신망시설의 분산 및 이원화를 위해 별도 국사에 신설 공급한다.

그리고 공급주기는 원칙적으로 Y+2년 소요분을 공급한다.

둘째, 시외통신망 고도화를 위한 시외교환시설 공급방침은 다음과 같이 시행한다.

① 중장기 계획 및 시스템 용량을 초과하면 1998년도에 시스템을 신설한다. 이에 따라 수용 변경되는 지역의 기존 교환시설은 Y+1년 소요회선을 반영한다. 이 경우 대상지역은 서울, 경기, 부산, 대전, 천안, 충주, 청주지역이다. 또한 1998년 소요회선이 시스템 용량을 초과하는 지역의 시스템 신설은 1996년 선행사업 및 1997년 채무사업으로 조기공급 추진한다.

② 시외교환시설은 동순천전화국 분국에 2만 회선, 목포 하당분국에 1만6천 회선, 동강릉전화국에 1만7천 회선을 신설한다. 이 사업은 물자확보는 1996년 채무사업, 시설공사는 1997년 본사업으로 추진한다.

한편 한국통신 네트워크본부 시설운용실 시외통신계획국(국장 김종현)에서는 시외통신망의 고도화를 위해 1997년 시외교환시설의 기종별 공급계획을 <표 2-31>과 같이 수립하였다(1997 시외회선 소요산출보고, 1996. 9, 한국통신 네트워크본부).

<표 2-31> 시외교환시설 공급계획(1997년)

기종별	1996년말 시설	1997년 공급	1997년말 시설
TDX-10A ESS	1,152,000	137,000	1,289,000
AXE-10 ESS	395,000	59,000	454,000
No.4 ESS	175,000	-	175,000
신설 TD ESS	-	53,000	53,000
계	1,722,000	249,000	1,971,000

(1) TDX-10A 교환기의 공급

TDX-10A 교환기는 당시 혜화, 구로, 신설동, 목동, 부산, 태평, 신암, 북광주, 서광주, 대전, 인천, 남수원, 동전주, 동마산, 홍성, 포항, 서귀포 등 17개 시외전화국에 총 115만2천 회선을 운용하고 있다(1996. 12). 1997년에는 혜화 1만회선, 구로 1만회선(철거 5천회선), 신설동 1만4천회선, 목동 1만4천회선, 부산 1만회선, 신암 4천회선, 북광주 1만3천회선, 서광주 1만3천회선, 인천 1만회선, 남수원 1만2천회선, 동전주 1만2천회선, 동마산 5천회선, 홍성 9천회선, 포항 6천회선 등 총 13만7천 회선을 공급한다.

이와 같이 신증설하게 되면 TDX-10A 시외교환기는 총 128만9천 회선으로 늘어나게 된다(1997. 12). 이중 혜화, 구로, 신설동, 목동전화국의 신증설 사업을 시행함에 있어 물자확보는 1996년 선행사업, 시설공사는 1996년 또는 1997년 채무사업으로 추진하고, 그 외 전화국 신증설 사업의 물자확보는 1996년 채무사업, 시설공사는 1997년 본 사업으로 집행한다.

(2) AXE-10 교환기의 공급

AXE-10 교환기는 당시 수원, 인천, 북전주, 동마산, 구미, 안동, 진주, 목포, 순천, 원주, 춘천, 강릉, 청주, 충주, 천안, 신제주 등 16개 시외전화국에 총 39만5천 회선을 운용하였다(1996. 12). 1997년에는 북전주 1만4천회선, 동마산 6천회선, 안동 5천회선, 춘천 5천회선, 강릉 4천회선, 청주 8천회선, 충주 8천회선, 천안 6천회선, 신제주 3천회선 등 총 5만9천 회선을 공급한다. 이와 같이 신증설하게 되면 AXE-10 시외교환기는 총 45만4천 회선으로 늘어나게 된다(1997. 12). 이 신증설 사업의 물자확보는 1996년 채무사업, 시설공사는 1997년 본사업으로 집행한다.

라. 시외통신망 지속적 확장 및 지능화

1990년대 후반 시외통화 부족해소를 위한 시외교환시설을 확장하였다. 구체적으로 보면 수요를 충족하고 타 통신사업자망과의 접속을 위한 시설 확충이었다. 또한 수도권지역의 통신망 구조개편을 위한 시외교환시설을 공급하였다. 이를 위한 1998년도 사업 시행계획을 다음과 같이 수립 추진하였다(1998년도 주요업무계획, 1998. 2, 한국통신 네트워크본부).

첫째, 공통선 신호(No.7), 지능망, CAMA 등 기능을 보유한 교환기종 총 43만2천 회선을 공급하고, 소요예산은 433억4천6백만 원을 확보하여 시행한다. 이중 40만4천 회선은 1997년 착공 1998년 개통으로 추진하고, 잔여분 2만8천 회선은 1998년 착공 1998년 개통으로 추진한다.

둘째, 시외교환기로 TDX-10A 기종 13개 시스템을 신증설 한다. 세부적으로는 일산(2), 분당(2), 하남(2), 남수원(1), 구봉(1), 남천안(1) 등 9개 시스템을 신설한다. 그리고 동전주, 동마산, 포항, 서귀포에 각각 1개 시스템을 공급하여 4개 시스템을 증설한다.

셋째, 시외교환기 AXE-10 기종은 전주, 마산, 안동, 진주, 원주, 춘천, 청주, 충주에 각각 1개 시스템을 공급하여 총 8개 시스템을 증설한다.

한편 시외통신망의 지능화를 위한 교환기의 기능향상을 위해 신형 신호중계교환기(STP)로 공통선 신호망으로 전환 추진하였다. 또한 기술발전에 따른 AXE-10 시설을 단계적으로 기능향상을 다음과 같이 시도하였다.

① 신형 STP 시설을 구로, 분당, 혜화, 일산, 원주, 강릉에 각각 1개 시스템을 공급하고, 모델용으로 2개 시스템 등 총 8개 시스템을 공급한다. 그리고 개량화된기존 TDX-10 시외교환기 23개 시스템에 TDX-10A 메모리를 증설한다.

② 원주, 안동, 청주, 충주 등에 운용중인 AXE-10 시외교환기 4개 시스템과 모델용 1개 시스템 등 5개 시스템에 대하여는 CP 업그레이드를 시행한다.

③ 1998년도 사업목표로 13개 시스템을 정하고, 이를 위한 소요예산 143억 원을 확보한다. 이중 8개 시스템은 1997년 착공 1998년 개통하는 것으로 하고, 잔여분 5개 시스템은 1998년 착공 1998년 개통으로 추진한다.

8. 전국 주요시외구간에 광 케이블 건설

8.1 시외광케이블의 전면 확장

한국통신 네트워크본부(본부장 이정욱)는 장거리전송망의 본격적인 확장을 위해 1990년대 후반 시외광케이블 건설계획을 수립 추진하였다. 이 계획의 주요내용을 보면 다음과 같다(1997년도 시외광케이블 투자설비계획, 1996. 12, 한국통신).

가. 5대 도시 상호간 시외광케이블 건설 확장

첫째, 시외회선 수요충족과 초고속 정보통신망 구축 등 최첨단 멀티미디어 서비스 제공에 필요한 시외광케이블을 공급한다. 이는 급변하는 통신사업환경에 적극적으로 대응하고 안정적인 전송매체를 확보함에 있다.

둘째, 저손실 색분산 보상케이블로 시공하고, 통신망 안정성을 위해 기존루트와 분리 시공한다. 그리고 광 선로설비를 우선확보하고, 초고속정보통신망의 기반을 구축함으로써 통신사업을 주도한다.

셋째, 시외중계국 및 5대도시 상호간에는 완전그물형(Full Mesh)망으로 시외케이블망을 구축한다. 또한 시외전화국 상호간은 그물망(Mesh) 또는 환형(Ring), 단국 상호간은 환형 또는 성형(Star)망으로 구축한다. 공급기준은 Y+15년을 적용하고 최소공급단위는 12코어, 증설의 경우는 6, 12, 24 단위로 공급한다.

넷째, 1997년대 후반 시외광케이블의 공급목표량은 2,132Km이고, 이를 위한 소요예산은 물자비 409억 원, 공사비 258억 원 등 총 667억 원을 확보토록 한다. 이때 본 건설공사는 통신망관리단에서 전체의 80%를 담당하고 부산본부 등 6개 지역 본부에서 20%를 시행한다. 이에 대한 세부내역은 <표 2-32 > 및 <표 2-33>과 같다(1997년).

다섯째, 1997년 시외광케이블 대개체 사업은 목표량 342Km, 소요예산 121억 원으로 추진한다. 이때 대개체 대상은 내용연수를 경과하여 특성이 저하된 노후시설, 다중모드 광케이블 및 취약시설, 지장이전에 따른 접속개소가 과다하거나 이종케이블이 접속되어 특성이 저하된 구간으로 정한다.

<표 2-32> 시외광케이블 건설계획(단위 Km)

구분	1996말 시설	1997년 계획	1997년 말 시설
광케이블	11,228	2,132	13,360
관로	3,143	110	3,253

<표 2-33> 시외광케이블 시공부서별 목표량 및 예산

시공부서	케이블(Km)	소요예산(백만원)	시공부서	케이블(Km)	소요예산(백만원)
통신망관리단	1,705	52,654	건설단	141	4,845
부산본부	81	1,927	대구본부	21	526
전남본부	35	3,708	충남본부	45	1,182
강원본부	104	1,813	계	2,132	66,655

나. 전국 34개구간에 전면 광케이블 건설

1990년대 후반 전국적으로 34개 구간에 2,132Km의 광케이블을 건설하며, 이를 위한 소요예산은 564억5천8백만 원을 투입하였다. 이때 구간별 광케이블 건설 목표량 및 공급사유는 다음과 같다(1997년).

(1) 도(道)간 광케이블 건설

① 경부간 기간통신망 특성을 개선하고 용량을 증설하기 위해 서울-부산 간에 광케이블 476km를 건설한다. 이때 대전, 대구, 수원, 천안, 구미 시외전화국과 주변지역 간에도 광케이블을 공급한다.

② 서울-광주 간 기간통신망을 위해 대전-전주 간에 광케이블 93km를 건설하며 이때 논산 등 주변도시에도 광케이블을 공급한다.

③ 서울-부산 간 기간통신망의 용량을 증설하기 위해 옥천-장계 간에 광케이블 97km를 건설하며, 이때 금산, 무주, 장수 등 주변도시에도 광케이블을 공급한다.

④ 서울-대구, 부산 간 기간통신망을 위해 단양-영주 간에 광케이블 46Km를 건설한다.

⑤서울-원주, 춘천, 강릉 간 기간통신망의 용량을 증설하기 위해 이천-원주 간에 광케이블 69Km를 건설한다. 이때 이천, 여주, 양평 등 주변도시에도 광케이블을 공급한다.

(2) 경기도 내 광케이블 건설

구간별	건설목적
① 수원-구리 간 63Km 건설	수도권 시외전화국 간 기간통신망을 위해 건설, 이때 수원, 분당, 하남, 의정부, 일산 등 주변도시에도 광케이블 공급
② 의정부-일산 간 39Km 건설	수도권 시외전화국 간 기간통신망을 위해 건설, 이때 수원, 분당, 하남, 의정부, 일산 등 주변도시에도 광케이블 공급
③ 수원-발안 간 23Km 건설	수원 주변지역(안양, 안산, 발안)의 통신망 2원화를 위해 건설
④ 이천-경기광주 간 25Km 건설	서울-원주, 춘천, 강릉 간 기간통신망의 용량을 증설하기 위해 건설, 이때 이천, 여주, 양평 등 주변도시 간에도 광 케이블 건설
⑤ 안성-용인 간 36Km 건설	수원 주변지역(평택, 안성, 용인)의 시외통신망 2원화를 위해 건설

(3) 경상남도 내 광케이블 건설

구간별	건설목적
① 마산-김해 간 35Km 건설	부산-마산, 진주 간 기간통신망의 2원화를 위해 건설
② 진주-사천 간 10Km 건설	진주 주변지역(사천) 통신망의 용량증설을 위해 건설
③ 울산-양산 간 55Km 건설	부산 주변지역(울산, 양산)의 시외통신망 2원화를 위해건설
④ 통영-거제 간 30Km 건설	마산 주변지역(거제) 및 국제통신망(학동)을 위해 건설
⑤ 의령-창녕 간 51Km 건설	마산 주변지역(함안, 의령, 창녕)의 시외통신망 2원화를위해 건설
⑥ 마산-진해 간 20Km 건설	마산 주변지역(진해)의 시외통신망 2원화를 위해 건설
⑦ 진주-하동 간 78Km 건설	진주 주변지역의 시외통신망 2원화를 위해 건설

(4) 경상북도 내 광케이블 건설

구간별	건설목적
① 대구-포항 간 75Km 건설	대구-포항-안동-구미 간 기간통신망을 위해 건설, 이때 영천 등 주변도시에도 광케이블 공급
② 영덕-진보 간 44Km 건설	대구-포항-안동-구미 간 기간통신망을 위해 건설, 이때 영덕, 영양, 청송 등 주변도시에도 광케이블 공급
③ 구미-왜관 간 21Km 건설	대구-포항-안동-구미 간 기간통신망을 위해 건설, 이때 왜관 등 주변도시에도 광케이블 공급

(5) 충청남북도 내 광케이블 건설

구 간 별	건설목적
① 대전-진잠 간 24Km 건설	대전 시외전화국간 기간통신망의 신설을 위해 건설
② 대전-공주 간 40Km 건설	대전 주변지역(공주)의 장거리 통신망 2원화를 위해 건설
③ 예산-당진 간 45Km 건설	천안, 홍성 주변지역(예산, 당진, 서천) 통신망의 용량증 설을 위해 건설

(6) 전라남북도 및 제주도 내 광케이블 건설

구간별	건설목적
① 전주-장계 간 85Km 건설	대전-광주 간 기간통신망의 용량을 증설하기 위해 건설, 이때 진안, 임실 등 주변도시에도 광케이블 공급
② 나주-목포 간 53Km건설	광주-목포, 순천 간 기간통신망의 용량증설을 위해 건설, 영광, 함평, 무안, 영암, 해남, 진도, 완도, 강진 등에도 광케이블 공급
③ 순천-여수 간 35Km 건설	순천 주변지역(여수, 순천)의 시외통신망 2원화를 위해건설
④ 나주-화순 간 32Km 건설	광주 주변지역(화순)의 시외통신망 2원화를 위해 건설
⑤ 무안-함평 간 17Km 건설	광주 주변지역(영광, 함평)의 시외통신망 2원화를 위해건설
⑥ 제주-한라산 간 14Km 건설	제주-한라산중계소 간 유무선통신망 2원화를 위해 건설

(7) 강원도 내 광케이블 건설

구간별	건설목적
① 양양-주문진 간 42Km 건설	원주-춘천-강릉 간 기간통신망의 신설을 위해 건설, 이때 양양, 속초 등 주변도시에도 광케이블 공급
② 정선-태백 간 93Km 건설	강릉 주변지역(정선, 태백, 삼척, 동해 등)의 시외통신망 2원화를 위해 건설
③ 철원-화천 간 62Km 건설	춘천 주변지역 광케이블 신설을 위해건설
④ 원주-대화 간 85Km 건설	원주-춘천-강릉 간 기간통신망의 신설을 위해 건설, 이때 횡성, 대화, 영월 등 주변지역 간에도 광케이블 건설
⑤ 강릉-대화 간 128Km 건설	원주-춘천-강릉 간 기간통신망을 위해 건설, 이때 정선, 태백, 삼척, 동해 등 주변지역 간에도 광케이블 건설을 병행 추진

이상 표에서 보는바와 같이 1997년도 장거리통신망을 위한 각 도별 광케이블 건설 내역을 보면 경기도의 경우 수원-구리 등 5개 구간에 186Km를 건설 추진하였다. 그리고 경상남도에는 진주-하동 등 7개 구간에 279Km, 경상북도에는 대구-포항 등 3개 구간에 140Km, 충청남북도에는 예산-당진 등 3개 구간에 109Km, 강원도에는 강릉-대화 등 5개 구간에 410Km, 전라남북도에는 전주-장계 등 5개 구간에 222Km를 건설 추진하였다. 한편 제주도에는 제주-한라산 간에 14Km를 포설 추진하였다.

다. 시외광케이블용 광관로 건설 및 광케이블의 대개체 추진

1990년대 후반 전국적으로 17개 구간에 110.3Km의 광케이블용 관로시설을 건설하였으며, 전 구간 100mm외관 1공 내에 28mm 내관 4공을 포설하였다. 이를 위한 소요예산은 102억3천6백만 원을 투입하며, 이때 구간별 광 관로건설 목표량은 <표 2-34>와 같다(1997년).

<표 2-34> 전국 광케이블용 관로건설(단위 Km)

구간	목표량	구간	목표량	구간	목표량
대전-전주	12.5	옥천-장계	16	단양-영주	6.7
수원-구리	2	대전-진잠	4	대구-포항	12.5
대전-공주	0.2	순천-여수	6.5	안성-용인	4.4
제주-한라산	0.2	정선-태백	5.2	예산-당진	4
의령-창녕	4	나주-화순	8.4	무안-함평	8.1
원주-대화	7.2	강릉-대화	8.4	계	110.3

한편 1990년대 후반에는 시외광케이블 대개체 사업으로 총 120억8천9백만 원을 투입하여 다음과 같이 전국적으로 15개 구간 342Km를 건설하였다(1997년).

① 구로-B1 간 14Km, 구로-인천 간 26Km, 안양-수원 간 17Km 등 3개 구간은 1985년-1986년에 시설된 다중모드 광케이블을 단일모드 광케이블로 대개체한다.

② 혜화-양재 간 36Km, 양재-신갈 간 29Km, 신갈-오산 간 28Km, 오산-천안 간 45Km, 천안-청주 간 50Km, 연무-전주 간 57Km, 옥천-구촌 간 30Km 등 7개 구간은 광케이블의 내용연수가 경과하였거나 특성이 저하된 구간이고, 1.310nm 파장용으로서 대개체한다.

③ 고성-통영 간 4Km, 울산-웅천 간 1.5Km, 태백-상동 간 1.5Km, 사천-하동 간 1.5Km, 합천-거창 간 1.5Km 등 5개 구간은 광케이블의 취약루트로서 이를 대개체 변경한다.

8.2 시외전송로 시설의 대량공급

한국통신 네트워크본부(본부장 이정욱)는 1990년대 후반 시외전송로 투자사업의 공급방침 및 사업계획을 다음과 같이 수립 추진하였다(1997년도 시외전송로 투자사업계획, 1996. 12, 한국통신).

가. 공급방침 및 공급목표량

첫째, 시외회선 수요충족과 초고속 정보통신망 구축 등 최첨단 멀티미디어 서비스 제공에 필요한 동기식 광 반송시스템과 동기식 디지털 마이크로웨이브 시설을 공급하여 통신시장 개방에 능동적으로 대처하고 수입증대에 기여하고자 한다.

둘째, 시외기간망의 전송망구성을 계층화하고 루트를 다원화하며 유무선 이원화망을 구축한다. 그리고 동기식 전송시스템에 의한 1+1 또는 환형(Ring) 자동복구망을 구축하고, BDCS에 의한 전송로 관리전산화 및 자동 복구망으로 발전시킨다. 또한 초고속 정보통신망을 확대하고 B-ISDN망의 기반을 구축한다.

셋째, 시외중계국 상호간에는 2.5Gbps 전송망을 구축하고, 시외전화국 및 대용량 단국간은 2.5Gbps, SDH-마이크로웨이브 망을 구축한다. 또한 소용량 주변단국 간에는 622Mbps, 156Mbps, SDH-MW 전송망으로 구축한다.

넷째, 공급기준은 Y+2년 수요를 적용하고, 회선공급단위는 1 DS-3 용량을 초과하는 대용량 구간은 STM-1 단위로 공급한다. 그리고 1/2 DS-3 용량을 초과하는 중용량 구간은 DS-3, 소용량 구간에는 DS-2 단위로 공급한다. 한편 광 전송망이나 마이크로웨이브 망의 절체용 전송망의 경우는 STM-1 또는 DS-3 단위로 공급한다.

1997년도 사업으로 무선시설과 초고속 광 반송시설을 설치하여 총 12,402E1, 2,900 T1 등 총 441,660채널과 174 DS-3, 46 STM-1을 공급하는 계획을 수립 추진하였다. 이에 대한 내역별로 보면 공중회선에 3,240E1, 80T1 등 116,424채널, 전용회선으로 4,989E1, 1,685T1 등 190,110채널과 174 DS-3, 46 STM-1, 공급단위 개선사업으로 4,173E1, 414T1 등 135,126채널을 공급하는 것으로 정하였다. 이를 위한 소요예산규모는 무선시설 448억 원,

광 반송시설 2,164억 원 등 총 2,612억 원으로 편성되었다. 이어서 1998년도 사업으로 WDCS 시설을 위해 시외 광 전송시설 26,604 DS1을 공급하고, 736억6천4백만 원을 투입 추진하였다.

나. 주요전송시설 공급

1990년대 후반 시외전송로시설의 공급방침 및 공급목표량은 다음과 같다(1997년).

첫째, 디지털 마이크로웨이브 시설은 보안성을 고려하여 대전이남지역에 한정하여 공급하고, 이 사업을 위한 설계 및 물자확보는 1996년 10월부터 1997년 9월에 실시하고, 시설공사는 1997년 3월부터 1997년 11월까지 시행한다.

둘째, 이 사업을 통해 시외교환국간 회선, 전용회선, 국제 및 사업용 회선 등 시외전송수요를 공급하고, 초고속 시외전송망의 신뢰성을 확보하기 위해 계위별 통신망을 구축한다.

셋째, 시외중계국 및 시외전화국 구간 초고속 전용통신망은 별도 구축하고, 국제통신관문국 간 국제용 국내전송로를 위한 초고속 통신망도 별도 구축한다. 또한 PCM 전송로와 45M, 90M 등 비동기식 광전송로 등 노후시설은 대개체한다.

넷째, 소요예산은 디지털 마이크로웨이브 시설을 위해 231억 원, 광 반송시설을 위해 645억 원을 편성한다. 시외전송시설의 공급목표량은 <표 2-35>와 같다.

<표 2-35> 시외전송시설 공급목표(단위 회선)

구분	1996년 실적	1997년 계획	1997년 시설
디지털 MW시설	12,000	13,000	168,000
광 반송시설	442,000	428,000	2,279,000
계	454,000	441,000	2,447,000

다. 초고속통신망의 구축

1990년대 후반 한국통신은 초고속통신망(국가망, 전용망, 국제망) 구축사업의 공급방침 및 공급목표, 세부추진계획은 다음과 같다(1997년).

첫째, 초고속 국가정보통신망을 지속적으로 확장하고, 초고속 전용통신망을 확대 구축한다. 이를 위해 시외중계국간 및 시외중계국- 시외전화국 간은 2.5G 전송망을 구축한다. 그리고 고장 시 즉시 자동복구를 위하여 1+1 또는 ADM-Ring망으로 구축하고, 국제용 전송로 품질향상과 안정성을 확보하기 위해 국제전용 2.5G-Ring망을 구축한다.

둘째, 1997년도 초고속 국가통신망, 초고속 전용통신망, 국제용 국내전송망 등 초고속통신망 공급목표는 <표 2-36>과 같이 정하고, 이를 위한 소요예산은 333억 원을 편성 집행한다. 그리고 본 사업을 위한 설계 및 물자확보는 1996년 10월부터 1997년 10월에 시행하고, 시설공사는 1997년 6월부터 1997년 12월까지 집행한다.

<표 2-36> 초고속통신망 공급목표(단위 시스템)

구분	1996년 실적	1997년 계획	1997년 시설
초고속 국가통신망	135	128	263
초고속 전용통신망	0	17	17
국제용 국내통신망	0	2	2

셋째, 5대 도시 간은 완전망형(Full-Mesh)으로 한 2.5G 전송망을 구축하고, 지역망은 2.5G 전송속도의 ADM-Ring 망을 구축한다. 그리고 전송망의 신뢰성을 확보하기 위해 전송경로 및 노드를 최대한 분리 구성하고, 동일구간에 있는 기존 공중통신망 전용회선은 최대한 재배치 수용한다. 또한 국제통신망은 대전을 중심으로 2개의 2.5G 링망을 구성한다.

라. 시외전송로 자동복구망 확장

1990년대 후반 한국통신은 시외전송로 자동복구망 확장을 위한 공급방침 및 공급목표, 세부추진계획을 다음과 같이 수립 추진하였다(1997년).

첫째, 즉시 자동복구체제를 보강하고 중단 없는 서비스를 제공하기 위해 시외전송망을 다원화하고, 유무선 2원화하며, 전송망의 지능화로 고장 시 즉시 자동절체복구를 시행한다. 이 시설은 대용량 구간부터 중소용량 구간으로 단계적으로 추진한다. 이에 따라 시외중계국 상호간은 1996년, 시외전화국 상호간은 1998년, 전국시외망은 2001년에 완료한다.

둘째, 1997년 당시 시외통신망의 생존율은 시외중계국 10%, 시외전화국간 94%, 전국 시외통신망 구간 81%로서 평균 85%로 관리되고 있었다. 이를 1998년에 90%로 향상시키고, 2001년에는 100%를 달성토록 한다.

셋째, 1997년도 시외전송로 자동 복구망을 위한 시설공급목표는 <표 2-37>과 같고, 소요예산은 356억 원을 배정한다. 그리고 본 사업을 위한 설계 및 물자확보는 1996년 10월부터 1997년 10월에 시행하고, 시설공사는 1997년 9월부터 1997년 12월까지 집행한다.

<표 2-37> 시외전송로 자동복구망 확장 공급목표

구분	1996년 실적	1997년 계획	1997년 시설
디지털 MW 복구용 전송로	29 DS3	12 DS3	203 DS3
	-	4 STM	4 STM
광 반송 복구용 전송로	284 DS3	389 DS3	1,303 DS3
디지털회선 접속분배장치	10 국소	21 국소	31 국소

넷째, 시외전송로는 분산 수용하고 절체용 전송로를 공급한다. 그리고 동기식 광 반 송 시스템은 1+1으로 이원화하고 ADM-Ring 망으로 구축한다. 또한 BDCS에 의하여 전송로 자동복구망을 구축한다. 한편 한국통신은 1998년도에 총 예산 157억7천7백만 원을 투입하여

37개 국소에 BDCS를 공급 추진하였다.

9. 장거리통신망의 이원화

9.1 무선통신망의 활성화 추진

가. 마이크로웨이브 통신망의 고도화

1990년대 중반 우리나라의 마이크로웨이브(MW) 통신망은 비동기식 전송방식으로 구성 운용하였으며, 전파사용의 증가와 전송로 특정구간 집중으로 주파수가 부족한 상황이었다. 그리고 회선분기 및 결합 시 다중화장비가 추가 소요되고, 광섬유에 비해 MW 전송로의 비용이 상승하고 있었다. 또한 시외구간이 완전 망형(Full-Mesh)으로 구성되어 있어 전송망 유지보수와 관리에 어려움을 겪고 있었다.

이러한 문제를 개선하고 발전시키기 위하여 한국통신 네트워크본부(본부장 이정욱)는 무선망의 활성화 기본방침 및 중장기 발전계획을 다음과 같이 수립하였다(중장기 네트워크 발전계획, 1996. 9. 9, 한국통신 네트워크본부). 이 계획의 주관부서 및 결재자는 제2장 말미의 참고자료 편에 기록되어 있다.

첫째, MW통신망을 점진적으로 동기식으로 전환하고, 단순하며 융통성있는 전송망을 구성한다. 그리고 전파자원을 효율적으로 이용하고, 전산시스템을 개선하여 고변조방식을 적용한다.

둘째, 전송로 분포의 특정구간 집중현상을 해소하고, TMN 구축과 연계하여 동기식 전송망 집중운용보전체계를 구축한다. 그리고 비동기식 및 동기식 시스템 상호간 호환성을 유지토록 한다.

셋째, 도입단계(1995년-1996년)에서의 주파수 배치는 L6GHz 대역의 인터리브(Inter leave) 방식으로 하고, 이외 MW 주파수대역(5GHz 대역 우선적용)은 동일채널방식을 사용한다. 그리고 통신망 구축은 기존 비동기식 전송망 형태를 유지하고, 동기신호를 제공하기 위한 동기신호 분배망을 구축한다. 또한 비동기식 집중운용보전시스템(DTMS)에 수용하여 통신망을 관리한다. 여기에서 인터리브 방식은 인접채널 간 간섭문제를 해결하기 위하여 수평 또는 수직편파를 사용하는 방식을 말하고, CO-Channel 방식이란 동일채널에 수직편파와 수평편파를 동시에 사용하는 방식으로 전송용량이 증대된다.

넷째, 확장단계(1997년-2003년)에서의 주파수 배치는 동일채널방식의 적용을 원칙으로 하고 불가피한 경우 예외적으로 인터리브 방식을 적용한다. 이때 통신망 구축은 시외중계국 및 중요시외국 구간에 B-DCS를 공급하여 신뢰성 있는 전송망을 구축하고, 동기식 전송망 집중운용 보전체제의 통신망을 관리한다. 그리고 통합운용중인 전송망 집중운용보전체제를 동기식과 비동기식으로 분리하여 운용하고, 격자망 기간전송망을 구축한다.

다섯째, 완성단계(2004년-2010년)에서의 주파수 배치는 인터리브 방식의 적용을 배제하고, 전체 MW주파수 대역에 동일채널방식을 적용한다. 이때 통신망은 B-DCS 적용구간을 확대하고, NxSTM-1 이상 용량의 동기식 MW 전송시스템을 공급한다. 그리고 격자형 MW 기간전송망을 완성하고, MW 전송망 집중운용보전 통신망관리체제를 완성한다.

나. 마이크로웨이브 시설의 확장

1990년대 후반기 한국통신은 광통신망의 구성이 불가한 고지구간에는 마이크로웨이브(MW) 시설을 공급 추진하였다. 특히 신규통신 사업자를 위해 전국 28개 구간에 93DS1 용량의 MW시설을 공급하였는데, 신규통신사업자 별 지원내역은 <표 2-38>과 같다. 이때 수입은 원주-괘방산 구간의 경우 회선전용료 년 7천9백만 원, 철탑 및 국사임대료 년 2천3백만 원으로 예상되었다.

<표 2-38> 신규 통신사업자를 위한 MW시설 공급

통신사업자별	MW통신망 건설구간	시설용량
신세기통신	강릉-괘방산, 단양-연화봉, 마산-불모산, 보령-옥마산 삼척-봉황산, 원주-태기산, 정주-망대봉, 제주-추자도, 진주-오도산, 태백-함백산, 포항-성동산 등 11개구간	27 DS1
한솔PCS	강릉-대관령, 제주-새오름, 제주-추자도 3개구간	5 DS1
한국TRS	구로-태화산, 김천-난함산, 남원-고남산, 단양-연화봉, 대구-무능산, 목포-대둔산, 보성-존재산, 삼척-봉황산, 안동-학가산, 전주-모악산, 전주-미륵산, 진주-금오산, 진주-오도산, 진주-자양산, 진천-두대산, 천안-성거산, 충주-가엽산, 혜화-용문산 등 18개 구간	51 DS1
신원텔레콤	보령-옥마산 1개 구간	2 DS1
KTF	보령-옥마산, 제주-세오름, 제주-추자도, 진주-오도산 등 4개 구간	7 DS1
인테크	전주-금오산 1개 구간	1 DS1

또한 1990년대 중반 한국통신 네트워크본부(본부장 이정욱)는 MW중계소 국사 현대화에 따른 시설이전을 추진하였다(1997년도 시외전송로 투자사업계획, 1996. 12, 한국통신). 이 사업(1996년-1997년)의 주요내용을 정리하면 다음과 같다.

첫째, 시설증가에 따른 상면을 확보하기 위해 국사를 신증축하고, 통신시설을 통합 수용하여 유지보수체제 및 근무환경을 개선한다.

둘째, 1996년도 사업으로 망경대, 연화봉, 오도산 등 3개중계소 국사를 신증축하고 대관령, 연화봉, 오도산, 일월산, 옥마산 등 5개 중계소의 기계시설을 이전하였다. 그리고 1997년도 사업으로는 금련산, 계룡산 등 2개 중계소의 국사를 신증축하고, 금련산, 계룡산 등 3개 중계소의 기계시설을 이전한다. 이를 위한 소요예산 40억 원을 편성한다.

셋째, 국사 신증축은 1995년 9월 1997년 8월까지 집행하고, 일월산, 옥마산, 대관령, 연화봉, 오도산 중계소의 기계시설 이전을 위해 설계는 1996년 10월부터 1997년 3월에 완료하고, 물자확보는 1997년 1월부터 1997년 8월에 시행하여 시설공사는 1997년 8월에 착공하여 1997년 11월에 준공한다.

한편 한국통신은 한국방송공사(KBS), 문화방송(MBC), 서울방송(SBS, TBS)의 TV 중계를 위해 전국 디지털 마이크로웨이브(MW) 망을 운용하였는데 세부내역은 다음과 같다.

① 수도권의 서울 KBS, MBC, SBS는 남산 TRC를 거쳐 검단산 MW 중계소로 방송망을 구성하여 전국 디지털 MW망과 연결하였다.

② 강원지역의 춘천 KBS, MBC 및 원주 MBC는 용문산 중계소로 방송루트를 구성하고, 강릉 KBS, MBC, SBS는 괘방산 중계소를 거쳐 대관령 중계소로 방송망을 구성하였다. 그리고 삼척 MBC는 함백산 중계소로 연결되었다.

③ 충청지역의 대전 KBS, MBC, SBS는 식장산 중계소로 루트를 구성하고, 청주 KBS, MBC는 성거산 중계소, 충주 MBC는 가엽산 중계소로 연결하였다 .

④ 경북지역의 대구 KBS, MBC, SBS는 팔공산 중계소, 포항 MBC는 조항산 중계소, 안동 MBC는 학가산 중계소로 방송망을 각각 구성 연결하였다.

⑤ 경남지역의 부산 KBS, MBC, SBS는 금련산 중계소, 울산 KBS, MBC, SBS는 무룡산 중계소, 창원 KBS와 마산 MBC는 불모산 중계소, 진주 KBS, MBC는 금오산중계소로 각각 루트를 구성 연결하였다.

⑥ 전북지역의 전주 KBS, MBC는 미륵산 중계소로 연결하고, 전남지역의 광주 KBS, MBC, SBS는 무등산 중계소, 목포 KBS, MBC는 양을산 중계소, 순천 KBS, 여수 KBS, MBC는 금오산 중계소에 연결되었다.

⑦ 제주지역의 제주 KBS, MBC, SBS는 세오름 중계소에 연결하고, 해남 대둔산중계소를 거쳐 전국 디지털 MW망과 접속하였다.

이어서 1998년도 MW 시설은 UHF, VHF 시설을 대체하기 위하여 328 DS1을 공급하기로 정하고, 이에 필요한 예산은 53억3천7백만 원을 투입 추진하였다. 또한 절체용 MW 시설은 1 DS1을 공급하고, 소요예산 14억6천2백만 원으로 추진하였다.

다. 주파수관리의 데이터베이스화

1990년대 중반 한국통신에서의 주파수 관리실태를 살펴보면 사내 주파수는 시설운용부서별로 분산 관리하고 있었고, 장거리 마이크로웨이브 등 일부시설만 MFMS (Microwave Frequency Management System) 데이터베이스를 구축 운용하고 있었다. 그리고 사내 전파자원 관리체계가 정립되지 못하고 이용확산도 미진하였으며, 사내 운용전문인력 및 연구개발능력도 부족한 상황이었다.

이러한 문제들을 개선하기 위해 한국통신 네트워크본부(본부장 이정욱)는 주파수의 효율적 관리를 위한 발전계획을 다음과 같이 수립 시행하였다(중장기 네트워크발전계획, 1996. 9. 9, 한국통신 네트워크본부). 이 계획의 주관부서 및 결재자는 제2장 말미의 참고자료 편에 기록되어 있다.

첫째, 종합주파수관리시스템 운영으로 사내 무선국을 총체적으로 관리한다. 이를 위해 종합주파수관리시스템에 사내 무선국을 데이터베이스화하여 집중관리하고, 무선국 데이터베이스의 현행관리로 신속한 의사결정이 되도록 지원한다. 그리고 사내 전파자원관련 업무체계를 정비한다. 이를 위해 네트워크본부에서 일원화된 전파관련 업무를 수행하고, 보안성을 감안하여 점진적으로 사내이용을 확산한다.

둘째, 운용인력을 전문화하고 사내 연구개발능력을 확보한다. 이를 위해 국내보유기술을 최대한 활용하여 최적의 시스템을 개발하고, 설계된 통신망의 실측으로 보완개발 피드백체제를 구축한다.

셋째, 1단계(1995년-1996년)에서는 MFMS Ⅱ로 전환체제를 구축한다. 이때 개발 완료된 무선국 치국설계시스템은 모듈별로 한국전자통신연구소(ETRI)로부터 인수 운용하고, 기존 MW대역(1GHz 이상대역)을 운용하는 무선국 데이터베이스를 현행화 한다. 그리고 1GHz 이하대역의 모든 호가 무선국 데이터베이스를 신규 구축하고, 시설별 운용부서 운용요원을 사전 등록하여 시행한다.

넷째, 자립단계(1997년-1999년)에는 1997년부터 MFMS Ⅱ 중심으로 사내 전파자원 관리체제로 완전 전환하고, 사내 LAN을 이용하여 주파수관리시스템의 시범망을 구축 운용한다. 그리고 보안이 필요한 데이터베이스에 대해서는 접속대상 담당부서에 한정하여 이용자를 지정한다. 그리고 이동통신망용 종합주파수관리시스템(IFMS: Integrated Frequency Management System)을 구축한다.

다섯째, 3단계(2000년 이후)에 가서는 사내 현업기관까지 시스템 이용을 확산하고, 이용자별 보안등급을 구분 지정하여 운용하며, 무선국 시설의 데이터베이스 갱신은 운용기관에서 직접 입력하도록 한다.

9.2 양을산 중계소 전송로 개선공사

가. 사업추진경위

1990년대 중반 한국통신은 목포-전국 시외전화국 간 시외회선 구성을 위해 목포- 대둔산 구간의 디지털 마이크로웨이브(MW) 전송로 공사를 진행하였다(1996년). 이때 목포중계소 전방 고층아파트가 신축됨에 따라 전파장애가 발생되어 활성산-양을산-목포로 디지털 MW 전송로를 구성 변경하고자 하였다. 이를 위해 양을산 중계소에 디지털 MW 안테나 취부를 위한 철탑 건립을 추진하였다. 이 공사의 추진경위는 다음과 같다.

① 도시공원 점용허가 신청서를 공원관리사무소에 제출하였다(1996. 5. 15). 이후 기초 터파기 공사를 시작하였다(1996. 5. 17).

② 공원관리사무소에서는 점용허가에 필요한 유관기관(KBS, 경찰서, 한국전력)과의 협의 사항 제출을 요구하였다(1996. 5. 27). 이후 유관기관과의 협의가 불명확하다는 이유로 도시공원 점용허가 신청서가 반려되었다(1996. 6. 29).

③ 허가업무가 공원관리사무소에서 목포시청 도시국으로 이관되었으며, 이후 허가신청 및 허가신청서 반려가 2차, 3차로 진행되었다(1996. 7. 6-8. 7). 다시 한국이동통신 등 유관기관 협의서를 첨부하고, 허가 전 건립부분은 철거하는 것으로 하였다.

④ 허가기관과 8월 20일까지 지상건립부분을 원상복구 시 인가하는 것으로 구두 협의되었으며, 철탑 지상부분은 1996년 8월 9일까지 철거하고, 도시공원 점용허가 신청서를 4차로 제출하였다(1996. 8. 12). 1996년 8월 16일경 인가 예정이었다.

나. 언론보도 내용

이 사업이 진행되는 과정에서 언론에서는「한국통신, 공원 내 통신탑 무허공사」라는 제목으로 다음과 같이 보도하였다(1996. 8. 14, 연합통신).

<보도내용> 공공기관인 한국통신공사가 행정당국의 허가도 받지 않고 공원지역에 대형 통신탑 건립공사를 해온 사실이 밝혀졌다. 14일 전남 목포시에 따르면 한국통신 광주망운영국은 공원점용 허가도 없이 지난 4월 30일부터 2개월여 동안 공원지역인 목포시 용해동 양을산 정상(해발 1백60m)에 높이 50m의 통신탑 설치공사를 하다 지난달 9일 시에 적발됐다. 더욱이 한국통신은 시에 적발돼 원상복구 지시를 받고도 20여m 높이까지 올라간 철탑만을 철거했을 뿐 기초시설 등은 그대로 방치해 오고 있다.

한국통신의 광주망운영국 관계자는 통신탑 설치는 공익사업이어서 사전공사를 해도 시에서 허가를 내줄 것으로 알았다며 통신탑 기초 콘크리트는 워낙 견고해 철거하기가 어렵다고 말했다. 한국통신은 통신망의 안정적인 공급과 주변에 산재한 통신시설을 통합 관리하기 위해 11억 원을 들여 이 통신탑 건립공사를 추진했던 것으로 밝혀졌다.

10. 대도시 시외전화 소통개선

10.1 대도시 인접지역의 시외통화 개선

가. 시내교환기의 시외전화 겸용

1990년대 중반까지 우리나라는 모든 시외통화를 대도시 내 시외전화국에서 처리하고 있었다. 예를 들면 부산지역의 경우 아미전화국 지역에서 김해전화국 지역으로 시외전화를 걸면 부산시외전화국을 거쳐 통화가 이루어졌다. 이러다 보니 시외전화국에 통화량이 폭주하고 통화루트가 비효율적으로 운용되고 있었으며 도단위 통화권계획과 일치하지 못하는 문제가 발생하였다.

1994년 한국통신 기술기획실(실장 이정욱)에서는 이러한 문제점을 해결하기 위해인접지역에 대한 시외통화는 시내교환기를 겸용하는 방안을 추진하였다. 부산지역의 경우 아미전화국 지역에서 김해전화국 지역으로의 시외전화는 부산시외전화국을 거치지 않고 인접한 사상전화국을 거쳐 통화가 되도록 시행하였다. 이것은 시외통화의 분산 수용으로 통화의 안정성을 확보할 수 있는 방안으로 특히 부산, 대전, 대구, 광주 등 대도시 지역을 대상으로 시행하였다(1994년도 주요업무 발전계획, 1994. 7. 26, 한국통신 기술기획실).

나. 시외전화관문국 설치

1994년 한국통신 기술기획실(실장 이정욱)은 수도권의 통화량이 급격히 증가하고 통신망 구조도 복잡해짐에 따라 이에 효율적으로 대처하기 위해 장기적인 측면에서의 수도권 시외통신망 장기발전계획을 수립 시행하였다(업무보고, 1994. 3, 기술기획실 통신망계획2국). 이 계획의 주관부서 및 결재자는 제2장 말미의 참고자료 편에 기록되어 있다.

당시 수도권 총 발생트래픽의 67%가 수도권 내부 통화량이었으며, 이때 서울과 주변지역의 시외통화는 겸용 텐덤국에서 처리하였다. 그리고 주변지역과 주변지역 간, 서울과 수도권 외의 시외통화는 시외전화국(혜화, 구로)에서 처리하는 등 수도권 시외통화를 이원화 처리함에 따라 통신망 구조가 복잡하였다. 이때 인천과 서울 간 시외통화는 남인천 시외전화국에서 처리하였다. 이런 문제를 해결하기 위해 기술기획실에서는 다음과 같은 추진방침과 계획을 수립 시행하였다.

첫째, 수도권을 권역별로 블록화하고, 수도권내 시외통화 트래픽만을 처리하는 시외전화국을 치국하고, 수도권과 전국을 연결하는 시외통화 관문국을 치국한다.

둘째, 1단계(1994년-1996년)는 남부권과 서울권 일부를 수용변경하고, 2단계(1997년-1999년)에서는 지역권에 의한 수도권 내 통신망을 구축하며, 3단계(2000년-2002년)에 가서는 시외통화 관문국에 의한 통신망 구축을 완료한다.

한편 혜화시외국, 구로시외국 등 수도권 지역에 통신설비가 집중되고 있었으며, 인접대역 시내요금에 따라 수도권 통화량이 증가하고 있었다. 그리고 복잡한 통신망 구조로 인해 통신망 운용관리비용이 점증하고 있었으며, 수도권 교환망은 서울권, 서부권, 남부권, 동북부권 등 4개 권역별로 블록화되어 있었다. 또한 남인천, 수원, 남수원, 하남 등에 시외전화관문국이 설치되었다.

이러한 상황에 대처하기 위해 기술기획실에서는 수도권 전송망을 단순화, 대용량화, 지능화하여 효율적으로 통신망을 운용관리하고, 급증하는 통신수요를 능동적으로 수용하기 위하여 수도권 전송망 중장기 발전계획을 수립하였다(1994. 10, 기술기획실 통신망계획2국). 이 계획의 주관부서 및 결재자는 제2장 말미의 참고자료 편에 기록되어 있다.

10.2 수도권 시외전화 소통대책

가. 수도권 시외통신시설 운용상황

1990년대 중반 한국통신은 수도권의 시외전화를 위하여 혜화, 구로, 목동, 신설동, 인천, 수원전화국에 총 17개의 시외교환기를 운용하고 있었으며, 총 78만1천 회선의 시외전화회선을 운용하고 있었으며 세부내역은 <표 2-40>과 같다(1996. 4).

<표 2-40> 수도권의 시외통신시설 운용상황

국별	시스템수	시설수(회선)	국별	시스템수	시설수(회선)
혜화	4	199,000	구로	4	193,000
목동	2	84,000	신설동	2	84,000
인천	3	134,000	수원	2	87,000

이때 수도권의 시외교환기와 타 지역 시외교환기 및 서울시내교환기 간의 통신망은 다음과 같이 구성 운용하였다.

① 서울시내 4개 지역(국번호 2, 4, 5, 6 사용지역)의 이용자는 혜화 시외교환기(N0.4) 및 구로 시외교환기(TDX I)를 통하여 타지역 시외교환기로 연결된다. 그리고 서울시내 2개 지역(국번호 3, 7 사용지역)의 가입자는 혜화 및 구로 시외교환기(TDX II)를 통해 타지역 시외교환기와 연결된다.

② 서울시내 국번호 8 사용지역의 가입자는 신설동 및 목동 시외교환기(TDX I)을 통하여 타지역 시외교환기와 접속되고, 서울시내 국번호 9 사용지역의 이용자는 신설동 및 목동 시외교환기(TDX II)를 경유하여 타 지역 시외교환기로 연결된다.

③ 서울시내 4개 지역(국번호 2, 4, 5, 6 사용지역)의 이용자는 잠실전화국(5ESS), 영등포전화국(S1240), 전농전화국(5ESS)을 통하여 성남, 광주, 여주, 구리, 가평, 양평, 김포지역 가입자와 연결된다. 그리고 서울시내 2개 지역(국번호 3, 7 사용지역)의 가입자는 신촌전화국(5ESS)을 통해 고양, 문산지역 가입자와 연결된다.

④ 서울시내 국번호 8 사용지역의 가입자는 신설동 및 목동 시외교환기(TDX I)을 통하여 안양, 안산지역 가입자와 접속되고, 서울시내 국번호 9 사용지역의 이용자는 신설동 및 목동 시외교환기(TDX II)를 경유하여 의정부, 연천, 포천지역 가입자와 연결된다.

나. 서울시내 탠덤교환기의 시외전화운용

1990년대 중반 서울시내 6개 시내전화국에서 탠덤교환기를 시외교환용으로 총 29,272회선을 배분 운용하였으며 세부내역은 <표 2-41>과 같다(1996. 4). 당시 수도권 시외전화의 통화폭주구간이 발생하여 소통불량문제가 있어 이를 조사 분석하였으며, 다음과 같이 조치하였다.

첫째, 데이콤이 시외전화사업 개시일자를 당초 1997년 1월에서 1996년 1월로 1년 앞당기는 바람에 이에 필요한 시외회선 부족으로 통화폭주구간이 발생하였다. 이때 데이콤 소요회선으로 60,060회선을 제공하였다.

둘째, 1996년 4월 1일부터 서울-수원지역 간에 시내요금제를 적용하게 되므로서 통화량이 증가하였고, 국회의원 선거에 따른 시외전화 통화량도 종전에 비해 약 15% 증가하였다.

셋째, 목동시외국 및 신설동 시외국 신설로 회선수용변경 작업시기와 겹치고, 계절적 트래픽 상승시기와 맞물리면서 회선부족상태가 발생하였다. 이때 총 76개 구간 4,587회선이 부족한 것으로 파악되었다. 이 통화량 폭주구간은 시급히 증설 추진하여 소통문제를 해소하였으며, 이 조치는 통신망관리단(단장 성인수)이 주관하고 서울본부, 경기본부 합동으로 시행하였다(1996. 4. 20).

<표 2-41> 서울시내 탠덤교환기의 시외전화운용

시내전화국	교환기종	시외회선	관할지역	수용변경
전농	5ESS	3,980	구리, 가평, 양평	1998년
신촌	5ESS	5,313	고양, 파주	1998년
잠실	5ESS	7,130	경기광주, 성남, 여주	1998년
혜화	5ESS	4,458	의정부, 포천, 전곡	
구로	S1240	6,762	안양, 안산	1996년
구로	TDX-10	4,290	안양, 안산	
영등포	S1240	1,200	김포	1999년

10.3 우리나라 광역시 전송망의 고도화

1990년 중반 우리나라의 통신망은 시내 탠덤교환기가 설치되고 시외전화국의 이원화가 추진되고 있었다. 또한 초고속정보통신망의 구축 등으로 국간전송로의 대용량화가 가속되고, 기본통신시장이 경쟁에 돌입하고 있었으며, 고객의 서비스 선택기준도 변화하고 있었다. 이에 따라 한국통신 네트워크본부(본부장 이정욱)는 광역시의 시내국간통신망 및 시외전송망의 고도화를 위한 발전계획을 수립 시행하였다(광역시 전송망 중장기 발전계획, 1996. 7, 한국통신). 이 계획의 주요내용은 다음과 같다.

가. 광역시 전송망 중장기 발전계획을 위한 관련부장회의

광역시 전송망 중장기 발전계획의 사전 검토 및 시행을 위한 관련부장회의가 본사 네트워크본부 회의실에서 개최되었다(1996. 6. 28). 이 회의에는 네트워크본부 통신망기획국장이 주관하였으며 시설운용실, 통신망관리단, 통신운용연구단, 8개 지역본부에서 16명이 참석하였다. 본 회의 참석자 명단은 <표 2-42>와 같다.

<표 2-42> 광역시 전송망 중장기발전계획을 위한 부장회의 참석자

소속	직급	성명	소속	직급	성명
시설운용실	2급통신	강석원	시설운용실	2급통신	이병두
시설운용실	2급통신	정맹규	통신망관리단	2급통신	엄기남
시설운용실	4급통신	박희만	통신운용연구단	선임연구원	김정수
통신운용연구단	2급통신	강대성	충남본부	2급통신	장세광
대구본부	2급통신	이학출	대구본부	4급통신	김석칠
전남본부	2급통신	이준	전남본부	4급통신	곽우상
경기본부	2급통신	안효언	경기본부	4급통신	이세형
부산본부	2급통신	박현오	네트워크본부	2급통신	연해정

나. 기술발전추세 및 광역시 전송시설 실태

정보통신기술의 급속한 발전에 따라 1990년대에 들어서면서 국간전송기술은 PCM 및 비동기식 광 전송방식에서 대용량 동기식 광 전송방식으로 변화하고, 다중화 기술은 비동기식 및 수동분배방식에서 동기식 및 자동분배방식으로 발전하고 있다. 또한 선로시설은 동케이블 및 수 기가급 광케이블에서 수십 기가급 광케이블로 바뀌고 있고, 운용보전분야에서는 장치별 수동감시관리체제에서 운용보전의 집중화 및 자동화체제로 전면 개선되고 있었다. 이러한 상황에서 당시 우리나라 광역시 전송시설의 실태 및 문제점은 다음과 같다.

① 광역시 전송회선의 94%가 비동기식 광단국에 수용되어 운용되고 있고, 운용시스템 중 소용량 광단국(90M)이 85%를 차지하고 있다. 그리고 DCS를 이용한 회선자동분배는 시외전화국 73%, 시내전화국 40%에 머물러 있고, 시외전화국 및 집중국의 통과회선의 대부분은 DS1 정합으로 운용되고 있다.

② 단대단 전송로(End to End)의 경우 집중국 간 44%만 다원화되어 있는 정도여서 다원화 율이 전반적으로 저조하고, 직통루트를 확보하지 못한 주요구간이 다수 존재하고 있다.

③ 기존 전송로는 계층별로 구성되지 않아 구조가 복잡하고, 구간별 다원화 율이 저조하여 동기식전송로의 루트 이원화가 어려운 점 등 동기식전송망에 부적합하다.

④ 시외중계소 이원화와 시외통신회선의 분산수용이 미흡하고, 기간전송로의 시내통신

망 루트가 중복 구성되는 등 기간전송망의 구조적 신뢰성문제가 있다. 또한 시외전화국, 집중국 등 대용량국의 통과회선이 DS1 정합이 과다하고, 단대단 유지보수체제가 미흡하여 운용보전의 효율성이 저하되어 있다.

다. 광역시 전송망의 고도화 추진방향

앞에서 제시된 광역시 전송망의 문제점을 해결하고 중장기적으로 고도화를 위한 추진방침을 다음과 같이 결정하여 추진한다.

첫째, 초고속 백본망을 조기에 구축한다. 이를 위해 초고속국가망의 구축, 초고속망사업의 추진 등 외부변화에 능동적으로 대처하고, 급증하는 고속회선의 수요를 충족하며 서비스 품질을 향상시킨다.

둘째, 전체 전송시설의 대부분을 차지하는 광역시 전송망의 구조를 개선함으로서 광역시 전송망의 고도화를 실현한다. 또한 대용량 동기식 전송로의 공급을 확대하고, 전송망 관리의 효율을 향상시키는 등 경제적인 통신망을 구축한다.

셋째, 시내 전송로망의 구조를 개선한다. 이를 위해 계위별로 전송로망을 구성하고, 대용량 전송구간에는 직통전송로를 10% 확보하며, DCS를 활용한 자동복구망을 구축한다.

넷째, 광역시 별로 시외통신망 측 관문시설(Gate)을 실질적으로 이원화하고, 기간전송로의 시내루트를 분산하는 등 기간전송로망의 신뢰성을 높인다. 또한 대용량국의 통과회선에 대한 회선정합 레벨을 상향 조정하고, 실시간 단대단 유지보수체제를 구축하는 등 전송망관리의 자동화도 실현한다. 그리고 우리나라 광역시 전송망의 고도화를 위해 시내 전송로망의 구조를 다음과 같이 개선한다.

(1) 계위별 전송로 구축을 1999년까지 완료한다. 이를 위해 시외교환기가 설치된 국소는 집중국으로 분류하고, 집중국 상호간은 완전 그물망(Full Mesh) 또는 환형망(Ring)으로 구성하여 신뢰성을 확보한다. 그리고 단국들은 섹터별로 분류하여 1개의 인근 집중국으로 수용하고, 동기식 전송로는 실질적인 1+1 구성이 되도록 루트를 이원화한다.

(2) 동기식 전송로 공급 및 자동 분배망을 1999년까지 조기 완성한다. 이를 위해 집중국 상호간은 회선수요를 감안하여 동기식 2.5G 전송장치를 공급하고, 기타 구간은 특성이 불량하거나 노후시설을 기준으로 동기식 전송장치를 단계적으로 공급한다. 또한 대용량 DCS를 집중국에 공급하여 자동 분배망을 조기에 완성한다. 기타국은 전송운용실을 자동화하고, 다중화 수요 및 장치특성을 고려하여 DCS를 공급한다.

(3) PCM 국간전송로의 광통신화는 1998년까지 완료한다. 현 PCM전송로 중 시설이 노후된 구간, 유지보수가 곤란한 구간, 장애 시 우회구성이 어려운 구간 등은 광전송방식으로 대체한다. 그리고 집중국 상호간에는 동기식 광전송로 공급과 병행하여 PCM 전송로는 1997년까지 조기 철거한다. 또한 국간 동케이블은 광전송로 공급시 가입자케이블 재활용

여부를 검토 후 동시에 철거한다.

(4) 직통전송로는 1999년까지 확보한다. 이에 따라 국간 전송망과 광케이블망을 일치시켜 광 선로관리 및 유지보수의 효율을 향상시키며, 특정 관로나 통신구에 광케이블이 집중 포설되는 것을 방지하여 장애 시 신속한 복구를 보장토록 한다. 그리고 집중국 상호간은 각각의 관로 및 통신구를 분리하고 구간별로 광케이블을 직결한다. 즉 관로 및 통신구는 가능한 직통화하여 별도 구성한다. 또한 집중국과 단국간은 기존 전송로를 최대한 활용하여 이원화 구성함으로서 신뢰성을 확보토록 한다.

라. 신뢰성 향상 및 관리의 자동화

우리나라 광역시 전송망의 고도화를 위해 기간전송로망의 신뢰성을 높이는 계획을 다음과 같이 추진한다.

첫째, 시외회선의 이원화를 위하여 분산수용을 1999년까지 완료한다. 이를 위해 부산 동래, 인천 남부평, 대전 진잠에 시외중계소를 신설하여 시외전송노드를 이원화하고, 신설되는 시외전화국은 시내 전송로망에서 집중국으로 분류하여 전송로를 계층화 및 대군화 한다.

둘째, 시외회선을 분산한다. 이를 위해 공중통신망 및 전용통신망을 위한 시외 전용회선을 시외중계소에 이원화 수용하여 신뢰성을 향상시킨다. 그리고 전용통신망 등 주요회선의 절체를 위해 시외중계소 전송시설에 대하여 적정 예비율을 확보한다. 아울러 신설되는 제2시외중계소 및 광주의 서광주, 대구의 신암 중계소는 5대 도시간 전송로를 직접 구성하여 시외통신망 측 전송게이트를 실질적으로 이원화한다.

셋째, 기간전송로의 구간별 전송루트를 1999년까지 분리한다. 이를 위해 시내통신망 측의 동일한 루트에 광케이블이 수용되지 않도록 하여 대형장애를 예방한다. 또한 타지역 시외중계소간 기간전송로는 시외중계별로 분산한다. 따라서 타지역간 전송회선이 동일중계소에 집중화되는 것을 방지하고, 동기식 전송로는 기본원칙대로 1+1 구성이 적용되도록 구간별로 루트를 이원화한다.

한편 광역시 전송망의 고도화를 위해 전송망관리의 자동화 실현계획을 다음과 같이 수립 추진한다.

첫째, 대용량 전화국의 회선관리체제를 1999년까지 개선한다. 이를 위해 시외전화국에서 시외중계소, 시내전화국 전송실 간의 통과회선을 STM-1급 이상으로 정합하여 DS1급 타이케이블을 제거하고 회선구성을 자동화하여 고품질 회선을 신속하게 제공토록 한다. 또한 집중국에서는 타 집중국으로 통과하는 회선을 STM-1급 기준으로 정합하여 회선관리를 자동화하고, 단국으로 통과하는 회선도 가급적 DS3급 이상으로 정합될 수 있도록 추진한다.

둘째, 단대단(End-to-End) 유지보수체제를 2002년까지 구축한다. 이를 위해 다음과 같이 시행한다.

① 동기식 전송망의 집중관리시스템이 구축될 때까지 동기식 광단국의 경보감시, 회선절체 등 기본적인 유지보수기능을 국소별로 통합하여 1개의 단말기로 운용한다. 그리고 동기식 전송망 관리시스템은 우선 광역시별로 2000년까지 조기 구축한 후, 본부단위로 구축하여 전송망관리를 자동화 및 집중화한다.

② 기존 비동기식 다중화장치는 DS1급 실시간 단대단 유지보수를 할 수 있도록 신규공급을 억제하고 동기식 신호처리가 가능한 DCS 또는 155M 공급을 확대한다. 또한 전송기술의 급속한 발전에 따라 공급되는 고기능의 신장비를 운용할 수 있는 인원을 적기에 확보할 수 있도록 장비공급 전후에 운용교육을 강화한다.

11. 고속도로변 및 철도연변 통신시설 건설

11.1 고속도로변 관로시설

가. 고속도로변 관로시설에 대한 분쟁발생

한국통신은 우리나라 장거리 통신망의 현대화를 위해 그동안 주요 고속도로변에 총 995.6Km의 관로시설과 고속도로 외 구간에 총 2,147Km의 관로시설을 건설하여 운용하고 있었다(1997. 5). 그 중 고속도로변 관로시설상황을 보면 <표 2-43>과 같다.

<표 2-43> 고속도로변 관로시설 보유상황(1997. 5)

고속도로명	구간	거리(Km)	시설수(m/m)	건설년도	건설주체
경부고속도로	서울-부산	415.3	150, 100 각1공	1983-1986	한미공동
중부고속도로	서울-청주	117.3	100, 100 각1공	1986-1987	한국통신
88고속도로	대구-광주	174.1	100, 80 각1공	1982-1984	한국통신
호남고속도로	대전-광주	151.6	100, 80 각1공	1984	한국통신
남해고속도로	마산-광양	137.3	100, 80 각1공	1988-1989	한국통신

1990년대에 진입하면서 정부는 통신시장을 개방하고 통신사업 경쟁정책을 펼쳐나가자 한국도로공사도 다른 기업들과 마찬가지로 통신사업에 눈독을 들이게 되었다. 이런 통신시장 환경으로 흘러가자 한국통신과 한국도로공사 간에 광(光) 관로에 대한 소유권 분쟁이 발생하였다. 이때 도로공사측은 한국통신이 도로점용조건으로 건설한 고속도로용 광 관로 1공 시설을 도로공사의 소유권을 주장하였다.

도로공사는 경부고속도로의 100m/m 1공, 중부고속도로의 100m/m 1공, 88고속도로의 80m/m 1공, 호남고속도로의 80m/m 1공, 남해고속도로의 80m/m 1공에 대하여 소유권을 주장하였다. 도로공사는 이의 반환을 요구하면서 한국통신이 동 관로의 여유 내관 사용을 금지 요청하였다. 이러한 주장을 하는 근거는 고속도로관로 건설당시 공사설계서에 고속도로용 통신관로 매설조건으로 통보하였다는 점을 들었다.

이에 대해 한국통신은 이 광 관로는 고속도로 비상전화 서비스용으로 건설한 것이며 도로공사가 소유권을 주장하는 것은 다음과 같이 근거가 없음을 밝혔다(고속도로변 통신시설 건설관련 현안보고, 1997. 5, 한국통신 네트워크본부).

(1) 1994년부터 1996년까지 도로점용료(869,975천원)를 한국통신이 계속 납부하였고, 1990년부터 1996년까지 도로확장 등에 따른 지상이전 비용(49억 원)도 한국통신이 부담하였다.

(2) 건설당시 도로공사용 관로는 소유권 차원이 아닌 도로공사 비상통신서비스 제공용으로 건설하였다. 그리고 도로공사의 고속도로 자가통신망 설치계획에 대한 국가통신조정위원회 심의서에도 광관로가 한국통신이 소유주임을 명시한 바 있다(1991. 7. 5).

그럼에도 불구하고 도로공사는 1992년부터 서해안 및 중앙고속도로 등 관로건설을 불허하여 7개 구간 197Km를 국도변으로 변경 시공하였다. 이때 한국통신은 도로공사와 이 문제 해결을 위해 15회나 문서를 조복하였다. 이에 따라 한국통신은 광관로 건설목표량을 취소하였으며 그 내역은 <표 2-44>와 같다(1992. 12. 7).

<표 2-44> 고속도로변 광관로 건설 취소내역(단위 Km)

구분	구간	계획년도	총 목표량	1992년 계획
중앙고속도로	춘천-홍천	1992년- 1996년	29	15
	대구-군위	1992년- 1996년	38	15
	홍천-원주	1992년- 1996년	43	15
서해안고속도로	인천-안산	1992년- 1996년	27	5
	안중-당진	1992년- 1996년	19	5
	서천-군산	1992년- 1996년	15	5.5
	무안-목포	1992년- 1996년	23	5

나. 도로공사의 통신사업추진

한국도로공사는 1992년부터 신설되는 고속도로에 통신관로건설을 위한 도로점용을 허가하지 않고 있었다. 이것은 정보통신부의 통신시장개방에 따라 도로공사가 고속도로 기능제고를 위한 자가 통신망 건설시 관로, 광케이블, 회선 등 여유시설을 확보하여 거꾸로 기간통신사업자에게 제공하겠다는 의도에서 였다. 이러한 도로공사의 구상은 21세기를 향한 한국도로공사라는 기본계획을 수립하고 수요를 조사하였다(1994. 7. 14).

한국통신은 서해안고속도로, 중앙고속도로 등의 고속도로변 관로건설을 위해 도로공사와 16회나 협의하였으나 불허되었다. 더구나 도로공사는 구미가 당기는 정부의 통신시장개방이라는 유행을 타고, 시외전화 및 회선설비 임대사업 진출계획을 발표하였다(1997. 3. 11). 이 계획에 의하면 도로공사는 이미 677Km의 관로를 확보하였고, 1997년에는 500Km를 발주하여, 2015년까지 우리나라 동서남북 15개 도로에 광통신망을 구축할 계획이라는 것이었다. 한편 도로공사는 1996년 8월 SK텔레콤에 광코어를 임대한 바 있다. 결국 도로공사는 드림라인(주)를 통한 설비임대사업권을 취득하였다(1997. 6. 19).

다. 한국통신의 추진방향

이러한 상황에서 한국통신은 고속도로변 통신시설 건설에 대하여 다음과 같은 의견을 제시하고, 이를 정부 및 관련기관과 협의 추진하였다(고속도로변 통신시설 건설관련 현안보고, 1997. 5, 한국통신 네트워크본부).

첫째, 고속도로 신설시 병행하여 유관관로의 건설은 관련법에 따른 정당한 요구이다. 정보화촉진기본법 제32조(초고속정보통신망 확충을 위한 협조 등)에는 도로, 철도, 지하철도 등 건설시 기간통신사업자 및 초고속망사업자가 비용부담조건으로 관로건설 또는 대여요청이 가능하다. 그리고 전기통신기본법 제30조 2(관로시설의 확보 등)에서는 도로법, 철도법, 도시철도법, 정보화촉진기본법에 의한 도로, 철도, 도시철도, 산업단지 등을 조성하는 자는 기간통신사업자의 의견을 들어 공동구, 관로 등을 반영토록 노력해야 하는 것으로 되어 있다.

둘째, 도로공사 측의 도로점용불허에 따라 한국통신은 1992년부터 1996년까지 일반국도로 변경시공(7구간 194Km)하였으며, 이에 따라 투자비가 증가하였다.

셋째, 한국도로공사, 한국전력공사, 철도공사 등 통신전문이 아닌 공기업이 자가통신망의 목적 외 과잉투자하고, 비표준 정비(북미 SONET형)를 도입함으로서 국가기술기준을 위배하고 유사시 상호접속불가 등으로 국가통신망 체계에 혼란을 초래하고 있다. 이는 전기통신기본법 제22조(비상시 통신의 확보) 및 제25조(기술기준), 제31조(전기통신설비의 통합운영), 제21조(자가통신설비의 목적 외 사용제한)의 규정에 위배된다. 그리고 자가통신망의 유휴설비를 활용하는 자체는 바람직하나 한국통신이 이미 보유하고 있는 지역에 중복 투자함으로서 국가적 자원의 낭비를 초래하고 있다.

넷째, 앞으로 도로공사의 광관로 소유권 주장근거는 양사 간 법적 검토 후 해결하고, 향후 신설하는 고속도로는 국가자원의 효율적 활용을 고려하여 정보통신 주관으로 공동건설 등 현안사항을 조정 협의토록 한다.

다섯째, 도로공사, 철도공사, 전력공사 등 통신전문성이 없는 비관련 공기업이 무분별한 자가통신망을 과잉으로 구축하는 것을 엄격히 규제하여 중복투자로 인한 사회적 비용의 증대를 방지해야 한다. 즉 자가통신망과 회선설비임대를 엄격히 구분하고, 도로시설자는 기초관로 만 건설하고, 기간통신사업자는 광케이블 및 회선을 건설한다.

라. 한국도로공사와 현안문제 협의

한국통신은 고속도로변의 광관로 사용문제에 대하여 한국도로공사 측과 실무협의를 도로공사 정보통신처장실에서 가졌다(1997. 6. 20). 이 회의에 한국통신 측에서는 네트워크본부 시외통신계획국장(김종현), 시외전송계획부장(이인균), 통신망관리단 시외망시설국장(이웅형)이 참석하였고, 도로공사 측에서는 정보통신처장(정창수), 관계간부들이 참석하였다. 이 회의에서 고속도로변 관로의 공동건설문제를 집중적으로 협의하였으며, 회의결과는 다음과 같다(한국도로공사 현안문제 협의결과보고, 1997. 6. 23, 한국통신 네트워크본부).

① 한국통신은 고속도로변 광통신관로를 공동건설하자는 제안 설명을 하였다. 그리고 전기통신기본법과 정보화촉진기본법에 기간통신사업자가 비용부담을 조건으로 도로, 철도, 지하철도 등 시설 시에 통신관로를 건설 또는 임대토록 되어있음을 강조하였다.

② 한국통신은 신설도로계획 중 필요한 구간만 공동건설을 희망하며, 한국통신이 공익기업이므로 다른 통신사업자와는 차별화하여 줄 것을 요청하였다. 그리고 한국통신은 통신분야의 대표사업자로서 확보된 기술과 인력 면에서 전문분야가 아닌 도로공사에서 구축 임대하는 시설은 사용할 수 없다.

③ 특히 관련법에서 정의하는 것은 통신설비가 아닌 관로시설의 공동건설을 의미하며, 따라서 관로에 대한 공동건설을 제의하였다. 또한 한국통신은 도로공사가 자가통신망 건설목적을 초과하여 시설하는 것은 잘못된 것이며, 국가적으로 낭비요인이고 도로공사의 통신방식이 북미 SONET 방식으로 한국표준에 맞지 않아 유사시 비상통신확보에 지장을 줄 수 있음을 지적하였다.

④ 도로공사에서는 한국통신이 요구한 도로건설계획 자료는 송부하였음을 확인하여 주었다(1997. 6. 20). 한국통신의 요청한 공동건설문제는 신설 고속도로 구간에 한하여 다른 기간통신사업자 수요를 조사한 후 정보통신부와 협의하여 공동건설 가능여부를 검토하겠다고 하였다. 도로공사는 현행 도로법에는 통신구, 관로 등의 공동 건설할 법적 근거가 없으며, 공동건설창구를 한국통신 또는 도로공사로 하는 방안도 검토하겠다고 하였다. 또한 다른 통신사업자의 공동건설에 대한 의견도 수렴하여 희망업체는 참여시키도록 할 것이라고 하였다.

⑤ 도로공사는 관로 공동건설시 타 사업자 수요애 대하여 한국통신을 종합창구로 하는 방안도 좋겠다는 입장이었다. 한편 현재 도로공사의 관로매설은 표준공법의 적용없이 직매방식으로 취약점이 많음을 공감하였다.

⑥ 한국통신은 도로공사의 기존 고속도로 관로 소유권 주장은 근거가 없으므로 조속히 해결되기를 희망하며, 필요시 법절차에 따라 처리도 가능하다. 이에 대하여 도로공사측은 이 문제에 대하여 보고받은바 없으며 당무자에게 확인 후 통보하겠다고 하였다.

11.2 철도연변 광통신 건설

가. 철도청의 요구사항

한국통신과 철도청은 1986년 정부확인 하에 협정을 체결하여 서울-부산 간 광관로(내관 3공)을 공동 건설하였으며, 이 시설에 대하여는 한국통신 5/6, 철도청 1/6의 비율로 소유권을 가지게 되었다. 이후 정보통신부 업무지시에 의해 데이콤에 내관 1공을 설비 제공하였다(1991년). 이때 철도청은 한국통신이 데이콤으로 부터 징수한 설비제공대가에 대해 소유지분에 따른 지급을 요구하고 나섰다.

한편 한국통신은 유지보수내관에 1997년도 투자사업으로 광케이블을 시설할 계획이었으나 철도청은 요구사항 합의결과에 따라 협조여부를 결정하겠다고 하였다. 이에 한국통신은 시설공사의 시급성을 고려하여 이 현안사항을 수차에 걸쳐 협의하였다. 당시 철도청의 요구사항은 다음과 같다(한국통신과 철도청 간 현안사항, 1997. 5, 한국통신 네트워크본부).

첫째, 최초 건설당시 심선소유비율로 각각 소유권이 있으므로 데이콤 관로설비 제공대가 중 해당지분만큼 철도청으로 귀속 처리해야 한다. 이때 설비제공대가는 해당구간 대가의 1/6인 7억 원이다. 그리고 광관로 유지보수는 철도청이 시행하고 있으므로 데이콤으로 부터 징수한 금액 21억 원(1992년-1997년)도 철도청으로 지급해 달라.

둘째, 공동건설협정을 개정하자. 주요내용은 여분내관 등의 단독사용권 명시조항을 삭제하고 공동소유권만 인정한다. 그리고 철도연변 부지사용료를 납부하도록 하고 협정의 유효기간을 설정한다.

셋째, 유지보수내관에 추가로 포설예정인 광케이블의 심선일부를 무상으로 제공한다. 이상 요구사항이 합의될 때 1997년도 광케이블 시설공사 및 직원입회 등을 협조한다.

나. 한국통신의 철도연변 광통신 건설상황

1988년 한국통신은 철도청과 공동으로 경부철도연변(479Km)에 광통신시설을 건설하였다. 이때 광통신관로 건설비용과 광케이블비용은 지분(1/6)에 따라 부담하고, 건설비용을 한국통신이 부담하며, 철도청 부담비용은 철도청이 15년 균등 상환하는 것으로 정하였다. 그 후 1997년 정부가 통신시장 개방정책을 펼치자 철도청은 협정의 개정을 요구하고 나섰다. 이때 철도청은 한국통신에 대해 ① 여분의 광관로에 광케이블 신설 시 일정량의 광케이블(6코아)을 무상제공하고 ② 기설 관로 유지보수비 전액 및 기설 광케이블 유지보수비의 지분(1/6)을 요구하였다.

1990년대 후반 한국통신과 철도청 간 철도연변에 설치된 관로 및 광케이블 보유상황은 <표 2-45>와 같다(철도연변 광통신건설 현황과 대책, 1997. 7, 한국통신 네트워크본부). 한국통신은 1997년도 광케이블 포설계획 및 공사지연시 손익을 검토하였다(한국통신과 철도청간 현안사항, 1997. 5, 한국통신 네트워크본부).

이때 철도청과 공동 건설한 관로의 유지보수내관에 광케이블을 포설하는 목표량은 서울-부산 간 484Km (SM 84C 광케이블)이고, 설계 및 공사기간은 8개월로 되어 있었다(1997. 5-1997. 12). 그러나 당시 철도청은 한국통신에게 요구한 사항이 합의될 때까지 관로 사용과 출입에 비협조적이었다. 이로 인해 한국통신의 시설공사가 지연되는 경우 손익을 추정해보면, 당시 연간 전용회선 수입총액이 1,298억 원이었으므로 이 수입이 손실되는 것으로 보았다.

<표 2-45> 한국통신의 공동건설 철도연변 광통신시설

철도명	세부구간	관로(100mm²)	광케이블	거리(Km)	시설년도
경부선	서울-대전	내관공동사용	SM 6C+6C	182	1988+1997
	대전-대구		SM 6C+6C	164	1988+1997
	대구-부산		SM 6C+6C	133	1988+1997

다. 데이콤의 철도연변 광통신 건설상황

한편 철도청은 데이콤과 1994년부터 1998년까지 전국철도연변에 광통신시설을 공동으로 건설하고 있었다. 당시 1,544Km는 건설을 완료하였고, 586Km는 건설 중에 있었는데, 이 공사는 데이콤에서 건설비 전액을 부담하여 시행되었으며, 공사 후 광관로 1공 및 일부 광케이블(12C)이 철도청에 무상 제공하였다. 1990년대 후반 데이콤과 철도청 간 경전선, 동해남부선 등 철도연변에 설치된 관로 및 광케이블 보유상황은 <표 2-46> 및 <표2-47>과 같다(철도연변 광통신건설 현황과 대책, 1997. 7, 한국통신 네트워크본부).

<표 2-46> 데이콤의 공동건설 철도연변 광통신시설(1)

철도명	세부구간	관로(100mm²)	광케이블	거리(Km)	시설년도
경전선 (355.8Km)	광주-순천	1	SM 12C	122.9	1994
	순천-진주	1	SM 12C	79.2	1994
	진주-삼랑진	1	SM 12C	102.5	1994
	삼랑진-부산	1	SM 12C	51.2	1994
장항선 (169.4Km)	천안-아산	1	SM 12C	25.0	1994
	아산-홍성	1	SM 12C	57.5	1995
	홍성-장항	1	SM 12C	86.9	1997
동해남부선 대구선 (233.4Km)	부산-울산	1	SM 12C	76.4	1995
	울산-영천	1	SM 12C	84.0	1995
	포항-동대구	1	SM 12C	73.0	1995

<표 2-47> 데이콤의 공동건설 철도연변 광통신시설(2)

철도명	세부구간	관로(100mm²)	광케이블	거리(Km)	시설년도
충북선 (126Km)	조치원-증평	2	SM 12C	38.0	1995
	증평-충주	2	SM 12C	47.0	1995
	충주-제천	2	SM 12C	41.0	1995

한편 1990년대 후반 데이콤과 철도청 간 공동건설한 중앙선, 경춘선, 호남선 등 철도연변 관로 및 광케이블 보유상황은 <표 2-48>과 같다(철도연변 광통신건설 현황과 대책, 1997. 7, 한국통신 네트워크본부).

<표 2-48> 데이콤의 공동건설 철도연변 광통신시설(3)

철도명	세부구간	관로(100mm²)	광케이블	거리(Km)	시설년도
중앙선 (361.2Km)	청량리-원주	2	SM 12C	115.0	1997
	원주-제천	2	SM 12C	52.2	1997
	제천-안동	2	SM 12C	104.8	1997
경춘선 (108Km)	안동-영천	1	SM 12C	89.2	1997
	용산-청평	1	SM 12C	61.8	1997
	청평-춘천	1	SM 12C	46.2	1996
여수선	순천-여수	1	SM 12C	39.8	1996
호남선 (92Km)	광주-나주	2	SM 12C	31.5	1996
	나주-목포	2	SM 12C	60.5	1996
군산선 (58.4Km)	전주-익산	1	SM 12C	35.3	1996
	익산-군산	1	SM 12C	23.1	1996
태백선 (255Km)	제천-영월	2	SM 12C	36.0	1997-1998
	영월-철암	2	SM 12C	78.4	1997-1998
	철암-동해	2	SM 12C	63.5	1997-1998
	동해-강릉	2	SM 12C	47.1	1997-1998

이러한 상황에서 한국통신은 데이콤과 ① 데이콤 설비제공대가 및 유지보수비 28억 원을 철도청에 지급하고, 광케이블 긴급복구, 유지보수는 한국통신이 담당한다. ② 소유권, 사용권은 변경없이 현 협정대로 유지하고, 협정 유효기간은 협정 시부터 30년, 만기 후 3년 단위로 연장한다. ③ 1997년도 광케이블 포설시 철도청에 6코아 사용권을 부여하고 철도연변 부지사용료는 2004년부터 납부한다라고 잠정 합의하였다.

이때 한국통신은 공사추진의 시급성을 고려하여 잠정합의수준으로 현안을 해결하려고 하였다. 그러나 법률자문결과 철도청의 동의 없는 데이콤 설비제공은 무단전대행위라는 것이었다. 이외에도 데이콤과 철도청 간 공동건설하기로 협정이 체결된 철도구간은 교외선, 경원선 등 철도연변 관로 및 광케이블 총 361.3Km에 달했으며, 세부적 보유상황을 확인하면 <표 2-49>와 같다(1997. 6. 19자).

<표 2-49> 데이콤과 철도청간 공동건설 협약체결된 철도구간

철도명	세부구간	관로(100mm²)	광케이블	거리(Km)	시설년도
교외선	능곡-의정부	1	SM 12C	33.2	1997-1998
경원선	성북-의정부	1	SM 12C	16.7	
경의선	서울-대곡	1	SM 12C	25.0	
분당선	수서-오리	1	SM 12C	20.0	
삼척선	동해-삼척	1	SM 12C	13.9	
전라선	전주-순천	1	SM 12C	135.8	
경북선	김천-영주	1	SM 12C	117.2	

라. 문제점 및 대책

철도청에서는 철도부지 내 광관로 및 광케이블 건설에 따른 점용허가 조건으로 기간통신사업자로부터 동시설의 일부를 기부체납 받아 자가 통신망 용량을 초과하는 시설을 확보함으로서 지금까지의 통신시장 환경을 변화시킬 수 있는 잠재적 요인이 되고 있었다. 특히 한국통신과 데이콤이 동일한 철도연변에 광통신시설을 건설하는 경우 다음과 같은 문제점이 대두되었다.

① 국가기관인 철도청이 공익사업자인 한국통신과 수익성위주의 사업자인 데이콤을 동일사업자로 보고 관련법에서 보장하는 통신설비를 기부체납 등 무상으로 제공할 것을 요구하고 있다. 이는 한국통신 입장에서는 투자비를 증가시켜 경영압박요인이 되고 있다.

② 철도교량 첨가 및 터널벽면 취부 등으로 유사 시 표적대상인 철도변에 기간통신망을 과잉 구축하는 경우 통신망의 신뢰성이 저하되고, 한국통신망과 중복되어 국가적 자원낭비를 초래한다.

③ 기간통신사업자가 사업용 이외의 시설을 제3자에게 무상 제공하는 경우 이는 목적외 투자비 과잉지출이 되어 결과적으로 통신서비스 요금인하에 큰 부담으로 이용자에게 전가된다.

④ 철도 등 도로 시설자가 자가 통신망을 불법 확장하고, 국가기술기준과 다른 비표준 장비를 도입하게 되면 국가기간망과의 상호연동불가로 유사시 비상통신 확보가 불가능

해진다.

한국통신은 이와 같은 문제점을 최소화하여 철도연변에 광통신시설을 건설하여 국가기간통신망을 효과적으로 구축하기 위한 대책을 다음과 같이 수립 추진하였다(철도연변 광통신건설 현황과 대책, 1997. 7, 한국통신 네트워크본부).

첫째, 관련법에 보장된 통신사업자의 국유재산사용을 정당하게 행사하고, 철도청의 조건부 시설 무상제공 등 불공정행위를 금지토록 대정부에 건의한다.

둘째, 불법 확장되고 있는 자가 통신망 설비의 설치신고 및 표준장비사용 의무를 엄격히 시행하게 한다. 그리고 기간통신사업자(데이콤)가 설비를 무상제공하고 구축비용을 부담하는 등 불공정 거래의 자제를 요청한다.

셋째, 사업자의 설비제공은 철도청의 자가 통신망 구축 운용에 필요한 시설로 한정하고, 한국통신 시설이 추가로 필요한 구간에 한하여 경제성을 고려하여 선별적으로 공동 건설한다. 이때 국유재산 사용조건부 상호협력 사항은 관련법 허용범위내로 하고, 공동건설비용은 지분에 따라 분담한다.

11.3 정부와 협의

도로시설자와 기간통신사업자 간 통신용관로 건설에 따른 현안사항과 자가통신망의 통신사업임대에 따른 현안에 대한 협의가 정보통신부 차관(박성득)주재로 정부와 기간통신사업자 간 개최되었다(1997. 7). 이 회의에는 정보통신부 차관, 정보통신지원국장, 건설교통부 수송정책실장, 철도청 전기국장, 한국전기통신공사 네트워크본부장, 한국전력공사 정보통신본부장, 한국도로공사 고객서비스본부장, 지앤지텔레콤 기술본부장이 참석하였다.

이 회의에서 고속도로변 광통신시설 건설관련 현안사항(한국통신), 철도연변 광통신건설 현안사항(한국통신), 송유관부지 내 광통신 건설현황(지앤지텔레콤), 송전선 루트 광통신 건설현황(한국전력), 고속도로 및 철도연변 자가통신망 건설현황(도로공사, 철도청) 등이 보고되었다. 이때 주요협의내용 및 조정방향은 다음과 같다.

(1) 자가통신망 설치 후 잉여설비의 임대에 따른 법제도적 문제

자가통신망의 설치신고 시 임대용 설비의 규모 등 적용한계를 설정하여 이를 이용한 변칙적인 통신사업 진출을 규제가 필요하다. 그리고 동일지역에 유사한 자가통신망을 목적 외로 과잉 또는 중복구축함에 따라 국가자원이 낭비되는 문제가 있다. 이점에 대한 협의결과 기간사업용 설비(자가망 활용분 포함)의 기술고시기준 심사를 강화하고, 기간통신망설비는 인가된 통신사업자에 의한 적법한 절차에 따라 국가표준통신망으로 구축하는 것으로 조정하였다. 또한 자가통신망 설비한도(여유시설 규모)를 엄격히 심사하고 설비임대사업과 구분하는 방향으로 조정하였다.

(2) 도로 및 철도부지 점용허가문제

기간통신사업자의 통신용 관로설치를 위한 도로 및 철도부지 점용허가문제가 심각한 상황에 빠져들었다. 이는 정부에서 도로관리기관과 철도관리기관에게 설비임대방식을 허용하는 바람에 도로점용 기피에 따른 초고속국가통신망 사업추진 및 공익적 서비스 제공이 곤란하고 투자비용이 증대하고 있다. 기간통신사업자가 도로점용 조건부로 도로관리기관에게 설비를 무상제공하게 되는 경우 사업자의 서비스요금 부담요인으로 작용할 수 밖에 없다. 이에 대한 검토결과 관련법에 근거하여 기간통신사업자의 통신용 관로는 당사자간 협정체결에 의하여 공동건설을 원칙으로 정하였다.

(3) 비전문 공기업이 구축한 통신설비를 임대해야하는 문제

비전문 공기업이 자가통신망 및 사업용 통신시설을 건설하다보니 안전도, 신뢰성 기준이 지켜지지 못하고, 국가고시기준의 표준장비를 적용하지 않음으로서 비상시 통신확보곤란 등 국가통신망 관리체제에 혼란을 가져오는 문제가 있다. 더구나 통신전문기관인 기간통신사업자가 통신비전문 공기업이 구축한 사설통신설비를 임대해야 하는 문제가 발생하고 있다. 이런 상황에 따라 공기업 간 경쟁에 따른 비효율화 및 민영화 정책의 일관성 추진이 곤란하다. 또한 통신, 도로, 철도 등 공기업의 전문성이 결여되고 고유전문분야의 자본유출부담이 생기며 비효율화를 초래할 수 있다. 이에 대한 검토결과 비전문 공기업에 의한 동일지역내 유사통신설비의 구축은 엄격하게 규제하는 것으로 하였다.

(4) 통신시장개방에 따른 외국통신사업자 대응문제

WTO의 통신시장개방에 되고 있는 시기에 국내에서 경쟁적으로 임대시설을 제공하게되는 경우 외국통신사업자들의 국내시장 진입이 용이해 지고 시장잠식이 가속화할 수 있다. 이 점에 대하여는 검토결과 조정된 내용을 내놓지 못하였다.

12. 제주-육지 간 해저광케이블 건설

12.1 해저광케이블 건설출발

가. 건설방침

1984년 한국통신 계획국 통신망계획부(부장 이정욱)는 2000년대의 국내 및 국외 통신수요를 충족하고 경제적인 전송방식으로서 제주-육지 간 해저광통신시설의 건설계획을 수립 추진하였다(제주-육지 간 해저광케이블 건설계획, 1984. 11. 2). 이 계획의 주관부서 및 결재자는 제2장 말미의 참고자료 편에 기록되어 있으며, 주요핵심내용은 다음과 같다.

첫째, 국제통신 및 국내통신회선의 수요증가와 제주-육지 간 장거리통신망 루트의 이원

화를 위해 광케이블을 건설한다. 건설구간은 제주 성산포- 전남 고흥으로 정하고, 1988년 하반기에 개통을 추진한다.

둘째, 제주-육지 간 유무선 이원화로 회선장애를 예방하고, TPC-2 해저광케이블 건설에 따라 국제회선을 효율적으로 활용토록 한다. 또한 이를 통해 제주도 종합개발계획에 따른 국내통신 및 국제통신회선 수요증가에 대처한다.

이어서 1985년 한국통신은 이 해저광케이블의 건설방침을 다음과 같이 정하였다(제주-육지 간 해저광통신방식 선정, 1985. 8. 19, 한국통신 계획국).

① 건설구간은 제주도 성산포-전남 고흥이고, 이때 해상거리는 130Km, 케이블 포설거리 190Km(육상부분 포함)이며, 회선수요는 11,940회선으로 정한다. 그리고 태평양 해저광케이블(TPC-3)에 수용되는 국제회선 수요를 완전 충족하고, 제주-육지 간 국내수요(음성 및 비음성) 증가에 대비한 시외전송로를 확보한다.

② 전송방식은 경제성 및 기존방식과의 정합, 장래의 기술개발 추세 등을 감안하여 호환성이 있는 방식으로 선정하고, 케이블 용량은 2001년 장기수요를 감안하여 코아수를 결정한다.

③ 2001년 국제회선분야 수요는 케이블 5,147회선, 위성 4,7311회선 총 9,878회선으로 예상된다(참조: 국시 113-633, 1985. 7. 5). 그리고 제주-육지 간 국내회선 수요는 공중회선 4,106회선, 전용회선 1,951회선, 케이블TV 2.688회선 등 총 8,745회선으로 정한다(참조: 1984년도 수요조사보고서).

④ 국내전화 및 전용회선의 수요 중 60%를 해저광통신반식으로 수용하고, 무선방식에 수용될 회선의 20%를 예비로 확보한다. 그리고 국제회선은 위성회선을 제외한 회선수요를 적용하며, 케이블TV수요는 전량 광통신방식으로 수용한다.

⑤ 전송방식은 90Mbps, 140Mbps, 280Mbps방식을 대상으로 하고, 태평양 해저광케이블(TPC-3) 시스템과 정합이 가능해야 한다. 그리고 국내, 육지 광통신시설 및 장래의 기술개발 시 호환성이 있는 방식이어야 한다. 또한 케이블은 해중설비가 최소화되어야 하고 2001년의 국내 및 국제수요를 충족토록 한다.

나. 제주–육지 간 광통신방식 선정

위와 같은 건설방침 및 계획에 따라 각 전송방식별 시스템 특성, 목표량, 투자비 등을 비교하면 <표 2-50>과 같다. 당시 해저광케이블 전송방식별 검토내용은 다음과 같다(제주-육지 간 해저광통신방식 선정, 1985. 8. 19, 한국통신 계획국).

① 90Mbps 방식은 광원파장이 1.55um으로 개발단계에 있고, 무중계 방식으로 유지보수에 편리하다. 수요에 충족할 수 있는 케이블 코아가 현재 생산되지 않고 있다. 수요가 적은 근거리 구간에 적합한 방식이다.

② 140Mbps 방식은 시스템이 개발되어 실용시험(1986년-1987년), 상용시험(1987년-1988년)이 진행되고 있다. 케이블 용량이 12코어로 해중설비(중계기)가 커지며, 회선당 가격이 높다. 수요가 2천회선 미만인 장거리 구간에 적합한 방식이다.

③ 280Mbps 방식은 TPC-3(미국-하와이-일본)케이블에 건설하는 방식으로 상용화되었다. 이에 대한 실용시험(1983년), 상용시험(1984년)을 마쳤다. 회선용량이 크며, 해중설비의 최소화로 회선당 가격이 저렴하다, 수요가 많은 장거리 구간 또는 국제구간에 적합한 방식이다.

<표 2-50> 해저광전송방식별 비교(성산포-고흥)

구분	세부내역	90Mbps	140Mbps	280Mbps
시스템특성	회선용량(CH)	1,344	2,016	4,032
	중계거리(Km)	150	57	53
	광원파장(um)	1.55	1.3	1.3
	설계수명(년)	25	25	25
목표량	케이블용량(Core)	24	12	6
	시스템 수	12	6	3
	중계기(조/개)	-	4/48	4/24
투자비	케이블/중계기(백만원)	-	15,120	7,560
	단국장치(백만원)	-	7,992	4,212
가격	Km당(천원)	-	121,120	61,960
	회선당(천원)	-	5,000	1,270

한국통신은 이러한 검토를 거쳐 경제성과 기술성을 고려하여 제주- 육지 간 해저광통신 방식을 선정하였다(통신120-4176, 1985. 8. 19). 이 계획의 주관부서 및 결재자는 제2장 말미의 참고자료 편에 기록되어 있다. 이계획의 주요핵심내용은 ① 광 전송단국은 국제전용 140Mbps, 국내전용 140Mbps 등 280Mbps 방식으로 한다 ② 해저광케이블은 2001년 수요를 충족하는 기준으로 6코어를 건설하며, 장파장 단일모드방식을 선정한다는 것이었다.

12.2 제주–육지 간 해저광시스템 건설추진

가. 건설계획의 일부조정시행

제주-육지 간 해저케이블 건설계획은 1차로 1983년에 결정되었다(제주-육지 간 해저케이블 건설계획, 1983. 7. 11). 그러나 태평양 해저케이블(TPC-3)의 건설년도가 1988년으로 확정됨에 따라 국내케이블 건설시기를 조정하여야 하고, 광 해저중계기의 무중계거리가

150Km로 늘어나게 되어 건설루트를 재선정하여야 하였다. 또한 국내외 해저광케이블의 동시인입이 가능한 육양위치를 선정할 필요가 대두되었으며, 국제 육양국을 이원화해야 하고, 정부로부터 경제성, 회선용량 및 건설시기도 재검토할 것을 요청받았다(통술1684-9588, 1983. 8. 31).

이에 따라 한국통신은 건설구간 및 추진일정을 일부 조정하여 시행하는 계획을 수립 추진하였다(제주-육지 간 해저광시스템 건설계획/ 통신120-3038, 1984. 11. 2, 한국통신 계획국). 이 계획의 주관부서 및 결재자는 제2장 말미의 참고자료 편에 기록되어 있으며, 주요핵심내용은 다음과 같다.

첫째, 건설루트 및 육양위치는 당초 제주-부산(송정)으로 되어 있었으나 이를 제주(성산포)-부산 부근과 제주(성산포)-완도 부근의 2개 루트로 조정한다. 해양조사 후 2개 루트 중 1개 루트를 선정한다.

둘째, 수요는 당초 1986년도 수요인 국내 1,220회선으로 되어 있었으나, 이를 1996년도 수요를 적용하여 국내수요 3,350회선, 국제수요 2,848회선, 케이블TV 2코어로 변경한다.

셋째, 개통년도는 당초 1986년에서 1988년으로 변경하고, 해저 광 전송방식 및 케이블 코어 수는 광통신방식의 기술발전추세 및 외국생산계획 등을 감안하여 1985년도에 결정한다.

이와 같은 계획변경에 따라 태평양횡단 광케이블의 한국연장과 제주-육지 간 해저광케이블 건설시 국내 및 국제케이블의 동시 인입이 가능하고, 해저시스템의 안전도 및 유지보수, 경제성 등을 고려한 루트결정과 육양국 위치 선정을 위하여 다음과 같이 해양조사를 실시 추진하였다.

① 대상구간은 제주-완도 100Km, 제주-부산 310Km로 정하고, 육양후보지로는 제주(성산포), 완도 부근, 부산 부근으로 정한다.

② 조사내용은 해저지형 및 구조조사, 해저지층 및 해저면 조사(장애물, 수중사진촬영), 해저 물리특성조사(해류, 조석, 수온, 염분도), 해저 퇴적물 채취 및 분석, 어업활동조사 및 행정 협의사항 조사 등이다.

③ 조사기간은 1985년 2월 15일부터 1985년 12월 15일(10개월)로 하고, 소요예산은 9억9천2백만 원으로 하며, 본 조사는 국가안보상 국내기관인 한국과학기술원 해양조사연구소에 용역으로 시행한다.

나. 해저광케이블 건설사업 추진위원회

한국통신 계획국 통신망계획부(부장 이정욱)는 제주-육지 간 해저광케이블 건설사업을 원활하게 시행하기 위해 추진위원회를 구성 운영하였다(1986. 4. 1). 이 계획의 주관부서 및 결재자는 제2장 말미의 참고자료 편에 기록되어 있으며, 주요핵심내용은 다음과 같다.

첫째, 해저광케이블 시스템은 최첨단 통신 분야로서 생산, 시공, 운용 등 사업추진 시 도출될 예상 문제점을 사전 분석 검토하여 사업을 원활하게 추진하기 위해 이 위원회를 구성 운용한다.

둘째, 위원장은 한국통신 계획국장이 되고, 위원은 한국전기통신공사 9명, 연구기관 1명, 생산업체 4명으로 정한다. 그리고 추진전담반은 2급 1명, 3급-4급 2명으로 구성하고, 이 위원회는 1986년 4월부터 제주-육지 간 해저광케이블 건설 시까지 운영한다.

12.3 제주-육지 간 제2 해저광케이블 건설

가. 제2 해저광케이블의 필요성 및 추진경위

1990년대 중반 한국통신은 사용 중인 제주-육지 간 해저광케이블 용량이 부족하고, 방송 및 케이블TV 등 특수서비스에 대한 소요 전송로를 확보하고자 제2 해저광케이블 건설을 추진하였다. 그리고 비동기식에서 동기식 전송망으로 전환해야 하였으며, 대형사고에 대비하여 광전송로의 이원화도 필요한 상황이었다. 당시 이 해저케이블 건설추진과정에서의 주요 사항은 다음과 같다.

첫째, 제주-완도 간 무중계전송망으로 건설하였다. 당시 한국통신 기술기획실(실장 이정욱)은 국제전송망 중장기 발전계획을 추진하면서 제주-육지 간 전송로 다원화를 추진할 필요가 있으며, 이를 위해 제주-완도 간 100Km 무중계 전송망의 건설을 제시하였다(1994. 7. 20). 이에 따라 시외사업본부(본부장 이영환)는 제주-육지 간 제2 해저광케이블 기본계획을 수립하였다(1994. 9. 2). 이때 전송로구간은 성산포-육지(235Km)로 하고, 목표량은 해양조사 후 결정토록 하며, 해저광시스템은 2.5G 3개 시스템으로 정하였다.

그 후 1994년 말 기술기획실에서는 제주-육지 간 전송로 다원화를 위한 국제전송망 중장기 발전계획을 확정하였다(1994. 12. 21). 이 계획에 의거하여 시외사업본부 시설국(국장 윤여문)에서는 이 사업을 위한 해양조사 및 집행지시를 하였다(1994. 12. 23). 조사구간은 제1안으로 성산포-완도로 하고, 제2안은 성산포-거문도-완도-고흥으로 정하였다. 이때 설계방침으로는 최대한 국내기술과 국산장비를 활용토록 하고, 경제성과 안정성을 겸비한 방식으로 구성하는 것으로 정하였다. 이 사업의 집행기관은 통신시설사업단으로 하였다.

둘째, 성산포-고흥(내나로도)으로 변경 추진하였다. 1995년에 들어서면서 통신시설사업단(단장 남교중)은 시외사업본부로 설계착수를 보고하였다(1995. 2. 24). 설계기간은 9개월(1995. 2. 20-1995. 11. 20)이었으며, 한국통신기술(주)에서 시스템 설계 및 구매규격을 작성하고, 한국해양연구소가 해양조사를 담당하게 하였다.

이후 통신시설사업단(단장 신영수)은 해양조사 중간보고에서 케이블포설구간을 성산포-고흥(내나로도)으로 하는 방안을 시외사업본부로 보고하였다(1995. 5. 25). 이 방안의 경우 케이블 포설거리는 185Km이고, 전송방식은 2.5G 무중계방식(증폭기)으로 하는 것으로 하였다.

이에 따라 해저광케이블의 건설구간을 제주-육지에서 성산포-고흥으로 구체화하였으며, 포설거리도 235Km에서 185Km로 조정하였다. 또한 케이블 코어 수는 6코어에서 12코어로 늘리고, 2.5G 광통신시스템도 외국산 3개 시스템에서 국산 1개 시스템으로 변경하는 등 건설사업의 목표량을 조정하였다(1995. 6. 30).

1995년 하반기에는 여수수산대학교 수산과학연구소를 계약자로 하여 환경영향평가를 5개월 간 실시하였다(1995. 7. 1-1995. 11. 30). 그리고 국제사업본부(본부장 권태영)는 한국해저통신(주) 사장 간 해저케이블 관련 기술용역 제공 및 업무위탁에 관한 협정을 체결하였다(1995. 9. 22). 또한 통신시설사업단은 해저케이블과 해저광전송시스템의 구매요구를 보급사업단으로 하였다(1995. 9. 27). 이에 따라 보급사업단(단장 유재우)에서는 이를 영자신문(Korea Herald)에 구매 공고하였다(1995. 10. 18).

셋째, 1996년 초 보급사업단은 해저구간의 케이블시공은 한국해저통신(주)에서 발주하도록 구매규격의 보완을 요청함에 따라 이에 대한 구매계약 변경을 승인하였다(1996. 1. 17). 이후 외자부문이 NEC로 낙찰되고(1996. 3. 14), 해저케이블 해중설비공사 업무위탁협정이 한국해저통신(주)을 위탁사로 정하고, 기간은 6개월간(1996. 5. 22-11. 20)으로 하여 체결되었다(1996. 5. 22).

나. 제2해저광케이블 건설공사

제주-육지 간 해저광케이블 건설을 위해 해저광케이블(12C) 185Km, 2.5 Gbps 광단국 1개 시스템이 공급되었다. 이 건설공사를 위해 물자비 107억 원, 공사비 118억 원 등 총 225억 원의 예산이 투입되었으며, 이 소요예산은 외자 70억 원(881만 달러), 내자 155억 원으로 조달하였는데 세부내역은 <표 2-51>과 같다.

<표 2-51> 제주-육지 간 제2 해저광케이블 건설공사 소요예산

구분	세부내역	소요예산(천원)	비고
물자비	외자	7,732,920	턴키베이스
	내자	882,068	
	관세	2,153,747	
	소계	10,768,735	
공사비	해중설비공사	9,879,490	
	기타비용	1,918,510	어민피해보상 등
	소계	11,798,000	총계 22,566,735

종합적으로 보면 해저광케이블, 광전송장비의 생산 및 개통은 일본 NEC가 담당하고, 해

중구간 시설공사는 한국해저통신(주)가 시행하게 되었다. 그리고 이 공사는 1996년 3월 14일에 낙찰(NEC)되어, 물자확보 1996년 4월-1996년 9월, 케이블부설 1996년 8월-1996년 11월에 완료하여 1996년 12월에 개통되었다. 이 중 실제 피해보상은 6개 지역에 228,860천원이 지급되었다.

앞에서 설명한 바와 같이 기존 제1 해저광케이블의 용량부족을 해소하고 제주지역의 시외회선은 물론 TV, 케이블TV, ISDN 등 초고속 멀티미디어 서비스 제공을 위한 제2 해저광케이블의 제주육양 및 부설작업착공을 기념하는 자축행사를 시행하였다. 여기에서 케이블 육양작업(Cable Landing Operation)이란 케이블 부설선박이 현장 앞바다 약 800m 전방에 정박하여 케이블 탱크에 선적된 케이블을 천천히 풀어내면서 부표취부 후 보조선박으로 해변까지 예인하고 중장비(윈치)로 케이블을 육양하여 비치맨홀에서 육상케이블과 접속하는 것을 말한다. 당시 케이블 부설선박은 덴마크의 Maerk Fighter(3,000톤) 및 보조 선박이 동원되었다.

이 해저케이블의 착공행사는 제주도 성산포 육양현장에서 한국해저통신(주)이 주관하였다(1996. 9. 11). 이 행사에는 한국통신 측에서 건설단장(유재우), 제주본부장(김윤선), 제주통신망운용국장(김성홍), 제주해저중계국장(서인수), 시외통신계획국장(김종현), 건설단 통신시설국장(이노범) 등이 참석하였다.

또한 한국해저통신 사장(전계형) 및 관계자, 제주KBS, MBC 기자 등 기자단도 참석하였다. 이 행사에서 경과보고 및 현황보고는 건설단 해저시설부장(김승호)이 하였으며, 이때 분당 6m의 속도로 예인하여 비치맨홀까지 육상하였다. 이날은 다행히 해상조건이 양호하고 기상상태도 쾌청하여 성공적으로 육양작업을 완료하였다. 이 행사는 KBS, MBC, YTN에서 방영되었다.

다. 제2 해저광케이블 개통

한국통신은 이미 운용중인 제1 해저광케이블의 용량부족을 해소하고 21세기를 대비한 제주-육지 간 초고속정보통신망 기반을 구축하기 위래서 제2 해저광케이블을 건설하여 1996년 12월 20일 개통하였다. 이 개통행사에는 한국통신 측에서 부사장 김노철, 네트워크본부장 이정욱, 시설운용실장 김기천, 통신망관리단장 성인수, 건설단장 유재우, 제주본부장 김윤선이 참석하였다.

그리고 시설운용실 시외통신계획국장 김종현, 시설운용실 시외통신운용국장 김문수, 건설단 통신시설국장 이노범, 통신망관리단 시외망시설국장 이웅형, 제주해저중계국장 서인수, 제주통신망운용국장 김성홍, 신제주전화국장 이순선, 서귀포전화국장 이동효가 참석하였다.

한국통신 관련자회사 측에서는 한국해저통신 사장 전계형, 본부장 황인팔, 상무 강용안,

한국통신기술 사장 전광선, 전무 이영환, 상무 신영수 등이 참석하였다. 또한 케이블 및 장비 공급, 설비시공, 해양조사 측에서는 일본전기(NEC) 본부장 오메스, 부장 오타, 한국해양연구소 소장 박병헌, 책임연구원 석봉출, 여수수산대학교 교수 송상호, LG기공 사장 박영하 등이 참석하였다.

한편 행정기관 및 단체에서는 제주도지사 신구범, 국회의원 양정규, 제주도의회의장 김인규, 제주지방경찰청장 양영규, 제주지방해운항만청장 권성원, 해군 제주방어사령관 이철우, 해군 제6613부대장 이우희, 성산읍장 홍원우, 남제주의회의장 현성익, 서귀포경찰서장 김국형, 제주해양경찰서장 박연식 등이 참석하였다.

관련 단체에서는 수협 제주도지회장 양용웅, 제주시 수산업협동조합장 홍성보, 한국어선협회 제주지부장 강효원, 한국통신 제주본부 고객대표자회의의장 현임종, 성산포전화국 고객대표자회의의장 김진호, 서귀포 수산업협동조합장 김봉훈, 모슬포 수산업협동조합장 장근호, 한림 수산업협동조합장 정승필, 성산포 수산업협동조합장 강유삼, 제주어업무선국장 정광현 등이 참석하였다.

그 외에도 고성 신양 어촌계장 한재풍, 신양리 해녀회장 홍기화, 고성리 해녀회장 박수란, 성산읍 연합청년회장 오문선 등이 참석하여 해저광케이블의 개통을 축하하였다. 당시 이 행사를 위해 한국통신은 행사전담반을 <표 2-52>와 같이 구성하여 행사를 진행하였다.

<표 2-52> 제주-육지 간 제2 해저광케이블 개통 행사준비반 편성

담당부문	담당자	담당부문	담당자
행사반장	시외통신계획부장 김종현	본사행사 준비팀장	시외교환계획부장 이상철
총괄팀장	시외전송계획부장 이인균	행사준비 팀장	건설단 해저시설부장 김승호
화상통화 준비팀장	통신망관리단 반송시설부장 엄기남	현지지원 팀장	제주본부 기획관리부장 백현조
행사장 준비팀장	제주해저중계국장 서인수	화상통화 시설팀장	장거리전화건설국 반송부장 이용기

라. 해저광케이블 업무위탁협정

1997년 1월 통신망관리단은 부산 하얏트호텔에서 한국해저통신(주)와 제주-고흥 간 해저광케이블 유지보수 업무위탁협정을 체결하였다(1997. 1. 31). 이날 조인식에는 전계형 한국해저통신(주) 사장과 남교중 통신망관리단장, 제주통신망운용국, 강릉통신망운용국, 광주통신망운용국의 국장 및 부장 등 관계자들이 참석하였다. 이 협정체결로 그때까지 외국 기술진에 의존하고 있는 해저광케이블 유지보수업무를 한국해저통신(주)에서 자체적으로 수행하게 되었다.

이와 같이 함으로써 업무수행의 효율성은 물론 국내기술을 축적하고 자회사의 자립기반을 구축하며 외화유출방지에도 크게 기여하게 되었다. 아울러 고장발생시 약 20억 원의 예산절감효과도 가져오게 되었다. 이 시설은 고도화된 대용량(2.5Gbps)시설로 시외전화사업의 경쟁력 강화는 물론 정책적 차원에서 추진 중인 초고속정보통신망과도 연계하여 기간통신망으로 활용하게 되었다.

12.4 제주-육지 간 제3 해저광케이블 건설추진

가. 시설상황 및 건설배경

1990년대 후반 한국통신은 제주-육지 간 제1 해저광케이블과 제2 해저 광케이블을 운용하고 있었다. 제1 해저광케이블은 거리 172Km, 6 코아, 280Mbps 비동기식 전송방식, 2개의 중계기를 사용하여 1990년 4월에 설치하였다. 그리고 제2 해저광케이블은 거리 192Km, 12 코아, 2.5Gbps 동기식 전송방식, 무중계 방식으로 1996년 12월에 개통하였다. 이때 한국통신의 제주-육지 간 회선운용상황은 <표 2-53>과 같다(제주-육지 간 제3 해저광케이블 건설계획, 1997. 5, 한국통신 네트워크본부).

<표 2-53> 제주-육지 간 장거리통신회선 운용(1997. 5)

구분	제1 해저광케이블	제2 해저광케이블	마이크로웨이브
최대수용용량	280Mbps × 3	2.5Gbps × 6	
시설수(DS3)	18	48	44
운용수(DS3)	국제 4	국제 4	국제 -
	국내 9	국내 33	국내 26
예비수(DS3)	국제 4	국제 6	국제 6
	국내 1	국내 5	국내 12
수용율	72%	77%	59%

그런데 이들 2개의 제주-육지 간 해저광케이블의 운용실태 및 문제점을 정리하면 다음과 같다. 제1 해저광케이블은 1990년에 건설된 미국 AT&T사 제품으로 노후화되었고 용량이 부족한 상황이었다. 이 케이블은 비동기 방식으로 동기식 방식을 요구하는 초고속정보통신망 서비스에 부적합하였다. 그리고 용량이 부족하여 제2 해저광케이블에 고장이 발생하는 경우 절체능력이 부족하였다. 더구나 내용연수가 경과하여 시설노후화로 빈번한 고장(연평균 0.9건)이 발생하고 있고, 수리로 인해 광케이블 수명이 단축된 상태였다. 또한 방식변경에 따라 부품 및 유니트 생산도 중단된 상황이었다.

한편 제2 해저광케이블 고장이 발생하는 경우 장기간 서비스 중단이 예상되고 있었다. 그것은 동기식 대용량방식으로 제1 해저광케이블 및 마이크로웨이브 절체 시 생존율 저하가 예상되었다. 1997년 5월 당시 생존율은 약 62%이고, 하반기에 2.5G 1개 시스템을 증설하면 생존율은 31.5%로 저하하는 것으로 파악되었다. 이때 해저광케이블의 평균 고장수리기간은 약 73일이고, 비용은 13억 원이 소요되는 실정이었다.

또한 제1 해저광케이블과 디지털 마이크로웨이브(D-MW)는 비동기식 DS-3만 절체가 가능하여, 동기식 초고속 국가정보통신망(4STM-1)의 절체가 불가한 상황에 부닥치게 되었다. 이때 경쟁사업자인 한국전력은 완도변전소-제주변전소 간에 광케이블 2조(12코아 × 2)를 건설하였으며, 데이콤은 광주-제주 간 D-MW(3DS-3)를 운용하고 있었다.

나. 제3 해저광케이블 건설계획 검토

앞에서 설명한 바와 같이 제1 해저광케이블의 용량이 부족하고 시설이 노후화됨에 따라 이를 대체할 통신망이 필요하였다. 이에 따라 제1 해저광케이블은 사용 가능 시까지만 운용하게 되었다. 한편 제주지역에는 제2 해저광케이블의 고장이 발생하는 경우 완벽한 복구체제를 갖추어 중단 없이 통신서비스를 제공해야 하였다. 또한 동기식 STM-1방식의 초고속국가통신망 서비스를 차질 없이 제공해야 하는 것은 물론 통신사업 경쟁우위를 확보하고, 21세기의 초고속국가통신망 수요도 충족해야만 하였다. 이에 따라 한국통신 네트워크본부(본부장 이상복)에서는 제주-육지 간 장거리통신망을 확보하기 위한 3가지 방안을 검토하였다.

제1안은 2.5G 이상의 제3 해저광케이블을 신설하여 제2 해저광케이블과 루트 이중화하는 방안이다. 이 방안의 경우 제2 해저광케이블과 동일한 동기방식으로 절체망 확보가 가능하다. 이때 투자비는 물자비 135억 원, 공사비 118억 원 등 총 253억 원이 소요된다. 이 경우 투자비는 제2 해저광케이블 건설단가를 적용하였다.

제2안은 제1 해저광케이블을 2.5G 방식으로 업그레이드하는 방안이다. 이 경우 빈번한 케이블 고장발생과 업그레이드(1.3μm에서 1.5μm로)를 위한 기술성이 불확실하고 용량도 6코아로 부족하다. 이 방안의 경우 투자비를 보면 물자비 97억 원, 공사비 158억 원 등 총 255억 원이 소요된다.

제3안은 동기식 D-MW를 추가 확보하는 방안인데, 주파수 추가배치(16개)가 필요하다. 그리고 연간 15억 원의 전파세 부담문제가 있고, 해월구간으로 품질과 회선신뢰도 저하문제도 있다. 이를 위해 물자비 200억 원, 공사비 30억 원 등 총 230억 원을 투자해야 한다.

한편 1997년 전반기의 제2 해저광케이블 고장으로 인해 미절체로 인한 손실액 20억 원(2백만 원 × 14DS-3 × 73일), 해저광케이블 고장수리비 13억 원 등 총 33억 원의 손실이 발생하였다. 또한 1997년 후반기에는 미절체로 인한 손실액 73억 원(2백만 원 × 50DS-3 × 73일), 해저광케이블 고장수리비 13억 원 등 총 86억 원으로 산출되었다.

다. 검토결과 및 회선운용상황

이러한 검토결과 제2 해저광케이블 고장이 발생하는 경우, 생존율이 31.5%로서 저조하며 미절체로 인한 수리기간동안의 손실액이 1997년 5월 운용시설로는 약 33억 원, 1997년 후반기 시스템 증설 후에는 약 86억 원으로 예상되며 향후 시스템 추가 증설 시는 손실액이 증대되는 것으로 나타났었다.

따라서 한국통신은 253억 원을 투자하여 제3 해저광케이블을 건설하는 것이 경제적이며 고객의 신뢰도를 향상시킬 것으로 판단하여 다음과 같이 종합검토결과를 보고하였다.

첫째, 제주-육지 간은 대용량이 필요하고 제2 해저광케이블 고장에 대비하여 제3 해저광케이블의 건설이 필요하다. 제2 해저광케이블과는 루트이원화망(Route Diversity)으로 구성하는 방안이 요구된다.

둘째, 제1 해저광케이블은 사용가능 시기까지만 운용하는 것이 바람직하다. 그리고 제3 해저광케이블 건설 전에 초고속국가통신망의 절체전송로 공급을 위하여 1998년도 전반기에 동기식 MW(4 × STM-1)의 최소한 공급이 필요하다.

셋째, 제3 해저광케이블의 육양점은 해양조사 후 결정하되 시설의 분산 및 기계실 상면적 등을 고려하여 결정한다.

이에 따라 한국통신 네트워크본부는 제3 해저광케이블 건설기본방침을 다음과 같이 정하여 추진하였다.

(1) 제3 해저광케이블 건설구간은 3개 방안을 검토한다. 제1안은 제주 함덕-고흥, 제2안은 제주 서귀포-거제, 제3안은 제주 성산-남해가 있으며 이중 하나를 선정한다. 그리고 건설규모는 해저광케이블(12코아) 239Km, 전송용량 2.5G이상 무중계방식으로 한다. 이런 내용의 건설 기본계획을 1997년 6월에 확정한다.

(2) 추진일정은 해양조사 및 설계는 1997년, 물자확보 및 건설공사는 1998년에 실시하여 1999년 2월에 개통한다. 이 공사는 한국해저통신(주)에 위탁하여 시행하고, 국내기술을 활용하여 시공한다.

(3) 소요예산은 1997년도에는 해양조사 및 설계비로 약 17억 원, 1998년도에는 물자비 및 공사비 약 236억 원 등 총 253억 원이 소요되는 것으로 계획하며, 이 예산은 내자 128억 원, 외자 125억 원으로 조달한다.

그러나 이후 제3 해저광케이블 건설계획이 보류됨에 따라 제2 해저광케이블에 고장이 발생하는 경우 초고속국가망에 절체전송로 확보가 필요하였다. 이에 따라 광주-제주 간 SDH-MW 시설계획(2 STM-1)을 추진하였다. 이때 제주-육지 간 마이크로웨이브(MW) 통신망 및 해저광케이블 등 전체적인 통신망은 다음과 같이 구성하였다.

① 마이크로웨이브 통신망은 신제주전화국에서 추자도중계소를 거쳐 대둔산중계소, 활성산중계소, 무등산중계소를 경유하여 광주전화국으로 구성하고 여기에서 육지 기간통신

망과 연결된다.

② 제1 해저광케이블망과 제2 해저광케이블망은 신제주전화국에서 성산포, 고흥을 거쳐 광주전화국으로 구성되어 내륙 기간통신망과 연결된다.

③ 마이크로웨이브 통신망, 제1 해저광케이블, 제2 해저광케이블에 고장이 발생하는 경우 절체방안은 <표 2-54>와 같으며, 여기에서 절체율은 %로 표시되었다. 이때 제1 해저광케이블 및 디지털 MW는 비동기식이므로 STM-1급 절체는 불가하다.

<표 2-54> 제주-육지 간 통신망 고장 시 절체방안

구분	시설	사용	예비	절체			
				제1해저	제2해저	MW	절체율
제1해저	18 DS-3	10	8	-	(4)	10	100
제2해저	63 DS-3	59	4	8	-	18	44
	4 STM-1	4	0	0	-	0	0
MW	30 DS-3	12	18	8	4	-	100

라. 국내 환상해저통신망의 건설추진

1990년대 초반까지 장거리 시외통신망은 주로 고속도로 노견과 철로변을 이용하여 전송시설을 건설하였다. 더구나 통신사업이 경쟁체제로 전환되자 도로공사, 철도청, 한국전력 등에서 대용량 광전송로를 구축하고 있었으며 신설도로 등에 한국통신의 광관로 건설요구를 기피하는 일이 발생하였다.

또한 고속도로나 철로변을 이용한 광관로는 증가하는 수요에 따라 1990년대 후반에는 포화될 전망이었다. 한국통신은 이처럼 육로를 이용한 광관로의 포화에 대비하여 해안도시 간을 연결하는 기간통신망을 구축하고, 해저케이블 건설 및 유지보수용 선박확보계획 등 발전전략을 수립하였다(해저통신망 발전전략, 1993. 12, 기술기획실 전송망계획부).

이에 따라 이 사업의 타당성을 검토하였으며 해저케이블 포설 및 유지보수를 위한 선박확보계획을 수립하게 되었으며 해저통신 총괄부서의 신설도 추진하였다(1994년도 주요업무 발전계획, 1994. 7. 26, 한국통신 기술기획실).

13. 장거리통신망의 건설 및 운용부서

가. 시외전화의 운용 및 장거리통신망의 건설

우리나라의 시외전화 운용을 위해 1967년 서울시외전화국과 부산시외전신전화국이 개

국되었으며 1974년에는 대구시외전신전화국이 신설되었다. 그리고 장거리통신망의 건설 및 운용을 전담하기 위해 1973년에는 장거리전신전화건설국과 장거리전신전화관리청이 개청되었다.

한편 1970년대 중반 장거리통신을 위한 체신부 본부의 간부진은 공무국장 오황근, 장거리시설과장 김완수, 기획담당 강철환, 관리담당 조충현, 무선담당 김락성, 반송담당 박달식으로 보직되었다(전화번호부, 1974, 서울체신청). 그리고 장거리전신전화관리청의 간부진은 청장 황인영, 총무과장 이창한, 시설과장 안희수, 보전과장 강이근, 서울초단파전신전화건설국장 김성규, 무선전신전화건설국장 박영희로 보직되었다.

이때 체신부 서울시외전화국의 간부진은 국장 윤병화, 서무과장 유웅렬, 관리과장 이대호, 교환1과장 문종돈, 교환2과장 나성찬, 기술과장 송광사로 보직되었다. 그리고 한국전기통신공사로 전환된 후 1985년에는 서울시외전화국 합창단이 서울특별시 주최로 열린 제15회 건전가요 합창경연대회에 참가하여 영예의 금상을 수상하였다(1985. 11. 20). 서울지역 및 직장대표 19개팀이 참가한 이 대회에서 서울시외전화국 합창단은 지정곡「조국찬가」와 자유곡「꽃파는 아가씨」를 불렀다.

1982년의 장거리전신전화국장은 당시 3급 기술(서경식)로 보직되었다(제2기 고급관리자 특별과정 명단, 1982. 8. 5, 한국전기통신공사 연수원). 한편 1983년에는 장거리건설국 본건물 4,013m², 부속건물 1,322m²를 신축하였다(1983. 11). 이 공사는 우진건설에서 시공하였으며, 당시 공사감독자는 중앙건설사무소 김요성, 조규영, 유종희로 지정되었다(통신투자사업 추진현황, 1983. 3, 한국통신 중앙건설사무소 시설본부).

1990년대에는 장거리전화건설국으로 운영하였으며, 1990년에는 국장 김범석, 총무부장 이항명, 무선부장 송기정, 반송부장 양원배, 선로부장 금봉진이 재직하였다. 1995년 당시 간부진은 국장 이희우, 총무부장 이상택, 무선부장 박기오, 반송부장 이용기, 선로부장 김길룡으로 보직되었다. 이후 1997년에는 국장이 이오희로 발령되었다.

나. 통신망관리단 및 통신망운용국

우리나라 정보통신 선진화 30년의 완성단계인 1990년대에 한국통신은 장거리 통신시설(MW, 광전송로)의 종합정비 및 지원, 통신시설의 종합 운용감시 및 기술지원, 장거리통신시설의 집행 등의 업무를 위해 통신망관리단을 운용하였다. 이때 통신망관리단장은 최인언(1994년), 남교중(1995년), 성인수(1996년), 남교중(1997년), 이상일(1997년-1998년)이 발령되었다. 통신망관리단은 서울특별시 과천시 중앙동 41-1에 있었다. 그리고 한국통신은 통신망관리단의 현업기관으로 12개의 지역별 통신망운용국을 운영하였다. 이 조직은 장거리회선의 소통관리 및 회선통제, 전자교환시설 및 부대시설의 운용, 유지보수, 국가지도통신의 운용과 유지보수, 중계소의 기술지원 및 관할 등의 업무를 전담하였다.

(1) 서울통신망운용국

1994년 간부진은 국장 이상구(1급기술), 총무부장 이상택, 교환부장 장영환, 전송부장 송기정, 101분국장 공석, 남산중계소장 손도성, 인천분국장 김유복으로 발령되었다. 1997년 간부진은 국장 김한수(1급기술), 총무부장 이상택, 교환부장 박정수, 전송부장 박용두, 101분국장 조홍영, 남산중계소장 박원치가 재직하였다. 이 통신망운용국은 서울특별시 종로구 연건동 128-9에 있었다.

(2) 남서울통신망운용국

1994년 간부진은 국장 김한수(1급기술), 총무부장 공석, 교환부장 박정수, 전송부장 엄기남, 수원분국장 이용호가 재직하였다. 1997년에는 국장 이상구(1급기술), 총무부장 이상익, 교환부장 김양렬, 전송부장 정수옥, 수원분국장 김풍국, 인천분국장 사무성이 발령되었다. 주소는 서울특별시 관악구 신림8동 1660이었다.

(3) 부산통신망운용국

1994년 간부진은 국장 김철(1급기술), 총무부장 공석, 교환부장 손태일, 전송부장 백해량으로 발령되었다. 1997년에는 국장 김춘식(1급기술), 총무부장 공석, 교환부장 이창희, 전송부장 이종관으로 발령되었다. 부산운용국은 부산광역시 중구 중앙동 4가 75-1에 있었다.

(4) 대전통신망운용국

1994년 간부진은 국장 홍재욱(1급기술, 총무부장 공석, 교환부장 이재현, 전송부장 나재현, A1분국장 이항준이 재직하였다. 1997년에는 국장 홍재욱(1급기술, 총무부장 공석, 교환부장 유홍영, 전송부장 이항준, A1분국장 김달현으로 발령되었다.

1997년 8월 대전통신망운용국은 8월 25일부터 28일까지 충남본부 및 충북본부 관내 전자실장들을 포함한 115명의 직원을 대상으로 새로운 신호방식(No.7) 및 지능망 서비스에 대하여 교육을 실시하였다.

이 교육에서 No.7 신호중계교환기(SMX-1) 운용현황과 신호망의 중요성을 교육하였으며, 특히 국간신호방식이 MFC-R2방식에서 No.7 신호방식으로 전환되어 가는 상황에서 전자교환 운용요원의 기량향상을 위해 필요하였다. 대전운용국은 대전광역시 중구 문화동 1-30에 위치하고 있었다.

(5) 광주통신망운용국

1994년 간부진은 국장 오채형(1급기술), 총무부장 공석, 교환부장 이정귀, 전송부장 김규석이 발령되었다. 1997년에는 국장 장재구(1급기술), 총무부장 공석, 교환부장 윤대좌, 전송부장 이종환으로 발령되었다. 주소는 광주광역시 북구 신안동 122-4이었다.

(6) 대구통신망운용국

1994년 간부진은 국장 김광영(1급기술), 총무부장 공석, 교환부장 김정생, 전송부장 공석으로 발령되었다. 1997년에는 국장 박창남(1급기술), 총무부장 공석, 교환부장 김광호, 전송부장 이진우가 재직하였다. 대구운용국의 주소는 대구광역시 북구 고성동 3가 103으로 되어 있었다.

(7) 전주통신망운용국

1994년 국장으로 유홍영(2급 통신기술)이 발령되었고, 1997년에는 국장 나재현(2급 통신기술)이 재직하였다. 주소는 전북 전주시 중구 덕진동 1가 1274-1이었다.

(8) 원주통신망운용국

1994년 국장으로 김희욱(2급 통신기술)이 발령되었으며, 1997년에는 국장으로 이행원(2급 통신기술)이 재직하였다. 원주운용국은 강원도 원주시 관설동 1426에 있었다.

(9) 강릉통신망운용국

1994년 국장으로 이행원(2급 통신기술)이 발령되었으며, 1997년에는 국장 김규석(2급 통신기술)이 재직하였다. 주소는 강원도 강릉시 용강동 60-1이었다.

(10) 안동통신망운용국

1994년 국장으로 송구익(2급 통신기술)이 발령되었고, 1997년에는 국장 이상철(2급 통신기술)이 재직하였다. 이 운용국의 주소는 경북 안동시 당북동 85-3이었다.

(11) 진주통신망운용국

1994년 국장으로 이종관(2급 통신기술)이 발령되었으며, 1997년 국장에 최명기(2급 통신기술)가 부임하였다. 이 운용국의 주소는 경남 진주시 상대동 306-1이었다.

(12) 제주통신망운용국

1994년 국장에 김성홍(2급 통신기술)이 발령되었다. 그후 1997년에는 국장 최종근(2급 통신기술)이 재직하였다. 이 운용국은 제주도 제주시 연동 4가 321-23에 위치하고 있었다.

참고자료

(1) 전자교환기의 기종선정심의위원회 회의록(1981. 8. 22)

1981년 체신부는 시분할 전자교환기(TDM) 기종선정을 위한 종합심의위원회를 차관(오명)을 위원장으로 하여 구성하였다(계삼 1602.4-27592, 1981. 8. 18, 계획국). 본 심의위원회에서는 3차(1981. 8. 20-8. 22)에 걸쳐 중용량 시외용과 농어촌 전자교환기의 공급방안과 전자교환기의 국산화방안 등을 심의 결정하였다. 이 회의록은 당시 체신부 계획3과장(이정욱), 계획국장(이응효)이 결재하여 보존 관리되었다.

(2) 시분할교환기 종합검토 중간보고(1981. 8. 28)

체신부는 농어촌과 중용량 시외용으로 적합한 전자교환기를 선정을 위한 검토과정에서 대통령에게 시분할교환기 종합 중간보고하였다. 이 보고서에는 현황, 시분할교환기의 특징, 시분할교환기의 검토내용, 기종선정방안, 건의사항 등이 실려있다. 이 보고서는 계획3과장(이정욱)이 작성하여 계획국장(이응효)의 검토를 거쳐 체신부차관(오명), 장관(최광수)에게 보고되었다. 당시 체신부장관은 대통령 비서실장(김경원), 국무총리(남덕우)를 거쳐 대통령(전두환)에게 중간보고하였다(시분할교환기 종합검토 중간보고, 1981. 8. 28).

(3) 시분할교환기 기종선정을 위한 협상실시(1981. 10. 15)

체신부는 시분할교환기 선정을 위한 기종선정심의위원회의 검토결과에 따라 성능, 가격, 기술전수 및 차관조건 등 구체적인 사항을 관계회사와 협상하여 가장 적합한 기종을 최종 확정하고자 실시계획을 수립 추진하였다(시분할교환기 기종선정을 위한 협상실시, 계삼 1602.4-34198, 1981. 10. 15, 체신부 계획국). 이 계획은 체신부 계획국 계획3과장(이정욱)이 주관하고 계획4과장(김낙성), 계획국장(이응효), 차관(오명)의 결재로 확정 시행되었다.

(4) 제주-육지 간 해저광케이블 건설계획(1984. 11. 2)

1984년 한국전기통신공사 계획국에서는 2000년대의 국내 및 국외 통신수요를 충족하고 경제적인 전송방식으로서 제주-육지 간 해저광통신시설의 건설계획을 수립 추진하였다(제주-육지 간 해저광케이블 건설계획, 통신120-3038, 1984. 11. 2). 이 계획의 주관부서는 계획국 시외망과장(서용희), 통신망계획부장(이정욱)이고 계획국장(이응효), 부사장(배동조), 사장(이우재)의 결재로 확정 시행되었다.

(5) 장거리교환망 기본계획(1985. 1. 11)

정부의 5차 경제개발 5개년계획에 맞추어 한국전기통신공사는 장거리통신시설을 대량 확장하기 위해 「장거리교환망 기본계획」을 수립 추진하였다(1985. 1. 11). 이 계획의 주요내용은 현재 총괄국, 중심국, 집중국, 단국의 4개 국계위(局階位)를 총괄국, 중심국, 단국의 3계위로 조정하고 서울주변지역 통화량을 서울시내 텐덤교환기(시내/텐덤 겸용)를 경유하여 처리토록 결정하였다. 이 계획의 주관부서는 계획국 시외망과장(서용희), 통신망계획부장(이정욱)이었으며 계획국장(이응효), 부사장(배동조), 사장(이우재)의 결재로 확정 시행되었다.

(6) 장거리 기간전송로계획(1985. 3. 11)

한국통신은 1987년부터 장거리 기간통신망을 전량 디지털방식으로 개선하며, 비음성서비스의 확대 보급을 위해 시(市)단위 이상 구간을 광전송로로 건설하는 계획을 수립 추진하였다(장거리 기간전송로계획, 1985. 3. 11). 이 계획은 계획국 시외망과장(서용희), 통신망계획부장(이정욱)이 주관하고 계획국장(이응효), 부사장(배동조), 사장(이우재)의 결재로 확정 시행되었다.

(7) 고속회선 교환망 계획(1985. 5. 23)

한국통신 계획국은 종합정보통신망으로 이행하는 중간과정에서 기존 전화망(시외용 No.4 전자교환기)을 이용하여 고속 데이터통신의 실현하는 경제적인 통신망계획을 수립 추진하였다(고속회선 교환망 건설계획, 1985. 5. 23). 이 계획은 한국전기통신공사 계획국 종합망과장(우승술), 통신망계획부장(이정욱)이 주관하고 계획국장(이응효), 부사장(배동조), 사장(이우재)의 결재로 확정 시행되었다.

(8) 제주-육지 간 해저광통신방식 선정(1985. 8. 19)

제주-육지 간 해저광케이블 건설을 위해 경제성과 기술성을 고려한 최적의 해저광통신방식을 선정하였다(통신120-4176, 1985. 8. 19). 이 계획은 계획국 시외망과장(서용희), 통신망계획부장(이정욱)이 주관하고 계획국장(이응효), 부사장(배동조), 사장(이우재)의 결재로 확정 시행되었다.

(9) 해저광케이블 건설사업 추진위원회 운영(1986. 4. 1)

한국전기통신공사는 제주-육지 간 해저광케이블 건설사업을 원활하게 시행하기 위해 추진위원회를 구성 운영하였다(1986. 4. 1). 이때 위원장은 계획국장이 되고, 위원은 한국통신 9명, 연구기관 1명, 생산업체 4명으로 구성하였다. 이 계획은 계획국 시외망과장(서용희), 통신망계획부장(이정욱)이 주관하고 계획국장(황영선), 부사장(이응효), 사장(이우재)의 결재로 확정 시행되었다.

(10) 시내·시외 겸용 교환망 계획(1987. 1. 9)

1987년 한국통신 계획국에서는 중용량 시외교환기(AXE-10)를 시내가입자용으로 활용토록 하는 「시내·시외 겸용교환망 계획」을 수립 추진하였다(1987. 1. 9). 이 계획에 따라 시외 중심국의 신규수요는 시내·시외 겸용교환기로 공급하였다. 이 계획은 계획국 교환망과장(장건), 통신망계획부장(이정욱)이 주관하고 계획국장(황영선), 부사장(이응효), 사장(이우재)의 결재로 확정 시행되었다.

(11) 중심국이하 전송로 장기계획(1987. 2. 23)

한국통신은 1987년부터 시외통신망의 중심국이하의 구간도 전량 디지털방식으로 건설하고, 대용량 구간은 광전송로를 확보하며 통신망의 안정성을 고려하여 전송루트를 환형(Loop)화하는 계획을 수립 추진하였다(중심국이하 전송로 장기계획, 1987. 2. 23). 이 계획은 계획국 시외망과장(서용희), 통신망계획부장(이정욱)이 주관하고 계획국장(황영선), 부사장(이응효), 사장(이우재)의 결재로 확정 시행되었다.

(12) 기간전송망 발전전략(1993. 12)

1993년 말 한국통신은 우리나라 5대도시 간의 광 통신망에 대해 우회 루트를 확보하여 이원화하고 고속의 광대역 기간전송망으로 진화 발전시키기 위한 계획을 수립하였다(기간전송망 발전전략」1993. 12, 기술기획실 전송망계획부). 이 계획의 주요내용은 대전지역 통과 전송로에 대해 우회로를 구성하고, 서울, 부산, 대구, 광주, 대전 등 5대 도시 간은 성형망을 구성하며, 2001년까지 초고속 대용량 동기식 광 전송망을 구축하는 것이었다. 이 계획의 주관부서는 기술기획실 전송망계획부장(김용군), 통신망계획국장(안승춘)이 주관하고 실장(이정욱)의 결재로 확정 시행되었다.

(13) 수도권 시외통신망 장기발전계획(1994. 3)

1994년 한국통신은 수도권의 통화량이 급격히 증가하고 통신망 구조도 복잡해짐에 따라 이를 해결하기 위해 장기적인 측면에서의 발전계획을 수립 시행하였다(수도권 시외통신망 장기발전계획, 1994. 3, 기술기획실 통신망계획2국). 이 계획의 주요내용은 주변지역과 주변지역 간, 서울과 수도권 외의 시외통화는 2개 시외전화국(혜화, 구로)에서 처리하는 등 수도권 시외통화 이원화 처리문제 등 시외통신망을 개선하는 것이었다. 이 계획은 기술기획실 교환망계획부장(문양환), 통신망계획2국장(안승춘)이 주관하고 실장(이정욱), 부사장(김상국), 사장(조백제)의 결재로 확정 시행되었다.

(14) 수도권 전송망 중장기 발전계획(1994. 10)

1990년대 초반 수도권 교환망은 서울권, 서부권, 남부권, 동북부권 등 4개 권역별로 블록화되고 남인천, 수원, 남수원, 하남 등에는 시외전화관문국이 설치되었다. 이러한 수도권 교환망의 확장에 따라 전송망도 단순화, 대용량화, 지능화하는 계획을 수립하였다(수도권 전송망 중장기 발전계획, 1994. 10, 기술기획실 통신망계획2국). 이 계획은 기술기획실 전송망계획부장(김용군), 통신망계획2국장(안승춘)이 주관하고 실장(이정욱), 부사장(김상국), 사장(조백제)의 결재로 확정 시행되었다.

(15) 마이크로웨이브 기간전송망 장기발전계획(1994. 11)

1994년 하반기 기술기획실에서는 마이크로웨이브 기간통신망에 대해 동기식 방식으로의 전환하고 송신소의 위치를 조정하고자 하였다. 또한 마이크로웨이브망의 남북방향으로의 구성을 탈피하는 등 통신망의 재구축계획을 수립하였다(MW 기간전송망 장기발전계획, 1994. 11, 기술기획실 통신망계획2국). 이 계획의 주관부서는 기술기획실 무선망계획부장(장병수), 통신망계획2국장(안승춘)이 주관하고 실장(이정욱), 부사장(김상국), 사장(조백제)의 결재로 확정 시행되었다.

(16) 중장기 네트워크 발전계획(1996. 9. 9)

1990년대 중반 한국통신은 시외교환망, 시외전송망, 마이크로웨이브 통신망을 포함한 장거리통신망에 대한 통신망구조, 시설공급, 운용보전체제를 개선하는 중장기 발전계획을 수립 추진하였다(중장기 네트워크 발전계획, 네트2510-3162, 1996. 9. 9). 이 계획은 네트워크본부의 4급행정(이재춘), 시설계획부장(오경래), 종합기획국장(엄재건)이 주관하고 시설운용실장(김기천), 본부장(이정욱), 부사장(김노철), 사장(이준)이 결재하여 확정 시행되었다.

(17) 직제규정 및 직제규정시행세칙(1995년-1998년, 한국통신)

(18) 2급이상 직원직위일람표(1990년-1998년, 한국통신).

제3장

기간통신망의 고속화 및 지능화

1. 한국의 정보통신망 발전전략

1.1 고속화 및 지능화의 추진

가. 통신망 운용상황

1990년대 초반에 들어서면서 한국통신은 우리나라를 대표하는 기간통신사업자로서 우리나라 기간통신망의 중장기 발전방향에 대한 청사진을 제시하였다(기간통신망의 종합발전기본계획, 1993. 7, 한국통신). 이때 한국통신의 기간통신망은 정부의 초고속 정보통신망 구축계획과 연계하여 추진하고, 기존통신망은 단계별로 연동 통합하며 지능화하는 쪽으로 방향을 잡았다.

1990년대 중반 우리나라는 전화시설이 2,100만 회선을 넘어섰고, 데이터통신망도 전국 읍면단위까지 확장됨으로써 국가기간통신망이 완성단계에 이르렀다. 통신시설규모면에서는 세계 9위이고, 전화보급율(100인당)은 41.5대에 도달하였다(1995. 12). 이때 전화통신망 상황을 보면 <표 3-1>과 같다. 이때 데이터통신망은 전국 213개 전화국에 패킷교환기 16만5천 회선을 운용하고, 인터넷망은 서울, 부산 등 12개 도시에 2,500포트규모로 운용하게 되었다.

<표 3-1> 우리나라 전화통신망 상황(1995. 12)

구분	지역수	시설 수	운용시설
시내통신망	398개 전화국	21,940천회선	19,061천회선(87%)
시외통신망	28개 도시지역	1,434천회선	1,185천회선(83%)
국제통신망	81개국과 직통루트	33,600회선	26,189회선(80%)

이어서 우리나라의 전화시설은 2,200만 회선을 돌파했으며 정보화시대를 앞당길 데이터통신망도 전국적인 기반을 갖춘 국가기간통신망으로의 면모를 갖추게 되었다(1996. 12). 그

러나 우리나라가 정보통신선진국에 진입하려는 이 시기에 정부에서는 27개의 신규사업자를 선정하였으며(1996년), 시내전화사업에 경쟁을 도입하고 통신시장이 전면 개방됨에 따라 다수의 통신사업자가 등장하게 되었다(1998년). 또한 통신서비스의 멀티미디어화에 따라 국내 인터넷 이용자가 매년 2배가량 증가하여 1996년 말에는 75만 명에 육박하였으며, 통신망의 지능화로 전화투표 등과 같은 다양한 기획형 서비스가 출현하였다.

이러한 환경 변화를 수용하기에는 당시의 통신망은 여러 가지 문제점을 내포하고 있었다. 그때까지의 통신망은 전화소통 위주로 발전되어 왔기 때문에 멀티미디어를 수용하기에는 여유도가 취약하고 저속의 아날로그 설비와 고속의 디지털설비가 상존하여 이를 동시에 운영 관리해야 할 어려운 상황이었다. 그러다 보니 국가의 정보통신 경쟁력이 낙후되고 사용자 관점이 아닌 공급자 중심의 품질관리를 수행하고 있었을 뿐만 아니라, 급격한 양적 성장에 걸 맞는 종합관리기능이 미흡한 상황이었다.

아울러 다수의 신규사업자가 서비스를 개시함에 따라 이들이 한국통신의 통신망을 활용할 수밖에 없는 실정이었으나 이른바 공동플랫폼의 수행기능이 미흡하여 통신사업자의 경쟁력 향상에 큰 기여를 하지 못하고 있었다. 따라서 한국통신은 21세기 멀티미디어 시대에 대비하고 국제화된 통신환경에서 국가경쟁력을 확보하기 위해 기존의 통신망이 갖고 있는 구조적 기술적 한계점을 근본적으로 혁신시켜 우리나라의 정보화를 한 차원 높게 끌어올리고 나아가 정보통신선진국으로 도약시키는 역할을 담당해야만 하였다.

나. 통신망구축 기본방향

한국통신은 중장기적으로 네트워크의 고도화를 시행하여 다가오는 멀티미디어 시대에 있어 세계 속의 첨단통신기업으로 우뚝 서기 위해 기술기획실(실장 이정욱)에서는 다음과 같은 통신사업 추진방향을 설정 추진하였다(기간통신망의 종합발전기본계획, 1993. 7, 한국통신).

첫째, 첨단서비스의 제공기반을 구축하기 위해 통신망의 100% 디지털화를 완성하고 서비스의 고도화를 위해 공통선 신호망 및 ISDN을 구축하여 다양한 지능망 서비스를 제공하는 등 기간통신망의 지능화를 완성한다.

둘째, 전국적인 초고속 정보통신망을 구축하고 가입자 선로를 고도화시켜 네트워크의 초고속화를 실현한다.

셋째, 공급자 위주의 통신품질관리를 이용자 위주로 전환하고 통신망의 신뢰성을 보장하기 위해 교환망 및 전송망 등의 분산 또는 이원화를 도모하며 멀티미디어 환경에 맞는 품질인증체계로 수용하는 등 네트워크의 고품질화를 추진한다.

넷째, 다수의 신규사업자가 한국통신의 통신망에 접속이 용이하도록 네트워크의 예비용량을 충분히 확보한다. 그리고 다양한 통신망의 출현으로 다원화된 통신환경에서 경쟁을 활성화시키고, 공정경쟁 환경을 조성하기 위하여 네트워크의 개방화를 적극 추진한다.

이러한 기본방침에 따라 한국통신은 네트워크 고도화 중장기계획을 수립 추진하였다. 제1단계(1997년-2001년)는 통신망의 지능화를 완성하고 제2단계(2002년-2006년)는 멀티미디어화를 완성시키는 것을 전략목표로 정하였다. 이에 따른 시행방향은 다음과 같이 결정하였다.

(1) 제1단계에서는 우선 네트워크의 내부 신경구조라 할 수 있는 신호방식을 개선하여 국제 및 시외교환기, 타 통신사업자의 통신망 상호 간에 공통선 신호방식을 적용하고 도시지역에 동기식 전송망을 구축하여 초고속통신의 인프라를 완성시킨다. 또한 전화망을 종합정보통신망(ISDN)으로 진화 발전시켜 전국의 모든 지역을 ISDN 가입권화하고 광 간선망의 구축으로 가입자 선로 광케이블화의 기반을 마련한다. 궁극적으로 제1단계에서는 통신망의 지능화를 완성시켜 도시지역의 멀티미디어화를 이룬다.

(2) 제2단계에서는 초고속 인프라 위에 전국적인 초고속통신망을 건설하여 B-ISDN화하고, 광케이블의 간선망을 완성하여 가입자 선로를 고도화시키는 한편 무선매체를 이용한 가입자망의 구축 등 통신매체를 다양화하여 유무선 복합망으로 발전시킨다.

1.2 지능망 통신서비스의 도입

가. 시내교환망의 지능화

1990년대 전반기 우리나라는 총 19,280천회선의 시내교환망을 운용하고 있었다. 당시 시내교환망의 지능화 수준을 보면 기계식 자동교환기(81만회선)는 단순 교환기능으로만 운용되고 있었고, 반전자식 교환기(794만회선)는 착신전환서비스, 3자 통화 등 일부 특수서비스가 가능하였다. 그리고 전전자식 교환기(1천53만회선)의 경우 클로바서비스, 700서비스 등 초기의 지능서비스를 제공하고 있는 실정이었다(1993. 7).

한국통신 기술기획실(실장 이정욱)에서는 보유하고 있는 통신망에 대해 지능화 수준을 <표 3-2>와 같이 진화시키기로 정하고, 이를 단계별로 시행키로 하였다(1994년도 주요업무 발전계획, 1993. 7. 26).

<표 3-2> 시내교환망의 단계별 지능화 목표

1단계(-1995년) 현 지능망서비스	2단계(1996- 2002년) 차세대지능망서비스	3단계(2003년 이후) 인공지능서비스
지능형 클로버서비스 신용통화서비스 가상사설망서비스 정보료 수납대행 전화투표서비스 등	개인통신서비스 대량호 안내 회의통화 발신번호추적 호전환 호분배서비스 등	전자비서, 자동통역 전화서비스 등

이때 지능망 서비스를 위해서는 전화망에 지능서비스를 갖춘 컴퓨터를 결합하여 각종 통신서비스를 제공하였다. 한국통신은 1993년에 지능형 시스템을 설치하였으며, 국내 개발교환기(TDX-10)를 이용하여 1994년에는 광역착신과금, 신용통화서비스를 개발 보급하였다. 그리고 정보료 수납대행, 가상사설망, 개인번호서비스 등은 1995년 이후에 상용화하는 것으로 추진하였다.

이후 한국통신은 당시 보유한 방대한 규모의 전화통신망과 데이터통신망을 고속화하고 지능화하여 21세기 정보화사회에 대비하고자 하였다. 이를 위해 기술기획실(실장 이정욱)에서는 고도통신사업을 추진하고 첨단통신서비스를 조기에 제공하기 위한 실천계획을 수립하여「사장특별지시 제2호」로 추진하였다(1994. 2). 그 주요내용은 다음과 같다.

첫째, 통신망 고도화를 계획 기간 내에 완료하고 첨단통신서비스를 조기에 도입 추진한다. 그리고 신규서비스 개발을 위한 연구 활동을 강화한다.

둘째, 고도통신서비스의 조기 추진을 위하여 ISDN 상용화 추진위원회 외 4개 위원회 등 전문위원회를 구성 운영한다.

셋째, 고도통신서비스 제공하고 마케팅활동을 강화하기 위해 전화국 조직을 보완하고, 우수사업 추진부서 및 우수 연구부서에 대하여 장려금을 지급하는 등 우수사원제를 도입한다.

이듬해 한국통신은 우선적으로 시내교환망의 지능화를 추진하기 시작하였으며, 앞으로 지능망을 활용한 신규 서비스를 지속적으로 개발 공급하는 계획을 수립 추진하였다. 이 계획에서 정한 기본방침은 다음과 같다(사장업무보고, 1995. 2, 기술기획실).

① 지능망에 의한 기존 전화서비스를 고도화하고, 국내 통신환경에 적합한 지능망서비스를 도입한다. ② PCS 및 UPT 서비스와 연계한 지능망서비스의 개인화, 이동화를 추진하고 시외 및 시내교환기에 지능망서비스 기능을 단계적으로 확산한다.

나. 지능망서비스의 도입 시도

앞에서 설명한 바와 같이 우리나라는 1994년 9월에 착신과금, 신용통화서비스의 상용화를 개시하였다. 이때 지능망 서비스의 기술발전추세와 통신시장의 경쟁이 확산됨에 따라 이에 능동적으로 대응하고 수익성 있는 다양한 지능망 서비스를 창출하기 위해 한국통신 기술기획실(실장 이정욱)에서는 지능망서비스 도입 기본계획을 수립하였다(지능망서비스 도입 기본계획, 1994. 4, 한국통신). 이 계획의 주관부서 및 결재자는 제3장 말미의 참고자료 편에 기록되어 있으며 주요내용은 다음과 같다.

① 국내 개발 중인 시스템과 연계한 한국형 지능망 서비스를 도입 추진한다. ② 가상사설망서비스(VPN), 정보료 수납대행서비스(PR), 전화여론조사 서비스, 개인번호, 전국단일번호서비스 등을 1995년-1997년에 제공한다. ③ 이를 위한 시스템은 국내외 지능망 보유기술업체와 공동개발하든지 직도입 추진한다.

그러나 과거의 지능망 서비스는 서비스마다 개별적으로 별도의 제어 및 접속 소프트웨어를 개발함에 따라 신속한 서비스개발이 불가능하여 비효율적이었다. 따라서 한국통신은 국제적으로 표준화된 차세대 지능망시스템을 개발하여 신규 지능망서비스를 신속하게 보급할 수 있도록 하였다. 특히 1995년도에 지능망 관문교환기(SSP)를 서울시내 8개 시내전용 텐덤국에 공급하였다(1995년도 주요업무 발전계획, 1995. 2, 기술기획실). 그리고 2001년까지 병용개인번호서비스(UPT), 전화투표, 회의통화, 악의호 추적, 자동대체과금 등 25종류의 새로운 서비스를 제공하는 목표를 세워 추진하였다.

다. 신용통화서비스의 개시

한국통신은 서비스 이용자가 현금을 사용하지 않고 자기가 사용한 통화요금을 신용통화를 위한 과금지불 계좌번호에 적산시켜서 추후에 요금을 정산하는 신용통화서비스(Credit Calling)를 개시하였다. 또한 1993년 9월부터는 국제지능망서비스(FES)를 도입 운용하였으며, 지능망을 이용한 신용통화서비스를 시범운용 중에 있었다(1993. 12-1994. 2).

한국통신 기술기획실(실장 이정욱)에서는 신용통화서비스에 대한 서비스 체계를 정립하고 이용을 활성화하기 위해 신용통화서비스 통합추진계획을 수립 추진하였다(신용통화서비스 통합추진계획, 1994. 3, 한국통신). 이 계획의 주관부서 및 결재자는 제3장 말미의 참고자료 편에 기록되어 있다. 이 계획의 주요내용은 먼저 이용자 관점에서 서비스이용체계를 단일화하고, 국제신용통화서비스는 국내 지능망계획과 연계하여 추진한다. 다음 국제통신사업의 경쟁력을 확보하고, 국내지능망 및 신용카드 시스템의 개발환경을 고려하여 단계별로 서비스를 통합한다. 그리고 서비스 식별번호 및 가입자 데이터베이스를 실질적으로 통합한다는 것이었다.

이후 1990년대 후반 한국통신은 다음과 같은 다양한 지능망서비스를 상용화 추진하였다.

① 1994년 9월에는 국내지능망서비스의 상용화를 개시하였으며, 그해 12월에는 신용카드 공중전화기도 상용화 개시하였다.

② 광역착신과금 서비스(Free Phone)는 전화에 의한 문의예약, 주문 시에 고객의 시내 시외전화요금을 광역착신과금 서비스에 가입한 기업이 대신 납부하는 서비스로서 1995년 2월에 서비스를 추진하였다.

③ 정보료수납대행 서비스(Premium Rate)는 이용자가 공중통신망을 이용하여 정보제공자의 정보를 이용하고 이에 대한 통화료와 정보료를 통신망사업자와 정보제공자가 분배하는 서비스를 말하는데 1995년에 제공할 예정으로 추진하였다.

④ 공중전화망을 이용하는 가입자에게 마치 사설전용통신망을 이용하는 것과 같은 효과를 주는 가상사설망서비스(Virtual Private Network)는 1996년에 제공예정으로 추진하였다.

⑤ 개인번호서비스(Personal Number)는 1996년 제공목표로 추진하였으며, 이는 개인번

호를 사용하여 단말기의 위치에 무관하게 어느 곳에서나 자신에게 걸려오는 전화를 받을 수 있도록 하였다.

⑥ 전화투표, 여론조사 등 기획형 서비스에 대한 폭주성 트래픽을 효과적으로 처리하고 발생트래픽에 대한 상세한 내역의 실시간적 측정과 통계처리가 가능한 전화투표 및 여론조사서비스(Televoting)를 1998년에 제공하는 것으로 추진하였다.

2. 전화망의 종합정보통신망으로의 진화

2.1 PSTN의 고속화 및 고도화 준비

가. 통신망의 운용상황

1990년대 초반까지 우리나라는 전화망(PSTN)과 데이터망(PSDN)이 각각 별도로 구성되어 있고 가입자선로도 각각 별도로 사용 중에 있었다. 한편 이를 통합하여 전화와 데이터를 하나의 통신망으로 제공하는 통신망이 ISDN(Integrated Services Digital Network)이다. ISDN에서는 1회선의 가입자선로를 이용하여 전화서비스, 데이터서비스, 화상전화서비스 등 3개 서비스를 제공할 수 있다. 이처럼 기간통신망이 ISDN으로 진화하기 위해서는 먼저 ISDN기능이 있는 전자교환기를 개발하여야 하고, 시내교환기와 시외전송로를 디지털화하며 공통선 신호방식을 도입하는 등 시내통신망과 장거리통신망을 동시에 진화시켜야 하였다.

이를 위해 시내교환기에 공통선 신호방식을 도입하고(1993년), 이어서 시외전송로의 전면 디지털화를 추진하였으며, 시내통신망과 마찬가지로 공통선 신호방식도 도입되었다(1994년-1995년). 이때 가입자전송로는 전량 폼스킨(FS)케이블로 공급하였으며 광케이블을 확대 공급하기 시작하였다(1994년-1995년). 또한 전송신호방식을 아날로그신호에서 디지털신호로 변경해야 하였으며, ISDN전화기, 터미널 어답터, 동화상 전화기 등 다양한 단말기도 개발 보급하여야 필요가 있었다. 1990년대 중반 한국통신이 운용하고 있는 전체 통신망을 크게 전화망, 데이터통신망, 전용통신망으로 구분할 때, 전화통신망의 규모는 <표 3-3>과 같다(한국의 정보통신 네트워크 발전계획, 1996. 5, 한국통신 네트워크본부).

<표 3-3> 전화통신망 규모 및 운용(1996. 5)

구분	전화국 수	시설 수	운용 수
시내통신망	398	21,940천회선	19,061천회선(87%)
시외통신망	28	1,434천회선	1,185천회선(83%)
국제통신망	81국과 직통	33,600회선	26,189회선(80%)

그리고 데이터통신망은 전국 213개 전화국에 패킷교환기(16만5천회선)를 운용하고 있고, 서울, 부산 등 12개 도시에 인터넷통신망(2,500포트 규모)을 운용하였다. 또한 전용통신망의 매체를 보면 시내-시외, 시외-시외 구간은 광케이블, 전화국-주택건물 구간은 주로 동선케이블로 구성되었다. 당시 음성급 및 64Kbps급의 일반전용회선은 1,123,900회선이 운용중이었으며, 고속전용회선(2Mbps-45Mbps급)은 22,795회선을 운용하고 있었다(1996. 5).

나. 전화망의 ISDN 실현

이러한 상황에서 ISDN 서비스를 조기에 실현하기 위해 기존 전화망과는 별도로 ISDN 독립망을 구축 운용하였다. 이를 위해 ISDN 교환기를 전국적으로 91개 전화국에 45,800회선을 설치하였다. 지역별로 보면 서울, 부산, 대구, 대전, 광주, 전주, 인천 등 대도시에 19개국, 중소도시 및 농어촌에 72개국에 설치 운용하였다. 그러나 초기 ISDN의 운용상황을 살펴보면 몇 가지 문제점을 가지고 있었다.

첫째는 소용량 교환기인 TDX-1B시스템을 공급하였으며, 시외통신망을 경유하지 않고 ISDN교환기 간 직접 연결하여 운용하고 있었다. 또한 패킷통신망, 인터넷망과 연동이 미비하여 데이터통신 이용에 제한적일 수밖에 없었으며, 소규모 가입자(약 4,300가입자)로 인하여 이용율이 미흡한 실정이었다(1996. 5). 따라서 ISDN 추진계획을 근본적으로 재수립하기로 작정하고 앞으로의 추진방침을 다음과 같이 결정하였다.

① 1단계에서는 독립망(Island) 형태로 설치 운용하고, 2단계에 가서 전체통신망의 ISDN화를 추진한다. ISDN 독립망의 구성은 확장을 중지하고, 1997년부터는 2단계로 전환한다.

② 전국 398개 시내전화국에 ISDN 교환기를 공급한다(1996년-2002년). 또한 전국 31개 시외전화국에도 ISDN 교환기를 공급 완료한다(1996년-1997년). 시외통신망의 경우 AXE-10 교환기를 운용 중인 16개 시외전화국에 대해 1995년 말까지 ISDN 기능을실현하며, 나머지 15개 시외전화국에는 국산 ISDN교환기(TDX-10A)를 공급한다.

③ 광화문, 목동, 부산 등 국제전화국의 전자교환기도 ISDN기능을 실현한다(1997년-1998년).

④ 데이터통신망(인터넷) 간 연동은 1997년에 시행하며, 기간통신망에 첨단신호방식(No.7신호)을 단계별로 도입 전환한다(1996년-1998년). 이를 위해 시외전화국-시외전화국 간(3,600구간)은 1996년에 도입하고, 시외전화국-국제전화국 간(5구간)은 1997년, 시내전화국-시외전화국 간(1,350구간)은 1998년까지 공통선 신호방식으로 전환한다.

한편 네트워크를 지능화하기 위해 당시의 통신망에 컴퓨터를 결합하여 통신망을 지능화하고, 공통선 신호망(No.7신호)을 가미하여 통신망을 고도화하는 방향으로 추진하였다. 그리고 1997년까지 신용통화서비스와 가상사설망(VPN) 서비스를 개발하고 음성인식서비스와 개인통신서비스를 제공하는 방향을 확정하였다.

2.2 전국 기간통신망의 지능화

가. 기간통신망의 지능화 구상

한국통신 네트워크본부(본부장 이정욱)은 전국 기간통신망의 고도화 및 지능화 계획을 다음과 같이 수립 추진하였다(한국의 정보통신 네트워크 발전방향, 1996. 7, 경영과 기술, 한국통신).

① 공통선신호망의 기반구축을 통한 기간통신망의 지능화를 추진하여 전화통신망을 종합정보통신망(ISDN)으로 진화 발전시키고, PCS, 차세대이동통신(FPLMPS), 위성통신, 케이블TV 등 차세대 통신사업의 대형기지로 발전시킨다.

② ISDN은 초기단계에서는 기존 전화망과 별도의 ISDN 독립망(Island)으로 구축 운용하다가 서울, 부산 등 전국 7개 대도시와 중소도시 및 농어촌을 포함한 91개 국소에 거점적으로 ISDN교환기를 설치하여 상호간 직통 연결하여 운용하거나 시외통신망을 이용하여 운용한다.

③ 현재 소용량교환기(TDX-1B) 위주로 구성되고 이용가입자도 소규모로 ISDN 이용이 상당히 미흡한 실정이고 패킷교환망, 인터넷망과의 연동이 미비하여 데이터통신 이용에도 제한적일 수밖에 없다. 따라서 1996년부터 ISDN 독립망의 확장을 축소하고 본체 통신망의 ISDN화를 추진해 나간다. 이를 위해서 1997년까지 전국 31개 시외전화국에 ISDN화를 완성하고 전국 398개 시내전화국의 ISDN화를 2002년까지 추진하며, 국제교환기의 ISDN화는 1998년, 데이터통신망(인터넷)간 연동은 1997년에 완성한다.

④ 성공적인 ISDN화 추진을 위해 전국 통신망에 고속신호방식인 No.7 신호방식을 연차별 단계적으로 적용하고 반전자교환기의 철거시점에는 전국 통신망을 새로운 신호방식으로 완전 전환토록 한다.

⑤ ISDN추진과 함께 통신품질을 개선하고 고도통신서비스를 제공하기 위한 차세대 전자교환기 개발에 박차를 가하여 추진한다. 우선 국산 전자교환기의 통신품질을 개선하고 ISDN 실현을 위해 TDX-10 개량형을 개발하여 1996년 하반기부터 상용공급토록 한다.

⑥ 차세대지능망(AIN), 개인통신서비스(PCS) 등 고도통신서비스 기능을 부가한 경제성 있고 기술적으로 우수하여 국제경쟁력을 갖춘 신형교환기인 TDX-100을 1996년에 개발에 착수하여 1998년 상용화를 추진한다. 또한 초고속정보통신망 구축을 위한 차세대교환기인 TDX-ATM 교환기를 1998년에 개발을 완료하여 2000년부터 상용공급하고, 광교환기는 1995년에 선행연구를 시작하여 2000년대 초반에 국민들이 이용할 수 있도록 개발한다.

나. 기간통신망의 규모 및 운용상황

우리나라는 1990년대 후반기에 들어서면서 전화시설이 2,200만 회선을 넘어섰고, 데이터통신망도 전국 읍·면단위까지 확장됨으로서 국가기간통신망이 완성단계로 진입하고 있었다(한국의 정보통신 네트워크 추진계획, 1997. 4, 한국통신). 이때 통신시설규모면에서 세계 9위에 이르렀으며 100인당 전화보급율은 43.1대 수준으로 올라서 있었다. 또한 광케이블은 총 26,730Km, 광관로는 12,480Km를 건설 운용하고 있었으며 이 부분에 광 전송장치를 포함하여 총 2조8,590억 원이 투자되었다.

<표 3-4> 한국통신의 기간통신망 규모(1997. 6)

구 분	세부내용	시설 수	운용 수
시내통신망	398개 전화국	22,940천회선	20,040천회선(87%)
시외통신망	31개 시외전화국	1,760천회선	1,410천회선(80%)
국제통신망	84개국과 직통루트	34,000회선	28,000회선(82%)

당시 통신선진국의 경우를 보면 미국(59. 4대), 일본(48. 9대), 이탈리아(43. 8대), 대만(42. 3대) 수준이었다(네트워크 고도화 추진계획, 1997. 6, 한국통신). 이때 한국통신은 2000년의 통신시설규모는 26,650천회선, 전화보급율(100인당)은 57대로 전망하고 있었다. 이러한 상황에서 외부 환경의 급격한 변화와 멀티미디어 수용 면에서 기존 통신망의 취약점이 있어 한국통신은 네트워크 고도화를 강력히 추진하게 되었다. 당시 외부환경이 획기적으로 변화하고 있었다. 인터넷 등 멀티미디어 수요가 폭발적으로 증가하여 2002년에는 음성전화에 버금가는 규모로 성장할 것으로 예상하였다.

그리고 시장개방과 규제완화로 다수의 멀티캐리어 사업자가 등장하게 되었으며, 지능망의 활성화로 멀티서비스 등 다양한 기획형 서비스가 창출될 것으로 예상되었다. 그때까지 한국통신은 전화위주의 시설확충에 치중하다 보니 네트워크 구조는 멀티미디어 서비스를 수용하기에 상당 취약하였다. 그리고 저속 아날로그 통신설비와 고속 디지털 통신설비가 병존하고 있었으며, 이는 운용비용의 증가요인이 되었다. 또한 공급자 중심의 품질관리를 하다 보니 경쟁에 취약하였고, 양적 성장에 걸 맞는 종합관리기능이 미흡하며 신규사업자와의 상호접속기능의 수행에도 부족한 점이 많았다.

다. 취약점 및 문제점

1990년대 후반까지도 우리나라의 통신망은 고속화 및 고도화가 미흡하여 상당부분취약점을 가지고 있었다(시내전화 경쟁대응 네트워크 발전전략, 1997. 6, 한국통신 네트워크본부). 그 주요내용은 다음과 같다.

첫 번째는 시설규모의 방대함에 비해 네트워크 고도화가 전반적으로 부진한 상황이었는데 주요내역을 보면 다음과 같다.

① 공통선 신호방식(No. 7) 적용비율이 12%에 불과하여 PDD 단축 및 고도서비스 제공에 한계를 노출하고 있었다. 1996년 말 당시 이 신호방식을 적용할 수 있는 기종은 TDX-10, TDX-1B, AXE-10(시외, 국제), 5ESS(국제) 전자교환기이었으며, 구간별로 보면 지능망

SSP와 SCP 간, ISDN노드 간에만 적용 가능하였다.

② 지능망 서비스를 제공할 수 있는 노드가 TDX-10A 전자교환기 위주로 시외통신망과 탠덤 계위로 구현되어 있어 대량호가 발생하는 경우 트래픽 처리능력이 저조하고 서비스 개발기간이 과다하게 소요되는 실정이었다. 이때 탠덤계위는 14개 시스템이고, 시외망은 29개 계위였으며, PN, PR, VOT 등 단위서비스를 개발하기 위해서는 약 3년 이상의 기간이 소요되는 것으로 확인되었다.

③ 시내교환기의 디지털화가 미흡하여 서비스품질이 저하되고 있었다. 당시 아날로그기종이 779만3천회선이고, 이중 66%가 6대 도시에 분포되어 있고, M10CN 전자교환기, No.1A 전자교환기의 내부폭주가 각각 1.95%, 0.69%에 달하고 있었다. 그리고 공통선 신호방식 및 사전등록제 적용이 불가능한데다 번호처리능력 부족으로 일부 국가와의 국제통화도 불가능한 상황이었다.

두 번째는 음성통화 위주의 전화통신망을 구축하다 보니 네트워크의 고속화가 미흡하였다. PSTN은 최고 33.6Kbps속도까지의 데이터통신만 가능하므로 고속인터넷 검색 등 이용자 욕구에 부응하지 못하고 있었다. 당시 국내 PC이용자는 약 250만 명으로 늘어나 있었다(1996. 12). 그리고 N-ISDN의 경우 최고 128Kbps의 중속데이터 통신은 가능한 서비스로서 전국 144개 통화권 중 73개 통화권에 한하여 서비스를 제공하고 있었다. 이때 공급시설은 45,800회선이고 가입자는 8,405명에 불과하였다(1996. 12).

세 번째는 무선 가입자망은 부재한 상태였다. 그때까지 동선케이블에 의존한 전통적인 가입자망을 구축한 관계로 경제성 및 가입자 수요에 대처하는 능력이 부족하였 다. 따라서 농어촌 등 수요분산지역의 회선투자비가 과다하게 지출되고 있었다. 예를 들면 서울지역의 회선당 설비투자비가 149,437원인데 비해 경남 고성의 경우에는 616,315원이 소요되었다.

그리고 1가구 2전화(전화+팩스, PC) 추세에 따라 구형 아파트 등 구내배선 부족지역의 수요가 발생하는 경우 가설이 곤란하였으며, 구조적으로 관로부족 지역에서 돌발수요가 발생할 때 대처가 어려웠다. 또한 환경, 교통 및 도시미관 문제가 대두되어 지속적으로 동선케이블을 가지고 가입자망을 확장해 간다는 것은 어려워지고 있었다.

네 번째로는 당시 우리나라의 통화품질을 선진국과 비교할 때 상당 낮은 수준으로 확인되었다. 이때 국제착신통화 기준으로 ASR 연차보고서에 나타난 통화완료율을 보면 <표 3-5>와 같이 저조하였다.

<표 3-5> 선진국들의 통화완료율(1995년)

국가명	한국	미국	일본	캐나다	프랑스	덴마크
통화완료율(%)	60.9	67.8	68.4	70.7	67.3	68.9

한편 통화접속시간(Post Dialing Delay)은 전통적 신호방식(R2 MFC)을 적용하고 있어 공통선 신호방식(No.7 등)을 사용하는 국가에 비하여 PDD가 크게 증가하였다. 당시 PDD에 기준은 국제기구(ITU-T)의 8초 이내를 준용하고 있으나 사내기준은 없었다.

다섯 번째로는 개방경쟁 환경에 폐쇄적인 대응구조를 가지고 있었다. 데이터 트래픽 증가에 따른 전화망의 병목현상이 발생하고, 기간통신망의 여유도가 낮아 증가된 접속수요를 수용하기가 곤란하였다. 그리고 전화투표(VOT) 서비스 등 특정 시간대 폭주성 트래픽에 대한 원활한 통화처리를 위한 네트워크의 부재 등 기획형 서비스 제공을 위한 네트워크 구축이 미흡하였다. 한편 대학합격자 발표 등 폭주성 트래픽은 당시 700통신망에서 제공하였다.

이러한 상황에서 한국통신은 방대한 규모의 전화통신망과 데이터통신망을 고속화, 지능화하여 국민들의 통신이용모형을 음성전화 50%, 정보통신 50%로 크게 전환시켜 다가오는 21세기 정보사회에 적극 대비하고자 노력하였다. 이를 위하여 기간통신망을 고도화하여 우리나라 전체통신망의 지능지수(IQ)를 개선하고자 하는 청사진을 그려나갔다.

3. 2000년대를 향한 통신망의 고도화 및 지능화

3.1 정보통신선진국으로 도약을 위한 청사진

가. 중장기 네트워크 발전계획의 수립

1990년대 중반 우리나라는 통신과 컴퓨터 기술의 융합, 통신과 방송서비스의 융합, 인터넷의 급팽창 및 이동통신수용의 급성장 등 정보통신기술의 급격한 발전과 그로 인한 변혁이 이루어지고 있었다. 또한 통신시장은 국제전화, 시외전화 경쟁에 이어 PCS, TRS, CT-2 사업에 신규사업자가 진입해 초기부터 치열한 경쟁이 예상되고 1998년부터는 기본통신시장의 대외개방이 이루어질 전망이었다. 이때 한국통신 네트워크본부(본부장 이정욱)는 당시 급속히 진행 중인 정보통신산업의 환경변화를 수용할 수 있고, 우리의 네트워크를 한 차원 높게 끌어올려 정보통신선진국으로 도약하기 위한 청사진을 마련하였다(중장기 네트워크 발전계획, 네트2510-3162, 1996. 9. 10, 한국통신 네트워크본부).

이 계획의 주관부서 및 결재자는 제3장 말미의 참고자료 편에 기록되어 있으며, 여기에는 특히 기술의 변화, 수요의 변화, 경쟁도입, 대외개방 등의 변화를 수요하는 통신망의 장기발전계획으로서 수립되었다. 이후 우리나라 기간통신망의 고속화 및 지능화는 이 계획을 근간으로 하여 추진되었으며 본 중장기 네트워크 발전계획의 골격은 다음과 같다.

첫째, 2000년의 우리나라 통신시설규모는 26,650천회선으로 정하고, 전화보급율(100인당)은 57대로 향상시킨다.

둘째, 방대한 규모의 전화통신망과 데이터통신망을 고속화, 지능화하여 국민들의 통신이용모형을 음성통신 50%, 비음성통신 40%로 크게 전환시켜 다가오는 21세기 정보사회에 적극 대비한다.

셋째, 앞으로 5년간 집중적으로 추진해야할 전략분야로서 「네트워크 고도화」를 설정한다. 이를 위해 기간통신망의 지능화 본격적 추진, 초고속 정보통신망을 건설, 멀티미디어 통신의 실현, 선진국수준의 통신품질 확보, 네트워크의 종합관리체제를 구축 등 5대 과제를 추진한다.

넷째, 이를 효율적으로 추진하기 위해 시내, 시외, 국제 및 가입자망 계획, 초고속 전용통신망 및 ISDN 계획, 무선망 활성화 계획, 상호접속망 발전계획, 신호망,동기망, 지능화계획 등 부문별 중장기 네트워크 발전계획을 수립 시행한다. 또한 과금계획 및 통신망 관리부문별 발전계획도 수립 시행한다.

나. 기간통신망 지능화의 실행 발판

1990년대 중반 한국통신은 기간통신망의 광역착신과금(FP), 신용통화서비스(CC) 등의 서비스를 상용화하였다(1995. 11). 이를 위한 서비스 제어시스템(SCP)을 도입하였으며 이의 신뢰성을 향상시키기 위해 설치국소를 가좌전화국과 영동전화국으로 이중화하였다. 그리고 시외교환기용 SSP는 서비스의 적기제공을 위해 음성버전에서 이미 개발된 기능을 활용하고, 시내교환기용 SSP는 TDX-10 ISDN교환기의 소프트웨어 버전에서 개발하였다. 또한 개인번호(PN), 가상사설망(VPN), 정보수납대행서비스(PR)를 개발하고 상용화시험을 시행하였다(1995년).

이때 기간통신망의 지능화를 위한 시행계획을 다음과 같이 추진하였다(중장기 네트워크 발전계획, 1996. 9. 10, 한국통신 네트워크본부). 이 계획의 주관부서 및 결재자는 제3장 말미의 참고자료 편에 기록되어 있다.

첫째, 지능망에 의한 기존 전화망서비스의 고도화를 추진하고, 국내 통신환경에 적합한 지능망서비스를 도입한다. 그리고 PCS 및 UPT(Universal Personal Telecommunica -tion)서비스와 연계한 서비스의 개인화, 이동화를 추진하고, 시외 및 시내교환기에 지능망서비스 기능을 단계적으로 확산한다.

둘째, 지능망 관련 운용 소프트웨어를 개발하고 적용한다. 세부적으로는 시내 텐덤, 시외 TDX-10/10A SSP 운용 소프트웨어를 개발하고, 지능망서비스를 위한 주 처리장치(SCP/SMS)의 운용 소프트웨어를 개발한다. 그리고 고객전산망 프로그램(PV, SN, PR, PN)도 개발한다.

셋째, 소요시스템 시설을 확충한다. 지능망 주 처리장치의 경우 1997년에는 가좌전화국 SCPⅡ를 보강하고, 1998년에는 구로전화국과 혜화전화국에 SCP를 신설하고 시내용 SSP

가입자부문의 경우 동선케이블 중심으로 구축되어 있어 음성통신 위주의 협대역 구조의 통신망을 운용하고 있었다. 그러다 보니 멀티미디어 서비스를 제공하기에는 제한적이었다. 그리고 열악한 가입자부문 시설환경으로 인하여 통신품질이 크게 저하되고 있었으며, 가입자부문의 고장이 통신망 전체의 70%를 차지하는 상황이었다. 또한 운용관리부문에서는 교환, 전송, 가입자시설 등 개별운용체계로 되어 있어 One-Stop 서비스 체계를 구현하기가 곤란하였다. 이것은 비용증가의 요인이 되고 있었다.

한국통신은 이상과 같은 통신망 대상에 대하여 고도화 및 지능화를 완성해 나가기 위해 다음과 같이 단계별로 추진하였다.

제1단계(1997년-2001년)에서는 지능화 기반위에 도시지역 멀티미디어화를 완성하도록 추진한다. 이를 위하여 네트워크 내부 신경구조를 공통선 신호방식으로 개선하여 국제, 시외, 사업자 간에 적용한다. 그리고 도시지역부터 동기식 전송망을 구축하여 초고속 통신용의 인프라를 구축한다. 또한 ISDN 가입권을 전국으로 확대하고, 가입자선로를 광 간선망으로 건설하여 광케이블화의 기반을 구축한다.

제2단계(2002년-2006년)에 가서는 전국적으로 멀티미디어 서비스를 확산한다. 이를 위하여 초고속 인프라 위에 전국망을 구축(B-ISDN)하여 초고속정보통신망을 구축한다. 그리고 광간선 케이블망을 완성하여 가입자선로의 고도화를 완성하는 한편 WLL (Wireless Local Loop) 등 무선가입자망을 도입하여 매체의 다양화를 실현한다.

이와 같은 추진전략에 따라 한국통신은 향후 5년간 집중적으로 추진해야 할 전략분야로서 「네트워크의 고도화」를 결정하였다(1996. 5). 이 목표를 달성하기 위해 기간통신망 지능화의 본격추진, 차세대 전자교환기의 개발, 초고속 정보통신망의 건설, 멀티미디어 통신의 실현, 선진국수준의 통신품질확보, 네트워크의 종합관리체제 구축 등 6개 분야의 목표를 설정하였다. 특히 기간통신망 지능화의 본격추진을 위해서는 시내통신망의 디지털화 및 고도화, 공통선신호망의 확대구축, 기본통신망의 ISDN화 등을 중점적으로 추진하는 계획을 수립 시행하였다. 한편 한국통신은 기간통신망의 지능화를 위해 1997년부터 2006년까지 총 3조1,419억 원을 투입하는 재원계획을 수립 추진하였다(네트워크의 고도화 추진계획, 1997. 6, 한국통신).

다. 기간통신망의 동기화

1985년 한국통신 통신망계획부(부장 이정욱)는 「전국통신망 동기계획」을 수립 추진하였다(1985. 12. 16). 이 계획의 주요핵심사항은 전국을 PAMS방식을 적용하고, 전국통신망을 3계위 동기망으로 구성하며, 세슘클록의 표준시계를 대전에 있는 한국표준연구소에 설치하는 것이었다. 이 계획의 주관부서 및 결재자는 제3장 말미의 참고자료 편에 기록되어 있다.

그 후 1990년대 중반 한국통신 네트워크본부(본부장 이정욱)는 우리나라 기간통신망의 신호망의 구성과 동기망의 중장기 발전계획을 다음과 같이 수립 추진하였다(중장기 네트워크 발전계획, 1996. 9. 10, 한국통신).

① 국내동기망은 주동기원(Primary Reference Clock: 1계위), 국제 및 시외전화국(2계위), 단국(3계위), 분기국사(4계위) 등 4계위로 구성하고, 동기방식은 PAMS(Pre assign- ed Alternate Master Slave)로 한다. 그리고 국사 내 동기는 DOTS(Digital Office Timing Supply)로 맞추고, 주동기원은 한국표준연구원의 KRF(Korea Reference Clock)인 세슘클록으로 정한다. 또한 국제 간 동기는 독립동기방식의 세슘클록으로 공급한다.

② 전송시스템의 고속 광대역화에 따른 고품질의 동기신호를 확산하고, 동기망의 자체운용능력을 확보하며 유지보수체계의 일원화를 위하여 KRF 시스템을 신규 설치한다.

③ SDH 전송방식의 동기품질요구를 만족하고 실시간 집중운용보전기능을 보유한 신규격 DOTS 장치를 확대 공급한다. 이를 위해 1996년에 5개 시스템을 설치하고, 1997년에는 시외국사, 분산국사 및 시외교환기 신설국에 공급한다. 이어서 1998년에는 시외교환기 신설전화국에 8개 시스템을 확장하고, 1999년에는 기존 시외전화국에 22개 시스템을 공급하며, 서울지역은 KRF 시설로 동기망을 전환한다.

④ GPS Timing 시설에 의한 부동기원을 확보한다. KRF에 의존한 집중형 구조의 동기망을 2계위국사에 GPS Timing 시스템의 부동기원을 확보하여 복합형 구조로 전환한다. 그리고 DOTS의 동기클럭 공급은 전용회선 공급방식으로 전환한다.

⑤ 주동기원인 KRF를 트래픽 중심지인 서울지역에 1998년까지 신설하여 운용한다. 1999년 중에 동기망으로 전환하고, KRF 동기원 신설상면계획을 검토하며 잠정적으로 우면동 연구개발본부로 정한다.

라. 차세대 지능망시스템의 개발추진

1990년대 후반기 한국통신 네트워크본부(본부장 이정욱)에서는 「차세대 지능망시스템 개발」을 추진하였다(업무계획보고. 1996. 5, 한국통신 네트워크본부). 이 계획의 주관부서 및 결재자는 제3장 말미의 참고자료 편에 기록되어 있다. 이 계획의 주요내용은 다음과 같다.

(1) 차세대 지능망시스템의 요소별 기능을 구현하고 최적의 소요기술을 확보한다.그리고 시스템은 개방형 구조로 개발하고, 국제표준규격 및 발전추세를 적극적으로 수용한다.

(2) 중요 응용기술과 핵심기술은 해외업체와 공동으로 개발하고, 유무선 관련사업과 연계하여 기술을 확보한다. 먼저 TDX-100 전자교환기의 개발추진과 연계한 지능망 시스템을 구축하고 이를 위한 AIN SSP 사용자 요구사항을 확정토록 한다.

(3) 국제표준규격의 개방형 프로토콜 기능(INAP)을 구현하고, SCP(Service Control Point), IP(Intelligent Peripheral), SCE(Service Environment), SMS(ServiceManagement System) 등 통신망 요소별 기능을 개발하며, 효율적 서비스 개발을 위한 개발체제도 확립한다. 그리고 지능망 요소별 요구사항과 규격은 1996년 2/4분기에 확정하고, 개방형 프로토콜 기능규격을 1996

년 4/4분기까지 확정 구현한다.

또한 한국통신에서는 지능망 고도화 방침을 다음과 같이 세워 추진하였다(시내전화 경쟁대응 네트워크발전전략, 1997. 6, 한국통신 네트워크본부).

① 초기 지능망(IN)을 차세대지능망(AIN)으로 전환하기 위해 차세대지능망시스템을 1998년에 구축하여 이때부터 초기 UPT서비스를 제공한다.

② TDX-10A 및 TDX-100 기반의 차세대지능망을 구축하고, 전용 AIN/SSP와 시내용 AIN/SSP의 혼합망을 구성한다(1998년-2000년). 또한 차세대지능망이 안정화된 2000년 이후 초기 지능망은 단계적으로 전환한다.

③ 이용자의 취향 및 상황에 따라 원하는 형태의 서비스를 직접 조작하여 이용 가능한 고객취향의 맞춤형(self-making) 차세대지능망 서비스를 개발 보급한다. 그리고 서비스의 다양화로 지능망 이용효율을 증대시킨다. 이를 위해 ITU-T의 권고서비스를 중심으로 서비스를 다양화하여 지능망 시스템 및 회선능률을 높인다.

④ 초기 차세대지능망 서비스는 회의통화, 신용통화 등 25종을 개방 제공하고, 이후 이동통신망, 광대역통신망을 기반으로 전자비서, 자동통역 등 다양한 멀티미디어형 지능망 서비스를 제공한다.

4. 기간통신망의 현대화 및 디지털화

4.1 기간통신망의 현대화 방향

가. 통신망현대화의 시작

1980년대에 들어서면서 한국통신은 우리나라 기간통신망의 현대화에 대한 큰 뜻을 가지고 청사진을 그려나가기 시작하였다. 마침 1982년 스웨덴 전기통신공사(STA : Swedish Telecommunications Administration)는 스웨덴의 스톡홀름 및 칼마에서 통신망현대화 계획에 관한 연구과정을 주관하고 있었다(1982. 6. 1-6. 23). 여기에 한국전기통신공사 도시계획부장(이정욱)이 참석하였다.

이때 한국통신은 선진국의 통신망 발전계획 기법을 상당 전수하였으며, 이후 이를 활용하여 한국통신의 전화공급 계획 및 통신망 현대화의 방향을 수립하였다(통신망의 디지털화 계획방향/ 한국전기통신 1983. 1월호 및 3월호, 한국전기통신공사). 그 주요내용은 다음과 같다.

첫째, 신기술과 새로운 서비스를 조속히 도입해야 한다. 과거의 전기통신기술은 20년 주기로 변화되어 왔으나 현재는 3년-5년 마다 신기술과 새로운 서비스에 대처해야 한다. 이와 같은 변화의 과정에서 우리는 전문적인 지식과 능력을 가지고 장차 일어날 수 있는 모든 상황에 적합한 통신망 계획을 수립해야 한다. 전기통신분야에서 신기술과 새로운 서비스의 공급문제는 각국의 사정에 따라 다소 차이는 있으나 선진국이건 개발도상국이건 간에 공존하고 있다.

통화밀도가 낮은 나라에서는 영업용이든 주거용이든 단순히 전화공급을 해야 한다는 것이 우선적으로 해결해야할 문제이고, 반면에 시설이 남아돌고 전화밀도가 높은 나라에서는 장차 높은 유지보수비용을 줄일 수 있는 방향으로 계획을 추진할 것이 요청되고 있다. 따라서 계속적으로 변화하는 기술에 적용하고 세계의 발전추세에 맞추어 통신시설을 선택 공급한다는 점이 대단히 중요하다.

둘째, 합리적 사업기간의 설정이 필요하다. 당시 우리나라의 통신망 건설을 위한 사업기간을 선진국의 사업계획기간과 비교하면 다음과 같다.

① 사업계획 기간을 합리적으로 설정해야 한다. 전화국별로 전화공급 목표량을 확정하여 시설을 개통할 때까지의 소요기간을 비교하면 <표 3-7>에서 보는 바와 같이 한국전기통신공사(KTA)는 2년 6개월, 스웨덴전기통신공사(STA)는 4년으로 하고 있다. 앞으로 시설계획은 공급시기를 기준으로 3년-4년 전에 확정해야 하며 이에 따른 재원계획 및 인력계획 등도 동시에 검토 추진해야 한다.

<표 3-7> KTA와 STA간의 사업계획 기간 비교(단위: 일)

구분	목표량 설정	기본망 설계	국 사양 작성	계약 및 납품	설치 공사	인수 시험	계
KTA	120	70	80	330	300	50	950일 (30개월)
STA	120	420	210	300	390	60	1,500일 (48개월)

② 전화사업에 있어 가장 중요한 사항은 국가기간통신망 및 공중통신망의 최적화(Network Optimization)에 있다. 즉 양질의 전화서비스를 제공하는 동시에 저렴한 투자비로 되어야 한다는 두 가지 상반되는 목적을 어떻게 잘 보완하여 집행하느냐에 있다. 이러한 최적통신망 계획에는 컴퓨터의 이용이 필수적이다.

특히 적정수요 산출, 트래픽 산출, 회선수 산출, 교환기 설계, 루팅방식 결정 등 기초적인 사항을 산출하고 예측하기 위하여 적극적인 컴퓨터화가 요청된다. 더구나 통신망 자체가 점차 복잡하게 되어가고 통신망계획에 여러 가지 요소를 고려한 가장 합리적이고 경제적인 시설공급이 요청됨에 따라 일정도시의 최적 치국수라든가 종국용량 및 치국위치의 결정도 컴퓨터에 의해 실시되어야 한다.

나. 통신망 현대화의 원칙

통신망의 현대화는 기계식방식과 아날로그방식의 생산을 가능한 한 조기에 중지하고 모든 신규투자 및 증설분은 디지털방식으로 공급하는 데서 시작한다. 통신망의 디지털화란 전송로와 스윗치의 소자가 디지털방식으로 바뀌는 것을 말한다. 주요한 이유는 디지털 통신망의 경제성에 있다. 그 외에도 디지털화 됨으로서 가입자에게 보다 좋은 서비스를 제공하고 전송품질이 향상되며 보다 향상된 유지보수설비를 공급할 수 있기 때문이다.

또한 디지털 전송로와 디지털 교환기가 동시에 도입될 때 이날로그-디지털 변환시설이 불필요하므로 가장 경제적이다. 따라서 디지털화의 최종목표는 전송로와 스위치가 디지털 방식인 집합된 완전 디지털통신망을 이룩하는 것이다. 그러나 이와 같이 되더라도 기존 전화기는 아날로그방식이고 가입자 선로도 아날로그방식으로 남아 있을 것이다. 이러한 통신망을 IDN(Integrated Digital Network)이라고 부른다.

장차 데이터 단말기, 텔리팩스, 텔리텍스 등의 각종 디지털 장비를 이용하기 위해서는 최종적으로 가입자 선로도 디지털화 되어야 한다. 따라서 기간통신망이 ISDN (Integrated Service Digital Network)이 될 때 전화와 데이터 서비스가 하나의 통합통신망에 의해 이루어질 수 있다. 대표적인 아날로그 전화망에 소요되는 총 투자비는 <표 3-8>과 같다. 그리고 아날로그 방식 통신망의 전체 투자비 중 시내교환시설비 22%, 선로시설비 49%, 국간중계시설비 15.4%로 나타나고 있다.

<표 3-8> 아날로그방식의 총 투자비 분석(단위 %)

시설별	비율	시설별	비율	시설별	비율
시내교환시설	2	1차 선로	27	2차 선로	22
가입자시설	4	텐덤교환시설	3.4	국간중계	12
장거리시설	5.6	시내-시외회선	1	건물	3

한편 통신망의 각종 부품을 디지털화하여 디지털화된 통신망의 투자비를 초기의 아날로그 통신망과 비교하여 보면 <표 3-9>와 같이 약 20% 이상 절감된다는 것을 알 수 있다. 세부적으로는 시내교환시설 약 7%, 1차 선로 약 16%, 국간중계시설 약 5% 등 총 투자비의 24% 정도가 절감된다. 반면 장거리 통신망의 경우 큰 차이가 없는 것으로 나타났다.

<표 3-9> 아날로그방식과 디지털방식의 가격분석비교(단위 %)

시설별	Analog	Digital	시설별	Analog	Digital
시내교환시설	22	15	1차 선로	27	10.9
2차 선로	22	24	가입자시설	4	4
텐덤교환시설	3.4	2	국간중계시설	12	7
장거리시설	5.6	5.6	시내-시외회선	1	0.5

4.2 시설별 디지털화 방향

1980년대 초반 한국통신 계획국 도시계획부(부장 이정욱)는 우리나라 기간통신망의 디지털화를 추진함에 있어 앞에서 제시한 통신망의 디지털화 기본원칙, 통신망의 현대화원칙에 이어 시설별 디지털화 방향을 다음과 같이 제시하고 추진하였다(통신망의 디지털화 계획방향, 한국전기통신 1983. 1월호, 한국전기통신공사).

가. 디지털교환기의 도입

아날로그 스위치와 디지털 스위치 간의 경제성을 비교하여 보면 주요핵심시설(Group Selector, Relay Set, Cable 및 Ducting 등)에서 약 30%의 비용이 절감된다. 스웨덴의 경우, 1920년대에 시설된 교환기(AGF형)의 일부가 당시 운용 중에 있고, 현재의 AXE방식은 에릭슨(Ericsson)사와 STA가 공동 출자하여 세운 회사(ELLEMTEL)에서 개발하여 1970년대 초에 도입되었다. 현재는 에릭슨사와 TELE(STA의 생산부 소유인 회사)에서 같이 생산하고 있다.

AXE 시스템은 가입자 단(Subscriber Stage)도 완전 디지털화 되었는데, 이는 모국 교환기용(Parent Exchange), 원격교환기용(Remote Stage), 컨테이너 실장용 등으로 응용되고 있다. 본 교환기의 구성을 보면 LSM(Line Switch Module) 용량은 128회선이고 1개 시스템의 최대용량은 2,048회선이다. 또한 디지털교환기는 일정도시내의 중계교환기(Tandem Exchange)로서 우선 설치되고 있으며, 파리 중심지의 Tuileries 전화국(지하전화국)의 경우 지역센터시설로 이용되고 있는데 시설현황을 소개하면 다음과 같다.

시내교환기(Local Exchange)로는 PENTACONTA X-Bar 교환기가 2개 시스템 시설되어 있다. Tuileries PC1은 일반가입자용 2만 회선(0.1 어랑), 상업용 19,255회선(0.3-0.7 어랑) 등 총 39,255회선 규모로 운용하고 있다. Tuileries PC2는 일반가입자용 1만 회선, 상업용 5,800회선 등 15,800회선 규모의 시설이다. 본 교환기는 총 55,055회선 규모의 시설이며 종합적으로 상업용으로 사용하도록 설계되었고, 통화량 특성은 처리통화량은 12,800회선, 가입자당 통화량은 0.23어랑으로 되어 있다.

그리고 파리시내 전화국간 통화를 중계하기 위한 지역센터(Local Zone Center)에는 8개의 E10방식의 디지털교환기가 설치되어 상호 연결되어 있다. 또한 4개의 입중계 설비(Incoming Unit)와 4개의 출중계 설비(Outgoing Unit)로 되어 있다. 이 지역센터의 구성은 입중계 모듈과 출중계 모듈 등 2개의 Train Basis로 되어 있어 파리시내의 각 전화국의 통화량을 중계하고 있다. 이 교환기의 용량은 8,640 입중계 회선(Incoming Junction), 8,640 출중계 회선(Outgoing Junction)이고, 통화량은 각각 4,500어랑으로 되어 있다.

나. 전송로의 디지털화

통신망 현대화에 있어 또 다른 하나의 요소는 SPC 교환기 이전에 디지털 전송로를 도입하는 것이다. 모든 교환시설이 디지털화 될 때 전송로도 디지털화 되어야 하며, 이를 위한 장비로서 PCM방식의 도입이 불가피하다. 디지털 전송로로 전환함으로서 전송품질을 향상시키고, 시설을 경제적으로 공급할 수 있다. 또한 공사비가 저렴해지고 기존 전송로의 용량도 증가시킬 수 있다. 다시 말해서 전화국간의 전송로(Pair Cable)의 용량을 늘리기 위하여 PCM방식이 도입되었고, 현재 많은 페어케이블의 FDM시설이 PCM으로 대체되고 있다.

스웨덴에서는 2Mbps 이상으로 전송속도를 높이기 위해 디지털 마이크로웨이브(MW) 시스템을 도입하고 있다. 통상 페어케이블에 PCM시설을 운용할 때 가장 중요하게 발생하는 문제는 근접누화이다. 현재 PCM용 케이블은 100%수용하도록 개발되어 있는데 스웨덴에서 사용하고 있는 케이블을 소개하면 <표 3-10>과 같다.

<표 3-10> 1980년대 초 통신선진국의 사용 케이블(스웨덴)

구분	형태	심선경(m/m)	절연	중계기거리 (Km)	PCM 수용율(%)
Cable 1	Quid	0.6	PE	2.4	100
Cable 2	Pairs	0.7, 1.0	PE	2.2	100
Cable 3	Screened	0.5, 0.65, 0.7 0.9, 1.2	PE	심선경에 따라 다름	100

또한 광통신 시설(Optical Fibers)이 급속히 개발되고 있는데 유럽에서 광통신에 관한 첫 회의가 1975년 런던에서 개최된 이래 첫 제품(First Window)이 현재 운용중이거나 운용 개시되어 있고 시험단계에 있어 곧 상용 공급될 것이다. 이는 FT-3(672회선)와 FT-3C(1,344회선)이며 현재 35Km까지 중계기 없이 시설되고 있다. 불란서 파리중심지의 대형지하전화국(Tuileries)의 경우 중계망에는 Pharaon MW가 사용되고 있다.

그리고 이 전화국과 7Km 떨어진 Philippe Auguste 전화국 사이에는 광 통신시설(60 Optical Fibers/ 14,400회선)이 운용되고 있다. 결과적으로 전송로의 디지털화를 위하여 STA의 시설 운용기준(Transmission media applications)은 <표 3-11>과 같다. DM은 Digital Multiplex를 말한다. 여기에서 DM기술을 이용하게 되면 전송속도 2Mbps에서 30채널, 565Mbps에서는 7,680채널까지 대폭 증가하게 됨을 알 수 있다.

이와 같이 국간중계전송로에 PCM 시설을 도입 시설함으로서 일정거리 이상에서는 경제적인 투자가 가능하고 결과적으로 디지털 통신망에서는 아날로그 통신망보다 1회선당 비용이 약 25% 감소한다. 특히 가입자 선로의 1차 선로(Feeder Cable)와 국간중계시설에서 크게 비용이 절감된다고 분석되고 있다.

<표 3-11> 디지털 전송시설의 운용기준

전송속도	2Mbps	8Mbps	34Mbps	140Mbps	565Mbps
DM을 위한 통화로 수	30	120	480	1,920	7,680
Pair Cable	o				
Small Coaxial Cable		o	o	o	
Normal Coaxial Cable			o	o	o
Radio Link 12GHz		o	o	o	
Wave Guide 30-120GHz				o	o
Optical Wave Guides		o	o	o	o

다. 가입자선로망의 디지털화 및 국사확보

2천 가입자가 아날로그방식으로 전화국에 연결될 때에는 전화국에서 케이블 분배 캐비넷까지 2,000P의 1차 케이블이 필요하고, 거기에서 가입자 측까지의 2차 케이블은 200P케이블 10조가 필요하다. 그러나 1차 케이블(Feeder Cable)에 PCM시설이나 RSS (Remote Suscriber Switch)를 사용하게 되면 엄청나게 감소한다. 예를 들어 PCM시설을 사용하는 경우 20P 케이블로도 가능하므로 장차 가입자 선로 측의 디지털화를 추진해야 한다.

불란서 파리 중심가의 경우 기존 전화국으로서는 가입자를 수용하고 통화량을 처리하는 것이 불가능하게 되어 Tuileries 전화국을 신설 치국하게 되었다고 한다. 이 전화국은 일반가입자의 5배-7배에 해당하는 상업중심지의 대량 통화량을 소통시키기 위한 것이다. 이 전화국은 루브르박물관 옆의 Tuileries 가든 지하에 2층으로 신축하여 지하 1층에는 시내교환기를 운용하고, 지하 2층에는 중계교환기(Tandem Exchange)를 설치하였다.

이 전화국은 전화국 신설계획이 결정된 후 1년 동안에 지하 2층 건물을 완공하고, 1년 동안의 통신시설공사를 시행하여 전화시설의 첫 개통까지 2년밖에 소요되지 않은 기록을 남겼다고 한다. 그리고 파리의 중심지에 있고 세느강을 가까이 하고 있는 완전 지하의 대용량 전화국이라는 점에서 다음과 같은 세 가지 사항을 특별히 고려하였다고 한다.

① 견고한 건물을 건축하기 위해 이중벽을 시설하였다. 어떠한 위험에도 견딜 수 있도록 충분한 두께로 외부벽을 만들었고, 특수코팅(Resin-type Coating) 처리하였다. 그리고 내부벽은 교환기의 운용에 충분한 환경을 줄 수 있도록 일반석조건물로서 시설하였다. 또한 두 벽 사이에는 1m 정도의 복도를 만들어 외부 벽의 상태를 감시할 수 있도록 하였다.

② 교환기에서 발생하는 열을 처리하기 위해 냉방시설을 포함하여 매일 3백60만m^3 용량의 환기시설(Ventilation)을 하였다.

③ 건물을 신축하기 위해 15만m^3의 흙을 운반해야만 하였고, 파리시내의 복잡한 교통량 때문에 야간작업으로 강행하였다.

4.3 기간통신망의 현대화 전략

한국통신 계획국 도시계획부(부장 이정욱)는 우리나라 기간통신망의 디지털화 방향을 설정함에 있어 가장 중요한 현대화 전략을 다음과 같이 제시하고 추진하였다(통신망의 디지털화 계획방향, 한국전기통신 1983. 3월호, 한국전기통신공사).

가. 전략의 기본방향

아무리 디지털화가 경제적이라 하드라도 전 통신망을 일시에 디지털화 하는 것은 불가능하다. 이것은 막대한 초기투자비가 소요되기 때문이다. 따라서 디지털화는 대부분의 나라에서 20년-40년에 걸쳐 추진할 것으로 보인다. 따라서 디지털화의 전략은 현재 통신망이 어떤 상태인가에 따라서 나라마다 다를 수 있다. 자본회수가 최대가 되는 시점에서 디지털화를 시작해야 하는 등 몇 가지 기본방침을 보면 다음과 같다.

첫째, 디지털화에 따른 비용절감이 가입자 선로 및 국간전송로에서 최대로 이루어진다는 점에서 보면 디지털화는 대도시(Metropolitan) 및 도시지역부터 시작하는 것이 옳다.

둘째, 기존 전화국이 최대 수용량에 도달했거나 국사의 증축없이는 증설이 불가능한 경우 기존 구 시설을 대체해야 한다. 이때 보다 용량이 크고 작은 용적의 디지털 교환기로 대체할 수 있다. 그리고 기존 구 시설이 특별히 노후 되었거나 서비스 수준을 유지하는데 많은 비용이 소요되는 경우 대체한다.

셋째, 초기에 디지털화를 할 만큼의 가입자와 통화량이 되는 경우, 기존 아날로그 교환기를 증설하기 보다는 디지털 교환기의 원격교환장치(Remote Subscriber Switch)를 이용하여 시설할 수 있다.

나. 디지털화의 단계

이상에서 살펴본 바와 같이 통신망을 디지털화하기 위해서는 여러 가지 요소를 신중히 검사하여 최적계획을 수립해야 하는바 일반적인 단계는 다음과 같다.

① 대도시에서 디지털 텐덤교환기(Digital Tandem Exchange)를 도입하여 디지털화를 시작한다고 생각하면 아날로그방식의 텐덤교환기를 제거할 수 있다. 그리고 디지털방식으로 신설 치국하여 텐덤국과 기존 시내전화국에 연결할 수 있다.

② 아날로그방식의 전화국간의 직통회선은 디지털 텐덤교환기를 경유하여 구성한다. 그리고 아날로그 교환기 지역 내의 증설은 원격교환장치(RSS)를 이용하여 텐덤교환기에 연결 공급한다. 또한 아날로그방식이 디지털방식으로 대체됨에 따라 남게 되는 PCM 단국시설은 재사용한다.

다음 기존 아날로그 통신망에서 디지털 통신망으로 전환하는 과제인데 이를 위해서는 재원문제, 대체대상, 대체물량, 시행기간, 시행방법 등을 고려해야 한다.

첫 번째, 최초로 신 기종(TDM 또는 SDM ESS)으로 대체할 때에는 여러 가지 문제를 검토하게 된다. 시행기간을 스웨덴의 경우 30년-40년으로 보기 때문에 그동안에 많은 구형 교환기인 기계식이 계속 증설될 것이다. 따라서 가장 오래되고 노후된 시설을 조기 대체토록 하고 비교적 최근에 설치된 시설도 철거 대체하게 된다.

이것은 후반기에 대체될 전화국의 시설을 존속시키면서 여기에 재활용하기 위한 것이다. 이러한 방법으로 시행하면 구방식의 신규 생산은 조기에 중지할 수 있다. 우리나라의 경우 기계식 자동교환기를 철거하고 M10CN 교환기 또는 No.1A 교환기와 같은 공간분할방식(SDM)을 대체 시설하게 되는데, 기계식 자동교환기로 국사 충만국을 우선 대상으로 하여 기계식 자동교환기를 철거하고 철거된 기계식은 대부분 농어촌 지역에 재활용한다.

두 번째, 대체물량을 검토하면, 우리공사에서는 5차 5개년계획 기간 중 총 3백만 회선의 기계식 자동교환기를 철거할 계획이며, 연도별 추진계획은 <표 3-12>와 같다.

<표 3-12> 5차 5개년계획 기간 기계식 자동교환기 철거계획(단위 1,000회선)

년도별	1982년	1983년	1984년	1985년	1986년	계
철거량	580	550	790	930	110	3,000

한편 1982년 스웨덴의 전화시설 현황을 보면 전국적으로 총 6,080천 회선을 운용하고 있고, 전화국은 6,773개국을 운용하고 있었으며, 교환기종별로 구분하면 <표 3-13>과 같다. 이때 스웨덴전기통신공사(STA)에 의하면 스웨덴의 기계식 자동교환기는 1982년부터 1988년까지 총 1,365천 회선을 철거할 계획임을 밝혔다. 스웨덴의 기계식 자동교환기의 대체계획을 추진함에 있어 AGF는 철거량의 10- 20%, X-Bar는 80% 정도를 재활용 예정이며, 1995년까지 전 시설의 50%까지 AXE로 대체할 것이라고 하였다. 스웨덴의 기계식 자동교환기의 연도별 대체계획은 <표 3-14>와 같다.

<표 3-13> 스웨덴의 전화국 수 및 전화시설 현황(1982년 6월)

기종별	전화국수	시설수 (1,000회선)	기종별	전화국수	시설수 (1,000회선)
AGF	114	2,250	X-Bar	2,620	3,290

<표 3-14> 스웨덴의 기계식 자동교환기 대체계획(단위 1,000회선)

구분	82/83	83/84	84/85	85/86	86/87	87/88	계
AGF철거	91	166	158	150	149	147	861
X-Bar철거	54	30	78	105	117	120	504
AXE-10시설	145	196	236	255	266	267	1,365

또한 스웨덴에서 칼마(Kalmar)지역을 1차적으로 AXE교환기로 대체할 지역으로 선정하였는데 그 이유는 기존 교환시설의 대부분이 재활용할 수 있을 만큼 양호하고, 기존 전화국사가 새로이 AXE시설을 할만큼 충분한 여유면적을 가지고 있기 때문이었다. 이상은 스웨덴전기통신공사(STA)의 통신망최적화실(Network Optimization Office)의 실장(Stig Gunnarsson)으로부터 확인되었다.

다. 디지털화 시행시기 및 시행방법

STA에서는 디지털교환기로 대체할 시행시기를 검토하였다. 기존 단단식교환기(Step by Step)를 1981년에 디지털교환기로 대체하는 경우와 1985년까지 단단식 교환방식을 증설하다가 대체하는 경우 투자비를 비교 검토하였다. 이때 검토조건을 보면 동일지역이고, 중계망(Trunk)의 20%는 PCM시설이며, 연간 증가율은 7%로 정하였다. 그리고 년 이자율은 10%로 하고, 전송로는 완전 PCM시설로 증설하며, 유지보수비용은 디지털방식(AXE-10)의 경우 단단식 방식에 비해 약 70%로 설정하였다. 또한 라우팅이나 빌딩의 이점은 고려하지 않았다.

이러한 조건을 적용하여 검토한 결과, 조기 대체하는 것이 약 7% 경제적이다(1981년 현재 가격적용). 주원인은 4년간 증설자재가격이 저렴하기 때문이다. 한편, 운용유지비는 총비용에서 차지하는 비중이 적다. 이러한 검토결과에 영향을 미치는 요인으로는 성장률, 자재개발비, 년 이자율 등이다. 결국 성장률이 높고 이자율이 낮을 때는 조기대체가 더욱 유리하다.

한편 기존시설을 디지털방식으로의 대체는 원칙적으로 두 과정을 거쳐 진행된다. 첫 번째는 신 교환기를 시설하여 상당기간 운용하면서 가입자를 단계별로 하나하나 수용해 가는 소프트 전환방법(Soft Conversion Method)이 있다. 이것은 새로운 SPC교환기로서의 전환은 매우 제한된 계획에 따라 이루어지게 되는데 이를 콜럼버스방법(Columbus Method)이라고도 한다. 스웨덴의 경우 연결하는 동안 STA본사와 공급회사에서 공동으로 해결해야할 많은 문제가 발생하였다고 한다.

또 다른 과정은 초기의 문제점을 해결하고 상당한 경험을 얻어 신 교환기를 설치 후 짧은 기간에 직접 전환하는 직접전환방법(Direct Conversion Method)이 있다. 이때 대체용 물자는 다른 국에서 다시 사용할 수 있다. 스웨덴 칼마지역의 경우 소프트 전환방법을 사용함으로써 약 1백만 SKr(120백만원)가 추가비용으로 소요되었다고 한다.

다음에는 디지털통신망의 확대방안을 검토하였다. 점차적으로 디지털화를 확대하기 위해서는 원격교환기(RSS) 및 집선기(Concentrator)가 시내전화 증설용으로 사용된다. 이때 모국교환기와 원격교환기 간에는 기존 케이블을 이용하여 PCM화가 가능하므로 비용의 최소화(Cost Minimization)를 위한 통신망계획이 될 수 있다. 또한 과거의 전통적인 통신망계획방법은 전 가입자가 모국에 수용된다. 그러나 최신의 통신망 계획방법에서는 하나의 큰 지역을 어려개의 작은 규모의 세부구역(Cell)으로 구획하여 설계한다. 이때 작은 세부구역에는 원격교환장치(Remote Switch)나 각종 집선기(Line Concentrator)를 이용하여 모국에 접속한다. 이처럼 원격교환장치를 사용하는 경우 약 35%의 비용이 감소하는 것으로 파악되었다.

실례로 스웨덴 칼마(Kalmar)전화국의 경우를 보면 외곽에 위치한 스메드비(Smedby)라는 곳에 RSS를 설치하였다. 스메드비 지역은 과거 10년간 급속한 팽창지역이며, 기존 X-Bar교환기는 1981년 중반기에 1,500회선으로 종국용량에 도달되어 있었다. 또한 국사면적이 협소하여 증설이 불가능하여 이동용 X-Bar 500회선을 추가 공급 중이었다. 이러한 지역에 최대용량 2,048회선의 완전 디지털방식의 원격가입자 유니트(Remote Subscriber Unit)를 설치하였다. 따라서 X-Bar 방식의 기존교환기와 이동용은 철거할 예정이었다.

참고로 전송로와 유지보수 면을 보면 공통선신호장치(Common Signalling CH)를 포함하여 RSU와 칼마의 모국교환기간에는 5PCM시설이 되어 있었다. 그리고 칼마지역에는 4명의 디지털 기술자가 있는데 이들이 스메드비 지역에 있는 RSU도 담당하였다. 따라서 4명이 2만5천 회선을 담당하는 셈이었다.

라. 앞으로의 통신망모형

통신망이 디지털화함에 따라 통신망의 계위(Network Hierarchy)가 간단하게 된다. 집중국은 시내 텐덤교환기로서 이용될 것이고 디지털교환기의 용량이 크기 때문에 총괄국 계위도 필요없게 될 것이다. 그리고 완전 디지털 통신망이 되면 대도시에서는 교환기의 수가 감소하게 된다. 이는 교환기 자체의 용량이 커지는데다 원격 가입자스위치(Remote Suscriber Switch)를 사용하기 때문이다. 기존 소용량 교환국은 원격 가입자스위치(RSS)로 대체되고 이것이 대용량 디지털 교환국에 연결되는데, 이러한 추세는 도시나 농어촌 지역을 불문하고 일어날 것이다. 이와 같이 디지털 통신망이 완성되었을 때 구성상의 특징을 보면 다음과 같다.

첫째, 집합전송로 및 스위치 시설로 구성되고, 원격 가입자스위치의 이용이 확대될 것이다. 또한 시내교환기, 텐덤교환기 및 중계교환기 등의 기능이 합쳐진 복합교환기로 공급될 것이다.

둘째, 결과적으로 장래의 통신망은 가입자 회선당 투자비가 저하하고, 통신망에서 계위수가 감소될 것이다. 그리고 순수 텐덤교환기가 감소하고, 교환기의 대용량화가 이루어지며, 가입구역이 확대될 것이다.

따라서 앞으로 통신망의 개발방향은 광통신설비의 이용을 증가시키고, PCM시설을 고도로 이용하는 것이다. 또한 새로운 루팅전략(Dynamic Routing)을 찾아내고, ISDN (Integrated Services Digital Network)으로 가는 것이다.

5. 시내통신망의 디지털화

5.1 디지털화의 필요성, 시기 및 방안

가. 디지털화의 필요성

비전화계 통신은 본질적으로 디지털 신호이므로 복합통신망은 디지털망이 되어야 하였다. 이에 따라 한국통신은 전화망을 데이터, 팩스 등 비전화계 통신에 이용하도록 개방하였다. 특히 1980년대에 들어서면서 팩스이용이 급증하고 있었으며, 10년 이내에는 데이터베이스의 구축으로 데이터, 텔리텍스, 비디오텍스, 화상통신 등의 이용이 급증될 전망이었다. 따라서 교환기의 수명을 20년으로 보면 새로 신설되는 교환기는 디지털통신망 구축에 적합한 디지털교환기여야 했다.

비전화계 통신은 본질적으로 송신, 수신이 분리되어서 전송되는 4선식통신이므로 교환기도 4선식교환이 가능한 디지털 교환망이 필수적이었다. 또한 비전화계 통신을 위해서는 전송품질도 고도화가 필요하였다. 당시 전화망(아날로그 방식)의 데이터 전송품질기준은 2,400bps 이하이고, 비트오율은 10^{-5}이상으로 되어 있었다. 그러나 복합통신망(디지털방식)은 데이터 전송품질이 56Kbps 이고, 비트오율은 10^{-7} 이상이 되어야 하였다. 이에 따라 한국통신 계획국 통신망계획부(부장 이정욱)는 우리나라 통신망의 디지털화 필요성을 인지하고 이를 다음과 같이 추진하였다(통신망현대화계획, 1985. 12. 17, 한국통신).

첫째, 전화국간 및 시외전송로는 경제성과 전송품질 때문에 PCM 또는 광통신방식을 공급하여 디지털화가 불가피하다. 특히 국간전송로의 디지털화는 1985년 43%에서 1996년에는 100%를 달성하도록 추진한다.

둘째, 구내교환기가 디지털화 됨으로서 가입전화선의 디지털화의 필요성이 증가하고 있다. 이때 서울중앙전화국의 PBX시설의 국선비율은 20%이고, 통화량 비율은 60%를 차지하고 있다. 대형빌딩, 호텔 등의 건설촉진으로 EPABX가 급증하고 있다.

셋째, 아날로그 시내교환기는 디지털회선과 연결하기 위해서 PCM 단국장치가 필요하다. 국간중계회선수의 12%나 되고, 타국 증설 때마다 상대국이 아날로그방식이던 디지털방식이던 동일하게 PCM 단국을 증설해야 한다.

넷째, 대도시에서는 시내 탠덤교환국이 필요하다. 서울의 경우 시내 탠덤 시외 겸용국이 8개국으로 늘어나고 있고, 탠덤교환기는 디지털방식이어야 한다.

다섯째, 교환기의 대용량화에 따라 시외국과도 직통회선(Direct Route)이 필요하고, 이를 위해서는 디지털교환기이어야만 가능하다.

그 외에도 디지털방식의 특성상 이점과 필요성을 종합하면 <표 3-15>와 같다. 이때 설치면적과 공사기간은 3만 회선을 기준으로 검토하였다.

<표 3-15> 디지털방식의 특성상 이점

구분	아날로그교환기	디지털교환기	디지털의 이점
제어방식	집중제어	분산제어	시스템다운 위험적음
설치면적	270-324m²(1)	132-163m²(0.5)	국사비 절감
공사기간	12-14개월(1)	7-8개월(0.5)	공사비 절감
신뢰도	동적부품사용 신뢰도향상에 한계	콤팩트화 신뢰도 높음	고장이 적음
운용보수	국별단독 유인운용	유인모국, 무인분국 집중운용	인건비 절감

나. 시내통신망의 디지털화 시기

한국통신은 우리나라 통신망의 디지털화의 시기성을 검토하여 시내교환기의 디지털화는 6차 5개년계획이 시작되는 1987년부터 본격 공급하는 것이 타당하다고 보았다. 이때 중심국 이상 시외교환기의 디지털화는 이미 완료되었고, 농어촌지역에는 시분할 전자교환기(TD-ESS)의 대량공급이 추진되고 있었으며, 1987년부터 전송로의 전량 디지털화도 추진하였다. 5차 5개년계획 기간에는 공간분할 전자교환기(SD-ESS)를 공급하여 전화적체를 해소하고, 6차 5개년계획(1987-1991년) 기간에는 시분할 전자교환기(TD-ESS)를 공급하여 디지털화의 기반을 조성하는 것으로 정하였다.

한편 이를 통해 국내 반도체산업을 활성하고 관련 산업을 육성하겠다는 의욕도 깔려있었다. 교환기의 반도체 점유비율을 보면 SD-ESS는 8-27%이고, TD-ESS는 45-55%s나 되고 있었으며, 이때 업체의 생산준비는 완료된 상황이었다. 당시 대부분의 나라에서 디지털교환기로 통신망을 신증설하는 추세이었는데, 선진국들의 동향은 <표 3-16>과 같이 조사되었다. 기타 여러 나라의 경우 1980년대 중반에는 TD-ESS로 전환하는 것으로 확인되었다(통신망현대화계획, 1985. 12. 17, 한국통신 계획국 통신망계획부).

<표 3-16>선진국의 디지털교환기 공급계획(1)

국명	교환기종	최초도입시기	공급량(1,000회선)	공급년도
프랑스	E-10	1973년	6,000	1984년
캐나다	DMS-10/100	1979년	2,400	1990년
벨지움	S-1240	1982년	1,200	1990년
서독	EWSD/S-1240	1983년	3,000	1990년
스웨덴	AXE-10	1983년	570	1986년

<표 3-16>선진국의 디지털교환기 공급계획(2)

국명	교환기종	최초도입시기	공급량(1,000회선)	공급년도
일본	D-70	1983년	2,500/8,000	1987년/1990년
미국	No.5	1984년	5,500	1985년
영국	Sysrem X	1984년	9,000	1990년
노르웨이	S-1240	1985년	700	1988년

다. 시내통신망 디지털화 방안

한국통신은 기존 전화망에 전화 1회선에 음성, 데이터, 영상 등 여러 가지 서비스를 제공할 수 있는 기반을 조성하기 위해 경제적인 디지털 통신망을 구축계획을 수립 추진하였다. 1990년대 중반 한국통신은 전체 교환시설 2천2백78만 회선 중 아날로그 교환기가 34.8%를 점유하고 있었다. 아날로그 교환기는 공통선 신호방식, ISDN, 지능망 서비스 등의 적용이 불가능하여 새로운 서비스 제공에 어려움이 많고 부품생산이 중단되어 고장이 발생하는 경우 신속하게 대처할 수 없어 여러모로 경쟁력 약화의 요인이 되고 있었다.

따라서 한국통신은 재원 조달규모를 고려하여 연차적으로 2006년까지 총 794만회선의 아날로그 교환기를 전량 철거 대체할 계획을 세웠다. 또한 지능망(IN), 개인휴대전화서비스 등 고도통신서비스를 제공할 있고 경제성, 기술성에서 국제경쟁력이 있는 차세대 신형교환기인 TDX-100을 1996년에 개발에 착수하여 1998년에는 상용화하는 계획도 수립 추진하였다.

이후 1990년대 후반에는 총 2천4백60만회선(959개 시스템)의 전자교환기를 보유 운용하고 있었는데, 이들 교환기 중 대개체 대상은 총 시설의 54.5%인 13,399천회선 (346개 시스템)으로 파악되었다(1997. 6. 30). 이를 단계적으로 디지털교환기로 교체하기로 결정하였으며, 1단계(1998년-2000년)에는 6,833천회선(175개 시스템), 2단계 (2001년-2006년)에 가서는 6,566천회선(155개 시스템)을 대개체 추진하였다.

이 방침에 의해 아날로그 시내교환기를 1998년부터 2006년까지 전량 디지털화 하는「시내전자교환기 고도화 기본계획」을 수립하였다(1997. 2). 이를 위해 연평균 1,600억 원을 투입하여 88만 회선을 디지털화하는 대형사업이었으며, 전 기간 총 소요예산은 1조4,500억 원으로 계획되었다. 기종별 디지털화 대상시설은 <표 3-17>과 같다.

<표 3-17> 아날로그 전자교환기 디지털화 추진

기종별	시스템수	대상시설량	시행기간
M10CN	155	4,347 천회선	1998- 2006
No.1A	58	3,590 천회선	
계	213	7,937 천회선	

5.2 도입된 시분할 전자교환기의 고도화

가. 도입 전자교환기의 운용상황

1990년대 후반 우리나라에 도입한 시분할방식(TD) 전자교환기인 S1240기종과 5ESS기종은 서울, 부산, 대구 등 대도시에 설치하여 운용하고 있었으며, AXE-10기종은 주로 중소도시에 공급하여 운용하고 있었다. 도입기종의 운용상황은 <표 3-18>과 같다.

<표 3-18> 도입 시분할 전자교환기의 운용상황(1998. 1)

기종별	5ESS	S1240	AXE-10
최초도입	1988	1988	1984
공급중단	1992	1992	1987
공급지역	서울(23), 부산(4) 대구(4), 기타(7)	서울(24), 부산(3) 대구(2), 기타(5)	중소도시
회선수	2,049,000	1,782,000	1,853,000
소프트웨어	5EE4.2(1989)	Rel5.2(1986)	AS-3(1981), AS-5(1982) AS-17(1988), AS-18(1989)
하드웨어	5EE4.2(1989)	EC4(1986)	APZ210 06(1981) APZ211 02(1982) APZ211 10(1989)
제공기능	전화	전화	전화

당시 이들 도입 TD기종은 총 5,684천 회선을 운용하고 있었으나 1980년대 후반기와 1990년대 초 생산이 중단된 상황이었다. 한편 국내 개발품인 TDX-10A기종과 5ESS-2000기종은 전화, ISDN, 공통선 신호방식(Mo.7), 상호접속(IGS), 지능망(IN) 기능을 이미 제공하고 있었다. 또한 국내 최신개발품인 TDX-100전자교환기의 경우 전화, ISDN, 공통선 신호방식(No.7), 상호접속(IGS), 차세대 지능망(AIN), 집중과금(CAMA), 신기술 인터페이스(V5.2), 내부통화(Centrex) 등의 새로운 기능이 제공되었다.

나. 도입 전자교환기의 고도화

이런 상황에서 한국통신은 도입 시분할(TD) 시내교환기를 1998년부터 2000년까지 고도화하는 기본계획을 마련하였다(1997. 6). 당시 전화 위주의 시내용 도입 TD교환기를 정보통신환경에 적합하도록 성능개선 및 신규서비스를 부가하여 시내전화경쟁에 대비한 환경을 구축하고 도입교환기의 2000년 문제해소와 시스템의 안정적인 운용기반을 조성하기 위한 조치였다(시내 도입TD교환기 고도화 기본계획, 1998. 1, 네트워크본부 교환팀). 이때 도입 TD교환기의 고도화 대상시설은 <표 3-19>와 같다. 그리고 이들 도입 시분할 전자교환기에 대한 고도화의 필요성은 다음과 같다.

<표 3-19> 시내 도입 TD교환기 고도화 대상시설(1997. 12)

기종별	시스템 수	대상시설	시설비율(%)
S1240전자교환기	34(3)	1,782 천회선	7.5
5ESS전자교환기	38(3)	2,049 천회선	8.6
AXE-10전자교환기	86(2)	1,853 천회선	7.8
계	158(8)	5,684 천회선	23.9

(1) 이들 전자교환기는 성능이 우수한 디지털교환기이나 거의 10년 전에 도입된 것으로 최초 도입 당시의 소프트웨어와 하드웨어를 그대로 사용하고 있어 전화서비스만 가능하였다. 생산국에서 조차 생산 중단된 상태로 향후 증설시 생산기간이 길고 가격상승이 예상되며, 기능면에서도 TDX-1B/ TDX-10A 수준에도 훨씬 못 미치는 상황이었다.

(2) 서울, 부산 등 대도시지역의 주요전화국에 평균 5만 회선씩 설치운용 중이나 이미 기능문제로 경쟁력을 상실한 상태였다. 더구나 SK텔레콤이나 데이콤, 하나로통신에서는 최신 버전을 도입 운용하거나 도입을 검토하고 있는 실정이었다.

(3) 5ESS와 AXE-10기종은 2,000년 표기문제가 발생하였다. 전자교환기의 년도표기는 메모리 용량 상 2자리로 표기하고 있는데, 2,000년을 1,900년으로 인식하는 등 년도인식불가 등 문제가 발생하고 있었다.

(4) 당시 통신서비스의 기본기능에 해당하는 ISDN, No.7 신호, 가입자 E1접속기능인 V5.2 인터페이스, CAMA 기능 등이 없었다. 여기에서 V5.2기능이란 시내교환기에서 가입자회선을 E1으로 제공하는 IDLC(Integrated Digital Loop Carrier) 기능을 말한다. 이 기능은 특히 대형건물, 가입자 밀집지역에 FLC를 설치하는 경우 시내교환기에서 직접 접속할 수 있어 매우 경제적인 기술이었다.

이러한 필요성에 따라 검토한 결과 시내도입 TD교환기는 전체 시내교환시설의 24%를 점유하며 시내경쟁 대응체제구축을 위해서는 조기사업추진이 필요하였다. 그러나 현재의 환율 등 대내외적인 경제상황과 재원여건을 감안할 때 단기간(1998년- 2000년)내에 사업추진을 하는 것은 소요비용 부담이 크다는 어려움에 직면하였다.

이러한 상황에서 한국통신은 <표 3-20>과 같이 1단계(1998년-1999년)와 2단계(2000년-2002년)으로 나누어 단계적으로 추진하는 방안을 채택하였다(시내 도입TD교환기 고도화 기본계획, 1998. 1, 교환팀장 정재진, 네트워크본부).

<표 3-20> 도입TD교환기의 단계별 고도화계획

구분	대상시스템	시스템수	소요비용	시행기간
1단계	5ESS AXE-10	38 60	1,556억 원	1998년-1999년
2단계	S1240 AXE-10	34 26	752억 원	2000년-2002년

이 계획은 도입 시분할 교환기의 2000년 표기문제를 우선 해소하여 시스템 안정운용의 기반을 조성하고, 하나로통신의 전국서비스 예정시기(2003년)도 감안하였다. 그리고 ISDN 예측수요에 따라 탄력적으로 연도사업목표량을 정하여 추진하였다. 또한 이 방안으로 시행하는 경우 단계별로 소요재원을 분할 투자할 수 있어 재원확보가 용이할 뿐만 아니라 경제적 효율성을 제고할 수 있었다. 이와 같이 ISDN 수요에 의해 단계적으로 추진함으로서 연도별 적정목표량을 설정할 수 있다는 장점이 있었고, 기술발전추세를 감안할 때 기종별 신규 최신 버전의 도입이 가능하였으며 환율이 안정되는 경우 소요비용이 하락할 가능성도 있었다.

반면 일부 도입 시분할 교환기의 ISDN 조기제공이 불가한 점 등 시내경쟁에 대한 조기대응이 미흡하다는 단점이 있었다. 또한 통신망 고도화 완성이 지연된다는 우려가 나올 수 있었으며, 도입 TD교환기의 신규서비스 기능의 구현이 지연됨으로서 국내기종과의 차별이 발생하는 우려도 감출 수 없는 문제로 대두되었다. 이 문제를 해결하기 위해 도입 TD 전자교환기의 하드웨어 및 소프트웨어를 <표 3-21>과 같이 새로운 버전으로 변경하였다.

이와 같이 도입 TD교환기를 고도화하는 경우, <표 3-22>에서 보는 바와 같이 시스템 용량 면에서 크게 확장되고, 새로운 서비스 기능이 추가 개발되어 새로운 버전의 전자교환기로 재탄생되는 효과를 거둘 수 있었다. 이외에도 도입 TD전자교환기 3개 기종에 대하여 고속신호방식(No.7), 종합정보통신망(ISDN), CAMA, IGS, V5.2인터페이스, TMN(Q3), AIN(SSP), Centrax 등의 추가기능을 구현하도록 추진하였다.

<표 3-21> 도입 TD전자교환기의 버전변경

구분	S1240		5ESS		AXE-10	
	기존	변경	기존	변경	기존	변경
하드웨어	EC4	EC7.4	3B20D 메모리 340MB	3B21D 메모리 1GB	CP매거진 교체	PZ 212 20
소프트웨어	REL5.2	REL7	5EE4.2	5EE10.1	AS-3,5,18	AS-23

<표 3-22> 도입 TD전자교환기의 용량확장(단위 1,000)

구분	S1240		5ESS		AXE-10	
	기존	확장	기존	확장	기존	확장
가입자 수	80	200	100	350	40	713
트렁크 수	15	45	90	90	10	65
BHCA	750	2,000	675	1,700	144	1,589
처리트래픽	25	29.6	45	45	4	60.4

6. 새로운 신호방식의 도입

6.1 신호방식의 일대전환

가. 공통선 신호방식(N0.7)의 초기도입

한국통신은 급변하는 통신환경에 능동적으로 대처하고 통신선진국으로의 조기진입을 위해 국내통신망에 공통선 신호방식(CCS7)을 도입하여 통신망을 고도화하고 지능화를 시도하였다. 이를 위해 1986년 한국통신 통신망계획부(부장 이정욱)는 기간통신망의 신호망 계획을 수립 추진하였다(전기통신시설의 신호망계획, 1986. 7. 15). 이 계획의 주관부서 및 결재자는 제3장 말미의 참고자료 편에 기록되어 있다.

이 계획의 주요내용은 공통선 신호방식(No.7)을 도입하고 통신망 관리 및 신호의 효율적 중계를 위해 신호중계교환기(Signal Transfer Point)를 설치하는 것이었다. 이 신호방식은 1989년부터 연차적으로 도입하기로 정하고, 이에 따라 WATS, Calling Card 등 새로운 서비스를 제공하고자 하였다. 그 후 1993년 한국통신은 이 고속신호방식을 전국통신망에 조기에 도입하고, 이를 위해 국내 개발한 신호교환기(STP)를 공급 원칙으로 정하여 우선 시내교환기부터 도입하기 시작하였다. 이것은 ISDN 및 지능망에 적용 중인 공통선 신호방식을 전화망에 확대 적용하여 새로운 서비스를 제공하기 위한 통신망의 기반을 구축하기 위한 시도였다.

또한 사업자 간 원활한 상호접속을 위해서 상호접속망 신호방식을 새로운 신호로의 전환이 필요하였다. 이처럼 No.7 신호방식은 ISDN의 필수 신호방식으로 호 접속시간을 단축시키고 지능망의 기반이 되는 필수요소였다. 1980년대 후반 공통선 신호방식 도입을 위하여 우선 메시지 전달부(MTP)와 전화 사용자부(TUP)를 표준화하였으며(1987. 12), 이어서 지능망 서비스 요소를 표준화하였다(1989. 11).

1990년대에 접어들면서 ISDN 및 일반전화용 ISDN 사용자부(ISUP)도 표준화하였다

(1991. 1). 이후 대도시에 공통선 신호방식(TUP)을 처음으로 적용하고, 서울, 부산지역내 5ESS 전자교환기 및 S1240 전자교환기 각 3개 국소에 공통선 신호방식을 도입하였다(1991년). 이때 ISDN 시범망 구축을 위한 공통선 신호망으로서 시내 TDX-1B ISDN 교환기 3개 시스템 간 대응망을 구성하였다. 그리고 1992년에는 시내 TDX-1B ISDN 교환기 7개 시스템의 대응망을 구성하여 ISDN 시범서비스를 위한 신호망으로 확장하였다.

이어서 1993년에는 시내 TDX-1B ISDN 교환기 11개 시스템의 대응망을 구성하였고, 국내개발 신호중계기(STP)를 서울, 부산에 각각 2개 시스템을 설치하였으며, 광화문, 목동의 국제관문국에 ISUP을 적용하였다. 1994년에는 신호 중계교환기 중심의 신호망을 구성하고 시험 운용하였다. 지능망용으로 시외 및 텐덤용의 TDX-10 교환기 7개 시스템, 서비스 제어 시스템(SCP) 1개 시스템을 공급하고, 시외 AXE-10 교환기 2개 시스템에 ISUP을 적용하였다. 또한 ISDN 서비스를 확대하기 위해 TDX-10 4개 시스템, TDX-1B 31개 시스템에 신호망을 확장하였다.

1995년에는 신호 중계교환기 설치지역을 대전, 대구, 광주로 확대하고, 기존의 ISDN 신호망을 신호 중계교환기 중심의 준대응망으로 완전 전환하였다. 그리고 PSTN 시외호 일부(AXE-10)에 N0.7 신호방식을 사용하고, 시외교환기에도 이 신호장치를 설치하며, 부산관문국 AXE-10 등 국제교환기에 ISUP 적용을 완료하였다. 또한 1996년 이후에는 공통선 신호방식을 확대하는 방향으로 정하였으며, 우선 시내교환기 중 TDX-10, TDX-1B 기종에 대한 이 신호방식의 적용은 1997년까지 완료하고자 하였다.

그리고 시외용 TDX-10교환기에 ISUP을 적용하여 시외계위의 No.7 신호망구축은 1996년에 완료하고, 1997년에는 서울지역 신호 중계교환기 2대를 추가로 신설 추진하고 국제-국내 간 신호망의 연동도 추진토록 결정하였다. 이와 같이 추진하여 2006년까지는 공통선 신호방식으로 완전 전환한다는 목표를 세웠다. 다만 No.1A 기종과 M10CN 기종은 철거 시까지 R2-MFC방식을 병행사용토록 하며, 타사업자 간 공통선 신호망과의 연동도 수용태세를 완료하였다.

나. 공통선신호망 구축방침

21세기 멀티미디어 시대에 대비하여 통신망의 고속화, 지능화, 광대역화를 이루기 위해서는 조속한 시일 안에 공통선 신호방식을 적용하는 것이 필요하였다. 그동안 한국통신은 이를 지속적으로 추진하여 국제교환기는 전량 적용을 완료하였고 시외교환기는 1997년에 No.7 신호방식의 도입을 완료 하였다. 그리고 시내통신망의 경우 TDX-1B기종, TDX-10기종 등 국내개발 교환기는 1997년까지 적용하고, 아날로그 교환기가 전량 철거되는 2006년까지는 연차적으로 전 교환기에 No.7 신호방식을 적용하는 것으로 추진하였다. 이를 위해 우리나라 전체 통신망에 대한 공통선 신호망 구축 방침을 다음과 같이 결정하였다.

첫째, 당시 공통선 신호망은 전국 5개 권역별로 한 쌍씩 10개의 신호 중계교환기(STP)를 설치하여 운용한다. 앞으로 지능망, ISDN, 상호접속망 등의 트래픽 증가에 대처하고 신호망의 신뢰성, 안정성 향상 및 효율적인 통신망 구축을 위해 신호망을 시내외 겸용신호망과 시내 전용신호망으로 구분하여 구축한다.

둘째, 서울권, 부산권, 대구권, 대전권, 광주권 등 권역별로 집중화되어 있는 기존 시내외 겸용신호망을 도별 체계로 전환시키기 위해 충청권, 전라권 등에 신호 중계교환기를 한 쌍씩 분리하여 구축한다. 그리고 시내 전용신호망은 서울 등 6대 도시에 구축하여 시내외 겸용신호망의 부하를 경감시키고 대도시 시내호의 전용처리기능을 수행토록 한다.

셋째, 다수 사업자의 등장에 대응하여 기존 사업자의 요구를 수용하고 신규사업자의 시장진입을 용이하게 하기 위해 1998년부터 상호접속망의 신호방식을 R2 신호방식에서 No.7 신호방식으로 전환한다. 이를 위해 1997년에 전국 6개 대도시에 상호접속전용 STP를 구축하여 준 대응모드로 상호접속을 추진한다.

다. 중장기 신호망 발전계획

1990년대 중반까지 우리나라는 공통선 신호망을 위해 전국 5개 권역에 5개쌍(10개 시스템)의 신호 중계교환기(STP)를 설치 운용하였다(1996년). 수도권에는 구로, 혜화, 충청권은 대전, 서청주에 설치 운용하고 있었다. 그리고 경북권을 위해서는 구미와 신암, 경남권은 부산과 마산, 전라권의 경우는 북광주와 북전주에 각각 STP를 설치 운용하였다. 그리고 과천 전국통신망관리센터에 신호망관리시스템인 SIGNOS(Signalling Network Operation System)을 설치하여 운용하였다(1994년). 이때 한국통신의 신호망은 No.7 신호방식(ISDN, 지능망)과 R2 신호방식을 병행 운용하고 있었으며 타사업자 간 상호접속은 R2 신호방식으로 구성하였다.

당시 타 통신사업자들도 No.7 신호방식을 도입하면서 한국통신에게 상호접속망에 이 신호방식의 운용을 요구하는 상황이어서 PSTN의 신호방식을 No.7 신호방식으로 조기 전환해야 하였다. 이러한 상황에서 한국통신 네트워크본부(본부장 이정욱)는 중장기 네트워크 발전계획(1996. 9)의 부문별 시행계획으로서 중장기 신호망 발전계획을 수립 시행하였다. 이 계획의 주요내용은 다음과 같다.

첫째, 통신망 진화에 따른 공통선신호망을 확산하고 상호접속 망 신호방식을 전환하며, 공통선신호망을 확대 구축한다.

둘째, 공통선 신호방식을 전화망에 전면 도입한다. 우선 1996년-1997년에 TDX-1B기종, TDX-10기종 등 국내개발 시내전자교환기에 도입하고 No.5기종, AXE-10기종, S1240기종 등 도입전자교환기는 1997년-1999년에 공통선 신호방식을 도입 완료한다. 그리고 시외교환기(TDX-10)는 1996년, 전용텐덤교환기는 1997년에 적용토록 한다.

셋째, 신호방식의 전환을 안정적으로 추진한다. 이를 위해 기존 R2 신호장비는 백업용으로 유지하고, R2 신호방식을 사용하는 특정 타사업자를 위해 이 신호방식 병행운용하며 장기적으로 공통선 신호방식으로 전환하도록 유도한다. 또한 반전자교환기 및 TDX-1A 교환기를 철거한 후 공통선 신호방식으로 완전 전환한다.

넷째, 타사업자 간 신호망을 연동하고, 이를 위해 상호접속 전용 STP를 설치하여 사업자간 연동을 추진한다. 1997년에는 서울지역에 1쌍(2개 시스템)을 공급하여 서울, 경기, 강원지역을 수용하고, 대전에도 1쌍(2개 시스템)을 설치하여 충청, 전라, 경남, 경북지역을 수용한다. 1999년에는 서울에 1쌍을 설치하여 수도권지역을 분리 수용하고, 부산에 1쌍을 신설하여 경남, 경북지역을 분리토록 한다. 이때 타 사업자간 No.7 신호연동은 준대응망으로 시행하고, 타 사업자간 신호방식전환은 별도의 협의체를 통하여 추진한다. 또한 안정된 신호방식 전환을 위해 신호 중계교환기 기능을 보완한다.

다섯째, 공통선 신호방식을 확대 구축한다. 예측 트래픽에 의해 STP를 증설하고, 서울과 부산지역에는 시내전용의 지역 신호망을 구축하며, 신호망 확대에 따라 SIGNOS를 증설토록 한다. 1997년에는 신설동, 목동 등 수도권에 2개의 STP를 설치하고, 1998년에는 서울에 2개, 부산에 1개, 수도권에 2개의 STP를 공급한다. 이때 SIGNOS 1개 시스템을 증설한다.

6.2 No.7 신호방식의 확대구축

가. 시내통신망에의 적용

한국통신은 위와 같은 공통선 신호방식의 도입 방침에 따라 이를 본격 적용하기 시작하였다. 특히 시내전화사업이 경쟁시대로 접어들면서 경쟁우위를 확보하기 위해서 모든 시내교환기에 No.7 신호방식을 도입하기로 정하여 1997년까지 TDX-1B, TDX-10 등 국내개발교환기에 우선 적용하였다. 한편 국외도입 시내교환기인 AXE-10, 5ESS, S1240 전자교환기 등은 기술성, 경제성 등을 검토하여 2,000년까지 단계적으로 이 신호방식을 적용하기로 계획을 수립하였다(시내경쟁에 대비한 네트워크 대응방안, 1996. 8, 한국통신).

<표 3-23> 공통선 신호방식(No.7)의 적용계획

구 분	기종별	시스템 수	시행년도
국내개발교환기	TDX-1B	340	1994- 1997
	TDX-10	120	1996- 1997
외국도입교환기	AXE-10	69	1997- 1999
	No.5 ESS	35	1998- 2000
	S1240	29	1998- 2000

그리고 단계적으로 확장하여 안정적인 신호방식으로 전환하며, 신호망 안정화 시기까지 기존의 신호방식(R2- MFC)을 병행하여 운용하기로 하였다. 당시 국내개발교환기의 No.7 신호는 1994년-1997년에 공급 추진하였다. 이때 우리나라 공중통신망과 ISDN에 대한 공통선 신호방식의 연도별 공급목표는 <표 3-24>와 같이 정하여 시행하였다.

한편 이 신호방식의 적용이 불가능한 No.1A, M10CN, TDX-1A는 조기 개체를 추진하였다. 이 신호망은 지역별(권역별) 신호중계시스템(STP)에 의한 준 대응모드로 구성하였으며, 시내교환기(SEP)와 신호중계시스템 간은 완전 이원화로 구축하였다. 그리고 이 신호방식은 시내교환기 상호 간 및 시외구간(0x)에 적용하였으며, 프로토콜은 PSTN과 ISDN을 포함하여 ISUP을 전용하였다.

<표 3-24> 공통선 신호방식의 년도별 공급목표

대상시설	1994년	1995년	1996년	1997년	계
PSTN	-	4	115	205	324
ISDN	14	77	47	-	138
계	14	81	162	205	462

이 신호망의 구성을 위해 TDX-10 교환기는 CCS7랙, TDX-1B의 경우는 CCS7랙과 TLP를 추가로 설치하였으며 이를 위하여 약 361억원의 예산이 소요되었다. 또한 시내교환기 중 외국도입 분에 대해서도 1997년부터 2000년까지 No.7 신호방식 적용을 확산하고, TDX-1A 및 반전자교환기는 1998년부터 2006년까지 단계적으로 신형시스템으로 개체하기로 정하였다.

또한 신호중계망의 고도화를 위해 상호중계교환기를 1998년에 설치하고 1998년부터 2000년까지 신형 신호중계교환기로 개체하기로 하였다(시내전화경쟁대응네트워크 발전전략, 1997. 6, 한국통신 네트워크본부). 특히 1998년에는 시내통신망에 공통선신호방식의 적용을 확산하였다. 그것은 통신망의 고도화와 다수의 신규 통신사업자가 등장하고, 통신망 발전방향에 적합한 효율적 신호방식을 적용하는 것이 요구됨으로써 다음과 같이 추진하였다.

(1) 신설시스템은 공통선 신호기능(No7 신호)을 보유한 교환기로 공급하고, 기설치된 TDX-1B 교환기는 1998년까지 적용을 완료한다. 그리고 국간중계 및 시내교환시설 공급계획과 연계하여 추진한다.

(2) 1997년에는 234개 시스템을 적용하였고, 1998년 목표는 전남 6개, 전북 3개, 제주 1개 등 총 10개 시스템이며소요예산은 9억원이다. 이를 위해 기본설계는 1997년 6월- 1998년 11월에 실시하고 설치공사는 1997년 11월-1998년 11월에 시행한다.

나. 시외통신망에의 적용

1990년대 후반 시외전송로의 디지털화도 완성단계에 들어서고 있었으며, 여기에도 공통선 신호방식이 도입되었다(1994년-1995년). 이때 가입자전송로는 전량 FS케이블로 공급하였으며 광케이블을 확대 공급하기 시작하였다(1994년-1995년). 한편 통신망의 고도화와 신규가입자의 등장에 따라 사업자 간의 효율적인 신호망 연동과 통신망의 발전방향에 적합한 신호망 발전체계를 정립하기 위한 신호망 구축 기본계획을 수립하였다(1996. 5).

당시 차세대지능망, 초고속 전용통신망, B-ISDN 등 통신망 진화에 따른 신호망 발전방향을 제시하였으며, 신규사업자의 출현에 따라 신호망의 연동도 필요하여 이 계획을 추진하였다. 이를 위해 신호중계교환기(STP)를 1997년에 서울권에 1쌍, 1998년에는 경기, 강원에 2쌍을 설치하였다. 그리고 다수사업자의 출현에 대비하여 신호점 부여계획을 세웠으며, 신호교환기의 기능을 고도화하였다. 또한 한국통신의 신호망 연동계획을 제시하고, 통신망 진화에 따른 공통선 신호방식에 대한 모델링도 제시하였다.

한국통신은 이 고속신호방식을 전국통신망에 조기 도입을 위하여 국내 개발한 신호교환기(STP)를 공급하는 것을 원칙으로 하였다. 그리고 도 단위로 시내·외 겸용신호망을 2001년까지 완성하고, 서울 등 6개 대도시지역에 시내전용신호망을 구축하는 계획을 수립하였다. 1990년대 중반에는 대전, 서청주, 구미, 신암, 북광주, 북전주 등에 신호중계교환기를 확대 공급하였다(1995년도 주요업무 발전계획, 1995. 2, 기술기획실).

다. 신호중계기 확장 3개년 사업

한국통신 네트워크본부(본부장 이정욱)는 ISDN, 지능망, 타 사업자의 접속요구 등의 환경에 따른 공통선 신호망의 기반을 조성하기 위해 신호중계기(STP)를 전국적으로 3년(1996년-1998년)에 걸쳐 집중 확장하였다. 이때 신호망변경을 최소화하여 신호중계교환기를 설치하였으며 그 세부내역은 <표 3-25>와 같다(N-ISDN 사업활성화 종합계획, 1996. 6. 10, 한국통신 네트워크본부). 특히 서울통화권에 집중된 경기, 강원지역 신호망을 별도의 신호중계교환기를 공급하여 분리 수용하고, 기타 지역은 기존 신호망구조를 유지하게 하였다.

<표 3-25> 신호중계교환기(STP) 설치상황(1996년)

통화권별	STP설치 전화국	수용지역	비 고
서울	혜화, 구로	서울, 경기, 강원	서울지역에 STP를 집중 설치함에 따라 신호트래픽이 증가하여 신호망을 변경할 때 신뢰성이 저하될 우려가 있음
부산	부산, 마산	부산, 경남	
대전	대전, 청주	대전, 충남, 충북	
대구	대구, 구미	대구, 경북	
광주	광주, 전주	광주, 전남, 전북, 제주	

이 사업은 네트워크본부 시설운용실(실장 김기천) 시외통신계획국(국장 김종현)이 주관하여 추진하였으며, 이때 설치방침은 다음과 같이 정하여 추진하였다.

(1) 1997년도에는 서울권(목동, 신설동)에는 1쌍의 STP를 공급하여 서울지역 강북과 강남지역을 분리 수용한다. (2) 1998년도에는 경기권(일산, 분당)에 1쌍, 강원권에 1쌍을 공급하고 신호링크를 이용하여 수용한다. 이때 STP 신설치국은 지역별 신호망 설계 후 확정한다. (3) 1999년 이후에는 신호트래픽 증가에 따라 증설을 추진하고 1998년 STP 수용지역을 유지토록 한다.

한편 서울과 부산은 1999년까지 마치고, 상호접속망 No.7 연동을 위한 상호접속 전용 STP를 1997년-1999년에 설치 추진하였다(시내경쟁에 대비한 네트워크 대응방안, 1996. 8, 한국통신). 특히 1997년에는 시내통신망에 5,026회선을 적용하여 전 시설의 40%를 완료하고, 시외통신망에는 11개 시스템을 공급하여 100% 완료하는 것으로 추진하였다(네트워크 고도화 추진계획, 1997. 1, 한국통신 네트워크본부).

다음해 한국통신은 통신망의 고속신호방식을 확대 적용하기 위한 1998년 시행계획을 다음과 같이 수립 추진하였다(1998년도 주요업무계획, 1998. 2, 한국통신 네트워크본부).

첫째, 통신망 지능화 기반인 공통선 신호방식 적용을 확대하고, 사업자간 고속신호망(No.7) 연동을 위하여 전용 STP를 구축한다.

둘째, 1998년도 사업으로 공통선 신호를 10개 시스템에 적용하고 소요예산은 8억6천만 원으로 계획하였다. 그리고 STP는 12개 시스템에 소요예산 109억2천4백만 원으로 편성되었다.

셋째, 1998년도에는 TDX-1B 교환기 총 10개 시스템(전남 6개, 전북 3개, 제주 1개)에 공통선 신호방식을 적용한다.

넷째, 수도권에 상호접속전용 STP 4개 시스템을 구축하고, 부산, 대구, 대전, 광주에 한국통신과의 상호접속겸용 STP 8개 시스템을 설치한다.

참고자료

(1) 전국통신망 동기계획(1985. 12. 16)

1980년대 중반 한국통신은 전국 기간통신망의 동기화를 실현하기 위해 전국통신망에 PAMS 방식을 도입하고, 전국통신망을 3계위 동기망으로 구성 추진하였다. 이를 위해 세슘클록의 표준시계를 한국표준연구소(대전)에 설치하였다(전국통신망 동기계획, 1985. 12. 16, 계획국 통신망계획부). 이 계획은 한국통신 통신망계획부장(이정욱)이 주관하고 계획국장(이응효), 부사장(배동조), 사장(이우재)이 결재하여 확정되었다.

(2) 전기통신시설의 신호망계획(1986. 7. 15)

1986년 한국통신은 기간통신망의 고도화 및 지능화를 위해 공통선 신호방식(CCS7)을 도입하는 기간통신망의 신호망계획을 수립 추진하였다. 이 계획의 핵심은 통신망 관리 및 신호의 효율적 중계를 위해 신호중계교환기(Signal Transfer Point)를 설치하는 것이었다(전기통신시설의 신호망계획, 1986. 7. 15, 기술기획실 통신망계획부). 이 계획은 기술기획실 종합망과장(우승술), 통신망계획부장(이정욱)이 주관하고 계획국장(황영선), 부사장(이응효), 사장(이우재)의 결재로서 확정 시행되었다.

(3) 신용통화서비스 통합추진계획(1994. 3)

1990년대 초 한국통신은 지능망서비스를 상용화하고 신용카드용 공중전화기를 상용화하였다. 특히 신용통화서비스 이용체계를 단일화하고 국제신용통화서비스는 국내 지능망계획과 연계하여 시행하는 등 신용통화서비스 발전계획을 수립 추진하였다(신용통화서비스 통합추진계획, 1994. 3, 한국통신 기술기획실). 이 계획은 기술기획실 정보망계획부장(강환태), 통신망계획2국장(안승춘)이 주관하고 실장(이정욱)의 결재로 시행되었다.

(4) 지능망서비스 도입 기본계획(1994. 4)

1990년대 초반 다양한 지능망서비스 시행계획을 수립하였다(지능망서비스 도입 기본계획, 1994. 4, 한국통신 기술기획실). 이 계획의 주요내용은 가상사설망서비스(VPN), 전화여론조사 서비스, 개인번호서비스, 전국단일번호서비스 등 한국형 지능망서비스를 1995년-1997년에 도입 추진하는 것이었다. 이 계획은 기술기획실 정보망계획부장(강환태), 통신망계획2국장(안승춘)이 주관하고 실장(이정욱), 부사장(김상국), 사장(조백제)의 결재로 시행되었다.

(5) 차세대 지능망시스템 개발계획(1996. 5)

1990년대 후반 한국통신은 차세대 지능망서비스를 위한 시스템 개발계획을 수립 추진하였다(차세대 지능망시스템 개발계획, 1996. 5, 한국통신 네트워크본부). 이 계획의 주요내용은 TDX-100 전자교환기의 개발추진과 연계한 지능망 시스템을 구축하고 이를 위해 AIN SSP 사용자 요구사항을 확정하며, 국제표준규격의 개방형 프로토콜 기능(INAP)을 구현하는 것이었다. 이 계획은 네트워크본부 교환기술부장(유호선), 기술기획국장(김문수)이 주관하고 본부장(이정욱), 부사장(김노철)의 결재로 확정 시행되었다.

(6) 중장기 네트워크 발전계획(1996. 9. 9)

1990년대 중반 한국통신은 우리나라 기간통신망의 성능 및 규모를 한 차원 높게 끌어올려 정보통신선진국으로 도약하기 위한 청사진을 마련하였다(네트2510-3162, 1996. 9.

9, 한국통신 네트워크본부). 이 계획의 주요내용은 ① 2000년의 전화보급율(100인당)을 57대로 향상, ② 전화통신망과 데이터통신망을 고속화 및 지능화하여 국민들의 통신이용모형을 음성통신 50%, 비음성통신 40%로 일대전환, ③ 시내통신망, 시외통신망, 국제통신망, 가입자망, 초고속통신망, ISDN, 무선망, 상호접속망, 신호망, 동기망, 지능망 등 네트워크 부문별 중장기 발전계획을 포함하고 있다.

또한 2000년대를 향한 ISDN 실행방안으로 ① 단독망(ISLAND)의 확장은 1996년부터 축소하고 본체통신망을 ISDN화하고, TDX-10A 교환기를 주력기종으로 한다, ② ISDN용 단말기를 다양화하며 자급제를 추진한다, ③ 1996년에 시외 TDX-10 교환기에 ISDN 기능을 부가하고, 1997년에 ISDN-PSTN 통신망을 통합한다, ④ 2002년까지 전국 주요전화국에 최소 1개 이상의 ISDN 노드를 확보한다 등을 제시하고 있다. 이 계획은 한국통신 네트워크본부의 4급행정(이재춘), 시설계획부장(오경래), 종합기획국장(엄재건)이 주관하고 시설운용실장(김기천), 본부장(이정욱), 사장(이준)이 결재하여 확정 시행되었다.

제4장

종합정보통신망(ISDN)으로의 진화

1. 선진국들의 종합정보통신망 추진 상황

1.1 주요 국가들의 ISDN으로 가는 길

가. 선진각국의 동향

1980년대 초 한국통신은 선진 각국의 종합정보통신망(ISDN) 추진상황을 상세히 파악하였으며, 그 주요내용은 다음과 같다(종합정보통신망 시범운영계획, 1984. 12. 24, 한국통신).

첫째, 아날로그 교환기 공급을 중단하고 디지털방식으로 전환하고, ISDN의 기초적인 시험을 실시하고 있다. 일본은 INS를 1982년부터 1986년까지 추진하고 있고, 스웨덴은 ISDN을 ISS '84에서 시험운용을 시작하여 1987년까지 계속 개발한다고 발표하였다. 그리고 벨지움은 S-1240 전자교환기 2대를 설치하여 시험에 착수하였으며, 영국, 프랑스, 서독 등은 ISDN 시험시스템을 설치 운용 중에 있다.

둘째, 국제기구인 CCITT는 ISDN 관련연구를 위하여 SG XVIII을 운영하고 있고, 기본적인 원칙사항은 1980년 R.705를 권고하고 있다. 그리고 지금까지 잠정안으로 검토되어 왔던 신호방식, 코딩방식, 각종 인터페이스 등 세부 기술적인 사항이 1984년 제8차 CCITT 정기총회에서 I.Serise로 채택 확정됨으로써 ISDN은 보다 활발하게 추진될 전망이다.

당시 세계 여러 나라에서 통신정책을 완전히 바꾸어 놓은 두 가지 중요한 사건이 빌생하고 있었는데, 첫째는 디지털 교환시스템의 출현이고, 두 번째는 컴퓨터파워의 급신장이었다. 그리고 디지털교환기의 개발은 다시 ISDN의 개념을 불러 일으켰고 이 새로운 바람으로 인해 온 세계가 떠들썩하였다. 전기통신기술 선진국은 물론 그렇지 않은 나라에서도 한결같이 미래 통신의 목표는 종합정보통신망(ISDN)이 될 것이라고 주창하고 이를 실체화하기 위한 기술개발에 온힘을 쏟고 있었다.

이를 위해 그때까지의 아날로그방식 전자교환기 시대는 지나가고, 디지털교환기가 전면 부상하면서 멀지 않아 ISDN으로 가기위한 채비를 서두르면서 디지털을 일찍이 시작한 나라들이 있었다. 이때 세계선진국의 동향을 보면 대부분의 나라에서 전화공급을 위해 디지털 교환기를 신설하고 있었다. 이러한 상황에서 한국통신 통신망계획부(부장 이정욱)에서는 디지털을 일찍이 시작한 나라들을 전면조사하여 우리나라 통신망 발전방향을 수립 추진하였다(통신망현대화계획, 1985. 12. 17, 한국통신). 이 계획의 주관부서 및 결재자는 제3장 말미의 참고자료 편에 기록되어 있다.

나. 프랑스, 캐나다, 벨지움

디지털교환기라면 가장 먼저 손꼽지 않을 수 없는 것이 프랑스에서 만든 E-10형 교환기였다. 이것은 1973년에 처음으로 프랑스에 도입된 이래 E-10B형으로 개량되어 1984년 말까지 무려 600만 회선이나 공급되었다. 이 디지털교환기는 프랑스의 CIT- ALCATEL사에서 개발한 것으로 당시 프랑스 전기통신의 모체가 되어 있을 뿐만 아니라 앞으로 펼치질 프랑스 ISDN의 뼈대가 될 것으로 보였다. 1982년 계획국 통신망계획부장(이정욱)이 유럽출장 시 CIT-ALCATEL사에 들렸을 당시 E-10B 디지털교환기를 인도에 상륙시켰다고 회사가 온통 축제분위기였다. 그때 회사 책임자는 인도에 발을 들여 놓은 지 10여년만의 경사라고 알려주었다.

1980년대 초 캐나다는 디지털교환기 분야에서는 선두주자로 부상하고 있었으며, 노던텔레콤(Northern Telecom)사는 DMS-100 계열의 디지털교환기를 개발하여 이미 1979년부터 시설하기 시작하였으니 순서로 보면 프랑스 다음인 셈이었다. 1990년까지 약 200만 회선을 공급할 것으로 예상되고 있었는데, 이 교환기를 가지고 1987년이나 1988년경에 초기단계의 ISDN을 실현할 계획이었다. 캐나다는 이 시스템을 이용하여 공통선 신호방식(CCITT No.7신호방식)을 도입하고, 기본접속방식(2B+D)과 1차 접속방식(30B+D 또는 23B+D)을 그때까지 완성하겠다는 것이었다.

이러한 기본시스템 외에 노던텔레콤은 SL-10이라는 패킷스위치를 가지고 있었으며, PABX용으로 SL-10과 SL-100을 개발보급하고 있었다. 또한 원격지의 종합정보통신 가입자를 수용하기 위해 ISDN-RLCM(Remote Line Concentrating Module)도 만들고 있었다. 그들은 당시 준비하고 있는 이러한 신개발품들이 장래의 ISDN을 형성하는데 있어 중요한 구성체가 될 것이라고 소개하고 있었다.

프랑스, 캐나다에 이어 벨지움에서는 S-1240형 전자교환기를 1982년에 도입하기 시작하였다. BTM-ITT에서 개발한 이 교환기는 시스템 최대용량이 10만 가입자로서 비교적 용량이 큰 편이었다. 당시 상당량이 공급 중에 있었으며, 1990년까지 120만 회선이 보급될 전망이었다. 디지털교환기의 제어이론상 소위 완전분산방식의 대표적 교환기로 개발됨으로서 이 제어방식이 상용 면에서 과연 이론만큼 좋으냐하는 관심의 대상이 되기도 한 기종이었다.

이 교환기도 1987년-1988년을 목표로 ISDN의 기본기능을 개발하고 있었는데, 당시 개발상황을 파악하기 위해 한국통신 통신망계획부장(이정욱)은 유럽출장 중 브럿셀 근교의 니무르 지역에서 ISDN의 초기단계에 대한 시험을 시행하고 있는 현장을 방문하여 확인하였다. 그러나 S-1240형은 당시 자신의 원격교환장치(RSU)를 개발 중에 있었는데, 개발책임자(Dr. 텔모트)는 1986년 중순경에는 시장에 내놓을 수 있을 것이라고 말했었다. 이들이 본 장치 개발에 착수한 것이 1982년 초라고 하였으니까 이미 4년이 지나가고 있다는 점을 감안할 때 원격교환장치의 개발이 결코 쉬운 것만이 아님을 알 수 있었다.

1.2 ISDN과 디지털교환기 개발

가. 서독, 스웨덴

당시 한국에는 잘 알려지지 않았지만 서독에서는 EWSD라는 디지털교환기를 개발하여 1983년부터 운용하고 있었다. 1992년까지 약 300만 회선을 설치할 계획으로 있었는데, 당초에는 아날로그방식으로 출발하였으나 이후 ISDN을 의식하여 디지털방식으로 발전시킨 기종이었다. 이 교환기는 서독의 시멘스사가 개발하였으며, 모듈화로 설계되고 훌륭한 제어구조로 되어 있을 뿐만 아니라 장차 여러 가지 인터페이스에 쉽게 적응할 수 있다고 소개하고 있었다. 그리고 미래의 ISDN을 겨냥하여 이 기종을 계속 발전시켜 나갈 것이라고 밝혔다.

EWSD는 최대용량이 10만 가입자이며, 시내교환, 시외교환, 중계교환 및 국제관문국 또는 복합교환기로 활용할 수 있도록 융통성있게 개발되었다. 긴급전화수요가 발생하는 곳에 쓸 수 있도록 컨테이너에 실어 이동용으로도 만들어 놓았는데 1개 시스템에 약 1만 가입자 수용이 가능하였다. 그리고 농어촌지역을 위하여 300회선-7천회선 규모의 시스템을 만들었는데 상당한 경제성을 주장하였다. 또한 원격지의 가입자를 수용하기 위해 디지털 집선장치(EWSD DIC)가 개발되었으며, 1대로서 976회선의 ISDN 전화 및 단말기를 수용 가능하였다.

EWSD 교환기는 독특하게 설계된 시멘스형 교환프로세스(SSP : Siemens Switching Processor)라는 것을 사용하여 시스템의 신뢰도를 높이고자 노력하였다. 이 시스템 프로세서는 분산지능(Distributed Intelligence)의 원리로 동작하도록 설계되었다. 이것은 빈번하고 동시에 일어나는 일들을 분산된 몇 개의 프로세서에서 처리하고, 빈번하지 않은 데이터 처리나 시스템 전체에 관련된 것은 CP에서 처리하게 되어 있었다. 따라서 EWSD도 분산제어방식의 일종이라고 볼 수 있으며, 소프트웨어 역시 기능적으로 분산되어 있었다.

그리고 CCITT 프로그램 언어인 CHILL을 사용하고 있어 유지보수가 용이하며 신뢰도가 높을 뿐만 아니라, 판독이 쉽다는 등의 장점이 있다고 시멘스 기술진은 자랑하였다. 유럽국가 중에서 스웨덴, 노르웨이, 핀란드, 덴마크의 북유럽 4개국은 여러 분야에서 긴밀한 협력 체제를 갖추고 있지만 전기통신분야에서는 더욱 그러한 것으로 보였다. 흔히 노르딕(Nordic) 4개국으로 불리는 이들은 예를 들어 이동무선전화도 4개국 전 지역을 커버할 수 있는 공동 네트워크를 형성해 나가고 있었다. 그중에서도 스웨덴이 어려분야에서 주도적인 역할을 하고 있는 것으로 보였다.

스웨덴은 AXE-10이라는 디지털교환기를 개발하여 주로 해외시장에 쏟아놓고 있는데, 당시 이들의 교환기분야 기술은 세계적으로 다섯 손가락 안에 드는 것으로 보였다. 이 방식의 교환기는 에릭슨(L. M. Ericsson)사에서 개발한 것으로서 우리나라에도 1983년부터 장거리교환용으로 도입되어 운용되고 있으며, 당시 농어촌지역에 집중 공급되고 있는 기종이었다. 이 기종은 자기 나라에서도 1986년까지 57만 회선을 공급할 계획이었으며, 당시 최대용량이 4만 가입자 정도 이어서 용량으로 보아 중소도시에 적합하였다.

이후 이 교환기의 메인컴퓨터를 대용량화하면서 가입자 수용량이 크게 늘어날 전망이었다. 스웨덴 전기통신공사(Swedish Telecommunications Administration)에서도 이것을 이용하여 장차 스웨덴의 ISDN을 실현하고자 자체계획을 세워 나가고 있었다. 일차적으로 ISDN 기본접속방식을 가능하게 하여 회선교환기능을 갖추고, 이차적으로 패킷교환기능을 완성시킨다는 기본전략 하에 1990년까지 연차적으로 개발 추진하고 있었다. AXE-10기종도 미래의 ISDN을 목표로 접근해 가고 있는 선진국 그룹의 교환기이었다.

나. 일본, 영국과 미국

일본의 D-70형 디지털교환기는 1983년에 최초로 일본 내에 도입된 이래 1987년까지 250만 회선, 1990년까지는 800만 회선이나 공급될 전망이었다. 일본은 어느 나라보다도 먼저 INS(Information Network System)라는 독특한 이름의 정보통신망을 만들어 내놓았다. 이것은 어느새 대대적으로 알려져서 일본 ISDN의 대명사가 되었다. 이 시스템을 쓰꾸바 박람회장에다 옮겨놓고는 떠들썩하게 시범을 한바 있으며, 이 INS가 바로 D-70형을 근간으로 한 종합통신망이었다.

일본에는 D-70형 외에 후지쓰 사에서 개발한 FETEX-150형이 있었다. 일본 국내보다는 해외시장을 목표로 만들어낸 신 작품이라 할 수 있었다. 앞에서 설명한 바와 같이 D-70형은 당시 CCITT 표준속도(2B+D)에 미달인데 비해 이 교환기는 이미 표준속도를 달성하였다. 당시 D-70형이 INS라는 깃발을 달고 무대 위의 화려한 주인공이 되는 동안 FETEX-150형은 뒤편에서 조용히 개발되어 세계무대를 겨냥하여 나서고 있었다.

사실 FETEX가 ISDN 교환기로서 기술축적이 된데 대하여 당시 우리나라에는 잘 알려지지 않고 있었다. 1985년 5월 싱가폴에서 개최된 ISDN에 관한 국제회의에서 상세한 내용이 소개되었으며, 현지 전시장에서 시범 운용하였다. 그때 시점에서 본다면 국제표준 접속방식을 조기에 달성하여 당장 시범할 수 있는 세계적으로 몇 안되는 교환기 중의 하나인 셈이었다.

이외에 영국전기통신공사(British Telecom)에서 개발한 System X가 있었으며, 이는

1984년에 최초로 상용 공급되었다. 1990년까지 900만 회선을 생산 공급할 예정이었으며, 향후 영국 ISDN의 골격을 형성하는 기본교환기가 되었다. 미국의 ISDN은 당시 선보인 UIS(Universal Information Services) 기치아래 이루어 나갈 전망이었다. ATT가 주축이 되어 깃발을 올린 UIS는 음성, 데이터와 영상을 동시에 보낼 수 있는 서비스라는 것이며, ISDN을 지나서 성취되는 최첨단의 종합통신망이라는 개념이었다. 여기에서 흥미로운 점은 이들이 주장하고 있는 종합정보통신망으로 가는 길은 그때까지의 다른 나라와는 달리 3단계로 세웠다는 것이었다.

그러면 미국이 주장하고 있는 ISDN이라는 은하수 건너편에 있다고 제시하는 UIS는 무엇인가. 일반적으로 말하고 있는 이른바 광대역 ISDN을 독자적으로 이름하여 아메리카 나이즈 한 것이라고 당시 짐작하였다. 다시 말해 음성, 데이터 및 영상을 통합 단일화된 전송매체에 의해 보내고 광대역 능력을 가지며, 다이나믹한 배분이 가능할 때 달성되는 종합정보서비스라고 보았다. 이러한 UIS는 No.5형 디지털교환기를 근간으로 하여 형성될 것인데, 이 교환기는 최대용량이 40만 가입자나 되는 초대형 교환기로서 개발되어 1985년까지 무려 550만 회선이 설치되고 있었다.

1985년 당시 원격교환장치(Remote Switching System)까지 개발되었으며, 다른 기종과는 달리 이 시스템 자신이 독립교환기능(Stand alone Switching)을 가지고 있었다. 그래서 자기들 상호간은 물론 이 원격교환장치로부터 다른 교환기종과 직접 연결운용이 가능한 특징을 가지고 있었다. 앞으로 목표를 달성하기 위해 당시 이 교환기는 기본적으로 회선교환(Circuit Switching)과 패킷교환(Packet Switching)기능을 개발함은 물론 공통선 신호방식(CCITT No.7)을 채택하고 신호중계능력(STP)을 부여하고 있었다. 그야말로 디지털교환기 중에서도 새로운 세대(New Generation)로 출현한 것임에 틀림없다고 보여 멀지 않아 No.5형이 그려낼 UIS를 기대하였다.

1.3 선진국의 ISDN 발전방향

가. 일본

일본은 ISDN 서비스를 1988년 4월부터 제공하기 시작하여 1997년 말 전국적으로 확대 공급하였다. 1988년 당시 기본서비스로서 BRI(2B+D)인 INS-64를 개시하였으며, 1989년 6월부터는 23/30B+D의 PRI 서비스인 INS-1500을 제공하였다. 그리고 1990년 6월부터는 INS-P 서비스를 선보이고 있었다. 이 서비스의 기본기능은 착신자 번호통지, 요금정보통지, 서버어드레스 통지, 통신 중 기기이동, 복합접속기능 등 5개 기능으로 되어 있었다. 또한 부가서비스로는 통화 중 통지서비스 외 3종을 출시하였다.

ISDN서비스 제공지역은 1993년에 전국의 50%, 1996년에 전국의 90%, 1997년에 전국

100%로 확장되었다. 그리고 기간통신망의 고도화추진은 1988년 4월에 INS-64 서비스를 개시한 이후 1995년 3월에는 공통선 신호방식의 도입을 완료하였고, 디지털화는 1997년 12월에 완료하였다. 당시 시내교환시설을 보면 X-Bar 3,600만회선, DEX 600만회선 등 아날로그방식이 총 4,200만회선이고, D-70형 기종 등 디지털방식은 2,400만 회선을 운용하였다. 그리고 시외교환시설의 경우 아날로그방식의 DEX 35만회선, 디지털방식인 D-70형 225만 회선을 운용하고 있었다(1993년말).

한편 X-Bar 교환기는 1994년 12월에 철거 완료하였고, 아날로그 교환기는 1997년에 철거 완료하였으며, 공통선 신호방식(No.7)은 1995년 3월에 도입을 완료한 상태였다. 참고로 일본의 ISDN 가입자 성장추이를 보면 <표 4-1>과 같다(ISDN 구축방향 검토, 1998. 5, 네트워크본부 통신망기획팀). 당시 ISDN서비스의 이용성향을 보면 통신속도가 일반회선보다 빠르다는 점(50%), ISDN 1회선으로 전화 2회선 이용이 가능한 점(37%), 디지털로 안정된 통신이 가능한 점(8%), 전화회선에 비해 요금이 저렴한 점(5%) 순으로 조사되었다. 이때 NTT의 통신망은 가입자망과 중계의 2계위로 구성되고, 타 사업자망과의 접속을 위해 관문국(IGS)을 설치 운용하고 있었다.

<표 4-1> 일본의 ISDN 가입자 성장추이

구분	1991년	1993년	1995년	1997년	1998년 3월
당해연도(1,000)	100	130	150	900	220
누계(1,000)	100	300	1,000	3,400	5,600

ISDN은 D-70 디지털교환기를 사용하고 ISM(ISDN Interface Module), H1M(H1 Channel Module), PHM(Packet Handler Module)로 구성되었다. 그리고 원격가입자를 위해 RT(Remote Terminal)을 설치하고, H1M을 위한 별도의 중계망을 구성하여 TV화상회의 등 H채널서비스를 제공하고 있었다. 또한 ISDN 초기에는 제공지역을 확산하기 위해 ISM을 설치하고 ISM이 없는 지역의 원격가입자를 위하여는 RT를 사용하였다. 한편 1990년대 중반에는 PSTN 가입자가 ISDN으로 전환하는 경우 RT를 이용하여 동일국사 내 및 동일 통화권내 ISDN 가입자를 대상으로 동일번호를 부여하였다(1993년- 1996년). 그리고 1997년부터는 RT를 이용하여 타 통화권 내 ISDN 가입자를 대상으로 동일번호를 부여하였다.

나. 독일 및 미국

독일의 주사업자는 DBPT(Deutsche Bundespost Telecom)이고, 슈투트가르트, 만하임 등 2개 도시에서 400명을 대상으로 ISDN 시범서비스를 제공하였다(1987년). 이후 구동독의 베를린이나 라니프치히 등 11개 도시에 상용서비스를 시작하였다(1991년). 그리고 1993년부터 전국지역으로 서비스를 확대하였다. ISDN 시설은 BRI가 2백10만 채널, PRI가 4만9천

회선을 운용하였으며, 이때 가입자는 558만 채널이고 주로 G4팩스, TV 전화 등의 응용서비스를 이용하고 있었다.

1990년대 후반 미국은 US West, Ameritec, NYNEX, Bell Atlantic, Bell South, South West Bell, Pacific Telesys 등 7개의 시내 ISDN사업자가 권역별로 서비스를 담당하였다. 이를 위한 주교환기로는 5ESS, DMS-100, EWSD 기종이 운용되고 있었으며, DMS-100은 Northern Telecom사 제품이고, EWSD는 독일 지멘스사 제품이었다. 또한 시외전화 및 국제통신을 담당하는 장거리 ISDN 사업은 AT&T, GTE, MCI, US SPRINT, WILTEL 등 6개 사업자가 담당하고 있었다. 이때 미국 전체의 시설 수는 BRI 72만 채널, PRI 8천 회선을 운용하고, ISDN 서비스 가능지역은 전국의 70%이었다(1996년말). 그리고 가입자 수는 118만 채널로 확인되었다(1997년 말).

2. 한국의 종합정보통신망(ISDN) 추진

2.1 한국통신의 ISDN 출발

가. 우리나라의 여건

1980년대 중반 우리나라 통신망의 디지털화 추진상황, 관련연구과제 및 사업추진상황을 전체적으로 파악하여 보면 다음과 같다(종합정보통신망 시범운영계획, 1984. 12. 24, 한국통신).

첫째, 시외교환기는 1984년 말에 완전 디지털화 되었고, 농어촌지역에 디지털방식의 시내교환기는 1984년부터 공급되기 시작하였다. 그리고 도시지역 시내교환기는 1987년 이후 디지털 교환기가 공급될 전망이다. 그리고 시내국간전송로는 케이블 PCM방식과 디지털 마이크로웨이브(MW) 방식이 이용되고 있으며, 시외구간 전송로는 일부구간에 디지털 MW가 운용되고, 광케이블은 1987년 이후 본격 공급될 전망이다.

둘째, 한국형 전전자교환기의 개발상황은 1982년 500회선규모로 1차 실용시험을 송전우체국에서 시행하였다. 이어서 1984년 9천회선 규모로 2차 실용시험을 서대전전화국에서 실시하고, 1985년에는 소용량 상용시험을 전곡, 가평 등 4개 지역에서 실시할 예정이다.

셋째, 2000년대의 비전과 종합정보통신망(ISDN)으로의 발전전략을 수립하기 위해 중장기종합통신망 계획수립에 관한 연구과제를 공사, 연구소, ATT, ITT 등이 참여하여 1983년-1984년에 수행하였다. 또한 한국전기통신연구소는 종합정보통신시스템을 개발하고 있다(1982년-1990년). 이때 개발의 주요내용은 LAN 개발, 디지털 가입자장치 개발, ISDN 모형분석 및 설계, ISDN 신호방식 표준화연구, 이종통신망 간의 접속방식 연구 등이다.

넷째, 도시형 디지털교환기(TD)를 도입하기 위해 광화문전화국에 5ESS 전자교환기, 영동전화국에 S1240 전자교환기를 각각 설치하여 시험을 실시할 계획이다(1985년- 1986년). 한편 행정전용통신망을 건설하여 1986년에는 종합정보통신서비스를 제공할 계획으로 추진하고 있다. 그 외에도 광통신시스템의 개발, 한국형 비디오텍스 및 텔리텍스의 개발, 화상회의 시범시스템 건설 등도 추진되고 있다.

나. ISDN에 대한 초기 구상

1980년대 초반까지 우리나라의 전기통신서비스는 전신과 전화가 주종을 이루어 오고 있었다. 그러나 사회구조가 농업사업사회에서 산업사회, 정보사회로 변천되고 이용자의 통신서비스 욕구도 다양화됨에 따라 정보통신의 필요성이 점증되고 있어 한국통신에서는 「정보통신 기본계획」을 수립 시행하고 있다(정보통신 기본계획, 1984. 10. 4, 한국통신). 이 계획의 주관부서 및 결재자는 제3장 말미의 참고자료 편에 기록되어 있다.

이 계획에는 전화와 비전화계 서비스가 동시에 가능한 ISDN 모델 시스템을 특정지역에 설치하여 단계별 시험운용을 통해 우리 실정에 적합한 ISDN 모형을 정립하게 되어 있었다. 그리고 여기에서 얻은 경험과 기술을 바탕으로 2000년대 고도 정보화사회에 적응할 수 있는 통신망의 구축방향을 제시하고자 하였으며 그 주요내용을 보면 다음과 같다.

첫째, ISDN 모델 시스템은 비전화계 서비스 필요성이 높은 지역, 비교적 독립된 지역, 기존시설의 대치가 요구되는 지역 등 효과적인 시범지역을 선정한다. 그리고 기존시설을 최대한 활용하여 중복투자를 억제하고, 각종 정합장치, 텔리텍스, 비디오텍스 등 정보단말기는 국내개발기술을 우선 적용한다. 또한 체신부, 통신공사, 연구소, 산업체, 데이터통신(주) 등 관련기관이 공동 참여하는 방향으로 추진하고, 대민홍보로 관심도를 높여 수요를 창출토록 한다.

둘째, 1단계(1986년-1987년)는 1개 지역을 선정하여 2천회선의 모니터 가입자를 확보하여 정보검색, 고속팩스 등 기본적인 정보통신서비스를 시행한다. 그리고 기존통신망과의 정합(Interface) 기능을 시험하고, 고속팩스-저속팩스 간 통신처리기능을 시험한다. 이를 위하여 소요예산 6억4천만 원을 확보한다.

셋째, 2단계(1988년-1990년)에서는 1개 지역을 추가 선정하고, TV전화, 신용카드, 텔리라이팅 등 고도 정보통신서비스를 시행한다. 또한 통신보안, 요금정책, 사생활보호 등을 검토한다. 이를 위한 소요예산 13억 원을 확보한다.

다. ISDN으로 가기위한 방향정립

한국전기통신공사 통신망계획부장(이정욱)은 1984년 10월 12일부터 10월 21일까지 스웨덴과 벨지움을 방문하여 전기통신계획 수립과 사업운영에 관한 사항을 상호 협의하였다. 본 기간 중 선진국의 통신망이 종합정보통신망(ISDN)으로 발전해가고 있음을 인지하고 귀국하였다. 이에 따라 우리나라 ISDN 발전계획을 세우게 되었으며 그 추진방향을 다음과 같이 제시하였다(ISDN을 위한 통신망계획, 1984. 11, 한국전기통신/ 한국전기통신공사).

첫째, ISDN의 실현목적 및 실현방안을 확인하였다. ISDN계획은 통신망의 전송로계획 규모설정 및 공통선신호망계획 등 광범위한 분야를 포함한다. ISDN의 성공적인 추진은 경제성에 있으며 기존 전화망과 데이터망을 효과적으로 활용하는 것이 무엇보다 중요한 일이며 ISDN의 완성까지는 상당한 시일이 소요되므로 현재의 통신망이 ISDN 환경 하에서 어떻게 쓰일 것인지도 알아야 한다. 그리고 통신망 제공자 입장에서는 이용자가 필요로 하는 서비스를 적절한 시기에 제공하도록 함으로서 장래 불확실한 수요에 대하여 미리 투자하는 위험부담을 경감시켜야 한다.

ISDN 추진전략과 교환기능의 추가에는 통신망의 연속성과 설비의 양립성을 만족시키는 방향으로 추진되어야 하는데 이것이 경제적이고 성공적인 ISDN 전환의 기본이 된다. 먼저 이용자측면에서 CCITT가 정의한 ISDN의 기본적인 기능은 단말에서 단말까지 디지털방식으로 접속되어야 하고 몇 가지 표준화된 이용자 인터페이스를 통한 다양한 서비스를 제공해야 한다.

한편 이용자에게 유익한 기능들이란 것은 표준화된 인터페이스에 의해 다른 메이커 제품 간에도 상호접속이 가능해야 하는 등 이용자 장치 간에 광역접속이 이루어져야 한다. 그리고 기존 서비스와 64Kbps 신규서비스, 부가가치서비스, 전송서비스, 통신서비스, 전송서비스와 통신서비스가 복합된 서비스 등 다양한 서비스의 선택이 가능해야 하고 이들 서비스는 이용자와 통신망 간의 공통신호장치와 교환기 간의 No.7 공통신호장치에 의해 가능해야 한다.

다음 CCITT가 정의한 통신망 제공자측면에서의 ISDN기능은 통합 디지털전화망(IDN)으로부터 완전 디지털통신망으로 발전하여 다양한 서비스를 이용자에게 통일된 방법으로 제공해야 한다는 점이다. 또한 통신망 제공자 입장에서 ISDN은 기 투자된 설비를 최대로 활용해야 하는바 가입자선로는 비전화계 서비스에도 공용하고, 통화량처리와 운용관리를 IDN에 적용해야 할 것이며 기존 데이터 전용통신망을 ISDN에 공통으로 활용할 수 있어야 한다. 또한 통신망 자원을 업무용이나 주택용가입자 모두에게 공동 이용하도록 해야 한다.

둘째, ISDN으로 가기 위한 기반기술을 확보하고 통신망을 진화시켜야 한다. ISDN으로 가기 위해서는 가장 중요한 두 가지 요소가 있는데 우선 가입자선로나 데이터통신망과 같은 기존시설을 최대로 활용하는 것이고, 다음에는 다양한 가입자와 서비스에 대하여 통신망자원을 공용해야 한다는 점이다. 각국의 통신망은 주된 통신망외에 패킷(Packet)과 회선(Circuit) 데이터통신망과 기타 특수통신망 등이 있는데 이들 통신망의 형태와 앞으로의 확장계획은 ISDN 추진전략에 상당히 중요한 고려요인이 되고 있다.

오늘날에도 전화서비스는 거의 선두위치를 차지하고 있으며, 비록 데이터통신량의 증가폭이 전화보다 크다고는 해도 앞으로 상당기간 동안 전화가 선두적인 위치를 차지할 것임에는 의심의 여지가 없다. 기술의 발전은 디지털 통신시스템의 경제성을 점차적으로 높여주고 있으며 이는 통신망계획 면에서 통합 디지털망(IDN)으로 유도하고 있으며 이동통신망에서는 전송과 교환 장치를 하나로 결합시킬 수 있기 때문이다. ISDN으로의 진화는 전화망의 디지털화로 자연스럽게 이루어질 것이며, IDN은 나라마다 다른 절차로 추진될 것이다.

그러나 일반적으로 디지털교환기의 도입으로부터 시작하여 교환기 간을 디지털 전송로로 연결해가는 방식으로 진행될 것이다. 급진적인 통신기술의 발전으로 인하여 향후 10년 내에 전기통신시스템의 특성에 큰 변화를 가져올 것으로 보이며 더욱 증가된 처리능력, 감소되는 설치소요면적, 회선망의 전송비용 감소가 이루어질 것이다. 이러한 기술발전이 ISDN을 더욱 가속시킬 수 있게 될 것이다.

한편 디지털화의 추진방안으로는 애드온(Add-on) 기법에 의하여 서비스를 확장하고 ISDN 서비스지역을 확장하기 위해 원격 유니트를 쓰는 중첩기법(Overlay)은 경제적으로 매우 유익한 방법이 될 것이다. 그리고 광통신과 같은 초다중 PCM방식으로 전국적인 디지털 중첩통신망이 이루어질 것이다. 또한 아날로그 통신망이 데이터통신의 모든 요구수준을 만족시킬 수 없기 때문에 여러 나라에서는 전송망에 회선교환(Circuit Switching)과 패킷교환(Packet Switching) 방식을 도입하고 있으며 이러한 데이터통신망은 전화망의 ISDN 전환과정에서 상당기간 공존하게 될 것으로 예상된다.

따라서 ISDN을 위해서는 비음성계통신을 데이터 전용망과 상호 연결되도록 고려해야할 것이다. ISDN의 실현에 앞서 대부분의 데이터통신은 모뎀을 쓴 아날로그 통신망과 데이터 전용통신망을 이용하게 될 것이다. ISDN 과정에서 교환기를 통하여 64Kbps까지의 전용회선이 이용될 것이며, 전환기간 동안 여러 가지 액세스방법 들이 공존할 것이다.

셋째, ISDN을 위한 통신망의 제반조건을 준비해야 한다. ISDN 가입자는 디지털가입자, 아날로그 가입자는 물론이고 ISDN, PSDN 가입자와도 상호 접속이 가능해야 하기 때문에 수많은 상호작동(Interworking) 기능들이 수반되어야 한다. 장기적 안목에서 ISDN 가입자에게는 적어도 현재의 전용통신망에서 제공되는 서비스는 어떠한 것이던 제공 가능해야 한다. ISDN 전략에 일반적으로 요구되는 사항은 투자와 인적자원에 대한 점진적 계획이다.

경제적인 면에서 우선 통신망의 계속성을 중시해야 하는데 이 개념에는 ISDN을 위한 시스템투자는 디지털화 방향과 맞추어 이루어져야 함을 의미하고 있다. 교환시스템은 ISDN 가입자와 서비스뿐만 아니라 일반전화 가입자에게도 경제적으로 건설되어야 한다. 이것은 ISDN 도입 초기단계에서 비음성계 서비스 수요예측이 불확실하므로 더욱 중요한 고려요소가 된다. 또 하나 중요사항으로는 교환시스템은 넓은 지역에 걸쳐 새로운 서비스를 확대할 수 있도록 원격교환장치와 다중화(Multiplexing)을 적용할 수 있어야 한다는 점이다.

다음에는 루팅과 번호계획문제를 살펴보자. 장기적 안목에서는 통신망 전체를 디지털화하는 것이 목표이므로 디지털통신망은 디지털과 아날로그 터미널의 접속에 공용될 것이다. 그러나 ISDN 교환기 간의 디지털통신망 구성은 우선순위를 부여해야 한다. 종류가 다른 서비스 간에는 서비스 수준도 달라서 ISDN에서는 루팅기능을 다양하게 해야 한다. 통신망의 아날로그 부분과 디지털 부분 간에 루트는 가장 용이한 방법으로 선택되어야 하며 디지털 루트는 일반적으로 전송품질을 개선하기 위하여 사용되어 왔다. 그러나 여러 경우 아날로그 전송장치는 아직도 아날로그 루트에 유익하다.

번호계획을 보면, 기존전화에서 통합디지털통신망을 접속하는 것은 현재의 전화번호계획상 ISDN 번호를 통합하는 형태이므로 ISDN을 위해 특별한 번호계획은 불필요하다. ISDN을 위하여 아날로그 교환기에 루팅 패턴을 모두 변화시키는 것은 피해야 하는데 이것은 가능한 현재의 번호체계를 유지해야 함을 뜻한다. 가입자 번호계획 문제는 별개로 하고서도 가입자로부터 가입자까지 부수적인 주소정보(Address)는 보내져야 터미널과 통신망 간에 서비스를 규정할 수 있다.

2.2 한국통신의 ISDN 도입전략

한국전기통신공사 통신망계획부장(이정욱)은 1984년 10월 12일부터 10월 21일까지 스웨덴과 벨지움을 방문하여 전기통신계획 수립과 사업운영에 관한 사항을 상호 협의하였다. 본 기간 중 선진국의 ISDN 도입전략, 통신망 특성에 따른 ISDN 추진방안 등을 확인하였으며, 이 내용은 향후 한국통신이 ISDN을 도입하는 기본전략으로 채택되었다. 그 주요내용은 다음과 같다(ISDN을 위한 통신망계획, 1984. 11, 한국전기통신/ 한국전기통신공사).

가. ISDN 도입전략

기본적으로 IDN에서 사용된 전략이 ISDN에도 동일하게 적용되나 기능상의 차이가 있다. ISDN은 추진할 때 애드온 기법(Add-on)이 대단히 유익하며 기존 디지털교환시스템에 ISDN 기능을 확장하는 방식이다. 이 애드온 기법은 대체하는 방법과 중첩하는 방법에 적용될 수 있으며, ISDN은 점진적이고 경제적으로 추진되어야 하나수요가 있을 때에는 조기에 제공될 수 있어야 한다.

대체방법이란 ISDN이 전역에 확산되기 전 단계에서 기존 교환기를 철거 대체하거나 ISDN 기능으로 개량시키는 것을 의미한다. 우선 대도시의 업무용 지역에서 새로운 서비스 수요가 기대되는 곳에 적합하다. ISDN 전략에 따르면 철거된 교환시설은 ISDN이 필요치 않는 지역에 재사용할 수도 있다. 대체기법의 큰 불편은 새로운 서비스가 제한적으로만 제공 가능하다는 점이다.

한편 중첩방법(Overlay)은 ISDN 기능을 갖는 새로운 교환기를 도입하는 것이며 기존의 디지털교환기는 ISDN 기능을 갖도록 애드온 기법에 의하여 개량한다. 중첩기법으로 전역에 걸쳐 ISDN을 실현하려면 전국적인 디지털 전송망이 있어야 한다. 계획을 수립할 때 고려할 사항은 불확실한 신규서비스 예측에 대비하여 융통성이 있도록 할 것이며 이것은 초기단계에서 매우 중요한 고려요인이다.

위에서 설명한 바와 같이 ISDN을 실현하기 위해 대체방법이나 중첩방법을 선택 사용하게 될 것이며 기술발전에 따라 애드온 기법을 가미한 중첩방법을 활용할 수 있다. 광범위한 지역을 재빨리 커버하기 위해서는 몇 개의 새로운 디지털 교환기와 원격장치, 집선장치 등을 이용하는 것이 유익한데 이 방법의 이점은 새로운 서비스 재공을 위해 투자가 최소화된다는 점이다. 중첩방법을 경제적으로 사용하려면 교환시스템은 원격교환장치와 집선장치를 제공할 수 있어야 한다. AXE-10 교환기의 경우 모듈구조로서 ISDN 기능을 부가할 수 있어 애드온 기법을 쉽게 적용할 수 있다고 한다. 중첩방법은 종합적인 서비스를 경제적으로 짧은 기간에 실현할 수 있을 것이다.

나. 통신망특성에 따른 ISDN 추진

대도시 지역에 ISDN도입은 디지털 가입자 교환기나 디지털 텐덤교환기의 도입으로 시작될 것이다. 초기 단계에서 디지털교환기는 ISDN 서비스의 제공은 두고서라도 기존 서비스의 개선에 효과를 발휘할 수 있다. 대도시 지역의 ISDN 가입자는 RSS나 RSM에 의하여 접속될 수 있고 RSM은 사무용 빌딩에 설치될 수 있다. 가입자 단말기를 RSM에 직접 접속함으로서 4선식 가입자 인터페이스와 동일한 효과를 거두게 되어 이들 유니트의 경제성은 페어게인(Pair-Gain)효과로도 평가된다.

RSS를 설치하는 것은 아날로그 통신망의 확장방법이기도 하며 향후 디지털화 계획에 의하여 아날로그 교환기를 완전히 디지털로 대체하도록 되었을 때 RSS와 RSM은 간단하게 새로운 디지털 교환기로 바꾸어 연결하기만 하면 된다. 이렇게 함으로써 RSS와 RSM은 전적으로 새로운 디지털교환기의 한 부분으로 운용될 수 있을 것이다. 한편 통신망의 현대화를 위하여는 ISDN을 무시하더라도 장거리통신망의 디지털화를 고려해야 할 것인데. 장거리 통신망의 IDN을 먼저 해야 중첩통신망으로의 접근이 용이하다.

ISDN은 당분간 최적의 전화서비스 공급에 두어야 하며 통신망의 서비스 가격은 이용자의 사용패턴에 좌우될 것으로 보인다. 파일전송과 같은 대량 정보통신은 전화와 거의 유사한 트래픽 특성을 갖게 되며 회선교환망(Circuit Switching)이 적합할 것이다. 대용량 디지털 시스템이 장거리통신망에 도입됨으로서 현재와 같은 데이터 전송 장애요인은 없어지게 될 것이며, 오늘날 패킷교환(Packet Switching)이 사용되고 있는 많은 응용분야를 회선교환(Circuit Switching)으로 바꿀 수 있게 될 것이다.

그러나 극히 짧은 시동시간(Set-up Time)이나 지연(Delay)가 요구되는 적용분야에서는 패킷스위칭이 좋은 방식이며, 짧은 지연이 목표인 통신망에서는 되도록 스위칭 노드를 최소화해야 한다. 대도시 지역에서 설명한 것과 같은 원리로 원격지에 있는 가입자에게도 통합 디지털 접속이 가능하다. 결론적으로 말하면 디지털교환기는 지리적으로 떨어진 타 번호지역에도 신규서비스가 예상된다면 동일교환기로서 동시에 서비스가 가능하다. 이런 응용은 ISDN의 초기단계에서도 대도시에 설치된 디지털교환기를 중심으로 아직 아날로그 교환기가 설치되어 있는 중소도시에 원격장치를 설치하여 효과적으로 ISDN을 성취할 수 있다.

ISDN은 전화망을 기반으로 하여 발전될 것이며 통신망의 계속성과 설비의 큰 변동없이 ISDN기능을 보완할 수 있는 두 가지 관점에 기초를 두고 경제적으로 점진적으로 추진해야 할 것이다. 기술의 급진적인 발전으로 경제적인 신규서비스 수용을 위해 중첩(Overlay)기법과 애드온(Add-on)기술이 유익하게 사용될 것이며, 모듈화 구조와 원격스위칭 시스템(RSS) 및 집선장치(RSM)를 갖는 디지털 시스템이 ISDN으로의 발전에 적합하게 응용될 수 있을 것이다.

2.3 종합정보통신망 시범운영

1984년 한국통신은 종합정보통신 서비스를 제공하기 위한 준비단계로서 종합정보통신망(ISDN) 시범운영계획(1984. 12. 24, 한국전기통신공사)을 다음과 같이 수립 시행하였다. 이 계획의 주관부서 및 결재자는 제3장 말미의 참고자료 편에 기록되어 있다.

가. 시험운용방침

ISDN의 국내 운용의 타당성을 검증하는 한편 케이블 등 기존 시설의 문제점을 파악하여 적절한 대책을 강구하고, 기존 시스템과의 상호 인터페이스 방안을 시험한다. 그리고 시험운용을 통하여 요금, 이용제도 등 통신정책방향을 제시하고 앞으로 적용될 기술을 사전 예보하여 통신 산업을 육성한다. 또한 새로운 전기통신서비스를 국민에게 홍보하고 수요를 창출토록 한다. 이 계획의 시행방침은 다음과 같이 정하여 추진하였다.

첫째, 시험 운용에서 얻어진 경험과 기술이 공중통신망에 직접 활용될 수 있도록 하고 국내표준기종의 개발방향을 제시한다. 제1단계에서는 기술적인 사항을 검증하기 위한 시험위주로 추진하고, 여기에서 확립된 기술을 바탕으로 제2단계에서는 시범지역을 선정하여 공중통신망에 직접 적용한다. 이때 홍보 및 운용기술을 축적하고 전국망 확장의 기틀을 마련한다.

둘째, 국내기술을 최대한 활용하여 외국의 기술 의존도를 줄여서 관련기술을 자립하고, 시험시스템은 운용중인 공중통신시설과 별도로 설치하여 필요한 인터페이스에 의해 상호 연동시킨다. 시험지역은 정보통신의 필요성이 높고 시범효과가 높은 지역을 선정한다.

셋째, 시험운용 중 필요한 가입자 댁내시설은 공사에서 무료 제공하고 국제통화를 제외한 시험통화요금은 무료로 하여 시험성과를 높이도록 한다. 또한 사업의 효과적인 추진을 위해 공사에 전담부서를 두고 연구소 및 산업체로부터 필요한 인원을 참여시켜 공동추진체를 구성한다.

나. 시범운용 시행방법

1980년대 후반 우리나라의 종합정보통신망(ISDN) 시범운용은 다음과 같이 단계별 추진 계획에 의해 시행하였다.

첫째, 제1단계(1985년-1987년)는 시험 운용한다. 이때 목표는 기본적인 가입자 액세스 시험, 광대역 가입자 액세스 등 이용자 및 네트워크 시험과 기존망과의 인터페이스 시험, 공통 신호방식 적용시험, ISDN 교환기 상호연동시험을 실시한다. 년차별로 보면 1985년에는 추진체를 구성하고, 시험운용 세부계획을 수립하며 시험시스템 설계 및 소요예산을 반영한다.

1986년에는 1단계 시험시스템을 설치하고 가입자를 수용한다. 그리고 가입자 단말기의 설치 운용, 전용회선 시험, 패킷망과 연동시험, 가입자 액세스 시험(2B+D)을 실시한다. 1987년에는 광화문전화국의 5ESS 전자교환기 및 영동전화국의 S1240 전자교환기와 통신망을 구성하고, LAN 및 디지털 PABX와도 접속 운용한다. 이때 회선교환시험, 고속팩스시험을 실시하고 스케치 폰, TV전화 등 고도정보단말기를 시험운용하며 복합교환기능 및 광대역 가입자 액세스 시험도 시행한다.

둘째, 제2단계(1988년-1989년)에서는 시범 운용한다. 이때 보다 고기능의 ISDN 단말기 시험 및 복합교환기능 시험을 계속 실시한다. 그리고 제주 또는 도시지역에 시범 운용을 통하여 적용상의 문제점을 도출하고 국민에 대한 홍보를 시행한다. 년차별로 보면 1988년에는 제주도 또는 도시지역의 시범지역을 선정하여 서비스를 시행하고 고도정보통신 서비스의 시험 운용을 계속 추진한다. 그리고 1989년에는 시험결과 및 시범결과를 종합평가하고, 각종 표준안을 제시한다.

셋째, AXE-10 전자교환기의 TDX 전자교환기에 대한 시험과 공중통신망에의 적용시험을 1986년에 실시하고, 도시형 TD와의 연동시험은 1987년에 실시한다. 이때 AXE-10 교환기는 200회선, 도시형 시험기는 설치용량을 활용하고, 이는 연도공급물량에서 시범에 소요되는 부분을 ISDN 모듈로 공급하여 시행한다.

다. 추진체 구성방안

우리나라는 종합정보통신망(ISDN) 시범운용을 위해 그 추진주체는 1985년도에 구성하며, 구성방안과 관련기관별 업무분담, 추진전담반 구성은 다음과 같이 정하였다.

첫째, 체신부는 정책결정, 기관상호 간 유기적 관계를 조성하고, 통신공사는 시행계획을 주관하며, 표준안 작성, 시험결과 평가 및 적용계획 수립, 대외홍보를 수행한다.

둘째, 연구소는 소요장치를 개발하고 시험을 지원하며, 표준안의 작성지원, 산업체 기술지도를 전담한다. 데이터통신(주)는 각종 데이터베이스를 제공하고 통신망간 연동, 데이터통신서비스의 개발 및 시험을 담당한다. 한편 산업체는 시스템을 설치하고 운용에 참여하며, 시험용 장치류의 생산 및 제공, 소요기술 습득을 담당한다.

셋째, 이 사업을 위한 추진전담반은 한국전기통신공사 계획국 통신망계획부에 두고, 추진전담반장은 사업지원본부(책임연구원 1명)에서 맡는다. 사업지원본부가 담당하는 추진전담반에는 계획실무반과 운용실무반을 운용하도록 하며, 운용실무반은 제1단계 시험이 실시되는 1986년부터 구성운용하고, 제2단계 시범 시에는 사이트 당으로 확대 구성한다.

넷째, 계획실무반은 기술검토, 시스템 설치계획, 운용실무반 업무지도, 시험결과 종합, 표준안 작성 등의 업무를 수행한다. 참여인원은 공사에서 선임급 연구원 1명, 연구원 1명, 일반직 1명, 기능직 1명으로 하고, 연구소에서는 선임급 연구원 1명, 연구원 1명이 참여하며, 산업체 및 데이콤에서는 적정수의 실무자가 참여토록 한다. 운용실무반에서는 시험시스템을 운용관리하고, 평가 자료를 수집하도록 한다. 여기에는 공사에서 연구원 2명, 일반직 1명이 참여하고, 연구소 연구원 2명, 해당산업체실무자 2명으로 구성 운영한다.

2.4 한국의 ISDN 발전방향에 대한 고민

1980년 중반 한국통신은 우리나라가 ISDN을 향하여 어떤 길을 가야할까를 고민하기 시작하였다. 당시 한국통신 입장에서는 ISDN이 막 출발점에 서있는 상황에서 경제적이면서 기술적인 접근방법을 구상하지 않을 수 없었다. 1985년에 ISDN 전화교환기 및 신호방식이라는 주제로 국제전신전화회의(CCITT SG XI)가 스위스 제네바에서 개최되었다(1985. 3. 16-3. 31).

한국통신에서는 이 회의에 계획국 통신망계획부장(이정욱)과 운용국 시내운용부 과장(김은진) 등 5명이 참석하였으며, 본 회의참석 후 주제인 ISDN의 기술방향에 대한 보고서를 제출하였다(ISDN에 따른 기술동향/ 공무국외여행귀국보고서, 1985. 5, 한국전기통신공사). 이 보고서는 당시 우리나라 정보통신망이 ISDN으로 발전하는 과정에서 길잡이의 역할을 하게 되었다. 본 보고서의 주요내용 중 디지털교환기의 기술, ISDN 방향 및 당시상황을 정리하면 다음과 같다.

가. 디지털교환기 및 공통선 신호방식

1984년 Malaga-Terremolinos에서 개최된 제8차 CCITT 총회에서는 앞으로 ISDN 전화교환망 및 신호방식(ISDN and Telephone Switching and Signalling)이라는 주제를 담당할 CCITT 연구그룹 11(SG XI)을 구성하였다. 이 연구그룹 11에서 다루어야 할 사항으로서 공통선 신호망(No.7 CCS Network)의 구조와 사용에 관한 기술적인 권고 등 21개 과제가 제시되었다.

(1) 디지털교환기의 기술규격은 현재 CCITT권고 Q.501-507과 Q.511-517에 상세히 수록하여 권고되고 있다. 이러한 디지털교환기는 ISDN으로 발전하여 가는데 있어서 필수적으로 뒤따르게 되는 교환기이다. 이 디지털교환기의 정합기능과 기술적인 파라미터를 보면 385Kbps, 1,536Kbps, 1,920Kbps 등 2Mbps 이하의 비트율을 가진 광대역서비스에 대한 정

합방식과 교환기와의 정합방식, 호처리 기능과 부가적인 교환기 접속 다이어그램 등의 항목에 대한 세부연구가 진행되고 있다. 또한 2Mbps 이상의 비트율을 가진 광대역서비스에 대한 연구도 진행 중이다.

(2) 디지털교환기의 성능요구사항, 교환측정, 유지보수기능 등의 관한 사항은 디지털교환기와 ISDN과 연관되어 논의된 사항으로서 실제 교환기의 현장적용을 위한 주요한 분야가 되고 있으며, 현재 유지보수측면에서 Q505, 515, 506, 516을 보완하기 위하여 요구되는 항목들에 대하여 검토 및 연구되고 있다. 그리고 CCITT 권고 Q511- Q517 중심의 ISDN과 관련된 각종 기능을 정의하고 있다.

(3) 공통선 신호방식(No.7 신호)의 종합적인 목적은 범용 국제표준 공통채널신호(CCS) 방식을 제공하는 것이다. 이 신호방식은 축적 프로그램 제어교환기와 관련된 디지털 전기통신망의 운용에 최적이고, 호의 원격제어 및 관리와 유지보수신호를 위해 전기통신망 내 프로세서 간 상호동작에 대한 정보전달의 요구조건을 만족시킨다.

그리고 손실이나 중복없이 옳은 시퀀스로서 정보를 전달하는 신뢰성있는 수단을 제공한다. 따라서 No.7 신호시스템은 특수서비스에 기여하는 통신망 및 ISDN에 있어서 다목적 용도에 적용될 수 있다. 또한 이 신호방식은 64Kbps 디지털 채널을 통한 운용에 가장 적합하며, 아날로그 채널 및 저속운용에도 적합하다. 이 방식은 점대점 방식(Point-to-Point)의 지상 및 통신위성 링크에의 사용에도 적합하다.

나. 상호연동 및 기술기준

본 회의에서 각 국별로 상당히 신중하게 논의되었던 사항은 ISDN으로 지향하는데 있어서 현재까지 미비점으로 나타나고 있는 문제로서 특히 각 통신부문별 상호연동에 관한 것이었다. 이중 무선분야에서의 상호연동은 No.7 신호의 사용 및 보완서비스(Supplementary Service)의 확장이라는 점에서 중요하게 다루어졌다.

이러한 상태에서 신호방식간의 상호연동, 새로운 전송장치에 대한 신호방식조건에 대한 사항이 검토되었고, 육상(Land), 해상(Maritime), 항공(Aeronautical) 통신망에 대한 신호조건 등도 검토되었다. 그리고 디지털교환기는 ISDN으로 가는 필수적인 매체로서 세계 각국이 이의 발전 동향에 깊은 관심을 가지고 살펴보고 있었다. 이를 생산하는 생산자는 물론 이를 설치 사용하는 사용자들에게는 어떤 수단을 통하여 이를 선택해야 하는가에 상당한 관심을 집중시키고 있었다.

그러나 이를 선택하는 과정은 이미 GAS6 핸드북에서 제공하여 준바 있으나 이를 선택하기 전후에 그 선택의 타당성과 정합상의 기술조건 등 세부적인 기술검토를 위한 현장시험에 대하여는 그 기간, 절차 등 세부내역이 제시되어 있지 않았다. 따라서 본 CCITT SG XI의 분과회의(Sub-Working Group)에서는 회의기간 중 핸드북을 만들기 위한 초안을 작성하였다.

이번 회의는 각 국가 간의 통신시스템을 효율적으로 생산, 관리, 운용하기 위한 각종 기술기준을 검토, 향상, 발전시키기 위한 목적을 가지고 있는 회의로서 이중 특히 ISDN과 관련된 디지털교환기와 No.7 신호에 관한 전반적인 기술사항을 검토하여 제8 회기년도 중(1985년-1988년)에 다루도록 되어 있는 21개의 질문을 주요사항으로 한 Q권고안을 보완하기 위한 제1차 회의로 개최되었다.

이 회의는 의장 M.J.S. Ryan9(미국), 부의장 M.P. Collet(프랑스), M.S. Kano(일본), M.R.A. Partridge(영국), M.P. Plehiers(벨지움), M.P. Sterndorff(덴마크)으로 구성되었다. 각국 대표로는 독일(Federal Republic of) 9명, 사우디아라비아 4명, 오스트리아 1명, 벨지움 6명, 브리질 2명, 불가리아 1명, 캐나다 6명, 중국 4명, 덴마크 7명, 스페인 2명, 미국 3명, AT&T 25명, 벨 통신연구소(Bell Communications Research) 14명, COMSAT 2명, GTE Service Corporation 1명, GTE Telenet Communi- cations Corporation 1명, Pacific Bell 1명이 참석하였다.

그리고 핀란드 2명, 프랑스 10명, Thompson-CSF 7명, 헝가리 1명, 인도네시아 1명, 이란 6명, 이태리 4명, Italicable 5명, SIP 5명, Telespazie 1명, 일본 1명, KDD 4명, NTT 7명, 노르웨이 5명, 뉴질랜드 1명, 네델란드 7명, 폴투갈 2명, 독일(Democratic Repulic) 1명, 영국 BT 12명, 영국 Cable & Wireless 2명, 싱가폴 4명, 스웨덴 6명, 스위스 8명, 체코슬로바키아 3명, 타이랜드 1명, 튜니시아 2명, USSR 2명, 유고슬라비아 1명, 잠비아 1명 등이 참석하였다. 한편 한국대표(Republic of)로는 이정욱(lee Jung Wook), 김은진(Kim Eun Jin), 강태운(Kang Tae Woon), 이남희(Lee Nam Hee), 남기진(Nam Gi Jin) 등 5명이 참석하였다.

다. 디지털교환기의 기술기준 제정

당시 ISDN으로 가는 출발점에서 세계는 디지털 쪽으로 가고 있었으며, 이를 위해 선진국의 디지털기술을 도입해야 하는 우리나라와 같은 국가의 입장에서는 상당한 고민을 안고 있었다. 이와 관련하여 회의참석자(통신망계획부장 이정욱)가 확인한 이 국제회의의 주요내용은 다음과 같다(한국전기통신, 1986. 1, 한국전기통신공사).

제네바는 국제회의의 도시였다. 국제전기통신연합(ITU)이 그곳에 있고 일 년에 몇범씩 국제전신전화자문위원회(CCITT)의 각 연구위원회가 열리기 때문에 우리들에게는 퍽이나 친숙한 도시로 되어 있었다. 당시 회의에서는 장차 ISDN의 실현을 위한 디지털교환기의 기술기준을 제정하려고 제11연구위원회가 열렸다. 디지털교환기 분야에서는 내노라 하는 몇 나라들이 이것에 대한 제안서를 내놓고 주도적으로 끌고 나간 회의였다. 여기에서 마련된 모든 기준은 앞으로 세계 여러 나라가 지켜야할 지침이 되는 것이었다.

역사적으로 CCITT회의에서는 유럽과 북미 쪽의 양대 산맥이 있어 왔으며, 유럽세가 강했지만 당시는 그렇지 만도 않은 것 같았다. 미국, 캐나다 등의 북미지역과 호주, 일본 등 아시아지역 국가도 열성적으로 참석하여 활동하고 있었다. 특히 일본의 경우에는 회의 때마다 많은 제안서를 내고, 심의에 적극적으로 파고들어 자기들의 국익을 위해 열심히 노력하고 있었다. 제11연구위원회에도 부의장이 5명인데 그중 1명이 일본 NTT 사람이었다. 본 회의의 일부로서 디지털교환기에 대한 현장시험기준을 제정하는 의제를 다루게 되었다.

마침 우리나라에서도 당시 외국의 도입기종을 시험하고 있는 입장에 있었기 때문에 회의 초 한국통신의 통신망계획부장(이정욱)은 좀 세부적인 기준을 만들자고 주장하였다. 그런데 어쩐 일인지 회의가 지지부진 하였다. 회의 중간 휴식시간에 이태리 대표가 슬그머니 다가오더니 당시 한국통신이 주장한 문제를 끝까지 밀어보자고 말을 거는 것이었다. 꼭 그럴 필요가 있느냐고 물었더니 그는 그냥두면 이 의제가 부결되어 기준을 만들지 않기가 십중팔구라는 말이었다.

전자교환기 생산국에서야 이 기준을 힘들게 만들어 놓아 보았자 사가는 나라로부터 규제만 받지 별 이득이 없으니 그렇다는 것이었다. 이 회의를 주동하고 있는 나라들이 대부분 디지털교환기를 생산하여 다른 나라에 판매해야할 입장에 있는 선진국들이니 그들은 이 기준을 까다롭거나 복잡하게 만들 생각이 없었다. 그러나 이 제품을 사서 사용해야할 입장에 있는 대부분의 국가에서는 가능한 한 구체적인 기준을 만들고 싶은 생각이어서 서로의 이해가 상충되고 있었다.

그래서 이런 경우 어떻게 하면 되겠느냐고 물었더니 방법이 있다는 것이다. 주로 선진국의 전자교환기를 사다가 사용하는 비슷한 입장에 있는 나라끼리 힘을 모아서 이 기준을 기어이 만들어 내도록 연합전선을 펴자는 것이었다. 사실을 듣고 보니 당시 이태리도 전자교환기는 외국기종을 3개나 도입 설치하고 있어 당시 우리나라 입장과 엇비슷하였다. 이태리 참석자는 유럽지역 전기통신회의(CEPT)에도 일년에 두세 번은 참석하는 터라 이러한 경우일을 처리하는 센스가 있었다.

금방 우리와 같은 생각을 하고 있는 브라질과 중공대표를 모을 수 있었다. 이 기술기준의 제정 필요성과 방법에 대하여 즉석제안서를 만들어 연명으로 본 회의에 제출하였다. 이 제안은 받아 들여져서 당시 회의에서 만들어지게 되었으며, 그해 가을회의에서 세부적인 기준이 성안될 예정으로 있었다. 그 후 제네바로부터 이 기준의 일부를 한국에서 만들어 줄 것을 요청받아 작성 제출하였다.

라. ISDN 관련 국제규격 안 작성 및 ISDN 위성통신연합체 참가.

1988년 1월 국제전신전화자문위원회(CCITT) 제18연구단회의가 우리나라 워커힐호텔에서 열렸다(1988. 1. 25-2. 5). 이 회의에는 체신부장관(오명), 한국전기통신공사 사장(이우재) 등 25개국 대표 300여명이 참석하였다. 체신부와 한국전기통신공사가 공동 주관하고 한국전자통신연구소 주최로 열린 이 회의에서는 1988년 6월 스위스 제네바에서 개최될

ISDN 관련 국제규격 안을 최종 작성하였다.

또한 국제위성통신기구(INTELSAT)에서는 위성통신의 ISDN 표준화 및 서비스 제공을 위하여 ISDN 위성통신연합체를 구성하고 있었으며, 한국통신은 이 회의체에 참가하기로 결정하였다. 우리나라는 이 회의체를 통하여 위성 ISDN 구축기술을 파악하고 교류를 통하여 위성 ISDN의 국제표준화에 참여하며, 인텔새트 공동이사국으로서의 국제적 위치를 확보하고자 하였다. 한편 인텔새트에서 정식으로 본 연합체가 발족시키면 이에 대응할 국내 ISDN 추진위원회를 구성 운영할 예정이었다.

2.5 기간통신망의 ISDN화 시도

가. 통신망 운용상황 및 ISDN의 기본모형

우리나라는 1980년대에 들어서면서부터 매년 1백만 회선 이상의 전자교환기를 투자하여 온 결과 당시 웬만한 도시에서는 국민들이 신청즉시 전화를 설치할 수 있게 되었을 뿐만 아니라 일부지역에서는 전화판매에 나서고 있을 만큼 충분한 통신시설을 갖추게 되었다. 이처럼 한국전기통신공사에서 통신시설을 양적으로 확장하여 오는 동안 국민들은 통신에 대한 새로운 요구를 하기 시작하였다.

이에 따라 상대방과의 일상적인 전화뿐 아니라 각종 데이터를 신속하게 보내주고 받을 수 있는 새로운 형태의 서비스를 요청하는 시대에 접어들고 있었다. 이러한 필요성에 따라 대부분의 나라에서는 전화교환을 하는 공공용 전화통신망(PSTN : Public Switched Telepone Network) 외에 데이터 교환전용의 패킷통신망(Packet Network)을 건설하여 새로운 수요에 대처하고 있는 실정이었다.

그러나 전국에 방대하게 깔려있는 공공용 전화통신망을 두고 데이터만을 주고받기 위한 별도의 독립된 데이터통신망을 계속 확장해 나갈 것인지는 여러 가지 면에서 검토해야 할 과제였다. 그래서 어느 나라에서나 기술적인 가능성과 경제성을 깊이 검토하여 이 문제를 해결하는 새로운 돌파구를 찾지 않을 수 없었다. 더구나 서비스지역이 제한될 수밖에 없는 데이터 전용시설을 가지고는 수용할 수 있는 이용자가 한정될 수 밖에 없다는 문제가 있을 뿐 아니라 그렇다고 이 전용통신망을 광범위하게 확장하기에는 막대한 투자를 필요로 하기 때문이었다.

당시 우리나라는 5차5개년계획이 완료되는 1986년 말에는 전국의 전화가 근 900만대에 육박할 것이며, 다가오는 6차 5개년계획 기간에는 우리나라 모든 가정이 전화혜택을 받는 소위「전 국민 전화문화시대」에 진입할 것으로 보고 있었다. 이러한 통신환경에서 통신공사는 앞으로 소유하게 될 방대한 전화망을 바탕으로 하여 팩시밀리, 텔리텍스, 비디오텍스 등 각종 비전화서비스를 이용하도록 하여 미래의 정보통신시대를 열려고 시도하였다. 한국통신은 향후 통신사업의 주요과제로 대두되고 있는 ISDN의 기본모형을 통신망 측면과 서비스 측면에서 다음과 같이 분석하였다.

첫째, 음성, 데이터, 영상 등 서비스마다 개별적으로 운용되던 통신망이 하나로 통합되어 PSTN 통신망이 대폭적으로 혁신된다. 그리고 시내통신망 및 시외통신망이 ISDN화되고 공통선 신호방식(No.7)이 제공됨으로써 PSTN의 디지털화가 완성될 것이다. 또한 가입자망은 기존 동선을 사용하나 144Kbps 이상의 신호전달능력을 보유하게 될 것이다.

둘째, ISDN은 2000년대 초반까지 개인 및 기업의 멀티미디어통신 서비스를 제공하는 수단이 될 것이며 1회선으로 2가지 이상의 서비스(2B+D)를 동시에 제공하는 서비스로 진화할 것이다. 즉 전화와 PC, 전화와 고화질 팩스 등 두가지 서비스를 64Kbps 전송속도로 동시에 사용하고, 단말기를 최대 8대까지 연결 사용할 수 있게 될 것이다. 이때 서비스 제공방법은 기존 전화기를 포함하여 ISDN 전화기를 사용하고 데이터통신도 할 수 있다.

나. ISDN으로 가는 길

한국통신은 5차 5개년계획에 이어지는 6차 5개년계획 동안 우리나라의 모든 가정이 전화혜택을 입는 소위 전화시대에 진입할 것을 목표로 전화시설을 확장해 나가고 있었다. 따라서 한국전기통신공사에서는 앞으로 확장될 방대한 전화망을 바탕으로 데이터교환, 비디오텍스, 디지털팩시밀리와 같은 비전화 서비스를 전화서비스와 마찬가지로 널리 보급하여 미래의 정보통신시대를 열어 나가고자 하였다. 이때 한국통신 계획국 통신망계획부(부장 이정욱)는 ISDN을 목표로 스타트라인에 서있는 우리나라는 어떤 준비를 해야 할 것인가를 검토하여 다음과 같은 ISDN으로 가기 위한 길을 제시하였다(통신망현대화계획, 1985. 12. 17, 한국통신).

첫째, 모든 시내교환기(Local Exchange) 간에 64Kbps의 디지털접속이 되도록 시설을 개량하야 할 뿐만 아니라 앞으로 공통선 신호방식(No.7 신호)을 채용한다. 그리고 스위칭 시스템은 144Kbps의 기본속도가 가능해야 하고 장차 2Mbps의 광대역접속을 할 수 있는 능력을 갖추도록 한다.

둘째, 교환시스템은 기존전용망 및 미래의 전용망과 상호연결이 가능해야 하며, 특히 패킷교환시설을 통합할 수 있을 뿐만 아니라 그 자체기능이 있는 것이어야 한다. 이는 전국적인 패킷교환망을 갖추지 못한 우리나라와 같은 경우 더욱 절실한 문제로서 이는 최소의 투자로서 패킷교환서비스를 광범위하게 실현할 수 있기 때문이다.

셋째, ISDN은 어느 나라에서나 기존전화망을 이용하는 방법으로 시작하고 있다. 따라서 우리날도 ISDN은 현존하는 가장 큰 통신망인 디지털전화망을 기반으로 발전시켜야 한다. 예를 들면 프랑스에서는 단시일 내에 기존 가입자선로를 이용하여 ISDN에 직접 접속하도록 추진하고 있고, 영국에서도 가입자선로비용이 전체 통신망 투자액의 40%나 되는 점을 강조하면서 기존 동(銅)케이블을 이용하여 ISDN을 실현해 나갈 계획을 발표하였다.

넷째, 당장은 우리나라에서도 기존 동 케이블을 사용하여 ISDN을 구축토록 한다. 여기에 2개의 정보채널(64Kbps×2)과 1개의 신호채널(16Kbps)을 제공토록 시도할 것이다. 그러나 멀지 않아 광케이블이 급속도로 도입될 것으로 보여 1986년부터 시내국간전송로에 광섬유케이블을 건설할 계획이며 이렇게 되면 비디오신호까지 보낼 수 있게 될 것이다. 영국의 Corfield경(영국 STC회장)은 앞으로 광섬유의 가격이 하락하여 1년- 2년 내에 가입자선로의 동선과 맞먹을 것이라고 내다보고 있다.

다섯째, 우리나라는 시외통신용으로 내용량 디지털교환기(No.4 ESS)를 도입 운용하고 있다. 이 교환기에 고도의 회선교환기능을 살릴 수 있어 1986년부터 이것을 이용한 고속데이터 교환시스템 즉 CSDC(Circuit Switched Digital Capability)를 구축한다. 이 시스템이 완성되면 No.4 ESS형 시외교환기가 운용중인 서울, 부산, 대구, 대전, 광주 등 대도시지역에는 56Kbps의 고속도 데이터를 전송할 수 있어 바로 고속정보교환시대로 접어들게 할 수 있다.

한편 ISDN에 대한 신규수요의 판단 문제가 대두되었다. 수요에 대한 정확한 전망은 선진국에서도 확실치 않은데 기술은 발전하는데 수요는 늘지 않을 수도 있다는 점을 주의 깊게 검토해야만 하였다. 당시 선진국의 경우를 보면 아직은 음성전화가 전체 트래픽의 90%를 점하고 있지만 데이터 전용회선과 공중데이터 망으로의 접속수요가 매년 20%로 급속히 증가하고 있었다. 이것은 컴퓨터 간 통신과 원격터미널로부터의 컴퓨터 이용 때문이라는 것이 프랑스의 Fayard씨(CIT-ALCATEL 사장)의 분석이었다. 이러한 추세가 몇 년 내에 우리나라에서도 일어날 것으로 보고 이를 추진하였다.

3. ISDN 실행방침 및 발전전략

3.1 기본방침 및 확산전략

가. 공중전화교환망(PSTN)을 근간으로 발전

한국통신 계획국 통신망계획부(부장 이정욱)는 우리나라의 ISDN도 다른 나라와 마찬가지로 공중전화교환망(PSTN)을 근간으로 형성하며, 다음과 같은 발전단계를 거치는 것으로 결정하였다(통신망현대화계획, 1985. 12. 17, 한국통신).

첫째, 제1단계에서는 전화망에 디지털교환기 및 전송장비를 도입하여 기반을 준비하고, 제2단계에서 디지털화된 전화망을 ISDN으로 확장하며, 제3단계에 이르러서는 ISDN을 하나의 광대역 ISDN으로 발전시킨다. 한편 협대역 ISDN의 기초위에 광대역 ISDN을 구축하는 방향으로 간다. 왜냐하면 어느 나라에서나 ISDN은 단번에 이룩되지는 않을 것이며, 이종통신망이 접속 가능한 중간단계를 몇 번 거칠 것이기 때문이다.

둘째, 우리나라가 CCITT의 규격을 적용하여 ISDN을 실현한다 하더라도 우리의 발전전략은 다른 나라와 다소 다를 것인데 이것은 기존 가입자의 분포, 새로운 서비스에 대한 수요, 전화망의 디지털화 정도, 기존 전용통신망 등의 상황이 다르기 때문일 것이다. 그러나 통합디지털망(IDN: Integrated Digital Network)으로부터 종합정보통신망(ISDN: integrated Service Digital Network)으로의 발전단계에서 가장 중요한 것은 시내통신망에 대한 디지털기술의 확장이다. 한편 호주전기통신위원회의 위원장(Mr. Word)은 초기단계에서는 기술적인 발전보다는 정책적인 뒷받침이 ISDN의 도입을 촉진한다고 하는 주장에 우리는 유의할 필요가 있다.

셋째, 우리나라는 현재 700만 회선이나 되는 방대한 공중전화교환망(PSTN)을 운용되고 있고, 별개의 텔렉스망을 가지고 있을 뿐만 아니라, 데이터통신전용의 패킷교환망을 독립된 통신망으로 운용하고 있다. 그러나 앞으로 공중전화교환망이 고속의 데이터교환기능을 갖게되는 시점 즉 ISDN이 실현되는 시기에 가서는 많은 정보교환가입자가 여기에 수용될 것이다. 따라서 독립된 3개의 통신망을 적절히 운용하다가 그때 가서는 통합연동화가 불가피해 진다. 프랑스의 경우 이미 일반인에게 텔리텍스 서비스를 개방했으며 이 텔리텍스 단말기는 전화망에 연결하여 패킷전용망에 연결된 단말기와 서로 교신이 가능하고, 또한 재래의 텔렉스망과도 연동이 가능하게 되었다고 한다.

넷째, 또한 전기통신망은 컴퓨터망과 연동되어야 할 것인데 이 두 가지 통신망은 개별적으로 계획되고 설치 운영되고 있다. 전기통신망에 컴퓨터망을 연결시키려면 현재로서는 상당한 제한을 받지만 장기적으로는 하나의 통신망으로 통합될 것이고 컴퓨터와 통신이 맞물려 움직이게 될 것이다. 이러한 ISDN 시대에 가서는 전자교환기 시스템에 필요한 프로그램도 현재보다 10배 이상이 소요될 것으로 일본의 NEC회장(Kobayashi)은 예상하고 있다.

나. ISDN의 확산전망

앞으로 ISDN은 전가통신서비스의 어느 범위까지 확산될 것인가? 당시 전문가들은 이동체 무선서비스도 ISDN화되어 장차 육지와 해상 간, 해상과 항공기 간, 그리고 항공기과 육지 간이 하나의 통신망으로 연결될 것으로 내다보고 있었다. 이러한 발전은 통신위성으로까지 확장될 것이 틀림없는데, 실제 위성통신은 각종 디지털시스템의 통신프로토콜에 상관없이 통신이 가능하게 되었다.

다시 말해서 위성통신은 이용자들의 통신방식에 투명(Transparent)하기 때문에 통신위성은 세계 ISDN의 징검다리가 될 것으로 보고 있었다. 아시아지역에서는 이미 인도네시아, 인도, 일본에서 전용통신위성을 가지고 서비스하고 있고, 태국정부도 자국통신위성을 고려하고 있다고 하였다. 따라서 미래에는 통신위성까지 연결되는 광역서비스망이 형성되고 어떤 형태, 어떠한 량의 데이터도 전송 가능한 강력한 통신망을 구축한다는 관점에서 한국통신의 통신망계획이 검토되어야 하였다.

한편 ISDN의 결정적인 확산요인은 동일한 정보량을 당시 통신요금에 비해 아주 저렴한 통신비용으로 전달한다는 점에 있었다. 다가올 ISDN 시대에 적용할 요금체제에 대하여는 몇 나라에서 주장하고 있는 방향을 감안하여 검토하였다. 주요내용으로는 당시 기존 통신서비스의 통신요금보다 저렴하게 되어야 할 것이며, 우리나라와 같이 국토면적이 작은 나라에서는 통신거리에 관계없이 전국을 동일요금체제로 하는 것이 합리적이라고 보았다. 또한 서비스별로 다른 요금체제가 아니라 비슷하도록 조정하고, 요금구조도 기본요금부분과 통신량에 따라 지불하는 부분으로 만들 필요가 있었다.

3.2 ISDN으로 간다

한국통신 통신망계획부(부장 이정욱)는 현존하는 전화망을 장차 종합정보통신망(ISDN)으로 발전시켜 나가는 목표를 설정하고 이 목표에 가장 용이하고 효과적으로 접근할 수 있는 발전전략을 수립하였다. 이때 세운 세부계획은 다음과 같다(종합정보통신망으로의 발전방향, 1986. 8. 9, 한국통신).

가. 우선순위는 통신망의 디지털화 추진

1단계에서는 전화망을 디지털화하고, 가입자선로도 디지털화하며, 기존 통신망의 잠재능력을 개발하고자 하였다. 이를 위한 세부계획은 다음과 같이 정하여 추진하였다.

첫 번째는 전화망을 디지털화 한다. 우리나라의 전화망을 다양한 능력을 갖춘 미래의 통신망으로 진화시켜 나가기 위해서 몇 개의 필요한 단계를 거치면서 점진적으로 추진한다. 1단계에서는 공공용 전화망(PSTN)에 디지털방식의 교환기와 전송장비를 도입하는 준비기간이 될 것이다. 이는 우리나라의 모든 전화국에 설치할 교환기를 현재의 반전자식교환기(아날로그방식)로부터 전전자식교환기(디지털방식)로 전환 공급한다.

이에 맞추어 전화국과 전화국을 연결하는 전송로도 디지털방식으로 전환하기 위해 대부분을 PCM방식으로 공급하고, 1986년부터는 광통신케이블을 건설해 나간다. 이렇게 추진하면 앞으로 10년 후인 1996년까지 전량 디지털방식의 전송로를 보유하게 될 것이다. 또한 전국의 시외교환기는 이미 1984년에 디지털화가 완성되었으며, 지금은 전국의 기간전송로를 디지털화하기 위해 디지털 마이크로웨이브(MW)와 광(光) 통신케이블을 건설해 나가고 있다.

한편 농어촌에도 1984년부터 디지털교환기(AXE-10형)을 공급하기 시작하여 1987년까지는 완전 디지털화를 달성할 계획인데, 이렇게 되면 우선 회선교환 디지털망(CSDN)을 실현할 수 있는 기초가 마련될 것이다. 이 단계에서는 모든 시내교환기 간에 64Kbps의 디지털 접속이 가능하여질 뿐만 아니라 앞으로 공통선 신호방식(No.7 신호)이라는 최신의 세계표준 신호방식의 도입도 실현될 수 있다. 이러한 기반을 닦아 나감으로써 앞으로 스위칭 시스템은 144Kbps의 기본속도가 가능하게 될 것이며, 더 멀리는 2Mbps의 광대역 접속을 할 수 있게 될 것이다. 이때 시내통신망과 장거리통신망의 년도별 디지털화를 <표 4-2>와 같이 수립 추진한다.

<표 4-2> 기간통신망의 년도별 디지털화 계획(단위 %)

구분	시설별	1987년	1989년	1991년	1996년	2001년
시내통신망	교환시설	15	21	32	59	78
	국간중계	55	65	73	100	100
장거리 통신망	교환시설	100	100	100	100	100
	전송로시설	61	71	83	100	100

두 번째는 가입자 선로의 디지털화가 주요 선행과제이다. 회선교환 디지털망(CSDN: Circuit Swiched Digital Network)이든 ISDN을 위하여든 교환기와 각종 단말기 간을 연결하는 가입자 선로를 확인 준비해야 한다. 앞에서 우리나라가 향하고 있는 1단계 과제를 설명했지만 ISDN은 어느 나라에서나 기존 전화망을 이용하는 방법으로부터 시작하고 있다. 따라서 선진국에서도 단시일 내에 기존 가입자 선로를 이용하여 직접 접속하도록 추진하고 있다.

그 이유는 가입자 선로비용이 전체 통신망 투자액의 40%나 차지하기 때문에 대부분 나라에서는 기존 동케이블을 이용하여 ISDN을 실현해 나가는 것을 기본구상으로 하고 있기 때문이다. 즉 가입자 전송로 기술의 일반적 동향을 보면 복합통신용 가입자(2B+D) 전송로의 기본은 2선식 동케이블(2W Metallic Cable)이고 이 방식이 가장 경제적이라고 말하고 있다.

한편 가입자 선로에 전면적으로 광 케이블화를 도입하는 전망은 불확실한데, 이는 전화기의 전원공급문제에 대한 기술적인 해결책이 불투명할 뿐 아니라, 장비가 개발된다 하더라도 경제성이 있을 것인가가 확실하지 않기 때문이다. 따라서 광케이블은 대부분의 나라에서 광대역 가입자, 모국-RSS, PABX의 국선용으로 공급하는 추세에 있다. 우리나라에서도 기존 동 케이블을 이용하여 CSDN을 구축하여 ISDN을 완성해 나갈 계획인데, 결국 여기에 2개의 정보채널(64Kbps×2)과 1개의 신호채널(16Kbps)을 싣도록 시도할 것이다.

그러나 장기적으로는 광케이블이 결국 가입자 측 선로로 도입될 것으로 보이는데 이것은 앞으로 광섬유의 가격이 하락하여 현재의 동선과 맞먹을 것이라는 전망 때문이다. 이러한 판단에서 우리나라는 광케이블이 실용화되기 전까지는 미래의 비음성 통신에 대비하고 전송품질 향상을 위하여 전송특성이 양호한 폼스킨(FS) 케이블을 가능한 한 조기에 도입하고자 한다. 이러한 계획이 서로 맞아 떨어짐으로써 우리나라 전화망은 머지않아 고성능 통신망으로서의 위용을 갖추게 될 것이다.

세 번째 과제는 기존 전화망의 잠재능력을 개발하는 것이다. 전체 통신망의 디지털화를 유도해 나가는 과정에서 병행해야할 또 다른 일은 현재까지 형성된 전화망(PSTN)을 이용하여 국민들에게 고속의 데이터교환 서비스를 제공할 수 있는 잠재능력을 개발하는 것이다. 그동안 우리나라는 장거리통신망으로 대용량 디지털교환기(No.4 ESS)를 도입하였다. 이 교환기로부터 고속회선교환 기능을 살릴 수가 있다는 것이 확인되었다.

이 교환기는 서울, 부산, 대구, 대전, 광주의 5대 도시에 설치되어 있는데, 이를 이용하여 56Kbps의 회선교환서비스를 제공하면 된다. 이 방법은 별도의 시설투자를 하지 않고 일부 소프트웨어의 보강으로 가능하기 때문에 매우 실질적이고 경제적인 방안이라고 보아 현재 세부적인 기술조사를 진행하고 있다. 데이터가입자는 전화가입자와 마찬가지로 자기소속의 시내전화국으로 연결되는데 전화국에 있는 PCM 단국장치에 데이터 포트를 시설하여 여기에 수용된다.

이 회선은 PCM 전송로(1,544Kbps)를 통하여 시외전화국의 No.4 디지털교환기로 접속되어 여기에서 바로 고속의 회선교환이 이루어져 상대방과 필요한 데이터를 전송하게 된다. 이와 같은 기능은 No.4 전자교환기 뿐 만 아니라 No.1A 및 M10CN 등 시내교환기로도 소위 CSDC(Circuit Swiched Digital Capability)라는 방식으로 개발되고 있다. 이렇게 되면 협의의 고속회선교환망(CSDN)이 구축됨으로써 우리나라 주요도시 간에 데이터의 고속도로(56Kbps)가 손쉽게 구축되어 고속정보시대의 서막을 알리게 될 것이다.

나. 협대역 ISDN부터 실현한 후 광대역 ISDN 완성

2단계에서는 협대역 ISDN을 실현하고, 한국 표준교환기에 의한 ISDN을 추진하며, 다른 통신망과의 연동도 해결해야 하는데, 이를 위한 세부계획은 다음과 같이 정하여 추진하였다.

첫 번째 과제는 협대역 ISDN을 실현하는 것이다. 이를 위해 초기단계에서 전화망을 ISDN으로 디지털화하고 전국 통신망을 ISDN으로 확장 발전시킨다. 당시 농어촌지역을 중심으로 공급하고 있는 AXE-10형 디지털교환기는 1987년에 일차적으로 회선교환(Circuit Switching)이 가능하게 발전되고 이어서 패킷중계교환(Packet Transit)기술이 개발될 것이며, 늦어도 1989년-1990년에는 교환기 자체에 패킷교환(Packet Switching) 기능이 완성될 전망이다.

또한 1985년부터 현장시험 중에 있는 S-1240형 디지털교환기도 이미 ISDN으로서 기본전송속도를 낼 수 있는 DSU(Digital Suscriber Unit)와 정합장치(Network Termi- nation)를 개발하여 시험 중에 있다. No.5형 디지털교환기의 경우에도 이용자 단말장치와 교환망 사이에 2B+D의 속도가 가능한 ISLU(Integrated Service Line Unit)를 개발하여 1988년-1989년에는 회선교환과 패킷교환을 동시에 할 수 있는 ISDN교환기로 개발될 것이 확실하다. 이러한 외국의 개발상황으로 보아 우리나라의 기간통신망은 늦어도 1990년대 전반기에는 협대역 ISDN은 실현될 것으로 보여진다.

다음 우리의 목표는 한국 표준교환기에 의한 ISDN 추진이다. 현재 우리나라는 TDX-1형 전자교환기를 표준교환기로 개발하고 있다. 이 기종은 한국전자통신연구소(ETRI)가 1982년부터 개발한 완전 디지털교환기로서 UNDP의 지원을 받고, 에릭슨사로부터 기술을 전수하여 개발하기 시작하였다. 1단계(1982년-1986년)의 목표는 농어촌 및 소도시형으로 개발하는 것이다. 이 기간 동안 소위 기본 디지털교환기(TDX-1형)를 만들어 내고자 한다.

이후 2단계(1987년-1991년)에서는 국내업체 및 학계의 기술을 동원하여 음성, 데이터, 화상처리 등 ISDN 실현을 목표로 개발하여 국내 표준 디지털교환기(TDX-10형)로 완성한다. 이 시점에서는 농어촌, 도시지역 할 것 없이 이 교환기에 의하여 통신망을 확장한다. 마지막 단계인 1992년부터는 지금의 소용량 기초기술수준에 머물러 있는 TDX교환기를 2000년대 정보화사회에 적용할 수 있는 지능화된 대용량의 전자교환기로 개발 완성해야하는 큰 과제가 남아있다.

3단계에 가서는 광대역 ISDN을 완성하는 것이었다. 즉 몇 개의 진화과정을 거쳐서 통신망은 제3단계에 이르러서는 하나의 광대역 ISDN으로 발전하게 될 것이다. 즉 협대역 ISDN의 기초위에 화상까지도 실어 보낼 수 있는 광대역 ISDN을 완성하고자 한다. 결과적으로 방대한 전화통신망이 전화통화를 하면서 동시에 고속의 데이터교환 및 광대역 전송기능을 갖게 되는 종합정보통신망(ISDN)으로 발전시키는 것이 우리의 계획이다. 즉 ISDN이 실현되는 시기에 가서는 전국 어느 지역에서나 어떤 이용자도 제한 없이 경제적으로 전국통신망에 수용되어 전화와 데이터통신을 동시에 할 수 있을 것이다.

다. ISDN의 효과

한국통신은 ISDN을 추진하면서 앞으로 국민생활에 미치는 영향과 국제적인 파급효과에 대해 다음과 같이 전망하였다(종합정보통신망으로의 발전방향, 1986. 8. 9, 한국통신 계획국 통신망계획부).

첫째, ISDN이 국민경제 및 사회생활에 미치는 효과는 지대하다고 하는데 이에 대하여는 최근 통신정책연구소에서 연구 발표한 내용을 그대로 소개한다. ISDN은 정보의 고른 이용을 촉진함으로써 제약요인을 제거하게 되어 기업이나 제반 시설의 분산을 유도한다. 제조업면에서는 설계 및 생산부문의 자동화(FA)와 영업, 본사 등 각 부문과를 연결하는 OA 네트워크로 입지제약을 극복시켜 공장의 분산입지를 실현시킨다. 그리고 기업경영의 정보화에 따라서 경영부문의 분산이 촉진되며, OA 네트워크를 사용하면 직무내용, 조직, 근무형태 등이 변화되어 재택, 위성사무소를 출현시킨다.

또한 지방기업의 OA 네트워크를 광역화시키고 지역정보센터 등을 통한 정보입수로 지역산업을 진흥시키고, 계열기업과의 연계를 강화시킨다. 유통 면에서는 창고, 운수, 도소매업 부문에서도 유통관리시스템을 전국 규모로 확대하게 되어 효율성을 높이며, 쇼핑에서는 다양한 상품정보 및 고객 수요패턴정보를 신속 정확하게 제공하고 이용함으로서 소비자와 효율적으로 연결되어 서비스의 생산성을 높인다. 농업 면에서는 토지이용형 농업과 시설형 농업으로 나뉘어 발전해 갈 것으로 예상되는데 ISDN은 생활방법, 기상정보 등의 적기제공으로 생산성을 향상시킨다.

그리고 행정면에서는 주민과의 직접적인 행정서비스를 강화시키고 국가 어느 곳에서나 균질의 행정대민서비스를 제공하여 지역 간 격차를 해소시킬 것으로 전망된다. 또한 교육면에서는 교육기관의 네트워크를 통한 CAI는 지역 간 교육의 격차를 완화시키고 스스로의 교육기회 및 평생교육기회를 증대시킨다. 이외에도 ISDN을 통한 서비스는 지역특정산업의 생산성을 향상시켜 활성화하고, 지역생활환경을 고르게 개선시켜 인구 분산 및 자원의 고른 분산을 촉진시킴으로써 국토의 균형발전 및 생산성 향상에 ISDN이 크게 기여할 것으로 전망된다.

둘째, 국제적인 파급효과 면을 보면 혹자는 ISDN의 확장으로 기술전달속도가 급격히 증가하게 될 것이고, 이로 인한 정보기술의 차이는 국가 간의 격차를 넓힐 위험이 있다고 지적하고 있다. 즉 부유한 국가는 더욱 부유해지고, 가난한 국가는 더욱 가난하게 만들 가능성이 있다는 것이다. 또한 현재 선진국 그룹이 이로 인해 조만간 순위가 상당히 변할 것이라고 내다보는 사람도 있다. 결국 ISDN은 다가오는 미래사회에서 한 국가를 발전시키는 주요기반이 될 것이고, 세계문화의 다양화를 촉진할 것이며, 이로 인해 지구촌은 더욱 가까워지고 더욱 편리하게 될 것이다.

아무래도 ISDN은 몇몇 전문가나 이를 주도하는 사람들에 의한 일시적 유행이 아니고 전 인류가 필요로 하는 미래 통신망의 꽃으로 피어날 것임이 틀림없다. 세계 각국은 이것을 달성하기 위해 앞으로 더욱 광범위한 국제협력이 요청될 것이다. 필요한 것은 미래의 통신망은 틀림없이 ISDN일 것이라는 대담한 전망과 그때부터 가장 짧은 시일 내에 가장 빠른 길로 목적지에 도달하는 일만이 남아 있다. 누가 앞으로 국민을 위하여 이 새로운 기술을 응용할 것인가의 결단을 내릴 시기에 우리는 서있다는 압박을 받고 있다.

4. 종합정보통신망의 본격적 추진

1987년에 들어서면서 한국통신은 2000년대의 고도정보화사회에 대비하여 당시 전화위주의 통신망을 전화와 데이터통신이 동시에 가능한 종합정보통신망(ISDN)으로 본격 추진하기 위한 기본계획을 수립하였다(종합정보통신망의 발전 기본계획, 1987. 1. 13, 한국전기통신공사). 이 계획의 주관부서 및 결재자는 제4장의 말미에 기록되어 있으며 ISDN으로 가기 위한 준비과제, 전국확장방안 등 주요내용은 다음과 같다.

4.1 ISDN으로 가기 위한 준비과제

가. 단계별 목표설정 및 추진

1980년대 후반 한국통신은 음성통신 목적으로 운용중인 당시의 전화망을 디지털통신망으로 발전시켜 음성뿐만 아니라 여러 가지 데이터통신 서비스에도 종합적으로 이용할 수 있는 통신망으로 발전시킨다는 목표를 확실히 정하였다. 우선 ISDN은 전화망(PSTN)을 디지털화하여 통합디지털망(IGN)으로 전환하고, 이를 기반으로 서비스를 통합하여 종합정보통신망(ISDN)을 구축하는 것으로 구축과정을 확실히 하였다.

그리고 ISDN의 가입자측의 기본구조는 ISDN 표준인터페이스 단말기(TE1)와 ISDN 비표준인터페이스 단말기(TE2)가 접속 가능하고 이들은 회선종단장치(NT)를 통해 가입자 전송로에 접속되게 하였다. 이때 가입자교환기에는 회선교환망, 패킷교환망, 전용통신망, 공통선신호망 등이 연결되도록 정하였다. 다음 이용자의 접속방식은 기본접속방식, 1차군접속방식, 광대역접속방식 등 크게 세 가지로 구분하였으며, 세부적으로 다음과 같이 정하였다.

첫째, 기본접속방식은 2B+D 채널로 정하고 이는 기존의 통신방식의 실선케이블을 이용하여 정보를 전송한다. 여기에서 B채널은 64Kbps로서 음성, 데이터를 위한 것이다. D채널은 16Kbps로서 신호, 저속데이터를 전송한다. 둘째, 1차군 접속방식은 4선식 실선케이블 또는 광케이블을 이용하여 23B+D 또는 30B+D채널의 정보를 전송하는 것으로 정하였다. 여기에서 B채널은 64Kbps로서 음성, 데이터를 위한 것이고, D채널은 64Kbps로서 신호를 전송한다. 셋째, 광대역 접속방식은 연구 중에 있었으며, H0는 384Kbps, H11는 1,536Kbps, H12는 1,920Kbps, H2는 6Mbps, H3는 34Mbps, H4는 140Mbps으로 정하였다.

한편 ISDN으로의 발전기본방침은 초기단계(1987년-1991년), 도입단계(1992년-1996년), 확장단계(1997년-2001년)의 3단계로 구분하여 추진하는 것으로 정하였다.

나. 초기단계에서의 과제

ISDN으로 가기위한 초기단계에서는 통신망 디지털화, 동기망 및 공통선신호방식의 도입을 선행과제로 정하고 다음과 같이 추진한다.

첫째, 통신망의 디지털화를 추진한다. 당시의 전화망을 음성, 비음성의 종합통신서비스가 가능하도록 교환기와 전송로를 디지털화 한다. 전송로 시설은 아날로그방식의 장비는 공급 중단하고 전량 디지털방식으로 공급하여 1990년 중반까지 디지털화를 완성한다. 그리고 농어촌지역 교환시설은 전량 디지털교환기로 공급하고, 도시지역 교환시설은 아날로그 전자교환기의 공급은 축소하고 대용량 디지털교환기를 연차적으로 확대 공급한다. 한편 기계식 교환시설은 연차적으로 디지털방식으로 대체하여 1990년 후반기에는 기계식 시설의 철거를 완료한다.

이를 위해 시내통신망은 1988년부터 도시지역 교환시설의 디지털화를 추진하고, 대도시

지역의 중계통신망은 1989년부터 탠덤통신망에 시분할교환기(TD)를 도입하여 재편성한다. 1987년부터 대도시 국간전송로에 광케이블을 공급하고 집중국을 운용하며, 대용량 가입자 선로를 디지털화 한다. 그리고 장거리통신망의 경우 1987년부터 디지털 교환시설에 의해 수요를 충족하고, 장거리 기간전송로에 광케이블을 건설하며, 중심국 이하 전송로의 디지털화를 추진한다. 또한 1987년부터 도서와 육지 간에는 해저광케이블을 건설하고, 도 단위 요금제도 시행에 따른 시외중계 교환망을 재편성한다.

둘째, 디지털 통신시설의 동기망을 구축한다. 교환기와 전송로 시설이 디지털화 됨에 따라 상호간 동기(Synchronization)가 필요하다. 시설 상호간의 동기는 잡음, 오접속, 회선절단 및 오류발생을 방지하여 고품질의 통신망을 확보하기 위한 것이다. 이를 위한 추진방향은 한국표준클럭에 의해 디지털통신망에 동기신호를 공급하고, 한국표준클럭의 기본주파수는 디지털 다중화 계위의 1차군(DS1)으로 발전하여 No.4 전자교환기에 공급한다. 이때 국내 동신망은 3계위로 하고 PAMS(Pre-assigned Master Slave)방식으로 구성 운용하며, 국제간은 독립 동기방식으로 운용한다. 이 사업의 주요내용은 국제 권고안에 적합한 세슘 클럭 3대를 1987년에 확보하여 한국표준연구소에 설치 운용한다. 그리고 1987년 중반부터 전국 통신망의 동기신호 공급회선을 구성하고 동기망으로 전환 운용한다. 또한 디지털 데이터통신망의 동기화는 1988년부터 추진한다.

셋째, 공통선 신호방식(No.7)을 도입한다. 현재 사용하고 있는 신호방식(LD, R-2 MFC)은 통화로에 신호를 전송하는 방식으로서 신호의 종류가 적고 통화 중에 신호전송이 불가능하다. ISDN에서는 전화, 비전화계의 다양한 통신서비스를 제공해야 하고, 통신 중에도 신호전송이 필요하여 공통선 신호방식의 도입이 필요하다. 이를 위한 추진방향은 전화 및 비전화계 서비스에 적합한 No.7 신호방식을 도입 적용토록 한다. 이때 시설투자의 경제성을 고려하여 도시지역에 디지털교환기 공급 시 공통선 신호방식을 도입한다.

기존의 시외교환시설 및 시내교환시설에도 연차적으로 공통선 신호시설을 추가하여 전환 운용하고 2000년대 초에 전국적인 공통선 신호망을 완성한다. 이를 위한 사업으로 1987년에 국제권고안을 토대로 우리나라 실정에 적합한 공통선 신호방식의 국내기준을 제정하고, 기존시설의 현황조사 및 제외국의 전환계획도 조사한다. 그리고 경제적인 도입을 위한 도입우선순위, 기존시설 전환방안, 추진방안, 추진일정 등 도입을 위한 세부추진계획을 1988년 전반기 내에 수립한다.

4.2 ISDN의 실행방안

가. 전체 전송로의 성능개선

ISDN으로 가는 길목에서의 실행과제로는 가입자선로의 전송능력, PCM 완전채널 및 디지털 전용회선의 확보 등이 있다.

첫째, 가입자선로의 전송능력을 향상시킨다. 현재의 가입자선로는 대부분 동선방식의 케이블로 시설되어 있으며 전화서비스와 음성대역 내 데이터통신에 이용되고 있다. ISDN에서는 기존의 2선식 가입자선로를 이용하여 2B+D채널(144Kbps)의 정보를 전송하는 것을 기본으로 하고 있다. 장기적으로 보아 ISDN이 필요로 하는 고속 양질의 정보전송이 가능한 가입자 선로시설을 확보한다. 이를 위한 추진방향은 2B+D 채널의 기본적인 ISDN 가입자는 2선식 동선케이블을 사용하고, ISDN을 위한 가입자 선로시설의 기술기준을 조사하고 이를 검증하기 위한 측정항목, 측정방법, 측정장치 등의 기술조사를 우선 실시한다.

그리고 기술기준을 제정하고 측정방법론도 정립한다. 이때 설정된 기술기준과 측정방법에 의하여 전국의 가입자 선로시설에 대한 전송능력을 측정 분석하여 대책을 수립한다. 시설 개선은 ISDN 도입 우선지역부터 실시하여 연차적으로 시행한다. 이 사업의 실행을 위해 1987년에 ISDN에서 요구하는 가입자선로의 기술기준을 조사하고, 측정대상항목 및 측정방법론을 정립한다. 그리고 1988년-1989년에 전국 가입자선로의 전송능력을 측정하고 조사 분석하며, 1989년에는 가입자 선로시설에 대한 년차별 대책을 수립한다.

둘째, PCM 완전채널을 확보한다. ISDN에서의 B채널 정보전송은 64Kbps, 공통선 신호전송 64Kbps 등 데이터전송 기본속도는 64Kbps이다. 현재 우리나라의 PCM시설은 24 통화로방식(북미방식)으로써 데이터 전송 시 신호비트로 인해 56Kbps로 정보전송능력이 제한되고 있다. 따라서 ISDN에 적합한 64Kbps의 정보전송이 가능한 PCM 시설을 확보하여야 한다. 기존 PCM시설은 전화급 서비스에 유효수명까지 사용하고, 앞으로 공급되는 디지털 교환시스템에는 64Kbps의 정보전송이 가능한 PCM방식으로 시설한다. 이를 위해 북미방식 사용지역의 동향 및 추진계획, 완전채널방식 전환을 위한 세부기술을 1987년 전반기에 조사한다. 이어서 이 방식도입을 위한 기본계획을 1987년 하반기에 수립한다.

셋째, 디지털 전용회선을 확대 공급한다. 현 전용회선은 전화급 회선을 이용하므로 데이터 전송속도와 회선품질 면에서 미흡하다. 정보화사회의 진전과 더불어 늘어나는 데이터 전용회선 이용자에게 고속 양질의 데이터통신이 가능한 디지털방식으로 공급한다. 이를 위해 1986년부터 대도시지역에 시범 공급된 디지털 전용회선을 전국으로 확대 보급한다. 그리고 전화회선과 동일한 PCM 단국에 수용된 데이터 전용회선을 별도 시스템에 분리 수용하여 품질을 향상시킨다. 대도시 중심지역에는 전용회선 접속시설(DCS)을 설치하여 통신망관리, 집중유지보수 및 장애 시 자동절체를 수행한다.

또한 데이터 회선 수요가 많은 대형건물에는 PCM 반송단국장치를 건물 내에 설치하여 회선품질을 향상하고 유지보수를 용이하게 한다. 이 목표를 달성하기 위해 현재 사용중인 KD-4, DE-4, SLCS 등 각종 PCM 장치에 데이터 포트(Data Port)를 공급한다. 그리고 DCS 장치를 도입 추진하고, 전용회선을 별도 시스템으로 구분 수용하며, 집중유지보수 지원체제를 확립하기 위해 전용회선 관리센터를 1987년-1988년에 설치한다. 이와 같이 시행하여 광대역 회선(T1, T2 등)을 1987년부터 공급한다.

나. 데이터통신 기능의 구현

ISDN으로 가기 위한 초기단계에서 해야 할 과제로 고속회선교환망을 구축하고 데이터통신 기능의 실현을 서둘러 추진해야 한다. 이를 위해 한국통신은「고속회선교환망 구축기본계획」을 1985년 5월에 수립하였다. 이 계획에서는 기존의 디지털 시외교환기(No.4 ESS)를 이용하여 다이얼방식에 의해 56Kbps의 속도로 데이터통신을 할 수 있는 회선교환망을 구축한다는 것이었다. 이 계획의 주요내용을 보면 다음과 같다.

① 시설투자의 경제성을 고려하여 회선교환망을 별도로 구축하지 않고 기존의 디지털 시외교환시설을 활용하여 실현한다. No.4 전자교환기를 이용하여 우선적으로 대도시지역에 서비스를 제공하고, 통신수요 및 관련기술개발 상황에 따라 시내교환기를 이용한 서비스도 확대하는 방안을 검토한다.

② ISDN 초기단계에서는 본 회선교환망을 이용하여 단말기 개발과 신규수요를 창출하고, ISDN 확정단계에서는 종합정보통신망으로 통합한다. 그리고 번호계획은 지역번호와 가입자번호를 사용하고, 지역번호는 현행 시외지역번호를 그대로 사용한다. 이때 가입자번호는 999국을 고속회선교환망 식별번호로 지정하여 999-×××× 형태로 사용토록 한다.

③ No.4 전자교환기에 데이터교환기능을 부가하기 위한 기술조사를 1986년 8월부터 12월까지 시행한다. 그리고 사용서비스를 위한 준비작업을 시행한다. 즉 회선구선 소요장비(DP, DSU 등) 및 단말기의 물품규격화를 추진하고, 이용제도를 홍보하며, 판매계획을 수립하며, 설비계획 및 시설공급을 추진한다.

④ 전자우편(체신부) 및 모사전보(통신공사)를 고속회선 교환망으로 이용하는 방안을 검토하는 등 전자우편망으로의 활용계획을 1987년에 수립 추진한다. 전체적인 상용서비스는 1988년부터 제공한다.

다. 통신망의 연동화 실현

ISDN으로 가는 길의 초기 단계에서 해야 할 또 하나의 과제로 통신망 상호간 연동화를 서둘러 추진해야 한다. 현재의 통신망은 전화망, 텔렉스망, 패킷망이 상호 독립적으로 운용되고 있다. 이들 통신망 상호 간을 연결 사용함으로써 데이터통신의 이용범위를 화대하고 통신망의 이용효율을 높이고자 한다. 이를 위해 연동장치를 개발하여 연차적으로 연동화를 추진하고, 연동장치는 국내기술로 개발하여 앞으로 종합정보통신망 구축을 위한 기초기술로 활용한다.

통신망 간 연동화를 추진할 때 공중전기통신 사업자 간의 요금정산, 유지보수, 책임한계 등을 사전에 면밀히 검토하여 서비스를 시행하도록 하고, 종합정보통신망으로 확대 발전단계에서는 ISDN과 통합 운용한다. 이 과제를 달성하기 위해서는 통신망 구축방법, 번호계획, 과금계획, 유지보수 등 통신망 연동을 위한 세부추진계획을 수립한다(1987년).

또한 관련 장비의 표준화 및 기술기준을 1988년-1989년에 제정하고, 전화망과 패킷망, 전화망과 텔렉스망, 텔렉스망과 패킷망 간 연동장비를 1988년-1989년에 개발한다. 그래서 1990년-1991년에는 연동을 시행한다. 이와 같이 시행하여 초기단계의 통신망 모형을 다음과 같이 설정한다.

① 우리나라 통신망은 크게 보아 전화망, 텔렉스망, 패킷망으로 구분하여 구축 운용한다. 전화망과 텔렉스망 간은 CF(텔리텍스)로 상호 연결되고, 전화망과 패킷망 간은 IWU 또는 CF로 상호 연결된다. 그리고 텔렉스망과 패킷망 간은 IWU 또는 CF로 상호 접속된다. 여기에서 IWU는 연동장치이고, CF는 서비스 변환장치를 말한다.

② 전화망은 아날로그(Anallog) 방식과 디지털(Digital) 방식의 장비로 구축 운용되고, 여기에는 회선교환망도 포함된다. 이 전화망에는 일반전화기, 텔리텍스, PABX, LAN, 컴퓨터, 팩시밀리 등이 연결되고, 회선교환망에는 데이터단말기(56Kbps), 팩시밀리(56Kbps) 등이 접속된다. 그리고 텔렉스망에는 텔렉스와 컴퓨터가 접속되고, 패킷망에는 데이터단말기와 컴퓨터가 접속된다.

4.3 ISDN의 도입 및 확장

가. 통신망의 디지털화 및 연동화 실행

1990년대는 ISDN 도입단계(1992년-1998년)로 정하여 디지털통신망의 기반을 완성하고, ISDN의 기본기능을 도입하며, 각종 통신망을 상호 연결한다. 이때 시행해야 할 세부사항은 다음과 같다.

첫째, ISDN 도입단계에서는 시내전송로 및 장거리 전송로의 디지털화를 완성하고, 교환시설은 전량 디지털 방식으로 공급하며, 공통선 신호방식을 확대 구축하는 것으로 정하였다. 이를 위해 시내통신망에서는 대용량 디지털교환기를 본격 공급하고, 시내교환시설의 디지털화를 추진한다. 그리고 기계식 교환시설은 1990년대 후반기까지 완전 철거하여 전자화율을 100% 달성한다. 또한 주요 국간전송로 시설을 광케이블화하고, 가입자선로의 광케이블화를 검토 추진한다.

그리고 장거리 통신망 분야에서는 기간 장거리통신망의 광케이블화를 완성하고, 중심국 이하 시외전송로의 광케이블 공급을 확대한다. 그리고 주요도서의 해저광케이블을 건설하고, 중장기 번호계획에 의하여 147개 지역번호를 15개로 통합하는 번호전환을 준비한다(1996년).

둘째, ISDN 기본기능을 도입한다. 이를 위해 국제표준권고안에 부합하는 ISDN 기본기능(2B+D)을 도입하여 본격적인 종합정보통신망을 실현한다. 이를 달성하기 위한 추진방향은 우선 국내개발 대용량 디지털교환기에 의해 ISDN 기본기능(2B+D)을 실현한다. 그리고 대도시 중심 지역부터 ISDN 기능을 도입 시행하고 단계적으로 서비스지역을 확장하며, 기설치 운용중인 디지털 교환시스템에는 ISDN 기능을 추가하여 서비스를 제공한다.

셋째, 종합정보통신망과 패킷망, 텔렉스망을 상호 연결하여 다양한 데이터통신을 가능토록 추진한다. 이를 위해 ISDN 기본기능을 갖춘 교환시설을 공급 개시한다. 이때 일반가입자는 2B+D 채널을 이용하고, PBX, LAN 등은 23/30B+D 채널을 이용한다. 그리고 ISDN 교환기와 패킷교환기를 연동 운용하며 ISDN 교환기에서 패킷 다중화 장치를 통해 패킷교환망으로 접속한다. 또한 ISDN에 적합한 다양한 단말기기를 개발 보급하고, 착신자 부담통화, 신용카드통화 등 다양한 서비스를 실현한다.

이 도입단계에서의 통신망 모형은 크게 전화망, 텔렉스망, 패킷망의 3개 통신망으로 구성 운용하며, 전화망과 텔렉스망 상호 간은 CF로 연결되고, 전화망과 패킷망 상호간은 X.75, IWU(X.25), CF 등으로 접속된다. 그리고 텔렉스망과 패킷망 상호간은 IWU로 연결된다. 이때 전화망은 회선교환망과 ISDN을 포함하며, 특히 ISDN에는 일반전화기와 데이터단말기가 NT를 통하여 접속되고, PABX와 LAN이 NT를 통해 연결된다.

나. ISDN의 전국확대 및 광대역 ISDN 도입

1990년대 후반부터 2000년대 초까지는 ISDN의 확장단계(1997년-2001년)로서 전국적으로 ISDN을 확대 구축하고, 각종 통신망을 통합 운용하며, 광대역 ISDN을 도입 추진한다. 이때의 시행해야 할 세부사항은 다음과 같다.

첫째, 전국적으로 ISDN 서비스를 확대 제공하는 단계로서 신규로 공급되는 모든 교환시설은 ISDN 기본 기능을 갖춘 시설로서 공급한다. 그리고 이미 설치 운용중인 디지털교환기에는 ISDN 기능을 추가하여 종합정보통신 서비스를 전국 가입자에게 확대 제공한다. 이를 위해 국내개발 ISDN 교환기를 도시 및 농어촌지역에 전면 공급하고, 대도시 중심지역 교환기에는 패킷 중계교환기능을 설치하여 패킷교환서비스를 제공한다. 또한 아날로그 전자교환기를 철거 대체하고, 공통선 신호망 구축을완성하며, 중장기 번호체제로의 전환을 완료한다.

둘째, 통신망을 통합 운용한다. 이때 상호연동 운용되고 있는 패킷망, 텔렉스망을 ISDN에 통합하여 서비스를 제공하고, ISDN의 진전과 더불어 텔렉스 가입자가 급속히 감소될 전망으로 일정규모 이하로 텔렉스망이 축소되면 ISDN으로 통합 운용한다. 그 후 ISDN으로 패킷교환 서비스를 실현하고 기존의 패킷망도 통합한다. 이러한 목표를 달성하기 위해 ISDN과 텔렉스망, ISDN과 패킷망 간의 연동장치를 1997년-1999년에 개발한다. 이와 같이 연동장치가 개발되면 텔렉스망을 연동화하고, 단계적으로 시설을 철거하고, 기존 패킷교환망을 통합한다(2000년-2001년).

셋째, 광대역 ISDN을 도입 추진한다. 앞으로 고품질 화상 및 고해상도 서류를 전송하기 위해 H0(384Kbps), H11(1,536Kbps), H2(6Mbps), H3(34Mbps) 등의 광대역 ISDN을 도입 추진한다. 그리고 단말기와 교환기 등 핵심기술을 1997년-1999년에 국내개발하고, 광대역 ISDN 수요지역에는 광대역 전송로시설을 1999년-2001년에 공급한다. 이 ISDN 확장단계에서의 통신망 모형은 회선교환(64Kbps), 패킷교환, 비교환, 공통선신호망 등을 포함한 하나의 ISDN이 구축 운용될 것이다.

이 ISDN에 일반전화기 및 데이터 단말기는 NT를 통해 2B+D의 전송속도로 접속되고, PABX와 LAN은 23B+D의 전송속도로 통신하게 될 것이다. 이처럼 ISDN이 실현되면 정보의 고른 이용을 촉진함으로써 기업이나 제반 시설의 분산을 유도하고, 분야별 산업의 생산성을 향상시키며 지역 간의 격차를 해소하게 될 것으로 보인다. 또한 인구분산 및 자원의 고른 배분을 촉진시킴으로써 국토의 균형발전은 물론 국제적인 기술정보의 신속한 교류로 국가발전의 주요기반으로서 역할을 수행하는 등 국민경제 및 사회생활에 미치는 효과는 지대할 것으로 예상된다.

5. 국산전자교환기에 의한 ISDN 확장

5.1 국산장비의 ISDN 기능 개발

가. 전면적 공급준비

1990년대 초반 통신서비스 발전 방향의 세계적 추세는 전화 1회선으로 음성전화는 물론 개인용 컴퓨터(PC)나 영상통신도 동시에 할 수 있는 종합정보통신망(ISDN)으로 발전시키는 것이었다. 이를 위해 한국통신은 TDX-10 전자교환기의 ISDN기능을 개발하고, 단말기 정합장치(TA), ISDN전화기, ISDN-PC, 고속팩스 등 ISDN장비개발에 주력하였다. 특히 1994년에는 TDX-10기종의 ISDN기능을 개발완료하고, ISDN단말기의 경제성있는 공급방안을 수립하였다.

그리고 하이텔 가입자의 ISDN화를 우선적으로 추진하고, 공중전화통신망(PSTN)과 데이터통신망(PSDN)의 연동도 추진하였다(1994년도 주요업무 발전계획, 1993. 7. 26, 한국통신 기술기획실). 이 계획에 의해 1994년 사업으로 이미 계약된 중용량 교환기(TDX-10)는 ISDN 기능을 개발 완료하여 공급토록 하였다. 그리고 1995년부터는 기존의 소용량 교환기(TDX-1B)와 중용량 교환기(TDX-10)에는 ISDN 기능을 부여하여 확장하게 결정하였다.

또한 기존 가입자는 가입자선로 다중화장치를 설치하여 1가구 2전화(1PC)의 통신방식을 실현하고 새로운 가입자 대상으로 ISDN을 적극 제공하기로 하였으며, 1995년부터 전량 ISDN기능이 부가된 교환기로 공급하도록 방침을 정하였다. 특히 대통령 공약사항의 이행을 위해 1994년 하반기 설치예정인 중용량 교환기(TDX-10기종) 물량 중 1만 회선은 ISDN 기능이 부여된 교환기(TDX-10/ISDN)로 공급하기로 추진하였다.

나. ISDN 사업 추진체계 정비

한국통신은 ISDN 사업을 본격 추진하기 위해 ISDN 상용화 추진위원회를 운영하였다. 이 위원회가 주관하여 앞에서 설명한 사업추진방침을 사장특별지시 제2호 실천계획으로 확정하였으며, <표 4-3>과 같이 부서별로 분담 추진하였다(ISDN 추진개선계획, 1994. 2, 한국통신 기술기획실). 그 동안의 ISDN의 추진실적으로는 1985년부터 1992년까지 관련 기술을 개발하고 7대 도시에서 시범서비스(1,300회선 규모)를 실시하였다.

<표 4-3> 한국통신의 부서별 ISDN사업 추진내용

부서별	분담업무	부서별	분담업무
기술기획실	ISDN 중장기 발전계획 수립 및 사업총괄	경영기획실	요금제도 확정
전화본부	시내통신망의 ISDN계획 및 집행, 영업/요금제도	통신망본부	장거리통신망의 ISDN 계획 및 집행
국제통신본부	국제통신망의 ISDN계획 및 집행	운용보전실	ISDN 운용보전계획 수립 및 총괄
사업개발센터	단말기 개발, ISDN관련 시스템 개발		

1993년에는 서울 등 11개 도시에서 상용서비스를 시작하였으며, 이때 BRI(2B+D), 착신전환 등 부가서비스 11종을 제공하였다(1993. 12. 29). 이때 한국통신 기술기획실에서는 ISDN 가입자의 통신 이용형태 및 문제점을 파악하여 통신망계획에 반영하고자 ISDN 가입자인 한국 INCS (Industry and Computer Solutiom)를 방문하였다(1994. 2). 이 회사는 여의도 미원빌딩에 있는 소프트웨어 개발회사로서 직원은 40명 규모로 운영하고 있었다.

5.2 ISDN 사업추진 대책회의

가. ISDN 사업추진 실무자회의

ISDN 사업추진체계의 조정에 따라 전화본부에서는 이 사업의 추진상황과 문제점을 검토하기 위한 실무자 회의를 개최하고, 1993년도-1994년도 ISDN 사업계획을 다음과 같이 추진하기로 하였다(ISDN 사업추진 실무자회의 결과보고, 1994. 1. 31, 한국통신 전화사업본부 교환국).

① 1993년도 ISDN 공급계획은 4,500회선이며, 이중 TDX-10 교환기는 3,200회선(4개 노

드)을 신설 공급하고, 기존 시스템인 TDX-1B는 3천 회선(7개 노드)을 증설한다. 여기에서 TDX-10 ISDN 3,200회선은 1994년도로 이월하여 개통한다(1993. 8. 12, 제7차 경영기획심의위원회 심의결과). 그리고 1994년도 TDX-10 ISDN 공급은 1993년도 이월사업분 3,200회선과 1994년도 1만 회선 등 13,200회선을 설치한다.

② 대통령 공약사항인 정보통신망의 확충 및 고도화 과제 중 ISDN부문 목표량은 <표 4-4>와 같이 관리한다.

<표 4-4> 대통령 공약사항의 관리(ISDN부문)

구분	1993년	1994년	1995년	1996년
목표량(회선)	5,800	10,000	30,000	100,000
도시/통화권	11개 도시	31개 통화권	73개 통화권	100개 통화권
세부추진내용	N-ISDN 상용 서비스 제공	상용 서비스 확대 제공	ISDN기능 부가시스템 확보 및 통신망 확대구축	

③ 1994년도 TDX-10 ISDN 교환 3,216회선의 물자구매계약을 규격 확정 후 50일 이내에 납품조건으로 체결하였다(1993. 12. 27). 업체별로 보면 금성 252회선 계약금액 894,780천원, 대우 2,336회선 계약금액 2,243,900천원, 동양 476회선 계약금액 970,880천원, 삼성 152회선 계약금액 874,280천원으로 체결되었다.

④ TDX-10 ISDN 시설의 상용화 추진상황을 분석하고, 상용화 시험 12주, 규격제정 6주, 물자생산 및 납품 50일, 설치공사 및 시험 6개월 등 정상일정을 고려할 때 1994년내 개통이 어렵다. 이러한 상황에서 TDX-1B ISDN으로 전국에 확대 공급하는 경우 공급에 한계가 있다. 즉 전국 ISDN망 구축 시 TDX-10 ISDN 시스템의 텐덤 기능이 필수적인데, 서울 등 대도시 수요 밀집지역의 경우시스템 용량상 TDX-1B의 공급이 어렵다. 또한 임시적으로 TDX-1B를 공급한다 해도 향후 PMUX의 과다한 유휴시설이 발생한다.

⑤ TDX-10 ISDN 시설을 가급적 앞당겨 연내에 개통을 하려면 업체의 적극적이고 능동적으로 개발하도록 하는 동기부여가 필요하다. 이를 위해 개발평가에 따라 물량을 차등 배분하는 인센티브제를 적용하는 구매방안을 시행할 필요가 있다. 또한 정해진 시점까지 상용화시험에 통과한 업체만 1995년도 신설분 전자교환기 구매자격을 부여하는 방안도 있다. 한편 TDX-10 개량형 개발에 전념하고 있는 업체의 연구 인력을 ISDN 개발에 최우선적으로 참여시키는 방안 등을 강구할 필요가 있다.

⑥ 1994년도 및 1995년도 ISDN 공급계획수립은 시기가 촉박함을 고려하여 기술기획실, 전화본부, 사업개발단 합동으로 약 1개월간 전담반을 구성하여 추진하는 것이 필요하다. 이때 1995년도 시내전화 교환시설 공급계획은 1993년 10월 26일 확정하여 현재 국별 설계중이며, 1996년도 계획은 1994년 7월 확정 예정이다.

⑦ 조직개편 시 ISDN 업무는 전화본부 기존조직에 업무만 추가시킨 결과로서 연구개발 관리, 영업, 단말기 개발보급, 교환기 공급, 전송로 시설계획 등 부문별 추진 시 많은 어려움이 예상된다. 따라서 분야별 업무를 총괄하면서 종합적인 실행계획을 수립 추진할 수 있는 일원적 전담부서가 필요하다.

현재 추진 중인 TDX-10 개량개선에서의 ISDN 기능개발과 한국전자통신연구소(ETRI)에서 개발 중인 TDX-10기종과의 관계 등을 고려하여 기술기획실에서 그간의 개발 및 사업 추진 전반사항을 분석하여 기술조정위원회 등에 보고한 후 향후의 기본방침에 대한 조속한 결정이 필요하다.

나. ISDN 사업추진 국장회의

이어서 한 달 후 전화본부에서는 ISDN-10 ISDN 추진상황을 점검하고 대책을 수립하기 위해 ISDN 사업추진관련회의를 개최하였다(ISDN 사업추진 관련 회의 참석결과, 1994. 2. 22, 한국통신 전화본부). 이 회의 검토결과 1994년도 ISDN 시설목표는 1993년도 사업분 중 TDX-10 ISDN 3,200회선을 포함하여 13,200회선을 공급하는 것으로 하였다.

한편 TDX-10 ISDN의 실용시험결과는 시험대상 755개 항목, 실시 755개 항목, 양호 720개 항목, 불량 35개 항목으로 집계되어 양호율은 95.4%로 나타났다. 그리고 상용시험결과는 시험대상 845개 항목, 실시 817개 항목, 양호 604개 항목, 불량 201개 항목, 미판정 12개 항목, 미실시 18개 항목으로 양호율은 75%로 저조하였다. 이중 불량항목 201개 항목에 대하여 재시험결과 양호 113개 항목, 불량 69개 항목, 미실시 15개 항목으로 확인되었다(1994. 2. 2). 이러한 상황을 감안하여 1994년도 ISDN 시설공급은 <표 4-5>와 같은 일정으로 추진토록 하였다.

<표 4-5> 1994년도 ISDN 시설공급계획

구분	추진일정	추진기간	정상소요기간
상용화 시험	1994. 3. 1-4. 15	6주	12주
규격제정	1994. 4. 16-5. 15	4주	6주
물자생산 및 납품	1994. 5. 16-6. 15	4주	50일 이내
설치공사 및 시험	1994. 6. 16-10. 30	18주	24주

이에 따라 불량항목(69개)에 대해서는 소프트웨어 기능미비(48)부분은 6월말까지 보완하고, 하드웨어 불량(7)은 3월 19일까지 업체 자체적으로 보완하게 하였다. 그리고 원인조사 중인 11개 항목은 지속적으로 해당원인을 추적 보완하고, 기타(3) 항목은 3월 19일까지 보완하도록 하였다. 그리고 미비예상항목(14)은 6월말까지 완료가 예상되며 보완이 되지 않아도 상용서비스 제공에 영향을 미치지 않는 것으로 판단되었다.

위의 ISDN 추진계획을 사업개발센터에서는 면밀히 검토하여 추진 가능여부를 보고토록 하였으며, 시행 가능 시에는 기술기획실 및 전화본부에서 강력한 지원을 통하여 연내 개통이 가능하도록 사업개발센터에서 적극 추진하고, 만약 불가능할 경우에는 추진계획을 조정하도록 하였다. 이 회의에는 기술기획실 통신망계획1국장 외 1명, 전화본부 교환국장 외 3명, 사업개발센터 사업개발부장 외 1명, 품질보증단 품질평가국장 외 1명, 통신시설사업단 시설1국장 외 1명, ETRI 교환기술연구단 SW공학연구부장 외 2명 등이 참석하였다.

한편 1994년 하반기의 ISDN 서비스 공급회선 및 이용자를 보면 <표 4-6>과 같다. 그리고 1994년에는 그 서비스지역이 울산 등 20개 지역이 추가되어 총 31개 도시로 확대되었으며, 가입자회선도 15,800회선으로 늘어나게 되었다. 한편 제공서비스는 PRI(30B+D), 패킷서비스로 발전되었다(1994. 12. 31).

<표 4-6> ISDN 서비스 이용자(1994. 8. 30)

지역	회선수	가입자 수	지역	회선수	가입자 수
서울	804	459	광주	116	130
부산	296	164	전주	104	57
인천	340	301	춘천	100	48
수원	100	68	청주	100	52
대구	120	110	제주	224	119
대전	296	102	계	2,600	1,610

다. ISDN 상용화 추진회의

한국통신은 ISDN 상용화를 촉진하고 ISDN 추진개선계획을 협의하기 위하여 제1차 ISDN 상용화추진위원회를 개최하였다(1994. 3. 15). 이 회의는 한국통신 기술기획실(실장 이정욱)이 주관하고 ISDN상용화 추진위원 및 관련 국장 등 18명이 참석하였다.

첫째, 이 회의에 보고된 내용은 <표 4-7>과 같다(제1차 ISDN상용화 추진위원회 회의록, 1994. 3. 15, 한국통신 기술기획실).

<표 4-7> ISDN사업 추진현황 및 계획

보고제목	보고자
1994년-1995년 ISDN 사업추진계획	전화본부 교환국장(김흥섭)
시외 TDX-10 교환기 공통선신호방식(ISUP) 개발현황 및 통신망 구축계획	통신망본부 계획국장(이활만)
TDX-10 ISDN 개발현황 및 계획	시스템개발센터 ISDN개발 국장
ISDN 추진 개선계획	기술기획실 통신망계획1국장 (박학송)

둘째, 이 회의에서 결정한 향후 ISDN 상용화를 위한 기본방침은 다음과 같다(제1차 ISDN상용화 추진위원회 회의록, 1994. 3. 15, 한국통신 기술기획실).

① 통신망은 1995년부터 시외교환기에 No.7신호(ISUP)를 도입하여 전국통신망을 구성하고, PMUX 설치를 억제하여 전화번호의 변경을 최소화하며 통신품질을 향상시킨다. 그리고 대도시에 TDX-1B ISDN 교환기의 추가설치는 지양한다.

② TDX-10 ISDN을 공급하여 정상적인 통신망으로 환원 후 적극적인 영업활동을 전개하고, 1995년부터 기존 음성급 TDX-1B, TDX-10 교환기에 ISDN 기능을 부가하여 전화공급은 전량 ISDN 교환기로 공급토록 한다.

③ 기존가입자는 가입자선로 다중화 장치를 설치하여 1가구 2전화(1PC) 통신을 실현하고 신규가입자를 대상으로 ISDN 서비스를 적극 제공한다. 그리고 단말기는 1995년부터 자급제로 전환하여 공급한다.

또한 이 회의에서는 ISDN 상용화 공급사업을 효율적으로 수행하기 위해 한국통신 내 부서별 업무분장을 다음과 같이 정하였다.

① 경영기획실은 경영목표 설정 및 요금제도의 제개정 업무를 담당하고, 기술기획실은 ISDN 중장기 발전계획 수립 및 사업총괄, 관련 시스템의 기술기준, 설계기준, 표준공법, 품셈관리 업무를 전담한다.

② 전화본부는 ISDN 관련 교환, 전송, 단말기 공급 및 시설계획, ISDN 영업계획 수립 및 판매관리, ISDN 이용제도의 제개정 업무를 수행하고, 통신망본부는 장거리통신망의 ISDN 계획 및 집행사항을 관장한다. 그리고 국제통신본부는 국제통신망의 ISDN 계획 및 집행, 국제 ISDN 영업 및 신규서비스 개발 업무를 담당한다.

③ 사업개발센터에서는 ISDN 관련 시스템(교환, 전송, 단말) 개발 및 실용화, 상용화를 추진한다. 그리고 ISDN 관련 시스템의 규격 제개정 입안 및 관련기술 표준화 업무를 수행하고, ISDN 사업전략 및 서비스 개발목표를 수립하며 TDX-10 교환기 No.7 신호(ISUP)방식을 구현한다.

④ 운용보전실에서는 ISDN 운용보전계획을 수립 총괄하고, 품질보증단은 개발확인시험을 시행하며 규격을 제·개정한다. 통신시설사업단에서는 ISDN 설치공사 및 준공시험을 실시하고, 통신망연구소에서는 ISDN 응용 및 서비스기술을 개발하고, ISDN망 구축에 관한 연구를 수행한다. 그리고 서울전자교환운용연구단에서는 TDX ISDN 교환기의 운용기술을 지원한다.

⑤ ISDN 사업관리는 ISDN 상용화 추진위원회가 주관한다. 이를 위해 관련 사업추진실적 및 향후계획을 분기별로 한국통신 사장에게 보고하고, 이를 기술기획실로 통보한다. 그리고 추진실태 및 계획을 종합 검토하여 사업부진에 대한 대책을 수립하며, ISDN 사업화관련 중요사항은 기술조정심의위원회에 상정하여 결정토록 한다.

6. ISDN을 위한 통신망장비 공급

6.1 ISDN 교환기의 공급

가. 초기 대도시 중심으로 공급

1990년대 중반에 들어서면서 한국통신은 기본통신망의 성능을 고도화하기 위하여ISDN 교환시설을 공급하기 시작하였다. 당시 종합정보통신망(ISDN) 구축사업은 국가중요정책사업 일 뿐만 아니라 대통령 공약사항이었다. 그리고 한국통신에서는 전략사업으로 정하여 경영목표로 관리하였다. 이에 따라 한국통신 전화본부(본부장 박창현)에서는 1994년부터 ISDN 서비스 제공지역을 확대 공급하였으며, 그 세부내역은 다음과 같다(94년도 ISDN 교환시설 공급계획, 1994. 3. 30, 한국통신).

첫째, ISDN 제공지역을 1993년 11개 지역에서 1994년에는 20개 지역을 추가하여 31개 지역으로 확대한다. 여기에서 11개 지역은 서울, 부산, 인천, 수원, 대구, 대전, 광주, 전주, 춘천, 청주, 제주이다. 그리고 20개 추가지역은 울산, 진주, 마산, 의정부, 안양, 성남, 순천, 목포, 여수, 구미, 포항, 경주, 천안, 이리, 정주, 군산, 원주, 강릉, 충주, 제천이다. 이때 공급대상은 총 183개 전화국이다.

둘째, 대도시에는 전용노드(TDX-10 ISDN)를 설치하고 원격가입자에게는 IRASM, PMUX로 수용한다. 한편 중소도시에는 부가노드를 설치하거나 기존 노드에 회선을 증설하고, 원격가입자는 PMUX로 수용한다. 이때 TDX-10 ISDN 관할구역 중 1995년말 누계수요가 250회선 이상인 국에는 IRASM을 공급하고, 250미만인 국에는 PMUX를 설치한다. 1994년 공급목표량은 13,700회선이며, 기종별 공급계획은 <표 4-8>과 같다.

<표 4-8> ISDN 교환기 기종별 공급계획

구분	TDX-10 전용	TDX-1B 전용	TDX-1B 부가	계
ISDN노드	4국	3국	28국	35국
원격수용국	58국	28국	62국	148국

셋째, ISDN 전국망은 1994년 공급분까지 ISDN 전용노드를 활용하여 중첩망으로 구성한다. 1995년부터는 시외 ISDN 교환기 기능이 개발될 경우에는 PSTN 접속계위로 전환한다. 그리고 TDX-10에 부가기능을 조기 개발하여 대도시 통신망 구성의 효율화를 기하고 대량수요를 해결한다. 이러한 방침에 따라 ISDN 서비스 제공초기에는 시범서비스라는 입장에서 <표 4-9>와 같이 당초계획과는 다소 조정하여 공급하였다(1996년도 주요업무계획보고, 1996. 5, 한국통신, 시내교환계획국).

<표 4-9> ISDN 교환기 공급

연도별	1993년	1994년	1995년	1996년
시설수(회선)	2,600	15,800	45,800	59,800
가입자수(회선)	1,300	1,554	4,309	
서비스지역(통화권)	11개	31개	73개	100개

그러나 이 시범서비스를 통해 ISDN 통신망 확장을 시행함에 있어 다음과 같은 몇 가지 문제점이 확인되었다.

① 패킷, 하이텔 등 PC통신의 고속서비스가 불가한 점이 있는 등 이 시스템의 기능이 다소 미비하고 고속서비스의 제공이 여의치 않았다. 또한 원격 수용가입자의 시험기능 미비로 고장 수리에 장시간이 소요되었다. ② 별도의 ISDN 전용망을 가져야 하는 관계로 통신망의 구성이 복잡하였다. ③ ISDN 서비스의 품질이 좋지 않은 관계로 이용 활성화가 되지 못하고 있었다.

따라서 전화이용이 많은 대기업에서 이를 외면하고 있는 실정이었으며, 이용 불편에 따른 가입자의 불만이 커져가는 문제에 직면하였다. 한국통신은 이러한 문제들을 해결해 나가면서 ISDN 사업은 적극적으로 실현한다는 방침을 세우고, 신설 시스템은 전량 ISDN 기능을 갖는 교환기로 공급하기로 하였다.

이에 따라 대도시에는 개량형 전자교환기(TDX-10A)와 5ESS-2000 교환기를 공급하고 중소도시에는 TDX-1B ISDN 교환기를 설치하였다. 그리고 ISDN 전용망을 정상적인 PSTN망으로 전환하고, 운용중인 ISDN 시스템의 기능을 최우선 보완하였다. 이를 위해 ISDN 교환기의 데이터 부정확 등 14개항목과 SLMOS/ LCR 연동시험기능의 개발 등 주요 기능의 불량사항을 1996년 3/4분기까지 개선하기로 하였다.

또한 ISDN의 전국망을 1997년부터 구축하기로 작정하였으며, 가능한 한 전체 전화국에 ISDN노드를 설치하기로 하였다. 이러한 목표를 위하여 기존 TDX-10교환기를 TDX-10A로 개량화 시키고, 중소도시의 TDX-1B교환기에 ISDN기능을 적용하며 반전자교환기를 대체할 때 ISDN교환기로 공급하게 하였다. 이에 따라 1996년도에는 실수요를 감안하여 서비스지역을 당초 73개 지역에서 100개 지역으로 확대하고, 시설공급량은 당초 10만 회선에서 14만 회선으로 늘리는 것으로 공급계획을 조정하였다. 그리고 시외통신망은 1997년 초에 TDX-10교환기(23시스템)을 TDX-10A로 개량화하여 ISDN 전용망을 PSTN 계위로 전환토록 하였다.

한편 ISDN서비스를 본격적으로 개발 보급하는 방안도 추진하였다. 먼저 패킷서비스를 서울 등 11개 지역에 시범적으로 제공하였다(1996. 11). 그리고 ISDN망과 코넷(KORNET)망을 연동시켜 인터넷서비스의 접속환경을 만들어 나갔다. 또한 호 전달, 통화중 대기, 호 보류, 3인 통화, 회의통화, 착신번호표시 및 금지 등 부가서비스 18종을 개발하여 제공토록 하였으며, 이를 위한 소프트웨어 개발 및 현장적용을 1996년 말까지 시행하였다.

나. ISDN 통신망의 확장

1990년대 후반에 접어들면서 한국통신은 급증하는 멀티미디어 이용자의 수요를 충족하고 21세기 고도정보화사회를 향한 정보통신기반을 구축한다는 입장에서 ISDN 통신망을 확장해 나갔다. 이때 멀티미디어 인터넷 이용자(Web)가 폭발적으로 증가하고 ISDN 가입자의 연간 증가율은 상승세를 지속하고 있었다. 1997년 말 당시 ISDN가입자 수는 59,588명이었으며, 1998년에는 41,988명, 1999년에는 442,825명, 그리고 2000년에는 1,059,245명으로 확장하는 계획을 추진하였다. 특히 1998년도 ISDN 교환시설 공급방침과 공급계획은 다음과 같다.

첫째, 서비스 이용욕구를 충족하고 통신망 고도화 기반을 확보하며, 고속통신환경을 제공하여 경쟁환경 하에서 기업경쟁력을 높인다. 그리고 본체통신망을 종합정보통신망으로 진화 발전시키고 ISDN 기능이 부가된 교환기로 공급한다. 또한 투자효율성 극대화를 위해 PSTN/ISDN을 신·증설한다.

둘째, 1997년 ISDN 교환시설은 7만1천회선을 운용하고 있었다. 이를 1998년에 4만7천회선, 1999년에 22만6천회선, 2000년에 1백만 회선을 공급한다. 우선 서비스지역을 1997년 107개 지역을 1998년에는 113개 지역으로 늘리고, 전화국은 1997년 267개국을 1998년에는 302개국으로 확장한다.

셋째, 1998년 추진목표는 46,905회선으로 정하고, 서울, 부산, 대구 등 지역별 공급내역은 <표 4-10>과 같다. 이를 위한 추진일정으로는 기본설계 1997년 5월-1998년 8월, 물자확보 1997년 10월-1998년 10월, 설치 및 개통 1998년 1월-1998년 12월로 한다. 소요예산은 158억원이며 이때 65억원이 부족한 상황이었다.

<표 4-10> ISDN 교환시설 지역별 공급계획(1998년)

지역별	서울	경기	부산	대구	충남
공급량(회선)	9,049	10,216	3,425	1,304	1,244
지역별	충북	전남	전북	강원	제주
공급량(회선)	431	882	917	469	278

이와 같이 ISDN 교환시설을 확장함으로써 인터넷, 하이텔 등 데이터통신의 ISDN화를 통한 수익을 증대하고, 본체통신망의 ISDN화를 통해 기본통신망의 고도화를 촉진하였다. 또한 시내전화 경쟁지역의 시장을 선점하여 기본통신시장을 방어하고자 하였다. 한국통신은 1994년 중용량교환기인 TDX-10기종의 ISDN 교환시설 10,500회선 공급계획을 수립하였다(1994. 3. 8). 그리고 TDX-10A에 대하여는 1995년에 개발 추진하였다.

한편 1995년부터 시외교환기에 공통선 신호방식(No.7)을 도입함으로서 정상적인 통신망으로 ISDN의 중계통신망을 구성하였다. 이때 ISDN가입자는 ISDN전화국 수용구역 내의 가입자를 원칙으로 수용하고 다중장치(P-MUX)의 설치를 억제하여 전화번호의 변경을 최소화하도록 하였다. 또한 대도시에는 소용량교환기인 TDX-1B ISDN의 추가로 설치하는 것은 지양하였다. 또한 ISDN의 영업은 중용량 교환기(TDX-10/ISDN)가 공급되고 정상적인 통신망으로 환원 후 적극적인 영업활동을 전개하도록 방침을 수립하였다.

6.2 ISDN 단말기공급 및 이용요금

가. ISDN 단말기의 개발 및 공급

기본단말기인 ISDN 전화기, 터미널 어댑터 등은 한국통신이 개발하여 제조업체에 기술을 전수하였다. 한편 고기능 단말기인 동화상전화기, ISDN 비디오텍스 등은 제조업체에서 자체 개발하였다. 한국통신은 ISDN 사업 추진 초기 상용서비스용 ISDN 전화기 5천대를 삼성으로부터 구매하여 이용자들에게 제공하였다(1993. 12). 이때에는 ISDN 전화기 표준규격, ISDN TA 표준규격(TTA) 및 종합정보통신단말 등의 접속기술기준(한국통신 공시)을 적용하여 구매하였다.

이때 ISDN전화기와 망 종단장치를 합친 시설단가(41만4천원)는 비교적 높은 편이었다. 그래서 단말기는 임대방식으로 보급하게 되었고 이렇다 보니 가입자당 앞에서 제시한 시설단가를 별도 투자해야하고, 이의 원가회수에만 약 103개월(8년 6개월)이 소요된다는 문제에 부닥치게 되었다.

<표 4-11> ISDN 단말기 구매상황(1993년)

종목	구매량	단가(천원)	계(백만원)	월임대료(원)
ISDN전화기	4,500	164	738	2,000
망 종단장치	5,000	250	1,250	2,000

한편 단말기를 임대방식으로 보급하려고 하였으나 사업의 수익성이 없음을 확인하고 1995년부터는 전량 자급제로 전환하였다. 기본단말기인 ISDN전화기(I-Phone), 회선종단장치(NT) 등은 한국통신이 개발하여 제조업체에 기술을 전수하여 제조업체에서 생산하여 한국통신이 사급하였다. 한편 동화상전화기, ISDN-PC, G4 FAX 등 고기능 단말기는 제조업체에서 자체 개발하여 1995년-1996년에 생산 공급을 목표로 표준화 및 형식승인을 추진하였다. 1997년 초 한국통신은 그동안의 ISDN 단말기 공급실적을 <표 4-12>와 같이 파악하고, 단말기의 가격을 다음과 같이 전망하였다(종합정보통신망 서비스 이용약관개정안 보고, 1997. 1, 한국통신).

<표 4-12> ISDN 단말기 공급실적

구분	1993년	1994년	1996년	계
I-Phone	5,000	1,500	5,400	11,900
NT	4,500	1,500	5,000	11,000

① 회선종단장치(NT)는 당시 14만원-30만원 수준이 10만원 수준으로 떨어지고, ISDN 전화기는 30만원 수준에서 20만원 수준으로 하락할 것이다.

② ISDN S카드 가격은 당시 14만원-30만원 수준에서 10만원 수준으로 내려가고, NT 복합 TA는 30만원-55만원 수준에서 30만원 대가 될 것이다.

나. ISDN 이용요금

한국통신 기술기획실(실장 이정욱)에서는 ISDN단말기는 1994년까지만 사급으로 공급하고 1995년부터는 자급제로 전환하기로 하였다(ISDN추진 개선계획, 1994. 2, 한국통신 기술기획실). 이때 정한 ISDN 요금을 일반전화와 비교하면 <표 4-13>과 같다.

<표 4-13> ISDN 전화요금 비교(1994. 2)

구분	가입비	기본료	통신료
일반가입전화	서울 24만2천원 지방 16만2천원	2,500원	
ISDN전화	전국 20만원	5,000원	일반가입전화와 동일

가입비의 경우 ISDN 전화가입비는 미 반환이기는 하지만 일반전화의 1/2 이하로 저렴하였다. 여기에서 ISDN 가입비는 미반환 요금이며 가입비(지방)의 경우 6급지를 기준으로 한 것이다. 그리고 데이터통신의 경우에는 <표 4-14>와 같이 ISDN 전화가 약 1/9 정도로 저렴하게 책정하였다. 당시 ISDN 데이터요금은 한국통신의 요금(안)으로서 미확정 상태였다.

<표 4-14> ISDN 데이터요금 비교(1994. 2)

구분	가입비	기본료	통신료(원)
HiNET-P	13만5천원	38만원	분당 5.09+정보량
ISDN전화	-	1만원	분당 18+정보량

7. ISDN서비스의 시범 및 상용화

7.1 시범서비스 및 상용서비스 개시

가. ISDN 시범서비스 개시

1990년에는 통신망 환경시험을 위하여 서울과 대전에 200가입자를 시험 운용하고, 1991년에는 서울, 대전, 제주에 500가입자에 대해 시범서비스를 개시하였다. 이때 TDX-1B ISDN 전용교환기를 설치하여 기본접속서비스(BRI)를 제공하였으며, 시범단말기로는 ISDN 전화기, ISDN-PC, TA, 텔리라이팅 등을 선보였다. 그리고 통신망과는 PSTN(시내) 간 연동을 하였으며, 이를 위해 투자비 46억 원을 투입하였다.

이어서 1992년에는 시범서비스를 부산, 대구, 인천, 광주를 추가하여 7대 도시에1,300가입자로 확대 시행하였다. 이때 교환기종은 ISDN 기능을 부가한 TDX-1B기종을공급하였으며, 1차군 접속서비스(PRI)와 B채널 패킷서비스가 추가되었다. 그리고 시범단말기로는 G-Ⅳ 팩스, 동화상전화기, 고속 플로피디스크 전송장치, ISDN 패킷단말 등이 추가되었다. 한편 시내 시외 PSTN 및 HiNET-P와 연동하였으며, 이를 위한 투자비는 45억 원이 소요되었다.

나. ISDN 상용서비스 개시

1993년말 한국통신은 시범서비스망(TDX-1B)을 상용망으로 전환하였다(1993. 12. 29). 이때 11개 지역 69개 전화국에서 총 2,600회선을 공급하여 상용서비스를 개시 하여 BRI 회선교환서비스를 제공하였다. 그 세부내역은 <표 4-15>와 같다(제1차 ISDN 상용화추진위원회 보고서, 1994. 3. 15, 한국통신 기술기획실). 그리고 국제 ISDN 서비스 연동시험을 실시하고, PSTN, Hinet-P 연동도 실행하였다. 그러나 ISDN 서비스 활성화가 저조한 실정으로 나타났다. 한국통신은 그간의 사업추진 상황을 분석하고 문제점을 도출하여 초고속 멀티미디어 서비스에 대한 고객의 다양한 욕구변화에 부응하는 사업추진방향을 재정립하고자 하였다.

<표 4-15> TDX-1B에 의한 ISDN서비스 상용화 공급

전화국	공급회선	교환시설	전화국	공급회선	교환시설
을지	804	ISDN 전용	범일	296	ISDN 부가
인천	340	ISDN 부가	서수원	100	ISDN 부가
광주하남	116	ISDN 부가	신암	120	ISDN 부가
북대전	296	ISDN 전용	전주	104	ISDN 부가
춘천	100	ISDN 부가	청주	100	ISDN 부가
신제주	224	ISDN 전용			

1994년 한국통신 기술기획실(실장 이정욱)은「ISDN의 내실화」를 경영목표로 내걸었다. 이때 이를 위한 추진방침, 추진계획, 추진실적은 다음과 같다(제1차 ISDN 상용화추진위원회 보고서, 1994. 3. 15, 한국통신 기술기획실).

① 1994년도 ISDN 서비스 추진방침으로는 국산 TDX 계열 교환기에 ISDN 기능을 확대 개발하며, ISDN 서비스의 기능을 향상시키고 서비스를 추가 개발한다. 그리고 전략적 표적 시장 공략에 의한 마케팅활동을 강화하고, 이용자 욕구를 만족하는 다양한 응용서비스 및 단말기를 개발한다.

② 1994년도 공급목표는 TDX-10 ISDN 교환기 4개 시스템 3,200회선을 추가 공급을 포

함하여 13,200회선을 공급한다. 그리고 서비스 지역은 31개 지역 133개 전화국 관내로 확대 추진하고, 서비스 기능면에서는 일차군 접속(30B+D) 서비스 및 B채널 패킷서비스를 확데 제공한다. 또한 화상회의, 사진전송, ISDN-LAN 접속기능 등 응용서비스를 개발하고 FAX, 국제 ISDN과의 연동을 실시한다. 그리고 1994년 ISDN사업을 위한 TDX-10 ISDN 교환기 3,200회선에 대한 물자계약은 <표 4-16>과 같이 체결하였다(1993. 12. 27).

<표 4-16> TDX-10 ISDN 교환기 공급계약상황

공급사	금성	대우	동양	삼성
회선수	252	2,336	476	152
공급지역(전화국)	동대구	신사	아미	서광주

③ 1994년 ISDN사업을 위해 4개사에서 생산한 TDX-10 ISDN 교환기의 상용시험은 1993년 5월부터 10월까지 실시하였다. 상용시험결과 양호율은 금성 69.9%, 대우 78.5%, 동양 71.0%, 삼성 83.1%로 나타났으며 세부내역은 <표 4-17>과 같다. 이후 각 사별로 불량항목을 보완하여 일부항목을 제외하고는 완료되었다(1994. 4).

<표 4-17> TDX-10 ISDN 교환기 상용시험결과(단위: 항목수)

구분	대상	실시	양호	불량	미실시	미판정	양호율(%)
금성	207	205	142	61	2	2	69.9
대우	234	216	165	45	18	6	78.5
동양	242	240	169	69	2	2	71.0
삼성	162	156	128	26	6	2	83.1

1995년에는 73개 통화권으로 확산하고, 시외교환기의 ISDN 기능을 개발하였으며, ISDN 패킷망도 개발하였다. 이때 시설상황은 45,800회선이고, 가입자는 4,300으로 운용되었다. 1996년도에는 공급목표를 당초 10만 회선에서 1만4천 회선으로 조정하였다. 그리고 100개 통화권으로 확산하고 패킷교환서비스를 제공하였다. 이때까지 연구개발에 461억원, 교환시설에 622억 원, 단말기 공급에 25억 원 등 총 1,108억 원의 예산이 투입되었다.

7.2 기간통신망의 ISDN 확장시작

가. 소용량 전자교환기에 의한 도입 시도

초기 전국 ISDN통신망은 국내개발 소용량 전자교환기(TDX-1B)로서 구성되었다(1994년). ISDN 시범통신망으로서 서울(을지전화국), 대전(북대전전화국), 제주(신제주전화국 등 3개 지역에 ISDN 전용교환기(TDX-1B/ISDN)를 설치하였으며, 인천전화국 등 8개 지역에는 겸용

교환기(TDX-1B)를 공급하였다. 그리고 을지전화국에는 인천, 춘천, 서수원을 연결하고 청주, 신암, 범일, 전주는 북대전전화국으로, 광주 하남전화국은 신제주전화국으로 연결하였다.

또한 을지, 북대전, 신제주의 3개 전화국 상호간은 망형으로 직통통신망을 구성하였다. 당시 이와 같이 ISDN통신망을 구성하게 된 것은 시외교환기에 공통선 신호방식(No.7)이 미비하여 시외통신망을 거치지 않고 소용량 전자교환기(TDX-1B)를 이용하여 임시회선을 구성하여 시범 운용하였다. 서울시내의 경우 을지전화국에 ISDN교환기를 설치하고 서울시내 17개 전화국에 임시시설(P-MUX)을 설치하였다. 그 후 을지전화국에서 각 전화국까지 중계선을 구성하여 가입자를 수용하였다.

이런 방법으로 운용하다보니 유지보수 문제가 대두되었으며, 추후 정상통신망으로 환원시 전화번호변경이 불가피하게 되었다. 또한 전자교환기 접속개소가 많아져서 통신품질의 확보가 곤란하게 되었다. 예를 들어보면 서울 광화문전화국 관내에 있는 ISDN가입자가 북광주전화국에 있는 ISDN가입자와 통화하는 경우 5개 전화국의 전화교환기를 경유하여 접속되는 상황이 발생하였다.

나. 중용량 교환기에 의한 ISDN의 본격적 확장 추진

1994년 중용량 전자교환기(TDX-10/ISDN)가 상용시험을 완료하고 개발되었다. 이에 따라 신사, 동대구, 아미, 서광주 등 4개 전화국에 13,200회선을 공급하고 31개 통화권에 1만 회선을 시설하였다(1994년). 이때 ISDN전화기 1만대와 망 종단장치 1만대도 공급하였다. 1995년에는 73개 통화권에 3만 회선을 추가 공급하고, 다음해에는 100개 통화권에 10만 회선을 추가 공급을 추진하였다(1996년). 한편 1995년부터 시외교환기에 공통선 신호방식(No.7)이 도입됨으로서 정상적인 통신망으로 ISDN의 중계선을 구성하였다.

그리고 ISDN가입자 수용은 ISDN전화국 수용구역 내의 가입자를 원칙으로 하고 다중장치(P-MUX)의 설치를 억제하여 전화번호의 변경을 최소화하도록 하였다. 또한 대도시에 소용량 교환기(TDX-1B/ISDN)의 추가설치는 지양하였다. 한편 ISDN의 영업은 중용량 교환기(TDX-10/ISDN)가 공급되고 정상적인 통신망으로 환원 후 적극적인 영업활동을 전개하는 방침을 수립하였다. 이와 같이 ISDN의 기반이 마련되자 1994년 사업으로 이미 계약된 중용량 전자교환기(TDX-10)는 ISDN 기능을 개발 완료하여 공급토록 하였다.

1995년부터는 기존의 소용량 교환기(TDX-1B)와 중용량 교환기(TDX-10)에는 ISDN기능을 부여하여 확장하게 결정하였다. 또한 기존가입자는 가입자선로 다중화장치를 설치하여 1가구 2전화(1PC)의 통신방식을 실현하고 새로운 가입자 대상으로 ISDN을 적극 제공하였다. 그리고 1995년부터 전화공급은 전량 ISDN기능이 부가된 교환기로 공급하도록 방침을 정하였다. 특히 대통령 공약사항의 이행을 위해 1994년 하반기 설치예정인 중용량 전자교환기(TDX-10) 공급물량 중 1만 회선은 ISDN기능이 부여된 TDX-10 ISDN 교환기를 공급하였다.

7.3 기간통신망 별 ISDN화 추진

가. ISDN 추진상의 문제점

ISDN은 음성, 데이터, 영상 등 서비스 마다 개별적으로 운용되던 통신망을 전화망을 중심으로 하나의 통신망으로 통합한 PSTN 통신망의 대폭적인 혁신이었다. 그리고 시내망 및 시외망이 ISDN화되고 No.7 신호망이 제공됨으로써 단대단 전 구간에 걸친 디지털화의 최종단계로 가게 되었다. 또한 가입자망은 기존동선을 사용하나 192Kbps 이상의 신호전달능력을 보유하게 되었다.

서비스 측면에서 보면 2000년대 초반까지 개인 및 기업의 멀티미디어 통신서비스를 제공하는 수단이고, 1회선으로 두 가지 이상의 서비스를 동시에 제공받는 고품질 통신서비스라고 할 수 있다. 즉 전화와 PC, 전화와 고화질 팩스 등 동시에 64Kbps 속도의 두 가지 서비스(2B+D)를 이용할 수 있게 되었다. 그러나 그동안 ISDN 추진상황을 정리하여 보면 문제점이 확인되었다(통신망의 ISDN 발전계획, 1996. 4, 한국통신).

그중 중요한 것은 전체 통신망에 ISDN 기능적용이 불가능하고 특히 필수적인 시외교환기의 ISDN 기능이 미비하였다. 또한 No.1A, M10CN, S1240, 5ESS, AXE-10 등 외국도입기종과 초기에 국내 개발된 TDX-1A기종도 ISDN 기능적용이 불가능하였다. 이에 따라 조기서비스 제공을 위해 기존 통신망과는 별도로 독립망(Island)을 구축 운용하게 되었다.

이처럼 기존 통신망과 ISDN이 독립적으로 운용되면서 서비스 확장이 어렵고 통신망 구축의 경제성이 저하되는 상황이 발생하였다. 한편 이용 가능한 서비스로는 전화망과의 연동을 통한 ISDN 전화기를 사용하여 일반전화통신을 하고, ISDN가입자 간에 64Kbps 속도의 PC통신이 제공되었다. 그리고 9.6Kbps 이하의 저속으로 PSTN에 수용되어 있는 하이텔 등 데이터베이스 검색이 가능하였다.

나. 기간통신망별 ISDN 추진상황

시내통신망은 전체 시내교환기 약 920개 시스템 중 별도로 운용중인 TDX-10 ISDN 및 TDX-1B ISDN 등 91개 시스템만이 ISDN 기능을 보유하고 있었다. 이때 ISDN 기능을 갖춘 전자교환기가 없는 전화국에는 원격교환장치(RASM: Remote Access Switching Module) 또는 가입자 다중화장치(PMUX: Primary Multiplexer)를 공급하여 ISDN 서비스를 제공하였다.

이를 위해 전국적으로 RASM 16국소, P-MUX 196국소를 통해 회선을 공급하였으며, 서울시내의 경우에는 신사전화국에 TDX-10 ISDN 교환기를 공급하고 이를 ISDN 시설중심국으로 정하였다. 이를 중심으로 서울시내 30개 전화국에 RASM 또는 PMUX를 설치하여 ISDN 서비스를 제공하였으며 세부내역은 <표 4-18>과 같다. 이때 ISDN장치 100회선 이상을 공급 운용한 곳은 광화문, 중앙, 영동, 여의도 등 4개 전화국이었다.

<표 4-18> 서울시내 RASM 및 PMUX 공급상황

전화국	공급 장치	공급 회선	전화국	공급 장치	공급 회선	전화국	공급 장치	공급 회선
광화문	RASM	108	중앙	RASM	121	원효	RASM	83
신촌	RASM	22	아현	RASM	7	양재	RASM	9
영동	RASM	183	반포	RASM	20	서초	RASM	33
수서	PMUX	6	홍제	PMUX	3	과천	PMUX	-
고덕	PMUX	11	천호	PMUX	19	가락	PMUX	61
송파	PMUX	54	금천	PMUX	18	관악	PMUX	15
대방	PMUX	22	노량진	PMUX	13	가좌	PMUX	4
은평	PMUX	13	구로	PMUX	43	목동	RASM	16
공항	RASM	9	개봉	RASM	27	화곡	RASM	17
영등포	RASM	18	용산	RASM	22	여의도	RASM	144

또한 동일통화권 내에 ISDN기능을 보유한 교환기가 없는 경우에는 ISDN 가입자 수용이 곤란하여 전국 144개 통화권 중 73개 통화권만이 서비스 제공이 가능하였다(1995. 12). 시외통신망에 있어서 No.7 신호방식의 적용실태를 보면 1995년 말 AXE-10 16개 시스템에 적용을 완료하였고, TDX-10 23개 시스템은 1996년 말에 적용 예정이었다. 이때 신호중계교환기(STP)는 서울권, 부산권, 대전권, 대구권, 광주권에 설치되었다.

그리고 국제통신망의 경우 시외교환기에 ISDN 기능 미비로 별도망인 국내 ISDN망과 연동하여 서울지역 ISDN 가입자에 한하여 미국, 일본, 캐나다, 영국과 국제서비스를 제공하고 있었다. 이때 광화문전화국, 영동전화국, 여의도전화국, 중앙전화국 등 4개 전화국의 300(BRI) 가입자에게는 국제노드에 직접 접속하여 국제전용 ISDN 바이패스 서비스(ISDN-Express)를 제공하였다.

또한 단말기 부문은 통신망 종단장치(NT), 2B+D 채널의 인터페이스 접속기능을 제공하고 있었다. 그리고 전화, 데이터기능, 음성 및 데이터 동시통신기능을 제공하는 ISDN 전화기(I-Phone)가 보급되고, PC 내장용 64Kbps 카드(S-카드)도 보급되었다. 그러나 이때 아날로그 전화기와 ISDN 데이터통신은 동시접속이 불가하였다.

한편 인터넷, 패킷망 등 데이터통신망의 경우는 ISDN과 데이터망과는 비표준 연동으로 9.6Kbps 이하의 저속 접속만 가능한 상태였다. 따라서 인터넷, 하이텔 등 멀티미디어 데이터통신을 위한 64Kbps급의 각종 데이터베이스는 수용할 수 없었다.

다. 시급히 해결해야 할 과제

당시 기간통신망의 ISDN을 확산하고 상용화를 위해 시급히 해결해야 할 과제로 결정하여 시행한 내용은 다음과 같다.

첫째, ISDN 통신망 기반을 구축해야 한다. 먼저 TDX-10 ISDN 교환기의 기능을 보강하여 TDX-10A형으로 개선한다. 그리고 PSTN 시외통신망을 ISDN망으로의 전환을 준비해야 한다. 이를 위해 TDX-10형 시외교환기는 TDX-10A형으로 대체하고, No.7 신호방식을 확대 적용한다. 또한 국제 ISDN-국내 ISDN의 연동을 확대해야 한다. 서울지역의 국제 ISDN 제공을 국내 ISDN 서비스 제공지역으로 확대하고, 국제 ISDN 연동국가를 현재 4개국에서 12개국으로 확대 추진한다(1996. 12).

둘째, 데이터통신망 간 연동을 추진한다. TDX-10의 PH와 TDX-1B의 IPIS를 연동시키고, ISDN-인터넷 간은 ISDN 라우터를 통하여 연동을 추진한다.

셋째, 단말기 부분은 기존 전화기와 데이터통신을 할 수 있는 수퍼 모델을 개발하고, 저가의 NT 내장형 복합서비스 단말기 개발을 유도한다. 그리고 다양한 접속이 가능한 단말기를 보급하여 기존 서비스를 고속으로 수용토록 한다.

넷째, 데이터베이스(DB)는 ISDN 환경에 적합한 ISDN 복합 영상정보서비스 등 멀티미디어 DB를 개발한다. 특히 공공 DB, 하이텔 DB 등을 개발하고, 이미 개발 운용 중인 타 통신망 DB를 ISDN 가입자가 직접 접속할 수 있도록 추진한다. 한편 기존의 ISDN 독립망의 안정화를 추진한다. 이를 위해 P-Mux의 빈번한 불복구 요인을 제거하고, ISDN 가입자의 회선을 SLMOS에 수용하여 시험한다.

7.4 국회 상임위의 문제점 질의

1996년 정기국회 상임위원회에서 국회의원(박성범)은 종합정보통신망(ISDN)의 추진에 대한 문제점을 다음과 같이 집중적으로 질의하였다. 당시 질의내용과 이에 대한 한국통신의 답변사항을 요약하면 다음과 같다.

가. 질의내용

하나의 회선으로 음성, 데이터, 영상 등 멀티미디어 서비스를 수용할 수 있는 종합정보통신망(ISDN)의 운영사업자인 한국통신이 최근 서비스 가입자유치에 적극적으로나서면서 통신기기 제조업체들은 통신기기 시장 확대에 대한 기대감으로 각종 ISDN 관련기기의 개발일정을 앞당기고 있음. 따라서 ISDN전화기, 동화상단말기, PC용 인터페이스카드, 단말정합장치(TA) 등 ISDN 관련제품들의 가격이 크게 낮아짐은 물론 여러 가지 기능들을 복합한 다기능 제품들도 속속 선보일 예정인데, 종합정보통신망 서비스가 좀 더 대중화될 것으로 전망하면서 몇 가지 질의를 하고자 함.

첫째, 지난 2년 반 동안 한국통신의 ISDN사업은 개점휴업상태, 즉 ISDN은 초기사업계획과는 달리 90년대 초고속정보통신망의 구축이 논의되면서 일본의 경우와는 달리 사실상 투자를 포기하였음. 이것은 ISDN 서비스의 발전방향에 대한 잘못된 예측 및 단계적 통신서비스 추진을 위한 일관된 계획과 저렴하고 다양한 상품개발부재 등 서비스 효용성에 대한 과소평가로 지난 2년반 동안 개점휴업상태로 있었다는 진단에 대하여 사장은 어떻게 생각하는가.

ISDN 초기사업 추진일정을 살펴보면 시범 운용기간 중인 1993년도에 당초목표인 4,500회선 중 실제 운용실적은 1,300회선으로 약 29% 실적에 그치고 나머지 약 71%에 달하는 3,200회선이 94년 사업으로 연기되는 등 서비스 시장 수요창출이나 단말기 공급능력에 대한 정확한 예측을 못하였던 것은 아닌가.

<참고> ISDN 초기사업 추진일정 및 실적(96 국감자료)

년도별	1991년	1992년	1993년	1994년	1995년	계
당초(회선)	500	800	4,500	10,000	30,000	45,800
실적(회선)	500	800	1,300	13,200	30,000	45,800

주) 1991년-1993년은 시범운용 기간, 1994년-1995년은 상용화 기간 임

둘째, ISDN 장비의 기술표준 및 호환성을 높여야 한다. ISDN의 세계적 표준은 국제전기통신연합(ITU-T)으로 되어 있으나, 세계 각 지역의 ISDN 장비관련 표준은 북미표준(ANSI), 유럽표준(ETSI), 일본표준(JIS)이 있으며 우리나라는 국제전기통신연합 기준을 거의 따르고 있는 등 다양하다. 따라서 외국제품 단말기를 수입 사용할 경우 국내제품과의 호환성을 면밀히 검토해야 하는 등 우리나라 ISDN 장비에 대한 국제기술표준 및 호환성 제고가 필요하다. 이에 대한 대책은 무엇인가.

셋째, ISDN 장비의 핵심요소인 ISDN 칩 국산화 계획을 마련하라. 각종 ISDN 장비의 국산화율은 망 종단장치(NT) 80%, ISDN 전화기 80%, ISDN 화상 단말기 60% 정도이다. 근거리통신망(LAN)을 ISDN으로 연결할 수 있는 ISDN 라우터는 0%이며, 각 장비마다 공히 필수핵심요소인 ISDN 칩은 전량 독일 등지에서 수입하고 있는 현실이다. 앞으로 한국통신에서 ISDN 사업에 쏟아 부으려는 예산(1999년까지 2,500여억원) 중 상당부분이 외국산 ISDN 칩 구입에 소요될 것은 명약관화한 바 ISDN 칩 국산화계획과 투자내역에 대하여 밝혀 달라.

나. 통신망 진화 및 서비스 개발에 대한 답변

현재 우리나라 실정에 적합한 ISDN 추진방침이 모호하고, ISDN 시범통신망 모형(Island형)으로 계속하여 확장구축함에 따라 경제성 확장성 이용 면에서 제한적이다. 그리고 PC 이용자를 수용할 수 있는 데이터통신망 간 연동추진이 미진하고, ISDN용 고유의 서비스 개발보급에 저변확대가 이루어지지 않아 이용자가 사용할 만한 댁내접속장치 등이 보편화 되어

있지 않다. 또한 한국통신 내부사정의 경우 지금까지 사업본부별로 업무가 분산되어 일원화된 추진이 미흡하다. 이러한 상황에서 한국통신의 향후 추진계획은 다음과 같다,

첫째, 통신망 진화전략에 따라 추진한다. PSTN을 N-ISDN으로 발전시켜 전국 어디서나 보편적 이용토록 하고, N-ISDN망은 B-ISDN 출현 시점까지 확장 추진하며 이에 적합한 서비스를 개발 보급한다. 그리고 현재 운용 중인 ISDN 독립망은 운영안정화에 주력하며 이에 적합한 서비스를 개발 보급한다.

둘째, 서비스의 제공모델을 선정하고 사업을 추진한다. ISDN 표준모델로는 1단계(1996년)에는 ISDN 전화와 저속PC통신(19.2Kbps)을 제공하고, 2단계(1997년-1998년)에는 ISDN전화와 고속PC통신(64Kbps), 동화상통신(128Kbps)을 제공한다.

셋째, 1백만 PC통신 이용자를 ISDN 가입자로 전환 추진한다. 이를 위해 패킷망의 상호접속회선을 9.6Kbps로부터 19.2Kbps로 고속화하고 350회선을 증설한다(1996. 9). 그리고 ISDN 망에 패킷처리장치(IPIS, PH), ISDN 라우터 등 상호접속장치를 설치 운용하여 64Kbps의 ISDN-PC 서비스를 제공한다(1997. 3). 또한 패킷망에 No.7 신호기능, 통신망간 연동기능, 고속통신처리기능 등의 대용량 통신처리장치를 설치운용한다(1998. 3). 한편 하이텔, 공공 데이터베이스, 민간상업 데이터베이스 등 멀티미디어 데이터베이스의 개발을 촉진시킨다.

넷째, ISDN망을 전화망과 통합하여 전국망으로 완성한다. 이를 위해 우선적으로 시외교환기를 전량 ISDN 기능으로 개량하고(1996. 12), 이어서 시내교환기를 ISDN 교환기(TDX-10A 중심)로 공급을 확대한다(1997년-1998년). 우선 대도시지역은 1차적으로 국당 1개 시스템을 배치하고, 중소도시에는 TDX-1B에 ISDN 기능을 부가하여 통화권당 1개 시스템을 배치 완료하였다. 그리고 교환기의 신설 및 기존교환기의 ISDN 기능부여 시 일정량의 ISDN 회선을 공급한다. 이를 위해 시설물량의 5%-20% 방안을 검토한다. 또한 시내용 도입기종(AXE-10)에 ISDN 기능 부여를 검토하고(1996. 7), 공통선 신호망(No.7 방식)을 조기에 완성토록 한다(1998년).

다섯째, 기존 데이터 단말기를 수용할 수 있는 다양한 ISDN 접속장치를 개발 촉진한다. ISDN망의 전국완성과 동시에 내장형 NT, PC용 S카드(64Kbps), 수퍼 모뎀 등에 개발에 민간업체에서 자발적 참여를 유도한다. 또한 ISDN 서비스 및 접속장치를 전시하고 시험운용센터를 운영한다(1996. 12). 그리고 ISDN용 새로운 서비스를 개발 보급한다. 은행의 온라인, 거래처 데이터통신(POS), 고속팩스(G4), 전산망 예비회선, 인터넷 접속 등의 이용이 확산되도록 유도한다. 한편 한국통신, 제조업체, 유통업체(백화점, 은행 등 50개 업체 수준으로 한국형 ISDN 이용자 포럼을 운용한다.

이와 같은 추진목표를 조기에 달성하기 위해 한국통신은 TDX-10A 기종에 ISDN 기능을 갖추기 위한 소프트웨어 종합시험을 서대전전화국에 있는 모델교환기를 이용하여 3주간 시행하였다(1996. 3. 27-4. 17). 그리고 관련국장들로 네트워크발전위원회를 구성하여 월2

회 정기적으로 운영하고, 관련부장 및 실무담당과장(23명)으로 구성한 실무추진반을 가동하고 있다.

다. ISDN 장비의 표준화 및 단말기 개발에 대한 답변

ISDN 장비의 기술표준 및 호환성을 높여야 한다는 질의에 대해서는 국제기술표준과 호환이 될 수 있는 ISDN 단말기 표준을 국내에도 가지고 있다. 따라서 ISDN 단말기를 수입하여 공급할 경우에는 우선적으로 국내표준에 맞고 호환성이 있는지를 검증하기 위해 각종 시험을 실시하고 있다. 향후 이와 같은 단말기 호환성을 보다 활성화하기 위해 ISDN 단말기 시연 및 시험운용센터를 구축할 예정이며, 이러한 표준화를 민간업체와 공동으로 검토할 수 있는 ISDN 협의체도 구성 중에 있다(이상 답변자 : 네트워크본부 기술기획국장 홍용표).

다음 ISDN 단말기 개발추진 경위를 정리하면 ISDN 연구개발(1985년-1989년), 시험운용(1989년-1991년)을 실시하였다. 이어서 500 가입자 규모의 시범서비스(1991. 12- 1992. 12), 1,300가입자 규모의 시범서비스(1992. 12-1993. 12)를 거친 후 2,080회선 규모로 상용서비스를 개시하였다(1993. 12. 29). 그 후 1996년에 들어서면서 ISDN서비스는 3,810회선이 판매되었다(1996. 3). 1996년에 NT는 5천대(단가 24만원), 전화기는 5,400대(단가 14만8천원)를 구매 추진하였다. 이때 ISDN 단말 기술의 국내개발 및 표준화 상황을 보면 다음과 같다.

① ISDN 전화기, NT, ISDN-TA, PC용 S카드, 플로피디스크 전송장치는 ETRI에서 개발완료하였다. 이중 ISDN 전화기와 NT는 사급으로 공급하고 있었고, 플로피디스크 전송장치의 통신프로토콜은 TTA 표준화를 마쳤다. ② ISDN PABX는 국선과 내선에 ISDN 기능을 갖춘 시스템으로 업체에서 개발 완료하였다.③ ISDN-LAN 접속시스템, ISDN 칼라영상 감시시스템, G4 팩시밀리는 ETRI에서 개발 완료하였다. 그리고 PSTN, ISDN용 화상전화기 및 ISDN PC-DVCS는 각각 업체에서 개발 완료하였다. ④ ISDN 전화기, 단말기 정합장치, 개인용 컴퓨터의 ISDN 접속카드 등 ISDN 단말관련 국가표준화 상황은 <표 4-19>와 같다.

<표 4-19> ISDN단말 관련 국가표준화 상황(1994년-1995년)

표준명	표준번호	시행년도
ISDN 전화기	KCS 138	1994
ISDN 단말기 정합장치(TA)	KCS 139	1994
개인용 컴퓨터의 ISDN BRI 접속카드	KCS 140	1994
ISDN-BRI 가입자선로 디지털전송장치(NT)	KCS 146	1995
ISDN-PRI 가입자선로 디지털전송장치(NT)	KCS 147	1995
ISDN에서의 연성디스크 통신망식	KCS 182	1995
필담통신(Telewriting) 단말기	KCS 116	1994

이때 문제점을 파악해보면 먼저 사급단말기 표시창의 한영선택기능, 패킷크기 및 파라미터 허용범위의 조정기능 등 단말기의 몇 가지 기능이 미흡하고 불안정하였다. 그리고 단말기에 대한 사내규격이 없어 기능정의가 불확실한 관계로 TTA표준을 적용하고 형식승인제품을 구매하였다. 또한 통신망 기능의 불안정으로 사용자의 관심이 낮고, 시장성이 불투명하여 제조업체의 개발의욕도 저조한 상황이었다.

8. ISDN의 장기발전전략

8.1 ISDN 실행의 중간평가 및 대책

1990년대 후반에 들어서면서 한국통신 네트워크본부(본부장 이정욱)는 1993년부터 추진된 협대역 ISDN(N-ISDN)의 상용화 서비스의 활성화가 저조한 원인을 분석하고 문제점을 도출하였다. 이에 따른 ISDN의 장기발전전략을 수립 추진하였다(N-ISDN 사업활성화 종합계획, 1996. 6. 10, 한국통신 네트워크본부). 이 계획의 주관부서 및 결재자는 제4장 말미의 참고자료 편에 기록되어 있다.

가. 협대역 ISDN의 추진상황

우선 그동안의 협대역 ISDN의 추진실적을 통신망 측면과 서비스 측면에서 보면 다음과 같다.

(1) 통신망 측면에서는 음성, 데이터, 영상 등 서비스마다 개별적으로 운용되던 통신망을 하나로 통합함으로서 PSTN 통신망을 대폭적으로 혁신하였다. 그리고 시내통신망 및 시외통신망이 ISDN화되고 공통선 신호망이 제공되어 PSTN 디지털화가 최종단계에 들어섰다. 또한 가입자망은 기존 동선을 사용하나 144Kbps 이상의 신호전달능력을 보유하게 되었다.

(2) 서비스 측면에서는 2000년대 초반까지 정보통신이용자들의 멀티미디어 통신서비스 제공수단이 될 것이고, 1회선으로 두 가지 이상의 서비스를 동시에 제공받는 통신서비스(2B+D)로 발전할 것으로 보았다. 즉 전화와 PC, 전화와 고화질 팩스 등을 동시에 두 가지 서비스를 64Kbps의 속도로 사용하게 되고, 단말기는 최대 8대까지 연결사용이 가능하게 하였다.

반면 ISDN 서비스의 추진상황을 보면 초기 서비스 제공을 위해 기존 통신망과는 별도의 독립망(Island)을 구축하였다. 이것은 전체 통신망에 ISDN 기능을 적용하는 것이 불가능하고 시외교환기의 ISDN 기능이 미비한 상태였기 때문이었다. 그리고 외국 도입 전자교환기인 No.1A, M10CN, S1240, AXE-10 기종과 초기 국내 개발된 전자교환기인 TDX-1A 기종은 ISDN 기능을 적용하기가 어려웠기 때문이었다. 또한 이용 가능한 서비스로는 전화망과 연동을 통한 ISDN 전화기를 사용하여 일반전화통신을 하고, ISDN 가입자 간에는 64Kbps

속도의 PC통신을 이용하며, 9.6Kbps 이하 저속의 하이텔 등 데이터베이스 검색이 가능한 정도였다. 그 외의 추진상황은 이미 7.3-나 항에서 설명하였다.

나. 문제점 분석

앞에서 언급한 바와 같이 N-ISDN의 상용화는 1993년부터 시작되었으나 1996년 당시까지 본 서비스의 이용이 상당 저조한 상황이어서 한국통신에서는 그 문제점을 분석하였다.

① 이용자 측면에서 국내 및 국제 ISDN 서비스 제공지역이 제한되어 있었다. 그리고 ISDN이 첨단의 통신서비스임에도 서비스 품질이 불안정하고, ISDN 단말기 고장이 과다하게 발생하였다. 또한 ISDN 가입자가 해지할 때 가입비의 환불이 불가능한 점도 문제였다.

② 단말기 및 응용서비스(Application) 측면에서는 인터넷, 하이텔 등 멀티미디어 통신을 위한 64Kbps급 각종 데이터베이스를 수용하지 못하고 있었다. 다시 말해 ISDN망을 이용하여 인터넷, 하이텔에 접속하여 영상 등 멀티미디어 통신을 위한 접속요구는 증가하고 있으나, 이를 위한 애플리케이션이 부족하였다. 또한 다양한 응용서비스(Application) 적용을 위한 단말기가 없고 있어도 고가였다.

③ 통신망 구성 및 운용관리 측면을 보면 기존 PSTN과 ISDN망이 별도로 운용되어 ISDN 서비스 확장에 어려움이 있고, 효율적이며 통합적인 통신망 구성이 곤란하였 다. 그리고 ISDN 기능부여가 가능한 전자교환기는 TDX-10, TDX-1B 기종으로서 전체 교환기 중 48%에 해당하는 427개 시스템에 불과하여 단기간에 통신망 확장이 불가능하였다. 또한 전문가의 부족으로 효율적인 통신망 관리가 미흡한 문제도 있었다.

8.2 한국형 ISDN모델의 설정

1990년대 중반 한국통신 네트워크본부(본부장 이정욱)는 장기적 발전적 측면에서 한국형 ISDN 모델을 설정하고자 노력하였다. 이를 위해 네트워크 및 서비스 모형을 구분하여 추진하고 또한 시외통신망, 시내통신망, 국제통신망, 데이터통신망, 초고속정보통신망 간의 연동 등도 추진하는 계획을 세워나갔다(통신망의 ISDN 발전계획, 1996. 4, 한국통신 네트워크본부).

가. ISDN을 위한 네트워크 모형

단기적 네트워크 모형으로는 시외통신망 및 국제통신망에 대한 ISDN을 구축 완료하고, 시내전화국별로 1개 이상의 ISDN기능을 보유한 교환기를 확보하며, 이동전화망, 타 사업자 ISDN과 상호 접속한다. 그리고 서비스 면에서는 전화와 PC, 전화와 팩스, PC와 팩스 중 64Kbps 두 가지를 동시에 이용하도록 하는 ISDN 기본서비스(2B+D)를 제공한다. 또한 전화가입자가 하이텔 또는 인터넷 등 PC 통신을 이용하게 하여 일반가입자도 기존 전화기를 이용하여 전화서비스 및 64Kbps PC통신이 가능하게 한다. 이러한 서비스는 1997년-1998년에 추진한다.

그리고 장기적 네트워크 모형으로 전국 전 교환노드에 ISDN 교환기를 설치하고, 초고속 정보통신망과 통합한다. 이때 ISDN이 보편적 서비스로 2B+D 및 1차군접속(BRI) 서비스를 이용하게 한다. 이에 따라 H0 채널을 이용하여 화상회의, 고속파일전송, TV회의시스템 등 2Mbps급의 초고속서비스를 제공한다. 이 서비스는 1999년-2002년에 시행토록 한다.

나. 시외통신망과 시내통신망의 ISDN화

새롭게 정립한 한국형 ISDN 모델로 가기 위해 시외통신망, 시내통신망, 국제통신망 등에 대한 시설계획과 데이터통신망, 초고속정보통신망과의 연동 등에 대한 시행계획을 다음과 같이 추진한다.

① 시외통신망의 대상교환기는 AXE-10 16개 시스템, TDX-10 23개 시스템 등 총 39개 시스템이 있다. 이들 시외교환기의 신호방식을 R2에서 No.7 신호방식으로 전환한다. 또한 시외통신망의 ISDN 기능을 1996년 12월까지 적용 완료한 후 시내 ISDN 교환기를 시외통신망에 접속하여 1997년 4월까지 시외 ISDN 통신망을 구성한다.

② 시내통신망에 있어서는 시내교환기 중 신설교환기는 ISDN 기능보유 교환기를 의무적으로 설치하고, ISDN 기능의 적용이 불가능한 반전자교환기는 내용연수 경과 후 철거방침에 따라 ISDN 기능보유 교환기로 설치한다. 그리고 기존 설치된 텐덤교환기(TDX-10)에 ISDN 기능을 부과하고 추가 설치 시에는 전량 ISDN 기능보유 교환기로 설치한다.

한편 외국 도입기종 중 기술적으로 ISDN이 가능한 기종은 ISDN 교환기로 개량하고, 전체 시내교환기에 No.7 신호방식을 적용한다. 이에 따라 ISDN서비스는 다음과 같이 순차적으로 추진하게 하였다.

① 1차 기간(1996년-1997년)에는 144개 통화권에 ISDN 서비스를 제공한다. 이때 대상교환기수는 486대이나 이 중 234개국에 적용한다. 이를 위해 대상통화권 144개 중 AXE-10 기종은 조기에 기능 보완하여 배치하고, TDX-1A 기종이 설치된 13개 통화권은 현재 운용 중인 P-MUX를 재배치하여 운용토록 한다.

② 2차 기간(1998년-2000년)에는 전화국 마다 1개 시스템에 ISDN 서비스를 제공한다. 이때 대상 전화국 362개국에 시행하면 시내통신망 ISDN화율은 89.5%이 된다. 그러나 전체 전화국 405개 중 No1A, M10CN 및 TDX-1A 전자교환기가 설치된 42개 전화국은 ISDN 기능 제공이 불가능하다.

③ 3차 기간(2001년-2002년)에는 전 교환노드에 ISDN 교환기를 설치한다. 이때 대상교환기 918개를 시행하여 ISDN화율 100%를 달성하고, ISDN 기능이 불가능한 도입기종 333대는 2002년까지 철거토록 한다.

9. ISDN의 전국적 확장

1990년대 중반 한국통신 네트워크본부(본부장 이정욱)는 N-ISDN을 전국적으로 확장하기 위해 전 기간통신망으로 ISDN 기능을 확대하고 ISDN과 PSTN을 통합하는 등 종합발전계획을 수립 추진하였다. 그리고 ISDN을 실질적으로 달성할 수 있는 한국형 ISDN모형도 재설정하였다(N-ISDN사업 활성화 종합계획, 1996. 6. 10). 이 계획의 주관부서 및 결재자는 제4장 말미의 참고자료 편에 기록되어 있다. 이때 수립한 N-ISDN을 위한 활성화 종합계획의 주요내용은 다음과 같다(9.1 ISDN 서비스의 활성화 대책, 9.2 ISDN의 전국 확대를 위한 조치, 9.3 ISDN과 기간통신망 간 연동).

9.1 ISDN 서비스의 활성화 대책

가. ISDN 서비스의 이용활성화

첫째, 전화와 같은 보편적 통신서비스로의 발전을 유도한다. 전국 어디서나 ISDN 서비스를 제공하고, 전화 1회선에 음성, 데이터, 영상 등 멀티미디어 서비스가 가능한 디지털 서비스를 제공한다. 이를 위해 ISDN 교환기의 기능을 보강한다. 현재의 TDX-10 ISDN 교환기의 기능을 보강하여 TDX-10A형으로 개선하고, 패킷교환(D채널), 회선교환(고속채널 H0 H1) 기능을 개발한다. 또한 PSTN 시외통신망을 ISDN망으로 전환할 준비를 서둘러 시행한다.

둘째, TDX-10형 시외교환기는 TDX-10A형으로 개선하고, 시내통신망의 ISDN화를 촉진하기 위하여 외국 도입기종 중 ISDN 기능이 부여가 가능한 기종은 ISDN화를 적극 추진한다. 그리고 ISDN 기능적용이 불가능한 반전자교환기에 대한 대책을 강구한다. 또한 ISDN용 시내교환기에 기본적으로 ISDN회선을 공급한다.

셋째, PSTN, 인터넷, CO-LAN 등 데이터통신망 간 고속으로 연동시킨다. 이를 위해 TDX-10 및 TDX-1B의 PSTN 연동을 추진하고, ISDN과 CO-LAN 간 연동은 패킷망 연동과 동일하게 추진한다. 또한 ISDN과 인터넷 간 연동은 ISDN 라우터를 통해 시행한다. 한편 국제 ISDN 연동국가를 현재 4개국에서 50개국으로 확대하고, 국내 ISDN 서비스 제공지역을 확대한다. 서울지역의 국제 ISDN 서비스를 국내 ISDN 서비스 제공지역으로 확대 추진한다.

넷째, 기본서비스 및 응용서비스별로 단말기를 개발하고 보급을 유도한다. 기존의 전화기와 데이터통신을 할 수 있는 복합모뎀을 개발하고, 저가의 NT 내장형 복합서비스용 단말기 개발을 유도한다. 그리고 영상회의, G4 팩스 등 다양한 응용서비스에 적합한 단말기의 보급을 유도한다.

다섯 번째, 기존의 ISDN 독립망을 안정시키고 ISDN 가입자의 고장 건수를 가입전화 수준으로 낮추도록 한다. 이를 위해 P-MUX의 빈번한 불복구 요인을 제거하고, 교환시설, 전송로, 단말기를 개량 개선토록 한다.

여섯 번째, ISDN망을 통해 멀티미디어 영상 데이터베이스를 검색하게 하고, ISDN 환경에 적합한 ISDN 복합 영상정보서비스를 활성화 하는 등 멀티미디어 데이터베이스를 개발한다. 그리고 하이텔 등 타 통신망 데이터베이스를 ISDN 가입자가 직접 접속되도록 추진한다.

일곱 번째, 한국형 ISDN 통신망 및 서비스 모델을 정립하고 사업추진 방향을 재정립한다. 주택용과 기업형 서비스 모형을 설정하여 표적시장을 개척하고, 전체 교환노드에 ISDN 기능을 확보하는 것을 목표로 통신망 모형을 설정토록 한다.

나. 한국형 ISDN모형 재설정

한국형 ISDN모형을 단기적 모델과 장기적 모델로 구분하여 추진하고 N-ISDN을 전국으로 확장한다. 단기적 모델(1996년-1998년)에서의 네트워크 모형은 ISDN과 PSTN통신망을 통합하고, 시외통신망과 국제통신망의 ISDN을 구축 완료하며, 전체 통화권에 ISDN노드를 공급한다. 이때 전화와 PC, 전화와 팩스 중 64Kbps 두 가지를 동시에 이용하는 2B+D 서비스를 기본으로 제공한다. 그리고 ISDN 가입자가 하이텔 또는 인터넷에서의 64Kbps 고속 PC통신 및 H0(384Kbps) 채널서비스도 이용할 수 있도록 제공한다.

그리고 장기적 모형(1999년-2010년)에서는 전국 전체 교환노드에 ISDN교환기를 설치한다. 이를 위하여 1999년-2002년에 전체 전화국에 ISDN노드를 확보하고, 2003년- 2010년에는 전체 교환기를 ISDN 노드화 한다. 그리고 초고속통신망과 연동시켜 1차군 PRI접속이 되게 하여 초고속통신망의 가입자망 역할을 하도록 한다. 이때에는 ISDN이 보편적 서비스로 2B+D서비스를 이용하게 하고, 일차군 접속(PRI)을 제공하여 2Mbps급의 초고속 서비스를 제공한다. 그래서 H0(384Kbps), H1(2Mbps) 채널을 이용하여 화상회의나 고속파일전송이 가능하게 발전시킨다.

9.2 ISDN의 전국 확대를 위한 조치

가. 통신망의 ISDN기능부여 및 시범운용

1996년 초반 우리나라 시내통신망은 총 890개 교환시스템을 보유하고 있었다. 이중 ISDN기능이 가능한 기종은 국내개발 중용량교환기(TDX-10, TDX-1B)이고, ISDN기능 보완대상이 되는 기종은 외국도입 전전자교환기(AXE-10, S-1240, 5ESS)였다. 그리고 ISDN 기능보완이 불가능한 기종은 외국도입 반전자교환기(M10CN, No.1A) 및 국내개발 소용량 교환기(TDX-1A)로 확인되었다. 이를 기종별로 보면 <표 4-20>과 같다.

다음 시외통신망의 ISDN교환기 기능부여대상은 AXE-10 16개 시스템, TDX-10교환기 23개 시스템 등 총 39개 시스템이었다. 이중 시행실적은 AXE-10교환기 16개 시스템만 시행되어 41%로 확인되었다(1996년 1/4분기). 한편 국제 ISDN통신망의 연동은 미국, 영국, 캐나다, 일본 등 4개국과 우선적으로 시행하고 있고, 앞으로 홍콩 등 50개국을 목표로 추진하였다. 그리고 TDX-10A 소프트웨어 개발이 완료됨에 따라 기존교환기에 ISDN기능을 적용하기 위한 기능 검증 및 계위별 적용절차를 마련하였다. 특히 기존 TDX-10시스템을 개량할 때 각종 기능과 성능 등을 사전 검증하여 신뢰성을 확보토록 하였다.

그리고 운용 중인 TDX-10 교환기에 ISDN 기능을 부여하는 개량형 소프트웨어로 교체하는 경우 그 기능을 확인하기 위해 시범적용을 실시하였다. 이때 한국통신 네트워크본부 시설운용실(실장 김기천)에서는 시범적용계획을 다음과 같이 수립 추진하였다(N-ISDN사업 활성화 종합계획, 1996. 6. 10, 한국통신 네트워크본부).

① TDX-10 시외교환기 2개 시스템(포항, 대전)에 대해 1996년 6월-1996년 7월에 시행한다. ② 시내텐덤교환기 2개 시스템(신촌, 영동)에 대하여는 1996년 7월-1996년 10월에 실시하고, 시내교환기 2개 시스템(상당, 퇴계원)에 대한 시범적용은 1996년 6월-1996년 12월에 시행한다. ③ 본 시범적용사업은 시외구간은 시설운용실 시외통신계획국, 시내 구간은 시설운용실 시내교환계획국에서 각각 추진한다.

한편 시외 TDX-10교환기의 ISDN 기능 부가를 위해 기존 시외교환기의 신호방식을 R2 방식에서 No.7 방식으로 전환하는 것부터 시작하였다. 당시 공통선 신호방식(ISUP)이 적용된 중소도시 시외 AXE-10 교환기 ISDN망은 PSTN 계위의 시외통신망을 운용 중에 있었다. 대도시 시외 TDX-10 교환기에는 ISDN 중계를 위한 공통선 신호방식의 처리기능이 없었다. 1996년도 TDX-10 교환기의 개량화사업과 연계하여 기존 시외 TDX-10 교환기에 No.7 신호방식(ISUP) 기능을 구현하였다. 이때 TDX-10A 교환기로 개체하는 시범적용을 대전과 포항에서 시행한 후 혜화전화국 등 21개 시스템을 시행함으로서 총 TDX-10 교환기 23개 시스템에 확대 적용하였다.

<표 4-20> 시내통신망의 ISDN기능 부여대상(1996년 1/4분기)

구분	기종별	시스템 수	총계
ISDN 기능가능	TDX-10	102	427(48%)
	TDX-1B	325	
ISDN 기능보완대상	AXE-10	69	132(15%)
	S-1240	29	
	5ESS	34	
ISDN 기능보완불가능	M10CN	154	331(37%)
	No.1A	58	
	TDX-1A	119	

나. ISDN과 PSTN의 통합추진

ISDN서비스를 전국적으로 확대하기 위해서는 개별망 운용만으로는 제약이 있는 관계로 ISDN과 PSTN 통신망의 통합을 추진하였다. 따라서 대도시 독립형(Island형) ISDN 전용망을 PSTN 시외통신망 계위로 통합 추진하였으며 그 세부계획은 다음과 같다.

첫째, 시외 PSTN망 중심으로 ISDN중계망을 일원화하고, ISDN통합망으로 전환한다. 이를 위해 서울시내 및 주변지역을 위한 신사전화국 TX교환기를 서울지역 시외교환기(TDX-10A)로 이원화한다.

둘째, 대전 시내 및 주변지역을 담당하고 있는 북대전전화국의 TB교환기는 대전 시외교환기(TDX-10A), 천안 시외교환기(AXE-10)로 이원화 구성하고, 1998년 이후에는 대전과 진잠시외국으로 이원화한다. 그리고 대구시내 및 주변지역을 연결하는 동대구 TX교환기는 태평전화국과 신암전화국의 TDX-10A교환기로 이원화한다.

셋째, 부산 시내 및 주변지역을 관할하는 아미전화국 TX교환기는 부산 시외교환기 TDX-10A(1)과 TDX-10A(2)로 이원화 구성하고, 1998년 이후에는 부산과 동래 시외국으로 이원화한다. 그리고 광주시내 및 주변지역을 연결하는 서광주전화국 TX교환기는 북광주전화국과 서광주전화국의 시외교환기(TDX-10A)로 이원화한다.

넷째, 루팅 및 신호망은 발신국-시외교환-시외교환-착신국으로 연결되는 PSTN 시외망 루팅체계를 적용한다. 그리고 시내 ISDN단국과 시외국 간의 전송로는 1996년 12월까지 확보하여 시내 ISDN 전용중계망으로 전환한다. 또한 ISDN 시외망은 1997년 1/4분기에 통합한다. 이 사업은 네트워크본부 시설운용실 시내교환계획국(국장 정재진)이 주관하고 협조부서는 시외통신계획국(국장 김종현)으로 지정하였다.

다. N-ISDN의 전국망 확장노력

ISDN의 전국망 확대를 위하여 PSTN을 이용하여 서비스되고 있는 인터넷, 하이텔 등 데이터통신 가입자를 ISDN화할 수 있도록 공격적인 수요를 예측하였다. 그리고 ISDN을 통해서 PSTN 통신망의 진화 발전을 도모하고, 기 운용중인 교환기중 ISDN 기능적용이 불가한 교환기는 내용연수 경과 후 대체토록 하였으며, 도입기종 중 ISDN 기능부가가 가능한 교환기는 ISDN화를 추진하였다.

우선 TDX-10A교환기의 소프트웨어를 적용한 시스템을 대상으로 개량형 하드웨어 증설공사를 추진하였다. 이때 개량화 대상시설은 시내교환기 102개 시스템, 전용텐덤교환기 8개 시스템, ISDN교환기 4개 시스템 등 총 114개 시스템이었다. 이중 1996년 개량화 목표는 시내교환기 7개 시스템, 전용텐덤교환기 2개 시스템 등 9개 시스템으로 정하여 추진하였다. 전용텐덤교환기의 개량화는 1997년 중에 완료하고, 시내교환기 95개 시스템의 개량화는 1997년 중에 시행하였다.

한편 대도시에서의 원격가입자 수용장치(PMUX)는 신사전화국 12대(IRASM 16대), 아미전화국 17대, 동대구전화국 8대, 서광주전화국 4대가 운용하고 있었다. 이들 4개의 ISDN 교환기에 대한 TDX-10A ISDN으로의 개량화 방안과 재배치계획은 1997년 이후에 추진하는 것으로 하였다. 이상 개량화사업의 추진부서는 시설운용실 시내교환계획국(국장 정재진)으로 정하고, 협조부서로 시설운용실 시내교환운용국(국장 송준갑), 서울통신운용연구단(단장 김은진)으로 정하여 시행하였다.

이와 같은 ISDN화를 위한 교환시스템의 개량화 방침에 따라 ISDN 통신망의 전국 확장계획을 다음과 같이 수립 추진하였다(N-ISDN사업 활성화 종합계획, 1996. 6. 10, 한국통신 네트워크본부 통신망기획국). 이 사업은 시설운용실 시내교환계획국에서 추진하였다.

첫째, 1997년부터 TDX 계열의 신증설은 ISDN 수요를 고려하여 기본적으로 ISDN 회선을 공급한다. 그리고 1998년부터는 5ESS, S-1240, AXE-10 등 외국도입기종의 ISDN 기능부여는 기술성, 경제성 등을 종합적으로 검토하여 추진한다. 2002년까지 전국 전화국에 점진적으로 ISDN노드를 확장 구축하고, 2010년까지 PSTN망의 ISDN으로의 진화를 완성한다.

둘째, 제1단계(1996년-2002년)에서 전 전화국에 ISDN 노드를 확보한다. 이를 위해 TDX-10교환기는 TDX-10A교환기로 개량화하여 ISDN기능을 이용자에게 제공하고, TDX-1B교환기에 ISDN기능을 부가하는 등 기 운용중인 국내개발교환기의 ISDN노드를 점진적으로 확장한다.

셋째, 1997년부터 신설교환기는 ISDN 기능을 부가하여 공급하되 대도시에 TDX-1B 교환기의 추가 설치는 중지한다. 그리고 2002년까지 전 전화국에 ISDN노드를 확보하기 위해 년도별 추진계획을 수립하고, 2002년까지 ISDN노드 확보가 불가능한 전화국에 대해서는 원격가입자 수용장치(PMUX, IRASM)로 서비스를 제공하고 기존시설의 재배치방안을 강구한다.

넷째, 제2단계(2003년-2010년)에서는 ISDN구축을 완성한다. PSTN을 ISDN 통신망으로 진화시키고, ISDN 기능적용이 불가한 M10CN, No1A, TDX-1A 등의 교환기종은 내용년수 경과에 따라 2010년까지 철거 대체한다.

9.3 ISDN과 기간통신망 간 연동

가. 2000년대에 대비한 국제 ISDN 서비스 시도

국제통신망의 경우 광화문, 목동, 부산 등 전 국제관문국에 ISDN 기능을 확보하여 전국의 ISDN 가입자에게 국제연동서비스를 1997년에 제공하고, 국가 간 ISDN망 연동을 위해 1단계(1996년)에서 전국 ISDN망에 국제연동을 16개국으로 확대하였다. 그리고 2단계(1997년)에는 16개국을 추가하여 총 32개국으로 늘리고, 3단계(1998년)에 가서는 ISDN을 제공하는 전체 국가를 약 50개국으로 확대하였다(통신망의 ISDN 발전계획, 1996. 4, 한국통신).

1996년 당시 서울지역 ISDN가입자는 미국(AT&T, MCI), 영국(BT), 일본(KDD), 캐나다

(Teleglobe) 등 4개국 5개주관청의 국제 ISDN과 연동되고 있었다. 그리고 국제전용 ISDN은 미국(AT&T, MCI), 영국(BT), 캐나다(Teleglobe), 일본(KDD), 싱가포르(ST), 홍콩(HKTI), 뉴질랜드(TNZI), 호주(TELSTRA), 일본(IDC), 등 8개 국가 10개 주관청과 연동되고 있었다. 이후 점진적으로 전국 가입자에게 국제 ISDN 서비스를 제공하고 그 대상 국가를 확대 추진하였다. 이 서비스의 명칭은 KT-Express로 명명되었다. 이때 독일(DT), 스위스, 밸기에, 대만 등 4개국과는 국제 ISDN 연동서비스를 위한 협정을 준비 중이었다.

이러한 상황에서 한국통신은 2000년대에 대비하여 국제 ISDN 서비스의 추진방향과 추진계획을 다음과 같이 수립 추진하였다(N-ISDN사업 활성화 종합계획, 1996. 6. 10, 한국통신 네트워크본부).

첫째, 전국의 ISDN 가입자에게 국제 ISDN 서비스를 제공토록 하고, 국내 ISDN망과 외국 ISDN과의 연동을 확대한다. 그리고 국내 ISDN 통신망을 통합한 후 계위에 따라 국제관문국을 접속한다. 즉 국내 PSTN 시외교환기에 ISUP 기능을 구현한 후 국제관문교환기에 접속한다. 둘째, 1996년에는 전국 ISDN망에 국제연동을 16개 국가로 확대하고, 국제 ISDN과 PSTN/ Toll과는 ISUP을 접속한다. 1997년에는 국제 ISDN망의 국제연동을 확대해 나가고, 1999년-2000년에는 ISDN 제공 국가를 전면 확대한다. 셋째, 전국 ISDN 교환망에 국제연동을 확대한다. 서울지역 ISDN 가입자에게만 제공되는 국제 ISDN서비스를 전국가입자에게 확대한다. 그리고 전국 ISDN교환기에 프리픽스를 입력하고, 국제관문국 교환기와의 접속경로를 위한 중계회선을 증설한다. 이는 시설운용실 국제통신계획국이 주관 추진하고, 전략영업본부 고도통신국이 협조하여 1996년 6월-9월에 시행한다.

넷째, 국내 ISDN망과 PSTN망 간 통합이후 국제 ISDN 간 연동을 추진한다. 이를 위해 국제 ISDN과 PSTN 시외망 간은 ISUP으로 접속한다. 이 사업은 시설운용실 시외통신계획국이 주관하고, 시설운용실 국제통신계획국이 협조하여 1996년 12월에 시행한다.

다섯 번째, 1997년-1998년에는 국제 ISDN망과 국제연동을 확대한다. 서울의 광화문국제관문국, 목동국제관문국, 부산국제관문국, 대전국제관문국 등 전 국제관문국에 ISDN 기능을 실현한다. 그리고 국제 ISDN 연동국가를 총 32개국으로 확대한다. 이어서 1999년-2000년에는 연동국가를 약 50여개 국가로 확대하고, 국가 간 협의결과에 따라 추진한다. 이 사업은 시설운용실 국제통신계획국이 주관하고 전략영업본부에서 협조하여 시행토록 한다.

나. ISDN망과 데이터통신망 간의 연동

1990년대 중반 한국통신 네트워크본부(본부장 이정욱)는 ISDN과 데이터통신망 간의 연동계획을 다음과 같이 수립 추진하였다(통신망의 ISDN 발전계획, 1996. 4, 한국통신 네트워크본부).

첫째, 데이터망과의 연동은 먼저 TDX-10 ISDN의 패킷처리장치(PH) 및 TDX-1B IPIS에서 PSDN과 연동시킨다(1996년). 둘째, 현재 개발 중인 대용량 ICPS를 통한 패킷망 연동으로 영상 등 멀티미디어 서비스를 제공한다(1998년). 이때 PSDN과 ISDN 간은 대용량 ICIS에 No.7 신호기능을 부여한 후 연동을 추진한다. 셋째, ISDN 라우터를 설치하여 인터넷과 접속하여 멀티미디어 서비스를 제공한다(1997년). 이때 TCP/IP (1.5M) 프로토콜을 사용한다.

이어서 ISDN 가입자에게 64Kbps급 비음성 고속데이터망 접속으로 가입전산망, 하이텔, 인터넷 등 다양한 응용서비스를 제공하기 위해 데이터통신망 간의 연동을 보다 구체적인 연도별 추진계획을 다음과 같이 수립하였다(N-ISDN사업 활성화 종합계획, 1996. 6. 10, 한국통신 네트워크본부).

(1) ISDN과 PSTN 간의 연동(패킷모드)은 1996년에 시행하고, 대용량 ICPS를 통한 패킷망 연동(회선모드)은 1998년에 시행하며, PSDN과 ISDN 간은 대용량 ICPS에 공통선 신호기능을 부여한 후 연동을 추진한다.

(2) ISDN 가입자의 하이텔 데이터베이스를 64Kbps급의 속도로 검색하는 것은 1997년에 시행하고, ISDN과 CO-LAN 간의 패킷모드 연동은 1997년에 추진한다. 그리고 인터넷과는 ISDN 라우터를 설치하여 1996년에 접속한다. 이때 TCP/IP(1.5M) 프로토콜을 사용한다.

(3) 기존 패킷망인 HiNET-P 이용자 간에 패킷데이터를 이용하고, 데이터를 전송하고 교환하기 위하여 PSDN과 ISDN망간에 연동을 시행한다. 이때 TDX-10 ISDN은 PH와 패킷망(HiNET-P) 간에 X.75프로토콜을 사용하여 연동시키고, TDX-1B ISDN은 IPIS와 패킷망(HiNET-P) 간에 X.25프로토콜을 이용하여 연동한다.

그리고 ISDN과 PSDN 간 연동을 위해서는 ISDN 패킷가입자는 우선 PC에 S카드를 실장토록 하였다. 이때 패킷프로토콜을 구현 시는 65Kbps급의 속도를 제공하고, 비 ISDN 패킷단말기의 사용으로 X.25 TA를 설치할 때는 단말기 속도로 연동하였다. 이를 위해 1996년에 B채널(64Kbps) 패킷통신 시범서비스를 다음과 같이 추진하였다.

(1) 이 서비스의 대상지역은 서울, 부산, 대구, 대전, 광주, 인천, 수원, 전주, 청주, 제주 등 10개 지역으로 정한다. TDX-10 ISDN은 신사, 아미, 동대구, 서광주에 4개 노드를 설치하고, TDX-1B ISDN은 을지, 인천, 대연, 신암, 달성, 월배, 경산, 춘천, 서수원, 과천, 북대전, 신갈, 부천, 유성, 청주, 전주, 하남, 본촌, 신제주 등 19개 노드를 설치한다.

(2) 시범가입자는 시범지역내의 ISDN 전체 가입자, ISDN 패킷 기능을 최대한 활용할 수 있는 가입자, ISDN 업무용 가입자로 선정한다. 그리고 패킷망 구축 및 시험은 1996년 6월-11월로 하고, 시범서비스는 1996년 12월에 제공한다.

(3) 1996년 시범사업결과를 분석한 후 이를 전국으로 확대하고, 1996년 시범망을 기반으로 ISDN 노드를 점진적으로 추가 연동한다. 그리고 통화권별로 ISDN 패킷 탠덤교환기를 중심으로 PSDN과 연동토록 한다.

(4) 이 사업은 시설운용실 시내교환계획국이 주관 추진하고, 전략영업본부 데이터통신국이 협조하도록 한다.

다. 초고속통신망과 하이텔 데이터베이스 간의 연동

한국통신 전체 ISDN 시내교환기에 접속용 PRI를 제공하여 초고속정보통신망과의 연동을 1998년에 시행한다. 한편 한국통신은 시외통신망 및 국제통신망에 No.7 신호방식을 적용한 후 시외교환기 및 국제관문국에서 타 사업자의 통신망과 연동을 1998년에 시행한다. 또한 이동통신망과는 시외교환망 및 시내교환망에 No.7 신호방식을 적용하여 안정화된 후 시외교환기 및 시내교환기에서 연동을 추진한다.

한편 1990년대 중반 한국통신은 비패킷 ISDN 가입자가 하이텔 데이터베이스를 검색하는 방법을 추진하였다. 당시 ISDN 및 PSTN 가입자의 단말기는 모뎀을 이용하여 연결되고, 이때 모뎀이용자를 위해 소형 ICPS를 설치하여 연동하고 있었다. 이를 개선하기 위해 대형 ICPS를 개발하여 속도를 9.6Kbps에서 64Kbps로 향상하였다.

그리고 1997년-1998년에는 ISDN 가입자는 S카드를 이용하여 64Kbps를 제공하고 PSTN 가입자에게는 모뎀속도를 제공하는 것으로 개선하였다. 또한 ISDN, PSTN과 HiNET-P 간은 대형 ICPS를 설치하여 접속루트를 일원화하였다. 이 사업은 전략영업본부 데이터통신국이 주관하여 추진하였다. 한편 ISDN 가입자가 하이텔 데이터베이스를 직접 검색할 수 있는 방안을 강구하였다. 처음에는 9.6Kbps급 저속으로 검색하다가 점차적으로 64Kbps급으로 접속속도를 높이도록 하였다(N-ISDN사업 활성화 종합계획, 1996. 6. 10, 한국통신 네트워크본부).

이를 위해 1단계(1996년)에는 PSTN 망의 9.6Kbps 포트를 19.2Kbps 포트로 개체하며 이 일은 전략영업본부가 주관하여 1996년 2/4분기 내에 시행하는 것으로 정하였다. 그리고 2단계(1997년)에는 ISDN 가입자가 하이텔 데이터베이스를 64Kbps급 고속으로 접속하게 하고, ISDN망에서 ISDN 라우터를 도입하여 PRI 접속을 하게 하였다. 또한 LAN 형태로 구성된 Login Host의 데이터베이스를 검색토록 하고 하이텔 Login Host에 64Kbps급 LAN포트를 증설토록 하였다. 이는 시설운용실 시내교환계획국이 주관하고 전략영업본부 데이터통신국이 협조하여 1997년 내에 완료하게 하였다.

10. 광대역 ISDN에 대한 도전

10.1 N-ISDN과 B-ISDN의 연계 추진

가. 협대역 ISDN의 총체적 구현

앞에서 언급한 바와 같이 그동안 ISDN에 대한 이용자의 반응을 보면 서비스품질 저하로 대체로 불편을 느끼고 있었다. 그리고 인터넷, 하이텔, 기업전산망 등 멀티미디어 통신을 위한 64Kbps급이 각종 데이터베이스에 수용되지 않은 문제도 부각되고 있었으며, PSTN과는 다른 통신망을 별도로 운영하다 보니 전국통화권에 서비스가 작동되지 못하는 허점도 드러나고 있었다.

따라서 협대역 ISDN 서비스의 문제점을 분석하여 통신품질을 개선하고 이를 활성화하기 위해 사업추진방향을 총체적으로 재정립하게 되었다. 이를 위해「제2기 협대역 ISDN 발전 기본계획」을 수립하였다(1996. 5). 우선 시외교환기에 ISDN기능을 부여하고 통신망 통합이 요구되었으며, 전국 전화국에 이를 위한 서비스 제공노드를 확산해야 하였다. 그래서 중소도시용 시외교환기(AXE-10)는 1994년에 ISDN 현장적용시험을 하고, 1995년에 전체 교환기에 이 기능을 부가하는 것으로 추진하였다. 또한 대도시용 시외교환기(TDX-10)의 경우에는 ISDN기능을 1994년-1995년에 개발하여 1996년에는 전체 교환기에 기능을 부가하는 것으로 추진하였다(1995년도 주요업무 발전계획, 1995. 2, 기술기획실).

한편 64Kbps 디지털 통신서비스를 보편적으로 제공할 수 있도록 서둘렀으며, 데이터 통신망과의 연동도 필요하였다. 또한 영상전화 등 다양한 응용서비스를 개발하여 표적고객을 발굴하고 대규모 시연회 등 다양한 마케팅 활동을 강화하였다. 이에 따라 1996년부터는 고속데이터(384Kbps) 서비스가 실현됨으로써 화상회의, 복합정보검색, 원격강의 및 원격진료서비스 등 다양한 ISDN 응용서비스를 제공하게 되었다.

나. 광대역 ISDN의 조기도입

협대역 ISDN서비스를 제공하는 과정에서 이용자들은 음성, 데이터, 영상 등의 서비스를 저속에서 초고속까지 다양한 형태로 요구하였으며, 또한 거리와 시간에 제약없이 경제적으로 이용하고자 하는 쪽으로 가고 있었다. 현재의 ISDN 서비스 제공능력의 한계를 초월하여 고속데이터, 케이블TV와 같은 광대역 동영상서비스까지 종합적으로 제공하는 광대역 ISDN통신망(B-ISDN)을 구축할 수 있는 통신사업자를 요구하기 시작하였다.

이를 위해 고속 대용량의 정보전달 및 처리를 실현할 수 있는 고속전자부품 및 광소자 등의 전자통신기술을 발전시켜야 하고, 양방향 케이블TV 공급에 따른 방송과 통신의 융합으로 기존의 케이블TV 망과 통신망의 통합도 필요한 상황으로 가고 있었다. 이때 한국통신 기술기획실(실장 이정욱)에서는 광대역 ISDN 통신망의 특징을 다음과 같이 규정하였다(광대역종합정보통신망 B-ISDN 구축, 1994. 3, 한국통신 기술기획실).

첫째, 지금까지 추진한 협대역 ISDN(N-ISDN)의 최대전송속도가 1.5Mbps인데 비해 광대역 ISDN(B-ISDN)은 회선당 전송속도가 150Mbps-600Mbps나 되는 초고속 대용량의 정보전달 능력의 통신망이 되어야 한다. 이는 기존의 전화회선보다 1천배-1만배 이상의 전송속도를 가지고 있고, N-ISDN 보다는 100배 이상 빠른 전송능력을 제공한다.

둘째, 전화, 데이터, 동영상정보를 하나의 회선으로 저속 또는 고속으로 제공이 가능하다.

B-ISDN에서는 고선명 고음질의 영상전화, 멀티미디어 영상회의, 케이블TV, 고속데이터통신, 화상의료서비스 등의 다양한 고도정보통신 서비스를 하나의 전화회선, 하나의 단말기를 통해 동시 제공이 가능하다.

셋째, B-ISDN은 기존 시설의 일부를 대체하는 것이 아니라, 통신망 전체를 새로 구축하는 최첨단기술을 총망라한 혁신적인 통신망이다. 이는 컴퓨터, 반도체, 광기술, 영상처리기술 등 최첨단기술이 복합적으로 결집되어 구성되는 통신망이고, 전송로는 물론 가입자회선까지 광케이블로 연결하여 대용량정보를 실시간으로 고속 전송한다. 그리고 전자비서, 자동통역서비스, 음성자동인식 등 음성, 이미지, 텍스트 및 영상정보의 멀티미디어화에 의한 새로운 서비스의 개발 및 응용이 용이하다. 또한 각종 다양한 통신서비스는 물론 고선명 TV(HDTV)까지 통합 수용하는 경제적인 통신망이다.

10.2 광대역 ISDN으로의 행진

1990년대 중반 한국통신 기술기획실(실장 이정욱)은 한국의 B-ISDN 추진계획을 수립하였으며, 이 계획에는 목표, 추진방침, 시스템 개발, 통신망 구축, 시범사업, 재원확보 등 전반적인 추진계획을 담고 있는데, 주요내용은 다음과 같다(광대역 종합정보통신망 B-ISDN 구축, 1994. 3, 한국통신 기술기획실).

가. 목표 및 추진방침

광대역 종합정보통신을 위한 국가기간통신망의 건설을 2015년까지 완료한다. 이를 위해 2000년까지 국내기술을 기반으로 주요장비 및 서비스를 개발하고, 2000년대에는 음성, 데이터, 영상 등 멀티미디어 서비스를 대량 제공한다. 이를 위한 사업방침을 다음과 같이 정하여 추진하였다.

① 기반조성단계, 도입단계, 확산단계 등 단계별로 목표를 설정하여 추진하고, 광대역 정보통신의 수요창출 및 마인드확산을 위한 시범사업을 추진한다.

② 기존통신망의 고속화 및 운용효율화 계획과 연계 추진하여 소요기술을 확보하고 초고속정보통신서비스를 조기에 상용화한다.

③ 전화망, 데이터망, 케이블TV망, 개인통신망 등 서비스별 통신망을 단계적으로 일원화하고, 통신망 자원을 효율적으로 활용하여 경제성을 높여나간다. 또한 국제통신의 호환성을 확보하기 위해 국제표준을 채택한다.

나. B-ISDN을 위한 시스템 개발

당시 기존교환기는 전송속도 면에서 56Kbps-64Kbps의 음성 및 저속데이터교환 만 가능하므로 고속데이터, 고선명TV 등 다양한 정보를 처리하기에는 부적합하였다. 그래서 음성

(64Kbps), 고속데이터(2Mbps, 45Mbps), 고선명TV(155Mbps) 등 저속과 고속의 다양한 정보를 동시에 교환 가능한 차세대 교환기(ATM)를 개발 공급해야만 하였다. 이를 위해 ATM-MSS를 1995년에 개발 1997년에 상용공급하고, ATM교환기는 1998년에 개발 2002년에 상용 공급토록 한다.

다음 전송시설 분야의 경우 기존의 시외 및 국간전송로에는 45M, 90M, 565M 등 비동기식 광 전송장치를 사용중에 있다. 이 시스템들은 다중방식이 복잡하여 전송할 수 있는 최대용량이 565M(8,064회선)에 불과하고, 통신망 구성이 그물망 모양으로 복잡하여 통신망 운용관리비용이 많이 소요된다. 그리고 광대역 통신서비스를 전송할 수 없어 향후 광대역 종합정보통신망의 기반전송로로 활용될 수 없다.

B-ISDN에서 요구되는 영상 등 다양한 대용량 정보전송을 위해 동기식 전송장치(SDH)를 공급해야 한다. 이 방식은 다중방식이 간단하여 565M의 수십 내지 수백 배 이상의 전송이 가능하고, 통신망 구성이 단순하며 통신망 운용관리가 용이하여 통신망 운용관리비용을 절감할 수 있다. 또한 광대역 전송서비스를 제공할 수 있어 향후 광대역 종합정보통신망의 기반전송로로 활용될 수 있다. 이를 위해 2.5Gbps 광 전송장치를 1994년에 개발, 1996년에 상용공급하고, 10Gbps 광 전송장치는 1996년에 개발, 1998년에 상용공급토록 한다.

그리고 기존가입자 선로는 동선으로 구성되어 있어 음성급 정보나 저속데이터 신호는 전송가능하나 고속데이터나 고화질 영상신호는 전송이 불가능하다. 가입자 댁내까지 음성, 고속데이터, 고화질 영상신호를 전송하기 위해서는 기존 동선로를 광케이블로 교체해야 한다. 이를 위해 가입자 광전송로장비인 FLC-A(표준형)는 1993년에 개발, 1995년에 상용공급하고, FLC-B(분기형)는 1994년에 개발, 1995년에 상용공급하게 한다.

한편 단말 장치는 현재 TV 단말기, 데이터단말기(PC) 등 별개로 존재하고 있다. 그러나 향후 B-ISDN 시대에는 HDTV 영상, 음향 및 고속데이터 통신 등의 서비스를 단일 단말기로 자유롭게 구현할 수 있는 멀티미디어 단말기로 발전하게 될 것이다. 이를 위해 광대역 단말기 접속장치(B-TA)를 1995년에 개발, 1997년에 상용공급하고, 고화질TV급 멀티미디어 단말기는 1998년에 개발, 1999년에 상용공급토록 한다.

다. B-ISDN을 위한 통신망 구축

1990년대 중반 한국통신 기술기획실(실장 이정욱)에서는 B-ISDN을 위한 광대역통신망을 구축하기 위한 발전계획을 단계별로 다음과 같이 수립하였다.

(1) B-ISDN을 위한 기반조성단계(1992년-1996년) : 교환망 분야는 종합정보통신망을 전국으로 확장하고 데이터통신 고도화를 위하여 패킷망을 고도화한다. 그리고 직할시급 대도시 간에 45Mbps 이하의 고속데이터 전송 및 전송망서비스를 위한 시범망을 구축한다. 그리고 전송망 분야에 있어서는 동기식 광전송방식인 155M, 2.5M 광 전송장비를 대도시 상호간

및 시내전화국간에 공급하고, 마이크로웨이브 방식은 동기식 디지털 방식으로 공급한다.

한편 가입자전송로 분야의 경우, 기존의 동선가입자선로는 DSL, ADSL, HDSL 등을 이용하여 디지털화를 추진한다. 그리고 시험시스템을 구축하여 가입자 광케이블을 확대 공급하기 위한 제반여건을 검토하고 준비한다. 대형 건물에 광케이블 공급을 확대하고 우선적으로 공공기관, 교육기관, 연구단지 등에 광케이블을 공급한다. 이와 같이 추진하여 2Mbps 이상의 데이터 통신서비스가 가능하고, 고속디지털 전용회선 서비스를 제공한다. 또한 영상교환 서비스인 VoD(Video on Demand) 서비스와 케이블TV 서비스를 제공토록 한다.

(2) B-ISDN을 위한 도입단계(1997년-2001년) : 교환망은 ATM-MSS(MAN Switghing System)을 이용하여 구성한다(1997년-1998년). 이때 교환기 설치지역은 서울, 대전, 부산, 대구, 광주, 전주, 인천, 수원, 춘천, 강릉, 원주, 청주, 포항, 울산, 마산, 제주 등 16개 도시로 정한다. 그리고 ATM 교환기술 도입을 위해 서울, 대전, 대구, 부산, 광주 등 5개 도시에 ATM교환기를 설치하여 기간망을 구축한다(1999년- 2001년).

전송망 분야는 대도시 상호 간 및 전화국 간에 622M, 2.5M 및 10G 동기식 전송장비를 공급하고, ATM-MSS 교환기 간 및 ATN교환기 간에 동기식 전송방식을 이용한다. 가입자선로 부분은 중소기업, 아파트 등 인구밀집지역으로 광케이블을 공급하여 FTTC를 구축한다. 이때 목표서비스로는 ATM-MSS에 의한 ATM 가상전송회선 서비스와 고속데이터 서비스를 제공하고, 음성, 저속 및 고속데이터, 비디오, 멀티미디어 등 통합서비스를 제공토록 한다.

(3) B-ISDN을 위한 확산단계(2002년-2015년) : ATM교환기를 확대 공급한다. 이때 B-ISDN의 완성단계의 전국통신망은 <표 4-21>과 같이 구축하는 것으로 계획되었다(광대역종합정보통신망 B-ISDN 구축, 1994. 3, 한국통신 기술기획실).

<표 4-21> 광대역 종합정보통신망(B-ISDN)의 전국망 구축(서울, 경기, 강원)

구분	ATM교환기 설치	ATM-MSS 설치	Frame Relay 설치	N-ISDN 설치
서울, 경기 강원지역	서울	인천	부평, 부천	
		수원	안양, 안산, 평택	용인, 안성
			고양	문산
			의정부	전곡, 포천
				구리
			성남	
		원주		영월, 적성
		춘천		화천, 양구
		강릉	속초, 동해, 삼척, 태백	

<표 4-21> 광대역 종합정보통신망(B-ISDN)의 전국망 구축(부산, 대구, 대전, 광주)

구 분	ATM교환기 설치	ATM-MSS 설치	Frame Relay 설치	N-ISDN 설치
대전, 충청지역	대전	청주		충주, 보은
			천안	
			공주	온양, 예산, 청양
			대천	
				논산, 금산, 영동, 옥천
대구, 경북 지역	대구		김천, 구미, 영천, 경주	
			안동	예천, 봉화, 영양, 청송, 의성
				성주, 고령, 하양
		포항		영덕, 울진
		울산		
부산, 경남 지역	부산	마산	진주, 고성, 충무, 거제, 진해	
			김해	
광주, 전라 제주지역	광주		순천	구례, 광양, 고흥
			나주, 여수	
			목포	강진
				무안, 영암, 담양, 곡성
		제주		

그리고 ATM 교환기는 전주, 김천, 수원, 춘천, 강릉, 원주, 청주, 포항, 울산에 1개 시스템을 공급하고, 서울, 부산, 대구, 대전, 광주 등 5개 도시에 2개 시스템 이상을 확대공급토록 한다. 대도시 상호 간 및 전화국 간에 동기식 전송망의 구축을 완성하고, 일반가입자 댁내까지 광케이블을 공급하여 2015년까지 가입자선로 광케이블화(FTTH)를 완성한다. 이렇게 함으로서 멀티미디어 가상 사설망 서비스와 고화질TV급 영상정보 교환서비스를 제공한다. 또한 광대역 멀티미디어 회의 및 개인통신서비스를 확산하고 언어번역, 개인비서 등 지능화된 통신서비스를 제공토록 한다.

라. B-ISDN의 시범시행

한국통신은 B-ISDN 시범사업을 통하여 광대역서비스에 대한 이용자의 성향을 분석하고 최적 광대역통신망 구축방안을 도출할 목적으로 추진하였다. 또한 이 시범사업을 통하여 광대역서비스의 대국민 홍보 및 수요창출을 유도하고 사업기반을 확보하기 위한 각종 제도, 기준제정 등의 작성에 활용할 정보도 확보할 계획이었다. 이를 위해 다음과 같은 추진방침과 시행계획을 수립하였다.

(1) 국내 B-ISDN 제품 및 통신망의 기술개발과제를 활용하여 시범망을 구축하고 시범망을 단계적으로 사용 전환한다. 그리고 국제경쟁력을 확보하고 서비스를 조기에 도입하기 위해 일부시범장비는 외국제품을 구매하여 장비 및 서비스 개발에 활용토록 한다.

(2) 1단계 시범사업(1996년-1998년)에는 대덕연구단지와 서울연구센터에 ATM- MSS 교환기를 설치하고, ATM-MSS 교환기와 ATM-LAN 간을 연동시킨다. 그리고 대학, 연구소, 기업체 LAN 간 고속데이터 전송을 시행하고 ATM 전용선을 구성한다. 이때 ATM 가상전용망서비스와 멀티미디어 교환서비스를 실현한다.

(3) 2단계 시범사업(1999년-2001년)에서는 전국 5대 도시에 ATM교환기를 설치하고, ATM교환기와1차 시범망 ATM-MSS 간을 연동시킨다. 그리고 대학, 연구소, 기업체, 공공기관 간에 데이터 전송을 실시하고, 고화질 화상전화, 화상회의 서비스를 제공한다.

(4) 이 사업투자비는 1단계 1조500억원, 2단계 2조8,200억원, 3단계 39조4,500억원 등 총 43조3,200억원으로 계획되었으며, 세부내역은 <표 4-22>와 같다. 실제 투자기간은 1994년부터 2015년까지 22년간이며, 연평균 투자액은 1조9,690억원으로 분석되었다. 소요재원은 기존의 시설투자비를 적절하게 활용하고 통신요금 구조개편으로 재원을 확보하는 것으로 계획하였다.

<표 4-22> B-ISDN 사업을 위한 소요예산 규모(단위: 억원)

구분	1992년-1996년	1997년-2001년	2002년-2015년	계
가입자 광케이블화	4,000	19,600	289,400	313,000
광대역통신망 구축	600	4,800	100,600	106,000
전송설비	600	1,400	18,100	20,100
교환설비		3,400	82,500	85,900
연구개발비	5,900	3,800	4,500	14,200
계	10,500	28,200	394,500	433,200

마. 파급효과

우리나라는 B-ISDN 사업을 추진함으로써 경제, 사회, 기업 등 여러 측면에서 파급효과가 클것으로 예측하였는데, 당시 부각된 주요사항을 보면 다음과 같다.

① 경제, 사회적면의 경우 B-ISDN은 정보화사회의 사회간접자본으로 정보관련 산업을 활성화하고, 지역 간 정보격차를 해소하며, 지역발전을 촉진하여 전 국토의 균형발전을 유

도할 것이다.

② 기업에서는 영상회의, 전자출판, 원격 CAD/CAM 서비스를 이용하여 시간과 비용을 절감하고, 통합생산지원시스템, 공장자동화 등을 지원하여 생산성이 향상될 것이다.

③ 의료분야에서는 병원 간 의료네트워크를 통해 원격으로 X-ray, 컴퓨터 단층촬영이 가능해 지며, 그 결과를 즉시 전송하여 신속하게 대처할 수 있다. 그리고 원격진단서비스를 통해 간단한 진단은 가정에서 할 수 있고, 영상 데이터베이스를 이용하여 의료정보 수집과 개인병력관리가 용이해져 국민의료복지에 향상을 가져올 수 있다.

④ 가정에서는 홈쇼핑, 홈뱅킹, 원격조작서비스 등으로 가정자동화를 실현하여 가사노동을 줄이고, 원격검침, 원격감시, 원격예약서비스 등으로 안전하고 편리한 가정생활을 도모할 수 있다.

⑤ 교육분야에서는 원격강의서비스와 각종 교육 데이터베이스를 통해 교육정보의 수집, 및 전달이 용이해져 지역 간 균등한 교육기회를 부여하게 될 것이다. 그리고 고선명영상에 의한 채택학습서비스로 편안하고 쉽게 학습하여 교육비를 절감하고 교육효과를 향상시킬 수 있다.

⑥ 문화면에서는 뉴스, 음악, 영화, 교양 등 다채로운 문화정보를 광대역 비디오텍스를 통해 원하는 시간에 즉시 제공받아 이용함으로써 국민의 생활수준을 크게 향상시키게 될 것이다.

10.3 광대역 ISDN의 본격적 확장

가. 본체통신망의 광대역화

한국통신은 모든 국민들에게 멀티미디어 통신을 가능하도록 하기 위해 본체통신망의 전면 광대역화를 추진하였다. 이를 통해 멀티미디어 서비스 제공을 위한 고속통신환경을 구축하고, 종합정보통신(ISDN)서비스 이용자의 욕구를 충족하며 시내전화망의 고도화를 위한 기반시설을 확보하고자 하였다. 이를 위해 기존 통신망의 전송능력을 크게 향상시켜 장기적으로는 광대역 종합정보통신망(B-ISDN)으로 끌고 가야하는 과제가 대두되었다.

이를 위해 우선 중기계획을 세워서 광역시 이상 전화국에는 1999년까지, 시급 이상 전화국에는 2001년까지, 그리고 모든 전화국에는 2004년까지 ISDN 교환기(노드)를 확보하는 것으로 추진하였다. 이러한 목적을 달성하기 위해 우리나라는 일찍이 1992년부터 광대역 종합정보통신망 연구개발사업을 G-7 선도기술개발과제로 확정하여 수행해 왔다(1991. 10. 12). 본 광대역 ISDN 연구개발과제(HAN/B-ISDN 연구개발사업)는 한국통신이 주관하고 있으며, 총괄주관기관으로 한국통신 B-ISDN 개발사업추진단이 지정되었다.

이어서 공동연구개발 참여업체가 선정되고, 한국통신, 산업체 및 국책연구소가 공동으로 개발하고, 연구 기간은 1992년부터 2001년까지의 10년간으로 계획되었다(1992. 7. 21). 이를 위해 한국통신 2,425억 원, 정부 710억 원, 타 통신사업자 400억 원, 산업체 3,315억 원 등 총 6,850억 원의 연구개발비를 투자하고, 연구인력은 한국통신 1,589명 등 총 10,583명을 투입하도록 되었다. 이에 따라 한국통신 기술기획실(실장 이정욱)은 광대역 종합정보통신망(B-ISDN)의 단계별 개발목표를 <표 4-23>과 같이 정하였다.

<표 4-23> B-ISDN 단계별 개발목표

구분	ATM교환기	10Gbps 광전송	멀티미디어 단말
시제품 개발	1994년	1995년	1996년
상용제품 개발	1998년	1996년	1998년

나. 광대역 ISDN의 시험망 구축

정부가 추진하는 선도기술개발사업의 일환으로 산학연이 공동 개발하는 ATM교환시스템, 초고속전송장치, 다기능단말기 등을 개발단계별로 시험하여 개발제품의 문제점을 사전에 도출 보완하고자 하였다. 또한 초고속통신망을 통한 신규서비스 개발시연으로 광대역 정보통신서비스 마인드를 확산하기 위해 광대역 ISDN 시험망을 구축 추진하였다. 한국통신 기술기획실 광대역 ISDN 개발사업추진단(단장 성조경)은 이 사업을 성공적으로 달성하기 위한 사업목적과 추진방침을 다음과 같이 정하여 추진하였다(광대역 ISDN 시험망구축 계획, 1994. 3, 한국통신 광대역 ISDN 개발사업추진단).

① 선진기술을 습득하고 산학연 공동연구개발 환경을 제공토록 한다. 그리고 HAN/B-ISDN 개발제품을 시험 평가하고 개발기술을 검증한다. 또한 광대역 종합정보통신망 설계기술과 운용기술을 개발하고, 서비스 시연을 통한 광대역 응용서비스를 개발하며, 이용자들의 신규서비스 마인드 확산을 위한 시범망으로 제공한다.

② B-ISDN 연구개발 순기에 따라 단계별로 구축하고, 연구개발 활성화를 위한 최악시험환경을 제공하며, 마인드 확산과 수요창출을 위해 조기에 서비스를 시연토로 한다. 또한 단계별로 구축된 테스트베드를 시범망으로 발전시키고, 연구개발 결과물을 조기에 상용화 추진한다.

③ 국가자원의 효율적인 활용을 위해 초고속정보통신망 사업과 연계 추진하고, 통신망 진화에 기여할 수 있도록 ISDN 진화계획과 연계 추진한다. 그리고 이용자 서비스 마인드 확산을 위하여 단계별로 전국적으로 확대 구축한다. 또한 기술의 국제표준을 위하여 선진국 테스트베드와 연동시키고 초기 개발환경 제공 위주에서 점차 시범환경제공 위주로 전환한다.

한편 광대역 ISDN 시험망을 추진함에 있어 1단계(1994년-1995년)는 기 개발된 제품으로 개발환경을 제공하고, 2단계(1996년-1997년)에는 개발시제품으로 시험환경을 제공하며, 3단계(1998년 이후)에 가서는 상용제품으로 시범환경을 제공하는 등 단계별 추진방안을 다음과 같이 수립하였다.

제1단계에서는 개발환경을 구축하고 시험망 구조를 설계한다. 이를 위해 이미 개발된 제품에 의해 B-ISDN 연구개발환경을 구축한다. 이때 한국통신 통신망연구소(서울)와 한국전자통신연구소(ETRI, 대전) 간에 국간중계망을 구성하고, 한국통신, ETRI, 서울대, 연세대, 고려대, KAIST, 충남대에 가입자망을 구성한다. 이 단계에서 수행할 주요과제로는 우선 B-ISDN 서비스 품질, 응용서비스 및 접속기술을 개발하고, HAN/B-ISDN 개발제품의 성능을 평가하고 시험기술을 개발한다. 그리고 B-ISDN 서비스를 시연하고 결과를 분석하며, B-ISDN 국제연동방안을 연구하고 추진한다. 또한 VoD, 영상회의, LAN 간 접속 등의 서비스를 시연한다. 한편 이를 위한 장비 및 시설의 소요내역은 다음과 같다.

① 서비스 노드로서 서울- 대전 간에 파이럿 시스템 1대씩을 설치 운용한다. 이 시스템은 20Gbps 정도의 교환능력, 155Mbps, DS3 접속 및 전송능력이 있어야 하고, OAM 기능이 있어야 한다. ② 액세스 노드는 서울에 2대, 대전에 1대를 설치 운용하고, DS1, DS3 전송능력과 FDM/ATM 능력을 갖추어야 한다. 그리고 접속장치는 서울에 4대, 대전에 2대를 설치 운용하고, DS1, DS3 전송능력과 LAN 접속능력이 있어야 한다. ③ 시내외 국간전송로는 DS3 또는 155Mbps 이고, 한국통신의 전송망 현황에 따라 달라지며, 광케이블과 SDH(155Mbps), PDH(DS3) 기능이 있어야 한다. 그리고 가입자전송로의 경우 DS3 또는 DS1이고, 국내개발 광가입자 전송장치 및 광케이블이 요구된다.

제2단계에서는 시험망을 구축하고 시범망 구조를 연구 설계한다. 이를 위해 먼저 개발시제품에 대한 시험망을 구축하고, ATM교환기를 이용하여 교환망을 구축하며, ATM-MSS, 분산형 B-NT를 이용한 액세스망을 구축한다. 그리고 10G 광 전송장치를 이용한 초고속전송망을 구축하고, 집중현 B-NT, B-TA를 이용한 가입자망을 구축한다. 또한 B-ISDN 개발제품의 단계별 기능, 성능 및 적합성을 검증한다. 다음에는 ATM 전용선 서비스를 위해 ATM-MSS를 이용한 시범망을 구축하고, 기업 및 학계를 대상으로 광대역서비스를 시범 운용한다. 또한 DAD/CAM 등 초고속데이터 전송서비스와 TV급 영상회의, 원격의료서비스 등을 시연한다. 한편 시범 및 상용화를 대비하여 운용요원에 대한 교육 훈련을 실시한다.

끝으로 제3단계에서는 종합시험망을 운용하고 상용화를 추진한다. 이때 B-ISDN을 위한 시스템 종합 및 통신망 통합운용시험을 실시하고 시스템을 보완 개선하며 기존망과의 연동시험을 실시한다. 그리고 서울, 부산, 대구, 대전, 광주 등 전국 주요도시에 ATM교환기를 설치하여 B-ISDN 시범망을 구축한다. 그리고 한국통신의 동기식 전송망 구축계획과 연계하여 초고속전송로를 확보하고, B-ISDN 시범망을 상용망으로 전환한다. 또한 시범서비스로는 고화질 TV급 화상전화 등 멀티미디어 서비스를 시범 운용한다. 이 단계에서 B-ISDN 상용화를 추진하며, 국내개발제품 및 기술의 규격화 등 표준화를 추진한다. 이때 서비스 이용제도 및 기준을 정립하며, 운용보전 및 지원체계를 구축한다.

다. 광대역 ISDN 시험망을 위한 기관별 업무분담

한국통신 기술기획실(실장 이정욱)에서는 광대역 ISDN시험망 구축을 위해 한국통신, ETRI, 산업체 등 기관별 업무분장은 다음과 같이 정하여 추진하였다(광대역 ISDN 시험망 구축 계획, 1994. 3, 한국통신 광대역ISDN 개발사업추진단).

① 경영기획실은 중장기 설비투자계획, 기술기획실은 초고속정보통신망 종합계획 수립을 담당한다.

② 광대역 ISDN 개발사업추진단은 B-ISDN 단계별 시험 및 시범사업 총괄, 단계별 소요장비 확보 및 운용, 전송망 구축 및 운용지원, NTB망 구축을 위한 유관기관 협조, B-ISDN 타 기술개발 단위사업과의 협조 및 중재, NTB 이용자 선정 및 구축지원, B-ISDN 관련기술 표준화, 국제시범망 접속구성 및 운용 등의 업무를 수행한다.

③ 전화본부에서는 시외전송로 확보, 시범 장비 등을 투자사업에 반영하고, 통신망본부는 시외전송로를 확보하고 운용을 지원한다. 그리고 정보통신본부는 시범 장비를 투자사업에 반영하고, 국제통신본부는 국제전송로를 확보하고 국제시범망을 구성 지원한다. 또한 운용보전실에서는 전송로를 운용하고 유지 보수한다.

④ 통신망연구소에서는 1단계용 도입 기종을 선정하고 규격화 및 구매를 추진한다. 그리고 2단계, 3단계용 NTB를 설계하고 규격을 작성하며, 단계별 액세스망 계획을 수립하고 설계한다. 또한 NTB 총괄 구축 및 운용계획을 수립하고, 통신망 설계, 요구시스템 규격의 작성 및 구매를 추진한다. 이외에도 B-ISDN 시험기술 개발 및 통신망 성능검증, 단계별 응용서비스 개발 및 시연, B-ISDN 시범가입자 선정 및 시범 등을 수행한다.

⑤ 통신시스템개발센터는 개발 시제품을 제공하고 설치하며 시험을 수행한다. 그리고 소요시설을 운용하고 유지보수를 담당한다. 지역사업본부는 소요 전송로 시설의 확보 및 운용지원, 운용과 유지보수의 지원, 전화국 내 상면 제공 및 운용관리 등 NTB망을 구축하고 운용 지원업무를 담당한다.

⑥ ETRI는 개발 시제품을 제공하고 설치 및 시험을 수행하고, NTB망 구축을 지원하며, 소요시설 운용 및 유지보수를 담당한다. 한편 산업체에서는 NTB망 구축을 지원하고 개발시제품 설치 및 시험지원사항을 담당한다.

라. 선진외국의 추진상황

1990년대 중반 한국통신은 미국, 일본, 유럽 등 선진국들의 광대역 ISDN 사업 추진상황을 파악하였다(광대역 ISDN 시험망 구축계획, 1994. 3, 한국통신 광대역ISDN개발사업추진단). 먼저 미국은 초고속정보전송이 가능한 국가통신기반(National Information Infrastructure)의 구축을 클린턴 정부의 최우선 경제정책과제로 선정 추진하였다.

이에 따라 1991년부터 1995년까지 HPCCI라는 사업명으로 초고속정보통신기술을 개발하고 공중 고속네트워크를 구축해 나가고 있었다. 이 연구사업은 미 국방성이 주관하고, AT&T, IBM, Bellcore, MIT 등이 참여하고, 총 연구비 30억불을 투입하여 추진되었다. 이 사업에서는 1992년에 프레임릴레이(Frame Relay), SMDS, MAN서비스를 제공하고, 1993년에는 ATM 기술을 상용화하며, 1995년에는 ATM 광대역서비스를 제공하는 것으로 되어 있었다.

일본은 1990년대에 들어서면서 신 사회자본 건설계획의 일환으로 B-ISDN 조기구축을 위한 전국적 광통신망 구축계획을 수립 추진하였다. 이에 따라 VI&P Experimrnt라는 사업명의 주제를 내걸고 B-ISDN 실험망 구축, ATM 교환, 전송, 단말기술을 개발하고 있었다. 이 사업은 NTT가 주관하고 AT&T, NT, Siemens, 후지쯔 등이 참여하였으며, 연구기간은 1991년-1994년이었다. 이 프로젝트의 주요내용은 1991년-1992년에 ATM LAN 및 전송장치를 개발하고, 1993년-1994년에는 광대역 교환시스템 및 서비스를 시험하며, 1995년에는 B-ISDN 상용서비스를 제공하는 것으로 정하였다.

유럽의 경우에는 Bing Bang 계획의 일환으로 동서 유럽을 연결하는 최첨단 기간정보통신망 구축을 시도하고 있었다. RACE라는 명칭의 이 프로젝트는 범유럽 광대역통신망을 구축하고 ATM 교환, 전송, 단말기술을 연구개발하는 목적으로 추진되었다. 연구기간은 1984년-1995년이고, 총 연구비는 12억 ECU를 투입하게 계획되었다.

11. ISDN 발전방향의 궤도수정

11.1 ISDN 실행계획의 재조정

가. 추진방침

한국통신은 1990년대 전반기의 ISDN 연구개발실적(1993-1995)을 바탕으로 하여 광대역 종합정보통신망(B-ISDN) 구축 기본계획을 세웠다(1996. 3). 이 계획의 골격은 기존 통신망과 별도로 전용망을 건설하여 고속 대용량 통신능력을 제공하고 기존 통신망과의 연동을 통해 서비스 전달능력과 품질을 향상시키는 방안이었다. 그리고 전국적인 B-ISDN의 구축을 2015년까지 완성한다는 청사진을 담고 있었다.

특히 시내전화사업의 경쟁에 대비하여 ISDN 서비스를 조기에 제공토록 추진하였다(시내경쟁에 대비한 네트워크 대응방안, 1996. 8, 한국통신). 초기에는 거점적으로 ISDN교환기를 설치하여 상호간에 직통망으로 구성하고 기존전화망과는 별도의 ISDN 독립망(ISLAND)을 구축 운용해 왔다. 전국 91개 전화국에 43,224회선 규모의 ISDN 단독망을 구축하여 5,143회선의 가입자를 운용하기 시작하였다. 당시 ISDN시설의 연도별 공급상황을 보면 <표 4-24>와 같다.

이러다 보니 서비스 제공지역이 제한되었으며 다양한 애플리케이션이 출현하지 못하였다. 또한 패킷통신망, 인터넷망과의 연동미비로 데이터통신의 이용이 제한되어 서비스 보급이 원활하지 못한 실정이었다. 그리고 ISDN 서비스 기능은 TDX-1B교환기 325개 시스템 중 87개 시스템, TDX-10교환기 98개 시스템 중 4개 시스템 등 총 91개 시스템에 적용되었다.

이때 ISDN 사업추진 상 문제점을 보면 패킷, 하이텔 등 PC통신 고속서비스 제공이 불가하고, 원격수용 가입자의 시험기능이 미비하여 고장수리에 장시간이 소요되는 등 시스템 기능이 미비하고 고속서비스 제공이 미흡하였다. 또한 ISDN 서비스의 품질 미비로 전화 이용이 많은 대기업에서 외면하고 있는 실정이었고, 이용불편에 따른 가입자 불만이 증가하여 이용 활성화가 어려운 상황이었다.

<표 4-24> 1990년대 전반기 ISDN시설 공급상황

년도별	1993년	1994년	1995년
시설수(회선)	2,600	15,800	45,800
가입자수(회선)	1,500	1,554	4,309
서비스지역(통화권수)	11	31	73

한국통신 네트워크본부(본부장 이정욱)는 이와 같은 ISDN 사업추진 상의 문제점을 분석하여 2000년대를 향한 ISDN 추진기본방침과 발전계획을 다음과 같이 재조정 시행하게 되었다(중장기 네트워크 발전계획, 1996. 9, 한국통신 네트워크본부). 이 계획의 주관부서 및 결재자는 제3장 말미의 참고자료 편에 기록되어 있다.

① 단독망(ISLAND)의 확장은 1996년부터 축소하고 본체통신망의 ISDN화를 추진한다. TDX-10A 교환기를 주력기종으로 하며 도입기종은 ISDN 기능의 부가를 검토한다.

② 타 통신망 간 연동용 시스템의 조기공급을 확대하고, ISDN용 단말기를 다양화하며 자급제를 추진한다.

③ ISDN 통신망의 통합 및 확장을 위하여 1996년에 시외 TDX-10 교환기에 ISDN 기능을 부가하고, 1997년에 ISDN-PSTN 통신망을 통합한다. 그리고 2002년까지 주요전화국에 최소 1개 이상의 ISDN 노드를 확보한다.

④ 데이터 통신망과의 연동을 추진한다. 이를 위해 ISDN-PSTN망 간 연동과 ISDN 라우터를 설치하여 인터넷의 접속 등은 1996년에 시행한다. 그리고 ISDN-하이텔 간의 고속접속과 ISDN과 CO-LAN망간 연동 등은 1997년에 실시한다.

⑤ 단말기의 개발을 유도한다. 통신망 종단장치(NT)와 비 ISDN용 단말기 수용하는 장치(TA)를 통합하는 지능형 NT를 표준화하고 개발한다. 그리고 범용 ISDN PC용 U인터페이스 카드를 표준화하고, ISDN 용 장비의 시험운용 및 시연서비스를 위한 시험운용센터를 운용한다.

⑥ ISDN 시스템의 안정화를 위해 1996년에 P-MUX 등 관련 시설장비의 성능을 개선하

고 ISDN 운용요원의 유지보수능력을 향상시킨다. 또한 1997년에는 시장 환경변화에 적합한 ISDN 마케팅을 위하여 시장 환경을 분석하고 표적시장을 설정하여 마케팅을 추진한다. 한편 서비스 활성화를 위한 이용약관 및 요금도 제·개정한다.

나. 한국형 ISDN 모형의 보완설정

한국통신 네트워크본부(본부장 이정욱)는 PSTN을 ISDN으로 발전시키기 위해 이미 수립한 단기적 모델과 장기적 모델을 바탕으로 한 발전계획을 실행하는 과정에서 발생한 현실적 문제점을 고려하여 최종 ISDN 발전계획을 다음과 같이 확정하여 추진하였다(중장기 네트워크 발전계획, 1996. 9, 한국통신 네트워크본부). 이 계획의 주관부서 및 결재자는 제3장 말미의 참고자료 편에 기록되어 있다.

첫째, 1997년까지 ISDN 독립망을 본체통신망에 통합한다. 그리고 기존의 본체통신망을 ISDN화하기 위해 2002년까지 주요전화국에 ISDN 노드를 확보하여 2006년에는 ISDN망을 완성한다. 이를 위해 TDX-10 교환기에 ISDN기능을 구현한 TDX-10A교환기를 주력 기종화하여 본격적으로 공급한다. 그리고 기존의 TDX-10교환기는 전량 1998년까지 개량하여 ISDN화 한다.

둘째, 전국의 시외교환기는 1997년에 모두 ISDN화 한다. 이후 점차적으로 2002년까지 주요 시내교환기를 ISDN화하여 2006년에는 전체 가입자의 12% 수준(약 300만 가구)까지 ISDN 회선을 공급한다. 그리고 ISDN과 데이터통신망 간에는 표준방식으로 연동하며, PC 통신망, 인터넷망을 고속(64Kbps)으로 접속한다.

셋째, 다양한 단말기를 개발되도록 유도하고, 단말기 사급제를 자급제로 전환토록 한다. 그리고 신종 ISDN 단말기 시험센터를 설치 운용하여 단말기 개발업체가 이용할 수 있도록 한다. 또한 ISDN 이용자포럼을 결성하여 주기적으로 이용자 요구사항을 수렴한다.

이때 수립한 ISDN 중기공급계획은 <표 4-25>와 같다. 1999년에는 ISDN교환시설 119,543회선으로 증가하고 BRI 117,480회선, PRI 2,63회선으로 늘어날 것으로 보인다. 여기에서 BRI는 Basic Rate Interface, PRI는 Primary Rate Interface, IPIS는 ISDN Packet Interface System을 말한다.

<표 4-25> 1990년대 후반기 ISDN 공급계획

구분	1995년말	1996년	1997년	1998년	1999년
교환시설(회선)	43,454	12,510	52,552	91,285	119,543
BRI(회선)	43,228	12,404	52,500	91,200	117,480
PRI(회선)	226	106	52	85	2,063
IPIS(시스템)	-	19	15	16	24

11.2 ISDN화를 위한 향후 주요계획

가. 그동안의 ISDN화 실적평가

우리나라 ISDN 서비스를 시행하기 위한 종합정보통신망 발전계획은 1987년 1월 13일에 수립되었다. 그 후 1991년-1992년 서울-대전 간 시범서비스를 추진하였으며, 이어서 1993년에는 전국 11개 도시에 상용서비스를 제공하였다(1993. 12. 29). 그동안 ISDN 추진실적은 <표 4-26>과 같다(ISDN 구축방향 검토, 1998. 5, 한국통신 네트워크본부 통신망기획팀).

<표 4-26> 1990년대 ISDN시설 공급내역

구분	1991년	1993년	1995년	1997년	1998년
시설수	500	1,300	30,000	35,800	46,900
누계	500	2,600	45,800	71,000	117,900
통화권	3	11	73	107	113
전화국	3	11	30	267	302

전국 403개 전화국 중 1997년에는 267개 전화국에 ISDN 시설을 공급하여 66%를 이르게 되었고, 1998년에는 302개 전화국을 ISDN화함으로서 75%를 달성하게 되었다. 그러나 교환시설 전체로 보면 당시 운용 중인 총 979개 시스템 중 269개 시스템이 ISDN화됨으로써 달성율은 27.5%로 저조한 실정이었다.

이에 대한 세부내역을 살펴보면 다음과 같다(1998. 5). 먼저 ISDN 기능이 가능한 기종 중 TDX-10A교환기는 125개 시스템 중 94개 시스템을 ISDN화 하였다. TDX-1B기종은 344개 시스템 중 171개 시스템, 5ESS-2000교환기는 3개 시스템 중 3개 시스템 등 총 268개 시스템을 ISDN화 하였다. 따라서 대상 시스템 472개 시스템의 78%를 달성하였다.

그리고 ISDN 기능보완대상인 AXE-10교환기는 84개 시스템, S-1240기종은 29개 시스템, 5ESS기종은 35개 시스템 등 총 148개 시스템(전체 교환시스템의 15%)을 앞으로 ISDN화를 추진하여야 하였다. 한편 M10CN기종 155개 시스템, No.1A교환기 58개 시스템, TDX-1A기종 146개 시스템 등 총 359개 시스템(전체 교환시스템의 37%)은 ISDN 기능보완 불가능한 것으로 파악되었다.

나. ISDN- PSTN 통신망 통합 및 연동

1998년 당시 통신망 연동상황을 정리하여 보면, 먼저 ISDN-PSTN 통신망 통합은 1997년 4월까지 시행하였고, AXE-10, TDX-10 등 시외교환기에 공통선 신호방식(No.7)도 실현되었다. 이후 ISDN- PSDN 통신망 연동을 1997년 말에 완료하였으며, ISDN(TDX-10A)과 HiNET-P 간은 X.75로 연결하고, ISDN(TDX-1B)과 HiNET-P 간은 X.25로 연동하였다.

이에 따라 ISDN과 하이텔 간 및 ISDN과 코넷 간은 PRI로 접속하였으며, ISDN 국제망의 경우 1994년부터 19개국 22개 사업자와 연동을 추진하였다. 당시 기본서비스로서 BRI(2B+D), PRI(23B/30B+D)를 제공하고, 부가서비스로는 지정시간통보, 부재중 안내 등 11종을 제공하였다. 이때 ISDN-PSTN 통신망 통합결과는 다음과 같다(ISDN-PSTN 통신망 통합 결과보고, 1997. 7. 8, 한국통신 네트워크본부 시내교환계획국).

① 시외국 23국 과 ISDN 단국 91개국을 대상으로 하여 추진하였다. 대상국소의 운용요원 140명에 대해 사전교육을 실시하였다(1997. 6. 19-6. 20).

② 대상국소별 프리픽스 생성작업을 시행하였으며 344구간에 344E1회선을 구성하고 시험을 실시하였다(1997. 6. 19-6. 25). 이어서 3개 지역 9개국을 시험 절체하고 시외교환기 23개 시스템에 대한 No.7 신호링크기능을 보완하였다(1997. 6. 25-7. 4).

③ 본 작업을 위하여 네트워크본부 시내교환국장 외 15명, 10개 지역사업본부 교환시설부장 외 5명으로 구성된 상황반을 운영하였다(1997. 7. 5-7. 6).

다. 상황분석 및 추진방향 재점검

인터넷 사용이 급증하고 응용서비스의 발전에 따라 기존 사용 중인 56Kbps 정도의 일반 모뎀의 속도로는 불충분하였다. 반면 ISDN은 128Kbps까지 접속속도를 제공할 수 있고 일반전화와 겸용할 수 있어 이용자의 선호도가 높아지고 있었다. 또한 ISDN은 일본, 독일, 미국 등 선진국에서 꾸준히 성장하고 있으며 국내에서도 수요가 가시적으로 나타나고 있었다.

일본의 ISDN 가입자는 560만 채널이고(1998년 3월), 독일은 558만 채널, 미국은 118만 채널로 확인되었다(1997년 말). 이와 같이 일본과 독일에서 ISDN이 급속하게 성장한 것은 ISDN 관련 단말기기가 저렴하고, 가정의 PC통신 및 인터넷이 폭발적으로 보급되었기 때문이었다. 그리고 기업의 원격 LAN 접속, LAN 간의 접속이 이루어지고, 인터넷 이용이 증가하는데 요인이 있었다.

반면 우리나라는 국내 및 국제 ISDN 서비스의 제공지역과 시설공급이 제한적이고, ISDN 교환품질이 불안정하고, 단말가격이 고가라는 문제점을 가지고 있었다. 따라서 한국통신은 우선 서비스품질을 안정화시키고, 다음에 ISDN 시설을 확대해 나가는 방향으로 전환하였다. 전사적으로 안정화를 추진하고 교환품질 향상을 위한 연구조직을 운용하였다. 그리고 PSTN 가입자가 ISDN으로 전환할 때 번호의 이동성 확보방안을 강구하고, ISDN 단말기 생산업체에게 시험환경을 제공하고 기술을 지원하는 방향으로 추진하였다.

라. 1990년대 후반 상황

1990년대 후반 ISDN 가입자는 30,538회선으로 운용되고 있었으며, 그동안의 성장추이는 <표 4-27>과 같다(ISDN 구축방향 검토, 1998. 5, 한국통신 네트워크본부 통신망기획팀). 특히 1998년에는 멀티미디어 서비스를 위해 ISDN 공급시설 공급계획을 다음과 같이 수립 추진하였다(1998년도 주요업무계획, 1998. 2, 한국통신 네트워크본부).

① 서비스 이용욕구를 충족하고 고도화 기반을 확보하며, 사회 경제적 환경여건을 고려하여 공급량을 축소한다. 그리고 투자효율성을 극대화하기 위하여 PSTN/ ISDN을 병행 추진한다.

② 사업목표량은 74,218회선으로 정하고, 소요예산으로 371억6천2백만 원을 확보한다. 그러나 실행예산은 157억8천만 원으로 편성되어 213억8천2백만 원이 부족하였다. 특히 1998년 착공 1998년 개통분에 대한 공사비가 부족하여 착공이 불가하고, 1998년 착공 1999년 개통분은 소요예산 158억 원이 확보되지 못한 상태였다.

③ 위 문제를 해결하기 위해 1998년 공급목표량을 축소 조정하여 시행하고, 1998년 착공 1999년 개통분에 대한 부족예산 158억 원은 채무예산으로 확보하였다.

<표 4-27> ISDN 가입자 성장추이

구분	1991년	1993년	1995년	1997년	1998년
당해년도	500	800	1,775	16,200	5,933
누계	500	1,300	3,329	24,605	30,538

11.3 ISDN-인터넷서비스의 추진

가. ISDN망의 연도별 확장계획

한국통신은 1990년대 후반에 들어서면서 ISDN의 수요를 재점검하였다. 이때 ISDN의 기본서비스(BRI)와 1차군서비스(PRI)에 대한 수요를 <표 4-28>과 같이 전망하였다(1996. 12). 여기에서 ()내 숫자는 누계이며, 수요예측은 1996년 말에 조사한 것이며, 당시 1997년에 ISDN/인터넷, ISDN/PC 통신이 연동되면 수요가 증가할 것으로 예측하였다(종합정보통신망 서비스 이용약관개정보고, 1997. 1, 한국통신).

<표 4-28> ISDN 수요전망(1996. 12)

구분	1997년	1998년	1999년	2000년	2001년	2003년
기본서비스 (BRI)	14,005 (22,410)	27,160 (49,570)	51,697 (101,267)	89,450 (190,717)	114,849 (305,566)	259,073 (564,639)
1차군서비스 (PRI)	850 (850)	709 (1,559)	628 (2,187)	1,471 (3,658)	1,900 (5,558)	4,155 (9,713)

이상과 같은 수요전망을 기초로 하고, 그동안 몇 번의 시행착오를 반영하여 기간통신망의 ISDN망 연도별 확장계획을 조정하였다(한국의 정보통신 네트워크 추진계획, 1997. 4. 17, 한국통신 네트워크본부). 우선 1996년에는 TDX-10A 전자교환기에 ISDN 기능을 개발

하고, 전체 시외교환기(23개 교환기)에 ISDN 기능을 부여하도록 하였다. 또한 ISDN과 PC 통신망 간 연동을 실현하고 ISDN 가입자에게 64Kbps 속도의 인터넷을 제공하는 것이었다.

1997년부터는 TDX-10A 기종을 주력교환기로 전면 공급하여 전화망을 ISDN으로 전환하고자 하였다. 또한 운용중인 TDX-10교환기는 TDX-10A교환기로 개량화하고, TDX-1B 교환기는 TDX-1B/ ISDN교환기로 전환함으로서 2002년까지 주요 전화국별로 1개 이상의 ISDN교환기를 확보하기로 하였다.

이에 따라 주요전화국은 1996년-2002년에 ISDN화하고, 전국 31개 시외전화국은 1996년-1997년에 ISDN화하며, 데이터통신망(인터넷) 간은 1997년에 연동을 실현한다는 구상이었다. 이와 같이 추진함으로써 조기에 본체통신망의 ISDN화를 완성하고자 시도하였다. 또한 차세대 전자교환기인 TDX-100교환기에 ATM기능을 개발하여 2000부터 2010년까지 전국적으로 공급한다는 청사진도 대통령 비서실에 보고한 후 확정하였다(한국의 정보통신 네트워크 추진계획, 1997. 4. 17, 한국통신).

나. ISDN과 인터넷 간의 연동

1990년대 중반 한국통신은 PSTN, HiNET-P 등 가입자가 코넷(KORNET)에 접속하여 최대 28.8Kbps 속도로 인터넷을 이용토록 추진하였다. 이때 ISDN망과 코넷을 연동하여 고속으로 서비스를 제공하고, ISDN 신규수요를 창출하며 이용자의 욕구를 충족하고자 다음과 같이 추진하였다(N-ISDN 사업활성화 종합계획, 1996. 6. 10, 한국통신 네트워크본부). 이 계획의 주관부서 및 결재자는 제4장 말미의 참고자료 편에 기록되어 있다.

① 단말기 분야에서는 S인터페이스를 사용하여 데이터 송수신이 가능하게 하고, 코넷은 ISDN 호를 처리하고 ISDN 사용자를 관리하며, PRI 인터페이스 기능을 갖도록 한다. ② 외국 ISDN 라우터가 국내 ISDN과 코넷 기능을 갖도록 검증하고, 단말기의 S 인터페이스 카드를 표준화한다. 그리고 ISDN과 코넷 간 연동을 시키고 ISDN 라우터를 확보하여 설치한다. ③ 이들 서비스는 1996년 4/4분기에는 제공하고, 이 일은 전략영업본부 데이터통신국이 주관하고, 시설운용실 시내교환계획국이 협조하여 추진한다.

또한 ISDN과 코랜(CO-LAN)간 연동도 추진하였다. 대도시 기업체 중심의 코랜을 확대하고, 교환기의 패킷처리장치인 IPIS와 PH를 이용하여 N-ISDN과 코랜과의 연동을 다음과 같이 추진하였다(N-ISDN 사업활성화 종합계획, 1996. 6. 10, 한국통신 네트워크본부). 이 일은 시설운용실 시내교환계획국이 주관하고 전략영업본부 데이터통신국이 협조하여 추진한다.

① B-CH 패킷기능과 IPIS를 이용하여 연동하고, LAN을 통하여 코랜과의 연동을 추진한다. 그래서 ISDN과 LAN 간 ISDN-TCP/IP 게이트웨이를 통하여 PRI서비스를 제공토록 한다.

② 1단계(1996년-1998년)에 B-CH 패킷 기능을 이용하고 IPIS를 통해 연동을 추진한다. 그래서 신규 가입자 및 기존 코랜 가입자를 ISDN 가입자로 전환하도록 유도한다. 2단계(1999년 이후)에서는 ISDN 확산계획과 연계하여 접속점을 확대하고, 신규 가입자 및 코랜 가입자를 ISDN 가입자로 전환한다.

한편 한국통신 네트워크본부는 앞으로 구축되는 B-ISDN 통신망의 역할과 기능을 정립하고 N-ISDN과 B-ISDN간의 연동을 추진하였다(N-ISDN 사업활성화 종합계획, 1996. 6. 10, 한국통신). 이 사업은 시설운용실 시내교환계획국이 주관하고, 관련 장비는 초고속통신추진본부가 개발을 담당하여 1998년 이후 완성토록 한다.

① B-ISDN 통신망은 N-ISDN의 백본망 역활을 수행하고 ATM망을 통한 N-ISDN 가입자 간 통신을 하는 구조로 추진한다. ② N-ISDN 가입자가 B-ISDN 인터페이스를 통해 B-ISDN 가입자와 N-ISDN 통신서비스를 제공토록 한다. ③ ATM과 비ATM 간에는 NA(Network Adapter)를 통해 그 접속기능을 제공하고, NA는 1997년에 후속개발로 추진한다. 그리고 PRI 회선모드 접속으로 화상회의 등 서비스를 구현한다.

11.4 ISDN 서비스 평가

가. ISDN 가입자의 운용상황

종합정보통신망(ISDN)은 1993년 서비스를 개시한 후 1997년까지 7만6천 회선의 시설을 공급하였다. 이때 총 가입자 수는 24,605명에 불과하였으며, 1998년 3월말에는 30,538 가입자가 사용하는 정도여서 당초 계획에 훨씬 못 미치고 있었다. 1998년에는 4만5천회선의 시설을 공급하여 그해 말에는 총 12만1천 회선을 운용할 예정이었다. 당시 상황을 종합하면 <표 4-29>와 같다(ISDN-인터넷 사업현황보고, 1998. 1, 한국통신 데이터통신팀).

이와 같이 시설공급이 부진한 사유는 우선 업체에서 생산하는 ISDN 단말기 가격이 대당 30만원-40만원대의 고가로 이용자가 기피하는 실정인데다가 수요도 적고 회선당 공급단가는 일반전화가 14만7천원인데 비해 ISDN은 40만원으로 일반전화에 비하여 고가였다. 그래서 당시 한국통신은 업체에 기능이 다양한 저가의 단말기 생산을 유도하며 ISDN과 인터넷 통신을 연동하고 패킷기능 등을 보강하는 방향으로 추진하였다.

이러한 상황을 타개하고자 한국통신은 ISDN과 인터넷(KORNET)을 연계하여 추진하였다. 이에 따라 ISDN-코넷 서비스를 1차 목표로 하여 DU서비스와 LAN 접속서비스를 제공하기 시작하였다. 이때 ISDN-코넷 가입자는 1997년 말에 2,858 가입자, 1998년 1월에는 3,096 가입자로 늘어나는 추세에 있었다. 이때 ISDN가입자와 ISDN-코넷 가입자의 연도별 현황은 <표 4-30>과 같다(ISDN-인터넷 KORNET 사업현황 보고, 1998. 1, 한국통신 초고속통신추진본부 데이터통신팀).

<표 4-29> ISDN 시설 및 가입자 현황(1997. 12)

지역별	통화권	시스템 수	시설 수	가입자 수	수용율(%)
서울	1	18	24,632	10,068	40.9
경기	20	65	21,384	4,316	20.2
부산	17	49	9,156	2,994	32.7
대구	15	33	7,764	2,368	30.5
충남	12	26	3,258	1,313	40.3
충북	6	9	1,535	474	30.9
전남	14	29	5,116	1,504	29.4
전북	9	17	1,832	671	36.6
강원	12	18	1,216	562	46.2
제주	1	5	727	335	46.1
계	107	269	76,620	24,605	32.1

<표 4-30> ISDN가입자와 ISDN-KORNET 가입자 현황

가입자 구분	1994년	1995년	1996년	1997년	1998. 1
ISDN	1,908	4,309	3,838	24,605	26,756
ISDN-KORNET	-	-	-	2,858	3,096

그리고 ISDN-코넷 서비스의 1차 목표인 ISDN DU서비스와 ISDN LAN 서비스에 대해 설명하면 다음과 같다.

(1) ISDN DU서비스는 ISDN 일반번호를 통해 코넷(KORNET)에 DU 접속하여 64 Kbps 및 128Kbps의 속도로 제공하는 인터넷 서비스이다. 이 서비스는 서울, 경기지역에는 1996년 말부터 제공하고, 1997년 1월부터는 전국 32개 지역으로 서비스를 확대하였으며, 1997년 후반기에는 전국 105개 지역으로 확장하였다(1997. 8. 30). 이때 ISDN 가입자는 PC에 ISDN 모뎀을 취부하고 ISDN 일반번호(3448-8899)로 코넷에 다이얼업 하여 접속하였다.

(2) ISDN LAN 서비스는 ISDN 일반전화회선을 인터넷과 결합하여 전용회선과 동일한 기능을 부여하여 128Kbps의 속도로 이용하게 하였다. 이 서비스는 1998년 1월부터 수도권 지역에 제공되었다. 이때 IP들은 PC에 ISDN 라우터를 취부하고 코넷에서 인터넷 주소를 부여받아 서버 등의 응용서비스를 제공하였다. 이용자들은 IP 또는 CP에 접속하여 정보를 검색하며 그 과정은 ISDN 다이얼업 서비스와 비슷하였다.

한편 ISDN 요금은 가입비가 10만원이고, 사용료는 기본요금 5천원+시내통화료로 정하였다. 그리고 인터넷 접속료는 ISDN DU(64Kbps) 서비스는 2만원이고 할인 시 1만2천원을 부과하였다. ISDN DU(128Kbps) 서비스는 3만4천원이고 할인하는 경우 2만4백원을 징수하였다. 또한 ISDN LAN(128Kbps) 서비스 요금은 20만원이고 할인 적용하면 12만원을 부과하였다. 그리고 고객 측의 구매장비 및 가격을 보면 ISDN DU용 단말기의 S카드는 약 10만원-20만원이고, ISDN LAN용 단말기의 ISDN 라우터는 약 90만원-120만원으로 예상되었다.

나. ISDN-인터넷 서비스의 문제점 및 활성화

한국통신은 ISDN-코넷 서비스의 문제점을 분석하고 ISDN 활성화를 위한 대책을 수립 추진하였다(ISDN-인터넷 사업현황보고, 1998. 1, 한국통신 데이터통신팀). 먼저 이 서비스의 초기 운용상 문제점으로 ISDN교환기(TDX-10A)가 데이터 통신 중 데이터 패킷의 손실이 발생하였다.

그리고 신규서비스에 대한 자체 마케팅 활동이 미약한데다가 협력업체 등을 통한 공격적 마케팅도 부족하였다. 또한 신규서비스에 대한 운용 요원의 교육, 지침시달 등 이에 대한 대처가 미흡하였을 뿐만 아니라, PRI 시설부족으로 적체까지 심화되었다. 이를 해결하고 향후 ISDN 활성화를 위해「ISDN 014XY 서비스」를 제공 추진하였다. 이를 위한 세부추진계획은 다음과 같다.

① ISDN 가입자가 인터넷(KORNET)에 접속할 때 현재는 ISDN 일반번호로 접속하고 있으나 이를 데이터통신 전용번호인 014XY 번호로 접속하게 하여 이용자의 편익을 제공토록 한다. 이와같이 추진하여 ISDN가입자를 다량 확보하고 ISDN을 활성화시킨다. 그리고 ISDN-코넷 014XY 서비스를 선점하여 코넷사업도 강화하며, 식별번호를 014XY로 일원화하여 코넷 인지도도 향상시킨다.

② 이를 위해 정부에 번호 01415의 사용을 요청하고(1997년 8월), 본 안건을 통신망기획심의위원회에 제출 심의토록 한다(1998년 4월). 이어서 ISDN 014XY 추진기본계획을 수립하고(1998년 5월), 당해년 8월까지 ISDN교환기의 기능을 보완하고, 9월에는 ISDN 014XY 서비스를 제공한다.

③ ISDN에 있어 384Kbps, 512Kbps 속도급 응용서비스를 개발하고, ISDN D채널을 응용한 서비스 등 ISDN-데이터통신 신규서비스를 개발한다.

한편 ISDN 서비스 환경에 적합한 64Kbps급 ISDN 복합영상 정보서비스를 활성화하기 위해 ISDN 데이터베이스를 개발 추진하였다(N-ISDN활성화 종합계획, 1996. 6. 10, 한국통신 네트워크본부). 이를 위해 을지전화국에 호스트 컴퓨터(타이콤)을 설치하고, PRI 인터페이스로 ISDN과 호스트를 접속하였다. 그리고 PC로 S카드 및 관련 소프트웨어를 사용하여 데이터베이스에 접속하고, 시범서비스를 시행할 때는 접속망과 호스트컴퓨터가 불안정하므로 상용서비스는 보류하였다.

그리고 기본품질서비스를 향상시키고 ISDN망의 안정화를 우선 추진하며, 일부 기능이 미비한 하드웨어 및 소프트웨어는 개체하였다. 나아가 IP(Information Provider)와 협조체제로 다양한 정보의 데이터베이스화를 추진하였다. 이 일은 초고속통신추진본부 하이텔사업국이 주관토록 지정하였다.

11.5 ATM 교환기와 ISDN

가. ATM 교환기에 PSTN/ISDN의 수용

한국통신은 1980년대 초반에 집중 설치된 M10CN, No.1A 등 반전자교환기 800백만 회선을 운용하고 있었다. 그러나 이 교환기는 1998년-2005년 사이에 단계적으로 교체될 예정이었다. 이때 철거되는 반전자교환기는 2015년-2020년까지 활용해야 할 입장이어서 ATM 기반위에 PSTN/ISDN 가입자의 수용방안이 필요하였다. 그리고 폭발적으로 증가하고 있는 인터넷 트래픽을 효율적으로 수용할 수 있는 방안도 필요하였다.뿐만 아니라 최근 다수 통신사업자의 출현으로 급증하고 있는 정보통신량을 경제적으로 수용 가능한 대용량의 텐덤/중계교환기도 필요하였다.

이러한 상황에서 1997년 하반기 한국통신은 ATM교환기를 활용하여 효율적으로 PSTN과 ISDN을 수용하는 방안을 다음과 같이 제시하였다(ATM교환기를 활용한 효율적인 PSTN/ISDN 수용방안, 1997. 8. 26, 한국통신).

① ATM 기반의 복합기능 교환기의 구성으로 해결이 가능하다. ATM 복합교환기는 ATM 가입자와 PSTN/ISDN 가입자를 동일교환기에 수용할 수 있다.

② ATM교환기의 최대용량인 155Mbps를 기준으로 256×256의 범위 내에서 스위치 모듈인 155Mbps기준의 32×32 단위로 증설이 가능하다. 가입자는 수요에 따라 155 Mbps ATM 가입자를 IMI(155Mbps급) 단위로 수용하거나 PSTN 가입자를 최대 8천회선(집선비 1:1)에서 1천회선(집선비 1:1)을 수용할 수 있다.

③ 가입자 모듈 대신에 중계선 모듈을 실장하면 텐덤/ 중계교환기로도 활용이 가능하다. 또한 ATM 기반 고속인터넷 서버의 부착이 용이하여 ATM, PSTN/ISDN 가입자의 인터넷 트래픽을 동시에 처리할 수 있다.

이와 같이 제기된 방안으로 ATM교환기를 활용하여 PSTN/ISDN을 수용하기 위해 한국통신은 1단계, 2단계, 3단계로 구분하여 추진하고자 하였다. 이를 위해 수립한 단계별 시행방안은 다음과 같다.

(1) 1단계에서는 기존 PSTN/ISDN망을 통해 ATM 복합교환기에 수용된 PSTN/ISDN 가입자와 기존 PSTN/ISDN 교환기에 수용된 가입자 간의 연동을 시행한다. 이때 ATM 가입자는 ATM 트래픽으로 전달되어 가입자 간 연동이 가능하다. 그리고 PSTN/ISDN 중계망을

ATM 복합교환기로 구성하는 경우 경제적 활용이 가능하여, 초기 ATM 가입자가 많지 않은 통신망 구성에 가장 효율적이라고 판단된다.

(2) 2단계에서는 ATM망을 통한 연동을 시행한다. ATM 복합교환기에 수용된 PSTN/ISDN 가입자는 ATM망을 통해 기존 PSTN/ISDN 교환기 가입자 간의 연동이 가능하다. PSTN/ISDN 트래픽의 백본망을 구성할 때 ATM교환기를 활용하여 효율화가 가능하고, PSTN/ISDN의 인터넷트래픽을 모아 음성 트래픽과 분리하여 직접 ATM망을 통해 중계한다면 이것은 대량의 인터넷 트래픽을 분리함으로서 전화망에 부과되는 부하를 경감시킬 수 있는 장점이 있다.

(3) 3단계에서는 PSTN/ISDN 가입자와 ATM가입자 간의 서비스를 연동한다. 이를 위해 저속도 코딩(4.8Kbps-64Kbps)을 사용하는 ATM 단말기와 기존 64Kbps PCM 코딩을 사용하는 PSTN/ISDN 가입자 간의 상호변환기능을 개발한다. 그리고 ATM단말의 VBR(AAL5/AAL2) 음성과 PSTN/ISDN CBR(AAL1) 음성 간의 AAL형 변환기능을 개발한다. 또한 B-ISDN 신호를 통한 폴백솔루션(Fallback solution) 기능을 개발하고, B-ISDN 신호를 통한 부가서비스의 호환성 검사기능도 개발한다.

나. ATM-ISDN의 구현방안 및 개발계획

ATM교환기를 활용하여 PSTN/ISDN을 수용하기 위해 하드웨어 및 소프트웨어 면에서 두 가지 구현방안을 검토하였다(ATM교환기를 활용한 효율적인 PSTN/ISDN 수용방안, 1997. 8. 26, 한국통신).

첫 번째 방안은 기존 TDX-10A 교환기의 하드웨어와 소프트웨어를 최소로 변경하여 최대한 활용하는 방안이다. 하드웨어 분야에서는 TDX-10A교환기의 PSTN/ISDN 가입자, 중계선 및 공통선 신호모듈을 활용하고, PSTN/ISDN 데이터를 ATM 셀로 변환하는 기능을 개발한다. 그리고 소프트웨어 분야는 기존 TDX-10A교환기의 소프트웨어를 20-30% 정도 수정하여 활용한다. 이 방안의 경우 기존 TDX-10A교환기를 최대한 활용함으로써 개발기간이 단축될 수 있는 장점이 있으나 경제성있는 시스템 개발이 어렵다는 단점이 있다.

두 번째 방안은 ATM 주 스위치와의 효율적인 정합을 고려하여 일부 하드웨어를 경제성있게 개발하고, 이에 따라 소프트웨어도 첫 번째 방안에 추가하여 변경하는 방안이다. 이를 위해 가입자 접속모듈은 TDX-10A 교환기의 해당 모듈을 활용하고, 중계선 모듈과 공통선 신호 모듈은 재설계하여 개발한다. 그리고 가입자 모듈의 소프트웨어는 첫 번째 방안과 유사하고, 중계선 모듈과 공통신 신호 모듈은 70-80% 변경이 필요하다. 이 방안의 장점은 경제성있는 시스템 개발이 가능하나, 개발기간과 인력이 추가 소요된다는 단점이 있다.

다음에는 ATM 교환기에 PSTN/ISDN을 수용하기 위한 통신망 적용방안으로 두 가지 방안을 제시하였다.

첫 번째로는 시내교환기(반전자교환기)를 ATM 복합교환기로 교체하는 방안으로서 이 방안의 장점은 다음과 같다. ① 초기 ATM 가입자가 많지 않을 경우 ATM 가입자와 PSTN/ISDN 가입자를 동시 수용이 가능하다. 따라서 ATM 가입자를 위한 중복 투자를 막을 수 있다. ② ATM망과 NNI는 연동이 가능하므로 향후 ATM망으로의 진화가 자연스럽게 진행될 수 있고, 기존PSTN/ISDN 교환기에 비해 스위치 처리용량이 크고 용량 확장성이 있어 폭발적으로 증가하고 있는 인터넷트래픽을 효율적으로 수용할 수 있다.

두 번째 방안은 시외/ 텐덤교환기(Toll/Tandem)를 ATM 복합교환기로 교체하는 방안이 있다. 이 경우 장점은 최근 다수의 통신사업자의 출현으로 정보통신량이 급증하고 있음에 따라 수십 Gbps 급의 처리용량을 갖는 시외/텐덤 교환기가 필요한 상황에서 이에 부응할 수 있다. 그리고 ATM망과 NNI 연동이 되므로 향후 ATM망으로 자연스럽게 진화될 수 있다.

한국통신은 그동안 이와 같은 구현방안을 실행하기 위한 사전 연구를 수행해 왔다. 그 결과 TDX-10A교환기 기술을 활용하여 기존 PSTN 가입자를 ATM 교환기에 접속하여 PSTN과 ATM의 연동기능을 확인하였다. 그리고 PSTN/ISDN 데이터를 ATM셀로 변환하는 하드웨어모듈(1차 시제품)을 개발하였으며 PSTN 가입자의 기본호처리 소프트웨어기능(운용보전기능은 제외)도 구현하였다. 이를 바탕으로 첫 번째 방안과 두 번째 방안에 대한 개발계획을 <표 4-31>과 같이 검토하였다. 이때 ATM-ISDN 구현을 위한 5년간 소요예산은 방안 1의 경우 350억 원, 방안 2의 경우 380억 원으로 나타났다.

<표 4-31> ATM-ISDN 구현을 위한 개발계획

구분		1998년	1999년	2000년	2001년	2002년	총계
방안1	예산(억원)	50	130	80	60	30	350
	인력(MY)	30	60	60	40	20	210
방안2	예산(억원)	50	110	80	80	60	380
	인력(MY)	35	85	60	55	45	280

한편 ATM 교환기에 PSTN/ISDN을 수용하는 방안에 대한 경제성은 다음과 같이 검토되었다.

① 반전자 교환기 800만 회선을 대체하는 경우 회선 당 1만 원-1만5천 원의 절감효과를 감안하면 약 800억 원-1,200억 원 정도의 직접적 투자비용이 절감될 것으로 기대된다.

② ATM 교환기와 PSTN 교환기를 동시에 따로 설치할 필요가 없으므로 막대한 중복투자비용 손실을 막을 수 있다. 또한 ATM 교환기와 PSTN 교환기의 두 가지 시스템을 운용할 때 수반되는 중복 운용인력, 중복 국사시설면적, 시스템 호환성의 유지 보수에 소요되는 추가비용 등 간접비용을 크게 절감할 수 있다.

12. ISDN 단말기 공급

12.1 국내개발 상황 및 공급방안

가. 단말기의 국내개발 및 공급방침

1990년대 중반 ISDN 기본 단말기는 1996년에 5천 대를 구매하여 임대 제공하였다. 이때 통신망 종단장치(NT)는 2B+D 인터페이스를 제공하고, ISDN 전화와 데이터통신을 동시에 제공하였으며, ISDN 전화기(I-Phone)는 전화 기능을 가지고 있었다. 그러나 화상회의 등 다양한 용도에 따른 단말기 시장이 부재한 상태였고, 아날로그 전화기와 ISDN 데이터통신을 동시에 제공하는 것이 불가능하였다. 당시 ISDN 단말기 국내개발상황은 <표 4-32>와 같다. 여기에서 ETRI는 한국전자통신연구소를 말한다.

<표 4-32> ISDN 단말기의 국내개발상황(1996년)

단말기의 종류	개발상황	개발주관
ISDN전화기, NT	개발 완료, 사급공급 중	ETRI
ISDN-TA	개발 완료	ETRI
PC용 S카드	개발 완료	ETRI
플로피디스크 전송장치	개발 완료, 통신프로토콜 TTA표준화	ETRI
ISDN PABX	국선과 내선에 ISDN기능 개발 완료	업체
G4 팩스	개발 완료	업체
ISDN용 화상 전화기	개발 완료, ISDN PC-DVCS 개발 완료	업체

이때 이용자들의 성향을 분석하여 보면 기업고객은 데이터, 화상 등 64Kbps 통신서비스를 많이 이용하고, 주택고객은 주로 전화와 PC통신을 이용하고 있었다. 한편 기업고객은 가입비, 단말기, 구입비용 등에 구애받지 않고 통신비 절감효과로 가입하는 상황이었다. 그러나 주택고객의 경우는 모든 비용에 민감하였다.

이러한 점을 고려하여 한국통신 네트워크본부(본부장 이정욱)는 ISDN 단말기의 공급방침 및 방안을 수립 추진하였다(N-ISDN 활성화 종합계획, 1996. 6. 10, 한국통신). 이 계획의 주관부서 및 결재자는 제4장 말미의 참고자료 편에 기록되어 있다. 그 주요내용은 다음과 같다.

(1) 1996년 하반기부터 기본 단말기의 일괄구매를 중단하고, 모든 단말기를 자급제로 시행하였다. 반면 통신망 제공자의 역할로서 기본단말기 및 다양한 응용단말기 시장이 활성화되도록 유도하였다. 그리고 표적시장별 단말기 공급의 차별화 전략을 수립 추진하고, 1996

년 공급예정인 단말기는 가정용 고객에 한해 임대 제공하고 기업고객은 제외하였다. 이 사업은 전략영업본부 고도통신국이 주관하였다.

(2) NT 내장형 다기능 단말기를 보급형으로 공급하였다. ISDN 상용가입자는 NT 및 ISDN 전화기 기능을 갖춘 단순한 전화서비스를 제공하는 단말기를 이용하고 있었다. 그리고 대부분의 고객은 비ISDN 단말기인 일반전화기와 G3 팩스를 소유하고 있었다. 따라서 일반 고객을 ISDN 고객으로 유도하기 위해 기존 단말기를 수용할 수 있는 단말기가 필요하였다. 이를 위해 다음과 같이 추진하였다.

① 다양한 단말기를 수용하는 다기능 복합단말기를 개발 보급한다. 그리고 통신망 종단장치(NT)와 비 표준단말기를 수용하는 장치(TA)를 내장한 복합서비스 단말기 개발을 유도한다.

② 단독형(NT+TA)에 대해서는 1996년 4/4분기까지 요구사항을 제정하고 상용화한다. 그리고 PC 내장형의 경우 S인터페이스 표준규격을 1996년 2/4분기에 작성하고, 4/4분기에는 상용화한다. 이 일은 전략영업본부 고도통신국이 주관 추진한다.

(3) 범용 ISDN PC용 인터페이스 카드를 표준화를 추진하였다. 당시 ISDN 기본통신서비스인 64Kbps 속도로 PC 간에 데이터 전송, 복합정보서비스의 접속, 인터넷 접속서비스 등을 위해 PC에 ISDN 인터페이스 카드가 필요하였다. 그럼에도 각 업체별로 서로 다른 응용서비스를 개발함으로서 호환성 확보가 곤란하였다. 따라서 S인터페이스 표준화를 통해 호환성을 확보할 필요가 대두되었다. 이때 S 인터페이스 카드는 ISDN 가입자와 통신망 간의 표준화된 S 기준점으로 ISDN BRI 인터페이스를 제공하고 있었다. 이를 위해 다음과 같이 추진하였다.

① 국내 ISDN 서비스 표준을 제정한다. 이 서비스보급을 위하여 1996년에 결성될 한국ISDN사용자협의회를 통해 표준화에 주력한다.

② 이 사업은 전략영업본부 고도통신국이 주관하고, 서울통신운용연구단이 협조하여 1996년에 추진한다.

나. ISDN 단말기 시험운용센터 운용

한국통신은 ISDN 단말기의 접속장치를 전시하고 국내외 단말기를 시험하며 접속환경을 제공하기 위해 시험운용센터를 운용하였으며 세부내용은 다음과 같다(N-ISDN활성화 종합계획, 1996. 6. 10, 한국통신 네트워크본부).

첫째, ISDN 전화국에서 소프트웨어 프라자로 회선을 연결하여 접속환경을 구축하고, 국내개발장비와 도입장비에 대해 통신망 접속 시험환경을 제공한다. 그리고 외국제품에 대하여 국내통신망 접속을 검증하고 판매환경을 조성하며, 도입장비와 상용단말기를 상시 전시하고 시연한다.

둘째, 시험운용센터는 소프트웨어 프라자로 정하고, 원효전화국(IRASM)과 소프트웨어 프라자 간에 시험용 회선 11회선을 확보한다. 이때 IPABX, 영상단말기 등의 전시용과 시험용으로 PRI 3회선을 구성하고, PC 화상단말기 등 6종을 위한 전시용과 시험용으로 BRI 8회선을 확보한다.

셋째, 본 시험운용센터를 위한 운용요원은 ISDN 관련업무 종사자 중 우수기량자 4명을 배치하고, 이에 필요한 장비와 설치는 1996년 4/4분기 내에 시행한다. 이 일은 전략영업본부 고도통신국이 주관하고, 시설운용실 시내교환운용국, 서울통신운용연구단, 전자통신연구소가 협조하며, 인력지원업무는 기획조정실이 담당한다.

12.2 ISDN시스템의 문제점 및 개선

한국통신 네트워크본부(본부장 이정욱)은 ISDN 시스템을 구축하고 서비스를 제공하면서 그동안 발생한 여러 가지 문제점을 개선하고자 ISDN시스템 운용개선계획을 수립 시행하였다(N-ISDN활성화 종합계획, 1996. 6. 10, 한국통신). 이 계획에는 그동안 확인된 ISDN 교환기의 기능미비 사항과 지속적으로 발생한 운영상의 문제, ISDN교환기에 대한 집중운용보전기능이 미흡한 문제, ISDN가입자를 위해 I-Phone과 ISDN전자교환기 사이에 설치 운용한 PMUX의 고장이 과다하게 발생하는 문제 등에 대한 전반적인 개선책이 포함되어 있다.

가. ISDN시스템의 문제점.

한국통신은 불안정한 ISDN 시스템을 조기에 안정화하여 고객이 만족하는 서비스품질을 제공하고, ISDN사업을 활성화하는 계획을 수립 추진하였다. 당시 ISDN가입자 고장율이 월 100가입자당 15.79건으로 과다하게 발생하였다(1996년 1/4분기). 이때 시설별 주요고장을 분석하여 보면 교환시설 분야에서는 발신호가 간헐적으로 불통상황이 발생하고, PMUX 시설분야는 불복구 현상이 과다하게 발생하고 있었다.

그리고 전송로 분야에서는 구내배선 불량한 건물의 경우 ISDN 회선수용이 부적합하고, 공통선 신호망에서는 링크 고장이 발생하고, 인접신호접속이 되지 않는 등 고장이 다발로 일어나고 있었다. 단말기 분야는 기능이 미흡하여 고장발생이 잦고 고객도 이용요령이 미숙하여 과다하게 고장신고를 하고 있었다. 또한 고객불만처리 절차가 이원화되어 있는 문제도 있었다. 즉 PSTN 고장수리는 시험실, ISDN 고장수리는 전자실에서 수행하는 것이 문제점으로 떠올랐다.

한편 운용요원의 기량이 미숙하여 측정기를 제대로 사용하지 못하는 어려움이 있었고, 선로특성 측정을 실시하지 않은 상태에서 단말기를 개통하는 문제도 발생하였다. 더구나 ISDN의 판매부진으로 관리자의 관심도 떨어져 있었다.

나. 운용보전성과분석및 고장신고 개선

한국통신은 ISDN시스템을 구축하고 서비스를 제공하면서 그동안 발생한 여러 가지 문제점을 개선하고자 N-ISDN활성화 종합계획을 수립 추진하였다. 그중 운용성과분석 및 고장신고 부분에 대한 개선방안은 다음과 같다.

첫째, 운용보전성과분석 관리를 개선한다. 당시 매분기 1회 정기적으로 분석하고 수작업으로 통계분석을 시행하였다. 이를 매월 1회 시행하고 이를 위해 OMAS 시스템을 이용한 통계분석 프로그램을 1996년 6월까지 개발한다. 그리고 1996년도 신고고장 목표를 100가입자당 10건으로 정하고 장기적으로는 일반가입자 수준을 유지토록 하며, 고장 과다발생시설을 집중적으로 조사하여 대책을 강구한다. 이 일은 통신망관리단 통신망관리국이 주관하고, 시설운용실 시내교환운용국, 마케팅본부 고객지원국이 협조하여 추진한다.

둘째, 고객의 불만신고 접수와 시험을 일원화한다. 당시 PMUX에 수용된 가입자 선로는 시험이 불가하고, 전자실에서 수작업으로 통계 관리를 실시함으로서 신뢰성결여의 문제가 있었다. 이 문제를 해소하고자 SLMOS/ LCR 및 교환기의 가입자 시험기능을 1996년 6월부터 보완한다.

이를 위해 SLMOS/ LCR 및 교환기 간 연동프로그램을 개발하고, 교환기의 시험기능을 보완하여 PMUX 수용가입자에 대한 선로 시험기능을 추가한다. 여기에서 SLMOS/ LCR 부분은 시설운용실 시내전송운용국이 주관하고, 교환기 부분은 시설운용실 시내교환운용국이 주관하고, 기능개발 및 시험은 서울통신운용연구단과 교환기 공급업체 4개사의 협조를 받아 추진한다.

다. ISDN시스템의 기능미비 및 불안정 개선

그동안 ISDN 교환기의 기능개선사항과 운용상 문제점이 지속적으로 발생하고 있었고, ISDN교환기에 대한 집중운용보전기능이 미흡한 상황이었다. 이와 같은 교환기 기능미비 및 시스템 불안정 문제를 개선하기 위해 다음과 같이 추진하였다.

첫째, 기 보완된 개량개선기능을 확대 적용한다. TDX-1B 교환기는 PMUX 수용가입자 선로시험 추가 등 27건에 대하여 1996년 1월-1996년 8월에 현장 확인시험을 실시하고 확대 적용한다. TDX-10교환기는 패킷호 착신처리중 발신복구현상 보완 등 60개 항목에 대하여 1996년 6월까지 현장확인시험을 실시하고 확대 적용한다.

둘째, TDX-1B 교환기 기능미비사항인 IPIS 연동기능 등 15건과 TDX-10교환기의 기능미비사항인 루트지정불량 등 44건은 1996년 1월-1996년 11월에 보완한다.

셋째, 교환기 집중운용보전시스템을 기능 보완한다. 집중운용보전시스템에 ISDN 회선수용후 OMC에서 국별 운용수준분석(NSPMP) 등 31개 항목에 대하여 자동원격감시하고 지원한다. 이 사업은 1996년 6월에 추진한다.

위 첫 번째 사업과 두 번째 사업은 시설운용실 시내교환운용국이 주관하고, 서울통신운용연구단이 보완 개발을 담당하며, ETRI 및 교환기 제조업체 4개사의 협조를 받아 추진한다. 그리고 세 번째 사업은 시설운용실 시내교환운용국이 주관 추진한다.

다음에는 ISDN 수용회선의 품질을 개선하였다. 당시 가입자선로는 장기간 사용된 관계로 특성이 저하되어 자주 심선교체를 해야 하였고, 시험실 MDF 및 구내단자 작업 중 혼촉으로 인해 호 절단이 발생하기도 하였다. 그리고 구내배선 불량건물이 많아 ISDN 수용이 부적합하였고, 구내배선이 국선단자함, 동 단자함, 층 단자함, 4구용 컨센트 등 다단계로 접속되는 바람에 손실이 과다하고 배선도 불량하였다. 한국통신은 이러한 문제를 해소하기 위해 다음과 같이 추진하였다.

(1) 신규전화와 설치장소 변경전화를 가설할 때 FS 소대케이블로 단말까지 직접 가설하고, ISDN 전화청약 시 설치장소를 실사한 후 승낙하며, 구내배선이 불량한 경우에는 완전정비 후 가설토록 한다.

(2) MDF H측과 V측을 표시하여 MDF 작업 시 특별히 주의하게 하며, 구내배선의 국선단자함 등에 표시하는 등 ISDN 수용회선은 특별 관리한다. 그리고 지절연 케이블에 수용된 ISDN 가입자는 특별정비를 시행하고, SLMOS의 자동측정기능을 활용하여 정기적으로 측정을 실시한다.

(3) 구내배선을 지속적으로 정비한다. 이를 위해 국별 순환정비계획(Loop Cycle) 정비계획을 수립 시행하고, 구내단자함 접속단자를 개량한다. 그리고 나사, 핀류를 크립, 커넥터로 개량 접속하고, ISDN회선을 표시하는 스티커를 부착한다.

(4) 가입자 휴대용 시험기, 가입자 선로분석기 등 선로유자보수용 측정기를 확보한다. 당시 291대를 확보하고 있었으나 1996년에 240대를 한국통신진흥으로부터 임대하여 확보한다.

라. PMUX 시설의 안정화

ISDN가입자를 위해 I-Phone과 ISDN 전자교환기 사이에 PMUX를 설치 운용하였다. 당시 PMUX는 수시로 불복구가 생기고 고장이 과다하게 발생하였으며, 불복구해소시 다수 가입자(8-12 가입자)의 통화가 절단되는 상태가 발생하였다. 또한 PMUX 수용가입자에 대한 선로시험기능이 없고, 이 설비의 운용부서가 불분명하여 유지보수가 제대로 되지 못하고 있었다. 이에 따라 PMUX의 기능상 미비사항을 개선하기 위해 다음과 같이 추진하였다.

첫째, 서울통신연구단 주관으로 1996년 6월부터 교환기의 소프트웨어를 보완하였다. 또한 고장발생실태 및 원인을 조사하기 위해 특별조사반을 1996년 6월-1996년 7월에 구성 운용하였다. 이때 조사반은 시설운용실, 서울통신운용연구단, 지역본부의 교환, 전송, 단말담당자, 장비공급업체 전문가들로 편성하였다. 이 일은 시설운용실 시내교환운용국과 시내전송운용국이 주관하고, 마케팅본부 고객서비스국이 협조하여 추진하도록 하였다.

둘째, PMUX 시험기능을 확대 적용하는 등 PMUX 운용유지보수 체제도 확립하였다. 이 일은 ISDN교환기 설치기관의 담당부장이 총괄하여 시행하고, 운용책임자는 PMUX 설치기관의 시설운용 담당과장과 담당자로 지정하였다.

12.3 ISDN 기량향상교육 및 안정화

가. 운용요원의 ISDN 기량향상교육

1990년대 중반까지 ISDN 분야의 우수기량자가 부족하여 극소수 요원에 의해 시설이 운용되고 있었다. 그래서 고장수리, 정비, 시험을 위한 각종장비의 운용기술이 미숙한 실정이었다. 또한 ISDN 가입자가 적고, ISDN 인지도도 부족하여 관리자의 관심도 저조하고, 운용요원에 의한 ISDN 관련교육기회도 부족한 상황이었다. 이러한 문제를 해결하고자 다음과 같이 ISDN 기량향상교육을 시행하였다(N-ISDN활성화 종합계획, 1996. 6. 10, 한국통신 네트워크본부).

① ISDN에 대한 기량을 향상하기 위한 교육과정을 개설하고, 이 교육은 인력개발본부가 주관하여 1997년부터 시행한다.

② ISDN 교환기 고장수리방법 및 고장 등 교환시설 운용요원 기량향상교육은 서울통신운용연구단 주관으로 실시한다. 이 교육과정은 지역 OMC요원(총 162명)을 대상으로 모델교환기를 활용하고 실습교육을 병행하여 실시한다. 또한 전자교환기 운용요원을 대상으로 모델교환기를 활용하고 실습교육을 병행 실시한다. 이 교육은 지역본부 OMC가 주관하여 시행한다.

③ 선로현장요원 중 독자적으로 시설운용과 유지보수가 가능한 요원을 대상으로 ISDN에 대한 기량 향상교육을 실시한다. 이 교육은 전체 현장요원의 20% 수준으로 하여 1995년 이전 1,217명, 1996년도 1,470명, 1996년-1998년에 4,630명 등 연차적으로 실시한다. 한편 각 전화국 과장 이상 관리자에 대한 ISDN 인식을 높이기 위해 특별교육을 년2회 실시한다. 이 과정들은 마케팅본부 고객서비스국이 주관하여 시행한다.

나. ISDN 안정화 대책팀 운용

한국통신은 ISDN시설의 안정화 운용을 위한 대책팀을 편성 운용하기로 하였다. ISDN사업에 대한 시행계획 수립에 따른 각 부서별 추진사항에 대한 총괄관리 및 조정부서가 없는 상황인데다가 주기적인 추진실태파악과 분석이 필요하고, 다수 부서의 관련 사항에 대한 종합적인 추진이 필요하였다. 이와 같은 현안을 해소하기 위하여 시설안정화 운용대책팀을 편성하였다.

이때 운용대책팀은 통신망관리, 교환시설, 전송시설, 단말장치 등 분야별로 우수요원으로 편성하고, 시설 안정화가 될 때까지 한시적으로 운용하는 것으로 하였다. 그래서 1996년

말까지 운용한 후 안정화를 평가하여 필요한 경우 연장하는 것으로 정하였다. 이 일은 네트워크본부 통신망관리국이 주관하고, 시설운용실 시내교환운용국, 시내전송운용국, 마케팅본부 고객서비스국이 참여하여 추진하게 하였다.

12.4 ISDN서비스의 마케팅

가. 표적시장 별 마케팅

1990년대 중반 한국통신의 ISDN 활성화에 대한 사회적 기대가 높아지고, 데이터와 멀티미디어 통신 시장의 활성화에 따라 공중 디지털통신망 서비스가 요구되고 있었다. 또한 ISDN 가입구역이 전국적으로 확대되고 기업형 이용자의 수요가 증가하는 등 새로운 수요 증가요인이 발생하고 있었다. 그리고 멀티미디어와 데이터통신이 활성화됨에 따라 디지털 통신 이용자가 증가하고, 급격히 팽창하는 인터넷 사용자의 ISDN 가입이 예상되었다.

이러한 상황에서 한국통신은 ISDN 시설투자계획을 변경하여 새로운 수요를 예측하고, 고객의 입장에서 본 ISDN 서비스의 불만과 요구사항을 파악하여 표적시장 별 차별화 마케팅을 추진하였다. 주택용 수요의 표적시장은 PC통신이용자와 인터넷이용자이고, 기업형 수요자는 기업전산망, 전국규모의 체인(POS), 화상회의, 기타 G4팩스 등으로 설정하였다. 이때 표적시장별 마케팅 계획을 수립 추진하였다(N-ISDN활성화 종합계획, 1996. 6. 10, 한국통신 네트워크본부).

이때 기업고객의 사용형태는 사내 LAN-LAN 접속, 사내 원격화상회의(POS), 원격감시, G4팩스, VAN 엑세스, 텔리마케팅, ISDN 노래방, ISDN 패킷(B채널), 전용회선 백업, 인터넷 접속 등이 있었다. 이 표적시장에 대한 마케팅은 우선 AM, TM을 통한 대기업, 중기업, 소기업, 개인사무실, 소규모 점포 등을 우선순위를 정하여 직접 마케팅활동을 전개하였다. 그리고 각 고객의 업태에 따른 용도에 맞는 응용서비스 및 단말장비를 안내하고, 단말기 공급사, 외국 통신회사 등과 협조하여 공동마케팅을 추진하였다.

다음 주택고객의 사용형태는 전화, PC통신, 인터넷 접속 등이 있었다. 이 표적시장을 위한 마케팅은 1가구 2전화 필요고객을 집중적으로 가입을 홍보하고, 대중광고 매체(방송, 신문 등)를 이용하여 홍보활동을 전개토록 하였다. 이상 표적시장별 마케팅은 1997년부터 전략영업본부가 주관 추진하였다.

나. ISDN 서비스의 제공

1990년 중반 한국통신은 ISDN 기본서비스, 일차군 서비스, 패킷 서비스 등에 대한 제공계획을 다음과 같이 수립 추진하였다(N-ISDN활성화 종합계획, 1996. 6. 10, 한국통신 네트워크본부).

첫째, ISDN 기본서비스(BRI)로서 회선교환서비스(2B+D)와 패킷교환 서비스를 제공한다. 이때 회선교환서비스는 TDX-10 교환기와 TDX-1B 기종에 의해 1996년 이전부터 제공하였다. 한편 패킷교환 B채널 서비스는 TDX-10과 TDX-1B 기종에서 1996년 이전에 제공되었고, 패킷교환 D채널 서비스는 TDX-10교환기에 의해 1997년부터 제공한다.

둘째, ISDN 일차군 접속서비스(PRI)도 회선교환서비스와 패킷교환서비스를 제공한다. 이때 회선교환 30+D 서비스는 TDX-10과 TDX-1B 기종에 의해 1996년 이전에 제공되었다. 회선교환 고속채널서비스(H0, H1)는 TDX-10 교환기에 의해 1998년부터 제공된다. 그리고 패킷교환 B채널 서비스는 TDX-10과 TDX-1B 기종에 의하여 1996년에 제공되고, D채널서비스는 TDX-10 교환기에 의하여 1997년부터 제공된다. 그리고 TDX-1B ISDN 교환기는 메모리의 용량부족으로 회선교환 고속채널서비스(H0) 등은 개발이 불가능하였다. 따라서 TDX-1B 기종에서 이용이 불가능한 ISDN 서비스는 TDX-10A 교환기에 수용하여 제공하는 등의 방법을 강구토록 한다.

셋째, ISDN-PSTN 간 연동을 추진하여 ISDN 가입자에게 B채널 또는 D채널을 이용하여 데이터전송을 할 수 있는 패킷통신서비스를 제공한다. 그리고 패킷서비스를 활성화하기 위해 통신시간에 관계없이 데이터량에 따라 과금하여, PSDN 패킷요금보다 저렴하게 이용요금을 책정한다. 그리고 다양한 속도의 단말기 간에 통신서비스를 제공하고, 패킷다중화 기능을 이용하여 복수의 단말기와 통신서비스를 제공토록 한다. 이를 위해 1996년 하반기에는 시범서비스를 실시하도록 하며, 이 사업은 전략영업본부 고도통신국이 주관 추진한다.

한편 PSDN, PSTN, ISDN에서 제공하는 패킷서비스를 비교하여 그 특징을 살펴보면 다음과 같다.

① PSDN 패킷서비스는 PSDN과 단말기 사이에 전용회선으로 직접 연결된 패킷서비스로서, 속도별 세분화된 다양한 서비스가 가능하다. 그리고 컴퓨터 호스트 회선, 주요회선에 최적이라고 할 수 있다.

② PSTN 패킷서비스는 전화선을 이용한 패킷서비스로서 PC 등 단말기를 접속하여 사용하고, 패스워드 ID를 사용하여 통신망에 접속한다. 전국 어디서나 가능한 단순한 통신에 최적이다.

③ ISDN 패킷서비스는 ISDN망을 이용한 패킷서비스로서 기본료가 저렴하고 B채널과 D채널을 이용하여 멀티미디어 통신이 가능하다. 1회선에 복수의 단말기를 사용할 수 있고, 온라인 회선에 최적이다. 이 서비스의 특징을 다시 정리하면 고품질과 신뢰성을 확보할 수 있고, 통신시간과 관계없이 데이터 량에 따른 과금방식을 적용하며, 다양한 속도의 단말기 간에 통신이 가능하다. 그리고 전화, 팩스 등 다양한 미디어와 동시 이용이 가능하고, 회선교환과 패킷교환을 구분하여 사용할 수 있다. 또한 ISDN 패킷모드통신을 이용하여 효율적이고 경제적인 기업통신 시스템을 구축할 수 있다.

13. ISDN 관련 활동 및 표준화 추진

13.1 한국ISDN포럼 발족

가. KIF 창립목적

1990년대 후반 우리나라는 ISDN 이용자, 사업자 및 연구기관의 요구사항을 수렴하여 ISDN 기술에 의한 단말 및 서비스를 개발 보급하며 표준화를 추진하고자 한국ISDN포럼(KIF)의 창립을 추진하였다. 이 포럼은 1996년 7월 15일 설립준비위원회(위원장 윤병남 ETRI 부장)가 구성된 후, 발기인 회의를 개최하고, 회원사 및 개인회원 모집을 전자신문에 공고하였다(1996. 10. 17). 이후 KIF 창립총회를 한국통신 소프트웨어 프라자 세미나실에서 개최하여 설립되었다(1996. 11. 15).

이 포럼의 조직은 의장, 부의장, 감사, 운영위원회, 전문연구회, 운영기획분과, 표준화분과, 시험기술분과, 교육연구분과로 구성되었다. 이때 각 분과위원회는 부의장이 담당하며, 의장단의 임기는 2년으로 하고 연임이 가능하였다. 이외에도 인터넷서비스워킹그룹, 화상서비스 워킹그룹, 교환 및 신호방식 워킹그룹, 표준화 시험인증 워킹그룹, ISDN 활성화 워킹그룹을 운영하였다.

또한 본 포럼은 한국통신기술협회(TTA) 산하의 특별연구그룹으로 설치하고, TTA와는 회계 및 운영을 분리하는 것으로 하였다. 이 포럼의 회원은 1등급 회원사 6개사, 2등급 회원사 26개사, 개인 회원 58명으로 되었다(1997. 2). 그리고 1996년도 예산규모를 보면 1996년 찬조금 1천5백만 원, 1등급 회원사 2천5백만 원, 2등급 회원사 2천2백만 원, 개인회원 68만 원 등 총 62,687천원으로 운영되었다.

나. 한국ISDN포럼의 운영진 구성

창립 당시 본 포럼의 운영진은 의장 이정욱(한국통신 부사장), 운영기획부의장 윤병남(한국전자통신연구소 SW공학연구부장), 표준화부의장 홍용표(한국통신 네트워크본부 국장), 시험기술부의장 오재길(한국통신 전략영업본부 국장), 교육연구부의장 강철희(고려대학교 전자공학과 교수), 감사 이택선(TTA 표준기획본부장)이 선임되었다. 그리고 선임직 운영위원에는 배동수(대우통신 수석연구원), 한태수(삼성전자 상무), 박노성(현대전자 이사), 진교성(일진 상무), 홍영진(성미 전무)으로 구성되었다.

또한 워킹그룹(WG) 의장단으로는 인터넷서비스 워킹그룹 양재수(한국통신 인터넷사업국장), ISDN 활성화 워킹그룹 곽창호(한국통신 ISDN사업부장), 표준화시험인증 워킹그룹 김명철(한국통신 표준연구단 실장), 교환 및 신호방식 워킹그룹 이용균(ETRI ISDN 호처리

연구실장), 화상서비스 워킹그룹 전현준(한국통신 멀티미디어연구소 팀장)이 담당하였다. 그 후 1999년도 제1차 의장단 회의가 여의도 63빌딩에서 개최되었다. 이 회의에서는 한국 ISDN포럼 운영세칙 개정안을 원안대로 심의 확정하였다. 개정된 정관에 따라 차기 KIF의 장으로 한국통신 네트워크 본부장을 추대하였다(제99-1차 의장단 회의록 송부, 1999. 7. 8, 한국ISDN포럼).

13.2 ISDN 관련 국내활동

가. Korea ISDN '96 개최

Korea ISDN `96 학술대회 및 전시회는 한국통신, 연구소, 장비업체 등으로 구성된 ISDN 이용자 협의체가 중심이 되어 개최되었다(1996. 6. 12-6. 14). 이 행사 중 학술대회에는 논문발표자 25명, 일반회원 150여 명이 참석하였고, 전시회에는 국내외 15개 회사에서 참가하였으며 일반인 1천여 명이 참관하였다. 그리고 학술대회에서는 인터넷을 위한 ISDN 활용기술이 발표되었고, 그 외 ISDN 서비스, 단말, 교환, 통신망 진화, 응용서비스 사례 등이 소개되었다.

또한 전시회에서는 ISDN 응용서비스, 단말, 네트워크장비 등이 출품되었다. 이 행사는 대한전자공학회 전자교환연구회에서 주최하고, 한국통신과 ETRI가 주관하여 한국과학기술회관 대회의장(서울 강남구 역삼동)에서 열렸다. 이때 주관기관에서는 이 행사를 위해 500만 원씩 분담하였고, 본 워크샵은 한국통신 서울통신운용연구단에서 주관하는 ETRI의 ISDN 후속개발과제(연구비 10억 원)에 포함하여 추진되었다. 또한 이 행사를 위해 대우통신, 동아일렉콤, 삼성전자, LG정보통신, 한화전자정보통신, 전자신문사가 후원하였다.

나. Korea ISDN ′97 개최

1997년 여름 한국ISDN포럼(KIF)은 Korea ISDN ′97을 서울 한국과학기술회관에서 개최하였다(1997. 7. 14-7. 16). 이 행사는 한국ISDN포럼, 한국통신학회 통신소프트웨어연구회, 대한전자공학회 전자교환연구회가 주최하였고, 주관기관은 한국통신, 한국전자통신연구원(ETRI)이 담당하였다. 그리고 대우통신, 동아일레콤, 삼성전자. LG정보통신, 전자신문사, 한화전자정보통신이 후원하였다.

당시 KOREA ISDN 97 Summer를 위한 조직위원회 위원장은 한국ISDN포럼 의장인 이정욱(한국통신 부사장)이 선임되었으며, 위원은 김영환(현대산업전자 대표이사), 김용식(쌍용정보통신 대표이사), 송재인(LG정보통신 대표이사), 유기범(대우통신 대표이사), 윤종용(삼성전자 대표이사) 등 6명으로 구성되었다.

그리고 운영위원회는 위원장 윤병남(ETRI), 학술분과위원 조규섭(성균관대), 재무분과위원 이재섭(ETRI), 홍보분과위원 양재수(한국통신), 출판분과위원 박호진(ETRI), 전시분과위원 곽창호(한국통신), 시설분과위원 한경재(한국통신), 등록분과위원 한운영(데이콤),

지역분과위원 김명철(한국통신), 기획분과위원 이용균(ETRI) 등 10명으로 구성하였다.

본 행사의 개회식은 한국ISDN포럼 의장(한국통신 부사장 이정욱)의 개회사, 정보통신부 차관(박성득)의 환영사, 전자통신연구원장(양승택)의 축사 순으로 진행되었으며, 이어서 전시장 오픈행사에는 차관, KIF의장, ETRI원장, 한국통신 네트워크본부장, 업체대표 등이 참여하였다. Korea ISDN `97의 주제는「정보통신의 고속도로 ISDN」으로 정하였으며, 이번 학술대회의 주요발표주제 및 발표자는 다음과 같다(KOREA ISDN 97 Summer, 1997. 7, KOREA ISDN 97 Summer 조직위원회).

① 기조연설 : 중장기 ISDN 발전전략(한국통신 네트워크본부장 이상복)

② 논문발표(ISDN망 진화) : 정보통신 네트워크 발전방향(한국통신 네트워크본부 윤종록 국장), 기존 전화망에서의 인터넷 트래픽 대처방안(ETRI 김성환), ISDN과 데이터망 접속장치 개발(ETRI 조평동 실장), ISDN 100만회선 확대방안(뉴텍정보통신 정찬익 박사), DR을 이용한 무선컴퓨터 회의시스템의 성능개선(경희대 이민정).

③ 논문발표(인터넷 기술1) : 인터넷 기술발전과 상업화 전략(한국전산원 송관호 본부장), 인터넷과 초고속망(삼성전자 한태수 상무), ATM기반의 인터넷서비스(ETRI 전병선 박사), ISDN 사업방향(한국통신 전략영업본부 송용팔 본부장), ATM에서의 디지털가입자 연동(ETRI 김정하), 완전적응 자기경로제어 알고리즘을 사용하는 고장감내 ATM 스위치(삼성전자 박재현), TDX-10 ISDN 교환시스템에서 인터넷 트래픽의 라우팅(ETRI 이일우).

④ 논문발표(인터넷 기술2) : 차세대 인터넷 기술(충남대 김대영 교수), 한국 인터넷(KORNET)사업 발전계획(한국통신 박길 부장), ISDN 운용현황과 향후전망(한국통신 시설운용실 이경준 실장).

⑤ 논문발표(인터넷 서비스) : 인터넷 멀티캐스팅-MBone(한국통신 김형석), 인터넷 멀티미디어 통신프로토콜(안양대 최완선 교수), ISDN을 활용한 인터넷 서비스(MJL 임만식 대표), 인터넷서비스와 향후 발전방향(한국통신 전략영업본부 양재수 국장), PC영상회의 단말의 ISDN 국간접속제어와 이기종 호환접속구현(LG정보통신 김대성).

이 행사는 전시회와 학술대회가 병행되었으며, 학술대회에 350명, 전시회에 1,500명이 참석하였다. 이번 전시회에는 삼성전자, LG정보통신 등 17개 업체가 참여하였으며, ISDN 전화기, ISDN 인터넷단말기, ISDN 영상시스템, ISDN 원격교육시스템 등이 출품되었다.

다. ISDN 인터넷 워킹그룹 워크숍

1997년 후반 한국ISDN포럼에서는 ISDN 인터넷 워킹그룹 워크숍을 서울 그린파크호텔에서 개최하였다(1997. 11. 28-29). 이 워크숍에는 KIF 회원사(12개사), 후보회원사(7개사), 한국통신 등 에서 27명이 참석하였다. 본 워크숍의 주요발표내용은 ISDN 단말기 설치과정에서의 문제점과 조치방안, ATM을 통한 인터넷 프로토콜 구현의 효율화방안, KORNET-ISDN

LAN 환경의 구축 및 서비스, TDX-10A교환기의 가입자계 프로토콜 소개와 이해, 전화망을 통한 IDSL(ISDN Digital Subscriber Line)적용방안 등의 주제가 발표되었다.

본 워크숍을 통하여 KIF 회원 상호 간 협력을 도모하고 공감대를 형성하였으며, 비회원사를 대상으로 가입을 유도하는 등 KIF 활동을 강화할 뿐만 아니라 한국통신 협력사를 늘려나갈 수 있는 계기가 되었다. 그리고 ISDN 인터넷서비스의 현안문제점에 대한 인식을 같이하고 이를 개선하기 위한 기술구현 방안을 협의하고, ISDN 인터넷 접속서비스에 대한 대량가입자를 발굴하고 유치방안도 강구하였다.

또한 ISDN을 통한 인터넷 전용접속번호(01415)를 확보하기 위해 KIF 회원사 공동명의로 정보통신부에 건의하기로 하였다. 한편 이 워크숍에서 나타난 KIF 회원사의 건의사항은 다음과 같다(KIF, ISDN 인터넷 위킹그룹 워크숍 결과, 1997. 11, 한국통신 초고속통신추진본부 인터넷사업국).

① ISDN 회선 개통시 단말기 설치장소인 건물 내까지 조치하여 주기를 바라고, 지역 전화국별로 ISDN 회선개통 책임자를 선정해 줄 것을 요망한다. 그리고 업체에서 ISDN 회선 홍보 등의 행사개최 시 관할 전화국의 협조를 요망한다.

② ISDN 서비스 요금징수 전산화 소프트웨어를 조기에 구축하며, 700 서비스 요금을 통합하고 080 서비스의 실현을 요망한다. 그리고 ISDN PRI 회선에 대한 1998년도 공급량을 대폭 확대해 줄것과 ISDN 인터넷 접속회선 014XY 서비스(40% 인하)를 요망한다.

③ 지역별 ISDN 교환기의 인터넷 접속불량 사례를 전파하여 조기에 시설을 안정화하여 주기를 요망한다.

본 워크숍에 참여한 업체는 쌍용정보통신, MJL, HiCOM정보통신, 휀실업, 인텍정보통신, 중도전자, 네트워크세상, 훼스트시스템, 하나정보통신, 웨이브시스템즈, 바이오전자통신, 이지테크SW개발, 신우C&N, ACN Tech, KNC, 트윈시스템즈, 재승정보통신, 한스콤, NTK 등이었다.

13.3 아시아 ISDN 포럼

가. AIC의 목적

통신망이 ISDN으로 급속하게 발전함에 따라 최초의 아시아 ISDN포럼(Asia ISDN Forum)이 일본 동경에서 개최되었다(1987. 9). 이에 따라 아시아 ISDN 회의(AIC: Asian ISDN Council)이 추진되었으며, 이 AIC의 목적은 회원국 간에 전기통신망 현대화 및 고도화 촉진을 위해 상호협력하고, 아시아 문화권에 맞는 ISDN 기술의 국제표준화를 추진하며, 전기통신기술 관련 정보 및 인적자원을 상호 교류하는 것으로 하였다.

본 AIC의 회원국은 한국, 일본, 중국, 태국, 필리핀, 말레이시아, 인도네시아, 싱가폴 등 8

개국이고, 66개 회원기관으로 구성되었다. 한국 측 회원으로는 정보통신부, 한국통신(KT), 전자통신연구소(ETRI), 데이콤, 정보통신기술협회(TTA), 대우, LG, 삼성, 현대 등 15개 기관(단체)가 참여하였다. 그리고 AIC에는 참가국 정부 대표로 구성되는 최고기관으로 주요 사항을 의결하는 관리이사회와 참가국 회원으로 구성하여 일반사항을 의결하는 총회를 두고 있었다.

또한 연구수행을 위해 워킹그룹을 운영하였는데, WG1(기술분야)은 한국, WG2(서비스 청책분야)는 일본이 맡게되었으며, 협의회 업무 및 기록, 보고서 작성 등을 담당하는 사무국도 운영하였다. 한국은 AIC창립과정에서 부터 중추적인 역할을 하였으며, WG1의 의장직, WG2의 부위장직을 담당하면서 연구 활동을 주도하였다.

나. 1996년 및 1997년 회의

1996년에는 AIC 제17차 회의가 한국 제주에서 개최되었다(1996. 5. 16-5. 21). 제주 그랜드호텔에서 열린 이 회의에는 국내 150여명, 국외 50여명 등 총 200여명이 참석하였으며, 이때 의제는 ISDN 기술연구와 국제표준화, ISDN관련 인력자원개발 및 교류, ISDN 사례연구 및 각국현황소개로 되어 있었다. 본 행사의 원활한 수행을 위해 운영위원회는 행사총괄반, 회의관리반, 사무국지원반 등 3개반으로 편성 운영하였다.

이때 운영위원회는 한국통신이 주관 운영하였으며, 국내 AIC 회원사 모두가 참여하는 것을 원칙으로 하였다. 당시 한국통신에서는 해외사업본부와 서울통신운용연구단에 주축이 되어 진행하였다. 해외사업본부는 회의 및 각종 연회 초청자 선정 및 준비, 외국회원사와의 대외협력, 발표논문 모집공고 및 선정 등의 임무를 담당하였다. 그리고 서울통신운용연구단에서는 운영위원회의 구성 운영 및 회의주관, 회의 세부일정계획의 수립, 통신시설확보, 회의진행관리, 회의결과보고서 등의 업무를 전담하였다.

그후 1997년에는 제19차 AIC(Asian ISDN Council)가 태국에서 개최었다(1997. 5. 12- 5. 16). 이 회의에는 8개국에서 총 136명이 참석하였고, 우리나라에서는 정보통신부 1명, 한국통신 3명, ETRI 2명, 데이콤 1명, SK텔레콤 1명 등 총 8명이 참석하였다. 이 회의를 통해 아시아 각국의 ISDN 제공계획 및 향후계획 등을 파악하고 정보를 수집하였다. 또한 국내활동을 소개하여 한국의 정보통신을 홍보하고 참가국간 유대를 강화하였다.

13.4 일본과의 ISDN 협력

가. 추진경위

1990년대 초반 제5차 한국통신과 일본 NTT 간 간부회의가 일본 동경에서 개최되었으며, 이때 B-ISDN 분야를 Topics회의 의제로 채택하였다(1993. 11). 당시 Topics회의란 양사의 시사성 있는 주제에 대해 토의하는 것으로 필요한 경우 WG회의화 하는 것으로 정하였다.

이듬해 동경에서 제1차 토픽스 회의가 개최되었다(1994. 5).

이어서 1994년 11월 제6차 한국통신과 NTT 간부회의에서 정식으로 WG7을 채택하였다(1994. 11). 당시 한국통신과 일본 NTT는 양사의 B-ISDN 도입전략과 멀티미디어 상용화시험에 대하여 논의하고, 한일 간 B-ISDN 공동실험계획을 수립하고 실현한다는 목적을 가지고 이 회의를 출범시켰다. 이와 같은 과제를 가지고 진행된 한국통신과 NTT 간 WG7 회의개최 내역은 <표 4-33>과 같다(1995년-1996년).

한국통신 초고속통신추진본부(본부장 안승춘)는 1996년에 개최되는 제4차 한국통신과 NTT 간 WG7회의의 논의대상과제를 다음과 같이 정하였다(제4차 KT/ NTT WG7 회의결과, 1996. 11. 14, 한국통신 초고속통신추진본부).

① 일본의 멀티미디어 서비스(N-ISDN 포함), 일본의 멀티미디어 실험현황 등의 멀티미디어 응용 및 서비스(Multimedia Application and Services), ② 정보통신망의 구조(TINA), 개방형 컴퓨터 통신망(OCN) 등의 정보통신망 기술(Information Networking Technologies), ③ 광케이블 접속망, 무선 접속망의 개발전략 등 액세스망 기술(Access Network Technologies), ④ 유망한 멀티미디어 애플리케이션의 조사 및 선정, 고객 및 정보제공자 확보 등 한국통신과 NTT간의 공동실험의 시행(KT/NTT Joint Experiment).

<표 4-33> 한국통신과 NTT 간 WG7 회의 개최내역

구분	개최일	장소	참석자	
			한국통신	NTT
Topics회의	1994. 6. 15-6. 16	동경	사업계획국장 등 4명	통신망총합연구소 부장 등 5명
제1차회의	1995. 11. 14-11. 15	서울	종합계획국장 등 7명	기술조사부 담당부장 등 4명
제2차회의	1996. 2. 5-2. 8	동경	종합계획국장 등 5명	기술조사부 담당부장 등 9명
제3차회의	1996. 7. 10-7. 12	서울	종합계획국장 등 9명	기술조사부 담당부장 등 4명
제4차회의	1996. 11. 6-11. 8	동경	종합계획국장 등 4명	기술부 기술평가 담당부장 등 6명

나. 한국통신과 NTT 간 제4차 회의

한국통신과 일본 NTT는 WG7 제4차 회의를 일본 동격 마쓰야마 NTT사 회의실에서 열렸다(제4차 KT/ NTT WG7 회의결과, 1996. 11. 14, 한국통신 초고속통신추진본부). 이 회의에서 주요의제로 B-ISDN의 소개(B-ISDB Introduction), 한국의 B-ISDN 추진계획(Promotion Plan in Korea), 일본 보고서 작성계획, 한국통신과 NTT 공동실험계획(KNIT) 등이 발표되었다.

또한 특별주제로는 B-ISDN을 위한 광 가입자망(Optical Suscriber Access Networks Technologies for B-ISDN), 멀미미디어 무선가입자망(Multimedia Wireless Access)으로 정하였다. 이외에도 8차 STC 회의준비 및 WG7의 향후 추진계획이 논의되고, 마쓰야마 에히

메현에 있는 Techno 프라자 외 3개소의 현장을 견학하였다. 이 회의에서 총 7개 과제가 발표되었는데, NTT 측에서 4개 과제, 한국통신 측에서 3개 과제를 발표하였다. 그 세부내역은 <표 4-34>와 같다.

<표 4-34> 한국통신과 NTT의 주제발표내용(WG7 회의)

구분	발표내용	발표자
일본 NTT	Draft Report for B-ISDN Introduction/Promotion Plan	Kimura
	Issues on KNIT Services	Kimura
	NTT's Optical Access Network	Naruse
	Digital 無線System and 關連技術 towrd Multimedia Service	Morikawa
한국통신	Current Issues in Promoting KNIT Services	권영관 부장
	Preparation Plan for B-ISDN Introdction/ Promotion Plan	김운하 팀장
	Korea Telecom's FITL Plan	김운하 팀장

한편 이 회의에서 양국 간 합의사항으로 한국과 일본의 B-ISDN 도입 및 추진계획에 관한 보고서를 작성하고, 한국통신과 NTT 간 공동시험(KNIT)의 실시, WG7의 향후계획 등에 관하여 합의하였다. 그 세부내용을 보면 먼저 한국과 일본의 B-ISDN 도입 및 추진계획에 관한 보고서를 작성하였다. 당시 한국통신과 일본 NTT는 WG7 제4차회의에 대한 평가와 향후추진계획을 정리하면 다음과 같다(제4차 KT/ NTT WG7 회의결과, 1996. 11. 14, 한국통신 초고속통신추진본부).

첫째, 지난 3차 회의 시 합의한 한국과 일본의 B-ISDN 도입 및 추진계획에 대한 구체적인 작성방법을 합의하고 미합의된 부분(1장, 2장)에 대한 작성방법 등도 합의함으로써 한국통신과 NTT 양사 간에 B-ISDN 관련 기술협력을 위한 상호노력을 통하여 우의를 증진하고 진일보할 수 있는 기반을 마련하였다.

둘째, 한국통신/ NTT 간 공동실험(KNIT)을 위한 단계별 추진계획을 합의함으로서 국제간 멀티미디어 서비스 이용실험을 하고, 번역 소프트웨어 등 응용분야에 대한 다양한 발전기회를 확보하고 향후 사업화 기반을 마련할 수 있었다.

셋째, 향후 추진계획으로 한국과 일본의 B-ISDN 도입 및 추진계획을 위해 한국통신과 NTT 간부회의 시까지 초안을 완성하고, NTT와 협의하여 1997년 1월에는 최종 완성토록 한다. 그리고 KT/ NTT 공동실험(KNIT) 계획의 경우 4차 회의에서 합의한 대로 단계별로 추진하고, 1997년 WG7 회의도 4차 회의 합의사항대로 1997년에도 계속 개최한다.

이상 제4차 한국통신과 NTT 간 WG7 제4차 회의에는 한국통신 측에서는 초고속통신추진본부 종합계획국장(이경준), 동 본부 멀티미디어 사업부장(권영관), 동 본부 과장 문대섭,

통신망연구소 NTB연구팀장(김운하) 등 4명이 참석하였다. 이때 NTT 측에서는 기술부 기술평가부문 부장(成宮憲一, Kenichi Narumiya), ISDN 담당부장(成瀨央, Hiroshi Naruse), 담당과장(木村宏, Hiroshi Kimura), 담당(森川功治, Koji Morikawa), 멀티미디어 통신망연구소의 주간연구원(昆太一, Taichi Kon), 주간연구원(左左木淳, Jun Sasaki) 등 6명이 참석하였다.

다. 한국과 일본간 ISDN 분야 협력

한국통신과 일본 NTT는 ISDN사업의 효율적 추진을 위해 워킹그룹을 운영하였다. 1998년 전반기에 양국 간 워킹그룹(KT/NTT WG3)이 개최되었으며, 이 회의에서 확인한 일본의 ISDN사업추진현황을 요약하면 다음과 같다(KT/NTT WG3참가 요약보고서, 1998. 6. 15, 한국통신 네트워크본부).

(1) 일본 NTT의 ISDN 서비스 상황

당시 전화가입자 수는 1997년도에 비해 1.8% 감소한 6천30만 명이고, N-ISDN 가입자 수는 1997년도에 비해 220% 증가된 228만 명이었다. 그리고 64Kbps 미만의 저속 전용선 가입자 수는 90만2천명(1997년도에 비해 6.8% 감소)이고, 64Kbps이상의 고속 전용선 가입자 수는 16만9천명(1997년도에 비해 63% 증가)이었다. 또한 FR 가입자 수는 15,700명(1997년도에 비해 398% 증가)이고, 이중 128Kbps 가입자가 15,000명, 1.5Kbps 가입자는 700명이었다. 한편 1997년 4월에 서비스를 개시한 ATM 가입자수는 250명인데, 이 서비스는 평균 20Mbps로 제공하고 있으며, 1998년도에는 1,900명이 될 것으로 예상되었다.

(2) 통신망 기반 통합계획

ISDN, POTS, 저속전용선 서비스는 STM망으로 통합하고, OCN, FR, ATM 서비스는 ATM망으로 통합할 예정이었다. 현재는 인터넷망, FR망, 전용선망, ATM 전용선망(ATM Megalink)이 각각 운용되고 있으나, 1999년부터 ATM 교환망이 백본망으로 구축되면서 점차 이들 개별망이 ATM 교환망으로 통합될 것이다.

(3) N-ISDN 서비스 전망

TA 등의 접속장치의 가격이 하락하고, 요금인하로 연간 200% 이상으로 가입자가 증가할 것이다. 일반 64Kbps 서비스요금은 가입비 7만2천 엔/ 월 2,830엔이고, Light 64Kbps의 요금은 가입비 무료/ 월 3,470엔으로 되어 있었다. 그리고 일반가입자의 75% 및 비즈니스 가입자의 약 40%가 ISDN을 인터넷 접속용으로 사용하고 있었다. ISDN은 일본에서 NTT만의 고유사업이므로 고객의 요구충족으로 서비스 확대에 주력하고 있으나 최근 성장세는 둔화하고 있었다. 한국의 경우 지금은 ATM 서비스가 개시되고 있으므로 새로 ISDN망을 구축하는 것은 신중히 고려할 필요가 있다고 보았다.

(4) 데이터통신 서비스 계획

ISDN 및 FR망의 기반 확대와 병행하여 라우터, 기가라우터, ATM교환기를 기반으로 하는 OCN을 적극 추진하고 있었다. 현재 통신망은 액세스계층(Access Layer), 전송계층(Transmission Layer), 백본계층(Backbone Layer) 등의 3단계로 구성되어 있으나, 앞으로는 계층을 단일화하므로써 통신품질을 개선하고 빠른 접속을 하려하고 있다. 또한 NTT는 인터넷 가입자회선에 ADSL보다 π-system이라는 광가입자 접속장치를 개발하여 FTTH를 적극 추진중이다. π-system은 1996년 말에 개발 완료하여 초기 공급단계에 있으며, 2005년까지는 동선가격과 동일한 수준으로 제공할 수 있다는 자신감을 피력하였다.

(5) OCN 서비스

현재 다이얼업 이용자수는 약 20만명이며, 향후 보안성을 보장할 수 있는 VPN 서비스를 1999년 중반에 제공할 계획으로 있다. 저렴한 이용요금을 무기로 이용자들의 요구를 적극 수용하여 전국적인 서비스로 확대하는데 주력하고 있다. ATM에 IP를 중첩(IP over ATM)하는 것이 표준화되면 ATM으로 통합을 추진하나 음성은 당분간 제외한다는 계획이었다. 한편 1999년이 되면 이동계 가입자가 포화상태가 될 것으로 예측됨에 따라 ATM에 데이터와 음성을 중첩(Data+Voice over ATM)할 필요가 있음을 강조하였다.

(6) NTT의 분할

NTT는 1999년 7월을 목표로 지주회사, 장거리회사, 지역회사(동일본 및 서일본) 등 4개 회사로 분할될 계획이다. 지주회사를 제외하고 모두 자회사 형태로 운영되며, 지주회사는 사회사의 100% 분담금으로 운영된다.

(7) 기타사항

음성서비스는 당분간 분리하여 서비스하되 ATM에 데이터와 음성을 중첩방식이 표준화되면 통합 추진한다. 가입자망의 고속화를 위해 xDSL 기술을 과도기적인 대안으로 인식하여 π-system이라는 광기술을 적극적으로 개발한다. OCN, N-ISDN, FR, ATM 등의 서비스는 인위적으로 통합하지 않고 이용자가 선택적으로 하되 네트워크는 점진적으로 ATM망으로 통합한다.

13.5 ISDN 관련 담당부서 및 업무분장

1990년대 중반 한국통신은 ISDN 사업을 효율적으로 추진하고 활성화하기 위해 ISDN 설비의 공급 및 운용, ISDN 영업, ISDN 연구개발 등 분야별 업무를 담당하는 부서를 다음과 같이 정하여 추진하였다(N-ISDN 사업 활성화 종합계획, 1996. 6. 10, 한국통신 네트워크본부).

가. ISDN 설비공급 및 운용

네트워크본부 시설운용실에서는 ISDN 설비공급에 대한 계획을 수립하고 이를 집행하는 일을 전담하였으며 그 세부내용은 다음과 같다.

(1) 네트워크본부 통신망관리국은 중장기 교환망 계획(ISDN)을 수립하고 조정하고, 소

관 통신망의 신규서비스 발전계획을 수립한다. 그리고 통신망 품질관리 기본계획을 수립하고 조정하고, 운용보전 성과를 분석하여 관리개선하며, ISDN 시설의 안정화 운용대책팀을 구성한다.

(2) 네트워크본부 시설운용실 시내교환계획국은 ISDN 교환시설공급 및 설비투자계획을 수립하고, 교환기의 개량화 사업을 추진한다. 그리고 TDX-10A 교환기의 기능검증과 시범적용을 하고, 시내구간 전용중계망을 전환하며, ISDN 교환시설 개통계획을 수립하고 조정한다. 또한 ISDN 신규서비스 연구개발과제를 관리하고, 패킷서비스의 상용화 및 전국확대 기반을 구축한다. 한편 국제연동, ISDN과 PSDN 간 연동, ISDN과 CO-LAN 간 연동, B-ISDN과의 연동 등을 추진한다. 그 외에도 ISDN을 통한 고속PC통신서비스(하이텔) 제공계획의 수립, ISDN 교환시설 대형장애 예방대책 등을 수립한다.

(3) 네트워크본부 시설운용실 시내교환운용국은 ISDN 교환시설과 P-MUX에 대한 운용개선계획을 수립하고, ISDN 교환시설 운용표준 개선계획을 수립한다. ISDN 교환시설 기능추가 지원계획과 소프트웨어를 종합 관리한다.

(4) 시설운용실 시내전송운용국은 고장신고의 접수체제를 일원화하고, SLMOS/ LCR 기능을 보완하며, 확대 적용한다. 시외통신계획국은 P-MUX의 유지보수를 총괄하고, 시외교환시설(ISDN, 지능망, 상호접속망)의 투자설비계획을 수립 시행한다. 그리고 국제통신계획국에서는 국제 ISDN과 PSTN 시외교환기 간 접속을 전담하고, 공통선 신호망 공급계획의 수립 추진, 상대국가와 ISDN 연동시험추진, 국제 ISDN과 PSTN 시외교환기와의 ISUP 접속 등을 담당한다.

나. ISDN 장치개발, ISDN 영업 및 인력확보

한국통신은 ISDN의 연동장치 개발, ISDN의 영업계획 수립 및 운용요원의 교육 등에 대한 업무를 본사 차원에서 다음과 같이 분담하여 수행하였다.

첫째, 초고속통신추진본부는 N-ISDN과 B-ISDN 간의 연동장치를 개발하고, 서울통신운용연구단에서는 연구개발을 추진하고, TDX 하드웨어 형상의 조사분석 및 개선 등 종합 관리한다. 그리고 TDX 하드웨어 형상의 검증, 변경심의, 조정, 승인 및 관리를 담당하고, TDX-1 계열, TDX-10 계열 교환기의 소프트웨어를 종합관리하고 표준화를 담당한다. 또한 교환시설 운용요원 교육도 담당한다. 한편 인력개발본부는 운용요원의 기량향상을 위한 교육을 확대 실시한다.

둘째, 기획조정실에서는 시연 및 시험운용센터 운용요원 인력을 확보하고, 마케팅본부 고객서비스국은 ISDN 단말기 시설을 설치하고, 유지보수계획을 수립하며, 전사적 서비스 이용제도 및 업무처리지침을 총괄 관리한다. 그리고 전사적 고객서비스 향상을 위한 전략을 수립하고, 선로현장요원 기량향상을 위한 교육, ISDN 인식제고를 위한 관리자 교육 등을 담당한다.

셋째, 전략영업본부 고도통신국은 ISDN 영업계획을 수립 시행하고, 업무처리지침을 제정 및 개정한다. 그리고 N-ISDN 데이터베이스를 개발하고 단말기장치를 공급하며 시설계획을 수립한다. N-ISDN의 판매, 수입목표를 수립하고, 실적을 관리하며 수요를 예측한다. 그 외에도 국제 ISDN 망의 국제연동 확대, 국제 ISDN 관련 부대시설계획및 운용, 하이텔 데이터베이스 검색서비스 연동방법개선, 소관 분야에 대한 요금 및 이용약관 수립을 담당한다.

넷째, 전략영업본부 데이터통신국에서는 ISDN 패킷서비스 제공계획을 수립하고, 하이텔 데이터베이스 직접검색을 위한 PSTN망의 포트를 9.6Kbps에서 19.2Kbps로 개체한다. 그리고 ISDN과 인터넷 간 연동을 추진한다.

참고자료

(1) 정보통신 기본계획(1984. 10. 4)

1980년대에 들어서면서 한국통신은 전화서비스 중심으로부터 데이터통신 서비스로 일대 전환하는 정보통신계획을 수립하였다(정보통신 기본계획, 1984. 10. 4, 한국통신). 이 계획의 주요내용은 전화와 비전화계 서비스가 동시에 가능하고 우리 실정에 적합한 종합정보통신망(ISDN) 모형을 정립하고 이를 기반으로 2000년대 고도정보화사회를 달성한다는 것이었다. 이 계획은 계획국 종합망과장(우승술), 통신망계획부장(이정욱)이 주관하고 계획국장(이응효), 부사장(배동조), 사장(이우재)의 결재로 확정 시행되었다.

(2) 종합정보통신망 시범운영계획(1984. 12. 24)

한국통신은 종합정보통신 서비스를 실현하기 위해 사전에 ISDN의 타당성을 검증하고자 이의 시범운용을 추진하였다(종합정보통신망 ISDN 시범운영계획, 1984. 12. 24). 이 계획의 주요내용은 ① ISDN 실현을 위한 기존 시설의 문제점 파악 및 대책 ② ISDN의 실현을 위해 기존 시스템과의 상호 인터페이스 방안 ③ 요금, 이용제도 등 통신정책방향 제시 ④ 제1단계(1985년-1987년)는 시험운용하고 제2단계(1988년-1989년)에서 시범운용한다는 것이었다. 이 계획은 계획국 종합망과장(우승술), 통신망계획부장(이정욱)이 주관하고 계획국장(이응효), 부사장(배동조), 사장(이우재)의 결재를 거쳐 확정되었다. 또한 이 계획의 협조부서로 영업국장(황영선), 기술국장(이희두), 전전자사업단장(서정욱)이 서명하였다.

(3) 통신망 현대화계획(1985. 12. 17)

1980년대 중반 한국통신은 세계 정보통신선진국들의 디지털통신방식의 도입 실태를 전면 조사하였다. 이를 토대로 하여 우리나라의 정보통신 선진화 완성을 위한 통신망 발전계획을 수립 추진하였다(통신망현대화계획, 1985. 12. 17, 한국통신). 이 계획은 계획국 통신망계획부장(이정욱)이 주관하고 계획국장(이응효), 부사장(배동조), 사장(이우재)이 결재하여 확정되었다.

(4) 종합정보통신망의 발전기본계획(1987. 1. 13)

한국통신은 2000년대의 고도정보화사회에 대비하여 당시 전화 위주의 통신망을 전화와 데이터통신이 동시에 가능한 종합정보통신망(ISDN)으로 진화 발전시키기 위한 단계별 계획을 수립하였다(종합정보통신망의 발전기본계획, 1987. 1. 13, 계획국). 이 계획은 한국통신 종합망과장(우승술), 통신망계획부장(이정욱)이 주관하고 계획국장(황영선), 부사장(이응효), 사장(이우재)의 결재로서 확정되었다. 이 문서의 협조기관으로 기획실장, 영업국장, 기술국장, 시설국장, 운용국장, 국제국장이 서명하였다.

(5) 통신망의 ISDN 발전계획(1996. 4)

1990년대 중반 한국통신은 종합정보통신망의 실행을 위한 한국형 ISDN 모델을 설정하였다(통신망의 ISDN 발전계획, 1996. 4, 한국통신 네트워크본부). 이 계획의 주요내용은 ① 1차 기간(1996년-1997년)에 144개 통화권에 ISDN 서비스 제공 ② 2차 기간(1998년-2000년)에는 전화국 당 1개 시스템에 의해 ISDN 서비스 제공 ③ 3차 기간(2001년-2002년)에는 전국적으로 ISDN 교환기를 확대 설치한다는 것이었다. 이 계획은 한국통신 네트워크본부 통신망기획국장(홍용표), 본부장(이정욱)이 주관하고 부사장(김노철), 사장(이준)의 결재로 확정 시행되었다.

(6) 협대역 ISDN사업 활성화 종합계획(1996. 6. 10)

우리나라는 종합정보통신망(ISDN)으로 가는 첫 단계로서 1993년 협대역 ISDN을 상용화하였다. 그러나 당초계획과는 달리 N-ISDN서비스 이용이 저조한 문제가 발생하자 이를 타개하기 위해 이에 대한 활성화방안을 추진하였다(N-ISDN 사업활성화 종합계획, 1996. 6. 10, 한국통신 네트워크본부). 이 계획에서 ① ISDN서비스의 발전방향, ② TDX-10A 교환기에 의한 ISDN실현, ③ PSTN, 인터넷, CO-LAN 등 데이터통신망 간의 고속연동, ④ ISDN 단말기의 공급방침, ⑤ ISDN과 인터넷 간의 연동, ⑥ N-ISDN과 B_ISDN의 연동 등의 방안을 제시하였다. 이 계획은 한국통신 네트워크본부 통신망기획국장(홍용표), 본부장(이정욱)이 주관하고 부사장(김노철), 사장(이준)의 결재로 확정 시행되었다.

(7) 중장기 네트워크 발전계획(1996. 9. 9)

1990년대 중반 한국통신은 우리나라 기간통신망의 성능 및 규모를 한 차원 높게 끌어올려 정보통신선진국으로 도약하기 위한 청사진을 마련하였다(네트2510-3162, 1996. 9. 9, 한국통신 네트워크본부). 이 계획의 주요내용은 ① 2000년의 전화보급율(100인당)을 57대로 향상시킨다 ② 전화통신망과 데이터통신망의 고속화 및 지능화를 추진한다 ③ 국민의 통신이용모형을 음성통신 50%, 비음성통신 50%로 일대 전환한다 ④ 부문별 통신망(시내통신망, 시외통신망, 국제통신망, 가입자망, 초고속통신망, ISDN, 무선망, 상호접속망, 신호망, 동기망, 지능망 등)의 중장기 발전계획을 세부적으로 수립한다 등이었다.

특히 2000년대 ISDN의 완성을 위해 ① 단독망(ISLAND)의 확장은 1996년부터 축소하고 본체통신망을 ISDN화하고, TDX-10A 교환기를 주력기종으로 한다 ② ISDN용 단말기를 다양화하며 자급제를 추진한다 ③ 1996년에 시외 TDX-10 교환기에 ISDN 기능을 부가하고, 1997년에 ISDN-PSTN 통신망을 통합한다 ④ 2002년까지 전국 주요전화국에 최소 1개 이상의 ISDN 노드를 확보한다는 등의 실행방안을 확정하였다. 이 계획은 한국통신 네트워크본부의 4급행정(이재춘), 시설계획부장(오경래), 종합기획국장(엄재건)이 주관하고 시설운용실장(김기천), 본부장(이정욱), 사장(이준)이 결재하여 확정 시행되었다.

제5장

초고속정보통신망의 건설

1. 초고속정보통신망의 태동

1.1 주요 선진국들의 추진상황

가. 미국의 정보고속도로 구축

1990년대 초반 미국은 국가 정보통신기반 구축을 미국경제의 경쟁력 회복과 세계경제의 주도권(New PAX Americana)을 확보하기 위한 핵심요인으로 발표하였다. 이를 위해 멀티미디어정보 전송이 가능한 초고속정보통신망(Information Superhighway) 구축사업을 최우선 경제정책과제로 선정하여 클린턴정부 출범이후 고어부통령이 주도적으로 추진하고 있다. 특히 공공기관, 산업계, 교육계 등의 멀티미디어 정보수요 충족을 위해 정부재정 150억 달러를 투입하여 연구교육 전산망(NREN)을 구축 추진하였다. 이를 위해 고속교환기술 및 응용 소프트웨어를 개발하기 위한 다수의 선도시험망을 구축 운영하고 있다.

또한 멀티미디어 정보의 전송이 가능한 국가정보기반구조(NII: National Information Intrastructure)를 통신사업자, 케이블TV사, 컴퓨터업체 등 민간기업이 5,000억 달러를 투입하여 공동으로 추진하고 있다. 이를 위해 대통령 직속의 NII자문위원회를 설치하고 NII건설에 민간기업의 투자유도를 위해 NII Act를 제정 추진하고 있다. 그리고 민간기업의 투자유도를 위해 통신사업부문 간 진입규제를 폐지하고 통신환경변화에 부합하는 규제제도를 제정하는 등 5대 지원시책을 발표하였다(1994. 1). 이를 기반으로 NII 및 GII 구상을 제안하여 고도정보사회를 선도하고 있다.

이어서 대학과 연구실을 당시 인터넷 속도의 100배-1000배 더 빠른 속도로 연결하는 차세대인터넷 구축계획을 발표하였다(1996. 10). 또한 가용기술을 토대로 가입자가 원하는 서비스를 조기에 제공하기 위해 광대역 가입자망을 구축하며, 광 케이블화와 함께 디지털 가입자전송장치(xDSL) 등 기존 동선을 활용한 가입자망 고도화계획도 추진하고 있다. 이때 민간부문의 투자를 촉진하고 이를 위해 세재지원 및 경쟁촉진정책을 추진하였으며 보편적 서비스 개념을 확대하였다. 그리고 기술혁신과 새로운 애플리케이션 개발을 지원하고 정부 정보의 공개를 촉진하고 인터넷 활성화를 추진하였다.

1990년대 중반에는 AT&T, MCI 등 10여 개의 통신사업자가 ATM교환망을 구축하여 상용서비스를 제공하기 시작하였다. 이때 주요가입자는 ISP, 정부, 대형병원, 대학, 연구소 등이고, 대부분 ATM PVC 서비스만 제공하고 있으며, 가입자 접속은 T1, T2, STM-1 등으로 시행하였다(1997. 2). 또한 초고속정보통신망의 인프라의 구축을 추진하고 있으며, 이를 위해 NSF주관으로 차세대 인터넷 백본망(vBNS)을 건설하고 관련기술을 연구 개발하고 있다. 정부 주도하에 NGI(Next Generation Internet) 프로젝트를 추진하고, 대학주도의 I2프로젝트(Internet 2)도 추진하고 있는데 이에 대한 세부내용은 다음과 같다.

① AT&T는 PVC, SVC서비스로서 ATM 상용서비스를 제공하고 있다. DSO부터 OC3C/STM-1 속도의 UNI/NNI 접속을 제공하고 있고, CBR/VBR 트래픽 서비스를 제공하고 있다. 그리고 단대단으로 QoS를 제공하며, 백본과 MUX를 통한 효율적 통신망 구조를 갖추고 있다.

② MCI는 미국 전역에 ATM 교환기 20대를 설치하여 ATM망을 구축하고, 일반이용자를 대상으로 45M급 및 155M급 서비스(Hyper Stream ATM Service)를 제공하고 있다.

③ 차세대 인터넷인 vBNS(Very highspeed Backbone Network Service)를 연구하고 있으며 이는 NSF의 지원으로 MCI에서 구현한 초고속 네트워크 서비스이다. 1994년에 155M, 1997년에는 622M, 1999년 이후에는 2.5G를 제공토록 한다. 주요장비로 Sonet망, Fore ATM 교환기, CISCO 7500라우터 등을 사용한다. 이것은 ATM망이 차기 공중통신망의 백본으로 활용가능성을 암시하는 것으로 보여 진다.

④ 대학중심의 연구와 교육을 위한 차세대인터넷을 개발하기 위한 연구망으로 Internet 2를 추진하고 있다. 이것은 기존서비스와 새로운 응용서비스를 위한 공통의 서비스(Bearer Service)를 제공하기 위한 것으로, 최상효과(Best-effort)의 패킷전송서비스에서 향상된 통신서비스를 제공하며, 특정서비스 요구사항을 만족하는 능력을 제공한다.

⑤ NGI(Next Generation Internet)는 미국 정부 주도의 차세대인터넷 개발프로젝트로서 현재 인터넷속도의 100배-1,000배의 대역폭을 지원하고자 한다. 그리고 QoS, 보안, 관리구조 등 향상된 네트워크 서비스 기술을 개발하는 것으로 1998년부터 3년간 3억달러의 재원을 투자할 계획이다.

나. 일본의 신 사회자본 건설계획

1990년대 초반 일본은 고속정보통신망 구축을 선도적 공공투자의 일환으로 인식하고 이를 통한 경기부양 및 풍요로운 국민 생활을 구현하기 위한「신 사회자본」건설을 구상하고 있다. 21세기에 대비하여 일본열도를 2010년까지 광케이블망으로 연결하여 고속정보통신망을 구축하고자 하였다. 이는 미국의 국가경쟁력 강화를 위한 초고속정보통신망(Information Superhighway) 구축전략에 대응한다는 측면이 강하다.

일본은「신 사회자본」건설과 일본경제의 구조개혁 및 긴급 경기대책의 일환으로 당초계획을 5년 앞당겨 2010년까지 45억엔의 공공재정을 투입하여 전국 광케이블통신망을 건설하고 가입자 광 케이블화를 추진하고 있다. 당시 이들은 21세기에 대비한 선행투자적인 정보통신, 사회복지 등 시설을 도로, 항만과 차별하여 신 사회자본으로 지칭하였다. 1993년에는 공공재정 30억엔을 활용하여 전국광통신망 모델실험을 위해 정부, 100여개 산업체가 신세대통신망 파일롯트 모델사업을 개시하였다.

그리고 전국 광 통신망을 조기에 구축하기 위해 통신사업자가 아닌 정부주도의 고속광통신망건설공단의 설립을 검토하는 등 통신사업자 추진방안과 건설공단에 의한 추진방안이 논란 중에 있다. 그리고 민간기업과 지방자치단체에 대한 재정적 지원 및 통신사업에 대한 규제완화를 하는 방향으로 입법조치하고 있다. 이와 관련사항을 보면 전기통신기반충실 임시조치법(1991년), 지방거점법(1993년), 가입자계 광섬유망정비 특별융자제도(1995년) 등을 통해 무이자 저리융자, 채무보증 등을 지원하고 있다. 그리고 가입자망 및 중계전송로의 광케이블망 투자에 대하여는 국세 및 지방세를 감면하고 있다.

또한 광 케이블망 뿐만 아니라 무선가입자망, 기존동선과 위성망 등을 활용하는 종합적 디지털 네트워크 구축방향을 제시하였다(1997. 4). 일본전신전화공사(NTT)는 B-ISDN의 구현을 최종목표로 설정하고 이를 실현하기 위한 수단으로 개방형 컴퓨터통신망(OCN: Open Computer Network)을 구축하고 있다. 1990년대 후반에는 NTT에서 ATM 전용회선(ATM Mega Link) 상용서비스를 제공하고 있고, 인터넷서비스인 OCN(Open Computer Network) 서비스도 제공하고 있다(1997년). 그리고 1994년부터 우정성 주관으로 간사이 지방에서 다양한 멀티미디어 서비스를 시험 중에 있다. 이에 대한 주요추진상황은 다음과 같다.

① ATM Mega Link는 ATM 전용회선 서비스로서 1997년 4월부터 13개 주요도시를 대상으로 CBR, VBR 기반의 PVC 서비스를 제공하고 있다. 이때 주요가입자는 일반기업고객이며, 1997년 말 기준 3,000VP를 제공 중에 있다, 이를 위한 주요장비는 ATM 다중화장치, ATM교환기, Frame Relay 교환기, 라우터 등이며, 인터페이스는 25M, 45M, 155.5M로 되어 있다. 이 서비스는 고속 디지털 전송서비스에 비해 저렴한 요금을 적용한다는 특징을 가지고 있다.

② OCN은 라우터 망으로 구성하여, 다이얼업, 전용회선, 프레임릴레이 망으로 접속하고 있다. 다이얼 접속은 PSTN, ISDN, 이동통신을 통한 인터넷 접속서비스이며, 요금체제는 15시간까지 정액제+종량제를 채택하였다. 이것은 128Kbps로 LAN을 통한 경제적 인터넷 접

속서비스이며, 1.5M로 인터넷을 접속하는 것이 표준이며, 기업에게는 정액제로 6M까지 인터넷접속이 가능하다.

다. 유럽공동체 및 싱가포르의 고속 통신망계획

유럽공동체(EU)에서는 회원국 상호 간 상품, 자본, 서비스의 자유로운 교역촉진과 환경정책, 교육훈련정책 등 공동체 관심사항에 대하여 지원하고 있다. 그리고 새로운 전기통신서비스와 정보인프라의 정비주체는 통신사업자이며, 이 부분에는 공적 보조금을 지원하지 않고, 공적자금은 주로 연구개발 등에 활용하고 있다. 유럽이사회의 TEN(Trans-European Metwork) 구축계획(1993년)에 따라 각국은 이를 실현하기 위한 제도의 정비를 착실히 추진하고 있다.

또한 INFO 2000 프로그램을 통해 1996년-1999년 기간 중 멀티미디어 컨텐츠 사업을 발전시키고 활성화하기 위한 자금을 지원하고 있다. 특히 유럽공동체 행정기관 상호간을 연결하는 고속행정통신망을 1997년까지 구축 추진하고 있다. 한편 싱가포르는 싱가포르를 지식과 정보의 세계적 중심지로 개발하고 정보통신기술을 활용하여 국민생활을 질적으로 향상시키고 국제경쟁력을 강화하고자 노력하고 있다. 이를 위해 IT-2000계획을 추진하고 있으며 2000년까지 모든 가정까지 광케이블을 구축하고자 시도하고 있다.

1.2 우리나라 초고속정보통신망 건설 시도

가. 제6차 5개년계획으로 출발

1980년 중반 한국통신은 정보이용의 대중화를 위해 종합정보통신망(ISDN)의 구축방침을 세우고 우선 시범사업계획을 다음과 같이 수립 추진하였다(제6차 경제사회발전 5개년계획 통신부문계획, 1986. 10, 통신부문계획위원회).

첫째, 한국 실정에 맞는 적합한 ISDN 모형을 정립하고, ISDN 구축에 따른 시행착오를 방지하며, 정보화 사회의 조기정착을 위하여 국민홍보를 시행한다.

둘째, 시범지역은 정보통신의 필요성이 큰 지역을 선정하고, 시범효과가 높은 지역을 선정 시행한다.

셋째, 1단계(1986년-1987년)는 기반조성을 목표로 하여 ISDN에 대해 연구하고 시분할교환기, 통신망 연동화, 정보통신단말기 등 ISDN 모형을 구상한다. 이어서 2단계(1988년-1989년)에는 시험운용을 목표로 하여 ISDN 모형을 설치하고, 기본기능을 확인한다. 그리고 3단계(1990년 이후)에 가서 시범 운용한다. 이때 시험성과를 분석하고, 각종 표준안을 제시하며, 상용화을 준비하여 점진적으로 서비스를 확대한다.

1987년 한국통신 통신망계획부(부장 이정욱)는 정보의 고른 이용, 정보화 사회의 촉진, 산업의 생산성 향상, 국민의 생활편익증진, 그리고 지역 간 균형발전을 도모하고자 종합정보통신망 발전계획을 수립 추진하였다(종합정보통신망 발전기본계획, 1987. 1. 13). 이 계획의 주관부서 및 결재자는 제5장 말미의 참고자료 편에 기록되어 있다. 이 계획은 당초 1986년 ISDN 시범사업계획을 조정한 것으로 그 주요핵심내용은 다음과 같다.

① 2000년대 초반까지 종합정보통신망 구축을 위해 단계적 추진계획을 수립한다. 초기 단계(1987년-1991년)에는 통신망을 디지털화하고 ISDN 도입을 준비한다.

② 도입단계(1992년-1996년)에는 디지털 통신망의 기반을 완성하고, 대도시지역부터 ISDN 기본기능을 도입한다. 그리고 확장단계(1997년-2001년)에는 전국적인 ISDN을 구축한다.

1990년대 초 우리나라는 유선전화망은 양적으로 급성장하였으나, 다가오는 멀티미디어 시대에 그 기반이 되는 초고속정보통신망의 조성이 시급하였다. 당시 초고속정보통신망이란 광케이블, 디지털 회선분배장치, 동기식 전송장치 등으로 구성된 물리적인 전송기반위에 서비스나 속도에 종속되지 않고 이용자 트래픽을 전달하는 ATM기반의 유연한 통신망으로 정의하였다.

한편 1990년대 중반까지 국가기관의 정보화 실태를 보면 전산망 이용환경이 열악하여 공공부문의 정보활용이 부진한 상황이었다. 국가통신망 수용 대상기관이 이용하는 통신회선의 85%가 시내구간이었고, 대부분의 통신속도는 9.6Kbps 이하의 저속도인데다가 단말기도 대부분 286PC 및 비동기식 더미 터미널이었다. 미래의 고도정보통신 서비스를 실현하기 위한 통신망을 구비하지 못한 실정이었다.

나. 초고속정보통신망 건설의 실체화

1990년대에 들어서면서 한국통신은 정보통신 선진국들의 정보통신 발전추세에 맞추어 2010년까지 전국의 가정, 기업, 학교, 연구소, 정부를 첨단 광케이블로 연결하는 초고속 정보통신망을 구축하는 계획을 실체화하였다. 한국통신은 이를 기반으로 국가경쟁력을 높이고 신한국 창조 및 신경제 건설에 공헌하겠다는 구상을 실행하기 시작하였다.

21세기 컴퓨터와 통신이 융합된 정보통신은 국가발전과 산업의 국제경쟁력을 증대하는데 중추적 동인으로 작용할 것이 확실하기 때문이었다. 이와 같은 시대적 요청을 조속히 수용하기 위해 한국통신은 초고속정보통신망 기반을 조기에 구축하기로 결정하고 이 사업은 기술기획실(실장 이정욱)이 주관하기로 하였다. 이에 따라 초고속정보통신망 추진기본전략을 다음과 같이 수립하였다(초고속정보통신망 구축전략, 1993. 12, 기술기획실 정보통신망계획부).

첫째, 초고속 정보통신망은「초고속 전용정보통신망」과「초고속 공중정보통신망」으로 구분하여 추진한다.

둘째, 초고속 전용정보통신망은 국가기관, 교육기관 및 연구기관 등 초고속 정보통신수요의 선도기관을 대상으로 구축하고, 이는 정부재정으로 정부가 주도하여 구축한다. 향후 이 통신망은 초고속 공중정보통신망으로 흡수하는 방향으로 추진한다.

셋째, 초고속 공중정보통신망은 장기적으로 국가기관 및 모든 국민을 대상으로 광대역 ISDN으로 구축하며, 이는 기간통신사업자가 구축한다.

이를 위해 1단계(1996년까지)는 프레임 릴레이(Frame Relay) 기능을 도입하고, 2단계(1998년까지)에는 ATM-MAN을 구축하며, 3단계(1999년이후)에 가서 B-ISDN으로 확산한다는 단계별 추진계획을 세웠다.

다. 건설기본방향 결정

1995년 기술기획실(실장 이정욱)에서는 초고속정보통신망을 구축하기 위한 기본방향을 결정 시행하였다(연도업무계획 보고, 1995. 3, 한국통신 기술기획실). 그 주요내용은 다음과 같다.

(1) 차세대 통신서비스를 위한 기반을 구축한다. 일반 국민을 위해 협대역 ISDN을 1995년에 3만회선을 공급하고 이용지역을 31개 지역에서 73개 지역으로 확대한다. 3자 통화, 동화상 전화 등 응용서비스를 개발하여 시험서비스를 시행한다.

(2) 기존통신망과 별도의 광케이블에 의한 전용통신망을 구축하여 공공기관, 기업체, 연구소 등 대량정보 이용기관을 수용한다. 한편 대용량 업무용 건물 및 케이블TV공급지역 부터 가입자선로의 광케이블화를 우선 추진한다. 가입자선로의 광케이블화는 1994년까지 30구간, 1995년까지 100구간, 2015년까지 전 구간을 완성한다.

(3) 초고속정보통신망 추진체제를 확립한다. 광대역 ISDN개발사업단을 「초고속통신관리단」으로 개편하고, 초고속정보통신망 관련 정부정책실행 및 연구개발관리를 강화한다. 그리고 미래정보사회의 비젼을 제시하고 조기 가시화로 공감대 형성을 위한 초고속정보화 시범사업을 추진한다. 이를 위한 시범지역으로 여의도에 300 가입자, 대덕에 400 가입자를 선정하여 전자신문, 원격화상회의, 고화질 전화비디오 등 양방향 초고속 고품질서비스를 시연한다. 또한 멀티미디어 정보센터를 1995년에 대덕과 서울에 구축한다.

(4) 국내 위성통신망을 구축한다. 무궁화 위성의 성공적인 발사 및 운용으로 우리 위성을 이용하여 국내위성통신망을 구축한다. 이를 위해 주위성은 1995년 7월, 예비위성은 1995년 12월에 발사하고 용인과 대덕에 관제소를 시설하여 1996년 초 상용서비스를 개시한다. 그리고 장비 국산화를 지속적으로 추진하고 운용기술을 습득하여 위성통신기술의 자립기반을 확보한다. 나아가 차세대 위성통신장비 등 국내위성통신 기술개발을 촉진한다. 또한 사내방송 등을 이용하여 직접위성방송(DBS)의 시험방송을 단계적으로 시행하여 DBS의 기능시험을 추진한다.

(5) 종합유선방송망(CATV)을 차질 없이 구축한다. 가입자전송망 21구역 769회선을 준공하고, 1995년 허가예정인 2단계 방송구역의 사업권 확보에 총력을 경주한다. 또한 프로그램 분배망을 구축하여 위성방식과 광 통신방식으로 이원화 제공하며, 현재 시범운용 중인 목동 종합유선방송국을 상용화로 전환한다.

라. 초기단계의 시행사항

한국통신은 초고속정보통신망의 계획, 건설, 운용은 기간통신사업자가 추진한다는 방침을 세우고, 광대역 ISDN의 구축을 초고속정보통신망 건설의 핵심으로 정하여 추진하였다. 그리고 공공부문의 이용을 활성화하기 위해 국가기관, 교육기관, 연구기관에 대해서는 요금감면을 추진하고, 한국통신이 운용하고 있는 인터넷망을 확장하고 상용화하는 것으로 출발하였다.

당시 운용하고 있는 통신망을 고속화하기 위해 초기단계(1994년-1997년)에서는 전국규모의 데이터통신망에 1.5Mbps급의 프레임릴레이를 도입하고, 45Mbps급의 광대역 지역망을 개발하여 이를 고속화하고자 하였다. 그리고 주요도시 간에는 직통전용회선으로 초고속 전송로를 건설하여 공공기관, 교육기관 등 수요부서에 공급하는 방향을 정하고, 광대역 ISDN에 의해 전국 통신망의 초고속화를 본격 추진하기로 하였다.

또한 동기식 전송망을 전체적으로 확산하고 ATM 교환기를 설치하며 광가입자망을 확산해 나가기로 하였다. 이와 같은 통신망 고속화를 위해 소요예산 43조7천억원을 투입하기로 정하였다. 한편 한국통신은 초고속정보통신망의 이용을 활성화하기 위해 B-ISDN과 고도정보통신서비스의 토대위에 고기능 비즈니스와 2000년대 정보화사회의 모습을 부분적으로 미리 시연하고자 하였다.

이를 국민들에게 가시적으로 전시하기 위해 1994년-1997년에 걸쳐 정보화 시범계획을 추진하였다. 이 계획의 일환으로 여의도 전역에 광가입자망을 포설하고 세종로 및 과천의 주요기관을 초고속전송로로 연결하여 고도통신서비스를 국민들에게 시연하고자 하였다. 이 시범사업의 기반시설을 위해 1,086억 원, 지역정보서비스 개발에 1,335억 원, 단말장치에 330억 원 등 총 2,751억 원의 소요예산을 투입하고, 재원조달방안으로는 한국이동통신(KMT) 주식매각대금으로 조달하는 것으로 하였다.

초기 한국통신의 추진전략은 초고속정보통신망을 초고속 전용정보통신망과 초고속 공중정보통신망으로 구분 추진하는 것으로 정하였다. 초고속 전용정보통신망은 국가기관, 교육기관 및 연구기관 등 초고속정보통신 수요 선도기관을 대상으로 구성하고, 향후 초고속 공중정보통신망에 흡수하는 방향으로 추진하며, 정부재정으로 정부가 주도하여 구축하는 것으로 하였다. 그리고 초고속 공중정보통신망은 장기적으로 국가기관 및 모든 국민을 대상으로 광대역 ISDN으로 구축하고, 통신사업자 주도로 추진하는 방침이었다.

1.3 정부의 기본방향 및 추진전략

가. 정부의 기본방향

당시 정부는 고도 정보사회를 주도할 국가기반구조로서 정보통신망을 구축 추진하였다. 그리고 정보통신망은 새로운 사회간접자본(New-SOC)으로 부상하고 있다고 판단하면서 이에 대한 중요성을 다음과 같이 강조하였다(초고속정보통신망 구축종합계획, 1994. 2, 체신부 통신정책실).

(1) 앞으로의 산업사회는 도로, 항만 등 물류유통망이 경제성장에 기여하고 있고, 정보사회는 정보통신망이 산업의 국가경쟁력을 강화하며 첨단정보 유통체제가 새로운 국부의 원천으로 작용할 것이다. 그리고 자본과 기술유통이 중시되는 지식집약형 경제구조 하에서는 정보기반구조의 질적 수준이 국가 및 지역 발전을 좌우할 것이다. 초고속, 대용량의 양방향 멀티미디어 수요가 초기에는 공공기관, 연구소, 대학, 기업중심으로 발생하다가 21세기에는 국가사회 전반으로 확산될 전망이다.

(2) 향후에는 초고속정보통신망을 기반으로 하는 멀티미디어 정보산업이 최대 유망산업으로 확산될 전망이다. 따라서 정부에서는 전화, TV, 케이블TV, 영상산업의 융합화로 막대한 투자효과 유발과 시장창출을 유도하고자 한다. 일본의 경우 2010년경 전체 GDP의 5.73%를 점유할 것으로 전망된다.

(3) 미국, 일본이 개발 초기인 점을 감안하여 우리나라가 신속히 이 분야에 전력을 다 한다면 충분히 경쟁 가능하다고 판단하면서 정부는 정보통신과 국가발전이라는 면에서 다음과 같이 기본방향을 제시하였다.

첫째, 국가행정의 정보화를 목표로 전자정부(Electronic Government)의 실현으로 국가행정체계의 투명성을 제고하고 작고 효율적인 정부를 구현하고 국내외 환경변화에 부응한 정확하고 신속한 민원처리 및 정책 수립에 기여한다.

둘째, 산업경제의 정보화를 위하여 경제활동의 자동화, 정보화로 산업 전반의 국제경쟁력을 제고시킨다. 그리고 멀티미디어 산업을 발전시켜 신규고용을 창출하고 신시장을 개척한다. 또한 산업간 경영자원의 전략적 제휴로 신기술을 개발하고 제품생산을 촉진하며, 초고속정보통신 환경을 보편적으로 제공하여 R&D 체계를 선진화한다.

셋째, 국민생활의 정보화를 촉진하여 지방경제를 활성화하고 수도권 집중현상 완화에 기여하고자 한다. 그리고 교통, 환경문제의 효과적 관리로 사회간접자본의 효율성을 제고시키고, 원격교육, 원격의료체계의 정착화로 국민생활을 질적으로 향상시킨다.

나. 정부의 추진전략

1994년 정부에서는 21세기에 대비한 선행적 국가 하부구조의 확충차원에서 초고속정보통신망을 건설하고 정부재정으로 초고속 국가통신망을 구축한다는 등 구축목표 및 추진전략을 다음과 같이 정하였다(초고속정보통신망 구축종합계획, 1994. 2, 체신부 통신정책실).

(1) 구축목표

첫째, 음성, 데이터, 영상 등 멀티미디어 형태의 다양한 정보를 전송할 수 있는 초고속정보통신망을 추진하고, 이것은 21세기에 대비한 선행적 국가 하부구조 확충차원에서 추진하고, 국가전반의 정보화와 산업의 세계화를 위한 기반구조로 활용한다.

둘째, 초고속, 대용량의 정보통신 기반구조를 전국적으로 균형있게 구축하여 풍요로운 고도정보화사회의 정착기반을 초기에 마련한다. 2000년대 초반에는 전국의 학교, 병원을 초고속정보통신망으로 연결하여 원격교육, 원격의료 등이 가능한 정보사회를 구현한다. 그리고 2015년경에는 모든 가정까지 확대 구축하여 재택근무, 홈쇼핑 등 인간중심의 대화형 고도정보사회를 실현한다.

셋째, 초고속정보통신 관련 산업분야의 기술개발을 촉진한다. 이를 위해 성장유망산업으로 대두할 멀티미디어 산업발전기반을 조성하여 고용창출과 시장 확대 및 산업의 국제경쟁력을 강화한다. 2000년대 초반까지 멀티미디어 산업의 전반적인 수준면에서 미국, 일본에 이어 제2의 선두그룹으로 부상한다. 그리고 고부가가치 기술개발에 중점 투자하여 전략상품을 개발하고, 선진기업과 첨단기술을 공동연구를 추진한다.

(2) 구축전략

① 국가기관, 연구소, 대학 등 국가주도그룹의 초고속정보통신수요를 충족시키기 위해 정부재정으로 초고속 국가통신망을 구축한다. 연구소, 대학 등 선도집단의 멀티미디어 이용여건을 조성하고 초고속정보통신 관련 기술개발을 촉진하고, 공중통신망에서의 멀티미디어 서비스 수요기반을 창출한다.

② 일반국민이 멀티미디어 정보를 공중통신망으로 주고받을 수 있는 초고속 공중통신망은 통신사업자가 건설 추진한다. 이를 통해 국민 모두가 저렴한 비용으로 멀티미디어 서비스를 보편적으로 이용할 수 있는 기반을 조성한다. 또한 초고속정보통신망을 조기에 구축하기 위해 통신사업경쟁을 확대하고, 세제지원 등 민간기업의 투자촉진 유인책을 강구한다.

③ 초고속 정보통신기술은 단계별 통신망 구축사업과 연계하여 국내 개발한다. 이를 위해 산·학·연 협동으로 핵심기술과 애플리케이션을 개발하여 멀티미디어 산업의 대외경쟁력을 강화한다. 그리고 산업융합화에 의한 유망산업을 창출하고, 관련 산업 간 협력을 촉진하기 위해 멀티미디어 관련 법률과 제도를 개선한다.

④ 민간과 정부 합동으로 강력한 초고속정보통신망 추진위원회를 구성하여 범정부적 국가전략사업으로 추진한다. 이 계획의 원활한 추진을 위해 기술발전, 이용환경의 변화 등을 고려하여 매년 연동계획을 수립하여 수정 보완한다.

다. 추진전담반의 구성 운영

1993년 체신부는 한국통신, 통신개발연구소, 전자통신연구소 등의 전문가를 중심으로 초고속 정보통신망계획 수립을 위한 추진전담반을 설치하였다(통기 93100-171, 1993. 4. 16). 이때 추진전담반의 반장은 체신부 통신정책실장이 맡았으며, 반원에는 체신부 통신정책심의관, 통신기술심의관, 한국통신 기술기획실장(김영재), 경영기획실장(진강현), 연구개발단장(강민호), 데이콤 기획조정담당상무, 통신개발연구원 기획조정실장, 전자통신연구소 부소장 등으로 구성되었다.

그리고 초고속정보통신망 구축방안 연구를 위해 실무추진전담반을 구성 운영하였으며, 반장은 체신부 통신정책심의관이 책임을 지고 반원에는 체신부 통신기획과장, 한국통신 서용희 국장, 김한석 박사, 데이콤 박재천 본부장, 통신개발연구원 양유석 박사, 전자통신연구소 박석지 박사, 홍진표 박사 등이 참여하였다.

또한 초고속정보통신망 추진위원회를 구성하고, 초고속정보통신망 구축 전반에 관하여 심의 조정하며, 국무총리를 위원장으로 하고 경제기획원, 내무부, 과기처, 상공자원부, 체신부 등 17개 부처 장관을 위원으로 구성하였으며, 간사는 체신부 통신정책실장이 맡도록 하였다. 체신부 내에는 초고속정보통신망 기획단을 별도조직으로 신설하고, 통신망구축 관련 자금의 안정적 조달 관리를 위해 초고속 정보통신망 관리재단법인을 설치하는 것으로 하였다.

라. 초고속정보통신망 추진위원회 구성 운영

1994년 체신부는 초고속정보통신망 구축 기본계획 및 중요정책의 심의 조정을 위해 초고속정보통신망 추진위원회를 구성 운영하는 방안을 다음과 같이 수립하였다(초고속정보통신망 구축종합계획, 1994. 2, 체신부 통신정책실).

① 이 위원회는 초고속정보통신망 구축에 관한 기본계획 수립, 초고속정보통신망 구축에 소요되는 자금조달, 초고속정보통신망 구축에 필요한 기술개발, 멀티미디어 환경에 부응한 관련법률 및 제도개선 등의 일을 수행한다.

② 국무총리를 위원장으로 하고, 위원은 경제기획원, 과기처, 총무처, 환경처, 공보처, 내무부, 재무부, 법무부, 국방부, 교육부, 농림수산부, 상공자원부, 건설부, 보사부, 교통부, 체신부 등 각 부처장관, 안기부장으로 한다. 그 외 산업계, 연구소의 전문가 등을 포함하여 총 25인 내외로 하며 이 위원회의 간사는 체신부 통신정책실장이 맡는다. 그리고 초고속정보통신망 건설, 기술개발, 표준제정, 차세대전산망 개발, 멀티미디어 응용서비스 개발 등 4개 실무위원회를 구성하고, 위원은 관계부처 국장급 등 25인 내외로 구성한다.

③ 초고속 국가통신망 관련사업을 종합적으로 관리 지원하기 위해 초고속정보통신망 기획단을 설치 운영한다. 이 기획단의 단장은 1급 상당 공무원이 맡고, 여기에 건설기획국, 재무국, 기술개발국, 제도개선국 등을 체신부내 별도조직으로 신설하고 필요시 관련기관의 직원을 파견하도록 한다.

④ 초고속정보통신망의 건설과 운영은 통신사업자가 주관하고, 기술개발 및 표준제정은 전자통신연구소가 주관한다. 그리고 초고속관련 차세대전산망 개발은 한국전산원이 주관하고, 멀티미디어 정보처리는 산업체가 주관한다. 그리고 초고속정보통신망 구축관련 자금의 안정적 조달 관리를 위해 초고속정보통신망 관리재단법인을 설치한다.

2. 한국통신의 초고속정보통신망 구상

2.1 한국통신의 추진계획

가. 초고속정보통신망 구축의 큰 그림

1990년대 중반 한국통신 기술기획실(실장 이정욱)에서는 다가오는 정보화시대에 적극 대응하고 이용자의 요구에 부응한 멀티미디어 서비스를 제공하기 위한 초고속 정보통신망을 건설하기 위한 기본방향을 제시하였다. 이를 위해 초기단계의 추진계획(1995년-1996년)을 기초로 하여 우리나라 초고속정보통신망의 구축목표를 다음과 같이 확정하였다(1995년도 주요업무 발전계획, 1995. 2, 기술기획실).

첫째, 제1단계에서는 전국적인 초고속 정보통신망(NII)를 완성하고 제2단계는 아태지역 초고속 정보통신망(APII)으로 확대 구축하며, 3단계에 가서는 미국 정부가 주도하는 범세계 초고속정보통신망(GII) 사업에 참여한다.

둘째, 국내 초고속통신망(NII)은 1995년부터 2015년까지 구축하고 이를 위한 기본목표를 ① 향후 5년 이내에 기존통신망의 고도화를 중점적으로 추진한다. 이를 위해 1995년부터 대용량 TDX-10/ ISDN 교환기를 공급하여 전국적인 ISDN 통신망을 구성함으로써 N-ISDN을 전국으로 확장한다. ② 공공기관, 기업체 등 대형 이용자를 위해서는 초고속/광대역 통신망을 별도로 건설한다. ③ 2001년부터 10년 동안 B-ISDN에 의해 공중통신망(PSTN)을 전면적으로 초고속화하고, 가입자전송로 측에 광 통신방식을 전면 공급하는 것으로 정하였다.

위와 같은 초고속 정보통신망의 구축목표를 달성하기 위한 실행계획을 다음과 같이 수립하였다.

① 시내통신망과 시외통신망에 광케이블을 전면 공급하고, 대도시 및 시외구간에 동기식 전송망을 설치하는 등 초고속정보통신 인프라를 구축 추진한다. 동기식 전송망은 6대 도시에 1997년 말까지 구축하고, 2005년까지 전국적으로 확장한다.

② 일반국민들의 이용을 위해 본체통신망의 광대역화(ISDN)를 추진한다. 그리고 주요기업체와 대형고객을 대상으로 대규모의 초고속 전용통신망을 1997년부터 1999년까지 별도로 건설하여 45Mbps급 이상의 통신서비스를 제공한다.

③ 국가기관, 공공기관, 연구소 등을 수용하는 초고속 국가통신망을 구축하고, 미국, 일본, 중국, 대만 등 주요 국가를 중심으로 아·태 초고속정보통신망을 구축한다.

④ 초고속 전용통신망을 구축하면서 PSTN의 B-ISDN화로 초고속 공중통신망을 완성함으로써 전국통신망의 초고속화를 2010년까지 완성한다.

나. 초고속 정보통신망의 청사진

1990년대 후반 우리나라는 초고속공중통신망, 초고속전용통신망, 초고속국가통신망, 초고속망사업자의 통신망 등이 개념상 혼재한 상황에서 각각 진행되고 있었다. 한국통신은 범국가적으로 추진되고 있는 초고속통신망 사업에서 선도적인 역할을 수행하고, 멀티미디어 성능의 기간통신망을 조기에 완성하기 위해「초고속통신망 구축 종합계획」을 수립 시행하였다(1996. 3). 이 초고속 공중통신망은 일반가정을 대상으로 155M급 멀티미디어 서비스를 제공하는 기간망으로서 2015년까지 구축하는 것으로 정하였다.

그리고 기업체, 공공기관을 대상으로 622M급의 정보통신서비스를 제공하는 초고속 전용통신망은 2010년까지 건설하는 것으로 계획하였다. 이때 정보화촉진기본법에 따라 새롭게「초고속통신망 사업자」가 등장하게 되었다. 한국통신은 이러한 정부방침에 대비하여 특정지역에 대한 초고속통신망 구축 촉진 및 서비스 경쟁력을 강화하기 위해「특정지역 초고속망사업 촉진 기본계획」을 세워 대응하였다(1996. 4). 이 계획을 세우게 된 배경은 초고속 서비스망 등 실질적 하부구조가 무한경쟁에 돌입하게 되었으며, 특정지역의 대형고객에 대한 통신공급에 혼란이 발생할 우려 때문이었다.

또한 초고속망사업자가 시내통신망을 구성할 경우 상호접속체계에 혼선이 발생할 수 있으며, 자가통신설비 설치자들이 통신망사업에의 진입이 가속화되어 감당할 수 없는 혼란도 예상되었다. 한국통신은 이와 같이 예상되는 여러 가지 문제들을 사전예방하기 위해 우선적으로 특정지역을 중심으로 초고속 전용통신망을 조기에 구축하고, 지역본부를 중심으로 초고속망사업의 경쟁력을 강화하였다. 그리고 초고속망사업자에 대한 협력 및 연대방안을 강구하였으며, 멀티미디어 서비스를 지역본부에 확대 적용하고 초고속망 사업촉진위원회를 구성하여 운용하기에 이르렀다.

그 후 한국통신은 초고속 전용통신망을 초고속 정보통신망의 기간망으로 육성하기 위해 통신망 구축 및 사업추진체계를 보완하였다(1996. 7). 이처럼 보완하게 된 배경은 초기계획 수립 시 초고속 국가통신망의 수요가 제대로 파악되지 못하여 구간별 전송로의 용량을 재검토해야 할 형편이었다. 그리고 특정지역 초고속통신망사업자가 출현하는 바람에 이에 대한 대응방안도 필요하였다.

또한 초고속 전용통신망과 초고속 공중통신망의 분리구축방안 뿐만 아니라 추진단계별 수용서비스와 통신망 운용체제도 보완할 필요가 제기되었다. 초고속 국가통신망과의 역할을 정립하고, 특정지역 초고속망사업자에 대한 대상지역의 통신망구축계획을 보완하였다. 그리고 초고속 전용통신망을 구축함에 있어 관련부서 간 역할을 재정립하고, 초고속 국가정보통신 수요를 감안하여 통신망을 구축하였다. 또한 초고속 전용통신망을 분리 구축함에 따라 통신망관리 및 운용보전체제를 포함한 고도화방안도 다시 제시하였다.

다. 큰 그림의 보완

1996년 한국통신은 초고속정보통신망의 실행계획 중 몇 가지를 보완하였다(한국의 정보통신 네트워크 발전방향/ 네트워크본부장 이정욱, 1996. 7, 경영과 기술, 한국통신).

첫째, 우리나라 초고속정보통신망은 기간통신망에 ATM교환기와 동기식 전송시스템을 도입하여 건설하고, 현재 동선케이블로 포설된 전화국과 주택건물 간 가입자구간에 광케이블을 건설토록 한다. 이와 같이 시행하여 2010년까지 기업체와 공공기관 등의 업무용가입자를 중심으로 초고속 광대역 정보통신서비스를 제공토록 한다.

둘째, 제1단계(1996년-1997년)에서 초고속통신망 기반을 구축하기 위해 전국의 시내통신망과 시외통신망에 광대역 회선분배장치(B-DCS)와 622Mbps급 및 2.5Gbps급의 동기식 전송시스템을 공급하여 기업체, 공공기관 등의 대용량가입자 간에 초고속 직통전송로를 조기 건설하여 광대역서비스를 제공한다. 그리고 제2단계(1998년-2010년)에서는 전국적인 초고속 정보통신망의 완성을 위해 서울, 부산 등 대도시와 울산, 여수 등 98개 거점도시에 대형 ATM교환기를 설치하여 전국적인 초고속정보통신망을 완성해 나간다.

셋째, 한국통신은 아시아·태평양지역의 원활한 정보유통 증진과 주요 허브로서의 역할수행을 위해 아태지역 초고속정보통신망(APII)과 범세계 초고속정보통신망(GII) 구축에 적극적으로 참여한다. 이러한 통신망 건설을 위해 해저케이블과 위성을 이용한 기존 통신망 자원에 고속전송시스템과 No.7 신호방식 등의 고도통신기술을 도입하여 국제통신망의 고속화 및 지능화를 추진한다.

넷째, 위성을 이용한 글로벌 정보통신망을 건설하기 위해 1996년 6월 현재 금산위성지구국, 보은위성지구국, 서울위성국에서 운용중인 위성회선의 통신속도를 최고 6.3Mbps급에서 155Mbps급으로 향상시켜 대륙 간에 고속위성링크를 구축한다.

또한 JKS, HJK, CKC, APCN, FLAG 등 6개의 국내 육양 해저케이블과 TAT-10, TPC-5 등의 해저케이블을 확보하고, 건설 중인 국제해저케이블의 확충으로 동북아통신망을 개통토록 한다. 한편 1996년 6월 현재 국제통신망 14,586회선을 2000년까지 2만5천 회선으로 증설하고, 최고속도를 45Mbps급에서 622Mbps급으로 향상시켜 안정적인 고품질서비스를 제공토록 한다.

2.2 초고속정보통신망의 구분

가. 초고속정보통신망의 개념정립

당시 정부, 한국통신, 타 통신사업자 등은 기관별로 각자의 초고속 정보통신망을 건설한다고 나서고 있었다. 이러한 상황이 발생하게 된 것은 초고속 공중통신망, 초고속 전용통신망, 초고속 국가통신망에 대한 개념과 실체가 확실하지 못한 데에 기인되었다. 한국통신은 이를 논리적이고 합리적으로 다음과 같이 구분하였다.

첫째, 초고속 공중통신망은 한국통신이 투자하여 일반국민에게 멀티미디어 서비스를 보편적으로 제공하기 위한 통신망을 말한다. 이 통신망은 물리적 망으로써 2015년을 완성목표로 한다.

둘째, 초고속 전용통신망이란 한국통신이 투자하여 기업체, 공공기관 등 대형고객을 대상으로 공중통신망과 별도로 건설하여 초고속, 광대역 정보통신서비스를 조기에 제공하기 위한 통신망이다. 이 통신망은 물리적 망으로 구축되며 2010년을 완성목표로 한다.

셋째, 초고속 국가통신망은 정부가 투자하여 정부기관, 대학, 연구소 등 공공기관에게 초고속정보통신 서비스를 제공하기 위한 통신망을 칭한다. 이 통신망은 논리적 망으로 구축되며 2010년을 완성목표로 한다.

넷째, 선도시험망이란 정부가 투자하여 개발된 응용서비스 및 관련 기술의 개발과정 및 결과를 확인, 검증, 평가하는데 제공되는 시험망을 말한다. 이 통신망은 논리적 망으로 구축되며 2010년을 완성목표로 한다.

나. 세부시행계획의 확정

1990년대 중반 한국통신 네트워크본부(본부장 이정욱)는 초고속정보통신망을 본격적으로 추진하기 위한 세부시행계획을 다음과 같이 결정하였다(중장기 네트워크 발전계획, 1996. 9, 한국통신 네트워크본부). 이 계획의 주관부서 및 결재자는 제5장 말미의 참고자료편에 기록되어 있다.

첫째, 대규모의 초고속전용통신망을 1997년-2000년에 별도로 건설하여 45Mbps 이상의 고속통신서비스를 기업체와 대형 이용기관을 대상으로 우선적으로 제공한다. 이때 초고속정보통신망의 기본요건인 초고속교환기(ATM: Asynchronous Transfer Mode), 동기식전송망(SDH: Synchronous Digital Hierarchy) 및 광가입자망을 동시에 구축한다.

둘째, 초고속 정보통신망의 기반을 1996년-1997년 기간에 구축한다. 전국적으로 시내 및 시외통신망에 광대역 전송시스템(622Mbps, 2.5Gbps급)을 설치하여 기업체, 공공기관 등에 초고속 직통전송로를 제공한다. 이를 위해 신 전송장비인 광대역 회선분배장치(BDCS: Broadband Digital Cross connect System)를 사용하여 초고속 전용통신망을 건설한다. 또한 초고속 전용통신망을 기반으로 초고속 국가통신망을 구축 운용하고, 소형 초고속교환기(ATM-MSS: ATM Metropolitan area network Switching System)를 이용하여 초고속 국가통신망을 조기에 구축한다.

셋째, 전국적인 초고속 정보통신망은 1998년-2000년에 완성한다. 이를 위해 서울, 부산 등 대도시와 울산, 여수 등 98개 거점도시에 대형 초고속교환기(ATM)를 설치하여 전국 초고속정보통신망을 완성한다.

넷째, 초고속 정보통신망의 세계화를 추진한다. 이를 아태지역 초고속통신망(APII: Asia

Pacific Information Infrastructure)으로 확대 구축하고, 범세계 초고속 정보통신망(GII) 구축에 적극 참여한다. 이를 위해 우리나라의 초고속 정보통신망을 정보통신 기술발전추세와 경제성을 검토하여 국제 초고속정보통신망으로 확장한다. 그리고 위성통신망과 해저광케이블망에 고속전송시스템(IDR: Intermediate Digital Rate), 초고속전송시스템(HDR: High Digital Rate) 등 광대역 통신기술을 도입하여 고속화한다.

다섯째, 위성통신망을 고속화하여 대륙 간 고속위성링크를 구축한다. 이때 금산위성지구국(3,538회선), 보은위성지구국(4,265회선), 서울위성지구국(195회선) 등 3개 위성지구국(7,998회선)의 위성회선 최고통신속도를 현재 6.3Mbps에서 155Mbps로 높인다.

여섯째, 국제 해저광케이블망을 확충하여 동북아 정보통신망의 허브로 구축하고 고속화한다. 이때 우리나라는 JKC, HJK, RJK, CKC, APCN, FLAG 등 6개의 육양 해저케이블망을 운용하고 있었다. 그리고 TAT-10 해저케이블 등 23개 구간의 해저통신망을 이미 확보하였으며, TPC-5 해저광케이블 등 2개 구간을 건설 중이었다. 또한 태평양 횡단케이블, SEA-ME-WE3 케이블의 육양을 검토하고 있었다.

한국통신은 2000년에는 국제통신의 80% 이상을 해저케이블망에 의해 연결한다는 구상을 가지고 있었다. 이를 위해 <표 5-1>과 같이 국제해저케이블망을 확장하고 통신속도를 높이도록 추진하였다. 여기에서 통신속도는 최고통신속도를 말한다.

<표 5-1> 2000년대 해저광케이블망 확장계획

구분	1996년		2000년	
	시설수	통신속도	시설수	통신속도
한국-아시아	10,689	45Mbps	25,000	622Mbps
한국-북미	1,500			
한국-유럽	2,340			
한국-기타	57			
계	14,586		25,000	

3. 초고속 선도시험망 및 시범사업

3.1 초고속 선도시험망의 구축

가. 정부의 추진방침

정부는 초고속 대용량 정보처리의 선행연구를 촉진하고, 소요기술 수요에 따라 선도시험망 구축계획을 다음과 같이 수립하였다(초고속정보통신망 구축종합계획, 1994. 2, 체신부 통신정책실).

첫째, 선도시험망을 통해 개발기술의 타당성 및 시제품 기능을 검증하고, 멀티미디어 서비스를 개발하며 고도화를 위한 시험환경을 제공한다.

둘째, 이를 위한 전송망은 제1단계에는 서울-대덕연구단지 간 2.5Gbps급 광케이블을 구축한다. 서울과 대덕에는 회선분배장치를 설치하여 연구기관을 수용하고, 부산, 대구, 광주, 전주는 전용회선(155Mbps)을 이용하여 선도시험망에 접속한다. 그리고 제2단계에는 기간노드 간을 10Gbps급으로 고속화하고, 제3단계에는 기간노드 간을 Tbps급으로 고속화한다.

셋째, 산업체, 연구소, 대학에 시스템을 개방하고 시설은 무료로 제공한다. 그리고 선도시험 기술개발 참여기관에 정보통신진흥기금 등 개발자금을 지원한다.

또한 정부는 1994년도 선도시험망 구축과 시범사업을 다음과 같이 추진하는 것으로 정하였다.

① 초고속정보통신기술, 서비스 개발의 시험환경제공을 위해 2.5Gbps급의 선도시험망(Testbed)을 구축하여 연구소, 대학, 산업계 등 연구기관에 무료로 제공한다. 이를 위해 선도시험망은 서울-대덕연구단지 간에 설치한다. 그리고 사업기간은 1994년 6월부터 1997년 12월까지 하며 사업비 70억 원은 정부지원으로 추진한다.

② 시범사업으로 원격진료사업을 추진한다. 이 사업은 대도시병원과 지방병원 간에 155Mbps급의 광케이블을 이용하여 원격처방, 치료가 가능한 원격진료시스템을 구축한다. 이 사업은 경북대병원-울진의료보건원, 전남대병원-구례의료보건원 간에 1994년 6월부터 1997년 12월까지 실시하며, 사업비 20억원은 정부지원으로 시행한다.

③ 시범사업으로 원격교육사업을 추진한다. 이 사업은 서울본교와 지방분교 간에 155Mbps급의 광케이블을 이용하여 영상강의 등이 가능한 원격교육시스템을 구축한다. 실시지역은 관련대학과 협의하여 2개 지역을 선정하고 1994년 6월부터 1997년 12월까지 실시하며, 사업비 29억원은 정부지원으로 수행한다.

다음해 정보통신부 초고속정보통신망 구축기획단에서는 한국통신에게 선도시험망 및 정보화 시범지역 사업에 소요될 장비는 국내개발 연구시작품을 구매하는 등 이와 관련된 몇 가지 사항에 대해 다음과 같이 요청하였다(선도시험망 및 정보화시범지역사업 소요장비 확보, 1995. 4. 29, 정보통신부).

① 선도시험망 및 정보화 시범지역 사업에 소요될 장비에 대해서는 계획일정에 차질이 없도록 필요시 국내개발 연구시작품을 구매하여 확보토록 한다.

② 국내 초고속정보통신망 추진계획과 향후 통신망의 진화를 고려하여 국내장비의 기능과 성능을 지속적으로 개선 보완하여 초고속정보통신 기반구축사업이 성공적으로 수행될 수 있도록 노력한다.

③ 개발단계에 있는 연구시작품 활용에 따른 문제점을 미연에 방지하기 위해 이용자에 대한 사전홍보 강화 등 예방대책을 수립 시행한다.

나. 한국통신의 초고속 선도시험망 계획

한국통신이 초고속 선도시험망을 구축 운용하는 목적은 초고속정보통신 기반구축에 필요한 첨단 기술개발 환경을 제공하고, 초고속정보통신 응용서비스의 개발 및 결과를 확인, 검증, 평가하는 것으로 정하였다. 또한 이를 통해 초고속정보통신망 구축 및 운용에 대한 경험과 기술을 축적하고자 하였다. 이 선도시험망은 정부재원으로 구축하는 것으로 결정되었으며, 정부는 이 사업의 전담기관으로 한국통신을 지정하였다(1994. 12). 당시 한국통신은 민간투자의 위험부담을 해소하기 위해 정부재정(690억 원)을 지원받아 이 시험망을 구축하는 것으로 결정하였다. 이에 따라 초고속 선도시험망 사업기본계획을 수립하였으며, 단계별 추진계획은 다음과 같다(1995. 5).

1단계(1996년-1997년)에서는 서울-대전 간 초고속기간망을 구축하고, 서울, 대전을 중심으로 이용자를 수용한다. 주요도시에 공동이용센터를 구축하며, 해외시험망과 연동을 추진한다(소요재원 90억 원).

2단계(1998년-2002년)에는 서울-대전 간 초고속기간망을 100G급으로 고속화하고, 이용자접속은 622Mbps까지의 ATM 교환접속을 제공한다. 그리고 각 응용서비스별로 논리망을 구성하여 공동 연구개발 환경을 지원한다(소요재원 376억원).

3단계(2003년-2010년)에 가서는 전송로 및 교환능력을 최고수준으로 제공하고, 이용자의 요구에 대해 자유로운 접속환경을 제공한다(소요재원 224억원).

이 사업을 위해 정부는 선도시험망 기본계획을 수립하고, 선도시험망 구축 및 운영을 위한 사업비를 지원하였다. 그리고 한국통신은 선도시험망 세부시행계획을 수립하고, 선도시험망 구축, 운용 및 이용자에게 시험환경을 제공하며, 가입자 광케이블을 부담하도록 정하였다. 이를 위해 서울과 대전에 각각 ATM을 설치하고 이 구간을 2.5G-100G의 광대역전송로로 연결하여 정보고속도로를 만드는 것으로 추진하였다. 이 계획의 실천을 위하여 기간통신망을 2.5G에서 100G까지 단계적으로 고도화하고, 이를 위한 소요장비는 국내개발제품을 우선 활용하는 것으로 하였다.

이어서 선도시험망의 이용지역 범위를 부산, 광주 등으로 점진적으로 확대하고 시험목적을 달성한 후에 상용화를 추진하며, 상용망은 1995년부터 2010년까지 16년간 추진하여 완성한다는 방침을 세웠다. 이에 따라 한국통신 초고속통신관리단(단장 성조경)은 이 사업의 시행계획을 다음과 같이 수립 추진하였다(초고속 정보통신망 구축계획, 1995. 4).

① 초고속 ATM 교환기를 설치하여 HAN-B ISDN 시험망 구축계획과 연계 추진한다. 이를 위해 광화문전화국과 유성전화국에 ATM교환기를 설치하고, 1996년 이후에는 국내개

발 장비를 별도 구매하여 설치한다. 초고속 기간전송망을 위해 서울-대전 간에 2.5G 국내개발 광 전송장치를 설치하고, 트래픽을 고려하여 서울-대전 간에 STM-1급 광대역 전송장치를 추가로 확보한다.

② 가입자망 및 국간중계망을 구축하는 전담부서를 한국통신 시내사업본부로 정하고, 가입자 접속장비를 설치할 수 있는 이용자부터 우선 구축한다. 그리고 서울 5개소, 대전 2개소, 부산 1개소, 대구 1개소, 광주 1개소 등 총 10개의 공동 이용센터를 구축 운용하여 가입자망 구성이 어려운 이용자를 수용한다.

③ 한국통신 서울본부와 충남본부에 초고속통신관리센터를 신설하고, 선도시험망 개통식은 광화문전화국에서 시행한다(1995. 7). 이를 위한 총 소요예산 610억 원은 전액 정부지원으로 하고, 그 중 1995년도 소요예산 80억 원은 정부에서 40억 원, 한국통신이 40억 원을 각각 부담한다.

3.2 초고속 선도시험망 구축협약

한국통신은 초고속 선도시험망의 원활한 추진을 위해 정보통신부 장관(경상현)과 한국전기통신공사 사장(이준)은 초고속 선도시험망 구축사업에 관한 협약을 다음과 같이 체결하였다(초고속 선도시험망 구축사업 협약서, 1995. 10).

가. 협약개요 및 1995년도 구축계획

초고속 선도시험망 구축의 총 사업기간은 1995년 1월 1일부터 2010년 12월 31일까지이며, 1차 사업의 협약기간은 1995년 1월 1일부터 1995년 12월 31일까지로 하고 이때 협약사업비는 40억원을 투입하고 사업관리기관은 초고속정보통신망 구축기획단으로 정하였다. 그리고 1995년도 1차 선도시험망 사업은 서울-대전 간 기간전송로 구축, ATM교환기 설치 등으로 다음과 같이 시행하였다.

① 서울-대전 간 기간전송로를 1994년 12월-1995년 3월에 구성하고, 실제구성은 구로-대전 간에 2.5G 시스템 STM-1급 1포트를 설치하였다. 그리고 ATM교환기(용량 8×8)는 광화문전화국과 유성전화국에 설치하였다(1995. 5). 이후 ATM교환기 용량은 8×8에서 16×16으로 증설하였다(1995. 9).

② 기간전송로 용량을 증대하고 통신망구축 종합시험을 실시하였다(1995. 5). 서울- 대전 간 STM-1급 1포트를 2포트로 확장하고, ATM소형교환기, B-NT, B-TA 등 광대역 종합정보통신망 연구개발사업 1차 시작품으로 통신망을 구성하였다. 통신망구축 종합시험은 광화문-대전(ETRI) 간에서 시행하고, 시험서비스로는 LAN간 접속, 화상회의, 멀티미디어 데이터베이스 검색 등을 시행하였다.

③ 광가입자망은 서울지역에는 서울대, 연세대, 고려대, KAIST 분원, 한국통신, 기획단

등 10개 기관, 대전지역에는 충남대, KAIST 본원, ETRI 3개 기관 등 총 10개 기관에 구성하였다(1995. 6). 1차 선도시험망은 1995년 7월에 개통하였으며, 광대역 ISDN 시험망 구축시설 중 시외기간전송로 및 시내 국간중계시설은 1995년도 2차 선도시험망 개통이후부터 선도시험망 시설을 활용토록 하였다.

나. 2차 선도시험망구축 협약

1995년도 2차 선도시험망의 구축을 위해 ATM 교환기의 용량을 확장하고, 기간전송로의 이원화, 가입자 광케이블 확장 등 다음과 같이 협약하였다.

① 1995년도 1차 선도시험망 구축 시 설치된 ATM 교환기의 용량을 64×64시스템으로 확장한다. 이에 필요한 투자비는 광대역 종합정보통신망 연구개발사업 재원으로 추진한다. 이 사업은 초고속통신관리단에서 추진하며 1995년 11월까지 확장한다.

② ATM 교환기와 이용자수용 전화국 간 전송시설을 확보한다. 서울과 대전의 ATM교환기에서 이용자를 수용하는 관할전화국 간의 시내, 시외 전송시설은 초고속국가망을 활용한다. 세부구간내역은 1995년 2차 이용자 확정 후 해당 사업본부 및 지역본부에 1995년 5월까지 통보한다. 이 사항은 시내사업본부, 시외사업본부, 데이터사업본부, 통신망관리단 및 지역본부에서 추진한다.

③ 가입자 광케이블 시설을 확보한다. 1995년 2차이용자 선정 후 가입자 광케이블 시설이 필요한 구간 중 시설이 확보된 구간은 기 포설된 가입자 광케이블을 최대한 활용하고, 가입자 광케이블 미포설구간은 시내사업본부로부터 해당 지역본부에 기 시달된 가입자 광케이블화 계획에 포함하여 시공한다. 그리고 시내사업본부의 가입자선로 광케이블화 사업과 연계 추진하고, 추가소요예산은 기획조정실에서 확보 지원한다(약 68억 원). 광 가입자케이블 포설대상구간은 서울 16개 기관, 경기 5개 기관, 대전 4개 기관 등 총 25개 구간이다.

3.3 초고속 선도시험망의 개통 및 시범

가. 참여기관 및 시범내용

한국통신은 초고속 선도시험망 시행계획에 따라 국내개발 ATM 시제품 교환기와 2,5G 광 전송장치를 공급하여 서울-대전 간에 선도시험망을 1994년-1995년에 구축하였다. 이때 서울, 대전에 ATM교환기를 설치하고, 부산, 대구, 광주, 인천, 안양, 춘천, 제주에 전송노드를 공급하여 초고속 선도시험망을 개통하였다(1995. 7).

이 선도시험망이 개통됨에 따라 단계별로 개발제품을 시험 평가하고 개발기술을 검증하게 되었다. 또한 산학연 등과 공동연구체제를 구축하고 해외 시험망과의 연동도 추진하기로 하였다. 우선 이 시험망에 한국통신, 한국전자통신연구소(ETRI), 한국과학기술원, 서울대, 연세대, 고려대 등을 연결하기로 하였다. 이때 시범계획의 주요내용은 다음과 같다.

첫째, 이미 개발된 제품을 가지고 B-ISDN 시험망을 한국통신 통신망연구소(서울)와 한국전자통신연구소(대전) 간에 구축하고, 국간 전송로는 STM-1급(155Mbps)을 설치한다. 이때 서울대, 연세대, 고려대, KAIST, 충남대의 광 가입자망은 국내개발 광가입자 전송장치를 활용하고 이를 통해 한국통신, 한국전자통신연구소(ETRI), 학계의 공동연구환경을 구축한다.

둘째, B-ISDN 응용서비스 및 시험기술은 한국통신 통신망연구소, ETRI, 대학연구소가 공동 개발한다. 그리고 이를 통해 통신망 접속기술 및 성능평가기술을 개발하고, 서비스 품질측정 및 평가기술도 개발한다.

셋째, B-ISDN서비스의 특성연구, 응용서비스 및 시연시나리오를 개발하고 LAN간 접속, 영상회의, VoD 등 응용서비스를 시연한다. 또한 B-ISDN 시험망과 연동을 추진한다.

이후 이 통신망에는 연세대, 고려대, 서울대, 충남대 등 31개 기관의 가입자를 수용하였다. 한편 장비구비 등 선도시험망 구축여건이 어려운 이용자들에게 선도망을 제공하여 초고속 서비스 기술을 시험할 수 있는 공동 이용센터를 전국에 총 11개소에 설치 운영하였다. 그 세부내역은 다음과 같다(1998. 6 현재).

① 개별이용기관은 서울대학교, 연세대학교, 신촌세브란스병원, 영동세브란스병원, 고려대학교, 이화여자대학교, 성신여자대학교, 한양대학교, 국민대학교,홍익대학교, 충남대학교, 서울의과대학, KAIST본원(대전), KAIST분원(서울), 한국전자통신연구원, 한국과학기술연구원. 시스템공학연구소, 한국통신 연구개발본부, 한국통신 네트워크본부, 대영전자, 대우통신, 대한전선, 데이콤연구소, LG전선, LG종합기술원, LG정보통신, SK텔레콤연구소, 한화정보통신, 한화정보통신연구소, 한국경제신문, 정보통신부 등 31개 기관이었다.

② 공동이용센터로는 KAIST(서울), KAIST(대전), 연세대학교, 서울대학교, 경북대학교, 부산대학교, 강원대학교, 숭실대학교, 충남대학교, 전남대학교, 한국소프트웨어지원센터 등이 있었다.

나. 이용실적 및 향후 추진계획

초고속 시험선도망은 이용기관에게 155Mbps급 시험회선을 제공하였으며 초고속정보통신망 장비 및 응용서비스 개발과 운용기술 습득에 크게 기여하였다. 그동안 선도시험망의 이용실적을 보면 초고속정보통신 응용서비스 기술개발 및 시험 2,175건, 초고속정보통신 핵심장치개발 및 시험 2,010건, 이용기관 간 연동시험 및 대용량 자료전송시험 등 2,610건, 다자간 원격영상회의 및 인터넷 연동시험 840건으로 파악되었다(1998. 4 현재). 또한 해외 시험망과의 연동으로 국제적인 공동기술을 개발하고 위성망, 광대역무선망 등 타 통신망과의 연동시험을 위한 플랫폼으로도 활용되었다. 나아가 선도시험망의 앞으로의 추진계획(1998년-2000년)을 다음과 같이 설정하였다.

① 선도시험망을 고도화하고, 안정적인 시험환경을 제공하기 위해 상용 ATM교환기로 교

체한다. 기존 ATM교환기는 이용자의 요구 및 기술발전추세에 맞춰 다양한 기능을 보완한다.

② 타 통신망과의 연동 시험을 실시하여 다양한 초고속기반 기술을 확보한다. 이때 한국전자통신연구원과 전파연구소를 무궁화위성으로 연결하여 위성망과 선도시험망과의 연동시험을 실시한다. 또한 광대역무선통신망과 선도시험망과의 연동시험도 실시한다.

③ 해외 시험망과의 연동을 통한 국제 공동연구개발로 기술력을 향상시킨다. 해외시험망과의 상호 적합성, 운용성과 활용방안을 선행실험하고 검증할 수 있도록 국제 공동연구개발 기반을 구축한다.

④ 선도시험망의 이용기반을 강화한다. 이를 위해 수퍼컴퓨터망을 이용한 공동연구개발 시험환경을 조성하고, 인터넷 기반의 기술개발이 가능하도록 IP 통신망 환경을 제공한다. 또한 연구개발 활성화를 위하여 개별이용기관 및 공동이용센터 간 연동을 추진한다.

⑤ 선도시험망의 이용활성화를 위한 네트워크 운영센터를 설치하여 이용자에 대한 초고속관련 개발환경을 개선하고 기술지원을 강화한다. 그리고 선도시험망 전용 홈페이지를 개설하고 이용자에 대한 정보를 제공하며 메일링 리스트 관리 등을 통해 첨단기술 교류를 촉진한다.

3.4 초고속정보화 시범사업

가. 정부방침

정부는 초고속, 대용량 멀티미디어 정보 수요를 개발하고, 본격적 실용화 단계 이전의 서비스 적합성을 검증하기 위해 초고속정보화 시범사업의 시행방침을 다음과 같이 수립하였다(초고속정보통신망 구축종합계획, 1994. 2, 체신부 통신정책실).

(1) 원격교육, 원격진료, 전자도서관, 영상회의, 재택근무 등 신기술 도입이 용이하고 파급효과가 크며 시범사업 후 전국적 확산이 가능한 업무를 우선 추진한다. 그리고 자체전산화 등 전산화 기반이 조성되어 있고 시범사업 후 안정적 운영능력을 보유한 기관을 대상으로 지원하고, 통신망 구축비 및 시스템 비용은 체신부가 지원하고, 전산화 예산 및 시스템 운영비는 이용기관이 부담한다.

(2) 관련 기관 간 협의체를 구성하여 서비스 내용, 제공시기 및 서비스 고도화계획은 협의하여 추진한다. 1994년 중 원격진료, 원격교육 등 1차 우선사업을 착수하고, 1996년에는 서비스지역을 확대하며 신규서비스를 개발한다. 그리고 1998년에는 이용기관에 이관하여 자체사업으로 운영 추진토록 한다.

정부는 시범사업을 통해 초고속사업을 활성화하고 관련 산업계의 국제경쟁력을 높이며, 정보화사회를 조기에 실현함으로써 국민의 삶의 질을 향상시킬 수 있다고 판단하였다. 시범사업을 거쳐 이를 상용화하기 위한 단계별 추진계획을 다음과 같이 수립하였다.

1단계(1996년-1997년)는 기반구축단계로서 초고속정보통신망 기반구축 및 멀티미디어 서비스를 제공한다. 이 목표를 달성하기 위해 대전 대덕연구단지를 시범지역으로 정하고 시범가입자 2천 명을 수용한다. 여기에 멀티미디어 단말기 1천대를 제공하고, 광 가입자망을 구축하여 다양한 서비스를 제공한다. 이를 위해 정부지원금 257억 원, 민간재원 750억 원 등 총 1,007억 원을 소요예산을 확보한다.

2단계(1998년-2002년)에서는 멀티미디어 서비스를 확대 제공하고 상용화를 추진한다. 이 목표를 달성하기 위해 서비스 제공지역 및 광 가입자망을 확대하고, 다양한 멀티미디어 서비스를 개발 제공하며, 공중통신망 사업과 연계 추진한다. 이를 위한 소요예산은 민간재원으로 1,000억 원을 확보한다.

나. 한국통신의 시범사업계획

한국통신은 미래 정보화사회의 모습을 조기에 가시화하기 위해 정보화 기반조성이 용이한 특정지역에 다양한 방식의 초고속정보통신망을 구축하여 멀티미디어 서비스를 시범적으로 제공하고자 하였다. 이를 통해 초고속정보통신 이용환경에 대한 사회적 문화적 타당성을 검증하고, 초고속서비스에 대한 마인드를 확산하며, 미래 수요를 창출하려고 하였다. 그리고 초고속정보통신 기술방식 및 응용서비스에 대한 기술적 시험 및 검증도 필요하였다.

또한 초고속정보통신망을 선행적으로 구축함으로서 사회, 문화, 기술적 제빈사항을 시험검증하여 상용화의 기반을 확보하고자 하였다. 한국통신은 북대전전화국에 ATM노드를 설치하고, 여기에 연구소, 공공기관, 가정, 둔산전화국 멀티미디어 지역정보센터, 선도시험망, 케이블TV 등을 연결하였다.

1단계(1996년-1997년)는 정부주도로 시행하고, 2단계(1998년-2002년)는 한국통신 주도로 시행하여 사회, 문화, 기술적 타당성을 검증한 후 상용화하는 것으로 정하였다. 이 사업은 당초의 기본계획을 바탕으로 하여 다음과 같이 실행계획을 수립 추진하였다(초고속 정보통신망 구축계획, 1995. 4, 한국통신 초고속통신관리단).

① 시범지역은 대전 대덕연구단지로 정하고, 시범가입자는 2천 가입자로 하여 멀티미디어 단말기 1천대를 제공한다. 그래서 영상전화, 전자신문, VoD, 공모된 응용서비스를 제공한다.

② 가입자 광케이블망은 초고속 공중통신망 계획과 연계 추진하고, ATM 접속장치 등을 설치한다. 이때 범국가적 중요사업인 점을 감안하여 국내개발 장비를 최대한 활용한다. 비표준 최첨단 기술을 적용하는 점을 고려하여 일괄 구매 설치하는 계약으로 추진한다.

③ 설계용역은 전문 업체에 용역을 의뢰하여 시행하고, 시범사업 평가분석 및 향후 시범모델의 정립은 연구소와 협의 추진한다. 그리고 시설운용 및 가입자관리를 위한 운영조직을 신설하며, 최초 시범서비스는 1995년 12월에 개시토록 한다.

④ 시범사업별로 구분하여 여의도 지역은 신규사업 창출을 위한 상법마인드를 확산하고,

대덕 지역은 연구개발 활성화를 위한 기반환경을 구축하는 쪽으로 역할을 정립한다.

⑤ 이를 위한 총 소요예산은 2,007억 원으로 하며 이 중 정부는 272억 원을 지원한다. 1995년도 소요예산은 총 102억 원으로 편성하였으며, 이중 한국통신이 80억 원을 부담하고, 정부에서는 22억 원을 지원한다.

다. 추진실적 및 평가

초고속정보화 시범사업에는 국내개발제품을 최대한 활용하고, 다양한 초고속 정보통신망을 구축하여 통신과 방송의 융합모델을 정립하고, 멀티미디어 지역정보센터를 구축하여 서비스를 시연하고 개발환경도 제공하였다. 초기부터 민간을 참여시켜 응용서비스 및 단말기 부문의 정보통신산업을 육성한다는 방향으로 유도하였으며, 시범가입자에게 신규개발 멀티미디어 단말기 및 접속장치를 제공하였다. 또한 추진협의회를 구성 운영하여 사회, 제도, 기술자문 역할을 수행하게 하였다.

이 사업의 1단계까지의 추진실적을 정리하면 당초 계획대로 서울 광화문전화국과 대전 둔산전화국에 ATM 교환기 및 가입자 광 전송장치(FLC)를 설치하고, 가입자 광케이블 137Km를 건설하는 등 초고속정보통신망을 개통하였다(1996. 4). 이에 따라 공공기관, 학교, 일반가정 등 1천 가입자를 수용하였으며, 영상회의, 전자신문, 인터넷 등 43종의 서비스를 제공하였다.

일평균 이용횟수는 가입자당 26회로 확인되었으며, 이용선호도는 고속인터넷, 의학정보, 전자신문, 영어학습 순으로 나타났다(1998. 4). 또한 멀티미디어 정보센터 구축으로 이용이 확산되었고, 직접 방문실적은 공무원, 학생, 회사원 등 1만2천 명 정도로 확인되었다(1996. 4-1998. 4). 한편 1단계에서는 한국통신 197억 원, 정부 70억 원 등 총 267억 원의 예산이 투입되었으며, 1단계 사업에 대한 평가는 다음과 같다.

① 국내개발 장비를 가지고 초고속 시범망을 구축함으로서 국내통신 산업체의 기술개발 의욕을 증진시키고, 관련기술에 대한 시험, 검증의 장으로 활용할 수 있는 환경을 조성하였다. 그리고 행정기관, 교육기관, 연구소, 산업체는 물론 일반가정까지 초고속 멀티미어 서비스를 제공함으로서 정보사회의 조기 체험기회를 제공하였다.

② 시범서비스가 검색형 위주로 제공되고 있어 직장생활, 교육 등 실생활에 직접 적용할 수 있는 서비스의 발굴이 필요하다. 그리고 광 가입자망 선로 외에 기존 동선활용기술(ADSL) 등을 적용한 다양한 가입자망을 구축하고 이에 대한 시험 검증이 필요하다.

③ 초고속 멀티미디어 서비스 제공을 위한 제반 기술적 적합성 검증과 첨단기술에 대한 운용기술을 선행 확보함으로서 상용화기반을 마련하였다.

④ 가입자망 구성방식별 경제성 검토, 서비스 이용성향 및 이용자 요구사항 분석 등으로 상용화할 때, 주요 고려사항을 사전 검토할 수 있었다.

4. 초고속정보통신망의 본격건설

4.1 선진국 동향 및 한국의 추진방향

가. 정보통신시장의 환경의 변화

1990년대 후반에 들어서면서 한국통신은 그동안의 선진외국의 초고속정보통신망 구축동향을 분석하고, 인터넷의 급속한 확산에 대비하여 초기의 초고속정보통신망 구축방향을 재검토하여 보완하였다. 우선 우리나라 정보통신시장의 환경을 분석하면 다음과 같다(1998. 5).

① 인터넷이 급속하게 성장하고 인터넷 인프라가 지속적으로 개선되고 있으며, 1990년대 하반기부터 전 세계적으로 인터넷호스트가 늘어나 19,540천개로 확인되었으며 우리나라의 경우 13만1천개로 늘어났다(1997년). 그 세부내역은 <표 5-2>와 같다.

<표 5-2> 인터넷 호스트(Host) 증가상황(단위: 개)

구분	1995년	1996년	1997년
세계	6,641,541	12,880,690	19,540,325
일본	269,000	731,000	1,169,000
미국	3,579,217	5,021,322	6,573,144
한국	38,644	73,194	131,005

② 정보통신기술이 급속하게 발전함에 따라 PC의 처리능력이 급격하게 향상되고 가격도 저하되었다. 그리고 인터넷 및 영상처리기술이 급속하게 진보되어 고속으로 저렴한 멀티미디어 통신서비스를 제공할 수 있게 되었다.

③ 전화시장은 포화상태에 도달하면서 전화가입자수가 감소하는 추세에 있고, 이동전화 및 인터넷 가입자는 지속적으로 성장하는 추세에 들어섰다.

④ 요금신고제로 이행하는 등 요금규제가 완화되고, 영역구분 없는 경쟁도입으로 시장진입규제도 완화되고 있다. 또한 공전공 접속이 허용되고, 대형할인요금의 재판매 등 서비스규제도 완화되는 상황이다.

그리고 한국통신은 1990년대 초까지 음성과 데이터, 방송을 통합하는 ATM통신망과 전화망의 B-ISDN화가 목표였다. 그러나 이후 백본망에 대한 요구가 다음과 같이 크게 변화하고 있었다.

첫째, 현재 ATM교환망은 기업에게 전용회선서비스를 제공하고, 데이터망의 접속망, 타통신망의 중계망이 요구되는 등 초고속정보통신망의 백본, 액세스망으로서의 기능이 요구되고 있다. 이에 따라 ATM교환망의 개념이 크게 변화하고 있다.

둘째, 단말기의 기술발전으로 많은 기능이 PC로 통합되고 있다. PC는 데이터 전용기능으로부터 카메라, 스피커, 마이크 등의 기능이 부가되어 멀티미디어 기능을 가지게 되었다. 또한 실시간 통신을 위해 PC를 상시 ON상태로 유지해야 하는 문제점도 극복해야 한다.

셋째, 초고속정보통신망은 차세대 인터넷기술을 고려하여 구축해야 한다. 이에 따라 ATM교환 망에서 인터넷 고도화를 추진하고, ATM교환 망과 라우터 망을 결합하여 구축하며, 라우터 망을 고도화하여 초고속정보통신망을 구축토록 한다. 당시 국제전기통신연합에서는 인터넷 시나리오1- 시나리오5를 규정하고 있었다(Challenge to the Network, 1997. 9, ITU).

시나리오1은 현재의 인터넷을 개선하여 존속하는 경우이고, 시나리오2는 공중인터넷의 외측에 품질보증의 사설통신망(Private Network)을 접속하는 방안을 정하였다. 그리고 시나리오3은 인터넷전화와 같은 실시간응용(Real Time Application)의 급증을 극복하지 못하고 붕괴되는 상황이고, 시나리오4는 인터넷과 공중통신망이 상호참여로 융합하는 경우이다. 또한 보다 고기능의 새로운 통신망(Network)이 인터넷을 대신하게 된다는 시나리오5를 상정하고 있다.

나. 한국통신 추진방향의 보완 조정

위와 같은 정보통신시장의 환경변화에 따라 한국통신은 새로운 응용서비스를 신속하고 저렴하게 제공할 수 있는 유연한 통신망을 구축한다는 목표아래 다음과 같이 구축방향을 보완 조정하였다(초고속정보통신망 구축방향 검토, 1998. 5, 한국통신 네트워크본부 통신망기획팀).

첫째, ATM교환망은 경제적인 통신망이 되도록 구축한다. 이를 위해 초고속국가통신망을 초고속정보통신망으로 확대 발전시킨다. 이를 위해 ATM교환기는 1998년부터 2000년까지 중계교환기 20식, 가입자접속교환기 52식 등 총 72식을 설치할 계획이며, 이를 지역별로 보면 다음과 같다.

① 중계교환기는 1998년에 혜화, 구로, 태평, 북광주전화국과 부산, 대전번호안내국에 설치한다. 1999년에는 전농, 영동, 수원, 남인천, 원주, 부산진, 대구, 서청주, 북전주전화국에 설치하고, 2000년에는 춘천, 둔산, 서광주, 동마산, 신제주전화국에 설치한다.

② 가입자접속교환기는 1998년에 전농, 영동, 수원, 남인천, 부산진, 대구, 둔산, 서광주전화국에 설치한다. 1999년에는 혜화, 구로, 광화문, 송파, 신촌, 영등포, 사상, 태평, 북광주전화국과 부산, 대전번호안내국에 설치한다.

그리고 2000년에는 과천, 분당IBS, 의정부, 동수원, 남수원, 춘천, 원주, 동래, 신암, 남대구, 구미, 서대전, 광주, 송정, 북전주, 동전주전화국에 공급한다. 이후 2001년에는 부평, 부천, 강릉, 북울산, 포항, 홍성, 동목포, 서청주, 충주, 군산전화국에 공급하며, 2002년에는 안양, 아미, 동마산, 남강, 천안, 북순천, 신제주전화국으로 확장 설치한다.

둘째, ATM 교환서비스의 품질을 단계별로 고도화한다. 1999년까지 고정접속 가상채널(PVC)을 이용한 고정전송속도(CBR) 및 가변전송속도(VBR) 서비스를 제공한다. 이때 ATM 교환회선의 용도를 다음과 같이 정한다.

① 초기단계에서는 PVC기능을 이용하여 기업의 고속전용회선을 저렴하고 고기능으로 제공한다. 그리고 인터넷 망, 데이터 망 등의 고속중계회선을 제공하고, ADSL 등과의 인터넷 접속회선을 제공한다.

② 완성단계에서는 SVC기능을 이용하여 기업의 고속전용회선을 저렴하고 고기능으로 제공한다. 그리고 인터넷 망, 데이터 망 등의 고속중계회선을 제공하고, SVC기능을 이용한 실시간 교환서비스와 ADSL 등과의 인터넷 접속회선을 제공한다.

셋째, 중계교환망과 가입자 접속교환망의 2계위 ATM교환망을 구축한다. 이때 중계교환기는 단순전달기능 위주의 대용량교환기로 활용하고, 가입자 접속교환기는 다양한 속도 및 프로토콜 지원이 가능한 멀티 밴더 환경에 대비한 소용량 교환기로 구성한다.

넷째, 가입자망(Accees Network)은 동선을 이용한 고속화 기술이 급격하게 발전하고 있어 일반가정 대상의 고속화는 UADSL과 FTTC를 활용토록 한다. 한편 기업대상의 고속화는 FTTO를 지속적으로 추진한다. 가입자 댁내장치는 가정에는 PC에 마이크, 카메라, 스피커를 부착하고, 기업의 경우는 PC, LAN, 회의시스템을 이용하게 하며, PC에 데이터 및 음성의 통합을 실현한다.

다섯째, 통신망서비스(Network Service)는 기업을 대상으로 하여 인터넷, 익스트라넷(Extranet), 가상 LAN 등을 제공하고, 응용서비스로는 뉴스, 학습, 이메일, 파일전송 등을 제공한다. 그리고 인터넷망은 고속인터넷 접속기능, 백본망의 고속화, 품질보증 IP망 등을 제공하고, 제외국의 차세대인터넷 동향을 파악하여 관련기술을 확보토록 한다.

4.2 초고속정보통신망의 건설 착수

가. 초고속정보통신망 건설의 예산규모

한국통신은 1996년도 초고속정보통신망 건설을 위한 예산은 초고속 시내통신망, 초고속 시외통신망, 초고속 선도망 등으로 구분하여 편성 시행하였다.

첫째, 초고속 시내통신망 부문 중 초고속 공중정보통신망 구축을 위해 총 2,614억 원을 편성하였다. 부문별로 보면 국간전송 58만회선 확장에 742억 원, 국간케이블 566.3Km 포설에 185억 원, 모자국간 전송시설 586구간 확장에 422억 원, 모자국간 케이블 2,492Km 건설에 380억 원을 배정하였다. 그리고 가입자 광 전송시설 212구간 확장에 498억 원, 가입자 광케이블 212구간 포설에 289억 원, CAMA 전송로 10구간 증설에 98억 원을 편성하였다.

둘째, 초고속 시내통신망 부문 중 초고속 국가통신망(전용통신망) 구축을 위해 총 598억 원을 편성하였다. 그 내역은 가입자 종단시설 2,233세트에 90억 원, 원격시범 사업 전송로 25구간에 25억 원, 국간전송 5,740식에 181억 원, 광케이블 2,870구간에 302억 원으로 구성되었다.

셋째, 초고속 시외통신망 부문 중 초고속 공중통신망 구축 총 1,832억 원, 초고속 국가망 구축 198억 원을 편성하였다. 우선 광 전송시설 379회선 공급에 631억 원, 광케이블 1,242Km 건설에 262억 원, 광 관로 136Km 건설에 111억 원, 광 노후시설 134DS3 대개체에 78억 원을 투입하게 하였다. 다음에는 광 절체용 전송로 211DS3 공급에 123억 원, B-DCS 10개소 설치에 104억 원, 광케이블TV전송로 4채널 공급 등에 187억 원을 편성하였다. 또한 국제통신망과 전용통신망을 위한 191DS3 공급에 111억 원, 제주-육지 간 광케이블 185Km 건설에 225억 원, 시외구간 전송시설 확장에 198억 원을 배정하였다.

넷째, 그 외에도 초고속선도망에 210억 원, 초고속 상업시범에 67억 원, 초고속 공공 시범에 191억 원을 배정하였다. 그 세부내역은 다음과 같다.

① 초고속선도망을 위한 ATM교환기 2식 설치에 30억 원, 시내외 광 단국시설 100식 설치에 97억 원, 가입자광케이블 64구간 건설에 83억 원

② 초고속상업시범을 위한 광케이블 37Km 포설에 31억 원, 설계비 등에 36억 원

③ 초고속공공시범을 위한 가입자 광케이블 80Km 건설에 80억 원, 멀티미디어 단말기 450대 확보에 10억 원, 가입자단말기 접속장치에 38억 원, 초고속서비스 검증시스템에 35억 원, 멀티미디어 정보센터 구축에 28억 원.

나. 초고속 공중통신망과 초고속 국가통신망의 구축

1997년에 들어서면서 한국통신 네트워크본부(본부장 이정욱)는 통신망의 다각화를 통해 사업의 다각화와 다양한 멀티미디어 서비스를 제공하기 위한 기반을 확보하겠다는 의지로「초고속정보통신망 건설기본계획」을 다듬었다(초고속 정보통신망 건설기본계획, 1997. 1, 네트워크본부 통신망기획국). 이 계획의 주요내용은 그동안 혼란 속에 흘러가고 있는 초고속 공중통신망과 초고속 국가통신망에 대해 기본구상, 구축방안, 상호연관관계를 다음과 같이 명확하게 구분 추진하는 것이었다.

첫째, 초고속 정보통신망의 기간전송망인 초고속 정보통신 인프라를 건설한다. 이 초고속정보통신 인프라의 기반위에 초고속 공중통신망과 초고속 국가통신망을 구축해 나간다.

둘째, 초고속 공중통신망은 초고속 전용통신망 건설과 PSTN의 B-ISDN화로 실현하고, 초고속 국가통신망은 ATM교환기를 이용하여 공공기관을 중심으로 건설한다.

셋째, 초고속 공중통신망과 초고속 국가통신망 사업을 연계 추진한다.

그리고 초고속정보통신 인프라는 모든 초고속 정보통신망의 기반전송로로서 공동 활용

하는 시설이며, 이는 광케이블, 동기식 전송장치, 디지털 회선분배장치(DCS)를 이용하여 건설하는 계획으로 세부적으로 다음과 같이 추진한다.

① 기반 전송망의 초고속화를 위해 1995년-1997년까지 6대 광역시내 및 시외국간에 전송망의 초고속화를 완료한다. 이를 위하여 2.5Gbps, 622Mbps급의 동기식 전송장치로 시내·시외 국간전송망을 건설한다.

② 기타 도시지역의 시내·시외 국간에도 단계적으로 비동기식을 동기식으로 전환한다. 이를 위하여 622Mbps급의 동기식 전송장치로 시내외 국간전송망을 건설하고, 155Mbps급의 동기식 전송장치로 소용량 구간의 전송망을 건설한다.

③ 1998년 이후부터 10Gbps, 100Gbps급 이상의 동기식 전송장치로 전송용량을 확대하고, 전송로 집중국에 대용량 디지털 회선분배장치를 설치한다. 그리고 2005년까지 전국전송망을 동기방식으로의 전환을 완료하고, 동기식 전송망 운용관리장치(MOST)를 이용하여 전국 인프라전송로의 집중관리체계를 구축한다.

1990년대 후반 한국통신은 초고속통신망 기반시설로서 ISDN 교환시설 165,196회선, 데이터교환기 66,772포트, 라우터 3,181포트를 운용하고 있었다. 그리고 전송망 시설은 시외광케이블 14,054Km, 시내케이블 6,800Km, 시내동선케이블 1,245Km이고, 시외전송장비로서 90M 21개 시스템, 565M 572개 시스템, 155M 24개 시스템, 622M 141개 시스템, 2.5G 168개 시스템, DS-1 265,525개 시스템을 보유하였다.

또한 케이블TV전송망 부분에서는 광케이블 2,174Km, 동축케이블 16,081Km, 접속단자 2,436,000단자를 운용하고 있었으며, 위성망의 경우 통신용 24채널, 방송용 24채널을 보유하고 있었다. 한편 기초시설로서 지하관로 108,562Km, 통신구 310Km를 보유하고 있었으며, 초고속국가통신망을 위하여 광케이블 11,667Km, 622M 광 전송장치 76대, 2.5G 광 전송장치 67대를 공급하였다.

4.3 초고속 공중통신망의 건설

가. 정부의 추진방침

정부는 한국통신이 1980년대 중반부터 추진해온 초고속정보통신망 구축계획을 근간으로 하여 초고속 공중통신망 구축방침을 다음과 같이 수립하였다(초고속정보통신망 구축종합계획, 1994. 2, 체신부 통신정책실).

첫째, 초고속 국가통신망의 사업성과를 바탕으로 일반국민들에게 멀티미디어 정보를 제공할 수 있는 초고속 공중통신망을 통신사업자가 구축한다. 산업계 등 대규모 수요기관을 우선 수용하고 단계적으로 일반가정까지 확대하고, 민간기업의 투자유도를 위해 통신사업 진입규제를 완화하고 세제지원책을 강구한다.

둘째, 제1단계(1994년-1997년)는 기반조성단계로서 종합정보통신서비스(ISDN)를 확대 제공한다. 그리고 공공기관, 대형빌딩, 교육연구단지에 가입자 광케이블을 공급하고, ATM 교환서비스를 위하여 ATM 등 소요기술을 개발한다. 이를 위해 교환망 부분에서는 종합정보통신망(ISDN)을 확대 공급하고, 대도시지역에 시범 ATM 분산교환망(ATM-MAN)을 구축한다. 또한 전송시설의 디지털화를 완성하고, 155M, 622M 동기식 전송망을 단계적으로 공급하며, 가입자망 부문은 대형건물에 광케이블 공급을 확대하고 인구밀집지역에 광케이블 공급을 개시한다.

셋째, 2단계(1998년-2002년)는 도입단계로서 중소기업, 아파트 등 인구밀집지역에 가입자 광케이블을 본격 공급한다. 그리고 산업계 등에 ATM 분산교환망을 이용한 상용서비스를 제공하고, ATM 교환망에 의한 시범서비스를 제공한다. 이를 위해 대도시지역에 ATM 시범교환망을 구축하고, 동기식 전송망을 확대 구축하며, 10Gbps 광전송장치를 공급한다.

넷째, 제3단계(2003년-2015년)는 확산단계로서 일반가입자 댁내까지 가입자 광케이블을 공급하고 ATM 교환서비스를 전국적으로 제공한다. 이 ATM 교환망에 의하여 멀티미디어 서비스를 제공하고, 고선명TV급 영상정보교환 서비스를 제공한다. 그리고 통신망구축면에서는 ATM교환망을 구축하여 기존 망을 통합하고, 동기식 전송망을 구축 완료하며, 100Gbps 광 전송장치를 공급한다.

나. 한국통신의 건설방침

이를 위해 한국통신 네트워크본부(본부장 이정욱)는 음성급 전화서비스 위주의 기존 통신망 능력을 멀티미디어 서비스 위주의 초고속통신망으로 전환하기 위한 초고속 공중통신망의 중장기 발전방향을 다음과 같이 설정하였다(초고속 공중정보통신망 구축기본계획, 1997. 1, 네트워크본부 통신망기획국).

첫째, 초고속통신망 인프라(NII)로서 초고속기간통신망을 건설하고, 이를 기반으로 초고속 공중통신망과 초고속 국가통신망을 구축한다. 그리고 초고속기간통신망은 초고속기간전송망과 ATM백본망을 건설하여 구성한다.

둘째, 초고속 공중통신망은 초고속 전용통신망을 건설하고 PSTN의 초고속화로 완성된다. 여기에서 초고속 전용통신망은 디지털회선분배장치, 광 단국장치, ATM교환기 및 광케이블 등을 이용하여 건설하고, PSTN은 초고속접속장치와 ATM교환기를 이용하여 초고속화 한다.

셋째, 초고속 국가통신망은 별도사업계획에 의거 건설한다. 가입자접속망은 공공기관 수요중심으로 구축하고, ATM백본망은 초고속 국가통신망 사업비로 건설한다.

넷째, 초고속 공중통신망은 기반구축단계, 도입단계, 확산단계의 3단계로 구분하여 추진한다.

① 기반구축단계(1997년까지)에서는 주요 대도시에 동기식 전송시설로 초고속기간전송망을 건설하고, 대형가입자 위주의 초고속 전용통신망을 건설한다. 그리고 PSTN의 초고속화 추진계획을 수립한다.

② 도입단계(1998년-2002년)에서는 초고속 국가통신망 시범결과에 따라 시설활용방안을 결정하고, 2.5Gbps급 이상의 전송시설과 ATM교환기로 초고속 기간통신망을 확장한다. 또한 초고속 전용통신망에 ATM교환기 등 시설을 확장하고, PSTN에 ATM 교환시설을 구축하여 본격적인 B-ISDN화를 실현하며, 통신망 간 연동도 추진한다.

③ 확산단계(2003년-2015년)에 가서는 주요구간에 100Gbps급 이상의 전송시설과 대용량 ATM교환기로 초고속 기간통신망의 용량을 확장한다. 또한 초고속 전용통신망을 전국적으로 완성하고, B-ISDN의 기반을 확장하며 통신망간 연동을 확대해 나간다.

한편 초고속 공중통신망은 2015년까지 산업체, 일반가정 등을 광케이블로 연결하여 완공되는 것으로 결정하고 다음과 같이 세부계획을 추진하였다(초고속 정보통신망 건설기본계획, 1997. 1, 네트워크본부 통신망기획국).

① 초고속 공중통신망은 통신사업자가 구축 운용하고, 이를 위해 초고속 전용통신망 건설과 PSTN의 B-ISDN화를 병행 추진한다. 초고속 전용통신망은 디지털 회선분배장치(DCS), ATM교환기 등을 이용하여 건설한다.

② PSTN은 시분할교환기(TD)에 ATM스위칭 모듈을 개발하여 ATM기능을 갖는 신형 TD교환기의 보급을 확대하여 점진적으로 B-ISDN화해 나간다. 그리고 이를 위해 전송로는 광케이블과 동기식 전송장치의 인프라를 활용한다.

③ 가입자접속시설 부분은 기존 동선에다 디지털 가입자전송장치(xDSL)를 활용하여 광대역 가입자망을 구성하고, 수요 밀집지역에는 FTTC구조의 광대역 가입자망을 구축한다. 이어서 FTTC구조를 단계적으로 FTTH화하여 완전 광 가입자망을 완성하고, ATM가입자 및 시스템관리를 위한 통신망관리체계를 구축한다.

다. 초고속정보통신망의 건설 추진체계

한국통신은 초고속정보통신망 사업을 계획적이고 체계적으로 추진하기 위해 추진체계를 다음과 같이 정하였다(초고속 공중정보통신망 구축기본계획, 1997. 1, 네트워크본부 통신망기획국).

① 네트워크본부는 초고속통신망 기술발전계획 및 조정, PSTN의 B-ISDN화 세부추진계획 수립, 초고속국가통신망 시설활용방안 결정, 초고속공중통신망 시범서비스계획 수립 등을 담당한다.

② 시설운용실은 초고속통신망 구축 실행계획 수립 및 시행, 통신망 운용보전계획 수립 및 시행, 초고속국가통신망 시범사업지원, 초고속공중통신망 시범서비스 시행 등을 전담한다.

③ 마케팅본부는 초고속서비스 이용약관 및 요금조정, 전략영업본부는 초고속서비스 영업계획 수립 및 추진, 인력개발본부는 초고속관련 전문인력양성업무를 담당한다.

④ 초고속통신추진본부는 초고속 국가통신망 사업계획 수립 및 총괄, 초고속 국가통신망 관련 대정부 창구역할 수행, 초고속 국가통신망용 ATM 시범망 구축 및 운용, 초고속 선도 시험망 사업추진, 통신망 응용서비스의 개발보급 등을 전담 수행한다.

⑤ 연구개발본부에서는 초고속통신망 구조 및 규격화 연구, 통신망 구축 기술지원 및 진화방안 연구, 통신망 응용서비스 및 시스템 개발, 초고속공중망 시범서비스 시행지원 등의 업무를 수행한다.

4.4 초고속 전용통신망 구축

가. 디지털 데이터 전용회선의 공급개시

1980년대 초반까지 우리나라 전기통신서비스는 전신과 전화가 주종을 이루어 오고 있었다. 그러나 사회구조가 농업사업사회에서 산업사화, 정보사회로 변천되고 이용자의 통신서비스 욕구도 다양화됨에 따라 정보통신의 필요성이 점증되고 있어 한국통신에서는「정보통신 기본계획」을 수립 시행하였다(정보통신 기본계획, 1984. 10. 4, 한국통신). 이 계획의 주관부서 및 결재자는 제5장 말미의 참고자료 편에 수록되어 있다.

이 계획 중의 하나로 한국통신은 컴퓨터 등 정보단말기기의 활발한 보급으로 데이터 전용회선 수요가 증가함에 따라 이용자에게 고속 양질의 디지털 전용회선 공급을 개시하였다. 이를 위해 2.4Kbps, 4.8Kbps, 9.6Kbps, 56Kbps 등 다양한 전송속도의 서비스를 BER 10^{-8}의 고품질로 제공하였다. 당시 전송속도에 따른 이용상황은 <표 5-3>과 같다(정보통신기본계획, 1984. 10. 4, 한국통신). 여기에서 1,200bps-2,400bps의 전송속도는 모뎀을 사용한 저속통신으로 품질이 불량하였다.

<표 5-3> 전송속도에 따른 이용현황(1983. 7)

속도(bps)	600이하	1,200	2,400	4,800	7,200	9,600	계
회선수	56	6,481	1,848	274	13	7	8,679

이러한 문제를 해결하기 위해 한국통신 계획국 통신망계획부(부장 이정욱)는「전용회선 디지털화 계획」을 수립 추진하였다(1985. 7. 22). 이 계획의 주관부서 및 결재자는 제5장 말미의 참고자료 편에 기록되어 있다. 주요내용을 요약하면 다음과 같다.

첫째, 대용량 정보전송로 확보를 위해 전용회선은 디지털회선으로 공급하고, 대형건물의 인입선로는 디지털화한다. 그리고 전용회선의 관리개선을 위해 지역별로 전용회선 업무를 전담하는 관리센터를 설치 운용한다.

둘째, 향후 7년간(1985년-1991년) 전국적으로 디지털 전용회선 총 35,900회선을 공급하고, 이를 위한 소요예산 359억5천만 원을 투입한다. 이를 위한 년도별 디지털 전용회선 공급계획은 <표 5-4>와 같다. 특히 1985년-1987년에는 서울, 부산, 대구에 집중 공급하고, 1987년부터는 전국으로 공급을 확대한다.

<표 5-4> 디지털 전용회선 공급계획

구분	1985년	1986년	1987년	1988년	1989년	1990년	1991년
데이터회선수요	17,180	22,050	28,250	35,100	42,800	52,100	62,800
년간신규수요	3,880	4,870	6,200	6,850	7,700	9,300	10,700
디지털공급회선	1,200	3,600	4,500	5,000	6,000	7,200	8,400
투자비(백만원)	1,250	3,600	4,500	5,000	6,000	7,200	8,400

셋째, 제1단계(1985년-1986년)로 기존 DE-4 PCM장치에 데이터 포트를 공급하여 56Kbps까지의 디지털 전송을 실현한다. 제2단계인 1987년부터는 KD-4 PCM장치 또는 신방식에 의해 전국적인 서비스를 제공하고, 광대역 전용회선(T1, T2, T3)을 공급하여 화상회의, TV프로그램 등을 전송토록 한다.

나. 전용회선서비스의 본격 제공

1990년대에 들어서면서 한국통신은 기업체의 원활한 통신을 위해 전국적으로 전용회선서비스를 본격적으로 시행하였다. 당시 전용회선은 전화급과 데이터급으로 구분하여 공급하였으며 그 규모는 <표 5-5>와 같다(일반현황, 1994. 12, 기술기획실).

<표 5-5> 전용회선 운용상황(1994. 8)

구분	전화급 (회선)	데이터(Kbps/ 회선)					계
		9.6이하	56/64	192-768	1,544	소계	
시내	196,111	170,402	5,796	284	66,392	242,874	438,985
시외	39,477	22,109	1,242	309	26,672	50,332	89,809
계	235,588	192,511	7,038	593	93,064	293,206	528,794

당시 우리나라의 전용회선서비스는 수요에 따른 적절한 시설투자와 전용회선 운용의 안정성 면에서 상당 미흡하였다. 그리고 유휴시설의 재활용, 전용설비의 품질, 회선급증에 따른 다구간 고장 등 운용관리에 한계를 드러내고 있었다. 또한 전용통신시설의 고도화가 곤란하여 특수수요가 발생하는 경우 제대로 시설공급이 곤란한 실정이었다.

이에 따라 1994년 후반 한국통신 기술기획실(실장 이정욱)에서는 전용회선의 품질을 향상시키고 성능을 고도화하여 사업환경 변화에 대응하고자 중장기 전용통신망 발전계획을 수립하였다(전용통신망 중장기 발전계획, 1994. 10, 기술기획실). 이 계획의 주관부서 및 결재자는 제5장 말미의 참고자료 편에 기록되어 있다. 이 계획에서는 향후 전용통신망의 발전 기본방향을 제시하고, 전용회선사업의 경쟁에 대비하는 방안을 세웠다. 또한 전용통신망의 신뢰성을 향상시키고 전용통신망을 고속화 대용량화하는 방안을 다음과 같이 수립하였다.

① 기업, 연구소, 대학 등에 기존 통신망과 별도로 광케이블에 의한 초고속 직통전송로 형태의 전용통신망을 구축한다. ② ATM-MSS방식의 초고속전용통신망을 1997년까지 구축한다. 이를 위해 2.5G 전용기간망을 구축하고 가입자에게 45M급 전용회선서비스를 제공한다. ③ ATM기반의 초고속전용통신망을 2002년까지 구축한다. 이를 위해 10G-100G 전용기간망을 구축하고 가입자에게 156M급 전용회선서비스를 제공한다.

한편 전국단위로 운용관리체제를 구축하여 일원적으로 통신망을 관리하고, 사업용 전용회선은 즉시 공급체제를 확립하였다. 1990년대 중반을 넘어서면서 전용회선은 총 1,022,404회선을 운용하고 있었으며, 세부내역은 <표 5-6>과 같다(중장기 네트워크 발전계획, 1996. 9, 한국통신 네트워크본부).

<표 5-6> 전용회선 운용상황(1995. 12)

구분	음성급	데이터급			기타
		저속(-9.6K)	고속(56-768K)	고속(T1/E1)	
회선수	242,294	235,931	22,299	10,678	511,202

여기에서 일반가입자는 전화망을 이용하여 2.4Kbps 또는 9.6Kbps 이하의 저속데이터를 사용하였으며, 데이콤, KMT, 신세기, 항만, 제2이동 등의 사업자들이 고속회선의 80%를 점유하였다. 이때 고속전용회선 이용자의 증가추세는 56Kbps-768Kbps급은 년 106%, DS1급 이상은 년 125% 증가하고 있었다. 1990년대 중반까지도 기간통신망 구간은 광케이블, 전화국과 주택건물 간은 주로 동선케이블로 구성되었다.

이때 전용통신망을 성능별로 구분하여 보면 음성급 및 64kbps급의 일반전용회선이 1,123,900회선이고, 2Mbps-45Mbps급의 고속전용회선은 22,795회선으로 전용통신망의 약 2% 수준에 머물고 있었다(중장기 네트워크 발전계획, 1996. 9, 한국통신 네트워크본부). 그러나 전용전송망은 단대단(End-to-End) 시설투자 체계가 제대로 작동되지 못하고 있었으며, 수요예측이 곤란하여 서비스 제공 및 긴급수요 대응체제도 미흡한 상황이었다.

그리고 인입전송로가 노후하여 고속 광대역 서비스를 제공하기에 부적합하였으며, 공중통신망(PSTN)과 혼합 시설되어 있어 독자적인 통신망 발전이 곤란하였다. 또한 통신망 관리 및 운용체제 면을 볼 때 우선 전용통신회선에 대한 통합관리체제가 미흡하고, PSTN과의 회선관리 차별화가 되질 않아 가입자들은 불편을 겪고 있었다. 그리고 DCS 관리시스템에 의존함으로서 전국 통합망 관리체제가 미흡한 상태였다. 뿐만 아니라, 장애에 따른 긴급절체, 고장접수 등 가입자 서비스체제와 실시간 통신망 정보 및 공사정보 관리체제도 미흡한 실정이었다.

한편 1996년도 전용통신사업계획에 의하면 일반전용회선 13만4천 회선, 고속전용회선 17,739 DS1을 확장하게 되어 있었으며, 이를 위해 총 2,523억 원의 소요예산을 편성 집행하였다(1996년도 통신망건설 및 통신시설 운용대책, 1996. 9, 한국통신 네트워크본부).

다. 전용회선의 고도화 및 초고속화

21세기 초고속정보통신 시대에 발맞추어 한국통신 네트워크본부(본부장 이정욱)는 전용회선의 고도화 및 초고속화를 위한 기본방침과 단계별 추진계획을 수립 추진하였다(중장기 네트워크 발전계획, 1996. 9, 한국통신 네트워크본부). 이 계획의 주관부서 및 결재자는 제5장 말미의 참고자료 편에 수록되어 있다.

첫째, 초고속 정보통신망의 기반으로 초고속 전용통신망을 건설하며, 초고속 전용통신을 위한 전국망을 구축하고 고도화한다. 그리고 초고속정보통신망 가입자에게 광전송로를 우선 공급하고, 상업용건물 고객 및 주요회선 공급방안을 정립한다.

둘째, 초고속 전용통신의 전국망 관리체제를 구축하고, 무선전용통신 구간에 광케이블을 공급하여 이원화한다. 그리고 초기에 경제성을 확보하기 위해 기존설비를 최대한 활용하고, 초고속정보통신망으로 통합 추진한다.

이와 같은 사업목표를 달성하기 위해 초고속전용망의 건설은 1단계(1994년-1997년), 2단계(1998년-2001년), 3단계(2002년-2010년)로 구분하여 추진하였다. 제1단계는 초고속전용망의 기반을 구축하는 것으로 정하고, 이를 위해 다음과 같이 추진한다.

(1) 초고속정보통신망의 기반구조로 초고속 전용통신망을 건설한다. 이를 위해 STM-1, 4, 16급 광전송장치 및 B-DCS를 적용하여 통신망을 구축하고, B-DCS를 이용한 완전망형(Full-Mesh) 초고속 전용통신망을 구성한다. 그리고 시외 초고속전용통신망을 다원화하고, DS1급 및 채널급 전용회선 공급을 위한 DCS를 병행 운용한다.

(2) 시내국간 초고속 전용통신망을 구축한다. 이때 대상도시는 서울, 부산, 대전, 대구, 광주로 정하고, 서울과 부산시내 국간은 STM-4, 16급 광단국 및 B-DCS를 공급한다. 그리고 PSTN과 분리된 초고속 국간 전용통신망을 구축하고, 서울, 부산 이외의 도시 시내국간 초고속 전용통신망은 수요에 따라 STM-1, 4급 광단국을 구축한다. 또한 초기 시내국간 초고속 전용통신망은 당해 주요 시내국간중계구간으로 제한 공급하고, 수요증가 및 사업환경 변화에 따라 단국 구간으로 확대한다.

(3) 대형고객 및 주요회선의 인입 전송망은 광 케이블화하고 루트를 이원화한다. 그리고 초고속 전용통신망 전국망관리체제를 구축한다. 이를 위해 전국 초고속전용망 관리센터를

1개소 구축하고, DELMONS를 설치하여 초고속전용통신망 관리시스템과 연동시킨다. 또한 무선 전용통신구간을 광 케이블화하여 이원화하고 기존 무선망은 백업망으로 활용한다.

이어서 2단계에서는 시외구간에는 2.5Gbps, 10Gbps급 광단국을 공급하여 초고속 전용통신망을 확장한다. 그리고 시내전화국 간의 경우 대도시지역은 단국까지 초고속전용통신망을 구축하고, 서울지역은 초고속 전용통신망의 시외관문국을 다원화한다. 또한 가입자 인입전송로 구간에 광통신방식을 공급확대하고, 긴급수요 예비물자 신규투자는 억제토록 한다. 그리고 초고속전용통신 종합망관리시스템을 구축하고 시외중계국 구간에 초고속전용통신 ATM망을 구축한다.

끝으로 3단계에 가서는 시외 및 시내 초고속 전용통신망 구축을 완성하고, 초고속 대용량의 10Gbps, 100Gbps 광 통신시스템을 공급한다. 그리고 대도시 간 및 시내전화국 간에 초고속 전용통신용 ATM교환기를 공급하고, ATM교환기 설치로 지능형 초고속전용통신 전국망을 건설한다. 또한 지능형 초고속 전용통신 서비스를 공급하고 초고속정보통신망과 통합하여 초고속전용통신 전국망을 완성한다.

라. 초고속 전용통신망의 장기발전방향

고품질의 초고속전용서비스 경쟁에 대응하기 위해 한국통신은 기간통신망의 근간으로서 초고속 전용통신망을 조기에 구축하기로 작정하였다. 그리고 초고속 전용통신망을 기반으로 초고속정보통신망을 완성하는 방안으로 진행하였다. 또한 초고속전용망에 정부기관 가입자와 일반가입자를 수용하여 시범사업을 해본 후 초고속 공중통신망으로의 장기발전 방향도 제시하였다.

당시 초고속전용통신망의 구축 기본방침은 다음과 같다(초고속 전용통신망을 기반으로 한 초고속정보통신망 구축기본계획, 1996. 11, 네트워크본부 통신망기획국 초고속망기획부). 이 계획의 주관부서 및 결재자는 제5장 말미의 참고자료 편에 기록되어 있다.

① 동기식전송장치(SDH)와 디지털회선분배장치(DCS)를 활용하여 1997년까지 초고속 전용통신망을 구축 완성하고, 이를 기반으로 ATM 시스템과 데이터통신망 및 기존의 가입자선로를 활용하여 초고속정보통신망을 구축한다.

② ATM기술의 발전정도에 따라 기존 데이터망의 기능을 점진적으로 통합하고, N-ISDN 내부에서도 ATM 상호접속 처리능력을 부가 검토한다. 그리고 공공기관, 기업가입자 등 대형가입자 중심으로 광케이블을 확대 공급하고, 수요에 대응한 가입자 광케이블화를 지속적으로 추진한다.

③ 중저속 데이터는 기존 N-ISDN, 초고속 멀티미디어 수요는 ATM에 수용하는 등 기존 통신망과 초고속 ATM 기술을 통합하여 통신망용량을 대용량으로 확충한다.

4.5 초고속 전용통신망의 고도화

가. 전용통신시설 공급방침

한국통신은 1998년도 전용통신시설 공급방침과 목표량 산정기준을 다음과 같이 결정하여 추진하였다(1998년 시내통신시설 투자사업계획 수립지침, 1996. 6, 한국통신 네트워크본부).

① 개방 및 경쟁에 대응하여 초고속 전용통신망을 고도화 안정화하고, 회선분배시스템(DCS)을 이용하여 초고속 전용통신망을 구축한다. 그리고 고객수요를 적기에 공급하고 고품질화로 경쟁의 우위를 확보토록 하며 영구고객으로 선점한다. 또한 통신사업자들의 전송로를 다원화하고 분산 배치한다.

② 전용통신 시설계획은 전용회선 수요조사보고서, 건물인입 수요조사보고서, 고속디지털전용망 구축추진계획(1990. 12) 등의 자료를 적용하여 수립한다. 그리고 초고속 전용통신망 장기발전 기본계획(1994. 12), 시내·시외 국간전송망 발전기본계획(1996. 3), 광 가입자망 중장기 발전계획(1996. 3) 등도 적용한다.

③ 전용회선의 안정운용을 위하여 단국장치에 이원화 분산수용하고, 경쟁력 확보를 위해 단국장치의 현대화를 강력히 추진한다. 그리고 사업자 전용회선 등 특수수요회선은 공급계획에 사전에 반영한다. 1998년도 수요대비 시설부족구간, 경쟁력 확보를 위하여 직통화 및 분산수용이 필요한 구간, 음성급에서 디지털회선으로 변경해야 하는 구간 등을 우선 공급대상지역으로 선정한다.

④ 신증설 회선은 전량 E1 단국장치 및 지능형 다중화 장치 등 신 기종으로 공급하고, 내용년수가 경과하여 특성이 저하된 시설은 재활용을 지양한다. 특히 KD-1 MUX, KD-4 등 낙후시설은 현대화를 추진한다. 또한 단국장치의 현대화를 위해 K-D1 MUX시설은 1998년까지 E1 단국 등 신장비로 전환하고, 노후 불량 PCM 유니트의 재활용을 금지한다.

⑤ 시설목표량은 전용회선, 정보통신회선, 특수회선, PSTN, ISDN, DID 등 구간별로 Y+2년 수요를 적용한다. 그리고 신증설시설의 목표량은 1996년도 유니트별 시설대비 1997년 회선증가율을 적용하여 우선 산정하고, 기타 정보통신회선, 타사업자 요청분 등을 공급한다. 또한 특수수요를 감안하여 당년 소요회선의 1.2배를 적용한다.

다음에는 디지털 회선분배시스템(DCS-Ⅱ)을 본격 공급하기로 하고 그 기본방침과 목표량 산정기준을 다음과 같이 결정 시행하였다(1998년 시내통신시설 투자사업계획 수립지침, 1996. 6, 한국통신 네트워크본부).

첫째, 공중통신망과 별도로 대·중 도시 간에 고속화 전송통신망을 구축하고, 전송로는 최적루트, 직선화, 다원화로 구성하여 고신뢰도를 확보토록 한다. 그리고 국간전송시설, 가입자전송시설, 타 사업자 등 특수수요회선의 공급과 연계하여 추진한다.

둘째, 디지털 회선분배시스템(DCS) 상호간은 DS1급으로 공급하고, 회선분배시스템과 전화국, 대형건물 간에는 DS1급 또는 DS3급으로 산정 공급한다. 그리고 돌발수요에 대비하여 DDC, DPC, MXR 등의 회로팩은 당년 수요량의 1.2배를 적용하여 확보토록 한다.

셋째, 공급목표량은 전용회선, 정보통신회선, 특수회선 등은 구간별로 Y+2년 수요를 적용하고, 국제통신망과 시외통신망의 BY-PASS 전송로를 확보한다. 그리고 가입자 전송로 및 광 케이블화 사업과 연계하여 추진하고, DS0급 전용회선 중 DCS에 미수용된 기존회선은 공급대상이 된다.

나. 전용통신망의 고도화추진

한국통신은 전용회선 고도화를 위한 초고속 전용통신망의 건설기본계획을 수립하였다(초고속 전용통신망 건설기본계획, 1997. 1, 네트워크본부 통신망기획국). 이 계획의 주관부서 및 결재자는 제5장 말미의 참고자료 편에 기록되어 있다. 이 계획의 주요내용은 다음과 같다.

① 1990년대 후반기부터 기업체와 전용회선 가입자를 위한 초고속 전용통신망을 구축 추진하고, 1997년까지 시 단위이상 지역에 디지털 회선분배장치(DCS)를 설치하며, 1999년에는 대형 초고속교환기(ATM)의 도입한다.

② 광케이블과 동기식전송장치의 인프라를 활용하고, 랙, 셀프, 유니트 단위로 일반 공중통신용 전송로와 분리 구성 운영한다. 초기단계에는 디지털 회선분배장치(DCS)를 활용하고 단계적으로 ATM교환기를 도입하며 도입시기는 초고속 국가통신망 시범결과에 따라 조정한다. 그리고 1997년까지 DCS시설의 중앙집중관리 및 감시체계(DMAS)를 구축하고, ATM 교환기 도입 시기에 맞추어 ATM 전용관리체계를 구축한다.

③ 가입자까지 광케이블을 공급하고, 기존 가입자시설(선로, 비표준형 단말기)의 정합 연동장치를 제공한다. 그리고 기존의 전용통신이용자를 초고속 전용통신망으로 전면 수용한다.

위 계획을 근간으로 하여 한국통신은 1998년도 사업으로 전용통신망의 고도화를 추진하였다(1998년도 주요업무계획, 1998. 2, 한국통신 네트워크본부). 우선 전용회선 수요에 맞추어 적기에 시설을 공급하고, 주요고객의 전용회선은 전략적으로 신뢰성을 향상시켰다. 또한 신설단국은 E1방식을 공급하고 기존 T1방식은 재활용하였다.

그리고 신규수요 발생지역을 위해 영동 3천회선 남강 1천회선 등 총 13만2천 회선을 공급하였다. 이에 필요한 예산 665억8천1백만 원을 배정하여 시행하고, 이중 1997년 착공 1998년 개통분으로 7만2천회선(소요예산 351억1천만 원)을 시행하고, 1998년 착공 1998년 개통분으로 6만회선(소요예산 314억7천1백만 원)을 집행하였다. 이때 협정대상고객은 신협중앙회, 현대정보시스템, 신한은행, 새마을금고연합회, 아이네트 등 5대 고객이었다.

다. 신장비 도입 및 통신망의 안정성 확보

한국통신 네트워크본부는 전용통신망의 획기적 발전을 실현하고자 신장비 기술세미나 및 전시회를 본사 15층 대강당에서 개최하였다(1998. 3. 11). 이 세미나의 목적은 기업영업단(단장 강병태) 신설에 따른 마케팅활동을 지원하고, 신장비에 대한 기술정보를 제공하여 마케팅을 강화하는데 있었다. 이 행사는 부사장(이정욱)의 인사에 이어서 지능형 다중화 장치(IM, LG정보통신), 디지털방송 다중화 장치(DBMX, 삼우통신), 고속디지털 가입자전송장치(HDSL, 아륙전자)에 대해 발표하였다.

그리고 새로운 다중화 장치(AM, 대우통신), 데이터 다중화 장치(UNIMUX, 대하전자), 가입자 광 전송장치(FLC, 삼성전자), 밀집가입자 광 전송장치(FLC-C, 삼우전자), 중소용량 가입자 광전송장치(FLC-D, 재승정보통신), 가입자선로 무선용시스템(WLL, 삼성전자) 등 신 장비에 대한 발표가 이어졌다. 이때 참석자는 기업영업단의 15개 고객관리팀장 및 팀원, 지역본부 마케팅 및 기술부서 관련부장, 삼성전자 외 10개 업체 등 이었다.

그러나 영동전화국에 설치된 DCSⅡ A3 시스템의 하드디스크가 불량하여 전용통신망에 대형 고장이 발생하였다(1998. 3. 19). 여기에는 금융 209회선, 정부 15회선, 군경 7회선, 일반 924회선, 기타 610회선 등 총 1,765회선이 수용되어 있었다. 이러한 전용통신망의 DCS 시스템에 고장이 발생하면 다른 DCS시스템으로 수용 변경해야만 하였다. 이 경우 3일 이상이 걸리는 등 시간이 과다하게 소요되어 우회복구가 곤란한 문제점이 나타났다.

특히 1개의 DCS시스템을 운용하고 있는 전화국(47개 국소)의 경우 고장 시 우회구성이 거의 불가능한 것으로 확인되었다. 이에 따라 분산수용을 위해서는 전화국 상호간 2개 이상 동일시스템을 보유하고, 시스템 상호간 일정범위의 예비회선도 확보할 필요가 있었다. 또한 CPU XT가 8비트로서 처리속도가 느리며, 마그네틱 테입(MT)에 로딩하는데 상당시간이 소요되는 등 OS 로딩시간이 3시간 이상 과다 소요되고 있었다. 그리고 하드디스크, 테이프 드라이브 등 13종에 대한 예비복구 물자가 부족하였고, 운용요원의 대처능력도 부족한 실정이었다.

한국통신 네트워크본부는 전용통신망 안정성 확보대책을 수립하였다(전용DCS 안정성 확보대책, 1998. 3. 23). 이 계획은 네트워크본부 통신망관리팀장(엄재건)이 주관하였으며, 주요내용은 주요가입자를 최대한 분산 수용하고, DCSⅡA 84개 시스템에 대하여 CPU 및 메모리카드 개선으로 로딩시간을 10분-30분으로 단축한다는 것이었다. 그리고 불필요한 경보억제로 시스템 감시기능을 확장하는 등 이 장비의 운용성능을 개선하고, DMAS (DCS/OMC)를 이용하여 중앙감시체제를 구축하여 사전예방조치를 강화하였다(1998. 4-1998. 9). 한편 복구물자 구입을 위한 예산도 확보 추진하였다(1999년).

이러한 문제를 해소하기 위해 한국통신 전용회선의 안정성과 회선고장 시 신속한 대응체제를 홍보할 목적으로 대형고객을 초청하여 전용통신망관리센터(DMAS실) 개통식을 가졌다(1998. 4). 이 행사는 서울 금천전화국 신청사 3층에서 가졌으며 이 자리에서는 전용통신망관리시스템(DBMS)의 시연을 하고 유공자에게 표창 및 감사패가 증정되었다.

5. 초고속 국가통신망의 건설

5.1 초고속 국가통신망 구축방침

가. 기본방침

정부는 1993년에 세운 한국통신의 초고속정보통신망 구축방안(초고속정보통신망 구축, 1993, 한국통신 기술기획실)을 근간으로 하여 초고속 국가통신망 구축을 위한 기본방침을 다음과 같이 수립 제시하였다(초고속정보통신망 구축종합계획, 1994. 2, 체신부 통신정책실).

첫째, 초고속 국가정보통신망은 통신사업자의 광케이블 시설을 최대한 활용하여 건설하고, 건설비용은 정부보유주식의 매각대금, 배당금, 전파사용료 등 정부재정으로 충당한다. 그리고 국가통신망의 종합적 건설 및 관리는 기획단을 구성하여 추진한다.

둘째, 초고속 국가통신망에 국가, 지방자치단체 등 공공전산망이 운영하는 행정전산망, 국방전산망, 공안전산망, 교육연구전산망, 선도시험망 및 필요시 민간기업전산망을 수용한다. 이때 이용료는 통신망의 유지 및 보수에 필요한 운용비용만을 부과하여 이용기관의 부담을 최소화한다.

셋째, 일반국민이 멀티미디어 정보를 공중통신망으로 주고받을 수 있는 초고속 공중정보통신망은 통신사업자가 건설 추진한다. 이는 광대역 ISDN망 구축과 동일한 개념이며, 통신사업자가 구축하여 대규모 수요기관을 우선 수용하고 단계적으로 일반가정까지 확대한다.

넷째, 이를 위해 국무총리를 위원장으로 하고 각 부처 장관을 위원으로 하는 초고속정보통신망 추진위원회를 구성한다. 여기에서 이 통신망 구축 전반에 관한 사항을 심의 조정한다. 그리고 초고속정보통신망 기획단을 체신부 내에 별도조직으로 신설하며, 통신망 구축 관련 자금의 안정적 조달 및 관리를 위해 초고속정보통신망 관리재단법인을 설치한다.

다섯째, 초고속 국가정보통신망 구축을 위한 소요예산은 1조 2천억원으로 하고, 1994년 소요예산은 이동통신(주) 주식매각대금으로 충당하며, 1995년 이후 소요예산은 한국전기통신공사 주식매각대금으로 충당한다.

이때 정부의 정보화를 위하여 LAN 장비, 단말기 구매, 정부정보의 데이터베이스화를 추진하고, 전국 초중고 대학교의 구내통신 LAN 장비, 단말기 구매 등을 지원하게 하였다. 한편 앞에서 설명한 바와 같이 일반국민이 멀티미디어 정보를 공중통신망으로 주고받을 수 있는「초고속 공중정보통신망」은 통신사업자가 건설 추진하는 것으로 정하였다. 이는 광대역 ISDN망 구축과 동일한 개념으로 통신사업자가 구축하여 대규모 수요기관을 우선 수용하고 단계적으로 일반가정까지 확대하는 방안이었다. 이와 같은 초고속 공중정보통신망 건설을 위하여 총 43조5천억 원의 예산을 투입하는 것으로 정하고 이는 통신사업자가 부담하도록 결정되었다.

나. 소요기술개발

정부는 초고속정보통신망 소요기술 중 파급효과가 크고 국제경쟁력 확보가 가능한 핵심기술을 국책사업으로 중점 개발하고자 하였다. 그리고 초고속 정보통신기술, 서비스 개발을 위한 시험시스템으로 활용하기 위한 선도시험망의 구축, 매년 총괄사업계획의 작성, 초고속정보통신망의 효율적 구축을 위한 추진체제 등의 기본계획을 다음과 같이 세웠다(초고속정보통신망 구축종합계획, 1994. 2, 체신부 통신정책실).

첫째, 정부는 개발정책의 수립, 종합관리 및 개발을 총괄하고 전자통신연구소는 기술규격, 핵심기반기술개발을 작성한다. 그리고 통신사업자는 서비스 구현을 위한 기술을 개발하고, 산업체는 시스템을 개발하여 상품화를 추진하며, 학계에서는 기초기반기술을 연구한다.

둘째, 제1단계(1994년-1997년)에서는 차세대교환기(ATM)과 광통신장비를 개발한다. 이를 위한 소요기술은 초고속정보통신망 단계별 구축사업과 연계하여 개발하고, 차세대교환기(ATM), 고속병렬처리컴퓨터, 멀티미디어 정보처리시스템 등 핵심장비는 정부주도로 산·학·연 공동으로 개발한다. 이때 개발된 기술은 초고속 국가정보통신망에 우선 적용하여 실용화한다.

셋째, 이때 통신망기술 분야에 차세대교환기(ATM), 광통신시스템, HDTV급 통신단말기, 고속의 접속 및 전달 프로토콜기술을 개발하고, 컴퓨터기술 분야에는 고속 중형컴퓨터(TICOM-Ⅲ), 초고속 병렬처리컴퓨터(TICOM-Ⅳ), 지능형 멀티미디어 워크스테이션(WS)을 개발한다. 또한 정보처리기술 분야로는 멀티미디어 정보처리시스템기술, 멀티미디어 DBMS기술, 분산시스템 소프트웨어 기술 등을 개발한다. 이를 위해 기술규격작성 및 세부계획은 1994년에 수립하고, 연구시제품은 1996년에 개발하며, 업체기술전수 및 시범서비스는 1997년에 실시한다.

넷째, 2단계(1998년-2002년)에서는 디지털 HDTV급 정보처리시스템을 개발하고,초고속정보통신용 컴퓨터, 멀티미디어 분산처리기술, 대화형 음성언어 정보처리기술 등을 개발한다. 또한 제3단계(2003년-2007년)에서는 차세대 HDTV급 정보처리시스템을 완성한다. 이때 광교환기술, 광자료 처리기술, 개인비서 컴퓨터, 초고속 멀티미디어 프로토콜기술 등을 개발한다.

다. 재원조달계획

당시 정부에서는 초고속국가통신망과 초고속공중통신망의 건설을 위한 재원조달계획을 다음과 같이 수립 추진하였다.

(1) 초고속 국가정보통신망의 통신망 구축, 운영비는 통신공사 주식매각대금, 배당금 및 전파사용료로 충당한다. 그리고 소요기술개발은 진흥기금 및 통신사업자 예산으로 지원한다.

(2) 초고속 공중정보통신망은 민간사업자 예산으로 통신망 구축, 기술개발을 추진한다. 그리고 재원부담능력 확대를 위해 민간기업의 투자참여를 촉진하고, 핵심기반기술 개발은 국책과제로 선정하여 정부가 지원한다.

한편 소요재원은 초고속 공중정보통신망 구축에 43조4,789억 원, 초고속 국가정보통신망 구축에 1조2,080억 원 등 총 44조6,869억 원으로 계획되었으며, 이를 단계별로 구분하여 보면 <표 5-7> 및 <표 5-8>과 같다. 이들 표의 재원부담내용 중 ㈜1은 정보통신진흥기금과 민간사업자가 부담하는 경우를 말한다.

<표 5-7> 초고속 공중정보통신망 구축 소요재원(단위: 억원)

구분	제1단계	제2단계	제3단계	계	재원부담
광케이블 구축	4,239	28,519	282,471	315,229(73%)	민간사업자 부담
통신망 구축	1,438	9,470	94,367	105,275(24%)	
기술개발	7,482	2,607	4,196	14,285(3%)	㈜1
계	13,159	40,596	381,034	434,789	

<표 5-8> 초고속 국가정보통신망 구축 소요재원(단위: 억원)

구분	제1단계	제2단계	제3단계	계	재원부담
고속기간망 구축	670	910	3,890	5,470(45%)	통신공사 주식매각 대금
고속기간망 운영	230	710	1,750	2,690(22%)	
선도시험망 구축	150	200	240	590(5%)	
시범사업	150	-	-	150(1%)	
기술개발	800	1,010	1,370	3,180(27%)	㈜1
계	2,000	2,830	7,250	12,080	

여기에서 초고속 국가정보통신망 구축 운영비 중 제2단계 이후 소요자금은 전파사용료 및 배당금으로 충당하거나 통신공사 주식매각대금(추가매각 시 2.6조원)으로 기금을 설치하여 충당하는 것으로 하였다. 이때 제1단계는 1994년부터 1997년까지로 추진되었으며, 1994년도에 당장 시행할 사항을 다음과 같이 정하였다(초고속정보통신망 구축종합계획, 1994. 2, 체신부 통신정책실).

① 초고속정보통신망 추진위원회를 구성, 초고속정보통신망 기획단을 설립한다.

② 1994년 소요예산은 이동통신(주) 주식매각대금으로 충당하고, 1995년 이후 소요예산은 통신공사 주식매각대금으로 충당한다.

③ 필요시 초고속정보통신망 구축에 관한 기본계획, 초고속정보통신망 구축에 소요되는 자금조달, 초고속정보통신망 구축에 필요한 기술개발지원 등 통신망 구축, 운영지원 관계법을 제정한다. 또한 멀티미디어 환경에 부응한 법률 및 제도를 개선한다.

④ 일정계획으로는 추진위원회 및 기획단 구성안은 1994년 2월에 마련하고, 3월에 국무회의에 상정한다. 이어서 4월에는 단계별 자금조달을 위한 관계부처와의 협의, 통신망 구축, 운영지원 관계법안을 마련하고, 5월-6월에는 관계부처와 법안을 협의하여 1994년도 사업계획을 추진한다.

5.2 초고속 국가통신망 구축방안 평가

가. 정부의 잘못된 방침

1990년대 중반부터 한국통신은 기존의 전화망, 데이터망, 케이블TV망, 방송망 등 별도로 구성된 통신망을 하나의 통신망으로 통합하여 광대역 종합정보통신망으로 진화 발전시키는 것을 목표로 추진해 왔다. 한국통신은 2000년대를 위해 국가 기간통신망을 고도화하고 초고속 국가통신망의 효율적인 구축을 위해 초고속전용통신망 장기발전계획을 수립하여 이를 준비하고 있었다(1994. 12).

이러한 시기에 정부에서는 국가 공공기관 및 비영리기관이 저렴한 비용으로 초고속정보통신 서비스를 원활히 사용할 수 있도록 한다는 명분을 내세워 2010년까지 초고속 국가통신망을 구축한다는 구상을 발표하였다. 당시 이 통신망은 국가기관, 비영리법인 및 단체 약 3만개 기관을 대상으로 하고 있었으며 세부내역은 <표 5-9>와 같다(1996. 6). 여기에서 도서관 등은 도서관, 박물관, 미술관이 포함되었다.

<표 5-9> 초고속 국가통신망 수용대상 기관

구분	행정기관	연구기관	교육기관	의료기관	도서관 등	기타	계
수용기관	12,560	100	10,708	3,654	254	4,455	31,731

당시 정부가 추진하고자 한 초고속 국가통신망 구축계획의 주요내용은 다음과 같다(초고속정보통신망 구축종합계획, 1994. 2, 체신부 통신정책실).

(1) 초고속 국가정보통신망은 통신사업자의 광케이블 시설을 최대한 활용하여 건설하고, 정보화 수준 및 기술발전 등을 고려하여 단계별로 고속화한다. 그리고 건설비용은 정부보유 주식 매각대금, 배당금, 전파사용료 등 정부재정으로 충당한다.

(2) 초고속 국가정보통신망에 국가, 지방자치단체 등 공공기관이 운영하는 행정전산망, 국방전산망, 공안전산망, 교육연구전산망, 선도시험망(Test bed) 및 필요시 민간기업전산망도 수용한다. 이 통신망은 공공기관의 전산화 촉진과 초고속정보통신 기술개발을 위한 기반

시설로 활용하고, 이용료는 통신망의 유지, 보수에 필요한 운용비용만을 부과하여 이용기관의 부담을 최소화한다. 이때 수용조건은 초고속 국가정보통신망과 호환성이 유지되고, 정보의 공동활용을 위한 보유정보를 공개해야 하며, 수용 시기는 개발완료 후 시범사용 단계부터 수용한다. 이를 위한 수용절차로는 이용희망기관은 기획단에 가입을 신청하며, 개통작업은 기획단 주관으로 추진하고, 소요비용은 이용기관이 부담한다.

(3) 초고속 국가정보통신망의 종합적 건설관리는 기획단을 구성하여 추진하고, 서비스 적합성 검증과 조기 활성화를 위해 시범사업을 추진한다.

(4) 대도시 지역에 우선 구축한 후 중소도시까지 확대 구축한다. 이를 위해 직할시, 도청소재지 등 대도시는 노드, 분배장치를 설치하고, 중소도시는 통신망 접속점을 설치하여 노드, 분배장치와 접속한다. 그리고 기타지역은 공중통신망을 이용하여 노드, 분배장치에 접속한다. 이때 주노드는 서울, 부산, 대구, 광주, 대전에 설치하고, 부노드는 인천, 전주, 수원, 청주, 춘천, 창원, 제주에 설치한다. 한편 접속점은 성남, 원주, 포항, 목포, 이리 등 68개 중소도시에 설치한다.

(5) 전산망은 초기 프레임릴레이 망과 고속전용회선으로 수용하고, ATM 교환망으로 전환한다. 이때 음성, 데이터, 영상 등 멀티미디어 정보제공기능은 유지하고, 통신망 구조는 통신망 간 연동, 이기종 접속이 가능한 개방형을 유지한다.

(6) 주요기관은 가입전송로 구간까지 광케이블을 구축지원하고, 5개 권역 간은 완전망형(Full Mesh)으로 구성하여 자동복구기능을 확보한다. 그리고 5개 권역 내에는 성형(Star) 또는 환형(Ring)으로 구성하여 루트를 이원화하여 신뢰성을 확보한다. 이때 상위계층표준은 OSI, 하위계층표준은 OSI 및 ITU-TS를 적용한다. 또한 통신망 간 연동성을 확보하기 위해 개방형 구조로 구축하고, 전송망 관리 및 운용보전을 위한 자동화시스템을 구축한다.

나. 단계별 구축계획 및 추진체계

정부는 초고속 국가통신망을 1994년부터 2010년까지 단계별로 구축하는 목표를 세웠다. 또한 초고속정보통신망 구축 기본계획 및 중요정책의 심의 조정을 위해「초고속정보통신망 추진위원회」를 구성 운영하는 것으로 정하였다(초고속정보통신망 구축종합계획, 1994. 2, 체신부 통신정책실). 이 계획의 주요내용은 다음과 같다.

제1단계(1994년-1997년)에는 초고속 국가정보통신망의 기반을 구축한다. 이를 위해 전국을 수도권, 중부권, 부산권, 대구권, 호남권 등 5개 권역으로 구분하고 권역별로 통신망을 구축한다. 이때 제공서비스로는 건축설계도, 지적도(GIS) 등을 전송하고, 제공대상은 국가기관, 지방자치단체, 연구소 및 대학 등으로 정한다.

이때 기간전송망은 고속 광케이블을 건설하며, 1995년에는 직할시, 도청소재지 등 12개 도시 간에 622Mbps급 광통신전송로를 구축하고, 1997년에는 전국 68개 중소도시까지

155Mbps급 광통신장비를 확대 구축한다. 그리고 주요기관전송로는 저속(E1급 미만) 이용기관은 2Mbps급 광케이블을 구축하고, 고속(E1급 이상) 이용기관은 45Mbps급 광케이블을 구축한다. 또한 필요기관에는 최고 622Mbps 광케이블을 구축한다.

1994년도에는 서울-대덕연구단지 간 선도시험망 구축에 착수하고, 1995년도에는 직할시, 도청소재지 등 12개 도시에 노드를 구축하며, 국세청 전산망, 우체국망, 주민등록관리망, 부동산관리망 등을 우선 전환 수용한다. 그리고 1996년-1997년도에는 68개 중소도시까지 접속점을 확대 구축하고, 행정전산망, 국방전산망, 공안전산망, 교육연구전산망 등 모든 공공전산망을 전환 수용한다.

제2단계(1998년-2002년)에서는 초고속 국가정보통신망을 확산한다. 이를 위해 전국을 중부권, 영남권, 호남권 등 3개 권역망으로 통합 추진하고, 제공서비스로는 원격진료시스템에서의 X-Ray 사진 등 고선명 정지화상을 전송하며, 이때 서비스 제공대상은 전문대, 고등학교 및 공공도서관까지 확대한다. 이를 위한 기간전송망은 2.5Gbps급 광케이블을 구축하고 ATM교환망을 구축하며, 주요기관 전송로는 155Mbps급 광케이블을 구축한다.

제3단계(2003년-2010년)에 가서는 초고속 국가정보통신망을 완성한다. 이때에는 고선명 동화상 및 분산 DB의 병렬검색 등 수퍼컴퓨터 간 병렬처리 전송서비스를 제공하고, 제공대상은 중학교, 초등학교 및 유치원까지 확대한다. 이때 기간전송망은 수십 Gbps급 광케이블을 구축하고, 주요기관 전송로는 622Mbps급 광케이블을 공급한다.

5.3 비정상적 사업추진체계

가. 한국전산원의 등장

정부는 이 사업의 효율적인 추진을 위해 범정부적으로 사업추진체계를 갖추어 추진하고자 하였다(초고속정보통신망 구축계획, 1995. 4, 한국통신 초고속통신관리단). 이 계획의 주요내용은 다음과 같다.

① 초고속정보화 추진위원회를 두고 그 소속으로 초고속정보통신망 구축기획단을 둔다. 여기에는 기획총괄반, 국가망계획반, 공중망계획반, 기술개발반, 통신망운용반, 산업화지원반을 운영하고, 각 부처에 전담반을 만들어 참여한다.

② 초고속국가망의 구축은 한국전산원이 전담하고 이를 위한 총 투자비는 8,114억 원으로 정하며, 이때 한국전산원의 부담금은 없다. 초고속 공중통신망은 한국통신과 데이콤이 전담하고 이를 위한 총 투자비는 42조504억 원으로 하고, 이중 한국통신은 29조4,353억 원을 부담한다.

③ 선도시험망은 한국통신이 전담하고, 이를 위한 투자비는 610억 원으로 하며, 이때 한국통신 부담금은 없다. 반면 시범사업은 한국통신이 전담하고, 이를 위한 총 투자비는 3,192

억 원으로 정하며, 이중 한국통신이 2,250억 원을 부담한다.

이와 같이 당시 한국통신은 정부의 초고속정보통신망 사업의 중심적 추진주체로 지정되었으며, 총 투자비 약 45조 원 중 30조 원(67%)을 부담하게 되어 있었다. 체신부는 초고속정보통신망 전담기구를 구성하여 2010년까지 종합적으로 구축 관리하며, 비용(8,114억 원)은 공공재원으로 충당한다는 초고속국가망 구축종합계획을 수립하였다(1994. 3).

이와 관련하여 체신부는 초고속정보통신망 구축을 위한 실무추진단을 구성하였으며, 여기에 한국통신에서는 연구개발원 김노식 박사, 통신망연구소 이재섭 연구원 등이 참여하였다(1994. 4).

나. 물리망과 논리망에 대한 논란

이때 체신부는 초고속정보통신망 구축기획단(단장 박성득) 제안으로 초고속정보통신 기반구축 종합추진계획(안)에 대한 공청회를 가졌다(1994. 11). 이 종합추진계획(안)에 대하여 한국통신은 초고속국가통신망은 논리망으로 구축하는 의견을 통보하였다(1994. 11). 당시 체신부내 초고속 국가통신망 구축방안에 대한 의견은 2가지 방안으로 나누어지고 있었다. 윤동윤 장관, 박성득 실장, 정책실 실무과장은 물리망을 주장하였고, 경상현 차관, 천조운 부단장은 논리망을 선택하고 있었다.

이후 체신부가 정보통신부로 바뀌고 경상현 장관이 취임하면서 결국 초고속 국가통신망은 물리망으로 구축하는 방안으로 결정되었으며 총 8,114억 원의 예산이 편성되었다(1995. 3). 이때 초고속국가망을 물리망으로 구축한다는 정책결정은 분명 잘못된 결정이었다. 이로 인해 이 사업은 혼선을 겪으면서 결국 성공하지 못하게 되었다.

이 사업의 실질적인 추진을 위해 통신사업자와 한국전산원 간 실무협의를 진행하였다(1995. 1-1995. 5). 이처럼 초고속국가망을 물리망으로 구축하는 경우 이 통신망의 건설과 운용을 단독사업자가 수행하는 것이 불가피하게 되자 데이콤이 강력히 참여의사를 피력하고 나섰다. 이런 와중에 한국전산원은 본연의 임무에서 벗어나 초고속국가망을 건설 및 운용하는 방안을 정부와 협의하고 나섰다. 그러나 이는 법적으로 불가능하다는 결론에 이르자 한국전산원은 이 통신망을 소유하고 싶은 욕심을 접게 되었다.

이렇게 되자 정부는 초고속 국가통신망 구축에 경쟁을 도입하여 논리망으로 구축하고 공공기관을 수용한다는 구차한 방안으로 정책방향을 전환하였다. 이러한 현상은 통신정책방향이 경제적이고 효율적인 통신망 구축방안보다는 경쟁에 치우친 결과 나타난 부작용이었다.

이와 같은 구축방안에 따라 정보통신부 산하기관인 한국전산원은 그때에야 논리망을 수용하면서 통신사업자에게 초고속 국가통신망 제안서를 요청하였다(1995. 5). 이에 따라 한국통신은 초고속전용통신망 계획을 보완하여 초고속국가망을 논리망으로 구축하는 제안서를 제출하였다(1995. 6). 이에 따라 한국전산원은 초고속 국가통신망 주사업자로 한국통신과 데이콤을 선정하였다(1995. 7). 결과적으로 초고속 국가통신망 구축에 한국통신 70%, 데이콤 30%로 참여한다는 기형적인 절충안이 출현하였다.

다. 한국통신과 한국전산원의 관계

정부는 초고속 국가통신망 구축을 위한 세부방안 및 운영방안을 다음과 같이 제시하였다. 그러나 이 방안은 여러 가지 불합리하고 비현실적인 내용이 많아 실질적으로 시행이 곤란하였다.

① 초고속 국가통신망 건설을 위해 한국통신(주사업자)과 데이콤(부사업자)을 선정한다(1995. 1. 17). 공공기관 및 비영리기관을 부처 또는 전산망을 기준으로 주 사업자에게 70%, 부 사업자에게 30%로 배분한다. 한국통신은 주사업자로서 1단계 수용기관 1만개 중 7천개 기관을 수용하고 예산의 70%가 배분받는다.

② 통신사업자 별 수용기관(이용가입자)은 한국전산원이 결정한다. 이는 행정기관 편의 위주의 시행방안으로 통신이용 기관이나 통신사업자에게 복잡하고 번거로운 수용절차가 아닐 수 없었다. 당시 한국전산원이 1단계 수용기관의 청약을 받고 있었다.

③ 초고속국가망은 한국통신이 추진하고자 하는「초고속 전용통신망 계획」을 보완하여 구성하는 초고속 국가통신망 구축 제안서 작성방향이 설정되었다(1995. 5. 29).

④ 초고속국가망 구축 제안서 작성 시 논리망 개념을 명시하야야 한다고 하였다. 전송망은 한국통신의 초고속 전용통신망을 활용하여 구축하고, 액세스망은 광케이블 및 기존의 TP 케이블을 이용하여 전용회선개념으로 수용한다. 이때 DS1-DS3급의 전송능력을 확보한다.

⑤ 한국전산원은 한국통신에게 초고속국가망을 구축 및 운영하게 하고 10년간의 장기사용권을 보유하며, 한국통신은 초고속국가망 설비의 소유권을 갖는다(협약서 제4조). 여기에서 장기사용권이란 초고속국가망에 대해 한국전산원이 공공기관 및 비영리기관에게 일정기간 전용으로 이용하게 하는 권리이다.

이때 소유권에 대해서는 정의가 없다. 따라서 민법 제211조(소유권의 내용)에 의거한 초고속국가망의 통신설비에 대한 권리행사가 가능하다. 다시 말해 이 소유권은 일반적으로 목적물을 법률의 범위 내에서 자유로이 사용, 수익(收益), 처분하는 등 전면적으로 지배할 수 있는 권리를 말한다.

⑥ 이용약관 및 이용요금에 대한 법적근거는 초고속국가망 구축 운영협약(1995. 11. 28)의 특수조건에 나타나 있다. 한국통신은 사용서비스 개시 30일 전에 초고속국가망 이용약관을 한국전산원과 협의한 후 정보통신부장관의 승인을 받아 한국전산원에 제출하여야 한다(협약 제2조).

그리고 한국통신은 초고속국가망 이용요금 산정방안을 수립하여 한국전산원과의 협의를 거쳐 정보통신부장관의 승인을 받아 확정한다(협약 제6조). 이는 정보화촉진기본법 시행령(1996. 1. 1)에 근거를 두고 있다. 즉 한국전산원의 장은 초고속국가망의 이용기관, 이용조건 등을 정하여 정보통신부장관의 승인을 얻어야 한다(제 23조)라고 되어 있다.

5.4 초고속 국가통신망 구축운영에 관한 협약

1995년 후반 한국통신은 한국전산원과 초고속 국가통신망의 구축·운영에 관한 협약을 체결하였다(초고속 국가정보통신망 구축운영 협약서, 1995. 11). 이 협약은 한국통신 역사상 가장 특이한 사건으로서 추후 우리나라 정보통신 역사를 평가함에 있어 중요한 한 페이지가 될 것 같다. 당시 협약당사자는 한국전산원장(이철수), 한국전기통신공사 사장(이준)으로 되어 있으며, 이때는 불행하게도 그동안 우리나라 통신망계획 및 관리의 총 책임부서인 한국통신 네트워크본부가 조직개편으로 해체되어 없던 시기였다. 본 협약서의 주요내용은 다음과 같다.

가. 협약개요

초고속 국가정보통신망 구축운영사업 전담기관인 한국전산원과 초고속 국가정보통신망 구축운영 사업자인 한국전기통신공사는 초고속 국가정보통신망이 현대정보사회의 필수적 국가기반이며 그 구축 및 운영이 절대적으로 요구되는 상황임에 인식을 같이 하였는바, 본 협약서에 의하여 초고속 국가정보통신망 구축 및 운영에 대한 협약을 체결하고 신의성실의 원칙에 따라 협약상의 의무를 이행할 것을 확약하며, 본 협약의 증거로서 협약서를 작성하여 당사자 기명날인 후 각각 1부씩 보관한다.

① 사업명 : 초고속 국가정보통신망 구축운영사업

② 사업비 : 350억 원, 사업보증금 : 35억 원

③ 협약기간 : 1995. 11-1996. 3. 31

나. 초고속 국가정보통신망 구축운영협약 일반조건

제1조(목적) 초고속 국가정보통신망 구축운영사업 전담기관인 한국전산원(이하 갑이라 한다)과 초고속 국가정보통신망 구축운영 사업자인 한국전기통신공사(이하 을이라 한다)는 초고속 국가정보통신망 구축 및 운영을 효율적으로 추진하기 위하여 다음과 같이 합의한다.

제2조(용어의 정의) 이 조건에서 사용하는 용어의 정의는 다음과 같다.

① 초고속 국가정보통신망(이하 초고속국가망이라 한다)이라 함은 광케이블을 중심으로 유무선 고성능 대용량의 정보통신서비스를 제공하기 위하여 갑이 국가재정으로 장기사

용권의 대가를 지급하고, 이를 정보화촉진기본법 제28조와 동 시행령 제24조가 정하는 공공기관 및 비영리기관(이하 공공기관 및 비영리기관이라 함)이 이용하는 전용정보통신망을 말하며, 사업계획서 상의 노드 및 접속점까지를 말한다. ② 장기사용권이라 함은 초고속국가망에 대하여 갑이 공공기관 및 비영리기관에게 일정기간 전용으로 이용하게 하는 권리를 말한다. ③ 초고속국가망 구축이라 함은 사업계획서에 따라 기존 정보통신 시설의 활용 및 신증설 등을 통하여 초고속국가망을 구성하는 것을 말한다. ④ 초고속국가망 운영이라 함은 구축된 초고속국가망을 이용하여 공공기관 및 비영리기관이 요구하는 정보통신서비스 제공에 수반되는 시설의 관리 및 유지보수, 장애처리, 과금 등 일체의 운용 보전업무를 말한다. ⑤ 장기사용권의 대가라 함은 초고속국가망 구축에 사용되는 기존시설과 신규 및 증설투자 등 초고속국가망 구축에 필요한 대가를 말한다. ⑥ 사업비라 함은 갑이 초고속국가망에 대한 장기사용권의 대가로 지급하는 구축비와 운영비로 회계연도를 기준으로 본 협약기간 동안 을에게 지급할 금액을 말한다. ⑦ 본 협약이라 함은 초고속국가망 구축운영 협약서, 초고속국가망 구축운영협약 일반조건, 초고속국가망 구축운영협약 특수조건, 초고속국가망 이용요금 적용방안, 사업계획서 및 산출내역서를 총칭한다.

제3조(협약의 범위 및 협약기간) ① 본 협약의 범위는 초고속국가망 구축 종합추진계획(이하 종합계획이라 함)의 1단계 계획(1995-1997)중 1차년도(1995-1996. 3. 31) 계획으로 하며 그 내용은 본 협약의 일부인 사업계획서에 의한다. ② 본 협약에 의한 사업기간은 1995년 11월 일부터 1996년 3월 31일까지로 한다. ③ 갑이 기술발전 추세 및 수요변화를 검토하여 을에게 사업에 반영하도록 요청할 경우 을은 이를 사업에 반영하여 시행해야 한다.

제4조(집행업무 및 종단 간 서비스제공) ① 갑은 을에게 초고속국가망을 구축 및 운영하게 하고 10년간의 장기사용권을 보유하며 을은 초고속국가망의 통신설비의 소유권을 갖는다. ② 갑은 초고속국가망의 이용기관을 총괄하며 을은 제1항의 소정기간 동안 공공기관 및 비 영리기관에게 안정적이고 신속한 종단간 정보통신서비스를 제공하여야 한다. ③ 장기사용권의 기산은 제8조에 의한 검사 후 갑이 완료통지를 한 날로부터 한다. 단 갑이 사업비를 지급하여 고속 고도화를 한 경우에는 을이 고속 고도화를 완료하고 제8조에 의한 초고속국가망 검사 후 갑이 완료통지를 한 날로부터 제1항의 기간을 기산한다. ④ 당사자는 선량한 관리자의 주의의무로써 본 협약에 의한 사업을 성실히 이행하여야 한다.

제5조(협약체결) ① 을은 갑으로부터 서면으로 협약체결 통지를 받은 후 20일 이내에 협약을 체결하여야 한다. ② 갑은 을이 정당한 이유없이 제1항의 규정에 의하여 협약을 체결하지 아니할 때에는 사업자 선정을 취소할 수 있다. ③ 국가를 당사자로 하는 계약에 관한

법률 제12조 제1항과 동 시행령 제50조 제4항 제1호에 의거 사업보증금의 납부를 면제받은 을은 당해연도 사업비의 100분의 90에 해당하는 금액을 현금으로 납부할 것을 보장하기 위하여 그 지급을 확약하는 내용의 문서(사업보증금 지급각서)를 협약체결 시에 제출하여야 한다. ④ 을이 제16조 제1항 각호에 해당하는 경우에는 제4항에 의하여 사업보증금에 해당하는 금액을 현금으로 납부하여야 한다. ⑤ 갑은 제8조 제6항의 소정의 완료통지를 한 날로부터 10일 이내에 을에게 사업보증금 지급각서를 반환한다.

제6조(협약문서) 협약문서는 초고속국가망 구축운영협약서, 초고속국가망 구축운영협약 일반조건, 초고속국가망 구축운영협약 특수조건, 초고속국가망 이용요금 적용방안, 사업계획서 및 산출내역서로 구성되며 상호 보완의 효력을 갖는다.

제7조(위약금) ① 을은 협약기간 내에 사업계획서에 명기된 초고속국가망의 기간망 구축이 지연된 때에는 갑에게 매 지체일수 마다 사업비 중 구축비의 0.2%에 해당하는 금액(이하 위약금이라 함)을 갑에게 현금으로 납부하여야 한다. ② 갑은 다음 각호의 1에 해당되어 사업수행이 지체되었다고 인정할 때에는 그 해당일수를 제1항의 지연일수에 산입하지 아니한다. 1. 천재지변 등 불가항력적인 사유에 의한 경우. 2. 갑의 책임으로 사업착수가 지연되거나 사업이 중단되었을 경우. 3. 기타 을의 부득이한 사유로 인하여 지체된 경우.

제8조(검사) ① 을은 당해연도 사업을 완성하였을 때에는 그 사실을 서면으로 갑에게 통지하고 갑 또는 갑이 지정하는 자에게 필요한 검사를 받아야 한다. 단, 기술적인 분야는 전기통신기본법 제25조 제2항에 의한 기술기준 적합 확인으로 검사를 대체할 수 있다. ② 갑은 제1항의 통지를 받은 때에는 협약서 기타 관계서류에 의하여 그날로부터 14일 이내에 을의 입회하에 그 이행을 확인하기 위한 검사를 한다. 다만 천재, 지변 등 불가항력적 사유로 인하여 검사를 완료하지 못한 경우에는 당해 사유가 존속되는 기간과 당해 사유가 소멸한 날로부터 3일까지는 이를 연장할 수 있다. ③ 갑은 제1항의 검사에 있어서 을의 협약이행 내용의 전부 또는 일부가 협약에 위반되거나 부당함을 발견한 때에는 을에게 필요한 시정조치를 부과할 수 있다. ④ 제3항의 경우로 협약이행기간이 연장된 때에는 을은 제7조의 규정에 의한 위약금을 갑에게 지급하여야 한다. ⑤ 을은 제3항의 규정에 의한 검사에 이의가 있을 때에는 재검사를 요청할 수 있다. 이 경우 갑은 지체없이 재검사를 하여야 한다. ⑥ 제1항의 규정에 의하여 갑이 검사를 완료한 때에는 그 결과를 서면으로 을에게 지체없이 통지하여야 하며 기술기준 적합확인으로 대체하는 경우는 을이 그 확인사실을 갑에게 통지하여야 한다.

제9조(구축비의 지급) ① 갑은 을에게 회계연도를 기준으로 장기사용권의 대가인 구축비를 착수금, 중도금, 잔금으로 다음과 같이 3회 분할 지급한다. 다만, 천재, 지변 등 불가항력적인 사유와 정부부처의 조치 및 제18조에 명시된 사유와 갑의 사정에 따라 지급시기 및

금액을 변경할 수 있다. 1. 착수금 : 협약체결 후 10일 이내에 구축비의 50%. 2. 중도금 : 협약체결 후 6개월 이내에 구축비의 30%. 3. 잔금 : 제2항 내지 제4항에 정한 절차에 의하여 구축비의 20%. ② 을은 초고속국가망 구축을 완성한 후 제8조 제6항에 의한 완료통지를 받은 때에는 소정의 절차에 따라 잔금지급을 청구할 수 있다. ③ 갑은 제2항의 청구를 받은 때에는 그 청구를 받은 날로부터 14일 이내에 을에게 잔금을 지급한다. 단, 천재, 지변 등 불가항력적인 사유와 정부부처의 조치로 인하여 대가를 지급할 수 없게 된 경우에는 당해 사유가 존속되는 기간과 당해사유가 소명된 날로부터 3일까지는 대가의 지급을 연장할 수 있다. ④ 갑은 제2항의 잔금지급청구를 받은 후 그 청구내용의 전부 또는 일부가 부당함을 발견한 때에는 그 사유를 명시하여 을에게 당해 지급청구서를 반송할 수 있다. 이 경우에는 반송된 날로부터 재청구를 받은 날까지의 기간은 제3항의 지급기간에 이를 산입하지 아니한다.

제10조(고속·고도화 시의 사업비 지급) ① 고속·고도화를 위한 사업비는 갑이 사업비를 지급하여 구축한 기존시설의 잔여 사용기간의 잔존가치를 공제하고 지급한다. ② 제1항의 경우 잔여사용기간의 잔존가치는 법인세법 시행규칙 별표5의 고정자산 감가상각율표에 의거 내용년수 10년을 기준으로 한 정액상각을 1/10을 적용한다.

제11조(사업비의 사용 및 관리) ① 을은 갑이 지급한 사업비를 별도의 계정을 설치하여 관리하고, 사업수행계획의 범위 내에서 적절히 사용하여야 한다. ② 갑이 사업비 사용실적의 제출을 요청하는 경우, 을은 갑이 지정하는 기간 내에 대외적으로 공신력있는 회계법인의 검증을 받아 사업비 사용실적서를 갑에게 제출하여야 한다.

제12조(사업비의 이월) 을은 당해연도 대가의 잔액이 발생한 경우에는 갑의 서면승인으로 이월하거나 접속점의 추가 설치, 구간증설, 안전 신뢰성 향상 등을 위하여 갑의 승인하에 사업비를 사용할 수 있다.

제13조(양도 및 위임의 제한) 을은 갑의 서면승인 없이는 협약상 권리의무를 제3자에게 양도할 수 없고 사업계획서에 명기된 사업의 주요부분에 대한 이행을 제3자에게 위임시킬 수 없다.

제14조(협약이행의 확인) ① 갑은 필요하다고 인정할 때 초고속국가망 구축의 수행과정이나 협약이행상황, 사업비의 운용상황을 확인할 수 있다. ② 갑은 초고속국가망 구축 운영사업추진에 관한 관계 자료를 요구할 수 있으며 을은 이에 성실히 응하여야 한다. ③ 을은 갑 또는 갑이 지정하는 자에게 사업에 대한 현장 확인, 관계서류의 열람, 관계 자료의 제출요청 등에 성실히 응하여야 한다.

제15조(전담조직, 종업원 및 고용원) ① 을은 초고속국가망 구축 운영사업을 총괄하는 전담조직을 구성 운영하여야 한다. ② 을은 초고속국가망을 이용하는 공공기관 및 비영리기관의 효율적 사용을 지원할 수 있는 상담, 기술자문, 초고속국가망 이용신청 및 불만접수,

장애신고 접수 및 처리, 종합망 관리수단 확보를 통한 통계, 자료종합, 분석 및 평가 등의 업무를 수행하여야 한다. ③ 을은 자기의 대리인, 종업원 또는 고용원의 행위에 대하여 모든 책임을 지며 갑이 을의 대리인에 대하여 초고속국가망 구축 및 운영 관리상 부적당하다고 인정하여 이의 교체를 요구할 때에는 부득이한 경우를 제외하고 사업수행 상 차질이 발생하지 않는 범위 내에서 갑의 요구에 응해야 한다.

제16조(협약의 해지) ① 갑은 을이 다음 각 호에 해당하는 경우에는 협약을 해지할 수 있다. 1. 정당한 이유없이 약정한 착수기일을 경과하고도 사업에 착수하지 아니할 경우. 2. 제7조 규정에 의한 위약금이 본 협약의 사업보증금 상당액에 달한 경우로서 협약이행기간을 연장하여도 초고속국가망 구축 및 운영을 완료할 가능성이 없다고 판단될 경우. 3. 기타 협약조건을 위반하여 협약의 목적을 달성할 수 없다고 인정될 경우. ② 갑은 제1항 각호의 경우 이외에 객관적으로 명백한 갑 측의 불가피한 사정으로 인하여 협약을 해지할 필요가 있다고 인정할 경우에는 을과의 협의를 거쳐 필요한 조치를 취할 수 있다. ③ 갑은 제1항 및 제2항의 규정에 의하여 협약을 해지한 때에는 그 사실을 을에게 통지한다. ④ 본 협약은 갑의 서면에 의한 해지통지가 을에게 도달한 때에 해지된다.

제17조(협약해지시의 정산) 갑은 제16조에 의한 협약해지 시 갑이 사업비를 지급하여 구축한 초고속국가망 시설의 잔여사용기간의 잔존가치를 정산한다. 장기사용권의 기간을 포함한 정산의 방법은 제10조 제2항의 규정을 준용한다.

제18조(협약의 변경) 갑은 다음 각 호의 사유로 필요한 경우에는 협약을 수정 변경할 수 있다. 다만, 경미한 사항에 대해서는 갑과 협의하여 을이 변경할 수 있다. 1. 사업목표의 변경 2. 사업기간의 변경 3. 기타 중대한 변경.

제19조(기술지식의 이용 및 비밀엄수 의무) ① 갑은 을이 제출하는 각종 보고서, 정보, 기타 자료 및 이에 의하여 얻은 기술지식의 전부 또는 일부를 갑의 이익을 위하여 복사, 이용 또는 공개할 수 있다. 단, 업무상 기술상 을의 비밀에 속하는 사항은 을과 협의하여야 한다. ② 을은 본 협약을 통하여 얻은 정보 또는 갑의 기밀사항을 협약이행의 전후를 막론하고 외부에 누설할 수 없다. ③ 을은 사업을 수행함에 있어 발생하는 제반문제점, 이에 대한 해소방안 등을 문서로 작성 비치하여야 하며, 갑의 제출요구가 있을 경우에는 이에 응하여야 한다.

제20조(제3자에 대한 책임) 초고속국가망의 구축 및 운영은 을이 책임지며, 이로 인하여 제3자가 손해를 입은 경우 을은 그로 인한 손해배상을 부담한다. 갑이 제3자의 손해를 배상한 경우 을은 이로 인한 갑의 손실을 보상하여야 한다.

제21조(분쟁해결) ① 당사자들은 본 협약의 이행과 관련하여 분쟁이 발생한 경우 최대한 우호적으로 해결하도록 노력하며, 을은 갑이 제시하는 분쟁조정안을 최대한 존중하여야 한다. ② 제1항에 의하여 분쟁해결이 이루어지지 않을 경우 정보통신부장관의 조정을 거쳐

야 한다.

다. 초고속 국가정보통신망 구축운영협약 특수조건

제1조(목적) 초고속 국가정보통신망 구축 운영사업의 전담기관인 한국전산원(이하 갑이라 함)과 한국전기통신공사(이하 을이라 함)는 초고속 국가정보통신망 구축 운영사업 추진에 따른 특수한 필요사항을 다음과 같이 협의하여 정한다.

제2조(이용약관) 을은 상용서비스 개시 30일 이전에 국가망 이용약관을 갑과 협의한 후 정보통신부장관의 승인을 받아 갑에게 제출하여야 한다.

제3조(사업추진 현황제출) ① 을은 월별, 분기별로 사업계획서 대비 사업추진내역을 갑에게 서면으로 제출하여야 하며, 제출일자와 양식은 갑이 별도로 정한다. ② 을은 본 사업을 추진함에 있어 다음 각 호의 산출물을 갑에게 제출한다. 각 산출물의 내용, 종류, 제출부수, 제출시기 등은 사업계획서에 따른다. 1. 초고속국가망 구축실적 2. 초고속국가망 운영실적 3. 초고속국가망 재원집행실적 4. 초고속국가망 이용기관 지원실적 등

제4조(이용기관의 배분) ① 갑은 초고속국가망을 이용하는 공공기관 및 비영리기관(이하 이용기관이라 함)을 부처 또는 전산망을 기준으로 을에게 7/10의 비율로 배분함을 원칙으로 하며, 보안성, 수입, 트래픽 등을 고려하여 을과 협의 후 신축적으로 배분할 수 있다. ② 갑은 서비스의 질, 사업추진실적 등의 평가를 통하여 제1항의 비용기관 배분비율을 조정할 수 있다.

제5조(가입자망의 제공의무) ① 종단간 서비스의 보장을 위하여 을은 갑의 요청 시 또는 이용기관의 이용신청 시 요구속도와 기능을 갖춘 가입자망을 제공하여야 한다. ② 가입자망을 소유한 초고속국가망 사업자인 을은 소유하지 아니한 사업자로부터 설비제공 요청 시 이를 초고속국가망 접속회선요금 이하로 제공하여야 한다. ③ 가입자망을 포함한 서비스 개통시기는 업무상 기술상 지장이 없는 한 이용신청 후 30일 이내로 한다. ④ 을은 제3항의 소정기간 내에 을의 사유로 서비스제공이 이루어지지 않은 경우 지연일수에 상당하는 금액 이상을 배상할 것을 이용약관에 명기하여야 한다.

제6조(이용요금의 산정) ① 을은 초고속국가망 이용요금 산정방안을 수립하여 갑과의 협의를 거쳐 정보통신부장관의 승인을 받아 확정한다. ② 갑은 제1항에 의한 요금산정 후 공중망의 가격이 변동하는 경우 가격변동폭을 요금에 반영할 수 있다.

제7조(상호연동) ① 갑은 초고속국가망간 상호연동을 위하여 을과 협의하여 공정하게 추진한다. ② 을은 망간 연동을 추진함에 있어 국가표준을 적용하고, 이용기관 간 정보공동 활용을 위하여 망간 서비스 연동을 보장하여야 한다.

제8조(기술기준 및 규격) ① 시스템의 규격(접속기준, 신호방식, 통신규약, 전송방식 등) 및 프로토콜은 국가표준을 준수한다. ② 신규개발 장비인 경우 시험운용을 거쳐 임의표준을

채택하여 적용한다.

제9조(운영 및 유지보수) ① 갑이 장기사용권을 확보하고 있는 기간 동안의 초고속국가망의 운영 및 유지보수는 을이 운용계획을 수립하여 실행한다. ② 을은 초고속국가망의 효율적 관리를 위하여 망 관리센터를 운영하고 망 관리센터는 초고속국가망의 시설관리, 시스템감시 및 통제 등을 담당한다.

제10조(국가망 관리센터 설치 및 운영) ① 갑은 초고속국가망 이용기관의 가입자관리 및 서비스 감독을 위하여 초고속국가망 통합관리센터(이하 국가망관리센터라 함)를 설치 운영한다. ② 갑은 제1항에 의한 국가망 관리센터의 설치 운영에 필요한 설비 및 기술지원을 을에게 요청할 수 있다.

제11조(고장접수 및 수리체계) ① 을은 각 노드에 고장신고접수센터를 설치 운영한다. ② 을은 접수된 고장상태를 확인하고 신속히 처리하기 위한 수리체계를 유지한다.

제12조(보안성 확보) ① 을은 초고속국가망의 보안성확보를 위하여 보안이 확보된 장소에 통신시설을 설치하고 주요 시설물의 보호 및 방어대책을 수립하고 이를 시행하여야 한다. ② 을은 관리적, 인적, 제도적 보안대책을 강구하고 고도의 보안성 요구기관에 대하여는 별도의 보안대책을 강구하여야 한다.

제13조(번호체계) ① 초고속국가망 이용자의 번호체계는 국제표준을 기준으로 공중망의 체계를 적용하고 통신망간 상호접속을 위한 망식별 번호체계를 수립한다. ② 을은 국내의 표준 활동과의 조화로 번호체계의 정합성을 확보하고 번호체계가 확립되기 전에는 갑의 승인을 받아 잠정 번호체계를 채택하여 시행한다.

제14조(서비스 보호 및 신뢰성) 을은 통신망 장애발생 시 서비스 보호 및 신뢰성 확보 등을 위한 제반조치를 강구하여야 한다.

제15조(안정적 전환) ① 을은 국가기간전산망을 비롯한 공공전산망 등 대상 이용기관이 초고속국가망으로 전환 시 안정화 기간을 두어 서비스의 연속성과 안정성을 확보해야 한다. ② 제1항의 안정화 기간은 회선구성 완료 후 30일 이내로 하며 을과 이용기관이 협의하여 개통 처리한다.

부칙 ① 본 협약은 체결일로부터 시행한다. ② 본 협약에 명시되어 있지 않은 사항이나 해석상 의문이 있을 경우에는 갑과 을이 상호 협의하여 이를 처리하되, 갑과 을의 해석이 일치하지 않을 경우에는 일반조건 제21조에 따른다. ③ 본 협약서는 3통을 작성하여 갑, 을 및 사업관리기관의 장이 각각 1부씩 보관한다. ④ 일반조건 제9조 제1항의 규정에도 불구하고 1995년도 구축비는 협약기간을 기준으로 하여 3차례 분할 지급한다. ⑤ 초고속국가망의 운영비는 실적에 따라 반기별로 지급한다. ⑥ 을은 1995년 시범이용기관에 대하여 초고속국가망의 이용활성화를 위하여 회선구성 완료 후 3개월간 이용요금을 무료로 한다.

5.5 한국통신의 고민

가. 혼란스러운 정부정책

정부는 이번에 건설되는 초고속 국가통신망의 소유권은 통신사업자가 가지며, 논리망으로 구축한다고 하였다. 그러나 정부의 초고속 국가통신망 구축계획은 국가의 기간통신망 장기계획상 상당한 혼란을 가져오고 사업시행 상 많은 문제점을 내포하고 있었다. 당시 한국통신은 이미 국가기간통신망 장기발전계획에 따라 수천억 원의 예산을 투입하여 우리나라를 대표하는 초고속정보통신망을 한참 구축하고 있는 중이었다.

한걸음 더 나아가 한국통신은 초고속 공중통신망과 초고속 전용통신망을 건설하기 시작하였다. 당연히 초고속 공중통신망에는 정부기관, 공공기관 등이 수용되는 것으로 계획되어 있는 관계로 정부가 나서서 별도의 초고속 국가통신망을 구축할 필요가 없었으며, 이를 추진한다면 이중으로 건설하게 되어 국가적으로 중복 투자하는 상황이었다.

또한 우리나라에는 한국전기통신공사 등 기간통신사업자가 국가기간통신망의 건설 운용을 책임지게 되어 있음에도 불구하고, 정부가 나서서 직접 통신망을 건설하고 운용하겠다는 것은 비합리적이고 비능률적이다. 이는 한국전력이 우리나라의 전력사업을 전담하고 있음에도 불구하고 정부가 나서서 직접 별도의 발전소를 건설하여 전력사업을 하겠다는 것과 같은 상황이었다.

결국 초고속 국가통신망의 구축은 어떤 방법을 검토해 보아도 결국 한국통신이 전담해야 함에도 정부의 전형적 관료주의에 의해 제3의 정부산하기관인 한국전산원을 불필요하게 끼워 넣어 추진하는 방안을 고집하다보니 일이 복잡하게 꼬이고 늦어지는 등 실익이 전혀 없는 상황으로 흘러가고 있었다. 이로 인해 발생한 문제점을 정리하면 다음과 같다.

첫째, 한국통신은 그동안 국가주요통신망을 건설하고 관리해온 우리나라 국가통신망 건설, 운영, 관리의 핵심주체였다. 그럼에도 이를 무시하고 국가주요통신망 건설 및 운영의 비전문기관인 한국전산원을 정부와 한국통신의 중간에 끼워 넣어 관리함으로서 사업추진이 복잡해지고 시행기간이 엄청나게 지연되는 상황이 벌어지게 되었다. 뿐만 아니라 이용자들이 전화이용청약까지도 한국전산원에 하게 함으로써 초고속 국가통신망 업무처리가 혼란스럽고 처리일정이 상당 지연될 수밖에 없었다.

둘째, 정부는 초고속 국가통신망의 이용약관의 제정 및 승인을 한국전산원이 담당하게 하였다. 당시 한국전산원은 정부기관의 전산업무를 전담하는 기관이지 초고속통신망 건설 등을 수행하는 정보통신사업자가 아니었다. 또한 초고속 국가통신망 구축 및 운영 협약에는 통신사업자가 이용약관 및 이용요금을 제정토록 되어 있으나 상위법인 정보화촉진시행령에서 전담기관에서 추진하도록 정하는 바람에 한국전산원이 일방적으로 제정 추진하는 일이 벌어졌다. 한편 이용약관은 불특정 다수가 이용하는 경우에 승인하는 것으로 많은 기관이 초고속 국가통신망을 이용하지만 이는 한정된 이용자가 사용한다고 보아 이용약정으로 변경 추진하였다(정보통신부).

셋째, 한국통신은 초고속 국가통신망을 구성할 때 한국통신은 가입자망을 제공토록 되어 있어 이용약관 및 이용요금을 전담기관(한국전산원)이 제정, 공시할 경우 이용요금을 현재의 전용회선요금과는 별도로 부당하게 책정할 가능성이 내재되어 있었다. 그리고 이용약관이 이용약정으로 변경하는 경우 요금변동사항을 반영하기 곤란하다는 문제도 있었다. 이용약관은 정보통신부의 승인으로 공시를 하면 효력이 발생하나 이용약정은 공시를 할 수 없어 이용기관과 개별로 약정변경을 해야 하므로 사실상 요금변경이 곤란하다. 따라서 한국통신은 이용약관 및 이용요금 재정에 주체가 될 수 있도록 법률자문 등 불필요한 일에 매달리게 되었다.

나. 복잡한 초고속국가망의 구축비용 처리방안

위와 같은 많은 문제가 있음에도 불구하고 정보통신부의 일방적 시행방침에 따라 한국통신은 초고속 국가통신망 기본계획을 수립하고, 이를 논리망 구축내용으로 정부에 보고하였다(1995. 12). 한편 정부는 초고속 국가통신망 구축비용처리방안을 다음과 같이 정하였다.

첫째, 정부는 초고속 국가통신망 구축에 따른 구축원가를 통신사업자에게 지급하고, 통신사업자는 정부에서 지급받은 사업비로 초고속 국가통신망(기간망)을 구축 공급하여 총투입원가를 산정하여 정산한다.

둘째, 정산 확정한 초고속 국가통신망 구축비용은 상계예치금으로 관리하여 초고속국가망 서비스 이용요금과 초고속국가망 계약요금의 차액요금과 상계 처리한다. 즉 정부에서 지급받은 초고속국가망 사업비는 기간망 구축 사업비로 투자하고 투자한 사업비는 정산하여 향후 발생하는 초고속국가망 이용요금과 상계 처리하도록 한다.

한편 정부는 초고속 국가정보통신망을 구축함에 있어 사업비 관련 용어를 다음과 같이 정의하였다.

① 정부출연금이란 정부와 초고속국가망 사업주관기관인 한국전산원과 협약에 의거 정부에서 한국전산원에 지급하는 출연금을 말하며, 국가망 사업비란 초고속국가망 사업 추진을 위하여 한국전산원과 한국통신이 계약체결에 의거 한국전산원에서 지급한 사업비를 말한다.

② 국가망사업비 정산액이란 한국통신이 국가망사업비를 투입하여 ATM교환기, 광케이블, 광전송장치 및 디지털 회선분배장치 설치 등 초고속국가망을 구축 공급하고 투입원가를 산정하여 상호 정산한 금액(상계예치금)을 말한다.

③ 국가망사업비 정산잔액은 국가망사업비를 정산하여 투입원가를 상계예치금으로 확정하고 발생한 정산잔액은 한국전산원에 반납 또는 익년도 사업비와 상계토록 하는 금액이다. 그리고 상계예치금은 국가망사업비 정산액으로 초고속국가망 계약요금에서 초고속국

가망 서비스 이용요금을 공제한 차액과 상계할 예치금을 말한다.

④ 초고속국가망 계약요금이란 초고속국가망 구축 운영사업추진 계약체결 시 초고속국가망 회선서비스 공급분에 대한 계약요금이다. 초고속국가망 서비스 이용요금은 초고속국가망 서비스 이용약관에서 정한 요금으로 서비스이용기관에서 직접 납부한 요금을 말한다.

⑤ 상계요금이란 초고속국가망 계약요금에서 초고속국가망 서비스 이용요금(이용기관이 납부한 요금)을 공제한 차액요금을 말한다.

5.6 한국통신의 선택

가. 초고속 국가통신망 추진방향

1990년대 중반 한국통신은 초고속 국가통신망을 위해 시외구간에 2.5Gbps 1구간, 622Mbps 13구간, 155Mbps 67구간 등 총 81구간에 광전송로 코어를 확보하였다(1995년). 이를 위해 1995년도 초고속 국가통신망 예산(500억 원) 중 70%에 해당하는 350억 원을 지원받아 시행하였다. 이어서 한국통신은 기간통신망의 장기발전계획의 일환으로 초고속정보통신망 종합계획을 수립 확정하였다. 이 계획에 의하면 초고속 전용통신망을 활용하여 초고속 국가통신망을 구축하는 방안으로 결정하였으며 그 세부내용은 다음과 같다(1996. 3).

첫째, 초고속 국가통신망은 한국통신, 데이콤이 매년 계약방식으로 구축하고, 한국통신은 초고속 전용통신망을 활용하여 논리망 방식으로 초고속 국가통신망을 구축한다. 그리고 초고속 국가통신망이 필요로 하는 회선을 논리적 회선 개념으로 제공한다.

둘째, 한국통신은 초고속 국가통신망 설비의 소유권을 보유하고, 국가는 장기회선사용권(10년간)을 갖는다.

이와 같은 시행방침에 따라 1996년-1997년에는 기간통신망 부분에서 12개 노드, 68개 접속점 간에 155Mbps, 622Mbps, 2.5Gbps급의 전송망을 구축하고, 통신망 여건을 감안하여 ATM 교환망을 구축하여 국가기관(1만개) 중 70%인 7천개 기관을 수용 추진하였다. 한편 가입자망은 초고속 공중통신망을 이용하여 한국통신이 자체적으로 구축하고, 정부에서 대상기관을 선정한 후 수용계획을 수립 추진하였다.

1997년 초 한국통신 네트워크본부(본부장 이정욱)는 2010년까지 국가, 지방자치단체 등 공공기관을 광케이블로 연결하는 초고속 국가통신망을 구축 운영한다는 목표를 세웠다. 특히 초고속 국가통신망을 정부기관, 대학, 연구소 등 공공기관에게 저렴한 비용으로 제공하여 멀티미디어 서비스를 선도적으로 이용하는 집단이 되도록 노력하였으며 세부계획은 다음과 같다(초고속정보통신망 건설기본계획, 1997. 1, 네트워크본부 통신망기획국). 이 계획의 주관부서 및 책임자는 제5장 말미의 참고자료 편에 기록되어 있다.

① 이 통신망은 광케이블과 동기식 전송장치로 구성된 초고속정보통신 인프라를 활용한

다. 그리고 1997년까지 5대 광역시를 중심으로 ATM 중계교환기 및 가입자 접속장치를 설치하여 1998년부터 시범서비스를 제공한다. 향후 대도시에 12개의 노드를 설치하고, 68개 접속점까지 ATM 교환기를 확대 공급한다.

② 가입자는 정보화촉진기본법에 의거하여 전담기관이 배분한 기관을 수용 운영한다. 또한 한국통신은 초고속 국가통신망의 ATM 시범운영결과에 따라 향후 국가통신망의 ATM 교환시설을 초고속 전용통신망 시설로 활용한다.

③ ATM교환기는 중계 및 가입자 접속의 2계위로 구성하고, 통합망관리체계(TMN) 기반의 초고속정보통신망 관리표준 및 시스템을 개발토록하며, TDX-100교환기의 ATM 스위칭 모듈을 개발 추진한다.

④ 초고속 국가통신망 1단계(1995년-1997년) 목표로서 전국에 12개 노드 68개 접속점을 확보 추진하고, 우선구간인 12개 노드와 10개 접속점은 기존의 패킷망과 전용회선을 이용하여 초기수요를 공급한다.

나. 초고속 국가통신망의 시범운용 및 확장

한국통신은 1997년까지 5대 광역시를 중심으로 12개의 초고속교환기(ATM)를 설치하여 1998년부터 시범 운용하였다(한국의 정보통신 네트워크 추진계획, 1997. 4. 17, 한국통신). 이를 위해 ATM-MSS를 이용하여 초고속 국가통신망이 조기에 구축될 수 있도록 노력하고, ATM교환기가 상용화되면 ATM 전국 광대역통신망을 1998년-1999년에 완성한다는 것이었다. 이를 위해 서울, 부산 등 대도시와 울산, 여수 등 98개 거점도시에 ATM교환기를 설치하며, 622Mbps, 2.5Gbps급의 대용량 전송로의 건설을 추진하였다.

나아가서는 정보통신기술의 발전추세와 경제성을 검토하여 이를 국제 초고속정보통신망으로 확장하고, 위성통신망, 무선통신망에 광대역 영상통신기술을 도입하고자 하였다. 아울러 한국통신은 고품질의 국제 초고속정보통신망을 구축하기 위해 한국을 중심으로 한 범세계적인 대용량, 초고속의 국제해저케이블의 육양건설을 지속적으로 추진하였다. 이를 위해 1997년부터 우선 한국, 미국, 일본 중심으로 기존의 해저케이블과 위성통신망을 활용하여 국제 초고속정보통신망을 구축 추진하였다.

이 사업을 활성화하기 위해 ATM기반의 멀티미디어급 광대역 통신서비스와 관련되는 단말기, 통신장비, 통신망 간의 상호접속성 및 운용성을 3년간 시험 운영해본 후 2000년부터는 단계적으로 일반가입자에게 상용서비스를 하고자 하였다. 또한 1999년에 발사예정인 무궁화위성 3호를 활용하여 45Mbps급의 한일 간 초고속 위성서비스를 공동시험 운용을 거쳐 상용화하며, 이를 글로벌 초고속 위성통신서비스로 확대한다는 구상을 확정하였다.

그리고 동북아 허브를 구축하기 위한 노력으로써 그동안 확충해온 JKC, HJK, CKC, APCN 등의 해저광케이블에 이어 유라시아 주요국가와는 FLAG, SEA-ME-WE3 등의 대용량의 고속 해저광케이블을 건설하여 전송루트의 다원화 및 국제통신망의 안정화를 도모하는 한편 북미지역과는 1999년까지 20G급의 태평양횡단 해저광케이블을 건설하여 북미 직통망을 구성 추진하였다. 이와 같이 국제해저통신망을 확장함으로써 한국의 초고속 국가통신망을 아태지역 초고속통신망(APII)으로 확대 구축하고, 범세계 초고속 정보통신망(GII)에도 적극 참여한다는 구상아래 실행에 옮기고 있었다.

5.7 정부의 구상과 생각

가. 어느새 정부가 사업집행에 참여

정보통신부는 국가가 이용하는 정보통신망 간 체계를 정립하고 초고속 국가통신망의 사업범위를 확대하기 위해 정보통신부장관 주재로 회의를 개최하였으며, 이 회의에서 결정한 주요내용은 다음과 같다(1997. 3. 11).

① 국가지도통신망, 행정통신망 등은 안정성, 신뢰성의 확보차원에서 타 통신망과 독립적으로 구축 운영토록 한다. 그리고 국가기간전산망 등 공공부문수요는 초고속 국가통신망으로 통합 수용한다.

② 국내기간망은 서울, 부산 등 주요대도시에 다수의 접속점을 설치하여 80개 도시에서 144개 통화권으로 확대하고, 가입자망은 통신사업자가 구축한다. 그리고 국제회선의 경우 주요국가 간 국제회선을 확대하고, 공공인터넷 서비스를 확충하는 등 초고속 국가통신망 사업범위를 확대한다.

③ 1단계(1997년까지)에서 한국통신은 서울, 부산 등 5대 도시에 소형 ATM 및 MSS교환기 각각 5대씩 설치하고, 데이콤은 소형 ATM교환기 3대, ATM-MSS3대를 설치한다. 2단계(1998년-2002년)에서는 전국 144개 접속점에 ATM교환기 및 ATM-MSS 교환기의 설치를 확대하는 등 ATM교환망을 조기에 확충한다.

④ 초고속국가망을 전국 144개 통화권 구축전 단계에서는 이용활성화를 위해 고속요금을 인하하고, 저속요금을 인상하는 등 이용요금체계를 조정한다. 수용기관별로 학교는 인하하고, 병원은 인상하는 등 요금을 차등화하며, 시외요금은 인하하고 시내요금은 인상한다. 그리고 전국 144개 통화권 구축이후에는 전국 통화권과 일치하므로 시외요금은 무료, 시내요금은 공중통신망 요금 수준으로 한다.

나. 한국통신 위상의 하향조정

또한 이 회의에서는 초고속 국가통신망 구축 및 운영업무를 전담하는 별도의 합작회사를 설립하는 방안과 현행대로 정부, 한국전산원 및 한국통신이 업무 분장을 유지하는 방안 등 초고속국가통신망 사업추진방식의 변경도 논의되었다. 그리고 당시 공공기관 인터넷 서비스의 병목현상이 심화되고, 운용예산이 확보되지 않아 서비스 개선이 요구되고 있는 관계로 공공인터넷 서비스 확충 및 고속화방안도 검토되었다. 이때 대상기관은 청와대, SERI, 서울대학교 등 약 800개 기관으로 파악되었다. 당시 다음과 같은 세 가지 개선방안이 검토되었다.

① 제1안은 한국전산원 및 SERI에서 별도의 라우팅 망을 구축한다. 이를 위해 소요예산 180억 원, 라우터수 32개, 요원 30명이 소요된다.

② 제2안으로 한국통신의 FR교환기 및 초고속국가망을 이용한다. 이 안은 소요예산 135억 원, 라우터 수 9대, 요원은 국가통신망 요원을 공유한다.

③ 제2안으로 추진하되 국제회선 운영권만 한국전산원이 담당한다. 이 안의 경우 소요예산 145억 원, 요원 25명이 소요된다.

검토 결과 정보통신부는 제2안으로 추진하는 것으로 정하였다. 한편 이 회의에서 한국전산원 제42회 이사회 안건 중 직제규정개정(안)이 검토되었다. 개정안의 내용을 보면 정부, 공공 데이터베이스 및 국가망 서비스 운영관리 등을 위해 정보연계센터를 신설하며, 이 센터의 본부장은 1급으로 한다는 것이었다. 그리고 정보연계센터는 정부 공공 데이터베이스 연계 및 구축 관리, 조달 EDI 구축관리 및 운영, 초고속국가망 서비스관리 및 운영, 공공기관 인터넷이용 고속화 및 구축 운영, 정부 종합홈페이지 구축 운영 및 지원, 한국인터넷정보센터 운영 관리, 전 각호의 부대업무 등을 관장하는 것으로 되어 있었다. 이 회의에서는 이러한 개정안에 대해 다음과 같이 기능을 축소하는 것으로 검토하였다.

① 초고속국가망 서비스관리 및 운영사항은 통신사업자의 역할이다. 초고속국가망사업의 전담기관인 한국전산원은 향후 ATM 교환망 구축 후 ATM교환기에 수용된 가입자를 관리하는 기능으로 보완 요망한다.

② 공공인터넷의 고속화 및 구축 운영은 초고속 국가통신망 사업자의 역할이다. ATM 교환망 구축 후 국가기관을 수용하여 ATM 서비스 및 인터넷서비스를 제공할 예정임에 따라 한국전산원의 분장업무사항에서 삭제 요망한다.

③ 현재 한국전산원이 수행하고 있는 한국인터넷정보센터의 운영 관리 등 인터넷 관할업무는 1997년 1월 새로이 발족된 (사)한국인터넷협회에서 관할토록 업무를 조정한다.

이때 (사)한국인터넷협회가 인터넷 관련 국내외적으로 공식적인 창구 및 대표기구였다. 그래서 인터넷 보급 확대에 따른 법제도적인 대책, 인터넷 관련 기술인력 양성, 인터넷 관련 사업자들과 정부기관 간의 교량역할을 수행하는 것으로 되어 있었다. 그리고 한국인터넷정보통신센터는 IP주소부여 및 등록관리, Domain Node 부여 등록관리, 인터넷 정보서비스(KRNIX에 관련된 운영통신 서비스), APNIX에 관련된 정보서비스 관리 등의 역할을 맡고 있었다. 이처럼 정부는 우리나라의 대표 기간통신기업인 한국전기통신공사를 여타 신생 군소 통신사업자와 동급으로 하향조정하는데 모든 노력을 경주하고 있었다.

6. 초고속 국가통신망 건설의 중간평가

6.1 사업성과 분석 및 재원확보

가. 사업성과 분석 및 발전방향 재확인

1997년 중반 한국통신 초고속통신추진본부(본부장 김기천)는 초고속정보통신망 추진실적을 점검하고 앞으로의 발전방향을 다시 정립하였다(정부주도 초고속정보통신사업의 사업성 분석 및 발전방향, 1997. 6, 한국통신 초고속통신추진본부). 이때 한국통신은 2010년까지 정부재원에 의해 추진되는 초고속정보통신 관련사업에 주도적으로 참여하였다.

이 초고속국가망 건설사업을 수행함으로서 한국통신은 수익증대에 기여하고 향후 초고속 공중통신망 건설사업을 위해 필요한 장치개발, 통신망구축 및 운용기술을 확보하기로 하였다. 초고속국가망 사업과 관련된 그동안의 추진실적과 앞으로의 계획은 다음과 같다.

(1) 초고속장치 개발사업

당시 초고속통신망 구축에 필요한 ATM 교환기 등 초고속장치 개발사업이 진행되고 있었다. 정부는 이를 위한 개발관리기관으로는 단말기와 통신망분야는 한국통신, 교환분야 및 전송분야는 한국전자통신연구원(ETRI)을 선정하였다(1991. 12. 18). 사업기간은 1992년부터 2001년까지 10년간 개발하고 이를 위한 소요예산은 한국통신 출연금 2,425억 원, 기타사업자 출연 및 업체부담금 3,515억 원 등 총 6,850억 원이었다.

한편 한국통신은 일단 이 개발사업의 사업성을 분석하였는데, 이 사업의 수익은 인건비 전액을 포함한 정부지원금 수령액이고 비용은 장치개발비였다. 이 사업은 정부의 정보화 육성정책을 대행해주는 국책개발사업으로 정부로부터 출연금을 수령하여 개발기관에 지급해주는 형태로 직접적인 손익을 고려할 수 없었다.

그러나 한국통신 입장에서는 참여 인력에 대한 고용효과와 최첨단 기술을 확보하게 되어 초고속정보통신망 구축의 기술력을 보유하는 주도적 사업자로 올라설 수 있는 이점이 있었다. 먼저 고용효과를 보면 총 사업기간에 참여하는 연인원은 1,460명이고 이를 위한 인건비는 730억 원(1,460명×5천만 원)이고, 정부지원 재원에 의하여 한국통신 자체기술력을 확보할 수 있는 효과가 있었다.

(2) 선도시험망 사업

초고속장치 및 응용서비스 개발 관련학계, 연구소 및 산업체에 시험환경을 제공하고자 서울-대전 간에 선도시험망을 구축하였다. 이 사업 전담기관으로 한국통신이 선정되었다. 이 사업은 1995년부터 2010년까지 16년간 시행하고, 소요예산 728억 원 전액은 정부가 지원하는 것으로 정하였다(1994. 12. 6). 이 사업의 수익은 정부지원금과 수령액(인건비 일부 포함)이고, 비용은 통신망 구축비 및 운용비였다.

1995년부터 2002년까지 손익을 분석한 결과 수익 356억 원, 비용 427억 원으로 71억 원의 손실이 예상되었다. 즉 통신망 구축 및 사업경비, 연구과제비 등 직접경비를 정부에서 지원받고, 운용요원에 대한 인건비 및 시설유지비 등 운용비는 한국통신에서 부담하는 형태로서 운용비에 대한 지출이 발생하였다. 이때 운용비중 운용요원 인건비는 직간접 투입인력을 기준으로 하고 시설유지비는 실제 투입된 투자비의 년간 5% 기준으로 산출하였다.

한편 이 시험망은 국내개발 초고속장치 및 서비스에 대한 시험환경을 제공할 뿐 아니라 한국통신 내 이종통신망과의 통신망 간 연동시험 등을 가능케 하여 향후 초고속정보통신 사업에 필요한 장치 및 서비스 개발에 대한 시험의 장(Network Test Bed) 및 초고속 신 장비 운용을 위한 운용요원 육성용으로 활용 가능하다고 보았다.

(3) 정보화 시범사업

초고속정보통신 서비스 이용환경에 대한 사회적, 문화적, 기술적 적합성을 위한 시범지역으로 대전지역을 선정하여 정보화 시범사업을 추진하였다. 한국통신은 이 사업 전담기관으로 선정되었으며, 사업기간은 1995년부터 1998년까지 4년간 시행하게 되었다. 이를 위해 총 262억 원의 예산이 소요되었으며, 이중 한국통신이 131억 원을 부담하고, 정부가 131억 원을 지원하는 것으로 정하였다.

이 사업의 수익은 정부지원금과 수령액(인건비일부 포함)이고, 비용은 통신망 구축비 및 운용비가 대부분이었다. 1995년부터 1997년까지 손익을 분석한 결과 수익 131억 원, 비용 262억 원으로 131억 원의 손실이 예상되었다. 이를 세부적으로 분석해보면 통신망 구축비, 운용비 및 인건비 등 총 투자비 중 50%를 정부에서 지원받고, 나머지 50%는 한국통신이 부담하는 형태로서 전체비용에 대한 50%가 비용으로 지출되고 있었다.

그러나 한국통신 입장에서는 정부지원이 없는 상태에서도 초고속통신망을 구축 운용하고 마케팅을 해야 하고, 이를 위한 장비 및 서비스에 대한 선행적인 시험 및 시범을 추진하여 시행착오를 최소화하여야 하였다. 그리고 주요고객을 시범가입자로 선정하고 서비스를 제공함으로써 한국통신 고정고객으로 선행 확보할 필요도 있었다. 또한 이 시범사업을 통해 초고속통신 수요를 유발 촉진하여 1999년부터는 서비스를 유료화하여 수익사업으로의 전환이 가능하다고 보았다.

(4) 초고속 국가통신망 사업

초고속정보통신망 기반구축 및 이용수요창출을 위해 2002년까지 전국 2만1천여 개의 공공기관을 수용할 수 있는 초고속 국가통신망의 구축을 구상하였다. 정부는 이 사업 전담기관으로 한국전산원을 선정하였으며, 초고속 국가통신망 사업권은 한국통신(70%)과 데이콤(30%)의 복수사업자로 결정되었다. 이는 단일 통신망을 억지 분할하여 건설 및 운영하게 하는 비능률적이고 비합리적인 구조였었다.

정부는 이 사업을 1995년부터 2010년까지 16년간 시행하는 것으로 정하였으며, 이를 위해 총 소요예산 8,114억 원 전액을 정부가 지원하는 것으로 결정하였다. 이 사업의 수익은 초고속 국가통신망 이용기관으로 부터 받는 요금과 정부지원금 선지급금에 대한 이자이고, 비용은 초고속 국가통신망 구축 및 운용에 필요한 모든 비용이었다. 1998년부터 2002년까지 5년간 손익분석을 하면 <표 5-10>과 같다.

<표 5-10> 초고속 국가통신망 손익분석(단위 억원)

구분	1995-1997년	1998년	1999년	2000년	2001년	2002년	계
수입	368	603	1,193	2,257	4,060	5,697	14,178
비용	285	445	933	1,798	3,342	4,788	11,591
순익	83	158	260	459	718	819	2,587

이때 수용회선 수는 초고속 국가통신망 이용대상기관 연도별 수용계획, 정부지원금은 초고속 국가통신망 연도별 정부재원 지원계획을 적용하였고, 정부지원금의 상계 종료 시기는 2001년으로 하였다. 이 사업은 1998년부터 5년 동안 2천5백억 원의 순익이 발생하는 것으로 분석되었고, 정부지원금은 2001년에 상계 종료되며, 2002년부터는 초고속국가통신망 요금 전액을 이용자가 부담하거나 정부재원을 추가로 확보할 필요가 있는 것으로 판단되었다.

이런 상황에 따라 향후 제2단계(1998년-2002년), 제3단계(2003년-2010년) 초고속국가통신망 사업자를 선정할 때는 데이콤, 두루넷, G&G 텔레콤 등 다수의 경쟁사업자가 참여할 것으로 예상되었다. 만약 한국통신이 이 사업에 참여하지 않을 경우 향후 5년간 수입 1조4천억 원, 순익 2천5백억 원의 손실이 발생하고, 고객확보 면에서도 3만여 국가통신망 수용기관이 타 사업자의 영구고객으로 이탈할 수밖에 없는 상황이었다.

나. 재원확보 및 관리

정부는 이 사업을 위해 정보화촉진기금을 활용하여 장치 및 서비스 개발에 6,850억 원, 초고속통신망 구축에 9,344억 원 등 총 1조6,194억 원을 지원하는 것으로 하였다. 이와는 별도로 초고속 공중통신망 구축에 필요한 총 43조원 규모의 예산은 민간재원으로 추진하는 것으로 하였다.

한국통신에 대한 정부지원금 규모 및 관리상황은 다음과 같다(정부주도 초고속정보통신사업의 사업성분석 및 발전방향, 1997. 6, 한국통신 초고속추진본부).

(1) ATM교환기, 광 전송장치, ATM 단말장치 등 초고속장치 개발을 위하여 정부출연금 910억원, 통신사업자 출연금 2,625억 원 등 총 3,535억 원을 확보하였으며, 세부내역은 <표 5-11>과 같다. 여기에서 교환 4사 등 산업체에서 부담하는 3,315억 원(현물, 융자금)은 별도 추진하였다.

<표 5-11> 초고속장치 개발소요예산 확보계획(단위 억원)

구분	정부출연금		통신사업자 출연금		
	정보통신부	과기처	한국통신	데이콤	SK텔레콤
금액	710	200	2,425	100	100
	910		2,625		

(2) 초고속 선도시험망, 정보화시범지역, 초고속 국가통신망 등 초고속정보통신망 구축을 위하여 총 6,297억 원의 예산이 소요되는 것으로 계획하였으며, 이에 관한 세부내역은 <표 5-12>와 같다. 여기에서 1995년-1996년까지는 정산금액이고, 1997년-2010년까지는 현 기준에 의한 개산금액이다. 그리고 총 정부재원 지원금액 중 한국통신은 6,166억 원을 수령하였으며, 이때 가입자 광케이블은 초고속 공중통신망과 병행 추진되므로 정부재원에 의한 지원에서는 제외되었다.

<표 5-12> 초고속통신망 분야 정부지원금 내역(단위 억원)

구분	초고속 선도시험망	정보화 시범지역	초고속 국가통신망	계
정부지원금	728	131	5,307	6,166
한국통신 재원	-	131	-	131
계	728	262	5,307	6,297

(3) 한국통신은 장치개발사업을 위한 정부지원금 관리는 한국통신 자금계좌와는 별도의 정부지원금 입금계좌와 출금계좌를 운영하였다. 또한 선도시험망, 정보화시범사업 및 초고속 국가통신망 사업의 경우는 한국통신 자금계좌와 별도의 정부지원금 입금계좌를 개설하여 운영하였다. 그리고 집행행위 발생 시에는 정부지원금을 한국통신 자금계좌로 입금하여 시행하였다.

(4) 정부지원금에 대한 한국통신의 의무사항을 보면 초고속장치 개발사업은 초고속장치의 개발관리 및 상용화이고, 선도시험망 사업은 2010년까지 시험환경을 무료로 제공하는 것이었다. 그리고 정보화시범사업은 초고속정보통신 서비스를 무료로 제공하며, 1999년부터는 유료화할 수 있게 되어 있었다.

(5) 정부는 국가, 지방자치단체 등 공공기관을 수용하는 초고속 국가통신망을 건설하여 저렴한 요금으로 이용하게 한다는 방침을 발표하였다. 초고속 공중통신망 요금의 60% 수준의 할인된 요금으로 서비스를 제공하는 것으로 하였다. 더구나 정부에서는 40%는 초고속 국가통신망 지원금에서 상계하는 방식으로 하여 정부가 부담한다는 논리를 적용하여, 결국 이용자가 한국통신에 직접 납부하는 금액은 20% 수준의 저렴한 요금으로 이용하게 하였다.

6.2 초고속정보통신망 계획의 보완조정

가. 건설 타당성의 재검토

1997년 하반기에 들어서면서 한국통신은 초고속 정보통신망 구축방안을 보다 구체화하였다. 초고속 공중통신망과 초고속 국가통신망으로 구분하고, 타 서비스망과 타 통신사업자 망간 중계접속회선을 제공하며, 이용자에게는 622Mbps급까지의 가입자 접속회선을 제공하는 것으로 정하였다. 이때 우리나라의 초고속 정보통신서비스, 고속전용회선 및 ATM서비스 수요를 전망하면 <표 5-13>과 같다(정보통신망 고도화 추진계획, 1997. 6, 정보통신부).

여기에서 초고속정보통신 서비스에는 고품질 영상회의, 고품질 비디오 분배, 고속 데이터전송, 광대역 비디오텍스 등의 수요를 포함하였다. 또한 고속전용회선 부문은 2M- 45M와 45M 이상 수요를 합친 수요이며, ATM 서비스의 경우는 2M, 45M, 155M 수요를 합산한 총수요를 말한다.

<표 5-13> 초고속 정보통신서비스 수요전망

구분	1998년	2000년	2002년	년평균 증가율(%)
초고속정보통신(회선)	20,260	41,306	82,180	42.5
고속전용회선(회선)	29,437	46,640	94,688	34.2
ATM서비스(포트)	122,271	178,180	262,457	21.0

당시 이와 같이 초고속 정보통신수요가 증가하는 이유를 다음과 같이 분석하였다(초고속 정보통신망 구축계획, 1997. 10, 한국통신 네트워크본부).

① 정보화사업 추진 및 인터넷 이용의 활성화 등에 따라 고속통신서비스 수요의 증가가 예상되고, 제조업, 연구개발 분야 등을 중심으로 다양한 정보의 신속한 교환을 위한 고속통신수요가 증가할 것이다.

② 재택근무, 교육, 문화 프로그램의 수신, 홈쇼핑 등을 위한 고속정보통신 수요증가가 예상된다. 그리고 LAN 간 상호접속, 인터넷서비스 등의 고속데이터회선 수요증가로 1999년 이후 소요대역폭의 요구가 급증할 것이다.

③ 고속데이터, 영상 및 소프트웨어 전송, CAD/CAM 정보교환, A/V 분배 등을 중심으로 관련 시스템 및 단말기 보급이 보편화되는 2000년 이후부터 2Mbps급 이상의 초고속 정보통신 수요가 급증할 것이다.

한국통신은 이 사업의 연도별 사업수지를 보면 2002년-2003년경에 흑자 전환이 예상되고, 가입자 수용비용, 월평균 부담액, 투자비 절감, 운영비 상승 등 통신환경여건에 따라 2006년경 누적손익은 약 -8000억원~3조원에 이를 것으로 전망하였다(초고속 공중정보통신망 수요전망 및 교환기 도입계획, 1997. 6, 한국통신 통신망연구소).

나. 구축방침 및 목표조정

1997년 하반기에 한국통신은 현실적인 상황을 감안하여 초고속 정보통신망 추진계획을 재차 보완 조정하였다(초고속 정보통신망 구축계획, 1997. 10, 한국통신 네트워크본부). 그리고 초고속 국가통신망의 추진여부에 대하여 한국통신 통신망기획심의위원회에 상정하였으며, 이때 보완 조정된 초고속정보통신망 건설계획의 기본방침을 다음과 같이 재정립하였다.

첫째, 현재 구축 중인 초고속 국가통신망을 최대한 활용하여 초고속 공중통신망을 건설한다. 이때 중계교환기는 초고속 국가통신망과 공동 활용하며, 가입자 접속교환기도 초고속 국가통신망 시설을 적극 활용한다.

둘째, 초고속정보통신 상용서비스를 조기에 제공하기 위한 기반을 조성한다. 이를 위해 ADSL을 활용한 고속인터넷 접속서비스를 제공하고, ATM교환기를 이용하여 저렴하고 고품질의 초고속 전용회선 서비스를 제공한다. 그리고 국제 초고속 관문교환기를 설치하고, 초고속 공중통신망에서 사용할 주력 ATM교환기의 규격을 제정한다.

셋째, 초고속정보통신 사업의 효율적인 추진을 위해 일원화된 조직에서 사업을 추진토록 한다. 초고속 공중통신망과 초고속 국가통신망 사업을 통합하여 단일부서에서 전담 추진한다.

넷째, 통신망 고도화의 실현을 위해 2006년까지 초고속정보통신망을 구축한다. 이를 위해 읍단위 이상 지역까지 ATM교환기를 1식 이상 설치한다. 그리고 동기식 전송망은 2005년까지 구축하며, 대도시 및 중소도시 지역까지 FTTC 광케이블 간선망을 완성한다.

6.3 초고속정보통신망 시행계획의 조정

한국통신은 그동안 진행된 초고속정보통신망 사업의 중간평가를 반영하여 현실적 여건 및 상황을 감안하여 1998년부터 2006년까지 단계별 시행계획을 다음과 같이 조정하였다(초고속 정보통신망 구축계획, 1997. 10, 한국통신 네트워크본부).

가. 1단계 추진계획

1단계(1998년)에는 서울, 부산, 대전에 ATM교환기 11식을 설치하여 상용화의 기반을 조성하고 고속인터넷, 초고속 전용회선, 초고속 국제회선 등을 위해 다음과 같이 시행한다.

첫째, 인터넷 수요급증에 따른 기존 전화망의 병목현상을 우선 해소하고, 인터넷서비스의 고속화 요구에 효율적으로 대처하며, 광 가입자망 구축이전의 고속통신서비스를 제공하기 위해 ADSL을 이용한 고속인터넷 접속망을 구축한다.

둘째, 개별적 청약에 의존하는 현행의 전용회선 공급체제로는 양질의 전용회선을 저렴한 가격으로 공급하는데 한계가 있다. 따라서 ATM 교환기술을 이용하여 시간별, 이용자 요구대역폭별로 다양한 전용회선 서비스를 제공하는 방향으로 추진한다. 이를 위해 초고속전용회선 서비스의 시험을 위한 ATM 교환망을 전용회선 수요밀집지역인 서울과 과천지역에 구축한다.

셋째, 국제 ATM서비스 수요를 충족하기 위해 초고속 관문교환기를 설치한다. 이는 APAN, APII 등 국제초고속통신을 위한 국제관문국 역할을 수행하고, 또한 제외국의 상용 ATM통신망과 국내통신망을 조기에 연동시킨다.

한편 한국통신은 1998년도 사업을 위해 145억1천4백만 원의 예산을 투입하여 초고속 국가통신망에 전송단국시설 44 STM-1을 설치 공급하였다.

나. 2단계 추진계획

2단계(1999년-2001년)는 도시지역에 ATM교환기를 전면 공급하여 초고속정보통신망을 완성한다. 이를 위해 5대 도시간의 통신망 구성, 시외국의 가입자 접속, 전국지역별 ATM 교환기 설치 등에 대하여 다음과 같이 시행한다.

① 서울, 부산, 대전, 대구, 광주 5대도시에 40Mbps급 이하의 ATM중계교환기를 설치하고, 이 5대 도시간은 완전 망형(Full Mesh)형태로 구성한다. 또한 서비스망과 타 통신사업자망에게 중계회선을 제공한다.

② 시외교환기 설치지역의 시외국 또는 전송로 집중국에 2.5-10Gbps급의 ATM방식의 가입자 접속교환기를 우선 설치한다. 이를 통해 업무용 및 일반가입자를 대상으로 가입자회선을 제공한다.

③ 이때 ATM교환기는 서울 21개 시스템, 부산 14개 시스템, 경기 12개 시스템, 대구 10개 시스템, 전남 9개 시스템, 충남 8개 시스템, 강원 7개 시스템, 전북 6개 시스템, 충북 5개 시스템, 제주 3개 시스템 등 총 95개 시스템을 설치한다.

다. 3단계 추진계획

3단계(2002년-2006년)에는 전국적으로 총 236개 시스템의 중대형 ATM교환기를 대량 설치하여 초고속정보통신망을 확산한다. 이를 위해 10대도시간 통신망 구성, 읍단위 이상 지역의 가입자 접속, 전국지역별 ATM교환기 설치 등에 대하여 다음과 같이 시행한다.

① 전국 10대도시 시외국 또는 전송로 집중국에 40-160Gbps급의 중대형 ATM교환기를 설치하고, 이 10대 도시간은 완전 망형(Full Mesh)형태로 구성한다. 또한 서비스망과 타 통신사업자망에게 중계회선을 확대 제공한다.

② 읍단위 이상지역에 1식 이상의 가입자 접속교환기를 공급한다. 이를 위해 2.5- 10Gbps급의 ATM교환기를 설치하고 이를 중계교환기와 성형형태로 구성한다. 이를 통하여 업무용 가입자와 일반가입자를 대상으로 가입자 접속회선을 제공한다.

③ 이때 ATM교환기는 서울 46개 시스템, 부산 40개 시스템, 경기 32개 시스템, 대구 26개 시스템, 전남 23개 시스템, 충남 21개 시스템, 강원 15개 시스템, 전북 14개 시스템, 충북 11

개 시스템, 제주 8개 시스템 등 총 236개 시스템을 설치한다.

또한 초고속정보통신망에 대한 제어 및 관리체계를 1998년부터 2006년까지 구축해 나가는 계획을 마무리 하였다(초고속정보통신망 구축계획, 1997. 10, 한국통신 네트워크본부). 고객중심의 가입자와 통신망간의 관리 인터페이스 기능을 가지고 가입자 관리, 서비스 신청 및 계정관리, 과금관리 등의 서비스 관리기능을 실현하고 주문즉시 개통기능, 다양한 서비스 등급기능, 통신망 관리기능 등도 갖추게 하였다. 한편 5개 지역 운용센터에 지역가입자망 운용관리시스템을 설치하여 초고속통신 가입자망의 운용관리체계를 확립토록 하였다.

6.4 공공기관 수용 및 요금

가. 공공기관 수용상황

1997년 하반기 초고속 국가통신망에는 공공기관, 교육기관 등 총 9,318개 공공기관(15,203회선)이 수용되었으며, 세부내역은 <표 5-14>와 같다(1997. 12. 31). 이때 초고속 국가통신망의 통신속도 별 이용회선은 9.6Kbps급 12,946회선, 64Kbps급 1,326회선, 2Mbps급 882회선, 45Mbps급 9회선으로 파악되었다(1997. 12. 31).

<표 5-14> 초고속 국가통신망의 공공기관 수용(1997. 12)

구분	공공기관	교육기관	연구기관	의료기관	기타기관	총계
기관수	7,701	1,033	42	365	177	9,318
회선수	13,116	1,153	112	520	302	15,203
단순전환	11,410	1,003	97	452	262	13,226
신규신청	1,706	150	15	68	40	1,977

한편 초고속 국가통신망 사업을 효율적으로 추진하고 초고속통신 관련 업무를 일원화하기 위해 초고속추진실의 신설을 추진하였다. 조직의 신설 전까지는 현행 조직체계에서 관련 업무를 수행하고, ATM교환기가 설치되는 지역본부 내에 전담운용조직을 신설하며, 체계적인 운용을 위해 서울지역에 ATM집중관리센터의 신설도 추진하였다.

나. 초고속 국가통신망의 이용요금

초고속 국가통신망의 이용요금 적용구간은 이용기관↔초고속 국가통신망↔이용기관으로 구성된다. 여기에서 초고속 국가통신망(T)은 12개 노드 및 68개 접속점(Access Point) 구간을 말하고, 이용기관과 초고속 국가통신망 간(S1, S2)은 초고속 국가통신망에 접속하기 위한 시내구간 또는 시외구간의 접속회선을 말한다. 이때 초고속 국가통신망 이용자에 대한 이용요금 적용방안을 다음과 같이 정하였다.

① 국가재정으로 구축 운영되는 초고속 국가통신망(T) 구간은 무료이고, 기간망의 운영비는 실적에 따라 지급한다. 접속회선(S1, S2) 구간은 이용기관이 부담한다. 접속회선은 최인접 노드 또는 접속점에 접속하기 위한 회선으로, 이는 현행요금의 단대단(End-to-End) 간 40%를 적용한다. 감면차액은 초고속 국가통신망(T) 구간에 요금으로 반영하여 보상한다.

② 속도별 상대적 요금비중을 고려하여 속도군을 45M, 2M, 64K 및 9.6K 이하의 4개 규격으로 통합한다. 그리고 고속(2M 이상)과 중저속(64K 이하)의 요금격차를 감소토록 한다. 이때 접속회선(End-to-End) 요금표는 <표 5-15>와 같다.

<표 5-15> 접속회선 요금표(단위 : 1,000원)

구분	9.6Kbps	64Kbps	2Mbps	45Mbps
시내	18	36	240	2,700
10Km 이내	55	111	744	8,370
30Km 이내	98	196	1,312	14,760
30Km 이상	137	274	1,832	20,610

④ 전용회선서비스는 시내전용에서는 상·하위국간 접속회선료(단대단 40%), 시외전용의 경우는 접속회선료(단대단 40%)+해당거리 별 감면보상금을 적용한다. 이때 감면보상요금표는 <표 5-16>과 같다.

<표 5-16> 감면보상 요금표(단위: 천원)

구분	9.6Kbps	64Kbps	2Mbps	45Mbps
시내	-	-	-	-
10Km 이내	-	-	-	-
30Km 이내	19	66	249	2,497
50Km 이내	41	133	499	4,995
100Km 이내	49	166	625	6,243
200Km 이내	59	199	749	7,492
300Km 이내	69	233	874	8,741
400Km 이내	83	266	999	9,990
401Km 이상	93	299	1,123	11,238

⑤ 전용회선서비스와 데이터교환서비스의 요금체계를 구분한다. 전용회선은 단대단 간 접속회선료를 적용하고, 데이터교환서비스를 우대하여 정보의 공동 활용을 촉진한다. 정보

이용에 관련된 사용료 등은 무료로 하고, 접속회선료 만 적용하고 서비스 이용을 위한 접속회선 구성에 필요한 기타 비용은 현행요금을 적용한다. 데이터교환회선 이용료는 이용기관과 노드/접속점 간 접속회선료(단대단 40%)를 적용한다.

한편 접속회선 구성에 필요한 장치비 등의 비용은 현행 요금체계를 적용하고, 세부내용은 협약체결 후 이용약관에 반영하여 제정한다. 이 방안은 1995년도 시범이용 기관의 상용서비스부터 적용할 수 있도록 한다.

6.5 초고속 공공인터넷의 구축

가. 사업방침 및 시행계획

1990년대 후반 정부는 초고속 공공인터넷을 구축하는 방안을 발표하였다(초고속 공공인터넷서비스 확충계획, 1997. 3. 28, 정보통신부). 초고속 공공인터넷은 공공기관의 행정정보를 상호 공용하여 업무의 효율화와 대국민서비스를 개선하고 정보통신산업을 발전시킨다는 목적으로 출발되었으며, 이 사업은 정보화촉진기본법을 근거법으로 하였다. 이 초고속인터넷 사업은 국가통신망사업의 일환으로 시행하고, 시행기간은 1단계(1998년-2002년)는 통신망을 확장하고 2단계(2003년-2010년)에서 완성하도록 계획되었다. 여기에서 1단계 사업내용 및 규모를 보면 다음과 같다.

① 예산계획은 1단계 사업(1997년부터 2002년까지)에 총 956억 원(초고속국가망 사업예산 8,114억 원에 포함)의 공공재원을 투자하여 고속 대용량의 인터넷서비스가 가능한 국내 기간망 및 국제회선을 구축하며 이를 위한 연도별 투입예산은 <표 5-17>과 같이 편성한다.

<표 5-17> 초고속인터넷 구축 투자계획(1단계)

구분	1997년	1998년	1999년	2000년	2001년	2002년
예산(억원)	137	106	136	195	210	173

② 이용대상기관은 공공기관, 각급학교, 연구기관, 연금공단, 박물관, 미술관, 도서관, 의료기관, 의료보험조합, 공단 등 3만개 기관으로 정하였다. 1단계에서는 총 14,300개 기관을 수용할 계획이며 연도별 이용기관 수용계획은 <표 5-18>과 같다.

이 사업의 운용사업자는 한국통신(70%)과 데이콤(30%)으로 결정되었다. 이때 한국통신은 1997년부터 바로 이 사업을 착수하였고, 데이콤은 ATM으로 인터넷서비스가 가능한 시점을 검토하고 있었다.

<표 5-18> 초고속인터넷 이용기관 수용계획(1단계)

연도별	1997년	1998년	1999년	2000년	2001년	2002년
이용기관	800	2,000	4,500	5,000	1,000	1,000

나. 한국통신의 초고속인터넷 운용

한국통신은 초고속인터넷 서비스는 초고속 국가통신망을 기반으로 구축하여 이용하게 하였다. 이에 따라 초고속인터넷은 공중통신망(PSTN)과 동일 지역에 구축하여 향후 초고속 공중통신망과 연동하도록 하며, 12노드의 유선망과 68개 접속점을 80개 도시에 건설하여 저렴한 요금으로 이용하는 방침을 세웠다.

또한 한국통신은 초고속 전용통신망을 활용하여 초고속 국가통신망으로 운용하는 방안도 추진하였다. 우선 1997년까지 5대 광역시를 중심으로 12개의 초고속교환기(ATM)를 설치하여 1998년부터 시범운용을 추진하였다(한국의 정보통신 네트워크 추진계획, 1997. 4. 17, 한국통신). 이를 위해 ATM-MSS를 이용하여 초고속 국가통신망을 조기에 구축하고, ATM교환기가 상용화되면 전국 ATM 광대역통신망을 1998년-1999년에 완성하는 쪽으로 추진하였다.

이를 위해 서울, 부산 등 대도시와 울산, 여수 등 98개 거점도시에 ATM교환기를 설치하며, 622Mbps, 2.5Gbps급의 대용량 전송로 건설에 박차를 가하고 있었다. 또한 한국통신은 초고속인터넷을 위한 국제통신망으로 미국 10M, 일본 2M, 유럽 2M의 국제회선을 개통하였다(1997. 6-1997. 9). 이후 1998년 1월 이 회선의 50%이상의 대역폭을 사용하고 있는 관계로 <표 5-19>와 같이 국제회선 용량확보계획을 세워 추진하였다.

<표 5-19> 인터넷 국제회선 용량확보계획(단위 Mbps)

구분	1998년	1999년	2000년	2001년	2002년
미국	20	20	45	45	45
일본	2	2	4	4	4
유럽	2	2	2	2	4

한편 정보통신기술의 발전추세와 경제성을 검토하여 국제 초고속정보통신망으로 확장하고, 위성통신망, 무선통신망에 광대역 영상통신기술을 도입하였다. 그리고 고품질의 국제통신망 수요를 확충하고 국제 초고속정보통신망의 인프라를 구축하기 위해 한국을 중심으로 한 범세계적인 대용량 초고속의 국제 해저광케이블의 육양 건설을 지속적으로 추진하였다.

1997년부터는 우선 한국, 미국, 일본 중심으로 기존의 해저광케이블과 위성통신망을 활용하여 국제 초고속정보통신망을 추진하였다. 이를 위해 ATM기반의 멀티미디어급 광대역통신서비스와 관련되는 단말기, 통신장비, 통신망 간의 상호접속성 및 운용성을 3년간 시험운영한 후 2000년부터는 단계적으로 일반가입자에게 상용서비스를 제공할 계획이었다.

또한 1999년에 발사예정인 무궁화위성 3호를 활용하여 45Mbps급의 한일 간 초고속 위성서비스를 준비하였다. 이 서비스를 위해 공동시험 운용을 거쳐 상용화하고 이를 글로벌 초고속 위성통신서비스로 확대한다는 구상을 확정하였다. 한편 초고속인터넷의 동북아 허브를 구축하기 위해 그동안 확충해온 JKC, HJK, CKC, APCN 등의 해저케이블에 이어 유라시아 주요국가와는 FLAG, SEA-ME-WE3 등 대용량의 고속 해저광케이블의 건설을 추진하였다.

뿐만 아니라 북미지역과는 1999년까지 20G급의 태평양횡단 해저광케이블을 건설하여 북미직통통신망 건설도 추진하였다. 이처럼 한국의 초고속 국가통신망을 아태지역 초고속 통신망(APII)으로 확대 구축하고, 범세계 초고속 정보통신망(GII)에도 적극 참여하는 구상 아래 초고속인터넷계획을 실행에 옮겼다.

7. 초고속정보통신망 건설계획의 최종보완

7.1 초고속정보통신망의 개념 재정립

가. 초고속 공중통신망과 초고속 국가통신망

1997년 하반기가 지나가면서 한국통신은 그동안 혼란 속에 진행되어온 초고속정보통신망, 초고속 공중통신망, 초고속 국가통신망에 대한 개념을 재정립하고, 이에 따른 기본방침을 최종 조정하였다. 이를 위해 초고속정보통신망의 구축계획을 한국통신 통신망기획심의위원회에 상정하여 추진여부 및 주요내용에 대하여 심의 의결하였다.

이러한 절차를 밟게 된 것은 급증하는 인터넷트래픽과 기업들의 ATM기반 통신망구축이 가시화되면서 효율적인 고속전용회선을 제공해야 하는 상황을 한번 정리해야 하기 때문이었다. 또한 기존 전화망 위주의 통신망 능력을 향후 멀티미디어 서비스 제공 위주의 통신망으로 전환하기 위해 ATM기반의 초고속정보통신망을 구축할 필요가 있었다.

이에 따라 당시 구축중인 초고속 국가통신망을 초고속정보통신망으로 확대 발전시키고, 중계교환망과 가입자접속망의 2계위 ATM교환망을 구성할 필요성이 대두되었다. 또한 상용 초고속서비스를 조기에 제공하기 위한 초고속정보통신망의 기반을 조성하고, 초고속사업의 효율적 추진을 위해 일원화된 조직에서 사업을 추진하며, 초고속정보통신망의 장기진화방안도 정립해야만 하였다.

이와 같은 점을 감안하여 1997년 후반 한국통신은 초고속정보통신망 구축계획(최종)을 재수립하였다(초고속정보통신망 구축계획, 1997. 11, 한국통신 네트워크본부 통신망기획국). 이 계획은 네트워크본부 통신망기획국장(윤종록), 본부장(이상복)이 주관하여 추진하였으며 주요내용은 다음과 같다.

첫째, 그동안 추진해온 초고속 국가통신망은 그 수용범위를 공중통신 수요까지 포함하기로 하고 이를 한국을 대표하는 초고속정보통신망으로 확대 발전시킨다. 지금까지 초고속 국가통신망과 초고속 공중통신망은 물리적으로 분리된 개념이었으나 앞으로는 초고속 국가통신망은 초고속정보통신망 기반위에 국가 및 공공기관을 수용하는 논리적인 서비스망으로 구축한다. 2개 통신망을 별도로 건설하는 방안은 재원의 중복투자, 통신망 간 접속능률, 운영체계 및 성능저하 등의 문제가 있다.

둘째, 초기 공중통신용 수요는 고속전용회선 수요가 근간이 되므로 PVC중심의 초고속전용통신망으로 발전하고, 향후 SVC기능을 바탕으로 B-ISDN으로 진화시킨다. 기존계획은 TDX-100 교환기에 ATM기능을 개발하여 2000년부터 점진적으로 공급하게 되어 있었으나 교환기 구조가 상이하여 단일시스템에 통합이 불가능하고 하이브리드 형태로 병존이 가능하다. 따라서 교환기술연구소에서 TDX-100 전자교환기에 ATM 기능을 구현하는데 대한 타당성을 검토한 후 결과를 계획에 반영 추진토록 한다(1998년-1999년).

나. 건설방침 변경

이와 같이 초고속 국가통신망, 초고속 공중통신망, 초고속정보통신망 등의 개념을 정립하고 구분함에 따라 이들을 건설하기 위한 기본방침도 다음과 같이 궤도 변경하게 되었다. 또한 기간통신망의 중장기 발전계획도 보완하였다.

① 그때까지 구축중인 초고속 국가통신망을 초고속정보통신망으로 확대 발전시킨다. 이를 위해 중계교환기 및 가입자 접속교환기를 초고속 국가통신망과 공동 활용한다. 그리고 1999년도 상용서비스 제공은 초고속 국가통신망에서 계획한 지역을 대상으로 제공한다. 또한 다양한 시험환경을 고려하여 1998년도에 시험망을 확대한다.

② ATM 교환망은 중계교환망과 가입자 접속망의 2계위로 구성한다. 이를 위해 중계교환기는 단순전달기능 위주인 단일기종의 대용량교환기를 활용하고, 가입자 접속교환기는 다양한 속도 및 프로토콜 지원이 가능한 멀티밴더 환경에 대비한 소용량 교환기로 구성한다.

③ 초고속정보통신망 기반을 조성하여 상용 초고속서비스를 조기에 실현한다. 이를 위해 ADSL을 활용한 고속인터넷 접속서비스를 제공하고, ATM교환기를 이용하여 저렴한 고품질의 전용회선서비스를 제공한다. 또한 국제 초고속관문교환기를 설치하며 ATM통신망의 기술표준을 서둘러서 이의 본격 상용화에 대비한다.

④ 초고속정보통신망의 장기진화방안을 수립 시행한다. 초기에는 기업통신 위주의 고속전용통신서비스를 제공하고, PVC 중심의 단순전달기능을 실현하는 등 초고속전용통신서비스 위주로 추진한다. 이후 발전단계에서는 B-ISDN으로 진화시켜 각종 응용서비스 위주의 고속교환서비스를 제공토록 한다. 또한 SVC/PVC 중심의 다양한 응용서비스를 제공하며, B-ISDN화를 통한 기존통신망과의 연동범위를 확대한다.

⑤ 초고속정보통신 사업의 효율적인 추진을 위해 일원화된 조직에서 사업을 담당토록 한다. 이를 위해 초고속 공중통신망과 초고속 국가통신망 사업을 통합하여 단일부서에서 전담 추진한다.

7.2 초고속 정보통신망 건설방안(최종)

가. ATM방식과 동기식 전송방식의 도입

한국통신은 2006년까지 통신망의 고도화를 실현하기 위한 초고속정보통신망을 완공하는 것을 목표로 정하였다. 이를 위해 전국 모든 시내통화권에 ATM교환기 1식 이상을 설치하여 초고속교환망을 구축하고, 초고속전송망은 동기식 전송방식을 2005년까지 완성하여 구축하기로 하였다. 또한 초고속가입자망의 경우 대도시 및 중소도시에는 FTTC 광통신 간선망을 포설하여 구축하는 것으로 시행목표를 확정하였다. 이 목표를 실현하기 위한 단계별 추진계획은 다음과 같다(초고속정보통신망 구축계획, 1997. 11, 한국통신 네트워크본부).

1단계(1998년까지)는 상용화 기반조성단계로서 1997년에는 2.5G, 622M 등 대용량 동기식 광 전송시설을 6대 도시 165개 구간에 공급하여 초고속정보통신 인프라를 설치한다. 기타지역 188개 구간은 2000년까지 완성한다. 또한 1998년에는 ADSL을 이용하여 고속인터넷 접속망을 구축한다.

한편 광 가입자망 구축 전에는 운용중인 인터넷용 ATM교환기를 활용하여 상용서비스를 서울, 부산, 대전지역에 고속통신서비스를 제공토록 하였다. 그리고 양질의 전용회선을 저렴한 가격으로 신속하게 공급할 수 있는 체계를 구축하고, ATM교환기술을 이용하여 시간별 및 이용자 요구대역폭별로 다양한 전용회선서비스를 제공한다. 또한 전용회선 수요밀집지역인 서울과 과천지역에는 ATM교환기를 서울 6식, 과천 1식을 추가로 설치하여 초고속정보통신망을 확대 설치한다.

1999년에는 우선 초고속 국가통신망 계획에서 정한 대상지역인 서울, 부산, 대전, 대구, 광주, 수원지역에 ATM교환망을 구축하여 상용서비스를 제공한다. 한편 국제 ATM서비스 수요를 충족하고 동시에 APAN, APII 등 국제초고속통신망의 국제관문국 역할을 수행하기 위해 국제 초고속관문교환기를 설치한다. 이때 초고속 공중통신망용 ATM 교환기 규격도 제정토록 한다.

2단계(1999년-2001년)에서는 도시지역 초고속통신망을 완성한다. 이를 위해 10개 지역 사업본부 소속의 시외전화국 또는 전송로 집중국에 중계교환기를 확대 설치한다. 이때 5대 도시간은 완전 망형(Full Mesh)형태로 구성하고, 40Gbps급 이하의 ATM교환기를 설치하며, 서비스망과 타 통신가업자망에게 중계회선을 제공토록 한다. 또한 시외교환기 설치지역의 시외전화국 또는 전송로집중국에 가입자접속교환기를 우선 설치한다.

이때 2.5Gbps-10Gbps급의 ATM교환기를 설치하여 이를 업무용 및 일반가입자를 대상으로 제공한다. 이를 위해 초고속 국가통신망용 소요 ATM교환기 물량을 포함하여 2단계에서 총 95대의 ATM교환기를 설치하며 도시별 공급계획은 <표 5-20>과 같다. 그리고 초고속통신망의 제어 및 관리체계는 단계별로 구분하여 구축하기로 하였다.

<표 5-20 > 주요도시의 ATM교환기 설치계획(1999년-2001년)

지역별	ATM	지역별	ATM	지역별	ATM	지역별	ATM
서울	21	경기	12	부산	14	대구	10
전남	9	충남	8	강원	7	전북	6
충북	5	제주	3			총계	95

또한 2단계에서는 고객중심의 가입자망 관리 인페이스기능, 서비스 관리기능, 주문즉시 개통기능, 다양한 서비스등급기능, 통신망 관리기능 등 초고속통신망에 대한 제어 및 관리 체계를 갖추고, 5개 지역 운용센터에 가입자망 운용관리시스템을 설치하여 초고속 가입자망 운용관리체계를 확립하기로 하였다.

그리고 3단계(2002년-2006년)에는 통합망 제어 및 관리체계를 갖추고, 특히 사용자가 원하는 서비스 제공자를 선택할 수 있도록 디렉토리 서비스를 제공하기로 하였다. 한편 한국통신 네트워크본부는 초고속정보통신망 건설을 위한 2단계-3단계의 소요예산은 총 3조 5,353억원으로 계획하였으며, 세부내역은 <표 5-21>과 같다(초고속정보통신망 구축계획, 1997. 11, 한국통신 네트워크본부).

<표 5-21 > 초고속정보통신망 건설 소요예산(단위: 억원)

구분	1998년- 2002년	2003년-2010년	계
초고속정보통신망	16,504	18,849	35,353
정부지원금(국가망)	3,325	1,164	4,489
한국통신 부담	13,179	17,685	30,864

나. 선도시험망 및 초고속 국가통신망의 고도화

한국통신은 1998년도 초고속 선도시험망 및 초고속 국가통신망 구축사업을 다음과 같이 추진하였다(1998년도 주요업무계획, 1998. 2, 한국통신 네트워크본부).

① 초고속 선도시험망을 통해 초고속 정보통신망의 운용기술 및 경험을 축적하고, 초고속정보통신망 구축장비 및 서비스개발 환경을 제공한다.

② 초고속 선도시험망은 서울-대전 간 기간통신망을 구축한 후 단계적으로 고도화를 추진한다. 이를 위해 소요예산 40억 원을 확보하여 서울과 대전에 ATM교환기 2개 시스템, 원격집선장치 2대를 설치한다. 이 시스템은 1998년 착공 1999년 개통으로 추진한다.

③ 초고속 국가통신망 건설을 통해 초고속정보통신망의 구축을 확대하고, 2010년까지 정부지원금으로 ATM방식으로 초고속 국가통신망을 구축한다. 그리고 초고속 국가통신망, 전용통신망 확장에 따른 전송망을 확장한다.

④ 초고속 국가통신망을 위한 통신장비로는 교환시설 19개 시스템을 설치하고, 전송장비는 155M 14개, 2.5G 20개, WDM 10개 시스템을 공급한다. 아를 위한 예산은 교환부문 561억 원, 전송부문 145억1천4백만 원이 소요되나 실행예산은 교환부문 167억 원, 전송부문 145억1천4백만 원이 확보된 실정으로 394억 원이 부족하다. 교환부문 부족분은 1998년 수권예산으로 반영 조치한다.

7.3 정부지원금 및 이용요금

가. 정부지원금 및 이용요금

한국통신이 받은 초고속 국가통신망 구축을 위한 정부지원금은 1995년부터 1998년까지 계약금액 1,366억 원, 수령액 986억 원, 정산액 683억 원이었다. 이를 연도별로 보면 제1차 기간(1995. 11-1996. 4)에는 계약금액 350억 원, 수령액 175억 원이었으며, 제2차 기간(1996. 5-1997. 6)에는 계약금액 632억 원, 수령액 508억 원이고, 제3차 기간(1997. 7-1998. 4)에 가서는 계약금액 384억 원, 수령액 303억 원이었다.

그리고 이용요금 정산내역을 보면 계약요금 197억9백만 원, 이용자 납무요금 63억7천9백만 원, 정부부담요금 133억3천만 원으로 나타났으며 세부내역을 보면 <표 5-22>와 같다. 한편 상계예치금 상황은 정산금액기준으로 하여 구축비 정산액 683억 원, 요금 상계액 133억 원으로 상계예치금 잔액은 550억 원으로 산정되었다.

<표 5-22> 초고속국가망 이용요금 정산내역(1996. 4-1997. 6)

구분	계약요금(A)	이용자요금(B)	정부부담(A-B)
전용회선	18,876,470,590	6,133,913,660	12,742,556,930
교환회선	883,097,290	245,411,970	587,685,320
계	19,709,567,880	6,379,325,630	13,330,242,250

나. 초고속 국가통신망 인터넷 이용요금

초고속 국가통신망의 이용요금은 이 통신망의 사업지원금에서 국가부담으로 요금을 상계처리하게 하였다. 예치금 잔액이 없는 경우에는 정부와 재계약 또는 이용자에게 부과토록 하였다. 당시 초고속 국가통신망 인터넷 요금과 한국통신 인터넷 요금(KORNET)을 비교하면 <표 5-23>과 같다.

여기에서 계약요금의 산출기준을 보면 기존 상업망(KORNET) 요금을 기준으로 하여 코넷 국내 분 요금의 40% 수준으로 책정하였다. 그러나 당시 정보통신부는 20%의 추가할인까지 요청하는 바람에 결국 60% 할인이 되는 상황이 벌어지게 되었다. 또한 계약요금에서 이용요금을 뺀 차액은 국가부담으로 하였으며, 이용요금은 그룹별로 구분하여 부과되는 방식이었다.

이때 가 그룹은 초·중·고등학교로 정하였다. 그리고 나 그룹에는 국가 및 지방자치단체, 법정연구기관, 초중고등학교를 제외한 교육기관, 도서관, 박물관, 미술관, 의료기관 등이 해당되었다. 다 그룹은 정부투자기관, 특수법인, 초고속시범사업 참여기관으로 정하였다. 그로부터 1년 후 초고속 국가통신망 인터넷의 이용기관 내역을 분석하여 보면 가군 894개, 나군 181개, 다군 57개 등 총 1,132개 기관으로 확인되었다(1998. 4. 24).

<표 5-23> 초고속 국가통신망 인터넷요금과 한국통신의 코넷요금

구분		64K	256K	E1	T3
KORNET(100%)		937,000	1,720,000	5,220,000	40,400,000
KORNET국내(약70%)		652,000	1,150,000	3,360,000	26,219,600
초고속 국가망인터넷	계약요금	260,800	460,000	1,344,000	10,080,000
	비율(%)	27.8	26.7	25.7	25.0
이용 요금	가 그룹(14%)	131,180	240,800	730,800	5,481,000
	나 그룹(20%)	187,400	344,000	1,044,000	7,830,000
	다 그룹(26%)	243,620	447,200	1,357,200	10,179,000

한편 전략영업본부(본부장 송용팔)에서는 초고속 공공인터넷 사업을 추진하고 이를 활성화함에 따라 몇 가지 문제점이 발생하여 이에 대한 대책을 다음과 같이 수립하였다(초고속 공공인터넷 사업 추진계획, 1997. 6. 22, 한국통신 전략영업본부).

① 독립적인 통신망 구축에 따라 상면, 운용요원, 고속중계망 등의 긴급확보가 곤란하였다. 이 중 코넷 상면이 부족한 문제는 초고속 국가통신망 상면을 이용하고, 운용요원은 초고속 국가통신망 요원을 활용토록 하였다. 또한 고속중계망은 한국통신 초고속통신추진본부가 확보하도록 하였다.

② 공공기관 활용정보 데이터베이스 및 소프트웨어 부족 등으로 이용율 저하가 예상되고, 초고속 공공인터넷에의 가입기관을 유치하는 것이 정부의 권유만으로는 어려워 차질이 우려되고 있었다. 이를 해결하기 위해 상업망 수준의 영업활동으로 강화하고 공공부문에서의 응용사업여건을 확보하여 부가수입을 창출하는 등 초고속 공공인터넷을 위한 별도의 영업활동을 추진하였다. 반면 개인 이용자들은 코넷 가입자로 유치하였다.

③ 한국전산원과의 사업영역 혼선으로 민원이 발생할 우려가 크게 대두되었다. 특히 국제통신망에서의 지연현상이 발생하는 경우 민원이 발생할 수 있으며, 가입자 관리체계가 한국통신과 일부 중복되는 문제가 있었다. 그래서 한국통신은 한국전산원과 상호 업무한계 및 책임 한계를 명확히 하였다.

④ 초고속인터넷이 1999년 초고속 국가통신망(ATM교환망)에 수용되면 장비들이 유휴화되는 상황이 예상되었다. 그래서 초고속 국가통신망을 활용한 네트워크 발전계획을 수립하여 유휴장비들은 코넷(KORNET)에 활용하도록 방향을 잡았다.

8. 초고속정보통신망 건설 중 대혼란

8.1 제15대 대통령선거 공약사항

가. 느닷없는 케이블TV 망의 등장

1997년 12월 제15대 대통령선거가 시행되었으며, 새정치국민회의당의 김대중 후보가 당선되었다(1997. 12. 18). 그는 후보 당시 정보통신분야에서 다음과 같은 공약을 발표하였다(대통령 공약사항 추진검토, 1998. 1, 한국통신 네트워크본부).

① 초고속정보통신망의 조기구축을 위해 현재의 케이블TV망과 한전케이블 망 및 중계유선방송망을 활용하고 민간기업의 참여를 유도하기 위해 세제 금융상의 지원을 확대하겠다.

② 초고속정보통신망을 조기에 구축하여 21세기 정보화사회의 기반을 신속히 마련하겠다. 그리고 남북한 간에 전화, 광케이블 등 한반도 초고속정보통신망을 구축하여 지식 및 정보교류를 확대하겠다.

당시 이와 같은 공약이 발표되자 한국통신은 첫 번째 공약은 현재 발전된 첨단기술과 시대적 흐름에 맞지 않으니 수정해야 한다는 의견을 후보 측에 제시하였다. 그러나 이에 관한 논의는 대통령 당선 후까지 이어져 결국 한국통신은 대통령 비서실과 협의하는 등 이를 바로잡기 위한 큰 진통을 겪게 되었다.

나. 대통령 공약사항의 수정

우리나라 초고속정보통신망은 케이블TV망을 주축으로 건설하겠다는 대통령 공약사항을 수정하기 위한 힘든 협의과정과 결과에 대해 후일 언론에서는「정보통신부 비사」라는 제목으로 상세히 보도하였다(정보통신부 비사 113 대통령직 인수위1, 2012. 2. 12, 전자신문). 당시 보도내용은 다음과 같다.

<기사내용> 차기 대통령이 선출됐다. 권력의 추는 1997년 12월 19일을 기해 대통령 당선자 쪽으로 급격히 기울었다. 그게 세상인심이었다. 당선자의 첫 과제는 정권 인수였다. 각 부처는 대통령직 인수위원회 구성에 촉각을 곤두세웠다. 김대중 대통령 당선자는 12월 25일 대통령직인수위원회 위원장과 인수위원 명단을 발표했다. 위원장에는 이종찬 국민회의 부총재(국가정보원장 역임, 현 우당장학회 이사장)가 임명됐다. 그는 육사를 나와 전두환 정권 시절 민정당 창당에 참여, 11대부터 4선을 기록했고 민정당 사무총장을 역임했다.

인수위원으로는 국민회의와 자민련에서 각 12명씩 모두 24명을 확정했다. 국민회의에서는 이해찬(국무총리 역임, 현 민주통합당 대표), 조찬형(국회의원 역임), 임복진(국회의원 역임), 박정훈(국회의원 역임), 박찬주(판사, 국회의원 역임), 추미애(현 민주통합당 최고위원), 김한길(현 민주통합당 최고위원), 김정길(행자부 장관 역임), 김덕규(국회부의장 역임), 최명헌(노동부 장관 역임), 신건(국가정보원장 역임), 박지원(현 통합민주당 원내대표)씨가 임명됐다.

자민련에서는 김현욱(현 민주평화통일자문회의 수석부의장), 함석재(현 변호사), 김종학(국회의원 역임), 지대섭(청호컴퓨터 회장 역임, 현 서울마주협회장), 이건개(현 법무법인 주원 대표변호사), 정우택(해양수산부장관 역임, 현 새누리당 최고위원), 한호선(농협중앙회장 역임), 이양희(국회의원 역임), 이동복(국회의원 역임), 최재욱(환경부장관 역임), 조부영(국회부의장 역임), 유효일(국방부차관 역임)씨가 포함됐다.

12월 26일 오후 5시 20분. 김 당선자는 서울 종로구 삼청동 교육행정연수원 인수위 대회의실에서 이종찬 위원장을 비롯한 인수위원들에게 임명장을 수여했다. 김 당선자는 이어「겸손한 자세로 일하되 따질 것을 따지고 챙길 것은 챙겨 차기정부 미래 청사진을 마련해 달라」고 당부했다. 인수위는 산하에 정책분과위원회(간사 이해찬), 통일·외교·안보분과위원회(간사 김현욱), 정무분과위원회(간사 김정길), 경제1분과위원회(간사 조부영), 경제Ⅱ분과위원회(간사 최명헌), 사회·문화분과위원회(간사 최재욱) 등 6개 분과위원회를 설치했다.

정보통신부를 다루는 위원회는 경제Ⅱ분과위원회였다. 경제Ⅱ분과위는 과학기술처와 해양수산부, 노동부, 농림부 소관이었다. 경제Ⅱ분과위원으로는 최명헌 간사와 박찬주, 지대섭, 한호선 위원이 활동했다. 인수위는 각 부처에서 필요한 인력을 파견 받아 정권 인수 작업을 진행했다. 정보통신부에서는 정책분과위에 안병엽 정보화기획실장(정통부장관 역임)과 경제Ⅱ분과위원회 전문위원으로 이교용 국제협력관(우정사업본부장 역임, 현 한국우취연합회장), 행정관으로 강문석 통신위성과장(현 LG유플러스 부사장), 실무요원으로 이채옥 사무관(서울 강남우체국장 역임)이 인수위에 파견됐다.

<이교용 당시 전문위원의 증언>「인수위 요청에 따라 강봉균 장관(재정경제부 장관 역임, 현 건전재정포럼 대표)이 추천해 나가게 됐습니다. 인수위 1층 경제Ⅱ분과위에서 근무했습니다」. <강문석 행정관의 말>「윗분의 지시를 받고 이튿날부터 인수위에 나가 근무했습니다. 어떤 이유로 제가 파견 나갔는지는 모릅니다」. 인수위의 위세는 대단했다. 인수위 분과위별로 소관 부처 업무보고를 받는 과정에서 위압적 자세로 큰소리가 터져 나와 마치 국정 감사장을 방불하게 했다. 공무원들 사이에서는「업무 인계인수하러 온 것이지 조사 받으러 온 것은 아니지 않느냐」는 불만이 터져 나왔다. 김대중 대통령 당선자는 이런 내용이 언론에 보도되자 인수위에 대해 입조심과 몸조심을 당부해 이런 물의는 더 이상 발생하지 않았다.

인수위 회의는 크게 세 가지 형태로 열렸다. 김대중 대통령 당선자가 주재하는 회의는 매

주 화요일 오후 4시 열렸다. 이종찬 위원장과 위원 24명이 참석하는 인수위 전체 회의는 매주 화요일과 금요일 오전 9시에 열렸다. 분과위 간사회의는 매일 오전 9시와 오후 2시에 열렸다. 김대중 대통령 당선자는 정보화에 대한 관심이 남달랐다. 그는 1982년 청주교도소에서 우연히 앨빈 토플러의 제3의 물결을 읽고 미래 새로운 세상이 펼쳐질 것임을 인식했다고 한다.

<김대중 대통령이 자서전에서 증언한 내용>「나는 정보화시대에 한국을 지식과 정보의 강국으로 만들고 싶었다. 그것은 오래전 꿈이었다. 나는 청주교도소에서 앨빈 토플러의 제3의 물결을 읽고 깜짝 놀랐다. 그때의 충격이 아직도 생생하다. 미래에는 전혀 다른 새로운 세상이 오는구나하고 감옥에서 깊이 생각했다. 아무것도 없는 독방에서 인류의 미래를 설계했다. 피터 드러커가 쓴 책들도 흥미로웠다. `지식과 정보 강국`은 대통령에 당선돼 비로소 그 꿈을 현실로 바꿀 수 있었다」.

김 당선자는 후보시절 정보통신 분야 11개 항목을 대선 공약으로 제시했다. 초고속 정보통신망 조기 구축과 1인 1PC 보급 운동도 그중의 하나였다. 그런데 초고속정보통신망을 광케이블이 아닌 동축케이블로 구축하겠다고 발표했다. 정보통신부는 2010년까지 32조원을 투입해 초고속정보통신망을 조기 구축한다는 계획이었다. 한국통신(현 KT)은 1995년부터 2002년까지 총 6450억원을 투입해 광케이블로 초고속 국가망을 구축하고 있었다.

<이정욱 당시 한국통신 부사장(현 한국정보통신감리협회장)의 회고> "큰일이었습니다. 산자부 입김이 작용했어요. 국회로 과학기술정보통신위원인 정호선 의원(현 세계학생UN 본부장)을 찾아가 전후 사정을 알아보고 문제점을 설명했습니다. 이어 청와대 이각범 정책기획수석(국가정보화전략위원장 역임, 현 한국미래연구원장)을 만나 초고속통신망은 광케이블로 구축해야 한다는 점을 설명했습니다. 이 수석은 당선자의 대선공약이므로 대통령직 인수위원회에서 논의하는 게 좋겠다고 말씀하셨습니다.

인수위 출범 후 경제Ⅱ분과위 최명헌 간사를 만나 이런 사실을 다시 소상히 설명했어요. 동축케이블로 구축할 경우 지금보다 정보화가 30년은 후퇴한다고 강조했어요. 최 간사가 인수위에서 양측이 참석한 가운데 토론회를 열기로 결정하더군요. 이 자리에는 정통부에서 박성득 차관(현 한국해킹보안협회장, 한국모바일인터넷 이사회 의장)과 이정욱 한국통신 부사장, 산업자원부에서 한덕수 차관(국무총리 역임, 현 한국무역협회장), 한국전력 김정부 전무, 그리고 국회 과기정 위원 몇 명이 참석했다.

양측은 각 한 시간씩 초고속통신망 구축 시 광케이블과 동축케이블의 장단점을 구체적으로 브리핑을 했다. 최 간사는 양측의 주장을 듣고「정보통신부 및 한국통신의 주장이 타당하다」고 결론 내렸다. 하지만 산자부 측은 계속 토를 달았다.

다. 초고속정보통신망 구축을 위한 공청회

초고속정보통신망 구축방안을 포함한 김대중 정부의 정보화정책을 최종 정리하는 공청회가 개최되었다. 당시 언론(전자신문)은 공청회의 발표 및 논의내용을 다음과 같이 보도하였다.

<기사내용> 1998년 1월 12일 오전. 서울 중구 프레스센터 20층 국제회의장에서 대통령직인수위원회 주관으로「21세기 정보화 사회의 준비를 위한 공청회」가 열렸다. 김대중 정부의 정보화 정책을 최종 정리하기 위한 자리였다. 공청회에는 400여명이 참석해 대성황을 이뤘다. 이종찬 대통령직 인수위원회 위원장은 공청회 인사말에서「김대중 대통령 당선자의 통치이념이자 주요시책인 정보화가 정치, 경제, 사회, 문화 등 모든 분야에서 균형 있게 조속히 추진돼야 한다」면서 실업문제도 정보화를 통한 정보통신산업 육성으로 상당부분 해결할 수 있을 것이라고 말했다.

공청회는 안문석 고려대 교수(현 명예교수)의 사회로 이천표 정보통신정책연구원장(현 서울대 명예교수)의 주제발표에 이어 이용태 한국정보산업연합회장(삼보컴퓨터 회장 역임, 현 숙명학원 이사장, 퇴계학연구원 이사장), 성기수 동명정보대 총장, 이기호 이화여대 대학원장(이대 명예교수), 남궁석 삼성SDS 사장(작고, 정보통신부 장관 역임), 이정욱 한국통신 부사장, 권태환 서울대 교수(서울대 명예교수), 허진호 아이넷 사장(한국인터넷기업협회장 역임, 현 크레이지피시 대표), 변도은 한국경제 주필, 김효석 중앙대 교수(민주당 원내대표 역임)도 토론자로 참여했다.

이천표 정보통신정책연구원장은「21세기 정보화사회의 준비」라는 주제발표에서 구조조정과 경영혁신을 바탕으로 최근 경제위기 극복과 재도약을 하기 위해 정보화는 가장 효과적인 수단이라고 강조했다. 이 원장은 이를 위해 우선 추진할 과제로 전자상거래를 통한 고비용·저효율 구조개선, 원격금융업무의 확산을 통한 금융기관 경영합리화와 금융감독기관의 정보력 강화, 정보기술을 활용한 작고 효율적인 정부 구현, 교육·문화 분야의 콘텐츠, 소프트웨어 육성, 정보화에 대한 역기능 방지를 위한 법·제도 정비를 꼽았다. 이어 패널들의 토론이 이어졌다.

다음은 토론자들의 발언내용이다. <이용태> 우리가 정보화에 뒤진 것은 정부 정책 수립 부족과 미래에 대한 인식부족 탓이다. 대통령이 21세기 정보화 비전을 제시하고 적극 추진해야 한다. 정보화 사회 조기진입을 위해 컴퓨터 과목을 입시과목으로 채택해야 한다. <김효석> 과기처와 정보통신부 통합은 정보화 추진의 구심점이 없어져 바람직하지 않다. 정보통신부는 독립 부처여야 한다.

<남궁석> 초고속망 조기구축 투자를 확대해야 한다. 초등학교 때부터 정보화교육을 적극 추진해야 한다. <이기호> 과학기술과 정보통신기술을 하나로 보는 견해가 있는데 이는 잘못이다. 정보통신산업 육성을 위해 대학지원을 강화하고 여성 전문 인력 양성과 활용을 확대해야 한다. <이정욱> 정보화시대에 대용량 전송을 위해 초고속망에 대한 투자를 확대해야 한다.

<허진호> 정보화에 걸림돌이 되는 법·제도를 과감히 정비해야 한다. <성기수> 미국에서

기계공업이 농업 발전에 기여했던 것처럼 정보통신산업이 제조업의 경쟁력을 높이는 수단으로 활용돼야 한다. <권태환> 외국에 종속되지 않는 정보기술 주권을 확립하고 정보화가 원활히 추진될 수 있는 정보환경을 마련하는 것이 중요하다.

이날 공청회는 국가경쟁력을 높이고 지식정보사회로 일찍 진입하려면 정보화는 필연이며 특히 초고속정보통신망 조기구축이 시급하다는 결론을 내렸다. 일부에서 제기된 정보통신부 통합론도 사전 잠재우는 자리가 됐다.

8.2 대통령직 인수위원회 보고

1998년 2월초 한국통신(부사장 이정욱)은 초고속정보통신망 건설 기본방향, 초고속 간선망 건설계획 등 초고속정보통신망 구축방안에 대해 김대중 정부의 대통령직 인수위원회에 보고하였다. 이 보고내용은 이후 우리나라 초고속정보통신망 건설함에 있어 기본방향으로 적용되었고, 2000년대 방송통신망 구축의 근간이 되었다. 그 세부내용은 다음과 같다(케이블TV망을 연계한 초고속정보통신망 구축, 1998. 2. 10, 한국통신).

가. 초고속정보통신망 건설계획

초고속정보통신망은 초고속간선망, 초고속지선망과 초고속국제망으로 병행 건설하고 있다. 초고속간선망은 두 가지 형태로 구축되고 있다. 첫째는 공공기관을 위한 초고속 국가망을 정부부담으로 건설하고, 일반국민을 위하여 현재의 장거리통신망을 초고속화하여 초고속 공중통신망을 건설한다. 그리고 초고속 지선망(가입자망)은 앞으로 50년은 내다보면서 가장 기술적으로 우수한 선진국 형으로 한국통신에서 건설하고 있다. 이 부분은 선진국과 같은 방향으로 가야 기술성이 높으면서 경제성이 있다.

우선 초고속간선망은 전국 144개 읍단위 지역까지 초고속 국가통신망 형태로 별도 건설한다. 이를 위하여 초고속교환기(ATM) 103대를 설치하고 광케이블 17,982Km를 건설한다. 이 통신망이 구축되면 3만개의 공공기관에서 동시에 초고속통신(2M- 155M)이 가능하여 영상전화, 영상회의, 인터넷, 전용통신 등에 이용할 수 있다. 이 통신망은 소요예산 6,451억 원을 투입하여 1995년-2002년에 건설한다 .

그리고 현재의 시외통신망을 초고속 공중통신망으로 전환한다. 전국 모든 통화권(144개)의 업무용 및 일반가입자를 대상으로 통신망을 구축한다. 이를 위해 초고속교환기(ATM) 330대를 신설하고, 광케이블 14,291Km를 건설 완료하였다(1995년-1997년). 앞으로 광케이블 8,644 Km를 증설하여 총 40,917 Km를 운용하게 된다. 또한 이 초고속간선망의 성능은 일반가입자 320,000명이 동시에 인터넷서비스(2Mbps급)를 이용할 수 있는 규모이고, 고속 인터넷가입자 500만 명이 이용할 수 있는 용량으로 건설 추진한다. 이를 위해 총 36,218억 원의 예산을 투입하여 1998년-2010년에 걸쳐 건설한다.

또한 한국통신은 초고속 지선망(가입자망)을 본격 건설하고 있다. 우리나라는 현재 3,940만회선이나 되는 방대한 규모의 동선케이블 망을 보유하고 있다. 기존 동선에디지털 가입자 전송장치(xDSL)를 부가하여 초고속용으로 사용하며, 500만 가입자를 대상으로 인터넷 영상통신 등 양방향 멀티미디어 통신을 제공 추진한다. 이를 위한 예산 28,500억 원을 투입하고, 시행기간은 1998년-2010년으로 정한다.

앞으로 신설도시 및 공단에는 초고속 지선망을 위해 전량 광케이블로 공급하고, 특히 대형건물(1만6천동)부터 광케이블로 대체한다. 그리고 초고속통신(2-45Mbps)이 가능하게 하여 영상전화, 영상회의, 인터넷, 원격진료, 원격교육 등의 서비스를 추진한다. 이 사업은 1998년-2010년 동안 시행하고, 소요예산은 17조5,244억 원을 투입한다. 광케이블의 대체는 선진국의 경우 대체적으로 2010년까지 50% 정도 추진할 것으로 보인다.

나. 초고속망 장비개발 및 국산화

초고속 국가통신망에 소요되는 핵심장비는 국책연구과제로 선정하여 지난 10년간 국산화개발을 추진하고 있다. 가장 핵심장비인 초고속교환기(ATM)의 경우 소형교환기는 1992년부터 1996년까지 개발하였으며, 대형교환기는 1997년부터 1998년까지 개발하고 있다. 이때 대우, 삼성, LG, 한화, 동아, 우진 등이 이 교환기 개발에 참여하고 있다. 그리고 광 전송장치는 중용량에서 대용량에 이르기까지 국내의 유수의 통신장비 제조업체들이 개발에 참여하여 국산화를 추진하고 있다.

먼저 155Mbps 광 전송장치는 대우전자, 대한전선, 성미전자, 중앙전기 등이 참여하여 1992년부터 1994년까지 개발 완료하였다. 그리고 622Mbps 장치는 성미전자와 중앙전기에서 1994년-1995년에 개발하였고, 2.5Gbps 장치는 금성통신, 대우통신, 대한전선, 삼성전자가 참여하여 1994년-1996년에 개발 국산화하였다. 또한 10Gbps 장치는 1993년부터 대한전선, 삼성전자, 한화정보통신에서 참여하여 1998년까지 국산화 개발을 진행하고 있다. 또한 대용량의 100Gbps 광 전송장치는 대한전선, 삼성전자, 한화정보통신이 참여하여 1993년부터 2001년까지 개발 국산화를 추진하고 있다.

한국통신은 이상 초고속교환기 및 광 전송장치 개발을 위해 총 4,312억 원의 개발비를 투입하여 1992년부터 2001년까지 개발하여 국산화를 추진하고 있다. 한편 지선망 소요장비인 광가입자 전송장치(FLC), 광대역 통신단말장치(B-NT), 광케이블 등도 총 956억원의 개발비를 투입하여 1992년부터 1998년까지 전량 국산화 추진하고 있다. 이에 관한 세부내용은 다음과 같다.

첫째, 광 가입자전송장치 중 FLC-A형은 삼우통신, 삼성전자, 성미전자, LG 등에서 1992년부터 1994년에 개발 완성하였으며, FLC-B형은 앞의 4개 업체에서 1994년부터 1995년에 개발 국산화하였다. 그리고 FLC-C형은 1995년-1997년에 걸쳐 대우통신연합(대우, 대영,

중앙, 태평양), 삼성전자, 삼우, LG, 한화연합(청호) 등이 참여하여 국산화 완성하였다.

둘째, 광대역 통신단말장치 중 A형은 대영, 대한, LG, 한화가 참여하고, B형은 대영, 삼성, LG, 한화에서 참여하여 1993년-1997년 동안에 개발 국산화를 완성하였다. 그리고 ATM 통신단말기는 1993년-1998년 동안 대우, 삼성, LG가 참여하여 개발 국산화하고 있다.

셋째, 광케이블의 개발 및 생산에는 대우, LG, 삼성, 대한이 참여하고 있으며, 이중 소용량 광케이블(144심)은 1993년-1994년에 개발 완료하였으며, 대용량 광케이블(1,024심)은 1992년-1996년에 개발하여 국내생산 공급하고 있다.

다. 지선망에 케이블TV망을 활용하는 방안

케이블TV망은 일방향 방송을 위해 개발된 방송전용망이다. 케이블TV 방송국의 모든 내부시설이 일방향 특성이고 분배센터의 모든 시설도 일방향으로 방송하는 기능을 갖고있다. 따라서 쌍방향통신에 사용하기 위해서는 하드웨어와 소프트웨어 양면에서 새로운 케이블TV망을 개발해야 한다. 미국의 경우 케이블TV망으로 초고속통신을 하겠다고 지난 10년간 노력하였으나 이 기술개발을 주도하던 Time Warner, HP, IBM에서 개발계획을 취소한 상태이다. 일본을 비롯한 선진국은 이러한 계획을 가지고 있지 않다.

한편 현재의 케이블TV망을 이용하여 전화, PC통신, 인터넷, 영상통신을 하기 위해서는 케이블 모뎀, 인터넷 주장치, 전화모뎀, 전화 주장치, 잡음제거장치 등 별도의 여러장비를 추가로 부착해야 한다. 그리고 현재의 케이블TV망을 개량한 후에 인터넷만을 이용하는 경우에는 회선당 270만원, 전화와 인터넷을 동시에 이용하는 경우에는 340만원이 추가로 소요된다. 이처럼 케이블TV망을 초고속통신망으로 활용하는 경우 다음과 같은 경제적 기술적 문제점이 예상된다.

첫째, 케이블TV망 확장 면에서 보면 유선 케이블TV사업이 한국을 제외하고는 전 세계적으로 퇴조하고 있다. 우리나라에서도 1995년부터 케이블TV사업을 추진하여 왔으나 성과는 답보상태이다. 현재 케이블TV 전송망은 한국통신 243만 단자. 한국전력 423만 단자 등 총 666만 단자가 건설되었다. 이를 위하여 총 6천억 원의 예산이 투자되었으며, 실제 케이블TV 유료가입자는 83만 명 정도이다. 현재 케이블TV전송망 확장은 수익성이 없고 많은 예산소요로 인하여 한국통신과 한국전력에서 확장이 어려운 실정이다.

둘째, 경제적인 면을 보면 케이블TV 전송망을 방송용 및 양방향 통신용으로 건설하는 경우 세대당 200만원이 소요된다. 2010년 가입자수는 3,300만으로 예정하고, 케이블TV전송망을 초고속지선망으로 50%를 케이블TV망으로 이용하는 경우 약 33조원의 예산이 소요된다.

셋째, 기술적인 면에서는 여러 가지 장비를 추가로 개발하여 부착함으로써 우리나라에만 존재하는 비표준형 통신망이 나타나게 된다. 앞으로 국제표준형 기술로 발전해 나갈 때 국제적으로 고립될 우려가 있으며, 가장 문제가 되는 잡음대책이 아직까지 개발되지 못하고 있다. 한국통신은 잡음에 강하고 양방향통신이 가능한 신방식의 케이블TV망을 1995년-1997년에 개발하였으나 경제성이 없어 중단한 상태이다.

결론적으로 우리나라 초고속정보통신망(지선망)은 그동안 국산 개발한 핵심장비를 최대한 활용하여 선진국과 같은 방법으로 건설한다. 이를 위해 기존 동선케이블을 우선적으로 이용하고 연차적으로 광케이블을 대폭 확장한다. 그리고 광케이블이 부족한 지역이나 인터넷 등 소규모로 이용하는 특수한 경우에만 케이블TV망을 보조적으로 활용토록 한다.

9. 초고속정보통신망의 건설 촉진

9.1 정부의 움직임

가. 조기구축 및 활성화 방안에 관한 세미나

1998년 초 김대중 정부가 들어서면서 초고속정보통신망의 조기 건설을 촉진하기 위해 세미나를 개최하고, 관계기관 협의회를 운영하였다. 그동안 초고속정보통신망 구축에 있어 일부 혼선이 발생하고 상당 지연되는 상황이 이어지자 신정부에서는 「초고속정보통신망의 조기구축을 촉진하기 위한 세미나」를 국회의원회관 대회의실에서 개최하였다(1998. 2. 9).

이 세미나는 새정치국민회의 정보통신특별위원회가 주최하고, 정부통신부가 주관하며 한국통신이 후원하는 형태로 시행되었다. 이 세미나의 전반부에서 먼저 초고속정보통신망 구축방향이라는 주제로 한국통신 김수형 국장이 발표하였다. 그리고 한국전력 임병택 부장, 한국케이블TV방송협회 부산방송 박성덕 사장이 발표하였다.

이어서 초고속정보통신망 조기구축을 위한 중계유선방송의 활용성이라는 제목으로 한국유선방송협회 길문기 이사가 발표하였으며, 한국멀티미디어 컨텐츠진흥센터 이미란 부장이 초고속정보통신망과 연계한 멀티미디어 컨텐츠 산업의 발전방안을 발표하였다. 끝으로 초고속망 조기구축 및 이용활성화를 위한 관련법 제도 정비에 대하여 정보통신정책연구원 손상영 박사가 발표하였다.

이 세미나의 후반부에서 패널발표가 있었으며 여기에는 정보통신부 최명선 부이사관, 한국통신 윤종록 이사, 데이콤 김우한 이사, 한국전력 임병택 부장이 참여하였다. 그리고 유선방송 측에서는 한국케이블TV방송협회 종합유선방송국 협의회 황선욱 위원장, 한국유선방송협회 최위영 감사, 이포인트 조명진 사장이 참여하였다. 한편 학계에서는 연세대학교 정보통신처 천문식 처장, 경북대학교 전자계산소 송동철 소장, 전남대학교 전자계산소 송인성 소장이 참석하였으며, 연구소를 대표하여 한국전자통신연구원 김성규 본부장, 한국통신

연구개발본부 송길호 팀장이 패널에 참여하였다.

한편 새정치국민회의 정보통신특별위원회(위원장 정호선 국회의원)에서는 국가초고속사업의 전략적 방향수립과 초고속통신망의 활성화 방안을 제시한다는 명분을 내걸고 국가초고속통신망 활성위원회 모임을 국회 의원회관에서 가졌다(1998. 2. 17). 이때 위원회에서 정한 참석대상자는 총 21명이었다.

① 국회의원(정호선), 정보통신부 정보화기획관(최명선), 정보통신부 국장(노희도), 새정치국민회의 유성지구당 위원장(김춘호), 새정치국민회의 정보통신특별위원회 부위원장(우종식). ② 한국전산원장(이철수), 정보통신정책연구원 정보사회연구실(손상영), 한국전자통신연구원 본부장(김성규). ③ 한국통신 부사장(이정욱), 데이콤 사장(곽치영), SK텔레콤 사장(서정욱), 하나로통신 사장(신윤식), 한국전력공사 사장(이종훈). ④ 두루넷 사장(김종길), 코오롱정보통신 사장(유병렬), 쌍용정보통신 사장(김용서), 에이네트 사장(김성만), 유리코리아 사장(정영태). ⑤ 콘텐츠미디어연구소 소장(강휘진), 한국케이블TV방송협회 위원장(조성묵), 종합유선방송협의회 위원장(유혁인)

나. 정부주관 관계기관 협의회 운영

정부는 초고속정보통신망 1단계 사업(1995년-1997년)이 종료됨에 따라 초고속 국가통신망 2단계 사업계획(1998년-2002년) 및 정보통신망 고도화 추진계획을 수립하였다(1998. 5. 9). 이에 따라 이 사업의 추진현황 및 실적을 체계적으로 관리하고 급변하는 기술발전추세 및 통신사업자의 애로사항 등을 수렴하여 초고속정보통신망 구축을 촉진하기 위해 관련기관 협의회를 구성 운영하기로 하였다(초고속정보통신망 구축 촉진을 위한 관계기관 협의회 개최, 1998. 5. 18, 정보통신부장관). 이를 위한 기본방침은 다음과 같이 정하였다

(1) 정보통신부, 기간통신사업자, 연구기관, 협회 등의 관계자로 구성된 협의체를 구성 운영한다. 협의체로는 고위관리자회의 및 실무책임자회의를 두고 개최한다.

(2) 초고속정보통신망 추진실적의 효율적인 관리를 위해 정부와 통신사업자 등 관계기관간 긴밀한 협조체제를 구축한다.

(3) 관리대상은 초고속 국가통신망, 초고속 공중통신망, 초고속 선도시험망 사업의 초고속 시내·외 기간전송망, ATM교환망, 초고속가입자망(광케이블, xDSL, WLL, LMDS, CATV망 등), 인터넷 기간전송망 등의 초고속정보통신망 관련 설비로 한다.

그리고 이를 시행하기 위한 관계기관 협의체는 고위관리자회의와 실무책임자회의를 두는 것으로 정하였다. 고위관리자회의는 매년 반기별(4월, 10월 년2회)로 개최하고, 초고속정보통신망 구축관련 기관별 계획 및 실적을 청취하며, 초고속정보통신망의 효율적 구축방안, 애로사항 및 대책 등을 협의하는 것으로 정하였다.

이 회의의 참석대상은 정보통신부에서는 장관, 정보화기획실장, 정보통신정책실장, 정

보통신지원국장, 기술정책심의관, 정보기반심의관으로 하고, 기간통신사업자로는 한국통신, 데이콤, 하나로통신, 온세통신, 두루넷, 지앤지텔레콤, 드림라인의 사장으로 정하였다. 또한 연구기관으로 한국전산원장, 정보통신정책연구원장, 한국전자통신연구원장이 참석하고, 이외 한국통신사업자연합회 상근부회장도 포함하며, 필요시 정보통신부 정책평가위원(연세대 박한규 교수)이 참석하게 되어 있었다.

실무책임자회의는 매년 분기별로 개최하고 추진실적을 점검하며 사업추진 상 애로사항 등을 협의하도록 하였다. 이 회의의 참석대상은 정보통신부의 정보화기획실장, 정보기반심의관, 기술기준과장, 통신업무과장, 초고속망구축과장이고, 기간통신사업자측에서는 한국통신 네트워크본부장, 데이콤 기술실장, 하나로통신 기술기획실장, 온세통신 기술본부장, 두루넷 기술운용담당 전무, 지앤지텔레콤 기술본부장, 드림라인 기술본부장으로 정하였다.

또한 자가통신설비 운영기관으로 한국전력공사 정보통신처장, 한국도로공사 정보통신처장이 참석대상이고, 그 외 참석대상은 한국전산원 초고속사업단장, 정보통신정책연구원 정보사회연구실장, 한국전자통신연구원 교환기술연구단장, 통신시스템연구단장, 한국통신사업자연합회 사무총장으로 되어 있었다. 이 협의회의 운영방침에 따라 관련기관 및 통신사업자는 월별 추진실적을 작성하여 익월 15일까지 정보통신부(초고속망구축과)에 제출하게 되었다.

초고속 국가통신망 구축실적은 한국통신, 데이콤, 한국전산원이 제출하게 되었다. 그리고 초고속 공중통신망 구축실적은 한국통신, 데이콤, 하나로통신, 온세통신, 두루넷, 지앤지텔레콤, 그림라인, 한국전력공사, 한국도로공사에서 제출하고, 선도시험망의 구축 및 운영실적은 한국통신이 담당하게 되었다.

다. 관계기관 실무협의회 운영

1998년 5월에는 초고속정보통신망 구축 촉진을 위한 관계기관 실무협의회가 정보통신부 19층 회의실에서 개최되었다(1998. 5. 22). 이 회의는 정보통신부 정보화기획실장(변재일)이 주관하였으며, 한국통신 외 다수 통신사업자, 연구소 등 실무책임자들이 참석하였다. 이 회의에서 협의된 주요착안사항은 다음과 같다.

① 초고속 국가통신망 구축에 있어 기간통신망과 가입자망을 구분 추진한다. 기간통신망은 현행 2개 사업자의 경쟁체제를 유지하고, 가입자망은 모든 기간통신사업자를 대상으로 제안서를 제출받아 가장 경쟁력있는 적정수의 통신사업자를 선정하여 추진한다.

② 가입자망 부문에는 정부가 정보화촉진기금을 활용하여 최대 50%까지 지원하며, 시내, 시외, 회선설비 임대사업자 등 모든 기간통신사업자의 참여가 가능하다.

③ 초고속망 분야가 아닌 기존 통신망의 대·개체 시설투자도 지원한다. 이것은 정부의 실업대책자금으로 지원하며, 현재 예산부처와 협의 중이다.

④ 정부는 통신분야 투자확대가 요망된다. EVA 적용에 따른 투자감소 우려가 있어 한국통신 평가 시 통신장비 제조업체의 경제기여도를 감안하는 방법을 모색한다.

9.2 초고속 국가통신망의 구축촉진

가. 초고속국가망의 2단계 추진

1998년 중반 초고속 국가통신망 1단계 사업(1995년-1997년)이 1998년 4월 30일자로 종료됨에 따라 정부에서는 한국통신을 제2단계(1998년-2002년) 주사업자로 선정하였다(1998. 5. 15). 이때 1단계 사업자인 한국통신과 데이콤을 2단계 사업자로 선정하면서 사업자 간 배분비율을 70%, 30%로 정하고, 이때 사업계획서 및 서비스품질을 감안하여 5% 범위내에서 탄력적으로 조정할 수 있게 하였다.

이를 위한 소요예산은 4,750억 원으로 정하였으며, 시외기간전송망을 80개 지역에서 144개 지역으로 확충하고, 전국적인 ATM교환망을 구축 추진하였다. 그리고 인터넷서비스 시설을 확충하고 통신망관리센터를 구축 운용하며, 공공기관 가입자를 수용하여 서비스를 제공하였다. 이어서 정보통신부는 초고속정보통신망 구축촉진을 위한 관계기관협의회(고위관리자회의)를 정보통신부 22층 회의실에서 개최하였다(1998. 5. 26). 이 회의는 정보통신부장관이 주관하였고, 참석자는 앞에서 정한 초고속 국가통신망 활성화위원회 전원이 참석하였다(초고속정보통신망 구축촉진을 위한 관계기관협의회 회의자료, 1998. 5. 26, 정보통신부).

이때 정부는 이 사업을 통해 누구나, 언제나, 어디서나 음성, 데이터, 영상 등 다양한 멀티미디어 서비스를 이용할 수 있도록 보편적 이용체제를 확립하고 이를 통해 국가경쟁력을 강화하고 국민의 삶의 질을 향상시켜 2002년까지 세계 10위권의 선진정보화 국가에 진입하는 목표였다. 이를 위한 추진전략은 다음과 같다.

첫째, 초고속정보통신망은 기간통신사업자 간 경쟁을 통하여 건설한다. 세계적으로 가장 경쟁력 있는 초고속정보통신망을 구축하고 통신사업자의 외국인 지분을 확대하여 외국 업체와의 협력을 통해 최신기술로써 건설 추진한다.

둘째, 공공기관이 주로 이용하는 초고속 국가통신망은 정부가 정부재원으로 선투자비를 지원하고, 이용요금 할인액(일반요금의 20% 수준)중 일정부분과 상계하여 전액 회수하는 방식으로 추진한다. 1단계에는 시외기간전송망 위주로 구축하였으나 2단계 기간 중에는 주요 공공기관의 가입자망까지 범위를 확대한다.

셋째, 일반국민이 보편적으로 이용하는 초고속 공중통신망은 민간통신사업자가 자체 재원으로 자체계획에 따라 구축한다. 미국은 통신사업 진입규제완화, 학교에 대한 요금할인 등, 일본은 세제감면, 융자지원 등을 통해 초고속정보통신망을 구축하고 있다. 한편 우리나라는 초고속정보통신망 구축 및 이용활성화를 조기에 달성하고자 미국 및 일본방식을 혼합하여 추진한다.

나. 그동안의 건설실적 및 향후계획

초고속 국가통신망 구축의 1단계(1995. 4-1998. 4) 실적은 80개 지역에 광대역 고속도의 시외기간전송망(155Mbps-2.5Gbps)을 구축하였고, ATM교환기 7대를 현장시험용으로 설치하였다. 그리고 라우터를 설치하였으며, 시외기간전송망을 활용하여 인터넷을 구축하여 약 1만5천개의 공공기관에 서비스를 제공하고 있다(1998. 3). 한편 전항에서 언급한 관계기관협의회에서는 초고속정보통신망 2단계(1998-2002)사업 추진계획, 초고속정보통신망의 효율적 구축방안 등이 협의되었다. 그 중 2단계 사업 추진계획은 다음과 같다(초고속정보통신망 구축촉진을 위한 관계기관협의회 회의자료, 1998. 5. 26, 정보통신부).

① 시외기간전송망을 80개 지역에서 144개 지역(전국의 시내통화권역)으로 확대하고, 이미 구축된 80개 지역의 기간전송망을 수요증가에 따라 고속화한다. 그리고 대도시 시내기간전송망을 구축한다.

② 각급학교 등 주요 공공기관(약 1만2천개)의 가입자망 고도화를 추진한다. 이를 위해 관계기관 협의를 거쳐 예산을 확보하고 세부계획을 수립 추진한다.

③ 1999년 대도시지역에 약 50대의 ATM교환기를 설치하고, 2000년-2002년에 중소도시지역에 약 50대의 ATM교환기를 설치한다. 이는 수요와 기술개발추세를 고려하여 탄력적으로 조정한다. 이때 설치되는 ATM교환기는 이미 개발된 ITU-T 표준기능 외에 ATM포럼방식의 단말기 수용기능, 프레임릴레이, 인터넷서비스 기능 등을 추가 개발한다.

④ 수요에 따라 국제회선 등 인터넷시설을 확충하고, 2002년 말까지 약 3만개의 공공기관에 서비스를 제공토록 한다.

한편 초고속 국가통신망 구축을 위한 제2사업자인 데이콤은 전국 75개 지역(12노드, 63접속점) 간 시외중계회선을 <표 5-24>와 같이 확보하였다(1997년).

<표 5-24> 데이콤의 전송망 구축상황(1997년)

구분	1차년도(1995)	2차년도(1996)	3차년도(1997)	계
지역	22	33	20	75
전송장비(대)	33	51	37	121
광케이블(Km)	2,339	2,728	910	5,977
정부지원금(억원)	75	231	186	492

한편 ATM시험망을 구축하기 위해 1997년 12월까지 용산, 광화문, 부산 3개 지역에 ATM교환기를 설치 추진하고, 이를 위한 ATM교환기는 국내개발제품으로 우선 설치한 후

구매방식으로 추진하였다. 그리고 1998년 4월까지 F/R-ATM 정합장치를 ATM교환기 설치 장소에 공급하여 전담기관에서 선정한 시범기관을 수용할 예정이었다.

9.3 초고속 공중통신망의 추진

가. 초고속 공중통신망 구축실적

초고속 공중통신망 구축 1단계(1995-1997)에서는 시내전화국 간 전송망(237개 구간)을 광케이블화 하였으며, 시외 기간전송망은 기존 통신망 고도화의 일환으로 추진하였다. 그리고 가입자망 524개 구간에 광간선망을 건설하였고, 대형건물(1,855동)에는 FTTO를 구축하였다. 그리고 일반가정(23,608 가입자)에는 HDSL을 설치하고 광대역 무선가입자망(WLL, LMDS)을 시험하는 등 경제성과 수요를 감안하여 가입자망을 시설하였다.

한편 정부는 2단계(1998. 5-2002)의 초고속 공중통신망 추진계획을 관계기관협의회에 다음과 같이 보고하였다(초고속정보통신망 구축촉진을 위한 관계기관협의회 회의자료, 1998. 5. 26, 정보통신부).

(1) 초고속 공중통신망은 통신사업자가 자체계획에 따라 다양한 방식으로 건설하고, 정부는 투자촉진을 위한 외국인 투자지분 확대, 재정투융자 특별회계를 통한 융자지원 등 제도개선, 세제 및 융자지원을 추진한다.

(2) 통신사업자들이 현재 추진 중인 시내전화국 116개 국간 전송망에 대해 광케이블화를 확대하고, 가입자망은 광간선망 512개 구간을 추가로 확충한다. 그리고 대형건물 4,125동에 추가로 FTTO를 구축하며, 주거밀집지역에 FTTC를 구축하여 약 130만 가입자를 수용한다.

(3) 전문직업인 약 10만 가정에 FTTH를 구축하고, 일반가정에 xDSL을 구축하여 약 350만 가입자를 수용한다. 또한 광대역 무선 가입자망(WLL, LMDS)를 구축하여 약 30만 가입자를 수용하고, 케이블TV망 및 자가통신설비를 적극 활용하는 등 경제성과 수요에 따라 가입자망을 구축한다.

(4) 자가통신설비의 여유용량을 초고속 기간전송망으로 활용하며, 인터넷 기간전송망의 고속화 및 고도화를 추진한다.

나. 선도시험망의 구축

초고속정보통신망 구축과 연계하여 첨단 연구개발 환경을 선도적으로 제공하기 위해 선도시험망 사업을 추진하였다. 이 시험망은 기존의 네트워크로는 곤란한 차세대 네트워크 기술, 교환, 전송 및 단말장비, 플랫폼, 응용서비스, 소프트웨어 등을 개발할 수 있는 고도화된 네트워크가 필요하여 시도되었다. 선도시험망 사업의 1단계(1995년- 1997년) 실적은 다음과 같다(초고속정보통신망 구축촉진을 위한 관계기관 협의회 회의자료, 1998. 5. 26, 정보통신부).

① 서울-대전 간 ATM시제품 교환기 및 2.5Gbps급 광 전송장치를 설치하여 선도시험망을 구축하였고, 155Mbps급 중계망과 가입자광케이블을 구축하였다. ② 서울대, KAIST, ETRI 등 31개 기관을 수용하였으며, 연세대, 충남대 등 11개소에 공동이용센터를 설치 운영하였다. ③ ATM교환기, B-NT, B-TA 등 장비를 개발하여 시험을 실시하였고, 교육, 의료, 생활, 사무분야 등 총 579개 응용기술개발과제를 수행하였으며, 1단계 기간 중 총 이용건수는 7,581건이었다.

그리고 정부는 2단계(1998-2002) 선도시험망 추진계획을 관계기관협의회에 다음과 같이 보고하였다(초고속정보통신망 구축촉진을 위한 관계기관협의회 회의자료, 1998. 5. 26, 정보통신부).

① 현장시험용 ATM 교환기를 상용 ATM교환기로 교체하고, 대학, 연구기관의 밀집지역에 GigaPoP을 구축한다. ② 타 통신망과의 다양한 연동시험을 추진하고, 선도시험망과 위성망, 광대역 무선통신망(LMDS)과의 연동시험도 실시한다. 그리고 해저광케이블을 통해 한일 간, 한싱가폴 간 APII 테스트베드를 구성하는 등 해외시험망과의 연동시험을 통한 국제공동연구를 활성화한다. ③ 선도시험망 이용기관에게 수퍼컴퓨팅 서비스를 제공한다. 그리고 라우터 등을 설치하고, IP 네트워크 환경을 제공한다. 또한 네트워크 이용 시 문제해결, 이용기관에 대한 기술지원을 위해 네트워크 운영센터(NOC)를 설치 운영하는 등 선도시험망의 이용기반을 강화한다.

다. 멀티미디어 시범서비스의 검증

초고속정보통신망 구축과 연계하여 특정지역을 선정하여 다양한 방식의 초고속정보통신망을 구축하고 멀티미디어 시범서비스를 제공함으로써 정보통신 이용환경에 대한 사회적 문화적 기술적 타당성을 검증하고자 하였다. 이것은 전국적인 네트워크에 적용하기 전에 시행착오를 최소화하기 위하여 소규모 지역에 시범망을 구축 운영하여 문제점을 보완하려는 것이었다. 초고속정보통신 시범망은 시범사업 종료 후에는 상용망으로 전환하여 활용한다는 방침이었다.

이때 1차 시범(1995년)과 2차 시범(1996년)기간 동안 대전 대덕연구단지, 둔산지역 및 대전공단지역을 시범지역으로 선정하고, 여기에 ATM교환기, 가입자 광케이블망 구축 등 초고속정보통신 시범망을 구축하였다. 그리고 시범가입자 1천명을 수용하고 단말장치를 보급하였다. 고속인터넷, 전자박물관, 전자신문 등 총 43종의 시범서비스를 제공하였다. 또한 3차년도(1997. 9-1998. 8)에서의 시범사업 추진계획이 다음과 같이 보고되었다(초고속정보통신망 구축촉진을 위한 관계기관협의회 회의자료, 1998. 5. 26, 정보통신부).

먼저 60명 내외의 ADSL 시범가입자망을 구축하여, 실생활에 유익한 다양한 응용서비스를 개발 제공한다. 세부적으로는 멀티미디어 교육 데이터베이스, 원격자녀교육 서비스 및 학사행정서비스를 제공하고, 상점과 연계한 예약 및 홈 쇼핑서비스를 제공하며, 연구소 여성인력에 대한 재택근무서비스 등을 추진한다. 1단계 시범사업추진실적에 대한 종합분석 및 평가를 통해 상용화 방안을 제시토록 한다.

9.4 추진체제 보완 및 재원조달

가. 초고속 국가통신망의 구축체제 보완

당시 초고속 국가통신망은 2개 기간통신사업자 경쟁체제로 건설하고 있었다. 이는 경쟁을 통해 이 통신망의 구축을 촉진하고 이용요금의 저렴화를 유도한다는 명분이었다. 그리고 국내통신사업자 보호 및 국가안보차원에서 한국통신 70%, 데이콤 30%의 비율로 국내통신사업자만 참여하게 하였다. 이 사업을 위해 전담기관인 한국전산원이 초고속 국가통신망 사업자의 선정기준, 절차 등을 정하고 이에 대하여 정보통신부장관의 승인을 얻은 후 전담기관이 제안서를 제출받아 평가 및 선정하였다(정보화촉진기본법 시행령 제23조).

한편 관계기관협의회는 기간통신망과 가입자망을 구분하여 시행하는 것으로 하였다. 이때 세부검토사항은 다음과 같다(초고속정보통신망 구축촉진을 위한 관계기관협의회 회의자료, 1998. 5. 26, 정보통신부).

첫째, 사업추진의 연속성, 경제성과 정책의 일관성을 고려하여 현행 2개 기간통신사업자간 경쟁체제를 유지한다. 그리고 기간통신망을 조기에 경제적으로 구축토록 하기 위해 사업계획서를 사전에 제출받아 미비점을 보완하여 추진한다. 사업자간 70%, 30%의 비율은 통신망 구축계획 대 실적, 서비스 품질 등을 평가하여 5% 범위내에서 탄력적으로 조정한다.

둘째, 세계 최고수준의 초고속정보통신망을 구축하기 위해 외국인 지분을 확대하여 외국자본을 유치하고 외국 업체와 협력하여 구축한다. 기술개발추세 등을 감안하여 최신기술을 활용토록 지속적으로 보완한다.

셋째, 기간통신망 구축 시 설치되는 ATM교환기, 광전송장비 등 통신설비의 표준화를 도모하기 위해 통신사업자는 정보통신부장관의 사전 승인 또는 신고 수리 후 설치한다(전기통신기본법 제17조 및 제25조).

또한 가입자망은 모든 기간통신사업자를 대상으로 제안서를 제출받아 가장 경쟁력 있는 적정 수의 통신사업자를 선정하여 추진하는 것으로 정하였다. 이에 대한 세부검토사항은 다음과 같다(초고속정보통신망 구축촉진을 위한 관계기관협의회 회의자료, 1998. 5. 26, 정보통신부).

① 시내전화사업자, 시외전화사업자, 전기통신회선설비 임대사업자 등 모든 기간통신사업자는 참여가 가능하다. 또한 외국자본을 유치하고 외국업체와 협력하여 추진한다. 이것

은 가장 빨리 고품질의 서비스를 저렴한 비용으로 제공 가능한 통신사업자를 선정하여 기간통신망과 연계하여 구축하는 방안이다.

② 수요, 경제성 등에 따라 광케이블, xDSL, 광대역무선통신망, 케이블TV망 등 다양한 방식을 활용하여 구축한다.

③ 주요추진일정으로는 1998년 5월부터 12월까지 정보통신부는 관계기관과 협의하여 소요예산을 확보한다. 그리고 전담기관(한국전산원)은 통신사업자 선정기준, 절차작성 및 각계 의견을 1998년 9월까지 수렴한다. 이어서 전담기관에서 제안서 접수, 평가 및 선정(1998. 10-1999. 2)을 하여 1999년 3월에 사업을 착수토록 한다.

나. 투자 및 재원조달계획

1995년부터 2010년까지 전체 초고속정보통신망 투자규모는 약 31조9천억 원으로 추정되며, 이중 정부가 1조9천억 원을 투자할 예정이었으며, 그 세부내역은 <표 5-25>와 같다(초고속정보통신망 구축촉진을 위한 관계기관협의회 회의자료, 1998. 5. 26, 정보통신부). 이표에서 1단계는 1995년-1997년, 2단계는 1998년-2002년, 3단계는 2003년-2010년이다. 여기에서 ( )는 정부재원 투자액을 말한다.

<표 5-25> 초고속정보통신망 건설의 투자규모(단위: 억원)

구분	1단계	2단계	1998	3단계	계
초고속국가망	(1,755)	(4,750)	(585)	(1,609)	(8,114)
초고속공중망	5,190	59,414	6,359	222,683	287,467
선도시험망사업	236(90)	614(376)	110(74)	496(224)	1,346(690)
정보화시범사업	322(91)	1,000	-	-	1,322(91)
기술개발비 등	7,671 (3,409)	6,086 (3,824)	1,389 (844)	7,014 (2,786)	20,771 (10,019)
계	15,174 (5,345)	71,864 (8,950)	8,443 (1,503)	231,982 (4,619)	319,020 (18,914)

이때 정부재원 투자액의 내역을 보면 초고속 국가통신망사업 8,114억 원, 선도시험망사업 690억 원, 정보화시범사업 91억 원, 기술개발비 등 1조19억 원 등 총 1조8,914억 원을 부담하는 것으로 계획되었으며, 이를 위한 재원조달계획은 다음과 같이 정하였다.

① 초고속 국가통신망 사업비는 전액 정부예산으로 조달하되, 공공기관의 가입자망 고도화는 매칭펀드(Matching fund) 형태로 정부가 최대 50%까지 지원한다.

② 초고속 공중통신망 사업비는 민간 통신사업자가 자체 조달한다. 1998년 투자규모는 국내 경제여건 상 감소될 것으로 전망되며, 민간의 투자촉진을 위하여 정부재원에 의한 금

융지원방안을 추진한다.

③ 선행사업 중 선도시험망 사업비는 정부와 한국통신이 공동으로 조달한다. 그리고 1998년 이후의 시범지역사업(대전)의 소요예산은 전액 한국통신이 조달한다.

당시 정부에서는 이와 같이 초고속정보통신망 구축되면 기대효과(1995년-2002년)를 보고하였다(초고속정보통신망 구축촉진을 위한 관계기관협의회 회의자료, 1998. 5. 26, 정보통신부). 이때 보고내용을 보면 우선 공공기관 통신비가 1,575억 원이 절감되고, 직접고용창출 21,085명, 고용유발효과 12만 명이 될 것으로 예측하였다.

그리고 무역수지 개선효과 10.4조원, 생산유발액 15조4,292억 원, 부가가치 유발액 6조 5,101억 원이 된다고 보았다. 또한 GDP 기여도는 1단계 기간에 0.28%, 2단계 기간에 1.13%로 나타나고, 통신산업에의 성장기여도는 2단계 기간에 연평균 14% 성장을 촉진하며, 거래비용의 경우 2단계 기간에 46조-109조원이 감소되는 효과가 있는 것으로 보고하였다.

10. 초고속 국가통신망의 추진 중단

10.1 초고속 국가통신망 구축의 문제점

가. 정부추진방안의 문제점

정부는 당시 기간통신사업자를 대상으로 경쟁을 통하여 초고속 국가통신망을 구축 운용하고자 하였으며, 초기의 경쟁환경을 고려하여 단계별로 추진하는 방안을 제시하였다. 제1단계는 경쟁입찰에 의하여 주(主)사업자 70%, 부(副)사업자 30%를 선정하고 이때 통신사업자의 현행가입자 수용범위를 인정하고, 신규가입자는 계약비율로 수용한다는 것이다. 그리고 제2단계에서 확보된 기반시설을 기반으로 서비스 경쟁체제로 진입시키고자 하였다.

한국통신은 이러한 방침에 대하여 초고속 국가통신망의 법적위상, 성격, 통신망의 구성원칙, 통신사업자 참여방안, 한국통신 추진의 당위성 등을 다음과 같이 검토하여 정부에 제시하였다(한국통신 경영전략실).

① 초고속 국가통신망을 물리적 통신망 위주로 구축됨으로써 통신망의 영속성, 사용부서의 한계, 이용요금책정 등을 정할 때 기준이 모호하다. 따라서 이 통신망에 대한 명확한 법적 근거가 필요하다.

② 초고속 국가통신망의 소유 주체, 운영 주체를 합리적으로 검토하여 확실히 규정하고, 또한 국가기관, 지방자치단체, 학계, 연구소 등 이용주체의 범위도 명확히 할 필요가 있다.

③ 향후 초고속 공중통신망에는 국가기관 등은 수용하는 것인지, 수용하지 않는 것인지 등 불명확한 문제가 있다. 따라서 초고속 공중통신망과 초고속 국가통신망을 운용방향을 규

정할 필요가 있다.

④ 초고속 국가통신망에 대한 교환기, 전송시설, 단말기 등 통신망 구성요소에 대한 진화원칙이 불분명하다. 그리고 가입자망과 기간통신망의 구성이 분리되어 단대단 서비스(End-to-End)의 관리 및 품질보장이라는 측면에서 상당한 문제가 예상된다.

나. 사업자 참여방안

당시 우리나라의 모든 통신망은 한국통신의 가입자망과 한국통신, 데이콤 등이 운용하는 기간통신망이 직접 연결되는 형태로 구성되고 있었다. 이때 정부는 이 통신망 구축에 복수사업자를 참여시키겠다고 나섬에 따라 상당한 문제점이 대두되었다.

① 기간통신망을 이원화하는 경우 통신망 간 호환문제가 발생하고, 연동 시 연동장비, 상호접속료 등 비용이 발생한다. 또한 운영 시 유지보수체제의 이원화로 효율성이 저하되고, 보편적으로 특정 통신망을 이원화하는 경우는 극히 드물다.

② 초고속정보통신망 구축사업에서 상대적으로 덜 중요한 기간통신망을 경쟁시킨다는 것은 장기적인 면에서 효과가 별로 없다. 그것은 통신망 구성비를 볼 때 통상 가입자망 74%, 기간통신망 2%를 차지하기 때문이다. 또한 초고속 국가통신망은 보안성이 중요하나 복수사업자를 지정하면 보안성이 떨어지는 문제도 발생한다.

③ 초고속 국가통신망 사업에 민간사업자가 참여하는 경우 전국규모의 신규통신사업자가 출현하게 된다. 따라서 사업자 선정 문제가 있고, 사업자의 성격도 규정되어야 하였다. 그리고 중요한 국가통신망 사업에 통신사업경험이 전무한 신규사업자가 참여하는 경우 통신망 구축 및 운영 등에 차질이 예상될 뿐만 아니라, 상업성에 치우친 과열경쟁도 우려된다. 특히 국가 주요정보의 보안유지가 곤란해지는 문제도 간과할 수 없다.

한편 정부는 이 사업을 위해 정부투자기관인 한국통신도 여러 군소 민간통신사업자와 동일 선상의 경쟁대상으로 올려놓고 평가하는 방안으로 추진하고 있었다. 이것은 당시 정부의 경쟁지상주의가 빚어낸 대표적 행정 졸작이었다. 이런 정책적 혼란 때문에 초고속 국가통신망 구축에 필수사업자인 한국통신이 하루라도 빨리 이 통신망 구축에 착수하여야 함에도 민간기업과의 무의미한 경쟁 준비 등으로 쓸데없이 시간만을 허비하였다. 어차피 이 사업은 다음과 같은 사유로 한국통신이 전담할 수밖에 없는 특성을 가지고 있었다.

첫째, 한국통신은 전국적인 가입자망을 보유하고 있어 신속한 단대단(End-to-End) 회선제공이 용이하다. 그것은 초고속정보통신망 구축비용 중 가입자망 구축비용이 총 투자비의 74%(31조5천억 원)를 점유하고 있어 한국통신 이외의 어떤 사업자도 조기에 가입자망의 구축이 불가능한 상황이었다.

둘째, 한국통신은 초고속 국가통신망 수용기관에 대한 광케이블을 조기에 공급할 수 있을 뿐만 아니라, 일원적인 회선제공 및 통신망 관리로 국제적 기술수준에 적합한 회선품질을 제공할 수 있다.

셋째, 한국통신은 광전송로, 마이크로웨이브 전송로, 위성통신 등 다양한 전송로를 확보하고 있고, 전국을 커버하는 대용량 격자형 광전송로를 보유하고 있는 등 중요한 초고속 국가통신망 구성에 탁월한 신뢰성을 확보하고 있다.

넷째, 한국통신은 국영기업체로서 국가 주요정보의 보안유지에 적정하다. 국가기간전산망 등 국가주요정보의 보안이 요구되는 통신망을 민간기업에서 전송 관리한다는 것은 곤란하다.

다섯째, 한국통신은 이미 엄청난 투자비(42조504억 원)를 투입하여 초고속 공중통신망을 건설하고 있다. 그중 초고속 국가통신망 투자비(8,114억원)는 우리나라 전체 초고속정보통신망 투자비(42조8,618억 원)의 2% 정도의 비교적 적은 규모의 사업이다. 따라서 정부는 당초 한국통신을 사업시행 1순위의 주사업자로 우선 지정해야 합리적임에도 한국통신을 여타 민간사업자와 동일한 수준으로 하향조정하여 한마당에서 경쟁을 시키겠다는 관료주의적 발상이 사업을 지연시키는 등 여러 가지 문제를 야기하고 있었다.

다. 장기적 측면에서의 문제점

정부는 초고속 국가통신망을 건설 운용함에 있어 한국통신은 그 소유권을 가지며, 정부는 장기사용권을 보유하는 것이 국가적으로 보아 경제적이고 효율적인 방안이라고 판단하고 있었다. 그러다가 당시 정부는 정부가 직접 초고속 국가통신망을 구축하는 쪽으로 방향을 잡고 있었는데, 이 경우 여러 가지 문제점이 예상되었다.

가장 큰 문제는 한국통신과 데이콤이 매년 계약방식으로 이 사업을 시행해야 하고 한국통신과 데이콤이 70: 30의 비율로 시설을 확보하는 것이었다. 그러다 보니 한국통신은 총 1만여 개의 기관 중 70%인 7천개 기관을 수용 운용해야 하고, 또한 공공기관, 연구기관 등은 초고속 국가통신망에 수용한다고 하더라도 한국통신의 대형고객은 어디에 수용해야 할지 불명확하였다. 이런 문제로 정부계획은 장기적으로 발전적인 방안이 되지 못하였다.

이런 상황에 직면하자 한국통신은 정부계획과는 별도로 당초의 한국통신 계획에 따라 전국적인 초고속 정보통신망(NII)을 완성해 나가기로 작정하였다.

이에 따라 ATM교환기 상용화 이전인 1996년-1997년에는 광대역 회선분배장치(BDCS)를 사용하여 구축하였다. 또한 전국 시외전화국 간 및 5대 도시 시내전화국 간 전송로(141구간)에는 2.5Gbps급의 광대역 전송시스템을 설치하여 기업체, 공공기관 등에 초고속 직통전송로를 제공하였다.

결국 한국통신은 초고속정보통신망을 1997년부터 2006년까지 건설하고, 이를 위해 총 3조9,949억 원의 재원을 투입하는 계획을 추진하게 되었다(네트워크의 고도화 추진계획, 1997. 6, 한국통신).

10.2 초고속 국가통신망의 구축방안 개선

가. 한국통신의 개선방안 제시

한국통신은 국가, 지방자치단체 등 공공기관을 광케이블로 연결하여 초고속 국가통신망을 2010년까지 완성하고자 하였다. 이때 이 통신망의 운용성 및 기술력을 바탕으로 일반국민의 이용을 촉진하는 이원적 구조를 채택함으로써 초고속 국가통신망 사업을 통해 초고속 공중통신망을 조기에 구축하고 활성화를 유도하는 쪽으로 방향을 잡았다.

이에 필요한 구축비는 공공재원으로 충당하되 통신사업자의 시설을 최대한 활용하여 공공기관에게 저렴하게 제공함으로서 선도 이용집단을 창출하고자 하였다. 그러나 정부는 초고속 국가통신망 구축에 복수사업자를 참여시킴으로서 투자비의 이중지출, 관리비 증가, 추진체제의 복잡, 운용보전체계의 복잡 등 다음과 같은 문제가 발생하였다.

① 제1단계(1995년-1997년) 사업기간 중 사업비 지출내역을 보면 <표 5-26>과 같이 투자비가 이중으로 지출되고 관리비가 증가하였다. 단일 사업자가 추진한다면 전담기관에 지급하는 관리비와 제2사업자(데이콤)에게 지급하는 구축비 중 상당액은 불필요한 것이었다.

<표 5-26> 초고속 국가통신망 구축사업비(단위: 억원)

구분	1995년도	1996년도	1997년도	계	비 고
한국통신	175	508	303	986	투자비
데이콤	75	231	228	534	투자비
한국전산원	8	18	13	39	관리비
계	258	757	544	1,559	

② 초고속 국가통신망 사업의 주관기관은 정부이고, 전담기관은 한국전산원이며, 주 통신사업자는 한국통신, 부 통신사업자는 데이콤으로 되어 있었다. 이와 같이 복잡한 추진체제로 인해 의사결정이 지연되고 책임한계도 모호하여 사업추진구조가 비효율적이었다. 또한 주관기관과 전담기관 간 협약을 체결한 후, 전담기관과 통신사업자간에 초고속 국가통신망 구축계약을 체결하기 때문에 전담기관이 주관기관과 사업자 사이에 독점적 지위를 확보하기 위해 왜곡된 의사결정이 가능하였다.

③ 통신사업자는 초고속 국가통신망 관리를 위해 통신사업자 별로 통신망관리센터를 구축하여야 하며, 전담기관 역시 별도의 서비스 이용관리센터를 구축 운용할 필요가 있으므로 운용보전체계도 복잡하였다. 한편 이용자는 전담기관에 먼저 이용신청을 한 후 초고속 국가통신망 이용자임을 확인받아 통신사업자에게 재신청해야 하는 불편함이 발생할 수밖에 없었다.

④ 복수의 통신사업자가 초고속 국가통신망을 각각 구축하는 경우, 통신망 간 연동이 필

요하며 이를 위한 자원낭비가 불가피하다.

한편 한국통신은 초고속정보통신망(ATM) 간 연동과 관련하여 ATM포럼에서 권고한 프로토콜(B-IC12.0) 기술을 1998년 7월까지 국산전자교환기에 구현할 예정으로 추진하였다. 또한 정부는 노조활동 등 비상시에 대비하여 복수사업자를 지정하여 통신망 이원화가 필요하다는 논리를 펴고 있었는데, 이에 대해 한국통신은 당시 국가지도통신망 운용체계를 적용하면 문제가 없다고 판단하고 있었다.

당시 정부는 경쟁체제 도입으로 저렴한 이용요금과 고품질의 통신서비스를 제공 받을 수 있다는 논리를 펴고 있었다. 이점에 대해서도 한국통신은 이용요금은 정부가 주도적으로 결정할 수 있는 정책요금을 적용하고, 통신품질은 부단한 품질지도관리를 시행하되 일정수준의 기술기준을 제시하고 이를 준수토록 제도화하면 문제없을 것으로 판단하였다.

따라서 한국통신은 초고속 국가통신망은 가입자망, 시외통신망, 국제통신망 등을 통합 운용하면서 시내통신, 시외통신, 국제통신 서비스 등 통합서비스를 제공하고 있는 지배적 사업자가 단일통신망으로 구축 운용하는 것이 기술적 경제적 측면에서 바람직하다는 개선 방안을 정부에 수차례 제시하였다.

나. 초고속 국가통신망 건설의 혼선정리

한국통신은 초고속 국가통신망 구축방안이 명확하지 못하고 혼돈상황이 지속되자 이 통신망 구축의 일환으로 공공부문의 고속인터넷 서비스망을 구축하기로 하였다. 당시 한국전산원에서는 이미 초고속국가망이라는 명칭의 소규모 인터넷망을 운용하고 있었는데, 여기에서 초고속 국가통신망이란 이를 말하는 것은 아니었다.

한국통신은 우선 초고속 공공인터넷 망을 구축하여 장차 이를 초고속 국가통신망으로 발전시키는 구상을 펼쳐나갔다. 이 통신망을 통해 공공부문 인터넷 서비스의 수요를 충족하며, 서비스를 확산하고 국가통신망 이용기관의 정보교류를 활성화할 수 있는 기반을 조성하고자 하였다. 이러한 목적을 달성하기 위해 한국통신은 다음과 같은 방침을 정하여 초고속 국가통신망 사업을 추진하였다.

첫째, 공공인터넷은 상용인터넷과는 분리하여 정부의 초고속 국가통신망을 위한 사업비 지원에 의해 시설을 구축한다.

둘째, 한국통신은 국내통신망을 구축 운용하고, 국제통신망의 구축 및 운용은 한국전산원이 담당한다. 이를 위해 한국전산원과 이용계약을 하여 사업을 추진한다.

셋째, 통신망은 우선 인터넷 전용망으로 구성하고, 앞으로 ATM교환망에 통합 수용한다.

한편 한국통신 전략영업본부(본부장 송용팔)에서는 초고속 공공인터넷 구축사업을 체계적으로 추진하고자 노드의 구축, 전송로 구성, 백본 등 제반 소요시설의 구축 및 운용계획을 수립하였다. 이 계획의 주요골자는 다음과 같다(초고속 공공인터넷 사업추진계획, 1997. 6).

① 정부와의 계약내용에 따라 기존 상업망과는 독립적인 시설로 구축하고 상호 효율적 연동이 가능하게 구축한다. ② 중계망, 가입자 수용, 노드 내 백본, 국제통신망 접속부분 등을 종합적으로 고려하여 향후 초고속 국가통신망 구축에 효과적으로 대비토록 설계한다. ③ 사업추진에 필요한 제반환경(운용요원, 상면 포함)은 한국통신의 코넷(Kornet)과 기존의 한국전산원의 초고속국가망 환경을 최대한 활용한다. ④ 향후에는 고부가가치 서비스를 제공할 수 있도록 시설환경을 구축하여 회선료 이외의 수입을 창출한다.

이후에도 초고속 국가통신망 구축에 대한 혼란이 계속되자 국가지도통신망, 행정통신망, 초고속국가망에 대한 현안문제를 논의하기 위해 한국통신과 정보통신부는 국가지도통신망 등 관련책임자 회의를 개최하였다. 특히 이 회의에서 초고속 국가통신망은 별도로 존재하지 않고 초고속 공중통신망(PSTN)으로 통합 활용하는 방향으로 결론지음으로써 그동안의 혼란을 최종 정리하게 되었다. 이 회의에는 정보통신부 정보통신정책실장(정홍식), 정보화기획실장(안병엽), 정보통신심의관(석호익), 담당과장(형태근), 정보통신지원국장(서영길) 등이 참석하였다(국가지도통신망 정보통신부 협의결과보고, 1997. 7. 1).

이후 한국통신은 이 사업을 전략영업본부와 초고속통신추진본부가 담당토록 하였다. 이에 따라 전략영업본부(본부장 송용팔)는 시설집행계획을 세워 쌍용정보통신과 시설공사를 계약하여 준공하였다(1997. 9. 20). 이때 초고속 공공인터넷은 시설규모 2천 포트로 설치되었고 이를 위해 총 91억1천만 원이 투입되었다. 주요건설내용을 요약하면, 먼저 서울, 대전, 대구, 부산, 광주 등 5대 도시에 중계노드(Router)를 설치하여 기간망을 구축하였다.

서울노드에는 경인/강원권 가입자를 수용하고, 국제 인터넷망을 연결하였다. 그리고 대전노드에는 충청권 가입자, 대구노드에는 경북권 가입자, 부산노드에는 부산/경남권 가입자, 광주노드에는 전라/제주권 가입자를 수용하였다. 다음 주요과제인 기간망의 노드 간 회선은 이미 구축된 서울-대전 간 155Mbps, 기타구간은 45Mbps의 초고속 국가통신망의 전용선으로 구성하였다. 그리고 기존 라우터는 ATM접속망으로 이용하고, ATM접속망은 라우터 및 F/R(Frame Relay)로 구성하는 등 향후 초고속 국가통신망 ATM을 기간 중계노드로 이용하였다.

또 다른 과제인 가입자망은 한국통신이 설치한 전용회선과 F/R로 구성하였으며, 이때 전용회선은 64K, 256K, 2M, 45M 등 4종, F/R은 64K, 256K, 2M 등 3종을 이용하였다. 또한 서비스용 컴퓨터 서버는 통신망 관리시스템과 서비스 관리시스템으로 구분하여 구축하였다. 통신망 관리시스템은 중앙망 관리용 1식, 지역망 관리용 5식을 설치하였으며, 서비스 시스템의 경우는 종합안내용 1식과 인터넷주소 번역시스템인 DNS(Domain Name Server) 1식을 시설하였다.

한편 한국통신 초고속통신추진본부(본부장 김기천)는 한국전산원과 국제회선 연동을 위한 계약을 체결하였다(1997. 6. 28). 서울노드와 한국전산원 간은 45M방식의 중계망으로 구성하였으며 이 비용은 한국전산원에서 부담하였다. 이와 같이 건설된 초고속 공공인터넷의 서비스 명칭은 PUBNET(Korea Public Sector for Internet)으로 정하고, 3개월(1997. 9. 30-1997. 12. 31)간의 시범서비스를 거쳐 1998년 초에 상용서비스를 개시하였다(1998. 1. 1).

10.3 초고속 국가통신망의 미완성

가. 2개 초고속정보통신망의 중복건설문제

당시 초고속 공중통신망이 전면 건설되고 있는 도중에 이와 별개로 초고속 국가통신망을 건설한다는 것은 국가주요통신망의 이원화 및 중복투자라는 문제점이 제기되었다. 이 2개의 기간통신망은 성능이나 이용자 면에서 동일하여 굳이 중복건설할 필요가 없었다. 한국통신은 앞에서 설명한 바와 같이 정부가 초고속 국가통신망을 별도의 독립된 통신망으로 구축하는 계획에 대해 다음과 같은 여러 가지 문제가 예상됨을 지적하였다.

첫째, 정부는 초고속 국가통신망을 초고속전용망의 회선을 활용하여 논리망으로 구성하겠다고 밝혔다. 그러나 논리망의 구성방법, 계약대상물의 범위, 제공 회선구간 등이 불분명하여 회선공급에 혼란이 발생할 것이다.

둘째, 초고속 국가통신망의 소유권, 장기사용권에 대한 책임과 권한이 혼란스럽고, 매년 이 통신망의 구축물량을 수주계약토록 함으로써 향후 사업방향이 불분명하다. 또한 한국통신과 데이콤이 각각 70대 30 비율로 회선을 구축 운용하는 방식이어서 설비의 소유권도 불분명하다.

셋째, 통신망 구성방식이나 소요장비를 투입함에 있어 한국통신이 주도하는 대규모의 초고속 전용통신망이 소규모의 초고속 국가통신망에 종속되는 상황이 발생할 수 있다. 이렇게 되면 오히려 초고속 전용통신망의 발전을 저해할 우려가 있다.

넷째, 초고속 국가통신망은 기간망 만 보유하고 있을 뿐 가입자망은 한국통신의 전용회선을 사용토록 되어 있다. 따라서 동일한 전용회선에 대해 초고속 국가통신망 회선요금과 일반전용회선요금 간에 혼선이 우려된다. 이때 초고속 국가통신망 회선요금은 정부에서 책정하기 때문이다.

나. 초고속 국가통신망의 미완성과 종합평가

이후 초고속 국가통신망은 많은 혼선을 겪으면서 진행되다가 결국 당초 목표대로 구축되지 못하고 미완성으로 종료되었다. 앞으로 범국가적 사업이 이와 같은 전철을 밟지 않도록 한다는 점에서 이 사업을 평가하고 이렇게까지 일이 커지게된 원인이 어디에 있었는지를 되짚어볼 필요가 있다.

첫째, 정부는 경쟁이라는 미명하에 한국통신과 데이콤으로 하여금 각각 별도의 통신망을 구축하게 하였다. 결과적으로 하나의 국가에 2개의 초고속 국가정보통신망을 건설하도록 유도하였다. 이는 경부선 철도를 2개 따로 따로 건설하는 형국이었다. 초고속 국가통신망이란 국가기관이 전용할 특수통신망인데, 이를 위해 2개의 별개의 통신망을 건설 운용하도록 방안을 정했다는 점과 이를 건설하는 과정에서 상업적 개념인 사업경쟁이라는 방법에 매몰되면서부터 이 통신망의 건설은 궤도를 이탈하였다.

둘째, 이때 한국통신은 공중통신망+국가통신망을 구축하여 수요의 70%를 수용하고, 데이콤의 경우는 공중통신망+국가통신망을 구축하여 수요의 30%를 수용하게 한 정부의 방안도 전혀 합리적이지 못하였다. 이러한 불합리한 방식에 따르다보니 예를 들면 내무부는 한국통신 초고속 국가통신망에 가입하고, 외무부는 데이콤 초고속 국가통신망에 가입해야 하는 비정상적인 상황이 벌어지게 되었다. 뿐만 아니라, 독립된 2개의 초고속 국가통신망을 상호 연결해야 하는 추가비용이 발생하고, 사용번호가 통일되지 못하는 등의 문제까지 발생하였다.

셋째, 정부에서는 부처별로 추진되는 전산망을 통합 연동시켜 국민의 국가정보 이용편익을 제공하고 행정능률을 향상시킬 수 있도록 통신망을 구축한다는 방침을 세웠다. 이에 따라 한국전산원은 한국통신의 초고속 국가통신망과 데이콤의 초고속 국가통신망 등 2개의 국가통신망을 이용하여 국가전산망을 구축할 수밖에 없게 되었다. 이에 따라 이들 국가의 주요통신망 구축에 있어 불필요한 기술적 문제를 야기하고, 운용상 복잡하고 어려움을 발생시켰다.

이와 같은 어려운 상황에서 초고속 국가통신망 건설사업은 1990년대 후반까지 진행되었으며, 그동안의 추진실적을 분석하여 종합평가를 하면 다음과 같다.

① 초고속 국가통신망 중 간선망은 정부에서 사업비를 부담하고, 지선망은 한국통신이 건설하는 것으로 추진되었다. 이러다 보니 초고속 국가통신망의 1단계(1995년-1997년) 기간 중 간선망 건설을 위해 한국통신 986억 원, 데이콤 534억 원, 한국전산원 39억 원 등 총 1,559억 원이 투입되었다. 당시 초고속 국가통신망은 <표 5-27>과 같이 건설 추진되었다.

<표 5-27> 초고속 국가통신망 건설상황

구분	광케이블 건설	전송장치	초고속교환기		설치도시
			대형	소형	
한국통신	11,667Km	143대	12대	68대	80개 지역
데이콤	5,977Km	121대	12대	63대	75개 지역

② 초고속 국가통신망 특히 2개의 간선망을 구축함으로서 중복건설한 결과가 되었으며, 국가기관, 공공기관, 기업체 수용 시 양분화되는 불편이 발생하였다. 또한 2개의 초고속 국가통산망을 서로 연결시키기 위해서는 상당한 추가비용이 소요되었으며, 한국통신, 데이콤

외에 두루넷에서도 별도 건설을 희망하는 상황도 발생되었다.

③ 한국전산원을 통신망사업자로 선정하여 한국통신의 초고속 국가통신망과 데이콤의 초고속 국가통신망 등 초고속 국가통신망 전체를 관리하게 한 점도 문제였다. 기간통신사업자가 건설하는 초고속 국가통신망을 통신망 구축에 있어 경험과 전문성이 부족한 한국전산원에게 통합건설관리를 맡긴 것부터 잘못되었다.

이후 한국통신은 초고속 국가통신망 2단계사업(1998년-2002년)부터는 통합건설방안을 강력히 제시하였다. 결국 위와 같은 문제로 곤란과 혼란을 거듭한 끝에 2000년대에 들어서면서 당초 추진해온 초고속 국가통신망 구축은 중지되고, 한국통신 주도의 초고속정보통신망 건설로 대체되었다.

11. 새로운 방향으로의 전환

11.1 그동안의 성과 분석 및 향후대책

가. 사업성과 분석

앞에서 언급한 바와 같이 한국통신은 당초부터 구축해온 초고속 국가통신망을 최대한 활용하여 초고속 공중통신망을 건설하는 방안을 선택하여 꾸준히 추진해 왔다. 이에 대한 한국통신의 사업성과는 다음과 같이 분석되었다(초고속 정보통신망 구축현황, 1998. 1. 26, 한국통신 네트워크본부).

① 초고속 국가통신망의 1단계 사업기간 동안 1995년 175억 원, 1996년 508억 원, 1997년 303억 원 등 총 986억 원의 정부지원금을 수령하였다. 이때 이용요금으로 정부부담금 133억 원, 이용자 납부요금 64억 원 등 총 197억 원을 징수하였으며 정부부담요금은 지원금 수령액에서 상계하였다.

② 광케이블, 전송장치, ATM교환기 등의 투자비를 정부에서 지원받아 초고속정보통신망을 구축하여 공공기관 등에 유료서비스를 제공하였다. 한국통신은 이와 같은 초고속정보통신망 구축 투자재원을 확보할 수 있어 경영수지에 도움이 되었으며, 또한 3만여 이용기관을 안정적으로 확보할 수 있어 데이터통신시장을 선점할 수 있었다. 뿐만 아니라 신규기술 개발투자에 대한 위험부담도 감소되었다.

③ 초고속 공공인터넷을 한국통신이 독점할 수 있어 초고속 정보통신사업에서 경쟁우위를 확보할 수 있었으며, 공공부문 이용활성화로 초고속정보통신 서비스의 수요유발효과도 가져오게 되었다. 그리고 정부지원금은 2002년에 상계를 종료할 것으로 추정되고, 1998년 이후부터 년간 400억 원 이상의 순익이 발생할 것으로 전망된다.

나. 사업추진체계의 재정립

초고속정보통신망 구축사업의 효율적 추진을 위해 각 본부 또는 부서별로 산재되어 있는 업무를 합리적으로 조정하고 초고속시설 구축 및 유지보수를 위해 ATM교환기 설치지역에 운용전담센터를 설치 운용하는 계획을 수립하였다. 그리고 타 경쟁사업자의 초고속정보통신 서비스의 조기제공 및 다수의 특정지역 초고속통신망 사업자의 출현으로 인한 초고속정보통신 사업 분야의 치열한 경쟁에 대비하기 위해 추진체계의 정립이 필요하였다.

한국통신은 이를 위한 추진방향을 다음과 같이 수립하였다(초고속통신망 구축계획, 1997. 11, 한국통신 네트워크본부).

첫째, 효율적인 사업추진을 위해 일원화된 조직에서 초고속정보통신 관련업무를 총괄 수행한다. 가칭 초고속추진실을 신설하고 조직신설 시까지는 현행 조직체제에서 초고속 관련업무, 초고속 관련 대외협력, 투자계획 및 운영업무를 수행한다.

둘째, ATM교환기가 설치되는 지역본부 내에 전담운용조직을 신설하고 초고속운용관리센터를 신설하여 시설, 운용 및 서비스지원업무를 수행토록 한다. 그리고 체계적인 운용을 위해 서울지역에 ATM집중관리센터를 신설한다.

셋째, 향후 지역본부별로 운용관리센터를 구축 운영하며, 운용관리센터 신설은 초고속국가통신망에서 추진한 센터중심으로 구성 운용한다.

위와 같은 초고속정보통신 관련사업에 대한 추진체계를 새롭게 전환하기 위해 한국통신 내 부서별 업무분장을 다음과 같이 재정립하였다.

① 기획조정실은 초고속사업추진 소요예산 및 인력을 확보하고, 마케팅본부는 초고속서비스 마케팅 관련 업무를 총괄한다. 그리고 전략영업본부는 초고속서비스 영업관련 업무를 총괄하고 1998년도 ADSL 설치, 운용 및 사업을 추진한다.

② 네트워크본부는 초고속정보통신망 구축 관련 기본계획을 수립하고, 초고속정보통신 사업별 세부추진사항을 관리하고 조정한다. 그리고 초고속통신망 관련 대외창구 역할을 수행하며 초고속통신망 구축 실행계획을 수립 시행한다. 또한 초고속 공중통신망 시범사업의 추진, 초고속망 기술발전계획의 수립 및 조정, 초고속망 기술표준화를 추진한다. 한편 시설운용실에서는 초고속통신망 운용보전계획을 수립 시행한다.

③ 초고속통신추진본부는 초고속 국가통신망의 구축 대응전략을 수립 조정하고, 초고속국가통신망 구축을 위한 수요를 확정한다. 그리고 선도시험망 구축계획을 수립하고, 초고속 관련 장치개발계획을 수립 관리하며, 초고속정보통신망 응용서비스를 개발 보급한다. 또한 초고속 국가통신망 관련 대정부 창구역할을 수행한다.

④ 연구개발본부는 초고속 정보통신망 구축 기술지원과 진화방안을 연구하고, 초고속정보통신망 응용서비스, 관리시스템을 개발 구축한다. 한편 인력개발본부에서는 초고속정보통신망 구축 관련 전문인력을 양성하고, 기타 실단본부는 관련 소관업무를 협조 수행한다.

11.2 해외동향 및 국제표준화의 재확인

가. 1990년대 후반기 해외동향

1990년대 후반기 해외시장동향을 보면, 인터넷의 경우 WWW의 등장과 함께 사용자수 및 트래픽이 급증하고 있었다. 해외시장은 연평균 100%, 국내시장은 50% 이상의 이용자가 증가하고, 특히 해외의 경우 트래픽은 연평균 300% 증가하고, 국내 인터넷 백본도 45Mbps(1997년)에서 155Mbps(1998년)으로 초고속화 되고 있었다. 또한 IP기반의 멀티미디어통신 애플리케이션이 성장하고, WWW기반 사이트가 증가하여 전자상거래 및 인터넷 광고가 활성화하고 있었다.

전용회선은 프레임릴레이(Frame Relay), ATM, 인터넷 등 교환형 전용회선 형태로 변화하고, X.25기술은 고속 멀티미디어 서비스 제공의 한계로 점차 규모가 감소하면서 프레임릴레이로 대체되는 추세였다. 특히 ATM은 FR보다 3년-4년 늦은 1997년부터 성장단계에 진입하고, PVC위주의 서비스에서 SVC 서비스를 제공하기 시작하였다. 이 분야의 전문가 그룹에서 발표한 통신망별 장기이용패턴을 보면 2000년대 초반부터는 지금까지의 전통적인 전용회선은 급격히 줄어들고, 대신 FR과 ATM이 급격히 증가할 것으로 전망하였다(Vertical Systems Group 1996).

이때 제외국의 ATM망 구축방향을 보면 이용자에 대한 자연스러운 ATM화를 유도하고, 수요가 많은 T1급 및 PVC위주의 ATM서비스를 제공하는 쪽으로 가고 있었으며, 특히 AT&T는 가입자 확대에 따라 가격이 저렴한 SVC를 제공하고 있었다. 또한 제외국에서는 ATM-FR 연동서비스 및 종량제 과금방식을 제공하고, AT&T, MCI, Worldcom 등은 국제간 ATM서비스를 확대하고 있었다. 이들은 대규모 통신망을 구축할 때는 ATM이 FR보다 유리하다는 판단 하에 ATM망 구축을 적극 검토하고 있었다.

한편 통신망관리의 단일화를 통한 유지보수 비용절감을 목적으로 TMN을 도입하고, ATM망을 구축하여 멀티미디어 서비스 제공을 위한 대역폭을 확장하고 QoS를 지원하였다. 기존의 음성망 및 데이터망 연동을 위해 음성중계(Voice Trunking) 및 데이터중계(Data Trunking) 기술을 이용하는 방법을 선택하였고, 국제 통신사업자들은 ATM망 구축으로 기업망의 ATM화를 가속화하고 있었다. 한편 저속 데이터 이용기업은 FR망에 수용하고 ATM망을 백본으로 지원하며, 개별망과 새로운 응용서비스 도입기업은 ATM망에 직접 수용하였다.

1990년대 후반기 제 외국이 공중통신망에 ATM교환기를 공급한 실적(시스템)을 보면 Strata 4,000, Nortel 2,300, Newbr. 2,280, FORE 840, GDC 800, Lucent Tech. 650, NEC 420, Cascade 380, Alcatel 179, All others 577 시스템이었다(ATM 상용서비스 현황 및 전망, 1998. 5. 20, ETRI). 이때 해외 ATM서비스 제공사례를 모면 <표 5-28>과 같다(제외국의

ATM 서비스 제공사례, 1998. 2, Data Communications지).

한편 통신사업자 별 ATM교환기 운용상황을 보면 AT&T(Communication-NewYork)의 경우 12대의 GlobeView-2000을 대부분 기간망이나 액세스 복합교환기로 공급하고 있었다. 다시 말해 FR망의 백본 서비스와 ATM서비스를 제공하고 있었으며, ATM서비스의 기능으로는 DS1, DS3, OC3 등 UNI 접속과 DS3, OC3 등 NNI 접속기능을 제공하였다. 이때 ATM서비스의 종류는 CBR, nrt-VBR이고, 정액요금으로 제공되고 있었다.

<표 5-28> 해외 ATM서비스 제공사례

제공업체	접속속도 (Mbps)	ATM 서비스	CBR (Kbps-Mbps)	VBR (Kbps-Mbps)	비고
AT&T	2- 155	CBR, VBR	4-36	4-36	PVC/SVC
BT	2- 155	CBR, VBR	5-140	5-149	PVC
Telecom Finland	0.064- 155	CBR, UBR, VBR	64-240	64-240	PVC
Telecom Italic	2- 34	CBR, UBR, VBR	16-25	48-24	PVC
Tele Denmark	2- 155	CBR, VBR	64-10	64-40	PVC
Telenordia	2- 155	CBR, VBR	64-149	64-149	PVC
Telia Telecom	34- 155	CBR, VBR	1000-135	2000-20	PVC

영국의 BT(British Telecom)에서는 15대의 Newbrige ATM교환기를 공급하여 UNI (UNI 3.1)접속이 가능하고 CBR, VBR 서비스를 제공하였다. FT(France Telecom)에서는 6대의 Alcaltel AX 1000 백본용 교환기와 20여대의 GDC APEX 액세스용 교환기를 전국 12개 도시에 공급하였다. 이를 통해 전용회선통신망의 ATM X-connect 시스템으로 이용하고, X.25와 FR서비스를 위한 백본망으로 사용하는 한편 LAN to LAN 접속서비스도 제공하고 있었다. 또한 MCI의 경우 13개 주에 70여대의 GDC APEX 교환기를 공급하여 2개의 ATM 백본망으로 운용하고 있었다.

ATM서비스망으로는 Nortel Vector와 Concode 교환기를 사용 중이나 Newbridge 36170으로 교체할 계획이고, 인터넷 백본은 Fore ATM교환기와 Cisco 라우터로 구성되었다. ATM서비스 기능으로는 DS1, nxDS1, DS3, OC3 등 UNI 접속기능과 OC3, OC12 등 NNI 접속기능을 제공하였다. 이때 CBR, rt-VBR, UBR 등의 ATM서비스가 제공되고, 정액제 및 메가바이트 단위의 종량제가 제공되었다. MCI는 1997년에 FR망의 백본 서비스 제공을 시작하여 1998년부터는 SMDS와 IP라우터망의 백본서비스를 개시할 예정이었으며, 2000년부터는 PSTN의 백본으로 추진하고 있었다.

나. 초고속관련 국제표준화 단체

1990년대 후반기 초고속정보통신 관련 국제표준화는 ITU-T, ATM포럼 등 수개의 단체가 활동하고 있었는데 단체별 주요기능은 다음과 같다(초고속정보통신사업 추진방향, 1998. 5. 25, 한국통신 네트워크본부). ITU-T는 B-ISDN망 구조, 기능, 서비스, 운용 등에 대한 전반적인 표준화를 추진하는 국제표준화 기구이다. 여기에서 공중통신망에의 초고속기술은 강제성을 띠나 표준화 적용까지 많은 시간이 소요될 것으로 예측된다.

ATM포럼은 통신장비 제조업체들 위주의 표준화 협의체로서 ATM에서의 IP수용(LANE, MPOA), 통신망간 접속 및 연동, 무선 ATM, VTOA 등에 대한 규격을 제정하였다. 그리고 ATM사설망 위주의 표준화에 주력하여 단기간 내 표준규격 제시 등 적극적인 표준화를 추진하고 있었다. ADSL포럼은 xDSL 관련 초고속 모뎀 장비업체 위주의 표준화 협의체로서 DSL, SDSL, HDSL, ADSL, VDSL 등에 대한 표준화를 추진하였다.

또한 FSAN Initiative는 ATM포럼에 비해 늦게 출발하였으나 공중통신망이 통신망의 표준이 되아야 한다는 목적을 가지고 ATM포럼과 경쟁하는 통신사업자 중심의 국제표준화 협의체 였다. ITU-T 표준을 근간으로 B-ISDN 액세스망 관련 세부규격 표준화를 추진하였다. IETF는 인터넷기술 전문가 중심의 협의체로 표준화기구는 아니고, 기존 TCP/IP망에서 ATM을 적용하기 위한 IPOA 및 NHRP들의 표준화 방향을 제시하였다. 한편 DAVIC은 멀티미디어 운용서비스 관련 장비 및 서비스 개발업체 중심의 협의체로서 SVB, VoD, 초고속 인터넷, 영상전화, 원격게임 등 다양한 응용서비스 규격 작업을 수행하였다.

11.3 초고속정보통신 개념의 재정립

가. 사업추진방향 최종정리

한국통신은 1990년대 후반기를 지나면서 그동안의 초고속정보통신 사업실적을 분석하여 그 추진방향을 전반적으로 최종 수정하였다(초고속정보통신사업 추진방향, 1998. 5. 25, 한국통신 네트워크본부). 먼저 초고속정보통신 기반이란 음성, 문자, 영상 등 여러 유형의 정보를 동시에 빠른 속도로 언제, 어디서나 보내고 받을 수 있는 물리적인 통신망과 정보기기, 소프트웨어와 그 주변 환경의 사회제도, 이용관습문화 등을 포함한 새로운 사회간접자본이라고 정의하였다.

특히 관련법에서는 실시간으로 동영상 정보를 주고받을 수 있는 수준 이상의 고속, 대용량의 정보통신망(초고속정보통신망)과 이에 접속되어 이용되는 각종 정보통신기기, 소프트웨어 및 데이터베이스 등을 말한다고 규정하였다(정보화촉진기본법 제2조). 그리고 초고속정보통신망이란 ATM기술, SDH 광 전송기술, 고속가입자 접속기술 등을 기반으로 음성,

데이터, 영상 등 정보의 종류에 무관하게 단일망으로 복합서비스를 제공하는 통신망으로 정의하였다. 그리고 초고속 국가통신망과 초고속 공중통신망의 개념을 모두 포함하는 단일 통신망으로 규정하였다.

여기에서 초고속 공중통신망이란 초고속정보통신망을 기반으로 일반가정, SOHO, 기업 등을 대상으로 초고속 멀티미디어 서비스를 제공하기 위해 통신사업자가 구축하는 초고속 통신망을 말한다. 또한 초고속 국가통신망이란 초고속정보통신망을 기반으로 공공기관을 수용하여 초고속통신서비스를 제공하기 위하여 정부의 재정 지원을 받아 구축하는 초고속 통신망을 말한다. 한편 B-ISDN망이란 통신단말장치에서부터 광 전송기술과 ATM프로토콜 기술을 이용하여 155Mbps이상의 초고속으로 통신할 수 있는 통신망으로서 ITU-T의 표준에 의거하여 구축될 차세대 통신망으로 정의하였다.

나. 통신사업 판도의 큰 변화

1990년대 중반부터 우리나라는 전화가입자가 마이너스 성장률을 나타내고 있었으며 시내전화, 시외전화, 국제통신부문의 수입이 감소하는 추세를 보이는 등 전화중심의 통신사업은 성장한계에 도달하고 있었다. 1994년을 기점으로 당기 순이익이 지속적으로 하락하고 있었다. 그리고 기간통신사업자, 부가통신사업자, 자가통신설비 설치자, 별정통신사업자 등 내부로부터의 경쟁과 외부로의 개방에 따라 복수사업자 구조가 되면서 전면 경쟁체제로 돌입하였다.

또한 통신정책면에서는 통신시장 규제를 완화하고 국내 통신사업자의 보호는 철폐하면서 외국인의 지분을 확대하는 등 큰 변동을 불러왔었다. 이에 따라 시장경쟁이 가속화되면서 제2시내통신사업자가 등장하고, 시외전화의 사전선택제, 인터넷폰, 회선 재판매 등 새로운 서비스가 도입되는가 하면 외국사업자도 등장하였다. 이런 와중에 IMF여파로 가입자는 줄고 통신사업수익은 감소하고 있었다.

한국통신은 이러한 상황에 부닥치게 되자 초고속정보통신 사업의 타당성을 다음과 같이 검토하였다(초고속정보통신사업 추진방향, 1998. 5. 25, 한국통신 네트워크본부).

첫째, 차세대 정보통신망을 통하여 수익구조를 개선하기 위해 신기술 기반의 확장성이 있고 고도화된 네트워크를 구축한다. 또한 경제성, 수익성, 기술성 면에서 우수한 네트워크를 구축하기 위한 요소를 검토한다.

둘째, 통신망사업자 및 서비스제공자로서 초고속정보통신사업을 추진한다. 이를 위해 최적 네트워크를 구축하고 통신망 효율화를 통한 서비스 원가를 절감토록 한다. 그리고 데이터통신을 위한 백본을 통합하여 운용상의 효율을 증대시키고, 차세대 통신망 구조로 진화시켜서 다양한 신규서비스를 수용토록 한다.

셋째, 한국통신이 초고속 정보통신사업을 전개하지 않을 경우 타 사업자들이 신규기술

(초고속 광대역)을 기반으로 시장에 본격 진출이 예상된다. 또한 초고속정보통신의 신기술을 도입하지 않으면 통신비용이 고가화하여 사업경쟁력이 약화될 것이다.

다. 사업영역별 타당성

당시 전용회선수요는 DS1급 회선이 급증하고 DS3급 회선을 요구하는 등 고속화추세에 있었다. 그리고 신기술 개발에 따라 xDSL, LAN, ATM 등의 장비가 도입되고 ATM PVC 등 신규 전용회선 서비스가 출현하고 있었다. 그러나 당시 고속회선을 제공하기 위한 기반이 취약하고, 2Mbps-45Mbps 대역폭 및 시간기반의 가변형 서비스 등 다양한 서비스의 제공이 불가능한 문제점이 있었다. 이때 ATM을 도입하여 DS1, FT-3, DS3, STM-1급 가변대역폭 등 다양한 서비스 제공하여 경쟁력을 향상시키고, 고속회선 서비스의 요금을 고가화하여 통신시장을 활성화될 수 있었다.

그러나 한국통신이 ATM도입을 하지 않는 경우 그 기반을 상실하게 되고 이때 신규사업자가 ATM전용회선 서비스를 제공하게 된다면 고속전용회선 시장을 잃어버릴 수밖에 없는 상황이었다. 한편 당시 데이터통신 환경은 웹(Web)상의 컨텐츠가 증가하고, 광고 및 상거래가 활성화되고 있었다. 그리고 정보통신단말장치인 PC의 성능이 고도화되고, 가격이 하락하여 PC보급율이 증가하고 있었다. PC통신, 인터넷 이용자의 급속한 증가에 따라 데이터 트래픽이 급증하고 있었다. 이때 대부분의 데이터통신은 PSTN을 통해 이루어지고 있는 관계로 PSTN은 이 트래픽 처리로 부담이 가중되고 있었다.

이를 해결하기 위해 데이터 트래픽을 처리하기 위한 교환국소의 시설을 확충하고 통신망 연동을 위한 장비(ICPS)를 증설하게 되어 비용이 과다하게 소요되고 있었다. 또한 PSTN 이용 시 56Kbps 이상의 속도는 제공이 불가하여 데이터통신 속도에 한계가 있었다. 한국통신은 이러한 문제를 해소하기 위해 기존 시설을 활용하여 데이터 트래픽을 효율적으로 처리함으로서 경쟁력을 강화할 필요가 있었다. 그래서 가입자 동선케이블을 통한 음성과 데이터통신을 제공하는 방향을 정하였다. 이 방안에 의해 합리적인 요금으로 고속 PC접속 서비스를 제공하지 못할 경우 정보통신시장의 활성화 기반을 상실할 뿐만 아니라 국가경쟁력도 떨어질 수밖에 없었다.

한편 케이블모뎀을 이용하여 케이블TV망을 통해 고속 인터넷 서비스를 제공하는 전략은 선택하지 않은 관계로 인터넷 이용고객의 이탈이 가속화되는 상황에 직면할 수도 있었다. 또 다른 문제는 데이터통신망의 환경이 변화하고 있었다. FR 서비스 보급으로 고속이용자가 증가하고 이에 따라 데이터망의 백본(HiNET-PF)이 고속화되고 있었다. 그리고 인터넷 이용자가 증가하고 신규 ISP가 출현하는 등 인터넷 백본(KORNET, 타 ISP 등)도 고속화되는 상황이었다.

이렇게 되자 네트워크 중계용량의 처리기반이 취약하다는 데이터망 구성상의 문제점도 대두되었다. 뿐만 아니라 데이터망의 용량이 적고, 백본의 구성이 복잡하여 운용관리상의 비용이 늘어나고 비효율화를 초래하고 있었다. 이때 한국통신은 다수의 소용량 데이터망과 복잡하게 구성된 백본을 단순한 대용량 백본으로 재구축하고자 시도하였다. 이는 백본망 공급체계를 단순화함으로써 대군화된 단일 백본망을 구성하여 투자비용을 절감하고 운용효율을 높이는 방안이었다.

11.4 초고속정보통신의 조기실현

가. 초고속정보통신 사업전략

고속 데이터, 영상서비스 등 멀티미디어 서비스 보급이 보편화되는 추세가 계속되면서 2000년 이후부터 2Mbps급 이상의 수요가 연평균 40% 이상 증가하는 것으로 예상되었다. 또한 초고속 전용회선수요는 2002년까지 9만5천 회선으로 증가하는 등 이용자 요구에 맞는 다양한 전용회선을 제공해야 하였다. 그리고 ATM서비스 수요는2002년까지 26만 회선으로 늘어날 것으로 전망되었다.

또한 하나의 통신망을 이용하여 2Mbps급(89%), 45Mbps급(8%), 155Mbps급(3%) 등 다양한 서비스도 제공해야 하였다. 한편 2002년의 고속전용회선은 94,688회선, ATM서비스 수요는 262,557포트가 필요한 것으로 예측이 되었으며, 그에 대한 세부내역은 <표 5-29>와 같다(정보통신망 고도화 추진계획, 1997. 9, MIC). 여기에서 고속전용회선 전송속도 45Mbps는 2Mbps-45Mbps미만을 말하고, 증가율(%)은 연평균 증가율을 말한다.

<표 5-29> 고속전용회선 및 ATM서비스 수요예측

구분	전송속도	1999년	2000년	2001년	2002년	증가율(%)
고속전용 (회선)	45Mbps미만	33,833	43,386	60,628	90,942	36.5
	45Mbps이상	3,209	3,334	3,534	3,746	5.7
	계	37,042	46,640	64,362	94,688	34.2
ATM수요 (Port)	2Mbps	142,440	167,919	198,046	232,583	18.1
	45Mbps	3,301	6,650	12,239	21,307	102.0
	155Mbps	2,334	3,611	5,576	8,567	54.5
	계	148,075	178,180	215,861	262,557	21.0

이와 같은 상황을 감안하여 한국통신은 초고속정보통신 사업을 추진하기 위한 기본전략을 다음과 같이 수립 추진하였다(초고속정보통신사업 추진방향, 1998. 5. 25, 한국통신 네트워크본부).

(1) 경제성, 수익성 등 사업타당성을 분석하고 이의 검증을 통해 점진적으로 사업을 전개

한다. 그리고 단일망의 개념으로 초고속정보통신망을 구축하여 국가이용기관, 기업, SOHO, 일반가정, 데이터망의 백본 등 다양한 용도로 활용토록 한다. (2) 통신망의 구조는 경제성, 운용성, 안정성을 기준으로 최적화된 모델을 도출하고 향후 통신망의 진화 및 기술 변화에 유연한 구조를 채택한다. (3) 통신망의 베어러 서비스 제공능력, 통신망 신뢰성, 이용 환경, 수요 등을 고려하여 통신망 구축과 서비스 관점에서 단계별로 구축한다.

1단계(1999년-2000년)에서는 해외 통신사업자의 서비스 현황분석을 통해 검증된 기술을 중심으로 사업을 전개한다. 이때 ATM망 구축으로 초고속화를 추진하고 대형 서버 및 웹 서버를 구축한다. 2단계(2001년-2002년)에는 ATM망 기술발전과 베어러 서비스 능력 향상에 따라 초고속 서비스를 다양화시킨다. 특히 1단계 기간 동안 수익성이 높은 서비스를 조사하여 사업성 분석을 통해 단계적으로 응용서비스를 제공하고, 초고속통신망 사업확대로 광고 수익사업을 확대 추진한다.

나. 초고속정보통신 서비스의 선정

초고속정보통신 서비스는 교환방식, 전송속도, 트래픽 처리능력 등에 따라 다음과 같이 구분된다.

첫째, 교환방식에 따라 고정접속형 가상채널서비스(PVC: Permanent Virtual Circuit)와 교환형 가상채널서비스(SVC: Switched Virtual Circuit)로 나누어진다. PVC는 고정된 이용자 간에 논리적으로 통신회선을 구성하여 전용회선처럼 이용할 수 있는 서비스이고, SVC란 이용자가 통신할 때 마다 회선을 변경 구성하여 다양한 이용자와의 통신이 가능한 서비스를 말한다.

둘째, 전송속도에 의하여 2Mbps-155Mbps로 구분된다.

셋째, 트래픽 처리능력을 기준으로 고정전송속도(CBR: Constant Bit Rate), 가변전송속도(VBR: Variable Bit Rate), 미 규정전송속도(UBR: Unspecified Bit Rate), 조정전송속도(ABR: Available Bit Rate) 등으로 나누어진다. 여기에서 CBR은 송수신자 간 데이터 전송속도가 일정한 서비스이고, VBR이란 송수신자 간 전송속도가 가변적인 서비스를 말한다. 그리고 UBR은 전송범위를 미리 정하지 않고 여유용량 범위안에서 데이터를 전송하는 서비스를 말하고, ABR서비스의 경우는 교환기와 단말기 간에 전송속도를 조정하여 데이터를 전송한다.

그리고 초고속정보통신망의 궁극적 목표는 멀티미디어 서비스를 제공하는데 있다고 보았으나 당시 멀티미디어 서비스의 정의와 실체에 대한 구체적 비전이 모호하였다. 초기단계의 멀티미디어 서비스는 데이터 서비스에서부터 출발하여 앞으로 기술발전과 이용자 요구 변화에 따라서 다양한 서비스로 전개될 것으로 판단하였다. 이때 한국통신은 단계별 서비스 전개상황을 다음과 같이 내다보고 추진하였다(초고속정보통신사업 추진방향, 1998. 5. 25,

한국통신 네트워크본부).

① 초기단계(1999년-2000년)에서는 초고속정보통신망을 구축하고 대형 서버 및 웹 서버를 설치하여 벤쳐기업 또는 영세 IP들이 아이디어만 가지고 정보서비스 사업을 할 수 있는 환경을 제공한다. 그리고 초고속 국가통신망 수용가입자 및 일반기업 위주의 초고속전용서비스를 위해 고정 접속형 가상채널(PVC)을 이용한 고정전송속도(CBR) 및 가변전송속도(VBR) 중심의 2Mbps-155Mbps급을 제공한다. 또한 고속 인터넷 접속서비스, 프레임 릴레이 서비스를 제공하고, 데이터 통신망의 백본을 구축한다.

② 발전단계(2001년-2002년)에는 초기단계에서 수익성이 보장되는 서비스를 선별하여 점진적으로 PVC/SVC 기능을 이용한 2Mbps-622Mbps급 서비스를 확대한다. 그리고 SVC/PVC 중심의 다양한 응용 서비스를 포함한 고속 인터넷 접속서비스를 제공하고, CBR, VBR, UBR, ABR 등 다양한 수요에 부응한 ATM서비스를 가능하게 한다. 또한 기술발전 및 서비스 수요를 감안한 대화형, 검색형, 분배형 등 초기 ATM 응용서비스를 실현한다.

③ 성숙단계(2003년 이후)에 가서는 발전단계에서 고려된 응용서비스를 본격적으로 개발하여 시장 환경을 감안한 멀티미디어 서비스를 제공한다. 그리고 가능성을 검토후 컨텐츠 사업자와 제휴하여 통신망의 이용을 활성화시키고 광고수익을 극대화한다.

향후 DAVIC이 추천하는 응용서비스로서 고수익이 전망되는 서비스로는 Movies on Demand, News on Demand, Teleshopping, Telework, Broadcast, Delayed Broadcast, Telemedicine, Distance Learning이 있다. 이외에도 Near VoD, TV listening, Karaoke on Demand, Home Banking, Transaction Service, Content Production이 유망하다. 또한 Video Conference, Video Telephone, Games, Virtual CD-ROM, Inernet Access등도 크게 활성화될 것이다. 이중 상당부분이 표준화를 추진 중에 있다.

11.5 초고속정보통신망과 기존통신망의 통합

가. 1990년대 후반 추진방향

1990년대 후반 한국통신은 그동안 거대한 규모로 확장해온 기존 통신망을 기반으로 초고속정보통신망을 구축해 나가는 전략으로 가고 있었다(초고속정보통신사업 추진방향, 1998. 5. 25, 한국통신 네트워크본부). 우선 다양한 서비스를 개별 통신망으로 제공 운용하고 있는 기존통신망을 백본으로 하는 것으로 방안을 확정하였다. 따라서 이들 정보통신기반을 새로운 서비스를 제공할 수 있는 통합 네트워크 플랫폼으로 진화 발전시킨다는 방향으로 보완하였다.

또한 장기적 관점에서 통신망 구조를 설정하되 현실적 여건을 고려하여 기존 통신망시설을 최대한 활용할 수 있는 발전방향을 모색하는 쪽으로 조정하였다. 이와 같이 조정된 추진방향에 맞추어 초고속정보통신망의 단계별 발전계획을 초기단계, 발전단계, 성숙단계로 나누어 다음과 같이 현실화하였다.

① 초기단계(1999년-2000년)에서의 초고속정보통신 서비스는 현 여건상 공공부문과 기업체 가입자로 한정하여 제공한다. 일반가입자의 경우 컴퓨터통신에 의한 수요는 급성장이 예상되나 대부분 기존 데이터통신망을 이용할 것으로 예상되고 있다. 이때 기존 데이터통신망을 초고속정보통신망의 백본으로 활용하고 초기에는 고속 인터넷 중심의 서비스와 ATM 전용선 서비스 중심으로 가입자를 확대하는데 주력한다.

② 발전단계(2001년-2002년)에는 ATM장비의 교환형 가상채널서비스(SVC) 기능을 토대로 통신망의 고도화를 추진한다. ATM 교환기능과 다양한 연동기능을 이용하여 통합망을 구축하고 전화망, 데이터망, 케이블TV망 등 기존통신망을 점진적으로 흡수 통합한다. 그리고 공공기관, 기업체 및 일부 SOHO 가입자를 주요이용자 군으로 설정하고 집중적으로 초고속정보통신망에 가입을 공략한다. 한편 각종 응용서비스의 신규보급에 따라 이용자는 확산될 것으로 전망된다.

③ 초고속정보통신망의 기능이 고도화되고 이용자들의 고속 멀티미디어 서비스에 대한 욕구가 시너지 효과를 일으켜 급속한 성장이 전망된다. 일반가입자를 위한 대화형 서비스를 제공할 수 있는 능력을 보유토록 하며, 지능형 정보통신망으로 발전시킨다. 그리고 초고속정보통신망이 통합 액세스 능력을 제공함으로써 전달 및 액세스의 통합망으로 발전시킨다.

나. 기존통신망과의 연계 및 서비스 수용방안

한국통신은 초고속정보통신망과 기존통신망과의 연계발전방향도 수립 추진하였다. 인터넷(TCP/IP)과 프레임릴레이(FR)는 초기단계부터 백본망으로 이용하고 연동되도록 하며 X.25는 FR망을 이용하여 간접 수용하게 하였다. 그리고 PSTN은 발전단계에 경제성을 고려하여 중계망(Trunking) 수준으로 연동시키고, 협대역 종합정보통신망은 성숙단계에서 N-ISDN/B-ISUP 간을 연동토록 하였다. 한편 서비스는 유형에 따라 단계별로 수용하는 방안을 다음과 같이 수립 추진하였다(초고속정보통신사업 추진방향, 1998. 5. 25, 한국통신 네트워크본부).

첫째, 초고속 ATM서비스는 초기단계에서 PVC-CBR, VBR, UBR 등의 전용회선 서비스를 제공하고, 발전단계에는 PVC/SVC-CBR, VBR, UBR, ABR 등의 전용회선/신호서비스를 제공하며, 성숙단계에 가서는 완전 ATM서비스를 실현한다.

둘째, 프레임릴레이(FR) 서비스의 경우 초기단계에서는 통신망 및 서비스의 상호작용기능(Network/Service Interworking), 발전단계에는 접속통합기능(Access Integration)을 제공토록 한다. 그리고 고속인터넷은 초기단계에서 인터넷, ISP수용(IPOA) 서비스를 제공하고, 발전단계에는 MOPA 등을 제공하며, 성숙단계에는 통합교환기능(Integrated Switching)을 실현한다. 이때 프레임릴레이 서비스의 경제적 효과를 분석하면 다음과 같다.

① 통신망 상호작용기능(Network Interworking)은 ATM 선로로 대체하면 저가의 고품질 고속접속이 가능하고, 단독 전용선에 비해 저가의 통신망 구축이 가능하다. 그리고 프레임릴레이 망을 적용하는 경우 ATM으로 상호 접속하여 저가 고속의 백본망 구축이 가능하다.

② 서비스 상호작용기능(Service Interworking)은 이종망 가입자 간 상호연결이 가능하고, FR망을 이용하여 다양한 사설망 기능을 경제적으로 제공할 수 있다. 그리고 ATM의 통계적 다중효과를 활용하는 저가 수용이 가능하다.

③ 접속통합기능(Access Integration)은 가입자 액세스 지점에서 ATM 접속기능을 직접 보유할 수있고, FTTH 형태의 가입자망을 단기간에 구축하는 것이 불가능함에 따라 초기단계에는 ADSL/ FTTC형태의 저가 액세스 수단을 통한 ATM 접속이 이루어질 전망이다. 그리고 경제성과 서비스진화에 따라 과도기적인 액세스 정합모듈(예: FR-TA)을 사용할 때 보다 저가의 직접 ATM 접속방식을 사용하는 것이 유리하다.

셋째, 가상사설망은 초기단계에서 PVC기반의 CUG, CNM 연계 서비스를 제공하고, 발전단계에는 SVC기반의 CUG, 일부 지능망 서비스를 제공하며, 성숙단계에 가서는 SVC기반의 VPN 및 지능망을 실현한다. 그리고 PSTN/ N-ISDN의 경우는 발전단계에서 회선 에뮤래이션(Circuit Emulation)을 이용한 트렁크 중계가 가능하도록 하고, 성숙단계에 가서 N-ISUP/ B-ISUP 간 연동을 실현한다.

넷째, 인터넷망의 ISP 수용, IPOA 수용, 통합교환기능(Integrated Switching) 등의 인터넷 서비스를 ATM망에 수용할 때 경제적 효괴를 검토하였다.

① 인터넷망과 ISP를 수용하여 인터넷 망, ISP 백본을 ATM/PVC로 대체함으로써 비용을 절감할 수 있고, ISP 수용에 의한 매출이 증대될 것이다. 그리고 통신망의 고속화에 따른 경쟁우위를 확보하고 다양한 가입자망을 통한 부가적인 수익증대효과를 가져올 수 있다.

② IPOA를 수용하면 1단계 솔루션(One-Hop Resolution)을 이용하여 고속, 저지연, 고품질 서비스의 제공이 가능하고, 고품질 저가격 인터넷 서비스를 통하여 가입자가 증가할 수 있다. 그리고 ATM에 의한 ADSL, VDSL, FTTO, FTTC로 가입자망을 고도화할 수 있다.

③ 통합교환기능(Integrated Switching)을 수용하면 외부 라우터가 제거됨에 따라 경제적 통신망을 구축할 수 있고, ATM 교환기에 IP 라우팅 및 멀티캐스트 기능을 추가하여 고성능의 인터넷 서비스를 제공할 수 있다. 그리고 MPEG-2급 이상의 멀티미디어 서비스를 제공할 때 수요는 확산될 것이다.

다. ATM망과 기존 통신망과의 관계

한국통신은 초고속정보통신망이 구축 운용되면 기존 통신망의 통합 또는 연동을 추진할 계획인데 이때 시행방침은 다음과 같다(초고속정보통신사업 추진방향, 1998. 5. 25, 한국통

신 네트워크본부)

(1) 인터넷은 전국적으로 시설된 라우터의 백본망을 초고속정보통신망에 통합한다. 그리고 가입자망에서 2Mbps급 이상은 초고속정보통신망에 직접 수용하며, 저속 가입자회선은 기존통신망에 계속 유지시킨다. 그리고 인터넷 전용의 xDSL 시설은 초고속정보통신망에서도 이용 가능하도록 규격을 설정한다.

(2) 프레임릴레이망은 2Mbps급 이상 고속회선은 초고속정보통신망에 통합하고, FR교환기 간 백본망은 초고속정보통신망으로 통합한다. 그리고 초고속정보통신망과 FR망 간의 연동기능을 구현하여 단대단 서비스를 연동시킨다.

(3) 케이블TV전송망은 프로그램 분배망부터 초고속정보통신망으로 통합한다. 또한 케이블TV전송로는 초고속정보통신망의 진화추세에 따라 점진적으로 흡수한다. 이것은 기존 광케이블을 재활용하고 전송망의 유지보수비용을 절감하기 위한 것이다.

(4) 일반전화망(PSTN)의 경우 PSTN교환기 간 중계교환회선은 ATM교환기에 수용하고, DCS 및 다중화 장치기능을 대체하여 PSTN의 백본 역할을 하도록 한다. 그리고 주거용 가입자회선은 초고속정보통신망과 공유하고, 업무용 기관의 PBX 등 T1/E1 회선은 초고속정보통신망에 통합한다.

(5) 공중통신망과 사설통신망은 연동시킨다. 현재 ITU-T와 ATM포럼의 규격이 상이하여 연동문제가 발생하고 있고, 또한 ATM포럼 규격의 버전 간 연동과 동일 버전별 이기종 장치 간에도 연동문제가 발생하고 있다. 이를 해결하기 위해 사설통신망에서 공중통신망의 접속규격(ITU-T)을 준수함을 원칙으로 한다. 시행방안으로는 초기 ATM망 서비스는 신호기능 연동이 필요없는 PVC 위주의 서비스가 대다수일 것이다. 궁극적으로 공중통신망(B-ISUP)과 사설통신망(PNNI)간의 연동은 ITU-T 및 ATM포럼에서 확정 후 수용토록 한다. 다만 표준화가 완료되기 전까지는 통신망 간 분계점 또는 가입자 접속장치에서 상호변환기능을 제공하는 방안을 고려한다.

11.6 초고속정보통신망의 건설방안 재보완

가. 그동안 전략의 조정보완

1990년대 후반 한국통신은 그동안 초고속정보통신망 구축을 추진해 오면서 나타난 불합리하고 비효율적인 문제들을 해결하기 위해 그동안의 구축전략을 다음과 같은 실행계획으로 조정 보완하였다(초고속정보통신사업 추진방향, 1998. 5. 25, 한국통신 네트워크본부).

첫째, 장기적인 기술발전방향을 고려하여 신규서비스 제공이 용이하도록 최적의 구조를 선택하고, 전용선보다 교환망 증가율이 높은 점을 감안하여 교환망 확장이 용이하도록 구축한다. 그리고 제공할 서비스를 고려하여 최소의 비용으로 구현할 수 있는 네트워크 모델을 설정한다. 기본서비스는 패킷 FR, ATM FR과 ATM연동 등으로 하고, 부가서비스로는 인터넷, 가상사설망(VPN) 정도로 정한다.

둘째, 초고속 국가통신망과 초고속 공중통신망 수요를 감안하여 단일망으로 구축하고, 가상사설망(VPN)을 이용하여 초고속 국가통신망 가입자를 단일집단으로 묶어 논리적으로 공중통신망과 분리 운용한다. 그리고 초기 교환망은 전화망과 데이터통신망을 분리하여 구축한 후 VTOA 표준화 시 통합방안을 강구하고, 가입자 동선케이블 등 현 보유자원을 최대한 활용한다.

셋째, 기존 데이터통신망은 초고속정보통신망에 점진적으로 통합 수용하고, 하나의 통신망으로 복합서비스 제공이 가능한 통합통신망으로 발전시킨다. 그리고 ATM 기술발전과 통신망의 진화에 맞는 인프라를 점진적으로 구축하고, 시장변화에 적응할 수 있는 통신망을 구축한다. 또한 초기에는 다양한 서비스 제공은 가급적 지양하고, 초고속정보통신망을 기반으로 서비스 부가장치를 설치하여 점차적으로 새로운 서비스를 제공토록 한다. 예를 들면 MCU에서 영상회의, L1게이트웨이를 거쳐 xOD 등으로 발전시킨다.

나. 통신망 구축형태 및 통합을 위한 조치

한국통신은 조정 보완된 초고속정보통신망의 구축방향을 정하였다. 전화사업자는 FR, 인터넷 등 데이터통신 서비스를 위한 백본으로 ATM을 사용하게 하였다. 이는 다양한 종류의 서비스를 제공할 수 있을 뿐만 아니라 향후 QoS 보장이 가능하기 때문이었다. 한편 대부분의 인터넷서비스 사업자들은 고품질의 음성 및 화상서비스를 제공하기에는 한계가 있으나 경제적인 통신망 구축과 관리기능 때문에 라우터 백본을 사용하고 있었다.

그리고 초고속정보통신망은 국제표준을 적용하여 구축하게 하였다. 초고속정보통신망 구성기준으로 ITU-T 기준을 적용하고 액세스망 구조 및 기술규격은 ITU-T(G.982) 및 FSAN 규격을 적용하게 하였다. 그리고 교환망 및 시그널링은 ITU-T 규격, 응용서비스는 ITU-T 및 DAVIC 기술규격을 준수하고, 통신망관리를 위해서는 ITU-T TMN 규격을 적용토록 하였다. 또 다른 가입자 접속기준도 정하였으며, 통신망 구조의 진화방안을 단계별로 설정하여 다음과 같이 시행토록 하였다(초고속정보통신사업 추진방향, 1998. 5. 25, 한국통신 네트워크본부).

첫째, 초기단계에서는 중계교환망(Backbone Network)과 가입자 접속교환망(Access Network)의 2계위로 ATM망을 구성하고, 중계교환 및 가입자 접속기능을 동시에 수용한다. 그리고 활성화단계에는 중계망, 접속망, 가입자망의 3계위로 구성하고 중계교환 및 가입자 접속기능을 물리적으로 분리한다.

둘째, 대형 가입자의 전용회선과 PSTN 백본망은 ATM의 회선 에뮬레이션(Circuit Emulation) 기능을 이용하여 구성한다. 이때 대형업무용 가입자회선과 PSTN의 중계교환회선(Trunk)을 통합 수용하고, ATM망에서의 PVC 교차연결기능(Cross-Connect)을 이용한다. 다만 PBX의 발신회선(Outgoing)부분은 과금문제로 통합이 곤란하다. 이와 같이 하는 경우 고가의 FLC를 대체하고, PSTN의 중계교환 및 전용선의 DCS와 다중화 장치를 대체하는 효과가 있다. 그래서 전용회선은 초기단계에 적용하고, PSTN 중계교환은 발전단계부터 적용토록 한다.

셋째, SOHO 가입자망은 기존 전화선을 이용하여 xDSL방식을 적용하여 구성한다. xDSL은 다양한 유형의 원격단말장치(RT)를 수용할 수 있는 COT를 설치하고, ATM 인터페이스 기능보유 장치를 적용한다. 정액제 및 종량제 요금구조를 감안하여 주변장치를 구성한다.

한편 초고속정보통신망에 사설망을 수용하기 위해서는 가입자 접속교환기에 수용하는 방안과 가입자 접속장치에 수용하는 방안으로 시행하며, 세부내용은 다음과 같다.

첫째, 가입자 접속교환기에 수용하는 경우에는 가급적 가입자 접속장치에서 상호 변환기능을 제공한다. 이때 중계교환기와의 연동기능이 미흡하여 VP Tunneling에 의존해야 한다. 한편 ATM포럼 규격의 교환기를 도입하기에는 다음과 같은 이유로 제한사항이 많다.

① ITU-T와 ATM포럼 규격 간 호환성 보장이 미흡하고, ATM포럼 NNI 3.0, 3.1, 4.0이 혼재될 경우 버전 간 연동기능의 구현이 곤란하다. ② ATM포럼 규격이 복수 지정될 경우 선택문제가 발생하고, 규격 변경할 때마다 지속적으로 변경이 필요하다.

둘째, 사설통신망을 가입자 접속장치에 수용하는 방안에서는 사설통신망과 공중통신망의 연동기능을 수행하고 규격을 변경할 때는 가입자보드만 교체하면 된다. 이 경우 기술규격은 ATM전용선은 PVC, ATM교환은 Q2931(UNI 3.0, 3.1, 4.0)을 적용하고, 이외에도 FR은 FR UNI, LAN은 RFC 1483, 일반전용선은 회선 에뮤레이션(Circuit Emulation)을 적용한다. 이때 Q2931이 사설망 UNI와 연동할 때 UNI 3.1은 가능하나 UNI 3.0, UNI 4.0과는 연동이 곤란하므로 VP Tunneling방법으로 수용한다.

다. 타 통신망 간의 연동 및 서비스 제공방안

초고속정보통신망과 IP망간 연동을 위해서는 인터넷망의 B-Class IP 번호를 공동으로 사용하는 것을 검토할 필요가 있었다. 그렇지 않으면 전국망이 여러 개의 LIS로 분리되어 통신망 구성이 복잡해지기 때문이었다. 그리고 인터넷망과의 연동 및 초고속정보통신망 내의 통신은 IETF의 RFC 1577을 기준으로 하고, ATM ARP 서버는 LIS 간 통신을 위해 NHRP기능을 보유해야 하였다. 한편 가입자 접속은 가입자 요구에 따라 다양한 속도 및 유형의 서비스를 제공하고 요금구조도 다양화한다는 점에서 ATM 또는 이더넷으로 접속토록 하였다.

그리고 프레임릴레이(FR) 망과의 연동은 FR포럼의 FRF.5(Network Interworking)와 FRF.8(Service Interworking)을 적용토록 하였다. 그리고 가입자 접속교환기 또는 가입자 접속장치를 IWU를 이용하여 ATM과 FR망간은 PVC로 매핑하고, FR망의 교환기 간 백본망은 초고속통신망으로 통합 추진하였다.

한편 초고속정보통신망에서 웹서버 및 MCU 등에 대한 서비스 제공방안을 검토하였다. 웹서버를 통해 초고속통신망 가입자에게 인터넷 및 웹 호스팅 서비스를 제공 추진하였다. 초기에는 80여종의 서비스를 준비 중에 있었으며 이를 위해 정보화 시범지역사업의 웹 서버를 활용토록 하였다. 또한 MCU를 설치하여 다자간 영상통신(영상회의기능) 서비스를 제공하였다.

또한 케이블TV 및 VoD는 DAVIC표준에 의한 SVB 및 VoD 서비스를 제공하는 것으로 하였다. 케이블TV는 디지털TV 위성방송 품질수준을 고려하여 초고속정보통신망 인프라로 구축하고, 디지털방송이 시작되는 2001년부터 제공하는 것으로 검토하였다. 이를 위해 MPEG-2(8Mbps급) 수준의 케이블TV전송망을 전 지역을 대상으로 구축 추진하였다. 이 서비스는 L1GW를 통해 초기화면 및 메뉴를 제공하고 VoD 서버의 관문으로 활용하게 하였다.

11.7 재원 투자전략 및 사업전망

가. 재원 투자전략

한국통신은 초고속정보통신망의 경우 다양한 설비의 통신망과 제공서비스에 대하여 자동화된 단일체계로 관리하는 방안을 추진하였다. 그리고 TMN 관리모델을 기반으로 통신망의 특성에 맞게 점진적으로 확대 발전시키며 모형체계와 관리조직은 우리 실정에 맞게 설계토록 하였다. 초고속정보통신망 구축에 필요한 재원투입은 투자의 효율성을 높일 수 있도록 다음과 같이 추진하였다(초고속정보통신사업 추진방향, 1998. 5. 25, 한국통신 네트워크본부).

첫째, 현 보유자원을 최대한 활용하고, 2002년까지 초고속 국가통신망 수요 위주로 투자하면서 초기에는 일정비율(약5-10%)의 공중통신망 수요를 반영한다. 2003년부터 초고속 공중통신망 수요에 따라 통신사업자 재원으로 확대한다.

둘째, 초고속정보통신망은 초기 단계에서는 데이터통신망, 활성화단계에서는 PSTN 등 기존 통신망의 백본망으로 이용하여 투자효율을 극대화시킨다.

셋째, 초고속정보통신망 구축을 위해 1998년부터 2002년까지 전송망 부분에 1,718억원, 교환망 부분에 1,902억 원, 인터넷부분에 1,309억 원, 가입자망 확대부분에 1,803억 원 등 총 6,732억 원의 투자계획을 수립 추진한다.

나. 경제성 분석

당시 초고속 PC 접속서비스 사업에 대한 손익분기점을 찾아보면 2010년에는 누적 순수익이 발생하는 것으로 확인되었다. 이때 월 사용료는 가정용 4만원, 기업용 8만원을 적용할 때(A)와 가정용 5만원, 기업용 10만원을 부가하는 경우(B) 경제성을 각각 분석하여 보았다. A의 경우에는 2007년에 적자가 해소되고 2010년에 2.2조원의 누적 순수익이 발생하며, B의 경우에는 2005년에 적자가 해소되고 2010년에 4.1조원의 누적 순수익을 주는 것으로 나타났다.

이때 초고속전용회선 서비스의 투자비를 비교하여 보면, 2010년 ATM DS1급 투자비용은 기존방식과 비교하여 45.3%로 약 4,159억 원의 누적 투자비가 절감되었다. 그리고 2010년까지 ATM망에 데이터 백본 회선을 수용할 때 그 효과는 더욱 증대되어 약 31.8%의 투자비 절감이 가능한 것으로 전망되었다. 당시 한국통신은 이 사업에 대한 전망을 다음과 같이 정리하였다(초고속정보통신사업 추진방향, 1998. 5. 25, 한국통신 네트워크본부).

① 이 사업의 년도별 사업수지는 2004년-2005년에 흑자 전환이 예상된다. 그리고 투자비용절감, 가입자 수용율, 월 사용료, 운용비용상승 등 통신환경변화에 따라 2010년의 누적수익은 약 3조-5조원에 달할 것으로 전망된다. ② 타 사업자와의 첨단 기술력 경쟁에서 절대적 우위를 유지하고, 고객에 대한 다양한 데이터통신 서비스를 제공함으로써 시장 점유율이 증대될 것이다.

한편 정부는 이 사업의 기대효과를 다음과 같이 예측하였으며, 한국통신은 이 전망을 인용하여 초고속정보통신사업을 추진하였다(초고속정보통신망 정책방향, 1998. 5. 20, 정보통신부).

① 1단계(1995년-1997년)에서는 직접 고용창출 3,078명, 생산 유발액 18,613억 원, 부가가치유발액 8,217억 원, GDP 기여도 0.28%가 될 것이다. ② 2단계(1998년-2002년)에서는 무역수지개선효과 10.4조원, 직접고용창출 18,007명, 고용유발효과 12만 명, 생산 유발액 135,679억 원, 부가가치 유발액 56,884억 원, GDP 기여도 1.13%, 통신산업 성장기여도 연평균 14%를 달성할 것이다.

12. 특정지역 초고속망사업의 출현

12.1 정부의 정책방향

가. 초고속망사업자 승인제도의 도입

정부는 초고속정보통신 구축사업에 민간의 활력과 자본을 적극적으로 도입하고, 초고속가입자망을 조속히 구축하여 멀티미디어 서비스를 촉진한다는 명분을 내세워 특정지역 초고속망사업을 1996년 1월 1일부터 시행하겠다고 나섰다. 이 사업을 위해 정보화촉진기본법

제29조, 시행령 제24조, 시행규칙 제7조-제10조에 초고속망사업자의 근거를 명시하였다.

정부는 초고속망사업자 승인제도(안)을 발표하였으며(1996. 3. 21), 정보통신부 장관은 제2 시내전화사업자와 지역별 초고속망 연계 허가방침도 발표하였다(1997. 1. 6). 이어서 정부는 초고속망사업자 승인제도 공청회를 개최하였으며, 당시 이에 관한 주요발표내용은 다음과 같다(1996. 3. 21).

① 초고속망사업자는 초고속정보통신망을 구축하여 사업을 영위하고자 하는 자를 말하고, 전기통신사업법 제6조(제6호 제외) 및 종합유선방송법 제5조 및 제6조의 결격사유에 해당되지 않는 자로 한다.

② 사업대상지역은 공업단지, 수출자유지역, 공항 등 226개 특정지역으로 하고, 미허가된 종합유선방송구역 62개 지역은 현재 검토 중이다.

③ 제공역무는 실시간 동영상정보 송수신 이상의 정보통신역무로 하고, 전기통신기본법의 전기통신역무, 종합유선방송법의 전송망사업으로 한다.

④ 승인절차는 수시접수 및 접수 후 3개월 내 승인여부를 결정한다(7월부터 접수). 그리고 동일사업자의 복수지역 참여를 허용하며, 동일지역 중복신청의 경우 심사 평가를 통해 고득점자를 승인한다.

이 공청회에는 정보통신부에서 천조운 부단장, 김명룡 공중망과장, 나성식 사무관이 참석하였고, 업계에서 약 300여명이 참석하였다. 이 자리에서 한국통신과 관련된 질의 응답이 있었는데 주요내용은 다음과 같다.

① 한국통신은 초고속망사업자로 승인하지 않으며, 초고속정보통신사업과는 별도로 공중통신망 고도화를 지속적으로 추진한다. 그리고 제공역무는 초고속 정보통신역무에 전화역무를 포함한 동영상 정보통신역무로 정의하고 있으므로 전화역무는 포함된다. 단 기간통신사업의 전화역무 만을 제공하는 경우 사업승인을 배제한다.

② 초고속망사업의 요금인가는 기존의 기간통신사업 이용약관과 동일체계를 적용한다. 한편 구내에는 한국통신 및 초고속망사업자 모두 배제한다,

나. 초고속망사업자 제도의 주요내용

초고속망사업자는 특정지역 내 통신망(HW)의 고도화, 통신서비스, 컨텐츠 및 고도부가서비스(SW)의 개발 등 종합정보통신사업자 기능을 수행하게 하였다, 따라서 이 사업자는 공단, 공항, 항만 등 226개 구역에서 초고속 정보통신역무, 전기통신역무, 케이블TV 전송망 등의 역무를 제공할 수 있도록 정하였다. 이를 위한 가입자망의 기술요건은 세 가지 방안이 검토되었는데, 제1안은 양방향 64Kbps 이상으로 하고, 주로 음성, 데이터서비스를 제공하는 방안이었다.

그리고 제2안은 상향 64Kbps, 하향 2Mbps 이상으로 하고, 주문형 비디오, 홈쇼핑, 고속인

터넷서비스를 제공하는 안이었다. 제3안은 양방향 2Mbps 이상으로 하고, 원격의료, 영상전화, 영상회의 서비스를 제공한다는 것이었다. 그 중 제2안이 유리한 것으로 추진되었다. 한편 정부는 이 사업시행을 위해 사업 참여자격, 사업자 신청, 추진일정 등을 다음과 같이 등을 정하여 추진토록 하였다.

① 사업구역별로 1개 사업자를 승인하고, 동일사업자가 3개 구역에 신청이 가능하다. 그리고 기간통신사업자는 초고속망사업에의 참여는 허용하나, 승인신청법인의 대주주는 될 수 없다. ② 항만, 공항 등 해당구역의 관리기관도 소관구역 내 사업에 참여가 가능하다. 이 때 제2 시내전화컨소시엄 사업에의 참여기업이 신청하는 경우 우선적으로 승인한다. ③ 이 사업은 승인 후 1년 이내에 통신망 설비구축에 착수하고, 사업개시 1년 후 역무를 제공하여야 한다. 이를 위해 1997년 7월 신청을 접수하고, 9월에 승인하며, 1998년부터는 수시 승인한다.

12.2 특정지역 초고속망사업 대상지역

정부는 특정지역 초고속망사업 대상지역으로 공단(158), 공항(16), 수도권 신공항(1), 항만(49), 수출자유지역(2), 종합유선방송구역(62) 등 총 226개 지역을 검토 추진하였다(초고속망사업자 사업구역 현황, 1996. 3, 한국통신 네트워크본부/ 전국공업단지현황, 1995, 대한상공회의소).이에 대한 세부내역은 다음과 같다

가. 국가 공업단지

당시 국가 공업단지는 서울, 부산, 인천 등 전국 25개 지역에 총 조성면적 264,408천m^2, 총 공장용지 173,668m^2로 조성 운영되고, 여기에 입주계약업체 수는 총 7,046개 업체, 종업원수 544,325명이었다(전국공업단지현황, 1995, 대한상공회의소). 이 공업단지는 산업단지 및 개발에 관한 법률(제2조 제2호)에 의하여 설치 운영되고 있었다. 아래 표에서 업체수는 입주 계약업체수를 말한다.

(1) 대도시 지역

지역	공업단지명	조성면적 (1,000m^2)	공장용지 (1,000m^2)	업체수	관리기관
서울	한국수출산업공단	3,727	2,954	506	한국수출산업공단
부산	명지녹산국가공단	6,956	3,649		부산광역시
인천	남동공업단지	9,573	5,846	2,158	한국수출산업공단
광주	광주첨단과학단지	7,933	1,633		서남지역공업 단지관리공단

(2) 경기지역

공업단지명	조성면적 (1,000m²)	공장용지 (1,000m²)	업체수	관리기관
반월국가공업단지	15,205	7,934	1,188	서부지역공업단지관리공단
시화공업단지	15,996	10,079	1,493	
아산공업단지	6,414	3,540	4	

(3) 충남지역

공업단지명	조성면적 (1,000m²)	공장용지 (1,000m²)	업체수	관리기관
아산공업단지	5,184	3,456	5	서부지역공업단지 관리공단
석문국가공업단지	12,084	8,070	-	충청남도

(4) 경북지역

공업단지명	조성면적 (1,000m²)	공장용지 (1,000m²)	업체수	관리기관
구미국가공업단지	17,478	12,738	393	중부지역공업단지 관리공단

(5) 경남지역

공업단지명	조성면적 (1,000m²)	공장용지 (1,000m²)	업체수	관리기관
창원국가공업단지	25,250	17,747	432	동남지역공업단지 관리공단
온산국가공업단지	17,306	15,027	123	
안정국가공업단지	2,040	1,004	-	
진해국가공업단지	809	652	2	대동조선동흥공업
울산미포국가공업단지	46,161	31,496	379	동남지역공업단지 관리공단
옥포국가공업단지	6,084	3,801	1	거제시
죽도국가공업단지	3,166	2,126	1	삼성중공업
마산수출자유지역	803	616	76	마산수출자유지역 관리소

(6) 전북지역

공업단지명	조성면적 (1,000m²)	공장용지 (1,000m²)	업체수	관리기관
군장공업단지(군산지구)	14,562	6,353	-	서남지역공업단지 관리공단
국산국가공업단지	6,828	4,787	2	
이리국가공업단지	1,117	870	156	이리수출자유지역 관리소

(7) 전남지역

공업단지명	조성면적 (1,000m²)	공장용지 (1,000m²)	업체수	관리기관
대불국가공업단지	11,122	6,978	41	전라남도
여천국가공업단지	18,131	14,658	86	서남지역공업단지 관리공단
여천(확장)공업단지	8,594	6,549	-	

(8) 강원지역

공업단지명	조성면적 (1,000m²)	공장용지 (1,000m²)	업체수	관리기관
북평국가공업단지	1,885	1,105	-	강원도

나. 지방공단

당시 지방공단은 서울, 부산, 대구 등 전국 134개 지역에 총 조성면적 184,534천m^2, 총 공장용지 117,676m^2로 조성 운영되고, 입주계약업체 수는 총 5,772개 업체, 종업원수 298,261명으로 운영되었다(전국공업단지현황, 1995, 대한상공회의소). 이 공업단지는 산업단지 및 개발에 관한 법률(제2조 제2호)에 의하여 설치 운영되고 있었다.

(1) 인천지역

공업단지명	조성면적 (1,000m²)	공장용지 (1,000m²)	업체수	관리기관
인천지방공업단지	1,136	996	48	인천지방공업단지 관리공단
인천기계공업단지	350	291	54	인천기계공업단지 관리공단
인천주물공업단지	940	764	160	인천주물지방공업단지 관리공단

(2) 경기지역1

공업단지명	조성면적 (1,000m^2)	공장용지 (1,000m^2)	업체수	관리기관
죽산장원공업단지	59	44	-	안성군
죽산두교공업단지	58	44	-	
삼죽덕산공업단지	60	44	-	
원곡공업단지	100	67	-	
미양2공업단지	160	139	-	
목동공업단지	60	40	-	가평군
상수공업단지	59	48	9	양주군
도하공업단지	35	23	4	

(3) 경기지역2

공업단지명	조성면적 (1,000m^2)	공장용지 (1,000m^2)	업체수	관리기관
성남공업단지	1,823	1,264	244	성남공단관리공단
향남제약공업단지	648	480	39	화성군
마도공업단지	942	570	-	미정(화성군)
반월도금공업단지	137	118	52	안산시
파주문발공업단지1	50	27	6	파주군
파주문발공업단지2	270	160	-	
동두천공업단지	270	144	-	동두천시
상봉암공업단지	54	45	-	
양문공업단지	180	116	-	포천군
신평공업단지	58	41	15	
철괴공업단지	680	530	-	송탄공단관리공단
장당공업단지	150	137	-	
안성제1공업단지	668	538	46	안성공단관리공단
보개가울공업단지	60	52	-	안성군
공도만정공업단지	68	62	-	
양성동항공업단지	58	41	-	
일죽금산공업단지	58	44	-	

(4) 경기지역3

공업단지명	조성면적 (1,000m^2)	공장용지 (1,000m^2)	업체수	관리기관
강화하점공업단지	59	43	15	강화군
안중공업단지(1/2)	2,643	1,842	39	평택군
평택현곡공업단지	730	474	-	
평택한산공업단지	690	452	-	
평택추팔공업단지	610	394	-	
김포학운공업단지	58	42	-	김포학운업협동조합
김포대벽공업단지	60	46	-	중소기업진흥공단

(5) 서울지역

공업단지명	조성면적 (1,000m^2)	공장용지 (1,000m^2)	업체수	관리기관
영등포 기계공단	155	132	105	영등포 기계공단

(6) 부산지역

공업단지명	조성면적 (1,000m^2)	공장용지 (1,000m^2)	업체수	관리기관
부산과학산업단지	4,470	1,453	-	부산광역시
신평장림공업단지	885	612	105	신평장림공단
신평장림협동화단지	1,960	1,175	345	부산광역시
신호공업단지	3,121	1,716	-	

(7) 경남지역

공업단지명	조성면적 (1,000m^2)	공장용지 (1,000m^2)	업체수	관리기관
양산공업단지	1,607	1,271	77	양산군
양산어곡공업단지	1,260	739	-	
진해마천주물공업단지	474	374	59	진해마천주물공단 관리공단
진주상평공업단지	2,135	1,531	313	진주시
사천진사공업단지	2,560	1,649	1	경상남도
함안칠서공업단지	3,640	1,926	65	칠서지방공단 관리공단

(8) 대구지역

공업단지명	조성면적 (1,000m²)	공장용지 (1,000m²)	업체수	관리기관
검단공업산업단지	796	673	38	대구광역시
검단공단(확장)	1,371	843	-	
대구염색공업단지	833	601	112	대구염색관리공단
대구과학산업단지	3,459	1,869	-	대구광역시
대구성서공업단지	6,743	4,963	1,090	성서공단관리공단

(9) 경북지역1

공업단지명	조성면적 (1,000m²)	공장용지 (1,000m²)	업체수	관리기관
포항철강공업단지	11,123	7,713	187	포항철강공업단지
달성공업단지	4,106	2,491	250	달성공단관리공단
달성구지공업단지	2,708	2,266	-	달성군
경산진량공업단지	1,579	1,151	191	진량공단관리공단
경산와촌공업단지	128	70	-	경북가구공업협동조합
칠곡왜관공업단지	1,649	1,048	246	한국토지개발공사
김천구성공업단지	796	532	-	
구미옥성공업단지	370	304	-	경상북도
다산주물공업단지	646	447	26	

(10) 경북지역2

공업단지명	조성면적 (1,000m²)	공장용지 (1,000m²)	업체수	관리기관
성주월항협업단지	86	57	-	한국석재공업협동조합
풍기직물공업단지	196	146	-	영주시
상주낙동공업단지	3,816	2,109	-	경상북도
경주건천공업단지	137	90	6	관리운영위원회
경주외동공업단지	142	116	19	
자인공업단지	477	317	-	경산시(중소기업진흥공단)
성산제망공업단지	122	66	-	경상북도
개진공업단지	148	83	-	

(11) 대전지역

공업단지명	조성면적 (1,000m^2)	공장용지 (1,000m^2)	업체수	관리기관
대전제1,2공업단지	1,256	1,035	100	대전광역시 대덕구청
대전제3공업단지	1,235	847	46	대전제3,4공업단지 관리공단
대전제4공업단지	1,900	1,347	-	
대전과학산업단지	4,263	2,424	-	대전광역시

(12) 충남지역1

공업단지명	조성면적 (1,000m^2)	공장용지 (1,000m^2)	업체수	관리기관
천안제1공업단지	359	290	64	천안공단관리공단
천안제2공업단지	823	567	50	
천안제3공업단지	1,562	1,019	-	천안시
천안천흥공업단지	519	347	11	천안군

(13) 충남지역2

공업단지명	조성면적 (1,000m^2)	공장용지 (1,000m^2)	업체수	관리기관
연기소정공업단지	286	187	3	㈜금강
연기월산공업단지	1,843	990	-	연기군
전의석재공업단지	545	334	-	
보령관창공업단지	2,439	1,198	6	보령시
보령웅천공업단지	2,365	1,488	-	
아산인주공업단지	3,384	2,353	-	아산시
서산대죽공업단지	2,088	1,557	-	충청남도
금산공업단지	804	575	-	
마정기계공업단지	148	98	34	천안마정기계사업 협동조합
조치원제1공업단지	304	299	3	입주기업협의회
조치원제2공업단지	169	148	9	조성추진위원회
조치원제3공업단지	476	415	6	연기군

(14) 충북지역

공업단지명	조성면적 (1,000m²)	공장용지 (1,000m²)	업체수	관리기관
청주공업단지(1-4단지)	4,098	3,016	126	청주공업단지관리공단
청주과학산업단지	9,442	3,814	-	충청북도
충주제1공업단지	1,286	842	22	충주시
청원부용공업단지	565	389	6	충청북도
청원현도공업단지	709	412	5	충청북도
진천금암공업단지	137	85	7	진천군
음성대풍공업단지	434	319	6	음성군
음성육육공업단지	312	230	12	
음성니트공업단지	117	70	-	충청북도
음성금왕공업단지	570	373	-	음성군
괴산공업단지	333	207	-	괴산군
제천왕임공업단지	1,452	1,001	-	제천시

(15) 광주지역1

공업단지명	조성면적 (1,000m²)	공장용지 (1,000m²)	업체수	관리기관
하남제1공업단지	1,523	1,206	116	하남공업단지 관리공단
하남제2공업단지	2,041	1,671	124	
하남제3공업단지	2,403	1,834	196	
본촌공업단지	937	763	112	광주광역시
송암공업단지	394	278	64	

(16) 광주지역2

공업단지명	조성면적 (1,000m²)	공장용지 (1,000m²)	업체수	관리기관
소촌공업단지	190	140	52	광주광역시
평동1차공업단지	2,717	1,864	8	
평동2차공업단지	2,266	1,621	-	

(17) 전남지역

공업단지명	조성면적 (1,000m²)	공장용지 (1,000m²)	업체수	관리기관
여천율촌제1공업단지	8,802	6,444	-	전라남도
목포공업단지	459	369	44	목포시
순천공업단지	583	451	18	순천시
여수오천공업단지	222	136	29	여수시
나주문평공업단지	323	250	8	나주시
나주공업단지	2,984	1,962	-	전라남도
영암산호공업단지	2,895	1,727	4	
광양공업단지	1,551	1,302	64	

(18) 강원지역

공업단지명	조성면적 (1,000m²)	공장용지 (1,000m²)	업체수	관리기관
춘천후평공업단지	476	302	35	춘천시
춘천첨단과학산업단지	3,970	1,083	-	
강릉중소공업단지	164	128	70	강릉시
강릉과학산업단지	3,330	957	-	
주문진공업단지	122	84	-	
횡성공업단지	754	479	-	횡성군
원주우산공업단지	397	301	23	원주시
원주문막공업단지	410	329	13	강원도
북평지방공업단지	705	548	14	

(19) 전북지역1

공업단지명	조성면적 (1,000m²)	공장용지 (1,000m²)	업체수	관리기관
완주공업단지	3,371	2,537	47	완주공단관리사무소
이리제2공업단지	3,306	2,546	99	이리시
전주제1공업단지	1,683	1,281	110	전주시
전주제2공업단지	687	518	9	

(19) 전북지역2

공업단지명	조성면적 (1,000m²)	공장용지 (1,000m²)	업체수	관리기관
전주과학산업단지	3,482	787	-	전라북도
군산지방공업단지	5,356	3,229	48	군산시
정읍제1공업단지	202	153	10	정읍시
정읍제2공업단지	999	657	-	
정읍제3공업단지	992	764	6	

다. 수출자유지역

당시 우리나라에는 마산과 이리 2개 지역에 수출자유지역이 지정 운영되고 있었다. 마산수출자유지역은 경남 마산시 회원구 양덕동, 봉양동 일원에 면적 803천m²으로 조성되었다, 이리수출자유지역은 전북 이리시 영등동 일원에 면적 309천m²을 확보하여 운영되고 있었다. 이들 수출자유지역은 수출자유지역설치법 제2조 제1항에 의하여 설치되었다.

라. 공항

1990년대 중반 우리나라는 김포공항, 김해공항, 제주공항 등 전국적으로 총 14개 공항을 운영하고 있었으며, 청주, 영동지역에 신공항이 추진 중에 있었다(전국공업단지현황, 1995, 대한상공회의소). 이들 공항은 항공법 제2조 제7호에 의해 설치 운영되고 있었다. 이때 김포, 김해, 제주 등 3개 공항은 국내선 및 국제선을 운영하고 있었고 대구, 광주와 울산, 포항, 여수 등 중소도시의 9개 공항은 국내선만 운영하였다.

(1) 대도시 공항

구분	위치	구역면적 (1,000m²)	여객청사 (1,000m²)	화물청사 (1,000m²)	연간여객 처리능력 (10,000명)
김포	서울특별시 강서구 과해동 274	9,248	국제165.8 국내 35.2	국제 83.3 국내 4.0	국제 1,660 국내 1,410
김해	부산직할시 강서구 대저2동 2350	561	국제 19.3 국내 37.0	국제 7.0 국내 8.5	국제 150 국내 1,480
제주	제주도 제주시 용담2동 2002	2,667	국제 16.0 국내 30.7	국내 4.0	국제 130 국내 1,240
대구	대구직할시 동구 지저동 400-1	94	국내 8.4	국내 0.2	국내 312
광주	광주직할시 광산구 신촌동 740-13	117	국내 10.1	-	국내 400

(2) 중소도시 공항1

구분	위치	구역면적 (1,000m^2)	여객청사 (1,000m^2)	화물청사 (1,000m^2)	연간여객 처리능력 (10,000명)
속초	강원도 양양군 강현면 정암리 530	127	국내 1.5	-	국내 43
여수	전남 여천군 율촌면 신풍리 979	379	국내 1.5	-	국내 43
울산	경남 울산시 중구 송정동 522	412	국내 0.9	-	국내 28
목포	전남 영암군 산호면 용당리 1374-20	73	국내 1.6	-	국내 45
강릉	강원도 강릉시 남향진동 산13	70	국내 2.7	-	국내 77
사천	경남 사천군 사천읍 구암리 1720-1	16	국내 4.6	-	국내 120
포항	경북 영일군 동해면 도구리 402-1	62	국내 2.0	-	국내 56
예천	경북 예천군 유천면 매산리 88	4	국내 1.3	-	국내 37
군산	전북 옥구군 옥서면 서연리 385	94	국내 2.0	-	국내 57

(3) 중소도시 공항2

구분	위치	구역면적 (1,000m^2)	여객청사 (1,000m^2)	화물청사 (1,000m^2)	연간여객 처리능력 (10,000명)
청주	충북 청원군 북일면 입상리	추진 중	국제 16.0 국내 4.0	-	국제 130 국내 120
영동	강원 양양군 손양면 동호리 학포리 도화리 일대	추진 중	국제 10.0 국내 6.0	-	설계 중

(4) 신공항 건설

1990년대 들어서면서 정부는 인천광역시 중구 영종도 및 용유도 일원에 수도권 신공항을 건설 추진하고 있었다. 이들 공항의 건설은 1단계로 1992년-1999년에 시행하고, 2단계 이후에는 항공수요와 재원을 감안하여 단계적으로 시행하는 것으로 정하였다(1995, 건설교통부 신국제공항 건설기획단). 이때 공항부지면적은 1단계에서 355만평(11,736천m^2), 최종 1,435만평(47,438천m^2)로 하고, 여객터미널은 1단계에서 10.8만평(357천m^2), 최종 26.4만평(873천m^2)으로 정하였다. 이를 위한 1단계 사업비는 5조 3823억원(1995년도 가격)으로 편성되었다. 그리고 배후지원단지는 1단계에서 66만평(2,182천m^2), 최종 264만평(8,727천m^2)으로 계획되었다. 그리고 연간처리능력은 1단계에서 여객 2,700만명, 화물 170만톤, 최종에는 여객 1억명, 화물 700만톤으로 추진하였다.

마. 항만

항만은 항만법 202조 제4호에 의하여 설치 운영되었으며, 무역항은 부산, 인천, 평택 등 전국 25개 지역에 총 항만면적은 14,839m²로 운영되었다. 그리고 연안항은 부산남항, 연평도, 거문도 등 전국적으로 총 19개 지역에 총 면적은 833천m²로 운영되고 있었다(전국공업단지현황, 1995, 대한상공회의소). 이들 무역항 중 면적이 1백만m² 이상인 곳은 부산, 포항, 동해, 군산 등이다.

(1) 무역항(부산)

항명	위치	면적 (1,000m²)	관리청
부산	부산직할시 중구 중앙동 4가-7가, 동구 초량동, 좌천동, 범일동, 남구 우암동, 감만동, 용당동, 영도구 대교동, 봉래동 1, 3, 5가, 청학동, 동삼동, 사하구 감천동, 구평동, 암남동, 다대동 일대	2,436	해운 항만청

(2) 무역항(경남)1

항명	위치	면적 (1,000m²)	관리청
마산	경남 마산시 해운동, 월남1가, 월포동, 신포 1가, 2가, 오동동, 남성동, 양덕동, 창원 시 신촌동, 귀곡동, 귀산동 일대	994	해운 항만청
진해	경남 진해시 행암동, 장천동 일대	142	
통영	경남 통영시 정량동, 동호동, 항남동, 중앙동, 서호동, 미수동, 봉평동, 도남동 일대	64	
삼천포	경남 삼천포시 향촌동, 동금동, 서동, 동동, 서금동, 선구동, 고성군 하이면 덕호리일대	744	

(3) 무역항(경남)2

항명	위치	면적 (1,000m²)	관리청
거제	경남 거제시 장승포동 일대	57	해운 항만청
옥포	경남 거제시 아주동 일대	9	
고현	경남 거제시 신현읍 고현리 일대	4	
울산	경남 울산시 남구 여천동, 매암동, 고사동, 용잠동, 남화동, 염포동, 울산군 온산면 산암리 일대	905	

이상 경남지역에서 규모가 큰 항구는 마산항, 삼천포항, 울산항 등이다.

(4) 무역항(경북, 충남, 경기)

항명	위치	면적 (1,000m^2)	관리청
포항	경북 포항시 항구동, 동빈로1가, 2가, 송도동, 청림동, 동촌동, 송내동, 송정동 일대	1,030	해운항만청
장항	충남 서천군 장항읍 신창리, 창선1가 일대	97	해운항만청
대산	충남 서산시 대산읍 대죽리, 독곶리 일대	73	
고정	충남 보령시 오천면 오포리 일대	9	
인천	인천직할시 중구 항동1가, 2가, 7가, 북성1가, 서구 원장동, 석남동, 가좌동 일대	3,289	해운항만청
평택	경기도 평택시 포승면 원정리 일대	113	

(5) 무역항(강원)

항명	위치	면적 (1,000m^2)	관리청
동해	강원도 동해시 송정동, 용정동, 구호동, 추암동 일대	1,131	해운항만청
묵호	강원도 동해시 묵호, 전동, 발한동 일대	275	
속초	강원도 속초시 동명동, 금호동, 청학동, 중앙동, 교동, 청호동 일대	172	
삼척	강원도 삼척시 정하동 일대	131	
옥계	강원도 강릉시 옥계면 일대	미지정	

(6) 무역항(전남, 전북)

항명	위치	면적 (1,000m^2)	관리청
여수	전남 여수시 수정동, 덕충동, 중앙동, 교동, 남산동 일대	270	해운항만청
광양	전남 여천시 낙포동, 중흥동, 월내동, 적량동, 동광양시 금호동, 태인동 일대	669	
목포	전남 목포시 서산동, 금화동, 해안동, 항동, 영해동, 행복동, 산정동 일대	198	
완도	전남 완도군 완도읍 군내리 일대	53	
군산	전북 군산시 소룡동 일대, 군장국가공단매립지	1,558	

이상 무역항을 지역별로 보면 부산, 경남지역에 9개가 있고, 충남지역 3개, 강원지역 5개, 경기지역 2개, 전남북지역에 5개가 있다.

그리고 연안항에는 제주항이 가장 면적이 크고 다음으로 구룡포, 거진, 성산포, 주문진, 부산남항이 크다.

(1) 연안항(부산, 경북)

항명	위치	면적 (1,000m²)	관리청
부산남	부산직할시 서구 남부민동, 충무동1가, 중구 남포동 5가, 6가, 영도구 대평동 1가, 2가, 대교동1가, 3가, 영선 4가 일대	61	해운 항만청
강구	경북 영덕군 강구면 강구동, 오포리 일대	13	
월포	경북 영일군 청하면 월포리, 방어리 일대	14	
구룡포	경북 포항시 구룡포읍 구룡포리 일대	78	
감포	경북 경주시 감포읍 감포리 일대	27	
도동	경북 울릉군 울릉읍 도동 일대	5	

(2) 연안항(제주)

항명	위치	면적 (1,000m²)	관리청
제주	제주도 제주시 건입동 일대	414	해운 항만청
서귀포	제주도 서귀포시 서귀동, 서흥동 일대	52	
한림	제주도 북제주군 한림읍 한수리, 한림리일대	09	
성산포	제주도 남제주군 성산읍 오조리, 성산리일대	72	
화순	제주도 남제주군 안덕면 화순리 일대	32	

(3) 연안항(경기, 충남, 강원)

항명	위치	면적 (1,000m²)	관리청
연평도	인천광역시 옹진군 송림면 연평리 일대	7	해운 항만청
대천	충남 보령시 신흑동 일대	19	
비인	충남 서천군 서면 마량리 일대	1	
임원	강원도 삼척시 원덕읍 임원리 일대	31	
거진	강원도 고성군 거진읍 거진리 일대	78	
주문진	강원 강릉시 주문진읍 주문리 교항리 일대	64	
죽변	강원도 울진군 죽변면 죽변리 일대	44	
후포	강원도 울진군 후포면 후포리 일대	85	

(10) 연안항(전남)

항명	위치	면적 (1,000m²)	관리청
나로도	전남 고흥군 봉래면 신금리, 사양리 일대	27	해운 항만청
거문도	전남 여천군 삼산면 거문리, 덕촌리 일대	29	
녹동	전남 고흥군 도양읍 봉암리 3885	11	
흑산도	전남 신안군 흑산면 예리 일대	26	
홍도	전남 신안군 흑산면 홍도리 일대	미지정	

12.3 특정지역 초고속망사업자 선정

가. 참여 예상기업

특정지역 초고속망사업자의 지위는 전기통신사업법상의 기간통신사업자 및 종합유선방송법상의 전송망사업자로 지정받은 것으로 보았다. 이 사업자들은 양방향 각각 2Mbps 이상의 초고속정보통신 서비스와 전화 등 기간통신사업의 전기통신역무를 제공할 수 있었다. 이를 위한 신규사업자는 1996년 7월부터 신청자를 접수하게 되어 있었으며, 이때 한국통신은 기간통신사업자로서 당연히 초고속망사업자로 포함되었다.

당시 이 사업을 추진한 정부의 명분상 의도는 초고속망을 조기에 구축하기 위하여 민간참여를 촉진하는 것이었으나, 실질적 의도는 통신사업경쟁을 유도하여 통신망의 다원화를 유도하는데 있었다. 이렇게 진행되다 보니 초고속망사업 대상지역 중 케이블TV망을 이용할 수 있는 케이블TV 사업구역이 주된 경쟁 분야로 떠오르게 되었다. 여기에는 케이블TV망을 쌍방향 영상서비스가 가능한 초고속망으로 구축 유도하겠다는 복안도 있었다.

그래서 참여 예상기업은 케이블TV전송망 사업자(NO), 케이블TV방송국 운용자(SO)와 제휴한 멀티미디어 관련 컨소시엄업체가 될 공산이 크고, 통합방송법이 제정된 후에는 MSO를 통해 대기업이 참여할 것이 확실 시 되고 있었다. 또한 전국 주요공단 및 항만지역에 공장, 물류센터, 본사, 지사 및 거대한 계열기업군을 두고 있는 대기업집단도 참여할 것으로 예상되었다.

당시 지역별 예상구도를 보면 기존 공단, 공항, 항만 지역에서는 한국통신이 기존통신망을 고도화하여 초고속망사업자와의 경쟁하게 되었다. 그리고 특정지역 초고속망지역을 겨냥하여 신규로 지정되는 공단, 공항, 항만 지역은 초고속망사업자가 초기부터 초고속망을 적극적으로 건설할 것으로 예상되었다. 특히 케이블TV 사업구역은 케이블TV SO 및 NO가 참여한 초고속망사업자가 한국통신과 경쟁할 것이고, 특히 PCS 등 신규통신사업 허가에서 탈락한 기업들이 대거 참여할 것으로 예상되었다.

나. 한국통신에 미치는 영향

정부 시나리오대로 특정 지역 초고속망사업자가 출현하게 되면 통신사업에 실질적 경쟁이 시작되고, 대형고객 통신수요가 잠식되는 등 한국통신은 상당한 영향을 받게 될 것으로 예상되었다. 그 내용을 정리하면 다음과 같다.

첫째, 시내전화사업은 한국통신의 기존 PSTN망과 케이블TV망 등을 활용한 초고속망사업자와 경쟁하여야 하고, 시외전화 및 국제통신 사업에서는 초고속망사업자가 시외 및 국제 전용망 또는 데이콤 망으로 한국통신의 통신망을 우회할 우려가 있다. 그리고 전용회선사업은 지역 내에서 경쟁해야 하고, 멀티미디어사업은 초고속망을 활용한 쌍방향 영상서비스 경쟁이 불가피하다.

둘째, 초고속망사업자 간 전용망을 활용한 전국규모의 공동망이 구성되고, 고수익 장거리 구간에 대한 측방통과(By-pass)가 심화될 것이다. 또한 대형고객에 대한 주도권을 상실하는 경우 음성전화사업은 물론 향후 멀티미디어사업 진출에도 심각한 타격이 예상되는 등 대형고객 통신수요를 잠식당할 수 있다.

셋째, 초고속망사업자에게도 독립된 시내 통신망을 운용하게 되는 경우 번호체계, 통신망간 상호접속체계에 혼선이 발생하여 이용자의 불편이 발생하는 등 시내통신망 중심의 상호접속체계에 혼선이 일어날 수 있다.

넷째, 미허가된 종합유선방송구역(62개)에 초고속망사업자가 등장하여 통신과 방송의 복합사업자로 출현하게 되면 케이블TV전송망 사업의 수주전이 한층 가열될 것이다. 또한 한국전력, 도로공사, 철도청 등이 초고속망사업자에 대한 설비임대사업 및 제휴를 통하여 통신사업에 진출할 것으로 예상된다.

12.4 한국통신의 대응전략 및 추진방향

가. 한국통신의 대응전략

한국통신 네트워크본부(본부장 이정욱)는 이와 같은 어려운 사업환경이 다가오고 있음을 감지하고 이에 대한 전략을 다음과 같이 정하여 대응하였다(특정지역 초고속망사업 촉진 기본계획, 1996. 3, 한국통신).

첫째, 특정 지역에 대한 초고속망 구조를 혁신한다. 이를 위해 계획된 초고속 전용통신망을 초고속사업 허가 예상지역 위주로 재검토 추진하고, 한국통신의 강점을 최대한 활용한 유무선 통신망, 위성망 등의 입체적인 초고속정보통신망을 구축한다. 또한 크림시키밍 지역에는 광케이블을 조기에 공급하고, 주요 사업지역은 1996년 선행사업으로 추진한다.

둘째, 음성 위주의 사업에서 멀티미디어 서비스 중심의 초고속망사업으로 사업구조를 혁신한다. 이를 위해 기존서비스를 고도화하여 잠재력있는 가입자를 선점하고, 대형가입자에게 신규 멀티미디어 서비스를 조기에 제공한다. 또한 첨단멀티미디어의 시범서비스를 제공하여 한국통신의 선도성을 부각시킨다.

셋째, 지역거점을 활용하여 초고속망사업의 경쟁력을 강화한다. 이를 위해 지역사업본부를 초고속사업의 지역거점으로 활용하고, 특화서비스 개발에 인력양성과 예산을 집중적으로 지원한다. 그리고 크림시키밍 지역을 발굴하여 최우선 사업으로 추진한다.

넷째, 초고속망사업자와 협력과 연대를 강화한다. 이를 위해 통신망 설계, 구축 및 유지보수 등 전반적인 기술(total solution)을 제공하며, 컨소시엄을 구성하는 경우 지분참여 등으로 측방통과(By-pass)문제를 해소한다. 또한 상호접속요구 시 적극적으로 지원한다.

나. 초고속망사업자의 사업성 분석

당시 초고속망사업자는 전국적으로 공단, 수출자유지역, 공항, 항만, 무역항, 연안항 등에 226개 사업자가 있었으며, 그 외 케이블TV 사업자 62개, 국가통신망 노드 95개 등이 존재하였는데 세부내역은 <표 5-30>과 같다. 여기에서 수출은 수출자유지역을 말하고, 항만은 무역항을 포함하였으며, 국가망은 국가통신망 노드를 표시한 것이다.

<표 5-30> 초고속망사업자의 지역별 분포상황

구분	서울	경기	부산	대구	충남	충북	전남	전북	강원	제주	계
공단	2	38	19	23	22	12	20	12	10		158
수출			1					1			2
공항	1	1	3	3		1	3	1	3	1	17
항만		2	9	1	3		4	1	5	2	27
연안항		1	1	5	2		5		5	3	22
소계	3	42	33	32	27	13	32	15	23	6	226
CATV		18	10	8	5	4	7	5	4	1	62
국가망	8	14	15	14	8	5	13	7	10	1	95

당시 상황을 분석하면 초고속 전용통신망 구축의 일환으로 추진 중인 95개의 초고속국가망 노드를 구축하는 경우 226개 초고속망사업자 지역에 대한 초고속망 구축이 가능할 전망이었다. 따라서 한국통신 입장에서는 초고속 전용통신망의 조기구축을 서둘러야 하였다. 그리고 초고속망사업지역은 주로 공단, 공항 등 SOC지역이어서 단기적으로는 사업성이 미흡한 지역이 일부 있으나, 장기적으로는 투자가치가 있을 것으로 전망되었다. 특히 영종도, 주요공단, 케이블TV 지역 등에 대한 초고속망 건설은 시급한 실정이었다.

다. 초고속 전용통신망의 조기구축

한국통신 네트워크본부(본부장 이정욱)는 공공기관, 기업체 등 대형고객을 위한 초고속 광대역통신망을 별도로 건설하여 조기에 선도적으로 초고속통신을 실현하고자 하였다. 이를 위해 기존통신망과 별도의 초고속 전용통신망을 건설 추진하였다. 이 통신망은 회선용량에 따라 물리적으로 분리할 수 있으며, 초고속 국가통신망의 백본으로 활용한다는 구상이었다(특정지역 초고속망사업 촉진기본계획, 1996. 3, 한국통신 네트워크본부).

그리고 시설여건을 감안하여 시외전화, 국제회선 등 경쟁대응회선을 수용하여 통신망 활용을 극대화하고, 유무선 통신망 및 위성망을 활용하여 신뢰성을 조기에 확보하고자 하였다. 초고속 전용통신망은 기반구축단계, 확산단계, 완성단계로 나누어 단계별로 추진하였으며, 단계별 추진계획의 주요내용은 다음과 같이 정하였다.

① 기반구축단계(1996년-1997년)에서는 국가통신망 노드 지역에 대한 ATM교환망을 구축하고, 노드와 접속점 구간에 155Mbps-2Gbps급 전송로를 구축한다. 그리고 크림스키밍 예상지역에 광케이블 공급을 완성하고, 주요사업지역에 멀티미디어 시범서비스를 확대하며, 가입자에게 45Mbps급 서비스를 제공할 수 있도록 추진한다.

② 확산단계(1998년-2002년)에서는 초고속망사업지역에 ATM교환망 구축을 확대하고, 수십 Gbps급으로 전송망의 고속화를 추진한다. 그리고 주요사업지역에 광케이블 구축을 완성하고, 전 사업본부에서 멀티미디어 시범사업을 추진하며, 가입자에게 155 Mbps급 서비스를 제공할 수 있는 능력을 확보한다.

③ 완성단계(2003년-2010년)에 가서는 초고속망사업지역에 ATM망의 구축을 완성하고, 100Gbps급 동기식 전송망을 구축한다. 그리고 초고속망 사업지역에 광케이블화를 완성하고, 가입자에게 622Mbps급 서비스를 제공할 수 있도록 발전시킨다.

라. 초기단계의 초고속 전용통신망 건설

한국통신 네트워크본부(본부장 이정욱)는 1단계(1996년-1997년) 초고속 전용통신망의 건설을 위해 교환망은 13개 노드 및 85개 접속점에 ATM 교환망을 구축하는 등 세부사업목표를 세웠다. 그 주요내용은 다음과 같다(특정지역 초고속망사업 촉진기본계획, 1996. 3, 한국통신 네트워크본부).

첫째, 국제규격의 ATM 교환기를 이용하여 ATM 교환망을 구축하고, 주요 대도시의 초고속망 대상지역을 중심으로 우선 공급하였다. 또한 지역적 특성, 가입자 수요분포 및 요구서비스 특성을 감안하여 탄력적으로 구축하고, 이를 위한 교환망, 전송망, 가입자망의 구성계획을 수립 추진하였다.

둘째, 교환망은 ATM 교환기를 도입하여 구성하고 교환망의 구성방법과 교환기 설치지역을 정하였으며, 이때 교환망 구성방침은 다음과 같다.

① 기존망과 별도의 ATM 교환망을 구축한다. 이를 위해 5대 도시에는 시외교환기와 단국교환기를 설치하고, 거점도시에는 시내·시외 겸용 단국교환기를 설치한다.

② 2계위 교환망을 구성한다. 이를 위해 5대 도시는 기존 시외교환기와 ATM 시외교환기 간을 접속하고, 단국은 ATM-MSS를 이용하여 기업체 및 공공기관 가입자를 직접 수용한다.

③ 시외망은 완전 망형(Full Mesh), 단국은 링형(Ring) 또는 성형으로 루트를 이원화하여 구성한다. 그리고 ATM 교환노드 간은 동기식 전송망으로 구성한다.

셋째, ATM 교환노드는 전국적으로 총 98개 지역(전화국)에 설치 추진하고, 이중 우선공급지역은 서울지역의 혜화전화국, 구로전화국 등 48개 지역으로 정하였는데, 지역별 내역은 다음과 같다.

① 서울지역에는 혜화전화국과 구로전화국에 ATM 교환기 또는 ATM-MSS를 설치하고, 광화문, 영등포, 영동, 전농, 중앙, 신촌, 송파전화국에는 ATM-MSS를 설치한다. 그리고 경기지역을 위해서는 수원, 남인천전화국에 ATM 교환기 또는 ATM-MSS를 설치하고, 항동, 안양, 부천, 성남, 의정부, 구리, 용인, 과천, 고양, 이천, 여주, 김포, 서인천전화국에는 ATM-MSS를 설치한다.

② 부산·경남지역에는 부산번호안내국과 동마산전화국에 ATM 교환기 또는 ATM -MSS를 설치하고, 부산진, 북울산, 진주, 사상, 동래, 진해, 김해, 충무, 하동, 함안, 함양, 창녕, 밀양전화국에는 ATM-MSS를 설치한다. 그리고 대구, 경북지역을 위해서는 태평전화국에 ATM 교환기 또는 ATM-MSS를 설치하고, 대구, 서안동, 포항, 구미, 울진, 남대구, 김천, 왜관, 영천, 경주, 청송, 영주, 점촌전화국에는 ATM-MSS를 설치한다.

③ 대전, 충남지역에는 대전번호안내국에 ATM 교환기 또는 ATM-MSS를 설치하고, 서대전, 천안, 홍성, 온양, 공주, 서산, 대천전화국에 ATM-MSS를 설치한다. 그리고 충북지역에는 서청주전화국에 ATM 교환기 또는 ATM-MSS를 설치하고, 충주, 진천, 제천, 옥천전화국에는 ATM-MSS를 설치한다.

④ 광주, 전남지역을 위하여는 북광주전화국에 ATM 교환기 또는 ATM-MSS를 설치하고, 서광주, 동목포, 북순천, 나주, 광양, 장성, 함평, 화순, 해남, 고흥, 동여수, 곡성전화국에는 ATM-MSS를 설치한다. 그리고 전북지역은 북전주전화국에 ATM 교환기 또는 ATM-MSS를 설치하고, 익산, 김제, 군산, 정주, 진안, 남원전화국에는 ATM-MSS를 설치한다.

⑤ 강원지역에는 원주전화국에 ATM 교환기 또는 ATM-MSS를 설치하고, 춘천, 강릉, 삼척, 태백, 대화, 홍천, 속초, 화천, 양구전화국에 ATM-MSS를 설치한다. 한편 제주지역에는 신제주전화국에 ATM 교환기 또는 ATM-MSS를 설치하고, 서귀포전화국에는 ATM-MSS를 설치한다.

넷째, 전송망은 안정성 및 신뢰성있는 전송로를 구축하며, 지역 시외국간 전송로 구축과 연계 추진하는 것으로 하였다. 13개 노드 간은 2.5Gbps 전송로를 구축하고, 13개 노드와 85개 접속점 간에는 155Mbps-622Mbps 전송로를 구축하는 계획을 수립 추진하였다.

다섯째, 가입자망 부문은 크림스키밍 예상지역에 광가입자망을 우선적으로 구축하고, 지역별 특성에 따른 최적의 가입자망을 구축하는 방침을 세웠다. 이에 따라 크림스키밍 예상지역 광케이블 공급은 1996년 선행사업으로 추진하여 1997년에 완성하는 계획으로 시행하였다.

여섯째, 주요사업지역에 대하여는 광 가입자 전송로의 이원화 및 융통성을 확보하고, 신규수요 발생 시 인입케이블 설치만으로 신속 수용하며, 다분기 광접속방식을 채택하고, 광가입자 휘더망의 효율성을 향상시키기 위하여 무체감 환형 광 가입자휘더망을 구축하는 계획을 수립 추진하였다.

일곱 번째, 사업용 대형건물의 DS1급 이상 서비스는 광가입자망으로 제공하고, 주요가입자 및 전용회선 가입자는 DS0급 서비스까지 광케이블을 공급하며, 사업용 건물은 가입자 환경을 고려하여 단국형 또는 분기결합형 광 가입자 전송장치를 공급하게 하였다.

12.5 한국통신의 실행계획

가. 초고속망 사업자로서의 경쟁력 강화

한국통신은 초고속망 사업자로서의 경쟁력을 끌어올리기 위한 실천계획을 다음과 같이 수립 추진하였다. 이 계획에 따라 각 지역본부장은 세부실천계획을 1996년 6월까지 수립하여 네트워크본부장에게 보고하게 하였다(특정지역 초고속망사업 촉진기본계획, 1996. 3, 한국통신 네트워크본부).

① 지역별로 교육, 관광, 레저서비스 등 특화사업을 발굴하여 시행하고, 투자우선 대상지역(Cream-skimming)을 선정하여 시행한다. 그리고 멀티미디어 시범서비스를 제공한다.

② 초고속망 사업구역에 대한 고객 관리를 강화하고, 대형고객에게는 멀티미디어 서비스를 우선적으로 제공하는 등 시장선점방안을 강구한다.

③ 초고속망사업자와의 협력방안을 강구하고, 전용회선을 우선적으로 공급하고 고장특별관리 등 기존서비스의 지원을 강화하며, 지역에 적합한 추진체계를 구성 운영한다.

한편 전사적 초고속망사업 추진체계를 확립하고, 본사 사업부서와 지역사업본부 간 유기적 관계를 유지하며, 초고속망 구축 투자사업에 대한 방향설정 및 부서 간 역할을 조정하기 위해 「초고속망사업 촉진위원회」를 구성 운영하였다. 이 위원회의 위원장은 네트워크본부장(이정욱), 부위원장은 시설운용실장(김기천)이 담당하였다. 그리고 위원으로는 기획조정실, 마케팅본부, 전략영업본부, 조달본부, 초고속통신추진본부의 수석국장으로 선정하고, 지역사업추진위원으로 각 지역사업본부 수석국장이 참여하게 하였다. 그리고 네트워크본부의 통신망기획국장(홍용표)이 이 위원회의 간사로 지정되었다.

이 위원회는 매분기 1회 정기회의를 개최하고 필요 시 임시회의를 개최하며, 정기회의 개최 시에는 지역사업추진위원이 추진실적을 보고하게 하였다. 이 사업을 효율적으로 추진하기 위해 본사 관련부서는 다음과 같이 업무를 분담 시행하였다.

① 기획조정실은 초고속망 사업추진 예산지원 및 자문, 마케팅본부는 초고속망 사업추진 마케팅전략수립 및 자문, 전략영업본부는 Kornet, CATV, ISDN 등의 사업추진 및 자문을 담당한다.

② 네트워크본부는 전사적 초고속정보통신망 구축계획의 수립 및 조정, 멀티미디어 서비스 시범사업의 확산 기본계획 수립, 특정지역 초고속망사업 촉진 기본계획 수립 및 조정, 초고속망사업 촉진위원회의 운영 및 관리를 담당한다. 그리고 시설운용실은 초고속망사업의 시설투자와 운용보전계획을 수립 시행한다.

③ 조달본부는 초고속망사업을 위한 조달지원 및 자문을 담당하고, 초고속통신추진본부는 초고속망사업의 지역확산을 위한 기술지원 및 자문을 수행한다.

④ 각 지역본부에서는 초고속망사업지역의 경쟁력강화 실천계획 수립, 지역 멀티미디어 서비스 시범사업의 추진한다. 그리고 소관지역 내 설비투자계획 수립 및 집행, 통신시설 운용보전 및 통신망관리, 마케팅계획 수립 및 시행 등을 담당한다.

나. 현실적 시행방안으로의 전환

한국통신 네트워크본부(본부장 이정욱)는 초고속망사업지역의 사업여건을 분석하고, 초고속망 정보통신 표본단지를 선정하여 특정 지역 초고속망사업 기본계획을 수립하였다(1996. 4). 이 계획의 주관부서 및 결재자는 제5장 말미의 참고자료 편에 기록되어 있다.

이와 관련하여 226개 특정지역 중 단지 유형별로 구분하여 사업을 추진하는 특정지역 표본단지선정 추진계획도 수립하였다(1996. 6). 이들 단지 중에서 현 단지만으로 사업성이 있는 아일랜드(Island)형 지역, 현 단지로는 사업성이 미흡하나 주변지역과 연계 시 시너지효과를 창출할 수 있는 허브(Hub)형 지역, 사업성이 있는 지역으로서 새로운 시설을 사전계획에 따라 구축해야 하는 개척(Frontier)형 지역 등 세 가지로 구분하였다.

그리고 초고속망 표본단지를 정하여 이에 대한 사업성 검토를 한국통신기술에 용역 추진하였다(1996. 9. 30-1996. 12. 21). 기술용역 수행결과 구미공업단지, 울산공업단지, 인천신공항단지 등 3개 표본단지의 자본회수기간이 8년-12년으로 확인됨으로써 경제성이 없는 것으로 나타났다. 이와 같은 문제점이 드러남에 따라 한국통신 네트워크본부(본부장 이상복) 통신망기획국(국장 윤종록)은 특정지역 초고속망사업을 다음과 같이 추진하기로 결정하였다(특정지역 초고속망 사업추진계획 변경, 1997. 10, 한국통신 네트워크본부 통신망기획국).

첫째, 정부에 초고속망사업자 승인제도 시행을 유보하도록 건의하고, 이 제도를 시행하는 경우 사업지역을 최소화하는 쪽으로 의견을 제시한다.

둘째, 초고속망사업자 승인제도를 시행하는 경우 다음과 같은 기술적 문제점이 있음을 정보통신부에 제시한다.

① 제3사업자가 사설망 규격의 인터페이스(PNNI)를 보유한 ATM교환기를 사용하는 경우 사업자 간 상호접속 문제점이 발생할 것으로 예상된다.

② 전화역무 제공을 위해서는 전화교환기가 추가로 필요하며, 이때 ATM교환기로는 전화역무제공이 곤란하다.

셋째, 정부가 초고속망사업자 승인제도를 시행하더라도 특정지역 초고속망사업은 사업성이 없는 것으로 전망되므로 한국통신 입장에서는 특정 지역에 대한 투자보다는 전반적인 통신망고도화 계획의 일환으로 초고속사업을 추진한다.

다. 세부추진계획의 확정

위와 같은 추진 방향 변경에 따라 한국통신 네트워크본부 통신망기획국(국장 윤종록)에서는 2000년까지 통신망고도화의 실현을 위한 초고속통신망을 지속적으로 구축하는 쪽으로 다시 추진방향을 재설정하였다(특정지역 초고속망 사업추진계획 변경, 1997. 10, 한국통신 네트워크본부 통신망기획국). 이때 주요내용으로는 전국적으로 읍단위 이상 지역에 ATM 교환기 1식 이상을 설치하고, 초고속전송망을 위하여 동기식 전송망을 2005년까지 완성하기로 하였다. 또한 대도시 및 중소도시 지역까지 FTTC 광가입자망을 건설하여 초고속가입자망을 구축하기로 하며, 이를 위해 다음과 같이 단계별로 초고속망을 구축하기로 확정하였다.

1단계(1998년까지)에서는 상용화 기반을 조성한다. 이를 위해 서울, 부산, 대전에 ATM 교환기 11식을 설치한다. 이때 ADSL을 이용하여 고속인터넷서비스를 제공하고, 초고속전용회선 서비스를 시험한다. 그리고 서울에는 국제 ATM 교환기를 설치한다. 이때 초고속망 구축은 서울지역의 한국수출산업공단, 영등포기계공단, 부산지역의 명지·녹산국가공업단지, 부산과학산업단지, 신평장림공업단지, 신평장림협동화단지, 신호공업단지, 김해공항, 부산무역항, 부산연안항, 대전지역의 대전제1, 제2공업단지, 대전제3공업단지, 대전제4공업단지, 대전과학산업단지 등 14개 지역에 가능하다.

2단계(1999년-2001년)에는 도시지역 초고속망을 구축 완성한다. 이를 위해 시외교환기 설치지역(29개 도시)에 ATM 교환기를 설치하고, 서울 등 대도시(4개 도시)에 ATM 중계교환기를 설치한다. 이때 초고속망 구축은 전국적으로 82개 지역에 가능하며 지역별로 보면 다음과 같다.

① 경기에는 성남공업단지, 동두천공업단지, 상봉암공업단지 등 3개 지역

② 인천에는 남동공업단지, 인천지방공업단지, 인천기계공업단지, 인천주물공업단지, 인천무역항 등 5개 지역

③ 경남에는 창원국가공업단지, 울산미포국가공업단지, 진주상평공업단지, 마산수출자유지역, 울산공항, 마산무역항, 울산무역항 등 7개 지역

④ 경북에는 구미국가공업단지, 포항철강공업단지, 달성공업단지, 달성구지공업단지, 경산진량공업단지, 경산와촌공업단지, 구미옥성공업단지, 다산주물공업단지, 자인공업단지, 포항무역항, 구룡포연안항, 감포연안항 등 12개 지역

⑤ 대구에는 검단공업단지, 검단공단(확장), 대구염색공업단지, 대구과학산업단지, 대구성서공업단지, 대구공항 등 6개 지역

⑥ 충남에는 천안제1공업단지, 천안제2공업단지, 천안제3공업단지, 천안천흥공업단지, 마정기계공업단지 등 5개 지역

⑦ 충북에는 청주공업단지(1, 2, 3, 4단지), 청주과학산업단지, 충주제1공업단지 등 3개 지역

⑧ 전남에는 대불공업단지, 목포공업단지, 순천공업단지, 목포무역항 등 4개 지역

⑨ 광주에는 광주첨단과학산업단지, 하남제1공업단지, 하남제2공업단지, 하남제3공업단지, 본촌공업단지, 송암공업단지, 소촌공업단지, 평동1차공업단지, 평동2차공업단지, 광주공항 등 10개 지역

⑩ 전북에는 전주제1공업단지, 전주제2공업단지, 전주과학산업단지 등 3개 지역

⑪ 강원에는 춘천후평공업단지, 춘천첨단과학산업단지, 강릉중소공업단지, 강릉과학산업단지, 원주우산공업단지, 원주문막공업단지, 주문진연안항 등 7개 지역

⑫ 제주에는 제주공항, 제주무역항, 서귀포무역항 등 3개 지역

최종 3단계(2002년-2006년)에 가서는 전국적으로 초고속망을 확산 설치한다. 이를 위해 전국 읍단위 이상 지역에 1개 이상의 ATM 교환기를 설치하고, 전국적인 초고속통신망을 구축 완료한다. 이때 초고속망은 반월공단, 시화공단, 인천국제공항 등 229개 지역에 구축이 가능해진다.

12.6 초고속망사업의 문제점

가. 정부에 대한 정책건의

당초 정부의 특정 지역 초고속망사업 방안은 통신사업경쟁이라는 단순 논리만을 내세워 급조하다 보니, 이 사업의 사업성 및 경제성에 대한 면밀한 검토가 제대로 이루어지지 못하였다. 이 사업방안이 시행됨에 따라 우리나라 기간통신사업자는 수십 개 내지 수백 개로 신규 양산되는 쪽으로 흘러가게 되었다. 이로 인해 우리나라 전체 기간통신사업자 구도가 근본적으로 흔들리고, 그나마 사업성까지 없다보니 계획된 사업이 제대로 진척될 수 없었다.

이때 한국통신 공정대책실(실장 박익수)은 이를 해결하고 미래발전적인 초고속망사업을 추진하고자 1997년 3월 정부에 대하여 다음과 같은 정책건의를 하였다(초고속망사업자 승인제도 관련동향, 1997. 6. 10, 한국통신 공정대책실).

첫째, 초고속정보통신망 구축사업은 시내전화사업자(기존 및 신규)가 구축하는 것이 효율적이다. 시내전화사업자가 초고속망 구축 시 애로설비, 상호접속, 번호 등의 통신자원문제의 해결이 가능하고 초고속망 구축에 소요되는 투자재원에 대한 금융, 세제지원도 강화할 수 있다.

둘째, 민간 업체에게는 통신망 구축 등 하드웨어에 대한 투자보다는 초고속망 서비스의 수요를 촉발할 수 있는 소프트웨어 부문의 투자를 유도하는 것이 정보통신산업의 경쟁력 강화에 보탬이 될 것이다. 민간업체의 참여희망분야는 하드웨어보다는 컨텐츠사업에 관심이 높은 것으로 나타나고 있다(정보통신산업 발전전략, 1995. 8, KISDI).

셋째, 초고속망사업자 제도의 도입이 불가피할 경우, 항만, 공항 등의 관리기관은 사업참여 배제가 바람직하다. 해당 지역 관리기관은 현재도 해당지역 내 기간통신사업자 시설에 대해 부담을 주고 있다. 이에 대해 기간통신사업자가 추가 부담을 거절하는 경우 이들은 이전을 요구하고 있는 실정이기 때문에 기간통신사업자 시설에 대해 부담을 요구할 우려가 크다. 또한 제2 시내전화사업자와 참여기업의 법인격이 달라 시내망과 초고속망 간 독점적 상호접속이 우려되기 때문에 제2 시내전화사업자 참여기업에 초고속망사업 승인 시 사업권의 범위, 내용 등을 명확히 하여야 한다.

나. 정보통신정책심의위원회에 문제점 제시

정부는 초고속망사업자 승인제도를 정보통신정책심의위원회에 상정하여 심의하였다. 이 회의에는 한국통신 부사장(이정욱)이 참석하여 초고속망사업자 승인제도가 시행되는 경우 사업구도, 사업성, 투자효율, 가입자망의 고도화 측면에서 다음과 같은 문제가 발생할 것으로 보는 한국통신의 의견을 강력히 제시하였다(1997. 6. 13).

첫째, 정보통신 사업구도에 혼란을 초래할 것이다. 현재도 많은 기간통신사업자가 허가되어 매체 간 경쟁이 이루어지고 있는 상태에서 사업법 개정으로 구내통신사업자까지 출현할 경우, 국내 통신시장이 무질서 해질 우려가 있다. 1997년 사업법 개정에 따라 별정통신사업를 도입한데다, 향후 케이블TV사업자에게 전화역무 제공을 허용하며, 초고속망사업자에게도 전화역무 제공을 허용하고 있다. 이처럼 통신시장에 다수의 사업자가 혼재된다면 제2 시내전화사업자를 선정하는 의미가 퇴색될 수밖에 없다. 또한 다수의 사업자가 통신망을 구축하게 되면 번호체계, 통신망 식별번호 부여, 통신망 간 접속 및 표준화 등 여러 가지 곤란한 문제가 발생한다.

둘째, 초고속망사업자 제도는 사업성이 없을 것으로 예상된다. 초고속통신역무 수요가 성숙되지 못하고 있고, 대상 사업구역 중 8개 공단, 2개 공항, 4개 항만 등 14개 지역만이 사업성이 있는 것으로 판단되고 있다. 이런 상황에서 이 사업을 대대적으로 확대 시행하는 것은 문제가 있다(통신시장 경쟁체제 활성화방안, 1996. 12, KISDI).

셋째, 고수익지역에만 집중투자로 정보화의 불균형을 초래할 것이다. 정보통신의 수해지역이 특정 지역에 집중될 경우 지역 간, 계층 간 정보화의 불균형이 일어날 우려가 있다. 그리고 초고속망사업자들은 사업성이 없는 지역은 투자를 회피하게 되고 결국 이를 한국통신이 투자를 떠맡게 되어 한국통신의 경영악화로 작용할 것이다.

넷째, 가입자망의 고도화 측면에서 보면 ADSL 등 장비기술의 발전으로 기존 동선 통신망에서도 멀티미디어 서비스 구현이 가능하고, 시내전화 경쟁으로 공항, 공단 등 통신량이 많은 구간의 고도화는 촉진될 것으로 예상된다. 특히 한국통신에서는 가입자망 고도화의 일환으로 1998년부터 ADSL을 일반가입자망에 적용할 예정이며, 또한 인터넷사용자를 대상으로 ISDN 보급을 확대하고 있다.

또한 특정 지역 초고속망사업자를 선정하는 경우 중복투자의 우려가 크다. 반면 초고속망사업자가 광케이블 등 고도의 통신망을 설치하지 않고 기존 통신사업자가 보유하고 있는 수준의 통신망을 건설하여 서비스를 제공할 경우 이 제도를 도입하는 취지에도 맞지 않다.

다섯째, 초고속망사업자, 구내통신사업자, 케이블TV사업자 등 유사한 사업자에게 전기통신사업법, 정보화촉진기본법, 종합유선방송법 등 별개의 제도를 적용하게 된다. 이는 통신과 방송이 융합하는 추세와 서비스 통합추세에 대응함에 있어 곤란한 상황에 부닥치게 될 것이다.

다. 초고속망사업자 승인제도의 시행연기 건의

앞에서 검토한 바와 같이 초고속망사업자의 승인제도는 여러 가지 면에서 문제가 있고, 시행하기에 적합하지 못하여 한국통신에서는 여건이 성숙될 때까지 이 제도의 연기를 건의하였다(1996. 10). 이어서 한국통신 부사장(이정욱)은 정보통신정책심의위원회에 참석하여 초고속망사업자 승인제도가 시행되는 경우 여러 가지 문제점이 발생할 것이라는 의견을 강력히 제시하였다(1997. 6. 13).

그러나 정부는 통신사업 경쟁이라는 단순 논리에 매몰되고, 비록 통신사업자들이 소규모이기는 하더라도 많은 숫자의 사업자를 거느리고 싶은 욕심에 빠져 초고속망사업자 승인제도의 시행을 발표하였다(1997. 7. 18). 이때 정부와 한국통신 간 실무협의에서도 한국통신은 사업자 승인의 시행을 보류할 것을 재차 요청하였다(1997. 8).

한편 정보통신부장관은 초고속망사업자 승인제도 관련회의를 개최하였다(1997. 9. 27). 이 회의에서는 초고속망사업자 승인제도 시행과 관련된 현안사항, 이 제도의 시행 시 한국통신 부담 최소화방안 등이 논의되었다. 여기에는 정보통신부 장관(강봉균), 차관(박성득), 관련 실국장, 한국통신 사장(이계철), 하나로통신 사장(신윤식)이 참석하였다.

그러나 얼마 지나지 않아 정보통신부 실무부서에서 이 제도의 시행에 대하여 의문을 제시하고 보류를 검토하기 시작하였으며, 정보통신부장관도 이 제도를 시행하는 경우 많은 문제점이 있다는 것을 인식하게 되어 보완할 것을 지시하였다. 이때 정부는 이미 발표된 정책이 보류될 경우 여론악화를 우려하고 있었으며, 반면 일부기업에서는 이 제도의 시행을 강력히 요청하는 상황이 벌어졌다(초고속망사업자 승인제도 관련동향, 1997. 10. 6, 한국통신 공정대책실).

당시 관련 기업의 동향을 보면 하나로통신 참여기업들이 참여를 희망하고 있었으며 SK 텔레콤은 부산, 현대는 울산, 대우는 인천지역에 참여를 원하고 있었다. 특히 현대는 울산지역 일대에 6,000억원 정도를 투자 중이라는 소문이 났었고, 대우는 이를 통신사업 참여기회로 보고 회장지시로 추진 예정이라고 하고 있었다. 그러나 삼성은 장비판매에 미칠 영향을 고려하여 참여에 부정적이었다.

라. 한국통신의 사업방안을 정부에 제시

1997년 하반기 한국통신은 특정 지역 초고속망 사업추진에 대한 추진방향을 정부에 제시하고 다음과 같이 대응하기로 하였다(특정지역 초고속망 사업추진계획 변경, 1997. 10, 한국통신 네트워크본부 통신망기획국).

첫째, 특정 지역 초고속망사업자 승인제도 시행을 보류할 것을 지속적으로 건의한다. 더구나 초고속망사업자에게 시내전화역무까지 허용한다면 이들이 015 무선호출사업자와 같이 연합할 경우 제3의 시내전화사업자가 출현하게 되는 상황이 된다. 또한 1998년 이후 통신시장이 개방되면 사업기반이 허약한 신규 초고속통신사업자가 영업력과 기술력을 가진 선진 통신사업자에게 인수 합병될 가능성이 크다.

둘째, 한국통신은 2000년까지 229개 지역 중 82개 지역에 초고속통신서비스를 제공할 예정이다. 따라서 한국통신과 하나로통신이 특정 지역 중 초고속망사업을 시행할 의지가 없는 지역에 대한 판단이 가능한 2000년 이후에 신규 초고속망사업자를 선정하는 것이 바람직하다.

셋째, 만약 1997년에 초고속망사업자를 허용 시행할 때는 기술적 요건으로 가입자망이 상향 64Kbps, 하향 2Mbps 이상으로 되어 있는 것을 상하향 2Mbps 이상으로 조정하여야 한다. 이는 기술의 발전으로 기존통신망의 능력이 수Mbps급까지 업그레이드 가능한 형태로 전환되고 있기 때문이다.

따라서 이번 초고속망 사업에 참여하는 신규 통신사업자들을 해당지역에 기본적으로 2Mbps 이상의 서비스를 제공하도록 통신망을 건설하는 것이 이 사업에 민간을 참여시키는 본래의 취지와 부합된다고 할 것이다. 2000년까지 한국통신이 이런 수준의 서비스제공이 가능한 도시를 보면 서울, 대구, 부산, 광주, 대전, 수원, 인천, 전주, 마산, 구미, 안동, 진주, 울산, 목포, 순천, 원주, 춘천, 강릉, 청주, 충주, 천안, 제주, 홍성, 포항, 의정부, 분당, 하남, 평촌, 일산 등 29개 도시에 이른다.

12.7 그동안의 사업실적평가 및 전망

가. 특정지역 초고속망사업 추진실적

정부는 공단, 항만 등 대형국책사업(SOC) 및 지방자치단체의 지역권 개발사업과 연계한 초고속정보통신 기반구축사업을 추진하였다. 이를 위한 사업주관기관은 정보통신부이고, 정부는 1단계 사업전담기관으로 한국통신을 선정하였다(1994. 12).

1단계(1995년-1997년)에서는 대상사업의 타당성 조사 및 기본설계를 실시하였으며, 수행결과는 해당지역 개발과제에 반영하거나 타 지역 개발사업에 모델로 활용하였다. 이를 위한 소요예산은 25억 원으로서 정부가 부담하였다. 이때 타당성 조사는 부산광역시, 광주광역시 등 지방자치단체를 대상으로 한국통신기술(KTI)이 실시하였다. 그리고 고속전철, 역세권 및 서해안 개발사업을 대상으로는 KISDI가 실시하였다. 이를 위한 소요예산 3.6억 원은 정부지원금으로 충당하였다.

또한 2차년도(1996. 11-1997. 10)에는 타당성 조사결과를 구체화할 예정이다. 이를 위해 한국통신기술(KTI)은 평택지역, 광주첨단과학산업단지를 대상으로 기본설계를 실시하고, 기존 SOC의 효율화 적용방안을 조사연구하게 하였다. 그리고 초고속정보통신기반하의 통신구, 관로 표준화는 한국통신 연구소가 수행하는 것으로 추진되었다. 이와 같은 2단계 과제를 위한 소요예산 7억5천만 원은 정부지원금으로 충당할 계획이다.

이어서 2단계(1998년-2002년)에서는 초고속기반을 구축하고 서비스를 제공할 계획이며, 이를 위한 소요예산은 500억 원으로서 통신사업자가 부담하여 독자적으로 추진하게 되었다.

나. 특정지역 초고속망사업의 중단

한국통신은 1992년부터 초고속통신 관련 장비를 개발하고 초고속국가통신망, 선도시험망, 정보화시범지역사업 등 초고속통신사업에 막대한 재원을 투자하여 우리나라 초고속정보통신 기반을 확보하고, 사업화를 위한 제반 기술적 시험 및 검증을 추진하여 왔다. 이러한 선행적 투자는 향후 사업화를 전제로 추진되어 왔으나, 당시 국가적 경제위기 등으로 인한 경영수지의 악화로 신규투자재원 확보가 어려워 전화 등 기본통신서비스 마저도 적체가 예상됨에 따라 기본통신서비스를 제외한 초고속통신사업, 통신망 고도화사업 등 기타사업은 대폭적인 축소나 보류가 불가피한 상황이었다.

그리고 당시 추진 중인 정보화시범지역사업 등과 같은 수익성이 없는 시범성격의 사업은 1998년 내에 종료할 예정이었다. 또한 산업단지나 공업단지의 경우 단지 내의 공단기반조성 및 입주실적이 부진한 경우 수익성이 없을 것으로 판단되어 사업추진이 곤란하게 되었다. 따라서 통신사업자의 자체재원으로 추진키로 되어 있는 특정지역 초고속망 시범사업부터 추진할 수 없게 되었다.

결국 이 특정지역 초고속망사업도 초고속국가통신망 건설사업과 같은 운명에 처하여 중간에 흐지부지되는 비운을 맞이하였다. 이러한 국가전반적인 상황전개에 따라 이후 이들 특정지역의 초고속통신망 구축 및 초고속정보통신 서비스 제공도 초고속국가통신망의 경우와 마찬가지로 고스란히 한국통신이 책임지고 마무리하게 되었다.

13. 국제 초고속정보통신망의 구축시동

13.1 초기 국제 초고속통신망 운영상황

가. 미국, 유럽 및 아시아

1990년 중반 한국통신은 미국, 유럽, 아시아 선진국들의 고속통신망 구축상황을 조사하였다. 당시 미국은 AT&T, MCI, Sprint를 중심으로 글로벌 인터넷 네트워크를 구성 중이었고, 미국 국립과학재단은 트래픽 수용을 위해 155Mbps급의 미국- 유럽, 미국- 아시아를 연결하는 링크 구축을 준비 중이었다. 이를 위해 3개 노드를 구축하고 여기에 매년 150만 달러씩 2년-3년간 총 450만 달러를 투자할 예정으로 추진하고 있었다.

유럽은 꾸준히 증가하는 인터넷 트래픽 수용을 위한 Europanet, EBone 등 백본망을 보유하고 있었으며, 유럽 국가를 연결하는 R&D망으로 TEN-34 프로젝트를 추진 중이었다. 그리고 유럽과 북미 간에 155Mbps급 시험망인 Teleglobe의 CANTAT-3 프로젝트를 운영하고 있었다. 또한 아시아의 경우 일본, 싱가폴, 홍콩, 대만, 호주 등의 나라를 중심으로 ABone, STIX 등 국내 및 국제시험망을 운영하고 있었다.

나. 한국통신의 구상

이때 우리나라 인터넷망은 대부분 64Kbps-2Mbps급까지의 속도로 미국을 중심으로 개별적으로 접속 운영되고 있었다. 이러한 상황에서 한국통신은 한국을 중심으로 아태지역 초고속정보통신망을 구축 운용하는 청사진을 그리고 있었다. 이를 통해 정보통신분야의 주도권을 확보하고 응용서비스 개발을 통해 글로벌 초고속 정보화사회의 실현에 중추적 역할을 담당해 나가려고 시도하였다. 이 계획의 추진배경 및 경위는 다음과 같다.

첫째, 아시아 국가별 초고속정보통신망이 일본, 미국을 중심으로 접속되어 있으므로 한국을 중심으로 한 아시아지역의 고속 백본망을 구축한다. 그리고 세계화 및 무한경쟁시대에 능동적으로 대비하고 향후 국가발전의 원동력이 되는 정보통신서비스 수요를 효율적으로 처리하기 위한 초고속정보통신망을 구축한다. 또한 이를 통해 1994년 인도네시아 보고로에서 제안한 APEC 정보인프라를 구축토록 한다.

둘째, 1996년 일본에서 개최된 APEC 심포지엄이 개최되었으며 이 회의에는 호주, 캐나다, 일본, 한국, 싱가폴, 태국, 미국이 참석하였다(1996. 3. 28). 이 회의에서 KAIST의 전길남 교수는 아태지역 통신망고도화를 위한 컨소시엄 구성을 제의하였다. 이에 따라 초고속정보통신구축기획단 주관으로 APII 구축 관련회의가 개최되었다(1996. 4. 19).

셋째, G7 정보화사회 파일럿 프로젝트 참여를 추진하였다. 서방 선진7개국이 추진중인 G7의 11개 파일럿 프로젝트 중 광대역망 구축을 위한 글로벌 상호연동성(GIBN: Global Interoperability for Broadband Network) 시험에의 참여를 추진하였다(통산산업부, 정보통신부).

이러한 국제적 흐름에 맞추어 한국통신은 글로벌 초고속정보통신망 구축을 위한 기본방침을 다음과 같이 정하여 추진하였다(글로벌 초고속정보통신망 구축 기본계획, 1996. 5, 한국통신).

첫째, 한국이 허브중심이 되는 아태지역 초고속통신망을 구축하고, 이를 통하여 응용서비스 제공에 주도적 역할을 수행한다. 미국, 일본, 캐나다, 유럽 등 통신선진국과는 상호호혜원칙에 의한 통신망을 구축하고 운영한다. 이때 통신망구축 비용은 종단국가 간 1/2씩 분담하는 것을 원칙으로 하고, 통신 저개발국가와의 통신망 구축에는 한국이 일정부분 이상을 부담토록 하며, 이를 위하여 글로벌 컨소시엄 구성방안을 검토한다. 한편 태국, 말레이시아, 홍콩 등의 통신후진국에게는 한국이 리더로서 주도적 역할을 수행하고, 사업의 시급성을 고려하여 위성통신망 이용을 검토한다.

둘째, 아태지역 초고속망(APAN; Asia Pacific Advanced Network)의 활용도를 극대화한다. 초기에는 정부와 통신사업자가 일정지분의 비율로 투자하여 구축하고 점차 민간참여를 확대한다. 그리고 APII, G7의 GIBN 등의 타 글로벌 통신망 구축계획과 연계 추진한다. 또한 상용 및 비상용 혼용방법으로 추진하고 초기에는 비상용 시험을 기본용도로 시행한 후 단계적으로 상용화 한다.

셋째, G7 글로벌 광대역 프로젝트에 참여한다. G7 정보사회 파일럿 프로젝트 11개 중에서 GIBN 참여를 통하여 G7 국가와의 초고속통신망 구축을 추진한다. 앞으로 G7 국가와의 상용 초고속통신망 서비스를 고려하여 단계적으로 추진한다. 그리고 초고속통신망 서비스의 관리, 통신망운용 및 제어 등 통신사업자가 담당해야 할 핵심 통신망 운용제어기술을 적기에 확보토록 한다.

13.2 한일 간 초고속통신망의 추진

가. 추진경위

1990년대 중반 우리나라는 아시아지역의 백본망은 없고 미국과 연결하는 개별망 만을 운용하고 있었다. 이때 정부는 한일 간 초고속통신망 협력방안회의를 체신부 통신정책심의관실에서 개최하였다(1994. 4. 13). 이 회의에는 체신부 이인표 국장, 박창환 과장, 한국통신 통신망계획2국장 안승춘, 통신정책개발원의 오성규 박사, ETRI의 하원규, 김성규, 한국전산원의 서삼영 박사가 참석하였다.

이 회의에서 일본 측 협력사항으로서 관서 학연도시 프로젝트에 한국기업의 참여방안, 케이블TV를 통한 원격교육, 의료 등 실험사업, 위성통신관련 일본전기통신총합연구소와 ETRI의 공동연구, 한국의 지역개발 프로젝트에 일본기업의 참여방안, B-ISDN 표준화 관련 공동연구 등의 의제가 다루어졌다.

또한 한국 측 협력과제로는 한국정부, 기업체 합동일본방문단, 한일 간 상호협력을 유도할 수 있는 정례회담, 한일 간 기술협력, 초고속 선도시험망의 상호접속 및 연동, 초고속정보통신망의 국제표준화사업 추진 등의 의제가 논의되었다. 그 후 이 사업은 ATM응용기술 발전에 따라 단계적으로 통신망을 구축하고, 이미 확보된 HJK케이블(45Mbps)을 활용하는 방안으로 정하였는데 이에 따른 추진경위는 다음과 같다.

① 한국통신과 KDD 간 ATM 기술확인시험 추진협정서를 서명한 후 국제 ATM 서비스 연동을 위한 시험환경을 구축하였다(1995. 8). 이에 따라 제1단계에서는 ATM 계층별 성능시험, 제2단계에서는 광대역서비스를 위한 응용계층 성능시험을 실시하는 등 한국통신과 KDD 간 연동시험을 실시하였다(1995. 11-1996. 6). ② 한국통신과 KDD 간 ATM상용서비스를 전제로 3단계시험을 상용서비스와 연계하여 시행하였다(1996. 11).

나. 상용 ATM망의 구축 추진

그 후 한국-일본 간 ATM통신망 구축논의가 계속되었다. 1997년 중반 한국통신과 일본 KDD 간 고위급회의에서 한국통신과 KDD 간 ATM 상용서비스망을 구축하여 1998년초에 상용서비스를 제공하기로 합의하였다(1997년 6월). 이어서 상용ATM망을 구축하기 위한 실무회의가 2차(1997. 6-7)에 걸쳐 개최되었으며, 이때 일본 KDD 측은 1998년초에 서비스를 개시하기를 강력히 요구하였다. 이에 따라 한국통신은 제10차 통신망기획심의위원회를 개최하여 이 사업을 심의 의결하였으며, ATM장비는 이미 도입된 장비를 활용하는 것으로 정하였다(1997. 9).

이를 바탕으로 한국통신은 아태지역의 초고속정보통신망의 구축을 지원하고, 한국통신과 KDD 간 국제 ATM연동시험결과를 바탕으로 상용서비스를 추진하는 방안의 한·일 간 국제 초고속망구축계획을 수립하였다(한일 간 국제 초고속망구축계획, 1997. 9. 3, 네트워크본부 국제통신계획국). 이어서 한국통신-KDD 간 ATM 상용서비스망 구축을 위한 기본계획을 수립하였다(1997. 10). 이 계획에서는 연구용장비(BPX-Ⅱ)를 우선 활용하고, 국산개발교환기 기능이 충족되는 1998년 3/4분기에 절체하는 것으로 정하였다.

당시 일본 KDD 측과 시스템의 주요기능에 대한 규격을 합의하였다. 이때 셀 처리용량은 9.8Gbps 이상, 인터페이스는 DS1-E/ DS-3/ STM-1급으로 하고, 서비스특징은 CBR/VBR-nrt PVC(비실시간 고정/가변회선속도)로 정하였다. 그리고 시스템은 회선품질관리, 통신망관리, 트래픽관리, 과금자료 저장분석 및 다양한 멀티미디어 서비스 제공 기능이 있어야하고, 신호방식 표준규격은 ITU-T 및 ATM포럼 규격에 호환되어야 하는 것으로 정하였다.

이때 이 통신망에 수용될 대상가입자를 그룹별로 나누어 제공서비스, 소요대역폭 등 예상수요를 확인하여 보면 다음과 같다.

① 서울대-일본국립암센터 간은 2Mbps, 천문대-일본CRL 간은 2Mbps, KAIST-일본CRL 간은 2Mbps, 한국통신 멀티미디어연구소-KDD연구소 등 11개 가입자에게는 2- 25Mbps의 대역폭을 제공한다. 여기에서 CRL(Communication Research Lab)은 일본 우정성 연구소를 말한다. 이 대상가입자 그룹은 APII 참여기관으로서 이들에게는 CBR/ VBR-nrt PVC 서비스를 제공한다.

② 서울대-미국 스탠포드대, 연세대-미국 스탠포드, 한양대-일본 GITI연구소 등 14개 가입자 등 이들 구간에는 5-45Mbps의 대역폭으로 CBR/VBR-nrt PVC 서비스를 제공한다. 이 대상가입자 그룹은 APAN 참여기관으로 ATM 소요기술연구 및 관련 연구소 간 ATM 프로젝트를 수행하고 있다.

③ IP기반의 사내 LAN/ WAN 환경기반을 구축하여 부가통신사업을 하고 있는 기존 국제전용 및 FR회선을 가입한 기업고객 일부에게는 CBR/VBR-nrt PVC 서비스를 제공한다. 이때 이들에게 제공할 소요대역폭은 미정이다.

이외에도 국산개발교환기의 기능검토가 필요하였다. 우선 VBR-nrt/PVC 기능을 보면 QoS 등급분류를 위한 버퍼가 없으므로 제공이 불가능한 상태이고, ATM 포럼의 UNI 3.1에 의한 DS-1/DS-3/STM-1 접속기능도 불가능하였다. 이들 기능은 1998년 7월 이후에 제공이 가능할 것으로 확인되었다. 이러한 상황으로 인하여 한일 간 ATM 상용통신망 운용개시에 있어 한국 측은 당면과제를 조속히 해결해야만 하였다. 다시 말해 KDD 측과 합의한 제1단계(1998년 3월)에는 VBR-nrt/PVC 서비스가 포함되어 있으나 당시 국산개발교환기로는 수용이 불가하였다. 또한 KDD 측은 수용가입자인 일본 우정성 연구소가 VBR-nrt/PVC 서비스를 요구하고 있어 수용이 곤란한 입장이었다.

다. 한일 간 ATM 시험망의 개통

이러한 상황에서 한국통신은 통신망연구소가 보유 중인 연구시험용 장비인 BPX-Ⅱ를 우선 활용하고, 국산개발 ATM교환기에 VBR기능이 개발되면 대체하는 것으로 계획을 조정하였다. 이에 따라 장비설치(1997. 11. 19-12. 7), ATM 교환기 간 시험(1997. 12. 8-12. 21), 가입자 간 시험(1997. 12. 22-1998. 1. 31), 시범운용(1998. 2. 1-2. 28)을 거쳐 1998년 3월 1일에 개통하는 일정으로 추진하였다. 이와 같은 추진일정에 따라 한국통신은 한국(KT)-일본(KDD)간 45Mbps급 ATM교환기를 이용한 시험망을 구성 운영하였다.

이때 한국 측은 서울 혜화전화국과 대전번호안내국에 ATM교환기를 설치하여 한국통신(1), KAIST(4), 서울대(1), 연세대(1), 충남대(1), 전파연구소(1), 한국천문대(1)의 이용자를 155Mbps로 접속하였다. 이를 서울 광화문전화국에 설치된 ATM국제교환기로 연결하였다. 이 통신망의 구축을 위해 1997년 11월부터 1998년 2월까지 물자를 확보하여 한국 측 시설은 한국통신 국제통신망운용국(서울)에 설치하였고, 일본 측은 KDD 오떼마치 국제통신센터(동경)에 설치하여 1998년 3월에 개통하였다.

시설로는 10Gbps 용량의 ATM교환시설(BPX-Ⅱ), 라우터시설(CISCO 7500) 2식, 통신망관리시설 1식 등을 설치하였으며, 이때 소요예산은 ATM시설 3억3천만원, 해저케이블 47억5천만 원 등 총 50억8천만 원이 투자되었다. 한편 일본 측은 동경 KDD본사에 ATM교환기를 설치하여 KDD(2), NTT(1), CRL (5), 암센터(1), AICHI 의대(1)의 이용자를 45Mbps로 접속하였다. 이를 동경 KDD본사에 설치된 ATM국제교환기로 연결하였다. 그리고 한국 측 서울 ATM국제교환기와 일본 측 동경 ATM국제교환기 간은 HJK해저케이블(45Mbps)로 상호 연결 구성하였다.

당일 한국통신과 KDD는 한·일 간 초고속국제통신망의 개통행사를 가졌다. 한국 측행사는 국제통신운용국에서 시행하였으며 이 행사에는 한국통신 부사장(이정욱), 마케팅본부장(우승술), 기업영업단장(강병태), 통신망관리단장(이상일), 통신망연구소장(이상훈) 및 직원, KDD 서울사무소장 등 38명이 참석하였다. 이 자리에서 한국 측의 부사장, KDD 서울사무소장, 일본 측은 KDD 부사장, 한국통신 동경사무소장(문행규)이 마주보면서 한일 간 화상회의를 시행하였다.

한국통신은 이 통신망을 구축함으로서 개방과 경쟁 환경에 대비하고 국제멀티미디어 시장을 선점하는 효과를 거두었다. 또한 동남아 초고속정보통신망의 허브를 구축하는 시발점이 된다는 의미를 가지게 되어 대내외적으로 한국통신의 위상을 높이고 이미지를 개선하는 성과도 가져왔다. 또한 이를 통하여 향후 정보통신시대를 대비한 백본망을 구축하고 통신기술 발전추세에 부합하는 네트워크를 건설하는 목표를 실현할 수 있었다.

13.3 한국통신의 구축방안

가. 글로벌 초고속정보통신망의 구축 추진

한국통신은 아시아태평양 지역 국가들이 한국을 허브중심으로 하여 해저케이블과 위성으로 연결하는 초고속정보통신망을 구축 운영하는 방안을 구상하였다. 그 주요내용은 다음과 같다(글로벌 초고속정보통신망 구축 기본계획, 1996. 5, 한국통신).

첫째, 아시아지역의 원활한 정보유통증진을 위해 아시아 국가 간을 연결하는 효율적인 초고속정보통신망을 구축한다. 이를 위해 회원국 간에 다수의 허브를 설치하고, 각국의 정보통신서비스 수요 및 트래픽 특성을 고려하여 45Mbps-2Mbps급의 백본망을 구축한다. 그리고 통신후진국의 적극적인 참여를 위해 통신망 구축관련 재원 및 기술을 우선 제공한다.

둘째, 아시아와 북미 간을 연결하는 태평양 브리지를 구축한다. 이를 위해 45 Mbps-2.5Gbps급의 아시아 허브와 북미 간에 브리지를 설치하고, 한국-미국을 연결하는 해저케이블루트를 확보 추진한다. 그리고 다단계 접속에 따른 복잡성, 과다 예산소요 및 사업의 시급성 등을 고려하여 위성을 이용한 통신망 구축방안도 강구한다.

셋째, 아시아와 유럽 간을 연결하는 유럽 브리지를 구축한다. 이를 위해 1.5Mbps-45Mbps급의 아시아 허브와 유럽 허브 간 브리지를 설치하고, 한국-유럽을 연결하는 해저케이블 루트를 확보토록 한다.

나. 운영방안 및 운영체계

당시 한국통신은 아태지역 국제초고속통신망의 운영을 위하여 국내외 컨소시엄을구성하고, 세제 및 금융지원으로 이를 활성화하는 등 운영방안을 수립하였다. 그 주요내용은 다음과 같다(글로벌 초고속정보통신망 구축 기본계획, 1996. 5, 한국통신).

첫째, 국내외 컨소시엄을 구성하여 APAN을 운영한다. 이를 위해 적극적인 참여회원국의 허브를 중심으로 국제적 교류를 확대한다. 이때 적극적인 참여유도를 위해 일반인터넷, 실시간 영상서비스 및 시험용 트래픽을 우선 수용하고, 단계적으로 다양한 응용서비스를 제공하는 형태로 국외 컨소시엄을 구성한다. 시험용 해저케이블 종단구간의 회원국 간에는 사안에 따라 1/2씩 소요비용을 분담토록 한다.

둘째, 국제회의 및 세미나를 통한 정보교류를 확대한다. 협력국과 통신망 구축 관련 국제회의 및 세미나를 공동 개최하거나 교환 개최하며, 회원국 간 각종 세미나에 상호공동으로 참여할 수 있는 여건을 조성한다. 그리고 회원국 간 인적교류를 확대하고, 이를 위하여 회원국 간 연구소, 산업체 등의 인력교류 프로그램을 수립 시행한다. 또한 민간 또는 연구기관 간 기술정보 교류창구를 구축한다. 업무협력을 위한 양해각서의 교환 등을 통하여 유사기관 간 협력을 유도하고, 정보교환 및 공동사업기회도 확대한다.

셋째, 초고속정보통신 설비투자에 대한 세제 및 금융지원 등을 통하여 국내 컨소시엄을 구성하고 활성화시킨다. 국내 컨소시엄은 국내 기간통신사업자를 중심으로 구성하고, 참여사업자 간 투자재원은 참여비율에 따라 상호 분담한다. 그리고 조세감면규제법령에 정보화투자에 대한 조세특례제도를 신설하고 세제혜택을 위해 관련법령을 개정토록 한다. 또한 통신 관련 등의 공공기금에 의한 장기저리융자를 제공토록 하고, 모험자본(Venture Capital)을 적극 육성하며 제공조건을 완화한다.

넷째, G7의 GIBN을 위한 시험망을 구축 운영한다. GIBN 프로젝트 주관국가인 캐나다, 일본, 독일, 영국의 초고속 시험망과 한국통신 시험망 간 접속을 협의하고 단계별 시험을 추진한다. 그리고 GIBN용 해저케이블은 APAN과 공동으로 구축하고 별도의 논리적인 통신망 구성이 될 수 있도록 검토한다. 또한 GIBN 시험국가 간 워킹그룹 참여를 활성화하고, G7의 GIBN 회원국 간 시험관련 연구인력의 교류를 통한 초고속통신망의 운용, 제어기술을 적기에 확보한다.

다섯째, 원활한 초고속통신망 구축 및 운영을 위해 회원국가 별로 주관기관 및 전담기관을 선정 운영토록 한다. 주관기관은 APAN 관련 장기계획 및 활성화계획을 수립하고, 통신망 구축을 위한 전반적인 국제협력을 지원한다. 이 일은 정부주도기관이 맡는다. 그리고 전담기관은 APAN 구축 및 운용관련 세부추진계획을 수립하고, 통신망구축 관련 기술기준 및 이용자 접속규격을 작성한다. 이 분야 책임자는 통신사업자가 된다.

13.4 정부의 추진계획

가. APII(Asia Pacific Information Infrastructure)

앞에서 살펴본 바와 같이 아태지역 국제 초고속통신망 관련 프로젝트로는 APII와 APAN이 추진되고 있었다. APEC 통신·정보산업장관회의에서 한국이 APII를 제청하였다(1995. 5). 이후 한일 통신장관회담 시 우선 한일 간 APII 추진을 합의하였으며, 이 사업은 정부(정보통신부)가 주관하고 한국통신이 전담하기로 하였다.

이 프로젝트는 ATM의 성능을 측정하고, 멀티캐스트 백본 시스템을 개발하며, 고성능 네트워크에서 Cache 시스템을 개발하는 등 ATM 상에서 차세대기술을 구현하는 내용이었다. 그리고 가상현실회의, 암센터의 공동연구 등 응용서비스를 개발하고자 하였다. 초기 APII를 위한 실험은 몇 개 대학 중심으로 추진되었으며, 실험기관과 스케쥴을 보면 <표 5-31>과 같다.

나. APAN(Asia Pacific Advanced Network)

1990년대 중반 아시아 국가별 초고속정보통신망이 일본-미국을 중심으로 접속되어 있는 상황에서 한국은 아시아지역의 통신망 중심지역으로 부상하기 위한 노력을 시도하였다. 한편 미국, 유럽 등에서 기존 인터넷의 품질, 보안, 통신망 관리 등의 미비점을 보완하고 차세대인터넷 연구를 위하여 아시아지역의 국제컨소시엄 구성을 제의하였다(1996. 3).

이때 국가발전의 원동력이 되는 정보통신서비스 수요를 효율적으로 처리하기 위해 1994년 인도네시아 보고르에서 개최된 APEC 정상회담에서 당시 김영삼 대통령은 APEC 정보인프라(APII)의 구축을 제의하였다. 이에 따라 정부에서는 이 정보인프라의 실현방안의 하나로 APAN의 구축을 제안하였다. 이후 일본에서 개최된 APEC 심포지엄에서 정보통신부 초고속기획단(대표참석자 KAIST 전길남 교수)은 아태지역 통신망 고도화를 위한 컨소시엄 구성을 제의하였다(1996. 3. 28).

이어서 일본 동경에서 아태 초고속통신망(APAN) 구축을 위한 컨소시엄 구성회의가 열렸다(1996. 5. 34-5. 24). 이 회의에는 한국 측에서 한국통신, 정보통신부 초고속기획단, 한국전산원, 데이콤, 전길남 교수 등 7명이 참석하였다. 그리고 일본 측은 KDD, 우정성, 통산성, 과기청, 문부성의 관계자 등 10명과 호주대사관 주재원 1명이 참석하였다.

당시 정부(정보통신부)는 APEC 정상회담에서의 대통령 제의에 대한 실현방안의 하나로 APAN 구축을 추진하고자 하였다. 이를 위해 최소 45Mbps급 이상으로 한국을 중심으로 일본, 미국, 중국, 캐나다(유럽)을 잇는 글로벌통신망을 구축하며, 이 통신망은 통신사업자가 구축하고 활용방안은 추후 연구한다는 입장이었다. 그리고 당시 한국대표 전길남 교수는 APAN을 구축하여 우선 학술망(인터넷)으로 활용하면서 상용화를 추진하는 방안을 제안하였다.

<표 5-31> APII 실험기관 및 실험스케쥴

실험명	한국	일본	실험기간	실험내용
성능측정	KAIST 신병철	CRL	1998년 1/4분기 9개월	ATM 트래픽 측정 시스템 개발
Mbone	KT, KAIST 전길남	KDD	1998년 1/4분기 2년	고성능 멀티캐스트 백본시스템 개발
Caching	KT, KAIST 전길남	NTT	1998년 1/4분기 2년	고성능 네트워크에서 Cache 시스템 개발
RSVP	충남대 김대영	CRL	1998년 2/4분기 3개월	멀티미디어 응용을 위한 RSVP 설정
가상현실회의	KAIST 원광연	CRL	1998년 2/4분기 9일	분산가상현실시스템 기초로한 회의진행
성능측정	한국통신	KDD	1998년 2/4분기 1년	ATM망의 효율과 QoS 관련측정실험
암센터 공동연구	서울대 박재갑	암센터	1998년 2/4분기 12개월	원격진료와 원격회의 시스템 구축
척추수술관련 원격회의	연세대 유선국	Aichi 의대	1998년 3/4분기 12개월	X-Ray, CT, MR 영상 이미지전송, 원격회의
전리층 자료 교환	RRL 표유선	CRL	1998년 4/4분기 3일	전리층의 전파확산과 관련자료교환
실시간 VLBI	KAO 민영철	CRL	1998년 4/4분기 3일	VLBI에 관련된 천문학적 실험

13.5 APII 테스트베드 추진

가. APII를 위한 테스트베드 및 협력센터

1995년 7월 서울에서 개최된 테스트베드 포럼에서 국제적 선도시험망 구축에 관한 관심이 표명되었으며, 이때 APII 테스트베드를 통한 아태 회원국 간 원격영상회의가 제안되었다. APII에 대한 관심이 높아지자 정부는 이를 통하여 기술 및 서비스 개발의 파급효과를 극대화하고, 글로벌 경쟁체제에 돌입하고 있는 통신업계 기술전략의 하나로 추진하는 것으로 하였다. 이에 따라 우리나라는 국책 프로젝트로 추진되고 있는 HAN/B-ISDN 및 ATM 연구개발과제, 국내 선도시험망사업과 연계하여 구축 운용하는 쪽으로 가닥을 잡아가고 있었다. 한편 일본은 1996년 3월 G7국가와의 연동을 포함한 상호접속과 상호연동을 위한 APII 테스트베드 프로젝트 실행방안을 제안하고, 한국과 한일 공동 초고속위성실험을 제안하였다.

이때 우리정부는 APII 테스트베드의 필요성과 추진방향을 다음과 같이 제시하였다(한일 APII 테스트베드 추진 기본계획, 1996. 11. 11, 정보통신부장관).

첫째, APII 테스트베드의 상호접속성, 상호운용성과 그 활용방안을 사전에 실험하고 검증할 수 있는 한일 간 기반을 구축한다. 이에 따라 APII 구축을 조기에 가시화하고 관련 기반기술을 개발하며 표준화를 추진한다.

둘째, 통신망구조의 고도화, 정보통신서비스 시장을 확대하고 지역 내 경쟁력을 높이는데 기여한다.

셋째, 아태지역의 지속적인 경제성장을 위한 기반이 될 정보통신기반구축에 기여한다. 이를 통하여 원격화상회의, 원격의료 등 APII의 국제적 응용서비스분야에 대한 공동 연구개발을 수행한다.

또한 1996년 6월 서울에서 개최된 APII 테스트베드 포럼에서 정부(정보통신부)는 아태지역의 국제 초고속선도시험망(APII Test-bed)의 구축과 운영에 관한 전반적인 업무를 총괄적으로 수행하기 위한 APII 협력센터(APII Cooperation Center) 설립을 제안하였다. 이때 이 협력센터는 궁극적으로 APII 구축을 위한 사무국 기능 및 기술협력 수행을 목표로 하였으며, 정보통신부는 이 협력센터를 통한 수행사항으로 다음과 같은 5대 협력분야를 제시하였다.

① 기술분야는 공동연구 및 기술이전 등의 기술협력과 국제표준 설정을 추진한다.

② 통신망구축분야는 정보통신기반의 고도화, 통신망 서비스 및 응용을 위한 국내시장 및 세계시장의 개발, 행정정보통신망의 시범사업, 공동시범사업, 상호접속 및 연동증진을 수행한다.

③ 정보 및 응용서비스 분야에서는 전자데이터거래(EDI)의 장려, 데이터베이스의 공동개발, 선도시험망의 상호접속 및 정보공유, 사회에서 또는 일상생활 속에서 정보사회를 보

여줄 수 있는 분야, 전자적 수단을 통해 정부의 공공정보가 보다 널리 이용될 수 있도록 하기 위한 선도적 사업을 시행한다.

④ 인력자원개발 분야에서는 교육 및 훈련 프로그램을 개발하고, 인력자원을 교류한다.

⑤ 정책 및 규제분야는 개발도상 경제체제와 선진경제체제 간의 정보통신기반에 대한 정책토의, 자유화를 촉진하기 위한 정책 및 규제방안, 시장접근에 대한 기술적 및 행정적 장벽의 제거, 중소기업의 참여를 장려하기 위한 방안 등을 추진한다.

이에 따라 APII 기술센터 내에 테스트베드 구축과 응용서비스 실험을 담당할 테스트베드 센터를 1996년말 설립예정으로 추진하였다. 이러한 상황에서 제1차 한일 통신장관회담이 일본 동경에서 개최되었다(1996. 8. 28). 이 회담에서 한일 양국은 APII를 공동협력하기로 합의하였는데, 양국 간 협력사항은 다음과 같다.

① ATM 기술을 이용한 광대역통신망 상호접속 및 광대역 응용서비스 상호연동 실험을 시행한다. 이를 위하여 인터넷을 이용한 각종 응용서비스를 실험하고, 협대역 ISDN을 이용한 멀티미디어 응용서비스를 실험한다. ② 이를 위해 양국 간 테스트베드 구축을 위한 실무반을 구성 교류하고, 여기에서 상호 접속하는 테스트베드를 선정하며 공동연구개발 시험항목을 선정한다. ③ 광대역 국제회선을 확보하고, 통신망 간 상호접속성, 응용서비스 상호연동성에 관하여 개발하고 실험한다.

나. 우리정부의 추진계획

양국 간 공동협력합의에 따라 한국 정보통신부는 일본 우정성과 한일 실무반회의를 추진하였다. 정부는 이를 위하여 한일 간 APII 테스트베드 추진 기본계획을 마련하여 한국통신과 전자통신연구소로 통보하였다(한일 간 APII 테스트베드 추진기본계획 통보, 1996. 11. 11, 정보통신부장관). 이때 통보된 내용은 다음과 같다.

① 이 프로젝트의 일관되고 효율적인 추진을 위해 전담기관인 한국통신은 기본계획에 기초한 세부추진계획을 수립하고, 지원기관인 전자통신연구소는 한일 간 테스트베드를 이용한 공동연구개발 기술과제를 선정하고 시험계획을 세워 정보통신부로 11월 18일까지 통보한다. 이 프로젝트의 주관기관은 정보통신부(정보화기획실)이고, 정부는 한일 테스트베드 구축 기본계획을 수립하고, 한일 테스트베드의 원활한 이용체계를 구축하며, 일본과의 협조체제를 구축한다.

② 본 프로젝트의 전담기관은 한국통신(네트워크본부)이 된다. 한국통신은 한일 테스트베드 세부추진계획을 수립하고, 한일 테스트베드 통신망을 구성 운영하며, 한일 테스트베드 이용자를 관리한다. 그리고 한일 테스트베드 운용 소위원회를 구성 운영하고, 관련 통신망의 운용제어 기술기준 및 표준화를 연구한다. 또한 전담기관은 기술개발을 체계화하기 위해 개발사업관리지원팀, 통신망 구축 및 실험팀, 응용서비스개발팀, 핵심요소기술개발팀,

표준화연구팀 등 이용자가 참여하는 5개팀을 구성 운영하는 방안을 추진한다.

③ 이 프로젝트의 지원기관은 전자통신연구소(컴퓨터연구단)로 지정하고, ETRI는 APII 테스트베드를 이용한 화상회의 및 공동작업 프로젝트 등 테스트베드 상에서의 한일 공동연구기술 개발과제를 발굴하고 수행한다. 또한 소요 기초기반기술, 핵심부품기술을 개발 연구하고, 기술기준 및 표준화를 연구한다.

④ 국내 선로시험망사업 및 광대역시험망 이용기관 중에서 희망기관을 대상으로 이용자 그룹을 구성하고, 여기에서는 한일 테스트베드 관련 과제를 개발하고 시험하며, 이용자 구내시설을 정비토록 한다.

⑤ 한일 테스트베드 운용 소위원회를 국가선도시험망 운용위원회 하에 구성한다. 이 소위원회는 운용전담기관, 주관기관, 지원기관, 이용자로 구성하고, 한일 테스트베드 구축 및 운용관련 주요내용을 협의한다. 그리고 프로젝트 운영과 관련한 전반적인 관리업무를 총괄하고, 구성원간 업무협조 및 조정을 담당한다.

⑥ 한일 테스트베드를 위한 통신망 구축계획은 전담기관에서 수립하고, 한국-일본 간 테스트베드용으로 광케이블망을 구축한다. 이를 위해 1996년 11월 준공예정인 1,680회선 용량의 APCN중 45Mbps급(630회선) 전송로를 확보하며, 사업기간은 3년(1997년-1999년)으로 하고 ATM 교환접속을 제공토록 한다. 그리고 가입자망을 구축하고 시험환경을 제공하기 위하여 현재 구축 운영 중인 국내 초고속선도시험망 및 광대역시험망과 연계되는 망을 구성한다. 이를 위해 서울, 대전에 설치운영 중인 ATM 교환기, 이미 운영 중인 공동이용센터 및 가입자선로 등을 활용한다.

⑦ 테스트베드는 전담기관이 운영한다. 한국통신은 테스트베드 시설의 관리 운용, 가입자망의 구성 및 운용, 테스트베드의 안전성 확보 등을 전담하고, 이용약관을 제정 운용한다. 한편 이용기관은 국내 선도시험망 및 광대역시험망 사업의 참여기관을 대상으로 선정한다. 이때 선정기준은 초고속정보통신망 구축과 서비스 구현을 위해 해외시험망과 연계하여 관련기술을 공동연구 개발하는 기관으로 정하고, 이외 실용화 시기, 프로젝트의 중요성, 대상기관의 정보통신환경의 성숙정도를 감안하여 선정한다.

⑧ 테스트베드의 시험은 선도시험망과 광대역시험망(NTB)을 이용하고 있는 기관들의 1997년부터 1999년까지 추진하려는 프로젝트를 일본 측과 연장하여 추진한다. 이때 이용자협의회를 구성하여 운영계획을 수립하고, 한일 테스트베드에 참여를 희망하는 기관으로부터 시험항목에 대한 제안서를 접수한다. 이 시험항목은 전담기관인 한국통신이 1차 검토를 한 후 한일 테스트베드 운용 소위원회에서 선정한다. 이후 한일 테스트베드 실무반회의에서 실험항목 및 공동연구개발 항목을 확정한다.

⑨ 소요예산은 해저광케이블 확보(45Mbps, 3년간)에 2억 원이며, 이는 선도시험망 사업 예산을 활용토록 한다. 본 사업을 위해 정보통신부는 한일 테스베드 추진 기본계획을 수립

하고, 한국통신은 한일 테스트베드 세부추진계획을 수립한다. 그리고 우리 측 실무반회의는 1996년 10월-11월에 개최한다. 이후 일본에 우리측 계획을 통보하고 일본 측 계획을 파악하여 한일실무반회의 개최 등을 1996년 11월 중에 협의한다.

⑩ 한일 간 실무반회의는 1996년 11월-12월에 개최토록 추진한다. 이 회의에서는 통신망(회선)의 확보방안, 시험 및 공동연구개발에 대한 내용과 범위, 테스트베드 추진일정 등을 합의토록 한다. 이 회의의 한국 측 참석자는 정보통신부 초고속망기획과장(신영수) 등 실무반 7명이고, 일본 측 참석자는 기술개발추진과장(쿠사끼마찌) 등 실무반 7명으로 한다.

⑪ 한일 간 테스트베드는 APCN을 통하여 1997년 상반기에 구축한다. 이때 공동연구의 사업화 및 추진체계를 수립하고, 본 테스트베드는 한일 양국 간 상호호혜원칙에 의해 비용을 분담한다. 그리고 시험운용 및 서비스 개발은 1997년 상반기부터 1999년까지 수행한다. 이때 서비스 및 통신망 운용의 상호연동시험을 위해 국내 초고속선도시험망과 접속하고, 단계별 사업 및 공동연구을 추진한다.

⑫ 본 사업 추진할 때 고려사항으로 일본과 테스트베드를 구축 운용함으로써 기대되는 효과를 명확히 해야 한다. 이를 통해 관련기술을 한일 공동개발하고 국제표준화를 추진하며, 일본의 선진기술 및 응용서비스를 습득토록 한다. 그리고 우리나라에서 개발 중인 기술 및 응용서비스에 대하여 국제간 연동실험을 통하여 검증한다. 또한 미래 정보통신수요에 대비하여 정보통신시장을 확대하고 경쟁력을 도모하며, 2002년 월드컵 개최시 한일 간 원활한 정보통신운용에도 대비토록 한다. 나아가 향후 초고속정보통신 분야에 있어 일본에 의한 관련기술 및 장비부분에서 공동협력을 통한 국제경쟁력을 강화하는 계기를 마련한다.

⑬ 국내 초고속선도시험망 및 광대역시험망 이용기관들이 개발 실험하는 프로젝트를 일본 측과 공동 추진함으로써 국내사업의 활성화 계기를 마련한다. 이용기관의 시험목적과 항목을 명확하게 규정하고 통신망 이용기간을 설정하고, 시험종료 후 시험결과에 대한 평가를 실시하하여 평가결과에 따라 유인책을 제시하는 방안을 수립한다. 한편 한일 테스트베드용으로 45Mbps급 통신망을 효과적으로 사용할 수 있는 방안을 전담기관(한국통신)에서 강구한다. 동일 통신망을 이용하여 유사한 목적으로 추진되고 있는 APAN 수용방안을 검토하고, 비상용과 상용의 적정한 배분을 통하여 초기에 한일 테스트베드용으로 이용수요가 적을 때 상용화 방안을 마련하여 재정낭비를 방지토록 한다.

⑭ APEC 전기통신실무그룹회의 등을 통해 미국, 중국, 대만 등 아태지역 회원국의 관심과 참여를 최대한 유도한다. 이를 위하여 한일 간 링크형 테스트베드를 확장하여 다국가 간 네트워크를 구축하여 실험함으로써 파급효과를 극대화한다. 제2차 통신정보산업장관회의에서 우리나라가 제시한 APII 테스트베드를 이용한 영상회의 및 공동작업 프로젝트와 연계하여 추진한다. 또한 한일 공동 초고속위성통신 실험추진은 45Mbps급 위성통신망 구축과 연계 추진함으로써 실험항목 및 실험장비의 중복을 조정하고 상호 보완하여 추진토록 한다.

이 문제는 정보통신부 전파방송관리국과 협의하여 추진한다.

⑮ 본 사업을 추진함에 있어 광대역시험망(HAN/B-ISDN)의 구축은 정보통신부 정보통신정책국 기술기준과, 선도시험망 구축은 정보화기획실 초고속망구축과, 한일 공동 초고속위성통신망 구축은 전파방송관리국 통신위성과에서 각각 관련 업무를 담당한다. 그리고 한국통신 네트워크본부 통신망기획국은 한일 테스트베드 통신망의 구축 및 운영을 전담하고, 한일 테스트베드 공동연구과제를 발굴 시험하는 과제는 전자통신연구소(ETRI) 컴퓨터연구단이 담당 수행한다.

14. 아태지역 초고속통신망의 본격구축

14.1 국제초고속통신망 구축방향의 재검토

가. APII와 APAN의 통합추진

APII와 APAN의 건설이 동시에 대두된 초기 다소 혼란스러운 상황 속에서 한국통신은 이들 사업을 수행하고 있었다. 먼저 APII를 위해 한국통신-KDD 간에 ATM망(45Mbps)의 2Mbps를 할당하여 한일 간 시험통신망을 1998년 4월부터 운용할 예정이었다. 그리고 APAN의 경우는 한국통신-KDD 간에 ATM망(45Mbps)의 6Mbps를 할당하여 한일 간 시험통신망을 추진하고 있었다. 이때 회선비용은 1998년은 한국통신에서 무료로 제공하고, 1999년 이후에는 정부(정보통신부) 예산으로 구축 운용하는 것으로 추진하였다.

당시 APII는 우리정부가 주도하여 한일 간 운용예정으로 10개 시험항목을 선정하였으나 타 아시아국가에서는 부정적인 상황이었다. 한편 APAN은 학계에서 주창하여 타 아시아국가 및 미국에서 활발히 진행하게 되었으나, 우리나라에서는 정부주도의 APII와 APAN 간의 역할이 정립되지 못하여 혼란스러운 상황이었다. 이에 따라 한국통신은 APII와 APAN을 통합하는 입장으로 가고 있었다.

1995년 1월 PTC회의가 하와이에서 열렸다(1995. 1. 19-1. 25). 한국통신 기획조정실장(이정욱)은 이 회의에 한국대표로 참석하였으며, 제3차 Pacific Telecommunications Roundtable 회의에서는 김영삼 대통령께서 제창한 APII에 대하여 기본방향을 설명하였다. 우선 APII를 위해 무슨 일부터 해야 하는지에 대하여 제안하였다. 이때 채 준비가 안된 상태라서 무척 힘든 회의를 마쳤다.

나. 건설의 타당성 검토

한편 한국통신 입장에서는 APAN 구축비용이 과다한 점을 지적하지 않을 수 없었다. 일본, 미국, 캐나다(유럽), 중국을 잇는 초고속통신망을 45Mbps급으로 구축하는 경우 건설비용이 자그만치 280억 원이나 소요되는 것으로 확인되었다. 이를 감안하여 비용은 양국 간 1/2씩 부담하는 조건으로 시행한다 하더라도, 이미 인터넷용으로 미국과는 1996년 말까지 4T1급을 운용하기로 되어 있었다. 그러나 45Mbps급의 활용은 향후 4년까지 불투명하여 과잉투자로 예상되는 등 APAN의 경제성이 문제점으로 떠오르고 있었다.

이때 한국통신은 APAN과 관련하여 전략영업본부와 초고속통신추진본부 등 2개 본부에서 관여하였으나 국내외의 미진한 참여로 한국통신의 역할이 축소되고 있었다. 한편 APII 관련건은 그때까지 초고속통신추진본부에서 담당하고 있었으나 참여부진으로 협력정보센터 운영에 관한 한국통신의 참여부분이 협력정보망의 구축 및 제공에 국한되었다. 더구나 통신망 운영 및 관련 응용서비스, 기술개발은 한국전산원과 ETRI가 주관하는 상황으로 바뀌었다. 이러한 상황을 개선하고자 한국통신은 이 사업에 관한 업무를 초고속추진본부에서 네트워크본부로 이관하였다(1996년 7월).

이때부터 한국통신은 지속적으로 APII 협력정보망인 테스트베드와 APAN을 단일화하여 추진할 것을 정부에 강력히 요구하였다. 이후 정보통신부의 정보화기획실이 발족되면서 새롭게 이 업무를 담당하게 되었고, 이를 계기로 APII 정보협력망과 APAN을 「국제초고속정보통신 기반구축」이라는 개념으로 통합하게 되었다. 그러면서 기반망의 실체는 APAN으로 하고, 협력정보센터는 한국이 주도적으로 운영하며, 테스트베드의 운용은 통신망 소유자가 주도적으로 하기로 방향이 설정되었다. 이에 따른 후속조치로 이해 9월초 호주 시드니 회의에서 협력정보센터 운용과 국제초고속통신망 구축과 운용문제를 의제에 포함시켜 각국의 지원을 구할 계획으로 추진하였다.

이러한 변화에 따라 한국통신 네트워크본부(본부장 이정욱)는 앞으로 APAN의 추진계획을 다음과 같이 재정립하여 추진하였다(APEC 정보통신관련 정책동향보고, 1996. 10, 한국통신 네트워크본부).

첫째, APII 관련 국제초고속통신망 구축계획의 수립에 적극 참여한다. 그리고 통신망 운용방향 정립에 주도적 역할을 수행하고, 통신망 소유자로서 테스트베드 운용에 적극적으로 참여한다.

둘째, 정부추진방향과 관련하여 한국통신 내부추진체계를 통일한다. APII 관련 대정부 창구는 네트워크본부가 담당하고, 국제초고속통신망 운용과 연계한 국내초고속시험망의 구축 운용사항은 네트워크본부에서 총괄 관리한다.

셋째, 이 사업을 초고속 NTB(National Test-Bed) 통신망 구축으로 명명하여, 초고속장비개발, 응용서비스 개발, 응용기술개발 등을 위하여 한국통신, 일반제조업체, 연구소 등 국내 모든 통신망 이용자들에게 NTB의 접속을 개방한다.

넷째, 정부가 지향하는 국제초고속정보통신 시험망으로서의 역할을 수행하고, NTB의 구축과 초고속 위성시험통신망 구축을 연계하여 추진토록 한다.

14.2 아태 초고속정보통신망의 구상 및 준비

가. 아태 통신망의 단계별 실행계획

한국통신은 아태지역 초고속정보통신망은 1단계(1996년-2000년)에서는 기반을 구축하고, 2단계(2001년-2010년)에는 확산하는 방향을 잡고, 이를 위한 세부추진계획을 수립하였다(글로벌 초고속정보통신망 구축 기본계획, 1996. 5, 한국통신). 이때 1단계에서의 추진계획은 다음과 같다.

첫째, 기존 통신시설을 최대한 활용하여 아태 초고속정보통신망(APAN)을 구축 추진한다. 이 사업의 시급성을 고려해 각국이 통신용으로 구축한 해저케이블을 최대한 활용하여 루프형태로 구축하고, 신뢰성 및 안정성 있는 통신망 확보를 위해 백업용으로 2Mbps-45Mbps급 대륙 간 고속위성링크를 구축한다.

둘째, 말레이시아, 인도네시아, 베트남 등 저개발회원국은 서비스 수용에 따라 탄력적으로 64Kbps-8Mbps급으로 허브에 연결하고, 많은 트래픽 수요가 예상되는 미국구간은 신뢰성 및 안정성 확보를 위해 캐나다, 유럽구간과 미국을 직접 연결하는 이중루트로 구성한다.

셋째, 회원국 간 시험망을 구축하고 시범 운용한다. 이를 위해 초고속통신망이 구축된 국가를 중심으로 APAN 선도시험망 구축을 통한 공동시험을 시행하고, 선도거점망의 지역적 특성과 필요성에 따라 다양한 시범서비스를 제공한다.

넷째, APAN 구현을 위해 회원국 간 운영체계를 구축한다. 이를 위하여 APAN 추진계획을 수립하고 회원국 간 합의를 도출하고, 지역특성에 맞게 정부주도 및 민간주도의 운영체제를 구축하며, 한국과의 우선 협력국을 선정한다.

다음 2단계에서는 APEC 역내 국가 간 초고속통신망을 구축하는 것으로 하였다. 이에 따라 허브중심의 선도국이 ATM통신망을 이용해 기존통신망을 고도화하고 통신저개발국의 정보기반의 현대화를 지원하고, 회원국의 국내초고속통신망 구축계획과 연계하여 국제초고속통신망의 이용을 활성화하고자 하였다. 그리고 회원국 간의 서비스 수요 및 트래픽 특성에 따라 수Gbps-수백Gbps급 초고속통신망을 구축하고, 초고속정보통신 응용서비스의 수용을 확대한다는 방향을 정하였다.

나. 기대효과 및 당면과제

당시 한국통신은 아태지역 초고속정보통신망 구축을 통해 국가경쟁력의 강화, 지적생산성의 향상 등 그 기대효과를 다음과 같이 정리하였다.

첫째, 국제정보화사회 구현을 통하여 국가경쟁력을 강화할 수 있다. 먼저 초고속망 구축 관련 회원국 간 협약 및 조정을 통한 통신기술을 조기에 확보할 수 있고, 초고속통신망 구축으로 선진국 진입을 위한 교두보를 확보할 수 있다. 그리고 확고한 정보통신기반을 구축하여 선진국의 유수한 기업을 유치하여 기업활동을 활성화할 수 있다. 또한 거리 및 시간적 제약에 관계없이 초고속망을 이용한 신속한 정보전달이 이루어져 국제교류 활성화로 세계화 및 국제화를 촉진할 수 있다.

둘째, 초고속정보통신 관련 첨단기술개발이 촉진된다. 멀티미디어, 수백 기가(Giga), 테라(Tera)급 전송기술, 지능형 단말 등 초고속통신망에 소요되는 첨단 정보통신기술 개발을 촉진하고, 반도체, 초고속컴퓨터 등의 관련분야 기술개발도 유도할 수 있다.

셋째, 연구 및 교육 분야의 지적생산성이 향상되고, 보편적 정보통신환경을 제공하여 교육연구체계를 향상시킨다. 이 프로젝트로서 국내 대학 및 연구소 등이 선진국의 유수대학 및 사업자들과 공동연구를 수행하고 연구자원을 공유화할 수 있다. 그리고 연구자에게 초정밀영상 및 고도의 연구환경을 제공하고, 지리적 장소나 기리에 관계없이 최상의 실시간 서비스가 제공될 수 있다.

한편 아태지역 초고속통신망을 구축 운용하기 위해서 필요한 고속전송회선(DS3급)의 적기확보가 곤란한 문제 등도 대두되고 있었다. 당시 RJK 케이블 회선을 이용하는 경우 서비스 조건, 협정, 가격산정 등의 해결해야할 사항이 산적하여 회선확보에 최소 8개월 이상이 소요될 것으로 예상되었다. 그리고 HJK 케이블은 잔여용량이 없는 상태로 45Mbps 용량이 초고속통신주진본부에 ATM용으로 배정되었고, APCN과 FLAG 케이블은 1996년 말 이후에나 회선사용이 가능한 상황이었다.

또한 한국과 미국 간 직통케이블루트가 구성되지 못한 상태이므로 한국-미국 루트를 이용한 대용량케이블(STM-1급)을 적기에 확보하는 것도 어려운 입장이었다. 이때 일본-미국 루트 구성에 TPC-5 케이블을 이용할 경우에는 1996년 말 이후 회선을 사용할 수 있었다. 이때 단기회선을 임대하는 방안으로 준고속회선(Half DS3급)의 영구사용권을 구매하면 약 690만 달러가 소요되는 등 높은 임대비용을 지불해야 하였다.

또 다른 문제는 한국과 유럽 간 직통케이블루트도 구성되지 못한 상황이어서 당시 가장 경제적인 한국-일본-유럽 간에 DS3급 케이블루트의 확보도 불투명한 상태였다. 이를 해결하기 위해 한국-유럽루트를 다단계 접속하고 소요회선을 확보하기 위해 상대 주관청에 협조 요청을 할 필요가 있었다. 이때 APCN 및 TPC-5 케이블을 이용할 때는 1996년 12월 이후에 가능하나 회선확보에 장시간이 소요될 것으로 예상되었다. 이와 같은 검토결과와 사업의 시급성을 고려하여 이용 가능한 해저케이블을 확보하고, 대륙 간 위성고속링크를 구축하는 등 기존시설을 최대한 활용하여 APAN을 조기에 구축하고자 하였다.

다. 소요예산 및 업무분장

한국통신은 위와 같은 APAN구축 추진방향에 따라 소요예산을 편성하여 추진하였다. APAN 구축을 위한 1단계 소요예산은 1997년 3,160억 원, 1998년 230억 원 등 총 3,390억 원을 편성하였으며 구간별 소요예산은 <표 5-32>와 같다(글로벌 초고속정보통신망 구축 기본계획, 1996. 5, 한국통신).

제1단계에서 주요허브는 해저광케이블을 이용한 점대점 방식으로 중용량 전송로(Half-45Mbps급)로 구축하는 것으로 하였다. 이때 구축비용은 약 3,400만 달러가 소요될 것으로 예상되었다. 그리고 한국-미국 구간은 통신망 구축 초기에는 APCN과 TPC5 해저케이블을 이용하여 대용량(45Mbps급)으로 구축하고, 종단국가 간에는 중용량(Half 45Mbps)에 1/2씩 전송로 구축비용을 분담하는 것으로 하였다. 한편 자국 내 육선비 및 접속비는 포함하지 않았다.

<표 5-32> APAN 제1단계 구간별 소요예산

구간별	이용케이블	소요예산(만 달러)
한국-일본	APCN	164
한국-대만	APCN	266
한국-미국	APCN+ TPC5	1,600
한국-캐나다-유럽	APCN+ TPC5+ TAT12/13	1,100
한국-중국	FLAG	230

한국-캐나다-유럽 구간의 경우 초기에는 APCN, TPC5 및 TAT 12/13 해저케이블을 이용하여 대용량(45Mbps급)으로 통신망을 구축하고, 종단국가 간에는 중용량(Half 45Mbps)에 1/2씩 전송로구축비용을 분담하게 하였다. 그리고 캐나다-유럽 구간의 TAT12/13 전송로 구축비용, 자국 내 육선비 및 접속비용은 포함되지 않았다. 한국통신은 이 사업을 효율적으로 추진하기 위해 내부조직에 따라 다음과 같이 업무분장을 지정하였다.

① 네트워크본부는 APAN 및 G7 GIBN의 구축 기본계획을 수립하고 조정한다. 그리고 시설운용실에서는 이 통신망 구축을 위한 국제전송로 확보 및 운용지원, 국제전송로 공급계약, 공정 및 품질관리 등 세부추진계획을 수립하고 예산을 확보한다.

② 초고속통신추진본부에서는 APAN과 G7 GIBN 구축 관련 기술지원 및 응용서비스를 개발관리하고, 전략영업본부는 본 사업에 대한 전략영업을 지원한다.

③ 조달본부는 APAN과 G7 GIBN 구축을 위한 조달을 지원하고, 통신망연구소에서는 본 통신망 구축을 위한 소요장비를 확보하고 운용하고, 단계별 시험일정, 세부추진방안 등 계획을 수립 추진하며, 응용서비스 개발 및 시험을 주관한다.

14.3 아태 초고속통신망계획의 최종확정

1996년 하반기 드디어 한국통신은 아태지역 국가 간의 광대역 통신서비스를 개발하고, 통신망의 상호연동 및 표준화를 추진하며, 초고속국제통신망을 건설 운용하기 위한 아태지역 초고속정보통신망 구축 기본계획을 확정하였다(아태지역 초고속정보통신망 구축 기본계획, 1996. 11. 19, 한국통신). 이 계획의 주관부서 및 결재자는 제5장 말미의 참고자료 편에 기록되어 있다.

가. 기본방침 및 건설계획

첫째, APEC 회원국들을 하나로 잇는 국제 초고속정보통신망(APAN)을 단계적으로 건설 운용한다. 이를 위해 1단계(1997년-1999년)에는 주요국가 간에 건설 운용하고, 2단계(2000년 이후)에는 전체국가 간에 건설 운용한다. 이 APAN은 1단계에서는 시험망으로 운용하고, 2단계에서 상용망으로 전환하는 등 시험운용을 거쳐 상용화를 추진한다.

둘째, 국내에서는 1단계에서는 초고속 선도시험망과 연결하고, 2단계에 가서 초고속 국가통신망 및 초고속 공중통신망과 상호 연결을 추진한다. 또한 국제 초고속통신망(APAN)의 이용을 위한 컨소시엄을 구성 운영한다. 이에 맞추어 1단계에서는 컨소시엄 구성회원을 대상으로 이용하고, 2단계에서 일반가입자로 이용을 확산한다.

셋째, APAN의 건설방침은 우선 기존 해저케이블을 활용하여 단계적으로 건설한다. 이를 위하여 상대국가의 기술수준 및 통신량을 고려하여 차별적으로 통신망을 구축하고, 국제간 초고속위성통신 시험을 위한 초고속 위성통신기반을 구축한다.

또한 한국통신은 위와 같은 건설기본방침에 따라 국제 초고속정보통신망(APCN)을 다음과 같이 단계적으로 건설하는 것으로 추진하였다.

① 1단계에서는 미국, 일본, 중국 등 주요 국가를 중심으로 국제 초고속정보통신망을 구축한다. 이때 한국-미국 간은 APCN 및 TPC5 해저광케이블, 한국- 일본 간은 APCN 해저광케이블, 한국-중국 간은 CKC 해저광케이블을 이용하여 구성한다.

② 한미 간, 한일 간에는 45Mbps급 이상으로 건설하고, 한중 간에는 2Mbps급 이상으로 건설하며 무궁화위성을 활용한 한일 간 초고속위성통신망 기반도 구축한다. 또한 각국 간 통신용으로 이미 확보된 해저케이블의 일부를 우선 활용하고, ATM 기술기반으로 상호접속토록 한다.

③ 2단계에서는 APEC 회원국 간으로 통신망을 확대 구축한다. 이때 한국- 미국 간 통신망을 연장하여 케나다를 연결하고, 한국-일본 간 통신망을 연장하여 호주, 싱가폴, 태국, 홍콩과의 통신망을 구성한다. 한국-대만 간은 APCN 해저광케이블을 이용하여 구성하고, 한국- 유럽 간은 FLAG 해저광케이블과 SEA-ME-WE3 해저광케이블을 활용한다.

④ 이때 국가 간 서비스 수용에 따라 사업자 간 소요대역폭을 협의 결정하여 추진하고, 주요국가 간에는 수백 Mbps급 이상으로 확대 구축한다. 기타 국가와는 각국과 협의하여 대역폭을 확정하고, 각국의 초고속통신망 구축계획과 연계하여 추진한다.

한편 한국통신은 초고속위성 선도시험망을 구성 운용하는 것으로 추진하였다. 대전에 있는 한국전자통신연구원(ETRI)와 안양에 있는 전파연구소에 각각 ATM 구내교환기를 설치하여 여기에 단말기를 접속하였다. 이때 대전 측 ATM교환기는 대전번호안내국의 ATM교환기에 연결하고, 안양 측 ATM교환기는 서울 혜화전화국 ATM교환기로 연결하였다. 그리고 대전 측과 서울 측은 2.5Gbps의 광전송로로 상호 연결하여 광케이블 선도시험망을 구성하였다. 또한 대전 측과 안양 측에 각각 위성지구국 시스템을 설치하여 이 위성지구국 간은 무궁화위성으로 연결하여 2Mbps의 위성선도시험망도 구성하였다.

나. 통신망 운용 및 국내 통신망과의 연결

한국통신은 이와 같이 건설된 APAN에 대한 운용방침을 보면 먼저 주요국가와 상용화 이전 약 3년간은 시험운용하고, 미국, 일본 등 통신선진국을 중심으로 광대역서비스 및 ATM 기반의 통신기술 등을 시험 운용하는 것으로 정하였다. 그리고 기타 국가와는 별도의 시험기간을 설정하여 운용하고, 광대역서비스 시험항목별로 사용기간 및 대역폭 등을 할당하여 운용하게 하였다.

통신망 구축 1단계(1997년-1999년)에서는 미국, 일본 등을 중심으로 시험 운용하고, 상대국가의 기술여건에 따라 시험기간을 신축적으로 운영하게 하였으며, 이때 정한 주요서비스의 시험운용분야 및 참여예상기관은 아래와 같다.

① 통신업체에서는 통신망에 대한 상호접속시험, 통신망 제이기술 시험운용 등 광대역통신망의 시험운용을 시행한다. 이 분야에는 한국통신, AT&T 등 통신업체가 참여할 것이다.

② 제조업체는 광대역 통신단말기 등 단말기 기술시험, 라우터 등 통신장비 기술시험 등 통신장비의 시험 운용한다. 이를 위하여 단말기 등 통신장비 제조업체의 참여할 것이다.

③ 기타 이용자의 경우, 차세대 인터넷서비스, 글로벌헬스 네트워크서비스, 다자간 영상회의, 고화질 영상전송, N-ISDN을 이용한 멀티미디어 응용서비스 등 광대역 응용서비스를 시험 운용한다. 이 시험운용에는 대학교, 병원, 업체, 연구소 등에서 참여할 것이다.

④ 한일 간 초고속위성통신 공동시험을 준비한다. 이를 위해 위성- 지상망 연동시험을 실시하고, 위성을 활용한 광대역서비스 및 기술시험내역을 확정하는 등 그 기반을 조성한다.

이어서 2단계(2000년 이후)에서 APAN의 상용화를 완성시킨다. 주요국가 간의 광대역서비스 시험운용결과에 따라 상대국가의 사업자와 협의하여 상용으로 전환토록 하고, 수백 Mbps급 이상의 광대역서비스 및 기술시험운용을 확대한다. 그리고 기타국가와는 상호시험망을 구축하여 단계적으로 상용화를 추진하고, APEC 회원국가간 초고속위성통신 시험운용을 확대해 나간다.

한편 APAN과 국내통신망과는 광대역서비스 시험운용을 위해 국내 초고속 선도시험망과 연결하고, 추후 상용화를 위하여 국내 초고속망 구축일정에 따라 초고속 국가통신망 및 초고속 공중통신망과 연결한다는 방침을 세우고 다음과 같이 단계별로 추진하였다.

① 1단계(1997년-1999년)에서는 서비스의 시험운용을 위해 국내시험망과 연결한다. 그리고 이미 구축 운용중인 초고속 선도시험망과 광대역시험망(NTB)의 국내 초고속전송망을 활용한다. 이를 위해 서울-대전에 설치 운용중인 시범용 ATM교환기를 활용하고, 서울노드에 국제게이트웨이 기능을 부여한다. 이때 국제 ATM교환기 상호간은 2Mbps-45Mbps급으로 구성하고, 국내 ATM교환기 상호간은 STM-1급 단위로 구성하며, 국내 ATM교환기와 가입자간은 서비스내역에 따라 155Mbps까지 구성한다. 또한 서비스의 시험, 운용 및 관리를 위해 한국통신 통신망연구소에 ATM교환기를 신설토록 한다.

② 2단계(2000년 이후)에서는 초고속 국가통신망 및 초고속 공중통신망의 접속노드를 활용하여 국제-국내 간 및 가입자 간을 연결한다. 이때 서울 혜화전화국의 ATM노드에 국제게이트웨이 기능을 부여하여 국내망과 접속한다.

다. 통신서비스 이용

APAN의 통신서비스 이용방침은 시험운용기간 동안 국내외 컨소시엄을 구성하여 참여기관을 대상으로 서비스를 이용토록 추진하고, 서비스별로 상용화 일정에 따라 일반가입자용으로 전환하는 것으로 정하였다. 이를 위한 단계별 시행계획은 다음과 같이 정하여 추진하였다.

① 1단계(1997년-1999년)에는 컨소시엄 중심으로 이용하게 한다. 이때 국제컨소시엄은 정부(정보통신부)가 한국통신의 협조를 받아 국제간 협력에 의해 APEC 회원국의 연구소, 대학, 일반업체, 이용자 등으로 구성한다. 한편 국내 컨소시엄은 한국통신(KT)이 주관하고 타 통신업체, 제조업체, 대학, 연구소 등으로 선정하여 구성한다. 이때 우선대상기관은 초고속 선도시험망의 이용기관(35개)과 광대역시험망(NTB)의 참여기업(10개)으로 정하고, 기타 참여를 희망하는 업체, 연구소, 학계 중에서 선정한다.

② 2단계(2000년 이후)에서는 일반가입자로 확대한다. 일반가입자를 대상으로 국제 광대역전용서비스를 제공하고, 서비스별 수요에 따라 대역폭을 확대해 나간다.

라. 추진체계 및 소요예산

한국통신은 APAN의 전문적이고 효율적인 추진을 위하여 전담부서를 지정하여 추진하였다. 먼저 네트워크본부(시설운용실)는 APAN 구축 기본계획의 수립 및 조정, 국내 APAN 이용컨소시엄의 구성, APAN 구축 및 운용을 담당하고, 전략영업본부는 APAN의 이용 활성화방안을 수립하고, 국내 APAN 이용컨소시엄 구성을 위한 협조를 담당하게 하였다.

또한 초고속통신추진본부는 국내 APAN 이용컨소시엄을 구성하고 세부시험항목의 확정을 위한 협조를 수행하였다. 그리고 통신망연구소는 한일 간 APII 테스트베드 추진계획을 수립 추진하고, 각국 간 시험항목을 확정하며, 국내 APAN 이용컨소시엄을 운영하였다.

한편 한국-미국 간 45Mbps, 한국-일본 간 45Mbps, 한국-중국 간 2Mbps급의 통신망 구축을 위해 1997년도 소요예산은 약 78억 원을 계획하였다. 이에 필요한 재원은 컨소시엄 참여기관의 통신망 이용정도에 따라 이용요금을 부과하도록 하고, 그 세부계획은 컨소시엄에서 확정하게 하였다. 1998년도 이후에는 상대국가 및 통신업체와 협의하여 통신망을 구성하고 이를 바탕으로 소요예산을 확보하는 것으로 정하였다.

마. APAN 한국협의회 창립

APAN은 미국의 차세대 인터넷망인 InternetⅡ의 백본망인 vBNS(very High Speed Backbone Network Service)에 접속하여 차세대 인터넷 서비스 제공에 요구되는 네트워킹 기술, 서비스 및 응용의 시연 및 연구개발을 위하여 추진되었다. 앞에서 설명한 바와 같이 1996년 APEC 심포지움에서 아태지역 국가들 간에 초고속정보통신망(APAN)이 제안되었고, 1997년 국제 및 국내 APAN 컨소시엄을 구성하여 관련국가 간에 MOU를 작성하고 제안서를 작성하여 미국과학재단에 제출되었다.

1998년에 들어서면서 우리나라는 APAN 한국협의회를 창립하였다(APAN 한국협의회 창립총회 개최, 1998. 2. 20). 이 회의의 주요토의 및 결정사항은 다음과 같다.

① 본 협의회의 이사장은 경상현 박사, 부이사장은 이정욱 한국통신 부사장을 선임하고, 그 외 정부, 통신사업자, 연구기관, 기업체, 대학 등에서 이사 22명이 선임되었다.

② 정관을 검토하여 이는 차기이사회에서 의견을 수렴한 후 확정키로 하였다. 그리고 정회원, 준회원의 자격이 논의되고, 회원의 권리와 의무사항을 보완하였다.

③ 협의회의 정상적인 운영을 위한 제반경비의 확보방안을 토의하고, 정부차원에서 제반경비 지원방안을 논의하였다. 또한 한국통신에서 구축 운용하는 한일 간 초고속정보통신망의 초기 실수요가 없을 때 상용망으로 지원하는 방안도 논의되었다.

④ 차세대 기술의 확보가 요구되었다. 이를 위해 국내 인프라, 응용서비스에 대한 연구개발을 위한 정부, 통신사업자, 연구소간 긴밀한 협조체계가 요구되었다.

또한 본 창립총회에서 제외국의 초고속정보통신망 구축동향을 충남대 김대영 교수가 소개하였고, 이어서 APAN 및 APAN 한국협의회 소개를 한양대 박용진 교수가 발표하였다.

참고자료

(1) 정보통신 기본계획(1984. 10. 4).

1980년대 중반 한국통신은 데이터 전용회선 수요가 증가함에 따라 이용자에게 고속 양질의 디지털 전용회선을 공급하는 계획을 수립 시행하였다(정보통신 기본계획, 1984. 10. 4, 한국통신). 이 계획의 주요내용은 데이터통신 이용자에게 2.4Kbps, 4.8Kbps,

9.6Kbps, 56Kbps 등 다양한 전송속도의 서비스를 BER 10^{-8}의 고품질로 이용할 수 있게 하는 것이었다. 이 계획은 계획국 종합망과장(우승술), 통신망계획부장(이정욱)이 주관하고 계획국장(이응효), 부사장(배동조), 사장(이우재)의 결재로 확정되었다.

(2) 전용회선 디지털화 계획(1985. 7. 22)

1980년대 중반 우리나라의 전용회선은 저속통신(1,200-2,400bps)에 머물러 있었다. 이를 개선하기 위해 한국통신은 대용량 고속도 통신성능을 가진 디지털회선으로 전환하는 계획을 수립 추진하였다(전용회선 디지털화 계획, 1985. 7. 22, 한국통신 계획국). 이 계획의 주요내용은 ① 대형건물의 인입선로는 전량 디지털화한다 ② 1단계(1985년-1986년)로 기존 DE-4 PCM장치를 56Kbps까지 전송속도를 높인다 ③ 2단계인 1987년부터는 KD-4 PCM장치 또는 신방식을 공급하여 전국적으로 광대역 전용회선을 공급한다 ④ 1980년대 중반부터 7년간(1985년-1991년) 전국적으로 총 35,900회선의 디지털 전용회선을 공급한다 등이었다. 이 계획은 계획국 종합망과장(우승술), 통신망계획부장(이정욱)이 주관하고 계획국장(이응효), 부사장(배동조), 사장(이우재)의 결재로 확정되었다.

(3) 종합정보통신망의 발전기본계획(1987. 1. 13)

한국통신은 2000년대의 고도정보화사회에 대비하여 당시 전화 위주의 통신망을 전화와 데이터통신이 동시에 가능한 종합정보통신망(ISDN)으로 발전시키기 위한 시행 계획을 수립하였다(종합정보통신망의 발전기본계획, 1987. 1. 13, 계획국). 이 계획은 한국통신 종합망과장(우승술), 통신망계획부장(이정욱)이 주관하고 계획국장(황영선), 부사장(이응효), 사장(이우재)의 결재로서 확정되었다. 이 문서의 협조기관으로 기획실장, 영업국장, 기술국장, 시설국장, 운용국장, 국제국장이 서명하였다.

(4) 전용통신망 중장기 발전계획(1994. 10)

1994년 후반 한국통신에서는 기업, 연구소, 대학 등에 광케이블을 포설하여 초고속 직통전송로 형태의 전용통신망을 구축하는 중장기 전용통신망 발전계획을 수립하였다(전용통신망 중장기 발전계획, 1994. 10, 기술기획실). 이 계획의 주요내용은 ATM- MSS방식의 초고속전용통신망을 1997년까지 구축하고 ATM기반의 초고속전용통신망을 2002년까지 구축하는 것이었다. 이 계획은 기술기획실 통신망계획2국장(안승춘)이 주관하고 기술기획실장(이정욱)의 결재로 추진되었다.

(5) 특정지역 초고속망사업 기본계획(1996. 4)

한국통신은 공업단지, 수출자유지역, 공항 등 특정지역에 멀티미디어 서비스를 조기에 제공하기 위한 초고속통신망 건설계획을 수립 추진하였다(특정지역 초고속망사업 기본계획, 1996. 4, 한국통신 네트워크본부). 이 계획의 주요내용은 전국 226개 특정지역에 사업여건을 분석하여 초고속망 시설공급을 하는 것이었다. 이 계획은 네트워크본부 초고속망기획부장(구본철), 통신망기획국장(홍용표)이 주관하고 네트워크본부장(이정욱), 부사장(김노철), 사장(이준)의 결재로 확정 시행되었다.

(6) 중장기 네트워크 발전계획(1996. 9. 9)

1990년대 중반 한국통신은 우리나라 기간통신망의 성능 및 규모를 정보통신선진국수준으로 도약하기 위한 청사진을 마련하였다(네트2510-3162, 1996. 9. 9, 한국통신 네트워크본부). 이 계획의 주요내용은 ① 대규모의 초고속전용통신망을 1997년-2000년에 별도로 건설한다 ② 초고속 정보통신망의 기반을 1996년-1997년 기간에 구축하고 전국적인 초고속 정보통신망은 1998년-2000년에 완성한다 ③ 위성통신망을 고속화하여 대륙간 고속위성링크를 구축한다 ④ 국제 해저광케이블망을 확충하여 동북아 정보통신망의 허브로 구축하고 고속화한다 ⑤ 2000년에는 국제통신의 80% 이상을 해저광케이블망에 의해 연결한다 등이었다. 이 계획은 한국통신 네트워크본부의 4급행정(이재춘), 시설계획부장(오경래), 종합기획국장(엄재건)이 주관하고 시설운용실장(김기천), 본부장(이정욱), 사장(이준)이 결재하여 확정 시행되었다.

(7) 중장기 전용회선 발전계획(1996. 9).

21세기 초고속정보통신 시대를 열어갈 신발분야인 전용회신의 고도화 및 초고속화를 위한 시행계획을 수립 추진하였다(중장기 네트워크 발전계획, 1996. 9, 한국통신 네트워크본부). 이 계획은 네트워크본부 전용계획부장(김용군), 종합조정부장 (한희남), 전용운용부장(김용연), 시내전송운용국장(신호기)이 주관하고 종합기획국장(엄재건), 본부장(이정욱)의 결재로 확정되었다.

(8) 아태지역 초고속정보통신망 구축 기본계획(1996. 11. 19).

1996년 하반기 한국통신은 아태지역 국가 간의 초고속 통신서비스를 개발하고, 통신망의 상호연동 및 표준화를 추진하며, 초고속국제통신망을 건설 운용하기 위한 계획을 확정하였다(아태지역 초고속정보통신망 구축 기본계획, 1996. 11. 19, 한국통신).이 계획의 주요내용은 ① APEC 회원국들을 하나로 연결하는 국제 초고속정보통신망(APAN)을 건설한다 ② 1단계(1997년-1999년)에는 APEC 주요국가 간에 건설 운용한다 ③ 2단계(2000년 이후)에는 전체국가 간에 건설 운용한다 등이었다. 이 계획은 한국통신의 통신망기획심의위원회의 의결을 거쳐 네트워크본부의 초고속망기획부장(구본철), 통신망기획국장(윤종록)이 주관하고 시설운용실장(김기천), 본부장(이정욱), 사장(이준)의 결재로서 확정되었다.

(9) 초고속정보통신망 구축의 실행계획(1996. 11)

한국통신은 초고속정보통신망 구축의 실행계획으로서 초고속 전용통신망을 조기에 구축하고, 초고속 전용통신망을 기반으로 초고속정보통신망을 완성하는 방안을 결정하였다(초고속 전용통신망을 기반으로 한 초고속정보통신망 구축기본계획, 1996. 11, 네트워크본부 통신망기획국 초고속망기획부). 이 계획의 주요내용은 ① 동기식 전송장치(SDH)와 디지털회선분배장치(DCS)를 활용하여 1997년까지 초고속 전용통신망을 구축 완성한다 ② ATM기술 발전정도에 따라 기존 데이터망의 기능을 점진적으로 통합하고, 공공기관, 기업가입자 등 대형가입자 중심으로 광게이블을 확대 공급한다 ③ 기존통신망과 초고속 ATM기술을 통합하여 통신망용량을 대용량으로 확충한다 등이었다. 이 계획은 네트워크본부의 초고속망기획부장(구본철), 통신망기획국장(윤종록)이 주관하고 본부장(이정욱)의 결재로서 확정 시행되었다.

(10) 초고속 국가통신망 구축의 실행계획(1997. 1)

1997년 초 한국통신은 2010년까지 국가, 지방자치단체 등 공공기관을 광케이블로 연결하는 초고속 국가통신망을 구축 실행계획을 세웠다(초고속정보통신망 건설기본계획, 1997. 1, 네트워크본부 통신망기획국). 이 계획은 네트워크본부 초고속망기획부장(구본철), 통신망기획국장(윤종록)이 주관하고 본부장(이정욱)이 결재하여 확정 시행되었다. 이 계획의 주요내용은 ① 초고속 국가통신망은 광케이블과 동기식 전송장치로 구성된 초고속정보통신 인프라를 활용한다 ② 1997년까지 5대 광역시를 중심으로 ATM 중계교환기 및 가입자 접속장치를 설치하여 1998년부터 시범서비스를 제공한다 ③ 대도시에 12개의 노드를 설치하고, 68개 접속점까지 ATM 교환기를 확대 공급한다 ④ 가입자는 정보화촉진기본법에 의거하여 전담기관이 배분한 기관을 수용 운영한다 등을 담고 있다.

제6장

초고속 인터넷망의 조기구축

1. 컴퓨터(PC) 통신시대로의 진입

1.1 데이터통신의 초기상황

가. 데이터통신 시대로의 이행 준비

1980년대 중반 한국통신은 다가오는 데이터통신 시대에 대비하여 공중정보통신망의 확충을 서두르고 있었다. 이를 위헤 패킷교환망을 전국적으로 확대하고 고속 회선교환망을 구축하여, 데이터통신의 기반을 확충하는데 주력하였다. 이 계획의 주요내용은 다음과 같다(제6차 경제사회발전 5개년계획 통신부문계획, 1986. 10, 통신부문계획위원회).

첫째, 패킷교환기를 1986년 말 5대 도시로부터 1991년까지 전국주요도시로 확대 운용하고, 전국 주요도시에 다중화기를 설치한다.

둘째, 전전자 시외교환기(No.4 ESS)를 이용하여 고속 회선교환망(CSDN)을 구축토록 하고 이를 위해 소요예산 19억원을 투입한다. 이 새로운 서비스는 1985년-1987년에는 시범운영하고, 1988년에 상용서비스를 개시한다.

1990년대 중반 전 세계적 데이터통신 이용추세를 보면 세계 160여개국에서 500만여대의 컴퓨터가 통신망에 연결되어 있고 매일 3,000만명 이상이 인터넷에서 첨단정보를 검색할 뿐만 아니라 이용자 간에 다양한 정보를 주고받는 상황으로 발전하고 있었다. 이때 대중적 통신수단인 전화로부터 인터넷으로 이동하고 있었고, 데이터통신 수단으로서 인터넷이 정보화 사회를 선도하며 범세계적 통신망으로 성장하고 있었다.

이에 따라 컴퓨터(PC) 통신의 일일 이용자 수(Web Users)는 1995년 2,400만명에서 2000년에는 2억명으로 늘어날 것이며, 웹서버 수(Web Servers)는 1995년에 28만개이나 1997년에는 2,400만개로 대폭 증가할 것으로 예상되고 있었다(Netscape사 자료). 그리고 PC는 단독환경으로부터 PC 네트워크 환경으로 새로운 플랫폼이 형성되고 있었다. 따라서 인터넷으로 이행하면서 네트워크 환경에 의한 WWW, Netscape, Jaav, NC 등 소프트웨어 및 하드웨어 제품이 시장을 주도하는 쪽으로 가고 있었다.

또한 인터넷 기반의 인트라넷이 인터넷 시장의 4배 규모(800억 달러)로 급성장하고고속 인터넷수요가 급증하며, 인터넷의 멀티미디어화 추세로 급속하게 가고 있었다. 또한 텍스트 전송위주에서 음성, 그래픽, 화상전송으로 확대되고, 정보검색형의 단방향 통신에서 양방향 통신으로 발전하고 있어 사이버 마켓이나 사이버 게임에 의한 비즈니스 공간 및 오락 시장을 창출할 것으로 예측되고 있었다.

나. 국내외 인터넷 서비스 준비 및 상용화

컴퓨터통신 시대가 급격하게 밀려오자 한국통신은 이 불결에 대처하기 위해 당시 인터넷의 국내시장 환경, 국외시장 환경 등 발전전망을 다음과 같이 종합 분석하였다.

(1) 국내 인터넷사업자(ISP)가 대거 출현하고 있고, 국민들의 관심이 고조되면서 이용자가 급신장하는 상황에 들어서고 있다. 또한 LG전자, 아남전자, 현대전자 등 가전업계에서 인터넷 TV를 개발하고 있다. 한편 인터넷은 국내 PC통신사업자가 운용하고 있는 데이터배이스와 연동 접속되어 이용의 활성화가 촉진될 것으로 예상되고, 요금수준이 PC통신요금과 비슷할 경우 수직적인 이용증대가 예상된다.

(2) 인터넷을 위한 전 세계 네트워크가 93,671개이고 접속 호스트는 947만2천개에 달하고 있다. 그리고 인터넷서비스를 제공하는 국가는 134개국이고 그 이용자는 이미 3,500만을 넘어서고 있다. 또한 이메일(E-Mail) 접속국가도 186개국에 이르고 있다(MCI의 Internet Future, 1996).

(3) 미국에서는 AT&T, Sprint, MCI 등 주요 통신사업자가 인터넷 기간망을 제공하고 있으며, WS, 라우터, 정보검색 소프트웨어 등 인터넷 장비는 미국이 세계시장을 주도하고 있다. 인터넷을 통한 기업홍보, 광고 등이 일반화되고 있으며, 온라인 기업, 가상기업 등 인터넷 이용율이 수직 상승 하고 있다. 그리고 인터넷을 통한 전자우편이 일반화되고 인터넷 폰이 시도되고 있다.

(4) 오라클, IBM, 선마이크로시스템스, Apple 등 미국 주요 컴퓨터 업계는 인터넷 접속전용 네트워크 컴퓨터(NC)의 규격통일을 위해 합의 발표하였다(1996. 3). 또한 마이크로소프트사는 인터넷검색 소프트웨어인 익스플로러를 상용공급하고, 멀티미디어 응용서비스인 Microsoft-exchange, Active-X를 제공하며 SIPC(Simpligied Internet PC)를 출시하여 관련 업계에 동참을 촉구하고 있다.

(5) 인터넷을 통해 CNN뉴스 등 방송프로그램을 제공하기 시작하였으며, TV, 케이블TV, 통신위성, 인터넷의 결합을 시도하고 있다. 미국의 인터넷 시장규모는 업무용의 경우 2000년까지 500억 달러, 일반소비자 시장은 2000억 달러를 돌파할 것으로 내다보고 있다(미국 정보회사 InPut사의 예측).

(6) 일본의 경우, NTT, KDD의 통신사업자가 동경인터넷(주), WIDE 등의 민간사업자와 공조하여 인터넷 접속서비스, 웹서버 임대서비스, 인터넷 관련 응용서버 엔지니어링 서비스 등을 제공하고 있다. 특히 온라인 상업거래처리(EC)에 역점을 두고 있으며, 전자금융회사들이 가상백화점(Internet Mall)을 구축하고 있다. 1990년대 초반 한국통신은 실제 일본의 PC통신 및 인터넷 상황을 파악하고자 현지 확인출장을 수행하였다(1992. 2. 27-2. 29).

당시 한국통신 정보통신사업본부장(이정욱)은 일본을 찾아가 우정성 전기통신국장, NTT Data 부사장, NTT PC통신 상무 및 NTT Captain의 여러 간부들을 만나서 이 분야의 진행상황을 파악하였다. 또한 당시 일본의 정보화시범지역으로 지정하여 운영 중인 오이따 지역경제정보센터를 방문하여 전무이사로부터 상세한 내용을 파악하였다.

(7) 프랑스는 FT에서 FT Mulimedia라는 자회사를 설립하여 온라인 쇼핑, 소프트웨어 등을 포함한 전자전화번호부 등 다수 결합서비스를 제공하고 있다(1996. 3. 1). 1990년대 초반 한국통신은 일본에 이어 이 분야 선진국인 프랑스의 PC통신 및 인터넷상황을 파악하고자 현지 확인출장을 수행하였다(1992. 3. 1-3. 5). 당시 한국통신 정보통신사업본부장(이정욱)은 FT(France Telecom)의 Intelmatique를 방문하여 5시간 동안 회의를 강행하면서 프랑스의 현 상황과 전략을 파악하였다. 그리고 당시 프랑스를 대표하는 미니텔(Minitel)의 데이터베이스 회사(SGIP)를 방문하였다. 이 회사는 프랑스에서 네 번째로 큰 데이터베이스 호스트 회사였다. 또한 FT에 들려 텔리텔(Teletel)의 미래선략에 대해서도 파악하였다.

다. 통신사업에 미치는 영향

국내외적으로 인터넷이 급성장 추세를 보이자 한국통신은 이러한 상황이 당시의 통신사업에 미치는 영향을 크게 세 가지 면에서 다음과 같이 분석하였다.

첫째, 인터넷의 급성장은 통신인프라의 경쟁을 촉진할 것이다. 인터넷 수요를 수용하기 위한 통신망 구축경쟁은 초고속통신망 선점경쟁으로 연계되며, 정부정책과 맞물려 통신 인프라의 이원화를 유도할 것이다.

둘째, 인터넷 전화, 인터넷 FAX, 인터넷 화상전화의 등장으로 기존 사업영역의 잠식이 예상된다. 이 문제에 대해서는 아직 뚜렷한 규제수단이 없는 실정이다.

셋째, 현재 PC통신가입자 120만명, 가정용 PC보급율 35.2% 라는 잠재고객을 고려할 때 본격적인 성장기에 진입하면 인터넷 사업이 급성장할 것이다. 이에 따라 국내 인터넷 사업자가 대거 등장하고 시장경쟁이 격화될 것이다.

넷째, 인터넷 사업기반이 확보되면 멀티미디어 사업을 할 수 있는 유리한 고지를 선점할 수 있을 것이다. 인터넷망이 고속 멀티미디어망으로 진화하고 인터넷상에서 멀티미디어 서비스를 제공할 수 있게 될 것이다.

한편 국내 인터넷 수요의 급증 현상은 다소 거품성을 가졌다는 우려가 나오기도 하였다.

이 경우 언론사, 교육기관 등과 같은 인터넷 관련 경쟁적 정보화 운동과 산발적인 전시회, 홍보로 수요가 급증하고 있는 현상으로 진단하였다. 그러나 대체적인 흐름은 일정 소강기간을 거쳐 재상승할 것으로 전망하였다.

1.2 정보통신을 제2의 주력사업으로 설정

가. 한국통신의 정보통신서비스 개시

우리나라는 80년대 말까지 TDX를 비롯한 전전자교환기를 대량 건설하여 음성전화 위주의 서비스가 주로 제공되었으나 90년대에 들어와서는 컴퓨터 통신의 도입을 서두르게 되었다. 당시 한국통신 사장(이해욱)은 체신부장관에게 1989년도 한국통신 업무계획 보고 시 정보통신부문에 대해 다음과 같이 보고하였다(1989. 2. 13).

> ① 한국통신은 정보통신을 제2의 주력사업으로 결정하고 1989년을 정보통신 원년으로 설정한다.
>
> ② 1990년부터 정보통신시대를 준비하여 2000년에는 종합정보통신시대를 개막하도록 추진한다.

1990년대에 들어서면서 한국통신은 전화 위주의 통신에서 데이터통신으로의 일대 전환을 꿈꾸며 본사에 정보통신사업본부라는 조직을 신설하였다. 말하자면 지금의 인터넷 시대에 대비하여 필요한 기술과 시스템을 개발하고 인프라를 구축하여 PC 통신서비스 제공을 새로 시작하기 위한 전위부대였다. 이때 한국통신 사장(이해욱)은 최고경영관리자회의 제1차 회의(1990. 2. 23)와 제2차 회의(1990. 5. 21)에서 정보통신사업본부의 중요성과 이 사업의 활성화에 대하여 재차 지시하였다. 이에 따라 1990년부터 1994년까지 한국통신의 경영목표(5대 목표) 중 정보통신부문을 <표 6-1>과 같이 정하여 추진하였다.

<표 6-1> 한국통신의 경영목표(1990년-1994년)

년도별	경영목표	년도별	경영목표
1990년	정보통신사업 활성화	1991년	정보통신사업 본격화
1993년	종합정보통신서비스 고도화	1994년	종합정보통신서비스 제공

초기에는 PC통신으로 불리는 데이터 통신서비스를 도입하고 1992년 이후 인터넷으로 발전시킨다는 구상이었다. 한국통신은 컴퓨터 통신서비스를 조기에 체계적으로 국민들에게 제공하기 위해서는 ① 컴퓨터 통신을 위해 국민들이 이용할 수 있는 단말기의 보급 ② 데이터통신을 위한 전용통신망의 건설 ③ 이러한 첨단 기술의 서비스를 전담할 수 있는 회사의 설립 등 세 가지 일을 준비하였다.

나. 컴퓨터통신의 추진방향

1990년대 초 우리나라의 전화사업은 전국 전화자동화의 실현, 전전자교환기의 개발 등 이미 세계 8위권에 이르고 있다. 선진국에서는 1980년대 초반부터 컴퓨터통신을 국가적 전략사업으로 추진하여 서비스 보급과 이용에 있어서 이미 상당한 수준에 와있지만 우리나라는 아직 기술자립 및 사업화의 시작단계에 머물고 있었다. 이때 컴퓨터통신이라는 국가적 과제를 역동적으로 추진하기 위해 1991년 한국통신 정보통신사업본부(본부장 이정욱)는 2001년에「컴퓨터통신 선진국으로의 진입」이라는 중장기 목표를 세우고 이를 위한 추진방향을 다음과 같이 제시하였다(하이텔, 1991. 12, 한국통신).

첫째, 한국통신은 1991년도에「컴퓨터 통신의 선진화 계획」을 수립하여 기존의 전화위주의 통신사업으로부터 컴퓨터 위주의 통신사업으로 전환하여 제3의 통신시대를 열어간다.

둘째, 컴퓨터통신의 선진화 계획은 비디오텍스 사업을 핵심으로 하여 추진하며 이 사업을 한국통신에서는 하이텔(HiTEL)이라고 명명한다. 하이텔 사업은 비디오텍스를 중심으로 음성정보, 영상정보를 포함하여 추진한다.

셋째, 컴퓨터통신 사업은 정보이용자를 위한 단말기, 각종 정보를 제공하는 데이터베이스(DB), 단말기를 고속으로 연결시켜 주는 데이터통신망 등 3개 분야를 병행하여 균형있게 발전시킨다.

2. 인터넷으로 가는 길목

2.1 하이텔(HITEL)의 탄생

가. 하이텔과 만리경

1990년대 초반 한국통신 정보통신사업본부(본부장 이정욱)는 한국형 미니텔 단말기의 이름을 무엇으로 할 것인가를 고민하다가 전국적으로 명칭공모에 들어가게 되었다. 이 새롭게 출시하는 서비스 명칭과 단말기 명칭을 공동으로 사용하기로 정하고 이를 선정하기 위한 명칭심사위원회를 구성 운영하였다. 이때 명칭심사위원회에서는 최종적으로「만리경」과「하이텔」의 두개로 압축하였으며, 최종 선정과정에서 치열한 경쟁을 벌였다. 당시 심사위원 중 교수 몇 분은 만리경을 강력히 추천하였으나 만리경은 영문표기가 너무 복잡하여 이용이 어렵고 경쟁사업자인 데이콤에서 이미 천리안이라는 명칭을 쓰고 있다는 이유로 탈락되었다.

또한 컴퓨터(PC) 통신은 미래 통신이고 글로벌 네트워크를 기반으로 할 수밖에 없다는 판단에서 영문으로 사용하기 편리한 하이텔(HITEL)로 최종 결정되었다. 당시에는 인터넷이라는 용어를 사용하지 않고 있었다. 하이텔이란 고도통신(High Telecommunication)의 약칭으로 이 명칭은 부산대학교 학생이 제안한 작품이었다. 하마터면 우리나라의 두 대표적인 PC 통신서비스의 명칭이 천리안과 만리경이 될 뻔하였다. 한국통신은 하이텔을 선진국 최고수준으로 발전시키고자 하였으며 이를 위해 하이텔 단말기의 대량보급, 대규모 데이터베이스(DB)의 개발구축, 데이터 통신망의 초고속화 추진 등 3가지 과제를 추진하였다.

나. 하이텔을 위한 정보제공자 유치

한국통신은 정보제공자에 의해 개발된 정보를 이용자가 단말기로 원하는 정보를 제공받을 수 있도록 01410 하이텔 통신망(HiNET-P)을 구축하였다. 그리고 하이텔 정보제공자(IP)는 게이트웨이를 통해 이 통신망에 접속하여 서비스를 제공하게 하였으며, 이를 위해 IP 유치사업을 전개하였다. 당시 초고속통신추진본부(본부장 안승춘)는 이 사업을 위한 추진계획을 수립 추진하였으며, 주요 내용은 다음과 같다(초고속정보통신사업 종합추진계획, 1996. 6, 한국통신 초고속통신추진본부).

첫째, 국내 최대의 IP(SP)를 확보하고, 종합 데이터베이스정보를 제공하여 국내 최대의 PC통신서비스를 제공토록 한다. 이를 위해 IP를 현재 262개사로부터 2000년에는 1,412개사로 늘리고, 하이텔의 월평균 이용시간을 현재의 462만 시간에서 2000년에는 3,211만 시간으로 증가시킨다. 이를 위한 연도별 IP유치 및 사용시간계획은 <표 6-2>와 같다.

<표 6-2> 중장기 IP 유치 및 사용시간계획

구분	1995년	1996년	1997년	1998년	1999년	2000년
IP 수(당년도)		200	200	250	250	250
IP 수(누계)		462	662	912	1,162	1,412
사용시간(만시간)	462	828	1,368	2,004	2,679	3,211

둘째, 윈도우환경의 메뉴를 제공하고 멀티미디어, 인터넷, 전자결재서비스 등을 위해 패킷통신망을 고도화하고, 제공하는 정보를 다양화한다. 그리고 정보료 회수대행제를 시행하여 민간 IP를 적극적으로 발굴 유치한다.

셋째, 1996년부터 2001년까지 투입예산은 총 1,338억 원으로 편성하고, 수입은 통신료와 수수료를 합하여 총 8,590억 원으로 전망한다. 이를 위한 IP 유치를 위한 연도별 투입예산 및 년도별 수입전망은 <표 6-3>과 같다.

<표 6-3> IP 유치를 위한 투입예산 및 수입전망

구분	1996년	1997년	1998년	1999년	2000년	2001년
투입예산(억원)	168	176	182	173	181	192
수입(억원)	307	661	1,091	1,599	2,137	2,641

2.2 컴퓨터통신용 단말기의 개발

가. 컴퓨터통신용 단말기 조사

1991년 한국통신 정보통신사업본부(본부장 이정욱)는 우선 단말기 공급방안과 컴퓨터통신을 위한 전용통신망 건설계획을 동시에 수립 추진하였다. 특히 한국통신 입장에서는 앞으로 컴퓨터통신을 위해 우리나라 국민들이 어떠한 단말기를 사용하게 할 것인가를 결정하는 일이 시급하였다. 이에 따라 컴퓨터 통신용 단말기를 확보함에 있어 가장 효율적인 방안을 찾기 위해 당시 정보통신사업본부장 등 3명의 간부가 약 10일간 미국과 유럽 출장을 갔었다.

먼저 미국을 들렀을 때 본 것은 그때만 해도 꽤 덩치가 큰 PC를 책상 위에 놓고 데이터 통신을 하고 있는 모습이었다. 너무 기능이 다양하고 이용방법이 복잡하게 보여서 어쩐지 우리의 생활습관이나 정서에는 맞지 않겠다는 생각이 들었다. 다음에는 유럽으로 건너가 당시 이 분야에서 가장 앞서 나간다는 소문이 난 프랑스의 미니텔(Minitel)을 조사하였다. 우선 크기가 작고 기능이 단순하여 이용하기가 쉬워 호감이 갔다. 숙박한 호텔에서 기차표를 구입하는데 사용하여 보았다. 프랑스 리옹역에서 스위스의 제네바까지의 기차표를 구매한 후 리옹역으로 가서 바로 기차를 탈수 있었는데 당시 한국통신 출장팀에게는 처음 경험한 획기적인 서비스가 아닐 수 없었다.

출장결과 확인한 미국과 프랑스의 정보통신 대상, 정보통신 단말기, 데이터베이스 등 국가사회 정보화의 전개방향(1990년대 초반)을 살펴보면 <표 6-4>와 같다. 표에서 보는 바와 같이 1990년대 초 선진국의 컴퓨터 통신의 전개방향은 크게 두 갈래로 가고 있었다.

미국은 기업 위주의 컴퓨터통신을 구상하여 처음부터 성능이 다양한 PC 베이스로 단말기를 전면 보급하고, 이 모든 일은 민간주도로 끌고 간다는 방침이었다. 그러나 유럽을 대표하는 프랑스의 경우는 출발부터 미국과 대조적이었다. 기업보다는 전 국민을 대상으로 하는 발전계획을 세웠으며, 일반 PC보다는 미니텔 단말기를 독자적으로 개발하여 대량보급체제를 갖추어 나가고 있었다. 또한 본 프로젝트의 전반적인 일을 정부주도로 강력하게 밀고 나가고 있었다.

<표 6-4 > 선진국의 정보화 전개방향

구분	미국	프랑스
정보통신 대상	기업	국민
정보통신 단말기	PC	미니텔 단말기
데이터베이스	전문분야 데이터베이스	생활정보 데이터베이스
정보통신 주도	민간	정부

이와 같은 미국식과 프랑스식 컴퓨터(PC)통신을 검토하여 관련 전문가와 협의하여 결과적으로 프랑스식이 우리들에게 보다 적합한 PC통신방식이라는 결론을 내렸다. 그때만 해도 한국통신 실무자 입장에서는 우리들은 서구인에 비해 보다 덜 과학적이고 일을 하는데 대충 대충하는 버릇이 있는데다 복잡한 기능보다는 간단하고 단순한 기능의 장비가 우리들의 생활습관에 맞는다고 보았다. 그래서 한국통신은 프랑스의 미니텔과 비슷한 검색기능위주의 단순하고 크기도 작고 값도 저렴한 한국형 미니텔 단말기(하이텔 HITEL)를 제작하여 보급하기로 결정하였다.

나. 하이텔 단말기 개발 및 전담회사 설립

한국통신에서는 하이텔 사업을 효율적으로 추진하기 위한 방안을 다음과 같이 수립 추진하였다(한국통신의 통신사업 발전방향, 1994. 6. 1, 기술기획실 통신망계획1국). 이 계획의 주관부서 및 결재자는 제6장 말미의 참고자료 편에 기록되어 있다.

첫째, 우리나라의 정보통신사업은 현재 초기 단계에 있으므로 앞으로 상당 기간 수익성을 기대하기 어려운 실정이다. 초기에 정보통신기반을 다지기 위해서는 하이텔과 천리안을 크게 육성 발전시켜야 하며, 장기적으로는 양대 정보통신서비스를 전문분야별로 발전시키거나 아니면 통합 추진하여야 한다.

둘째, 하이텔을 프랑스의 미니텔과 마찬가지로 국가를 대표할 수 있는 정보통신서비스로 발전시켜 나아가기 위해 한국PC통신(주)를 설립하여 전담시킨다.

이에 따라 한국통신은 프랑스의 미니텔 단말기 보급정책을 채택하여 우리나라의 하이텔 단말기를 개발 보급하게 되었다. 특히 하이텔 단말기를 개발하여 대량 보급하고자 하였던 실질적인 이유는 다음과 같다.

첫째, 당시 PC의 보급과 이용이 급속하게 늘어나고 있으나 PC는 전문지식이 있는 직장인과 학생계층이 주로 이용하고 있으며, 사용방법이 복잡하여 일반인의 이용에 어려움이 있었다.

둘째, PC를 통신용으로 사용하기 위해서는 다이얼 업 모뎀을 별도로 구입해야하며 통신용 소프트웨어(에뮬레이터)를 디스크로부터 메모리에 로딩해야 하였다. 이때 DOS 명령 실행절차가 복잡하고 상당한 준비시간이 소요되었다.

셋째, 정보화 사회의 기반을 조성하고 조기에 활성화 시켜 나가기 위해서는 누구나 쉽게 이용할 수 있는 단말기를 개발 보급하여 이용자 저변을 확대할 필요가 있었다.

따라서 하이텔 단말기는 비디오텍스 서비스에 가장 적합하고 전원 스위치만 켜면 즉시 사용이 가능하도록 개발하였다. 또한 정보검색에 자주 사용되는 각종 명령어가 특수키로 제공되게 하여 조작이 간편하며 비디오텍스 서비스 뿐만 아니라 문자형 서비스까지 겸용할 수 있도록 개발하였다.

2.3 하이텔 단말기의 대량공급

가. 하이텔 단말기 보급방향

1990년대에 들어서면서 한국통신은 일반인에게 정보이용 활성화를 위해 저렴하고 간편한 하이텔 단말기를 개발 보급하고 PC 이용자에게는 통신용 에뮬레이터의 보급을 추진하였다. 하이텔(HITEL) 사업을 위해서는 우선 하이텔 단말기를 대량 보급하는 목표를 정하였다. 당시 통신시장이 개방되고 외국기업의 국내 정보통신시장 진출이 가속화되고 있는 상황인지라 국내업체들의 시장 선점이 시급한 과제였다.

그러나 이때 국내업체들은 초기에 이용자 확보에 어려움을 겪고 있는 터라 한국통신은 하이텔 단말기를 대량으로 보급함으로써 정보통신사업의 시장 환경을 활성화하고자 시도하였다. 또한 어느 정도 시장이 활성화될 때까지는 일정규모의 단말기를 무상으로 임대하고, 그 이후에는 수요자가 단말기를 구입하여 사용토록 유도하였다. 이 경우 하이텔 단말기 보급으로 자금부담이 크나 앞으로 하이텔 사업이 활성화됨으로서 정보통신료 수입이 급속히 늘어 날 것으로 전망하였다. 한편 이 사업을 통해 114안내 운영 및 전화번호부 발행에 따른 막대한 비용을 감소시키고, 전국 어느 지역에서나 가장 현행화된 전화번호정보를 시내통신요금으로 이용할 수 있게 한다는 구상이었다.

1992년 5월에는 정부 정책사업의 하나로 하이텔 단말기의 보급계획이 수립되었다. 2000년까지 하이텔 단말기 3백만 대, 일반 PC 7백만 대를 보급하여 총 1천만대 보급계획을 수립하였다(1992. 5). 이때 한국통신은 하이텔 단말기의 보급계획은 <표 6-5>와 같이 수립 추진하였으며 이표에서 기본형은 기본형1과 기본형2를 포함하였다.

<표 6-5> 하이텔 단말기 보급계획(단위 1,000대)

구분	1991	1992	1993	1994	1995	1996	소계	1997-2000	합계
기본형	45	25	35	115	130	150	500	-	500
부가+기본형	-	-	-	-	220	280	500	2,000	2,500
합 계	45	25	35	115	350	430	1,000	2,000	3,000

그리고 하이텔 단말기는 1994년 말까지 22만대를 보급하고 1995년에 35만대를 보급 추진하였으며, 하이텔 단말기 보급계획의 주요내용은 다음과 같다(초고속정보통신사업 종합추진계획, 1996. 6, 한국통신 초고속통신추진본부).

첫째, 하이텔 단말기는 현재 28만대에서 1997년까지 50만대를 보급하고, 하이콤은 현재 150만대에서 2000년까지 1천만대를 보급한다. 그리고 차세대 멀티미디어 단말기(NC)의 보급을 검토한다.

둘째, 하이텔 단말기의 이용효율을 향상시키기 위해 저이용 단말기는 회수하여 재보급하고, 신규는 수용에 따라 보급수량을 조절한다. 그리고 PC 기술발전추세에 따라 멀티미디어 기능을 추가한 하이콤을 보급토록 한다. 이에 대한 방안으로 인터넷(KORNET) 및 패킷망용 웹브라우저, 윈도우용 에뮬레이터 등 디스켓 115만개를 제작 배부하고, 온라인에 의한 다운로드 복제도 885만개를 제공한다.

셋째, 1991년부터 2000년까지 하이텔 단말기는 50만대, 부가장치는 10만대를 공급하고, 하이콤 소프트웨어는 1천만 개를 보급한다. 이를 위해 1991년부터 2000년까지 소요예산 총 1,292억 원을 투입한다.

나. 대량보급의 문제점 발생

이 하이텔 단말기는 보급된 지 얼마 지나지 않아 심각한 어려움에 봉착하였다. 초기 이 단말기는 당초 단순기능 형으로 만들어서 값싸게 보급할 생각이었으며, 특히 초보자와 노령자 등 단순 정보검색 이용자를 위해 만들어 졌다. 그러나 보급과정에서 하이텔 단말기는 오히려 최고수준의 PC이용자들에게 우선적으로 배정되는 바람에 문제가 커지고 말았다. 이들은 단말기의 기능이 단순하다, 성능이 PC에 비해 떨어진다는 등 비판을 하고 나섰다. PC이용수준의 이용자에게 이 단말기를 주어서는 안 될 일이었다. .

또한 이 단말기의 보급과정에서 구형 단말기는 전송 에러제어, 단말기 간 통신, 착신전화표시, 파일편집, 저장 및 송출기능이 없는 등 기능부족으로 이용을 기피하는 현상이 발생하였다. 또한 신형과 구형을 병행 보급하는 바람에 구형 단말기의 경우 월 30분미만의 이용자가 89%에 달하고 있었다. 종합적으로 보아 하이텔 단말기는 그동안 보급수량의 약 30% 정도만이 월 1회 이상 사용하는 등 이용율이 극히 저조한 것으로 확인되었다. 그리고 PC에 비해 기능이 열악하여 사용자의 선호도가 낮아 PC구매자는 이를 반납하는 상황이 벌어졌다.

다. 하이텔 단말기의 보급중단

이와 같은 상황변화를 수용하여 한국통신은 단순기능을 수행하는 단말기 보급을 지양하고 PC 보급을 촉진하고 모뎀구매를 지원하는 방향으로 선회하게 되었다. 이에 따라 1996년 이후에는 단말기 신규보급을 중단하여 당초 300만대 보급목표에서 28만대로 조정하였다(1996. 10). 즉 하이텔 단말기가 28만대 정도 보급된 시점인 1996년 10월에 이 사업을 중단하고 일반 PC를 확산하는 방향으로 급선회하게 되었다. 그 이유는 다음과 같다.

첫째, 당초 생각했던 것보다 우리나라의 PC 보급이 1995년 말에 이미 620만대를 넘어서는 등 급속하게 확산됨으로써 하이텔 단말기가 설 땅이 축소되기 시작하였다.

둘째, 컴퓨터 통신에 대한 우리의 생활습관으로 보아 이용자들이 단순하고 간단한 기기 이용을 좋아할 것으로 판단하였으나 실제는 성능이 다양하고 최고급 기능의 장비를 선호하였다.

한편 1988년 대통령 공약사항으로 되어 있던 하이텔 단말기 보급은「단말기 기능보급」으로 조정하고 단말기보다 기능 및 용도가 탁월한 PC의 구매자금을 지원하는 방향으로 조정하였다. 그때까지의 하이텔 단말기의 보급실적을 정리하면 1991년-1992년에는 구형 하이텔 단말기, 1993년-1995년에는 신형 하이텔 단말기를 공급하였으며, 연도별 보급실적은 <표 6-6>과 같다(하이텔 단말기 불용처리계획, 1996. 12, 한국통신 초고속통신추진본부).

<표 6-6> 하이텔 단말기 보급실적

구분	구형		신형			계
년도별	1991년	1992년	1993년	1994년	1995년	
보급대수(1000대)	45	25	70	80	60	280
소요예산(억원)	88	55	167	172	129	611

라. 하이텔 단말기의 자산관리

하이텔 단말기 보급중단방침에 따라 1994년도 정기 재물조사결과 단말기의 재고가 8만9천대(193억75백만 원)로 파악되었다. 더구나 반납된 구형 단말기는 재배치 사용이 불가하고 불용재고로 창고에 누적되어 이의 유지비용이 연간 11억 원, 법인세부담이 약 40억 원 등 연간 51억 원 규모의 관리비용이 발생하고 있었다(하이텔 단말기 불용처리계획, 1996. 12, 한국통신 초고속통신추진본부).

이와 관련하여 1994년도 국정감사에서 단말기 이용의 효율성 제고, 이용요금의 인하, 서비스 개선 등에 대하여 지적을 받았다. 또한 1995년도 제173회 임시국회에서도 보급목표인 300만대를 대폭적으로 축소 조정하도록 하는 지적이 있었다. 이에 따라 한국통신은 회계규정 시행세칙 제149조-제151조에 따라 구형 단말기의 불용결정방법을 검토하였다.

제1안은 각 자산 담당국의 자산관리위원회에서 불용 결정하여 처리하는 방식이었다. 이 방안은 동일 사안에 대하여 개별 자산관리위원회에서 결정하는 문제가 있고, 자산규모가 방대하여 불용실적이 극히 저조할 것으로 예상되었다. 제2안은 대개체 사업에 의한 불용 결정하는 방안으로, 이는 잔존가액 보상판매 처분하고 대체 구매하는 것이었다. 여기에서는 하이텔 단말기의 신규보급사업을 중단하게 되어 대개체 사업이 불가한 점이 있었다. 제3안은 사장 직권으로 불용 결정하는 방안이었다. 이 집행방안은 사장의 불용결정으로 인력 및 예산이 절감되며 신속한 불용처분이 가능하다는 장점이 있었다.

다음에는 회계규정 시행세칙 제153조-157조에 의한 구형 단말기의 불용처분방안을 검토하였다. 제1안으로 매각처분하는 방법을 검토하였는데 이 방법은 잔존가격이 남아 있어 이를 환경폐기물 대상으로 매각하는 것은 곤란하였다. 제2안은 산업폐기물로 폐기 처분하는 방안이 있었다. 그러나 이 방안은 처리비용이 추가로 발생하는 단점이 있었다. 제3안의 경우는 각 자산담당국 또는 지역본부에서 부정기로 시행하는 물품불용 처분과 병행하여 자체 처분할 수 있었다. 이 방안은 비용을 최소화할 수 있는 장점이 있었다.

위와 같은 검토 결과 불용결정방법 제3안, 불용처분방법 제3안으로 각각 시행하는 것으로 결론지었다. 결국 사업을 시작한 지 10여년이 지난 1990년대 말 이 단말기는 사용이 거의 중단되었다. 당시 전면 PC 시대로 급속하게 가는 흐름을 제대로 읽지 못해 이 단말기를 PC와 병행 보급한 것이 못내 아쉽기도 하지만, PC이용이 일반인에게 어렵지 않겠느냐는 의심은 기우로 끝나고 말았다.

3. PC통신시대를 위한 주요과제

3.1 PC통신사업자 전국(戰國)시대

우리나라는 1990년대 전반기에 하이텔, 천리안, 나우누리, 유니텔 등 여러 개의 PC 통신서비스가 상용화 운용되고 있었다. 당시 무려 11개의 PC 통신사업자가 출현하여 PC통신의 춘추전국시대가 전개되고 있었으며 이들의 식별번호, 중계회선, 서비스지역 등을 종합하면 <표 6-7>과 같다. 이들은 인터넷으로 진입하는 관문단계의 서비스로서 매우 중요한 과정이었다.

<표 6-7> 우리나라의 PC 통신사업자(1997. 1)

구분		식별번호	중계회선	가입자회선	서비스지역
한국통신	HiNET-P	01410/01411	18,500	전국전화가입자	전국
	인터넷	01414	3,250	전국전화가입자	전국
데이콤	DNS	01420/01421	3,750서울	7,326	전국
부가통신사업자 (VAN)	현대정보	01431	360	660	10개도시
	SDS	01433	5,250	1,800	22개도시
	한진정보	01435	360	252	10개도시
	무역협회	01436	480		9개도시
	증권전산	01437	750	333	14개도시
	아이네트	01438	1,050	144	9개도시
	한솔	01439	1,830		6개도시
	두산	01441	870		11개도시

이때 한국통신 네트워크본부(본부장 이정욱)는 일반전화기와 PC통신이 동시에 가능한 가정용 댁내 장비를 개발 보급하기 시작하였다(네트워크 고도화 추진계획, 1997. 1, 한국통신 네트워크본부). 이 계획에 의해 VDM, SLM 등 다중화 장치는 1997년부터 공급하고, 개량형 NT는 1998년부터 공급 추진하였으며, 일반가입자용 광 전송장치(FLC)도 개발하여 1998년부터 공급할 계획으로 추진하였다. 1997년 하이텔, 천리안, 나우누리, 유니텔 등 PC통신의 전체 가입자 수는 212만명, 데이터베이스 수는 5,850개가 운용되고 있었다. 반면 인터넷 가입자는 48만명, 데이터베이스 수는 73,200개에 달했으며, PC단말기는 총 623만대에 이르고 있었다.

한편 PC통신 이용자의 증가추세를 보면 1994년부터 매년 100%씩 증가하고, 1997년 말에는 3백만 가입자로 증가되었으며, 2002년에는 8백만으로 늘어날 것으로 전망되었다. 지난 5년간 PC통신 회사별 PC통신 이용자를 보면 <표 6-8>과 같다.

<표 6-8> PC통신 이용자 증가상황(1993년-1997년)

구분	1993년	1994년	1995년	1996년	1997년
천리안	115,336	214,711	340,000	597,338	1,030,000
하이텔	100,856	171,953	230,000	385,000	850,000
나우누리	0	38,850	180,000	351,650	650,000
유니텔	0	0	0	235,000	600,000
미래텔	0	0	0	23,727	38,234
계	216,192	425,514	750,000	1,592,715	3,168,234

3.2 전용 데이터통신망의 건설

가. 패킷 데이터통신망의 구축

한국통신은 인터넷을 위한 전용통신망의 건설도 병행 추진하였다. 1990년 9월에는 패킷통신망 건설 기본계획을 수립하였으며, 이 계획은 그 이듬해에 체신부의 승인을 받았다(1991. 3). 이 계획에 의해 한국통신은 7개년(1992년-1998년)에 걸쳐 총 762억원(63,521천불/ 달러당 1,200원)을 투자하여 패킷 데이터통신망(HiNET-P)의 건설을 추진하였다.

한국통신은 하이텔 등 PC통신을 위한 데이터통신망을 캐나다의 노텔(Nortel)사로부터 도입하였다. 이 통신망은 X.25 프로토콜과 프레임 릴레이를 사용하고, 1.2 Kbps부터 2,048 Kbps까지의 통신속도를 낼 수 있고, 컴퓨터 간 통신을 위한 다양한 서비스를 제공하는 대표적인 데이터통신망이었다. 이 통신망은 1차로 서울, 부산 등 29개 지역에 건설하여 1992년 7월에 개통하였으며, 이어서 1993년 12월에는 전국적으로 확장되고 1994년부터는 읍면단위까지 확충되어 PC통신 전용망으로서 전국 211국소에 1만7천 회선을 운용하게 되었으며 세부내역은 <표 6-9>와 같다.

<표 6-9> 패킷데이터통신망 운용상황(1994. 8)

구분	설치국명	시설수(회선)
주교환기(11국)	혜화, 구로, 영동, 부산, 동마산, 서인천, 태평, 북광주, 대전, 북전주, 원주	4,267
부교환기(105국)	중앙, 광화문, 아미, 부산진, 남인천, 동대구, 서광주, 서대전, 이리, 춘천, 서청주, 신제주 등	11,451
PAD(95국)	여주, 이천, 밀양, 김천, 화순, 금산, 속초, 횡성 등	1,282

그러나 X.25가 퇴조하고 고속 프레임릴레이 시장이 급성장하면서 데이터 통신의 사업 환경도 변화하였다. 이에 따라 한국통신은 약 220억 원의 예산을 투입하여, 패킷 데이터통신망(HiNET-P)의 기반구조를 프레임 릴레이 위주로 개선하였다. 데이터통신의 고속회선 수요가 많은 지역을 선정하여 고속노드를 신설하였다. 1차로 신사, 서초, 양재, 목동, 남강, 모란, 의정부, 여천, 서안동, 구미, 용전, 홍성, 군산, 충주 등 15개국에 설치하고, 2차로 강동, 아미, 사상, 북울산, 항동, 남수원, 북순천, 강서 등 8개국에 설치하여 1998년 9월에 개통하였다.

한편 기업고객을 위해 기업전용 데이터통신망을 도입하였다. 이를 위해 본점과 지점에서 본점의 호스트에 접속하는 전용통신망(CO-LAN)을 설치 운용하였다. 이 통신망은 Lucent(미국) 제품으로 HiNET-P와 같은 X.25 프로토콜을 지원하고, 전화와 동시에 데이터 통신이 가능한 2선식 고속데이터통신망이었다. 이 통신망의 당초 전송속도는 최대 19.2 Kbps이었으나 1998년에는 전송속도가 115.2 Kbps로 고속화되었다.

그러나 HiNET-P와 CO-LAN 통신망은 서비스 내용이 유사하였다. 이러한 상황에서 이 두개의 데이터통신망이 별도로 운영되면서 중복투자의 발생, 운용효율성의 저하라는 문제에 직면하게 되었다. 1998년에 들어서면서 이 두 개의 데이터통신망을 연동방식으로 통합 운용하게 되었다. 지나간 정보통신역사이지만 이러한 통신망 운용상의 시행착오를 유발하게 된 배경과 원인에 대해서는 좀 더 확인해볼 필요가 있다고 생각된다.

나. PC 통신망의 소통상황

한국통신은 우리나라 기간통신사업자로서 주요지역의 시내교환기와 데이터통신망 간, 데이터통신망과 데이터베이스 간의 운용 및 소통상황을 관리하고 있었다. 당시 이들 통신망의 운용상태와 소통상황은 다음과 같이 분석되었다(1997년 전반기).

(1) 서울, 부산, 경기, 대구 등 주요지역의 시내교환기와 데이터통신망 간은 총 839개 구간을 운용하였다. 이들 중 146개 구간이 회선이 부족하였으며, 특히 서울, 경기지역의 회선부

족이 심하게 나타났다. 통신완료율은 68%로 나타났으며 이 중 71개 구간은 50% 이하로 불량한 상태였다.

(2) 데이터통신망과 데이터베이스 간은 24시간 평균완료율이 69%, 최번시 완료율은 55% 정도로 문제가 있었다. 특히 일반 데이터베이스와 공공 데이터베이스에의 통신완료율이 저조하였다. 그리고 시내교환기와 데이터통신망 간에 저속도통신(14.4 Kbps)을 하는 것과 전송로 순단고장(CGA)이 발생하였다.

이 문제를 해결하기 위해 우선 시내교환기와 데이터통신망 간에 접속회선을 대량 확보하여 상시 소통을 보장하고, 통화 점유시간이 길어지는데 대한 방안을 강구하였다. 그리고 인터넷사업자 별 네트워크의 난립 운용에 효율적으로 대처하기 위하여 초고속전용망을 구축하여 인터넷사업자망을 수용하고, 국제초고속망에 참여하여 인터넷 사업자망을 수용하면서 국제간 인터넷회선을 <표 6-10>과 같이 증설 추진하였다(네트워크의 고도화 추진계획, 1997. 6, 한국통신 네트워크본부).

또한 시내교환기와 데이터통신망 간의 통신처리시스템(ICPS)의 처리속도를 당시 14.4 Kbps에서 28.8 Kbps로 고속화하고, 전화와 PC를 동시에 이용할 수 있는 다중화 장치(VDM, SLM) 1만3천대를 보급 추진하였다. 또한 전송로품질을 과학적으로 분석하고 개선하였다.

<표 6-10> PC통신 소통개선계획(1997. 12)

구분	운용(1996)	증설	계
시내교환기-데이터통신망	65,300	42,900	108,200
국제간 인터넷회선	246	672	918

3.3 컴퓨터통신 서비스의 확장

가. PC통신의 고속화 및 대용량화

1990년대 후반에 들어서면서 우리나라 통신시장에 큰 변화가 일어나고 있었다. 유선 음성전화는 성장이 둔화되고 무선 음성서비스로 전환되고 있었으며, 유선 데이터통신 수요는 증가하고 있었다. 2000년대 음성서비스와 비음성서비스의 통신시장 변화를 예측해 보면 <표 6-11>과 같다(초고속정보통신사업 추진방향, 1998. 5. 25, 한국통신 네트워크본부).

특히 공공기관 및 기업의 정보화 추세에 따라 통신속도가 저속도에서 고속화하고 있어 이러한 요구를 수용하는 통신망 제공사업과 SI의 비중이 급증하고 있었다. 이에 발맞추어 PC통신의 소통향상을 위해 시설을 확장하고, 고속화 및 대용량화를 위한 PC통신의 고도화를 다음과 같이 추진하였다(1998년도 주요업무계획, 1998. 2, 한국통신 네트워크본부).

첫째, PC통신을 위한 접속장비인 통신처리시스템(ICPS : Information Communication

Processing System))을 조기에 증설하고, PC통신 접속회선이 부족한 구간을 해소하여 소통율을 향상시킨다. 그리고 PC통신 이용자의 불만 사항을 적극 해소하여 수익을 증대한다.

둘째, 1998년 소요예산 52억원을 확보하여 ICPS 72개 시스템을 설치한다. 1998년 말에는 총 419개 시스템을 운용한다.

셋째, 1998년 소요예산 153억48백만 원을 투입하여 지능화된 고속 대용량 통신처리시스템(AICPS)를 11개 시스템을 설치한다. 그리고 PSTN, Hinet-P, FR 등 타 통신망간 연동을 확대하고, 재원여건을 감안하여 목표량을 축소 조정한다.

그러나 이때 IMF사태로 인해 실행예산을 82조99백만 원을 확보하는데 그치는 바람에 70억원의 예산 부족이 발생하였다. 이에 따라 1998년 착공 1999년 개통분 AICPS 5개 시스템의 개통에 차질이 생기게 되었고, 이 문제를 해결하기 위해 부족예산 70억원은 채무예산으로 확보 추진하였다.

<표 6-11> 2000년대 통신시장의 변화 예측(단위: %)

구분		1997년	2005년	변화
음성	유선	34.4	22.0	-12.4
	무선	15.7	17.0	+1.3
비음성	유선	8.8	12.8	+4.0
	무선	6.9	4.5	-2.4
통신망제공 서비스		6.9	8.3	+1.4
SI		27.3	35.4	+8.1

나. 하이텔 팝 사업의 추진

한국통신은 국내 PC 통신서비스의 활성화를 위하여 분산구조의 대용량 고품질 시스템을 구축하여 하이텔 팝(HiTEL-POP) 서비스를 제공하였다. 이것은 일반 PC통신 이용자에게 전자우편, 전자게시판, 공개자료실, 대화실, 동호회, 토론실, 여론조사 등의 기본서비스와 각종 데이터베이스, 게임, 인터넷 등의 연동서비스를 저렴하게 제공하는 보급형 PC 통신서비스이었다. 당시 한국통신은 종합통신사업자로서의 기반을 다지고 국내외 정보통신서비스의 기반시장을 확장하기 위해 하이텔 팝 서비스를 추진하였다.

그리고 통신시장개방 및 지적소유권 등의 국제적 문제에 대해 정책적으로 대응하고, PC통신서비스를 국가정책으로 추진함으로서 통신의 세계화 흐름에 대비하기 위한 것이기도 하였다. 또한 타 PC통신업체와 신기술을 공동 연구 개발하고 각종 서비스의 연동을 추진함으로서 경쟁관계가 아닌 협력관계를 유지하고자 하였다. 한편 PC통신에 대한 각종 표준규격을 주도적으로 제정하여 PC통신업계를 발전시키고 정보공유의 활성화도 유도할 수 있다고 판단하였다. 이런 점을 감안하여 한국통신은 하이텔 팝(HiTEL-POP) 사업전략을 다음과 같이 수립 추진하였다(1995년도 하이텔 팝 사업계획 추진, 1995. 2, 한국통신 정보통신본부).

첫째, 보급형 정보서비스를 공급하여 정보통신 마인드를 조기에 확산하고, 2000년대 1가구 1전자사서함의 보급을 목표로 추진한다.

둘째, 타 PC통신망의 전자우편 중계 노드형으로 구축하고, 국산 주전산기를 이용하여 분산구조의 확장성, 신뢰성이 높은 시스템을 구축한다.

셋째, 멀티미디어를 포함한 보급형 통합메시지 통신서비스로 단계별로 발전시킨다.

위와 같은 추진전략에 따라 1995년도에는 PAGER 호출, 주문예약, 온라인게임, 인터넷 연동, 전자우편연동, 온라인 정지화상처리, 사설동호회 연동 등의 신규서비스를 제공하였다.

3.4 교육용 컴퓨터 지원

가. 한국통신의 교육용 컴퓨터 지원

미래 정보화 사회의 주역이 될 국민학교(현 초등학교) 학생들에게 컴퓨터 교육을 시키기 위해 정부의 전산망조정위원회에서 초등학교는 한국통신이 지원하고 중고등학교는 당시 문교부에서 지원하도록 의결하였다(1988년 12월). 이러한 방침에 따라 교육부와 한국통신 간 전국 초등하교 교육용 컴퓨터 지원에 관한 상호협정이 체결되었다(1989년 12월). 이 협정에 따라 한국통신은 1995년까지 총 640억 원을 투입하여 전국 6,316개 초등학교에 교육용 컴퓨터 126,147대를 구입 지원하였다.

이 사업은 한국통신이 물품인증 및 구매하여 기증하며, 학교는 교육부에서 선정하는 방식으로 시행되었다. 한국통신은 사업 개시 후 3개년(1990년-1992년) 동안 총 3,238개교에 PC 68,520대, 프린터 2,945대를 지원하였다. 그리고 1993년에는 총 116억 원의 예산을 투입하여 1,100개교에 2만5천대를 보급하였다. 이때 연도별 지원내역은 <표 6-12>와 같다.

<표 6-12> 전국 초등학교 컴퓨터 지원계획

구분	1990	1991	1992	1993	1994	1995	계
공급대수(천대)	29	21	20	25	25	30	150
소요예산(억원)	131	80	80	116	116	117	640

이때 한국통신은 교육부와 체신부로부터 지원기간을 당초계획(1995년)보다 1년 단축하여 1994년까지 완료하여 달라는 요청을 받았고 당시 초등학교로 부터도 같은 요청을 받게 되었다. 이에 따라 소요예산을 확보하여 이 사업을 조기 완료하였다. 이때 한국통신과 교육부는 협정을 체결하여 컴퓨터의 유지보수, 자산관리, 교육용 프로그램 개발보급과 효율적

인 방안 강구 등은 교육부가 담당하게 되어 있었다.

본 사업은 초등학생들에게 컴퓨터 마인드 조성과 PC이용의 저변확대에 크게 기여하였다. 그러나 당시 지원한 컴퓨터 중 XT급은 모뎀, 하드디스크 미장착과 처리속도 지연 등으로 시간이 지나면서 사용하기에 불편한 점이 나타나기도 하여 신형으로 계속 대·개체해야 하였다. 본 초등학교 컴퓨터 지원이 계획대로 추진되자 이 지원사업을 주관해온 한국통신 정보통신본부장(이정욱)은 교육부장관(조완규)으로부터 다음과 같은 감사패를 받았다.

> 감 사 패
>
> 한국전기통신공사 정보통신사업본부
>
> 본부장 이정욱
>
> 귀하는 2천년대 정보화사회에 대비한 학교 컴퓨터교육 지원사업에 많은 도움을 주셨으므로 깊은 감사의 뜻을 이 패에 담아드립니다.
>
> 1992년 12월 31일 교육부장관 조완규

나. 초중고교의 정보통신 이용환경개선

1990년대 후반기에 들어서면서 한국통신은 각 급 학교의 정보통신 이용환경 개선을 시도하였다. 이때 정보통신부, 교육부, 한국통신 등 관련기관 간의 업무협의를 거쳐 정보통신부에서는 초중고 정보통신 이용환경을 개선하고자 시행계획을 수립 추진하였다(1997. 8. 27). 1997년 당시 우리나라의 전국 학교 수는 총 10,928개, 학생 수 총 8,423,830명을 운영하고 있었으며, 그 세부내용은 <표 6-13>과 같다. 이 표에서 보는 바와 같이 당시 초중고에 설치된 총 전화는 26,693대로서 학교당 전화설치대수가 2.5대에 불과하고, 전화 1대당 교사 수는 12.6명으로 매우 열악한 상황이었다.

이와 같은 학교통신의 취약성을 개선하고자 한국통신은 현재 교사 100인당 7.8대인 전화를 교사 10명당 3대 기준으로 끌어올리기 위해 총 76,220대를 확장하는 계획을 추진하였다. 당시 설치전화는 착신전용 또는 일반전화로 정하였으며, 이를 위해 시도교육청에서 학교별 설치대수를 한국통신 지역본부에 통보하고 전화국에서 설치하도록 하였다. 이때 착신전용 전화를 설치하는 경우에는 설비비와 장치비 등 약 171억 원을 면제하였다. 당시 설비비 면제는 기존 설비비도 조속한 시일 내에 가입자에게 반환이 불가피하다는 점을 근거로 들었다.

그리고 전기통신사업법 시행령 제10조 제5호에서는 정보화촉진과 보급확산을 위해 필요로 하는 역무로 정보통신부장관이 인정 시 감면이 가능하도록 정하고 있었다. 또한 착신전용전화에 발신기능을 추가하고 기본료, 통화료 등을 받는 취지에도 부합하였다. 이 계획은 마케팅본부가 세부계획을 주관하였다(1997. 9. 1). 이에 따라 지역본부는 시도교육청과 협의하여 착신전용 37,400대, 일반전화 12,750대 총 50,150대를 공급하게 되었으며, 전화국에서는 1997년 10월부터 1998년 3월까지 설치토록 하였다.

<표 6-13> 학교의 정보통신 이용실태(1997. 6. 30)

구분		초등학교	중학교	고등학교	계
학교 수		6,322	2,720	1,886	10,928
교사 수		137,912	99,928	105,204	343,044
학생 수		3,800,540	2,379,983	2,243,307	8,423,830
가입전화	총 설치대수	11,900	7,048	7,745	26,693
	학교당 설치대수	1.9	2.6	4.1	2.5
	1대당 교사수	11.6	13.6	13.4	12.6
	교사 100인당 대수	8.6	7.0	7.4	7.8
	학생 100인당 대수	0.31	0.29	0.34	0.32

4. PC통신을 위한 또 다른 과제

4.1 데이터베이스(DB)의 확보

가. 한국경제신문의 KETEL 흡수

우리나라 초고속인터넷의 출발선상에는 하이텔이 있었다. 한국통신은 하이텔에서 출발한 초고속인터넷 사업을 성공으로 이끌어 가기 위해서는 단말기의 공급, 데이터베이스(DB)의 확보, 데이터통신망의 확장 등을 균형 있게 추진해야 하였다. 이중에서 초고속인터넷의 기반이 되는 통신망의 구축이나, 막대한 자금이 소요되는 단말기 보급은 공익적인 측면에서 한국통신이 담당하고, 데이터베이스(DB) 구축은 민간부문에서 추진하는 것이 바람직하다고 판단하였다.

그러나 데이터베이스(DB) 구축에는 전문인력과 방대한 규모의 컴퓨터 시설을 확보해야 하고, 많은 시간이 소요되는 관계로 초기에는 수익성이 불투명한 점이 있어 민간사업자의 적극적인 참여를 기대하기 곤란하였다. 이때 한국통신(사장 이해욱)에서는 하이텔 데이터베이스의 개발 및 구축을 전담하는 회사가 필요하다고 판단하고, 한국경제신문의 KETEL에 출자하는 문제 등을 포함하여 어떤 방안이 좋은지에 대해 검토하였다(1991. 5. 1).

나. 한국PC통신(주)의 창립

당시 한국경제신문은 국내에서 가장 큰 규모의 컴퓨터통신 데이터베이스인 케텔

(KETEL)을 운영하고 있었다. 한국통신은 이를 흡수하여 한국통신의 하이텔 데이터베이스와 통합 운용하는 방안을 검토하였는데 당시 케텔 인수비용은 약 100억 원으로 예상되었다. 이를 위해 한국통신 정보통신사업본부(본부장 이정욱)는 1991년 7월 한국경제신문사(사장 박용정)와 정보통신사업 협력을 위한 합의를 한 후 1991년 12월 9일 한국PC통신(주)를 창립하였다.

이 회사는 한국통신을 비롯한 국내 13개 업체가 공동출자하여 자본금은 200억원으로 하여 설립되었으며, 한국통신은 33.5%의 지분을 보유하였다. 이때 한국통신은 하이텔을 프랑스의 미니텔과 마찬가지로 한국을 대표할 수 있는 정보통신서비스로 발전시켜기 위해 한국PC통신(주)와 역할분담체계를 <표 6-14>와 같이 정하였다. 1992년 초 한국통신 정보통신사업본부(본부장 이정욱)는 앞으로 이 회사를 국내 최대의 데이터베이스(DB) 전문업체로 육성 발전시킨다는 구상을 가지고 한국PC통신(주)와 업무위탁에 관한 협정서를 체결하였다(1992. 4).

<표 6-14> 하이텔사업의 역할분담

한국통신	한국PC통신(주)
① 전국규모의 데이터통신망의 건설및 운용 ② 하이텔 단말기의 개발 및 보급 ③ 공익성 데이터베이스의 개발계획수립	① 공익성 데이터베이스의 개발 및 운용 ② 각종 생활정보 데이터베이스의 개발 및 운용 ③ 하이텔 영업

이 협정서에는 데이터베이스 개발을 위한 역할분담 내용이 담겨졌다. 여기에서 한국통신은 수익성보다는 공공성 DB 개발에 주력하고, 한국PC통신(주)는 한국통신의 DB 위탁개발과 대규모 상업성 DB를 개발토록 정하였다. 그리고 공공 DB사업의 경우 한국통신이 주관하고 그 개발은 한국PC통신이 맡는 방식으로 사업방향을 정하였다. 그리고 일반 DB사업자는 중소규모의 생활 DB를 개발토록 하는 방침도 세웠다.

창립 당시 이 회사 직원은 한국통신 직원과 한국경제신문사 직원 반반으로 구성되었다. 그런데 이 두회사는 기업문화와 일하는 방식이 크게 달라 서로 조화를 이루기까지 상당한 시간과 진통을 겪었다. 특히 한국PC통신(주)의 서비스 명칭을 둘러싸고 상당한 논란이 있었다. 초기에는 한국경제신문사에서 사용한 케텔(KETEL)로 하자는 주장이 강력하여 그대로 사용하다가 논란이 있어 코텔(KOTEL)로 변경되었다.

그 후 한국통신 사장(이해욱)은 월례업무보고 시(1992. 4. 7) 한국PC통신(주)와 협의하여 명칭을 하이텔로 정하는 것이 좋겠다는 의견을 제시하였다. 이에 따라 1992년 7월부터 하이텔(HiTEL) 서비스를 시작되었다. 이 어려운 시기에 초대 사장으로 남궁석(정보통신부장관 역임)씨가 선임되어 회사의 초석을 다지고 KT 하이텔로 발전하는데 큰 역할을 하였다. 초기 우리나라의 인터넷의 연결은 비영리 인터넷, 상업 인터넷, 해외 인터넷, PC통신망이 자기 나름대로 생겨나면서 서로 연결 운용되고 있었다. 이때 한국통신은 한국PC통신을 설립하여 데이터통신 및 미래의 인터넷 서비스를 위한 전진기지로 발전시켜 나갔다. 결국 KT하이텔은 우리나라가 본격적으로 인터넷시대에 진입하면서 paran.com으로 제공되다가 그 후 한국의 대표적 인터넷서비스인 daum.net으로 발전하였다.

4.2 하이텔 데이터베이스(DB)의 개발 및 구축

가. 기본방침

한국통신은 1990년대에 진입하면서 국민들의 정보통신 이용수준을 끌어올리기 위해 데이터베이스(DB)의 개발 및 운용에 앞장서고 있었다. 이를 위해 우선 각 정부 부처, 공공단체, 연구기관에서 보유하고 있는 국가 주요정보를 체계적으로 데이터베이스화하고, 국민들의 생활에 필요한 생활정보를 대규모 데이터베이스(DB)로 개발 구축하는 방침을 세웠다.

이러한 대규모 DB를 효과적으로 개발하기 위해 앞에서 한국통신은 수익성보다 공공성 DB개발에 주력하고, 한국PC통신(주)에서는 대규모 상업성 DB를 개발 운영하며, 일반 DB 사업자들은 중소규모의 생활 DB를 개발토록 역할을 분담하였다. 특히 하이텔 데이터베이스를 우리나라 대표적인 정보통신 데이터베이스로 구축 발전시키기 위해 하이텔 데이터베이스 발전계획(정사2422-01223)을 수립 추진하였다. 이때 한국통신은 민간 데이터베이스 개발을 지원하고, 정부 정책사업인 공공 데이터베이스의 상품화를 유도하였는데, 그 주요 내용은 다음과 같다.

첫째, 창의력 있는 민간 DB의 개발을 지원하였다. 이것은 상업성이 있는 민간 DB를 지원하여 민간업체의 민간 DB의 개발을 활성화하고, 이로부터 DB 이용이 활성화되도록 유도하였다. 이를 위해 개발금 전액을 지원하고 그 후 차기년도부터 3년간에 걸쳐 지원금을 회수하였다.

둘째, 상품성이 있는 공공 DB의 개발을 유도하고, 이를 한국통신의 자체개발 DB에 흡수 개발하는 방향으로 유도하였다. 그리고 개발된 공공 DB는 하이텔 망에 접속하여 유통하도록 하였다.

셋째, 데이터베이스의 수익성을 제고하기 위해 정보료의 유료화, 회수대행제도 등에 대하여 다음과 같이 조치하였다.

① 정보료는 1996년부터 유료화하는 것으로 정하였으나 이를 1995년으로 앞당겨 조기에 시행하고 유료화는 공익 DB, 교육 DB, 해외 DB, EDS 등을 대상으로 한다.

② 회수대행제도도 당초 1996년에 시행하게 되어 있었으나 1995년부터 조기 시행한다. 이때 회수대행은 민간 DB, 공공 DB를 대상으로 하여 회수대행수수료는 전화정보와 동일한 수준인 정보료의 10%로 정한다.

③ 한국통신이 개발을 지원한 상품성있는 민간 DB는 지원 후 차기년도부터 3년간에 걸쳐 개발지원금을 회수하고 이를 1996부터 시행한다.

이에 따라 한국통신은 1994년부터 1997년까지 공공 데이터베이스 개발에 800억 원, 민간 데이터베이스 개발에 1,450억 원 등 총 2,250억 원을 투입하는 계획을 추진하였으며, 이에 대한 연도별 세부개발계획은 <표 6-15>와 같다.

<표 6-15> 공공 DB 및 민간상업 DB 개발계획

구분		1994년	1995년	1996년	1997년	계
공공DB	개발목표(종)	72	103	100	100	375
	소요액(억원)	130	270	200	200	800
민간DB	개발목표(종)	10	115	250	350	725
	소요액(억원)	20	230	500	700	1,450
계	개발목표(종)	82	218	350	450	1,100
	소요액(억원)	150	500	700	900	2,250

위 표에서 보는바와 같이 1994년에 공공 데이터베이스는 72종을 개발하였고, 이를 위해 예산 130억 원을 집행하였으며, 민간상업 데이터베이스분야는 10종을 개발하였고, 예산은 20억 원을 투입하였다. 또한 1995년에는 공공 데이터베이스부분에 지역정보, 해외정보, 일상생활정보 등 103종, 민간상업 데이터베이스분야에 학습정보, 증권정보, 취미오락, 전문기술정보 등 115종의 신규 데이터베이스를 개발 추진하였다.

나. 하이텔 데이터베이스(DB)의 발전계획

1996년 한국통신은 PC통신 이용자에게 한국통신이 보유하고 있는 데이터베이스를 패킷망(01410)을 통해 제공토록 하였다. 이때 사업목표는 시장점유율 20% 이상, 가입자 유치 80만 명 이상, 서비스 DB수 3천종 이상을 목표로 정하였다. 2,000년대 국내 최고의 PC 통신서비스 사업자로서의 위상을 확보하기 위한 사업추진방침은 정하였다(초고속정보통신사업종합추진계획, 1996. 6, 한국통신 초고속통신추진본부).

첫째, 관련 서비스를 통폐합하여 서비스를 일원화하여 경쟁력을 높이고, 서비스 개발, 운영, 기획, 영업을 위한 조직을 전문화한다. 우선 KT-Mail과 Hitel-POP 서비스를 통합하여 한국통신 데이터베이스의 관문화하고 이를 위해 다음과 같이 조치한다.

① 통합서비스 명칭을 제정하고, 이용약관을 개정하며, 서비스 청약 및 승낙절차를 개선한다. 이를 통해 이용자 계층을 통합하여 서비스 경쟁력을 높인다. ② Hitel-POP 시스템을 통합주전산기로 운영하고, KT-Mail 용 주전산기(HP 9000)는 웹 등 멀티미디어 서비스용으로 사용하고, TICOM 시스템은 원래대로 X.400 국제관문용으로 사용한다. ③ 당시 KORNET, EDS, FAX DB, EDI, GIS 등 각 부서별로 추진 중인 PC 통신서비스를 1998년에는 관문서비스로 통합한다.

둘째, 데이터베이스(DB)를 고품질화하고 차별화하여 다양하게 제공하고, 외부 IP/ SP를 적극 유치하여 2000년에는 3천종의 전문 DB를 제공토록 한다. 또한 상업, 오락성 서비스를 제공하여 이용을 촉진하고, 현재 한국PC통신(주)에 위탁운영 중인 공공, 교육 DB를 본격 제공하며 공공 DB 개발보급사업과 연계한 웹 브라우저 및 멀티미디어 DB를 수용하여 윈도우 환경에서 GUI 서비스를 1996년 12월부터 제공한다.

셋째, 하이텔 데이터베이스사업을 위해 1996년-2000년에 총 506억8천만 원의 예산을 투입하고, 수입은 총 84,9억99백만 원으로 예측한다. 이에 대한 연도별 투입예산 및 수입예상액은 <표 6-16> 및 <표 6-17>과 같다.

<표 6-16> 하이텔 DB사업을 위한 투입예산(단위: 백만원)

구 분	1996년	1997년	1998년	1999년	2000년	계
투자예산	1,700	2,000	1,000	1,000	2,000	7,700
운용보전예산	500	520	720	780	840	3,380
IP 제공료	720	3,600	6,480	10,800	18,000	39,600
계	2,900	6,120	8,200	12,580	20,840	50,680

<표 6-17> 하이텔 DB사업의 수입예측(단위: 백만원)

구 분	1996년	1997년	1998년	1999년	2000년	계
판매수익	1,440	7,200	12,960	21,600	36,000	79,200
광고수익	-	48	192	480	960	1,680
정보통신료	11	216	504	1,050	2,338	4,119
계	1,451	7,464	13,656	23,130	39,298	84,999

넷째, 통신망 진화계획에 탄력적으로 대응하여 다양한 접속 루트를 제공하고, 서비스를 적기에 공급하기 위해 전문개발업체에 용역을 시행한다. 이를 위해 인터넷 로그인(Login) 서비스, 홈페이지 운용, 텍스트/ WWW 서비스를 병행 제공하는 등 인터넷 연동서비스도 1996년 12월부터 제공한다. 그리고 1997년 12월부터 VR, 검색, Real Audio News, Cyber Cafe 등 고차원 멀티미디어 서비스를 제공한다. 또한 PSTN 고속접속망을 구축하고 접속루트의 다변화를 추진한다.

이에 따라 한국통신은 지역별로 필요한 데이터베이스를 구축하고, 지역정보통신센터를 구축하여 하이텔 데이터베이스를 지역센터기능으로 발전시켰다. 이 지역정보통신센터는 지역의 소프트웨어 유통센터 기능을 담당하며 지역의 정보통신 활성화를 위한 교육센터의 역할도 수행토록 하였다. 우선 부산, 광주, 원주센터를 1991년 12월에 개관하였고 청주, 제주, 전주, 일산. 분당센터를 1994년부터 1997년에 걸쳐 개관하였다.

다. 하이텔 지의 발간

한국통신은 그동안 월 10만부를 발간해온「하이텔」지의 발간에 대한 개선방안도 검토하였다(초고속통신추진본부 하이텔사업국). 이 책자발간에는 9.6억 원이 소요되었다으며, 당시 광고수입이 년 1.3억 원(월 1,100만원 규모)이며 광고신청이 많아 2-4개월이 지연되고 있는 형편이었다. 또한 신규이용자 및 01410의 하이텔 광장 내 온라인 구독신청자가 5만명이나 적체되는 상황이 발생하였다. 그래서 최대한 광고수입을 증대시키고 발간비용을 단계적으로 중단하고자 KT문화재단과 IP의 공동발간체제로 전환하기로 하였다. 이를 위해 다음과 같은 두 가지 방안을 검토하였다.

제1안은 KT문화재단 자체사업인 PC통신 전문잡지로 전환한다. 이 방안은 광고증면으로 발간비의 약 50%(4.5억 원)를 충당가능하나 부족분이 발생하는 것이 문제이고, 한국통신은 DM 발송비 등 연간 5억 원을 지원해야 한다.

제2안은 KT문화재단과 IP협회 공동발간체계로 전환한다. 이때 IP협회 회원은 1998년 24개사, 1999년에는 48개사 규모이며, 협회 회원사는 월 100만원 이상 분담한다. 그리고 참여회원사에게는 광고우선권 및 광고료 할인권을 부여하고, IP협회에 지면을 할애하며 하이텔지 운영에도 참여하게 한다. 또한 온라인 광고사업도 문화재단과 공동으로 추진한다.

이상과 같이 검토한 결과 제1안은 KT문화재단이 독자 추진하는 장점이 있으나 광고수입이 부족한 문제점이 있고, 제2안의 경우는 인포삽의 정보제공자 중심으로 운영되는 장점이 있으나 재원확보 등이 미확정 상태였다. 따라서 시행이 가능한 제1안을 우선 추진하고 1998년 이후 IP와 공동발간체계로 전환하는 제1안과 제2안의 절충형이 바람직하였다.

그래서 1단계(1997. 10-1997. 12)에는 광고를 증면하여 예산 6천만원을 절감하고, 2단계(1998년)에는 문화재단과 IP협회의 공동발간 체계로 전환하며, 3단계(1999년)에 가서는 문화재단과 IP협회의 공동발간체계로 정착시키기로 하였다. 이렇게 함으로서 1999년까지 단계적으로 한국통신 투자예산을 감축 및 폐지하는 방안으로 추진하기로 하였다. 한편 IP협회는 1998년도 초기진입 시에는 참여회원수 부족으로 소규모로 참여하고, IP의 영세성 및 사업자립을 고려하여 문화재단과 IP협회가 공동으로 사업을 추진하게 하였다.

4.3 공공 데이터베이스(DB)의 개발보급

정부는 데이터베이스(DB) 산업을 적극 육성하기 위해 1994년부터 1997년까지 매년 200억 원씩 모두 800억 원을 투자하여 매년 100개씩 400개의 공공 데이터베이스를 개발하고 이를 모든 정보통신망을 통해 공개하기로 하였다. 그리고 데이터베이스 이용여건 조성을 위해 PC 통신에 대한 시내통화요금 인하계획을 확정하였다. 또한 1994년부터 한국통신과 데이콤의 정보통신망을 연동 운영하기로 한 것을 1994년 6월부터는 민간정보통신사업자의 통신망까지도 연동 운용하기로 하였다.

당시 정부와 한국통신의 방침은 정보통신 활성화 여부는 건전한 공공 데이터베이스수에 달렸다고 판단하였다. 이에 따라 한국통신의 자금지원 아래 민간 데이터베이스 사업자가 공공 데이터베이스를 개발하게 하여 이를 누구나 사용할 수 있도록 한다는 쪽으로 추진하였으며, 이 방침에 따라 개발할 DB의 대상과 범위를 정하고 DB 개발업체를 선정하였다.

또한 DB의 제작, 운용 및 검색에 필요한 DBMS를 국내에서 개발하여 저가로 보급하기로 하고, 이를 위해 80억원을 투입하여 전자통신연구소 주관 하에 학계 등이 공동개발하기로 하였다. 이후 관련 업체에 기술을 이전하여 조기에 산업화를 유도해 나가기로 하였다. 이를 위해 체신부는 효율적인 공공 데이터베이스 선정을 위해 공공 데이터베이스 개발 추진협의회를 <표 6-18>과 같이 구성하여 운영하였다(1994년).

<표 6-18> 공공 DB개발 추진협의회

구분	소속	성명	비고
정부	체신부 정보통신국장	윤석근	공공DB 주관부처(위원장)
	총무처 능률국 행정전산과장	김국현	행정전산망 사업 관장
	체신부 정보통신업무과장	윤재홍	공공DB개발 보급 관장
업계	한국통신 국장	윤명식	기간통신 및 하이텔 운영
	데이콤 이사	김윤철	기간통신 및 천리안 운영
	한국PC통신(주) 상무	최동휘	하이텔 운영
	한국정보통신진흥협회 상무	현호중	정보통신 관련협회
학계	서울대 교수	이석호	정보과학회장
	KAIST 교수	이진주	경영과학회장
	고려대 경영대학원 교수	서남원	데이터베이스학회장
연구소 등	한국전산원 본부장	서삼영	국가기간전산망 지원
	한국전자통신연구소 단장	오길록	DB관리시스템
	KIST연구개발정보센터 소장	성기수	과학기술정보유통센터 구축
	한국DB진흥센터 전무	장원홍	공공DB선정 주무기관(간사)

한국통신은 1990년대 후반기에 들어서면서 본격적으로 공공 데이터베이스의 개발 보급을 추진하였다. 이 사업은 신경제 5개년계획(대통령 지시사항), 정보화촉진을 위한 DB 산업 육성대책(1993. 8. 19, 체신부), 1997년 공공 DB사업 개선방안(1997. 2. 13, 정보통신부)을 근거로 하여 추진되었다. 그동안 한국통신은 정보화 사회의 조기실현방안으로 국내 데이터베이스 산업을 전략적으로 육성하여 왔다. 또한 사회적 정보공유를 위하여 공공정보를 우선

적으로 개발하고 이용을 유도하여 왔으며, 영세한 국내 데이터베이스 사업환경을 고려하여 개발자금을 직접 지원하기도 하였다.

이 사업의 추진체계는 정보통신부(MIC)가 공공 데이터베이스 개발보급사업 추진방안을 확정하면, 우선 한국데이터베이스진흥센터(DPC)에서 DB의 이용실태, 정보수요, 정보자원, 유통DB현황 등을 조사하였다. 이때 한국통신은 개발대상과제의 선정, 제안요청내역의 작성, 공공 DB개발자의 공개경쟁 모집, 공공 DB개발자의 평가 및 선정, 공공 DB 개발 및 운영관리 등을 담당하였다. 그리고 공공 DB개발자는 공공 데이터베이스의 개발, 운영, 현행화, 확대개발 등의 일을 수행하였다.

4.4 공공 데이터베이스 개발실적

가. 개발과제 및 개발업체선정방법 개선

1990년대 중반 한국통신은 총 680억 원의 예산을 투입하여 총 165종의 공공 데이터베이스(DB)를 개발하였는데, 연도별 개발실적은 <표 6-19>와 같다(1997년도 공공DB 개발보급 추진계획, 1997. 4, 한국통신 초고속통신추진본부). 그런데 1994년-1996년의 개발실적을 분석하여 보면 몇 가지 해결해야할 과제가 발견되었다. 가장 크게 나타난 문제점은 총괄적 정보개발계획의 부재로 개발과제를 체계적으로 선정하지 못하여 개발내용이 중복되고 편협성을 내재하고 있다는 점이었다.

다음에는 공공 데이터베이스의 범위를 정부 및 공공기관의 보유정보에 한정함으로서 사업성이 부족하여 데이터베이스의 자생력이 약화되었다는 것이었다. 또한 제안업체에 대한 자격제한이 없어 이상과열을 초래하였으며, 특히 제안업체(주계약자)에 대한 자격요건이 불명확하여 평가 및 선정과정에서 이의제기 등 문제가 발생하였다.

<표 6-19> 한국통신의 연도별 공공DB 개발실적

구분	1994년	1995년	1996년	1997년	계
개발목표(종)	72	73	10	10	165
소요예산(억원)	135	225	185	135	680

이때 한국통신은 공공 데이터베이스 개발과제 및 제안업체 선정방법을 다음과 같이 개선하였다.

① 국내시장 상황을 고려하여 정보개발 지도를 작성하고 이에 따른 개발과제와 개발규모를 확정한다. ② 공공 DB의 개발대상 범위를 확대하여 민간이 보유한 공공성이 있는 정보들을 적극적으로 발굴하여 DB화하고 이용률을 높이며 DB의 자생력을 강화한다. ③ 효율적인 공공 DB 개발을 위해 창의적 아이디어를 사전 공모하고 채택된 아이디어는 제안서 평가 시

가점을 부여한다. ④ 주계약자 지격을 일정 자격을 갖춘 중소전문 업체로 제한하고, 제안업체의 자본금, 매출액, 상시근로자 수 등 자격요건을 최소화하며, 개발 및 운영능력을 평가 시 집중 반영한다.

이에 따라 1997년도 공공 데이터베이스 개발에 참여할 주계약자로서의 입찰참가 자격요건은 우선 설립등기일로부터 1년 이상 경과한 법인으로서 자본금이 2억원 이상, 20억원 이하로 정하였다. 그리고 직전 회계연도의 데이터베이스 또는 소프트웨어 관련 매출액이 3억원 이상이고 총 매출액의 60% 이상으로 정하였다. 또한 중소기업기본법에서 정하는 상시근로자수가 300인 이하인 민간기업으로 정하였다.

이때 공정거래위원회에서 정하고 있는 대규모 기업집단 및 소속회사, 신문사, 방송사, 신문사 및 방송사가 최대주주인 계열회사는 제외하였다. 평가 선정방법은 정부투자기관 회계규정 제203조에서 정한 적격심사낙찰제를 적용하였다. 또한 컨소시엄 구성원은 정부투자기관 회계규정 제150조의 경쟁입찰 참가자격을 갖춘 자로 하였다. 한편 1997년도 공공 데이터베이스 개발 추진방침은 다음과 같이 정하여 시행하였다.

첫째, 공공 DB의 개발 대상범위를 정부기관에서 민간보유정보로 확대한다. 그리고 DB 개발 아이디어를 사전공모하고 채택된 업체 및 공공 DB를 양호하게 운영한 업체의 경우 제안서 평가 시 가점을 부여한다.

둘째, 데이터베이스별 특성에 따라 개발규모를 탄력적으로 적용하며, 제안업체에 대한 자격제한요건을 최소화하고 현실화하며 개발 및 운용능력을 평가에 집중 반영한다.

셋째, 1994년도-1995년도에 개발된 소형 공공 DB의 경우 운영 의무기간 이후 공공DB 운영자에게 소유권을 무상 양도한다.

나. 1997년도 공공 데이터베이스 개발 추진

1997년도에는 69억 원을 투입하여 중대형 멀티미디어 데이터베이스 10종을 개발 추진하였으며 과제별 주요개발내역은 다음과 같다.

① 국내 육상물류 정보(약 7억 원)

전국 약 5천개 운송업체의 주요영업지역, 공차현황, 운송계획 등 현황정보를 개발한다. 그리고 약 1,500여 개소에 이르는 운송물 보관시설의 현황정보, 운송 및 보관 상담정보, 전국에 산재되어 있는 여러 기관의 물류 관련 부가종합정보 등을 개발한다. 또한 이 정보를 이용하여 사용자(화주)가 제시한 조건을 대상으로 최적 운송계획 등의 물류계획 수립이 가능토록 한다.

② 멀티미디어 식생활 건강정보(약 5.3억 원)

식품별 주요영양소(칼슘, 철, 비타민 등)의 영양가 및 열량정보를 개발한다. 그리고 연령별, 성별 등의 대상별 영양권장량 등의 식생활정보, 음식별 구성재료 및 조리법을 다양한 미디어를 사용하여 구현한다. 또한 질병의 종류와 증상에 따른 질환별 식이요법 소개하고 식

품영양 관련 학술문헌정보, 국내 식품생산실적 및 한국인의 영양섭취실태 및 세계의 식생활 사례 등을 소개한다.

③ 전통의학정보(약 6.1억 원)

전국에 산재되어 있는 한방병의원의 현황정보를 제공하고 질환별 증상, 예방법, 상식 등의 상세한 전통의학상식 정보와 한방의 치료사례 및 전통 민간요법을 소개한다. 그리고 한의학과 관련된 전문용어를 알기쉽게 설명한 한의학 대사전 구축, 사용자의 체질(소양, 소음, 태양, 태음)을 알려주고 이에 맞는 사상의학으로 본 체질풀이 정보, 전래 민간요법을 증상별, 사례별로 제시한다. 또한 침의 역사 등 침과 관련된 정보소개 및 한의학과 관련된 학술지, 논문지 등의 자료를 제공한다.

④ 대화형 바둑강좌정보(약 6.9억 원)

공인된 전국의 바둑교실에 관한 정보를 수용한 바둑강좌 제공하고, 한국통신에서 제공하는 대국 소프트웨어를 근간으로 온라인통신 대국을 구성한다. 그리고 고전 및 현대기보를 망라하여 기사별, 기전별로 체계적인 기보정보를 제공한다. 또한 1975년 이후 프로기사 통계자료를 토대로 하여 기사별, 기전별, 라이벌 관계의 기사별 통계자료 제공하고 현재 이슈가 되고 있는 바둑계 전반의 소식과 자료를 제공한다.

⑤ 철도여행 안내정보(약 6.9억 원)

우리나라 및 세계철도역사 관련 서적 및 박물관 자료를 정리하여 철도사를 재조명하는 온라인 철도박물관, 한국철도지도를 중심으로 향토문화, 음식점, 교통편 등의 정보를 제공한다. 그리고 유명관광지, 계절별 명소안내 등의 정보와 철도테마관광(사랑열차, 피서열차 등) 패키지를 주제, 연령별로 구성한 상품정보를 제공한다. 또한 농산물, 수산물, 공예품 등에 관한 정보를 지역, 품목, 출하시기, 유통기관별로 분류하여 철도이용자들을 위한 효과적인 안내정보로 제공하고 철도잔여좌석 조회와 함께 시기별, 노선별, 등급별로 실시간 좌석예약기능의 구현한다.

⑥ 잡지기사 전문정보(약 6.8억 원)

대중잡지(40종), 정보통신관련 잡지(20종), 정치경제시사관련 잡지(40종) 등 국내잡지 100종 이상의 최근 1년간의 기사내용을 수록한다. 그리고 잡지사의 프로필, 잡지사 혹은 소개된 이벤트 행사에 관한 정보를 제공하고 전자우편, 대화방, 토론의 광장, 잡지구독신청기능 등 잡지사와 독자와의 대화창구를 제공한다.

⑦ 성교육 상담정보(약 5.3억 원)

성과 관련하여 연령 수준별로 그 수준에서 알고 싶어하는 내용으로서 임신과 출생 등에 관한 정확하고 건전한 성교육정보를 제공한다. 그리고 불건전한 성생활로 감염되는 여러 종류의 성 질환에 대한 정보와 성폭력 예방법과 관련 법령 등을 유형별, 사례별로 해설한다. 또한 국내외적으로 확산되고 있는 순결 지키기 운동과 AIDS 연맹에서 벌이고 있는 새 순결운동 등의 내용을 담은 순결교육정보와 온라인 성 상담실을 운영한다.

⑧ 사이버과학관(약 9.6억 원)

천문학의 기본내용, 지구의 생성과 지구상 생명체의 탄생 및 한반도의 생성과 변천 등을 정리하여 담은 자연사 정보를 제공한다. 그리고 의식주 생활을 분석하고 전통과학기술에 대한 내용을 당시 실생활에 사용되었던 도구 등에 적용하여 알아보는 전통 과학기술사 정보를 제공한다. 또한 자연현상 등 기초과학분야의 기본원리의 이해를 담은 가상실험공간을 제공하고 에너지, 기계, 정보통신수단 등 자연현상의 원리 및 실생활에서의 자연의 이용을 체계적으로 설명한다.

⑨ 멀티미디어게임 산업진흥정보(약 6.4억 원)

게임의 역사 및 계보를 게임의 기원, 게임 산업의 시작, 현대 게임 산업 등의 메뉴로 구성하고 신규게임에 대한 타이틀 기획력, 제작도구의 특징 등을 종합한 게임평가분석정보를 제공한다. 전 세계 90% 이상의 게임시장을 장악하고 있는 일본, 미국의 100여개 업체와 국내 200여개 이상의 업체정보 및 이들의 우수게임 소개한다. 그리고 불법복제, 지적재산권 보호, 게임 심의기준 등의 각종 규제 및 현 정부정책사항 등을 예시를 통하여 자세하게 설명한다.

⑩ WTO 조달시장정보(약 8.7억 원)

세계경제 현안 및 주요국별 경제지표, 국제경제 관련 주요지표 등의 정보와 세계 경제에 관련된 주요 이슈를 다룬 세계경제동향 정보를 제공한다. 그리고 주요 교역국의 통상정책, 관세제도, 품목별 관세율 등의 WTO 체제하에서의 국제무역 시장정보, WTO 협정문, 우리나라 기업의 조달 관련 성공 및 실패사례 등을 다룬 국제조달시장 정보를 제공한다.

이상과 같이 계획된 공공 데이터베이스 개발을 위해 한국통신은 제안서 및 가격입찰서 접수, 제안업체 현장실사, 제안서 서류평가 등을 시행하였다(1997. 6-1997. 7). 당시 제안서는 9개 과제에 총 46개 제안서가 접수되었으며, 이에 대한 평가 선정을 위해 정부투자기관 회계규정 제203조에서 정한 적격심사 낙찰제를 적용하였다.

이때 기술평가 50점, 입찰가격심사 50점으로 하여 평가한 결과 멀티미디어 식생활 건강정보, 전통의학정보, 멀티미디어 게임산업정보 등 9개 분야에 9개 컨소시엄(32개 업체)이 개발업체로 선정되었다. 그 세부내용은 <표 6-20> 및 <표 6-21>과 같다.

<표 6-20> 1997년도 공공DB 개발업체 선정결과

DB명	주 계약업체	컨소시엄업체
멀티미디어 식생활 건강정보	토미스	서울씨아이엠시스템 거농정보통신, 하이테크정보세계
전통의학정보	버츄얼아이오 시스템	토마토픽쳐스, 다음커뮤니케이션
화형 바둑강좌 정보	와이컴	한맥컴퓨터, 라인리그 아이크, 한국DB컨설팅

<표 6-21> 1997년도 공공DB 개발업체 선정결과

DB명	주 계약업체	컨소시엄업체
철도여행 안내정보	일주데이타	칸미디어, 코리아헤랄드, 가교미디어
국내 잡지기사 전문정보	전능메디칼 소트트웨어	한국출판정보통신, 인터백
성교육 상담정보	피씨밴	매스, 서울기독교청년회
사이버 과학관	에이치씨아이	디지털임팩트, 도서출판 현대과학사
멀티미디어 게임산업 진흥정보	웹인터내셔날	에스엔티온라인, 웹미디어
WTO 조달시장정보	채널원	한국무역정보통신, 디엔티, 버그맨

다. 소프트웨어 프라자 운영

1990년대 초반 우리나라 소프트웨어 업체(769개)는 그 경영기반이 취약하여 소프트웨어 매장을 구비하는 것이 어려운 실정이었다. 당시 상황을 보면 자본금이 5억 미만인 업체가 약 83%, 종업원이 30명 미만인 업체가 약 65%나 되었다. 그리고 소프트웨어 시장규모가 작고 전문유통시장이 미비하여 시장원리에 의한 가격형성 및 유통이 되지 못하고 있는 실정이었다.

이 문제를 다소나마 해결하고자 한국통신은 1992년 1월 용산전자상가에 소프트웨어(SW) 프라자를 개관하여 운영하기 시작하였다. 당시 소프트웨어 상품전시장에는 총 121개 업체의 795품종의 SW를 전시하여 유통하게 하여 그해에만 695종 13,279개의 SW를 판매하였다. 또한 이 프라자에는 교육실, 세미나실, DB 검색실, 상담실을 운영하였으며, 1992년에 교육 39회 923명, 세미나 155회 12,924명, 전시회 6회 8,453명의 운영실적을 달성하였다.

5. 한국의 인터넷(Internet) 시대로의 전환

5.1 인터넷서비스 추진경위

가. 한국 인터넷의 기반구축

우리나라는 1992년부터 인터넷(Internet)서비스의 도입을 본격 논의하기 시작하였고, 한국통신은 1993년에 하이텔 서비스를 기반으로 인터넷서비스의 도입을 추진하기 시작하였다. 당시 한국통신 국제사업본부는 처음으로 인터넷서비스 도입계획을 수립하였으며(1993. 3. 29), 이 계획은 경영기획심의위원회의 심의를 거쳐 미국 Sprint사와 협정을 체결하였다(1994. 5. 4).

이때 인터넷을 위해 국제회선(256Kbps 1회선)을 확보하였으며, 한국통신은 이를 위한 이용약관을 공시하였다(1994. 6. 10). 한편 한국통신은 데이터통신망(HiNET-P)을 읍·면 단위까지 전국 규모로 확장하고 있었으며, 앞으로의 시급한 과제는 통신속도를 현재보다 10배 이상으로 고속화하여 데이터통신망을 초고속화하는 일이었다. 당시 우리나라 부가통신 사업자로서 데이터통신망(패킷망)을 보유한 회사는 데이콤, 포스데이터, 현대전자, 쌍용컴퓨터, 증권전산, 대신정보통신 등이 있었다.

이러한 현상은 데이터통신망 상호 간의 연동이 어려울 뿐만 아니라 국가적으로 보아 중복 투자되는 것이므로 재검토 되어야 하는 혼란에 접어들고 있었다. 그때 한국통신 데이터사업본부(본부장 송광사)는 우리나라의 인터넷서비스를 서울에서 개시하였다(1994. 6. 20). 그리고 이 서비스의 확장을 위해 서울, 수원, 대전, 대구, 부산, 광주, 인천, 원주, 청주, 전주, 포항 등 11개 도시에 노드를 설치하여 전국망을 개통하였다(1994. 12, 27).

또한 그때까지 국제사업본부에서 수행해온 인터넷사업은 데이터사업본부가 총괄 추진하게 되었다. 데이터사업본부는 영업계획, 시설구축, 운용보전, 타 국내망과의 연동 등 인터넷사업을 전담하였다. 그리고 국제사업본부에서는 국제회선의 시설, 증설, 폐지와 관련하여 외국 사업자와 협정을 체결하고 국제회선의 운용, 유지보수를 담당하게 되었다.

한편 국내 인터넷 사업자가 대거 등장하면서 시장경쟁에 불이 붙기 시작하였고, 동시에 언론사, 방송사 및 정부 부처에서 인터넷 관련 각종행사를 추진하였다. 특히 인터넷 통신망과 PC를 통해 고속 멀티미디어 서비스를 관람토록 하는 정부 주도의 세계박람회와 정보엑스포 96 행사는 인터넷문화를 한 단계 끌어올리는 기폭제가 된 셈이었다.

나. 초기 우후죽순처럼 생겨난 국내 인터넷

초기 우리나라의 인터넷 연결은 비영리 인터넷, 상업용 인터넷, 해외 인터넷, PC 통신망이 각각 자기 나름대로 생겨나서 서로 연결 운용되고 있었다. 그러다 보니 1990년대 중반에는 총 9개의 인터넷망이 무질서하게 운용되고 있었는데 그들을 소개하면 다음과 같다(1995. 8).

(1) 한국통신은 KORNET과 HANA망을 가지고 있었으며 이들은 당시 LAN으로 상호 연결 운용되고 있었다. 이중 KORNET은 미국의 서부 SPRINT와 연결 운용되고, 한국통신 연구개발원의 HANA는 미국의 서부 NSFnet, 서울대학교의 교육망 KREN, 일본 BITnet 등과 연결 운용되고 있었다. 그리고 한국PC통신(주)의 KOLnet은 미국의 서부 ALTEnet와 하이텔을 연결하였다.

(2) 아이네트기술(주)는 NURInet을 운용하면서, 이 통신망에 미국 MCInet, KTnet, 나우콤, 포스서브를 연결하였다. 또한 현대전자(주)의 AMInet은 미국 MCInet과 연결되었다.

(3) 데이콤(주)의 DACOM InterNet는 미국의 서부 SPRINT, 천리안, 시스템 공학연구소의 KREONet와 연결 운용되고 있었다.

(4) 시스템공학연구소는 KREONet을 연구망으로 운용하고 있었으며, 이 망은 유럽/영국의 Europanet, 미국의 동부의 SPTRINT, 일본의 IMnet와 상호 연결되었다. 또한 국내의 DACOM InterNet과도 연결되었다.

(5) 한국전산원은 정부 공공인터넷 KOSInet을 운용하고 있었으며, 이 통신망은 한국통신의 HANA, 아이네트기술(주)의 NURInet, 현대전자(주)의 AMInet, 시스템공학연구소의 KREONet와 연결되었다.

이때 국내 인터넷 호스트는 총 33,042이었으며, 도메인(kr)은 452개로 운용되고 있었는데 그 세부내용은 <표 6-22>와 같다(1995. 8, 한국전산원). 그리고 당시 국내 인터넷 가입기관을 보면 비영리인터넷 319개, 상용인터넷 188개 등 총 507개 기관이었다. 그리고 개인가입자는 비영리인터넷 199명, 상용인터넷 12,161명 등 총 12,360명으로 집계되었다. 이때 비영리인터넷 가입내역을 정리하면 <표 6-23>과 같다(1995. 8, 한국전산원).

<표 6-22> 국내 인터넷 도메인 및 호스트(1995. 8)

구분	도메인명	도메인수	호스트수	비율(%)
교육 학술기관	ac.kr	90	12,554	37.99
기업 상용기관	co.kr	263	13,644	41.29
연구기관	re.kr	58	5,668	17.15
정부 공공기관	go.kr	18	80	0.24
비영리기관	or.kr	18	79	0.24
네트워크 운영	nm.kr	5	1,017	3.08

<표 6-23> 비영리인터넷 가입상황(1995. 8)

구분	제공기관	기관가입	개인가입	제공개시	비고
KREN	서울대학교	112	-	1988	대학교, 교육기관
KREONet	시스템공학연구소	131	90	1988	정부출연 연구기관
HANA	한국통신	50	-	1992	
KOSInet	한국전산원	26	109	1994	국가·지방 자치단체

우리나라는 1998년 서울대학교와 시스템공학연구소가 인터넷 서비스를 선보이기 시작하였으며 1992년 한국통신에서 인터넷 서비스를 개시하였다. 1990년대 인터넷 호스트는 대부분 교육학술기관, 기업사용기관 및 연구기관에서 제공하는 것이었다.

5.2 인터넷 접속전용망 건설

가. 한국통신 인터넷(KORNET)의 구축

한국통신은 인터넷 접속을 위한 기간 데이터통신망으로서 KORNET(Korea Telecom Internet)을 구축하고, 1994년 6월 국내 최초로 인터넷서비스를 제공하였다. 이 통신망은 자원의 공유, 사무자동화 등을 위해 기업, 연구소 등에 분산되어 있는 LAN을 TCP/IP 방식으로 상호 연결하였다. 당시 한국인터넷(KORNET)의 시설규모, 운용 및 서비스 제공내용은 다음과 같다.

첫째, KORNET은 160여 개국 5천여 개 컴퓨터통신망과 연동 운용되면서 이용자 간 다양한 정보를 주고받는 데이터통신 서비스를 제공하였다.

둘째, 기본서비스로 전자우편(E-Mail), 파일전송(FTP), 원격접속(Telnet/Rlogin), 뉴스, 인터넷 채팅(IRC) 및 BBS를 제공하고, 검색서비스로는 웹(WWW), 위치정보 아치(Archie), 메뉴방식 고퍼(Gopher)가 있었으며, 다이얼업, 전용접속, CO-LAN, HiNET-P 등의 접속서비스도 제공하였다.

셋째, 당시 시설 수는 D/U 913회선, LAN 525회선, HOST 748회선 등 총 2,186회선이고, 가입자 수는 D/U 6,921회선, LAN 352회선, HOST 158회선 등 총 7,431회선 규모였다(1996. 6. 30).

넷째, 이 통신망의 주용도는 인터넷 접속용이고, 다이얼 업 서비스를 위한 통신속도는 33.6 Kbps이고, 전용서비스를 위한 통신속도는 9.6 Kbps부터 1,544 Kbps까지 제공하였다.

그리고 한국통신 인터넷은 급속하게 확장되었다. 한국통신 인터넷(KORNET)의 백본인 주 노드는 전국 18개 도시에 설치하고 22개 중소도시에는 간이노드를 확장하였다(1997년). 우선 KORNET 주노드는 서울지역은 혜화, 구로, 항동, 경기지역은 수원, 강원지역은 춘천, 원주, 동강릉, 충청지역은 대전, 청주, 천안, 경상지역은 대구, 포항, 부산, 북울산, 동마산, 전라지역은 북광주, 북전주 그리고 제주지역은 제주전화국에 설치하였다. 또한 중소도시 22개 지역에는 간이노드를 설치하여 통신망을 구축하였다.

한편 KORNET 국내망은 혜화전화국에서 미국지역의 AT&T, SPRINT, MCI의 국제인터넷으로 연결되었다. 또한 아시아 지역의 KDD(일본), SiNGNET(싱가폴), HiNET(타이완), Hong Kong, Malaysia, Australia와 유럽지역의 EUNET 등의 국제인터넷 망으로도 연결되었다. 이후 KORNET은 지속적으로 확장되어 국제회선을 최다 보유하고 이용자에게 최대 전송속도를 제공하였으며 국내 3개축(155 Mbps)을 중심으로 40여개 지역의 노드국(45 Mbps)과 회선을 연결 운용되었다(1999. 2).

나. KORNET의 사업상황 및 현안문제

1996년 중반 한국통신 인터넷(KORNET)의 가입자 증가율을 보면 년 157%에 달하고 시장점유율은 기관가입자 44.1%, 개인 가입자 19.8%로 늘어나고 있었다(1996. 6). 그리고 초기 수입상황은 1995년 8억46백만 원, 1996년 36억 원으로 나타났다.

<표 6-24> KORNET 가입자 증가추세

구분	Dial-up	HOST	LAN	계
1995년 12월	2,677	84	92	2,853
1996년 6월	6,816	158	345	7,319
증가율(%)	155	88	275	157

한편 당시 한국통신 인터넷(KORNET)은 운용상 다음과 같은 몇 가지 현안 사항과 문제점을 안고 있었다.

(1) 다량 이용자의 통신료가 비싼데다가 기술지원, 이용안내 서비스 등의 부족으로 이용자의 불만이 고조되고 있었다. 그리고 멀티미디어 동화상 서비스 등의 욕구가 발생하고 국제회선 병목현상으로 상대적 속도지연도 발생하였다.

(2) 언론사, 방송사, 정부부처 등의 각종 행사가 있는 경우 대부분 한국통신의 협조 및 지원을 요청해 오고 있어 이에 대한 지원방안, 요금문제 등의 문제가 대두되고 있었다.

예를 들면 ① 조선일보사, 정보통신부, 교육부 후원 및 GYN과 공동 시행한「어린이에게 인터넷을(KidNet)」이라는 범국민적 캠페인에 대한 지원, ② 중앙일보사의 중고등학교 대상「교육정보화(IIE)」시행에 따른 지원, ③ 초고속 국가통신망 및 각 교육망, 연구망, 기타 사설망 등을 수용하기 위한 지원 및 대응전략, ④ 179개 소재지를 중심으로 2만여 개의 학교를 묶는 교육부/ 교육개발원의 EDUNET 수용을 위한 기반시설을 구축하고 이에 대한 지원 및 방안, ⑤ 한국경제신문에서 주관하는 중소기업인터넷, 동아일보사의 대학인터넷을 위한 홈페이지 구축, 인터넷 접속, 관련 통신망 구축 등의 지원방안 등이 있었다.

(3) 국내 인터넷 경쟁사업자가 대거 등장하고, KRNIC 및 KNC의 활동이 증가하는데 따른 주도적 인터넷사업자로서의 대처가 미흡하였다. 여기에는 경쟁에 따른 요금인하문제, KNC 법인체 설립에 따른 비용부담, KRNIC에서 관리하는 IP 및 Domain의 유료화 문제도 있었다. 이를 위해 한국통신이 직접 미국으로 IP 및 Domain을 요청하는 방법과 전산원을 통해서 시행하는 방법이 있었다.

(4) 기존 비영리기관 가입자의 초고속 국가통신망으로의 이전에 따라 수익감소가 예상되고, KORNET과 초고속 국가통신망의 상관관계가 불명하여 국가 전체적으로 보아 통신망의 효율적인 자원 활용이 미흡한 문제가 발생하고 있었다.

(5) 새로운 인터넷서비스 개발과 인터넷 전문요원이 절대 부족하여 사업본부, 전화국에 이를 위한 인원의 집중지원이 필요하였다. 그리고 세계적으로 급속히 발전하는 인터넷 환경에 능동적으로 대처하여야 하나 국내 관련 기술의 부재로 외국사업자에 의존하고 있는 실정

이었다. 이런 관계로 다양한 사업구도는 많지만 능동적이고 적기에 대응하지 못하여 기회를 상실하고 있었다.

(6) 체계적인 수요예측으로 지속적으로 시설을 신증설해야 하고, 품질향상을 위해 측정기 등 관련 장비도 시급히 확보해야 하는 과제도 중요하게 떠올랐다.

다. 데이터통신망과 인터넷 간 연동문제

한국통신은 전용 데이터통신망(HiNET-P)을 구축하여 운용하기 시작하면서 이 통신망과 한국인터넷(KORNET) 간의 연동이 필요하였다. 이를 위해 한국통신은 이 두 데이터망 간의 연동방안을 검토 추진하였다(한국인터넷과 HiNET-P 연동방안검토, 1994. 3. 3, 기술기획실 통신망계획2국). 이 계획의 주관부서 및 결재자는 제6장 말미의 참고자료 편에 기록되어 있으며 주요내용은 다음과 같다.

첫 번째는 인터넷과 전용 데이터통신망 간에 게이트웨이를 설치하여 연동하면서, 한국통신에서 전용 데이터통신망을 경유한 다이얼업 가입자를 관리하는 방안이다. 이 방안은 하이텔 가입자를 인터넷으로 가입을 유도하여 서비스를 조기에 정착시킬 수 있으며, 인터넷을 하나의 통신망 서비스 차원으로 부각시킬 수 있다. 그리고 가입자들에게 신속한 서비스를 제공하고 하이텔 미가입자도 인터넷 서비스를 이용할 수 있는 장점이 있다. 반면 하이텔 가입자가 하이텔에 로그인 후 인터넷 접속이 불가한 단점이 있는 관계로 한국PC통신 관점에서는 인터넷의 역할이 없다.

두 번째는 한국PC통신의 호스트와 한국인터넷(KORNET) 간에 게이트웨이를 설치하고, 한국PC통신에서 HiNET-P망을 경유하여 인터넷 다이얼업 가입자를 위탁 관리하는 방안이다. 이 방안은 기존 하이텔 가입자에게 인터넷 서비스를 제공할 수 있는 장점이 있으나 한국통신에서 제공하는 서비스임에도 한국PC통신의 서비스로 오인할 소지가 있고, 하이텔 이용자에 의한 트래픽 폭주로 인터넷 접속장애가 예상된다. 또한 하이텔 가입자 외에는 사용이 불가하여 인터넷서비스를 이용 확산하는데 장애가 된다. 한편 이 방안을 시행하기 위해서는 한국통신과 한국PC통신 간에 위탁협정 체결이 필요하고, 이 경우 한국PC통신 이외의 타 인터넷 재판매업자(VAN 사업자)의 접속 요구가 예상된다.

세 번째는 HiNET-P와 하이텔 양쪽에 게이트웨이를 설치하는 방안이다. 이렇게 하면 기존 하이텔 가입자에게 인터넷서비스의 홍보가 용이하고, 단기적으로는 한국인터넷이 PSTN으로의 액세스망이 없어 HiNET-P를 통하여 PSTN에 접속함으로써 공중망의 이용증가가 예상된다. 반면 이 방안은 한국통신과 한국PC통신에서 각각 다이얼 이용자를 관리하게 됨으로 혼란이 예상되고, 하이텔의 인터넷은 절차가 복잡하여 서비스 이용이 저조해질 것으로 예상된다. 또한 한국통신과 한국PC통신 간 위탁협정 체결이 필요하고, 한국PC통신 이외의 타 인터넷 재판매업자(VAN 사업자)의 접속 요구가 예상된다.

네 번째는 세 번째 방안과 동일하나 한국PC통신 호스트에 인터넷 데이터베이스를 저장하고 이를 PC 통신이용자에게 제공하는 방안이다. 이때 한국PC통신과 인터넷 간에 설치된 게이트웨이를 한국통신이 관리하게 됨으로써 이용자의 직접 접속은 배제된다. 또한 파일 전송서비스(File Transfer)로 제한하고 종량제 요금을 부과하게 된다. 이 방안은 한국통신의 공중통신망 사업을 향상시킬수 있으나, 한국PC통신 이외의 부가통신사업자들이 동일서비스의 제공을 요구할 것으로 예상된다. 참고로 보면 데이콤의 천리안에서 이와 비슷한 서비스를 시행하고 있으며, CompuServe는 파일전송, 메일, 뉴스 등의 서비스를 제공하고 있다.

다섯 번째는 하이텔(HiTEL)에 가상메뉴를 설치하는 방안이다. 그러나 이것은 하이텔 메뉴속의 인터넷은 프로토콜 변환 등 많은 오버헤드가 발생하므로 비효율적이다. 그리고 별도의 가상메뉴 소프트웨어를 개발해야 하고 게이트웨이에서 다이얼업 가입자를 구분할 수 없는 단점이 있다.

한편 한국통신은 한국PC통신(주)에 33.5%의 지분을 보유하고 있었는데 한국PC통신의 민영화 방침에 따라 한국통신의 보유주식을 완전 매각하게 되는 경우, 하이텔 사업을 효율적으로 추진하기가 어려울 것으로 예상되었다. 이와 같은 문제 때문에 한국통신 기술기획실은 하이텔 사업을 당초 계획대로 발전시키기 위해서는 한국PC통신(주)의 민영화 계획은 반드시 재조정되어야 한다는 발전방안을 제시하였다(한국통신의 통신사업 발전방향, 1994. 6. 1, 기술기획실 통신망계획1국). 이 계획의 주관부서 및 결재자는 제6장 말미의 참고자료편에 기록되어 있다.

5.3 한국인터넷의 이용활성화 및 발전방향

가. 한국인터넷((KORNET)의 이용활성화

한국통신은 한국인터넷(KORNET)의 이용활성화를 위해 1996년 6월 1일부터 서비스 이용료를 대폭 인하하였다. 문자 및 그림정보(WWW)를 동시에 이용할 수 있는 인터넷서비스 이용료는 이용량에 관계없이 월 4만원에서 2만5천원으로 38% 인하하며, 128 Kbps-768 Kbps의 고속모뎀(HSM) 장비대여료는 월 7만원에서 1만원으로 인하하였다(경영과 기술 1996. 7, 한국통신).

그리고 이용자가 사용시간이나 이용기능에 따라 유리한 접속망을 선택하여 경제적으로 이용할 수있는 방법을 고시하였다. 정부투자기관 및 지방자치단체, 정보통신이용촉진 비영리기관, 심신장애자 및 관련 특수학교 등에 대하여는 KORNET 이용료의 40%를 감면하기로 하였다. 그리고 한국통신 코넷서비스의 접속번호는 서울 747-8899, 부산 466-8899, 대구 358-8899, 인천 772-8899, 광주 512-8899, 대전 221-8899, 전주 252-8899, 청주 231-8899, 원주 731-8899 등으로 통일하고, 인터넷 가입문의는 전국 전화국의「국번호+000」으로 정하였다.

한편 지금까지 인터넷 이용 시 일반전화(국번-8899)를 이용하여 접속하던 것을 일반전화를 이용할 때보다 30% 요금이 저렴하게 하고 전송속도도 28.8 Kbps급인 01414 인터넷 전용망을 새로 설치하여 1996년 7월 1일부터 서비스를 제공하였다(경영과 기술 1996. 7, 한국통신). 한국인터넷(KORNET)의 01414망은 기존 한국통신의 하이텔 01410망과는 구별되는 별도의 인터넷 전용망으로서 이용자들이 훨씬 편리하고 빠르게 인터넷에 접속할 수 있게 하였다.

이를 위해 우선 서울, 제주, 포항 등 전국 15개 주요 도시는 7월 1일부터 01414 서비스를 제공하고 10월부터 순차적으로 25개 중소도시로 확대 시행하였다. 이와 같이 인터넷 전용서비스가 본격 실시됨으로써 이용자들은 빠르고 저렴한 인터넷서비스를 이용할 수 있게 되었으며, 그 외 지역은 인접지역으로 각 국번+8899를 다이얼하여 시내전화요금으로 28.8 Kbps 속도의 서비스를 이용하게 하였다.

또한 갈수록 심해지고 있는 인터넷 국제회선 병목현상을 해소하기 위해 1996년 4월 일본과 128 Kbps급 회선을 개설한데 이어 5월에는 미국과 1.544 Mbps급 1회선을 추가로 증설하였다. 특히 7월 1일부터 개시되는 정보엑스포 ′96 행사를 위해 한미일 간은 45 Mbps 초고속 회선으로 연결하고 연말에는 이용량이 많은 한미 간에 1.544 Mbps급 4회선을 증설하여 폭증하는 인터넷 국제회선 병목현상을 대폭 개선하였다.

이와 동시에 한국통신은 KOREA ISDN ′96에서 KORNET이 ISDN망을 이용하는 획기적인 인터넷서비스를 선보였다. ISDN을 이용하는 경우 64Kbps-128Kbps의 전송속도가 가능함으로써 일반전화보다 4배 내지 10배정도 빠른 인터넷서비스를 제공하게 되었다. 1996년 7월 1일부터 년말까지 개최된 정보엑스포 ′96 기간 중에 수도권 지역의 가입자를 대상으로 시범서비스를 제공하고, 1997년부터 부산, 대구, 광주 등 전국 5대도시에 사용서비스를 시행하면서 점차적으로 서비스지역을 전국으로 확대하였다.

나. 한국인터넷(KORNET)의 발전방향

1990년대 중반 국내 인터넷사업자(ISP)가 대거 출현하고 있는 상황에서 국민들의 관심이 고조되면서 이용자가 급신장하고 있었다. 그리고 LG전자, 아남전자, 현대전자 등 가전업계에서 인터넷TV를 개발하고 있어 이것이 국내 PC통신업체가 운용하고 있는 데이터베이스와 연동 접속되면 이용의 활성화가 촉진될 것이 확실하였다. 또한 요금수준이 PC 통신요금과 비슷할 경우 수직적인 이용증대가 예상되었다.

한편 인터넷을 위한 전 세계 네트워크는 93,671개로 늘어나 있고 접속 호스트 수는 947만 2천개에 이르고 있었다. 그리고 IP 국가는 134개국이며 이용자는 이미 3,500만을 넘어서고 있었고, E-Mail 접속국가도 186개국에 이르고 있었다(MCI의 Internet Future, 1996).

1996년 한국통신은 이러한 환경변화에 적극 대처하고자 한국인터넷(KORNET)사업 종합발전계획을 수립 시행하였다(KORNET 종합발전계획, 1996. 8. 23, 한국통신 전략영업본부). 이 계획의 주관부서 및 결재자는 제6장 말미의 참고자료 편에 기록되어 있다. 이 계획의 기본전략은 사업 활성화와 경쟁력 강화에 두었으며, 이를 위해 기관 간 역할을 분담하여 전자적으로 추진하고 차별적인 요금구조를 실현하여 경쟁력을 확보하는 것이었다.

그리고 통신망을 고도화하여 아시아 태평양지역의 허브 역할을 하면서 고부가 가치서비스를 개발하여 수익을 창출하고자 하였다. 이를 위한 KORNET의 확장사업은 총 1,270억원을 투입하여 1996년부터 2002년까지 시행 하도록 계획되었다. 이 예산은 전략영업본부의 집행예산이며 다른 관련부서의 예산은 포함되지 않았다. KORNET확장을 위한 연도별 소요예산은 <표 6-25>와 같다.

<표 6-25> KORNET 확장을 위한 연도별 소요예산(단위: 억원)

구분	1996	1997	1998	1999	2000	2001	2002
소요액	180	180	180	180	200	200	150
포트수	3,140	3,140	3,140	3,140	3,500	3,500	2,600

한국통신 전략영업본부는 이 계획에서 2000년의 영업목표를 기관 8천개, 개인 12만7천명, 시장 점유율 40% 달성으로 정하였다. 또한 총 투자와 총 수입을 비교 분석하면 1999년에 손익분기점이 있을 것으로 예상하였으며, 당시 수립한 영업목표는 <표 6-26>과 같다. 한편 네트워크본부(본부장 이정욱)에서는 서울지역 KORNET(초고속국가망)의 운용상 문제점을 검토하여 개선방안을 제시 추진하였다(서울지역 인터넷통신망 운용개선, 1996. 7). 당시 서울지역의 인터넷통신망은 <표 6-27>과 같이 구축 운용되고 있었다.

<표 6-26> 한국통신 KORNET 영업목표

구분	1995	1996	1997	1998	1999	2000	2001
기관	176	1,092	2,820	5,000	6,500	8,000	9,000
개인	2,677	15,908	42,180	75,000	103,500	127,000	141,000
점유율(%)	30	20	25	30	35	40	40

<표 6-27> 서울지역 인터넷망의 구축 운용(1996. 7)

시설명	설치장소	수용구역	소속
KORNET	구로	서울 강남지역 인터넷시설 수용	서울본부
KORNET	혜화	서울 강북지역 인터넷시설 수용	정보통신 운용국
초고속 국가망 인터넷	혜화	서울 전 지역 인터넷시설 수용	

이때 강남지역 시설은 구로전화국에서 담당하고, 강북지역은 혜화전화국이 담당함으로서 서울지역 운용업무가 이원화되어 있었다. 이처럼 운용업무가 이원화됨에 따라 회선구성시 서울본부에 의존하게 됨으로써 고객요구에 즉시 조치할 수없는 상황이 발생하고 기관 간 책임한계가 모호하여 고객의 불만이 가중되는 현상이 발생하였다. 뿐만 아니라 전송설비,

가입자설비는 서울본부에서 설치 운용하고, 회선개통 및 노드시설은 정보통신운용국 책임으로 되어 있어 시설확보 및 관리를 효율적으로 할 수 없었다.

이를 개선하기 위해 당시 정보통신운용국가 담당하고 있던 인터넷 지역통신망관리, 노드운용, 회선개통, 고장처리 등 운용업무 일부를 서울본부로 이관하여 일원화 조치하였다. 이에 따라 정보통신운용국의 4급통신 1명, 5급통신 3명, 5급교환 1명 등 운용인력 5명을 서울본부로 재배치하고, 정원(5급 통신) 3명도 서울본부로 조정하였다.

5.4 한국인터넷의 역할강화

가. 코넷망의 고속화 및 주도적 역할

한국통신은 1996년도 인터넷 사업은 고객편의 위주로 서비스를 제공하고, 한국인터넷(KORNET)을 고속화 및 고도화하기로 하였다. 또한 시장팽창에 따른 수입을 극대화하고, 코넷의 국내 주도적 역할강화 등을 추진하기로 하였다. 이를 위한 코넷의 성능향상 및 역할강화를 위한 기본방침을 다음과 같이 정하였다.

① 이용요금 제도를 개선하여 고객편의 위주의 서비스를 제공한다. 1996년 6월 1일부터 타 경쟁업체와 동일한 수준의 요금을 적용하고 단말기기 접속요금도 월 4만원에서 월 2만5천원으로 인하하고, 요금할인 및 감면조치를 확대한다. 이를 위해 정부기관, 지방자치단체, 정보통신이용촉진을 위한 비영리기관, 심신장애자 및 관련 특수학교 등은 40% 감면하고, 장기사용자에게 할인하여 1년 이상 10%, 3년 이상 15%, 5년 이상 20%를 할인한다.

② 인터넷 판매팀을 서울본부에 4팀, 지역본부에 각 1팀을 편성하여 판매 및 개통처리를 단축 시행하고, 코넷에서 로그인에 의해 온라인 판매를 시행하는 등 신청절차를 간소화하고 AS를 강화한다.

③ 경쟁 인터넷사업자(ISP)로의 고객 이탈을 방지하고 주도적 사업자의 확립을 위해 연동망(KIX)을 구축하고 사업자 간 협정 체결을 서둘러 추진한다. 즉 다수의 국내 인터넷망을 코넷망에 수용하여 국내 인터넷사업자 간 연동을 시행한다.

④ 한국통신은 정보엑스포 96을 위해 혜화전화국의 교환망을 1996년 7월까지 KIX화하고, 1997년 이후 지방 대도시에는 KIX센터를 구축하여 타 사업자에게 한국통신 백본망을 제공한다. 사업자 간 통신망 연동의 경우, 하나망은 36개 기관이 이미 협정 체결되었으며, 교육망, 연구망, 정부망 등 공공망과 데이콤, 아이네트, PC통신 등 상업망은 1996년 하반기에 협정을 체결한다.

한국통신은 이러한 기본방침을 가지고 코넷망의 고속화 및 고도화를 추진하였다. 이를 위해 ISDN을 통한 인터넷 접속서비스를 전국으로 확대하고, 인터넷 직접접속망(01414)을 전국적으로 구축을 완성하며, 인터넷 접속망을 지속적으로 고속화하였다. 또한 데이터통신망의 경우 고속데이터 교환기를 31개소에 설치를 확대하고 PC통신망의 속도를 14.4 Kbps에서 28.8 Kbps로 고속화하였다.

나. 전국 인터넷망의 구축 확대

1997년에는 한국인터넷(KORNET)의 확장을 위해 서울(혜화), 대전, 대구에 노드를 설치하고, 이들 3개 노드를 주노드로 하여 상호간을 155 Mbps 전송로를 연결하여 망형으로 구성하였다. 그리고 이들 3개 주노드에 다음과 같이 간이노드를 연결하여 전국망을 구축하였다.

(1) 서울(혜화국)의 주 노드에는 국내인터넷을 위해 동강릉, 원주, 춘천, 성남, 용인, 구로, 수원, 안양, 안산, 항동, 고양, 의정부, 구리 등 13개국을 연결하였다. 그리고 국제인터넷을 위해서는 AT&T, SPRINT, MCI 등 미국회사, KDD(일본), SINGNET(싱가폴), HiNET(타이완), 홍콩, 말레이시아, 호주 등 아시아 회사, EUNET 등 유럽회사를 연결 수용하였다.

(2) 대전의 주 노드에는 청주, 충주, 북전주, 북광주, 보령, 서산, 천안 등 7개 간이노드가 접속되었다. 이때 북전주에는 다시 남원, 익산, 군산이 연결되었으며, 북광주에는 제주, 동여수, 북순천, 해남, 동목포가 접속 운용되었다.

(3) 대구의 주 노드에는 구미, 안동, 포항, 부산 등 4개 노드가 다시 확장 연결되었으며, 부산의 주 노드에는 북울산, 동마산, 통영, 남강, 거창을 연결 수용하였다.

한편 1997년 코넷을 구성하기 위한 장비는 전국적으로 D/U 6,560포트, ISDN 113포트, HOST 802포트, LAN 2,221포트, ADSL 20포트, 패킷연동 15포트 등이 설치되었다. 그리고 가입자는 전용가입자 1,453, 다이얼업 가입자 29,375 등 총 30,828가입자로 증가되었다(1997. 12). 국내인터넷의 전송망으로 155M 3회선, 45M 11회선, T1/E1 89회선을 운용하게 되었으며, 국제인터넷 전송망의 경우 미국 등 4국을 위하여 45M 1회선, 6M 2회선, T1/E1 3회선, 128K 2회선을 확보하였다(1997. 12).

결과적으로 1990년대 후반 한국통신은 인터넷과 데이터통신을 위해 코넷, HINET-P, CO-LAN 등 3개의 통신망을 운용하였다(시설운용현황보고, 1997. 8, 정보통신운용국). 당시 이들 통신망의 시설수, 가입자수 등 운용상황을 보면 <표 6-28>과 같다.

<표 6-28> 한국통신의 데이터통신시설 운용상황(1997. 8)

구분	서비스명	시설 수	가입자 수	수용율(%)
KORNET	Dial-Up	80,000가입자	22,810	38.0
	HOST	1,244포트	153	12.3
	LAN	2,163포트	1,311	60.6
HINET-P	L/L. D/U	28,730회선	14,376/ 6,347	50.0
CO-LAN	L/L	23,006회선	14,128	61.4

5.5 외환위기와 인터넷사업

가. 시설확장목표 및 공급기준

1990년대 후반으로 갈수록 인터넷 트래픽 규모가 음성통신 통화량에 근접되고 있었고 일부 역전현상도 발생하기 시작하였다. 또한 인터넷서비스는 케이블TV, ADSL, 위성을 이용한 각종 고속화기술이 출현하고 다양화로 고부가 가치화하는 추세가 나타나고 있었다. 그러나 이때 우리나라에는 외환위기라는 태풍이 불어 닥쳤고 이 때문에 투자재원(외화) 확보에 제약을 받게 되었다.

따라서 1998년 인터넷사업은 가용예산범위 내에서 사업우선순위를 정해 2단계 시설공급을 하는 방침을 정하였다(1998년도 인터넷 KORNET 시설공급계획, 1998. 2). 1차분은 FR 배정액 1,250만 불 중 250만 불을 전용하고, 2차분은 외화를 확보하고 수요증가추세를 고려한 후 공급하기로 정하였다. 그리고 가입자 접속시설(LAN)은 부족분만 최소로 공급하며, 고속 인터넷서비스 시설인 ADSL은 시범사업으로 추진하였다. 결국 1998년도 인터넷사업을 위한 시설확장목표와 공급기준은 감축 조정되어 다음과 같이 정하여 추진하였다.

① 트래픽이 집중되는 기간망인 혜화-원주, 대전-청주, 대전-북전주, 대구-포항, 부산-북울산, 부산-동마산 등 6개 구간을 E1으로부터 45M로 고속화를 추진한다. 이때 소요장비는 기존 보유품을 재배치 활용한다.

② 수용율 60% 이상인 지역에 가입자 접속시설(LAN)을 공급한다. 대상국으로서 혜화, 구로, 부산번호안내국, 대구, 대전번호안내국, 울산, 제주 등 7개 전화국과 번호안내국에 128포트를 공급한다.

③ 한전-두루넷-MS의 케이블모뎀을 이용한 사업방안을 고려하여 ADSL을 서울, 부산에 1천 포트를 공급한다.

④ 신규서비스 도입에 따른 유료정보서비스 시스템과 과금정보관리 시스템을 구축한다. 웹서비스를 상품화하고, 다수의 CP를 유치하여 코넷(KORNET)의 부가가치를 확대하기 위해 종량제 요금부과방식의 유료정보서비스 시스템을 도입한다. 그리고 요금회수대행에 따른 새로운 수익원을 창출하는 목적으로 총 100개 사이트에 공급한다. 또한 유료정보서비스의 종량제를 수용하고, 회수대행 정산기능을 수용하며, 향후 로밍, 팩스, 네트워크 종량제 서비스를 통합 수용하기 위한 목적으로 과금정보 관리시스템을 구축한다.

⑤ 유료정보서비스, 로밍서비스에 대한 인증기능을 확대 수용하고, 과금 기초데이터를 수집 관리하는 기능을 보강하며, 유료정보이용자 등 사용자의 확대 수용을 위한 용량을 늘리고자 인증시스템을 30만 가입자까지 수용할 수 있도록 확장한다.

⑥ 통신망 운영관리의 중앙 집중화 및 라우팅 데이터베이스의 관리 자동화, 실시간 회선상태의 관리를 위한 트래픽 모니터링, 서비스 수준제어, 관리를 통한 품질을 확보하기 위해

종합운영관리시스템을 확장한다.

⑦ 메일서비스 시스템의 용량을 5만에서 20만으로 수용 규모를 확장하고 안정적 서비스를 위한 소프트웨어 기능을 보강한다. 그리고 인터넷 채팅서비스 시스템의 용량을 500명에서 2,000명 수용규모로 확장한다.

위와 같은 사업을 추진하기 위해 확보된 외화범위 내에서 외국산 장비를 외화로 계약하고, 국내 소프트웨어 개발 및 설치공사는 원화로 계약하였다. 그리고 물자구매 및 설치공사를 일괄계약으로 추진하였으며 기존 시스템과 연동 및 운용일원화를 위해 기존시설과 호환되는 기종으로 공급 추진하였다. 이때 개통목표는 1998년 9월 30일로 정하였으며, 이에 필요한 총 67억 원의 예산을 투입하였다.

나. 코넷 확충 및 데이터통신망의 고도화

한국통신 데이터통신팀(팀장 한동훈)은 1998년 급증하는 인터넷 수요에 대비하여 코넷(KORNET) 시설을 확충하고, 데이터통신망을 고도화하는 계획을 다음과 같이 수립 추진하였다(1998년도 주요업무계획, 1998. 2, 한국통신 네트워크본부).

첫째, 코넷 수요를 충족하기 위해 가입자접속포트를 증설하고, 가입자 수요를 적기에 충족하기 위해 6월과 12월에 단계적으로 시설을 공급한다. 그리고 가입자 접속편익을 위하여 01414 전국망을 완성한다.

둘째, 1998년도 사업목표량은 21,444 포트를 신증설하고 이를 위한 소요예산 358억4천6백만 원을 확보한다. 그러나 실행예산이 213억9천1백만 원으로 배정되는 바람에 144억5천5백만 원이 부족하게 되었다. 이에 따라 1998년 착공 1999년 개통분 9,041포트, 2,772개 종단장치 등을 확보하지 못해 개통이 불가한 상황이 되자 부족분은 채무예산으로 확보 추진하였다.

셋째, 기업고객 수요를 충족하기 위해 고속데이터 통신시설을 확충한다. 특히 HiNET-P 프레임릴레이 설치지역을 확대하고 하이텔, 정보제공자 등 PC통신 백본망 서비스를 제공한다.

넷째, 1998년도 사업으로 소요예산 382억7천7백만 원을 투입하여 포트 5,300개, 노드 20개 시스템을 설치한다. 그러나 IMF사태로 인해 실행예산으로 220억 원만 배정되어 당초사업을 시행하기에는 162억7천7백만 원이 부족하였다. 따라서 1998년 착공 1999년 개통분 프레임 릴레이 3,300포트와 8개 노드 신증설이 불가하게 되었다.

이렇게 되면 프레임릴레이 부분에서 적체가 발생하고 PC통신 접속율이 저하할 상황이 발생함에 따라 1999년 상반기 개통분 163억 원은 채무예산으로 확보 추진하게 되었다. 이와 같이 추진하여 1990년대 말 코넷의 국내망 운용상황은 <표 6-29>와 같이 주노드는 18개 전화국, 간이노드는 22개 전화국에 설치 운용하였다(1999. 2).

<표 6-29> KORNET의 주노드 및 간이노드 설치운용

구 분	KORNET 설치 운용전화국
주노드 (18개)	혜화, 구로, 항동, 수원, 대전, 청주, 천안, 대구, 포항, 부산, 북울산, 동마산, 북광주, 북전주, 원주, 춘천, 동강릉, 신제주
간이노드 (22개)	고양, 의정부, 구리, 성남, 안양, 구로공단, 용인, 충주, 서산, 보령, 구미, 안동, 거창, 통영, 남강, 동여수, 북순천, 동목포, 해남, 남원, 익산, 군산

다. 인터넷서비스의 성장추세

1997년말 우리나라의 인터넷 호스트는 총 13만1천개에 달하고 있었으며, 매년 27% 증가하여 2002년에는 43만개로 대폭 늘어날 것으로 전망되었다. 그리고 ISP는 1994년 4개에서 1997년에는 상용 16개, 공공 4개 등 총 20개로 증가하였다. 인터넷 호스트 증가상황을 연도별로 예측하면 <표 6-30>과 같다(초고속정보통신사업 추진방향, 1998. 5. 25, 한국통신 네트워크본부).

<표 6-30> 인터넷 호스트 성장 추이(1997년-2002년)

구분	1997년	1998년	1999년	2000년	2001년	2002년
호스트 수	131,005	189,000	249,000	309,000	368,000	431,000
증가율(%)	-	44	32	24	19	17

5.6 한국인터넷(KORNET)의 국제회선 고속화

가. KORNET의 운용상황

우리나라는 고속 고품질의 인터넷서비스를 이용자에게 제공하기 위해 한국인터넷(KORNET)의 국제접속을 고속화하였다. 당시 한국통신-미국 Sprint 간에는 T1급으로 위성통신 1회선, 해저광케이블통신 1회선 등 2회선을 운용하였다. 그리고 한국통신- 일본 KDD 간에는 128 Kbps급 해저광케이블통신 1회선을 운용하고 있었다. 그러나 당시 코넷 가입자의 연평균 증가율이 130%에 이르고, 인터넷(WWW)웹 서비스가 활성화되고 국내 정보제공자(IP)가 늘어남으로써 국제회선의 트래픽이 폭증하게 되었다. 이때 국내 인터넷사업자의 국제접속속도를 보면 <표 6-31>과 같다.

1996년 한국통신은 인터넷의 국제구간에 대한 소통대책을 세우기 위해 그해 5월에 KORNET 국제회선의 통신량을 측정하였다(1996. 5. 6-5. 10). 측정결과 국제회선의 평균점유율이 96.1%이고 평균전송속도는 1,483.8 Kbps로 확인되었다. 우선 회선점유율 면에서 통상 부하량이 65%이면 최적의 전송조건이고, 80%이면 최악의 전송상태인 점을 감안할 때 심각한 문제가 아닐 수 없었다. 실제 전송지연에 의한 패킷드롭현상이 발생하고 패킷 재전송 등으로 전송효율이 극도로 저하된 상태였다. 또한 정보에스포 96 개최 등으로 인해 고속 가입자가 급속하게 증가됨으로써 통신량의 폭주현상이 가중되고 있었다.

이를 해결하기 위해 코넷 국제회선의 전송속도를 6 Mbps로의 고속화가 시급한 실정이어서 코넷 국제회선을 단계적으로 증속하는 계획을 수립 추진하였다(KORNET 국제회선 고속화 추진계획, 1996. 6, 한국통신 전략영업본부). 이 계획의 주관부서 및 결재자는 제6장 말미의 참고자료 편에 기록되어 있다. 이 계획에 의해 우선 T2급(6 Mbps) 1회선을 1996년 9월 중 개통하고, T2급(6 Mbps) 1회선을 1997년 1월까지 추가로 확보하고, 1997년 하반기에는 T3급(45 Mbps) 1회선을 확보토록 하였다. 다음에는 코넷이 아시아 중심의 허브역할을 위해 호주, 태국, 베트남, 싱가폴, 대만 등에 국가별로 T1급 국제회선을 확보하여 인터넷 국제회선의 다각화를 추진하였다.

<표 6-31> 국내 인터넷사업자의 국제접속속도(1996. 6. 30)

구분	사업자	국제접속속도	서비스 개시일
KORNET	한국통신	T1×2 (T2예정)	1994. 6
보라넷	데이콤	T1, T2	1994. 11
아이넷	아이네트기술	T1 (T2예정)	1994. 12
KOLNET	한국PC통신	768Kbps	1995. 4
유니텔	SDS	T1	1996. 1
KTNET	KTNET	512Kbps	1995. 7
넥스텔	넥스텔	256Kbps	1995. 6
인터피아	두산정보통신	-	1995. 11
아미넷	현대전자	384Kbps	1996. 6

이에 따라 US SPRINT와 T1 증속을 추진하고 이용시설을 신증설하며 다이얼업 접속번호를 단일화하고 고속화를 추진하였다. 그리고 혜화 등 41개 전화국에 3,144포트를 신증설하여 전국망으로 확장하고, 다이얼업 접속번호 01414 전용망을 구축하였으며, 접속속도도 14.4 Kbps에서 28.8 Kbps로 고속화하였다. 한편 인터넷 정보통신망을 이용하여 PC를 통해 고속 멀티미디어 서비스를 관람하는 새로운 형태의 세계박람회인 정보엑스포 96을 지원하였다. 이를 위해 혜화전화국에 정보에스포 96 교환망을 구축하고 여기에 기존의 국내 인터넷사업자(ISP)를 적극적으로 수용하였다.

한편 엑스포 기간이 종료되면 이 교환망은 사업자 간 연동망인 KIX(Korea Internet eXchange)로 전환하기로 하였다. 또한 일본 KDD 간에 국제고속망(45 Mbps)을 구성하고 국가정보서버와의 접속을 원할히 하기 위해 혜화전화국과 한국전산원(용인) 간 접속속도를 45Mbps로 고속화하였다(1996. 7).

나. 인터넷 국제회선의 고속화

1990년대 후반 한국통신의 코넷를 위한 미국, 일본, 싱가폴, 대만 등 국제회선을 증속하였다(KORNRET 국제회선 증속추진보고, 1998. 5. 11, 네트워크본부 데이터통신팀). 이 계획은 네트워크본부 데이터통신팀(팀장 한동훈)이 주관하여 추진되었다. 먼저 1996년에는 미국 MCI 간은 6 Mbps, Global-One 간은 6 Mbp로 증속되었으며, 이때 월요금은 MCI 간 81,854달러, Global-One 간 72,000달러로 결정되었다. 또한 일본 KDD 간은 2 Mbps로 속도가 향상되었는데 요금은 각자 부담키로 하였다. 그 다음해에는 미국 AT&T 간에 45 Mbps로 증속되었는데 월요금월은 301,000달러로 정하였다(1997. 6).

그리고 1998년에는 싱가폴과 대만 간의 국제회선의 증속을 위한 협의는 정보화사업단 인터넷사업팀(팀장 박유호)에서 수행하고, 회선개통은 네트워크본부 데이터통신팀에서 담당하였다. 이때 싱가폴 구간은 128 Kbps에서 2 Mbps로, 대만 구간은 128 Kbps에서 512 Kbps로 증속되었다(1998. 5). 그리고 회선사용요금은 국제회선비용과 인터넷서비스 접속료로 구성되었으며, 국제회선사용료는 캐리어 사업자 간 50대 50 부담원칙이나 미국의 경우 한국통신이 100% 부담하였다. 그리고 인터넷 접속료는 미국은 100%, 타 지역은 각자 부담하는 것으로 추진하였다.

한편 당시 미국측 트래픽 점유율이 평균 80% 정도로 높아 1998년 3분기 중 45 Mbps급 1회선을 추가로 증속 추진하였다. 이를 위해 사업자 간 계약 및 사용료 지불사항은 정보화사업단(인터넷사업팀), 국제회선 구성은 네트워크본부가 담당하였다. 이와 같은 노력으로 코넷(KORNET)은 지속적으로 확장 발전하여 1999년에는 <표 6-32>와 같이 국제회선을 증설 운용하였다.

<표 6-32> KORNET의 국제회선 운용(1999. 2)

구분	회사명	통신속도	회선구성(해저케이블)	비고
미국	AT&T(BBN)	45M	APCN	1997. 6. 6 개통
	AT&T(WorldNet)	45M	FLAG	1998. 12. 21 개통
일본	KDD	E1×2	APCN	1996. 4. 10 개통
	IDC	E1×1	APCN	1998. 12. 7 신설
싱가폴	ST	E1	APCN	1998. 5. 6 증속
대만	CHT-D	512Kbps	APCN	1998. 5. 6 증속
중국	DGT	E1	CKC	1998. 8. 14 신설

이표에서 IDC는 International Digital Communication Inc.이고 ST는 Singapore Telecommunications Ltd.의 약자이다. 그리고 CHT-D는 ChungHwa Telecom Data Communication Business Group, DGT는 Direcotrate General of Telecommunications의 줄임말이다.

6. 우리나라 상용인터넷 서비스 개시

6.1 상용인터넷 사업자 및 가입자 증가추세

우리나라는 한국통신의 코넷(KORNET)이 1994년 6월 처음으로 상용서비스를 개시하였으며, 그해 11월에는 데이콤 인터넷(DACOM Internet)이 상용서비스를 시작하였다. 이어서 NURInet, KOLnet, AMInet 등이 상용인터넷 서비스를 시작하였다(1994. 11-1996. 6). 초기 상용인터넷 서비스 개시 세부내용은 <표 6-33>과 같다.

<표 6-33> 우리나라 초기 상용 인터넷 가입상황(1995. 8)

구 분	제공기관	기관가입	개인가입	제공개시	비고
KORNET	한국전기통신공사	88	1,561	1994. 6	
DACOM Internet	데이콤	33	1,100	1994. 11	천리안 이용자 미포함
NURInet	아이네트기술	62	5,000	1994. 11	나우텔/에이텔/KTnet포함
KOLnet	한국PC통신		4,500	1995. 4	하이텔 포함
AMInet	현대전자	1	-	1996. 6	

한편 국내 인터넷사업자의 서비스 종류는 WWW 등 10종을 제공하고 있었으며, 요금은 다이얼업의 경우 1만8천원-2만5천원을 부과하였다. 다만 유니텔은 무료였다. 1996년 중반 국내 인터넷은 KORNET, 보라넷, 아이넷, KOLNET, 유니텔, KTNET, 넥스텔, 인터피아, 아미넷 등 9개 서비스가 출발하였다. 당시 이들 국내 인터넷사업자의 요금 및 가입자 수를 보면 <표 6-34>와 같다. 그리고 기관가입자 수는 코넷 500개 기관, 보라넷 170개 기관, 아이넷 400개 기관으로 파악되었다.

1990년대 후반 우리나라의 인터넷 사용자는 총 2백2십만 명, 호스트 111,171개, 도메인 5,363개, ISP 18개로 늘어나 있었다(1997. 7). 이때 인터넷사용자의 증가상황을 정리하면 <표 6-35>와 같고 인터넷 사업자 운용상황은 <표 6-36>과 같다.

이때 우리나라 인터넷사업자는 한국통신(KORNET), 데이콤(BORANet), 아이네트기술(NURINET), 한국PC통신(KOLnet), 등 총 16개가 난립하고 있었다. 1997년 후반기까지도 한국통신, 데이콤 등 상위 3개 사업자의 가입자 확보실적을 보면 <표 6-36>에서 보는 바와 같이 한국통신 23,214명, 데이콤 49,911명, 아이네트 29,763명으로 우리나라 인터넷 사용자는 미미한 실정이었다(1997. 8).

<표 6-34> 국내 인터넷사업자의 요금 및 가입자수(1996. 6. 30)

구 분	요금(천원)		서비스종류	가입자수(점유율%)	
	D/U	SLIP/PPP		기관	개인
KORNET	25	25	WWW등 10종	500(44.1)	6,931(17.3)
보라넷	25	30(DU포함)	WWW등 10종	170(15.0)	10,300(25.7)
아이넷	18	22(DU포함)	WWW등 10종	400(35.2)	10,000(24.9)
KOLNET	25	45(DU포함)	WWW등 3종	-	5,100(12.7)
유니텔	무료	무료	WWW등 10종	-	12만(-)
KTNET	20	20	WWW등 3종	-	1,000(2.5)
넥스텔	20	20	WWW등 10종	22(2)	1,700(4.2)
인터피아	25	25	WWW등 6종	-	5,000(12.5)
아미넷	20	20	WWW등 10종	20(2)	-

<표 6-35> 인터넷 사용자 증가추세(1997. 7)

연도별	1993년	1994년	1995년	1996년	1997.7
호스트(개)	7,650	13,856	36,644	73,191	111,171
도메인(개)	61	192	579	2,664	5,363
이용자(명)	76,000	146,000	386,000	700,000	2,200,000
ISP(개)	3	6	11	16	18

<표 6-36> 인터넷 사업자 운용상황(1997. 8)

사업자명	서비스명	기관가입자	개인가입자	계
한국통신	KORNET	1,028	22,186	23,214
데이콤	BORAnet	734	49,177	49,911
아이네트	INET	882	28,791	29,763
나우콤	NOWNET	250	14,000	14,250
PC통신	KOLNET	33	11,300	11,333
현대정보	SHINSBIRO	240	6,000	6,240
두산정보	INTERPIA	110	5,678	5,788

6.2 인터넷 기간통신망의 운용상 문제점

가. 데이터통신망의 과다구축 및 중복운용

1990년대 초 한국통신은 데이터통신을 위해 초기단계(1992년-1994년)에서는 데이터 전용통신망으로 건설하고, 발전단계(1995년 이후)에는 종합정보통신망으로 발전시켜 나가는 방향으로 추진하고 있었다(1992년 한국통신의 데이터통신망 확장계획). 그러나 데이터통신의 도입초기부터 우리나라는 여러 개의 데이터통신망이 뒤엉켜 운용되는 혼돈의 시대가 시작되었다. 1993년에는 이미 우리나라에는 데이콤의 DNS, 포스데이타의 POS-NET, 현대전자의 HiVAN, 쌍용컴퓨터의 쌍용네트, 증권전산의 Stock-NET, 대신정보통신의 DS-NET 등의 패킷통신망이 운용되기 시작하였다.

1990년대 후반 한국통신은 인터넷의 전용 데이터통신망(HiNET-P)을 위해 전국 221개 전화국에 패킷교환기를 설치 운용하였으며, 이 데이터통신망의 전송속도는 56 Kbps/ 28.8Kbps, 통신망 규모는 34만3천 회선이었다. 이 통신망은 전국 읍·면까지 확장하여 전국 접속이 가능하였으며, 주로 하이텔(HiTEL), 인포샵(Inforshop)으로 연결되고 통신처리장치에서 정보요금을 회수 대행하였다. 또한 한국통신의 인터넷망(01414)은 전국 33개 주요도시와 접속이 가능한 PC통신망으로, 이 통신망의 최대속도는 33.3 Kbps이고 코넷(KORNET) 전용접속에 이용되고 있었다.

한편 데이콤의 데이터통신망(DNS)은 전국적으로 158개 패킷교환기를 운용하고 총 264,000회선 규모로서 전송속도는 56 Kbps/ 28.8 Kbps를 제공하고 있었다. 그 외 부가통신사업자의 PC통신망은 인터넷 또는 PC통신에 이용되었으며 최대속도는 28.8 Kbps를 제공하였다. 이러다 보니 우리나라에는 초기부터 여러 개의 통신망 간 연동문제가 발생되었을 뿐만 아니라 동일지역에 사업자별로 동일 종류의 패킷교환기를 설치함으로써 중복투자문제가 발생하였다. 또한 부가통신사업자가 통신망사업에 치중하다보니 데이터베이스 산업이 상대적으로 열세에 빠지게 되었다.

나. 데이터통신망 난립방지 노력의 무산

1990년대 초반부터 한국통신 정보통신사업본부(본부장 이정욱)는 패킷 데이터통신망의 난립을 방지하고 중복투자를 줄이는 한편 정보통신사업자의 역할을 재정립하고자 노력하였다. 한국통신은 기간통신사업자로 구분하고 부가통신사업자가 보유한 패킷교환설비는 공중정보통신망(PSTN)의 역할을 제한하는 방향을 제시하였다. 당시의 전기통신사업법에서 정하고 있는 대로 앞으로 부가통신사업자는 기간통신사업자의 패킷교환회선을 임차하여 정보통신서비스를 제공하는 방향으로 추진하였다.

그런 노력의 일환으로 우선 2대 정보통신사업자인 한국통신과 데이콤 간 패킷교환망의 통합을 시도하였다. 당시 체신부 정보통신국장(윤석근), 한국통신 정보통신사업본부장(이정욱), 데이콤 전무(김대규) 간에 한국통신 데이터통신망(HiNET-P)과 데이콤 데이터통신망(DNS)을 통합하기로 원칙적 합의를 하게 되었다(1993. 3). 그리고 통합방법, 추진절차, 기술적 사항 등은 추후에 계속 협의하기로 하고 그해 4월에 통합을 위한 2차 회의를 계속하기로 합의하였으나 결국 데이콤 경영층의 반대로 이 노력은 무산되고 말았다.

이처럼 가장 중요한 통합 시도가 실패함에 따라 우리나라의 인터넷망은 여러 인터넷 사업자들이 각자 통신망을 구축하여 운용하게 됨으로써 고속도로와 같은 전국단위의 초고속 통신망을 건설하지 못하고 말았다. 그러나 인터넷 선진국의 경우, IASP (Internet Access Service Provider)는 네트워크 구축과 임대를 담당하고, ISP(Internet Service Provider)는 인터넷 응용 서비스를 제공하며, IP(Information Provider)는 인터넷 정보 데이터베이스를 제공하는 등 분야별로 전문화되어 우리와 같은 혼란을 피해가고 있었다.

다. 데이터통신망의 난립 배경

이처럼 여러 개의 데이터통신망이 운용되게 된 배경에는 정보통신사업이 곧 부가통신사업이라고 해석한 잘못도 있었다. 당시 정부는 정보통신사업 구분에 기간통신사업자와 부가통신사업자를 구분하지 않았고, 부가통신사업을 확대해석하여 부가통신사업자가 데이터통신망을 건설 보유할 수 있도록 허용하였다. 이 문제 때문에 한국통신은 체신부 통신정책실과 협의하여 정보통신사업의 재정립을 추진하였다.

당시 전기통신사업법에 의하면 기간통신사업자는 전기통신회선설비를 설치하고 역무를 제공하며, 부가통신사업자는 기간통신사업자로부터 전기통신회선설비를 임차하여 역무를 제공하도록 정하고 있었다. 그러나 우리나라는 데이터통신 초기부터 여러 개의 데이터통신망이 뒤엉켜 운용되는 혼돈의 시대를 피해가지 못하고 말았다. 1993년 당시 우리나라의 패킷데이터통신망은 데이콤(DNS), 포스데이타(POS-NET), 현대전자(HiVAN), 쌍용컴퓨터(쌍용네트), 증권전산(Stock-NET), 대신정보통신(DS-NET) 등에서 운용되고 있었다.

그리고 1997년에는 국내에 총 16개의 인터넷망이 운용되는 인터넷 대혼란의 시대에 접어들었다. 당시 한국통신(KORNET)과 데이콤(BORANET)을 비롯하여 한국전산원(KOSINET), 서울대(KREN), 시스템연구소(KREONET)가 인터넷망을 운용하고 있었다. 또한 아이넷트(Inet), 한솔텔레콤(IVYNet), 나우콤(NowNet), 현대(AMiNET), 제이씨현(ELIMnet), 두산정보통신(INTERPIA), 넥스텔(NEXTEL), SDS(UNITEL), 무역정보통신(Ktnet), 한국무역협회(KOTIS-NET), 한국PC통신(KOLNET) 등에서도 각각 독자적인 인터넷망을 보유하고 있었다.

1990년대 후반 이처럼 여러 개의 ISP 및 인터넷망이 우후죽순처럼 생겨나 운영되는 상황에서 당시 우리나라 인터넷 사업자 및 데이터통신망 운용의 문제점을 보면 다음과 같다

(1999. 12).

① 우리나라 인터넷 사업자들은 대부분 IASP와 ISP를 겸하고 있다. 인터넷망의 규모로 보면 전국 규모가 16개, 주요도시 규모가 3개, 일부지역 규모가 16개로 과다하게 운용되고 있다. ② 우리나라에는 인터넷 기간망이 없을 뿐만 아니라, 35개의 인터넷망이 난립되어 대부분의 인터넷망이 중복 설치되어 운용되고 있다. ③ 인터넷망 상호 간은 복잡하게 연결접속이 이루어지고 있다. 이러다보니 35개의 인터넷망을 상호 연결하는 상호접속교환기(IX)가 필요하여 추가로 설치 운용하고 있으며, 이들 접속교환기 마저도 한국통신, 데이콤, 한국전산원, 연합체의 4개 기관에서 각각 운용하고 있는 실정이다.

결국 우리나라에는 인터넷망에 대한 총괄관리기관이 없는 상황이 되었고, 인터넷망에 중요한 장애가 발생하는 등 인터넷 대란의 경우 이를 전체적으로 파악하고 지휘할 현장 지휘탑이 부재한 실정이 되고 말았다. 다시 말해 지금도 인터넷 통신망은 위에서 지적한 대로 무계획적이고 무계층적 기반구조를 그대로 가지고 운용되고 있어 인터넷 선진국이라고 자랑하는 우리에게는 큰 취약점이 아닐 수 없다.

7. 인터넷 가입자망의 조기구축

7.1 초고속인터넷망의 진입로 개선

가. 동선케이블의 고속화 추진

1990년대 후반기에 접어들면서 한국통신은 인터넷서비스의 확산을 위해서는 가입자전송로의 고속화가 우선 필요하여 이를 조기에 실현하는 방안을 찾기 시작하였다. 이때 일본의 손정의는 미국과 일본에 비해 크게 낙후된 한국의 정보인프라를 비약적으로 도약시켜 한국을 경제 대국으로 건설하자고 나섰다. 그는 엄청난 비용이 소요되는 광케이블의 증설을 최소화하면서 가정에 고속 인터넷서비스를 제공할 수 있는 최적의 방안으로 xDSL기술을 추천하였다.

그리고 1999년부터 2001년까지 3년간 6백만 가입자에게 고속인터넷 서비스를 제공하는데 비용을 1조6천억 원(1조당 27만원)으로 추산하고 미국의 빌 게이츠와 공동으로 투자하는 방안을 표명하였다. 또한 한국정부는 빠른 시간 내에 초고속망을 구축하여 <표 6-37>과 같이 고속 인터넷서비스를 1999년부터 3년간 무료로 무제한 사용토록 한 후 2002년부터 유료화할 것을 권장하였다.

이처럼 인터넷서비스의 도입이 시급한 시기라는 인식이 커짐에 따라 한국통신은 우리나라의 고속 인터넷망을 건설하기 위한 기본방향을 다음과 같이 정립하였다.

첫째, 고속 인터넷망은 단계적으로 구축하되 대도시부터 중소도시로 확대한다. 그리고 이 통신망의 구축과 동시에 가입자망의 고속화와 기간통신망의 ATM화를 병행 추진한다.

둘째, 가정용 일반 가입자망은 USDL, ADSL 등 xDSL 기술로 기존 동선의 고속화를 우선 시행하고, 인터넷망을 위한 기반망은 ATM망으로 별도 구축하되 라우터로 연결한다.

당시 한국통신이 보유하고 있는 총 3천9백40만 회선의 가입자 동선 케이블망을 고속화 하기 위해 디지털가입자 전송장치(xDSL)를 부가하여 사용하고자 하였다. 이에 따라 <표 6-38>과 같이 연차별로 인터넷서비스를 제공하는 계획을 추진하였다.

<표 6-37> 고속 인터넷서비스 제공방안

연도별	1999년	2000년	2001년	2002년	2003년
공급(1,000회선)	1,500	2,000	2,500	2,500	2,500
요금	무료	무료	무료	유료	유료

<표 6-38> 기존동선 초고속화의 연차별계획

구 분	대상가입자 수(1000명)	소요예산(억원)	xDSL 예상가격(천원/조)
1999년-2001년	6,000	27,000	450
2002년-2003년	5,000	15,000	300

한편 국내업체에서는 고속 인터넷을 위한 ADSL 등의 필수장비를 개발하기 시작하였다. 이를 위해 삼성전자는 DMT방식(Discrete Multi-Tone)을 채택하였고, LG정보통신은 CAP 방식(Carrierless Amplitude/Phase)으로 자체기술을 개발하고 있었다. 또한 한화, 일진, 대영 전자 외에 10여개 업체의 중소기업들이 외국기술을 도입하여 국산화를 준비 중에 있었다. 그리고 한창은 BB&C, 일진은 선인 테크놀로지, 대영전자와 협력 추진하고 있었다. 당시 국내 각 회사의 ADSL 장비개발 상황은 <표 6-39>와 같다. 여기에서 한통은 한통엔지니어링을 말한다. 그리고 당시 공급가능시기는 삼성전자는 1998년 11월, LG정보통신은 1998년 10월로 제시하였다.

이러한 상황에서 한국통신은 xDSL의 공급방안 및 재원확보방안을 다음과 같이 검토하여 추진하였다.

① 인터넷망의 기반인 ATM 망 구축과 라우터는 초고속 국가통신망과 초고속 공중통신망 구축사업의 일환으로 추진하되 가입자망의 고속화를 위한 예산은 별도 확보가 필요하다. 한국통신이 1999년-2001년 사이에 6백만 가입자망을 고속화하여 인터넷 서비스를 무상으로 제공하기 위한 재원확보는 현재로서는 불가능하다.

② 동선케이블의 초고속화를 위해 소요되는 xDSL장비는 원래 이용자가 구매 설치하여야 한다. 그러나 초고속망의 조기구축과 인터넷통신의 활성화를 위해 한국통신이 무상공급

한다. 이를 위해 xDSL을 조기에 국산화하여 대량 생산토록 한다.

③ xDSL의 국산화와 대량생산을 위하여 소프트뱅크(사장 손정의)는 국내업체와 협력할 것을 요망한다. 이를 통해 양산된 xDSL장비를 한국통신에 무상공급 후 3년 거치 5년 분할 상환을 희망한다. 다만 서비스의 조기 확산을 위해 기준요금은 책정하되 초기 3년간은 파격적 할인요금(80-90%)을 적용하는 것이 바람직하다.

<표 6-39> ADSL 장비공급업체 현황(1998년)

구분	삼성전자	LG정보	한화정보	한창	한통	일진
하향전송속도 (Mbps)	1.5-6	0.64-7	6	1.5-8	CAP 7 DMT 8	8
상향전송속도 (Mbps)	0.64	1	1	0.016- 0.64	CAP 1 DMT0.64	1
변조방식	DMT	CAP	DMT CAP	DMT	DMT CAP	DMT
최대전송거리 (Km)	5-3.6	4.8-2.4		4.8		4
통신망정합	STM-1	DSX-1 DSX-2 10BaseT	OC3 DS3,DS1 10/100 BaseT	STM-1	OC3 DS3 DS1	OC3 DS3 STM-1 10/100 BaseT
가입자정합	10BaseT ATM25M	10BaseT ATM25M	10BaseT	10BaseT ATM25M	10BaseT	10BaseT
회선당 가격 (100만대기준)	80만원	100만원		1,200$	1,000$	1,000$
개발방법	자체	자체	도입 AGCom	도입 알카텔	도입 넷스피드	도입 오키드

나. 초고속 인터넷을 위한 가입자망

21세기 정보통신 무한 경쟁시대에서 한국통신은 정보화를 조기에 실현하고 대외경쟁력을 확보하기 위한 방안으로서 당시 보유한 인프라 구조를 최대한 활용하여 기존의 모뎀속도(56 Kbps)보다 100배 빠른 ADSL을 이용한 초고속인터넷망의 구축을 시도하였다. 이를 통해 초고속인터넷의 접속, VoD, TV 생방송, 게임 등의 서비스를 실현하고자 하였다.

이의 실행을 위해 xDSL의 표준화 추진(1997. 8. 6), 코넷 초고속 지역정보 시범사업의 추진(1997. 7. 11), 위성멀티미디어 기본계획의 보완 및 발주(1998. 2. 6) 등 후속 조치를 해 나갔다. 당시 이 계획을 추진하게 된 배경은 다음과 같다(ADSL을 이용한 고속 인터넷서비스 제공계획, 1998. 3, 한국통신 네트워크본부 데이터통신팀).

첫째, 초고속 국가통신망, 초고속 공중통신망의 가입자망 고속화를 위해 당시 정부에서는 총 745만 중 350만을 xDSL로 구축하는 계획을 발표하였다. 그러나 통신사업자 입장에서 FTTC, FTTH 등을 위한 광 케이블화는 높은 투자비와 이를 시행하는데는 장기간이 소요되는 어려움이 있었다. 한편 한국전력, 두루넷 등은 2001년까지 4조2천억 원을 투자하여 케이블TV 위주의 통신망을 구축하는 방안을 제안하고 있었다.

둘째, 당시 김대중 정부 100대 정책과제 중에는 초고속정보망을 조기에 구축하고 2002년까지 전국 시내접속 인터넷전용망을 구축하는 등「정보화 촉진」과제가 들어 있었다. 그리고 일본 소프트뱅크의 손정의 사장은 신정부에게 2001년까지 6백만 명에 ADSL을 이용한 고속 인터넷 서비스를 제공하겠다는 제안을 하고 있는 상황이었다.

셋째, 당시 국내 경쟁사업자가 대기업, 통신사업자, 외국업체 등 20여 개로 늘어나고, 전송속도는 56K모뎀, 128K ISDN, 10M 케이블TV 등 서비스의 고속화가 급진전되고 있었다. 그리고 전자상거래, 인터넷전화 등 신규서비스가 출현하고 있었으며, 멀티미디어 컨텐츠 등 고속서비스의 요구가 증가하고 있었다. 또한 케이블TV망을 활용하여 2001년까지 3백만 가구에 대하여 인터넷 서비스를 제공하는 계획(Rainbow Project)도 발표되었다. 따라서 급변하는 인터넷사업 환경변화에 대한 대응책이 필요하였다.

넷째, 1999년에는 하나로통신이 ADSL 서비스를 개시하고, 케이블TV 통신서비스가 본격적으로 진입할 채비를 하고 있었으며, 1998년에는 별정통신사업자도 출현하고 있어 경쟁사업자에 대응할 필요성도 대두되었다.

다섯째, 미국은 1996년 신통신법을 제정하여 지역전화회사의 가입자망(Local Loop)을 타 사업자가 임차하여 xDSL 서비스를 제공할 수 있게 하였다. MCI, US West, GTE, PacBell, SBC, Ameritech, Bell South, Bell Atlantic 등에서 1996년-1997년에 시범서비스를 시행하였다, 그리고 유럽에서는 BT, FT, Swiss Telecom, Telecom Italia, Kingston Comms 등에서 시험 및 상용화를 준비하였다.

또한 일본은 1997년 6월 NTT의 가입자망을 타 사업자에게 임대 가능토록 전기통신법을 개정하였으며, 이를 위해 NTT는 1997년 9월부터 ADSL 현장시험을 시행하고 있었다. 당초 한국통신은 21세기 초고속통신에 대비하여 시간이 걸리더라도 가입자망을 광케이블로 전면 확장하기로 작정하고 있었다. 그러나 초고속 인터넷의 제공이 시급해지자 우선 ADSL을 도입하는 방향으로 급선회하게 되었다. 한국통신은 ADSL을 이용한 초고속 인터넷서비스 공급계획을 중앙일간지 및 전자신문을 통하여 발표하였다(1998. 4). 이어서 사업명을 공모하고, 1998년 하반기에는 시범서비스를 서울(영동)과 부산(범일)에서 실시하고 1998년 말에는 상용서비스를 실현하는 초고속인터넷 사업계획을 수립하였다(1998. 6).

7.2 초고속인터넷을 위한 광케이블 공급추진

가. 초고속통신망 진입로에 광케이블 공급 시도

한국통신은 인터넷 수요 과밀지역에는 우선적으로 광케이블을 공급하여 인터넷가입자망을 건설하는 계획을 다음과 같이 수립 추진하였다.

첫째, 대형건물과 신설지역에는 초고속통신이 가능하게 광케이블을 건설 추진한다. 특히 대형건물(1만6천동)부터 광케이블로 대체하고 일반가정에는 50%를 목표로 광케이블을 공급하여 초고속통신(2Mbps-155Mbps)이 가능하도록 하여 영상전화, 영상회의, 고속인터넷, 원격진료, 원격교육 등의 서비스를 제공한다. 이 사업을 위해 총 소요예산 17억5,244억 원을 투입하여 1998년부터 2010년까지 시행한다.

둘째, 전국 144개 읍단위 지역까지 초고속교환기(ATM) 103대, 광케이블 17,982Km를 건설하여 초고속 국가통신망을 별도로 건설한다. 이 사업을 위해 총 소요예산은 6,451억원을 투입하여 1995년부터 2002년까지 시행하고 3만개의 공공기관에 초고속통신서비스(2Mbps-155Mbps)를 제공토록 한다.

셋째, 현재의 시외통신망을 초고속 공중통신망으로 전환한다. 이를 위해 전국 모든 통화권(144개)의 업무용 전화 및 일반가입자를 대상으로 초고속교환기(ATM) 330대, 광케이블 8,644Km를 신설하여 초고속정보통신망을 구축한다. 이 사업을 위해 총 36,281억원의 예산을 투입하여 1998년부터 2010년까지 시행한다.

나. 초고속 인터넷으로 가는 길목에서 생긴 일

정부와 한국통신은 1990년대에 들어서면서 빠른 시간 내에 초고속정보통신망을 구축하여 고속 인터넷서비스를 1999년부터 무제한 사용할 수 있게 하는 방안을 추진하고 있었다. 이를 위해 1995년부터 2002년까지 총 6,450억 원을 투입하여 초고속 국가통신망을 건설하는 계획을 실현하고 있었다. 그러나 예상치 못한 일이 발생하여 초고속 국가통신망 건설에 한동안 혼선이 빚어진 일이 생겼다.

1997년 대통령 선거 당시 국민신당의 공약사항의 하나로 「초고속 정보통신망의 조기구축」이 발표되었다. 그런데 김대중 대통령 후보는 우리나라의 21세기를 위한 초고속 정보통신망은 케이블TV 망을 주축으로 구축하겠다고 발표하면서 문제가 생겼다. 케이블TV 망은 동축케이블을 사용한 구시대 통신망임에도 이것을 가지고 우리나라 차세대 통신망인 초고속 인터넷망을 확장해 나가겠다고 발표한 것이었다. 당시 이 정책은 두루넷의 「레인보우」 서비스 계획을 기반으로 출현된 것으로 확인되었다.

이 계획은 정보통신전문가들의 충분한 연구 검토없이 케이블TV 망을 보유한 한국전력, 두루넷, MS사, 삼보컴퓨터, 솔빛미디어 등이 제휴하여 만든 깜짝 작품이었다. 물론 케이블

TV 망을 이용하여 초고속 인터넷서비스를 제공하는 프로젝트도 추진될 필요는 있었다. 그러나 우리나라가 고화질TV 등 광대역 영상서비스의 세계적 선두주자가 되기 위해서는 차세대통신망의 주축은 당연히 광케이블(FTTH)이 되어야 하고 케이블TV 망은 보완 수단으로 이용하는 것이 바람직하였다.

이때 한국통신 부사장(이정욱)은 당시 이와 같은 김대중 정부의 미숙한 프로젝트를 수정하지 않으면 안 된다고 판단하고 해결방안을 찾기 시작하였다. 곧바로 새정치국민회의 정보통신특별위원회 위원장(정호선)을 방문하여 이 발표의 배경을 들은 후, 청와대 정책기획수석보좌관(이각범)을 만나 세부내용을 확인하였다. 한국통신 부사장은 청와대 책임자에게 앞으로 21세기 초고속정보화 사회로의 진입에 대비하여 우리나라가 케이블TV 망을 정보통신의 주축 인프라로 결정해서는 안 되며 그것은 반드시 광케이블이 되어야 한다는 점을 강력히 주장하였다.

그 결과 이 수석보좌관께서는 당선자의 대선공약 사항이므로 곧 가동될 대통령 인수위원회에서 논의하는 것이 좋겠다는 견해를 밝혔다. 곧이어 1998년 2월에 대통령직 인수위원회(위원장 이종찬)가 열리고 이 문제가 정보통신 관련 소위원회(위원장 최병헌)에 회부되었다. 이 자리는 우리나라의 미래 초고속 정보통신망의 주축 인프라를 동축케이블망으로 하자는 한국전력 측과 광케이블망이 되어야 한다는 한국통신 측의 싸움이었다. 이때 소위원회는 최병헌 위원장이 주관하고 국회 과학기술정보통신위원회 소속의 국회의원 몇 명이 참석하였다.

그리고 당사자로서는 정보통신부의 박성득 차관, 한국통신의 이정욱 부사장, 산업자원부의 한덕수 차관, 한국전력의 김정부 전무, 그 외에 실무전문가 5-6명이 참석하였다. 그 자리에서 한국통신 부사장은 한 시간에 걸쳐 21세기의 초고속 정보화시대에 대비하여 광케이블망을 본격적으로 확장하지 않으면 안 되는 이유를 설명하였다. 그리고 동축케이블망을 초고속정보통신망으로 사용하지 말자는 것이 아니라 적극적으로 활용하되 그것만을 고집해서는 안 된다고 설득하여 결국 한국통신 측 주장이 받아 들여졌다.

그리고 며칠 후 김대중 정부의 정보화 국가정책을 최종적으로 정리하기 위해 서울시 중구에 있는 프레스센터 20층에서 대통령직 인수위원회 주관으로 「21세기 정보화사회의 준비를 위한 공청회」가 열렸다. 이 정책토론회는 지난번 인수위원회에서 논의된 내용의 타당성을 재확인하고 그 기술성을 검증하기 위해 개최되었는데 성공적으로 마무리되었고 K-TV로 중계되었다.

초고속인터넷으로 가는 길목에서 발생한 큰 혼선을 정리하고, 다행히 우리나라의 기간통신망을 광케이블망을 주축으로 건설하게 되었다. 이상 초고속정보통신망 건설의 정상화 경위에 대해 후일 전자신문은 「정보통신부 비사」라는 제목으로 보도하였다(정보통신부 비사 113 대통령직 인수위1, 2012. 2. 12, 전자신문). 당시 보도내용은 이 책의 제5장 초고속통신망 건설 편에 상세하게 기록되어 있다.

8. 초고속인터넷을 위한 고민과 선택

8.1 초기 가입자망 초고속화 전략

가. 광케이블 공급에 대한 고민

우리나라에 인터넷이 도입되기 시작한 1990년대 중반까지 가입자망에 광케이블을 공급하기 위해서는 당장 막대한 초기투자비가 필요하였다. 그때는 초고속통신 서비스의 수요기반이 미약하고 기술과 서비스 발전 방향도 불투명한 상황이어서 본격적인 광케이블 공급을 자신있게 추진할 수 있는 입장이 되지 못하였다. 이런 상황에서 인터넷 도입초기 한국통신은 투자비 부담이 적은 방법으로 기존 동선케이블에 ADSL (Asymmetric Digital Subscriber Line) 장비를 부가하여 인터넷을 중첩하는 방식을 선택하였다.

한국통신은 이러한 방침을 담은 「FSN을 위한 가입자 엑세스망 기술확보계획」을 한국통신 통신망기획심의위원회(1997. 9. 3)에서 심의하여 결정하였다. 이 계획의 주요내용을 보면 다음과 같다.

(1) 1단계(1997-1998)에서는 기존의 동선을 활용하여 xDSL을 공급하고 동시에 광케이블을 공급하여 FTTO(Fiber To The Office)를 구축한다. (2) 2단계(1999-2002)에 가서는 수요밀집형 FTTC를 시설하여 통신과 방송의 통합기반을 구축한다. (3) 3단계(2003-2015)에 가서 사무실이나 가정내까지 FTTH를 실현하여 광대역 가입자망을 완성한다.

그러나 사업 초기에는 국내개발제품이 없는 관계로 외국제품에 의존할 수밖에 없어 한국시장에는 외국산 ADSL 장비가 물밀듯이 밀려들어오고 있었다. 당시 우리통신시장에는 알카텔, 넷스피드, 오키드, 다이아몬드레인, 에릭슨, 웨스텔, 아바티, 아리엘, PairGain, ParaDane, Siemens 등 20여개 이상 회사제품들이 저렴한 가격을 제시하고,시범사업에의 참여를 희망하였다. 이 시기에 한국통신은 정보통신부장관으로부터 「한미통신협정(ROU) 이행 철저」라는 제목의 문서를 받게 되었다. 이 문서의 내용은 다음과 같다(협기 93180-43/ 1996. 3. 18).

<정보통신부장관 문서내용> 1992년 2월 한미통신협정에 따라 한미 양국 정부는 귀사의 전기통신제품 조달에 미국 기업의 참여를 허용키로 합의를 한바, 귀사 통신제품조달과 관련하여 미국 업계의 불만이 제기되어 양국 정부 간 통상마찰로 대두되고 있습니다. 또한 1993년 12월 타결된 WTO 정부조달협정에서도 한국정부는 신규가입을 하여 귀사 일반제품구매와 건설서비스를 1997년 1월부터 협정가입국에 개방키로 양허한 바 있습니다.

귀사의 HDSL 장비구매와 관련하여 귀사가 장비납품 업체에게 국산화 추진계획 및 실적등을 제출토록 요구한 관련공문(한국통신 정전 2453-1728/ 1995. 3. 4)은 설령 업체에게 국산화를 강요할 의도가 없었다 하더라도 미국정부로 하여금 한국정부가 국산품 구매정책을

조장하고 있다는 오해를 불러일으킬 소지가 있다고 판단되는바, 귀사에서는 향후 물품구매와 관련하여 이점을 각별히 유의하시기 바라며 관계자에게도 주의를 촉구하는 등 필요한 조치를 취하여 주시기 바랍니다.

나. 초고속인터넷 장비의 국산화 개발

ADSL 시장이 급성장할 것이 분명해 보이는 상황에서 시장수요의 90% 이상을 쥐고 있는 한국통신은 xDSL의 국산화 제품을 공급하지 않을 수 없었다. 또한 전자통신연구소(ETRI)는 우진전자통신을 비롯하여 12개 업체와 공동으로 1998년부터 1999년까지 약 6억4천만원의 예산을 투입하여 관련 장비 전체를 개발하는 방침을 수립하였다. 당시 한국통신은 이 제품이 계획대로 개발된다면 2년 이내에 외국회사와 경쟁할 수 있는 수준에 도달할 수 있고, ADSL 기술개발로 중소기업의 기술경쟁력을 강화할 수 있다고 확신하였다.

또한 ADSL 가입자망 구축을 위한 네트워크 접속장치 및 단말기의 개발, 생산, 운용 등으로 약 2만7천명(2003년 기준)의 고용창출 효과도 기대하게 되었다. 1998년 가장 중요한 ADSL 핵심 칩을 국내 개발하기 위해 정보통신부 기술정책실 심의관 주재로 정부, 한국통신, ETRI, 업계(4사)의 합동간담회가 개최되었다(1998. 4. 16). 여기에서 ADSL 핵심 칩은 4개사 중 1개사를 선정하여 개발하고 30억원 규모의 자금을 지원하며 전반적인 개발관리는 한국통신「가입자망연구소」가 담당하는 것으로 결정되었다.

또한 국내 개발된 간이형 ADSL(UADSL: Universal ADSL) 제품은 한국통신이 의무적으로 구매한다는 내용도 논의되었다. 초기 사업시행 시 여러 기종의 외국산 ADSL이 한국시장에 몰려들어 그 후 형식승인절차를 밟아 공급되었다. 그러다보니 감사원 감사에서 이 장비의 표준규격이 없다는 지적을 받기도 하였다(1995. 12). 당시 이 설비는 16개 업체에서 형식승인을 거쳤고, 26개 업체에서 규격추진을 제안하고 있는 상황을 감안하여 한국통신 네트워크본부에서는 1996년 3월 성능형 규격을 만들기로 방침을 결정하였다.

그 후 한국통신은 ADSL 시험서비스를 여의도전화국과 광화문전화국 가입자를 대상으로 실시하였다(1998. 4. 1-1998. 8. 31). 대상 서비스로는 초고속인터넷, 인터넷 생방송, VoD, MoD 등으로 정하고 네트워크본부가 시험서비스를 총괄하고, 실무적인 일은 서울통신운용연구단과 서울본부가 담당하였다. 이어서 본 장비에 대한 시범서비스는 서울 영동전화국, 서울 광진전화국, 부산 연산전화국의 총 1천 가입자를 대상으로 확대 시행하였다(1998. 10. 1-1999. 2. 28). 이때 ADSL 장비는 ALCATEL 제품을 사용하였으며 이를 위해 약 17억 원의 예산이 투입되었다.

8.2 한국통신의 고민과 선택

가. ADSL 장비의 수입이냐 국산화냐

앞에서 설명한 바와 같이 당시 한국통신의 초고속 인터넷 확장 전략은 두 가지로 요약할 수 있다. 첫 번째는 기존의 동선을 이용하는 ADSL 방식은 저속도 통신의 한계를 가지고 있으므로 ADSL 공급을 가능한 한 줄이고, 새로운 미디어인 광케이블을 확장하여 초고속 통신이 가능한 FTTH를 조기에 실현하는 것이다. 두 번째는 시간이 다소 걸리더라도 ADSL의 국제표준이 제정되면 그에 맞추어 국산제품을 생산하여 국내 통신산업을 발전시키는 것이었다.

그런데 이러한 한국통신의 전략에 큰 타격을 준 사건이 발생하였다. 1996년 어느날 아침 TV시간에 신생 시내전화 사업자인 하나로통신에서 당시 유명한 Y가수를 등장시켜 ADSL을 도입하여 고속인터넷을 제공한다는 광고를 대대적으로 하였다. 당시 한국통신은 ADSL을 국산화 개반 중이었기 때문에 하나로통신의 이 광고를 보고는 크게 놀랬고 한편 당황하였다. 하나로통신은 국산화 ADSL이 나올 때까지 기다리기보다는 외국제품으로 전면 확장하겠다는 전략이었다.

하나로통신의 이런 마케팅 방향은 한국통신의 ADSL 국산화 전략에 엄청난 혼선을 가져다주고 말았다. 이렇게 되자 한국통신은 ADSL를 국산화하고 그것으로 사업을 해야 할 것인가를 고민하지 않을 수 없었다. 이때 일반 소비자들로부터 하나로통신은 발 빠르게 ADSL(외국제품이지만)을 도입하여 고속 인터넷 서비스를 하는데, 100년의 역사를 가진 한국통신은 무엇을 하고 있느냐는 질타가 쏟아졌다. 당시 인터넷이용자 비율로 볼 때, 하나로통신은 10% 미만이었고 90%는 한국통신 가입자였다. 더구나 한국통신 내부에서 조차 한국의 통신산업 발전을 위해 한국통신 만이 총대를 메야 하느냐는 불만의 소리가 높아지기 시작하였다.

결국 한국통신도 국내 개발한 ADSL을 가지고 본격적으로 확장하려고 했던 계획을 변경하여 상당한 량의 외국제품을 서둘러 공급하지 않을 수 없게 되었다. 이로 인해 한국통신은 초고속인터넷의 발전을 위한 국가적 전략을 상당 수정하였으며, 1998년 6월 한국통신은 ADSL을 이용한 초고속인터넷 서비스를 제공하는 계획을 주요일간신문을 통해 대대적으로 광고하였다.

나. ADSL이라는 손쉬운 방식의 선택

한국통신이 ADSL 국산화 추진과정에서 당초의 전략을 변경하는 바람에 우리나라 통신망 구축전략에 두 가지 문제가 발생하게 되었다. 첫째는 ADSL의 국산화 이전에 한국통신과 하나로통신이 외국제품을 경쟁적으로 공급하는 바람에 엄청난 시장을 외국에 내어주고 말았을 뿐만 아니라 ADSL 국산화 추진에도 탄력을 잃고 말았다. 둘째는 인터넷 서비스의 마지막 목표인 광 인터넷 망(FTTH)의 구축에 소홀하게 되었다. 결국 한국은 우선 먹기 곶감이 달다는 말처럼 ADSL의 달콤한 맛에 빠져 이후 10여년을 보내고 말았다.

방송통신위원회와 지식경제부가 발표한 「2008년도 전기통신에 관한 연차보고서」에 의하면 우리나라는 지난 10년간 국가주도의 통신인프라 고도화를 추진하여 세계 최고의 정보통신환경을 향유하였으나 최근 일본 등 일부 국가에 추월당하고 생산적인 인프라 활용도 취약한 상황이라고 평가되었다. 구체적인 예로 2007년 10월 OECD에서는 광 인터넷(FTTH) 가입률이 일본은 36%인 반면 한국은 31%로 발표하였다. 지난 20여년 동안 한국이 ADSL이라는 손쉬운 방식의 인터넷망에 흠뻑 빠져 있는 동안 일본을 비롯한 정보통신선진국들은 지속적으로 FTTH라는 광통신 방식으로 인프라를 확장해 왔기 때문에 앞으로 이 격차는 점점 벌어질 것으로 보인다.

9. 인터넷의 본격적인 확장

9.1 인터넷 활성화를 위한 선행과제

가. 컴퓨터 보급

21세기 국가경제발전의 중추신경인 인터넷 서비스는 무한경쟁 시대에서 시시각각으로 변화하는 전 세계의 정치, 경제, 문화 등 모든 정보를 실시간으로 검색을 가능하게 하였다. 1990년대 중반 세계 컴퓨터 통신망인 인터넷은 통신, 컴퓨터, 방송 분야의 융합에 가장 적합한 서비스이며, 2000년에는 이용자가 1천만 명 정도 이를 것으로 전망되고 2003년에는 전화가입자 수를 능가할 것으로 예상되었다(1996년도 ETRI 업무보고).

<표 6-40> 인터넷 수요예측(1996년도 ETRI 업무보고)

구분	1996년	1997년	1998년	1999년	2000년	2003년
전화(만명)	1,900	2,000	2,200	2,300	2,400	2,700
인터넷(만명)	70	150	350	700	1.000	2,700

1990년대 중반 국내에서는 미래 정보통신의 핵으로 간주하여 다수의 사업자(18개)가 등장하여 치열한 경쟁을 하고 있으며, 이용자는 지속적으로 연 100%의 증가 추세를 보이고 있었다. 이때 PC의 보급은 1996년에 186만대를 보급하여 1996년 말에는 총 630만대로 늘어났으며, 2000년에는 총 1,430만대가 가동될 것으로 예상하고 있었다(전자진흥회 자료). 이를 위해 정부는 다음과 같은 2000년도 PC 보급계획을 추진하였다.

① 컴퓨터 실습실, 교사용, 도서관의 멀티미디어용 등 교육정보화 기반구축을 위해 104만대의 PC를 보급한다.

② 공무원 1인당 1대의 PC를 보급하고 개인 ID를 부여하며, 읍면지역 1개 마을에 1대의 PC를 보급하여 농어촌지역의 정보화를 추진한다.

나. 인터넷 요금제도

인터넷 요금구조 및 비용은 직접 접속하는 경우, 광고서비스를 통한 접속의 경우, PC통신을 통한 접속의 경우 등으로 구분하여 다음과 같이 합리적이고 체계적으로 발전시켜 나가기로 하였다.

첫째, 직접 접속의 경우, 요금구조는 서비스 접속요금(정액)과 통신이용요금(종량)을 합산하는 방법으로 정하였다. 이에 따라 서비스 접속료(월)는 1만원-2만원이며, 통신이용요금(277초)은 45원으로 월요금이 3만원-5만원 수준이 되게 하였다. 이는 장시간 이용자에게 유리하다.

둘째, 광고서비스를 통한 접속의 경우, 요금구조는 통신이용요금(종량)으로 정하였다. 이때 서비스 접속료(월)는 무료이며, 통신이용요금(277초)은 45원이 되어 월 요금은 2만원-3만원 수준이 되었다. 요금에 민감한 이용자에게 유리하다.

셋째, PC를 통한 접속의 경우, 서비스 접속요금(정액), 접속료와 전송료를 합한 사용료, PC통신 사용료(종량, 정액)를 전부 합산하는 방법이었다. 그리고 서비스 접속료(월)는 1만원-2만원, PC통신 사용료는 1만원 정도이며, 통신이용요금(277초)은 45원 또는 정액요금을 부과하여 월요금은 4만원-6만원 수준이 되었다. 이 방법은 PC통신 가입자에게 해당된다.

이러한 상황에서 1천만 이용자 확보방안을 정부정책 측면과 인터넷사업자 측면에서 다양하게 추진하였다. 우선 정부정책 측면에서 시행방안을 다음과 같이 검토 시행하였다.

① 01414 요금의 할인폭을 확대한다. 이를 위해 이용요금에 대한 세금을 면제하고, 사업자 측 014XY망을 전국으로 확대하며, AICPS서비스(회수대행)를 제공한다.

② 초중고교 교육용으로 컴퓨터를 지원하고 일반 PC를 공급에 정부 보조금을 지원토록 하여 저가로 공급하는 등 1가구 1PC 갖기 운동을 전개한다.

③ 정보통신 활성화 정책을 강화한다. 이를 위해 우선 공공기관, 기업체 등에 업무전산화(LAN 구축 포함)를 촉진시키고, 각종 민원업무의 전산화 및 온라인화를 앞당긴다. 그리고 직장인의 재택 근무제를 활성화하도록 하고 중소기업체의 전산화 추진 시 세금을 감면한다. 또한 인터넷을 통한 원격교육을 유도하여 사교육비 부담을 줄이는 방향으로 추진한다.

④ 인터넷사업자에 대한 지원을 강화한다. 지역 ISP사업지원을 위해 제도, 세금감면 등 우대정책을 시행하고, KIX망에 접속하는 경우 저가로 망을 제공하며, 국제회선 비용부담이 경감되도록 노력한다. 그리고 기존 기간통신사업자 측의 시설을 공동 활용하게 하여 전산장비 및 접속시설 구축비용을 절약하도록 조치한다.

다음에는 인터넷사업자 측면에서는 인터넷요금을 무료로 제공하고, 다량 이용자에게는 할인제를 도입하는 등 다음과 같은 시행방안으로 추진하였다.

① 인터넷요금을 무료로 제공토록 한다. 광고서비스를 도입하여 이용자는 광고를 보는 댓가로 서비스 접속료는 무료로 한다. 그리고 인터넷사업자는 광고업체로부터 접속요금을

충당토록 한다. 이 방안은 이미 1997년에 아이넷과 한국통신이 시행하고 있어 일부 사업자들도 경쟁적으로 도입 예정이다.

② 다량 이용자에게 할인제를 도입하고 정액제, 종량제, 선택제 등 다양한 요금제도를 도입하여 이용요금 제도를 개선한다. 또한 전 국민에게 1개의 ID갖기 운동을 전개한다. 이를 위해 인터넷 전화, 전 국민메일, BBS 서비스 등을 저렴한 가격으로 제공토록 한다. 또한 홈쇼핑, 전자결재, 방송, VoD, 교육, 의료, 화상전화 등 국민편익서비스를 제공한다.

9.2 인터넷통신망의 고도화

가. 인터넷망의 초고속화

우리나라는 1990년대 후반 총 인터넷이용자 중 유료사용자는 약 30%, 유료사용자 중 약 15%가 ADSL을 사용하는 것으로 추정되었다(KRNIC). 그리고 통신비 월 5만원 이상 사용자는 20% 정도로 추정되었다(1997. 10, 자체설문조사). 그리고 학생, 컴퓨터 관련 종사자가 전체 인터넷이용자의 약 57%를 점유하였다(1997. 8, 매일경제신문 표본조사).

이때 인터넷이용자는 주로 신세대(10대-20대), 전문대졸 이상의 고학력자, 고소득자로 파악되었으며, 이용자의 86%가 전화국 반경 4Km 이내의 주거 밀집지역에 분포되어 있었다. 사용자 성향을 보면 인터넷이용자는 고정요금을 선호하여 약 5천여 명이 CO-LAN, 개인전용회선 등을 이용하고 있었다. 또한 6개 SO에서 1천 가구에 대하여 케이블TV망을 이용한 인터넷을 시범 중에 있었다.

이러한 사업 환경을 감안하여 한국통신 전략영업본부(본부장 송용팔)에서는 멀티미디어 서비스를 제공하기 위한 초고속인터넷 고도화계획을 수립 추진하였는데, 그 배경은 다음과 같다(초고속인터넷 고도화 계획, 1997. 12, 한국통신).

첫째, 인터넷이용자가 년 100% 정도로 급신장하여 2003년에는 전화가입자 수를 능가하여 약 2천7백만 명으로 예상되었다. 이러한 상황에 대비하고 인터넷전화, 전자상거래, 광고 등의 잠재고객이 대기 중에 있다.

둘째, 인터넷 트래픽의 증가로 기존 전화망에 병목현상이 발생하고 있어 인터넷 전용망을 구축해야 할 필요성이 대두되고 있었다. 이를 위해 중장기 플랜을 수립하여 인터넷망을 체계적으로 구축하여야 하였다. 또한 당시 전송위주의 서비스에서 정보가공을 통한 통신서비스가 요구되는 등 인터넷시장 수요의 다양화 및 고급화가 요청되고 있었다.

셋째, 국가경쟁력을 키우기 위해서는 정보획득이 절대적이라는 인식하에 정부 주도로 국가기관, 공공기관 등에 인터넷 서비스를 제공하는 상황에 이르렀다. 이들 기관이 우리나라의 경우 1997년에 800개에서 1998년에는 1,200개 기관으로 늘어날 것이며, 언론사에서도 인터넷 확산 캠페인을 전개하고 있다. 그리고 21세기에는 정보통신의 인터넷이 주 수입원이라는 인식하에 국내 인터넷사업자(ISP)가 20개로 대거 등장하고 있으며, LG전자, 아남전자, 현대전자 등 가전업계에서도 인터넷TV 개발에 주력하고 있다.

한편 인터넷 발상지인 미국은 AT&T, Sprint, MCI 등 주요 통신사업자는 기간망을 제공하고 있고, 인터넷을 통한 CNN뉴스 등 방송프로그램을 제공하고 있다. 일본은 3천여 개의 IP를 보유 운용하고 있으며, 이들은 NTT가 구축한 OCN(Open Computer Network)을 통하여 서비스하고 있다. 이를 위해 백본망은 2.5 Gbps, 가입자접속망은 128 Kbps, 1.5 Mbps, 6 Mbps의 전송속도를 제공하고 있다.

나. 멀티미디어 서비스를 위한 준비

인터넷 기술의 발전추세를 보면 통신, 방송, 컴퓨터의 융화로 인터넷서비스의 영역이 확대되어 가고 있으며, 다양한 형태의 데이터망이 ATM기반의 공중통신망으로 통합되는 등 멀티미디어 제공을 위해 공중통신망이 고속화 광대역화 되어가고 있었다. 당시 한국통신의 인터넷 사업전략은 초기에는 수요와 판매를 고려하여 전략지역 중심으로 공급하는 등 시장여건에 따라 단계적으로 공급키로 하였다(ADSL을 이용한 고속 인터넷서비스 제공계획, 1998. 3, 네트워크본부 데이터통신팀). 이 계획은 네트워크본부 데이터통신팀(팀장 한동훈)이 주관하였다.

이 계획에 의해 먼저 코넷(KORNET)망을 위주로 한 시설을 구축하고, 케이블TV와 경쟁되는 지역을 공략하며, 국내외 기술발전추세를 감안한 시설을 공급토록 하였다. 그리고 초기(1998년-1999년)에는 고속 인터넷서비스, 그리고 중기(1999년) 이후에는 멀티미디어 복합서비스(음성, 영상, 데이터)로 진화하는 방향으로 추진하기로 하였다.

한편 초기에는 원가요금으로 하고, 중기 이후에 경쟁요금을 적용하게 설정하였다. 이를 위한 요금계획의 기본전략은 접속서비스는 정액제 요금, 부가서비스는 종량제 요금을 적용하고, 경쟁요금 부분인 케이블TV 인터넷은 4만원-6만원으로 정하였으며, 모뎀이용시는 월 30시간 기준으로 4만원으로 정하였다. 또한 케이블TV와의 경쟁을 고려하여 ADSL 장비가격이 인하될 것을 감안하여 5만원-7만원이 적당하다고 보았다.

이와 같은 인터넷서비스를 제공하기 위해 1990년대 후반 한국통신은 인터넷망의 고속화를 위한 방침을 다음과 같이 추진하였다.

첫째, 네트워크 플랫폼을 구축하여 국제회선서비스, NSP서비스, VPN서비스 등을 제공한다. 이 문제는 통신사업자의 국내기간망을 제공하여 해결하고, 다양한 인터넷 접속서비스도 확대한다. 이를 위하여 데이터통신, ISDN, 공중기업통신망, 위성통신망, 무선망 등과 연동하여 다양한 이용자를 수용한다.

둘째, 멀티미디어 환경에 대비하여 통신망의 고도화를 추진한다. 우선 전국을 서울, 경기, 충청, 전라, 경북, 경남 등 6개 권역으로 구분하여 백본망을 구축하며, 통신망의 속도를 점진적으로 155M, 622M, 2.5G순으로 고속화한다. 그리고 백본망의 하부는 15개 권역으로 구분하여 155M 이상으로 구축하며, 장기적으로는 각 전화국에 45M이상의 ATM을 도입한다.

한편 ISDN, HiNET-P/F, CD-LAN, 케이블TV, 위성망, 별정통신사업자망, 초고속망 등의 액세스망은 개별적으로 고도화 한다. 그리고 미국, 일본에 해외관문국을 건설하여 아태지역 중심역할을 담당한다. 또한 인터넷 호를 전화망에서 완전 분리시켜 통신망 기반구조를 개선하며, 이 과제는 수요에 따라 단계별(1998년-2000년)로 추진한다.

9.3 인터넷망의 운용관리

가. 인터넷의 운용문제 개선

1990년대 중반 인터넷이용자들이 늘어감에 따라 인터넷 서비스에서 가장 큰 불만 사항은 데이터 처리속도가 늦다는 것이었다(1996. 7). 이때 국내 인터넷 가입자 수가 1995년 말에 비해 9배로 급증하고 있었다(8,900⇨79,500). 이런 상황에서 당시 담당자들이 분석한 인터넷 소통상 문제점은 다음과 같다.

첫째, 국제회선 이용율이 99%로서 처리속도가 지연됨으로써 코넷(KOERNET)과 국제인터넷망 간 회선부족으로 병목현상이 발생하고 있다. 더구나 인터넷 사용자의 급증추세로 회선부족현상이 점점 심해질 전망이다.

둘째, 국내 인터넷사업자 간 연동망이 구축되지 않았다. 그래서 국내 타 인터넷 사업체에 수용된 정보를 검색하는 경우 해외회선을 경유하여 접속됨으로서 국제 인터넷회선의 부족을 가중시키고 있다. 예를 들면 코넷에서 한국일보를 검색하는 경우, 가입자-KOERNET망-미국SPRINT-미국MCI-한국나우콤-한국일보로 연결된다는 것이다.

셋째, PSTN망의 일부구간에 회선이 부족하여 소통저하를 하고 있는데 그 실태를 정리하면 <표 6-41>과 같다. 여기에서 성수전화국 1410의 경우 회선여유는 있음에도 계속 소통저조상황이 유발되고 있었다.

1996년 이 문제를 해결하기 위해 당시 한국통신 네트워크본부(본부장 이정욱)에서는 다음과 같은 검토의견을 제시하고 이를 시행하였다.

① 인터넷 사용이 급증하고 있어 해외 인터넷회선의 증설과 국내 인터넷사업자 간 연동이 시급한 현안이다. 따라서 1996년에 T2급 1회선, 1997년에 T3급 1회선을 증설하며, 1996년 9월부터 국내 일부 인터넷사업자 간 연동을 추진한다.

② 국내 PSTN에서 인터넷 간의 접속은 전반적으로 양호한 상태이나 트래픽 증가추세를 감안하여 운용회선의 적절한 증설대책이 필요하므로 회선부족 구간을 우선적으로 증설한다.

③ 1996년 7월 1일자로 8899번이 01414로 회선을 절체한후 인터넷서비스 이용자의 민원이 다수 발생하고 있다. 그리고 개통초기에는 트래픽이 적은 상태이나 트래픽 증가에 대비

하여 01414 절체구간에 대한 회선정밀시험을 시행한다.

④ 단대단(End-to-End) 차원의 인터넷 회선관리 및 서비스 관리체제의 정립이 요망된다. 이를 위해 회선개통, A/S지원요원 등 전문 운용인력을 확보하고 양성하여야 한다. 또한 서비스품질 측정지표를 설정하고 전문장비도 학보해야 한다.

⑤ 인터넷망이 향후 중요한 정보통신망으로 부가되는 추세이고, 영업 전략적 이해관계를 떠나 국가정보통신망 차원에서 역동적인 통신망 구축이 필요하다. 그래서 컴퓨터 통신에 대한 네트워크본부 차원의 본격적인 구축전략이 필요하다. 일본 NTT의 경우 개방형 컴퓨터 통신망(Open Computer Network)으로 포괄적인 컴퓨터 통신서비스를 위한 기반시설을 계획 중이다.

⑥ ISP별 인터넷 식별번호 접속체계를 사전에 검토해야 한다. 현재의 통신망 접속체계를 보면 한국통신의 01414는 전용탠덤을 경유하고 있고, 데이콤의 01421은 01420과 동일한 전용 탠덤을 경유할 전망이다. 그리고 SDS의 01433과 아이네트의 01438은 014XY와 동일한 특수번호 탠덤을 경유할 전망이며, 지방의 01414도 특수번호 탠덤을 경유할 것이다. 이러한 통신망 접속체계를 기초로 할 때 접속점이 혼재될 가능성이 높기 때문에 인터넷 접속망의 체계를 사전에 정립할 필요가 있다.

<표 6-41> 인터넷 소통저하를 유발하는 PSTN구간(1996. 7)

구분	국명	구간명	운용 회선	소요 회선	과부족	완료율 (%)
014XY	반포SE	구로/영동TXT	63	80	-17	47.6
	여의SE	광화/영동TXT	60	86	-26	58.7
	노원5E	전농/혜화TXT	30	94	-64	17.0
	신촌5E	신촌/영동TXT	19	45	-29	21.3
	원효5E	광화/신촌TD	39	56	-17	56.1
01410	수서T10	시내국-패킷망	30	58	-28	36.6
	영동SE	시내국-패킷망	30	36	-6	15.6
	성수5E	시내국-패킷망	96	81	+15	31.9

나. 인터넷망의 운용개선

한국통신 네트워크본부(본부장 이정욱)에서는 향후 인터넷통신망의 구축 운용에 대하여 다음과 같은 개선방안을 제시하였다(1996. 7).

첫째, 한국전산원은 한국인터넷정보센터를 중심으로 국내망 연동을 위한 주도적인 역할을 하고, 기간사업자의 인터넷 교환시설(IX: Internet Exchange)과 초고속회선으로 연동토록 한다. 그리고 초고속국가망의 일환으로 고속의 국제회선을 확보하고 제공토록 한다. 이에 필요한 재정지원은 정보통신부와 협의하여 확보하고 통신회선비용은 ISP가 부담하는 것을 원칙으로 한다.

둘째, 한국통신은 KIX 센터를 구축하여 국내망을 연동하고 협정에 의하여 ISP와 통신망 연동을 추진하는 등 KIX 운용 등 모든설비를 전담하여 운용토록 한다. 그리고 비영리 공공망은 별도망 구축없이 한국통신 인터넷망에 접속 연동시키며, 궁극적으로 한국통신의 초고속통신망을 이용하여 인터넷 백본망을 제공한다.

셋째, 데이콤은 한국전산원의 공공망에 대한 연동점 역할만 수행하고, 한국통신, 데이콤 등 기간사업자의 상용 ISP 연동점을 수행한다. 그리고 당분간 한국전산원 중심으로 국내망을 연동 운용한다. 또한 ISP별로 희망하는 기간사업체와 협정에 의하여 연동망을 구성하고, 국내망 연동 등에 대한 협의체를 구성하여 연동방안과 분담금을 조정한다.

다. 한국 인터넷교환센터(KIX)의 구축 운용

한국통신은 인터넷이용자 1천만 시대를 내다보면서 우리나라를 대표하여 인터넷을 상호 연결할 통신망인 한국인터넷교환센터(Korea Internet eXchange: KIX)을 구축 운용하였다. KIX의 역할은 국내 인터넷사업자(Internet Service Provider: ISP)의 트래픽을 상호 교환하여 흐름을 원활하게 하고, 대규모 라우팅 정보를 정확히 유지 제공하는 것이었다. 1997년 한국인터넷교환센터(KIX)에 연결된 한국통신의 KORNET을 비롯한 국내외 인터넷망은 다음과 같다(1997. 12).

(1) KIX는 한국통신의 KORNET과 동일건물 내에서 ATM(155M)으로 직결 운용하였으며, 이 KORNET에는 한국통신의 케이블TV, ISDN, CO-LAN, HiNET-P, PSTN 등을 연결하였다.

(2) 데이콤, 한국전산원, 국가망 인터넷 등 대형 ISP는 대용량 전송로(T3 또는 100M)를 이용하여 KIX에 접속하였다.

(3) 11개의 일반 ISP는 소용량 전송로(T1 또는 E1)를 구성하여 KIX에 접속 운용하였다. 여기에는 나우콤의 NOWCOMNET, 두산정보의 INTERPIA, 삼성의 UNITEL, 제이씨현의 ELINET, 한국PC통신의 KOLNET, 현대정보의 Sinbiro, 한솔의 IVYNET, SK텔레콤, 아이네트, LG인터넷, 무역협회 등이 있었다.

(4) AT&T, MCI, Global-One, KDD, 싱가폴, 대만 등 해외 인터넷사업자들은 국제통신망을 통해 KIX에 직접 연결 운용하였다.

9.4 인터넷망의 소통관리

가. 인터넷 소통문제 발생 및 조치내역

우리나라는 1990년대 후반에도 인터넷 소통문제가 여전히 계속되고 있었다. 당시 동아일보 독자의 소리에 「한국인터넷 접속하기 하늘에 별따기」라는 제목의 독자 투고가 게제되었다(1997. 7. 26). 투고내용을 요약하면 투고자는 1997년 7월 11일 가입 후 지금까지 10회 미만의 접속만 이루어졌으며 신호음만 들렸으며 특히 22일, 23일 양일간은 100회 이상 시도하였으나 접속이 불가하였고 안내데스크(080-014-1414)의 전화도 통화 중이었다. 서비스 개통도 타 서비스업체의 경우 하루만 되는데 한국통신은 장기간(5일)이 소요되었다는 것이었다.

이 문제가 터지자 한국통신은 인터넷사업1국, 정보통신운용국, 성남전화국 직원으로 합동조사팀(5명)을 구성하여 그 내용을 2일 간 조사하였다(1997. 7. 26-7. 27). 조사팀에서는 고객방문, 접속구간별 데이터조사, 헬프데스크 운용실태 확인 등을 조사하였으며, 조사결과 다음과 같은 문제점을 확인하였다.

① 방학기간 중이라 예상외의 통화량이 폭주하여 접속불량이 발생하였으며, 성남전화국과 구로전화국 노드 간에 불복구 현상이 발견되었고 접속불안정 상황도 확인되어 이에 기인된 것으로 판단되었다. 평소의 통화완료율(88.8%)을 감안할 때 일시적 현상으로서 정상 회복되었다. ② 안내데스크는 5대로서 안내에 장시간이 소요되는데다 문의가 폭주하는 바람에 통화중 상태가 가중되었다. 당시 1건당 문의시간은 평균 30분이 걸리고 있었으며, 1인당 1일 처리건수는 26건 정도였다. ③ 개통이 지연된 것은 통상 다이얼업 가입자의 경우 1-3일로 개통되나 이 경우에는 서울전산국의 컴퓨터 사용제한 관계로 업무가 팩스로 우회 처리하게 되어 평상시보다 지연되었다. 서울전산국은 요금작업 관계로 매월 일정기간은 종일 컴퓨터 접속이 통제되곤 하였다.

이와 같이 종합적으로 검토한 결과 접속불량은 일시적인 현상으로 특수한 사례로 판단되며, 평소의 통화완료율(88.8%)을 감안할 때 접속불량현상(통화완료율 4%)은 특수한 상황이라는 것이 전화국 CTMS 자료 분석결과였다. 그리고 응대지연 등 불친절문제는 다소 과장된 감이 있었다. 비록 인원 부족 등 열악한 근무환경이지만 친절교육으로 민원응대에 최선을 다하고 있으며, 특히 당일(1997. 7. 22)에는 담당국장이 현장 확인 점검중이어서 이용문의에 신중을 기하고 있는 상태였다. 그리고 성남전화국 시설운용부장과 직원이 민원인을 방문하여 사과하고 향후 개선계획을 설명하였다.

한국통신은 이러한 문제의 재발을 막기 위해 다음과 같은 개선대책을 수립 시행하였다.

(1) 전국 인터넷 접속시설(01414)에 대한 호출시험을 전국 40개 국소를 대상으로 3일간 시행한다(1997. 8. 4-8. 6).

(2) PSTN-코넷 접속구간에 대해 불량구간을 조사하고 집중정비를 실시한다. 이를 위해 코넷 접속교환기 접속시험 및 R2 신호처리상태를 일일 점검하여20일 간 특별정비를 실시한다(1997. 8. 4-8. 23).

(3) 1997년 하반기에 1차로 112개 지역에 2,970포트를 증설하고(1997. 8. 31), 2차로 144

개 지역에 4,050포트를 증설 추진한다(1997. 12. 31).

(4) 전국 고객의 각종 신고, 문의사항, 이용안내 등을 접수, 처리하고 통합 관리할 수 있는 24시간 고객만족센터를 정보통신운용국에 구축한다(1997. 7-1997. 8). 그리고 상품별 접수번호를 패킷망가입자는 080-825-8282, CO-LAN가입자는 080-023-2299, KORNET가입자는 080-014-1414로 단일화한다. 이와 병행하여 상품별 접수번호를 헬프데스크로 집중화하여 종합 관리하고, 호 분배장치(ARS)를 설치한다. 또한 접수요원을 증원배치하며 친절교육도 강화한다.

(5) 데이터통신 및 인터넷가입자의 청약접수, 개통, 문의, 고장 등 모든 업무의 집중관리를 위한 고객지원시스템을 구축한다(1997. 11. 1). 그리고 전국 운용보전시스템을 온라인화 개통하여 고장수리를 실시간으로 관리하고 통제한다.

(6) HiNET-P, CO-LAN, KORNET 등을 위한 데이터통신 고객관리 체제를 통합 운용한다. 이를 위해 1998년 4월 이후 전산지원단 상면을 확보하여 혜화전화국의 시설을 이설하여 통합 추진토록 한다.

나. 인터넷 소통문제 재발 및 조치내역

앞에서 언급한 보도사건이 발생한 지 몇 달 후 일간신문에는 또다시 인터넷 소통이 마비될 정도로 불편하다는 기사가 실렸다(인터넷 마비 정보대란, 1997. 11. 8, 중앙일보). 당시 보도자료를 요약하면 다음과 같다. <기사내용> 1997년 11월 6일 발생한 부산- 일본 간 해저광케이블 훼손으로 해외 인터넷 사이트 접속에 차질이 생겨 400만 이용자가 큰 불편을 겪고 있으며, 인터넷을 통한 정보검색은 물론 인터넷 비즈니스가 거의 중단되는 등 사상 초유의 인터넷 대란이 일고 있다.

이에 대해 한국통신 전략영업본부(본부장 송용팔)에서는 장애원인, 소통 및 조치상황 등을 조사하여 다음과 같이 발표하였다(1997. 11. 8).

① 국제해저케이블(APCN)이 부산기점 약 62Km지점에서 절단되는 사고가 발생하는 바람에 소통 장애를 일으켰다. 이 케이블에는 전화 2,018회선, 전용회선 45Mbps 3회선, E1급 20회선 등 4,325회선이 실려있었다.

② 한국통신 인터넷(KORNET) 가입자는 평시 운용 중인 MCI/Global-One회선으로 소통되고 있다. AT&T에서는 한국통신, 데이콤, 아이네트, 삼성SDS 등 해당 회선을 위성으로 복구하였다. 그러나 아이네트 만 양단시스템의 복구가 늦어져 1997. 11. 7 오후 5시경에 회복됨으로서 아이네트 가입자가 피해를 보았다.

또한 중요 보도기사의 세부내용에 대해 확인하면 다음과 같다. <기사내용> 400만명 이상으로 추산되는 국내 인터넷 이용자들이 극심한 불편을 겪을 것으로 보인다. 그리고 한국 ICES사, KOTIS, 롯데백화점 등 거래중단, 접속건수 감소 등 이용자 피해가 있다. 또한 위성 접속은 전송속도가 떨어져 병목현상이 심하고 인터넷 폰, 채팅 등은 거의 이루어 지지 못하고 있다.

이 보도내용에 대해 검토하였다. 먼저 국내 전체 PC통신 유료이용자는 약 250만이고, 무료이용자까지 포함하는 경우 약 300만명으로 추산되나 국내 인터넷 이용자는 약 80만명-100만명 정도이며 국내이용에는 전혀 영향이 없었다. 그리고 코넷 가입자는 AT&T의 APCN 45Mbps 절단 시에도 MCI/Global-One 15Mbps 운용회선으로 소통에는 거의 지장이 없었으며, 당일인 1997년 11월 6일 16시 50분에 위성 우회복구로 이용에 전혀 불편을 못 느낄 정도였다.

또한 이로 인한 거래중단, 접속건수 감소 등 이용자 피해는 아이네트 가입자에 국한되는 것이었다. 그리고 서울대 교육망은 접속곤란 및 속도저하로 사실상 중단상태라는 보도는 총 6Mbps에서 4Mbps로 위성 복구한 관계로 접속이 다소 떨어질 수 있지만 큰 지장은 안 주었을 것으로 생각된다. 한편 위성접속의 경우 왕복 0.5초의 속도지연이 발생한다. 코넷 가입자에게는 정보검색이나 인터넷 폰, 채팅 등의 사용에 거의 지장이 없었던 것으로 확인되었으며 고객의 민원도 없었다.

다. 인터넷 보안 문제

한국통신은 코넷(KORNET) 기간망의 각종 서버시스템 및 이용자 전산시스템을 외부로부터의 보안침해를 차단해야 하는 중대한 문제에 직면하였다. 당시 인터넷망의 보안상 취약점은 UNIX를 이용한 개방형 네트워크 구조로 되어 있어 컴퓨터 간 접속이 용이하고 각종 서비스의 제공 및 활용이 용이하였다. 또한 UNIX 체계는 관리자 권한 ID를 도용하여 해커가 침입하는 경우 해당 서버 전체가 해커에 의해 자유자재로 조정이 가능하고, 시스템 침입 시 복구 불능상태가 되며, 주요 파일의 도용이 가능하였다.

그리고 기업 및 개인의 전산망 보안은 방화벽으로 해커차단이 가능하나 인터넷 접속서비스망은 개방형망으로서 해커 차단에 한계가 있었다, 더구나 기존 인터넷사업자(ISPs)는 해커로부터의 침입이 상존하는 상황이었다. 이에 따라 한국통신은 코넷의 보안을 위해 방화벽(Firewall)을 설치하여 해커로부터 시스템을 보호하고 이용자 전산망의 접근통제를 위한 방안을 추진하였다(1996. 2. 12).

그러나 이 방안의 시행으로 가입자와 외부 간 서비스 이용할 때 속도가 저하되고, 외부망에서 가입자 서버로의 원격접속(telenet)이 제한을 받는 등 이에 대한 가입자들의 서비스 불만이 커지는 바람에 방화벽 운영을 보류하였다(1996. 6. 4). 그러다 보니 서버시스템 ID를 수시로 변경하고, 주요 파일을 매일 백업하는 등 시스템 보안을 위한 운용을 강화하였다. 이 과정에서 드러난 문제점은 자체 보안기술이 부족하고, 보안 운용요원이 부족하며, 보안사고 처리기술이 부족하다는 것이었다. 이러한 어려운 조건에서 한국통신 나름의 다음과 같은 보안대책을 강구하였다.

첫째, 인터넷사업자가 가입자 전산망까지 보안대책을 강구해 주는 것은 불가능하므로, 가입자 보안방지대책은 자체적으로 수립하고, 방화벽을 설치하며 내부 보안교육을 강화토록 하였다.

둘째, 코넷 보안을 위해 보안사고 발생 시 복구체계를 수립하고, 보안관리팀 및 긴급복구반을 편성 운용하였다. 그리고 주요 ID, 패스워드, 서버 및 파일에 대한 보안관리를 중점적으로 시행하였다. 특히 다이얼업 서버 이용자(침입자)에 대한 감시 및 제어를 강화하였다.

셋째, 멀티미디어연구소의 네트워크 보안팀(팀장 백석철)에서는 코넷(KORNET) 시스템을 개발하였다. 이 연구과제는 3년간(1996. 1-1998. 12)에 걸쳐 수행되었으며, 이를 위해 연구예산은 12억7백만 원, 총 연구인력은 22.5명을 투입하였다. 이때 인터넷 통합보안결합탐지 도구(일명 지킴이)를 개발하여 코넷 시스템에 적용하여 운용하였다(1997. 5). 그리고 서버 보안시스템을 도입하고, 방화벽 시스템도 개발 추진하였다(1998년).

10. 인터넷 전화의 등장

10.1 시장동향 및 정책방향

가. 인터넷 전화의 초기논의

1990년대 중반 멀티미디어 PC와 인터넷 전화 소프트웨어를 이용하여 PSTN 대신 인터넷망을 통한 음성통화가 거론되기 시작하였다. 이 서비스는 기존의 전화망보다 낮은 요금과 다양한 서비스를 결합하여 제공이 가능할 뿐만 아니라, PC-PC, PC-전화기, 전화기-전화기 간 전화가 가능한 장점을 가지고 있었다. 당시에는 아날로그 휴대전화의 품질수준이나 기술발전으로 품질문제는 극복이 가능할 것으로 보며, 2000년에는 전화시장의 약 16-20%를 잠식할 것으로 예상되고 있었다.

이와 관련하여 당시 정부에서는 이를 위한 정책방향을 검토하는 이해관계자 회의를 주관하였는데 이때 당사자들의 입장은 아래와 같이 표출되었다(1996. 9. 10, 정보통신부 정책방향 검토회의). 전화사업자는 인터넷 전화도 현행법상 기간통신사업이므로 전화수준의 규제가 바람직하며, 다만 PC와 PC 간 인터넷 전화는 사실상 규제가 곤란하다는 견해를 피력하였다. 반면 인터넷 사업자는 인터넷 전화는 부가통신사업 영역이며, 미국 등에서도 특별한 규제가 없으므로 국내에서도 비규제 서비스로 취급해야 한다는 입장이었다.

한편 KISDI, ETRI 등 연구기관에서는 아직은 전화에 대한 대체재로서 자리매김하기 곤란하며, 기술발전 중에 있는 서비스를 규제할 경우 통신발전을 저해할 수 있다는 생각을 밝혔다. 외국은 비규제 사항임으로 국내에서만 규제할 경우 서비스 결손이 발생할 수 있다는 의견도 제시되었다. 이에 대해 정부는 인터넷 전화는 멀티미디어 초기 서비스로서 자유화가 바람직하며, 통신자유화 추세, 음성 재판매 허용 등을 감안할 때 규제하더라도 최소한 규제로 축소할 필요가 있다는 입장이었다.

다만 전화와의 대체관계, 이용자에 대한 피해정도를 검토하여 정책방향을 결정토록 한다는 선에서 정리하였다. 이러한 상황에서 한국통신 공정대책실(실장 김정수)에서는 다음과 같은 대응방향을 제시하였다(인터넷전화 동향보고, 1996. 9. 11, 공정대책실).

첫째, 정부의 정책방향 결정을 예의 주시하여 바람식한 규제, 사업구도를 형성토록 한다. 그리고 ISDN의 조기 확산 등 가입자망을 고도화하고 이용을 촉진하는 한편 원가를 절감하고 전화사업의 경쟁력을 강화하여 전화시장의 잠식 방지책을 강구한다.

둘째, 한국통신의 인터넷사업을 강화한다. 이를 위해 인터넷 서비스망을 확충하고 고속화하며 우량 정보제공자(IP)를 유치하는 등 정보서비스의 질적 향상을 서둘러 시행한다. 그리고 인터넷 서비스망과 정보서비스 분야에 소사장제를 도입하고, 예산, 구매, 보수, 영업활동에 자율성을 부여한다.

나. 인터넷 전화의 시장동향

1997년에 들어서면서 인터넷이 각종 정보수집과 기업경영 등에 폭넓게 활용되고 이용이 보편화 되어감에 따라 인터넷 전화도 새롭게 급부상되어 연일 기술이 개발되고 있었다. 이때 시장동향을 보면 미국 등 선진각국에서는 인터넷전화에 대해 특별한 규제 움직임이 없고 일부 국가에서는 시험적으로 사용 중에 있음이 확인되었다. 이에 대해 한국통신 전략영업본부(본부장 우승술)는 인터넷전화 시장동향을 조사하였으며 조사한 주요내용을 아래와 같다(인터넷전화 사업대응계획, 1997. 2, 전략영업본부).

미국에서는 미국 130여 개의 중소 장거리전화사업자 연합회인 ACTA가 FCC에 인터넷전화 규제청원서를 제출하였다(1996. 4). 이에 대해 인터넷전화 사업자 및 소프트웨어 사업자들이 결성한 VON에서는 ACTA의 청원에 반발하여 FCC에 반대성명서를 제출하였다(1996. 5). 또한 3대 장거리 전화사업자인 AT&T, MCI, SPRINT는 이의 규제를 반대하고 나섰다. 이에 대해 미국 행정부는 이의 규제를 반대하는 입장을 직간접으로 표명하고 있고, 미국 연방통신위원회(FCC)도 인터넷전화 규제에 대해서는 부정적인 반응을 내놓았다.

일본은 정부차원의 특별한 규제 움직임은 없으며, 유수 ISP가 외국사와 협력하여 인터넷전화 사업을 준비중이었다. 영국은 법률가들에 의해 ISP에 의한 음성전화접속은 통신법 위반이라고 제기하고 있었고 호주, 핀란드 등에서도 인터넷전화 사업을 추진 중에 있었다. 한편 국내에서도 동일한 소프트웨어를 장착한 PC이용자 간이나 일부 기업에서 게이트웨이(GW)를 설치하여 기업 업무용으로 이용 중이었다. 이런 상황과 함께 관련 소프트웨어, 하드웨어 기술의 급속한 발전으로 이 서비스가 조기에 상용화의 길을 걸어 이용이 급증할 것으로 전망되었다.

한국통신은 1996년 11월부터 PC to PC 시험을 서울, 부산, 제주 등 8개소에서 시행하였다. 이때 소프트웨어는 보칼텍사, 인터넷 폰은 IDT사의 Net2Phone을 사용하였으며, 1997년 1월에는 보칼텍사의 게이트웨이 서버를 이용하여 전화 대 전화(Phone to Phone) 시험을 연구개발본부 구내에서 시행하였다. 이때 인터넷전화는 ① 송화자 위치에서 근접 GW접속번호 다이얼, ② 음성 메시지에 따라 수화자의 전화번호 입력, ③ 인터넷망을 통해 수화자의 근접 GW에 연결, ④ GW에 의해 전화망을 통해 수화자와 통화와 같은 단계로 사용하였다.

한편 데이콤에서는 인터넷전화의 시험서비스는 1997년 상반기, 상용서비스는 1997년 하반기에 시행예정으로 추진 중이었다. 이를 위해 기업체를 대상으로 보칼텍 게이트웨이를 공급하기 위해 보칼텍과 인터넷전화 서버의 국내 판매계약을 체결하였다(1997. 1. 27). 그 외에도 아이네트기술은 인텔 등 해외 인터넷폰 업체들과 협의 중이고, 한솔텔레콤은 보칼사와 인터넷전화 공급계약을 추진 중이며, 제이씨현 시스템에서는 이용자에 인터넷전화 소프트웨어(웹폰)를 무료로 제공하고 있었다.

또한 한국무역정보통신은 미국 GXC와 인터넷 국제전화를 계약하고, 마이웨이 소프트웨어와 복스박스를 이용한 개인컴퓨터 대 전화방식(PC to Phone)에 가까운 인터넷 국제전화 서비스를 1997년 3월부터 제공계획이었다. 한편 장비공급업체들의 경우는 ㈜브이플러스는 보칼텍사의 인터넷폰 게이트웨이 서버의 판매사업을 추진 중이었고, 고합그룹(KNC)은 캐나다 비엔나시스템사와 비엔나웨이 서버(GW)를 국내에 공급하기로 계약체결하고 본격적인 사업을 추진 중이었다. 그리고 대우통신에서는 미국IDT사의 인터넷 전화인 넷투폰을 도입하여 일반인을 대상으로 인터넷전화 사업을 추진 준비하고 있었으며, 현대, 삼성 등도 해외사업자와 협력을 준비하고 있는 상황이었다.

다. 정부의 정책방향

정부는 기본적으로 당시 타결된 WTO 기본통신협상을 준수해야 하는 입장이었다. 이때 협상대상은 시내전화, 시외전화, 국제전화 등 유선전화와 이동전화, 무선호출, PCS 등을 포함한 무선전화, 그리고 위성통신에 이르기까지 모든 기본통신서비스가 망라되어 있었다. 이에 관한 한국에 대한 최종양허계획을 보면 다음과 같다.

(1) 1998년부터 외국인 총 지분은 유무선 분야 33%를 허용하고, 한국통신(KT)은 20%를 허용한다. 2001년부터는 유무선 분야 49%를 허용하고, 한국통신(KT)은 33%를 허용한다.

(2) 동일인 지분은 1998년부터 유선 10%, 무선 33%를 허용하며 한국통신(KT)은 3%를 허용한다. 그리고 1999년부터는 외국인 대주주를 허용하며, 한국통신(KT)은 제외한다.

(3) 시외전화와 국제전화의 경우 음성 재판매서비스의 외국인 지분을 1999년부터 49%를

허용하고, 2001년부터는 100% 허용한다.

한편 정부는 개인 간 PC를 이용한 인터넷 전화는 규제대상이 아닌 것으로 방향을 잡고 있었다. 그러나 전화기에 의한 인터넷전화는 전화사업으로 분류되어 당시로서는 기간통신사업자에 한해 사업이 가능하였다. 그러나 WTO 기본통신 협상양허안의 음성재판매 허용에 따라 조기에 인터넷전화 사업이 허용될 것으로 예상되었다.

10.2 한국통신의 인터넷 전화 사업시도

가. 추진일정 및 사업영향

한국통신의 인터넷폰 사업은 1997년 2월 제5차 경영기획심의회에 「인터넷폰 대응 사업추진계획」을 보고하면서 시작하게 되었다(1997. 2. 21). 이후의 추진일정을 요약하면 다음과 같다.

① 한국통신 사장결재(1997. 2. 25) 및 1997년도 제2차 이사회 보고(1997. 2. 27)

② 인터넷폰 전담조직 신설추진(1997. 3-4) 및 인터넷폰 시험서비스 추진계획수립(1997. 5. 24)

③ 공정대책실, 네트워크본부, 시설운용실 등 10개 부서가 참여하는 인터넷폰 서비스 추진협의회 구성운영(1997. 6월부터 상용서비스까지).

④ 인터넷폰 개발시험용 게이트웨이 시스템 3개 시스템의 구매 설치, 선정기종 ITS-SP (루슨트사), 담당부서는 멀티미디어연구소(1997. 7-10)

⑤ 미국 AT&T사와 국제시험운용 제휴추진, 추진양사 간 협력 제안내용 검토 및 협의 (1997. 7-10)

한편 인터넷 폰이 새로운 통신수단으로 등장하면서 이것이 한국통신에 미치는 영향을 다음과 같이 분석하였다.

첫째, 전화요금 체계에 혼란이 오는 것을 막을 수 없고, 인터넷 전화는 시외전화 및 국제전화서비스를 인터넷 망을 이용하기 때문에 기존 통신망의 거리별 시간별 요금체계가 아닌 전 세계 동일 요금의 적용이 요구된다.

둘째, 시내전화, 시외전화, 국제전화의 사업영역이 파괴되고 기본통신사업자와 부가통신사업자의 구분도 모호해진다.

셋째, 고수익 구간의 크림스키밍이 가속되고 출혈 과당경쟁이 우려된다. 이로 인한 기존 전화시장의 잠식정도는 2,000년 기준으로 국제전화 1조2,700억 원, 시외전화 1조3,580억 원 등 총 2조6,280억 원 수준이 될 것으로 예상된다. 따라서 국제전화 시장의 약 20%, 시외전화 시장의 약 10%정도 잠식될 것으로 예측된다. 이에 대한 세부내역은 <표 6-42>와 같다(Anderson Consulting).

<표 6-42> 인터넷전화로 인한 기존 전화시장 잠식예측(2,000년 기준)

구분	수익(억원)	인터넷 전화		
		잠식율(%)	잠식액(억원)	수익(억원)
국제전화	12,700	20	2,540	510
시외전화	13,580	10	1,360	540
계	26,280		3,900	1,050

나. 사업추진방향 및 전략

이와 같은 상황에서 한국통신 전략영업본부(본부장 우승술)에서는 인터넷 전화 사업추진 방향과 전략을 설정하였다(인터넷전화 대응 사업추진계획, 1997. 2, 전략영업본부). 우선 이 사업의 추진방향으로는 1997년에 시험 및 시범서비스를 시행하고, 상용서비스는 정부정책의 추이에 따라 시행하는 것으로 하였다. 그리고 기존통신시장의 잠식에 따른 대체수익을 창출하도록 하고, 개방과 경쟁에 대비하여 자체 기술력을 조기에 확보하며 인터넷을 한국통신 사업영역 확대의 기회로 활용토록 정하였다. 이를 위한 사업추진전략을 다음과 같이 수립 추진하였다.

① 정부정책에 대응하여 사업허용 시기는 가능한 늦추는 방향으로 건의하되 허용 시에는 즉시 사업을 개시할 수 있도록 사전준비를 철저히 한다.

② 국제전화 및 시외전화의 잠식을 최소화하기 위해 원가에 근거한 서비스별 요금을 재책정하고, 국제전화, 시외전화의 대고객 서비스를 지원하고 통화품질을 제고하도록 노력한다.

③ 인터넷전화 사업 추진체제를 확립한다. 이를 위해 정부의 사업허용에 대비하여 서비스를 개발하고 사업화를 준비한다. 그리고 조직 및 인력확보 등 사업조직체계를 조기에 확보한다.

④ 인터넷전화 서비스를 차별화한다. 국내외 코넷(KORNET)망을 최대한 활용하고, 자체개발과 병행하여 최고기술의 협력사를 선정하며 기술제휴로 완벽한 서비스를 제공한다. 또한 통화품질, 요금, 서비스 수준 등을 타 사업자와 차별화한다.

⑤ 국내외 시장동향과 수요를 고려하여 탄력적으로 시설을 투자한다. 1단계(1998년-1999년)에서는 인터넷 노드에 게이트웨이(GW)를 설치하고, 2단계(2,000년 이후)에 가서 PSTN 교환기에 게이트웨이를 설치한다.

위와 같은 사업추진전략에 따라 세부추진계획을 단계별로 수립하여 다음과 같이 시행하였다(인터넷전화 대응 사업추진계획, 1997. 2, 전략영업본부).

(1) 1단계(1997년 8월-10월)에서는 시험서비스를 시행한다. 이를 위해 서울, 부산 간 GW를 설치하여 장비성능 및 회선품질을 평가하고, 이용자 환경지원방안을 수립한다. 그리고 해외협력사를 선정하고 협력방안을 마련하며 표준화와 기술기준을 준비한다. 또한 시험서

비스를 통한 문제점을 파악하고 대책을 수립하며, 자체 개발과 병행하여 고성능 시스템 개발에 주력한다. 한편 멀티미디어 연구소, 혜화전화국, 부산안내국 등 3개지역에 게이트웨이(GW)를 설치하고 이 3개 지역에 각 8회선의 국선을 확보하며 인터넷전화 접속번호를 부여한다. 이때 시험운용은 멀티미디어 연구소가 담당한다.

(2) 2단계(1997년 11월-12월)에 가서 시범서비스를 시행한다. 이 단계에서는 서울 등 5개 지역, 미국, 유럽, 일본 등 해외 3개 지역의 국내, 국제간 일부고객을 대상으로 실제 시범서비스를 실시한다. 그리고 장비조달 및 해외서비스를 위한 협력사를 선정하고, 인터넷 전화 표준화 방안을 마련한다. 또한 인터넷 전화 전용접속번호를 부여하고 인터넷 전화 전용접속회선 계획을 수립하며, 인터넷 전화의 이용제도, 요금, 약관, 지침 등을 검토한다. 동시에 혜화전화국, 구로전화국을 포함하여 서울 등 5개 지역에 GW서버(1,000포트)를 설치한다.

(3) 3단계(정부의 사업허용 즉시)가 되면 인터넷 전화의 적극적인 상용서비스를 개시한다. 이 단계에서는 해외협력사와 접속지역을 확대하고, 국제표준장비를 선정하여 구축하고 한국통신 해외지사 GW서버도 설치한다. 그리고 서울 외 38개 지역에 코넷 노드(5천포트)를 신증설하며, 이를 위해 4년간(1997년-2,000년)에 총 240억원을 투자하며, 연도별 설비투자비와 수익전망을 보면 <표 6-43> 및 <표 6-44>와 같다. 또한 인터넷전화 전용접속번호를 부여하고 제도, 약관, 지침을 확정시키고 홍보 및 광고, 고객유치활동에 들어간다.

<표 6-43> 인터넷 전화를 위한 설비투자계획

구분	1997년	1998년	1999년	2000년	계
GW서버(포트)	1,000	5,000	6,000	12,000	24,000
투자비(백만원)	1,000	5,000	6,000	12,000	24,000

<표 6-44> 인터넷 전화 수익전망(단위: 백만원)

구 분	1997년	1998년	1999년	2000년	계
인터넷 시외전화	-	8,500	29,600	54,000	92,100
인터넷 국제전화	-	20,700	34,700	51,000	106,400
계	-	29,200	64,300	105,000	198,500

다. 부서별 역할분담

이 사업의 조기 추진을 위해 한국통신은 부서별로 역할을 분담하여 전사적으로 대응하였다. 기획조정실에서는 전사적 차원의 사업영역을 분석하고 대응전략을 수립하고 조직, 정원, 분장업무 등 인터넷전화 사업추진체계를 조기에 갖추도록 하였다. 공정대책실은 WTO, 공전공접속 및 재판매 관련사항, 국내외 사업자의 동향, 정책관련사항 등 통신정책 동향을 분석하고 대응하게 하였다. 마케팅본부는 국제전화, 시외전화의 시장잠식상황을 분석하고 대응전략을 수립하는 전사적 마케팅계획을 수립 추진토록 하였다.

그리고 전략영업본부에서는 인터넷전화 사업추진준비, 시범장비도입 및 시범서비스 시행, 인터넷전화와 PSTN간 접속관계 정립, 상용서비스를 준비하고 시행하게 하였다. 한편 네트워크본부는 인터넷 전화를 위한 전송로를 확보 구축하며 인터넷 전화의 접속을 위한 PSTN 교환기의 표준화를 담당하였다. 멀티미디어 연구소는 인터넷 전화 시험장비(GW)를 선정하여 도입 설치하고, 기술기준을 검토하여 표준안을 작성하여 시험서비스를 실시하며 관련 기술을 축적하여 국산장비(GW)를 개발하게 하였다.

10.3 인터넷 전화사업의 신중한 접근

가. 시장동향 및 기술동향조사

앞에서 설명한 바와 같이 인터넷폰은 인터넷 망에 전화를 접속하여 실시간, 양방향으로 음성을 교환하는 서비스를 말한다. 1997년 후반기에 들어서면서 인터넷폰 서비스가 새롭게 급부상하면서 연일 국내외 기술개발 및 사업자 동향이 언론에 보도되고 있었다. 이와 관련하여 WTO 기본통신협상 타결에 따라 한국통신은 정부의 인터넷폰 허용에 대비하고 기본시장의 방어 및 새로운 수익창출을 위해 인터넷폰 사업을 본격 추진에 진입하였다(인터넷폰 사업추진계획, 1997. 11, 한국통신 전략영업본부). 이때 한국통신이 파악한 시장동향 및 기술동향은 다음과 같다.

첫째, 인터넷폰은 저렴한 요금을 기반으로 2001년에는 국제전화 및 시외전화 시장의 약 4% 정도를 점유할 것으로 전망된다(출처 KISDI). 이를 수익규모로 산정하면 시외전화부문은 1998년 122억 원에서 2001년 1,346억 원, 국제전화부문에서는 1998년 60억 원에서 2001년 752억 원으로 늘어날 것이다. 그리고 이에 대한 시장동향을 확인하면 기간통신사업자는 사업개시에 신중한 자세인 반면 G. Cubed Network, Global Internet Consortium, 아시아태평양 인터넷협회(APIA) 등 ISP는 그들 중심으로 컨소시엄을 출현시키고 있다.

둘째, 기술동향을 살펴보면 당시 시장에 나와 있는 시스템은 대부분 4-10회선의 소용량이고, 1997년 하반기부터 T1/E1 접속 공중통신망용 소용량 제품이 상용화될 예정이거나 시험중이었다. 기간통신사업자를 위한 대형 시스템은 없다. 또한 ITU-T의 영상회의 시스템 권고안인 H.323 표준화 채택으로 G.723, G.729 등의 음성코덱을 채택하고 있는 경향이나 아직까지 장비 간 호환성이 없다. 이 호환성 확보에는 다소간 시간이 걸릴 것으로 예상되고, 개발시스템으로는 Clarent, Vocaltec, Vienna Systems, Lucent Technology, IDT, ILT, OzEmail 등이 있다.

셋째, 국제시장동향을 보면 해외 대형사업자들은 인터넷폰 사업에 적극적인 진출의사를 표명하고 있다. AT&T, KDD, CHTI 등 캐리어 간에 서비스 제휴를 추진하고 있으며, 콜백

사업자도 발 빠른 행보를 보이고 있다. 더 이상 콜백 서비스의 장점인 요금우위를 지키는 것이 어려워짐에 따라 인터넷폰 사업자로 변신을 시도하고 있다.

넷째, 국내시장의 경우 데이콤, 온세통신 등 기간통신사업자들이 1998년 초 상용서비스를 목표로 준비 중이고, 데이콤, 온세통신 모두 해외 대형 캐리어와 제휴를 추진하고 있다. 그리고 ISP 사업자인 아이네트, 한솔, 현대정보기술, 한국무역정보통신, 두산정보통신 등 대부분의 인터넷사업자가 국제구간을 대상으로 1998년초 서비스를 제공할 예정이다. 또한 대부분의 사업자들이 해외 협력업체와 제휴를 추진하고 있으며, 시스템의 호환성 부재로 장비선정에서 혼선을 보이고 있다.

나. 인터넷폰 사업계획 수립

1997년 후반 한국통신 전략영업본부(본부장 송용팔)는 인터넷폰 사업의 추진방향, 추진계획, 추진체제, 시설공급목표 등 사업계획을 다음과 같이 수립 추진하였다(인터넷폰 사업추진계획, 1997. 11, 한국통신 전략영업본부).

첫째, 한국통신은 이 사업을 1998년 초 상용화 목표로 적극적인 진출체제를 마련하고, 국제전화서비스 분야를 우선하여 대비한다. 그리고 한국통신 위상에 부합하는 미국, 일본, 홍콩, 중국 등 대형 국제통신사업자(Global Carrier)와 제휴를 추진하며 고품질 통화서비스 제공으로 차별성을 확보한다.

둘째, 이 사업은 단계별로 추진한다. 1단계(1997년-1998년)에는 시험망을 구축하여 상용화 이전에 통화품질을 확보하고 시스템 기능을 검증하고 보완하기 위해 시험서비스를 시행한다. 이때 국내 대도시의 주요지역과 국제통화량 점유율이 상위국을 대상으로 상용서비스를 개시하며, 상용화 시기는 타 사업자의 사업추진상황, 시장동향 등을 고려하여 결정한다.

2단계(1998년-1999년)에는 상용서비스 지역을 국내는 주요 도시로 확대하고, 국외의 경우는 글로벌 통화권을 구축한다. 그리고 전국망 관리시스템 체제를 구축하고, 팩스, 음성메일, 비디오 텔레폰 등 부가서비스를 개발 보급한다. 3단계(1999년-2000년)에 가서는 인터넷폰 사업의 수익창출을 위한 충분한 시설을 투자하고 전용망을 구축하는 등 인터넷폰 서비스를 본궤도에 진입시킨다.

셋째, 시험서비스 제공지역으로 국내는 서울, 부산, 국제는 미국(AT&T)으로 정하고, 시험이용자는 400명을 선정한다. 이를 위해 시스템 기능시험은 1997년 11월 1일부터 11월 14일까지 하고 이용자 시험은 1997년 11월 15일부터 1998년 2월까지 시행한다.

다. 사업추진체제

인터넷 폰 사업을 위해 한국통신 본체에서는 시설운용, 영업 등의 일을 일괄 추진하고, 자회사에서는 기존 또는 신설 자회사에 의한 서비스를 보급하게 하였는데, 이들의 장단점을 검토하였다. 먼저 본체에서 추진하는 경우, 기존 서비스와 상호 보완관계이므로 효율적으로 업무를 추진할 수 있고, 일원화된 사업관리를 할 수 있어 사업영역조정이 용이하며, 투자 및 통신망 고도화를 용이하게 할 수 있다는 장점이 있다.

그러나 동일시장을 대상으로 이중으로 참여하게 되는 문제가 있고, 사업추진의 신속성 및 유연성이 결여될 수 있는 단점이 있다. 이 방안은 AT&T, HK Telecom, DT, Dacom 등에서 채택하고 있다. 한편 자회사에서 추진할 때는 마케팅, 요금, 고객관리 면에서 사업추진의 신속성, 유연성을 확보할 수 있고, 인터넷 관련 전문성의 확보가 보다 용이하여 신규서비스 추진체제로 적합하다. 반면 본체와의 국제통신, 시외전화부문의 경쟁으로 시장잠식이 가속될 수 있고, 경쟁이 본격화되는 경우 본체의 강한 견제가 예상되었다. 일본 KDD는 이 방안을 선택하고 있다.

이러한 검토결과 한국통신 전략영업본부(본부장 송용팔)는 인터넷폰 사업 추진방향을 다음과 같이 설정하였다(인터넷폰 사업추진계획, 1997. 11, 한국통신 전략영업본부).

① 자회사 형태로 분리되면 모자회사가 상호 보완관계가 아닌 경쟁관계로 전환되어 사업 성격상 모회사의 시장잠식을 가속화시킬 우려가 있어 우선 본체에서 수행한다.

② 인터넷폰 서비스는 틈새시장에 적합한 서비스이므로 본체에서 완벽한 인프라를 구축한 후 사업추진의 신속성 등 순발력을 높일 필요가 있을 때 소사장 제를 검토 추진한다.

③ 향후 시장동향, 정책방향 등 사업 환경 변화에 따라 자회사 형태를 추진한다.

10.4 인터넷 전화를 위한 통신망 구축

가. 공급기준 및 시설확장

1990년대 후반 한국통신 전략영업본부(본부장 송용팔)는 인터넷폰 공급방침을 다음과 같이 정하여 추진하였다(인터넷폰 사업추진계획, 1997. 11, 한국통신 전략영업본부).

(1) 정부정책 방향과 시장 동향, 장비발전 추세에 따라 1998년에는 6개 대도시 지역, 1999년에는 14개 지역으로 확대하는 등 점진적으로 시설을 투자하고 서비스지역을 확대해 나간다.

(2) 수요는 인터넷폰 시장에 대한 한국통신 점유율 40%를 적용하고, 지역별 공급시설수는 당시 국제/ 시외 트래픽 분포를 적용한다.

(3) 국제/ 시외국간 중계시설 수 및 트래픽 기준으로 시설수를 산출한다. 여기에서 국제구간 국간중계시설 수는 국제관문국-시외구간 전체회선 수를 의미하며, 시외구간 국간중계시설 수는 시외교환구간(101Km이상)의 전체회선 수를 말한다.

그리고 인터넷폰을 위한 국내통신망은 ATM과 FR망을 이용하여 구축하고, 서울, 부산, 대구, 대전, 광주 등 5대 도시는 코넷(KORNET) 백본의 ATM망을 이용하여 전용 대역폭을 확보하였다. 그리고 5대 도시 이외의 구간은 FR망을 이용하여 구축하였다. 국제구간은 글로별 사업자의 허브에 접속하는 방안이 가장 바람직하나, 상용화 초기에는 미국, 일본 등 고수익 구간은 사업자 간 제휴를 통해 국가별 점대점 방식(Point to Point)으로 연결하게 하였다.

그리고 PSTN 접속점은 네트워크본부에서 정한 상호접속 망 구축계획에 의해 결정하고, 시내집중교환기 설치계획에 따라 연차적으로 서비스지역을 확대하였다. 또한 인터넷폰 관련 시설은 코넷 노드국에 설치하게 하였다. 또한 인터넷폰을 위해 전화망번호(국가번호 82+지역번호 2+가입자번호 ××××) 앞에 인터넷 접속번호(××××)를 사용하게 하였다. 이때 접속번호는 정보통신부에서 인터넷폰 번호계획이 나올 때까지 한시적으로 일반번호체계로 서비스를 개시하였다.

나. 요금계획 및 글로벌서비스의 시도

한편 인터넷폰 이용을 위한 요금수준은 콜백 등 재판매 사업자의 요금과 원가를 고려하여 결정하는 것으로 기본방침으로 하였다. 그것은 인터넷폰의 최대경쟁자는 재판매 사업자이기 때문이었다. 인터넷폰의 원가요소는 발신 측 PSTN 통화료+인터넷 이용료+착신 측 PSTN 통화료로 구성하였다. 당시 국제통화 인터넷폰의 요금수준은 기존요금의 20-50% 수준으로 예상되었다. 이용요금은 콜백 등 재판매 사업자의 요금보다 낮은 수준으로 하여 서비스를 제공하였으며, 이때 한국통신 통신경제연구소의 요금전략연구과제 수행결과를 기초하여 적정요금을 결정하였다.

한편 한국통신은 해외법인과 해외사무소를 최대한 활용하여 글로벌서비스가 가능한 해외 컨소시엄에 적극적으로 참여하고, 미국, 일본, 홍콩 등 트래픽이 많아 수익성이 큰 나라와 서비스를 개설 추진하였다. 그러나 장비의 국제표준화 미정으로 제조업체별 호환성이 없어 서비스 공급지역에 제한을 받고 해외파트너 선정에 제약을 받는 등 현안문제도 대두되었다.

이러한 여건을 감안하여 한국통신은 이 사업의 추진방향을 다음과 같이 정하였다.

(1) 글로벌서비스 보급이 가능한 해외사업자 간 컨소시엄에 참여하여 참여국에 한정하여 서비스를 보급한다 이때 대부분의 재판매 사업자가 주도하고 있었다 (2) 고수익구간에 한하여 국가별 점대점 방법(P to P)으로 서비스를 보급한다 (3) 한국통신의 현지법인이나 해외사무소에 직접 시설을 투자하여 해외사업의 다각화에 따른 수입을 창출한다.

한국통신은 컨소시엄에의 참여 또는 한국통신 해외법인을 활용하는 방안도 검토하였으나, 조속한 시행이 가능하고 가장 현실적인 방안으로 국가별 주요 캐리어와 사업제휴방식으로 추진하였다. AT&T와는 인터넷 서비스 시행일정을 상호 합의하였으며, 시험서비스를 3개월간(1997. 12-1998. 2) 시행하고 시험서비스 후 상용서비스를 협정체결 추진하였다.

그리고 KDD와는 1997년 내에 시험서비스를 시행키로 합의하여 기종선정을 협의하였으며, 홍콩텔레콤과도 1997년 12월에 시험서비스를 시행하고 조속한 시일 내에 상용화를 합의하였다. 또한 CHTI와는 1998년 1월에 시험서비스를 시행한 후 조속한 시일내에 상용화하기로 결정하였으며, 나아가 한국, 홍콩, 대만 3국의 합동시험서비스도 시행하는 것으로 합의하였다.

다. 종합추진일정 및 부서별 역할분담

인터넷폰의 시장에 대한 한국통신의 점유율은 40%로 예상하였으며, 이 경우 1998년부터 2001년까지 투자비는 319억 원이 소요되나 수익은 1,475억 원으로 예상되었다. 따라서 2000년부터는 투자비가 회수되고 이익이 발생하는 것으로 보았다. 한편 이 사업을 효율적으로 추진하기 위해 부서별로 역할을 분담하였다. 먼저 인터넷폰 관련 사업조직, 예산확보, 인력확보 등은 기획조정실, 인터넷폰 관련 정부정책에 대한 대응하는 일은 공정대책실이 담당하게 하였다.

네트워크본부에서는 국간중계 구성, 관련 프리픽스 작업, 인터넷폰 접속번호 등 시설구축과 시내접속교환기 계획에 인터넷폰 사업을 반영토록 하였다. 그리고 이 사업을 위한 설계, 구매요구, 물자구매, 시설공사는 조달본부와 건설단에서 분담하고, 멀티미디어연구소는 규격심사, 성능테스트, 인수시험협조 등 인터넷폰 시스템시험을 담당하도록 하였다. 그리고 전산지원단과 통합시스템개발단에서는 가입자 요금, 국제간 정산 소프트웨어, 통합고객정보시스템(ICIS) 개발계획에 반영하는 일을 하였다.

그리고 지역본부와 정보통신운용국은 상면확보, 게이트웨이 설치지원, 시설인수시험(성능확인), 시설물 인수, 시설운용, 유지보수관리, 운용요원확보 등 시설 운용을 맡게하였다. 이 사업을 위한 종합추진일정은 <표 6-45>와 같이 수립 추진하였다(인터넷 폰 사업추진계획, 1997. 11, 한국통신 전략영업본부).

<표 6-45> 인터넷 폰 추진일정

구 분	업무내용	추진일정
국내시험운용	GW 장비확보, 설치, 시험	1997. 10-11
PSTN접속	교환시설확보, 국간중계시설확보, 접속경로설정, 프리픽스	1997. 10-11
상면 및 운용요원	상면 및 운용요원의 확보	1997. 10-11
국내시험운용	시험운용 개시, 시험운용 결과분석	1997. 11-12
요금 및 과금	이용요금정책수립, 과금프로그램 개발	1997. 6-1998. 2
이용약관	이용약관제정, 업무처리지침 작성	1997. 12-1998. 2
ATT와 업무협의	KT-ATT간 서비스추진 관련협의, 국제시험서비스 협정체결	1997. 7-1997. 11
국제시험운용	장비도입, 시험운용	1997. 11-1998. 2
국제서비스	국제상용서비스 협정체결, 국제상용서비스 개시	1998. 2-3

한편 본 사업은 기존의 코넷 노드 운용부서에서 운용하고, 인터넷폰 게이트웨이 장비 운

용요원을 확보하며, 시설확장 추이에 따라 별도의 운용조직을 확보하도록 방침을 정하였다. 이에 대한 인터넷폰 시설의 지역별 운용국은 <표 6-46>과 같이 정하여 시행하였다. 이때 서울지역은 서울정보통신운용국에서 전국통신망관리 및 게이트웨이 시스템의 운용 관리를 담당하고, 기타지역에서는 지역본부가 게이트웨이 시스템을 운용 관리하게 하였다. 인터넷폰 시설운용 요원계획을 연도별로 보면 1998년 20명, 1999년 16명, 2000년 20명 등 3년 동안 총 56명으로 계획되었다.

<표 6-46> 인터넷폰 시설 운용국

본부별	운용국	본부별	운용국
서울	정보통신운용국	부산	번호안내국, 동마산, 북울산
대구	태평, 포항, 안동	전남	북광주, 동목포, 북순천
경기	항동, 수원	충남	번호안내국, 천안, 서산
전북	북전주	충북	강서, 충주
강원	춘천, 원주	제주	신제주

11. 초고속 공공인터넷의 제공시도

11.1 기본구상 및 구축방안

가. 정부의 기본구상

1990년대 후반기 정부는 초고속 공공인터넷을 구축하는 정책방안을 다음과 같이 발표하였다(초고속 공공인터넷서비스 확충계획, 1997. 3. 28, 정보통신부).

① 이 인터넷망은 공공기관의 행정정보를 상호 공용하여 업무의 효율화와 대국민 서비스를 개선하고 정보통신산업을 발전시킨다는 목적을 가지고 있으며, 이는 정보화촉진기본법을 근거법으로 하여 추진한다. 이용대상기관은 공공기관, 각급학교, 연구기관, 연금공단, 박물관, 미술관, 도서관, 의료기관, 의료보험조합, 공단 등 3만개 기관으로 정한다.

② 시행기간은 1단계(1998년-2002년)는 통신망을 확장하고 2단계(2003년-2010년)에서 완성한다. 운용사업자는 한국통신(70%)과 데이콤(30%)으로 결정하고, 이러한 초고속 인터넷서비스는 초고속 국가통신망을 기반으로 통신망을 구축하고 이를 이용한다.

이와 같은 정부방침에 따라 한국통신 네트워크본부(본부장 이상복)는 초고속인터넷 구축방침을 결정 추진하였다(한국의 정보통신 네트워크 추진계획, 1997. 4. 17, 한국통신). 이때 초고속인터넷을 위한 초고속통신망의 구축방침은 다음과 같다.

첫째, 초고속인터넷은 공중통신망(PSTN)과 동일한 지역에 구축하여 향후 초고속 공중통신망과 연동하도록 하며, 유선망 12노드와 68개 접속점을 80개 도시에 건설하여 저렴한 요금으로 이용하게 한다.

둘째, 초고속인터넷은 초고속 전용통신망을 활용하여 초고속 국가통신망으로 운용하는 방안으로 추진한다. 우선 1997년까지 5대 광역시를 중심으로 12개의 초고속교환기(ATM)를 설치하여 1998년부터 시범운용하게 한다. 우선 ATM-MSS를 이용하여 초고속 국가통신망이 조기에 구축될 수 있도록 노력하고, ATM교환기가 상용화되면 ATM 전국 광대역통신망을 1998년-1999년에 완성한다. 이를 위해 서울, 부산 등 대도시와 울산, 여수 등 98개 거점도시에 ATM교환기를 설치하며, 622Mbps, 2.5Gbps급의 대용량 전송로 건설을 추진한다.

셋째, 정보통신기술의 발전추세와 경제성을 검토하여 국제 초고속 정보통신망으로 확장하고, 위성통신망, 무선통신망에 광대역 영상통신기술을 도입한다. 또한 고품질의 국제통신망 수요를 확충하고 국제 초고속정보통신망의 인프라를 구축하기 위해 한국을 중심으로 한 범세계적인 대용량, 초고속의 국제 해저광케이블의 육양건설을 지속적으로 추진한다. 이를 위해 1997년부터 우선 한국, 미국, 일본 중심으로 기존의 해저광케이블과 위성통신망을 활용하여 국제 초고속정보통신망을 구축 추진한다.

넷째, 이 사업을 활성화하기 위해 ATM기반의 멀티미디어급 광대역 통신서비스와 관련되는 단말기, 통신장비, 통신망 간의 상호접속성 및 운용성을 3년간 시험 운영한 후 2000년부터는 단계적으로 일반가입자에게 상용서비스를 제공한다.

다섯째, 1999년에 발사예정인 무궁화위성 3호를 활용하여 45Mbps급의 한일 간 초고속위성서비스를 공동시험 운용을 거쳐 상용화하며, 이를 글로벌 초고속 위성통신서비스로 확대한다. 그리고 동북아 허브를 구축하기 위한 노력으로써 그동안 확충해온 JKC, HJK, CKC, APCN 등의 해저케이블에 이어 유라시아 주요국가와는 FLAG, SEA-ME-WE3 등의 대용량의 고속 해저광케이블을 건설하여 전송루트의 다원화 및 국제통신망의 안정화를 도모하는 한편 북미지역과는 1999년까지 20G급의 태평양횡단 해저광케이블을 건설하여 북미직통통신망을 구성 추진한다.

나. 한국통신의 추진방향

한국통신은 앞에서 설명한 바와 같이 초고속인터넷 사업을 추진하여 한국의 초고속 국가통신망을 아태지역 초고속통신망(APII)으로 확대 구축하고, 범세계 초고속 정보통신망(GII)에도 적극 참여한다는 구상아래 이 사업을 실행에 옮기고 있었다. 이때 한국통신은 초고속 국가정보통신망 구축의 일환으로 공공부문의 고속인터넷 서비스망을 구축하기로 하였다.

한국통신은 초고속 공공인터넷 망을 구축하여 이를 초고속 국가통신망으로 발전시키는 구상을 펼쳐나가고 있었다. 이를 통해 공공부문 인터넷 서비스의 수요를 충족하며 서비스를 확산하고 국가정보통신망 이용기관의 정보교류를 활성화할 수 있는 기반을 조성하고자 하였다. 이러한 목적을 달성하기 위해 한국통신은 다음과 같은 방침을 정하여 초고속 국가통신망 사업을 추진하였다.

(1) 상용인터넷 망과는 분리하여 정부의 초고속 국가통신망을 위한 사업비 지원에 의해 시설을 구축한다. (2) 한국통신은 국내망을 구축 운용하고, 국제망의 구축 및 운용은 한국전산원이 담당하는 것으로 한국전산원과 이용계약에 의거 사업을 추진한다. (3) 통신망은 우선 인터넷 전용망으로 구성하고 앞으로 ATM 교환망에 통합 수용한다.

이때 한국전산원은 이미 초고속국가망이라는 명칭의 소규모 인터넷 망을 운용하고 있었는데, 이 초고속국가망은 한국통신이 계획하고 있는 통신망과는 거리가 먼 것으로 확인되었다.

한편 한국통신 전략영업본부(본부장 송용팔)는 초고속 공공인터넷 구축사업을 체계적으로 추진하고자 노드의 구축, 전송로의 구성, 백본 등 제반 소요시설에 대한 합리적인 구축 및 운용계획을 수립하였으며, 이 계획의 주요골자는 다음과 같다(초고속 공공인터넷 사업추진계획, 1997. 6, 한국통신 전략영업본부).

첫째, 정부와의 계약 내용에 따라 기존 상업망과는 독립적인 시설을 구축하되 상호 효율적으로 연동이 가능하게 구축한다. 그리고 중계망, 가입자 수용, 노드 내 백본, 국제망 접속부분 등을 종합적으로 고려하여 향후 초고속 국가통신망 구축에 효과적으로 대비토록 설계한다.

둘째, 초고속 인터넷 사업추진에 필요한 제반 환경(운용요원, 상면 포함)은 한국통신의 코넷(KORNET)과 기존의 한국전산원의 초고속국가망 환경을 최대한 활용한다. 그리고 향후에는 고부가가치 부가서비스 제공을 위한 시설환경을 구축하여 회선료 이외의 수입을 창출한다.

다. 전국규모의 초고속 공공인터넷 건설

1997년 한국통신에서는 이 사업을 전략영업본부와 초고속통신추진본부가 담당하였으며, 전략영업본부는 시설집행계획을 세워서 쌍용정보통신과 시설공사를 계약하여 준공하였다(1997. 9. 20). 이때 초고속 공공인터넷망의 시설규모는 2천 포트로서 총 비용은 91억1천만 원이 투입되었으며 건설내용을 요약하면 다음과 같다.

① 서울, 대전, 대구, 부산, 광주 등 5대 도시에 중계노드(Router)를 설치하여 기간망을 구축하였다. 서울노드에는 경인 및 강원권 가입자를 수용하고, 국제 인터넷망을 연결하였다. 그리고 대전노드에는 충청권 가입자, 대구노드에는 경북권 가입자, 부산노드에는 부산 및 경남권 가입자, 광주노드에는 전라 및 제주권 가입자를 수용하였다.

② 기간망의 노드 간 회선은 이미 구축된 서울-대전 간 155Mbps, 기타구간은 45 Mbps의 초고속 국가통신망의 전용선으로 구성하였다. 그리고 기존 라우터는 ATM접속망으로 이용

하고, ATM접속망은 라우터 및 F/R로 구성하는 등 향후 초고속 국가통신망 ATM을 기간 중계노드로 이용하였다.

③ 가입자망은 한국통신이 설치한 전용회선과 F/R(Frame Relay)으로 구성하였으며, 이때 전용회선은 64K, 256K, 2M, 45M 등 4종, F/R은 64K, 256K, 2M 등 3종을 이용하였다.

④ 서비스용 컴퓨터 서버는 통신망 관리시스템과 서비스 관리시스템으로 구분하여 구축하였다. 통신망 관리시스템은 중앙망 관리용 1식, 지역망 관리용 5식을 설치하였으며, 서비스 관리시스템은 종합안내용 1식과 인터넷주소 번역시스템인 DNS(Domain Name Server) 1식을 시설하였다.

⑤ 한국통신 초고속통신추진본부(본부장 김기천)는 한국전산원과 국제회선 연동을 위한 계약을 체결하였다(1997. 6. 28). 한국통신 서울노드와 한국전산원 간은 45M방식의 중계망으로 구성하였으며 이 비용은 한국전산원에서 부담하였다.

이때 건설된 초고속 공공인터넷의 서비스 명칭은 PUBNET(Korea Public Sector for Internet)으로 정하고, 3개월(1997. 9. 30-1997. 12. 31)간의 시범서비스를 거쳐 1998년 초에 상용서비스를 개시하였다(1998. 1. 1). 이후 한국통신은 한국전산원과 SERI로부터 공공기관 인터넷서비스 사업권을 단독으로 획득하였다. 이에 따라 한국통신 네트워크본부 초고속협력팀(팀장 김수형)은 다음과 같이 초고속 공공인터넷망의 구축방향을 재정립하였다(초고속 정보통신망구축 추진현황, 1998. 1. 26, 한국통신 네트워크본부).

첫째, 국가 및 공공기관들의 급증하는 인터넷 수요를 충족하고, 이용의 활성화를 위해 초고속 국가통신망 사업으로 추진한다. 이 통신망구축의 소요예산은 전액을 정부에서 지원받고 고속인터넷 서비스는 유료로 제공한다.

둘째, ATM 상용망을 구축하기 전인 1997년-1998년에는 5대 도시에 고속 라우터를1997년 9월 30일까지 준공하여 인터넷 서비스를 제공한다. 그리고 ATM 상용망 구축 이후인 1999년부터는 ATM 상용망으로 인터넷 서비스를 제공한다.

이 초고속 공공인터넷 사업을 위와 같이 추진하기 위해 한국통신과 한국전산원 간 초고속 공공인터넷 사업계약을 사업비 91억 원에 체결하였으며, 본 시설공사 시행후 89억 원으로 정산하였다.

11.2 이용요금 및 운용체계

가. 이용요금

초고속 국가통신망의 이용요금은 초고속 국가통신망 사업지원금에서 국가부담으로 요금을 상계처리하게 하였다. 예치금 잔액이 없는 경우에는 정부와 재계약 또는 이용자에게 부과토록 하였으며, 당시 초고속 국가통신망과 한국통신 코넷(KORNET)의 인터넷요금을 비교하면 <표 6-47>과 같다. 여기에서 계약요금의 산출기준을 보면 기존 코넷 국내요금의 40% 수준으로 책정하였다.

그러나 당시 정보통신부는 20%의 추가할인까지 요청하는 바람에 결국 60% 할인이 되는 상황까지 벌어졌다. 또한 계약요금에서 이용요금을 뺀 차액은 국가부담으로 하였으며, 이용요금은 그룹별로 구분하여 부과되는 방식이었다. 가 그룹은 초·중·고등학교로 정하고, 나 그룹에는 국가 및 지방자치단체, 법정연구기관, 초중고등학교를 제외한 교육기관, 도서관, 박물관, 미술관, 의료기관 등이 해당되었다. 다 그룹은 정부투자기관, 특수법인, 초고속시범사업 참여기관으로 정하였다. 그로부터 1년 후 초고속 국가통신망 인터넷의 이용기관은 가군 894개, 나군 181개, 다군 57개 등 총 1,132개 기관으로 확인되었다(1998. 4. 24).

<표 6-47> 초고속국가망과 한국통신 코넷의 인터넷요금 비교

구분		64K	256K	E1	T3
KORNET(100%)		937,000	1,720,000	5,220,000	40,400,000
KORNET국내(약70%)		652,000	1,150,000	3,360,000	26,219,600
초고속국가망 인터넷	계약요금	260,800	460,000	1,344,000	10,080,000
	비율(%)	27.8	26.7	25.7	25.0
이용요금	가그룹(14%)	131,180	240,800	730,800	5,481,000
	나그룹(20%)	187,400	344,000	1,044,000	7,830,000
	다그룹(26%)	243,620	447,200	1,357,200	10,179,000

나. 운용체계 개선

초고속 공공인터넷 사업을 추진하고 이를 활성화함에 따라 몇 가지 문제점이 발생하는 바람에 한국통신은 이에 대한 대책을 다음과 같이 수립하였다(초고속 공공인터넷 사업 추진계획, 1997. 6. 22, 한국통신 전략영업본부). 이 계획의 주관부서 및 결재자는 제6장 말미의 참고자료 편에 기록되어 있다.

첫째, 본 통신망이 독립적으로 구축 운용되다 보니 상면, 운용 요원, 고속중계망 등의 긴급확보가 곤란하였다. 이 중 상면문제는 코넷 상면이 부족하여 초고속 국가통신망 상면을 이용하고, 운용요원은 초고속 국가통신망 요원을 활용토록 하였다. 또한 고속중계망은 한국통신 초고속통신추진본부에서 확보 조치하였다.

둘째, 공공기관 활용정보(DB) 및 소프트웨어 부족 등으로 이용율 저하가 예상되고, 정부의 권유만으로는 초고속 공공인터넷에 기관형 가입자 유치에 차질이 발생되고 있었다. 이 문제를 해결하기 위해 상업망 수준의 영업활동으로 강화하고 공공부문에서의 응용사업여건을 확보하여 부가수입을 창출하는 등 초고속 공공인터넷을 위한 별도의 영업활동을 추진하였다. 반면 개인이용자들은 코넷 가입자로 유치하였다.

셋째, 한국전산원과 사업영역의 혼선으로 민원이 발생할 우려가 크게 대두되었다. 특히 국제 인터넷 망에서의 지연현상 등 민원이 발생하는 경우, 가입자 관리체계가 한국통신과 일부 중복되는 문제가 있었다. 그래서 한국통신은 한국전산원과 상호 업무한계 및 책임한계를 명확히 정하였다.

넷째, 1999년 초고속 국가통신망(ATM교환망)에 수용된 이후 장비들이 유휴화되는 상황이 예상되었다. 그래서 초고속 국가통신망을 활용한 네트워크 발전계획을 수립하여 유휴장비들은 코넷(KORNET)에 활용하도록 방향을 재정립하였다.

12. 2000년대를 위한 인터넷 발전방향

12.1 인터넷 시장규모 및 문제점

가. 인터넷이용자 세계7위로 등극

전 세계적인 인터넷의 확산에 힘입어 21세기는 그야말로 인터넷이 주도하는 디지털 경제 시대에 들어서고 있었다. 이때 미국은 인터넷 세계 최대이용국의 지위를 지키면서 전 세계 인터넷 시대를 이끌어가고 있었으며 1997년 말에는 전 세계 인터넷 이용량의 54.7%를 차지하고 있었다. 1999년 말까지도 미국이 전 세계 인터넷 인구의 50% 이상을 차지함으로서 단연 세계 1위를 차지하였다. 그 다음이 뚝 떨어져 일본, 영국, 캐나다, 독일 순이었다. 이후 인터넷이 전 세계적으로 확산되면서 2000년 말에는 미국의 점유율이 36.2%로 변화되었다. 한편 2000년대 초 인터넷 선진 15개국(Top 15 Countries in Internet Usage)은 <표 6-48>과 같다.

<표 6-48> 인터넷 선진 15개국

순위	1997년말	2000년말	순위	1997년 말	2000년 말
1	US	US	9	Finland	Brazil
2	Japan	Japan	10	France	France
3	UK	Germany	11	Norway	Australia
4	Canada	UK	12	Spain	Russia
5	Germany	China	13	Brazil	Taiwan
6	Australia	Canada	14	Italy	Netherlands
7	Netherlands	Korea	15	Switzerland	Spain
8	Sweden	Italy			

또한 2003년 세계 전자상거래 규모는 1조3천억 달러로 성장되었으며, 특히 최근 2년간 일본, 중국, 한국, 대만 등 아시아 국가들이 급속한 성장을 보이고 있다. 당시 우리나라는 인터넷 인구가 1천만명을 육박하면서 세계 최다이용 10개국(Top 10 countries)에 들어가 있었으며, 한국의 인터넷 이용규모를 보면 다음과 같다(전자상거래와 정보인증의 발전방향, 2001, 한국정보인증).

① 유선전화는 21,500천명, 무선전화 27,500천명이었으며, 무선전화 이용자 중 셀룰라 15,960천명, PCS 11,558천명이었다(2000. 5. 31).

② 인터넷 이용자는 인터넷 15,630천명, PC통신 12,560천명으로 세계 7위에 올라서 있었다. 특히 이용자 중 29세 미만이 77%, 19세 미만이 32%를 차지하고 있는 것으로 나타났다.

③ 유닉스 서버와 PC서버를 포함한 국내 서버 운용상황은 1999년 37,540대로부터 2000년에는 57,600대로 늘어나 17%의 증가세를 보였다.

나. 해결해야 할 과제

우리나라 인터넷 서비스에서 해결해야 할 과제는 한두 가지가 아니었다. 우선 인터넷이 짧은 기간에 엄청난 양적팽창을 하다 보니 질적인 문제가 있었다. 당시 소비자보호원의 조사에 의하면 인터넷 이용자의 약 70%가 불만을 나타내고 있다고 하였으며, 이때 가장 큰 불만은 인터넷에 접속이 잘 안되고 느리며 중간에 끊어진다는 점이었다. 또한 모 TV방송에서 뉴스추적 시간에 초고속 인터넷이라는 제목으로 현장 취재하여 방송한 것을 보아도 동일한 문제점이 지적되었다.

특히 초고속 정보통신망을 이용하여 인터넷을 사용할 때 통신사업자들이 광고 선전한 만큼의 통신속도가 나지 않는다는 지적을 많이 받고 있었다. 한편 선진국의 인터넷 사업은 국제적으로 전문화하여 추진하고 있었다. 인터넷 사업자로 네트워크를 구축하고 이를 임대해주는 IASP(Internet Access Service Provider), 인터넷 응용서비스를 제공하는 ISP(Internet Service Provider) 그리고 인터넷정보 데이터베이스를 제공하는 IP(Information Provider)로 구분되어 시행되고 있었다.

그러나 우리나라의 경우 대부분의 사업자들이 IASP와 ISP를 겸하고 있어 전문화 추진이 상당 미흡하였다. 이 사업자들이 보유 운용하고 있는 인터넷 망을 보면 전국 규모 16개, 주요도시 규모 3개, 일부지역 규모 16개 등 35개가 난립하고 있었다. 이때 인터넷 일반이용자는 물론 정부, 인터넷사업자들도 인터넷망은 잘 되어 있는 것으로 간주하고 있었다.

그래서 인터넷 전문가 들 조차 아예 인터넷망은 천상에서 보이지 않는 손이 다 만들어 놓은 것으로 착각하여 뭉게구름으로 표시하곤 하였다. 이용자들은 자기가 누구의 인터넷망에 속해 있는지를 알지 못하였고, 사업자와 정부는 인터넷을 위한 백본망이 있는지 없는지, 필요한지 필요하지 않은지에 대하여 고민을 하지 않았다.

12.2 현실문제로 터진 인터넷 대란

우리나라는 1990년 후반 인터넷이 대량 공급된 지 20여년이 지났지만 그 동안 앞에서 제시한 문제들이 해결되지 못하였다. 특히 우리나라 전체 인터넷 망을 계획하고 총괄 관리하는 기간통신사업자가 없는 상황이 지속되었다. 이런 인터넷 대란은 이미 예고된 것으로 결국 2021년에 와서 터졌다. 이에 관해 언론에서는 다음과 같이 보도하였다(2021. 10. 26, 조선일보). 이 문제는 앞으로도 재발될 소지가 많기 때문에 이에 대한 개선방안이 강구되어야 한다.

가. KT인터넷 85분 먹통(보도내용 1)

25일 국가기간통신망인 KT의 유무선 인터넷 서비스가 전국적인 접속 마비장애를 일으켰다가 1시간 25분 만에 복구됐다. 인터넷 검색은 물론 증권거래 시스템, 카드결재 시스템, 기업업무시스템, 인터넷전화 등 KT인터넷 망을 사용하는 서비스가 일제히 먹통이 됐다. 네이버 등 KT인터넷 망을 이용하는 기업사이트도 마비됐다. KT는 사고발생 직후 외부의 디도스(분산서비스 거부) 공격이 있었다고 밝혔지만 2시간 만에 내부시스템 설정오류가 원인이라고 정정했다.

주부부처인 과학기술정보통신부와 경찰은 사고원인조사에 착수했다. 이날 인터넷 장애는 오전 11시 20분쯤 시작됐다. 트위터와 페이스북 등 소셜미디어에는「인터넷 연결이 끊어졌다」「식당 카드 결재가 되지 않는다」「주식거래에 실패했다」는 글이 빗발쳤다. kt홈페이지도 접속이 되지 않았고 고객센터는 밀려드는 문의전화로 마비됐다.인터넷 장애는 낮 12시 45분 정상화됐지만 일부지역에서는 오후 1시가 넘어서도 끈김이나 접속오류같은 장애가 이어졌다.

KT는 이날 사고 원인이 인터넷 트래픽을 분배하고 데이터의 이동경로를 설정하는 핵심 프로그램(라우팅·Routing)에 오류가 발생했다고 밝혔다. 협력업체가 라우팅 관련 소프트웨어를 업데이트하면서 설정값을 잘못 입력했고 그 결과 특정기기로 트래픽이 쏠리면서 연쇄적으로 먹통현상이 벌어졌다는 것이다. 국내 한 보안업계 관계자는 원활한 인터넷 서비스를 위해서는 트래픽을 어떻게 분산하느냐가 중요하다면서 인터넷 사업자는 이 부분을 계속 모니터링하고 대처해야 하는데 KT가 이를 소홀히 한 결과라고 볼 수 있다고 말했다.

KT는 약관에 따르면 3시간 이내 통신 장애는 보상을 하지 않아도 되지만 피해 규모와 상황을 파악한 다음 보상방안을 검토하겠다고 밝혔다. KT는 지난 2018년 서울 아현지사 화재사고로 발생한 네트워크 먹통사태 당시 고객 110만 명에게 1-6개월 치 요금을 감면해 주고 소상공인 1만 3500명에게 60억 원 이상의 보상금을 지급한 바 있다(박건형, 변희원 기자).

나. 우리 일상이 멈췄다(보도내용 2)

25일 오전 11시 30분, 서울 중구에서 중국 음식점을 운영하는 김하경(60)씨는 아무래도 이상해 배달앱「배달의 민족」에 전화를 걸었다. 평소 같았으면 줄줄이 들어와야 할 배달 주문이 한 건도 들어오지 않았기 때문이다. 하지만 배달앱 본사에 거는 전화조차 뚜뚜 소리만 날 뿐 연결이 되지 않았다. 휴대전화, 유선전화 모두 마찬가지였다. 김씨는 혹시나 해서 우리 가게로 전화를 걸어 보니 없는 번호라는 안내가 나오더라며 손님들이 우리 가게 망한 줄 아는 거 아닌가 싶어 가슴이 조마조마했다고 말했다.

이날 오전 11시 20분쯤부터 KT의 유무선 서비스가 85분가량 일제히 마비되면서 전국에서 큰 혼란이 빚어졌다. 자영업자들은 점심 장사를 망쳤고, 직장인들은 업무를 멈춰야 했다. 실시간 주식 거래와 학교의 비대면 수업도 중단됐다. 인터넷이 공기처럼 익숙한 한국 사회에서 한 통신사의 인터넷 망 마비가 모든 일상(日常)을 멈춰 세운 것이다. 자영업자들은 점심 장사를 앞두고 결제 시스템이 마비돼 혼란을 겪었다. 경기도 평택시에서 카페를 운영하는 이모(43)씨는 갑자기 가게 안에 음악도 나오지 않고 결제가 안돼 점심 장사를 망쳤다며 휴대전화가 KT인 손님들은 밥값으로 계좌이체도 못해 정말 난감했다고 했다.

서울 종로구의 한 백반집 사장 박모씨는 누가 요즘 현금을 가지고 다니느냐며 결국 한 테이블은 수기로 외상을 달아놓고 나가고 다른 사람들은 카드 결제될 깨까지 기다리겠다며 밥을 천천히 먹었다고 했다. 인터넷 망 마비의 여파는 회사와 학교에도 미쳤다. 서울 도봉구에 사는 직장인 이모(29)씨는 재택근무 중 유선과 무선 인터넷이 모두 먹통이 돼 일을 할 수 없었다며 집 근처 기지국 문제인 줄 알고 다른 동네 카페까지 갔는데 소용이 없었다고 말했다. 서울 광진구의 한 중학교 교사 최모(53)씨는 실시간 수업을 하고 있는데 KT인터넷 망을 쓰는 학생 10여명이 수업에 들어오지 않다 보니 그대로 진도를 나갈 수 없어서 결국 수업을 중단했다고 말했다.

무인으로 운영되는 구청 민원 발급기와 버스터미널 발권기도 먹통이 되면서 대면창구에도 사람이 몰렸다. 병원도 인터넷이 마비되자 진료를 멈춰야 했다. 서울산부인과 김동석 원장은 환자가 오면 과거 진료 기록과 약물 복용 내역을 확인해야 하는데, 인터넷이 먹통이라 진료를 볼 수 없었다며 사정 정보없이 진료하면 자칫 의료 사고가 날 수 있기 때문에 아픈 분들을 마냥 지켜만 보고 있어야 했다 말했다. KT인터넷 망이 전국적으로 마비된 25일 광주광역시 조선대병원에서 신용카드 수납을 하지 못한 외래환자들이 시스템이 정상화되기를 기다리고 있다. 이 병원에서는 카드 수납 시스템이 작동되지 않자 환자들에게 현금 결제 또는 계좌이체를 해 달라고 안내했다.

주식투자자들이 모인 인터넷 커뮤니티에선「집단 소송할 주식 투자자 구한다」「상한가 종목 놓쳐서 30만 원 정도 손해봤다」등의 글이 잇따라 올라왔다. 자영업자들 사이에서도 단체로 소송걸어야 하는 거 아니냐, 손님 두 분 내보내고 미치겠다, 점심 장사 망했다 등 성토가 이어졌다. KT는 피해규모에 대해 전국적으로 장애가 발생했기 때문에 실제 피해가 어느 정도인지는 조사를 해봐야한다고 밝혔다. 하지만 KT의 안터넷망이 사실상 모든 문야에 연결돼 있기 때문에 사용자들의 피해 규모가 예상을 크게 뛰어넘을 수 있다는 분석이 나온다.

지난 8월 기준 KT의 이동통신 가입자는 1,700만 명, 초고속 인터넷 940만명, 인터넷TV 900만 명에 이른다. 권헌영 고려대 정보보호대학원 교수는 이번 사고로 인터넷을 기반으로 하고 있는 우리 사회의 취약점을 보여준 것이라고 했다(조유미, 강우량, 한예나 기자).

다. 데이터 분산 소프트웨어 오류로 전국망 마비(보도내용 3)

KT는 25일 오전 발생한 인터넷 먹통 현상이 라우팅 오류 때문이라고 밝혔다. KT는 이날 낮 12시쯤 유무선 통신장애의 원인에 대해 오전 11시쯤 네트워크에 대규모 디도스(DDoS·분산서비스 거부) 공격이 발생한 것으로 파악된다고 알렸다가 두 시간 만에 초기에 트래픽 과부하 현상이 나타나서 디도스 공격인 것으로 추정했지만 조사 중 라우팅 오류 때문인 걸 발견했다고 정정했다.

기지국에서 보내는 데이터를 받아서 수신자에게 전달해주는 중간 연결 장치가 라우터인데, 라우팅은 이 장치를 통해 최적의 데이터 이동경로를 설정하는 소프트웨어이다. 특정 사이트를 집중공격해 접속 불능상태로 만드는 사이버테러인 디도스 공격은 외부적인 요인이지만 라우팅 오류는 KT내부 문제이다. 보안업계에 따르면 라우터에 문제가 생기는 건 라우터의 경로를 설정하는 과정에서 오류가 일어났거나 기계 자체에 물리적 결함이 생겼을 경우다.

이번에 발생한 것은 경로 설정 과정의 오류인 것으로 알려졌다. KT측은 라우팅 오류에 대비한 장치가 있는데 이번에 제대로 작동을 하지 않았다고 밝혔다. 모정훈 연세대 산업공학과 교수는 라우팅 설정이 한 군데서 잘못되면 네트워크 전체가 다운되는 경우가 발생할 수 있다고 말했다. 네트워크 한쪽에 문제가 생겼을 때 트래픽을 다른 네트워크로 우회시킬 수 있어야 하는데, 이 부분이 제대로 작동이 안 되면 다른 네트워크에도 연달아 과부하가 일어나 네트워크 전체에 문제가 발생한다는 것이다. 지난 10월 발생한 페이스북과 인스타그램, 메신저 서비스 와츠앱 등의 대규모 서비스 장애도 내부접속 경로변경 과정에서 발생한 라우팅 오류가 원인이었다. 당시 페이스북은 네트워크 간 트래픽을 조정하는 중추 라우터의 구성이 잘못 변경되면서 통신을 방해했다고 밝혔다.

국내에서도 비슷한 사례가 있었다. 2004년 충남대에서 라우터 교체작업을 하던 중 기계 설정을 잘못해서 다른 네트워크로 분산돼야 할 트래픽이 충남대로 몰렸다. 충남대의 트래픽 과부하가 연쇄작용을 일으키면서 전국적으로 인터넷 장애 사태가 빚어졌다. KT는 정부와 함께 더욱 구체적으로 원인을 분석하고 재발 방지대책을 수립하겠다고 밝혔다(변희원, 장형태 기자).

12.3 향후 인터넷의 발전방향

가. 국제인터넷의 발전방향

한국통신은 1994년 국내최대의 인터넷 기간망인 코넷(KORNET)을 구축하여 명실상부한 한국의 대표적 인터넷사업자로 자리 잡았다. 인터넷이 상업화된 이후 특징은 범세계적인 글로벌 네트워크 사업자가 출현하고 인터넷의 현안문제점을 해결하고 차세대 인터넷기술을 시험하기 위한 초고속 연구시험 망이 태동하고 있다는 점이다.

미국의 경우 UUnet, PSInet 등 기존의 인터넷 사업자 이외에도 AT&T, MCI, Sptint와 같은 통신사업자들도 인터넷사업에의 참여가 두드러졌으며, 유럽과 일본 등 세계 각국의 통신사업자들이 인터넷 사업에 적극적으로 참여하고 있었다. 미국 AT&T는 네델란드와 스웨덴, 스위스 및 스페인의 통신사업자로 구성된 Unisource와 일본의 NTT, 싱가폴텔레콤 등과의 연합으로 World Parters를 구성하였다.

그리고 영국 BT는 미국 MCI와의 합병을 통하여 Concert라는 글로벌 네트워크를 형성하였고, 미국 Sprint는 프랑스텔레콤 및 독일텔레콤과 연합한 Global One을 만들었으며, 최근에는 영국의 Cable & Wireless사와 연합을 추진하였다. 그리고 일본 KDD는 미국내 자회사인 KDD Communication를 통해 일본의 KDD 인터넷서비스를 미국으로 확장하고 있으며, 다국적 기업을 대상으로 서비스 중이며, 최근에는 유럽으로 노드를 확장 중에 있었다.

한편 미국과 유럽 등의 선진국에서는 인터넷이 안고 있는 현안문제를 해결할 수 있는 차세대 기술을 심층 연구하고 있으며, 이를 시험하기 위한 초고속 시험망을 구축 운용하고 있다. 이들을 보면 미국에는 vBNS(very high speed Backbone Network Service)가 있고, 캐나다는 CANARIE NTN(National Testbed Network)이 운영되고 있다. 그리고 유럽에는 TEN-34(Trans European Network with 34Mbps), 영국에는 JAMES (Joint ATM Expreiment on European Service) 시험 망이 운용되고 있으며, 아태지역에는 APAN(Asia Pacific Advancd Network)이 구축 운용되고 있다.

이러한 상황에서 한국통신은 코넷의 해외진출방안을 추진하였다. 이를 위해 KT아메리카(KT America) 및 유럽의 해외지사를 활용하여 코넷의 미국노드의 거점을 확보하고 EC시장으로 진출하고자 하였다. 이 방안을 통해 코넷의 해외 인터넷 접속서비스를 제공하고, 코넷의 해외노드를 확장하며, 국내, 아태지역, 미국, 유럽지역에 고속인터넷 교환센터를 설립 운영하고자 하였다. 이를 위해 다음과 같은 방안을 수립 추진하였다.

① KT아메리카에서 미국내의 CIX(Commercial Internet Exchange)와 같은 인터넷 교환센터에 가입하여 인터넷 서비스를 제공한다. 그리고 KT아메리카 및 유럽지사는 코넷(KORNET)이라는 한국의 제1사업자를 기반으로 미국 및 유럽에서 인터넷 서비스 사업의 기반을 구축한다.

② 코넷은 MCI, Sprint 등의 해외 통신사업자에서 KT아메리카로 인터넷 접속점을 변경하며, 이를 코넷의 해외 노드 확장 및 세계시장진출을 위한 교두보로 발전시킨다.

③ EC지역 및 미국 거점을 기반으로 일반가입자 대상의 인터넷 서비스 및 기업대상의 웹 호스팅 서비스나 인트라넷을 구축하여 서비스를 제공한다. 인터넷 접속 또는 인트라넷 구축에 필요한 하드웨어 및 소프트웨어 등의 솔루션을 제공하는 관련 장비의 공급사업도 추진한다.

④ 미국, 일본, 싱가폴 등 회원국 중심의 컨소시엄 형태로 추진 중인 APAN에 참여하여 상용화 이후 아태지역 또는 북미지역 초고속 인터넷 교환센터의 관문역할을 수행한다. 그 후 이 계획이 실제 얼마나 실행되었는지는 확인해볼 필요가 있다.

나. 국내인터넷의 발전방향

국내 인터넷의 문제점을 지적하면서 전자상거래의 기반인 우리나라 공인인증서 발행 제1호 기관인 한국정보인증(대표이사 사장 이정욱)에서는 다음과 같이 그 발전방향을 제시하였다(우리나라 인터넷의 발전방향, 2000. 3. 10, 한국경제신문).

첫째, 21세기 전 세계는 인터넷과 전자상거래의 거대한 집합 네트워크로 변화해 갈 것으로 보아 우리는 인터넷을 앞으로 20년은 내다보면서 준비해 나가야 한다. 우리의 인터넷을 세계 최고수준으로 발전시키기 위해서는 필수적으로 첨단기술과 시스템을 개발해야 하고, 대용량 데이터베이스의 원천기술과 응용시스템을 균형있게 개발해야 한다.

둘째, 다가오는 인터넷 시대에는 586PC와 응용 소프트웨어만 갖추면 된다는 단순한 생각으로는 21세기에 대처할 수 없고, 인터넷의 인프라인 네트워크를 최고수준으로 구축하는 일이 중요하다. 그래서 인터넷 기간통신망과 가입자 네트워크를 선진국 수준으로 초고속화 시키기 위한 중장기 계획을 가지고 차분히 구축해 나가야 한다.

셋째, 지금 우리는 인터넷을 너무 쉽게 생각하여 원천기술을 준비하지 않고 인터넷을 이용해 돈버는 일에만 열중하고 있지 않은지 유의해야 한다. 인터넷의 발전기반 마련을 위한 노력보다는 인터넷 비즈니스의 뭉게구름만을 그리고 있지 않는지 살펴보아야 한다.

넷째, 선진국은 이 분야의 첨단기술과 시스템 개발에 엄청난 노력을 투입하면서 장기전을 펼치고 있을 뿐 아니라, 인프라 구축에 고도의 인력과 많은 투자를 하고 있으며, 떠들어대지 않고 착실하게 자기들의 노하우를 축적해 가고 있다. 앞으로 21세기 선진 인터넷 시대에 진입하기 위해서는 넘어야 할 고비는 많고, 준비해야 할 과제는 산처럼 쌓여있다. 우리는 현재 우리가 가지고 있는 몇 가지 초보기술과 수입시스템으로써 TV 선전광고에만 매달려 과도하게 노력을 낭비하고 있지 않는지 짚어보아야 한다.

다섯 번째, 이미 늦어지기는 했지만 인터넷 사업자를 IASP, ISP, IP로 전문화하여 시행해야 한다. 그리고 초고속 기간통신망을 백본으로 하여 수십 개의 인터넷 망을 재편성해야 한다.

여섯 번째, 당시 인터넷을 위한 가입자망 부분은 기존의 동선케이블에 의존하고 있었다. 인터넷 가입자망은 ISDN 28만8천명, ADSL 41만7천명, 케이블TV 36만9천명 등 총 1,015천명을 운용하고 있었다(2000. 5. 31). 앞으로 이러한 과도기적인 기술로부터 경제적이고 미래의 기술인 FTTH를 실현해야 한다. 이를 위해 대형건물에 광케이블을 조기 공급하고, 단독주택에도 광케이블을 본격 공급해야 한다. 또한 BWLL, IS95C, IMT-2000 등 무선인터넷 서비스를 고속화도 서둘러야 한다.

일곱 번째, 우리는 당장 먹기에 곶감이 달다는 식보다는 중장기적으로 대비하여 21세기에 세계시장에 진출하는 꿈을 준비해야 한다. 지금 전 세계는 신기술의 거대한 물결에 휩싸여서 도도히 흘러가고 있고, 미국이 주도하는 디지털 경제의 흐름은 향후 수십 년간 지속된다고 보아야 한다. 급할수록 차분하게 장기전을 준비해야 한다.

참고자료

(1) 인터넷과 데이터통신망의 연동방안(1994. 3. 3)

한국통신은 전용 데이터통신망(HiNET-P)을 구축 운용하기 시작하면서 이 통신망과 한국인터넷(KORNET) 간의 연동을 추진하였다(한국인터넷과 HiNET-P 연동방안검토, 1994. 3. 3, 기술기획실 통신망계획2국). 이 계획은 기술기획실 정보망계획부장(강환태), 통신망계획2국(국장 안승춘)이 주관하고 실장(이정욱)이 결재하여 수립 확정되었다.

(2) 하이텔 서비스의 발전방향(1994. 6. 1)

한국통신에서는 인터넷의 도입 전 단계 서비스로서 하이텔 서비스의 시행방안을 수립 추진하였다(한국통신의 통신사업 발전방향, 1994. 6. 1, 기술기획실 통신망계획1국). 이 계획의 주요내용은 ① 하이텔과 천리안을 크게 육성 발전시킨다 ② 장기적으로 이 2개서비스를 전문분야별로 발전시키거나 아니면 통합 추진한다 ③ 하이텔을 우리나라 대표 정보통신서비스로 발전시키고 이를 위해 한국PC통신(주)를 설립한다 ③ 하이텔 사업의 효율적인 추진을 위해 한국PC통신(주)의 민영화 계획은 재조정한다 등이었다. 이 계획은 기술기획실 종합계획부장(오재길), 통신망계획1국장(박학송)이 주관하고 실장(이정욱)의 결재로 수립 추진되었다.

(3) 인터넷 국제회선의 고속화 추진계획(1996. 6)

1996년 정보엑스포 개최 등으로 인해 고속통신가입자가 급속하게 증가됨으로써 통신량의 폭주현상이 나타나기 시작하였다. 이 문제를 해결하기 위해 한국통신 인터넷(KORNET) 국제회선 전송속도의 고속화를 추진하였다(KORNET 국제회선 고속화 추진계획, 1996. 6, 한국통신 전략영업본부). 이 계획의 주요내용은 다음과 같다. ① 1996년-1997년에 T1급(6Mbps), T2급(6Mbps) 및 T3급(45Mbps) 회선을 확보한다. ② 호주, 태국, 베트남, 싱가폴, 대만 등에 국가별로 T1급 국제회선을 확보하여 한국통신 인터넷(코넷)이 아시아 중심의 허브역할을 할 수 있게 추진한다. 이 계획은 전략영업본부 인터넷시설부장(양재수), 데이터통신국장(이영희)이 주관하고 본부장(우승술)이 결재하여 추진되었다.

(4) 한국인터넷(KONET) 사업 종합발전계획(1996. 8. 23)

1996년 한국통신은 한국인터넷(KONET)을 다양한 멀티미디어 통신이 가능하게 발전시키기 위한 종합발전계획을 수립하였다(한국인터넷 사업 종합발전계획, 1996. 8. 23, 한국통신 전략영업본부). 이 계획은 전략영업본부 인터넷시설부 과장(3급통신 이정현), 인터넷시설부장(양재수), 데이터통신국장(이영희)이 주관하고 본부장(우승술), 부사장(김노철), 사장(이준)의 결재로 확정되었다.

(5) 초고속 공공인터넷 서비스 개선대책(1997. 6. 22)

한국통신은 초고속 공공인터넷 서비스를 활성화함에 따라 발생한 문제점의 해결대책을 수립하였다(초고속 공공인터넷 사업 추진계획, 1997. 6. 22, 한국통신 전략영업본부). 이 계획의 주요내용은 다음과 같다. ① 코넷의 설치상면이 부족한 관계로 초고속 국가통신망 상면을 이용한다, ② 운용요원은 초고속 국가통신망의 요원을 활용한다, ③ 초고속 공공인터넷을 위한 별도의 영업활동을 추진한다, ④ 한국전산원과 상호 업무한계 및 책임한계를 명확히 정한다, ⑤ 1999년 초고속 국가통신망에 수용된 후 유휴장비들은 코넷(KORNET)에 활용토록 한다. 이 계획은 전략영업본부 인터넷사업1국장(양재수), 인터넷사업2국장(박유호)이 주관하고 본부장(송용팔)이 확정 추진하였다.

제7장

전자교환기의 국산화 개발

1. 전자교환기 시대로의 과감한 도전

1.1 초기 전자교환기의 연구개발시도

가. 전자교환기의 국내개발 시동

1974년 중반 체신부는 「전자교환방식의 기종검토를 위한 제 방안」을 대통령(박정희)께 보고하였으며 대통령께서는 연구기간을 단축하여 결론을 내리도록 할 것을 주문하였다(1974. 5. 18). 이때 체신부는 전자교환방식의 세계적인 확대 실용화 추세에 대비하고 장차 국내도입을 전제로 한 전자교환방식의 기종선정을 위해 연구용역을 시행한다는 방침을 수립 추진하였다. 이를 위한 전자교환방식의 연구기간은 1974년 5월부터 1976년 6월까지로 정하였으며, 연구방향을 다음과 같이 설정하였다.

(1) 1980년대에 표준방식으로서 채택할 전자교환방식 2종과 동 방식의 도입계획을 1976년 6월 말까지 장관에게 건의한다. (2) 상기 건의하는 2종의 전자교환기는 우리가 필요로 하는 몇 가지 중요한 사항을 충족시킬 수 있는 방식이어야 한다. 중요사항으로는 먼저 국산 자재를 최대한 이용할 수 있을 것이며, 국산화율이 높고 빨라야 한다. (3) 건설 및 운용 면에서 가장 경제적 능률적이라야 하고, 기존방식과의 정합이 용이해야 하며 기존 생산업체의 시설 및 기술을 최대한으로 활용할 수 있어야 한다.

한편 이일을 담당할 조직으로는 책임연구관에 체신부 전기통신연구소장, 부책임연구관에 전기통신연구소 개발부장, 간사에 개발부 기기부품과장을 선임하였다. 또한 연구원으로는 개발부 직원 2명, 금성통신전기(주)의 전문가 1명, 동양정밀(주)의 전문가 1명, 학술단체 전문가 1명 등 총 8명으로 구성하였다. 이러한 기본방침을 정하여 당시 체신부 공무국장은 체신부 전기통신연구소장에게 이 사업을 착오없이 시행할 것과 세부시행계획서를 작성하여 제출토록 지시하였다(전자교환방식 공동연구 추진계획, 체공기1620, 1974. 5. 20, 체신부). 이 계획의 주관부서 및 결재자는 제7장 말미의 참고자료 편에 기록되어 있다.

이어서 체신부 전기통신연구소에 전자교환방식연구부(가칭)를 설치하였으며(1974. 5. 24), 여기에서 체신부, KIST, 교환기기 제작자 합동으로 당시 외국에서 개발 중인 기종의 도입을 신중히 검토하였다. 그러나 당시 선진제국에서도 실용화 시험단계에 있어 상용화되기까지는 시간이 상당 소요될 것으로 판단되었다. 또한 우리나라는 1960대부터 완제품 교환기를 도입하여 현재까지 운용하면서 상당한 경험을 가지게 되었다. 이에 비추어볼 때 기술을 외국에 의존하는 경우 결과적으로 국산화 촉진을 저해하고 이후 막대한 규모의 외자가 소요된다는 사실도 체득하고 있었다.

이듬해인 1975년도 대통령(박정희)의 체신부 연두순시가 있었으며, 이 자리에서 대통령은 앞으로 우리나라에 공급해야할 전자교환기를 국내 개발하도록 다음과 같이 지시하였다(1975. 2. 4).

> ① 전자교환방식은 국내개발로 하고 체신부장관 주관 하에 연구기구를 둘 것이며 관민 합동으로 총 동원하되 기존교환기 생산업자를 참여시킬 것
> ② 기종도입을 위해 외국으로 부터 상담요청 시 이에 응하지 말 것이며 개발 성공 시까지는 현존기종을 유지할 것.

이러한 방침에 따라 전기통신연구소에서는 체신부 공무국으로 현재 진행 중인 외국 전자교환기의 기종선정을 위한 연구용역은 중단한다고 보고하였다(전연기 1620-202, 1975. 2. 11). 이 보고서는 공무국에서 전무국으로 통보되었다(체공기 1620-213, 1975. 2. 13). 이때 본 보고서의 주관부서 및 결재자는 제7장 말미의 참고자료 편에 기록되어 있다. 이에 따라 지금까지 추진해온 외국 전자교환방식 도입을 위한 공동연구사업은 중단되고 체신부에서는 「전자교환기 국내개발계획」을 수립하게 되었다.

한편 대통령 지시사항의 실천계획으로서 가장 합리적인 전자교환기를 국내에서 개발하기 위해 특별법에 의해 「한국전자교환연구소」를 설립하여 관민 합동으로 집중 개발한다는 구상을 세웠다. 이때 이 전자교환기 국내개발과업을 달성하기 위한 기본방향을 다음과 같이 설정하였다.

첫째, 세계적인 전자통신 및 기술의 발전추세에 비추어 우리나라 실정에 적합한 경제성의 추구와 기술의 개발 및 축적을 도모하고 공중통신용 전자교환기의 집중적 연구로 생산 및 실용화를 촉진토록 한다. 그리고 능력있는 과학기술진을 효율적으로 조직화하여 이를 기간으로 전자교환기기의 설계, 생산, 운용의 소요인력을 양성하도록 한다.

둘째, 이 연구소는 유능한 기술진의 확보에 필요한 보수수준을 유지하고 시작품의 생산, 부품의 개발 등을 생산시설자와 유기적으로 연결하는 등 연구업무의 능율을 촉진하게 한다. 이를 위해 체신부장관 주관으로 특별법에 의해 법인체로 설립하고 여기에는 기존 생산업체

를 참여시킨다. 그리고 연구계획의 제1단계 목표연도는 1981년도로 하고 소용량 규모로부터 대용량으로 단계적 연구개발을 시행한다.

셋째, 연구소의 성격은 정부(전기통신사업 경영주체)와 참여기업체가 공동으로 출연 설립하는 관민 합동의 법인으로 하며, 연구개발의 방향은 특정 시스템의 완전 복제를 지양하고 기 개발된 범용성있는 부품을 최대한 활용토록 한다. 연구소의 업무는 전자교환장치의 연구, 생산기술연구, 국내외의 관련 특허에 관한 연구 및 기술제휴, 생산 및 운용을 위한 기술양성 등으로 한다. 그리고 연구소의 조직으로는 이사회(11인 이내), 소장(1), 부소장(개발담당1, 관리담당1), 감사(1)으로 하고 약 180명(연구직 110, 비연구직 70)의 직원을 두는 것으로 한다.

넷째, 연구소 입지는 구의동 소재 국제무선수신소 구내 또는 대덕연구단지에 두며, 건평은 1,300평으로 한다. 그리고 이를 위한 소요자금은 총 65억 원으로 추정 확보한다.

나. 초기 전자교환기 연구개발기관의 설립

위와 같은 방침에 따라 「한국전자교환연구소(가칭)」설립을 위한 실무위원회가 발족되었다. 이 위원회의 임무는 전자교환연구소 설립계획을 수립하고 설립에 관한 일체의 업무를 담당하게 하였다. 실무위원에 전무국 전무기획담당관(곽영식), 공무국 기계시설과장(이양수), 금성통신주 업무부장(남기만), 동양정밀공업주 영업부장(이종태) 그리고 간사에는 전무국 전무기획담당관실 수요조사담당(송재륜)이 선임되었다(한국전자교환연구소 설립을 위한 실무위원회 구성, 체전기1620-74, 1975. 5. 24, 체신부 전무국). 이 업무의 주관부서 및 결재자는 제7장 말미의 참고자료 편에 기록되어 있다.

이어서 체신부는 전자교환방식 국내개발계획을 수립하고, 한국전자교환연구소법(안)을 만들어 제1 무임소장관과 제2 무임소장관에게 보내서 경제장관회의에 제출하였다(한국전자교환연구소법안 제출, 체기내1620-15116, 1975. 8. 20, 체신부 전무기획국). 이 업무의 주관부서 및 결재자는 제7장 말미의 참고자료 편에 기록되어 있다. 이 법은 한국전자교환연구소를 설립하여 전자교환기기를 연구 개발함으로서 통신기술의 진흥과 산업발전에 기여함을 목적으로 하였다.

그리고 이 연구소의 설립과 운영에 소요되는 기금 및 자금은 출연금으로 하고, 출연금은 주무부 및 공중전기통신용 자동전화 교환시설을 제작 판매한 실적이 있는 국내 제조기업체가 공동 부담하게 하였다. 특히 매년도 출연총액의 100분의 50은 주무부가 부담하며 예산에서 지급하는 것으로 정하였다.

이후 무임소장관으로부터 유신정우회에 심의 의뢰한 한국전자교환연구소법(안)에 대해 원안에 동의한다는 심의결과를 통보받았다(법률안 심의결과 통보, 무임경제181-292, 1975. 9. 4, 무임소장관). 또한 제1 무임소장관으로부터 법률안에 대해 민주공화당과 협의한 결과 원안에 동의하였다는 심의결과도 통보받았다(한국전자교환연구소법안 심의결과 통보, 제 1.181 -441, 1975. 9. 5, 제1무임소장관).

1.2 전자교환기 도입 및 개발 정책방향

가. 전자교환기로의 일대 전환 시도

1976년에 들어서면서 정부는 통신부문계획 개선방안의 일환으로 교환방식전환에 관한 관계관 회의가 경제기획원 주최로 2차(1차 1976. 1. 30/ 2차 1976. 2. 17)에 걸쳐 개최되었으며 당시 이 결과는 경제장관회의를 거쳤다. 이어서 교환방식전환에 대해 검토하는 경제장관 간담회가 경제기획원장관실에서 개최되었다(1976. 2. 26). 이 회의에는 경제기획원장관(남덕우), 차관, 기획차관보, 기획관, 재무부차관, 재정차관보, 상공부차관, 체신부장관(박원근), 전무기획국장, 과학기술처차관, 청와대 이비서관, KIST소장과 그 외 KIST, 원자력원, 기획원 관계관이 참석하였다. 이 회의에서 체신부 안은 전무기획국장, 기획원 안은 기획관이 각각 브리핑하였으며 끝난 후 질의응답이 있었는데 그 요지를 정리하면 다음과 같다.

<기획원장관> KIST에서는 1981년까지 국내개발이 가능하다고 전에 말한 적이 있는데 KIST소장 의견은? <KIST소장> 멤버 중에서 그렇게 주장하는 사람도 있으나 의욕은 높게 평가해야 되나 통신은 매우 중요하므로 시한을 정하여 개발실용에 적용한다는 것은 위험하다는 것이 본인의 소견임.

<기획원장관> 체신부 안에 의하면 국내개발예산, 개발 기간과 생산개시 및 운용 시기, 개발품 적용 시 까지 과도적으로 채택할 방식 등을 KIST로 위탁하는 것으로 되어 있는데 KIST에서 할 수 있는지? <KIST소장> 할 수 있음. <체신부장관> 현재 KIST는 조직, 인력, 종합기술, 시설물, 공구, 경험, 복지시설 등 각 분야가 체신부보다 여건이 좋으므로 위탁하는 것임. <KIST소장> 속단키는 어려우나 3-4개월 또는 5-6개월이면 판단할 수 있는 자료는 작성 가능하다고 보며 국내관계기관은 물론 외국 용역단의 협조도 필요할 것 같음.

<기획원장관> 소요예산은 체신부에서 부담할 수 없는지? <체신부장관> 예산형편 상 불가능하다고 봄. <기획원장관> 그러면 6월 말까지 보고토록 하고 소요예산은 기획원에서 부담함. <체신부장관> 개발은 한국의 특수성에 맞는 데이터통신 등도 할 수 있는 우리의 기종이어야 하며 과도적으로 적용할 기종은 경제성과 기술적으로 합당한 기종을 선정하여야 함.

<기획원장관> 그러면 ① 장래의 방식은 TD방식이며 77년-86년까지 10년간을 과도기로 하여 KIST에서 조사 보고한다, ② 기초조사는 KIST에서 외국 용역단과 함께 6월말까지 완료하고, 소요예산은 기획원에서 조치하는 것으로 결정함. <기획차관보> 체신부 안 5항(건의)의 나3과 다2항은 분명히 하여야 할 것 같음. <체신부장관> 방식결정사항은 체신부장관 소관이므로 내가 한다는 뜻임.

이상의 경제장관 간담회 회의결과보고서(회의록)는 「통신부문계획 개선방안」이라는 제목의 문서(체기내1620, 1976. 3. 2, 체신부 전무기획국)에 첨부되어 있다. 이 보고서의 주관부서 및 결재자는 제7장 말미의 참고자료 편에 기록되어 있다. 이 경제장관간담회에서의 주요합의사항을 요약하면 첫째, 시분할 전자교환기를 국내 개발하고 둘째, 과도기 공급기종(공간분할방식)을 선정하며 셋째, 이들 사업은 KIST에 의뢰한다는 것이었다.

1976년 3월 KIST는 국제입찰을 실시하여 그 타당성을 검토하였으며(1976. 4-1976. 8), 여기에는 GTE, ITT, NEC, Fujitsu, Siemens 등 5개 회사가 응찰하였다. 이어서 체신부에서는 대통령(박정희)의 재가를 받아 공간분할방식의 전자교환기의 채택을 결정하였으며, 동시에 전자통신개발추진위원회(위원장 체신부차관)의 설립도 결정하였다(1976. 9. 1).

또한 경제장관 간담회(1976. 12. 18)를 경유하여 대통령(박정희)의 결재를 받아 전자교환기 도입에 대한 정부방침을 확정하였다(1976. 12. 28). 이 방침의 주요내용에는 단일기종을 채택하고 공급규모는 200만회선(1980년-1984년)으로 정하고 있었다. 그리고 생산업체로는 본체조립 1개 업체로 하고, 부품생산은 계열화하며, 이를 위한 기술도입 전담기구로서 KIST부설로 발족 후 체신부산하 연구기관으로 설립하게 되어 있었다.

나. 전자교환기 국산화 개발을 위한 전담기관 설립

이에 따라 전자교환기를 도입 개발하고 체신부에 대한 신기술지원을 위해 「한국전자통신연구소(KIST 부설)」가 설립되었으며 다음과 같은 임무를 수행하게 하였다(1976. 12. 31).

① 공간분할 전자교환기의 설치 운영을 위한 일괄기술도입 및 지원, 전자교환기 도입에 따른 기존시설과의 정합 및 개량을 통해 종합전자통신망으로의 효율 극대화.

② 전자교환기 전용부품 및 조립생산업체를 위한 도입기술의 보급조정, 지도 및 지원, 고유모델로 자체개발한 시분할 통신기기를 기술도입 없이 국내생산 가능화.

③ 전자교환기기, 새로운 전송기기, 광 전송선로와 가입자 기기의 설치 운영 생산 및 개발을 위한 소요인력확보 및 훈련, 체신부의 통신기기 시설 및 운영시스템의 개혁을 위한 기술지원.

이어서 전자교환방식 도입에 수반한 수용체제를 완비하기 위해 전담반을 구성 운용하였다(전자교환방식 도입을 위한 추진계획, 체계삼 1620-227, 1977. 1. 7, 체신부 계획국). 이 계획의 주관부서 및 결재자는 제7장 말미의 참고자료 편에 기록되어 있다. 이 전담반은 통신기정 정도길 외 13명으로 구성하여 1977년 1월부터 12월까지 운영하는 것으로 정하였으며, 협상단 참여, 수용태세정비(인원훈련, 시설정비, 치국계획), KIST 부설연구소 인수준비 등의 임무를 부여하였다.

또한 전자교환기의 생산을 전담할 한국전자통신주식회사(KTC)를 한국산업은행이 주관하여 설립하였다(1977. 2. 15). 이 회사는 전자교환기 본체조립업체로서 당시 자본금은 1천만원으로 한국산업은행이 전액 출자하여 설립되었다. 이때 한국산업은행 총재는 KTC 설립을 체신부장관(박원근)에게 보고하였다(전자교환기 생산업체 설립, 산출관 861-283, 1977. 2. 18, 한국산업은행). 이 회사의 본사소재지는 서울특별시 중구 남대문로 2가 140-1이고, 임원으로는 대표이사 이만영, 전무이사 김순영, 상무이사 이상윤, 박헌서, 상임감사 임해강으로 선임되었다.

한편 체신부는 이러한 전자교환기 신기술 검토 및 국산화 등에 대한 행정감독을 위해 기술정책관실을 발족시켰다(1977. 7. 16). 이어서 전자통신개발추진위원회 설치령이 공포되었다(대통령령 제8745호, 1977. 11. 15). 이 위원회(TDTF)의 직무는 전자교환방식의 도입 및 개발사업에 대한 종합관리, 외국기업과의 총괄계약의 체결. 이에 참여한 외국기업의 감독 및 업적평가, 그리고 관계기관, 생산업체의 총괄조정 및 감독으로 정하였다.

TDTF 위원장은 체신부장관이 되고 위원으로는 경제기획원차관, 재무부차관, 상공부차관, 과학기술처차관, 조달청장, 관장업무에 관한 학식과 경험이 있는 자로서 체신부장관이 위촉하는 자로 정하였다. 한편 이 영은 1982년 12월 31일까지 효력을 가지는 것으로 하였다. 이후 국내개발을 담당할 한국통신기술연구소(KTRI)도 설립되었다(설립자 박정희, 1977. 12. 10).

이 연구소의 임무는 ① 통신망의 최적계획, 조사, 연구, 개발 ② 전기통신기술 및 경제성에 대한 조사, 연구, 개발 ③ 선진기술의 도입 및 흡수 ④ 통신기술 인력의 훈련 및 양성 ⑤ 전자교환방식에 대한 기술도입, 흡수지원 ⑥ 체신부장관이 지정하는 업무로 지정되었다. 특히 전자교환기도입 총괄계약을 체결하는 일을 담당하였다. 이 연구소는 당초 한국과학기술연구소 부설 한국전자통신연구소로 발족하여 운영되었다(1976. 12. 31). 이후 한국통신기술연구소로 되었으며, 1980년대에 들어서면서 다시 한국전기통신연구소로 변경되었다(설립자 전두환, 1981. 1. 20).

2. 전자교환기의 국내개발 시도

2.1 초기 국산전자교환기의 개발

가. 국산전자교환기 개발추진계획의 결정

1980년대에 들어서면서 한국전기통신연구소는 시분할방식의 전자교환기 개발에 착수하여 1차 시험기(96회선)를 제작하였으며(1980. 3), 1년 후에는 2차 시험기(200회선)을 제작하였다(1981. 3). 그리고 1982년 5월에는 3차 시험기(500회선)를 제작하여 이를 1982년 7월부터 경기도 용인군 송전면에서 현장시험을 실시하였다(시분할 전자교환기 개발과 공급, 1982. 5, 체신부). 힌편 정부는 시분할방식의 전자교환기 개발추진계획을 결정하였다(전자교환기 기술개발현황, 1982. 2. 16, 한국전기통신연구소).

당시 체신부장관에게 보고된 개발추진방향을 보면 자주개발과 선진기술취득전략을 병행한다는 것이었다. 외국기종의 국산화는 부품국산화수준에 불과하고 시스템 설계기술은 습득이 불가하다고 보았다. 그래서 과감한 국제협력과 선진기술도입으로 자주설계능력을 배양하는 방안을 제시하였다. 초기 국산전자교환기는 1982부터 1986년까지 총 240억 원을 투자하고, 1,350명(인·년)의 개발인력을 투입하여 개발하는 계획으로 만들어졌다. 이때 개발예산 240억 원은 전액을 한국전기통신공사가 부담하였으며 당시의 연구조직을 보면 다음과 같다.

(1) 시분할교환기 개발추진위원회에서 전기통신연구소의 대한 정책지원과 사업 감독을 한다. 또한 이 위원회는 상공부와 상공정책협조, 과학기술처와 과학기술정책협조를 수행한다.

(2) 한국전기통신공사는 개발투자 및 사업 감독을 한다.

(3) 한국전기통신연구소는 연구개발을 시행하고 외국 기술선(LME, ATT, ITT)으로부터 기술을 전수한다.

이때 개발일정을 보면 1982년 전반기에 소용량 기를 개발하여 현장시험을 시행하고, 1984년까지 기계식 자동교환기에 비해 가격이 저렴하고 외국유사기종과 비등한 가격으로 양산이 가능하도록 개발한다는 것이었다. 또한 소·대형 간 호환성이 최대한 유지되는 대용량기를 1987년까지 개발하는 일정을 확정하였다. 이에 따라 한국통신에서는 한국표준형 시분할교환기를 개발한다는 방향을 설정 추진하였다(시분할교환기 공급방안, 1982. 2, 한국통신 계획국).

한국표준형 시분할교환기를 국내 개발하여 교환기종의 통일과 기술자립을 달성하고자 하였다. 그리고 농어촌과 도시형 겸용으로 소용량, 중용량, 대용량을 개발하게 하였다. 또한 시내용, 중계용, 시외용으로 겸용할 수 있는 시스템으로 개발하는 목표를 수립하였다. 이를 위해 한국전기통신연구소는 1986년까지 시험기를 개발하고, 1987년부터 소량 생산하여 3년간 상용시험을 시행하도록 하였다. 그리고 개발 및 생산에 한국전자통신(KTC), 금성반도체(GSS), 동양정밀(OPC) 등 국내 교환기업체의 적극적인 참여를 유도하였다.

나. 국내표준교환기 개발

정부와 한국통신은 6차 5개년계획의 추진에 맞추어 전전자교환기를 국내에서 개발하는 기본계획을 다음과 같이 확정하였다(제6차 경제사회발전 5개년계획 통신부문계획, 1986. 10, 통신부문계획위원회).

(1) 국내표준 디지털교환기(TDX)로 개발하고, 최대용량은 5만 회선으로 하며, 1986년에 착수하여 1990년에 상용화한다. ISDN기능의 부가는 7차 5개년계획 기간까지 계속한다.

(2) TDX 성장기의 시스템구성 및 시험은 1987년-1988년 중반까지 실시하고, 시스템 보

완개발은 1988년-1991년에 시행한다. 이어서 1988년 중반에는 인증시험평가를 실시하고, 상용시험평가는 1989년-1990년 중반까지 시행하여 1990년 중반에 상용화한다. 그리고 ISDN 기능은 1987년-1991년에 개발한다.

(3) 이를 위한 개발비는 1987년 120억 원, 1988년 100억 원, 1989년 100억 원, 1990년 120억 원, 1991년 120억 원 등 총 560억 원을 투입한다.

참고로 선진각국의 전자교환기 개발 소요기간을 정리하여 보면 미국이 21년으로 가장 장기간에 걸쳐 개발하였으며, 이태리는 가장 짧은 7년 만에 개발하였다.

<표 7-1> 선진각국의 전자교환기 개발소요기간

국명	주요개발내용	개발기간
미국	1945년 착수, 1965년 실용화(No.1 ESS)	21년
벨지움	1955년 착수, 1967년 10C 실용화	13년
영국	1956년 우정성 및 5사 공동연구 착수, 1966년 실용화	11년
불란서	1959년 우정성 및 5사 공동연구 착수, 1970년 E10 실용화	12년
일본	1964년 NTT 및 4사 공동연구 착수, DEX1, DEX2, DEX21 현장시험, 1972년 표준화(D-10)	9년
서독	1968년 우정성 및 4사 공동연구 착수, 1975년 실용시험, 1976년 상용화	8년
이태리	1969년 착수, 1975년 Proteo 실용화	7년

2.2 한국통신의 국산전자교환기 개발주관

가. 디지털교환기 개발계획 수립

한국통신은 위와 같이 국내 개발기종인 TDX-1 개발을 주관하여 기본 디지털교환기를 1982년부터 1986년까지 개발하고, 표준형 ISDN교환기는 1987년부터 1991년까지 개발하는 계획을 수립하였다. 이어서 종합기능교환기는 1992년부터 1996년까지 개발하는 목표를 세우고 추진하였다(통신망현대화계획, 1985. 12. 17, 한국통신 계획국 통신망계획부). 이 계획의 주관부서 및 결재자는 제7장 말미의 참고자료 편에 기록되어 있다.

한편 디지털교환기의 효율적인 국내개발을 위해 한국통신 통신망계획부(부장 이정욱)에서는 디지털교환기의 개발과 관련하여 주요사항인 교환기의 용량을 따져보고 그 특성도 한번 짚어보았다. 그 중에서도 디지털교환기의 실시간 처리능력에 대해서는 벌써부터 진단해야할 주요과제로 등장하고 있었다. 이점에 대해 디지털교환기 전문가인 ITT사의 Kenneth F. Glesken은 그의 연구논문(Real Time Study in Digital Switching System)에서 다음과 같이 주장하고 있었다(종합정보통신망으로의 발전방향, 1986. 8. 9, 한국통신 계획국 통신망계획부).

첫째, 프로세서의 실시간 증가와 교환기 용량문제이다. 이는 호 시도(Call Attempt)당 사용된 프로세서 실시간(Processor real time)문제로서 L. M. Ericsson사의 초대형 컴퓨터(APZ-212)의 경우 실시간 사용이 매년 5%정도는 증가될 것이라고 상정하고 있다. 또한 근래에 발표된 심포지엄에서도 SPC교환시스템에 대해 이와 유사한 결론을 내리고 있다.

아날로그 SPC교환기도 벌써부터 CPU의 외부에서 가입자 호출서비스를 하도록 하고 있는데, 그것은 가입자 호 때문에 일어나는 용량의 감소 때문이라고 알려져 있다. 호(Call) 당 필요한 실시간(Real Time)이 증가하게 되면 BHCA 측면에서 평가할 때 교환기의 용량이 매년 감소되는 셈이다. 즉 호당 실시간이 5% 증가한다는 것은 14.2년후에는 교환기의 용량이 50%가 된다는 의미로서 교환기의 내용연수(20년) 후에는 용량이 지금의 약 37%로 떨어진다는 것이다.

모든 교환기 전문가들은 이 현상을 알고 있는데 보다 빨리 수행될 수 있는 소프트웨어를 개발하고 있고, 아니면 더욱 빨리 명령이 처리되도록 프로세서를 재설계하고 있다. 그렇지 않으면 양쪽 모두가 가능하도록 노력하고 있는데 교환기를 용량면에서 5%의 개선을 한다는 것은 용이한 일이 아니라고 한다.

둘째, 호 시도율(Call Attempt Rate) 급증 현상과 교환기 용량문제이다. 회선당 호 시도가 증가하고 있다는 사실은 이미 새로운 사실이 아닐 뿐만 아니라 가까운 장래에는 이 증가율이 놀랄 만큼 늘어날지 모른다고 하는데 다음 예가 이것을 입증하고 있다. Management Technology라는 잡지 최근호를 보면 사무실에 음성합성기(Voice Synthesizer)가 부착된 개인용 컴퓨터를 가지고 있는 의사에 관한 짧은 기사가 있다. 의사는 매일 그의 사무실을 떠나기 전에 다음날 진료 약속을 위해 전화번호와 시간을 컴퓨터에 입력한다.

저녁 식사가 끝난 시간이 되면 컴퓨터는 입력된 전화번호 목록에 따라 자동적으로 다이얼링을 시작한다. 상대방이 응답하면 음성합성기는 내일 9시에 Dr. Brown과 진료 약속한 것을 기억하시오라는 메시지를 보낸 다음 컴퓨터는 접속을 절단하고 다음 전화번호를 다이얼한다. 이것은 잠재적인 높은 호임에 틀림없다. 첫 번째 벨이 울렸을 때 상대방이 응답하면서 컴퓨터는 시간당 60-70호를 발생할 수 있다.

그러나 종래의 교환기는 시간당 회선별 2-5 정도의 호 시도를 처리토록 설계된 것이라는 것을 생각한다면 상당히 당황하지 않을 수 없다. 가입자의 모두가 이러한 새로운 서비스를 이용하지는 않을 것이라지만 10%가 참여하더라도 그 호율은 20년 동안에 25배까지 증가하게 될 것이다. 교환기 전체를 본다면 그것은 회선당 호 시도가 평균 6.3% 증가한 것과 같다.

셋째, 두 가지 요인의 복합현상이 가져오는 영향을 생각할 수 있다. 시도되는 호(Call)당 증가되는 실시간과 회선당 증가되는 호 시도의 복합적인 효과를 고려한다면 회선 당 요구되는 실시간(Real Time)은 매년 약 11.6% 증가하고 있다는 것을 알 수 있다. 이 숫자는 정확한 것이라고는 할 수 없지만 매우 근접된 것이 아닐까 한다. 회선당 실시간이 11.6% 증가한다는 것은 교환기의 경우 그 용량이 3년-6년 내에 1/2로 감소됨을 뜻한다. 또한 이 연구에서는 20년 동안 회선 당 실시간이 11.6% 증가하고 있는 경우 교환기의 용량이 감소하여 20년 후에는 초기에 설계된 교환기 용량의 11%로 줄어든다고 한다.

나. 소용량 전자교환기(TDX-1)의 개발

이 교환기는 한국전기통신연구소(ETRI), 한국전기통신공사, 교환기 생산업체(4사)가 공동으로 개발한 소용량 전자교환기(6천회선)이다. 이 소용량 교환기는 당초 농어촌에 공급할 TDX-1A형과 소도시용 TDX-1B형의 두 가지 기종으로 개발되었다.

<표 7-2> 소용량 전자교환기의 개발내역

기종별	수용용량	개발기간	개발비	용도
TDX-1A	10,000회선	1981-1985	240억원	농어촌용
TDX-1B	20,000회선	1986-1988	100억원	소도시용

특히 농어촌지역의 통신현대화를 위해 한국전기통신연구소(KETRI)가 개발한 시분할교환기를 우선 공급하며, 개발기를 본격적으로 공급할 때 기종을 일원화하기로 하였다. 그리고 초기에는 최소한의 기종과 신뢰도를 확보하도록 하며 본격 공급단계까지 성능을 보완한다는 방침을 세웠다. 또한 가격이 다소 비싸도 공급하며 기종이 단순한 농어촌지역의 자국부터 공급토록 정하였다.

이때 TDX-1A 전자교환기는 1983년 12월까지 개발 완료하여 1986년 7월부터 공급하기로 하였다. 그 세부일정은 <표 7-3>과 같이 정하여 추진하였다(농어촌전화 공급방안, 1982. 7, 한국전기통신공사).

<표 7-3> TDX-1A기종의 개발 일정(1)

<table>
<tr><th>구분</th><th>세부내용</th><th>시행일정</th><th>비고</th></tr>
<tr><td rowspan="5">시스템 개발</td><td>1차실용시험</td><td>1982. 7-1983. 12</td><td>모국시내용 500회선</td></tr>
<tr><td rowspan="2">생산모델개발</td><td rowspan="2">1982. 1-1983. 3</td><td>모국시내용 2천회선</td></tr>
<tr><td>자국시내용 1천회선</td></tr>
<tr><td>2차실용시험</td><td>1982. 7-1984. 6</td><td></td></tr>
<tr><td>시험운용분석</td><td>1983. 12</td><td>생산여부판단</td></tr>
<tr><td rowspan="4">상용시험</td><td>생산설비준비</td><td>1983. 1-1984. 12</td><td>SW개발/기술문서 포함</td></tr>
<tr><td>시험생산</td><td>1984. 1-1984. 6</td><td>4개 시스템, 1만2천회선</td></tr>
<tr><td>상용시험</td><td>1984. 10-1985. 9</td><td></td></tr>
<tr><td>시험운용분석</td><td>1985. 10</td><td>공급방침확정</td></tr>
</table>

<표 7-3> TDX-1A기종의 생산 공급일정(2)

구분	세부내용	시행일정	비고
생산공급	설계, 계약, 생산	1985. 10-1986. 9	6만회선
		1986. 10-1989. 9	15만, 25만, 30만회선
	공급(설치, 개통)	1986. 7-1986. 12	6만회선
		1987. 1-1989. 12	15만, 25만, 30만회선

2.3 TDX-1 전자교환기의 수출지원

가. 수출상황 및 통상실시권

1990년대 초 우리나라는 국내개발 전자교환기를 8개국에 11만8천회선(1,509억원)을 수출 추진하고 있었는데 당시 상황은 <표 7-4>와 같다. 이때 한국통신은 한국통신의 출연에 의해 개발된 TDX-1계열 전자교환기의 수출을 지원하는 계획을 수립하였다(TDX-1 수출지원 기본계획, 1990. 2. 28, 한국통신). 이 계획은 당시 국내개발 전전자교환기(TDX)의 수출을 효율적으로 추진하기 위해 과당경쟁을 사전에 예방하고 보다 효율적인 시장개척을 촉진하기 위한 조치였다.

<표 7-4> 국내개발 전자교환기(TDX)의 수출추진상황(1990년도)

추진업체	수출국	회선수	수출금액 (백만원)	진행경과
KTAI	파키스탄	50,000	20,000	공사입찰(입찰서 검토중)
금성통신	필리핀	17,000	11,600	계약체결(EDCF차관 요청중)
	베트남	6,000	4,700	계약체결(EDCF차관 요청중)
대우통신	리비아	22,000	64,600	제안서 제출(선로시설 포함)
	버마	1,000	7,700	EDCF차관 요청중(선로포함)
동양전자	우간다	11,000	4,700	EDCF차관 요청중
삼성전자	필리핀	6,000	3,600	필리핀 정부승인
	폴란드	5,000	34,000	합의각서 체결

그리고 수출 적격업체 지정, 수출실시권 허여, 기술료징수 등의 방침을 정하고 관련 당사자 간 협약을 체결하여 유기적인 협력체제를 구축하는데 있었다. 먼저 이 국산전자교환기 수출에 대한 통상실시권 허여대상과 대상지역을 검토하였다. 이 수출지원계획의 적용범위는 한국통신 출연에 의해 개발된 TDX-1계열 전자교환기인 TDX-1형, TDX-1A형, TDX-1B

형 기종으로 정하였다.

그리고 실시권허여 대상은 한국통신기술주식회사(KTAI)와 4개 업체이며, 허여방법은 ETRI와 기술사용계약을 체결하여 시행하며, 실시권의 범위는 통상실시권으로 하고 대상지역은 국내외 일괄체결로 실시하였다. 통상실시권은 KTAI, 금성반도체, 대우통신, 동양전자통신, 삼성전자의 5개사에 허여하였다. 이것은 특허권자의 타인에게 통상실시권을 허여할 수 있도록 정하고 있는 특허법 제102조(통상실시권)를 근거로 시행하였다.

나. 수출업체 조정 및 창구

체신부는 TDX전자교환기 수출조정방안(통진3441-6267, 1988. 5. 27)을 마련하여 해외에서 국내업체 간 과당경쟁 방지를 위해 1국가 1업체 원칙 및 국가별 업체지정절차를 명시하게 하였다. 그리고 수출실시권 허여 계약을 체결토록 하였다. 또한 정부지침(수출지원계획, 통진34405-13006, 1986. 12. 19, 체신부)에서는 TDX-1형 전자교환기의 수출을 위해 한국통신기술(KTAI)에 설계감리, 경쟁조정 및 기술지원 등 수출지원창구로 활용할 것을 정하였다.

따라서 KTAI가 실무적인 대외창구가 되어 회사별로 수출 허여국가를 지정하는 절차와 원칙을 결정하였다. 그리고 수출업체 조정은 업체가 자율적으로 추진하되 필요시 조정위원회에서 조정하게 하였다. 조정위원회는 체신부, 한국통신, 전자통신연구소, 한국통신기술로 구성하였으며 수출창구는 한국통신기술(KTAI)이 담당하고, KTAI가 업체의 수출신청서 접수, 애로기술지원, 과당경쟁을 방지하기 위한 수출적격업체 지정 등을 그 임무로 정하였다.

이에 따라 KTAI는 업체의 수출신청서 접수 및 승인, 수출업체 조정결과를 한국통신에 보고하게 하였다. 그리고 조정위원회를 운영하고, 수출시장을 조사하며 애로기술 등을 지원하는 일을 담당하였다. 이때 업체는 과당경쟁 방지를 위한 KTAI의 조정위원회의 조정결과를 준수해야 하고, 주요 수출 진행사항을 체신부, 한국통신, KTAI에 제출하게 하였다. 한편 수출업체 조정원칙을 1국가 1업체만이 참여하게 하였으나 국가가 크고 지방분권화가 확립된 경우는 예외로 하였다.

다. 기술료징수 및 지적소유권

기술개발촉진법 제8조의 3(특정 연구개발 사업추진) 및 동 법 시행령 제13조의 3(협약의 체결방법)에서는 연구 성과의 활용에 따른 기술료의 징수를 정하고 있었다. 그리고 특정 연구 개발사업 처리규정 제15조(협약, 과기처 훈령)에 의하면 출연해준 원금이상을 매년 당해 매출액의 1%이상으로 5년 이내에 징수할 것을 정하고 있었다. 당시 기술료는 해외시장의 수출신장을 위해 국내도입 외국기종보다 낮은 수준의 기술료를징수토록 하였다.

이에 따라 착수기본료는 면제하고 매출 정율 사용료는 국가별로 초기계약 분은 면제하였다. 2차계약분부터 TDX-1형의 원천시스템 및 계역시스템에 대해 순 매출액의 3%, 주변시스템 및 주변장치에 대해서는 순 매출액의 2%를 징수하는 것으로 하였다. 또한 해외에서 합작투자를 통한 생산 판매의 경우에도 직접 수출의 경우와 동일기준을 적용하였으며, 수출여건의 변화에 따라 조정 징수하게 정하였다.

그리고 기술료는 연구소에 귀속하되 일부는 KTAI의 수출조정 등의 업무 수행에 필요한 실경비로 지급할 수 있게 하였다. 이때 기술료 징수(기관322-13943, 1987. 9. 10)를 정한 주요내용을 보면 한국통신이 직접 사용하는 부분은 면제하고, 한국통신이 사용하지 않는 제품의 경우 중소기업은 순수연구비의 50% 이내에서 각 기업별로 분담하고, 대기업은 순수연구비의 100%를 각 기업별로 분담 징수하는 것으로 정하였다.

이때 기술료의 징수방법은 ETRI에 위임하고, 이 기술료는 기초연구비, 인력개발비, 공동연구장비 구입 등을 위해 활용토록 하였다. 참고로 당시 과기처 기술료 사용지침(연관16041-12423, 1985. 9. 10)에 의하면 연구 인센티브에 기술료의 40%, 연구개발 재투자에 기술료의 30%, 과학재단 기금조성을 위해 기술료의 30%를 사용토록 정하고 있었다.

다음 지적소유권에 관하여 정하였다. 한국통신과 ETRI 간 체결한 연구관리 기본협정 제15조에 따르면 공업소유권은 한국통신과 ETRI의 공동소유로 하고, 기술료는 한국통신이 직접 사용하는 부분은 면제토록 하였다. 그 외의 경우는 한국통신과 ETRI가 상호협의하며, 기술료 수입은 ETRI에 귀속되도록 정하였다. 그리고 개량기술의 경우 원천기술에 대한 지적소유권은 한국통신 및 연구소에 귀속되고 개발업체는 통상실시권을 사용하게 정하였다.

라. 추진일정 및 행정 조치사항

TDX-1형 전자교환기 수출지원을 위한 추진일정을 보면 먼저 한국통신(KTA)이 주관하여 TDX-1 수출기본협약을 체결하였다(1990. 2). 이 기본협약서에 서명한 당사자는 한국전기통신공사 사장(이해욱), 한국전자통신연구소 소장(경상현), 한국통신기술주식회사 사장(양승택), 금성반도체주식회사 사장(이만용), 대우통신주식회사 사장(박성규), 동양전자통신주식회사 사장(이영만), 삼성전자주식회사 사장(정용문)이었다.

이어서 ETRI가 주관하여 ETRI와 KTAI, 업체 4사 간에 TDX-1 기술사용계약을 맺었다(1990. 3). 그 후 TDX-1 기술지원계약은 필요시 KTAI의 주관으로 KTAI와 업체 4사 간에 시행하였다. 이와 같이 수출 지원체제를 정립함으로서 업체의 국제경쟁력을 강화하고 수출 추진과정에서 예상되는 동일지역에서의 국내업체 간 과열경쟁을 방지할 수 있어 효율적인 해외수주를 촉진할 수 있었다.

그런데 이를 시행함에 있어서 행정적으로 조치해야할 사항과 문제점이 대두되었다. 당시 대외무역법 관계규정에 의하면 상공부 산하기관인 한국기계공업진흥회에서 수출업체에 대한 사전 조정을 시행하게 되어 있었다. 또한 체신부의 수출지원계획에 따라 KTAI에서 TDX 수출업체에 대한 사전조정을 시행함으로서 수출조정업무가 이원화되는 상황이 발생하였다.

그리고 KTAI에서 사전 조정한 결과와 한국기계공업진흥회의 조정결과가 상이할 경우

KTAI의 조정결과는 법적효력이 미약하여 실효를 거두기가 어렵게 되어 KTAI는 업체에 대한 조정력이 약화될 수 밖에 없는 입장이었다. 이에 따라 KTAI의 조정결과가 상공부(한국기계공업진흥회)의 수출업체 지정에 반영될 수 있도록 체신부가 나서서 이 문제를 조치하게 하였다.

마. 국산전자교환기의 수출 현지지원

1990년대 초 한국통신은 국산개발 전자교환기(TDX-1B형)의 수출 현장을 찾아 지원 상황을 점검하였다. 한국통신 사장(이해욱)과 정보통신사업본부장(이정욱)은 베트남에 처음으로 수출하여 하이퐁과 광린에 건설되고 있는 국산전자교환기(TDX-1B형) 건설현장을 방문하였다(1991. 8. 3-8. 4). 이 공사는 금성정보통신에서 시공하고 있었으며 9월초 개통예정으로 공사 중에 있었다. 이때 한국통신은 현지 공사과정에서의 제반 상황을 확인하였으며, 하노이로 돌아와 베트남 DGPT 총국장과 한국통신 사장은 향후 양국 간 전자교환기 공급에 따른 기술지원협정서에 서명하는 행사를 가졌다.

이어서 1992년에는 루마니아 프라호바(Prahova)주의 코마닉(Comarnic) 전화국에서 국산전자교환기(TDX-1B형)의 개통식이 있었다(1992. 11. 25). 이는 루마니아에서 최초로 개통되는 한국산 전자교환기 사업으로써 금성정보통신에서 수출하고 시공하였다. 이 개통식에는 루마니아 측에서 체신부 차관, 전략국장(Dam Stefanescu), 프라호바 청장과 한국 측에서는 정보통신부 통신정책실장(박성득), 한국통신 정보통신본부장(이정욱), 그리고 금성정보통신 전무(조정주)가 참석하여 개통테이프를 컷팅하였다.

그 후 1997년 7월에는 한국통신 부사장(이정욱)이 필리핀을 방문하여 마닐라 근교에 있는 안티폴로(Anti-Polo)전화국의 개국식에 참석하였다(1997. 7. 9-7. 12). 이 전화국은 필리핀에서는 최초로 한국산 전자교환기를 도입하여 한국통신이 시공을 주관하여 개통되는 신설전화국이었다. 이때 한국통신 부사장은 마닐라 도착 후 먼저 필리핀 교통통신부(DOTC: Department of Transporation & Communications)를 방문하여 장관(Arture T. Envile)을 만나 한국산 전자교환기 개통과 정보통신에 관하여 상호관심사를 논의하였다.

이 자리에는 한국통신 필리핀 사장(김형식), Retelcom 회장(Santiago), PTT 수석부사장(Marilyn E. Santiago)이 함께 참석하였다(1997. 7. 11). 오후에는 Dusit 호텔에서 안티폴로 전화국 개통 및 PTT 액세스카드 발행 기념식이 개최되었다. 식장에는 우리나라 전통음악이 연주되었고 식순에는 태극기에 대한 경례와 애국가도 제창되었다. 한국통신 부사장(이정욱)의 안티폴로 전화국의 전자교환기 개통 축하인사에 이어 필리핀 교통통신부 차관(리차우코)이 축사를 하였다(1997. 7. 11).

다음날 오전 9시 마닐라 근교에 있는 안티폴로전화국 현지에서 전자교환기 개통식 및 개국식을 가졌다. 이 자리에는 안티폴로 시장이 참석하였으며 개통식은 카톨릭 신부님이 집전하여 축성식으로 거행되었다. 전화국 정문에는 안티폴로 시장과 한국통신 부사장을 환영하는 현수막이 요란하게 붙어 있었다. 그 자리에서 한국통신 부사장은 서울의 한국통신 국제전화국장과 영상전화를 하였으며, Ms Marlin Santiago도 서울 국제통신망 운용국과 기념통화를 하였다.

3. 전자교환기의 국내개발 방향

3.1 소용량 국산전자교환기의 평가

가. TDX-1형의 도시지역에 공급검토

1986년 3월 국내 개발한 TDX-1형 전자교환기를 가평, 전곡, 무주, 고령의 4개 지역에 공급하여 처음으로 개통하였다. 이 전자교환기의 가입자 수용용량은 10,240회선이고, 1,600어랑의 통화량을 처리할 수 있는 시스템으로 개발되었다. 당시 중용량인 TDX-10형 전자교환기는 1989년 말까지 상용시험을 끝낸다는 계획으로 추진되고 있었다. 이에 따라 TDX-10형의 대량 공급시기 이전에 TDX-1형을 도시지역에 공급하는 방안을 신중히 검토하였다.

먼저 도시지역의 통신소통량을 기준으로 소용량 지역, 중용량 지역, 대용량 지역으로 구분하여 지역별 운용교환기의 특성을 조사 분석하였다. 당시 도시지역 중 소용량 지역으로 원주전화국과 충주전화국이 적정하다고 보았고, 중용량 지역으로 성남, 동대전, 서광주, 대전전화국을 선정하였다. 그리고 대용량 지역으로는 서울의 천호, 반포, 잠실, 중앙전화국이 적정하다고 판단하였다. 분석결과 가입자 당 통화량이 소용량 지역은 0.055-0.065어랑이고, 중용량 지역은 0.065-0.095어랑이며, 대용량 지역의 경우는 0.095-0.230어랑으로 대단히 높은 것으로 확인되었다.

다음에는 TDX-1형의 도시지역에의 공급을 검토하였다. TDX-1형 전자교환기 상용공급 당시 운용중인 교환기종별 용량(최대용량)을 비교하여 보면 M10CN이 3만회선, NO.1A가 12만회선, AXE-10이 6만회선 이었으며 TDX-1은 1만회선 이었다. TDX-1 전자교환기를 공급할 표본지역으로 소용량 지역은 충주, 중용량 지역은 성남과 동대전, 대용량 지역은 서울 반포로 정하여 설계하여 보았다. 설계 기본방침은 당시 도시지역에 공급 중인 M10CN과 NO.1A 전자교환기의 설계기준을 사용하였다. 즉 통신망 구성과 루팅방식, 국간중계회선 산출방식을 기존 교환기의 설계기준을 그대로 적용하여 한국통신 사업지원본부에서 2주간 설계 작업을 수행하였다.

나. 검토결과

위와 같이 TDX-1형의 도시지역 공급을 검토한 결과 이 교환기는 충주와 같은 소용량 지역에는 시스템 용량이 충분하나 반포, 동대전과 같은 중용량 이상의 지역에는 시스템 용량이 부족한 것으로 확인되었다. 즉 소도시에는 공급이 가능하고 대도시에는 공급이 곤란하였다. 이러한 점을 감안하여 1986년 10월 한국통신의 TDX-1형 전자교환기의 공급방침을 확정하였으며, 이 기종은 1987년부터 중용량 지역과 대도시 지역을 제외한 농어촌 지역을 포함한 소도시 지역에만 공급하였다.

3.2 2000년대를 향한 전자교환기 개발

가. 사업개발단의 출범과 개발방침

우리 공사는 다가오는 2000년대의 고도정보화사회에 대비하여 그 핵심이 될 대용량 전전자교환기를 국내기술로서 개발하고 이를 바탕으로 우리나라의 종합정보통신망(ISDN)을 실현하는 방안을 그려나갔다. 이러한 새로운 기술의 정보통신망 개발업무를 효율적으로 추진하기 위해 종전의 TDX사업단을「사업개발단」으로 확대 개편하였다(1987. 7. 15).

이때 한국통신 사업개발단은 전전자교환기 개발사업, ISDN 사업의 종합추진 및 전기통신미래관 건립사업을 담당하게 되었다. 당시 사업개발단(단장 이정욱)에서는 지금까지의 소용량 전자교환기로부터 벗어나 도시지역에 공급할 수 있는 중용량 전자교환기의 개발방침을 발표하였다(중용량교환기의 개발과 초기 ISDN추진, 한국전기통신 1988년 2월호, 한국전기통신공사). 당시 중용량 전자교환기의 개발방향 및 방침을 다음과 같이 정하였다.

<개발방침> 용량이 큰 전전자교환기를 본격 개발한다. 우리나라의 전기통신의 기본과제는 장래의 통신수요를 완전 충족하면서 장기적으로는 종합정보통신망(ISDN)으로 진화시켜 나가는데 있다. 이러한 발전방향에 맞추어 우리는 사업 확장에 있어 중심설비인 전전자교환기를 우리의 힘으로 개발하여 공급한다. 또한 우리나라는 앞으로 공사가 보유하게 될 방대한 전화망을 바탕으로 하여 고속팩시밀리, 텔리텍스, 비디오텍스, 컴퓨터 등 각종 데이터통신서비스를 이용할 수 있는 미래의 정보통신 시대를 열어야 나가고자 한다. 이러한 관점에서 앞으로 대용량교환기의 개발은 필수적인 선행과제가 아닐 수 없다.

초기 시험생산기인 TDX-1형에 대해서는 그동안 운용 및 유지보수기능을 계속 보강하여 왔으며 작년 말까지 공급량으로 보아도 41만 9천회선이나 되고 있다. 본 교환기는 작년 10월 20일부터 10월 27일까지 스위스 제네바에서 열린 제5차 세계전기통신박람회(TELECOM ′87)에도 출품하여 급성장하고 있는 한국의 통신기술을 제 외국에 선보인바 있는데 이를 바탕으로 앞으로 보다 더 향상된 기능과 큰 용량을 갖는 전전자교환기를 본격 개발한다.

나. 중용량 및 대용량 교환기의 개발

한국통신 사업개발단에서는 TDX-1형의 개발과정에서 축적된 기술을 활용하여 2만3천회선 규모의 용량이 증대된 중용량 전자교환기(TDX-1B형) 개발을 추진하였다. 본 교환기는 TDX-1형의 기본구조를 유지하면서 용량 및 성능을 향상시킨 것으로 그동안 4개 생산업체가 중심이 되어 분담 개발하여 왔다.

1988년에는 이와 같이 분야별로 개발된 설비들을 하드웨어적으로 종합 구성하여 시스템화하고 소프트웨어적으로도 통합 완성해 나갔다. 이때 개발인증시험을 실시하여 그 과정에서 나타나는 문제점을 보완 개발하고 개발잔여부분도 마무리하여 시험용 모델을 완성하였다. 그 후 실용시험과 상용시험을 거쳐 1988년 말까지 개발을 완료하여 1989년도에는 중용량의 전전자교환기를 공급할 수 있도록 추진하였다.

또한 TDX-1 기종의 개발을 통해 축적된 기술을 바탕으로 하여 TDX계열 시스템 개발에도 주력하였다. 그 하나가 TDX-ACD(Automatic Call Distributor)의 개발인데, 이것은 자동호 분배기능 및 자동음성응답기능을 구비토록 하여 신형 114 안내대에 활용할 계획이었다. 또한 대형건물 또는 대단위 수요가 밀집한 아파트지역 등에 효율적인 전화공급을 위한 집단전화교환기도 TDX형으로 표준화할 계획인데, 이 TDX 집단전화교환기가 개발되면 수요밀집지역에 대한 공중통신서비스의 능력향상 뿐만 아니라 유지 보수 면에서도 개선될 것으로 기대하였다.

한편 대용량 전전자교환기(TDX-10형) 개발도 청사진을 그려 나갔다. 이 교환기는 2000년대의 종합정보통신망(ISDN)의 주축이 될 대용량의 국내 표준형교환기를 목표로 하였다. 지금까지 TDX-10형 전자교환기의 상위레벨 구조를 확정하였고 교환기 개발을 위한 표준언어(CCITT CHILL/SDL)를 개발하였으며 소프트웨어 개발을 위한 모델교환기를 구성하였다. 1988년에는 소프트웨어를 중점적으로 개발하여 시제품을 제작하고 초기 검정시험을 실시하며 1990년에는 개발을 완료할 예정으로 추진하였다.

다. 종합정보통신망으로 가는 꿈

한국통신 사업개발단(단장 이정욱)에서는 ISDN의 조속한 실현을 위해 ISDN 발전계획의 종합추진, 고속 회선교환능력의 배양, ISDN 기기의 국내개발 등의 추진방향을 다음과 같이 정하여 추진하였다.

① 우리 공사의 종합정보통신망(ISDN) 발전계획을 총괄 추진한다. 현재 세계적인 전기통신사업의 방향은 현존하는 전화 위주의 통신망을 장차 정보통신이 가능한 종합정보통신망으로 발전시킨다. 이를 위해 우리 공사는 지금까지 분야별, 부서별로 분담 추진하고 있는 ISDN 발전계획 및 장비개발을 종합적으로 관리하고, 이를 통해 효과적으로 ISDN으로 접근하도록 한다.

② 국내 ISDN 발전방향을 구체적으로 제시한다. 기존 교환시설의 기술성, 경제성, 효율성을 높이고 ISDN으로 가기 위해 도입 전자교환기, 국산 전자교환기 및 장거리교환기 등 현재 운용중에 있거나 곧 공급하게 될 전자교환기에 대해 ISDN 실현가능성 및 고속 데이터 전

송을 위한 잠재능력을 검토하여 국내 ISDN 발전방향을 세부적으로 제시한다.

③ 고속데이터 전송기능을 개발한다. 국산 전전자교환기인 TDX-1A 기종 및 반전자교환기인 No1A 교환기 및 M10CN 교환기에 대해 고속데이터 전송기능(56Kbps)을 개발하여 현재 방대한 규모로 운용되고 있는 기존 시설을 가지고 전화통화는 물론 고속으로 데이터의 교환처리가 가능토록 한다.

④ ISDN기기의 국내개발을 시도한다. 국제적으로 추진되고 있는 ISDN 기술기준과 표준화 방향을 사전에 전수하고 국내기술로 수용 축적하도록 하여 ISDN에 기본적으로 필요한 장비와 기기를 국내 개발토록 한다.

⑤ 대용량 교환기로 개발할 예정인 TDX-10 기종을 미래의 우리나라 표준 ISDN교환기로 완성하고, 전화와 각종 데이터 단말기를 중첩하는데 필요한 가입자접속장치인 NTE, IMUX, PMUX도 본격적으로 개발한다. 또한 각종 ISDN 단말기를 우리 기술에 의해 개발하고 표준화도 중점적으로 추진한다.

⑥ 실용위주의 ISDN 시범사업을 추진한다. 국내 ISDN모델을 정립하고 가능한 국내개발 전전자교환기를 활용하여 ISDN 시범시스템을 구성한다. ISDN 시범사업의 제1단계(1987년-1988년)는 기반조성단계로서, 1988년에는 이를 위한 관련사항을 착실히 준비한다.

⑦ 실용성 위주의 시범사업을 본격적으로 추진한다. 그리고 우리 공사 내부에서 업무용으로 이용할 고속 팩시밀리통신과 컴퓨터통신망을 구축한다(1988년). 이는 기존 전화망을 이용하여 고속 회선교환망(56Kbps)을 구축하여 본사와 직할기관, 지사 등 필요기관 간 이용해 봄으로써 정보통신의 사업성 및 기술성을 확인토록 한다.

3.3 TDX-10 전자교환기의 개발초기에 닥친 시련

가. 개발관리책임자의 갑작스런 교체

1980년대 중반 한국통신은 국산 전자교환기의 개발관리를 위해 전담조직으로 전전자교환기(TDX) 사업단을 운영하였다(1985년-1986년). 이후 TDX사업단은 사업개발단(단장 서정욱)으로 명칭이 바뀌었다(1987년). 그러다가 1987년 말 한국전기통신공사 사장(이우재)은 2대 사업개발단장으로 당시 국방대학원을 졸업하고 바로 본사로 복귀한 관리급 임원(이정욱)을 발령하였다(1987. 12. 15).

앞에서 설명한 바와 같이 당시 사업개발단의 주요임무는 TDX-10 전자교환기를 개발하는 것이었다. 개발기간은 1987년부터 1991년으로 정하고, 개발비는 총 1,022억원을 투입하는 프로젝트였다. 그리고 이 교환기 개발은 전자통신연구소(ETRI)와 업체 간 공동개발방식으로 추진하여 대도시 지역의 주력기종으로 공급한다는 방침이었다. 당시 생산업체로서 금성, 삼성, 동양, 대우의 4개사가 참여하고 있었으며 1986년 4월에 TDX-10 전자교환기 개발

협약을 체결하고 초기 개발단계에 들어서 있었다.

그러나 2대 사업개발단장은 본 직으로 발령된 후 지금까지의 TDX-10 전자교환기의 개발과정에서 상당한 문제점을 있음을 확인하고 앞으로 정상적 속도로 개발이 진행하기 위해 이들 문제를 다음과 같이 개선하고자 시도하였다.

(1) 초기개발단계에서 TDX-10 기종을 서둘러 조기에 개발을 끝내야겠다는 과잉의욕과 욕심 때문에 그때까지 독특한 개발방법을 채택하여 진행되고 있었다. 즉 개발하는 전자교환기의 시스템을 4개 부분으로 쪼개어 각 사가 담당부분을 개발해 내는 방법이었다. 로봇을 개발하는 경우에 비교 설명하면 1개사는 로봇의 팔을 개발하고, 제2사는 다리를, 제3사는 몸통을 그리고 제4사는 머리를 개발하여 마지막에 통합 조립하는 방법으로 추진되고 있었다.

(2) 이처럼 각각을 별도로 개발하여 마지막에 조립하는 경우 팔다리와 몸통, 팔다리와 머리 간 인터페이스에 상당한 문제가 발생될 수 밖에 없었다. 더구나 전자교환기는 하드웨어 개발도 중요하지만 팔다리와 몸통, 팔다리와 두뇌를 한 개의 시스템으로 움직일 수 있도록 묶어주는 소프트웨어의 개발이 더욱 중요한 과제가 아닐 수 없었다. 이때 4개 사가 각각 개발한 소프트웨어를 한 개의 시스템으로 어떻게 통합할 것인가?

(3) 본 전자교환기 개발에 참여하고 있는 여러 사람이 이와 같은 개발방법은 실무적으로 개발에 많은 어려움이 있음을 지적하였다. 특히 개발주관기관인 한국전자통신연구소(ETRI)에서도 이에 따른 문제점을 제시하고 개선해 줄 것을 한국통신 사업개발단에 요청하고 있었다.

이에 따라 신임 사업개발단장(이정욱)은 전자교환기 개발방법을 근본적으로 바꾸기로 작정하였다. 당시 개발주관기관(ETRI)과 협의하여 4개사가 전체 시스템을 일정부분으로 나누어서 개발해오던 지금까지의 방법으로부터 4개사가 각각 풀셋트로 개발하여 4개 제품을 개발하는 방법으로 전환하였다. 따라서 이들이 각각 개발한 4개의 풀셋트 개발품을 각각 평가하여 그 중 가장 성능이 우수한 제품을 선정하여 국내 표준기종으로 채택하는 방법으로 의견을 모았다.

당시 이 개발방법에 대해 개발관리기관인 한국통신, 개발주관기관인 한국전자통신연구소(ETRI)는 물론 실무개발을 담당하고 있는 4개사에서도 보다 합리적이고 효율적인 개발방법으로 판단하여 찬성하였다. 즉시 새로운 개발방식으로 전환하여 개발에 속도가 붙기 시작하였다. 그러나 새로운 개발방법으로 TDX-10 전자교환기를 본격적으로 개발을 추진하고 있을 무렵, 주변에서는 이 새로운 개발방법이 적합하지 않다고 시비를 거는 엉뚱한 일이 발생하였다.

이후 얼마 되지 않아 당시 사업개발단장(이정욱)은 다시 종전의 개발단장(서정욱)으로 교체되는 어이없는 상황이 벌어졌다(1988. 4. 18). 이때 한국통신 부사장(황영선)은 이번 사업개발단장의 교체는 정부의 의견이라면서 어려운 입장을 양해해 달라고 하였다. 당시만 하더라도 국영기업의 고위직 간부 인사에 정부가 간여하는 일은 흔히 있는 일이었다. 2대 사업개발단장은 바로 중앙전산소장으로 전보되었다. 그러나 2대 사업개발단장을 비롯한 개발업체들은 새로운 개발방법이 가장 적정하였고 그 방법으로 개발했다면 오히려 개발기간은 줄이면서 보다 성능이 우수한 시분할 전자교환기(TDX-10형)가 완성될 수 있었다는 생각을 강하게 가지고 있었다.

나. TDX-10 전자교환기의 개발완성

그로부터 5년이 지난 후 TDX-10 전자교환기는 당초계획대로 개발에 성공하지 못하고 성능상 여러 가지 문제점을 노출하는 바람에 정상적인 공급에 차질을 빚고 있었다. 1988년 TDX-10 전자교환기 개발책임자 자리를 떠났던 2대 사업개발단장(이정욱)은 1993년 한국통신 기술기획실장의 보임을 받아 다시 전자교환기 개발책임을 맡게 되었다. 이때 기술기획실장(이정욱)은 그동안 접어두었든 개발방침을 꺼내서 저성능의 TDX-10 기종을 재개발 완성하기로 작정하였다.

그래서 TDX-10 전자교환기의 기존 기술규격서를 보완하여 교환기 생산 4개사가 재개발토록 하였으며, 이 사업은 서울전자교환운용연구단이 주관하여 새로운 버전의 TDX-10형을 완성하였다. 이어서 장차 우리나라 통신망의 핵심이 될 중용량인 TDX-10기종에도 ISDN 기능을 개발하였다(1993년도 주요사업 추진실적분석, 1994. 2, 한국통신 기술기획실).

이후 TDX-10 ISDN 교환기의 첫 단계 개발이 끝나자 당시 전기통신제품의 표준화 및 조달규정(1995. 2. 1)에 의한 표준화절차에 따라 실용시험을 실시하였다. 이 규정에 의하면 실용시험에 합격해야 약식규격을 제정할 수 있으며 이 규격에 따라 상용시험을 시행하였다. 이에 따라 TDX-10 전자교환기는 우리나라에 전국규모로 설치 운용되었다.

3.4 현대전자에 TDX-10 기종의 기술전수 파동

가. 디지털 이동통신시스템 개발 및 기술전수 논의

1990년대 디지털 이동통신시스템의 개발은 한국전자통신연구소(ETRI)가 주관하여 ETRI, 국내 산업체, 미국 퀄컴사에 의한 공동 개발방법으로 진행되고 있었다. 이 시스템의 개발기간은 1989부터 1996년까지 7년간이며, 개발비의 출연규모는 한국통신에서 197억 원, KMTC가 144억 원을 부담하게 되어 있었다. 개발목표는 이동통신교환기와 셀룰러망 구성기술을 개발하고 기지국, 이동국, 데이터베이스 시스템, 운용보전시스템까지 개발하는 것이었다.

이 신 방식의 셀룰러시스템은 기술기준과 표준규격을 만들어 1996년까지 상용화할 계획이었다. 이 시스템의 공동개발을 위해 참여자들의 역할분담을 정하였다. ETRI는 시스템 설계와 규격을 작성하고 시스템을 종합검증하며, 시스템 핵심기술을 개발하는 것으로 정하였다. 퀄컴사는 CDMA방식의 기본설계를 담당하고 기지국 기술을 개발하도록 하였으며, 국내 공동개발업체는 시제품을 제조하고 상품화하며 생산기술을 개발하게 하였다.

특히 국내업체의 경우 교환기, 기지국, 단말기 분야는 삼성, 금성, 현대가 담당하고 단말기 분야에는 맥슨도 참여하게 되었다. 다만 현대전자는 무선분야 교환기의 생산에 한하여 참여하게 하였다. 1993년 12월 한국통신 기술기획실장(이정욱)은 ETRI로부터 현대전자에 디지털 이동통신교환기 개발에 필요한 TDX-10 전자교환기의 기술전수를 하려고 하니 이에 동의해 달라는 요청문서를 받았다. 기술전수의 범위는 이동통신시스템 개발에 필요한 전자교환기 기본기술에 관한 것이며 전수조건은 디지털 이동통신 교환기의 개발과 생산에 한하는 것으로 되어 있었다.

그로부터 한 달이 지난 1994년 1월 하순 전자교환기 공급업체 4사로부터 현대전자에 TDX-10기종의 기술전수를 반대하는 건의문이 날아들었다. 교환기 제조 4사에서는 TDX-10 전자교환기 기술은 ETRI와 교환 4사의 공동개발기술이며, ETRI가 현대전자에게 하려는 기술전수는 공동개발 기본정신에 위배될 뿐만 아니라, 나쁜 선례가 되어 앞으로 또 다른 공동개발을 추진할 때 이를 불가능하게 만들 것이라고 주장하였다.

또한 이를 계기로 현대전자가 국설교환기 시장에 참여가 가능하게 됨으로써 기술전수를 할 수 없으며, 교환기 4사는 현대전자에게 TDX-10 교환기의 판매도 공동 거부한다는 입장이었다. 이런 문제가 발생하자 1994년 1월 체신부차관 주재로 관련 책임자 회의가 열렸다. 회의결과 금성, 삼성이 2월 말까지 현대전자에 TDX-10 장기공급계약을 체결하지 않으면 현대전자에 관련기술의 전수와 실시권의 허여방침을 표명하겠다는 것이었다.

이 회의에는 체신부, 한국통신, ETRI, 개발업체(금성, 삼성, 현대, 맥슨)의 관련책임자들과 전파통신기술개발추진협의회 의장이 참석하였다. 그러나 금성과 삼성에서 교환기 공급계약체결을 거부함에 따라 1994년 3월 중순 다시 2차 회의가 개최되었다. 이 회의에서 현대전자에 기술전수와 실시권 허여방침을 결정하고 이를 체신부에서 당사자들에게 구두로 통보하였으며, 이 회의에는 체신부, ETRI, 개발업체, 동양전자통신, 대우통신의 책임자들이 참석하였다.

이러한 회의결과에 따라 1994년 3월 말 한국통신은 정부에 디지털 이동통신교환기 개발에 필요한 기술전수 승인을 요청하였다. 그러나 그해 4월 중순 전자교환기 4사로부터 재차 기술전수를 반대하는 탄원서를 접수하였는데, 이 탄원서는 1월에 접수한 건의문과 동일한 내용이었다. 즉 TDX-10 기술은 ETRI와 교환 4사의 공동개발 결과이고, TDX-10 기술이전은 공동연구개발 기본협정에 위배된다고 주장하였다.

나. TDX-10 기술이전의 제도적 검토 및 조치

이러한 상황에서 한국통신은 현대전자에 TDX-10 기술이전에 대한 관련법과 규정 등 제도적인 면에서 문제가 없는지를 본격적으로 검토하였다. 연구개발 기본협정서 제15조에 의하면 한국통신이 출연하여 개발한 제품의 지적 재산권은 한국통신과 한국전자통신연구소가 공동 소유토록 정하고 있었다. 그래서 기술의 실시권 허여는 한국통신과 ETRI가 협의하여 결정하면 되었다. 따라서 TDX-10의 기술소유권은 업체와는 무관하였으며 업체의 개발비는 생산연구개발에 소요된 것에 불과한 것으로 파악되었다.

그리고 TDX-10 공동연구개발에 관한 협약서 제19조와 제20조에 의하면 공동개발에 의한 기술은 관계기관의 요청이 있는 경우에 제3자에게 제공가능하게 되어 있었다. 그리고 공동개발에 의한 기술의 소유권은 ETRI 단독 소유로 되어 있는데, 이때 ETRI 단독 소유는 관련 협정에 의해 한국통신과 공유하게 되어 있었다. 또한 TDX-10 기술사용계약서 제14조에서는 TDX-10의 개량개선 결과(지적재산권 포함)의 귀속은 ETRI와 개량실시업체가 공동소유하는 것으로 정하고 있어 개량개선기술의 제3자에 대한 실시권 허여는 업체의 동의가 필요하였다.

한편 이 기술전수 문제를 보다 객관적이고 합리적으로 수행하기 위해 특허법률사무소의 법률적 검토와 자문도 받아 조치하였다. 한편 TDX-10 교환기 기술의 지적재산권은 한국통신과 한국전자통신연구소의 공동 소유이므로 ETRI가 보유한 TDX-10 원천기술을 현대전자에 이전하는 것은 문제가 없었다. 다만 교환 4사의 민원을 고려하여 전수기술의 사용범위와 조건을 제한하여 허여하는 것으로 정하였다. 기술전수의 범위는 교환기 생산업체가 개량개선한 기술은 제외하고 디지털 이동통신교환기 개발에 필요한 MSC(Mobile Service Switching Center)기술로 한정하였다.

또한 전수조건은 기존 교환기 생산업체의 민원이 발생하지 않도록 기술전수 범위의 디지털 이동통신교환기 개발과 생산이외의 타 목적으로 확대 사용은 금하였다. 또한 계약에는 기술지도비, 착수기본료, 매출정률사용료 등이 포함되게 하였다. 끝으로 기술전수과정에서 관련법규(협약 포함)에 저촉되는 기술이나 이동통신교환기 개발과 무관한 기술이 전수되지 않도록 할 것과 국설교환기 시장에 참여하지 않는 조건을 계약 체결 시에 강구토록 하였다. 이러한 조치에 따라 TDX-10 기술전수는 시행되었으나, 끝내 현대전자는 1970년대 중반부터 꿈꾸어 온 우리나라 전자교환기 시장으로의 진출에 성공하지 못하였다.

4. 중용량 전자교환기의 개발

4.1 TDX-10A형 개발의 필요성

가. 1차 TDX-10기종 개발의 후유증

앞의 3.3항에서 언급한 바와 같이 1차 TDX-10 전자교환기는 1987년부터 1991년까지 한국전자통신연구소를 주축으로 국내 4개사(금성, 대우, 동양, 삼성)와 공동 개발된 국산 전자교환기였다. 그 개발방법은 이미 설명한 바와 같이 전체 시스템을 부분적으로 쪼개어 업체별로 독립적으로 개발하는 방식이었다. 이 개발방식에 대한 문제점 및 후유증은 다음과 같이 나타났었다.

(1) 1차 TDX-10 전자교환기는 업체 간 경쟁의식 부족으로 중요한 후속 개발이 부진하여 그동안 4,317천 회선이나 되는 물량이 상용 공급되었음에도 개발 초기성능 수준에서 한 발짝도 발전하지 못하고 있었다. 우선 하드웨어 면에서 보면 경보전달이 단일체계에 의존하고 있을 뿐만 아니라, 게이트웨이와 IPC노드 기능을 위한 보드가 분리된 채로 남아 있었다. 그리고 전원 모듈이 여러 개로 구성되어 있고, 이중화 기능 보드 및 메모리 확장 보드도 별도로 존재하고 있으며, 하드웨어 여유보드가 불필요하게 많은 구조로 생산되고 있었다.

(2) 소프트웨어 부문에서는 ISDN, SSP, IGS, LOCAL 등 서비스별로 소프트웨어의 형상이 제 각각이었다. 그리고 호처리 소프트웨어는 단순 R2에 의해 시행하고 있어 지능망 처리 등 고급 서비스를 적용할 수가 없었다. 또한 운용관리 소프트웨어는 상당량의 통계 데이터가 불일치하는 현상이 발생하고 있었고 과금처리 기능도 시간대별, 요일별 과금이 되지 못하고 단순과금 수준에 머물러 있었다.

(3) 유지보수를 위한 소프트웨어도 프로세서별로 로딩을 해야 하는 등 원시적인 많은 문제점을 그대로 안고 있었다. 뿐만 아니라 운용과정에서 화중절단과 잡음이 심하고, 시스템 진단기능과 통신망 관리 기능이 미비하여 추가 개발해야할 부분이 여러 가지 발견되었다.

(4) 4개 개발사는 1차 TDX-10기종에 대해서는 자기 고유모델이 없는 상황이 되었다. 즉 4개사는 각각 팔, 다리, 몸통, 머리 중 자사의 해당 부분만을 개발한 관계로 자기 고유 모델을 갖지 못하게 되었다. 다시 말해 공동개발추진에 따른 업체 간 경쟁의식이 부족하여 후속개발이 제대로 이루어지지 못하고 있었다. 이런 상황이 되다보니 공동개발된 TDX-10의 상용시스템은 공급된 지 3년차가 되는 1993까지도 구조와 성능면 에서 초기개발 상태로 남아 있게 되었다.

(5) 4개 개발사는 자기 브랜드의 전자교환기를 각각 보유하기 위해 1차 TDX-10기종을 근간으로 별도의 자기 브랜드의 기종을 개발하는데 매달리게 되었다. 결국 공동개발한 1차 TDX-10기종에다 일부 자기특성을 살려서 금성에서는 STAREX-TX1, 삼성에서는 SDX-100를 만들어 베트남, 중국, 러시아, 루마니아 등에 수출하게 되었다. 더구나 그동안 애써 개발한 국산 전자교환기가 성공을 거두지 못하고 개발업체별로 뿔뿔이 흩어져 흘러가고 있었다. 결국 1차 TDX-10기종 개발은 당시 사업개발단(단장 서정욱)에서 초기의 소용량형(TDX-1) 개발방법을 그대로 적용 추진하는 바람에 개발 후 상용공급과정에서 이상과 같은 여러 가지 문제점과 후유증을 남긴 채 이 기종의 대량공급에 실패하고 말았다.

나. 국내 개발기종의 운용상황

1990년대 초 우리나라의 교환기종별 공급 상황은 <표 7-5>와 같이 확인되었으며 이를 기본으로 1차 TDX-10기종의 운용상황을 파악하여 앞으로 해야 할 과제를 전면 재수립하였다. 당시 1차 TDX-10기종은 1987년 6월에 개발을 착수하여 1990년 10월에 개발 완료한 상태이었으며, 이를 위해 총 426억 원의 개발비가 투입되었다. 개발 완료 후 1991년부터 1993년까지 총 1,701천 회선을 현장에 공급하였다. 그 후 기종별로 보면 TDX-1A 1,033천 회선, TDX-1B 4,499천 회선, TDX-10 2,277천 회선이 공급되었다(1994. 12).

<표 7-5> 전자교환기 기종별 공급 상황(1993. 7)

구분	기종별	공급량(천회선)	비율(%)
국산기종(32.4%)	TDX-10	1,169	5.9
	TDX-1B	4,189	21.3
	TDX-1A	1,028	5.2
도입기종(23.9%)	5ESS	1,516	7.7
	S1240	1,459	7.4
	AXE-10	1,735	8.8
공급중단기종		8,614	43.7

4.2 새로운 성능의 전자교환기 개발

가. TDX-10A 개발방향의 정립

1993년 중반 한국통신 정보통신사업본부장(이정욱)은 기술기획실장으로 전보 조치되었다. 이에 따라 신임 기술기획실은 다시 전자교환기 개발업무를 총괄 지휘하게 되었다(1993. 6). 기술기획실에서는 앞에서 설명한 1차 TDX-10기종의 문제점을 감안하면서, 통신망의 품질을 높이고 종합정보통신망(ISDN)을 실현하기 위해 TDX-10 개량형을 개발하는 방침을 수립 추진하였다. 또한 2000년대를 위해 고도통신서비스 기능을 부가한 경제적이고 기술적으로 우수하여 국가경쟁력이 있는 차세대 교환기의 개발방침을 결정하였다.

첫째, 한국통신이 제시한 개발규격에 의해 대우, 삼성, 엘지, 한화 등 4개 업체 경쟁개발방식으로 추진하고, 엘지의 하드웨어(HW)와 삼성의 소프트웨어(SW)를 선정하여 1995년 말에 통합 완성한다. 그리고 1차 TDX-10 기종의 HW와 SW를 전면 재개발하여 ISDN기능을 실현한다. 이후 TDX-10A 기종의 상용시험은 1996년 상반기에 실시하고, 1996년 하반기에 상용 공급한다.

둘째, 지능망(IN), 개인통신서비스(PCS) 등 고도통신서비스 기능을 부가한 경제적이고 기술적으로 우수하여 국가경쟁력이 있는 신형 TDX-100 전자교환기를 1996년에 개발 착수한다. 이 신형교환기의 개발기간은 1996년-1998년으로 하도록 제조업체와 개발협약을 추진한다.

셋째, 모든 국민들에게 멀티미디어 통신을 제공하기 위해 본체통신망의 전면 광대역화를 추진한다. 이를 위해 TDX-100 전자교환기에 ATM기능을 부가한 차세대교환기인 TDX-ATM 교환기를 1998년에 개발 완료하여 2,000년부터 2010년까지 전국적으로 공급한다.

넷째, 선진국들의 최종목표인 광 교환기는 1995년에 선행연구를 시작하여 2,000년대 초반에 국민들이 이용할 수 있도록 개발한다. 이 교환기를 개발하여 잡음, 감쇄, 속도 등 통신품질이 획기적으로 개선한다.

나. 국산 전자교환기 발전기본계획의 수립

이러한 방향에서 한국통신 기술기획실(실장 이정욱)에서는 성능이 보다 우수하고 경쟁력을 갖춘 제2세대 국산 전자교환기를 개발하기로 결정하고 개발 기본방침을 다음과 같이 정하였다(1994년도 주요업무 발전계획, 1993. 7. 26, 한국통신).

첫째, 1차 TDX-10기종을 지속적인 후속개발로 선진국형 교환기로 완성하며, 이 개발교환기에 의해 국내통신망을 발전시킨다.

둘째, 앞으로 TDX-10기종의 성능개선, TDX-10기종의 개량형 추진, TDX-10기종의 ISDN 기능개발 등을 집중적으로 개발한다.

셋째, 이를 위한 추진일정으로 개량형 기술 사양서 작성 및 공고(1993. 11), 4개사의 경쟁개발유도(1994. 5), 기술적으로 우수하고 가격 면에서 경쟁력을 갖춘 시스템의 채택(1994. 9)과정을 거쳐 1994년 9월부터는 개발된 TDX-10 개량형과 외국기종을 경쟁 공급한다.

이 계획의 실행을 위해 한국통신 기술기획실에서는 「국산전전자교환기 발전기본계획」을 수립하였다. 이 계획에서는 한국통신 주도에 의한 기술사양서를 제시하고 이 사양에 의해 신형 중용량 전자교환기를 국내교환기 생산 4개사 간 경쟁방식으로 개발하게 하였다(TDX-10 발전기본계획, 1993. 9. 14, 기술기획실 교환기술부). 이 계획의 주관부서 및 결재자는 제7장 말미의 참고자료 편에 기록되어 있다.

다. 정부의 개발승인과 개발방침

한국통신은 이 발전계획을 체신부장관에게 보고하였으며(1993. 9), 체신부장관(윤동윤)은 이 계획을 승인하였다(1993. 11. 5). 이때 장관의 승인문서에는 개발 참여방식은 참여업체 간 개발경쟁을 추진하되 개발에 기여한 업체에 대해 충분한 인센티브를 부여할 것을 주문하였다. 이에 따라 당초의 국산 전전자교환기 발전계획을 다음과 같이 보완하였다(TDX-10 발전계획보완, 1993. 11. 30, 기술기획실 교환기술부). 이 계획의 주관부서 및 결재자는 제7장 말미의 참고자료 편에 기록되어 있다.

(1) 업체별로 보유한 우수기술을 선정하여 적용하고, 당시 업체의 보유기술이 적정하지 못할 경우 신규 개발하여 보완한다. (2) 1차 TDX-10기종에 개량형 시스템의 서브시스템으로 단위증설이 가능하도록 보완하며, 운용자 메시지는 통일되게 보완한다. (3) 개량개선부문에 대해서는 PBA 단위로 성능요구사항을 제시한다.

이에 따라 1994년부터 본격적인 TDX-10 개량형(TDX-10A)의 개발에 착수하였다. 우선 개발방식은 산업체 주도로 독자개발방식을 채택하여 <표 7-6>과 같은 일정으로 추진하였다. 그리고 합격제품과 외국기종은 경쟁공급하게 결정하였다. 또한 종합정보통신기술(ISDN)의 구현을 위해 ISDN기술, 지능망기술 및 개인통신기술은 한국통신이 개발하여 TDX-10 개량형 합격업체에 기술이전토록 결정하였다(1994년도 주요업무 발전계획, 1993. 7. 26, 한국통신 기술기획실).

<표 7-6> TDX-10A 전자교환기 개발일정

구분	개량형 기술사양서	업체별 시스템개발 (목표점수제)	개발시스템 평가
시행일정	1993. 10	1994. 3	1994. 6

그리고 이때 선정된 회사에 대한 보상책으로서 신설 공급물량(시내 및 시외교환기)의 20%수준 또는 시외교환기 신설물량 전량을 공급개시년도부터 2년간 우선 배정하도록 결정하였다. 한편 하드웨어 및 소프트웨어의 개발자가 다르게 선정될 경우에는 보상 물량을 균등 배분한다는 방침도 정하였다. 이상과 같은 한국통신의 개발계획에 대해 체신부장관은 이미 설치되어 운용중인 1차 TDX-10기종의 품질도 적극 개선하도록 추가로 요청하였다(1994. 4. 25). 이에 따른 조치로 기술기획실(실장 이정욱)에서는 「TDX-10A 개발계획」을 체신부에 보고하고 이를 확정 시행하였다(1994. 6. 14).

4.3 TDX-10A 전자교환기의 본격 개발

가. TDX-10A 개발목표 및 개발방법

한국통신 기술기획실(실장 이정욱)은 1차 TDX-10기종을 개량하여 새로운 성능의 TDX-10A 전자교환기를 개발하기 위해 개발목표, 개발방법 및 개발기간은 다음과 같이 결정하였다.

첫째, 개발목표는 실효용량 10만회선 규모의 제2세대 전자교환기로 개발하여 향후 국내 주력교환기로 공급한다. 이미 설치된 1차 TDX-10 전지교환기가 기간통신망으로 계속 운용하기에는 앞에서 언급한 상당한 문제를 가지고 있어 이를 단계적으로 신형 전자교환기로 대체하는 것을 기본목표로 한다. 이를 위해 가입자보드를 16가입자에서 32가입자로 용량을 늘리고, 개개의 시스템으로 운용되고 있는 ISDN, 지능망, NO.7 공통선 신호방식 등 신규 서비스 기능을 하나의 소프트웨어 패키지로 통합하여 구현한다.

또한 전원공급방식에 신기술을 도입하여 신기술방식(On-Board_Power 모듈)으로 개발하여 소요전력을 줄이고, 교환기의 총 PBA 수를 약 1만1천매 범위에서 5천매 수준으로 줄임으로서 약 20% 이상의 가격을 인하시킨다.

둘째, 개발방법은 1988년 2대 사업개발단장(이정욱)이 구상했던 TDX-10 개발방법을 적용하여 국내 교환4사 간 경쟁개발방식을 채택한다. 즉 각 회사별로 전체 시스템을 개발하게 하고, 이중에서 최우수 시스템을 선정하여 표준화하며 나머지 3개사에게 기술을 전수한다. 선정된 업체에게는 한국통신이 구매하는 신설교환기의 20% 수준을 2년간 인센티브로 부여하여 개발노력을 보상한다.

셋째, 개발 기간은 1994년 6월부터 1996년 7월까지로 하고, 개발비 약 110억 원, 개발요원 340명을 투입하여 개발한다.

넷째, 본 시스템의 개발을 효율적이고 체계적으로 추진하기 위해 한국통신 서울통신운용연구단에서 개발 관리와 지원에 관한 일을 담당한다. 이 연구단에서 1995년 1월부터 1997년 12월까지 TDX-10A 전자교환기의 개발, 상용화 및 초기사업을 지원한다. 그리고 시내, 시외 TDX-10A 전자교환기의 하드웨어 및 소프트웨어의 형상을 관리하며, VPN 등 신규 지능망 서비스를 개발하고 상용화한다. 이를 뒷받침하기 위해 우선 1996년도에 34억1천3백만 원의 연구비와 25명의 연구 인력을 투입한다.

나. 하드웨어 및 소프트웨어 표준모델의 선정

위와 같은 기본방침에 따라 한국통신 기술기획실(실장 이정욱)은 개발업체(LG, 대우, 한화, 삼성, 동아전기)와 개발협약을 체결하였다(1994. 7). 이어서 즉시 우수제품선정 작업에 들어가게 되었으며, 우선 하드웨어 부문에서 프로세서 통폐합 및 하드웨어 집적화 등으로 상면적을 최소 25- 45%까지 감소시킬 수 있는 LG정보통신의 개발품을 표준모델로 선정하였다(1994. 7. 23). 그리고 타 3사에 대한 기술이전을 시행토록 하였다(1994. 9-1995. 4).

다음 과제는 차세대 성능을 발휘해줄 수 있는 우수한 소프트웨어 제품을 확보하는 것이었다. TDX-10A의 소프트웨어는 이미 선정된 하드웨어 형상을 기반으로 각사가 독자적으로 개발하여 한국통신 평가방침에 의거 1개사를 선정하였다. 이일을 객관적이고 효율적으로 수행하기 위해 기술기획실에서는 소프트웨어 평가 전담반을 구성하여 운영하였다. 당시 전자교환운용연구단 교환연구2국장(이성근)을 반장으로 하여 기술기획실 교환기술부장(이해동) 등 24명, ETRI 책임연구원(이재섭) 등 6명 등 총 30명의 시험평가요원으로 편성하였고, 시험장소는 서대전전화국 TDX개발시험센터로 결정하였다.

이들은 6주에 걸쳐 소프트웨어 적용시험, 시스템 동작시험, 중요기능시험(음성기능, IGS

기능, SSP기능, ISDN 기능 등), 프로세서별 성능시험, 최대수용용량시험, 소프트웨어 개발 및 생산체계 등 13개 항목에 대해 전문적으로 평가하였다(1995. 3-1995. 4). 이어서 평가전담반으로부터 TDX-10A 소프트웨어 선정평가에 대한 평가보고서가 기술기획실로 접수되었다(1995. 4. 15). 이때 각 사별 득점을 보면 LG 61.0628점, 대우 60.5400점, 한화 47.0808점, 삼성 71.9794점으로 평가되었다. 또한 이 보고서의 종합평가의견은 다음과 같다.

① 각사 공히 소프트웨어 개발에 적극적으로 참여하였으며, 개발규격에서 요구된 기능 및 운용상 문제점이 다수 개선되었다. ② 삼성전자의 경우 소프트웨어 안정성, 운용유지보수의 신뢰성 및 편의성, 기능추가 용이성 등이 타 3사에 비해 전반적으로 양호한 것으로 판단되었다. ③ 타3사의 경우 불완전한 소프트웨어의 통합, 보완개발미비 등으로 소프트웨어의 신뢰성이 일부 결여되어 있다.

이러한 평가를 거쳐 소프트웨어 부문에서 ISDN, 지능망, IGS기능 통합 및 운용상 문제점이 다수 개선된 삼성전자의 소프트웨어를 표준모델로 선정하였다(1995. 4. 18). 이어서 타 3사에 대해 기술이전을 실시하였다(1995. 5). 이와 같이 TDX-10A 기종을 위한 하드웨어와 소프트웨어의 표준모델이 선정되자 선정업체에 대한 인센티브를 부여하였다.

당초의 개발방침대로 LG정보통신(주)와 삼성전자(주)에 1996년-1997년 신설 공급예정인 시내교환기(탄뎀교환기 포함) 및 시외교환시설 물량 중 각각 10% 수준을 수의계약으로 추진하였다. 그리고 협약당시에 인센티브 부여에 대한 양해가 없었던 AT&T에는 협조 및 양해를 구하여 시행하게 되었다. 한편 AT&T는 1995년 하반기에 신제품인 5ESS-2000 전자교환기로 입찰 참여를 희망하고 있으므로 LG와 삼성에 부여하는 1996년 인센티브는 상반기에 조기 추진하였다.

4.4 TDX-10A 전자교환기 개발시험

가. TDX-10A의 현장적용시험

TDX-10A 개량형 표준시스템이 선정되자 4사 공동으로 상용시제품 제작에 착수하였다. 당시 한국통신 기획조정실에서는 상용시제품에 대한 개발확인시험 계획을 확정하여 품질보증단에 통보하였다(1995. 7. 7). 품질보증단은 약 1천여 개의 시험항목에 대해 5주간(1995. 7. 10-8. 12) 실시한 후 다시 기획조정실로 시험결과를 보고하였다(1995. 8. 17).

그러나 소프트웨어 선정평가 이후 보완개발기간이 절대부족하고 개발확인시험과 보완개발이 병행 추진될 수 밖에 없어 혼선이 발생하였다. 이때 개발확인시험은 품질보증단이 주관하고 보완개발은 운용연구단이 주관하게 하였으나 기관의 상이하여 시험항목별 판정시비가 발생하였다. 또한 개발확인시험이 상당 지연되었는데 그 이유를 살펴보면 다음과 같다.

첫째, 단기간에 걸친 개발추진으로 시스템 안정화 기간이 절대적으로 부족하였다. 즉

ASIC, 부품, PCB 등 시스템의 셋업을 위한 하드웨어 발주 및 입고기간이 소요되었다. 그리고 소프트웨어의 공정한 경쟁개발 쪽에 역점을 두다보니 하드웨어에 적용하는데 지연사태가 발생하였다. 또한 하드웨어의 지속적인 보완개발로 인해 형상 확정(Freezing)이 지연되기도 하였다.

둘째, 소프트웨어 선정평가를 해보니 많은 보완사항이 도출되었다. 표준 소프트웨어 선정도 타 3사보다 상대적 우위개념으로 선정된 것으로 선정 소프트웨어의 개발수준도 70% 정도였다.

셋째, 하드웨어 선정업체와 소프트웨어 선정업체의 상이로 문제점을 보완하는 경우 양 업체 간에 기술을 상호 교류하여야 하나 여기에 어려움도 있었다.

넷째, 타사의 우수기능을 접목하는 일과 하드웨어 일부를 변경 적용하는데 보완개발기간이 과다하게 소요되었다. 그리고 기술전수 3사의 경우 기술습득중심이지 보완개발에 실질적인 기여는 곤란하였다. 또한 개발확인시험 후 상용화 추진일정도 촉박하였다.

이때 개발확인시험을 실시한 결과 부적합 항목이 상당수 확인되었다(적합 894, 부적합 108, 미판정 5, 미실시 4). 그래서 개발확인시험지침 제10조에 의한 판정기준을 만족하지 못하는 일이 벌어지게 되었으며, 이러한 상황에서 한국통신에서는 이 신형 전자교환기의 사업적용여부를 심의하게 되었다. 서울전자교환운용단, 품질보증단 등 개발주관부서에서는 모두 이 신형교환기의 기술구현이 전반적으로 양호한 것으로 평가하고 사업적용을 추진하는 것으로 결정하였다(1995. 8. 21).

이후 개발확인시험 중 부적합항목과 보완이 요구되는 항목에 대해 보완개발을 실시하였으며, 이어서 상용시제품 시험 실시방안을 다음과 같이 만들었다(1995. 8. 22).

(1) TDX-10A 개량형 기종의 개발계획보완에 따라 개발확인시험 시 수행했던 항목은 평가를 지양하고 상용시제품 시험은 현장시험 위주로 실시한다. (2) 성능시험 적합업체에 대해서만 현장시험을 실시하며, 성능시험일부 부적합 항목이 있어도 조건부로 현장시험을 실시한다. (3) 성능시험 3주(1995. 8. 28-9. 17), 현장시험 3주(1995. 9. 18-10. 7) 시행한다.

이에 따라 상용시제품 시험은 총 대상항목(523개)에 대해 실시하였으며, 그 결과 부적합 항목이 대우 54개, 삼성 53개, LG 55개, 한화 53개로 확인되었다(1995. 10. 11). 이 부적합 항목은 2주간에 걸쳐 보완하여 재시험을 받도록 방침을 정하였다.

나. 공급업체에 대한 공급자격 부여

당시 한국통신 품질보증단의 제반 평가지침에는 부적합 항목이 없어야 공급자격 부여가 가능하게 되어 있었으나 이번 신형교환기와 같은 대형시스템을 개발하는 경우 전 항목에 대해 완벽하게(100%) 시험에 통과한다는 것은 현실적으로 불가능하다고 판단하여 일정수준(95%) 이상의 합격률에 도달할 때는 조건부 공급자격을 부여하기로 하였다. 그리고 조건부로 공급자격을 받은 업체는 1996년 3월까지 정식 공급자격을 획득하도록 유도하였다.

이와 같은 방침을 세우게 된 것은 한국통신 입장에서는 구형교환기(TDX-10형)로 공급하기 보다는 신형교환기(TDX-10A형)로 공급해야 이익이 되므로 가급적 1995년도 공급입찰에 참여 가능토록 추진하였다. 신형교환기의 개발방향을 설정됨에 따라 2주간에 걸쳐 상용시제품 재시험을 실시하였다(1995. 10. 30-11, 12). 재시험결과를 보면 전체 시험항목(523개) 중 소량의 부적합 항목(11개)이 확인되어 적합율 기준(95%)을 상회하였다.

그러나 부적합 항목 중 LCR/ SLMOS 정합기능이 미비하고 통신망 동기특성이 기준에 미달하는 문제가 확인되는 바람에 결국 이번 재시험은 부적합 처리되고 말았다.이 문제를 조속히 해결하고자 LCR/ SLMOS에 대해서는 전자교환운용연구단에서 1996년 3월까지 보완하고, 통신망 동기기준은 표준연구단에서 ITU-T 권고에 맞춘 국내 동기기준을 개정토록 하였다. 이러한 방향에 따라 신형전자교환기(TDX-10A)의 조건부 공급자격을 대우통신(주), 삼성전자(주), LG정보통신(주), 한화정보통신(주)에 부여하였다(1996. 1. 17).

그 후 개발확인시험 및 상용시제품시험에서 지적된 부적합 항목(26개)에 대한 최종시험을 실시하였다(1996. 3. 7-3. 20). 시험결과 4개사 모두 적합한 것으로 판정되었다. 이제는 이 신형전자교환기를 직접 구매하고 운용할 부서인 네트워크본부 시설운용실(실장 김기천)에서 종합시험을 9주간 시행하였다(1996. 3. 28-5. 31). 특히 성능확인을 위해 사전검증을 시행하였다. 당초 이 시스템의 개선방향은 우선 공통부문은 기존과 동일현상 범위내에서 개량 개선하고, 가입자 및 중계계위(ASS)는 집적화하며 개량된 부분은 기존 시스템과의 호환성을 유지하는 것으로 정하였다(1996년도 주요업무계획보고, 1996. 5, 한국통신, 시내교환계획국).

그래서 사전검증방침은 최종개발 확인된 개량형 소프트웨어 버젼을 적용하고, 전문요원으로 전담반을 구성하여 시스템 운용 및 시공상 문제점을 사전에 발췌 보완하며, 시행 전 홍보대책도 강구하도록 하였다. 이러한 검증은 3단계로 나누어 시행하는 방법을 택하였다. 1단계는 서대전전화국 TDX개발센터에서 개량형 소프트웨어 패키지에 대한 종합시험을 실시하여 신뢰성을 확인하였다. 그리고 2단계는 운용중인 1차 개발 TDX-10 교환기를 개량형 소프트웨어로 교체한 후 시스템 운용상태를 확인하며, 3단계에서는 1차 TDX-10 교환기의 하드웨어를 개량형으로 바꿔 증설공사를 시행하도록 하였다.

그리고 종합시험을 위해 서울통신운용연구단(단장 김은진) 주관으로 실무작업팀(27명)을 구성 운영하였다. 여기에는 서울통신운용연구단 8명, 서울본부 등 4개 본부에서 7명, 대우통신(주) 등 공급사 기술자 8명, 그리고 부산본부 등 3개 본부에서 전문가 4명이 참여하였다. 이 팀에서는 개량형 소프트웨어 패키지의 종합시험을 실시한 후 시스템 안정화를 위한 전 항목(772개 항목)에 대한 추가시험을 실시하여 완전 보완하였다. 이에 따라 이 교환기에 대한 정식 공급자격이 4개사에게 부여되었으며(1996. 6 10- 6. 14), 제품규격도 제정되었다(1996. 11. 24).

다. TDX-10A에 대한 지능망서비스 기능 개발

한편 TDX-10A 전자교환기에 적용할 지능망서비스 교환기능(SSP)도 개발하였다. 이를 위해 서비스 사용자 요구사항을 보완하고 TDX-10A용 SSP시스템 요구사항을 작성하여 개인번호(PN) 및 가상사설망(VPN) 서비스를 개발하였다. 그리고 PN, VPN서비스 제어 등 신규시스템을 설계하고 기능을 구현하였다. 이러한 신규서비스 기능을 개발한 후 약 40일간 전 시험항목(110개)을 시험하였으며 시험결과는 양호하였다(1996. 11. 6-12. 16). 그래서 이를 신형교환기 Rel 6.1.4버전에 기능 이식하여 현장에 적용하였다.

이러한 연구개발결과는 서울통신운용연구단(단장 김은진)이 중심이 되어 이루어졌으며 그 결과를 Personal Number Service Development on the TDX-10 SSP라는 제목으로 국제논문지(INDC '96, 1996. 6. 18)에 발표하였다. 또한 차세대 지능망 SSP구조설계 및 성능평가 분석 등 5편의 관련 논문이 국내논문지(JCCI '96, 1996. 4. 25)에 발표되었다(TDX-10계열 전자교환기의 후속개발, 1997. 5, 서울통신운용연구단 운용연구1국장 이성근).

4.5 신형 전자교환기(TDX-10A형)의 개통 및 공급

가. 구형 교환기를 신형 교환기로의 전환

1996년 후반에는 구형 TDX-10교환기(1차 개발분)를 신형 TDX-10A교환기로 교체하는 전환기술(Retrofit)에 대한 검증시험을 실시하였다. 이 1차 적용시험은 충북 상당전화국(21,600회선)에서 시행하였으며, 그 결과는 양호하였다(1996. 7. 6). 이어서 2차 시범적용을 위해 장거리교환기를 대상으로 경북 남포항전화국(6천회선 규모)을 선정하여 시행하였으며(1996. 7. 13), 시내교환기 대상으로 경기도 퇴계원 전화국(8,500회선)에서 재차 실시하였다(1996. 7. 27).

가장 중요한 일은 운용중인 구형 TDX-10의 소프트웨어를 신형 TDX-10A의 소프트웨어 버젼으로 교체하는 일로 그야말로 전자교환기의 뇌수술을 하는 작업이었다. 이 작업을 위해 TDX-10A의 소프트웨어를 개발한 삼성전자의 전문가 19명이 투입되었다. 그러나 1차 OMP(유지보수 프로세서) 로딩에 실패하고 말았다.

디스크에서 OMP 로딩과정 중 운용 프로그램까지는 정상 수행되었으나 OMP의 응용 프로그램 로딩 중 디스크에서 OMP까지의 데이터 라인 절단현상으로 로딩이 수행되지 못했다. 그 원인을 찾아 문제를 해결하고 다시 2차로 시스템 로딩을 시행하였으나 이번에는 특정 가입자에 다이얼 톤이 공급되지 못하는 현상이 발생하고 말았다. 이러한 문제를 해결하고 시스템을 정상화하는데 거의 2개월이 소요되었다.

나. TDX-10A 전자교환기 개통식

이러한 난관을 거쳐 제2세대 전자교환기로 명명된 TDX-10A는 1996년 9월 드디어 개발이 완료되어 충북 청주시 상당전화국에서 최초 개통하고 기념행사를 거행하였다(1996. 9. 12). 이 행사를 위해 한국통신 네트워크본부 시설운용실(실장 김기천)에서는 행사준비위원회를 구성 운영하였다. 이때 위원장에는 시설운용실 시내교환계획국장(정재진), 총괄반장에 시내교환계획부장(이해동)이 담당하였다.

그리고 섭외반장에 중계교환계획부장(한상빈), 제작반장에 ISDN계획부장(한경재), 진행반장에 종합계획부장(구문회)으로 구성하였다(개량형 전자교환기 TDX-10A의 개발완료 및 최초개통기념행사계획, 1996. 7, 한국통신 네트워크본부 시설운용실). 이 개통기념식에는 당시 정보통신부장관(강봉균), 충북도지사(주병덕), 한국통신 사장(이준)이 참석하였다.

또한 정보통신부의 정보통신정책실 기술심의관, 충청체신청장, 청주우체국장, 한국통신 본사 실본부장, 충북본부장(본부장 성조경), 지역본부의 시설국장, 운용국장, LG정보통신 사장, 삼성전자사장, 대우통신사장, 한화정보통신사장, 중앙일간지 및 TV 방송 출입기자단 등 200여명이 참석하였다.

다. TDX-10A 전자교환기 개발경과

TDX-10A 전자교환기 개통식 자리에서 한국통신 네트워크 본부장(이정욱)은 제2세대 전자교환기의 개발경과를 다음과 같이 보고하였다(제2세대 전자교환기 TDX-10A 개발경과 보고, 1996. 9. 12, 한국통신).

<개발경과 보고> 존경하는 강봉균 장관님, 주병덕 지사님, 그리고 내외귀빈 여러분! 오늘 순수한 우리의 기술과 노력으로 개발되어 상용화된 제2세대 대용량 전전자교환기(TDX-10A)의 성공적 개발 및 개통을 기념하는 뜻 깊은 자리에서 그동안 추진해온 결과에 대해 보고의 말씀을 드리게 된 것을 큰 영광으로 생각합니다. 지난 1985년 가평 등 4개 지역에 소용량 TDX-1 시험용 전전자교환기를 개발 공급한 것을 시발로 1986년에는 1만회선 용량의 농어촌용 TDX-1A를 개발 보급하고 1989년도에는 2만회선 용량의 TDX-1B를 개발하여 중소도시에 보급하였으며, 1991년에는 대도시용 대용량교환기 TDX-10을 개발 보급한 바 있습니다.

그러나 대도시에 공급된 TDX-10교환기는 고객의 서비스가 다양화됨에 따라 신규서비스의 추가 개발이 취약할 뿐만 아니라 통신망 고도화 및 운용상의 문제점을 해소하는데 어려움이 있었습니다. 그래서 한국통신 주도하에 삼성전자, LG정보통신, 대우통신, 한화통신 등 국내교환기 제조업체와 공동으로 선진국형 전전자교환기를 완성한다는 의지를 갖고 개발 추진하였으며 주요개발경과를 말씀드리면 다음과 같습니다.

① 우리나라는 1981년부터 1991년까지 TDX-1A, TDX-1B, TDX-10 등 국산전자교환기를 총 개발비 1,360억원을 투입하여 개발 추진하였다. 그 중 주력기종은 TDX-10이나 후속개발이 미진하여 성능 상 문제점이 발생하고, ISDN기능 등 새로운 기능 개발이 부진하였다.

② 정보통신 선진국들은 2,000년대를 겨냥하여 성능이 우수하고 가격경쟁력이 있는 차세대 기종을 개발하여 세계시장에 진출하고 있다. 우리나라의 정보통신기술을 한 단계 끌어올리고 국내산업의 보호 발전을 위해 1994년 6월 제2세대 전자교환기 개발계획을 수립하였다.

③ 신형 전자교환기의 개발방식은 한국통신이 개발사업을 주관하고, 4대 전자교환기 제조업체에서 경쟁 개발하였다. 1994년 6월부터 1995년 5월까지 경쟁개발과정에서 하드웨어 부분은 LG, 소프트웨어 부분은 삼성에서 개발한 것으로 선정하였다. 그리고 1995년 6월부터 1996년 6월까지 하드웨어와 소프트웨어를 통합하여 시스템 개발을 완성하였고, 1996년 7월에 개발확인시험에 합격하였다. 이를 위해 총 229억원의 개발비가 소요되었고, 341명의 연구 인력이 투입되었다.

④ 제2세대 전자교환기의 특징은 각종 시스템을 고집적화 하였고, 전원공급방식에 신기술을 도입하였다. 그리고 첨단 소프트웨어 기술을 구현하였으며, ISDN 및 지능망기능을 개발 실현하였다. 또한 관문교환 및 고속신호기능도 개발하였다. TDX-10A는 1996년 하반기부터 전국으로 확장하며, 현재 운용중인 구형기종도 본 교환기로 전면 대체하는 등 2,000년대 초반까지 우리나라의 표준기종으로 공급할 예정이다.

금일 개통을 맞은 TDX-10A 전자교환기는 기존교환기의 실체를 살리면서 운용상 문제점을 개선하고 고품질의 새로운 서비스를 제공할 수 있도록 기능을 보완하였을 뿐만 아니라 통신산업의 무한경쟁에 따른 가격 및 서비스제공 측면에서 교환기 개발, 생산, 운용기술의 대폭 향상으로 명실상부한 국내개발 제2세대 대용량 전자교환기로서 고도통신서비스 충족이 가능하게 되었습니다.

따라서 오늘 상당전화국의 제2세대 전전자교환기(TDX-10A) 개통을 분기점으로 삼아 1997년까지 전국에 기설치 운용중인 시내, 시외, 중계용 교환기 137개 시스템을 개량화된 이 전자교환기로 개통시킬 예정이며 향후 우리나라 통신망의 핵심교환기로 확대 공급해 나갈 계획입니다.

이와 같이 선진화된 교환기를 대량 공급해 감으로서 날로 다양해지고 고도화 되어가는 통신이용자의 기대수준에 대한 부응과 가속화되는 통신시장 개방에 따른 국제경쟁체재 하에서의 새로운 시장개척을 위하여 가일층 노력을 경주할 것을 다짐하면서 보고를 마치겠습니다. 감사합니다. 1996년 9월 12일. 한국통신 네트워크본부장 이정욱.

이상의 경과보고에 이어 신형 TDX-10A 전자교환기 개발 유공자로 여영조 국장 등 한국통신 4명, LG 2명, 삼성 2명 대우 1명, 한화 1명에게 정보통신부장관 표창이 수여되었고, 4개 업체 사장에게는 한국통신사장의 감사패가 수여되었다. 그리고 이 교환기의 개발유공기관으로서 서울통신운용연구단에 일천만원의 포상금이 수여되었고, 개발에 참여한 한국통신 직원 20명에게 사내 포상을 하였다. 이 교환기는 1996년부터 주력교환기로 공급되어 총 4백만 회선이 운용되는 등 전국 기간통신망의 신뢰성을 대폭 향상시켰다.

라. 구형 TDX-10의 전량 대체

교체대상인 구형 TDX-10기종은 당시 운용중인 시내교환기로 318만2천회선, 시외교환기로 84만9천회선, 중계교환기로 28만6천회선 등 총 431만7천 회선으로 확인되었다(1996. 3). 신형 TDX-10A가 완성됨으로서 구형인 TDX-10을 단계적으로 신형으로 대체 전환하게 되었다. 특히 1996년과 1997년에 집중적으로 대체(Retrofit)하는 작업을 시행하였으며 이는 전자교환기의 두뇌를 새로운 버전으로 교체하는 고난도의 수술 작업이었다.

앞에서 언급한 바와 같이 처음으로 상당전화국의 구형 TDX-10을 신형 TDX-10A 기종으로 전환하여 개통한 후 <표 7-7>과 같이 3개 전화국의 구형 전자교환기를 신형으로 전환하여 2차 시범운용을 성공적으로 마무리하였다(1996. 10. 12).

<표 7-7> 신형 TDX-10A 기종의 시범운용실적

국명	시설수 (회선)	시공회사	FW교체	적용결과	호처리 중단시간
부산 구포	9,500	LG	192	양호	52분
부산 남강	12,700	한화	274	양호	112분
전북 부송	26,500	삼성	339	양호	29분

그리고 TDX-10A의 경쟁개발을 위해 당초에 업체에게 제시했든 인센티브 부여계획대로 LG정보통신과 삼성전자에 1996년과 1997년에 신설 공급예정인 시내교환기 및 시외교환기 물량 중 각각 10% 수준을 수의계약으로 집행하였다. 한편 협약 당시 인센티브에 대한 양해가 없었던 AT&T에는 협조와 양해를 구하는 어려움이 있었다.

4.6 TDX-10A 전자교환기의 후속개발

가. 운용과정에서의 문제점

신형 TDX-10A 전자교환기는 개통 이후 운용과정에서 일부지역에서 통화 중 절단, 잡음, 일방향 통화현상 등 몇 가지 문제점이 발생하였다. 이러한 문제에 대해 가입자 불만신고가 1997년 4월부터 있었으며 이 내용은 일부 일간신문에 다음과 같이 보도되었다(경기북부 짜증전화 한 달째, 1997. 5. 14, 문화일보).

<기사내용> 일산, 의정부 등 경기북부지역 주민들이 시외전화를 걸때 통화도중 전화가 끊어지거나 한쪽의 목소리만 들리는 회선단락이 1개월이 넘도록 계속되고 있어 불편을 겪고 있다. 14일 고양광역전화국과 한국통신 교환기술연구단, 주민 등에 따르면 지난 4월 초 이 지역 전자교환기를 신기종인 TDX-10A로 교체한 이후 회선단락현상이 일어나고 있다는 것. 이 때문에 고양, 의정부, 능곡전화국 등 경기북부 전화국에는 하루 평균 10-20건씩 불편

신고가 접수되고 있다.

원인조사에 나선 한국통신측은 TDX-10A교환기의 타임스위치 채널이 초기화가 안되는 등 교환기를 작동시키는 소프트웨어에 결함이 있는 것으로 보고 있으나 1개월이 넘도록 정상화시키지 못하고 있다. 한국통신측은 전자교환기 교체작업과정에서 발생한 현상이라며, 교환기의 소프트웨어를 점검, 내일부터 보수된 교환기를 운용토록 하겠다고 밝혔다.

이러한 이용자 불편사항을 해결하고자 한국통신은 1997년 5월에 1차 조치에 착수 하였다(1997. 5. 8-5. 12). 우선 혜화전화국 TDX-10A 교환기는 신형 하드웨어 스위치로 교체 운용하여 상태를 감시하였으며, 구로전화국의 TDX-10A는 신형보드로 교체하였으나 상태가 호전되지 않아 원상 조치하였다. 그리고 신형 스페이스 스위치 문제점 및 원인 규명을 위해 공급사(삼성전자)와 긴급대책회의를 개최하였다(1997. 5. 12). 또한 서울통신운용연구단에 원인 규명을 위한 전담반을 구성하여 운용하였다. 여기에는 서울통신운용연구단, 통신망관리단, 서울본부, 경기본부, 공급사의 전문가들이 참여하였다.

이어서 2차 조치로서 TDX-10A의 하드웨어 개발내역을 분석하였다. 당시 이 교환기의 스페이스 스위치를 제외한 하드웨어는 LG가 개발하였고, 스페이스 스위치는 대우에서 개발하였다. 그래서 삼성 및 LG의 스페이스 스위치를 시뮬레이션 프로그램을 이용하여 모델교환기에서 시험하였으며, 이를 개발회사(대우) 제품과 비교 분석하였다. 분석결과 원인이 규명되어 즉시 현장시험을 실시하여 하드웨어에 대해서는 긴급조치하고 소프트웨어의 오류사항은 지속적으로 보완하였다. 그 세부내용은 다음과 같다.

첫째, 하드웨어 중 프로세서 정합용 보드에 문제가 발견되었다. 스페이스 스위치 부분의 IC부품을 대우 개발품을 선정하면서 타 업체에의 기술전수과정에서 오류가 발생하였다. 대우는 DS26C31TN을 DS26LS31CN으로 통보하였으며, 삼성과 LG는 통보받은 부품을 적용하다보니 타이밍 지연현상(10ns)이 발생하였던 것이었다. 그리고 삼성과 LG에서는 R24저항 정격치 선정에도 오류가 있었다. 즉 1.2킬로옴을 12킬로옴으로 적용함으로서 파형이 왜곡되었다. 또한 LG의 스페이스 스위치의 메트릭스 보드가 잘못 만들어졌다. R1(60옴)과 R3(220옴)의 저항 위치가 바뀌는 바람에 파형왜곡현상이 발생하였다.

둘째, 소프트웨어 부분에서는 일부 호처리 상 문제가 나타났으며, 통계데이터가 부정확하게 관리되는 등 소프트웨어 기능상 오류가 발생하였다.

나. TDX-10A기종의 기술성 및 경제성

1996년 개발된 신형 TDX-10A기종은 기술성에서 구형 TDX-10과 비교하여 보면 다음과 같은 특성을 가지게 되었다.

① 프로세서 간 통신방식(IPC)의 경우 구형 TDX-10은 Gateway와 IPC노드 기능을 위한 보드가 분리되어 있었다. 신형 TDX-10A에서는 게이트웨이와 IPC노드를 프로세서 내로 통

합하였다.

② 구형에서는 FI(Fault Interface)장치 및 경보케이블을 사용하고 있었으나 신형에서는 별도의 장치나 케이블 없이 소프트웨어로 구현하여 경보체계를 개선하였다.

③ 전력모듈(Power Module)을 개량화하였다. 구형에서는 다수의 전력모듈이 소요되었으나 신형에서는 신기술 전력모듈(On-Board Power Module)을 채택하여 수량을 감소시켰다.

④ 프로세서 모듈도 통합하여 신뢰성을 향상시켰다. 구형의 경우 이중화 기능 보드와 메모리 확장 보드가 별도로 되어 있었다. 신형에서는 관련기능을 통폐합하고 프로세서 간에 통신용 게이트웨이 기능을 부가하였다. 그 외에도 구형에서는 하드웨어의 여유(HW Redundancy)가 많았으나 신형에서는 기술향상으로 보드를 통합하여 소요물량을 절감시켰다.

⑤ 소프트웨어 형상을 통합하였다. 구형의 경우 서비스별(ISDN, SSP, IGS, LOCAL 등) 독립형상을 운용하고 있었다. 신형에서는 이들 소프트웨어를 서비스에 관계없이 하나로 통합하였다(ISDN+SSP+IGS+LOCAL).

⑥ 호 처리 소프트웨어를 최신기술을 적용하여 변경하였다. 구형에서는 단순 R2에 의한 호 처리만 하고 있었으나, 신형에서는 호처리 능력을 개선함과 동시에 공통선 신호방식(No. 7)에 의한 지능망 호 처리가 가능하도록 변경하였다.

⑦ 운용관리 소프트웨어를 업그레이드 하였다. 구형은 통계데이터가 불일치하고 단순 과금처리 수준이었다. 신형에서는 통계구조를 개선하여 데이터가 일치하게 하였으며, 과금기능을 시간대별, 요일별, 과금 검증기능, 부가서비스 과금기능 등이 가능하도록 다양화 하였다. 또한 구형에서는 운용자가 키보드로만 입력이 가능하였으나 신형에서는 메뉴 및 그래픽 기능도 추가하였다.

⑧ 유지보수를 위한 소프트웨어의 기능을 개선하였다. 구형은 프로세서별로 로딩을 하고 있었으나 신형에서는 그룹로딩기능을 추가하여 로딩시간을 단축하였으며 과부하 제어기능도 개선하였다.

⑨ OS & DBMS의 경우 규형은 유지보수성이 미흡하였으나 신형에서는 성능과 안정성을 개선하였으며 데이터 신뢰성을 향상시켰다.

또한 앞에서 설명한 것처럼 신형 전자교환기(TDX-10A)는 하드웨어 구조의 최소화 및 소프트웨어 독립성의 최대화라는 두 가지 면에서 경제성을 크게 향상시켰다.

첫째, 소요 PBA수를 대폭 절감시켰다. 이를 위해 선진기술을 수용하여 PBA를 소형화하였으며, 소프트웨어 알고리즘의 개선을 통하여 PBA를 통폐합하였다. 그래서 하드웨어의 구조적 여유(Redundancy)를 최소화하였으며, 소프트웨어에 의한 기능처리로 불필요한 PBA를 제거할 수 있었다.

둘째, 통합 소프트웨어 개발로 향후 개량 개선을 하는데 중복투자를 방지할 수 있으며, 소프트웨어의 독립성을 최대화하여 사업 환경변화에 신속하게 부응할 수 있게 하였다. 또한 라이브러리(Library)확대로 소프트웨어 재사용성을 증대시켰다. 이에 따른 시스템단위 경제성을 비교하여 보면 <표 7-8>과 같다(TDX-10계열 전자교환기의 후속개발, 1997. 5, 서울통신운용연구단 운용연구1국장 이성근).

<표 7-8> 신형 TDX-10 전자교환기의 경제성 비교

구분	구형 TDX-10	신형 TDX-10A	비율(%)
랙수	107	60	56
ASS수	29	21	72
소요 MP 수	174	84	49
소요 PP 수	313	132	42
소요 INDA 수	536	80	15
전원 PBA 수	974	152	16

앞에서 지적한 바와 같이 구형 TDX-10기종은 당초 개발방법의 잘못된 선택과 단기간에 제품을 만들어 내 놓겠다는 업적위주로 서둘러 출시되었다. 그러다 보니 현장에 공급된 후 많은 문제가 노출되어 더 이상 운용이 어렵다는 상황에 직면하게 되었다. 따라서 구형 TDX-10기종은 출시된 지 3년 만에 신형 개발에 착수하게 되었다.

이 신형TDX-10A의 개발로 시내용 전자교환기는 회선 당 가격이 25만4천원에서 19만4천원으로 24% 절감되었으며, 시외용 전자교환기는 10만4천원에서 8만6천원으로 40% 절감됨으로서 1996년부터 2,000년까지 5년간 약 2,825억 원의 예산을 절감할 수 있었다. 또한 당시 전자교환기 선진국 기종과도 충분한 가격경쟁력을 가지게 되어 해외 수출에 상당 기여하였다.

다. TDX-10A 신 기종으로 전면 공급

1997년 하반기 한국통신은 TDX-10A기종을 개발 완성하여 우리나라에 전면 공급함에 따라 한국통신 뉴스(Korea Telecom News)는「전국 전화통신망, TDX-10A 최신기종으로 전면개량」이라는 제목으로 다음과 같이 보도하였다(한국통신뉴스, 1997. 10. 1).

<보도내용> 네트워크본부에서는 1997년 9월 27일을 기해 TDX-10 기종을 최신형인 TDX-10A 기종으로 전면 개량하였다. 국산 전전자교환기인 TDX-10 기종은 지난 1991년부터 설치하기 시작하여 현재까지 4백53만 회선을 운용해왔으나, TDX-10 기종이 순수한 전화용 교환기이기 때문에 이를 전화와 PC통신을 동시에 처리하는 ISDN 기능이 있는 TDX-10A로 교체하는 것이다.

TDX-10A는 소프트웨어와 하드웨어를 고집적화 시켜 교환기 가격을 20%정도 낮췄다. TDX-10A 기종은 지난 1994년부터 우리 회사와 4개 교환기 생산업체가 공동으로 개발을 시

작하여 3년간에 걸쳐 1996년 개발을 완성하였으며 각 전화국에서 운용중인 교환기에 개량화된 부분을 적용하는 작업을 1년간 시행하여 이번에 전면 개량하였다. 이번 TDX-10을 TDX-10A 최신기종으로 전면 개량함으로써 이제 국내 통신망도 전면 ISDN시대에 돌입할 수 있게 되었으며 원가절감으로 해외교환기 시장에서도 경쟁력을 갖출 수 있게 되었다.

5. 대용량 전자교환기의 개발

5.1 TDX-100 전자교환기의 개발 발진

가. TDX-100 전자교환기 개발의 필요성

1990년 초 발족된 한국통신 기술기획실에서는 전자교환기 개발업무를 포함한 신기술의 개발과 도입을 총괄 지휘하고 있었다. 한편 1993년이 되면서 그동안 별도로 TDX 전자교환기 개발업무를 주관해 왔던 사업개발단은 전자교환기 개발업무보다는 신 사업개발에 주력하는 쪽으로 전환하게 되었다. 이에 따라 한국통신 기술기획실(실장 이정욱)에서는 다시 세계적 수준의 초고속성능을 갖춘 차세대 대용량 전자교환기를 완성하겠다는 강한 의지를 갖고 있었다(1993. 6).

한국통신에서 개발을 주도한 중용량인 TDX-10A기종이 1996년 하반기부터 상용 공급되면서 우리나라는 이 전자교환기를 기반으로 기간통신망이 확장 발전하게 되었다. 그러나 21세기를 대비하여 일찍부터 고성능 대용량 전자교환기(TDX-100) 개발의 필요성이 대두되고 있었다.

첫째, TDX-10A기종은 기 설치된 시스템에 증설이 가능하도록 개발함으로써 국제경쟁환경에 대처하기에는 미흡한 점이 있었다. 그리고 차세대교환기인 ATM은 1998년 이후에 개발된다고 하나 기능면에서 개발 후 수년간의 보완 및 안정기간이 별도 소요될 것으로 예상되었다. 뿐만 아니라 동화상, 쌍방향 통신 등 고도서비스의 수요가 현재의 일반전화 수요같이 보편화되기 까지는 상당기간이 걸릴 것으로 예상되었다.

또한 ATM교환기를 통해 가입자가 광대역 서비스를 제공받기 위해서는 광 케이블화가 필수조건이었다. 그런데 가입자 광 케이블화를 위해서는 약 30조원의 예산을 투자하여 2015까지 단계적으로 확대할 계획이므로 이 시기까지 협대역 멀티미디어 서비스를 충실히 제공할 수 있는 신형 전자교환기가 필요하였다.

둘째, TDX-10A기종은 당시 선진국 신형교환기(5ESS-2000 등)에 비해 성능 및 가격면에서 국제경쟁력이 열세였다. 우리의 기술과 경험을 총동원하여 개발한 기종이었지만 소프트웨어 구조 및 모듈화의 취약으로 종합통신서비스의 통합 탑재 가능성이 희박하였고, 시스템

유연성, 서비스 별 독립성, 기능 확장성 등이 미흡한 상태였다.

셋째, 당시 M10CN기종, NO.1A기종 등 아날로그 전자교환기의 대체기종이 필요하였다. 다시 말해서 이들 아날로그 전자교환기의 수명이 도래하였고 새로운 서비스와 추가 기능을 제공하기가 곤란하였다.

이러한 상황에서 1997년 정보통신부 정보통신정책실(실장 정홍식)에서는 대용량 전자교환기(TDX-100기종)의 개발에 대해 적극적인 입장을 제시하고 있었다. 특히 강조한 것은 당시 농어촌지역의 경우 TDX 공급을 기본원칙으로 하고, 대도시의 경우 TDX와 외국도입기종의 경쟁을 원칙으로 하였으나, 실질적으로는 국내 교환4사와 미국 루슨트사 간의 분점상태에 있었다. 이때 TDX-100개발을 계기로 국내교환기 4개 업체에 의한 균등분점체제를 탈피하였으면 좋겠다는 점도 대두되었다.

다음으로는 대용량 전자교환기(TDX-100)은 유무선 통합기능을 갖추고, 가격은 중용량 전자교환기(TDX-10A)의 약40%정도 절감된 가격으로 낮춘다면 성능과 가격 면에서 선진국기종(5ESS-2000)과 경쟁할 수 있다고 판단하였다. 또한 새로운 대용량 전자교환기(TDX-100)의 개발에는 한국통신 내부 연구인력을 주도적으로 참여시켜 자력에 의한 운용보전 및 서비스 개발이 이루어지도록 하는 등 한국통신 내부기술력 확보의 필요성도 있었다.

나. TDX-100 전자교환기 개발인력 준비

한국통신은 대용량 전자교환기를 자체 개발하기 위해서는 내부기술력을 확보하는 일이 급선무였다. 당시 TDX교환기의 개발은 ETRI와 생산업체 중심으로 추진되었으므로 한국통신 내부의 연구조직, 인력, 개발환경 등은 매우 취약하고 소프트웨어 유지보수도 생산업체에 의존하는 실정이었다. 한국통신은 1990년대에 들어서면서 전자교환운용연구단을 발족시켰다(1991. 4).

이후 본사의 사업개발단이 수행해온 TDX교환기의 형상관리, 개량개선 업무를 서울사업본부 서울전자교환운용연구단으로 이관하였다(1992. 10). 이에 따라 운용연구단에 TDX 연구국을 신설하였다(1993. 4). 이때 TDX 연구국에는 국장은 공석이었으며 시스템연구부장(이성근), 호처리연구부장(김정일), 운용관리연구부장(민병훈), 유지보수연구부장(이영희)으로 구성되어 있었다(2급이상 직원 직위일람표, 1993. 8. 1, 한국전기통신공사). 이때 TDX 교환기 개발 및 운용업무를 담당하는 연구원은 다음과 같이 총 46명 정도였다.

① TDX-1A/1B 운용지원(형상관리 및 개량개선) 11명

② TDX-10 운용지원(형상관리 및 개량개선) 9명

③ TDX-10 응용서비스 개발(PCS, SSP, CAMA 등) 16명

④ TDX-10A 개발(개량형교환기 개발관리) 8명

⑤ TDX-100 교환기 개발(요구사항 작성) 2명

그 후 1995년 3월 이 TDX연구국은 지원연구국(국장 이성근)으로 변경되었으며, 여기에는 TDX-10 시스템 연구부장(서두수), TDX-10 소프트웨어 연구부장(민병훈), 개인통신교환팀장(방윤학), 지능망교환팀장(김정일), 교환방식연구팀장(신언옥)이 재직하였다(1995. 5. 6). 한국통신은 이러한 상황에서 내부적으로 보유한 교환기분야 연구인력과 기술로는 자체적으로 TDX-100 전자교환기를 개발할 수 없는 실정이어서, 이 전자교환기의 개발을 위한 소요 연구인력 확보대책을 세웠다.

이에 따라 1995년에 개발관리 인력으로서 연구직 25명을 확보하고, 1996년에는 기술자립인력으로 연구직 25명, 일반직 20명, 1997년에는 기술자립인력으로 연구직 50명 등 1997년 이후 필요한 최소한의 인력이 총 120명을 확보하는 계획을 추진하였다.또한 1996년도 연구과제 선정심의 시 과제별 우선순위를 조정하여 TDX-100교환기 개발과제에 연구인력을 우선 배정하였으며, 이 대용량 전자교환기의 개발에 투입할 연구인력을 외부에서 특별채용하게 되었다. 그리고 사내의 4급 및 5급 일반직에서 공모하기도 하였다.

다. TDX-100 전자교환기 개발을 위한 연구과제 수행

1994년 한국통신 기술기획실(실장 이정욱)에서는 국제경쟁력을 갖춘 대용량의 전자교환기를 개발해야겠다는 구상에 따라「TDX-10 개량개선 기본계획」을 수립하였다(1994. 4). 이 계획의 핵심은 TDX-100 전자교환기를 개발하는 것이었으며, 이때 개발하려고 하는 전자교환기의 명칭도 고민 끝에 TDX-100이라고 정하였다. 이것은 당시 주력기종인 TDX-10A형 보다 기술성과 경제성 면에서 10배 이상 발전된 TDX 계열의 최종 버전이라는 뜻에서 작명되었다.

이 구상을 실행에 옮기기 위해 기술기획실에서는 그 해 12월「TDX-100 전자교환기 개발」이라는 연구 프로젝트를 만들어 한국통신 이사회의 승인을 거쳐 확정하였다. 총 연구기간은 1995년부터 1997년까지 3년으로 하고, 소요예산은 1,076억4백만 원과 연구인력 739명을 투입하는 것으로 계획하였다. 그리고 한국전자통신연구소(ETRI)와 한국통신이 연구를 분담하는 방식으로 결정하여 ETRI는 TDX-100 기술요구서의 작성과 구조설계를 하고, 한국통신 전자교환운용연구단에서는 TDX-100기종의 개발을 주관하고 형상관리를 담당하게 하였다.

본 과제수행을 위해 과제관리책임자로 한국통신 사업개발단 교환기 담당국장을 선임하였고, ETRI의 연구책임자로는 소프트웨어 공학연구부장이 결정되었다. 당시 계획에 의하면 1995년에 ETRI로부터 기술요구서를 제출 받아 공동개발자를 선정하고 각 사별로 경쟁개발하는 방식이었다. 그리고 전자교환운용연구단은 1995년 중 개발환경을 구축하고 1996년도부터 개발시스템의 형상을 관리할 수 있도록 준비하게 하였다.

이후 1995년 4월 한국통신은 2000년대를 대비한 본사조직을 개편하였다. 특히 지금까지의 한국통신의 전체주요사업에 대한 기본방향을 설정하고 총괄관리를 수행해온 경영기획실, 기술기획실의 양대 관리체제를 기획조정실, 경영전략실의 2대 관리체제로 개편하였다. 이때 전자교환기 개발업무는 지금까지의 기술기획실(실장 이정욱)로부터 기획조정실(실장 이정욱)로 승계되었다.

이에 따라 기획조정실 기술조정1국(국장 여영조)에서는「TDX-100 전자교환기 개발기본계획」을 수립하였는데 이 계획의 주요내용을 간추려 보면 다음과 같다(1995. 10, 기획조정실 기술조정1국).

① 개발자의 선정은 한국통신에 전자교환기(대형)를 제조, 납품한 실적이 있고, 한국통신의 요구사항을 충족하는 개발업체 또는 동일체로 구성된 연합체로 한다.

② 시스템 개발은 선정된 개발참여사 간 경쟁 개발한다.

③ 평가 및 공급자선정은 종합평가결과 최우수 점수를 획득한 개발자가 제작한 개발제품을 선정하고 이를 표준시스템으로 하되 종합평가결과가 80점 이상이어야 한다.

④ TDX-100의 사업적용은 1999년부터 아날로그 교환기 대체용 및 신설국용(대형, 소형)으로 적용한다.

⑤ 이 대용량 전자교환기의 추진일정으로는 먼저 개발자 선정 및 개발협약을 체결한다(1995. 11). 그리고 표준시스템을 평가 선정하고(1997. 7-1997. 9), 시스템을 보완 개발한다(1997. 10-1998. 1). 이어서 개발확인시험 및 상용시제품 시험을 실시하며(1998. 2-1998. 5), 그 후 표준 및 제품규격을 제정한다(1998. 6). 그러나 그 후 한국통신의 간부 인사이동에 따라 이 개발계획은 당초 계획대로 추진되지 못하고 거의 중단상태가 되고 말았다.

5.2 TDX-100기종의 본격개발 시도

1990년대 후반에 접어들면서 한국통신은 통신시장 개방 및 경쟁 환경에 능동적으로 대처하고 통신사업 경쟁력을 확보하며 향후 전개되는 멀티미디어 서비스를 제공할 준비를 서둘러야 하였다. 이때 가장 핵심인프라로서 대용량의 TDX-100 전자교환기의 개발문제가 다시 대두되었다.

가. 개발 기본방침 및 개발목표

한국통신 네트워크본부(본부장 이정욱)는 1995년 기획조정실에서 수립한 TDX-100 전자교환기 개발기본계획을 재가동하기 시작하였다. 이때 네트워크본부는 TDX-100 전자교환기 개발추진방침을 다음과 같이 정하였다(업무계획보고, 1996. 5, 네트워크본부 기술기획국). 이 계획의 주관부서 및 결재자는 제7장 말미의 참고자료 편에 기록되어 있다.

첫째, 전자교환기술의 국제 경쟁력을 높이고 시장개방에 능동적으로 대처한다. 이를 위해 TDX-100 전자교환기를 개발하며, 개발품 중 최우수 시스템을 선정하여 우리나라의 주력 전자교환기로 공급한다.

둘째, 가입자 수용능력을 20만을 수용할 수 있는 대용량 전자교환기로 개발한다.

셋째, ISDN, PCS, AIN 등 유무선 첨단서비스 기능을 갖추도록 하며, TDX-10 전자교환기 대비 40%이상의 가격 절감을 목표로 개발한다.

당시 시스템 용량 면에서 주력기종인 TDX-10A기종은 시내가입자 10만회선, 시외통신 6만 회선으로 운영되었다. 그러나 TDX-100기종에서는 시내가입자 20만 회선, 시외통신 9만 회선 규모로 대용량화하기로 하였다. 그리고 서비스 면에서는 PSTN, ISDN, PCS, AIN, IDLC, Centrex, SRSS, CAMA 등 다양한 서비스가 가능하여야 하며, PSTN, ISDN, PSPDN, IN 등 기존망은 물론 B-ISDN, TMN, PLMN 등 미래에 제공될 네트워크와도 연동기능을 수행하도록 한다는 구상이었다. 한편 TDX-100은 시스템 구조 및 설계 면에서 개발목표를 다음과 같이 세웠다.

① TDX-10A를 토대로 개발하고, 공통부분(CCS, INS)은 하드웨어 및 소프트웨어측면에서 대폭 개선하고 용량증설과 기능추가가 용이한 시스템 구조로 설계한다. 즉 소프트웨어를 계층 구조화하고 모듈화한다.

② 가입자회선부분(ASS)의 경우, TDX-10A기종은 전체 ASS가 집중 설치되는 구조이나, TDX-100에서는 ASS 단위로 분산 설치가 가능하게 개발한다.

③ T-S스위치 간 연결방식을 신기술로 개발한다. 즉 TDX-10A는 부분적으로 이중화되어 있으나 TDX-100에서는 완전 이중화 방식으로 구성한다. 그리고 전자교환기의 저장매체를 신방식으로 개발한다. TDX-10A에서는 MT위주이나, TDX-100에서는 RDK와 광 디스크 위주로 개선하여 소프트웨어의 로딩시간을 단축하고 과금보관 및 이동처리를 용이하게 한다.

④ No.7 신호회선 및 처리기능을 첨단화하여 시스템의 안정성을 크게 향상시킨다. TDX-10A는 집중형 구조와 120 링크/ASS 구조이나, TDX-100의 경우 분산형 구조와 16 x 16 링크/ASS 구조로 개발한다.

⑤ 보드의 종류를 통합하여 운용보전비용을 줄이도록 한다. TDX-10A는 80- 130여종이나 TDX-100에서는 50- 60종으로 통합한다.

⑥ 호처리 프로세서의 성능을 대폭 향상시킨다. TDX-10A에서는 국번호 번역, 착신번호 번역, 중계선 배정 등을 NTP가 담당하고 있으나, TDX-100에서는 국번호 번역은 각 ASP가 수행하고 착신전호 번역과 중계선 배정 등은 NTP가 담당하게 한다.

⑦ 기본설계까지는 공동연구개발하고, 상세설계 및 기능구현부터는 공동개발자간 경쟁개발한다.

나. TDX-100 개발추진일정

TDX-100 전자교환기 개발 기본계획이 수립됨에 따라 네트워크본부에서는 TDX-100 개발 기술요구서를 확정하고(1995. 12. 6), 개발조달공고(국민일보, 1996. 1. 1)를 시행한 후 개발자를 선정하였다(1996. 1. 31). 이어서 개발협약은 1996년 2/4분기까지 체결하는 것으로 정하였으며, 이후 연도별 개발일정은 <표 7-9>와 같이 결정 시행하였다.

표에서 보는 바와 같이 TDX-100 기종은 제1단계(1995-1997. 6)에서는 PSTN, ISDN, PCS, CAMA, Centrex, IDLC, AIN(시외교환기) 등을 개발하고, 제2단계(1997. 7-1998)에서 AIN(시내교환기), TMN 연동, ATM 연동, Frame Relay 부분을 개발하는 등 단계별로 주요 성능을 개발하는 것으로 결정하였다. 여기에서 AIN이란 Advanced Intelligent Network를 말한다(업무계획보고, 1996. 5, 네트워크본부 기술기획국).

<표 7-9> TDX-100 전자교환기 연도별 개발계획

1995년	1996년	1997년	1998년
기본계획 수립 기술요구서 확정	개발자 선정 1단계개발 착수 -PSTN, PCS, ISDN -Centex, IDLC -AIN(Toll)	1단계개발 완료 (1997. 6) 2단계개발 착수 -AIN(Local), TMN -Frame Relay	시스템개발 완료 제품규격 작성 공급자격 부여

다. TDX-100 전자교환기 개발조달방안

TDX-100 시스템의 기본설계는 필수적으로 준수해야 할 사항과 참조모델(Reference Model)로 구분 작성하여 공동개발 참여사의 자율적 독창성을 최대한 발휘할 수 있도록 하였다. 또한 단기간에 최대의 개발성과를 얻기 위해 개발방식도 다음과 같이 2단계로 구분하여 시행하였다.

(1) 제1단계에서는 선정된 공동개발 참여사 간 경쟁 개발하고, 그때까지의 연구개발 품질확인활동 및 시스템 시험평가결과를 종합하여 100점 만점으로 평가한다. 그리고 종합평가결과 80점 이상 중 최우수 점수를 획득한 제품을 표준시스템으로 선정한다.

(2) 제2단계에서는 한국통신 연구기관과 선정업체 간에 후속개발 개량개선 형태로 추진하여 한국통신의 기술력 확보에 중점을 둔다. 또한 선정되지 아니한 공동개발자는 후속조달 신규참여절차에 따라 참여 가능하도록 길을 열어놓으며, 이때 기 선정된 표준시스템과 소프트웨어의 이식성과 호환성을 갖도록 한다. 그리고 공동개발성과는 한국통신과 선정된 공동개발자가 공동으로 소유하며, 선정되지 아니한 공동개발자에게 별도의 기술이전 의무는 없는 것으로 한다.

이와 같이 표준시스템으로 선정된 TDX-100 전자교환기는 1999년부터 아날로그 전자교환기(M10CN과 NO.1A)의 대체용으로 투입될 뿐만 아니라 모든 신설국(대형 및 소형)에 공급하는 것으로 방침을 정하였다. 또한 TDX-100기종의 효율적인 개발 및 조달을 위해 경쟁개발에 의한 방안과 기술수요예보에 의한 방안의 두 가지 조달방안이 검토되었다. 경쟁개발에 의한 조달방안은 한국통신이 장래 필요로 하는 기술 또는 서비스에 등에 대한 기술요구서, 소요시기 및 공동개발자를 정하여 협약 체결 후 경쟁 개발하는 방안이었다.

그리고 개발 시스템 평가결과 선정된 업체로부터 제품의 조달유형은 개발조달절차를 따르게 하였다. 이 방안은 한국통신 소유 TDX 개발기술과 성과를 보호육성 발전시킬 수 있는 장점이 있는 반면 최초조달절차에 비해 절차가 상대적으로 복잡한 면이 있었다. 한편 기술수요예보에 의한 조달방안은 한국통신이 장래 필요로 하는 기술 또는 서비스 등에 대한 기술요구서와 소요시기를 정하여 미리 예보하고 소요시점에 참가한 업체제품 평가결과 선정된 업체로부터 조달하는 방안이었다.

이 방안은 후속조달 개량개선절차를 따르게 되는데 개발조달절차에 비해 절차가 상대적으로 단순한 장점이 있으나, 한국통신 소유 TDX 개발기술과 성과의 보호육성발전이 곤란한 단점이 있었다. 이상과 같이 두 가지 조달방안을 검토한 결과 TDX-100 전자교환기의 개발제품은 전기통신제품의 표준화 및 조달규정에서 정한 개발조달절차에 따라 개발 공급하기로 최종 결정하였다.

5.3 TDX-100기종의 체계적 개발을 위한 조치

가. TDX-100 개발추진위원회 구성운영

TDX-100기종의 개발을 체계적으로 수행하기 위해 개발추진위원회를 구성하였으며, 여기에는 본 위원회와 실무추진반을 두었다. 본 위원회는 TDX-100의 기술요구사항, 개발협약서, 개발결과 평가기준, 평가결과 등에 관한 심의를 담당하고, 실무추진반에서는 개발에 따른 제반 실무작업을 수행하게 하였다. 본 위원회의 위원장은 기획조정실장, 부위원장은 전자교환운용연구단장으로 정하였다.

그리고 위원에 기술관리국장, 기술조정2국장(이상 기획조정실), 교환운용국장(운용보전실), 교환계획국장(시내사업본부), 계획국장(시외사업본부), 기술개발관리국장(사업개발단), 교환품질국장, 개발품질국장, 품질평가국장(이상 품질보증단), 시설운용국장(통신망관리단), 응용개발국장, 지원연구국장(이상 전자교환운용연구단)의 12명이 선임되었다. 그리고 자문위원에는 ETRI의 교환기술연구단장을 선정하였다. 또한 실무추진반장은 전자교환운용연구단의 지원연구국장이 맡도록 하였으며, 해당부서의 부장 14명으로 편성하였다.

나. TDX-100 개발방안 및 의견수렴

TDX-100의 본격적인 개발을 착수하기 전 관련기관과 참여회사의 의견을 받아보았다. 정보통신부에서는 우선 경쟁과 개방에 대비하여 국제경쟁력을 갖춘 1개 업체 또는 컨소시엄만을 선정하는 당위성을 참여회사들에게 설득하도록 요망하였다. 또한 개발과정에서 품질확인활동을 철저히 이행하여 한국통신이 자체기술력을 확보하고 응용 서비스개발능력을 배양할 것을 주문하였다. 반면 한국통신이 교환기 제조업에 참여하는 것은 바람직하지 못하다고 판단하고 있음을 알려왔다.

한국통신은 TDX-100 개발에 개발자원이 막대하게 소요될 것으로 예상되므로 개발 착수 전에 공동개발업체의 선정과정에서 경쟁력 있는 업체를 선정하려고 하였다. 그리고 당시 전자교환기 개발관리업무가 사업개발단과 전자교환운용연구단으로 이원화되어 있어 문제가 있으니 이를 전자교환운용연구단으로 일원화하고, 운용연구단의 연구개발조직과 인력을 대폭 보강할 필요가 있다는 의견이 대두되었다.

또한 TDX-100기종을 개발함으로서 TDX계열 교환기의 기능보완, 서비스 추가개발을 등한시 할 우려도 제기되었다. 한편 공동개발자인 교환4사에서는 최우수업체를 1개 업체로 선정하는 방식을 지양하고 80점 이상인 업체 모두에게 공급자격을 부여해 줄 것을 요청하였다. 그리고 선정된 업체에게 인센티브를 부여하고 나머지 업체에 대해서도 기술이전을 통해 참여회사 모두에게 공급자격을 부여해 주기를 희망하였다.

이상과 같은 의견 중 몇 가지 과제에 대하여는 개발을 주관하는 입장에서 수용하기 곤란하였다. 먼저 한국통신이 전자교환기 제조업에 참여하는 것이 바람직하지 않다는 정보통신부 의견에 대해서는 앞으로 신중히 검토할 과제로 남겨 놓았다. 그리고 한국통신에서 제시한 개발착수 전에 경쟁력 있는 업체만 선정하라는 과제에 대해서도 현실적으로 받아들이기 어려웠다.

또한 교환4사의 의견인 공급자격 부여방법에 대하여는 수용이 곤란하여 당초 한국통신의 개발 방침대로 추진하기로 결심하였다. 한국통신의 중요방침으로는 최우수 1개 표준시스템을 선정하고 표준시스템으로 선정된 업체에만 공급자격을 부여하는 것이었다. 그리고 탈락업체에 대해 계속 보완 개발을 추진토록 하여, 표준시스템에 준하는 성능 및 기능개발 완료 후 후속조달 신규참여로 공급자격을 부여토록 하였다.

다. 개발관리부서 결정

1996년 한국통신은 TDX-100 전자교환기 개발 등 전자교환기의 개발 및 운용기술연구를 위해 연구개발본부에 교환기술연구소를 설립하였다(1996. 3). 또한 1995년까지 서울전자교환운용연구단이 서울본부 소속으로서 주로 전자교환기 운용기술연구 및 현장지원을 수행하고 있었다. 이때 서울전자교환운용연구단은 서울통신운용연구단으로 개편되었다(1996. 3).

본사에서는 교환기술연구소의 설립 전까지는 TDX-100 개발임무를 서울전자교환운용연구단에 맡기기로 하였으나 당시 이 연구단의 임무는 TDX-10A기종의 후속개발업무를 추진하고 있었고 개발인원이 9명으로 어려움을 겪고 있었다. 한편 새로 발족된 교환기술연구소 역시 인원이 10명에 불과하여 인력이 절대 부족한 상황이었다. 이러한 문제를 해소하기 위해 연구개발본부와 서울통신운용연구단을 대상으로 TDX계열 교환기의 개발관리 경험자를 시급 차출하여 개발관리인력을 30명 선으로 보강하였다.

앞에서 설명한 대로 전자교환기의 개발을 실무적으로 전담하기 위해 연구개발본부 교환기술연구소와 서울통신운용연구단을 운영하였다. 1996년 당시 연구개발본부 간부진으로는 본부장 이용경, 교환기술연구소장 박용기, 교환기술연구소의 연구기획실장 신언옥, 교환연구실장 방윤학, B-ISDN연구실장 김영호, 지능망연구실장 신석현으로 보직되었다(2급이상 직원직위 일람표, 1996. 4. 30, 한국전기통신공사).

또한 1996년 서울통신운용연구단 간부진에는 단장 김은진, 운용관리1국장 윤재희, 운용지원2국장 이영희, 운용관리3국장 서광주, 운용연구1국장 이성근, 운용연구2국장 이상일로 보직되었다(2급이상 직원직위 일람표, 1996. 4. 30, 한국전기통신공사). 이후 운용관리2국장은 안영찬으로 발령되었다(1996. 7. 19).

5.4 개발자 선정 및 공급자격 논란

가. TDX-100기종의 개발자 선정

한국통신이 정한 TDX-100기종의 공동개발자의 참가조건은 한국통신에 대형 전전자교환기를 제조, 납품한 실적이 있는 업체 또는 연합체(컨소시엄)로 하였다. 그리고 평가기준에 의해 80점 이상의 평가점수를 받은 개별업체 또는 연합체를 선정하는 것으로 정하였다. 이때 전자교환기 분야 국내 최고기술을 보유한 삼성전자와 LG정보통신의 두 회사가 연합체를 구성하여 TDX-100기종 개발에 참여하고 싶다는 의사를 전달해옴에 따라 이 방안을 한국통신이 긍정적으로 수용함으로서 연합체에 의한 개발 참여가 허용되었다.

그러나 1995년 12월 서울통신운용연구단으로부터 연합체로 개발에 참여하는 경우 주관사에 관한 질의를 받게 되었다. 이 경우 주관사와 협력사로 구분하도록 되어 있는데, 주관사 명의로만 신청이 가능한지, 연합구성 각 업체를 주관사로 하여 연합구성업체 공동명의로 신청이 가능한지에 대한 질문이었다. 이에 대해 연합체인 경우 주관사와 협력사로 구분하고 주관사 명의로 신청하도록 답변하였다.

이에 따라 삼성전자(대표이사 부회장 김광호)와 LG정보통신(대표이사 사장 정장호)간에 TDX-100 전자교환기 공동개발 협약서가 체결되었고(1996. 1), 이 협약서는 여의도합동법률사무소의 인증을 받아 한국통신에 접수되었다. 이어서 한국통신 조달본부는 개발자 신청서류를 접수하였으며(1996. 1), 연합체에 대해서는 주관사와 협력사 명의로 신청서류가 접수되었고, TDX-100 개발업체로 대우통신, 삼성/LG연합체, 한화정보통신의 3개 회사가 선정되었다(1996. 2).

나. 공급자격에 대한 논란

당초부터 명쾌하지 못한 면이 있었던 연합체에 대한 공급자격부여에 대하여 한국 통신과

업체 간 서로 상이하게 해석하는 문제가 발생하였다. 한국통신의 TDX-100개 발에 관한 조달설명서에는「표준시스템으로 선정된 신청자에게 공급자격을 부여한다」라고 명시되어 있었다. 그런데 삼성/LG연합체는 신청서에 주관사와 협력사로 신청하였다.

이때 한국통신은 주관사에게만 공급자격을 부여하는 것으로 판단하고 있었고, 업체에서는 주관사와 협력사가 동등하게 공급자격을 획득하고 각각 계약을 체결하는 것으로 해석하고 있었다. 따라서 한국통신에서는 협력사에게 공급자격을 부여할 것인지 아닌지에 대한 확실한 지침이 필요하게 되어 면밀히 재검토하게 되었다. 협력사에 공급자격을 부여하는 경우를 가정하여 보니, 대우, 한화와 같은 단독 참여업체의 강력한 반발이 예상되었다.

즉 개발 자원을 공동 부담하는 방안임으로 구성원 각자에 자격을 인정하는 것은 곤란할 뿐만 아니라 이는 연합체 구성 기본취지에 불부합하다는 것이다. 반면, 주관사와 협력사 간 협력촉진으로 보다 용이하게 시스템을 개발할 수 있고 주관사와 협력사 간 각각 계약을 체결하고 독립적인 상표의 사용이 가능하므로 관리가 용이한 장점이 있었다.

한편 협력사에 공급자격을 부여하지 않는 경우 가장 큰 문제는 협력사로 참여한 LG측의 반발이 예상되었다. 즉 삼성, LG 간 협약서를 한국통신이 아무 이의 없이 수용하였으므로 협약서 내용대로 동등하게 공급자격을 부여하고, 각각 계약체결을 주장할 것이 뻔한 일이었다. 개발 자원을 공동 부담하는 방식이므로 연합체로서만 자격을 인정하는 것이 타당하고 연합체 구성 기본취지에도 부합한다고 보았다.

협력사의 계속적인 불만이 야기될 것이고, 연합체 구성원 간 분쟁소지가 있어 시스템 개발에 악영향을 초래할 가능성이 높을 것으로 생각되었다. 또한 주관사 만 계약하고 주관사 상표로만 구매가 가능하여 구성원 간 동등한 권리분배가 불가하게 되는 논리적 모순점을 내포하고 있었다. 이와 관련하여 1996년 10월 한국통신 네트워크 본부(본부장 이정욱)에서는 법무법인 태평양에 법률자문을 구하였다.

법률사무소의 검토결과 연합체의 대표권은 회계규정에 따라 삼성이 보유하게 되고, LG는 삼성과의 협약내용에 따라 충분히 개발 및 물품공급과정에 참여가 가능하였다. 또한 TDX-100 개발협약서는 공동수급체 자체를 당사자로 해야 하고, 회계규정이 정하는 바에 따라 공동 수급체를 대표할 대표자를 선정할 의무가 있다고 하였다.

현재의 연합체 및 그 대표자로서의 주관사의 권한을 인정하고 주관사와 협력사 간의 관계는 당사자 상호간의 합의와 협력의 문제로 풀어 나가는 것이 바람직하며 구성원 각자를 개별적인 주체로 인정하여 별도로 거래하는 방식으로 해결될 일이 아니라는 법률자문을 받았다. 이에 따라 한국통신은 TDX-100기종 개발에 따른 공급자격은 주관사에만 부여하고 협력사는 후속조달 신규참여 절차에 따르도록 하였다. 따라서 이들이 신규참여를 희망하는 경우 평가하여 공급자격을 부여하는 것으로 정하였다.

다. TDX-100 개발일정의 조정

TDX-100 개발업체가 선정된 후 1년 6개월 동안 이 회사들은 자기회사의 보유기술과 전문 인력을 총동원하여 각자의 명예를 걸고 전력을 다해 TDX-100 전자교환기 개발에 매달렸다. 당시 각 사에서 개발을 지휘한 책임자는 삼성의 김영기 상무, LG의 이원태 전무, 한화의 남상훈 상무, 대우의 김진찬 부사장이었고, 각 사의 연구개발실은 24시간 불 꺼지는 시간이 없다는 소문이 날 정도로 경쟁이 치열하였다.

그런데 TDX-100기종의 개발 착수 후 예상하지 못한 일이 발생하였다. 한국통신에서 개발하여 당시 주력기종인 TDX-10A 교환기는 상용과정에서 보완해야 할 사항들이 상당부분 파악되어 있었고, 이렇게 들어난 운용상 문제점을 보완하기 위해 각 사별로 보완전담팀을 구성 운영하고 있었다. 이런 와중에 TDX-100 개발이 시작되자 각 사의 많은 기술인력이 TDX-100 개발로 전환되고 있어 당시 시급한 과제의 하나였던 TDX-10A기종에 대한 보완이 차질을 빚고 있었다.

따라서 TDX-10A 보완개발을 위한 인력을 확보할 수 있도록 TDX-100기종의 개발일정 조정이 필요하다는 의견이 대두되었다. 이러한 업체의견에 따라 한국통신에서는 실태를 파악하고 대책 마련에 나서게 되었다. 당시 교환4사의 연구인력은 대우 130명, LG 125명, 삼성 102면, 한화 187명으로 확인되었으나, 대부분의 핵심인력이 TDX-100기종의 개발에 투입되고, TDX-10A기종 개선전담반에는 투입인력이 10명-40명 정도로 줄어들 정도로 소극적이었다.

그래서 1997년 6월초 TDX-100 개발일정 조정회의를 하여 TDX-10A기종 개선작업을 우선적으로 처리하기 위해 TDX-100 개발인력을 분산 투입할 수 있도록 조치하였다. 이에 따라 TDX-100개발의 전체일정을 3개월 정도 순연 조정하여 표준시스템의 선정평가는 1997년 12월까지, 상용시제품의 시험은 1998년 8월까지, 표준제품규격 제정은 1998년 9월까지로 연기하였다.

이 개발일정조정회의에는 한국통신에서 네트워크본부, 서울통신운용연구단, 교환기술연구소, 업체에서 대우통신, 삼선전자, LG정보통신, 한화정보통신의 책임자들이 참석하였다. 당시 TDX-100기종 개발에 소요된 개발비로 (주)한화정보통신의 경우 294억2천4백만원이 투입된 것으로 보고되었다(한화정보통신의 보고서, 1998. 9. 9).

5.5 TDX-100 개발시스템의 평가

가. 개발시스템의 시험평가장 운용

한국통신은 전자교환기의 종합시험을 위해 서대전전화국에 시험평가장(Test Bed)을 운용하였다. 당시 TDX-1A, TDX-1B, TDX-ACD, TDX-CPS, TDX-10 등의 전자교환기에 대한 시험을 본 시험장(350평 규모)에서 시행하고 있었다. 그러나 점차 늘어나는 전자교환기의 시험을 시행하기에는 상면이 협소하여 이전을 검토하였다. 이때 한국통신은 일산정보통신센터에 교환시설 종합전시센터를 1997년 3월에 설립하기로 추진하고 있었다.

따라서 이 종합전시센터에 시험평가장을 구축하는 방침을 네트워크본부에서 1996년 9월 말까지 확정하고, 종합시험장 활용계획은 교환기술연구소에서 1996년 10월까지 수립하기로 하였다. 이때 교환시설 종합전시센터 구축의 기본방침은 다음과 같다.

① 정보센터 기계동(4층, 5층, 760평)에 TDX전시관, ATM전시관, TDX-100기종 및 TDX계열 시험장, 사료실 등을 구축한다. ② 정보센터 사무동(4층, 380평)에 도입교환기 및 AIN/SSP 시험장, 국제세미나실, 해외바이어 접견실 등을 둔다. ③ PCS 시험장은 1층/2층(약 190평)에 별도로 확보한다.

나. 개발시스템의 선정평가 시행

업체별로 TDX-100시스템의 개발이 완료됨에 따라 개발된 이들 3개 시스템에 대한 표준시스템을 선정하기 위한 종합시험을 일산정보통신센터 종합시험장에서 3개월 간 시행하였다(1997. 10. 1-1997. 12. 31). 이 종합시험에서는 각종 서비스의 인터페이스를 위해 당시 운용중인 시스템과의 연동시험을 시행하였다. 시내통신부분은 고양전화국(TDX-10A), 일산전화국(TDX-10A), 능곡전화국(TDX-1B), 덕양전화국(AXE-10), 북일산전화국(TDX-1A)과 연결하여 각종 기능시험을 시행하고, 시외통신부분은 혜화전화국(TDX-10A), 구로전화국(TDX-10A)과 연결하여 시험하였다.

또한 공통선 신호방식(CCS 7)의 시험을 위해서 구로전화국(STP), ISDN의 시험을 위해서는 신사전화국(TDX-10 ISDN)과 접속하였다. 그리고 동기클럭 시험은 고양전화국(DOTS), 패킷시험은 운용연구단(DPN-100), CAMA 시험은 운용연구단(HC)과 연결하였다. 한편 AIN, IDLC, PCS 등 새로운 서비스는 각 사별 동일조건을 제공하기 위해 업체의 개발환경과 동일하게 시험망을 구성하였고, 시험평가망의 안정성을 도모하기 위해 기존의 2Mbps 동기망과 연동하게 하였다.

이와 같이 시험환경을 구축하고, 평가전담팀은 총 2,491개 항목에 달하는 전자교환기 기능을 평가하였다. 먼저 전자교환기의 기능을 종합적으로 평가하기 위해 필수시험과 일반시험으로 구분하여 실시하였다. 필수시험의 경우 24시간 안정시험 등 교환기로서 필수적인 항목(10개)을 시험하였으며, 일반시험에서는 필수시험 통과를 전제로 교환기의 성능에 관한 항목(2,481개)에 대해 시험을 실시하였다. 이와 같이 시스템 기술성은 교환연구소와 운용연구단이 평가하고, 총 466개 항목의 품질보증활동에 대해서는 표준연구단이 평가를 수행하였다.

종합평가결과 대우통신 82.96점, 삼성/LG연합체 41.20점, 한화정보통신 37.62점으로 나타났다. 이것은 일반 예상을 뒤엎은 파격적인 결과로서, 당시 전자교환기 업계에 큰 파란을 불러오기도 하였다. 삼성/LG 연합체와 한화정보통신의 평가점수가 낮은 것은 전자교환기 기능시험 중 필수시험을 통과하지 못해 시험이 중단되고 이로 인해 득점을 못했기 때문이었다. 이때 한국통신에서는 TDX-100 기능시험 시행지침(1997. 9. 29)을 근거로 하여 이 시험을 수행하였는데 이 지침의 주요내용을 보면 다음과 같다.

① 시험 중에는 시험용 패키지를 변경할 수 없다. 단 필수항목 시험기간은 별도의 절차를 따르는 경우 보완할 수 있으며 이때 필수시험항목 전체를 재시험한다. 시험기간동안 수검자는 한국통신의 허락 없이 시스템 및 장비의 변경을 할 수 없다.

② 본 기능시험의 시험지침을 수검기업체가 위반한 경우는 시험을 중지하고 해당기업체의 개발협의회 위원으로부터 사유서를 받아 한국통신은 시험의 중단 또는 관련항목 전체를 불량처리 할 수 있다.

다. 평가에 대한 참여업체간의 이의제기

TDX-100 개발시제품에 대한 시험평가 완료된 후 삼성/LG 연합체의 삼성전자㈜ 대표이사 사장(윤종용)과 LG정보통신㈜ 대표이사 사장(송재인)은 개발 시제품 평가에 대해 몇 가지 이의를 제기하였다(1997. 12. 26). 당시 이의 제기한 주요내용을 보면, 대우통신이 시험 중 소프트웨어 패키지의 일부 블록을 한국통신의 허락 없이 수검자가 임의로 변경하였다는 것이었다.

그리고 PCS, IDLC(Integrated Digital Loop Carrier) 연동시험을 자체 시험환경이 미 구성된 상태에서 진행했다는 것이었다. 또한 TDX-100 시험 시 컴퓨터와 원격으로 제어 또는 감시할 수 있는 시설을 연결시킬 수 없는데도 W/S를 연결하여 시험하였으며, 한국통신은 평가전에 세부 가중치를 공개하지 않아 평가 결과를 조정 가능하다는 점을 지적하였다. 이러한 이의 제기 내용에 대해 한국통신에서는 다음과 같이 각 항목별로 답변하였다(1998. 2. 9).

① 소프트웨어 패키지 교체 건에 대해 대우통신(주)의 원본 패키지와 시험평가중인 패키지의 일부 소프트웨어 블럭이 서로 상이한 것을 발견하였다(1997. 11. 26). 소프트웨어 변경사항을 조사한 결과 3일간(1997. 11. 24-11. 26) 변경된 소프트웨어로 시험이 진행되었음을 확인하였다. 이 기간 동안 변경된 소프트웨어로 시험된 기능은 ISDN 관련기능이고 이와 유관기능이 71개 항목임을 확인하고 대우통신(주)로부터 사유서 및 재발방지를 위한 각서를 징구하였다. 아울러 동 71개 항목에 대해서는 평가지침에 의해 모두 부적합 처리하였으며, 잔여시험은 원본패키지에 의해 시험평가를 실시하였다.

② PCS와 IDLC의 기능시험 환경구성은 제21차 개발실무협의회에서 협의된 바와 같이 시행하였다. 대우시스템에 대한 PCS 기능평가는 현재 상용화된 한국통신 프리텔 품질보증센터의 인증된 기지국 제어시스템 및 단말기를 연동하여 시험환경을 구성하여 평가를 완료

하였다. IDLC의 기능시험평가는 한국통신 전송기술연구소의 ONU가 개발 완료되면 연동하여 시험평가를 시행할 계획이었으나, 이 ONU는 1998년 하반기(1998. 11)에나 상용제품이 완성될 예정으로 있어 이를 이용한 연동시험은 불가능한 상태임을 확인하였다. 따라서 관련부서 관계자간 회의에서 IDLC기능 평가를 자체 프로토콜 시험만 하기로 내부방침을 정하고 프로토콜 관련시험 146개 항목에 대한 시험을 완료하였다.

③ 워크스테이션(Workstation) 연결 건에 대해 확인한 결과, 대우통신(주) 평가시제품에 연결된 워크스테이션은 TDX-100의 명령어 입력과 결과를 확인하는 운용자 터미널로 타사는 PC로 개발하고 대우통신은 이를 워크스테이션으로 개발한 것으로 이는 평가지침 위반사항이 아니었다. 또한 대우통신의 평가시제품에 대해 평가시작 전에 일체의 외부 연결을 차단한 상태를 평가기간동안 계속 유지하였으며, 평가 후 불필요한 잡음을 피하기 위해 평가 시에는 운용자 터미널에 관련된 시험항목 이외는 전원을 차단한 상태에서 시험을 진행하였다. 이와 더불어 시험기간 중에는 원본패키지를 수시로 재로딩하여 시험을 수행함으로서 우려되는 문제점을 원천적으로 차단하였다.

④ 평가가중치 건은 한국통신에서 이미 기본지침(교환연 2932-302, 1997. 5. 30)에 의해 19개 대항목의 가중치를 확정 및 공개하고 공개한 19개 대항목을 기준으로 소항목의 가중치를 결정한 후 시험을 진행하였다(1997. 9. 29). 그리고 소항목의 가중치를 공개하지 않은 이유는 사전공개 시 가중치가 큰 항목을 집중 개발하고 가중치가 적은 항목을 소홀히 할 것이 우려되었기 때문이었다. 아울러 평가 소항목별로 부여된 가중치에 대해 사후 공개할 계획이므로 열람하여 시정되어야 할 사항이 있으면 의견을 제시하기 바란다.

5.6 TDX-100 표준시스템의 선정 및 시범공급

가. 표준시스템의 선정 및 기술전수

그동안의 험난한 시험과정을 거쳐 개발된 TDX-100 전자교환기에 대한 종합시험이 끝난 시기에 한국통신의 조직개편이 있었다. 이에 따라 TDX-100교환기의 개발수행부서가 교환기술연구소에서 통신망연구소로 바뀌고, 개발관리부서는 네트워크본부로부터 기획조정실로 변경되었다(1998. 1. 15). 앞에서 설명한 바와 같은 우여곡절을 거쳐 개발시스템에 대한 평가를 완료하고 그 결과를 가지고 한국통신에서는 통신망기획심의위원회를 개최하여 최우수점수를 획득한 대우통신의 개발제품을 표준시스템으로 선정 확정하였다(1998. 2).

예상과는 달리 대우통신 제품이 최우수 제품으로 결정됨으로써. 결국 TDX-100 표준기종은 대우시스템으로 하고 기술이전을 타 3사에 시행토록 하였다. 이에 따른 후속조치를 확실하게 시행하기 위해 한국통신 부사장(이정욱) 주관으로 한국통신 경영진과 3개사 임원진간에 회의를 가졌다(1998. 4. 8). 이때 주요합의사항은 다음과 같다.

(1) TDX-100 표준기종은 대우시스템으로 한다. (2) 기술이전은 업체자율로 하고 4사간 합의 불가시는 한국통신이 관여하여 기술이전이 되도록 한다. (3) 보완개발, 개발확인시험, 표준규격 제정까지는 탈락사도 공동 참여토록 하며 상용시험은 각 사별로 받는다. (4) 보완개발 시 탈락사의 장점을 포함하여 개발한다. 이러한 합의사항의 실행을 위하여 한국통신과 교환4사가 참여한 별도의 전문위원회를 구성한다.

이 회의에는 한국통신에서 이정욱 부사장, 김정수 기획조정실장, 김성만 팀장, 업체 측에서는 김영기 삼성전자 상무, 이원태 LG정보통신 전무, 남상훈 한화정보통신 상무가 참석하였다. 그러나 이러한 한국통신의 협의 조정에도 불구하고 얼마 지나지 않아 삼성전자 대표이사 사장(윤종용), LG정보통신 대표이사 사장(서평원), 한화정보통신 대표이사 사장(김용구) 등 3개 업체 대표이사들은 한국통신 사장 앞으로「TDX-100 사업추진에 대한 건의문서」를 보내왔다(1998. 9. 1). 이 건의문의 주요내용은 다음과 같다.

(1) 대우통신은 기술전수에 대해 미온적인 자세로 일관할 뿐만 아니라 오히려 언론을 통해 단독 공급업체로 선정되었다고 홍보하는 등 기술전수에 대한 업체 간 자율적인 협의 자체를 기피하고 있다.

(2) 표준제품규격이 당초 개발협약서 상에는 1998년 6월로 되어 있으나 1998년 9월로 변경되는 등 전체적으로 3개월 정도 지연되고 있다. IMF이후 제조업체의 가동율이 급격히 저하되고 있는 상황에서도 교환4사는 국제적 경쟁력을 갖춘 TDX-100 개발 준비가 되어 있으니 개발 시기를 놓치지 않도록 조치하여 주시기 바란다.

(3) TDX-100교환기의 기술이전이 조속히 이행될 수 있도록 요청한다.

이러한 건의에 따라 한국통신에서는 대우통신에게 조속히 기술이전을 하도록 촉구하였고, 이에 따라 대우통신(대표이사 유기범)에서는 3사에게 TDX-100 기술전수를 위한 기술이전료(Lump-Sum), 운영로얄티(Running Royalty), 국내공급물량 배분방법, 기술전수 후 협력방안 등 이에 대한 3사의 의견을 제출토록 요청하였으며, 동시에 기술전수 목록을 전달하였다(1998. 10. 12).

나. TDX-100 전자교환기의 상용공급

TDX-100 기종은 표준시스템 전정 후 기술전수과정에서 4개사 간에 상당한 이견이 있어 어려움을 겪기도 하였으나, 참여 4개사의 대표이사들(삼성전자의 윤종용, LG정보통신의 서평원, 한화정보통신의 김용구, 대우통신의 유기범)과의 협의를 통해 개발을 성공적으로 완료할 수 있었다. 이후 참여 4개사의 제품에 대해 10주간(1998. 7. 30- 10. 10)의 개발확인시험을 마치고 최종적으로 다시 3개월 간(1998. 10-1998. 12)의 상용시험을 완료하였다.

이런 난관을 거쳐 대용량 국내개발 전자교환기(TDX-100)가 개발 완성됨으로서 한국통신은 2005년까지 전체교환기의 40%이상을 차지하고 있는 TDX-1A, TDX_1B, TDX-10A

등 기존교환기의 가입자 시설과 국간중계선 시설을 그대로 활용하고 핵심부분인 제어계통을 TDX-100으로 대체 변경하는 작업을 추진하였다. 그리고 최신 버전인 TDX-100 전자교환기로 기종의 단일화를 이루게 되었다(이상 KT20년사, 530p/ 2001. 12).

결국 TDX-100 기종은 실질적으로 1994년 12월에 개발이 시작되어 1998년 12월에 완료됨으로서 4년이 소요되었으며, 이 기간 동안 당시 한국통신 부사장(이정욱)은 기술기획실장, 기획조정실장, 네트워크본부장, 부사장의 보직을 거치면서 중단 없이 본 시스템의 개발을 주도하였다. 이 교환기는 서울지역 가좌전화국에 처음으로 공급하여 1999년 10월에 개통된 이래 미국 ATT의 최신 전자교환기(5ESS-2000 기종)보다 부분적으로 우수하다는 평가를 받았으며, 우리나라 기간통신망에 주력기종으로 투입되어 현재 수백만 회선이 운용되고 있다.

다. 전자교환기 중장기 기술발전추진

TDX-100 전자교환기의 성공적인 개발과 상용공급을 거치면서 한국통신 네트워크본부(본부장 이정욱)는 이에 그치지 않고 교환기술의 세계적 발전추세에 부응한 차세대 교환기의 발전방향에 대한「전자교환기 중장기 기술발전계획」을 수립하였다(업무계획보고, 1995. 6, 네트워크본부 기술기획국). 이 계획의 주요내용은 TDX계열 교환기에 대한 개발기술을 지속적으로 발전시키고, 차세대 교환기술의 방향을 제시하여 관련 기술을 적기에 개발유도하며, 사내 연구소의 기술력 증진과 핵심기술을 확보하는 것으로 정하였다.

이를 위해 ATM, 광교환을 포함한 고속광대역 교환기술 등 세계적 발전추세에 부합하는 첨단교환기술의 개발을 추진하였다. 또한 차세대 주력교환기를 개발하여 기종을 단순화하고 경영효율성을 높이며, 산학연 유기적 협조체제를 구축하여 요소기술을 분담식으로 개발하는 방식을 선택하였다. 이를 위한 구체적 시행계획은 1996년 4/4분기까지 확정하도록 하였다.

라. IDLC 기능의 개발 추진

기간통신망이 전자화 디지털화 되면서 시내교환기와 광가입자 간의 접속을 E1으로 제공하는 기능이 절대적으로 요구되었다. 이 기능이 개발되면 교환기와 광가입자 전송장치 간을 채널뱅크 없이 접속하므로 경제적인 통신망을 구축할 수 있다. 이때 시내교환기와 광가입자 간 표준 인터페이스로 V5.x를 적용하며, 당시 한국통신 사내기준으로 V5.2 인터페이스(2,048kbps)를 제정하였다(1997. 5).

이를 위해 TDX 전자교환기 개량개선 활성화 기본계획을 수립하여 개량개선 개발에 대해서는 개발보상비를 지급하기로 하였다(1997. 6). 이어서 한국통신은 TDX 전자교환시설의 개량개선에 관한 협약을 대우통신(주), LG정보통신(주), 삼성전자(주), 한화정보통신(주)와 체결하였다(1998. 1. 20). 이때 협약기간은 협약체결일로부터 2006년 12월 말까지로 하였으며, 이때 개발비는 기술이전 대상자인 각사와 한국통신이 균등분담원칙으로 부담하도록 하였다.

또한 본 개발이 종료되면 1개월 이내 타 공급사에 기술이전을 하기로 하고 제안서를 토대로 규격 및 가격을 분리 평가하여 최저가 낙찰방식으로 개발자를 선정하기로 정하였다. 그 후 대형 디지털교환기 및 광가입자전송장치(FLC)에 전량 IDLC기능을 탑재하는「IDLC기술 확보 종합계획」을 수립하였다(1998. 3. 30). 그리고 TDX-10A기종에 IDLC 기능을 개발하도록 하는 1998년도 전자교환기 개량개선 추진계획을 확정하였다(1998. 4. 10).

이러한 개발계획에 따라 우선 공동개발자로 교환 4사가 제안평가에 참여하였으며, 개발자로 LG정보통신이 선정되었다(1998. 4). 이때 주요개발기능은 No.7(white), IDLC, H0채널 기능과 D채널 패킷기능, ISDN기능 등으로 결정하였으며 한국통신은 LG정보통신과 계약가 32억원으로 하여 개발계약을 체결하였다(1998. 4. 10). 이에 따라 이 장비는 1998년 말까지 개발을 끝내고 1999년 3월 물품규격까지 개정하는 일정으로 추진하였다.

6. 국산 전자교환기 1천만회선 개통

6.1 개통행사배경 및 경과보고

가. 행사의 배경 및 참석자

1997년 우리나라는 국산 전자교환기(TDX 계열) 1천만 회선을 공급 개통하게 되었으며 이를 축하하는 기념식을 한국통신 본사(서울 종로구 세종로 100)에서 거행하였다(1997. 11. 6). 이 기념행사는 국내기술개발에 의한 TDX교환기 1천만회선 개통을 기념하고 우리나라가 미국, 스웨덴, 프랑스, 일본, 네델란드, 독일, 카나다 등 정보통신 선진국에 이어 전자교환기 개발 및 생산에 있어 세계10위의 선진국으로 진입한 것을 알리는 목적으로 계획되었다.

또한 첨단 정보통신기술을 자립함으로서 타 산업을 견인하고 앞으로 한 단계 더 발전할 수 있는 계기를 만들어 가고자 하는데 있었다. 당시 국산 전자교환기(TDX 계열)의 국내공급 및 해외수출 실적을 보면 수입대체 등 약 4조5천억 원의 외화절감효과를 가져오게 되었다. 또한 러시아, CIS, 중국, 동남아, 필리핀, 베트남, 루마니아, 동부유럽, 중남미, 미얀마, 이란, 알제리, 방글라데시 등 여러 나라에 이미 4백만 회선을 수출하는 쾌거를 이루었다.

뿐만 아니라 전자교환기 부품생산을 통한 중소기업체의 기술자립으로 반도체, 소자분야 등의 기술발전에 기여하게 되었다. 한편 이 기념식에 해외 관계 장관을 초청하여 TDX계열 전자교환기의 해외수출을 촉진하겠다는 것과, 한국통신, 연구기관, 생산업체 등 관계유공자 포상으로 사기를 진작한다는 생각도 가지고 추진하였다. 한국통신은 정보통신부와 대통령 비서실과 협의하여 1997년 11월 6일에 세종로의 한국통신 본사에서 기념식을 거행하였다.

이 행사에는 김영삼 대통령을 비롯하여 강봉균 정보통신부장관, 이계철 한국통신사장, 박구일 국회 통신과학위원장, 이명박 종로구 국회의원, 대통령 비서실장, 대통령 경호실장, 대통령 경제수석, 대통령 의전수석, 키르키즈 부총리, 몰도바 장관이 참석하였다. 또한 대통령 수행실장, 공보수석, 총무처 의전국장 최석충, 한국전자통신연구소(ETRI)원장 양승택, 삼성전자사장 박희준, LG정보통신사장 송재인, 대우통신사장 유기범, 한화정보통신사장 김용구 등이 참석하였다.

그 외에도 정보통신부 전직 장차관, 한국통신 전직사장, 정보통신부의 기획관리실장, 정보통신정책실장, 정보화기획실장 그리고 한국통신학회장, 대한전자공학회장, 정보통신정책연구원장, 데이콤사장, SK텔레콤사장, 신세기이동통신사장, 온세통신사장 등 500여명이 참석하였다.

나. 국산 TDX 1천만 회선개통 경과보고

국민의례가 끝난 후 먼저 국산 TDX 1천만 회선개통에 대한 경과를 한국통신 네트워크본부장(이상복)이 보고하였다. 보고내용은 다음과 같다.

<경과보고 내용> 대통령을 모신 자리에서 TDX 1천만 회선을 개통하기까지의 경과보고를 드리게 되었음을 무한한 영광으로 생각합니다. 다가올 21세기에 세계 일류국가로 살아남기 위하여 정보통신의 기술자립은 아무리 강조하여도 지나치지 않을 것입니다. 전자교환기의 불모지였던 우리나라에 정보통신기술의 총아로 일컬어지고 있는 전전자교환기를 우리기술로 개발하여 우리의 기간통신망에 공급을 개시한지 11만에 1천만 회선을 개통하기에 이르렀습니다.

국산 전전자교환기는 76년 2월 경제장관간담회 석상에서 시분할방식의 전자교환기를 개발하기로 결정함에 따라 시작되었으며, 곧바로 정부의 주도아래 우리 공사와 교환기 제조업체가 공동출연으로 한국전자통신연구원이 연구에 착수하여 연구개시 6년만인 82년 7월 326가입자를 수용할 수 있는 우리나라 최초의 시험용 교환기 개발에 성공함으로써 대망의 국산 전전자교환기 시대를 열게 했습니다. 이때로부터 3년 9개월여가 지난 86년 3월 상용기종으로는 최초로 TDX-1형 전전자교환기가 개발 완료되어 전북 무주전화국에서 개통하게 됨으로써 명실공히 세계 10번째 전전자교환기 개발 국가가 되었습니다.

그 후 1987년에 용량이 확장되고 성능이 향상된 TDX-1A형 교환기를 추가 개발하고 양산 공급하여 그때까지 수동식교환기로 제공되던 통화권이 자동화됨으로써 전국 1,599개 시내통화권을 152개로 통합하여 전국 자동화의 완성과 함께 가입전화 1천만회선을 달성하여 당시의 만성적인 가입전화 적체를 완전히 해소하는 대업을 달성하게 되었습니다. 계속하여 1989년에는 2만회선 규모의 중용량 TDX-1B형 교환기를 개발하여, 이를 중소도시에 대량

보급함으로써 TDX계열 기종으로 공급개시 3년 만에 5백만회선을 개통하게 되었습니다.

국산 전전자교환기를 통하여 국내교환기 시장을 보호하는 한편 주요 수출상품으로도 육성하기 위하여 2년 후인 91년에는 교환기의 꽃이라 불리는 10만 회선규모의 대용량 TDX-10교환기의 개발을 완료하여 대도시 지역의 주력기종으로 보급하게 되었으며, 이에 자만하지 않고 국제경쟁력 확보를 통한 수출주력기종 육성이라는 명제하에 1996년에는 교환시스템의 하드웨어와 소프트웨어를 고집적화한 전화와 PC통신을 동시에 처리하는 종합정보통신망용 교환기인 TDX-10A형의 개발에 성공하여 기간통신망에 적용함으로써 명실공히 전자교환선진국 대열에 진입하게 되었습니다.

이와 같이 82년의 시험용교환기를 모태로 14년에 걸쳐 총 개발비 1,500여억원을 투입하여 정보통신부가 주도하고 한국통신, 한국전자통신연구원, 대우통신, 삼성전자, LG정보통신, 한화정보통신이 공동으로 TDX-1, TDX-1A, TDX-1B, TDX-10, TDX-10A 등 5개 기종을 개발하고, 이를 공급 운용함으로써 TDX 1천만 회선개통의 위업을 이룩하였으며, 이는 우리나라 기간통신망의 절반 수준에 이르고 있습니다.

국산 전전자교환기 개발 공급에 따른 파급효과를 살펴보면 외국 기종에 의존하던 국내 교환기 시장에서 국산교환기 공급으로 약 4조5천억 원의 수입대체효과가 있었으며, 특히 TDX교환기는 우리가 원천기술을 보유한 국산기종이기 때문에 수준 높은 핵심기술을 구현할 수 있어서 외국기술 의존일변도에서 벗어날 수 있는 국민적 자부심을 가질 수 있게 되었습니다.

TDX교환기의 국내시장을 발판으로 해외수출도 활발하게 진행되어 1991년 베트남에 2만2천회선 처녀 수출을 시작으로 러시아를 비롯한 15개 국가에 4백만 회선을 수출하여 5억 7천만 불의 외화획득은 물론 전자교환기 부품생산을 통한 중소기업체 기술자립으로 우리나라 수출 주력상품인 반도체, 검퓨터, 소자분야 등의 기술발전에도 크게 기여하였습니다. 한국통신은 이번 국산 전전자교환기 1천만회선 개통을 계기로 지금까지 축적된 기술과 경험을 바탕으로 이를 더욱 발전시켜 정보통신 기술자립으로 국가산업 발전 및 세계화에 더욱 정진할 것을 약속드리며 경과보고를 마치겠습니다. 감사합니다. 1997년 11월 6일

다. 유공자 표창

국산 전자교환기 1천만 회선개통 경과보고가 끝난 후 김영삼 대통령은 유공자 포상을 수여하였다. 이정욱 한국통신 부사장이 동탑산업훈장, 강석렬 한국전자통신연구원 책임연구원이 산업포장, 조규조 정보통신부 서기관이 근정포장을 받았다. 그리고 대통령 단체표장은 한국전기통신공사(이계철)과 한국전자통신연구원(양승택), 삼성전자(박희준), LG정보통신(송재인), 대우통신(유기범), 한화정보통신(김용구)이 수상했다. 또한 한국통신 네트워크본부의 정재진 국장과 송준갑 국장은 국무총리 표창을 수상하였다.

6.2 대통령 치사 및 기념비 제막

가. 김영삼 대통령 치사

친애하는 국민 여러분! 그리고 정보통신 관계자 여러분! 오늘 우리기술로 개발한 전전자 교환기 1천만 회선의 개통을 온 국민과 함께 경축합니다. 이어 교환기 개발에 크게 기여한 공로로 방금 영예로운 상(賞)을 받은 여러분을 매우 자랑스럽게 생각하며 아울러 축하를 드립니다. 전전자교환기 1천만 회선 개통은 정부와 민간이 손을 잡고 함께 노력을 기울인지 10여년 만에 이룩한 쾌거입니다. 이제 우리는「1가구 2전화시대」를 열어 정보통신의 대중화를 앞당겼습니다.

또한 시설 면에서 세계 9위의 통신선진국으로 발돋움하였습니다. 뿐만 아니라 우리는 전전자교환기를 중국과 러시아를 비롯한 세계 15개국에 수출하는 나라가 되었습니다. 이는 우리 국민 모두의 자랑이며「정보통신 선진국」을 지향하는 우리의 소망을 밝게 하고 있습니다. 국민 여러분! 다가오는 21세기에는 정보통신기술이 국가경쟁력은 물론 국민 삶의 질을 좌우하는 고도정보사회가 될 것입니다.

정보화와 세계화의 큰 흐름이 세계질서를 바꾸어놓고 있으며, 새로운 질서를 선도하려는 국가 간의 경쟁은 매우 치열합니다. 주요 선진국들은 정보사회의 핵심 간접자본인 초고속정보통신 인프라 구축에 온 힘을 쏟고 있습니다. 우리가 이와 같은 시대적 요구를 앞장서서 개척해야 하는 의지와 사명의 열쇠는 정보화와 정보통신사업의 육성에 있을 것입니다.

정부는 작년 10월「국가경쟁력 강화를 위한 정보화 전략」을 발표하고 이를 적극 추진하고 있습니다. 사회 각 분야의 정보화를 추진시키고 정보통신산업을 육성하는데 많은 노력을 기울이고 있습니다. 우리는 이미 전국의 주요 도시를 연결하는 초고속 정보통신망을 갖추어 나가고 있으며, 금년 말까지 80개 도시 간에 광 전송망이 연결될 것입니다. 2010년까지 전국을 거미줄처럼 이어주는 초고속 정보통신망이 완성되면 공공기관과 기업은 물론 모든 국민이 필요한 정보를 언제 어디서나 신속하게 얻을 수 있게 될 것입니다.

국민 여러분! 우리가 고도정보사회를 이룩하려면 초고속정보통신망과 함께 통신· 네트워크· 방송 등 정보통신산업을 함께 발전시켜야 합니다. 우리 정보통신산업의 생산액은 지금 세계 생산액의 3.6퍼센트에 달하고 있습니다. 정부는 앞으로 정보통신산업이 세계시장으로 더욱 활발하게 진출할 수 있도록 각종 지원책을 강구해 나갈 것입니다. 특히 소프트웨어 산업육성과 전문인력의 양성, 그리고 창의적인 벤처기업에 대한 지원에 많은 힘을 기울여 나갈 것입니다.

정보통신 관계자 여러분!「정보통신선진국」의 꿈은 여러분의 손에 달려 있습니다. 여러분은 그동안 우리 정보통신을 세계적 수준으로 끌어 올리는데 많은 기여를 해 왔습니다. 여러분께서 더 큰 자부심과 사명감을 갖고 고도정보사회를 건설해가는 주역이 되어 주기 바랍니다. 오늘 역사적인 국산전전자교환기 1천만 회선의 개통을 맞아 우리나라를 세계 제1의 「정보통신선진국」으로 만들겠다는 우리 모두의 결의를 더욱 굳게 다짐시다. 감사합니다. 1997년 11월 6일 대통령 김영삼

나. 기념비제막

대통령 축사가 끝난 후 한국통신 사장 이계철과 부사장 이정욱은 대통령을 모시고 한국통신 4층에 위치한 TDX전자실로 이동하여 통신시설현황과 통신망 구성도를 가지고 보고하였다. 이 자리에서 시설운용실장(이경준)은 대통령께 통신시설현황에 대해 다음과 같이 보고하였다.

첫째, 시내전화는 2,297만9천회선(408국)을 보유하고 있으며 그 중 TDX기종은 1천7만4천 회선(43%)이다. 그리고 시외전화 176만2천 회선, 국제전화 3만4천 회선을 운용하고 있다. 전국 전화시설은 총 2,477만5천 회선에 이르고 있다.

둘째, 선진국과 비교하면 시설 수에서는 세계 9위이고, 보급률은 국민 100인당 43대로서 세계 26위이다

셋째, 광화문전화국은 TDX교환기 7만6천 회선, 외국산 교환기 13만3천 회선 등 총 20만9천 회선을 운용하고 있다.

넷째, TDX 수출실적은 4백만 회선이며 업체별 실적은 다음과 같다.

수출회사	대우통신	삼성전자	LG정보통신	한화정보통신
수출국가	CIS, 루마니아 등 7국	중국, 동남아 등 6국	필리핀, 베트남 등 5국	러시아
수출실적	650천 회선	2,630천 회선	630천 회선	90천 회선

이날 국산 전전자교환기 1천만 회선개통을 기념하는 기념비를 제작하여 한국통신 본사 건물 정문에 설치하였다(1997. 10. 31). 당시 한국통신은 이 기념비의 문안을 ① 정보통신 기술자립, 고도정보사회 창달, ② 정보통신 기술자립, 선진조국 건설, ③ 정보통신 선진조국 건설, ④ 전자교환기 기술자립, 정보통신 선진국 초석, ⑤ 전자교환기 기술자립, 고도정보사회 창달, ⑥ 정보통신 기술자립, 고도정보사회 초석 등 6가지로 만들어 대통령 비서실에 통보하였다.

이 제안 문안에 대한 검토 결과 김영삼 대통령은 정보통신기술자립(情報通信技術自立)으로 정하여 휘호를 제작하였다. 한국통신에서는 이 친필휘호를 기념비 본체에 조각하여 완성하였다. 이 기념비는 본체와 좌대로 구성되었으며, 본체는 자연석으로 넓이 350cm, 높이 230cm, 두께 60cm 정도로 제작하였다. 이 기념비의 제막에는 김영삼 대통령, 강봉균 정보통신부장관, 서울시장 직무대리, 박구일 국회 통신과학위원회 위원장, 이명박 국회의원, 해외초빙장관, 이계철 한국통신 사장, 이정욱 한국통신 부사장 등 60여명이 참석하였다.

6.3 TDX 1천만회선 개통행사에 관한 언론보도

가. 정보통신부 비사

국산 전자교환기(TDX) 1천만회선 개통행사를 한지 16년이 지난 2013년 이 행사와 관련하여 전자신문은 당시의 비사를 보도하였다(전전자교환기 1000만 회선 개통은 11년 만에 다시 든 축배였다, 2013. 12, 정보통신부 비사). 주요보도내용은 다음과 같다.

<기사내용> 1997년 11월 6일, 서울 종로구 광화문 한국통신(현 KT) 주변은 경비가 삼엄했다. 하루 전부터 비상경계령이 내려진 상태였다. 이날 오전 한국통신 15층 대강당에서 김영삼 대통령이 참석한 가운데 전전자교환기 1000만회선 개통 기념식이 예정돼 있었다. 전전자교환기는 우리가 세계 10번째로 개발해 1986년 처음 설치했으며 11년 만에 1000만 회선을 돌파했다. 그런 만큼 의미가 각별했다.

한국통신 입구에는 검색대가 설치됐고 폭발물 처리반과 감지견이 곳곳에 배치됐다. 입장이 허용된 참석자들은 신분증을 제시한 후 비표를 받아 검색대를 통과해 들어갔다. 비표가 없는 사람은 입장이 금지됐다. 대통령 동선에 따라 폭발물 감지견을 대동한 경호요원들이 철저하게 보안검색을 했다. 현직 대통령이 전전자교환기 개통 기념식에 참석하기 위해 한국통신을 방문한 일은 김 대통령이 처음이었다.

오전 9시57분, 김 대통령이 탄 방탄용 검은색 승용차가 경호차량의 안내를 받으며 한국통신 정문 입구에 도착했다. 강봉균 정보통신부장관(재경부 장관, 16·17·18대 국회의원 역임)이 김 대통령을 수행했다. 김 대통령은 이계철 한국통신사장(정통부차관 역임, 현 방송통신위원회 위원장), 이정욱 한국통신 부사장(사장권한 대행 역임, 현 한국정보통신감리협회장) 등의 영접을 받고 이들과 악수를 나눈 뒤 곧장 행사장인 한국통신 15층 대회의실로 올라갔다.

대통령께서 입장하십니다, 오전 10시 사회를 맡은 이광세 한국통신 총무실장의 말에 따라 참석자들은 박수로 김 대통령을 맞이했다. 행사장 단상에는 김 대통령을 중심으로 강봉균 정통부장관과 박구일 국회통신과학위원장(해병대 사령관 역임, 예비역 중장), 이계철 한국통신 사장(현 방송통신위원회 위원장), 이명박 신한국당 국회의원(서울시장 역임, 17대 대통령)과, 키르카츠 공화국 몰도바 카지안 통신장관이 좌우에 앉았다.

김 대통령은 이날 치사를 통해「우리 기술로 개발한 전전자 교환기 1000만 회선 개통을 온 국민과 함께 경축한다」며「이제 우리는 1가구 2전화시대를 열어 정보통신 대중화를 앞당겼고 세계 9위 통신대국으로 발돋움했다」고 말했다.

김 대통령은 이어「다가오는 21세기는 정보통신기술이 국가경쟁력은 물론 국민 삶의 질을 좌우하는 고도 정보사회가 될 것」이라며「우리는 2010년까지 전국을 거미줄처럼 이어주는 초고속 정보통신망이 완성되면 공공기관과 기업은 물론 모든 국민이 필요한 정보를 언제 어디서나 신속하게 얻을 수 있게 될 것」이라고 밝혔다.

김 대통령은「정부는 정보통신산업이 세계시장으로 진출할 수 있도록 각종 지원책을 강구하고 특히 소프트웨어 산업 육성과 전문인력 양성, 창의적인 벤처기업에 대한 지원을 확대해 나가겠다」면서「여러분이 고도 정보화사회 건설의 주역이 돼 우리나라를 세계 제1의 정보통신 선진국으로 만들어 달라」고 당부했다.

김 대통령은 이날 전전자교환기 개통에 기여한 개인과 단체에 훈장과 표창장을 수여하고 이들의 노고를 치하했다. 이정욱 한국통신 부사장이 동탑산업훈장을, 강석렬 한국전자통신연구원 책임연구원이 산업포장, 조규조 정통부 서기관이 근정포장을 받았다. 대통령 단체표장은 한국통신과 한국전자통신연구원, 삼성전자, LG정보통신, 대우통신, 한화정보통신이 수상했다. 또한 국무총리 표창은 송준갑 한국통신 교환운용국장과 정재진 한국통신 종합기획국장, 이경호 한국전자통신연구원 책임연구원, 김정식 대덕전자 대표이사(현 회장), 우승훈 동아텔레콤 연구이사, 김종찬 유양정보통신연구소 부소장, 이현행 단암산업 부설 연구소 부소장이 각각 받았다.

김 대통령은 이에 앞서 이상복 한국통신 네트워크본부장(한국통신공중전화 대표 역임)으로부터 경과보고를 받았다. 이 본부장은「전자교환기의 불모지였던 우리나라에 정보통신기술 총아로 주목받는 전전자교환기를 우리 기술로 개발해 기간통신망에 공급한지 11년 만에 1000만 회선을 개통하게 됐다」면서「국산 전전자교환기 개발에 따른 국산대체 효과는 4조 5000억원에 달하며 이 교환기술은 우리가 원천기술을 보유해 국민의 자긍심을 높여 주었다」고 보고했다. 이 본부장은「한국통신은 이번 1000만 회선 개통을 계기로 지금까지 축적된 기술과 경험을 바탕으로 정보통신기술 자립으로 국가 산업 발전과 세계화에 더욱 정진해 나갈 것을 약속드린다」고 말했다.

김 대통령은 기념식이 끝난 뒤 한국통신 4층 전자실로 이동해 전전자교환기 시설현황을 보고받고 교환시설을 둘러보았다. 김 대통령은 이곳에서 10여 분간 머물면서 국산교환기의 운영현황을 살펴보고 이경준 한국통신 네트워크본부 시설운용실장(KTF사장, 에이스안테나사장 역임, 현 kt동우회 상임부회장)으로부터 전전자교환기 개발과정과 성능, 설치현황 등을 보고 받았다.

이 실장의 증언,「대통령 행사라서 굉장히 긴장됐습니다. 당시 전자실은 10평 남짓했습니다. 청와대 경호실에서 입구에 금속탐지기를 설치했습니다. 그리고 탐지견을 데리고 들어와 나한테 다시 탐지견 검색을 하는 바람에 혼비백산했습니다. 송아지만한 감지견이 얼마나 무섭던지…」 당시는 지금처럼 파워포인트로 개발과정을 보고하지 않았다. 대형 브리핑 차트를 만들어 내용을 한 장씩 넘기며 보고했다.

김 대통령은 이 실장에게「수고 많이 했다」고 격려한 뒤 이 실장과 기념촬영을 했다. 이와 관련한 뒷이야기 하나. 당초 한국통신은 김 대통령이 전자실 방문 시 몇 개항의 질문지를 만들어 청와대에 전달했다. 김 대통령이 이중 한 두 가지라도 질문하면 이 실장이 답변하는 형식으로 사전준비를 했다. 하지만 막판에 이 계획은 취소했다. 청와대 비서실에서 혹시 김 대통령이 자칫 전전자교환기에 대한 기술적인 내용을 잘못 질문할 경우를 우려해 취소한 것이다.

김 대통령은 재임 중 웃음을 자아내는 말실수를 몇 번 한 적이 있었다. 루마니아의 독재자 차우셰스쿠의 이름을 잊어버려 회의석상에서 차씨라고 했고 우즈베키스탄을 방문했을 때에도 대통령 카리모프를 카리모스라고 부른 것이다. 당시 청와대 비서실 관계자의 말,「김 대통령 동선을 따라 TV카메라가 취재 중인데 만의 하나 직설적인 화법을 구사하는 김 대통령이 말실수라도 하면 곤란한 일이 아닙니까. 정치나 사회문제가 아닌 기술 분야는 김 대통령에게 생소한 분야입니다. 그래서 아예 질문을 하지 않고 브리핑만 듣는 것으로 조정한 것입니다」.

김 대통령은 이어 한국통신 1층 청사입구(현 방송통신위원회 정문 앞)로 이동해 전전자교환기 1000만회선 기념비 제막식에 참석했다. 제막식에는 강봉균 장관과 이계철 사장, 박구일 위원장. 이명박 의원 등이 참석했다. 자연석으로 만든 기념비에는 김 대통령이 붓글씨로 쓴「정보통신 기술자립」이란 문구를 새겼다. 기념비는 넓이 350㎝, 높이 230㎝ 크기로 만들었다. 이상복 네트워크본부장이 제막에 앞서 기념비에 관해 설명했다.「이 기념비는 정보통신 세계화 도약과 미래 지향적인 국가발전을 위해 대통령께서 친필로 하사하신 것입니다」 김 대통령은 일행과 제막식을 한 후 곧장 청와대로 떠났다. 대통령 참석 행사를 무사히 끝낸 한국통신측은 안도의 한숨을 내쉬었다.

한국통신은 이날 세종문화회관에서 1000만 회선개통 리셉션을 열고 자축했다. 한국통신이 전전자교환기 개통 기념식에 대통령 참석을 청와대 측에 요청한 것은 그 해 8월경이었다.

<이 일을 앞장서서 추진한 이정욱 부사장의 회고> 전전자교환기 1000만 회선개통은 그 의미가 대단합니다. 우선 1가구 2전화 시대를 열었습니다. 국산대체효과는 또 얼마나 큽니까. 그래서 이계철 사장의 결심을 받아 정통부를 거쳐 청와대 경제수석실에 가능여부를 타진했습니다. 그런데 예상외로 청와대 경제수석실에서 한번 추진해 보자며 긍정적인 반응을 보였습니다. 김인호 청와대 경제수석(공정거래위원장 역임, 현 시장경제연구원 이사장)은 이 행사에 적극적이었다.

대통령 참석이 결정되자 기념식 진행을 한국통신이 주관하기로 했다. 식순이나 내용, 진행에 관해 수시로 청와대 측과 협의해 하나씩 결정했다. 기념식 사회와 경과보고, 시설현황 브리핑, 기념비 제막식 등 모든 진행은 한국통신 간부들이 담당했다. 김 대통령의 친필 휘호도 한국통신에서 청와대에 건의하자 청와대는 문안을 만들어 보내라고 했다.

<이정욱 부사장의 계속된 증언> 한국통신 내부 논의를 거쳐 6개 문안을 작성했습니다. 그 중에서 청와대가 하나를 선택하라는 것이었습니다. 내부에서는 정보통신 기술자립을 비롯해 정보통신 기술자립 선진조국 건설, 정보통신 선진조국 건설, 전자교환기 기술자립 정

보통신 선진국초석, 전자교환기 기술자립 고도정보사회 창달, 정보통신 기술자립 고도정보사회 초석 등의 문안을 청와대로 보냈습니다. 이 중「정보통신 기술자립」을 선택하셨고 대통령께서 몇 번이나 휘호를 고쳐 쓰셨다는 이야기를 들었습니다. 이 기념비는 김영삼 정부가 물러나고 한국통신이 경기도 성남으로 본사를 이전하자 성남으로 옮겼다. 김 대통령이 쓴 친필 휘호는 행방불명이다.

<이정욱 부사장의 말> 대통령의 휘호는 역사적인 자료입니다. 그 휘호는 한국통신 회장방에 걸려 있거나 아니면 전시관에 전시해야 할 휘호인데 행방이 묘연해 안타깝습니다. 전전자교환기 1000만 회선 개통은 통신혁명의 값진 결과물이었다.

<국산 전자교환기 1천만 회선 개통 유공자에 대한 대통령 표창>

<국산 전자교환기 1천만 회선 개통 / 대통령 기념비>

나. 한국통신 뉴스 및 한국통신 사지

「국산 TDX 교환시설 1천만 회선 돌파」라는 제목으로 한국통신 뉴스와 한국통신사지에서 다음과 같이 보도하였다.

(1) 한국통신 뉴스(1997. 11. 7)

지난 5월 2천만 전화가입자 돌파에 이어 국내 기술로 개발된 최대 10만회선 용량의 전전자교환기인 TDX 교환기 시설이 전국에 걸쳐 1천만 회선을 돌파했다. 네트워크본부에서는 6일 오전 본사 15층 대회의실에서 김영삼 대통령, 강봉균 정보통신부 장관, 이계철 사장 등 5백여 명의 귀빈이 참석한 가운데 국산전전자교환기 1천만 회선 돌파 기념식을 개최했다. 이번 개통식에서 김영삼 대통령은 우리 회사에 대통령 단체표창을, 이정욱 부사장에게는 동탑산업훈장을 수여했다. 또 네트워크본부 정재진 종합기획국장과 송준갑 교환운용국장은 국무총리 표창을 받았다.

(2) 한국통신 사지(1997. 12)

국내기술로 개발된 국산 전전자교환기 TDX(Time Division Exchange)가 1천만 회선을 넘어섰다. 1997년 11월 6일 본사 대회의실에서 김영삼 대통령을 비롯해 강봉균 정보통신부 장관, 박구일 국회 통신과학위원장 등 5백여 명이 참석한 가운데 1천만 회선 돌파기념식을 가졌다. 한국통신은 이날 대통령으로부터 유공기관표창을, 한국통신 이정욱 부사장 등 유공자 16명은 대통령으로부터 훈포장을 받았다.

김영삼 대통령은 TDX 1천만 회선개통은 정부와 민간이 손잡고 노력을 기울인지 10여년만의 쾌거로서, 이제 우리는 1가구 2전화 시대를 열어 정보통신 대중화를 앞당겼다고 치하했다. 그리고 본사 정문 화단에 「정보통신 기술자립」이라는 김영삼 대통령 친필휘호가 담긴 기념비가 세워졌다. 세계 10번째로 개발된 우리 전전자교환기(TDX)는 1970년대의 전화적체를 완전히 해소했을 뿐만 아니라 우리나라 통신기술을 한 단계 끌어올려 대외경쟁력을 크게 향상시켰다. 현재 세계 9위의 통신선진국으로 진입한 우리나라는 중국, 러시아를 비롯한 15개국에 전전자교환기를 수출하고 있다.

이 기념식에서 이정욱 부사장은 동탑산업훈장을 수상하였다. 1975년에 선진국의 전자교환기를 도입 추진하고, 1981년에 농어촌지역에 전자교환기를 대량 공급함으로써 전국 시외전화자동화(DDD)를 실현케 하였다. 1987년에는 총 전화시설을 1천만회선으로 확장함으로써 가입전화 적체해소의 원동력이 되었다. 오늘의 국산 TDX교환기가 있기까지 국산전전자교환기 개발과 사업화에 주도적인 역할을 수행했다.

1986년에 농어촌용으로 TDX-1과 TDX-1A를, 중소도시형으로 TDX-1B를 개발 상용화하였고, 이어서 1991년에는 대용량 교환기인 TDX-10을 개발 보급함으로써 1993년에 우리나라 전화시설을 2천만 회선으로 끌어올렸다. 그리고 국내통신시장의 전면 개방에 대비하여 차세대교환기(TDX-100, TDX-ATM) 개발계획을 수립 추진하여 초고속정보통신망 건설을 위한 첨단시스템 확보에 기여했다.

다. 일간신문 및 경제신문

(1) 국산 전전자교환기 1,000만 회선 돌파 통신선진국 신호탄(한국일보, 1997. 11. 7)

순수 국내기술로 개발된 국산 전전자교환기(TDX)가 86년 처음 설치된 지 12만에 6일 1,000만 회선을 돌파했다. 한국통신은 이날 광화문 본사에서 김영삼 대통령을 비롯, 강봉균 정보통신부장관, 박구일 국회통신과학위원장, 이계철 한국통신 사장 등이 참석한 가운데 1,000만 회선 둘파 기념식을 열었다.

이로서 우리나라는 멀티미디어 서비스가 가능한 최첨단 전화시설로 정보통신의 대중화를 앞당겨 1가구 2전화 시대를 열면서 미국, 일본, 유럽 등 통신선진국과 어깨를 나란히 하게 됐다. 전전자교환기 1,000만 회선 돌파는 1935년 기계식 교환기를 도입한지 43년 만에 이룩한 기록이다. TDX는 걸려오는 전화를 착신지역 전화국에 연결시켜주는 신호교환장비로 86년 국산화에 성공한 후 그동안 4조5,000억 원의 수입대체효과를 올렸으며 러시아 등 15개국에 5,000억 원 상당을 수출했다.

이날 행사에서 이정욱 한국통신 부사장이 동탑산업훈장을 받는 등 공로자 및 기관이 훈장과 포장을 받았다<전국제 기자>. 이 신문에 보도된 전체 수상자명단은 제7장 말미의 참고자료 편에 기록되어 있다.

(2) 국산 TDX교환기 1,000만 회선 돌파(서울신문, 1997. 11. 7)

국산전전자교환기(TDX) 시설이 6일 1천망 회선을 돌파했다. 이는 국내통신산업의 자립기반이 확고하게 됐으며 세계적인 통신대국의 반열에 서있음을 뜻한다. 한국통신은 이날 상오 본사 대회의실에서 김영삼 대통령, 강봉균 정보통신부장관, 박구일 국회통신과학위원장 등 5백여 명이 참석한 가운데 국산 전전자교환기 1천만 회선 개통 기념식을 개최했다.

전전자교환기는 컴퓨터가 교환기의 모든 기능을 자동으로 처리할 수 있도록 한 것으로 음성 뿐 아니라 문자, 그림 등의 정보를 교환, 전송할 수 있다. 김영삼 대통령은 기념식에서 「국산 전전자교환기 1천만 회선 개통으로 이제 우리는 1가구 2전화 시대를 열어 정보통신의 대중화를 앞당겼다」면서 「우리나라를 세계 제1의 정보통신 선진국으로 만들어 나가자」고 강조했다.

우리나라에 설치된 TDX교환기 시설 수는 총 1천20만 회선으로 전체 교환시설 2천3백48만 회선의 43.4%를 차지하고 있다. 국산 전전자교환기의 개발 및 보급으로 그동안 4조5천억 원의 수입대체효과를 가져왔고 91년 이후 러시아 등 15개 국가에 5천 억원 규모(4백만 회선 용량)의 교환시설을 수출, 세계 6위의 전자교환기 수출국으로 발돋움했다. 또한 통신망 관리측면에서 교환기술의 자립으로 각국이 다투어 추진하고 있는 초고속정보통신망 구축에 크게 기여하게 됐다. 이 기념식에서 한국전기통신공사 이정욱 부사장이 동탑산업훈장을 수상하였다<박영군 기자>. 이 신문에 보도된 전체 수상자 명단은 제7장 말미의 참고자료 편에 기록되어 있다.

(3) 전전자교환기 1천만회선 개통 유공자(중앙일보, 1997. 11. 7)

국산 전전자교환기 1천만회선 개통유공자로 이정욱 한국통신 부사장이 동탑산업훈장을 수상하였다. 이 신문에 보도된 전체 유공자는 제7장 말미의 참고자료 편에 기록되어 있다.

(4) 국산 전전자교환기 1천만회선 돌파(한겨레신문, 1997. 11. 7)

우리 손으로 개발해 우리나라에 설치된 국산 전전자교환기(TDX)가 6일 1천만회선을 넘었다. 한국통신은 이날 오전 서울 광화문 본사에서 김영삼 대통령과 강봉균 정보통신부장관 등 관계자 500여명이 참석한 가운데 국산 전전자교환기 보급 1천만회선 돌파 기념식을 했다. 전전교환기는 기존 반전자교환기 가운데 통화로 부분을 디지털화된 것이다.

기존 것과 비교해 용량이 크고 음성은 물론 문자와 그림 등 디지털 신호로 표시 가능한 모든 정보를 전송할 수 있다. 한국통신은 300억 원을 들인 국산 전전자교환기 개발로 지금까지 46억 달러(4조5천억 원) 가량의 수입대체 효과를 얻었다고 밝혔다. 또 지난 90년 필리핀과 베트남을 시작으로 지금까지 15개 나라에 400만회선(5억7천만 달러)을 수출했다. 이날 기념식에서는 이정욱 한국통신 부사장이 동탑산업훈장, 강석렬 한국전자통신연구원 책임연구원이 산업포장을 받았다<김재섭 기자>.

(5) TDX 1천만회선 개통식 공로자 시상(세계일보, 1997. 11. 7)

김영삼 대통령은 6일 국산 전자교환기(TDX) 1천만회선 개통식에서 이정욱 한국통신 부사장 등 공로자 및 기관에 대해 훈장과 표창장을 수여하였다<이중수 기자>. 이 신문이 보도한 전체 수상자 명단은 제7장 말미의 참고자료 편에 기록되어 있다.

(6) 김대통령 참석 개통기념식(한국경제신문, 1997. 11. 7)

순수 국내 기술로 개발된 국산 전전자교환기(TDX)가 1천만회선 개통시대를 맞았다. 한국통신은 6일 대회의실에서 김영삼 대통령과 강봉균 정보통신부장관, 박구일 국회통신과학위원장, 이계철 사장 등 국내외 통신관련 인사 5백여명이 참석한 가운데 국산 TDX 1천만회선 돌파기념식을 가졌다.

김대통령은 이날 치사를 통해 「1가구 2전화시대의 밑거름이 된 국산 TDX 1천만회선 개통은 정부와 민간이 손을 잡고 이룩한 쾌거」라고 말하고 이를 계기로 우리나라를 세계 제1의 정보통신선진국으로 만들어 가자고 말했다. 김대통령은 「정부는 우리나라를 고도정보화사회로 만들기 위해 소프트웨어 산업 육성과 전문인력 양성, 창의적인 벤처기업 지원 등에 많은 힘을 기울일 것」이라고 강조했다. 이날 행사에서 이정욱 한국통신 부사장이 동탑산업훈장을 받는 등 공로자 및 기관이 훈장과 포장을 받았다<최완수, 윤진식 기자>. 이 신문에 보도된 전체 수상자명단은 제7장 말미의 참고자료 편에 기록되어 있다.

(7) 수입대체효과 등 4조5천억 실익(서울경제신문, 1997. 11. 7)

TDX 교환시설 1천만회선 돌파는 우리나라가 지난 86년 세계 10번째로 전전자교환기를 개발, 설치한지 11년만의 일로 한국의 정보통신산업에 큰 획을 긋는 이정표라 할 수 있다. 이로써 우리나라는 지난 5월 달성한 전화가입자 2천만 명 돌파와 함께 명실상부한 세계적인 통신강국으로 부상한 셈이다. 교환기는 통신기술 중 최고의 첨단기술을 요하는 분야로 통신산업 기술력을 평가하는 척도라 할 수 있다.

또 컴퓨터와 반도체 기술 개발에도 큰 보탬이 되는 분야다. 1천만회선 돌파의 경제적 효과를 보면 3조7천억 원의 수입대체효과를 비롯해 로열티 지급비용 절약 등을 포함하면 4천5백억 원의 효과를 올린 것으로 분석되고 있다. 또 수출에서도 지난 90년말 필리핀과 베트남에 최초로 전전자교환기를 수출한 이래 세계 6번째의 교환기 수출국가로 발돋움했다.

현재까지 러시아 등 15개 국가에 4백만 회선의 교환기를 수출, 5억7천만 달러(약 5천억 원)의 외화를 벌어들인 것으로 집계됐다. 현재 주력기종으로 설치되고 있는 TDX-10A는 동시에 10만 명의 전화통화를 소통시킬 수 있는 설비로 앞으로 전개될 ISDN(종합정보통신망) 등 고도정보통신서비스를 가능케 하는 초석이다. 이날 행사에서 이정욱 한국통신 부사장이 동탑산업훈장을 받는 등 공로자 및 기관이 훈장과 포장을 받았다<백재현 기자>. 이 신문에 보도된 전체 수상자명단은 제7장 말미의 참고자료 편에 기록되어 있다.

(8) 전자교환기술 경쟁력 대외적 인정 계기 마련(제일경제, 1997. 11. 7)

순수 국내기술로 개발된 국산 전전자교환기(TDX)가 전국에 1천만회선을 돌파했다. 김영삼 대통령은 6일 오전 한국통신 대회의실에서 개최된 국산 전전자교환기 1천만회선 개통기념식에 참석, 개통을 축하하고 교환기 개발에 기여한 이정욱 한국통신 부사장 등 유공자들을 표창했다. 이날 행사에는 강봉균 정보통신부장관, 박구일 국회통신과학위원장 등 국내외 통신관련 주요인사 5백명이 참석했다.

김대통령은 이날 연설을 통해 고도정보사회를 이룩하려면 초고속정보통신망과 함께 통신 네트워크, 방송 등 정보통신사업을 함께 육성시켜야 한다며, 소프트웨어 산업육성과 전문인력 양성, 창의적인 벤처기업에 대한 지원에 많은 힘을 기울일 것이라고 말했다<이병영 기자>. 한편 이 신문이 보도한 표창을 받은 수상자들의 명단은 제7장 말미의 참고자료 편에 기록되어 있다.

라. 1,000만회선 개통기념 인터뷰(서울신문, 1997. 11. 14)

국산 전전자교환시설(TDX)이 최근 1천만회선을 넘어서는 등 정보통신 핵심시설의 국산화가 자리 잡으면서 우리나라도 이제 통신선진국의 대열에 합류하게 됐다. 국산 전자교환기의 개발 보급에 중요한 역할을 한 공로를 인정받아 최근 동탑산업훈장을 받은 이정욱(李廷旭) 한국통신 부사장을 만나 전자교환시설의 국산화가 갖는 의미를 들어봤다.

① 통신망에서 전자교환기가 어느 정도 중요한가. ⇨ 통신망에서 교환기는 사람의 뇌에 해당한다. 전자교환기는 컴퓨터가 제어하므로 상당한 수준의 지능지수를 갖고 있다. 따라서 지능망서비스, 종합정보통신망(ISDN) 서비스의 산실은 바로 전자교환기다. 통신망의 구조는 사람의 뇌에 해당하는 전자교환기의 수용용량이나 성능에 따라 결정된다.

② 그렇다면 전자교환기의 성능이 좋아야 초고속정보통신망을 구축할 수 있을 것 같은데 ⇨ 그렇다. 전자교환기가 초고속교환기(ATM)로 한 단계 더 발전해야 초고속정보통신망을 구축할 수 있다. 현재의 국산 전자교환기는 음성위주의 통신 외에 데이터통신 등을 제공할 수 있는 정도의 용량이다. 앞으로 텔레비전 동화상 수준의 서비스를 하려면 초고속교환기가 반드시 필요하다.

③ 우리나라 기술력으로는 언제쯤 초고속교환기를 개발할 수 있나 ⇨ 그것은 벌써 개발됐다. 현재 서울-대전 간에 시험 운용하고 있고 내년 말부터는 상용화할 수 있다. 그러나 초고속정보통신 서비스를 내년 말부터 일시에 전국적으로 활성화할 수는 없다. 우리 정보통신 현실을 고려할 때 아직 수요도 부족하고 공급능력도 모자란다. 2010년에는 전국 서비스가 가능할 것이다<유상덕 기자>.

7. 차세대 교환기의 개발

7.1 ATM교환기 개발의 필요성

가. ATM교환기의 특성

지금까지의 교환기는 음성 위주로 제작되어 데이터나 영상 등의 전송에 부적합한 면이 있었다. 따라서 ATM(Asynchronous Transfer Mode)은 비동기식 전송모드라는 의미이며, 음성, 데이터, 영상 등을 동시에 처리하기 위해 ITU-T에서 채택한 교환기술로 B-ISDN 구축의 기반이 되는 기술이었다. ATM교환기는 음성교환기와 데이터교환기(패킷교환기)의 장점만을 채택한 것인데, 이 교환기와 일반교환기의 차이점을 살펴보면 아래와 같다.

첫째, 일반교환기는 회선속도가 64Kbps 이하의 저속이고, 음성정보가 없어도 1인이 회선을 점유한다. 그리고 이 교환기는 음성과 저속데이터를 제공하며, 실시간처리가 가능하며 통신망 구축 변경이 복잡하다.

둘째, 데이터교환기는 회선속도가 수 Mbps 이하의 중속이고, 이용자가 회선을 공유한다. 그리고 이 교환기는 중속데이터와 저속영상을 제공하며, 실시간처리가 불가능하며 통신망 구축 변경이 용이하다.

셋째, ATM 교환기는 회선속도가 수백 Mbps 이상의 고속이고, 이용자 간 회선을 공유한다. 그리고 이 교환기는 고속 멀티미디어 서비스를 제공하며, 실시간처리가 가능하며 통신망 구축 변경이 용이하다.

또한 한국통신에서 파악한 1990년대 후반 당시 국내외 ATM교환기의 개발상황을 정리하면 아래와 같다(ATM 교환기 개발현황, 1997. 9. 13, 한국통신 초고속통신본부).

(1) ATM교환기는 공중통신망 용과 사설통신망 용으로 구분되고 있으며, 세계시장은 사설망 ATM교환기 위주로 형성되고 있으며, 공중망 ATM교환기는 아직 시장이 형성되지 않고 있다.

(2) 공중망 ATM교환기는 선진국에서도 통신망사업자를 중심으로 개발하고 있으며 표준화 진행에 따라 지속적으로 보완 개발 중에 있다. 그리고 사설망 ATM교환기는 다양한 제품이 생산돠고 있으나 국제표준화가 안되어 있어 제품 간 호환성이 없다.

(3) 국제규격도 공중망 ATM은 ITU에서, 사설망 ATM인 경우는 ATM포럼에서 각각 제정되고 있다. ATM 기술은 계속 발전 중에 있는 신기술로서 국제표준화가 진행 중이며 현재 약 70% 정도 진척된 상태이다. 그래서 ATM교환기는 기존 TDX 및 CDMA와 같이 표준화가 완료된 단계에서 개발하는 것이 아니라 표준화가 진행중인 상태에서 개발하는 것이므로 지속적인 개량 개선이 요구된다.

나. ATM교환기의 국제동향

ATM교환기는 기술성과 경제성을 감안하여 개발이 필요하였다. 우선 기술적인 측면에서 현재 음성전화망(PSTN), 무선교환망(EMX), 케이블TV망, 팩시밀리망, 전용회선망, ISDN망, 프레임릴레이망, 패킷망 등 서비스별로 존재하는 다양한 개별 통신망의 통합이 필요하였다. ATM은 통신망 내 연결이 간단하고 유지 보수가 용이하여 필요하며, 특히 B-ISDN의 핵심기술로서 국내 원천기술 확보가 필요하였다.

다음 경제적인 측면에서는 개별통신망을 구축하는 것보다 통합망의 구축이 필요하였다. 이는 교환기 시설비용이 Mbps당 음성교환기보다 1/20, N-ISDN 보다 1/4 정도로 저렴하고, 음성교환보다 약 2천배 이상의 정보처리가 가능하여 원가절감을 위해 고속 대용량화가 필요하였다. 이러한 이유로 선진국에서는 이 교환기를 개발하고 있으며 이용하기 시작하였다.

주요선진국의 개발동향을 보면 미국은 루슨트테크놀로지스에서 1993년에 ATM교환기를 개발 생산하고 있고, 1994년부터 AT&T, MCI 등에서 이를 통해 전용회선 및 데이터서비스를 제공하고 있다. 영국에서는 장비개발은 하지 않고 있으며, ST에서 ATM망을 이용하여 1997년 3월에 영국전역, 영국- 미국 간 전용회선 서비스를 제공하고 있다. 그리고 프랑스는 알카텔(Alcatel)에서 1993년 ATM교환기를 개발 생산 중에 있으며, 1994년에는 11개 도시에 ATM-LAN을 이용한 데이터서비스를 제공하고 있다.

한편 1994년 10월 한국통신 기술기획실장(이정욱)은 중국 북경에서 개최된 1994년도 아시아태평양 전기통신포럼(1994 Asia Pacific Telecom Forum)에 참석하였다(1994. 10. 24-10. 30). 이때 중국 우전부와 이틀 동안의 회의에서 한국과 중국이 차세대교환기(ATM교환기)를 공동 개발하는데 합의하였다. 한국통신 기술기획실장은 이 합의사항을 중국 우전부 장관, 차관, 총국장과 가진 차이나월드 호텔(China World Hotel) 오찬에서 오기전(吳基傳) 우전부 장관에게 재확인하였다(1994. 10. 26).

또한 1996년 하반기 한국통신 네트워크본부장(이정욱)은 미국 루슨트 테크놀로지스(Lucent Technologies)와 인디언 힐(Indian Hill)에 있는 벨 연구소를 방문하여 ATM교환기 및 ISDN에 대한 미국의 진행사항을 파악하였다(1996. 8. 25-9. 2).

7.2 ATM교환기의 국내개발 시도

가. 개발목표 및 사업추진 체계

1990년대에 들어서면서 정부는 과학기술을 2000년대 선진 7개국 수준으로 진입시키기 위해 G7 프로젝트를 계획하여 해당 부처별로 추진하였다. 이를 위해 제품기술 개발사업은 국제경쟁력을 보유할 수 있는 제품으로 B-ISDN 개발 등 5개 과제, 기반기술 개발사업으로는 제품을 기대할 수 없으나 기반기술을 도출하기 위한 차세대 원자로 기술개발 등 6개 과제를 선정하였다.

이 중에서 한국통신은 정부의 국책사업으로 추진 중인 HAN-B ISDN 연구개발사업으로 개발하게 된 ATM교환기 개발에 참여하였다. 이 개발사업은 초고속정보통신망 하부구조인 B-ISDN의 핵심장치 및 소자의 국산개발을 위해 산·학·연·관이 공동으로 추진하였다. 한국통신은 먼저 B-ISDN 연구기획을 수립하였으며(1992. 4. 29), 이어서 B-ISDN 총괄주관기관으로 지정되었다(1992. 7. 21).

이에 따라 공동개발업체 선정공고를 하였으며(1992. 12. 8), 정부(체신부)는 B-ISDN 연구개발 기본계획을 확정하였다(1992. 12. 26). 이에 따라 한국통신 사장은 과학기술처장관, 체신부장관과 공동연구개발 협약을 체결하였다(1992. 12. 30). HAN/B-ISDN 사업의 추진체계는 다음과 같이 정하여 시행하였다.

① 총괄부처는 정보통신부(협조부처 과학기술처), 총괄기관은 한국통신, 연구수행 주관기관은 한국전자통신연구원(ETRI)으로 한다.

② 개발 분야별로 보면 통신망분야 주관은 한국통신, 교환분야 주관은 ETRI, 전송분야 주관은 ETRI, 단말기 주관은 한국통신으로 하여 시행한다.

③ 참여업체는 대우통신, 삼성전자, 한화정보통신, LG정보통신, 동아일렉콤, 우진전자통신 등 6개사로 한다.

그리고 ATM교환기 개발기간은 1992년-1999년(8년간)으로 하고, 이를 위한 소요예산은 정부 296억 원, 통신사업자 1,339억 원, 업체 1,945억 원 등 총 3,580억 원을 투입하는 것으로 추진하였다. 이를 위해 1단계에서는 소형 ATM교환기(최대 40Gbps급)를 개발하고, 2단계에 가서 대형교환기를 개발하는 등 표준화 추진동향에 따라 단계별로 개발하는 것으로 결정하였다.

중장기적으로 보아 ATM교환기 개발형상은 ACE64(10Gbps급), ACE256(40Gbps급), ACE1024(160Gbps급)로 구분하여 개발하는 것으로 추진하였다. 이때 ACE64 및 ACE 256은 상용제품화하고, ACE1024는 시장수요에 따라 업체에서 상용화하는 것으로 정하였다. 이들 교환기의 주요기능은 다음과 같다.

① 소형 ATM교환기(HANbit ACE64)는 16×16 단위스위치로서 CBR, VBR, PVC, SVC 기능을 갖추고, 프레임릴레이, ATM포럼 신호 등 국가통신망 요구기능을 수용한다. 이것은 1998년에 표준 규격화한다.

② 대형 ATM교환기(HANbit ACE256)는 64×64 단위 스위치로서 CBR, VBR, UBR, ABR 기능을 갖추고, ACE64 기능 모두를 구용한다. 또한 제어계 능력증대, 통신망 관리(NMS) 기능, 보호절체기능을 수용하며, PSDN, PSTN/N-ISDN과 연동한다. 이것은 1999년에 표준 규격화한다.

③ 초대형 ATM교환기(ACE1024)는 중계교환기 기능을 갖추며, 기존 통신망 간 연동시키고 1999년에 개발제품을 내 놓는다.

나. 현안문제 및 이에 대한 대책

1997년 소형 ATM교환기를 개발 완료하여 공급하는 과정에서 초고속 국가통신망에의 적용문제, 국가통신망에 ATM 설치지연, 일반전화기 사용여부 등 다음과 같은 몇 가지 문제점이 발생하여 이에 대한 대책을 수립하였다(ATM교환기 개발현황, 1997. 9. 13, 한국통신 초고속통신본부).

첫째, 초고속 국가통신망에 적용시 기능 보완이 요구되었다. 이번 교환기는 1995년도에 제정된 공중통신망을 ITU 표준규격에 맞게 개발되었다. 그러다 보니 초고속 국가통신망 가입자들은 주로 저속 데이터서비스 이용자들이기 때문에 공중망 ATM교환기의 기능 외에 LAN 연결 등 ATM포럼에서 다루는 사설망 ATM교환기의 기능을 요구하였다. 그러나 공중망 ATM으로 개발됨으로서 ① LAN, Frame Relay 등 기존 데이터장비와의 접속기능, ② 컴퓨터통신을 위한 주소체계(문자)와 공중 ATM교환기의 번호체계와의 연동기능 등 최근 표준화 완료 또는 표준화가 진행 중인 기능 등에 대한 수요자 요구에 미흡하였다.

이때 유의할 점은 공중망과 사설망이 접속되는 경우, 사설망이 공중망에 규격을 맞추는 것이 원칙이나 공중망의 수요가 형성되지 않은 단계에서는 공중망 ATM장비의 실질적인 활용을 위해 공중망에서 사설망 접속기능을 맞추는 것이 요구되었다. 당시 개발된 장비는 공중통신망의 핵심교환기로 사용하는 데는 지장이 없으나 국가통신망 이용환경을 고려하여 기존 데이터장비를 수용할 수 있도록 1997년 중에 기능을 집중적으로 보완 추진하였다.

둘째, 초고속 국가통신망에 ATM 설치가 지연되는 문제가 발생하였다. 1997년도 설치예정인 ATM교환기(한국통신 7대, 데이콤 3대)를 1998년도에 설치하는 방안을 검토하였다. 이와 같이 설치가 지연되게 된 것은 국내 ATM교환기 개발은 개발조달로 추진되어 최초 물량구매 시 개발업체만 납품이 가능하기 때문이었다. 1997년도에 개발 조달할 경우 10대만이 국내업체에서 납품이 가능하고 1998년부터는 국제경쟁 입찰이 시행됨에 따라 1997년 구매물량과 1998년 구매물량 총 34대를 1998년도에 일괄 구매하는 것으로 추진하였다.

앞에서 설명한 바와 같이 사설 ATM은 호환성이 없어 초고속 국가통신망으로 사용할 수 없으며, 공중통신망 용으로 개발된 ATM은 국가통신망에 설치하더라도 ITU의 국제표준이 확정되면 지속적으로 보완 개발이 필요하였다. 결국 1998년도 구매이후에도 기능을 계속하여 개량 개선해야 할 상황이었다.

셋째, 일반전화기의 사용가능 여부를 검토해야 하였다. ATM교환기는 음성서비스를 제공하는 측면에서는 기존 전화교환기에 비해 경제성이 없기 때문에 데이터나 영상서비스 위주로 개발되었다. ITU에서도 음성서비스는 기존 전화망을 이용하는 것이 경제성이 있으므로 음성기능처리는 2,000년 이후에 수용할 것을 고려 중이었다.

한편 기존 전화기를 ATM교환기에 직접 수용하는 것은 기술적으로 불가능한 것은 아니나 경제성이 없고 표준화가 되어 있지 않아 개발이 어려운 상황이었다. 따라서 국제표준화 동향을 지켜보며 지속적인 기능개발을 해 나가는 수밖에 없다고 판단하였으며, 음성처리가 표준화되기 전까지는 기존 TDX 기술을 활용하여 전화교환기를 ATM 교환기와 연동하는 기술을 개발하는 방향으로 추진하였다.

7.3 ATM교환기 개발 중간점검

가. ATM교환기의 구매지연발생

1997년 하반기 정보통신부장관(강봉균)은 1997년 초고속 국가통신망 교환기 구매가 1998년으로 연기된 사유와 관련하여 국내교환기 개발현황 보고를 요청하였다. 이때 정보통신부 정보통신정책실장이 장관에게 보고한 내용을 요약하면 다음과 같다(1997. 9. 10).

(1) 국제동향(표준화)을 보면 국제전기통신연합(ITU-T) 및 민간표준화기구(ATM포럼)에서 각각 표준화를 제정 추진 중이며 약 70% 표준화가 진행되고 있음. 선진국도 공중망은 표준화 진전에 따라 국내개발을 계속하고 있으며 사설망 장비는 제품은 다양하나 완벽한 호환성이 부재한 상황임. 미국, 영국 등 선진국에서도 사설망용 ATM 교환기는 수요가 많으나 공중망용 ATM교환기는 시험, 시범서비스 단계에 있음.

(2) 교환기 개발은 HAN/B-ISDN 개발계획(1992. 12)에 따라 1996년 10월 개발을 완료하고 서울-유성 간 통신망을 구성하여 상용화 시험결과가 적합하게 나왔음(1997. 3-1997. 8). 그리고 개발 중인 접속장치(CANS)도 이더넷, ATM 가입자 접속, 전용선 접속 등 기본기능은 개발되어 시험 중에 있으며 1998년 상반기까지 프레임릴레이 등 추가기능을 보완할 예정임.

(3) 초고속 국가통신망에 적용하는 문제는 국가통신망 이용자들의 특성상 저속데이터, 프레임릴레이 등 비ATM방식 기존단말기의 수용을 위해 최근(1996-1997)에 표준화가 이루어진 기능을 ATM교환기에 추가할 것을 요구하였음. 그리고 공중망의 수요가 형성되지 않은 현 단계에서 국내 제품의 시장성 제고를 위해 국가통신망 요구사항을 수용하도록 추진함. 접속장치(CANS)도 추가기능 개발 추진하여 1998년 상반기에는 완료할 예정임.

(4) 교환기의 구매 및 설치는 1997년 12월까지 현장시험용으로 사전 설치 운용한 후 기능이 추가된 교환기를 1998년에 총 34대(한국통신 24대, 데이콤 10대)를 대량 구매하는 방안을 검토 중임. 1997년에 교환기 일부 구매 시 경우 장비규격 공개로 선진국의 장비 제조업체가 1998년도 구매에 입찰해 올 가능성이 있음. 따라서 국내업체 보호를 위해 ATM 시범서비스용으로 1997년 12월말 7대를 사전 설치하여 운용하고 1998년도에 보완된 교환기로 일괄 구매하고자 함. 이를 위해 한국통신은 서울, 대전에서 시험중인 교환기 4대를 서울, 부산, 대전, 광주에 이전 설치하고, 데이콤은 교환기 3대를 업체로부터 지원받아 설치토록 함.

나. HANbit ACE교환기의 벤치마킹

한편 한국전자통신연구원에서는 ATM교환기 개발에 대한 중간점검을 수행하여 다음과 같이 보고서를 작성하였다(HANbit ACE교환기에 대한 벤치마킹 수행결과 보고서, 1997. 12. 1, 한국전자통신연구원 교환기술연구단).

<보고서 결론> HANbit ACE교환기를 세계 최고수준의 ATM교환기와 시스템의 성능, 기능 및 가격측면에서 경쟁적 벤치마킹을 수행하였고, HANbit ACE교환기의 제품을 중심국(Core)용과 변두리(Edge)용으로 각각 개발시 고려되어야 할 사항을 정리하였다. HANbit ACE교환기는 기능측면에서는 1998년까지 개발하는 초고속 국가통신망용 HANbit ACE교환기를 기준으로 볼 때 세계적 수준의 교환기에 근접한 수준이다.

그러나 CBR 및 제한적 VBR 및 UBR 기능만을 제공하고 서비스 클래스별로 구분하여 스케줄링을 하지 않음으로서 가입자에게 다양한 서비스를 제공하고 가입자가 요구하는 서비스 품질을 만족시키는데 제약점이 예상된다. 또한 시스템성능 측면에서는 세계적 수준의 교환기에 비해 현재의 시스템은 단위스위치 처리율, 스위치 링크속도 및 가입자 카드의 포트 밀집도(Port Density), 가입자 포트당 최대설정 VP/VC 개수 등의 측면에서 열세에 있는 것으로 분석되었다.

그리고 시스템가격 측면에서는 코어용 교환기로서는 일정 수준의 경쟁력이 있는 것으로 판단되나 향후 시스템의 가격경쟁력을 더욱 향상시키기 위해서는 스위치의 주요기능에 대한 ASIC화, 국산화(ASIC, PCB), MCM화, 시험기능(Testability) 향상, 소모전력의 절감, 케이블의 축소 등을 통해 스위치의 가격을 낮추고, 가입자 카드의 포트 밀집도를 높여 동일규모의 시스템 형상에서 수용되는 가입자 포트의 수를 증가시키는 대책이 요구된다.

향후 HANbit ACE교환기의 개발방향은 1999년에 국내통신시장이 완전 개방되었을 때 최소한 국내 ATM교환기 시장을 보호하기 위해 기능측면에서는 단계별 추진전략에 의해 1999년에는 세계수준에 근접하고 2001년에는 세계최고 수준에 도달하는 시스템의 개발을 추진하는 것이 바람직 할 것으로 판단된다. 특히 초기 ATM 공중망에서 서비스 수요가 가장 클 것으로 예상되는 ATM 음성서비스(Voice over ATM), 프레임릴레이 서비스, ATM 인터넷서비스(Internet over ATM)를 수용하는 기능을 구현할 때에는 세계적 수준의 교환기와 경쟁할 수 있다고 본다.

그리고 가격 및 성능측면에서도 조기(1999년까지)에 우위를 점할 수 있도록 해당서비스를 처리하는 가입자보드의 포트 수용밀도를 높이고, 해당 트래픽을 효율적으로 처리할 수 있는 기능, 해당 가입자를 효과적으로 운용 관리할 수 있는 기능 등에 대한 개발이 필요하다.

다. ATM–MSS 개발

ATM-MSS(Metropolitan Area Switching System)는 ATM교환기와 연동기능을 갖는 소형교환기(Edge)로 개발되었으며, 초기 ATM 전용선서비스를 위한 대도시용 교환장치로 이용하게 되었다. 개발기간은 1992년부터 1995년까지로 하고, 소요예산은 총 153억7천만 원을 들여 공동연구 개발하는 것으로 정하였다. 한편 이 장치개발을 위한 추진협약이 한국통신 통신망연구소와 참여업체 간에 시행되었다(1993. 8. 25). 이 교환기의 개발은 이미 확보된 ATM-MSS 기술을 이용하여 제품개발 기간을 최소화하고, 개발업체 간 경쟁개발로 성능 및 경제성을 높이는 쪽으로 추진하였다.

그리고 개발방법은 ATM-MSS 기술을 업체에 이전하여 업체주관으로 개발하고, 교환기술연구소는 이 소형교환기(Edge)의 기능요구규격을 작성하고, 업체개발제품을 평가하며, TMN 기능규격을 작성하는 것으로 하였다. 그리고 한국통신 초고속통신추진본부는 상용화 및 표준규격화를 주관하였다. 초기 개발제품에 대해서는 개발확인시험을 실시하였으며, 이때 주요한 미흡사항으로는 통신망 관리기능(통신채널 복구시간 단축필요), LAN 접속기능(AdressMapping), 고온시험 등이 발견되었다(1996. 4. 8).

이에 따라 추가개발을 시행하여 1996년 하반기에 ATM-MSS(PVC용)를 상용화하고, 1996년 12월부터 개량 개선하기로 정하였다. 그리고 스위치 용량을 증대하기 위해 HSN을 64×64로 증대하고 SVC 신호기능을 개발하였다. 또한 통신망 관리기능을 보완개발하고 LAN 에뮬레이션 기능도 개발 추진하였다. 이후 이 교환장치의 개발목표는 다음과 같이 결정하여 1998년 말까지 상용제품 및 표준화를 추진하였다.

(1) 1997년에 최대 4.9Gbps급 제품으로 개발하고, 1 HSN/3RSN, ATM(T1, E1, DS3, STM-1)으로 개발한다. 그리고 PVC, SVC 연결기능과 CBR, 프레임릴레이, CE(E1, T1) 기능을 갖도록 개발한다. 이때 ITU-T 규격을 준수하고, TMN 통신망 관리장치도 개발한다.

(2) 1998년에는 4.9Gbps이상 제품으로 개발하고, 1 Rack, ATM(T1, E1, DS3, STM- 1)으로 개발한다. 그리고 PVC, SVC 연결기능과 CBR, VBR, UBR, ABR, 프레임릴레이, CE(E1, T1) 기능을 갖도록 개발한다. 이때 ITU-T 규격, ATM포럼 규격을 수용하고, 가입자망 관리(ILMI), LAN 직접수용기능도 개발한다.

한편 ATM-MSS를 위해서는 연구소, 참여업체 공동연구를 위한 공간 확보방안을 검토하여 적기 개발을 추진하였다. 당시 한국통신 연구센터의 총면적은 14,918평(전용면적 4,275평)이고, 통신망연구소는 전용면적 481.2평을 사용하고 있었다. 이때 통신망연구소는 173명(ATM-MSS 25명)을 운용하고 있었으며 참여기업체 개발요원 22명도 참여하고 있었다. 이런 상황을 검토한 결과 사무실 공간이 협소하여 ATM-MSS 공동연구개발을 위해서는 별도의 임시공간을 확보해야만 하였다. 그래서 통신망연구소에서는 ATM-MSS 공동개발을 위한 장소확보 기본계획을 수립하였다(1993. 9. 27).

이에 따라 역삼동 황화빌딩 18층에 120평을 임차하는 것으로 건물임대차계약을 체결하였다(1993. 11. 5). 이 계약은 통신망연구소와 6개 참여기업체(삼성전자, 금성통신, 대우통신, 동양통신, 동아전기, 우진전자)간 공동계약으로 하였으며, 참여기관이 공동으로 부담하게 하였다. 이때 임차기간은 1년간(1993. 11. 11-1994. 11. 10)으로 하였으며, 임차료는 5억1천만 원(한국통신, 삼성전자, 금성통신, 대우통신, 동양통신은 각각 9천6백만 원 부담), 관리비 월 286만2천원(이중 한국통신이 152만2천원 부담)으로 계약되었다. 이때 참여업체 및 세부분담내역을 보면 <표 7-10>과 같다.

<표 7-10> ATM-MSS 공동개발을 위한 공동연구실 분담

구분	업체별	임차료	관리비	합계
개발주관기관	한국통신	96,084,000	1,522,568	97,606,568
참여기업체 (시스템)	삼성전자	96,084,000	304,497	96,388,497
	금성통신	96,084,000	304,497	96,388,497
	대우통신	96,084,000	304,497	96,388,497
	동양통신	96,084,000	304,497	96,388,497
참여기업체 (모듈)	동아전기	25,500,000	60,902	25,560,902
	우진전자	4,080,000	60,902	4,140,902

7.4 ATM교환기 개발 상용화

앞에서 설명한 바와 같이 소형 ATM교환기는 1995년 7월부터 1996년 10월까지 개발하여 1996년 말에는 개발확인시험을 완료하였다(1996. 11-1997. 1). 이후 1997년 후반에는 시제품 상용시험 및 현장시험을 완료하여 선진국과 동등한 수준의 ATM교환기를 개발 완료하였다(1997. 3-1997. 8). 이때 개발한 ATM교환기의 시험을 위해 서울, 대전, 부산, 광주에 ATM교환기를 설치하여 상호 망형으로 통신망을 구축하고, 대구에는 ATM 접속장치를 설치하여 시험교환망을 구성하였다. 이때 소형 ATM교환기(HANbit ACE64)의 상용시제품 시험을 시행하기 위한 시험추진체계, 시험항목, 추진일정 등은 다음과 같이 정하였다(소형 ATM교환기 상용시험 추진현황, 1998. 9, 한국통신 네트워크본부).

(1) 사업주관부서는 네트워크본부, 시험주관부서는 조달본부, 시험대상 업체는 대우통신, 삼성전자, LG정보통신, 한화정보통신으로 한다. (2) 시험항목은 호처리 분야, 운용관리 분야, 유지보수분야, 종합운용 및 신뢰성 분야, 통신망연동 분야 등 총 370개 항목으로 정한다. (3) 향후일정계획은 상용시제품 시험은 1998년 10월 중순에 완료하고, 소형 ATM 교환기 표준규격은 1998년 10월말에 제정하며, 초고속 국가통신망 구축사업에는 1998년 말에 공급한다.

이때 상용시제품은 한국통신 대덕2연구센터에서 시험결과 4개사 모두 적합판정을 받았다. 이에 따라 초고속통신추진본부에서는 조달본부로 규격을 제안하였다(1997. 2. 10). 그러나 네트워크본부에서는 소형 ATM교환기 구매계획 변동에 따라 별도 요청이 있을 때까지 표준규격 제정을 연기하도록 지휘하였다(1997. 9. 4). 당시 국내개발한 공중통신망 교환기를 선진국과 비교하면 <표 7-11>과 같다. 또한 한국통신은 개발된 ATM 교환기술을 사내 관련부서에 기술 이전하여 개발기술의 활용도를 극대화하고자 하였다.

<표 7-11> 선진국의 ATM 교환기 개발상황(1997)

구분	제작사	제품명	용량(Gbps)	상용화
미국	Lucent Tech	Globe-View 2000	20-40	1994. 1/4
캐나다	Nortel	Magellan concord	10-80	1994. 2/4
일본	NEC	NEAX 61E	10	1993. 3/4
	Fujitsu	Fetex-150	160	
독일	Siemens	EWSXpress 3100	10	1994. 1/4
스웨덴	Ericsson	Broadband System	40	
한국	HAN/B-ISDN	HANbit ACE 64	40	1997. 2/4

그래서 IMT-2000교환기 개발사업에 ATM교환기술 이전을 추진하였으며, 개발핵심기술을 한국통신 통신망연구소 교환기 관련 연구팀에 이전하게 하였다. 또한 운용기술은 서울통신운용연구단 등에 이전시키고, 기타 ATM 교환기술도 소요부서에 이전 조치하였다. 이 개발교환기에 의해 우리나라는 고속 데이터 전송서비스, 영상전화 및 영상회의, 주문형 비디오 및 오디오서비스, 멀티미디어 서비스, LAN 간의 상호접속서비스 등의 서비스가 가능하게 되었다.

한국통신은 ATM 교환망을 초고속정보통신망과 연계하여 초고속 국가통신망 사업으로 구축한다는 방침을 세웠다. 그래서 ATM 시험망의 구축 운용결과를 바탕으로 ATM 상용망을 구축해 나갔다. 서울, 부산, 대전, 광주에 ATM교환기를 설치하고 서울, 부산, 대전, 광주, 대구에 시범기관을 수용하였다(1997. 12. 30). 이어서 ATM 주변장치는 1998년 5월까지 설치하여 ATM 서비스를 제공하기로 추진하였다.

참고자료

(1) 전자교환방식 도입을 위한 공동연구 시행(1974. 5. 20).

1974년 체신부는 우리나라 통신망에 전자교환기의 도입을 추진하였다. 이를 위해 당시 체신부 공무국장은 체신부 전기통신연구소장에게 외국산 전자교환기의 도입을 위한 시행계획을 수립 제출토록 지시하였다(체공기1620). 이 문서는 공무국 기계시설과 통신기좌(김종삼), 기계시설과장(이양수)이 주관하고 공무국장(이순기)의 결재로 시행되었다.

(2) 외국산 전자교환기 선정을 위한 연구용역의 중단(1975. 2. 13)

1975년 대통령(박정희)은 체신부 연두순시자리에서 앞으로 우리나라에 공급할 전자교환기는 국내 개발하도록 지시하였다(1975. 2. 4). 이 방침에 따라 체신부 전기통신연구소에서는 당시 추진하고 있던 외국산 전자교환기의 기종선정을 위한 연구용역을 중단하고 이를 본부 공무국으로 보고하였다(전연기 1620-202, 1975. 2. 11). 이 보고문서는 체신부 공무국 기계시설과장(이양수), 공무국장(오황근)이 접수 종결되었다.

(3) 한국전자교환연구소 설립을 위한 실무위원회 구성(1975. 5. 24)

1970년대 중반 체신부는 전자교환기의 국산개발을 담당할 한국전자교환연구소(가칭)의 설립을 위한 실무위원회를 발족시켰다(체전기1620-74, 체신부 전무국). 이 위원회의 임무는 전자교환연구소 설립계획을 수립과 이에 관한 일체의 업무를 담당하였다. 이 계획은 전무기획담당관(곽영식)이 주관하고 전무국장(장기익), 기획관리실장(손승록), 차관(최병권), 장관(장승태)의 결재를 거쳐 확정되었다. 당시 협조기관으로 기계시설과장

(이양수), 공무국장(오황근)이 결재하였다.

(4) 한국전자교환연구소 설립(1975. 8. 20)

1975년 체신부는 우리나라의 전자교환기의 연구 개발, 통신기술의 진흥 및 산업발전에 기여할 목적으로 한국전자교환연구소법(안)을 만들었다(체기내1620-15116, 1975. 8. 20, 체신부 전무기획국). 이 법안은 전무기획국 시내계획과장(유택로)이 주관하고 국장(장기익), 장관(장승태)이 결재로 확정되었다.

(5) 경제장관 간담회 회의결과보고서(1976. 3. 2)

1976년 체신부는 우리나라 통신방식을 전자교환기로 전환하는 방안을 경제장관간담회의에 제안하여 심의하였다(경제장관 간담회 회의결과보고서, 체기내1620, 1976. 3. 2, 체신부 전무기획국). 이 회의 보고서에 의해 체신부는 우리나라 통신방식 전환계획을 수립하였으며 이 계획은 전무기획국 시내계획과장(유택로)이 주관하고 국장(장기익), 차관(최병권), 장관(박원근)의 결재로 확정되었다.

(6) 전자교환방식 도입을 위한 추진계획(1977. 1. 7, 체신부 계획국).

1977년 체신부는 전자교환방식 도입을 위해 전담반 구성 및 운영계획을 수립하였다(체계삼 1620-227). 이 전담반의 임무는 협상단에의 참여, 전자교환방식의 수용태세 정비(인원훈련, 시설정비, 치국계획), KIST 부설연구소의 인수준비 등의 임무를 수행하는 것으로 정하였다. 이 계획은 계획국 계획3과장(유택로)이 주관하고 국장(장기익), 차관(이경식), 장관(박원근)이 결재하여 확정되었다.

(7) 디지털교환기 종합개발계획(1985. 12. 17)

1985년 한국전기통신공사는 다가오는 디지털통신시대에 대비하여 디지털교환기 종합개발계획을 수립 추진하였다(통신망현대화계획, 1985. 12. 17, 한국통신). 이 계획의 주요내용은 ① 기본형 디지털교환기(TDX-1)는 1986년까지 개발 완료한다 ② 표준형 ISDN교환기는 1987년부터 1991년까지 개발한다 ③ 종합기능교환기는 1992년부터 1996년까지 개발한다 등이었다. 이 계획은 한국통신 계획국 통신망계획부장(이정욱)이 주관하고 국장(이응효), 부사장(배동조), 사장(이우재)의 결재로 확정 시행되었다.

(8) 신형 중용량 전자교환기 발전기본계획(1993. 9. 14)

1993년 한국통신은 성능이 보다 우수하고 국제경쟁력을 갖춘 제2세대 국산 전자교환기(TDX-10A형) 개발계획을 확정하였다(TDX-10 발전기본계획, 1993. 9. 14, 기술기획실 교환기술부). 이 계획에 의해 국내 전자교환기 생산 4개사 간 경쟁방식으로 TDX-10A형을 개발하였다. 이 계획은 기술기획실 교환기술부장(이해동), 기술기획국장(박학송)이 주관하고 실장(이정욱), 제2부사장(김락성), 사장(조백제)의 결재로 확정 시행되었다.

당시 이 계획은 체신부장관(윤동윤)의 승인을 받아 추진되었다(1993. 11. 5).

(9) 신형 중용량 전자교환기 발전보완계획(1993. 11. 30)

한국통신은 우수한 성능의 TDX-10A형 전자교환기 개발을 촉진하고자 개발된 교환기의 우수성을 평가하여 개발업체에게 인센티브를 부여하는 방안 등을 결정하였다(TDX-10 발전계획보완, 1993. 11. 30, 기술기획실 교환기술부). 이 방안은 당시 한국통신의 TDX-10 발전기본계획(1993. 9. 14)에 대한 정부승인과정에서 체신부장관의 주문사항이기도 하였다. 이 계획은 기술기획실 교환기술부장(이해동), 기술기획국장(박학송)이 주관하고 실장(이정욱)의 결재로 시행되었다.

(10) 대용량 전자교환기 개발추진방침(1996. 5)

1996년 한국통신 네트워크본부는 2000년대의 초고속정보통신 시대에 대비하여 대용량 전자교환기(TDX-100) 개발을 결정하였다(업무계획보고, 1996. 5, 네트워크본부 기술기획국). 이 계획의 주요내용은 ① TDX-100을 개발하여 전자교환기술의 국제 경쟁력을 높이고 시장개방에 능동적으로 대처하며 앞으로 이를 우리나라의 주력 전자교환기로 공급한다 ② 가입자 수용능력을 20만 회선규모의 대용량 전자교환기로 개발한다 ③ 운용중인 TDX-10 전자교환기 대비 40%이상의 가격 절감을 목표로 개발한다는 것이었다. 이 계획은 네트워크본부 교환기술부장(유호선), 기술기획국장(김문수)이 주관하고 본부장(이정욱)의 결재로 확정 시행되었다.

(10) 국산 전자교환기 1천만회선 돌파 기념식(1997. 11. 6)

1997년 11월 한국통신은 대회의실(서울시 종로구 세종로 100)에서 김영삼 대통령과 강봉균 정보통신부장관, 박구일 국회통신과학위원장, 이계철 사장 등 국내외 통신관련 인사 5백여명이 참석한 가운데 국산 전자교환기(TDX) 1천만회선 돌파기념식을 가졌다. 이 기념식에서 수상한 국산 전전자교환기 개발 및 보급에 관한 유공자는 다음과 같다. <동탑산업훈장> 이정욱(한국통신 부사장), <산업포장> 강석렬(한국전자통신연구원 책임연구원), <국민포장> 조규조(정보통신부 정보통신서기관), <대통령 단체표창> 한국전기통신공사, 한국전자통신연구원, 삼성전자, LG정보통신, 대우통신, 한화정보통신, <국무총리 표창> 송준갑(한국전기통신공사 교환운용국장), 정재진(한국전기통신공사 종합기획국장), 이경호(한국전자통신연구원 책임연구원), 김정식(대덕전자 대표이사), 우승훈(동아일레콤 연구이사), 김종찬(유양정보통신연구소 부소장), 이현행(단암산업 부설연구소 부소장).

제8장

한미 간 전자교환기 개발전쟁

1. 미국의 통상압력과 한국통신의 전면대응

1.1 미국산 최신형 전자교환기의 출현

가. 미국산 전자교환기의 강력한 공급제안

1980년대에 들어서면서 한국통신은 미국이 개발한 최신형 전전자교환기(5ESS)를 도입하기로 정하고 한국통신의 통신망 장비 조달절차에 따라 우리나라 통신망에 공급할 준비를 하고 있었다. 이에 따라 한국통신 기술기획실(이정욱)에서는 이 신형 전자교환기에 대해 1985년에 상용시험을 거쳐 표준규격을 작성하고, 1986년에는 원격교환장치(RSS) 시험, ISDN 시험 등 부가기능시험을 시행하는 것으로 추진하고 있었다(통신망 현대화계획, 1985. 12. 17, 한국통신 기술기획실).

이후 우리나라는 한미통신협상으로 통신망 장비는 1993년 1월부터 개방되었고 UR협상 타결에 의해 국내 기본통신서비스도 1997년 1월부터 개방하게 되었다. 이에 따라 한국통신은 통신망 장비시장을 개방하게 되었으며, 이때 AT&T는 국내 합작회사인 금성정보통신을 통해 미국의 신형 전자교환기(5ESS)를 직접 공급하고자 시도하였다. 이때 AT&T사는 이 교환기의 원천기술 공급자임을 이유로 자동적으로 공급자격이 부여될 수 있도록 한국통신에 요청하였다.

1993년 초 미국은 미국 종합무역법 제1377조 검토과정에서 미 무역대표부(USTR)를 통해 이 교환기의 인증문제를 한·미 간 통상 문제화하였다. 이어서 한미 정부 간에는「AT&T가 공급자로 인증될 것이며, 현재 한국통신의 시스템에서 사용 중인 AT&T의 교환기 및 적절한 업그레이드(upgrade)는 생산지에 관계없이 1993년 5월로 예정된 한국통신의 입찰에 참여가 허용될 것이다」라고 합의하였다. 결국 이 신형 전자교환기의 인증 및 공급참여에 관한 합의사항은 당시 주미대사(현홍주)가 USTR 대표에게 서한으로 통보함으로써 종결되었다

(1993. 3. 31).

이어서 AT&T Korea(주)는 이 신형기종(5ESS) 공급자격 인증을 신청하였으며(1993. 4. 15), 한국통신에서는 AT&T에 이 기종에 대해 공급자격을 부여하였다(1993. 5. 26). 이에 따라 한국통신에서는 한·미 간에 합의된 통신망 장비 조달절차 중 후속조달 신규참여절차를 적용하여 이 교환기를 초기 2년간(1993년-1994년)에 걸쳐 총 15만3,200회선(269억4천5백만 원)을 구매 설치하였다.

나. 미국측의 신형 전자교환기 구매요구

이로부터 몇 달 지나지 않아 미국 AT&T사에서는 한국통신에게 다시 신형 전자교환기(5ESS-2000)의 구매를 제안하였다. 또한 AT&T에서는 이 신형전자교환기의 공급을 위해 한국통신의 전전자교환기(대형)의 기술규격의 개정을 요청하였다(1993. 11. 26). 이 제안의 세부내용을 보면 고품질, 고용량, 최첨단서비스 기능, 우수한 경쟁력 및 경제성을 지닌 구성품(3B21D, QLPS, SM-2000)으로 개정해 달라는 것이었다.

그리고 AT&T에서는 이 교환기가 진일보된 하드웨어 및 다양한 네트워크 구성이 가능하며 수용 능력이 30만 가입자로 대폭 증대되었다고 설명하였다. 또한 ISDN, IN 등 최첨단서비스가 제공되며 상면적이 축소될 뿐만 아니라 소비전력도 감소되는 등 여러 가지 장점도 제시하였다. 이런 와중에 한·미 정부 간 통신협의가 시작되었다(1994. 2).

이때 한미통신협의 결과 미국 측 요구사항 중 한국통신 기술기획실(실장 이정욱)에서는 소관사항에 대해 다음과 같이 결정하여 추진하였다(기설 1260-03557, 1994년 2월 한·미 통신협의결과 후속조치, 1994. 3. 10, 한국통신 기술기획실). 본 후속조치내용은 체신부장관(윤동윤)에게 보고되었다(1994. 3. 10) 이 계획의 주관기관 및 결재자는 제8장 말미의 참고자료 편에 기록되어 있다.

첫째, 1993년 11월 AT&T사가 한국통신에 제출한 5ESS 규격개정 요구문서에 대해서는 합리적으로 처리한다. 1994년 4월 말까지 AT&T의 전전자교환기(대형) 기술규격 개정 요구내용에 대해 기술검토를 실시하며, 검토 결과에 따라 현행 조달절차를 적용하여 성능시험 및 현장시험 등 평가를 거쳐 규격을 개정한다.

둘째, 미국 측은 레이켐(Raychem)사의 품질인증 건과 관련하여 한국통신 품질인증 관련 규정(품질보증규정, 인증세칙, 열수축관 표준생산장비 공시 등)이 사실상 제품의 국내제조를 요구하고 있는바, 이는 ROU 위반으로 이들 요건의 제거를 요청하였다.

이 건에 대해서는 레이켐사가 USTR을 통하여 한국통신의 인증제도 개선을 요구하게 된 요인인 태림화학의 공정변경 신청사항을 1994년 3월 중 긍정적으로 재검토하기로 하였다. 그리고 미국의 요청사항인 품질보증 관련 규정 중 ROU 위반 주장에 대해서는 1994년 6월까지 검토 조치하기로 하였다.

1.2 통신장비 시장개방에 대한 한국통신의 전면대응

가. 한미 간 전기통신제품의 구매개방

한국통신은 전기통신제품의 조달에 관한 한미합의의 배경을 신중히 검토하여 이에 탄력적으로 대응하였다. 당시의 배경을 보면 미국은 미국종합무역법에 의거하여 1989년 2월 한국을 우선협상대상국으로 지정하였다. 이때 우리나라는 우선협상대상국의 해소를 위한 협상결과 1990년 2월 한미 간 전기통신제품의 구매개방을 하기로 합의하였다. 이때 나머지 미결분야는 1992년 2월까지 최종 타결하는 것으로 협상되었다. 당시 한·미 간에 합의된 주요 내용은 다음과 같다.

(1) 전기통신제품은 국내외 비차별적인 조달절차로 조달하고 국산화, 기술이전 등 오프셋(offset)의 부과를 금지한다. 그리고 입찰 이의처리절차를 수립 시행한다.

(2) 적용대상 기관은 조달청(체신부 조달포함), 한국통신으로 하며 일반통신제품에 대해서는 1992년부터 GATT 정부조달절차를 적용하고, 통신망 장비는 1993년부터 통신망 장비 조달절차를 적용한다.

(3) 중소기업 단체적 수의계약물품과 지방/현지조달 물품 등은 적용의 예외이며, 일반통신제품과 통신망 장비에 대하여 정의한다.

이때 한국통신은 이와 같은 국제조달시행에 대비하여「국제조달제도 준비전담반」을 1991년-1992년에 구성 운영하였다(업무현황, 1993. 10, 한국통신 기술기획실). 당시 해외사무소를 통해 일본, 미국, EC 등의 조달제도에 대한 외국사례를 조사 분석하였으며, 일본(NTT)의 국제조달전문가를 초청하여 세미나를 개최하기도 하였다. 그리고 이에 대비하기 위해 조달 관련 규정을 제·개정하였다.

우선 특정 물품의 조달에 관한 정부투자기관 회계규정 특례를 재무부의 승인을 받아 제정하였다(1992. 1). 또한 통신망장비 조달규정을 제정하고, 품질보증규정과 물품표준화규정을 개정하였다(1992. 12). 동시에 한국통신은 국내업체의 경쟁력을 확보하기 위한 활동에도 주력하였다. 미국과의 협상 시 미국 측의 개방요구 시기를 1990년에서 1992년-1993년으로 지연 추진하였다.

그리고 개방합의 시 개방범위를 최소화하기 위해 중소기업 단체적 수의계약물품, 한국통신의 지방 및 현지조달 물품 등은 개방에서 제외토록 하였다. 또한 기존 품질인증업체의 공급자격을 인정하는 등 기존 공급업체를 위한 경과조치도 확정하였다. 이와 같은 조치의 원활한 시행을 위해 업계의 의견을 수렴하는 간담회를 총 9회를 개최하였으며, 여기에는 총 141개 업체가 참여하였다. 이때 한국통신의 조달 관련 27개 기관, 651명에 대해 사내교육도 시행하여 한미간 전기통신제품의 구매개방에 따른 전면대응에 나섰다.

나. 국제조달 시행체제 구축 및 지침제정

한국통신 기술기획실(실장 이정욱)에서는 통신장비 국제조달제도의 조기 정착을 위해 내부시행체제를 구축하고 지침을 제정하는 등 다음과 같은 조치를 취해 나갔다.

첫째, 국제조달업무의 대외창구 및 종합조정을 담당할 조직(기술기획실 설비조달국)을 신설하였다. 그리고 이를 시행하는데 필요한 물품표준화심의회 운용지침, 물품표준화 경과규정 처리지침, 외자도입승인지침 등 내부지침을 제정하였다.

둘째, 통신망장비 조달내부규정, 지침, 안내서 등 26건의 제반 규정에 대해 종합 검토하였다(1993. 5). 검토결과 한미합의내용과는 위배사항이 없었으며, 조달 관련 제도 장기발전계획의 필요성을 도출하였다. 이어서 통신망장비 조달제도 발전방안을 수립하였다(1993. 6-1993. 12).

셋째, 국제조달 홍보 및 정보제공 활동을 강화하였다. 이를 위해 통신망장비 조달절차 안내서, 후속조달을 위한 경제성 심사방법 등 조달 관련 안내서를 총 1,900부를 발간 배부하였다. 그리고 미국 워싱턴에서 TIA 관계자 등 18명을 초치하여 해외조달설명회를 개최하였다(1993. 3. 29). 또한 국내업계를 대상으로 통신망장비 조달규정 등 보완 후 제도설명회를 개최하였다(1993. 11-1993. 12).

넷째, 이와 같이 어려운 상황에서 지체 없는 국제조달을 실시하였다. 이때 일반통신제품 72건을 공고하였는데 외국 업체의 참여는 없었다(1992-1993. 8). 통신망 장비는 176건을 공고하였으며 외국 업체는 1건 참여하였다(1993. 8). 여기에서 1건은 한국통신이 실시한 14개국 국설교환기 신설분 입찰에 미국 AT&T Korea가 참여하여 그중 2개국 물량이 낙찰된 내용을 말한다.

1.3 미국측 제안에 대한 신중한 검토

가. 미국산 신형 전자교환기에 대한 정밀진단

한국통신에서는 미국산 신형 전자교환기(5ESS-2000)의 공급제안에 따른 기술규격을 검토하기 시작하였다(AT&T 전전자교환기 기술규격 개정제안 검토계획, 1994. 4. 9, 한국통신 기술기획실). 이 계획에서 다룰 주요사항으로 제안시스템의 기술성, 경제성 및 사업적용의 타당성을 확인하고, 규격의 개정범위를 검토하는 것으로 정하였다. 이 계획의 주관부서 및 결재자는 제8장 말미의 참고자료 편에 기록되어 있다.

이 일을 전문적으로 다루기 위해 당시 기술기획실 교환기술국장(여영조)을 위원장으로 하고, 교환기술부장(이해동), 지능기술부장(구본철), 소프트웨어 계획부장(유학목), 서울전자교환운용연구단 운용지원2부장(유화근) 등 15명의 위원으로 제안심의소위원회를 구성하였다. 이 위원회는 서울전자교환운용연구단에 회의장소를 정해놓고 3주간(1994. 4. 11-4.

30) 전담반 체계로 운용하였다. 이후 한국통신은 제안심의소위원회(2차) 및 제안심의회(2차)를 통해 신형전자교환기(5ESS-2000)에 대한 기술성, 경제성, 사업타당성 등을 이미 공급 중인 5ESS와 비교하여 심도 있게 검토하였으며 주요사항을 보면 <표 8-1>과 같다.

<표 8-1> 5ESS-2000 전자교환기의 용량 및 성능

주요사항	5ESS	5ESS-2000
가입자 용량(회선)	100,000	190,000-300,000
호처리 용량(BHCA)	675,000	1,200,000
보조기억장치 용량	340MB	1GB
소프트웨어 버전	5EE4(2)	5EE6(2)

또한 AT&T사를 대표하여 AT&T Korea측(강우춘 이사)과 수차례에 걸친 협의를 거쳐 기술규격 개정제안에 대한 검토결과를 미국 측에 통보하였다(기교1217-10326, 전전자교환기 대형 기술규격 개정제안 검토결과, 1994. 6. 11. 한국통신 기술기획실). 이때 통보한 요지는 다음과 같다.

① 5ESS-2000은 시스템 성능을 보면 대형화되어 있으며 특히 ISDN, IN(SSP), DBDS, Wireless, N × 64Kbps, Data &Video 등 새로운 서비스 기능이 구현되어 있음.

② 5ESS-2000은 새로운 버전의 기종으로 판단되어 전전자교환기(대형) 기술규격의 개정은 불가하여 5ESS-2000 제품규격을 별도 제정할 필요가 있음.

이와 같은 검토결과는 기술기획실 교환기술국장(여영조), 실장(이정욱)이 결재하여 AT&T Korea 사장(김충세)에게 통보되었다. 이에 따라 한국통신은 미국 측의 요구 및 주장에 대해 다음과 같이 통보하고 대응하기 시작하였다.

(1) 5ESS-2000은 공급자격부여를 위한 시험이 필수적이며, 신제품이든 업그레이드이든 시험평가결과에 따라 자격을 부여한다. 그리고 한국통신의 구매계획과 신제품 공급자격부여는 별개이다. (2) TDX-10A의 개발과 5ESS-2000 시험은 관계없으며 국산개발 장비도 동일하게 엄격한 시험을 거치고 있다. (3) 5ESS-2000을 한국통신에 납품하는 문제는 양 사 간의 문제로 정부 차원의 대응보다는 양 사 간 협의가 바람직하다.

나. 미국 측 제안에 대한 신중한 심의

한국통신의 이러한 통보에 따라 AT&T Korea는 5ESS-2000 교환기 제품규격의 제정을 신청하였으며 한국통신에서는 이를 심의 의결할 제안심의위원회를 구성하였다(기교1217-14901, 5ESS-2000 교환기 공급제안 심의, 한국통신 기술기획실). 이 위원회의 위원장은 기술기획실장(이정욱), 부위원장은 교환기술국장(여영조)으로 결정하였으며 기술기획실, 전화본부, 통신망본부 등 물자조달 관련 부서 10명의 위원으로 운영하였다.

위원으로는 기술기획실 통신망계획1국장(박학송), 설비조달국장(김은진), 전화본부 교환국장(김흥섭), 통신망본부 계획국장(이활만), 운용보전실 교환운용국장(박유호), 연구개발원 교환표준화팀장(윤병흠), 품질보증단 품질평가국장(이영철), 통신시설사업단 시설2국장(윤재희), 보급사업단 보급2국장(전병경), 서울전자교환운용연구단 운용지원2국장(송준갑)으로 구성하였다.

이어서 열린 심의위원회에서는 신형 전자교환기의 공급제안에 대해 심의위원 전원 찬성으로 다음과 같이 의결하였으며, 이를 체신부장관(참조: 통신정책실장)에게 보고하였다(기교 1217-15303, 5ESS-2000 교환기 공급제안, 1994. 8. 22, 한국통신 기술기획실). 이 문서의 주관부서 및 결재자는 제8장 말미의 참고자료 편에 기록되어 있다.

(1) AT&T Korea가 제안한 5ESS-2000교환기는 제안평가를 실시하고, 조달절차는 후속조달 신규참여절차에 의한다. 평가결과에 의거 제품규격을 제정하며, 기술기획실에서 이 공급제안 처리업무를 총괄한다.

(2) 평가신청서의 접수는 보급사업단, 평가계획수립 및 평가는 품질보증단에서 담당한다. 그리고 공급자격심의 및 확정은 기술기획실에서 주관하고 품질보증단에서 제품규격을 제정한다.

다. 5ESS-2000 교환기의 평가계획 수립

한국통신의 이러한 추진방향에 따라 AT&T의 후속조달 신규제안방식의 공급제안신청서(5권)가 보급사업단에 접수되었다(1994. 10. 6), 즉시 품질보증단(단장 강민호)에서는 평가계획을 수립하여 관련부서의 협의 및 회의를 거쳐 전전자교환기 제안평가계획을 만들어 본사의 승인을 요청하였다(품보평 1916-3053, 제안평가계획안 승인요청, 1994. 11. 16, 품질보증단).

이에 따라 기술기획실(실장 이정욱)에서는 이 제안평가계획안을 승인하고 이를 시행토록 품질보증단장에게 다음과 같이 조치하였다(기설 1263-904, 전전자교환기 제안평가계획 승인, 1994. 12. 21, 한국통신 기술기획실). 이 계획의 주관부서 및 결재자는 제8장 말미의 참고자료 편에 기록되어 있다.

첫째, 제안평가절차, 기준, 방법 등 세부계획은 귀단(안)으로 시행한다. 다만 평가일정은 품질보증단 계획에 의하면 필요한 평가를 1996년 4월까지 끝내는 것으로 되어 있으나, 현 상황을 고려하여 4개월 앞당긴 1995년 12월에 완료하는 것으로 조정한다. 즉 1995년 3월 말까지 시료 설계, 설치 및 서류심사를 끝내며, 이어서 조사 및 성능시험을 12주간 시행하는 것으로 정하였다(1995. 4. 1-6. 23). 그 후 현장시험을 24주간 실시하고(1995. 6. 24-12. 8), 평가결과분석은 1995년 12월 말에 완료하는 것으로 조정하여 시행토록 하였다.

둘째, 제안평가 건의사항에 대해서는 다음과 같이 추진한다. ① 신규서비스 기능에 관하여 국내 및 사내기술기준 또는 기술표준 등이 있는 경우는 필수항목으로 하고, 없는 경우에는 선택항목으로 평가한다. ② 평가요원 지원에 대해서는 귀단(안)으로 지원 지시하였으니 세부평가일정 등은 귀단이 주관하여 시행한다. ③ 시료 설치장소와 시험환경구축 등에 관하여는 시료의 규모, 설치방안 등에 따른 검토 결정이 필요하니 세부사항에 대한 귀단의 의견을 제출할 것.

셋째, 이와 동시에 전전자교환기 제안평가 업무를 원만히 수행하기 위해 제안평가반을 운영토록 한다. 평가요원으로는 품질보증단 13명, 국제통신본부 2명, 연구개발원 1명, 통신망연구소 1명, 사업개발단 2명, 통신시설사업단 1명, 보급사업단 1명, 통신망관리단 1명, 서울사업본부(지원센터) 2명, 서울전자교환운용연구단 6명 등 총 30명으로 구성한다.

한편 이 평가계획을 AT&T Korea 및 한국통신 내 모든 관련부서에서도 조속히 시행되도록 통보하였다(기설 1263-230, 전전자교환기 제안평가 추진, 1995. 1. 11, 한국통신 기술기획실).

2. 미 무역대표부(USTR)의 등장

2.1 신형기종의 공급자격부여 요청

가. 5ESS-2000기종의 각종시험 생략요망

1994년 말 미국 무역대표부(USTR)는 5ESS-2000 전자교환기 구매에 대한 미국의 요구사항을 담은 비공식문서(non-paper)를 주한 미국대사관을 통해 정보통신부로 전달하였다(1994. 12. 22). 이 문서를 통해 미국측은 5ESS-2000 기종은 5ESS의 업그레이드(upgrade) 기종임으로, 각종 시험을 생략 혹은 간략히 하여 1995년 한국통신 조달에 적기에 참여할 수 있도록 조기 공급자격의 부여를 요망하였다. 또한 상기 공급자격 부여 시까지 1995년도 신규조달은 없어야 한다고 요구하였다.

다시 말해 미국 측은 신형 5ESS-2000 전자교환기는 기존 5ESS 전자교환기의 단순 개량 개선제품으로 보아 규정된 시험절차를 거치지 않고 한국통신에 공급하도록 요구하였으며, 한국에서 개발 중인 TDX 개량형(TDX-10A)과의 비차별적 대우를 보장할 것을 요구하였다. 또한 이러한 사항에 대해 미 무역대표부(USTR)의 대표(Kantor)에게 서한으로 약속할 것을 요구하였다. 미국은 우리 정부에게 이러한 요구가 1995년 3월 말까지 해결되지 않을 시에는 미국 종합무역법 제1377조 위반으로 무역보복을 할 것임을 통보하고 있었다.

여기에서 1988 미 종합무역법 제1377조는 무역협정의 이행 여부를 검토하는 법조문으로서 매년 3월 31일까지 USTR은 통신 분야 협정의 효과와 운용상태를 점검하게 되어 있었다.

다시 말해 USTR은 관계된 모든 민간부분과 기타 정부기관으로부터 논평을 취합하여 협정이 합의대로 이루어지고 있는지, 이행상의 문제는 없는지를 평가하게 되어 있었다.

만약 협정위반으로 확인되면 미 대통령은 동 사실을 미 의회에 보고하고 미 통상법 301조상의 조치를 취해야 한다고 규정하고 있다. 또한 미 종합무역법 제301조에 의하면 USTR은 무역협정에 따른 미국의 권리가 거부되고 있거나 외국의 법, 정책, 관행이 무역협정에 따라 미국이 누려야 할 혜택에 관한 규정과 위배된다거나 불일치한다고 판정할 경우 보복 조치할 수 있다는 것이다.

이런 상황에 들어가자 한국통신은 미 종합무역법 관련 조항을 확인하고 이에 대한 대응책을 검토하기 시작하였다. 미 종합무역법 제1377조는 미국 내에서 효력을 갖는 미국의 법이며 그 조치는 미국기관이 취하는 조치로 이해하는데 왜 이 시점에서 미국 측이 이 사항을 언급하는지 알 수 없는 상황이었다. 그래서 1992 한미합의사항(ROU)과 관련된 의제에 대해 양국의 견해를 교환할 필요가 있었다.

나. 한국통신의 기본방향 설정

1990년대 중반 한국은 신형 국산전자교환기(TDX-10A)를 한창 개발 중이었을 뿐만 아니라 대용량 교환기(TDX-100)도 개발을 시작하고 있는 중요한 시기였다. 당시 TDX-10A 전자교환기는 한국통신이 확보하고 있는 TDX-10기종의 교환기술 위에 1991년 이래 개발해 온 내용을 종합하여 하드웨어 및 소프트웨어가 기존 설비와 정합성을 가질 수 있도록 개량 개선하고 있었다.

국산 개량형교환기(TDX-10A)는 하드웨어 형상을 확정하였으며(1994. 7), 이미 시험시스템까지 구축을 마친 상황이었다(1995. 2). 또한 소프트웨어 형상도 확정 중에 있어 1995년 4월부터 상용시제품 시험에 들어갈 예정이었다. 그래서 1995년 9월에는 이 국산 신형교환기의 표준규격과 제품규격을 확정할 계획으로 개발에 속도를 내고 있는 시기였다.

이런 중요한 시기에 미국의 압력대로 한국통신이 미국산 교환기를 바로 구매한다면 국내 전자교환기 시장이 외국 기종으로 선점되어 버려서, 그동안 자체 개발한 TDX기종으로 상당 수준의 통신주권을 수호해 왔던 우리나라의 전자교환기 산업은 그 기반부터 흔들릴 뿐만 아니라 지금 개발 중인 두 기종도 위기를 맞게 될 것은 불을 보듯 뻔한 일이었다.

당시 한국통신 기술기획실장(이정욱)은 이러한 상황을 외무부, 통상산업부, 정보통신부 등 관련 정부 부처에 설명하고 우리나라 전자교환기 시장보호에 공동전선을 구축해 줄 것을 요청하였다. 그러나 얼마 지나지 않아 먼저 외무부로부터 한미외교 전략상 전자교환기 시장만을 보호해주기 어렵다는 연락을 받았고 이어서 통상산업부에서는 이 문제로 인해 대미 자동차 수출에 영향을 받을 것 같다는 염려 때문에 공동전선은 곧 무너지고 말았다.

다른 방법이 없다는 것을 직감한 기술기획실장(이정욱)은 정보통신부의 정보통신협력국장(이종순)에게 미 무역대표부에 다음과 같이 전달하도록 요청하였다. 그 요지는 정보통신부가 한국통신에게 지시를 해도 그 책임간부가 말을 듣지 않을 뿐만 아니라 그는 정부에서도 조정이 안 되는 인물이라 어쩔 수 없다고 말하고 모든 문제를 한국통신 기술기획실장에게 떠넘기라고 제안하였다.

이때부터 한·미 간 통상과 관련하여 가장 말썽 많은 현안으로 AT&T의 5ESS 전자교환기 조달문제가 대두되기 시작하였다. 이러한 현안을 효과적이고 적극적으로 대응해 나가기 위해 한국통신은 미국 Washington DC에 소재한 변호사 사무실(PAUL, WEISS, RIFKIND, WHARTON & CARRISON)의 변호사(권순엽)를 지정하여 이 문제에 대한 자문을 받기로 하였다.

2.2 미국 무역대표부에 대한 대응전략

가. 5ESS-2000 기종의 공급제안심사 및 평가내용

AT&T는 5ESS-2000기종을 한국통신에서 정한 후속조달 신규참여 방식으로 공급 신청하였다. 한국통신에서는 관련 규정에 따라 먼저 제안서류심사에 들어가게 되었다. 이때 평가는 약 3개월간(1994. 12. 22-1995. 3. 24) 시행되었으며 평가내용은 다음과 같다.

(1) 경영심사는 AT&T Korea와 AT&T사를 대상으로 1992년도 및 1993년도를 경영상황을 평가하였으며, 이때 AT&T Korea는 국내 표준비율, AT&T는 미국 표준비율을 적용하였다. 평가 결과 AT&T Korea의 경영상태는 상당히 양호하였으나(83.2점), 종합점수는 41.6점을 득점하였다. 이것은 AT&T의 경영자료 미제출로 경영평가를 하지 못한 문제가 있었으나 AT&T가 세계최대의 종합통신사업자로서 AT&T Korea를 100% 출자한 배경을 감안할 때 안정적인 공급능력을 인정하였다.

(2) 경제성 심사는 연경비 현재가격 비교법을 사용하여 야탑전화국(64K+14.5K) 물량을 적용하여 평가하였다. 그리고 향후 신기술개발 및 신 기종 부가에 따른 비용 산출은 한국통신의 중장기 사업계획에 포함되어 있는 ISDN, IN 등 구현 시 소요되는 비용을 적용하였다. 또한 Generic 4.2를 6.2로 업그레이드하기 위한 소요비용도 포함하였다.

평가결과 순기 총비용이 신형기종(5ESS-2000)의 경우 19,685,995천원으로 평가된 반면, 기존기종(5ESS)은 20,919,900천원으로 나와서 82.36점을 득점하였다. 그래서 신형기종의 순기 총비용이 기존기종에 비해 5.9% 경제성이 있는 것으로 평가되었다. 단순 시스템 가격비교는 기존기종을 기준으로 신형기종은 9.75% 낮고 TDX-10은 2.07% 높게 나타났다. 한편 음성교환 기능만을 고려한 순기 총비용 비교는 기존기종보다 0.9% 경제성이 있었다.

(3) 기술능력평가에서는 생산능력과 기술능력 부분으로 나누어 살펴보았다. 먼저 생산능력의 경우 AT&T 자체 생산능력만 국한하여 평가하였으며, 기술능력 부분은 AT&T 벨연구

소 및 오클라호마 공장에 대해 조사하였다(1995. 3. 26-4.7). 이 분야에서는 82.25점을 득점하였는데, 당시 심사의견을 보면 품질시스템은 잘 구축되었으나 유지보수 및 사후관리부문에 대해서는 일부 평가결과가 저조한 것으로 되어 있다. 또한 통신관련 기술보유 정도 및 연구실적 등은 양호하였으나 일부사항은 AT&T내의 보안 및 관련 자료 유출 기피로 확인이 불가능하였다고 평가되었다.

(4) 제품심사에서는 필수항목(279개)과 선택항목(295개)으로 구분하였으며, 점수비율은 필수항목과 선택항목을 60:40으로 정하여 실시하였다. 심사결과 AT&T는 패킷 기능에 대한 제안서류를 제출하지 못하였고, 지능망(SSP)은 교환기반(Switched-Based)에서 서비스가 가능한 FP, CC 및 VPN의 일부 자료만 제시하였다.

그리고 전자교환기 운용기준 등 각종 관련 기술기준과 표준규격의 불일치 사항 중 운용상 문제점이 없는 항목은 별도의 평가지침으로 재확인하였다. 그러나 성능시험에서도 한국통신 평가기준과 상이한 항목들이 대부분 제품심사기준을 만족하지 못하였다. 그래서 이 분야에서 필수항목의 경우 전혀 득점하지 못하였으며, 선택항목에서만 23.2점의 저조한 득점으로 평가되었다.

나. USTR의 주장 및 AT&T의 요구사항 분석

이때 미국 무역대표부는 미국산 신형 전자교환기(5ESS-2000)와 관련하여 한미합의사항 특히 주미한국대사(현홍주)가 캔트(Kantor)대사에게 보낸 문서(1993. 3. 31)를 위반하였다고 주장하고 나섰다. 그러나 당시 한국통신 기술기획실장(이정욱)은 실질적으로 이 신형전자교환기를 구매하는 한국통신의 총괄책임자로서 그 문서 내용을 전혀 알지 못하고 있었다.

이런 상황에서 문제의 문서를 확인하여 이 문서와 AT&T의 주장에 대해 한국통신 기술기획실(실장 이정욱)은 미국 현지 자문변호사에게 자문을 요청하였으며, 당시 한국통신 워싱턴사무소장(조남진)으로부터 자문결과를 보고 받았는데 그 주요내용을 요약하면 다음과 같다(1995. 1. 17).

① 한국통신은 지난 수년간 AT&T로부터 5ESS 전자교환기를 조달해 왔음. 또한 이 기간 동안 한국통신은 동 교환기와 경쟁하는 TDX시리즈 교환기를 한국공급자들로부터 조달해 왔음. 이 기간 동안 한국통신은 AT&T의 5ESS-2000기종에 상응하는 어드벤스드 디지털 교환장비를 조달하겠다는 의사나 필요성을 표명한 적이 없음.

② 한국통신은 1995년도 교환기 조달과 관련하여 AT&T는 5ESS(종전모델)의 공급을 거부하고, 제안을 5ESS-2000에 한정했음. 한국통신은 5ESS와 5ESS-2000이 디자인과 성능면에서 많은 차이가 있기 때문에 5ESS-2000을 단순한 업그레이드(Upgrade)로 보다는 차세대 교환기라고 결정했으며, AT&T는 이러한 한국통신의 결정에 이의를 제기하지 않았음.

③ 업그레이드된 버전의 경우와는 달리 차세대 교환기의 제조업체는 입찰참여가 허용되

기 전에 인증절차를 거쳐야 함. 진행 중인 5ESS-2000에 대한 인증절차는 한국통신의 1995년도 조달에 동 제품이 참여할 수 있는 시점에 완료되지 못할 가능성도 있음. 이에 반해 한국 업체가 제안한 새로운 TDX-10A 교환기는 기존 TDX시리즈의 단순한 업그레이드이기 때문에 인증절차의 전부를 적용할 필요는 없음. 따라서 TDX- 10A 교환기는 1995년도 조달대상으로 포함될 수 있을 것임.

또한 이 자문서(Memorandum)에는 주미한국대사의 문서(1995. 3. 31)에 포함되어 있는 한국의 의무사항에 관하여도 다음과 같이 법적 검토 결과를 알려왔다.

첫째, 한국통신은 조달규정을 비차별적인 방법으로 적용함, 한국통신은 AT&T에 현재 한국통신의 시스템에서 사용하고 있는 교환기 및 적절한 업그레이드를 생산지에 관계없이 당초 1993년 5월로 예정되어 있는 한국통신의 차기 조달에서 입찰에 참여할 수 있도록 허용함.

둘째, 문서('93. 3. 31)에 명시된 첫 번째 의무사항인「한국통신 조달규정의 비차별적 적용」은 그 존속기간이 정해져 있지 않으며, 향후 한국통신의 모든 교환기 조달에 계속 적용되어져야 함. 이 조항에 의거 한국통신은 1995년도 조달과정에서 AT&T를 포함하는 한국 및 미국 공급자들에게 동등한 대우를 해야 함. 동등한 대우요건에 따라 한국통신은 조달과정에서 어떤 미국 공급자에게도 우대 혹은 불리한 대우를 할 수 없음.

셋째, 하지만 두 번째 의무 즉 AT&T를 교환기 공급자격자로 인증하는 의무는 분명하고도 전적으로 1993년도 조달에 적용되었음. 한국통신은 문서('93. 3. 31)의 규정에 따라 상당한 양의 5ESS 교환기를 조달한 것을 포함하여 동 1993년도 조달을 이미 완료했음. 동 규정에 따르면 한국 측의 의무는 분명히 1993년도 5월의 한국통신 계약분에만 적용되며, 따라서 1995년도의 조달에는 전혀 적용되지 않음.

넷째, 비록 한국통신이 문서('93. 3. 31)에 규정된 의무가 계속되는 것으로 잘못 매달려 있다 하더라도 동 규정은 1995년도 조달에 5ESS-2000의 참여를 허용해 주도록 요구하는 것은 아님. 동 규정의 의무사항은 한국통신의 시스템에서 현재 사용 중인 적절한 업그레이드의 경우에만 적용됨. 5ESS-2000 시리즈는 5ESS의 업그레이드 훨씬 이상이며 한국통신의 망 시스템에서 사용 중이지도 않음. 따라서 한국통신은 동 규정에 의해 1995년도 조달에 맞춰 5ESS-2000을 인증해 주어야 할 의무가 없음.

다. 한국 측의 의무사항

결론적으로 문서('93. 3. 31)에 규정된 한국 측 의무사항은 한국통신의 조달에 AT&T를 비차별적으로 취급한다는 것이지, 미국 공급자들에게 우대나 특혜대우를 할 것을 요구하지는 않고 있다. 따라서 한국통신의 TDX-10A 기종은 업그레이드이며, 5ESS-2000 기종은 차세대 제품이라는 결정이 객관적이며 독단적이지 않은 기준에 의한 것이라면 5ESS-2000 기종의 인증에 관한 한국통신의 결정은 문서('93. 3. 31)를 위반한 것이라고 간주되어져서는 안 된다고 하였다. 그러면서 다음과 같이 한국통신에 권고하였다.

첫째, 위와 같은 분석에도 불구하고 USTR은 무역협정의 일반적인 규정에 의해 자국의 시장개방의무를 위반했다고 하는 거의 터무니없는 수준의 이의제기를 할 소지가 있음('93년 말과 '94년 초에 미·일간 셀룰라 전화논쟁이 이 같은 유형의 터무니없는 이의제기의 좋은 예임). 이 같은 이유로 인해서 한국통신은 향후 5ESS-2000 기종의 인증과정에서 의사결정을 할 때 상기의 법적 분석에만 전적으로 의존해서는 안 됨.

둘째, 한국통신이 TDX-10A와 5ESS-2000을 인증에서 달리 취급하는 것은 양국 간에 오해를 일으킬 수 있는 아주 우려할 만한 위험이 있다는 것이 현 시점에서의 본인의 전망임. 이러한 위험을 최소화하기 위해서 본인은 한국통신이 아래 조치들을 고려하도록 권고함.

① 한국통신이 제시한 TDX-10A와 5ESS-2000의 차이를 분명하게 정당화할 수 있는 두 시스템 간의 성능 및 특성에 대한 상세 비교자료 준비할 것.

② 만약 AT&T가 한국공급자와 동일하게 95년도 한국통신 조달에 참여하기를 원하고 전 인증절차를 피하기를 원한다면 AT&T가 5ESS-2000보다는 5ESS의 제공을 제안함으로서 AT&T는 쉽게 그렇게 할 수도 있다는 사실을 제시하는 방안을 고려할 것.

③ 한국통신이 충분한 확신을 갖고 있고 또한 그럴듯한 전략이라고 여긴다면, 한국통신은 TDX-10A와 5ESS-2000에 대한 한국통신의 결정을 평가하기 위해 공정하고 객관적인 국설교환기 분야의 전문가를 초빙할 의사가 있다는 것을 제안할 것을 원할 수도 있다.

3. 한국통신과 AT&T 간 1차 협상

3.1 정부 간 통상문제로 비화차단

가. AT&T 책임자와의 직접협상

한국통신 기술기획실장(이정욱)은 미국 신형 전자교환기(5ESS-2000)의 인증문제를 당사자인 AT&T와 직접 풀어볼 생각이었다. 그래서 먼저 AT&T 정부담당 부사장(Mr. Lumb)을 만나 이 문제는 양사 간 협의하여 해결토록하고 정부 간 통상문제로 비화되지 않도록 노력해 나가자고 주장하였다(1995. 1. 13). 그리고 한국통신의 이와 같은방침을 상대방에게 설명하고 이를 관철하기 위해 한국통신 기술기획실장은 하와이로 가서 AT&T의 아태지역회장(Walter J. Sousa)을 만나 이 문제를 협의를 하였다(1995. 1. 19-1. 26).

이 회의에서 한국통신 측은 5ESS-2000 전자교환기를 신 기종으로 규정짓고 한국시장에 공급하기 위해서는 한국통신이 정한 조달규정과 시험인증 절차를 따라 줄 것을 강력히 요청하였다. 그러나 AT&T 회장(Sousa)은 회의를 시작한 지 이틀이 지나서도 다음과 같은 주장을 반복하면서 그 뜻을 굽히지 않았다.

① 5ESS-2000 전자교환기는 기존의 5ESS의 업그레이드이므로 시험 절차없이 한국에 공급되어야 한다. ② 5ESS-2000 전자교환기가 한국통신의 1995년도 전자교환기 공급 시 구매되기를 희망한다. ③ 미국 정부(USTR)는 AT&T와는 상관없이 이 교환기가 1995년에 구매될 것으로 알고 있으며, 그렇지 못할 경우 문제를 제기할 것으로 예상한다.

이러한 AT&T 회장의 주장에 대해 한국통신 측은 만약 한국통신이 미국산 전자교환기에 대해서만 시험인증절차를 생략한다면 한국산 제품에 대해서도 인증시험을 강요할 수 없게 되어 한국통신의 통신장비 조달규정이 근본적으로 무너져 버리는 사태가 일어날 수밖에 없다고 설득하였다. 다행히 AT&T 회장은 이 주장에 대해 이해를 하게 되었고 24시간의 긴 회의 끝에 결국 한국통신(기술기획실장 이정욱)과 AT&T(아태지역회장 Walter J. Sousa)간에 다음과 같은 합의문에 서명하게 되었다(1995. 1. 20).

> ① 5ESS-2000 전자교환기는 한국통신 규정에 따라 시험을 거쳐 공급한다.
> ② 시험용 교환기를 1995년 3월 말까지 설치하고 1995년 4월부터 11월까지 시험하며 시험경과가 양호할 경우 시험기간이 단축될 수 있도록 노력한다.
> ③ AT&T가 1995년도 전자교환기 공급에 참여할 수 있는 방안을 양측에서 신중히 검토한다.
> ④ 본 협의 결과를 바탕으로 양측회사가 양국정부를 이해시켜 양국 간의 정치적인 문제로 비화되지 않도록 노력한다.

이상과 같은 합의를 끌어내기까지 한국통신 기술기획실장과 함께 연구개발원의 김노식 박사가 배석하여 함께 고생하였다. 이렇게 당사자 간 직접적인 쌍방 협의에 의해 문제 해결의 큰 가닥은 잡았다.

나. 미국 AT&T 측의 주장

하와이 회의 후 AT&T 회장(Sousa)은 미국에 귀국하여 5ESS-2000 교환기 인증은 하와이 합의서에 따른다는 확인 서신을 한국통신 기술기획실장(이정욱)에게 보내왔다(1995. 2. 10).

<서신내용> 본인은 하와이에서 서로 만나 5ESS-2000에 대하여 협의한 것을 기쁘게 생각하며, 본인과 회합하기 위해 출장 오신 것과 5ESS-2000문제에 대한 귀하의 조속한 해결의지에 대하여 감사드립니다. 본인은 한국통신의 평가를 받기 위한 5ESS-2000을 AT&T가 이미 선적하였다는 사실을 알고 있으리라 믿습니다. 우리는 인증절차를 신속히 진행시키기 위해 한국통신이 필요로 하는 어떤 협조 사항이나 추가정보를 제공할 준비가 되어 있습니다. 가능한 조속히 인증절차를 완료하는 것이 매우 중요합니다.

우리가 협의했던 것처럼 AT&T는 한국통신의 차기 교환기 조달에 5ESS-2000으로 입찰할 수 있도록 희망합니다. 만약 이것이 불가능하다면 한국통신이 현재 구매하고 있고, 인증받으면 5ESS-2000으로 대체할 5ESS 교환기로 입찰할 수 있기를 바랍니다. 본인은 이것이 실행 가능한 것인지 여부를 듣고 싶습니다. AT&T와 한국통신은 15년 이상 협조 관계에 있었다는 귀하의 지적처럼 우리는 이러한 협조관계와 한국통신의 지원을 매우 귀중히 여기고 있습니다. 본인은 우리들이 함께 노력함으로써 이번 문제를 해결할 수 있을 것이라고 믿습니다. 감사합니다.

다. 한국통신의 답변

한편 한국통신은 AT&T가 희망하고 있는 기존 5ESS로 입찰에 참여하고 5ESS- 2000이 인증을 받은 후 동 교환기로 대체 납품하는 방안은 한국통신의 구매제도 상 적용이 극히 곤란한 것으로 검토되었다. 따라서 5ESS-2000에 대해서는 조건부 공급자격 부여방안을 AT&T 측에 제시하였다. 이 조건부방안은 성능시험 종료 후 제품규격을 제정하여 공급자격을 부여하는 방안으로 납품 시까지 현장시험을 합격하는 조건으로 5ESS-2000 기종을 1995년도 교환기 입찰에 참여시키는 방안이었다. 당시 한국통신 기술기획실장(이정욱)은 AT&T 회장(Sousa)의 1995년 2월 10일자 서신을 받고 나서 다시 5ESS-2000 기종의 인증에 대한 한국통신의 방침을 밝히는 답신을 그에게 발신하였다(1995. 2. 16).

<답신내용> 본인은 화와이에서 당신을 만난 것을 기쁘게 생각합니다. 최근 USTR은 한국정부와 접촉하여 AT&T의 신 기종 교환기인 5ESS-2000 관련 문제를 제기했습니다. 당연히 한국정부는 이 문제를 논의하기 위해 한국통신과 접촉하고 있으며, 물론 본인도 관련되어 있습니다. 본인은 한국에 돌아온 후 아직은 비공식적이지만 하와이에서의 우리들의 대화에 근거한 상호협의 내용을 한국통신 경영층에 보고했습니다. 한국정부는 물론 한국통신 경영층도 AT&T의 후속 조치에 관하여 깊은 관심을 가지고 있습니다.

① 5ESS-2000 교환기는 한국통신의 규정에 따라 시험을 거쳐 공급토록 한다.

② AT&T는 1995년 3월 말까지 시험용 교환기를 설치하고 1995년 4월부터 11월까지 시험하며, 시험경과가 양호할 경우 시험기간이 단축될 수 있도록 한다.

③ 양사는 AT&T가 한국통신의 1995년도 전자교환기 공급에 참여할 수 있는 방안을 신중히 검토토록 한다.

④ 본 협의 결과를 바탕으로 양사가 양국정부를 이해시켜 양국 간의 정치적 문제로 비화되지 않도록 노력한다.

본인은 우리들의 상호관계를 증진시키기 위해 모든 가능한 방법들을 찾고 있으며, 본인은 아직도 AT&T와 한국통신 간의 오랫동안 협조적인 우의가 양국정부 간의 어떤 협상에 앞서 5ESS-2000 문제를 해결할 수 있을 것으로 믿습니다. 향후 당신, 특히 AT&T 최고경영자의 처리계획을 본인에게 알려주시기 바라며, 본인이 당신을 위해 도움이 될 수 있는 일이 있다면 알려주시기 바랍니다. 본인은 당신이 오는 3월에 한국통신 방문 시 다시 만날 것을 고대합니다.

3.2 5ESS-2000 전자교환기 문제에 대한 언론보도

가. 미국 정부의 불만

한국통신과 AT&T 간 1차 직접협상 후에도 미국 신형 전자교환기(5ESS-2000)의 한국시장 진입을 위한 한국통신의 인증시행에 대해 미국정부(USTR)의 불만은 그치지 않고 터져 나오고 있었다. 당시 Wall Street Journal에는 미국 측의 불만내용을 그대로 보도하고 있었다(1995. 2. 6). 이 기사는 USTR 관계자와 기자(Mr. Steve Glain)의 대담에 의해 기사화 되었는데, Glain은 한국의 전기통신 문제에 매우 활동적으로 보도해 왔다. 특히 한국의 제2 이동통신 사업의 외국지분과 관련하여 한국과 불편한 관계에 있을 때였다. 당시 보도내용(Simmering U.S.-Korean Trade Disputes May Bring Sanctions From Washington) 중 전기통신 관련 내용을 정리하면 다음과 같다.

<보도내용 요약> AT&T는 이미 한국에 공급하고 있는 교환 장비의 최신버전을 재인증 받아야 한다는 한국정부의 결정과 2년 동안 업그레이드된 시스템의 시장접근을 막고 있는 절차에 의해 기만당하고 있다는 생각을 가지고 있다. 미국업체는 한국법률의 해석에 따르면 이 시스템은 단지 약간 개선되었으며 새로운 인증이 요구되지 않는다고 주장한다. 미국 통상관계자들은 만약 한국이 국제적인 표준에 맞도록 인증규정을 개정하지 않을 경우 보복조치를 권고할 것이라고 한다.

나. 한국통신의 입장 및 대응

미국 언론의 이러한 보도에 대해 한국통신은 확고한 입장을 정리하여 대내외적으로 다음과 같이 대응하였다.

① 한국통신의 검증기준은 한미 양국이 공통의 인식하에 합의된 국제적인 수준의 기준이다. 각국은 그 국가에서 채용한 기술 및 장비에 따라 고유한 통신망 환경을 가지고 있다.

② 각종 주요한 서비스나 기술은 ITU에서 제시한 기준에 따르고 있으나 이 또한 각 국가 환경의 특수성을 고려하여 많은 부분이 선택하여 설정하도록 되어 있다. 이에 따라 우리나라도 필요한 기준을 선택하여 국가기준으로 하고 있으며, 한국통신은 이에 따르고 있다.

③ 우리의 검증기준은 오히려 국제수준 이상의 합리적인 수준이라 할 수 있다. 특히 우리나라는 M10CN, No1A, AXE-10, No 4, TDX-1A, TDX-1B, TDX-10 등 한국식, 미국식, 유럽식 교환기 등이 혼재된 관계로 시설이 우리 통신망에 적합한지에 대해서는 다양한 시험을 실시해야 하며, 이로 인한 환경은 충분한 시험확인 기간을 요구하고 있다.

④ 동 보도에서 주장한 내용은 그 타당성을 인정키 어렵다. 더욱이 이와 같은 충분한 시험 없이 공급될 경우 시설 후 발생될 문제점을 해소시키기가 극히 어려워 통신망에 소요되는 어떤 형식의 장비에도 그 경중에 따른 시험기간의 차이 외에는 비차별적으로 시행해야 할 사항이다.

⑤ 이러한 시험을 비관세 무역장벽이라 표현하는 것은 통신망의 중요성을 이해하지 못한 불합리한 의견이라 할 수 있다. 이 문제에 대한 보충문의는 한국통신 기술기획실 설비조달국 교환조달부(750-3274, 3275)로 하기 바란다.

다. 국내언론은 한 · 미 간 통상문제로 보도

이렇게 되자 국내언론은 미국이 이 문제를 한미 간의 통상문제로 들고 나오면서 한국의 통신시장 개방을 강력하게 밀어붙인다는 내용으로 보도하였다. 당시 이들 기사의 대부분이 신문 첫 면을 대대적으로 장식하였는데 몇몇 보도내용은 다음과 같다.

(1) AT&T의 통신기기 분야에서 한미통상마찰 심화되고 있다(중앙일보, 1995. 2. 7)

한국과 미국 간 무역마찰이 근래 부쩍 심화되고 있다. 최근의 무역마찰을 통해 한국은 세계에서 가장 개방을 거부하는 산업국가 중 하나라는 이미지가 굳어지고 있다.~중간 생략~ 통신기기 분야에서 AT&T사는 최근 한국정부로부터 이미 판매에 들어간 신형 제품에 대해 재검증을 받아야 한다는 통보를 받았다. 이 제품의 판매를 2년간 중단해야 할 위기에 처한 AT&T사는「모델만 일부 바꾼 것이어서 재검증이 필요 없다」고 주장하고 있다. 미국의 통상관리들은 한국 측이 각종 검증기준을 국제수준으로 개선하지 않을 경우 보복 조치를 건의하겠다고 말하고 있다.

(2) 미 통신장비개방 확대요구(조선일보, 1995. 2. 9)

미 정부는 외국 통신장비의 신 기종 입찰을 허용하지 않고 있는 한·미 통신양해각서와 한국의 관련 법규를 고쳐줄 것을 공식 요구하고 나서 자동차 시장개방과 식품유통문제에 이어 한·미 간 통상협상의 새 현안으로 떠올랐다. 미키 캔터 USTR(미 무역대표부) 대표는 6일 공로명 외무장관과의 회담에서 한국의 전자제품 형식승인 및 입찰제도가 외국산 통신장비의 경우 기존 수입기종의 개량형 만 입찰이 가능토록 제한하고 있다고 지적, 이를 선진국 수준으로 개선해 신기종도 공정하게 입찰에 참여할 수 있도록 해 달라고 요구한 것으로 전해졌다.

공장관은 7일 워싱턴 주재 한국특파원들과의 간담회에서 통신장비의 형식 승인제도 및 입찰방식을 고쳐달라는 요청을 받았다고 확인했다. 공장관을 수행한 외무부 관계자는 캔터 대표의 이 요청에 공장관은「한번 알아보겠다」라고만 말하고 구체적인 정부 입장은 밝히지 않았다고 전했다. 미국이 통신장비 시장의 확대를 각료급 회담에서 한국에 공식 요구하기는 처음으로 한국 측의 대응이 주목된다.

현재 한미 간에는 미 AT&T사가 최근 개발한 전자교환기 5ESS-2000기종이 기존의 5ESS

를 개량한 것인데도 한국이 신기종이라는 이유로 형식승인을 요구하면서 입찰에서도 제외한데 반해, 경쟁 관계에 있는 한국전기통신공사의 신기종만 입찰을 허용하자 새로운 비관세무역장벽이라며 반발하고 나서 쟁점이 돼왔다.

한국은 5ESS-2000 교환기가 5ESS에 비해 가격은 절반이면서 성능은 두 배가 넘는 신 기종으로, 한국에 들어올 경우 한국의 4개 전자교환기 업체는 모두 문을 닫게 될 것이라며 입찰을 계속 거부하고 있다(워싱턴-정해영 기자). 이에 대해 정보통신부는 8일 미국 측의 통신장비 수입시장개방 확대요구와 관련, AT&T사가 개발한 5ESS-2000 전자교환기는 국내 통신망에 적합한지 여부를 검사한 뒤에야 입찰을 허용할 수 있다는 입장을 밝혔다(석종훈 기자).

(3) 미국의 전자통신제품 입찬제 개선요구(매일경제신문, 1995. 2. 9)

미국은 전화교환기 등 전자·통신제품에 대해 미국 형식승인·입찰제 개선을 요구하고 나섰다. 육류 자동차 등으로 인해 한미 간 통상마찰이 갈수록 심화되고 있는 가운데 이번에는 미국이 한국의 전화교환기 등 전자통신제품의 형식승인제도와 입찰방식에 대해 이의를 제기하며 이의 전면 개편을 요구하고 나섰다. 공로명 외무장관은 7일 정오(현지시간) 워싱턴 주재 한국 언론 특파원들에게 미 무역대표부 및 국무부 방문결과를 설명하면서 「미키 캔터 미 무역대표부 대표로부터 전화교환기 등의 형식승인제도를 선진국 수준으로 개혁하고 입찰방식도 개선해달라는 요청을 받았다」고 밝혔다.

이 자리에 배석한 김정기 경제외교담당공사는 「미국은 양국 장관회담에서 당초 예상했던 자동차 등 기존 현안에 대해서는 별로 언급을 하지 않았으나 AT&T사의 전자교환기 문제 등과 관련한 형식승인 및 입찰제도에 대해 불만을 토로하며 개선을 촉구했다」고 말했다. 워싱턴의 한 통상전문가는 「부임인사 차 방문한 외무장관에게 새로운 무역현안을 제기하는 것은 매우 이례적인 일이라며 형식승인과 입찰제도를 바꾸도록 압력을 가하는 신호탄」이라고 해석했다(워싱턴-김대호 특파원).

AT&T는 지난해 5ESS-2000이라는 최신형 전자식 전화교환기를 개발해 한국통신이 실시한 공개입찰에 참여하려 했다가 한국정부(한국통신)로부터 형식승인을 받지 못했다는 이유로 한국시장 진출에 실패한 바 있다. 이에 대해 AT&T는 지난 93년 5ESS로 불리는 전화교환기에 대해 한국정부(한국통신)로부터 정식으로 형식승인을 받은 바 있으며 새로 개발한 5ESS-2000은 기존 5ESS를 약간 변형한 것에 불과해 추가로 형식승인을 받을 필요가 없다며 형식승인을 요구한 한국의 조치에 강력히 반발했다.

미국은 한국이 성의를 보이지 않을 경우 소시지 등 육류 사례와 마찬가지로 AT&T로부터 제소를 받아 통상법 301조에 따른 불공정행위 조사를 벌이고 그 결과에 따라 보복을 가하는 절차를 밟을 계획을 세워놓고 있는 것으로 전해졌다(김종현 기자).

(4) 한국 전자통신제품 형식승인 등 미국에서 개선요구(한국경제신문, 1995. 2. 9)

미 정부는 전화교환기 등 한국의 전자통신제품 형식승인제도와 입찰방식의 개선을 요구하고 나서 한미 간 통상협상의 새로운 현안으로 떠오를 가능성이 높아지고 있다. 미키 캔터 미 무역대표부(USTR) 대표는 6일 워싱턴에서 있은 공로명 외무장관과의 회담에서 한미통신 양해각서와 한국의 전자제품 형식승인제도가 외국산 통신장비에 대해 기존 수입 기종의 개량형만 입찰이 가능하도록 제한하고 있다고 주장, 이를 개선해 외국산 신기종도 입찰에 참가할 수 있도록 해달라고 요구한 것으로 알려졌다.

외무부는 8일 방미 중인 공장관에게 미국이 통신장비의 형식승인제도 및 입찰방식을 고쳐달라고 요구했다고 밝혔다. 미국이 한국의 통신장비 시장개방을 확대해줄 것을 각료급 회담에서 공식 요청하기는 이번이 처음이다. 미국은 AT&T사가 최근 개발한 전자교환기 5ESS-2000 기종이 기존 5ESS 기종을 개량한 것인데 한국이 이를 신기종이란 이유로 형식승인을 요구하며, 입찰에서 제외한 반면 한국통신의 신 기종은 입찰에 허용한 것과 관련, 비관세 무역장벽이라며 반발해왔다.

한편 외무부는 한국통신의 조달에 참여하기 위해서는 국내외산을 막론하고 관련 장비에 대한 인증절차를 거쳐야 한다고 전제,「5ESS-2000 기종에 대해 인증절차가 진행 중」이라고 말했다.

3.3 국내 통신장비 제조업체들의 주장

가. 국내업계의 반발

당시 국내언론은 미국의 통신장비 시장개방 확대요구에 국내업계 거센 반발이라는 기사를 보도하였다(전자신문, 1995. 2. 10). 이는 미국의 일방적인 통신망장비 시장개방 요구에 국내 통신업체들이 크게 반발하고 있다는 요지였으며 보도내용은 다음과 같다.

<보도내용> 9일 관련 업계에 따르면 국내통신업체들은 미 무역대표부(USTR)가 7일 한국 측에 교환기 등 통신망 장비의 인증절차에 대한 불만을 제기한 것은 한미 간 정부조달 분야 협정인 한미조달협정(ROU)의 기본정신 자체를 무시하는 일방적인 요구로 이를 받아들여서는 안 된다고 주장하고 있다. 더구나 미국 측이 AT&T사가 생산하는 5ESS-2000기종이라는 특정 장비의 인증절차를 생략해 달라고 요구한 것은 정부 간 협상의제로 부적당하다. 뿐만 아니라 국산 기종의 구매절차보다 자국 제품의 구매인증과정을 유리하게 해달라는 것은 상식 이하의 요구라는 것이 관계 전문가들의 한결같은 주장이다.

USTR측이 요구한 내용은 88년부터 국내에 공급해온 국설교환기인 5ESS의 인증내용을 최신 개발 기종인 5ESS-2000기종에 그대로 적용해 별도의 인증절차 없이 한국통신 구매 입찰에 참여할 수 있게 해달라는 것이 골자다. 개량형 교환기 인증은 국내업체들의 경우 지난해 3월 신청, 올해 9월이면 인증절차를 마칠 것으로 예상되는 반면 AT&T의 5ESS-2000기종은 지난해 11월에 인증을 신청, 올해 중으로 인증절차를 끝내기 어려운 상황이다.

국내업체들은 AT&T사가 미국을 등에 업고 한국통신의 교환기 입찰에 참여하기 위해 통신망 장비를 구매할 경우 필수적으로 거쳐야 하는 제품의 인증과정 자체를 없애달라는 것은 부당한 압력이라고 주장했다. 통신장비업체의 한 관계자는 「5ESS-2000 기종은 ISDN, ATM, 지능망, 무선통신 등 차세대 통신서비스를 위한 첨단기능들을 포함, 5ESS 개량형 모델의 범주를 완전히 벗어난 제품이며 미국 내의 평가도 그런 것으로 알고 있다」고 설명했다.

다른업체의 한 관계자도 다른 나라 교환기업체의 시장진입을 훨씬 엄격하게 규제하고 신기종 교환기 제품에 대한 인증과정이 세계에서 가장 까다롭기로 유명한 미국 측이 한국측에 인증절차의 개선을 요구하는 것은 부당한 처사라고 지적했다. 이 관계자는 지난해 스웨덴의 교환기업체인 LM에릭슨사가 미국 교환기시장에 진입하기 위해 3년 6개월 동안 3백억원에 가까운 비용을 투입했다는 사실은 미국 통신망장비 시장의 비관세장벽이 얼마나 높은지를 단적으로 보여주는 사례라고 강조했다(최승철 기자).

이와 관련하여 전자신문에서는「자국산 교환기 판매 노린 강수」라는 제목으로 다음과 같이 미국이 한국 통신시장의 확대를 요구하는 배경에 대하여 상세한 기사를 실었다.

<해설기사> 이번 미국 무역대표부(USTR) 미키 캔터 대표가 공로명 외무장관에게 요구한 전화교환기 인증제도 및 입찰제도 개선압력은 한마디로 국제간 교역질서와 한미조달협정 자체를 무시한 처사라는 것이 관련 업계의 분석이다. 이번에 미국 측, 정확히 말해 AT&T가 노리는 부분은 단기적으로 한국통신의 교환기 입찰이라는 데는 이의가 없다. 그러나 이들의 주장을 되짚어보면 장기적으로 현행 한미 간 조달협정 자체를 뜯어 고치겠다는 의도가 숨어있다는 분석도 적지 않다.

현재 한국통신 등 정부투자기관으로 국한된 조달협정 대상기관을 민간기관까지 확대하려는 저의가 숨어있다는 것이다. 우선 이번 압력의 근저에는 현재 개량형 교환기 부분에서 AT&T 측이 국내 교환기업체들보다 일정상 대단히 불리한 위치에 있다는 미국 측의 상황분석이 자리잡고 있는 것으로 보인다. LG정보통신, 삼성전자 등 국내 교환기업체들이 생산하는 TDX-10 개량형 모델에 대한 한국통신 인증이 지난해 3월에 시작돼 오는 9월경 끝날 것으로 예상되는 반면 문제가 된 AT&T의 5ESS-2000기종은 지난해 11월에야 인증을 신청했기 때문이다.

5ESS-2000의 경우에는 인증절차가 아무리 초고속으로 진행된다고 하더라도 올해를 넘길 수밖에 없는 상황이다. 미국 측의 무리한 요구는 바로 이 대목이 출발점이다. 인증절차 자체를 생략해 달라는 것이다. 이유는 5ESS-2000기종이 이전 모델인 5ESS의 개량형 모델이라는 점이다. 하지만 대부분의 전문가들은 이 같은 미국의 주장에 대해 말도 안 되는 소리라고 일축하고 있다. 모델명만 유사할 뿐 전혀 새로운 기종이라는 것이다. 더구나 비록 개량형 모델이라고 하더라도 1년 정도의 인증절차를 거쳐야 하는 것이 대부분 국가의 관례다. 국가의 기간시설인 통신망 장비를 구매하는 데는 어느 국가건 신중을 기해야 하는 것은 당연한

일이기 때문이다.

한국통신의 교환기 인증절차는 대략 세 가지 방법이 있다. 첫 번째는 최초조달이다. 최초조달은 국내외적으로 시판 중인 장비이기는 하지만 한국통신이 처음으로 조달하는 경우에 해당된다. 이 경우에는 서류심사-기자재 검사-실제 시험 등의 모든 절차를 거치게 된다. 두 번째 조달방법은 연구개발조달이다. TDX 구매가 바로 여기에 해당된다. 이는 시판되는 제품이 전혀 없는 경우, 통신사업자가 제조업체, 연구기관 등과 공동 또는 위탁으로 제품을 개발한 후 조달하는 방법이다. 세 번째는 후속조달이라는 방법이다. 이는 이미 조달하고 있는 제품을 계속해서 조달하는 것으로 개량개선조달과 신규참여조달로 구분된다.

개량개선은 제품의 기본골격에는 변화가 없는 대신 부분적인 기능 개선이 이루어질 때 실시하는 것으로 구매기관의 필요에 의한 경우와 장비업체들의 제안에 의한 경우로 나누어진다. TDX-10 개량형(TDX-10A)이 바로 개량개선 후속조달 방법으로 조달하게 되는 제품이다. 개량개선조달의 경우에도 대략 1년 이상의 인증기간이 소요되는 것이 우리나라의 관행이다. 미국 측이 문제로 삼은 5ESS-2000 모델은 완전히 새로운 제품으로 분류돼 신제품 후속조달절차를 밟아야 하는 기종이다. 정식으로 모든 절차를 거치게 되면 길게는 3년 정도를 소요해도 법적으로는 문제가 없다.

AT&T는 이 제품에 대한 한국통신 인증을 지난해 11월에 신청, 현재 절차를 밟고 있다. 한국통신 측은 그동안 AT&T의 5ESS기종을 구매해 왔다는 점을 참작, 서류심사나 기자재 심사절차들에서 생략 가능한 부분을 최대한 생략하는 아량까지 베풀고 있는 실정이다. 미국 측의 주장은 이 제품의 인증절차를 아예 기존제품인 5ESS에 준해 면제해 달라는 어처구니 없는 것이라는데 문제가 있다. 결국 국내 교환기업체들보다 파격적인 특혜를 요구하고 있는 것이다.

더욱이 국내 통신업계가 불쾌하게 생각하는 대목은 통신망 장비의 인증절차를 선진국 수준으로 개선하라는 캔터 대표의 압력이다. 통신업계의 한 관계자는 통신망 장비의 경우 세계에서 가장 까다로운 인증절차를 가지고 있는 나라가 바로 미국이라고 말하고 있다. 스웨덴의 LM에릭슨이 미국시장에 진입하기 위해 AT&T 벨코어의 인증시험에 3년 동안 3백억 달러라는 엄청난 대가를 치른 사례를 들었다. 국내 통신업계는 이번 일을 계기로 미국산 통신장비 조달에 원칙적이고 엄격한 기준을 적용, 보다 대등한 입장에서 미국과의 통신시장 개방협상에 대처해야 한다는 여론이 급격히 확산되고 있다(최승철 기자).

나. 미국의 압력행사

이때 경제신문에서는「미 대한통상압력 확산일로-이번엔 정보통신 겨냥」이라는 제목의 기사를 실었다(서울경제신문, 1995. 2. 10). 주요내용으로는 자동차, 육류 등을 둘러싼 한미간 통상마찰이 최근 심화되고 있는 가운데 전화교환기 형식승인 문제를 계기로 미국은 정보통신산업 전 분야에 걸친 통상압력을 제기할 것으로 예상된다는 것이었다.

<보도주요내용> 특히 미국의 정보통신산업은 지난 80년대 정부의 지원 아래 급성장, 기술 및 가격경쟁력에서 전자대국인 일본을 앞지르고 있어 미국산 기기가 싼값을 무기로 국내시장을 본격 공략할 경우 정부-업계 공조체제로 형성된 국내 첨단산업의 기반이 뿌리째 흔들릴 것으로 우려되고 있다. 9일 통상산업부 관계자는「미국 무역대표부가 AT&T사의 교환기 신제품에 대한 형식승인을 빠른 시일 안에 내줄 것을 우리 정부에 요구한 것은 우리나라의 형식승인제도 자체를 바꾸도록 압력을 행사하겠다는 예고로 보인다」고 말했다.

이 관계자는 미국은 우리나라의 정보통신기기 형식승인 제도를 UR협정에서 금지하고 있는 기술 장벽으로 몰아붙일 움직임을 보이고 있는데 최근 미국 표준기술원이 우리나라를 비롯한 10대 거대시장을 상대로 기술 장벽 조사에 나선 것도 이 분야 통상압력수단마련을 위한 사전 움직임이라고 분석했다. 만약 미국의 통상압력요구가 관철된다면 태동기에 있는 국내 관련 산업이 막대한 피해를 입을 것으로 예상된다.

통상산업부는 정부와 업계가 공동으로 개발해 공공기관 위주로 납품되고 있는 중대형 컴퓨터와 현재 개발이 마무리 단계인 ATM교환기, 위성통신기기 등 뉴미디어 장비에 대해 미국이 형식승인제도 변경 등의 시장개방 요구를 해올 것으로 전망하고 있다. 통산부 관계자는「미국은 오는 97년으로 예정된 한국의 통신시장 전면개방을 앞두고 현재의 형식승인제도가 유지되는 한 별 소득이 없을 것이란 판단아래 이를 기술장벽으로 부각시키기 위해 집요한 공세를 펼칠 것으로 예상된다」고 말했다(한상복).

정부(정보통신부)는 미국의 통신장비 시장개방 확대요구와 관련, 문제가 되고 있는 미 AT&T사의 전전자교환기 5ESS-2000의 경우 국내 형식승인제도와 조달절차를 반드시 밟아 국내 통신망에 적용될 수 있는지를 시험한 뒤에 입찰자격을 줄 수 있다는 방침을 고수키로 했다(이재권). 또한 동 신문에서는「정부·통신장비업계 초비상」이라는 제목으로 다음과 같이 상세한 기사를 실었다(서울경제신문, 1995. 2. 10).

<해설기사> 세계 최대의 통신기업인 미국의 AT&T사가 최근 미 정부를 앞세워 한미 양국 간 통상마찰의 볼륨을 한껏 높이도록 하면서 한국의 통신장비 시장 공략을 강화하고 있어 정부 및 통신장비 업계에 비상이 걸렸다. 미 무역대표부(USTR)의 미키 캔터 대표는 지난 7일 공로명 외무장관을 만난 자리에서 미국기업이 한국을 상대로 제소한 사안이 발생한 것도 아닌데 극히 이례적으로 AT&T라는 특정 기업을 거명, 한국의 통신장비 시장개방 확대를 강도 높게 요구했다.

그 배경에는 AT&T와 USTR이 한국의 국내법과 제도를 힘으로 바꾸면서까지 통신장비의 판매를 확대하겠다는 저의가 깔려있어 국내 관련 업계는 미국의 공격과 정부의 대응에 촉각을 곤두세우고 있다. AT&T가 USTR을 등에 업고 이번에 자사의 전자교환기 5ESS-2000을 한국에 판매하려고 하는 것은 사실 새로 제기된 사안은 아니다. AT&T는 지난

93년 말 우리나라에 대해 시험 등 인증절차를 거치지 않고 5ESS-2000으로 한국통신의 교환기 입찰에 참여할 수 있는 자격을 요구했었다.

AT&T의 5ESS-2000은 우리나라의 대표적인 교환기인 TDX-10과 비교해 비교가 안될 만큼 경쟁력을 지닌 세계 최고의 교환기로, 세계 각국의 통신장비 업체에게는 공포의 대상이다. TDX-10이 10만명의 가입자를 수용할 수 있는데 비해 5ESS-2000은 무려 30만 회선까지의 용량을 갖고 있으며 멀티미디어 통신 기능도 탁월하다. 가격은 TDX-10의 절반 이하인 회선당 80달러에 불과, 국내에 진출할 경우 시장을 독식할 정도로 가공할 잠식력을 지녔다.

AT&T의 5ESS-2000 입찰자격 부여요구에 대해 정부와 한국통신은 국가의 핵심시설인 기간통신망에 들어가는 교환기가 기존교환기와 호환성이 있는지, 기존통신망 환경에 적합한지 검증을 받아야 하는 것은 세계 각국의 공통된 제도라는 점을 들어 5ESS-2000은 신기종이므로 반드시 우리나라의 형식승인 및 조달절차를 밟아야 입찰자격을 줄 수 있다는 입장을 분명히 밝혔다. 이에 대해 AT&T는 5ESS-2000이 기존에 한국에 설치된 5ESS를 개량한 것일 뿐 실질적으로 동일한 기종이라며 별도로 인증절차를 밟을 필요가 없다고 주장했다.

그러나 5ESS-2000은 5ESS와 설계개념, 주 컴퓨터, 부품, 성능 등이 모두 달라 AT&T 측의 주장은 억지 논리 라는게 중론이다. 힘으로 밀어붙여 인증에 소요되는 70주(1년 4개월)의 시간을 줄이자는 속셈이다. AT&T가 USTR을 내세워 통신망 장비 문제를 한미통상 관계의 최대현안으로 증폭시키려는 배경과 관련, 갖가지 추측이 나오고 있다.

1차적으로 올해부터 10년간 대략 20억 달러 정도로 추산되는 국내교환기 시장을 겨냥한 것은 물론, 북미관계의 개선무드를 틈타 장기적으로 북한의 통신시장에 까지 5ESS-2000을 깔아보겠다는 포석 아래 한국진출을 서두르고 있는 것으로 풀이된다. 그러나 누가 봐도 무리한 5ESS-2000의 공급자격 인증문제를 들고 나오면서 한편으로 교환기보다 시장규모가 훨씬 큰 CDMA방식 차세대 디지털 이동통신 장비시장(98년까지 3조원규모)을 개방하라는 신호를 보내는 것이 아니냐는 해석도 낳고 있다(이재권).

다. 정부의 발표

앞에서 설명한 바와 같이 한국통신은 미국이 신형 전자교환기(5ESS-2000기종)의 한국내 공급을 위해서는 AT&T는 한국통신이 정한 인증시험과정을 반드시 거쳐야 한다는 입장을 고수하였다. 이 인증시험실시 문제로 미국 측과 한국통신은 첨예하게 대립하고 있었다. 이에 관한 국내 언론 보도에 대해 외무부에서는 다음과 같은 보도 자료를 배포하였다(외무부, 1995. 2. 9).

<외무부 보도내용> 지난 2월 6일(월) 공로명 외무부 장관과 캔터 미 무역대표(USTR)간 회담에서 캔터 대표가 AT&T사의 전자교환기 인증 관련 문제에 관심을 기울여 달라고 요청해온 것은 사실임. 이에 대하여 공로명 장관은 관계부처에 이러한 미 측의 관심을 전달하겠

다고 대응한 바 있음. 동 건은 94년 중반 이래 한미 양국 간에 실무적 협의가 진행되어온 사안으로서 그간의 협의 현황은 아래와 같음.

① 교환기 등 미국 통신장비는 92년 양국 간 합의에 따라 93년부터 한국통신의 통신장비 조달에 참여하여 왔음.

② 국내외산을 막론하고 한국통신의 통신장비 조달에 참여하기 위해서는 관련 장비에 대한 소정의 인증절차를 거쳐야 함. 따라서 AT&T 교환기의 경우 이미 인증을 받은 5ESS 교환기는 현재 한국통신의 통신장비 조달에 참여하고 있으며, AT&T사의 신기종 교환기(5ESS-2000)에 대해서는 동사의 요청에 따라 현재 인증절차가 진행 중에 있음. 국산 교환기의 경우에도 동일한 인증절차가 필요하며 외국산에 대해서만 이러한 인증절차를 요구하고 있는 것은 아님. 이러한 인증절차는 우리나라 뿐 만아니라 미국 등 선진국에서도 공히 요구되고 있음.

③ 이와 같이 미국 측이 제기한 문제는 「통신장비 개방확대」에 관한 문제가 아니며 특정 장비의 인증과 관련된 사안인 바, 보도된 것처럼 미 측이 한미통신 합의사항이나 우리 국내 법규의 개정을 요구하고 있는 것은 아님. 우리 정부는 AT&T사의 신 기종 교환기의 인증신청에 대해서는 양국 간의 기존 합의사항과 우리 관련 법규에 정해진 절차에 따라 투명하고 공정하게 처리해 나갈 예정임.

4. 미국정부(USTR)와의 제1차 전쟁

4.1 국내 통신업계의 반발

가. 국내통신업계의 반박 성명서 시도

미국산 신형 전자교환기(5ESS-2000)의 인증에 대한 미국 측의 압력이 거세지자 국내 통신업계에서는 이 신형 전자교환기의 국내 진출에 대한 대응책을 마련하기 시작하였다. 이때 한국통신산업협회(회장 박성규)는 AT&T사 및 미국 무역대표부(USTR)의 부당한 주장을 반박하는 성명서를 일간 신문에 공고하고 기자간담회를 열겠다는 뜻을한국통신 기술기획 실장(이정욱)에게 전했다(1995. 2. 27).

이 통보문에 의하면 협회는 전자신문, 한국경제, 매일경제, 내외경제, 서울경제, 제일경제에 공고하고(1995. 2. 28자), 조선, 동아, 한국, 경향, 서울, 한겨레, 세계, 중앙, 국민, 문화, 매일경제, 서울경제, 제일경제, 내외경제, 전자신문, 전기산업신보, 연합통신, Korea Times 등을 대상으로 기자간담회를 대한상공회의소 12층 B룸에서 가진다는 것이었다(1995. 3. 3). 당시 한국통신이 받은 한국통신산업협회의 성명서 내용은 다음과 같다.

<성명서> 우리 교환기 생산업체 일동은 그동안 미국 AT&T사의 5ESS-2000 교환기 국내 조달문제와 관련한 AT&T사 및 미국 무역대표부(USTR)의 부당한 주장을 더 이상 방관할 수 없어 부득이 다음과 같이 우리의 입장을 밝히고자 합니다.

① 한국통신은 국내기업이 외국기업과 공정하게 경쟁할 수 있도록 국설교환기 입찰자격 부여 시 현행 조달규정을 준수하여 적법한 절차에 따라 평가하고 처리하여야 합니다. 미국 AT&T사의 5ESS-2000 교환기 기종은 기존의 5ESS와는 설계 기본단위(PBA)에서부터 상이하므로 5ESS와 동일기종으로 평가하여 일부 인증절차를 생략할 수는 없습니다. 1993년도 AT&T사 5ESS 기종의 국내시장 직접진출 시 품질인증을 생략한 것은 이 기종이 기존에 한국통신이 LG정보통신을 통해 구매한 5ESS와 설계 기본단위에서 하드웨어 및 소프트웨어상으로 호환성이 있는 개량형 교환기(Appropriate Upgrade)이라고 인정하였기 때문입니다.

② 미국 AT&T사의 5ESS-2000 교환기 인증문제와 관련한 사항은 근본적으로 한국통신과 AT&T사 간의 문제이므로 정부는 일체 관여하지 않는 것이 타당합니다. 만에 하나 한국통신이 정부출자기관이라고 하여 정부에서 어떠한 압력을 가하여 시험기간의 단축이나 인증절차의 생략 등으로 AT&T사에 유리한 입장을 만들어 줄 경우에는 국내업체와의 공정한 경쟁을 해침은 물론 형평성에도 심각히 위배되는 바, 이는 결국 정부가 앞장서서 외국 기종에 대해 구매상 특혜를 주는 결과가 됩니다.

③ 관계 당국은 국내의 기간통신사업자(한국통신, 데이콤, 한국이동통신, 신세기통신 등)가 교환기를 구매하여 기간 공중통신망과 접속해 서비스를 제공할 경우에는 반드시 통신망 환경에서의 적합성 여부를 사전에 승인받도록 하여야 할 것입니다.

④ AT&T사 및 미국 무역대표부(USTR)는 선진국답게 공정한 방법 및 적법한 절차에 따라 국내시장진입에 임해야 할 것입니다. AT&T사는 지난 1994년 11월 신규참여자로 인증신청을 할 당시 현행 조달규정 등을 이미 스스로 인정한 바 있는 이상 모든 규정과 절차를 성실히 따라주어야 함은 당연하며, 지금에 와서 스스로에게 불리하다고 하여 자국 정부를 앞세워 힘의 논리로 문제를 해결하려는 발상은 양국 간의 건전한 교역환경을 위해서도 결코 바람직스럽지 못하므로 공정한 경쟁 차원에서 즉각 시정되어야만 합니다.

<서명자> 한국통신산업협회 회장 박성규, 대우통신(주) 사장 유기범, 삼성전자(주) 정보통신총괄 사장 남궁석, LG정보통신(주) 사장 정장호, 한화전자정보통신(주) 사장 신철순

나. 미국 정부의 통상압력에 대한 건의서

그러나 당시 한국통신 기술기획실장(이정욱)은 한국정부와 미국정부 간 5ESS-2000 교환기 인증문제가 가닥을 잡아가고 있는 시점에 한국의 통신산업계의 대표자들이 전면에 나서서 이러한 성명서라는 형식으로 불만을 발표하고 기자간담회를 갖는 것은 사태 해결에 도움이 되지 못한다고 판단하여 이를 저지하였다. 다행히 한국통신의 생각을 업계에서는 받아들여 성명서 대신 건의문으로 변경하여 이를 미국정부와 한국정부에 전달하기로 하였다(1995. 3. 7).

양국정부에 내는 건의문은 당초 성명서 원안을 그대로 사용하였으며, 이때 성명서 서명자 5명 중 한화정보통신 사장이 공태근으로 변경되었다. 이어서 한국통신산업협회(Telecommunications Industry Association)에서는 언론을 상대로 「국내교환기업계에서는 미국 무역대표부 주장에 국내 교환기업계 크게 반발」이라는 제목의 보도 자료를 발표하였다(1995. 3. 13).

<보도자료> 1992년 한미 쌍무협정으로 교환기를 포함한 국내 통신망 관련 장비시장이 개방됨에 따라 그동안 미 AT&T사가 국내 교환기 시장에 5ESS기종으로 직접 진입하였다(점유율 93년 20.4%, 94년 36.4%). 그 후 AT&T사는 한국 교환기 시장점유 확대를 위하여 94년 10월 5ESS를 개량 개선하였다고 주장하면서 5ESS-2000 기종에 대한 구매인증을 한국통신에 신청하였다.

그 당시 5ESS-2000 기종이 기존의 5ESS를 개량 개선한 것인지 또는 새로운 기종인지 여부를 판단하는데 많은 논란이 있었으나, 결국 당시 정보통신부와 한국통신 관계자의 기술적 판단에 따라 새로운 기종이라고 판정된 바 있으며, 한국AT&T사에서도 이를 수긍하고 한국통신의 교환기 인증절차 중 후속조달절차의 신규참여조건(새로운 기종)으로 인증신청을 접수하였다.

그러나 한국 TDX 기종의 개량개선 작업이 빠르게 추진되고 있어 AT&T사로서는 이미 신청 중인 조달절차에 따를 경우 금년도 한국통신의 교환기조달 입찰에 참여가 불가능해질 것을 우려하여 AT&T 측은 이에 위기감을 느끼고 어떻게든 금년도 한국통신의 교환기조달 입찰에 참여하고자 미국 정부(USTR)를 동원하여 무리한 요구를 하기에 이르렀다.

즉, 현재 인증절차를 밟고 있는 5ESS-2000기종이 한국통신의 인증절차 상 금년 중에 승인을 받을 수 없을 것으로 예상되자, 한국통신의 조달규정을 고쳐서라도 인증 기간을 단축할 것은 물론 한술 더 떠서 조달절차도 대폭 간소화해 줄 것을 요구하고 있다. 이것은 자국기업체의 이익을 위해서는 상대국의 내국법 및 절차를 자기들 마음대로 얼마든지 고칠 수 있다는 과대 망상적이며 주권 침해적인 행동인 것이다.

더구나 인증절차도 대폭 생략해 주든가 아니면 자기들 제품에 대한 인증이 완료될 때까지 금년도 한국통신의 구매 입찰을 아예 취소하자고 말도 안 되는 주장을 펴고 있다. 지난달 28일 USTR 대표단이 정보통신부를 방문하여 이달 중으로 모든 문제를 자기들 주장대로 해결해 주지 않으면 미 통상법 301조(88 종합무역법 1377조)를 발동하여 한국을 불공정 관행국으로 지정, 필요한 보복 조치를 강구하겠다고 거의 일방적으로 통보하였다는 것이며, 이것은 실로 상대국의 주권까지도 무시하려드는 행동인 것이다.

더구나 최근에는 한국통신 교환기 입찰에 한국기업체의 일부 업체를 배제하라는 놀라운 주장을 펴고 있다고 하며, 만에 하나 이것이 진실이라면 미국 정부는 외국의 산업정책까지 관여하겠다고 주장하는 결과가 될 것이다. 한국통신산업협회는 위와 같은 모든 현안문제에 대해 국내 교환기 4사의 의견을 종합하여 입장을 정리하고 지난 7일 건의문을 관계 당국에 제출하였다. 협회의 입장 및 건의서 주요내용은 다음과 같다.

<협회의 입장 및 건의서 주요내용> AT&T가 한국통신의 조달규정을 인정하고 후속조달 절차의 신규참여조건으로 인증신청을 한 이상 필요한 모든 규정과 절차에 성실히 따라 주어야 한다. 5ESS-2000기종은 새로운 기능이 많이 탑재되어 있으므로 반드시 기간 공중통신망 환경에서의 적합성 여부를 철저히 시험하여야 한다.

또한 당사자인 한국통신도 기존의 모든 절차와 규정을 엄격히 적용하여 처리하여야 하며, 만에 하나 강대국의 힘의 논리에 눌려 국내기업에 비해 상대적으로 특혜조치를 취해서는 안 된다. 국내업체에서 현재 개량개선 중인 TDX 기종에 관하여도 한국통신 조달규정이 엄격히 적용되어 철저한 시험절차를 밟고 있음에도, 외국기업체(AT&T)에 차별적인 대우를 한다고 주장하는 것은 현실을 너무 모르고 하는 주장이다.

현재 내국 외국기업에 동일하게 모든 규정을 엄격하게 적용하여 적법하게 절차를 밟고 있는 마당에 자국 기업(AT&T)에게만 특혜를 베풀라고 주장하면서 불공정 관행국으로 지정하겠다고 주장하는 것은 받아들일 수 없으며, 이 경우 오히려 우리 국내기업에 차별 대우를 하라는 격으로 미국 측이 불공정무역을 조장하고자 하는 것과 다름없다.

미국의 일개 기업체가 공급하는 특정 장비에 대해 특혜를 달라는 요구는 정부 간 협상의 제가 될 수 없기 때문에 한국정부도 이 문제에 있어서는 관여할 것이 없으며, 따라서 이것은 미국의 1개 기업체인 AT&T와 국내의 1개 사업자(구매자)인 한국통신 간의 문제로 다루어져야 한다. 또한 AT&T 주장처럼 국내의 1개 사업자(예: 한국이동통신)가 구매한 실적이 있다고 해서 다른 사업자도 인증절차 없이 꼭 같은 것을 구매해야 된다는 것은 상식을 벗어난 주장이다.

USTR의 주장처럼 한국통신의 구매절차 및 규정에 대한 투명성이 확보되어 있지 않다는 것은 자기 편리대로 상대국의 국내법을 해석하는 사고방식이며, 따라서 USTR은 포괄적 선언적으로만 투명성이 결여되었다고 주장할 것이 아니라 과연 무엇이 어떤 부분에서 투명성이 결여되어 있는지 AT&T 관계자를 통해 구체적으로 제시하는 성실성을 보여주어야 한다.

4.2 USTR의 동향 및 한국통신의 대응

이러한 상황에서 한국통신은 AT&T와 당사자 간 쌍방협의를 성사시켜 5ESS-2000 교환기에 대한 구매전략을 구사해 나가는 한편 이에 대한 미국정부(USTR)의 동향을 예의 주시하면서 대책을 세워나가기로 하였다. 이를 위해 미국 현지 변호사는 USTR의 동향과 대응전략을 알려왔다.

가. 미국 현지 변호사의 동향보고

미국 현지 자문변호사는 USTR 한국담당국장(Christina Lund) 및 USTR 전기통신전문가(Patricia Paoletta)와의 오찬 회동 시 대화 내용과 파악한 동향을 근거로 USTR의 동향을 보고하여 왔다(1995. 2. 17). USTR 전기통신전문가(Ms. Paoletta)는 최근 부임한 사람으로 다음 주 밴쿠버에서 열리는 APEC회담에 참석한 후 서울로 가서 USTR 한국담당국장과 정보통신부(MIC)와의 회합에 참석할 계획이라는 것이었다. 당시 보고된 USTR 동향 및 자기 견해는 다음과 같다.

(1) 한국과 미국의 통상관계는 가까운 시일 내에 중대한 상황에 직면할 것 같다. 5ESS-2000 전자교환기 인증 및 자동차 문제와 같은 예민한 문제와는 별도로 USTR의 캔트(Kantor)는 최근 한국에서 다루어진 육류 수입문제에 관한 양국의 협의 방법에 가뜩이나 화가 나있다. 분명히 캔트는 최종 결론에 도달할 때까지는 실무수준의 협의를 비공식적이고 비밀리에 계속한다는 가정하에 이 문제를 협의하기로 박재윤 장관과 금주초 합의했었다.

캔트는 한국의 일부 신문이 금주의 협의에서 양국 간에 합의가 있었다고 부정확하게 보도했을 때 동 양해를 위반했다고 생각했다. 캔트 뿐 만 아니라 다른 USTR 관계자들도 동 보도는 한국정부 관계자가 누설한 정보에 의해 작성된 것이라고 의심하고 있다. 이들 USTR 관계자의 시각은 대한통상 문제에 대한 미국의 접근내용을 최근 한국 언론이 부풀려 보도하는 경향이 있다는 것이다.

런드(Ms. Lund)는 한국의 육류수입문제에 대한 현재의 어떤 합의도 있다는 것을 부인하고 있다. 사실 런드는 미국은 한국의 육류수입문제에 대해 WTO 분쟁 해결절차의 개시를 계획 중이라고 말했다. 위생 및 식물위생에 관한 협정의 규정이 이 문제를 다루는데 있어 미국측의 가장 적절한 접근방법은 아니라는 것이 그녀의 견해이나, 그녀는 이 규정이 미국의 이익을 보호하는데는 충분히 강력하다고 믿고 있다.

(2) USTR 관계자들은 지난 며칠 동안의 통상산업부 관계자들과의 회합에 근거하여 한국정부가 AT&T 문제에 대하여 물러서지 않을 것이란 확신을 갖게 되었다. 이러한 판단은 오늘 일찍이 USTR 대표보(Charlene Barshefsky)에게 보고되었다. 전하는 바에 의하면 그는 이미 패오레타(Paoletta)에게 잠재적인 보복리스트를 작성하기 위한 기초작업을 시작하도록 지시했다. 이 지시에 따라 패오레타의 첫 번째 조치는 일본의 셀룰라 이동통신 분쟁과 관련하여 1994년 2월 USTR이 작성한 보복리스트를 조사하는 일이 될 것이다.

그녀는 무역법 제301조의 보복절차와 WTO 분쟁 해결협약 간의 모순 가능성 때문에 USTR은 WTO의 관할권 밖에 있는 분야에 우선 초점을 맞추는 것이 필요할 것이라고 이해하고 있다. 런드는 AT&T 문제에서 한국통신이 명분을 지킬 수 있도록 해줘야 한다고 어제 저녁 회합에서 한덕수차관이 주장한 내용을 보고했다. 패오레타는 한국통신이 명분 유지를 필요로 하는 만큼 USTR 또한 명분 유지를 필요로 한다고 역공하고 있다(특히 그들의 대표인 캔트가 지난달 한국의 외무장관 및 통상산업부 장관과의 두 번의 중요한 회담에서 AT&T 문제에 대한 한국통신의 유연한 대응을 진지하게 요청한 후이기 때문에).

나. AT&T가 작성한 한국통신 간의 처리경과보고

현지 변호사는 보고서에서 런드는 우리 측 검토를 위해 다가오는 서울회합에서의 미국 측 의제 사본과 AT&T가 작성한 5ESS-2000 인증과 관련한 AT&T와 한국통신 간의 처리경과를 제공했다고 보고하면서 그 내용을 다음과 같이 첨부하였다.

(1) 1993년에는 AT&T 5ESS-2000 인증신청서를 제출하고(1993. 11. 29), 한국통신 보충자료 요청하였다(1993. 12. 7).

(2) 1994년에는 AT&T는 보충자료를 제출하고(1994. 2. 18), 한국통신은 추가보충자료를 요청하였다(1994. 3. 14). 그리고 AT&T는 추가보충자료를 제출하고 회합을 요구하였다. 4월 11일부터 1주간 한국통신의 평가요원과 3명의 5ESS-2000 전문가 포함하여 AT&T간 회합을 하였다(1994. 4. 13). 또한 KT는 5ESS-2000은 새로운 기종이며 따라서 새로운 제품규격이 필요하다고 공식 통보하였다(1994. 6. 11).

AT&T는 5ESS-2000이 새로운 기종이라는 한국통신의 결정에 동의할 수 없다며 반박하는 문서를 AT&T 신청서 처리부서인 한국통신 기술기획실로 송부하였다. 또한 5ESS-2000은 기존 5ESS의 업그레이드 된 제품이기 때문에 업그레이드된 기능을 규격에 포함시켜 기존 5ESS 제품규격을 개정하는 신청서를 다시 제출하였으며 한국통신의 조달절차에 따라 보급사업단에 제출하였다(1994. 6. 17).

한국통신에서는 기존 5ESS 규격이 기간통신망 장비로 설치한바 규격 유지가 필요하기 때문에 AT&T의 5ESS-2000은 제품개정이 아닌 새로운 제품규격이 필요하다고 평가했으므로 AT&T의 개정신청서를 반려하였다(1994. 7. 7). AT&T는 5ESS-2000의 인증절차의 신속한 방법을 찾기 위해 한국통신 기술기획실장(이정욱)과 면담, 기술기획실장은 5ESS-2000 인증에 관한 그의 지지의사를 표명 하면서 1995년 2/4분기까지는 5ESS-2000 인증이 완료될 것으로 추측된다고 말하였다.

그는 또한 모든 인증(5ESS-2000과 TDX-10)이 완료된 후에 1995년도 입찰이 이루어지기를 기대한다고 언급하였다(1994. 7. 12). AT&T는 5ESS-2000이 새로운 제품이라는 것을 고려하여 한국통신 보급사업단에 인증을 위한 정식서류를 다시 제출하였다(1994. 7. 12). AT&T는 오클라호마 공장에서 틀림없이 현장시험에 사용될 5ESS-2000 장비를 선적하였다.

그러나 한국통신은 시험장소를 알려주지 않아서 한국으로 장비선적 대신 AT&T는 한국통신의 지시를 받기 위해 캘리포니아로 장비를 수송하였다(1994. 10. 24). AT&T Korea는 5ESS-2000 인증 일정통보를 요청하는 서신을 한국통신에 발송하고 AT&T는 1995년부터는 5ESS-2000(구 5ESS보다)으로 공급할 의도를 다시 밝혔다(1994. 12. 28).

(3) 1995년 KT는 평가 및 결과분석이 빨라도 1995년 12월 22일에 완료될 것으로 AT&T Korea에 통보하고, 더구나 시험개시 일정에 따라서는 1996년 1/4분기까지도 공급을 위한 인증이 안 될 수도 있음을 통보하였다(1995. 1. 11). AT&T 관계자들(워싱턴 대표 포함)은 상황협의를 위해 정보통신부(MIC) 및 한국통신(KT) 관계자와 회합을 가졌으며, 한국통신은 5ESS-2000은 새로운 기종이며 인증에 최소한 70주가 소요된다고 확인하였다. 한편 한국통신은 TDX-10A(한국 내에서의 생산제품)는 업그레이드이며 1995년 조달에 맞추어 1995년 2/4분까지 인증이 완료될 것이라고 통보하였다(1995. 1. 13).

다. 한국에 대한 Non-Paper와 제1377조

전기통신협정의 이행 여부를 연례적으로 검토하도록 요구하고 있는 미국 '88종합무역법 1377조의 규정에 따라 1995년 3월 31일까지 계속되는 검토 기간 중 많은 수의 미국업체들이 그들이 한국 내에서 겪고 있는 문제들을 미국 정부에 제시했습니다. 이것들은 1995년 3월 31일 이전에 해결되어야 할 심각한 문제들로서 다음과 같습니다.

① 1995년 조달에 AT&T의 업그레이드된 5ESS-2000 교환기의 인증거절, 통신망에 접속되지 않는 장비에 대한 한국의 부당한 형식승인요구 ② 미국산 장비의 판매자에 대한 차별대우. 다른 지역이나 제조업자로부터의 기인증 여부와 상관없이 미국산 장비판매에 대해서는 형식승인이나 인증을 받도록 요구하면서 한국산 장비는 기인증 사실증명 시 이를 면제 ③ 한국정부가 부당하게 요구 취득한 미국의 전유 정보를 한국기업에 유출하여 미국기술을 도용 및 한국 업체들의 미국업체 기술도용 ④ 미국업체들의 형식승인이나 인증 시 과도하거나 불필요한 양의 정보를 요구, 가끔 이런 정보들은 기본적으로 지적 재산권임

⑤ 한국은 전기통신제품이나 서비스의 판매 대가로 기술을 이전토록 하고, 현지 법인화하도록 미국업체들에 압력을 가함 ⑥ 한국에 수요가 있는 위성서비스 공급자들의 면허거절, '95년 개정법령에서 기업 내 음성, 데이터 통신의 공중망 접속을 허용하지 않을 가능성에 대한 우려 ⑦ 개정 중인 법령체계 내에서 비 셀룰라 이동통신서비스에 대한 미국업체들의 참여를 제한하거나 차별할 가능성에 대한 우려. ⑧ '94년 이동통신 장비조달을 위한 제안요구서에서 한국 업체에 특혜를 주거나 미국기업에 대하여 잠재적으로 차별, 제2 이동통신사업자 선정 시 투명성 결여 및 미국업체에 대하여 잠재적으로 차별 우려.

이상 제기한 문제 중에서 특히 다른 업체로부터 기 인증을 받았는데 이를 인정하지 않고 한국통신은 이 신형교환기의 인증을 별도로 요구하는지에 대하여는 한국통신의 입장을 설명하였다. 당시 한국이동통신(KMT)은 5ESS-2000 교환기를 기지국에 설치하여 이동통신용으로 사용할 목적으로 도입한 적이 있었다(1994. 12). 그러나 한국통신은 PSTN서비스를 제공하기 때문에 각종 사업자 통신망, 기업통신망, PABX 등을 연결 운용하고 있어 통신망 구성이 다양하고 기술적으로 복잡하다는 것이다. 그래서 한국통신(KT)의 망은 한국이동통

신(KMT)의 망과 환경이 현저히 다르기 때문에 한국이동통신의 망에 쓰고 있다고 하여 한국통신의 망에서 그대로 잘 동작할 것이라고 가정할 수 없음을 설득하였다.

5. 미국 측 요구에 대한 한국정부의 대응

5.1 주미 한국대사와의 협의

가. 주미 한국대사관의 전문보고

미국의 신형전자교환기(5ESS-2000) 관련하여 USTR 한국담당국장(Christina Lund)은 주미 한국대사관의 김종훈 참사관과 통화하여 미국 측 입장을 전해왔다. 그 주요내용은 정보통신부로 보고되었으며(1995. 2. 9), 정보통신부(정보통신협력국)에서는 보고내용을 다시 한국통신 기술기획실로 통보하여 왔다(1995. 2. 13). 주요내용은 다음과 같다.

<정보통신부 통보내용> 1995. 2. 8 미 측은 한미합의사항 이행 여부 점검을 위한 미국 정부 관계부처회의를 개최하여 AT&T 5ESS-2000, CNT사의 형식승인 등 주요현안을 협의한 후, 동 사항을 '88 미 종합무역법 제1377조에 의거 국별 무역장벽(NTE) 보고서에 포함시키기로 합의하였다. 5ESS-2000건은 AT&T의 규모와 로비로 미국 정부 고위층과 의원들의 주요 관심사항이 되고 있으며, 이러한 분위기가 동 회의에서도 그대로 반영되었다.

이와 관련하여 런드(Lund) 국장은 AT&T 5ESS-2000을 우선적으로 해결키 위해 통신 관련 전문가를 대동하여 2월 25일부터 3월 4일까지 방한하여 우리 측과 협의할 예정이다. 또한 USTR 아태담당 부대표(Robert Cassidy) 역시 3월 14일부터 17일까지 방한, AT&T 5ESS-2000 등 한미통상현안 협의를 위해 우리 부, 외무부 등과 회의 개최예정이다.

나. 주미 한국대사의 공문통보

한국통신에 대한 AT&T의 5ESS-2000 교환기 공급문제가 국가 간 통상문제로 비화되자 주미 한국대사(박건우)는 한국대사관의 김종훈 참사관이 미 무역대표부의 담당국장(Christina Lund)을 면담하고 논의된 내용의 공문을 정보통신부장관에게 보내왔다(1995. 2. 10).

(1) 주미한국대사의 공문내용

당관 김종훈 참사관은 금 2월 10일(금) USTR의 크리스티나 런드(Christina Lund) 국장의 요청으로 표제 건 관련 동인을 면담한바(FCC의 Robert Stephens 배석), 런드는 AT&T의 5ESS-2000기종이 95년 6월에 있을 예정인 입찰에 참여할 수 있는 길이 시급히 마련되고, 현안 중인 CNT 및 3-COM사의 형식승인 문제가 해결되지 않는 한 미 측으로서는 연호 1377조에 따른 절차를 진행시킬 수밖에 없다는 강경한 자세를 보였음(AT&T측이 USTR에 제출한 설명서를 별첨 송부함).

(2) 주미 한국대사관의 대응

미 무역대표부 담당국장의 요구에 대한 주미 한국대사관 김 참사관은 다음과 같이 대응하였음. 지난 2월 6일 외무장관-캔터 대표 간 회담 시 사전협의한 의제를 벗어나 미 측이 AT&T 문제를 거론한 것에 유감을 표명함. 그리고 미 측이 동 문제를 한 번도 통상문제로 거론하지 않다가 이제 와서 거론하면서 1377조에 의거한 제재를 앞세워 2달도 되지 않은 문제 해결을 도모하는데 대해 불쾌감을 표시하고 이러한 자세가 원만한 양국 통상관계를 구축해 가는데 도움이 되지 않음을 지적함.

또한 5ESS-2000은 그 성능이 향상된 정도를 넘어 ISDN 등 최첨단 기능이 추가된 기종으로서, 93년 3월 31일자 주미대사의 서한에서 약속한 개량개선 수준(appropriate upgrade)으로 보기 어려우며, 따라서 우리나라로서는 동 기종의 인증절차를 밟을 수밖에 없고 AT&T도 이에 응하여 인증절차가 이미 진행되고 있음.

(3) 주미 한국대사관의 대응에 대한 미 측의 반응

첫째, 외무장관과 회담에서 ATT 문제를 의제에 없이 제기한 것은 런드(Lund)로서도 매우 당황스러운 일이었음. 캔트 대표가 직접 관심을 가졌던 사안으로서 직접 거론케 된 것으로 이해해 주기바람(Kantor 대표는 한때 ATT 고문변호사를 역임한 바 있음).

둘째, ATT는 93년 11월부터 신기종의 인증절차에 필요한 서류를 제출하였는데, 14개월이 경과한 지난 1월에야 한국 측으로부터 인증에 관한 일정계획(95. 12 인증완료 목표)을 통보받았고, ATT는 동 일정으로서는 95년 입찰참여가 불가능하게 됨으로써 USTR에 문제 해결을 요청해 왔음. 따라서 USTR이 의도적으로 1377조를 내세워 급작히 문제 해결을 기도하는 것은 아님. 한국 측은 이와 같이 시일이 지연되는 동안 TDX-10A라는 개량모델을 만들어 내었음.

셋째, 5ESS는 이미 생산 중단되었기 때문에 이 기종으로 입찰에 참여하려고 해도 할 수 없는 실정임. 5ESS-2000에 ISDN 등 첨단기능이 포함된 것은 당초 한국 측의 요청을 반영한 것임. 그리고 5ESS-2000은 이미 한국 업체(Korea Mobile Telecom이라 함)에 납품되어 통신망에 연결되어 사용되고 있으며, 아무런 부작용이나 하자가 발견되지 않고 있음.

넷째, ATT로서는 5ESS-2000을 업그레이드로 보든지 신상품으로 보든지의 문제보다는 한국 업체와 차별받지 않는 조건으로 95년 6월에 있을 예정인 입찰에 동등하게 참여하는 길을 보장받는 것이 목적이며, 이러한 공정한 경쟁을 보장하자는 것이 그 간 한·미 간 체결되어 온 통신 관련 협정의 기본 정신임. 또한 미 측은 상기 ATT 현안 외에도 연호 2월 8일(수) 개최되었던 통신 관련 관계부처회의에서 논의된 아국 관련 리스트를 제시하면서 특히 CNT의 채널링크(Channel Link)와 관련한 형식승인문제도 해결할 것을 요구하였음. 런드는 미국 통신업계로부터 1377조와 관련 제기한 불만 리스트(Complaint List)를 내주 초 제공하겠다고 하였으므로 입수되는 대로 송부예정임.

5.2 미 무역대표부(USTR)와의 협의

가. USTR 요구사항 및 우리 측 대책회의

한·미 간 통신현안에 대한 협의를 위해 방한한 USTR 표준담당과장(Suzanne Troje)과의 회의가 정보통신부 소회의실에서 열렸다(1995. 2. 13). 여기에는 미국 측에서 USTR 표준담당과장, 주한미대사관 상무관(Jonnathon Mennti) 등 3명, 우리 측에서는 정보통신부 협력기획과장, 기술기준과장, 전파연구소 통신기술담당관, KISDI 최병일 박사, 외무부 사무관 등 관계자가 참석하였다. 이에 따라 정보통신부에서는 한국통신 기술기획실로 USTR 표준과장의 면담결과를 다음과 같이 통보해왔다(1995. 2. 14).

① 미 측은 형식승인과 관련하여 대상 기자재 범위, 판단기준 및 형식승인 신청 시 제출서류 범위 등을 문의하였으며, 아 측은 형식승인제도에 대한 설명 후 상세자료를 전달키로 하였다.

② 110/220V 겸용 기기 수입에 대한 미 측의 질문에 통신기기의 경우 겸용기기는 구입 규제하지 않음을 설명하였다. 또한 통신기기와 독립된 장비는 전기용품안전관리법에 의거 공진청에서 시험함을 설명하였다.

③ AT&T 5ESS-2000 관련, 미 측은 업그레이드 제품인데도 인증절차가 장기간 소요되는 이유, 동 사항의 협정 위배 가능성을 표명하여 업그레이드의 개념, 한국의 통신환경과 미국과의 차이점을 설명하였다. 아울러 우리 측은 형식승인 상호인정을 위한 협의개최를 제안하였다.

끝으로 이 보고서에서는 USTR 표준과장과의 금번 협의는 형식승인 및 AT&T의 5ESS-2000 등에 관한 사실 확인(fact-finding) 차원으로서 1995년 2월 말 방한 예정인 USTR 한국담당국장(Lund)과의 면담 시 본격적인 협의가 이루어질 것으로 예상된다는 것이었다. 이렇게 어려운 상황으로 치닫자 우리 정부(정보통신부)에서는 5ESS-2000 관련 기관 대책회의를 정보통신부 정보통신협력국장실에서 가졌다(1995. 2. 16).

이 회의에는 5ESS-2000기종을 업그레이드로 주장할 때의 대처방안, 기존의 5ESS와 조합하여 시험하는 방법, TDX와 5ESS-2000 기종을 비차별적으로 다룬다 등의 문제에 대해 검토하였다. 여기에는정보통신부 정보통신협력국장(이종순), 협력기획과장(박창환), 통상1담당, 한국통신 설비조달국장(김은진), KISDI 정인억 박사 등이 참석하였다.

나. USTR 요구에 대한 한국 측 답변

주한 미 대사관은 1988년 미국무역법 제1377조라는 제목의 USTR의 비공식서한(Non-Paper)를 정보통신부에 전달하였다(1994. 12. 22). 이 비공식 서한은 1995년 3월 31일까지 완료되는 연례 전기통신 무역협정의 검토에 대해 언급했으며, 두 가지 문제에 대한 정보통신부의 조치를 요구하였다. 즉, 1995년 조달참여를 위한 AT&T 교환기 인증, 전기통신 제품의 형식승인 관련 문제였다. 또한 주한미국대사(Lany)는 1995년 1월 10일 형식승인 문제에 대한 정보통신부의 조치를 요구하는 서한을 정보통신부에 전달하였다. 이들 문제에 대한 우리 정부(정보통신부)의 의견 및 답변은 다음과 같다(1995. 2. 21).

첫째, AT&T의 5ESS-2000 인증과 한국통신의 1995년 조달계획은 전혀 별개이며 관련이 없음. 5ESS-2000의 인증절차는 한국통신 조달규정에 있는 절차에 의거 정해진 일정계획에 따라 진행될 것임. 전혀 무관한 인증절차의 완료시기가 회사의 중요한 교환기 소요를 다루고 있는 '95년 조달계획의 집행지연을 가져오도록 할 수는 없음. 한국통신의 조달은 매분기별로 이루어지고 있음. 따라서 한 분기의 조달지연은 연간 전체조달주기에 영향을 줄 수 있고 한국의 전반적인 전기통신공급계획을 위태롭게 할 수 있음.

AT&T의 5ESS-2000은 인증과정을 완료한 후 한국통신 조달에 참가할 수 있음. 인증을 받을 때까지는 AT&T는 한국의 기존통신망과 완전히 호환성이 있고 한국통신의 소요에 적합한 현재의 5ESS로 계속 한국통신 조달에 참가할 수 있음. 한국에서의 공중통신망의 주요한 운용자로서 한국통신은 공급자에게 자신이 필요로 하는 제품을 공급하도록 요구할 권리가 있으며, 자신의 필요성과 규격을 초과하는 제품의 구매를 거절할 권리가 있음.

둘째, USTR의 비공식서한(Non-Paper)은 「자신의 업그레이드된 교환기를 인증받기 위해 진행 중인 AT&T의 노력」과 「우리는 AT&T의 업그레이드된 교환기가 제때에 인증받기를 기대한다」고 언급하고 있음. USTR은 1993년 3월 31일 현홍주 대사가 캔트 대표 앞으로 보낸 서한 중의 다음 문구를 곡해하고 있는 것으로 보임.

> 한국정부는 AT&T가 공급자로 인증될 것이라는 것과 현재 한국통신의 시스템에서 사용 중인 교환기 및 적절한 업그레이드는 생산지에 관계없이 당초 '93년 5월로 예정되어있는 한국통신의 향후 입찰에 참여가 허용될 것임을 약속합니다

동 서한은 언급된 1993년도 조달과 AT&T의 한국 내 합작회사를 통해 이미 공급하고 있고 당시 한국통신에서 사용 중인 5ESS 교환기 및 그 업그레이드(PCB 보드 및 하드디스크 업그레이드 등)에 적용이 명백히 그리고 전적으로 한정되고 있음. 1993년 독자적인 교환기 공급자로서 AT&T를 인증한 것은 문제이었음. 왜냐하면 AT&T의 한국 공급자와의 합작관계와 관계없이 인증을 한다는 것을 사전에 요구하지 않았기 때문임.

말하자면 동 서한은 한국통신이 이미 인증을 했고 한국통신 망에서 이미 사용 중인 5ESS 교환기에 대해 '93년도 조달을 위한 공급자격자로서의 지위를 AT&T에게 부여한 것임. 서한에는 차후년도의 조달에서 새로운 장비에 대한 인증을 요구할 수 있는 권리나 책무를 면제한 것이 없으며 '93년 당시 한국통신의 시스템에서 사용 중이 아닌 업그레이드 상태에 대한 어떤 유형의 면제도 인정한 것이 없음. 한국통신은 동 서한에 따른 의무를 모두 이행하였

으므로 그 문서 자체는 더 이상 적용이 계속되지 아니함(주1).

(주1) 한국통신과 AT&T는 5ESS의 특정한 개량이 업그레이드로 간주되는 범위에 대하여 사전 협의를 가졌음. 업그레이드(upgrade)는 특정 PCB 보드의 교환과 같은 사소한 변경에 한정된다는 것이 일반적인 견해임. 초기의 업그레이드보다 훨씬 많은 중대한 변경을 수반한 새로운 시스템인 5ESS-2000은 현재 한국통신에서 사용 중인 다른 교환기와의 적합성을 보장하기 위해 인증을 받아야 함. AT&T는 1994년 10월 한국에서 5ESS-2000에 대한 인증신청서를 제출함으로써 이 장비가 업그레이드가 아닌 차세대 제품이라는 것을 그 자신이 인정했음.

셋째, 한국에서 모든 통신망 장비는 그 장비가 국산이든 외국산이든 또는 신제품이든 업그레이드이든 관계없이 인증을 받아야 함. 한국통신은 1993년 2월 워싱턴에서 있었던 세미나에서 관련 미국 공급자들에게 인증절차를 설명했음. 동 절차는 '92 한미ROU의 비차별 조항 및 다른 모든 요구조건과 일치하며(주2) 이 분야에서 일반적으로 받아들여지고 있는 국제관행과도 일치함. (주2) '92 ROU 제ⅩⅦ(적용시기 및 시행시기) '92년 1월 1일부터 미국의 제품, 부수적 서비스 및 공급자들은 한국의 조달청 및 한국통신의 일반전기통신제품 조달에 비차별적인 접근이 허용된다. 통신망 장비에 대한 비차별적인 접근은 '93년 1월 1일부터 허용된다.

정보통신부는 1년 전 워싱턴에서 개최되었던 쌍무협의 기간 중 업그레이드 문제가 제기되었고 미국 측 관계자들이 업그레이드(뿐만 아니라 차세대 장비)는 인증을 받아야 할 것이라는 조언을 받았다는 것을 믿고 있음. 그럼에도 불구하고 AT&T는 1994년 10월까지 인증을 요청하는 정식 신청서를 제출하지 아니하였음. 인증절차는 현재 진행 중에 있음. 1994년 1월 11일 한국통신은 시료설계 및 설치(1994. 12-1995. 3), 시료에 대한 평가(1995. 4-1995. 6), 현장시험(1995. 6-1995. 12), 시험결과검토 및 판정(1995. 12)의 일정으로 검토가 완료될 것이라는 것을 AT&T에 통보하였음.

넷째, 1995년 1월 20일 한국통신 이정욱 실장과 AT&T의 아시아태평양 회장 Walter J. Sousa는 5ESS-2000의 인증 및 조달은 다음과 같은 원칙을 지키기로 합의하였음.

(1) 한국통신 조달규정에 명시된 적절한 시험 및 평가절차를 완료할 때까지 조달하지 아니함. 그리고 AT&T는 시험용 교환기를 1995년 3월까지 설치하고 양사는 시험결과가 양호할 경우 시험기간(1995년 4월부터 1995년 12월까지로 당초 계획된 일정)이 단축될 수 있도록 노력함.

(2) 양사는 AT&T가 한국통신의 '95년도 조달에 참가할 수 있는 방안을 강구하기 위해 노력함. 양사는 상호 협력하여 이 문제가 한·미간의 정치적 문제로 비화되지 않도록 노력하며, KT는 5ESS-2000에 대한 인증을 한국통신의 조달규정에 명시된 원칙 및 일정계획과 AT&T와의 상기 합의사항에 의거 비차별적으로 수행할 것임.

다. 대통령 비서실에 보고

AT&T의 5ESS-2000 조달문제가 한미 간 현안으로 복잡하게 진행되자 정보통신부 정보통신정책실장(정홍식)은 대통령(김영삼) 비서실로 진행사항을 다음과 같이 보고하였다(1995. 2. 23).

첫째, 미국 측은 1995년 한국통신 조달에 참여할 수 있도록 인증절차의 조속한 처리를 요망하고 있으며(단순 업그리이드 제품으로 인증 불필요), 1993년 3월 31일까지 해결되지 않을시 보복조치를 거론함.

둘째, 우리 측 입장은 5ESS-2000교환기에 대한 공급자격부여는 한미양해각서(ROU)와 한국통신 규정에 의거 인증시험 결과에 따라 결정토록 하며, 1995년 한국통신 조달시기는 5ESS-2000교환기의 공급자격부여와는 별개로 한국통신 자체계획에 의거 추진함.

셋째, 향후 USTR은 5ESS-2000 이외에 형식승인문제 등 미 업계의 통신관련 현안을 제기, 통상압력을 강화하여 5ESS-2000에 대한 한국의 양보를 얻으려할 것임. 1995년 2월 27일/28일 협의 예정인 USTR 한국담당국장의 면담 시 한국통신의 조달절차, 인증절차의 필요성 등을 설명하고 현재 한국통신과 AT&T가 동 사안을 협의 중임을 설명하여 미 정부의 압력은 문제해결에 도움이 안 됨을 강조할 것임.

넷째, 한국통신 기술기획실장(이정욱)과 AT&T 아시아·태평양 회장(Sousa)간 협의결과 다음 사항에 대해 한국통신과 ATT 간 합의하였음(1995년 1월 20일).

① 5ESS-2000 교환기는 한국통신 규정에 따라 시험을 거쳐 공급한다.

② AT&T사가 1995년 조달에 참여할 수 있는 방안을 양측이 검토한다.

③ 1995년 3월말까지 시험용 교환기를 설치하고, 1995년 4월-1995년 11월까지 시험하여 결과가 양호할 경우 시험기간을 단축토록 노력한다.

④ 본 협의결과를 바탕으로 양사는 양국정부를 이해시켜 양국 간 정치적인 문제로 비화되지 않도록 노력한다.

5.3 AT&T 인증문제에 대한 한미통신실무협의

가. 한국통신과 AT&T간 쌍무협의에 대한 반응

미국 현지자문변호사는 AT&T 워싱턴사무소의 담당책임자(Chris Padilla)로부터 전달받은 5ESS-2000 인증문제에 관하여 최근 한국통신과 AT&T간에 교환된 서한 사본과 이에 관한 몇 가지 권고사항을 한국통신 워싱턴사무소장(조남진)에게 전달하였다. 이에 대해 워싱턴사무소장은 한국통신 기술기획실장(이정욱)에게 보고하였다(5ESS-2000 관련 미 현지변호사 보고, 1995. 2. 22). 그 보고내용은 다음과 같다

첫째, AT&T 워싱턴사무소 담당책임자는 Walter J. Sousa의 답신(1995. 2. 20)은 AT&T

워싱턴사무소의 특정의견이 들어가 작성되었으며, 앞으로 양사간의 협약문제와 관련하여 미국 USTR의 담당국장(Christina Lund)과 접촉하려고 하는 중이라고 말했음.

둘째, 본인과 크리스티나는 양사가 USTR의 등 뒤에서(USTR 모르게) 문제 해결을 시도하고 있다는 인상을 주는 것을 한국통신과 AT&T 양사 모두 피해야 한다는데 동의했음. 따라서 양사는 미국정부와 교섭하는데 있어서 런드가 서울에서의 회합을 마치고 워싱턴에 돌아올 때까지는 양사 간의 쌍무협의계획을 가시화하거나 활발하게 추진하는 것을 자제할 필요가 있음.

또한 이 보고서에는 5ESS-2000 인증문제와 관련하여 한국통신과 AT&T 간 교환한 두 개의 문서사본이 첨부되어 있었다.

첫 번째 문서는 한국통신 기술기획실장(이정욱)과 AT&T 아태지역회장(Mr. Sousa) 간의 합의문(1995. 1. 20)을 통보하는 내용임(February 16. 1995). <송신자> Jung Wook Lee, Executive Vice president, Chief of Network and Technology Planning Group, Korea Telecom, Seoul, Korea <수신자> Walter J. Sousa, Chairman and Chief Executive Officer, AT&T Asia Pacific Inc. Hong Kong.

두 번째 문서는 첫 번째 문서(한국통신 발신)에 대한 AT&T 아태지역 회장(Sousa)의 확인답신임 (February 20. 1995). <송신자> Walter J. Sousa, Chairman and Chief Executive Officer, AT&T Asia Pacific Inc. Hong Kong <수신자> Jung Wook Lee, Executive Vice president, Head of Network and Technology Planning Group, Korea Telecom, Seoul, Korea.

나. 한·미 통신실무협의(서울)

우리 정부에 이미 통보된 대로 미국 측(USTR) 대표가 방한하여 정보통신부 14층 중회의실에서 한·미 통신실무회의가 열렸다(1995. 2. 28). 이때 주요의제는 AT&T 5ESS-2000 인증, 형식승인 제도개선 및 기타 관련쟁점으로 정해졌다. 이 회의에는 미국 측은 USTR 한국담당국장(Lund), 미국무부, 주한 미 대사관 관계자 등 8명으로 구성되었으며, 한국 측에서는 정보통신부 정보통신협력국장(이종순), 협력기획과장(박창환), 기술기준과장(박정열), 외무부, 통산부 관계자 등 8명이 참석하였다.

이 회의에서 미국 측(USTR)은 5ESS-2000은 단순 개량개선 제품인데도 지금까지 인증을 고의로 지연시키고 앞으로도 인증에 장시간이 소요되는 이유를 문의하면서, TDX-10A와의 차별대우로 한미 간 ROU 위반이라고 주장하였다. 그리고 3월 31일까지 동 사항이 해결되지 않을 경우 종합무역법 1377조 위반으로 조치됨을 강조하였다. 이에 한국 측(정보통신부)은 1993년 11월 이후 5ESS-2000 처리경위 및 AT&T의 자료제출 지연을 설명하고 TDX-10A도 엄격한 인증절차를 밟고 있음을 설명하였다. 한편 우리 측은 금번 USTR 한국담당국장(Lund)은 통신 분야에 대해 많은 미 기업들이 제기한 불평을 철저히 종합하여 방한

한 것으로 확인할 수 있었다.

그녀는 AT&T의 5ESS-2000에 관한 미 측의 입장을 강력하게 전달하기 위해 캔터대표의 관심사항임을 수차례 강조하였다. 그리고 미국은 TDX와 5ESS-2000 인증절차 진행의 차별대우를 주장하며 이것이 해결되지 않을 경우 미국제품에 대한 차별대우로 간주하여 1377조 위반으로 처리하겠다고 주장하였다. 이처럼 미 측의 주장이 강경해지자 우리 측은 5ESS-2000 인증절차와 관련한 미 측의 우려를 고려하여 1995년도 구매에 참여할 수 있는 가능한 방법에 관해 협의할 용의가 있음을 미 측에 전달 후 미 측 입장을 타진하였다. 결국 이 협의에서 한국통신과 AT&T 간 위 사항에 관하여 별도 협의를 추진하는 것으로 어정쩡한 결론을 내렸다.

6. 한국통신과 AT&T와의 2차 협상

6.1 AT&T의 계속된 조달참여요청

가. AT&T의 계속된 참여요청

한국통신과 AT&T간의 합의(1995. 1. 20) 이후에도 AT&T는 미국 정부의 지원을 받아 계속하여 1995년도 한국통신 조달에 5ESS-2000 기종이 참가할 수 있도록 요청하였다. 그로부터 한 달이 지난 후 AT&T의 아태지역회장(Walter J. Sousa)은 한국통신 기술기획실장(이정욱)에게 이와 같은 요청을 담은 서신을 재차 보내왔다(1995. 2. 20).

<서신내용> 2월 16일자 귀하의 서신에 대해 감사드리며 현재의 상황 해결과 양사 의 유대관계 개선에 대한 귀하의 건설적인 견해에 대하여 고맙게 생각합니다. USTR은 1993년 3월의 양국 정부 간 합의사항에 대하여 자체 연례검토를 진행 중에 있습니다. 이에 따라 AT&T는 동 합의에 관계되는 우리의 활동을 USTR에 통보할 의무가 있으며, 우리는 5ESS-2000의 인증에 관한 최근의 상황을 USTR에 통보하였습니다.

USTR은 동 사항이 합의에 일치하는지 여부에 대해 1995년 3월 31일 그들 자신의 판단을 내릴 것입니다. 그동안 우리는 양사 간의 협의 진전사항을 USTR에 계속 통보할 의무가 있습니다. 귀하의 서신 3항과 관련해서 본인은 지금부터 3월 31일 사이에 양사가 만나서 AT&T의 5ESS-2000이 1995년 한국통신 조달에 참가할 수 있도록 허용하는 명확하고 확실한 합의를 할 것을 제안합니다.

본인은 양 사 간 합의에서 만족스런 결론에 도달한다면 USTR이 검토할 때 긍정적으로 고려할 것이라고 확신합니다. 본인은 김충세 사장에게 양 사 간 협의를 촉진하도록 요청하였으며, AT&T Network Systems 아시아지역 사장인 Mr. Jay Cater에게 상호 만족스러운 합의를 원하는 본인의 의사를 검토 승인토록 요청하였습니다. 동 협의를 언제 시작할 수 있는지 알려주시기 바랍니다. 오는 3월에 서울에서 다시 만나 뵙기를 기대합니다.

나. 한국통신은 AT&T에게 하와이 합의서의 이행을 강력촉구

한국통신과 AT&T 간의 하와이 합의에도 불구하고 AT&T 아태지역회장(Sousa)의 1995년도 조달참여요청이 계속되고, 앞에서 현지 자문변호사의 보고처럼 주위 환경은 한국통신의 계획대로 원활하게 흘러가지 못하고 삐걱거리고 있었다. 이러한 현상은 미국 정부가 AT&T의 5ESS-2000기종의 한국 상륙을 강력하게 지원하기 때문이었다.

이러다 보니 서울에서 열린 한미통상 실무협의에서도 미국 측(USTR)은 변함없이 그들의 당초요구를 계속하자 한국통신 기술기획실장(이정욱)은 AT&T 아태지역회장(Walter J. Sousa, Chairman and Chief Exeutive Officer, AT&T Asia/Pacific)에게 다음과 같은 서신을 다시 보내 당초 합의서대로 추진할 것을 강력히 요청하였다(1995. 3. 1).

<서신내용> 1995년 2월 10일자 귀하의 서신은 기쁘게 잘 받아 보았습니다. 본인 역시 지난 하와이에서의 회동과 5ESS-2000에 대한 논의에 감사드리는 내용의 서신을 지난 2월 16일 보냈는데 받아 보셨는지 궁금합니다. 귀하의 서신에서 이미 선적하였다고 언급한 시험용 5ESS-2000 교환기는 일부 장비가 1995년 2월 14일 시험 장소에 도착하고 있다는 내용을 AT&T Korea(주)로부터 구두 통보받았습니다.

그러나 설치할 장비내역과 그 기능, 시험방법 및 시험절차서 등 귀사에서 제출하여야할 자료가 아직 접수되지 아니하여 시험 준비에 많은 어려움을 겪고 있습니다. 필요한 시험을 조기에 완료하기 위해서는 AT&T의 협조가 필수적이라고 판단되니 조속히 시험에 착수하고 시험을 신속히 진행할 수 있도록 귀하의 적극적인 협조를 부탁드립니다.

귀하가 제안한 1995년 한국통신 교환기 조달에 5ESS-2000으로 입찰참여가 불가능할 경우 현 5ESS 전자교환기로 입찰하고 5ESS-2000에 대한 심사가 끝난 후 동 교환기로 대체 납품하는 방안에 대하여는 현재 그 실행가능성에 대한 실무적인 검토가 진행 중입니다. 그러나 동 방안은 기본적으로 당초 입찰 계약한 제품과 실제 납품하는 제품이 서로 다르다는 점 때문에 경쟁 입찰의 근본 취지와 배치되고 있어 실현 가능성이 극히 희박할 것으로 예상되고 있습니다.

이에 따라 본인은 또 다른 방안으로써 기본적인 시험완료 후 나머지 필요한 시험은 납품 시까지 완료하는 조건으로 5ESS-2000 전자교환기에 대한 공급자격을 부여하여 1995년 한국통신 교환기 입찰에 참여토록 하는 방안을 검토하고 있습니다. 이 방안이 실행될 경우 한국통신은 지난 1월 11일 AT&T Korea(주)에 통보한 평가일정계획에 의거 성능시험 실시(12주) 후 결과가 양호할 경우 5ESS-2000 전자교환기에 대한 조건부 공급자격을 부여할 것입니다.

그러면 귀사는 동 전자교환기로 한국통신 교환기 입찰에 참여가 가능하게 되며, 입찰에서 귀사가 낙찰될 경우 귀사는 납품기일 전까지 나머지 현장시험(24주)을 성공적으로 완료하면 됩니다. 본인은 이와 같은 방안을 포함하여 가능성 있는 모든 대안에 대한 검토를 가능한 한 조속히 완료할 계획이며 검토가 완료되는 대로 그 결과를 알려드리도록 하겠습니다.

본인은 지난 2월 16일자 서신에서도 언급하였듯이 귀하와 하와이에서 논의했던 5ESS-2000 문제에 대한 귀하와 본인 간의 약속을 양사가 성실히 준수하는 것이 중요하다고 생각합니다. 그러나 이 문제 해결을 위한 귀하와 본인의 노력에도 불구하고 최근 이 문제가 우리 정부와 귀국 정부 간의 통상문제로 비화되고 있다는 보고를 받았습니다. 최근 AT&T가 USTR에 제출한 자료를 보고 본인은 아주 일방적이고 한국통신으로서는 수긍할 수 없는 지극히 비합리적이라고 판단되는 정보가 USTR에 전달되고 있다는 사실을 알 수 있었습니다.

이러한 사실이 귀하와 AT&T 경영자들의 의도는 아니라고 생각합니다. 그러나 본인은 이러한 방향으로의 사태 진전은 한국통신과 AT&T 양 사 간의 협력관계에 근본적인 어려움을 가져올 수도 있다는 것을 우려하지 않을 수 없습니다. 본인은 귀하와 저의 노력에 의해 분명히 바람직한 해결방법을 찾을 수 있으리라는 확신을 갖고 있습니다만 한·미 정부 간의 문제로 진전된다면 그 동안의 귀하와 저의 노력은 물론 AT&T와 한국통신 간의 모든 노력은 수포로 돌아가게 될 것입니다.

또한 현재 귀사의 접근방법은 오히려 이 문제에 대한 해결방법을 찾고 있는 본인의 검토 지연 만을 가져올 것입니다. 이미 본인과 본인의 스텝들은 이러한 귀사의 접근으로 2개월 이상의 노력을 허비하고 있습니다. 귀하와 본인의 약속과는 다르게 현재 AT&T가 워싱턴에서 진행하고 있는 일들은 향후 한국통신과 AT&T 간의 공급자와 구매자로서의 협력관계를 근본적으로 재검토케 하는 중대한 사태 진전으로 귀하와 저의 노력을 무위로 돌리고 있음을 이해하시고 조속히 이와 같은 문제점이 정리될 수 있기를 희망합니다.

또한 귀국 USTR의 한국담당국장(Miss Christina Lund)이 3월초 우리나라 정보통신부(MIC)를 방문하여 동 건에 대하여 협의할 예정인 것으로 알고 있습니다. 가능하시다면 귀하의 한국통신 방문일정도 이때에 맞춰주시면 감사하겠습니다. 감사합니다.

6.2 5ESS-2000에 대한 최종협의

가. AT&T에 조건부 공급방안 제시

이후에도 미국 측은 5ESS-2000 교환기 인증문제를 한·미간 통상마찰로 변질시켜 무역압력을 행사하고자 하였다. 한국통신 기술기획실장(이정욱)은 이에 반대하는 서신을 다시 AT&T의 아태회장(Sousa)에게 전달하였다(1995. 3. 4).

<발신> 한국통신 기술기획실장 이정욱, 서울특별시 종로구 세종로 100

<수신> Walter J. Sousa, Chairman and Chief Exeutive Officer, AT&T Asia/Pacific Inc.

30/F ShellTower, Times Square, 1 Matheson Street, Causeway Bay, Hong Kong.

<한국통신 기술기획실장 서신내용> 지난 2월 10일자와 2월 20일자 귀하의 서신에 감사드리며 하와이에서의 양사 합의사항을 충실히 지키고자 하는 귀하의 노고에 깊이 감사드립니다. 2월 16일자 본인의 서신에서 언급했듯이 본인 역시 양사 합의사항을 이행하기 위한 방안을 강구하는데 모든 노력을 기울이고 있습니다. 하와이에서 귀국 후 본인은 곧바로 실무진들에게 '95년도 한국통신 조달에 5ESS-2000을 참여시키기 위한 실현 가능한 모든 방법을 검토하도록 지시했습니다.

본인과 실무진들은 5ESS-2000과 관련하여 한국통신과 AT&T가 당면하고 있는 문제를 해결하기 위하여 귀하의 제안을 포함한 몇 가지 방안을 심층 검토하였습니다. 그러나 귀하의 제안을 포함하여 우리가 검토했던 대부분의 방안은 한국통신의 견지에서 볼 때 그 실행 가능성이 매우 희박하였습니다. 한국통신의 통신망장비조달에 요구되는 비차별적인 경쟁입찰의 원칙에 배치될 소지가 있었기 때문입니다.

따라서 본인은 지금으로서는 5ESS-2000에 대한 성능시험(12주) 완료 후「조건부 공급자격」을 부여하는 것이 실행 가능한 유일한 방안이라고 생각합니다. 조건부 공급자격이 부여되면 5ESS-2000은 현장시험 합격을 조건으로 한국통신의 교환기 조달에 참여가 허용될 것입니다. 5ESS-2000의 현장시험은 조건부 공급자격부여와 관계없이 성능시험 종료 후 계속하며, AT&T는 동 현장시험을 5ESS-2000 납품 전까지 성공적으로 완료해야 합니다.

다시 말하면 AT&T가 낙찰될 경우 5ESS-2000을 납품하기 위해서는 AT&T는 현장시험을 통과하여야 합니다. AT&T가 '95년 1월 11일자 문서에 명시된 평가일정을 성실하게 따를 경우 AT&T는 1995년 6월말까지 성능시험을 완료할 수 있을 것이며, 한국통신은 7월중 5ESS- 2000 규격을 제정한 후 바로 조건부 공급자격을 부여할 수 있을 것입니다. 구체적인 추진절차를 협의하기 위한 양사 간의 협의가 조속히 이루어지길 바라며, 가급적 빠른 시일내에 귀하의 서울방문이 있으시길 바랍니다.

아울러 정부 간 통상문제에 대하여 언급하고자 합니다. 지난주 초 개최된 한·미 통신회담에서 미국정부는 5ESS-2000 전자교환기 공급문제를 주요 현안으로 제기했습니다. 본인은 5ESS-2000에 대한 인증문제는 정부의 개입없이 한국통신과 AT&T 양 사 간에 직접 해결되어야 할 회사 간의 문제라고 확신하고 있습니다. 그렇지 못할 경우 솔직히 양사 모두 위신을 잃게 될 것입니다. 5ESS-2000 전자교환기 문제가 계속 미국의 주요협상의제로 남아있거나 양국 간의 심각한 통상문제로 진전될 경우, 5ESS-2000의 인증에 관한 한국통신과 AT&T 간의 합의사항은 더 이상 아무 소용이 없을 것입니다.

한국통신은 단지 회사 간의 관계에서 통상적으로 발생하는 사업상의 문제를 AT&T가 계속 통상문제로 변질시켜 나가는 것은 받아들일 수 없다고 생각합니다. AT&T가 전형적인 사업상의 문제를 미국정부의 개입을 통해 해결하려는 시도를 되풀이 하는 것은 양 사 간의 오랜 협력관계에 심각하고 돌이킬 수 없는 손상을 주게 될 것입니다. 5ESS-2000에 관한 한국통신의 입장을 양해하여 주시기 바라며 빠른 시일 내에 서울에서 귀하와 이 문제를 협의할 수 있기를 바랍니다.

나. AT&T의 반응 및 우리 정부의 대응

한국통신이 5ESS-2000 교환기에 대한 조건부 공급자격부여 방안을 제시하자 이에 대하여 AT&T측에서는 다음과 같이 통보하여 왔다(1995. 3. 20).

발신 : Jay W. Carter, President, AT&T Network Systems Asia/Pacific 30/F Shell Tower, Times Square, 1 Matheson Street, Causeway Bay, Hong Kong.

수신 : 한국통신 기술기획실장 이정욱, 서울특별시 종로구 세종로 100.

<AT&T사장의 서신내용> 1995년 3월 4일자 귀하의 서신에 대해 감사드립니다. Mr. Sousa는 AT&T를 대신해서 본인이 답변하도록 요청했습니다. 본인은 5ESS-2000 문제를 해결하기 위한 귀하의 노력에 깊이 감사드립니다. 우리는 귀하의 서신에 포함된 제안이 동 문제의 해결역할을 할 것으로 믿고 있습니다. 이와 관련하여 본인은 한국통신이 동 제안의 다음 내용을 확인해 준다면 감사하겠습니다.

「조건부 공급자격을 받는 즉시 AT&T는 한국통신의 1995년 조달계약에 5ESS-2000으로 입찰하는 것이 허용될 것임. 한국통신은 성능시험 및 제품규격의 제정 종료 후 즉시 5ESS-2000에 대한 조건부 공급자격을 부여할 것이며, 조건부 공급자격은 늦어도 1995. 7. 30까지는 부여될 것임. 이것은 AT&T Korea에 보낸 1995년 1월 11일자 귀하의 서한에 포함된 일정계획과 완전히 일치함. 그러나 AT&T는 5ESS-2000에 대한 현장시험이 조건부 공급자격부여 후에도 계속될 것이라는 것과 AT&T는 동 현장시험을 5ESS-2000 공급 전에 성공적으로 완료할 것이 요구될 것이라는 것을 이해함. AT&T는 한국통신 인증절차를 받는 전 과정에서 AT&T의 전적인 협조가 필요하다는 것을 아울러 이해하고 있음」

귀하의 3월 4일 제안에 대한 상기 이해를 형편이 닿는 대로 조속히 서한으로 확인해 주시기 바랍니다. 확인이 되는 대로 본인은 AT&T와 한국통신 간의 오랜 우의관계를 지속할 수 있는 방법을 협의하기 위해 이번 주말 서울에서 귀하와 만나기를 바랍니다.

이처럼 양사 간 협의가 진전을 보이자 정부통신부(정보통신협력국장 이종순)는 5ESS-2000 전자교환기에 대한 한국통신의 인증과 관련된 모든 문제가 한국통신과 AT&T 간에 협의를 통하여 해결되었다는 것과 AT&T가 한국통신의 1995년도 조달에 5ESS-2000으로 입찰할 기회가 주어질 것을 믿고 있다는 서한을 미 측 USTR(한국 담당국장 Christina Lund)에 통보하여 길고 험난했든 협의를 일단락 하였다(1995. 3. 22).

6.3 미국산 전자교환기 공급문제에 대한 국회질의 및 답변

가. 국회 상임위원회 질의

미국산 신형 전자교환기(5ESS-2000) 공급문제가 한미 간의 통상문제로 계속되자 국회 통신과학기술위원회(유인태 의원)에서는 정보통신부와 한국통신에게 미국 AT&T사의 5ESS-2000 교환기에 대해 다음의 관련 자료를 요구하였다(1995. 3. 2).

<자료제출내역> ① 5ESS-2000 교환기 인증관련 주요일지, ② AT&T가 한국통신에 보낸 5ESS-2000 교환기 관련 기술규격 개정 요청에 관한 내용('93. 11)과 한국통신이 이 요청에 대해 AT&T에 보낸 기술검토결과에 대한 회신내용('94. 6), ③ AT&T가 한국통신에 보낸 후속조달 신규참여 신청내용, ④ 한국통신이 AT&T에 통보한 5ESS- 2000 교환기 평가일정내용 및 인증관련 규정(세칙 포함)에 비추어 평가일정 내용상에서 생략 또는 단축된 내용(평가대상항목, 기간, 절차 등).

또한 국회 통신과학기술위원회에서 조영장 의원은 AT&T사의 신형교환기와 관련하여 다음과 같이 질의하였다(1995. 3. 15).

<질의 요지> 해외통신시장 개방 가속화 압력, 대책 있는가? 미국의 특정업체 지원, 막을 대책은? G-7 통신시장개방 자유화 대책은 마련되어 있는가? 한국은 한국의 특성에 맞는 통신시장과 규모가 있다. 그런데 국내에서 전전자교환기가 개발된 지 얼마 지나지 않아 미국은 통신시장 개방 압력을 가중시키고 있는 실정이다. 이번에 미국 AT&T사가 개발한 5ESS-2000 교환기는 능력 면에 있어서나 가격 면에 있어서 기존제품보다 비교할 수 없을 만큼 월등하다고 한다. 미국은 이 제품에 대한 우리나라의 품질인증 조차 생략하고 수입하라고 강요하고 있어 이미 국내 통신4개사가 공동성명을 내고 대응코자 했으나 정통부에서 좋지 않다하여 그만둔 적도 있는 것으로 알고 있다.

첫째, 이와 관련하여 국내통신시장의 규모는 미국시장과 다릅니다. 교환기의 성능이 너무 월등해도 고장 시 일정구간의 통신이 완전 두절되는 결과를 초래할 수 있다고 보는데 장관과 사장의 견해는?

둘째, 구간별 통신기기의 수량은 과학적 검증을 거쳐 적정선을 유지해야지 기능이 좋은 교환기가 개발되었다고 무작정 그것으로 교체할 수는 없는 것입니다. 그럼에도 불구하고 이번 미국의 통신시장 압력은 이동통신과 데이터통신 시장을 겨냥한 사전 공격적 경영의 일환으로 밖에는 볼 수 없으며, 이에 대한 우리의 대응이 절실하다 생각되는데 이에 대해 답변바랍니다.

나. 한국통신의 답변

한국통신은 미국산 신형 전자교환기(5ESS-2000)와 관련한 조영장 의원의 질의에 대하여 다음과 같이 답변하였다.

첫 번째 질의에 대한 답변입니다. AT&T의 5ESS-2000 교환기는 용량이 20만-30만회선이나 되고 첨단서비스를 갖춘 신기종 교환기로 생각됩니다. 따라서 만약 교환기 사고가 발생하는 경우 통신두절은 발생할 수 있다고 생각됩니다. 그러나 이번 AT&T가 제안한 5ESS-2000교환기는 주요부분이 이중화되어 있는 등 상당히 우수한 교환기라고 주장하고 있습니다. 따라서 우리 공사의 전문적인 시험을 통해 확인을 한 후 채택하고자 합니다.

두 번째 질의에 대한 답변입니다. 통신망의 운용 면에서 보아 교환기의 종류는 적을수록 좋습니다. 우리는 국내에서 개발한 국산전자교환기(TDX)를 주력교환기로 사용하고 있습니다. 그러나 세계적인 통신시장개방의 추세에 따라 미국기종의 국내진입은 불가피한 실정입니다. 5ESS-2000교환기에 대하여는 국내의 통신망장비 조달 및 시험 절차에 따라 교환기의 성능을 검증한 후 공급자격을 부여하고자 합니다. 장기적으로는 운용교환기의 기종을 적정하게 제한하여 외국기종의 진입을 최소화하도록 노력하겠습니다.

이외에도 한국통신(기술기획실)에서는 5ESS-2000 공급문제와 관련하여 국회 통신과학기술위원회에서 다음과 같은 내용의 질의가 있었다. 이에 대해 세밀히 답변하였으며 답변서는 당시 이 업무를 총괄 담당해온 기술기획실 설비조달국장(김은진)이 작성하였다.

① AT&T의 교환기 인증에 대하여 미 무역대표부(USTR)가 한국통신의 인증절차에 대하여 이의를 제기한 것은 무엇인가, ② 5ESS-2000 교환기 인증신청의 처리경위 및 향후 추진계획, ③ AT&T가 지난 '93. 11월에 인증신청을 하였는데 그간 한국통신이 처리한 것은 무엇인가, ④ 그렇다면 현재 USTR이 요구하고 있는 것은 무엇인가, ⑤ 시험을 단축할 가능성은 있는가, ⑥ 시험단축도 가능한데 AT&T나 USTR이 '95년도 조달에 참여할 것을 요구하는 이유는 무엇인가, ⑦ 5ESS-2000의 인증에 관한 미국의 요구사항 및 한국통신의 입장은 무엇인가.

7. 미국 측의 동향과 마지막 협상

7.1 미 무역대표부의 동향

가. USTR의 끈질긴 협의요청

1995년 2월 서울에서의 한미통신 실무협의를 마친 미국 측 일행은 귀국 후 USTR 통신무역정책과장(Patricia Paoletta)은 5ESS-2000 전자교환기 문제에 대해 다시 워싱턴에서 회의를 갖자는 서신을 정부통신부 정보통신협력국장(이종순)에게 보내왔다(1995. 3. 7). 그 서신 요지를 보면 지난 2월 28일 협의를 위해 시간을 내어주시고 3월 31일까지 현안사항 해결을 위해 긴밀히 협조할 것을 동의해 주셔서 감사드린다고 하였다. 그리고 1995년 한국통신 조달 시 AT&T의 참여문제 해결을 위해 미 측 법정시한 이전인 3월21일-22일에 워싱턴에서 협의를 갖도록 귀하와 귀측 대표들을 초청한다고 되어 있었다.

그러나 현지변호사는 한국통신의 제안에 대해 미국정부는 상당히 부정적으로 흘러가고 있음을 보고하여왔다. 한국통신 기술기획실(실장 이정욱)은 그 동향을 계속 추적하면서 AT&T가 이러한 미국정부의 지원을 받아 한국통신과 재협상을 시도하려는 것임을 파악하고, 현지변호사의 동향보고와 그의 의견을 들어 당초 한국통신과 AT&T간의 합의서(1995. 1. 20)로부터 한 치의 흔들림 없이 대응해 나갔다.

나. 미국 측의 부정적 입장고수

미국산 신형전자교환기의 한국시장 상륙을 강력하게 시도하고 있는 미국정부는 지금까지의 한국통신의 대응방안에 대해 계속 부정적인 입장을 고수하고 있었다. 이에 대해 한국통신 기술기획실(실장 이정욱)은 워싱턴 현지변호사의 상황보고를 예의 분석하면서 대처하였다. 이때 현지변호사 보고내용은 다음과 같다.

<현지변호사 보고서 1> BNA(The Bureau of National Affirs)의 오늘 자 기사를 첨부했습니다. 이 기사에 따르면 미국정부는 5ESS-2000 문제에 대한 지난주 서울에서의 한미통신협의 결과에 실망했습니다.

이 기사를 본 후 본인은 BNA와 AT&T 워싱턴사무소의 대담이 1995년 3월 4일 이정욱 실장의 서한을 받은 후에 있었는지와 1995년 3월 4일 서한으로 구체화된 한국통신의 조건부 인증에 대한 AT&T의 입장을 알아보기 위해 AT&T의 워싱턴사무소 Chris Padilla를 만났습니다. 본 보고내용은 본인이 오늘 아침에 Chris와의 대화내용과 5ESS-2000 문제에 관한 최근 상황을 알려드리고자 합니다(1995. 3. 9).

(1) 5ESS-2000문제 관련 BNA의 보도

Chris는 BNA와의 대담이 어제 있었다고 확인해 주었습니다. 5ESS-2000과 관련한 대담 중에 했던 그의 언급은 1995년 3월 7일 USTR의 Christina Lund와의 회합에 기초합니다. 1995년 3월 7일 회합에서 Chris는 1995년 3월 4일 이정욱 실장의 서한에 대해 들었다고 언급했습니다. Christina가 한국통신의「조건부 인증」제안을 받아들일 수 있는 제안으로 고려하지 않았기 때문에 Chris는 한국통신이 제안한 이점과 관계없이 BNA와의 그의 대담은 부정적인 기조를 유지했습니다.

(2) 조건부인증 제안에 대한 AT&T의 입장

놀랍게도 AT&T의 워싱턴사무소 뿐만 아니라 AT&T 아시아태평양도 5ESS-2000 인증문제를 해결하는데 긍정적인 단계로서「조건부 인증」제안을 보지 않고 있습니다. Chris는 USTR과 AT&T 워싱턴사무소가 한국통신의 제안에 혼란스러워 한다는 것을 상세히 말했습니다. 분명히 서울을 떠나기 바로 전에 Christina는 USTR과 AT&T 양측이 조심스럽게 고려할 수 있는 제안을 외무부 장기호 국장으로부터 받았다고 믿고 있습니다. Chris에 따르면 Christina의 바램은 장기호 국장의 제안을 추진하고 동 제안의 범주안에서 5ESS-2000 문제를 해결하고자 하는 것입니다.

USTR과 AT&T는 본질적으로 장기호 국장의 제안내용은 한국통신 1995년 교환기 조달을 상하반기로 나누어 상반기 입찰은 봄에 하반기 입찰은 가을에 이루어지며,5ESS-2000은 TDX-10A와 함께 동일한 조건으로 가을 입찰에 전적으로 참여가 허용될 것으로 이해하고 있습니다. 이 제안내용은 AT&T 워싱턴사무소에 의해 AT&T 아시아태평양의 Walter Sousa 회장에게 설명되었습니다.

Chris는 AT&T의 홍콩지사가 한국통신의 조건부인증 제안보다 본 제안이 더 받아들일 수 있는 것으로 판단되며 앞으로 한국통신과 거래하는데 장기호 국장의 제안을 지지한다고 AT&T 아시아태평양 관계자들로부터 후에 들었습니다. 사실 Chris는 AT&T 아시아태평양이 한국통신 이정욱 실장에게 즉시 답신할 계획이며, AT&T가 장기호 국장의 제안을 추진하기 위해 회사 간 협의를 갖자고 제안할 계획임을 알고 있습니다.

USTR측의 Christina는 1995년 3월 21일 워싱턴에서 양국 간 회합 요청을 전화 및 서한에 의하여 장국장에게 전달했으며 장국장의 제안을 따를 것입니다(Chris는 회합요청을 이미 이틀 전에 서한으로 발송했으며 장국장의 제안에 따를 것이라는 그녀의 의향을 나타냈습니다).

(3) Comments

장국장의 제안에 관심을 보이고 있는 AT&T 워싱턴사무소와 AT&T 아시아태평양의 최근 입장은 동 제안에 기초하여 한국 측과 합의를 이루고자 하는 Christina의 욕심에 의하여 강한 영향을 받고 있습니다. 1995. 3. 7일 무렵에는 Chris가 한국통신의 조건부 인증의 이점을 분명히 인식했었으며 본 현안의 가능한 해결책으로 한국통신의 제안을 지지하는 그의 의도를 표명했었습니다.

Christina가 5ESS-2000문제에 대해 이미 상당한 노력을 기울였기 때문에(지난주 한국 측과 장시간의 협의를 포함하여) 그녀는 본 현안에 대하여 최종 해결자로서 중심역할을 하고 싶어 합니다. USTR과 계속적으로 관계를 갖는 한 AT&T는 이 문제에 대한 Christina의 희망 때문에 연기할 것을 결정할지도 모릅니다. 만약 이글이 정확하다면 한국통신이 AT&T와 회사 간의 협의를 계속 추구하는 것이나 이러한 회사 간의 합의가 정부 간 협의의 접근대안으로 사용된다고 할지라도 현 시점에서는 적절하지 않습니다.

사실 만약 USTR(또는 Christina)이 스스로의 해결방안이 결정되었다면 회사 간 합의에 도달하고자 하는 한국통신의 어떤 반복적인 시도는 궁극적으로 USTR에 힘이 미치지 못할 것이며, 따라서 USTR의 협상자들을 불필요하게 귀찮게 하는 결과가 될 것이며 이 모든 것이 한국에 피해가 될 것입니다.

다. 미 언론이 보는 전망

워싱턴 현지변호사는 AT&T 5ESS-2000관련 한미통신협의에 대한 3월 8일자 AT&T 관계자의 언급에 대해 최근 BNA(The Bureau of National Affairs INC.)지가 보도한 내용을 다음과 같이 알려왔다(1995. 3. 9).

<BNA 보도내용> 한국과의 통신현안 합의에 실패함으로서 미국의 APEC 통신장관회담 참여가 위기에 처해있다. 미국은 AT&T사가 제조한 디지털교환 장비에 소요되는 장기간의 시험 및 인증을 재검토하도록 한국 측에 요구 중이다. 서울에서 있었던 한국 정보통신부와 USTR 간 협의는 진전이 없었다. AT&T 제품은 신 기종이므로 시험을 거쳐야 하는데도 미국 측이 특별대우를 요구한다고 한국 측이 주장하였다.

동 제품은 이미 한국에 판매 중인 제품의 업그레이드이므로 27개월이 소요되는 광범위한 조사를 받지 않아도 된다는 것이 AT&T 측 입장이다. 한국 민간통신사업자가 이미 동 제품을 구매한바 정보통신부는 한국산 제품에 신기술을 도입할 여유를 얻기 위해 인증절차를 이용하고 있다고 미 정부와 관련업체들은 주장하고 있다. 다음번 쌍무회의는 3월 4주(3. 20-3. 25) 워싱턴에서 개최 예정이다(잠정적임).

미국 측은 '88 종합무역법 1377조에 따라 한국의 '92년 합의사항 이행여부 검토를 3월 31일까지 완료할 계획이다. 한국 측은 APEC 통신장관회담을 5월 중에 개최 추진 중이며 준비회의를 3월 29일-30일 서울에서 개최할 예정이다. 미국은 통신장관회담에 초청받았으나 아직 회신을 않았는바 한국의 통신장관회담 구상은 다소 위태로운 상태이다.

라. 미국정부의 흔들리는 입장

워싱턴 현지변호사는 AT&T 5ESS-2000관련 한국통신 조건부인증 제안에 대한 미국정부의 입장을 전해왔다.

<보고내용> USTR의 Christina Lund는 한국 외무부 장기호 국장의 한국통신 조건부인증 제안에 대한 성의있는 설명에 감사하게 생각하고 있으며, 동 제안의 이점에 대해 이해하는 것 같습니다. 이런 이유로 현재 USTR은 조건부인증 제안과 하반기 조달참여라는 두 가지를 고려하고 있다고 믿어집니다(5ESS-2000은 한국통신의 인증을 완료한 후 하반기 조달에 참여를 허용하는 제안).

USTR은 다양한 양국 간 통상 문제를 논의하기 위해 금일 관계기관 회합을 계획하고 있으며, 관계기관의 검토를 위해 회합에 두 가지 제안을 상정할 계획입니다. 금일 오후 5시쯤까지도 AT&T 워싱턴사무소는 그 회합결과를 알려주지 않고 있습니다(1995. 3. 9).

7.2 AT&T의 동향

한국통신 측 워싱턴 현지변호사는 AT&T 5ESS-2000관련 한국통신 조건부인증 제안에 대한 AT&T의 입장을 다음과 같이 전해왔다.

가. AT&T의 희망사항

AT&T 워싱턴사무소의 Chris Padilla와 금일의 대화내용에 기초하여 본인은 5ESS- 2000 문제의 상황을 알려드립니다(현지변호사 보고서 2, 1995. 3. 10).

(1) 5ESS-2000에 대한 AT&T의 입장

USTR이 가능한 해결방안으로 조건부인증을 고려하고 있음에도 불구하고 AT&T는 하반기 조달참여 제안을 회의적으로 보는 입장을 계속 가지고 있습니다. AT&T에 의한 Chris의 그러한 선호입장은 조심스런 내부분석에 기초하고 있으며, 정당한 이유없이 이러한 입장이 바뀔 것 같지는 않다고 말했습니다. Chris에 따르면 두 가지 제안을 검토하기 위해 AT&T의 아시아태평양 간부들(김충세 사장 포함)이 지난 화요일 방콕에 모여서 AT&T로서는 하반기 조달참여가 더 좋다는 결론을 내렸다고 합니다.

그러나 AT&T에 의한 이러한 결론은 두 가지 전제 ① 5ESS-2000이 한국통신의 하반기 조달에 참여하기 전에 완전한 공급자격이 부여되고 ② 하반기 조달계획이 '95년 한국통신의 주요조달로 나타났다는 것에 기초하고 있습니다. 이러한 내부적인 심사숙고에 따라 AT&T 아시아태평양은 한국통신 이정욱 실장에게 답신을 보낼 계획이고, AT&T는 하반기 조달참여를 선호한다는 것을 적시할 것입니다. Chris는 또한 다음 주 초 USTR 관계자가 AT&T의 입장을 재확인할 것이라고 말했습니다.

(2) Comment

조건부 인증과 하반기 조달참여 제안 모두 미국 측에서 현재 검토하고 있으며, 한국(KT) 측에서는 두 가지 제안 중 어느 안을 선호하는지 그 입장을 미 측에 전달하기를 권하고 싶습니다. Chris는 한국정부에 의한 그러한 행위가(선호하는 합당한 설명과 함께) 양국 간의 협의를 매우 용이하게 할 것이며 다가오는 협의 시 불필요한 논의를 피하는데 효과적일 것이라고 동의했습니다.

본인은 한국통신이 정말로 하반기(상반기와 반대)에 낙찰이 되고 계약이 이루어지는 하반기 조달계획이 한국통신의 '95년의 주요한 조달이라고 약속을 할 수 있는지 모릅니다. 만약 한국이 '95년 3월 31일 이전에 5ESS-2000문제를 해결하고자 한다면 하반기 조달참여에 대한 USTR과 AT&T의 이해가 한국통신이나 한국정부가 해결할 수 없고 받아들일 수 없는 확실한 요인을 포함한 그러한 문제에 대해 지체없이 한국 측은 미 측에 알려야 합니다(미 측이 동 제안에 대해 더 많은 노력을 하기 전에).

나. 조건부인증에 대한 AT&T의 입장

본인은 Chris와 금일 오후 회합을 가졌으며 이때 한국통신이 제안한 조건부인증에 대해 확인한 AT&T의 동향 및 입장을 알려왔다(현지변호사 보고서 3, 1995. 3. 14).

<보고내용> 본인과 AT&T 워싱턴사무소 Chris Padilla와의 어제 회합과 한국통신 이정욱 실장과 AT&T Korea 김충세 사장과의 금주 초 회합결과 AT&T는 현재 한국통신의 조건부 인증의 이점을 확신하고 있으며, 하반기 조달참여보다는 조건부인증으로 본 문제를 해결하고자 결정한 것 같습니다. 또한 AT&T는 1995년 3월 4일 한국통신 이정욱 실장의 서한에서 구체화된 제안내용에 따라 5ESS-2000문제의 해결방안을 한국통신과 모색할 준비가 되어있다고 말했습니다.

Chris는 회합 시 '95년 3월 4일 서한의 표현에 대해 여러 가지를 말했습니다. 첨부내용은 귀사의 검토의견을 듣고자 조건부인증 제안에 관한 Chris의 주요 언급내용의 일부를 반영하여 작성한 초안입니다. 본질적으로 AT&T는 한국통신의 '95년 조달에 5ESS-2000의 참여에 관한 '95년 3월 4일의 서한보다 확실한 한국통신의 보장방안을 찾고 있습니다.

특히 AT&T는 AT&T가 한국통신의 조달계약('95년 7월이나 8월에 시작되는)에 5ESS-2000의 입찰이 허용될 것이라는 것을 한국통신으로부터 보장받기를 원하고 있습니다. 만약 한국통신이 AT&T의 보장요구를 기꺼이 받아들인다면 한국통신은 조건부인증 제안에 관한 동의내용을 포함한 AT&T에 수정 서한을 보낼 준비를 할 필요가 있습니다. 한국통신이 AT&T의 요구에 대해 적극적으로 고려할 것을 가정하면서 본인은 Chris에게 다음과 같이 요청했습니다.

AT&T가 한국통신의 1995년도 조달에 5ESS-2000 참여에 관한 양 사 간 양해사항을 수용한다면 이를 설명하기 위해 한국정부는 USTR에 별도의 서한을 보낼 필요가 없다는 점과 이를 보장하기 위해 AT&T는 최선의 노력을 해야 할 것이며 동 내용을 한국통신의 서한 답신에 포함할 것을 고려하도록 요청했습니다. 놀랍게도 Chris는 망설임 없이 긍정적으로 답변했습니다.

Chris는 또한 만약 본인이 그렇게 하기를 동의한다면 AT&T의 답변초안을 본인과 함께 작성할 것에 동의했습니다. 한국통신 기술기획실장(이정욱)이 AT&T 아태지역회장(Sousa)에게 보내는 서신초안을 첨부합니다. 이에 대해 가능한 한 빨리 의견 주시기 바랍니다.

<첨부된 초안> -인사말- 본인은 한국통신의 '95년 조달에 5ESS-2000의 참여를 가능하게 하는 유일한 방안은 다음과 같다고 믿고 있습니다. 한국통신은 성능시험 후 제품에 대한 규격을 제정하고 바로 제품에 대한 조건부인증을 부여할 것입니다. 조건부인증을 받자마자 AT&T는 한국통신의 조달계약을 위한 5ESS-2000의 입찰이 허용될 것입니다.

'95년 1월 11일자 AT&T Korea로 보낸 서한에서 언급한 것처럼 우리는 늦어도 '95년 6월 말까지 성능시험을 완료하고(늦어도 '95년 7월 30일까지) 규격이 제정될 것으로 봅니다. 그러나 5ESS-2000의 현장시험은 조건부인증이 부여된 후에도 계속할 것이며 AT&T는 5ESS-2000의 공급 전에 성공적으로 시험을 완료해야 합니다. 즉 AT&T가 한국통신의 조달참여결과 낙찰이 될지라도 AT&T는 5ESS-2000을 납품하기 위해서는 현장시험에 통과하

여야 합니다. -맺음말-

7.3 한국통신의 조건부 인증제안 재확인

가. AT&T의 입장변경

워싱턴 현지변호사는 한국통신의 조건부 인증에 관해 AT&T 워싱턴사무소의 Chris Padilla와 협의하고 그 내용을 다음과 같이 보내왔다(현지변호사 보고서 4, 1995. 3. 15).

<보고내용> 본인은 한국통신의「조건부 인증」제안에 대한 최근 AT&T의 입장변경 이유에 대하여 한국통신이 본인의 설명을 필요로 할 것으로 생각합니다. AT&T 워싱턴사무소의 Chris Padilla는 금일 본인에게 AT&T가 동 조건부인증 제안을 재고키로 했다는 사실과 동 제안에 관해 한국통신과 진행 중인 협의내용을 이미 USTR에 통보했다고 확인해 주었습니다.

Chris와의 최근 회동(이종순 국장의 지시에 따라 이루어짐)에서 본인은 일관되게 하반기 조달참여(Two-Part Procurement Plan) 방안은 한국통신으로서는 실행 불가능할 것이라는 것과 한국통신의「조건부인증」방안이 5ESS-2000문제를 해결하는데 실행 가능성 있는 유일한 방안이 될 수 있다는 입장을 취했습니다. 이러한 입장을 견지하는데 있어서 본인은 다음 두 가지 문제를 제시했습니다.

① 한국통신은 현장시험에 수반된 많은 변동요인 때문에 '95년 11월까지 5ESS -2000에 대해 완전한 인증이 주어질 것이라는 것을 현재 시점에서 약속하는 것이 불가능할 것임.

② 한국통신은 하반기 조달계약이 '95년도 조달계약의 대부분을 차지할 것이라는 것을 보장하는 방식으로 자신의 '95년도 조달계획을 변경하는 것이 불가능할 것임.

아시다시피「하반기 조달참여」방안을 추진하는데 있어서 AT&T는 한국통신이 하반기 조달계획에 '95년도 조달계약의 대부분을 할당하고, 하반기 조달에 맞춰 완전한 인증을 부여한다는 것을 기꺼이 약속하지 않는 한 조건부인증 제안보다는 하반기 조달참여가 보다 나은 방안이라고 주장했습니다. AT&T는 자신의 두 가지 요구를 한국통신이 쉽게 충족시키지 못할 것이라는 우리들의 경고를 토대로「조건부인증」제안을 재고하기로 결정한 것으로 보입니다.

아시다시피 AT&T는 한국통신과 AT&T가 5ESS-2000문제에 대해 합의에 도달하는 경우 동 문제에 대한 USTR의 개입을 막는데 차선의 노력을 다하기로 한 바 있습니다. 한국통신의 '95년 3월 4일자 서신에 포함된 강력한 항의를 고려할 때 AT&T는 5ESS-2000문제에 대한 자사의 계속적이고 강경한 접근방식이 한국에서의 자사이익에 영구적으로 부정적인 영향을 야기할 수도 있다는 것을 깨달은 것이 명백합니다. 이러한 평가를 토대로, 그리고 한국통신과 AT&T간의 합의 때문에 AT&T는 한국통신과 한국정부에 좋게 보이기 위한 특정 조치(즉 USTR의 개입배제 제안)를 취하기로 결정했을 수 있습니다.

어떠한 경우든 한국통신과 정보통신부가 AT&T의 제안을 긍정적으로 받아들이고 이에 따르려고 한다면 한국통신은 이번 주말까지 AT&T와 양해를 이룰 수 있도록 해야 합니다. 일단 다음 주초 USTR과 한국정부와의 쌍무협의가 시작되면 한국통신과 AT&T간에는 5ESS-2000문제에 대한 최종 해결을 할 수 없을 수 있습니다. 그때는 양사 간 협의가 아닌 정부 간 회담을 통해서만 해결책을 찾을 수 있으며, 오직 양국 정부 간의 서한 교환에 의해서 해결될 수 있습니다. 전술한 내용이 한국통신의 문의에 대한 답이 되었기 바랍니다.

나. 현지에서의 막바지 협의진행

워싱턴 현지변호사는 5ESS-2000문제에 대해 한국통신과 AT&T간의 이견을 조율하는 하고 조건부 인증에 관해 AT&T 워싱턴사무소의 Chris Padilla와 협의하고 그 내용을 다음과 같이 보내왔다(현지변호사 보고서 4, 1995. 3. 15).

<보고내용> 본인은 이종순 국장의 지시에 따라「조건부 공급자격부여」제안의 협의를 위해 AT&T 워싱턴사무소의 Chris Padilla와 다시 접촉했습니다. 다음은 5ESS- 2000문제에 대한 최근 내용입니다.

① 합의한 사항

AT&T 워싱턴사무소는 AT&T 아시아태평양이 내일 일찍 한국통신 이정욱 실장에게 답신을 보내도록 설득하는데 노력할 것이다. 그리고 AT&T 워싱턴사무소는 오늘 저녁 AT&T 아시아태평양과의 전화협의에서 AT&T 아시아태평양에 대해 이번 AT&T 답신은 첨부된 서신 초안과 같이 준비되어야 한다는 것을 납득시키는데 노력할 것이다. 또한 월요일 근무시간 종료 전(한국시간)까지 한국통신과 AT&T가 합의에 도달할 경우, AT&T 워싱턴사무소는 다음 주에 개최되는 정부 간 협의에서 5ESS-2000문제에 대한 USTR의 개입을 저지키로 한 자신의 제안을 관철시키기 위해 USTR과 접촉할 것이다.

② 상호양해사항

AT&T는 첨부된 서신 초안이 한국통신의 특정의견을 토대로 작성한 것이기 때문에 한국통신이 받아들이지 않을 수도 있다는 점을 이해한다. 그리고 AT&T 워싱턴사무소가 AT&T 아시아태평양으로 하여금 가까운 장래에 한국통신에 답신을 보내도록 하거나, 이번 답신으로 첨부된 서신 초안을 받아들이도록 하는데 있어 AT&T 아시아 태평양을 납득시키지 못할 수도 있다는 점에 유의해야 한다.

③ 만약 어떤 이유로 인해 한국통신과 AT&T가 월요일 근무시간(한국시간)까지 합의 도출에 실패할 경우 AT&T 워싱턴사무소는 다음 주 워싱턴에서 열리는 정부 간 회담에서 중재의무가 없다.

상기 언급한 5ESS-2000문제에 대한 최근의 워싱턴 사정이 한국통신에게 도움이 되길 바라며, 본인이 다음에 취할 조치를 알려주시기 바랍니다. 이 보고서에 첨부된 현지 변호사의 서신초안은 Walter J. Sousa의 답신으로 정식으로 한국통신에 접수되었다(1995. 3. 17).

7.4 미국정부의 개입중지

가. AT&T의 긍정적인 답신

5ESS-2000 문제의 해결에 있어 미국정부의 개입을 중지토록하고 양사 간의 협의로 풀어보자는 끈질긴 한국통신의 제안에 대해 결국 AT&T는 다음과 같은 답신을 한국통신 기술기획실장(이정욱)에게 보내왔다(1995. 3. 17).

수신 : 한국통신 이정욱 기술기획실장, 서울특별시 종로구 세종로 100

발신 : Walter J. Sousa, Chairman and Chief Exeutive Officer, AT&T Asia/Pacific

<서신내용> 1995년 3월 4일자 귀하의 서신에 대해 감사드리며 본인은 AT&T를 대신해서 5ESS-2000문제를 해결하기 위한 귀하의 노력에 깊이 감사드립니다. 우리는 귀하의 서신에 포함된 제안이 동 문제의 해결 역할을 할 것으로 믿고 있습니다. 이와 관련하여 본인은 KT가 동 제안의 다음 내용을 확인해 준다면 감사하겠습니다.

① 조건부 공급자격을 받는 즉시 AT&T는 한국통신의 '95 조달계약에 5ESS-2000으로 입찰하는 것이 허용됨.

② 한국통신은 성능시험 및 제품규격의 제정 종료 후 즉시 5ESS-2000에 대한 조건부 공급자격을 부여할 것이며, 조건부 공급자격은 늦어도 '95년 7월 30일까지는 부여될 것임. 이것은 AT&T Korea에 보낸 '95년 1월 11일자 귀하의 서한에 포함된 일정계획과 일치할 것임.

③ 5ESS-2000에 대한 현장시험은 조건부 공급자격부여 후에도 계속하며 AT&T는 동 현장시험을 5ESS-2000 공급 전에 성공적으로 완료할 것이 요구된다는 것을 AT&T는 이해함. AT&T는 한국통신의 인증절차를 받는데 모든 면에서 전적으로 협조가 필요하다는 것을 아울러 이해함-

귀하의 3월 4일자 제안에 대한 상기 이해를 형편이 닿는 대로 빨리 답신 서한으로 확인해 주시기 바랍니다. AT&T와 한국통신 간의 오랜 우의가 지속되기 바랍니다.

나. 한국통신의 최후노력시도

이처럼 상황이 긴박해지자 한국통신은 워싱턴에서 열리는 정부 간 협의에서 5ESS- 2000 교환기 문제의 원만한 해결을 요청하는 서신을 다음과 같이 AT&T 아태지역 사장(Carter)에게도 전달하였다(1995. 3. 20).

수신 : Mr. Jay W. Carter, President, AT&T Network Systems Asia/Pacific, 30/F ShellTower, Times Square, 1 Matheson Street, Causeway Bay, Hong Kong

발신 : 한국통신 기술기획실장 이정욱, 서울특별시 종로구 세종로 100

<서신내용> 귀하의 1995. 3. 20자 서한에 감사드립니다. 본인은 1995. 3. 20일자 귀하의 서한에 설명된 대로 조건부인증 제안에 대한 귀하의 이해가 정확하다는 것을 확인하게 되어 기쁘게 생각합니다. 5ESS-2000문제는 양사 간에 해결된 이상 한국통신은 AT&T가 이번 주 워싱턴에서 열리는 양국 정부 간 협의의제에서 동 문제를 삭제하기 위해 즉시 최선의 노력을 다할 것으로 기대합니다.

이와 관련하여 본인은 AT&T가 가능한 한 신속히 그러한 의향과 귀하의 노력 결과를 본인에게 서신으로 확인해 주기 바랍니다. 본인은 한국통신과 AT&T의 우의관계가 오래 지속되기를 바라는 귀하의 희망을 환영하며 AT&T의 워싱턴 수행사항에 대하여 곧바로 귀하의 확인이 있기를 고대합니다.

다. USTR의 한미통신현안 해결을 공식발표

당시 한국통신 기술기획실장(이정욱)은 이때가 5ESS-2000 문제를 해결할 수 있는 마지막 분수령이라는 감을 가지고 마지막 힘을 쏟고 있었다. 결국 본 과제의 실무책임자인 한국통신 기술기획실 설비조달국장(김은진)을 워싱턴으로 보내 AT&T와 마지막 협의를 하도록 하였다. 이에 따라 설비조달국장은 워싱턴 현지변호사(권순엽) 사무실에서 AT&T 워싱턴 사무소 책임자(Padilla)를 만나 다음과 같이 협의하였다(1995. 3. 20).

(1) AT&T 서신(1995. 3. 20)에 대한 한국통신 기술기획실장의 답신이 곧 발송될 것이다. 그리고 5ESS-2000문제가 양국정부 간 문제가 되어서는 안 되며 한국통신과 AT&T 간에 종결되기를 희망한다.

(2) AT&T 워싱턴사무소 책임자(Padilla)는 AT&T 네트워크 사장(Jay W. Cater)이 목요일 또는 금요일경 방한 예정이며, 이때 AT&T의 세부의견을 제시할 예정이라고 말했다. 그리고 어제와 오늘 아침 USTR 런드를 만나 양사 간 문제로 해결을 보았다고 전달하였다. 따라서 한미통신협의에서는 양사 간 해결된 문제로 제시하면 될 것이며, 협의 중 문제가 있을 경우 즉시 알려주기 바란다.

이렇게 하여 5ESS-2000 전자교환기 공급문제는 하와이 합의서를 근거로 하여 조건부 공급방안을 미국 측이 동의하게 되었다. 이에 따라 주미 한국대사는「한국통신과 AT&T 간의 합의에 따라 AT&T는 한국통신의 1995년 조달에 5ESS-2000 교환기의 입찰이 허용될 것」이라는 합의내용을 확인하는 서한을 미 무역대표부(USTR)로 발송하였다(1995. 3. 29). 이에 따라 USTR의 캔트(Kantor) 대표는 2년 넘게 끌어온 한미통신현안의 해결을 공식발표하기에 이르렀다(1995. 3. 31).

8. 한미 통신실무협의의 마무리

8.1 한국통신의 통신장비 공급문제 협의

가. AT&T 5ESS-2000 입찰참여 문제 해결

지난 한미통신 서울실무회의를 마친 후 미국 측(USTR)의 요청을 받아들여 다시 한국 측 대표들이 워싱턴으로 출장을 가서 워싱턴회의를 진행하였다(1995. 3. 21-3. 22). 그러나 그때 한국통신 기술기획실장(이정욱)은 하루 전날 이미 AT&T로부터 합의 서한을 받아 그동안의 전쟁을 마무리 짓고 있었다(1995. 3. 20). 그럼에도 5ESS-2000문제 이외에 CNT사 형식승인, 레이컴(Raychem)사의 열수축관 수입문제 등이 현안으로 남아있어 이 회의는 예정대로 진행되었다.

이 회의는 미 백악관 회의실(Jackson Hall) 및 연방통신위원회(FCC) 회의실에서 가졌으며, 미국 측에서는 USTR 한국담당국장(Lund)외 미국무부, 상무부, FCC 등 관계자 8명, 우리 측에서는 정보통신부 정보통신협력국장(이종순)외 통상협력관(이상윤), 참사관(김종훈), 정보통신협력국 협력기획과장(박창환), 정보통신정책국 기술기준과장(박정열), 한국통신 설비조달국장(김은진) 등 7명이 참석하였다.

이 회의에서 미 측은 주요현안사항인 AT&T 5ESS-2000 입찰참여와 관련하여 사전에 한국통신과 AT&T간의 협의타결로 더 이상 통상문제로 거론치 않기로 하였다. 그러나 동 협의결과가 정부 간 합의형태로 종결되기를 희망하고 있어 이틀간의 회의를 마치고 정보통신부 공보관실에서는 다음과 같은 보도 자료를 발표하였다(1995. 3. 22).

① AT&T 5ESS-2000은 당초 우리 측 주장대로 개량형이 아닌 신 기종으로 해석하여 인증시험관련 모든 절차를 생략 없이 진행한다.

② 성능시험에서 합격하면 현장시험 등 모든 인증시험절차를 통과하는 조건으로 1995년 말 입찰참여를 허용한다.

나. 전기통신제품의 형식승인제도 및 열수축관공급 문제 제기

워싱턴에서 개최된 한·미 통신실무협의 2일차 회의가 미연방통신위원회(FCC) 회의실에서 열렸다(1995. 3. 22). 이 회의에는 우리 측에서 정보통신부 정보통신협력국장(이종순), 주미대사관 통신협력관(이상윤), 김종훈 참사관, 협력기획과장(박창환), 기술기준과장(박정열), 한국통신 기술기획실 설비조달국장(김은진) 등 8명이 참석하였다.

그리고 미국 측에서는 USTR 한국담당국장(Lund), USTR 통신무역정책과장, FCC, 미 국무부 관계자 등이 들어와 있었다. 오전회의(09:30-12:30)에서는 합의문서 작성방안을 협의하였다. AT&T문제는 한국 측 의견을 수용하고, 레이켐 문제에 대해서는 한국 측에 사후보장을 요청하며, CNT 등 형식승인 문제에 대해서는 양측 전문가가 별도로 협의하는 것으로 하였다. 그리고 오후회의(15;00-16:30)에서는 미국 측 서신(안)을 우리 측에 다음과 같이 제시하였다.

(1) AT&T 5ESS-2000문제에 대해서는 한국통신과 AT&T 간의 협의에 기초하여 한국정부는 AT&T가 한국통신의 '95 조달에 5ESS-2000교환기로 입찰참여가 허용될 것이라는 것을 확인함.

(2) 전기통신제품의 형식승인에 대하여는 마지막으로 한국통신은 한국통신의 입찰에 참여하기 위한 인증조건으로 외국 생산자가 한국 내에 법인을 설립하거나 한국 내 제조해야 한다는 내용을 삭제하기 위해 한국통신의 규정 및 내부지침을 개정하였다는 것을 언급함.

(3) 열수축관 공급자로서 레이켐의 지위에 관하여 한국통신은 1995년 3월말까지 레이켐의 열수축관을 인증대상 품목목록에서 제외시킬 것임. 동 목록에서 제외되는 즉시 레이켐은 한국통신의 공개경쟁 조달절차에 따라 한국통신의 계약에 직접 입찰하는 것이 허용될 것임.

이 중에서 우리 측은 형식승인 부분은 수용불가 입장을 통보하고 재협의하기로 하 였으며, 계속된 최종협의(20:20-21:10)에서 정리하였다. 여기에서 형식승인 관련 우리 측 서신을 재작성하여 미 측과 협의하였으며, 세부사항은 담당과장 간 별도서한을 교환하기로 하였다.

다. USTR에게 보내는 우리 측 최종안의 확인

이때 한국통신 기술기획실장(이정욱)은 전기통신분야 상호관심 사항에 대한 한미 양국 정부관계자 간의 협의('95. 3. 21-3. 22)와 관련하여 한국정부가 USTR에게 보내는 우리 측 최종안에 관하여 다음과 같이 한국정부의 입장을 확인하였다(1995. 3. 22).

첫째, 지난 몇 개월간의 한국통신과 AT&T 간 협의의 결과로서 AT&T는 한국통신의 '95 조달에 5ESS-2000 전자교환기의 입찰이 허용될 것임.

둘째, 한국통신은 1995년 3월 말까지 인증대상 품목목록에서 레이컴(Raycam)의 제품(주2에 열거된)을 제외시킬 것임. 동 목록에서 제외되는 즉시 레이컴은 한국통신의 공개경쟁 조달절차에 따라 한국통신의 계약에 직접 입찰하는 것이 허용될 것임(주2 레이컴 제품: 열수축관, 인입케이블 접속함, 열수축관 접속함).

셋째, 전기통신제품의 형식승인, 전용회선 사용, 기타문제(생략)

끝으로 한국통신 기술기획실장은 본 확인절차가 상기문제에 대한 한국정부의 입장을 이해하는데 도움이 되기를 바란다고 밝혔다.

라. 정부 간 협의검토

한국의 전기통신제품의 형식승인문제에 대한 우리 정부 측은 다음과 같은 별도 서한을 검토 작성하였다(1995. 3. 22). 수신 : 미국 USTR 통신무역정책과장, 발신 : 대한민국 정보통신부 협력기획과장.

<서신내용> 한국정부는 형식승인과 관련한 '92년 한미 ROU를 충실히 이행하고 있음. 이와 관련하여 본인은 다음과 같은 사항을 알려드림. -생략- 추가로 본인은 한국통신의 조달규정에 한국통신의 입찰에 참여하기 위한 인증조건으로 외국 생산자가 한국 내에 법인을 설립하거나 한국 내에서 제조해야 한다는 것을 요구하는 조항은 없다는 것을 언급함. 본인은 앞서의 설명이 형식승인에 대한 한국의 규정을 이해하는데 도움이 되길 바람.

한편 미 측은 우리 측 안이 상당히 진전되었다는 의사를 표명하면서 문장 1개를 추가하기를 요구하면서 다음과 같이 제안하였다. 이에 아 측은 동 제안이 협의의 마지막 순간에 제기된 새로운 의제로서 협의는 곤란하다고 대응하였다.

① AT&T 5ESS-2000 문제 : 한국통신과 AT&T간의 협의에 기초하여 한국정부는 AT&T가 한국통신의 1995년 조달에 5ESS-2000 교환기로 입찰참여가 허용될 것이라는 것을 확인함.

② 전기통신제품의 형식승인 문제 : -생략- 마지막으로 한국정부는 한국통신이 한국통신의 입찰에 참여하기 위한 인증조건으로 외국 생산자가 한국 내에 법인을 설립하거나 한국 내에서 제조해야 한다는 내용을 삭제하기 위하여 한국통신 규정 및 내부지침을 개정하였다는 것을 언급함.

③ 열수축관 공급자로서 레이컴의 지위 : 한국통신은 '95년 3월말까지 레이컴의 열수축관을 인증대상 품목목록에서 제외시킬 것이며, 동 목록에서 제외되는 즉시 레이컴은 한국통신의 공개경쟁 조달절차에 따라 한국통신의 계약에 직접 입찰하는 것이 허용될 것임.

미 측은 내일 중 최종서명자를 지정하여 미진사항에 대해 우리 측과 협의키로 하였다. 이처럼 우리 측의 최종제안에 대해 미 측은 대체로 만족을 표명하고 있음을 감안할 때 미 측은 우리 측 서한에 미 측 주장을 추가하도록 요구할 것이나 1377조에 의한 조치는 더 이상 거론되지 않을 전망이어서, 대표단은 현시점에서 협상을 종료하고 일정에 따라 귀국할 예정임을 알려왔다. 또한 우리 측 대표단(정보통신부)에서는 미 측과 최종협의를 종료한 후 수정하여 이튿날 아침(1995. 3. 23)에 공개예정인 한미통신 협의결과를 한국통신으로 다음과 같이 보내왔다.

<보도참고자료> '95년도 한미 통신협의가 21, 22일 양일간에 걸쳐 미국의 워싱턴시에서 개최되었다. 특히 이번 협의에서는 일찍부터 미 측의 '88 무역법 1377조에 의한 무역제재 위협하에서 협의가 진행되어 왔으며, 특히 미국 AT&T사의 5ESS-2000교환기에 대한 품질인증문제와 미국 CNT사의 기기에 대한 정부의 형식승인 시행문제에 대하여 양측 의견이 첨예하게 대립됨으로써 높은 긴장감속에서 진행되었다.

그러나 AT&T가 한국통신에게 조건부 공급자격부여 방안의 채택을 제안해 오면서부터 실마리가 풀려, 양측이 22일 22시경 극적으로 잠정 합의에 도달하였다. 이 결과 한국통신은 규정에서 정하는 모든 시험과정을 마칠 수 있게 되었으며, AT&T는 이 시험에 적극 참여하

여 성능을 입증한 후 '95년말 경에 있을 예정인 하반기 입찰에 참가할 수 있는 가능성을 얻게 됨으로써 양사 모두 실리를 얻을 수 있는 선에서 잠정 합의에 이르게 되었다.

CNT사의 형식승인 건은 CNT사의 기기가 미국에서도 통신망에 직접 접속되지 않을 뿐만 아니라, 또한 통신망에 위해가 없다고 하여 형식승인에서 제외가 되고 있다는 사실을 미국정부의 연방통신위원회(FCC)와 CNT사로부터 확인을 받고 이에 상응한 조치를 우리도 취한다는 수준에서 양측이 합의함으로서 마무리될 전망이다. 이로서 한국은 3월 31일 시한으로 되어있는 미무역법 1377조에 의한 무역제재의 위협을 피할 수 있게 될 것으로 전망된다.

8.2 한미 통신실무협의 결과

가. 한·미 통신실무협의 결과보고

1995년 한·미 통신 위싱턴실무협의에 관하여 한국대표단에서는 협의결과를 다음과 같이 보고하였다(1995. 3. 25).

<협의결과 보고내용> 금번 한·미 간 통신협의에서 미국 측은 5ESS-2000 전자교환기는 5ESS 전자교환기의 단순 업그레이드 제품으로 인증이 불필요하며, 1995년 한국통신 구매에 참여를 보장하라고 요구하였다. 그리고 AT&T에 공급자격을 부여한 후 1995년 구매를 개시할 것이며, TDX-10A와의 차별로 한·미 간 합의사항을 위반이라고 주장하고, 3월 31일까지 해결되지 않을 시는 미 종합무역법 1377조 위반으로 무역보복을 하겠다고 하였다.

이에 대하여 우리 측은 5ESS-2000은 신제품으로 공급자격부여를 위한 시험이 필수적이라는 것과 한국통신의 구매계획과 신제품 공급자격부여는 별개라고 대응하였다. 또한 TDX-10A의 개발과 5ESS-2000 시험은 관계없으며 국산개발 장비도 동일하게 엄격한 시험을 거치고 있다고 강조하였다. 그리고 5ESS-2000을 KT에 납품하는 문제는 양회사 간의 문제로 정부자원 대응보다는 양사 간 협의가 바람직하다는 견해를 피력하였다. 또한 한국통신과 AT&T간 협의내용도 다음과 같이 확인하였다.

첫째, AT&T Korea와 신 기종 도입에 따른 세부일정을 협의하였다(1994. 12)

둘째, AT&T 정부담당 부사장(Mr. Lumb)과 한국통신 기술기획실장(이정욱)의 면담에서 5ESS-2000 전자교환기 공급문제는 양사 간 협의하여 해결토록 하고 양국 통상문제로 비화되지 않도록 노력한다(1995. 1. 13).

셋째, AT&T 아태지역 회장(Mr. Sousa)과 한국통신 기술기획실장(이정욱)의 면담에서 5ESS-2000 전자교환기는 한국통신 규정에 따라 시험을 거쳐 공급하고, 시험결과가 양호할 경우 시험기간을 단축할 수 있으며, 1995년 조달에 참여할 수 있는 방안을 양측이 신중히 검토한다. 그리고 양사는 자국 정부를 이해시켜 정치적인 문제로 비화되지않도록 노력한다(1995. 1. 20).

넷째, 한국통신 측에서 AT&T 아태지역 회장에게 조건부공급조건을 제시하며 방한 협의를 요청하였다(1995. 3. 4). 이에 AT&T 측에서 동의하였으며, 한국통신이 이를 확인함으로서 사안이 종료되었다(1995. 3. 20).

나. 한·미 통신협의 성과

USTR 대표(Kantor)는 한국정부의 외무장관(공노명), 통산장관(박재윤)이 방미 시 5ESS-2000 전자교환기 인증문제를 주요통산현안으로 거론한 바 있다. 그래서 USTR은 당초 캔터 대표의 관심 사항임을 들어 심각한 통상문제로 취급하였으나 한국통신과 AT&T 간의 합의 결과에 따라 이번 워싱턴 협의에서는 더 이상 통상문제로 거론치 않았다.

결론적으로 평가하면 이번 협의를 통해 양국 간 기왕의 통신현안이 모두 타결됨으로써 미국 측의 1377조에 의한 조치는 더 이상 거론되지 않을 전망이다. AT&T 5ESS-2000의 경우 미국 측이 1995년도 한국통신 입찰에 참여하는 대신 우리 측은 당초 주장대로 필요한 인증절차를 추진한다. 향후추진계획으로 주미한국대사(박건우)가 USTR 대표(Kantor)에게 서한을 발송하여 금번 협의 및 합의사항을 확인하며, 합의사항 후속조치를 관련 실, 국 및 한국통신 등에서 추진한다.

특히 미 무역대표부(USTR)의 미국산 신형 전자교환기 등 통신장비 조기구매 압력을 직접 받고 있던 당사자인 한국통신 기술기획실장(이정욱)은 그 엄청난 파고를 헤쳐 나가면서, 하와이에서 미국 AT&T 아태지역 회장과 담판으로 이루어낸 한미 간 5ESS-2000 전자교환기 관련 합의서(1995. 1. 20)를 전면에 내세우면서 흔들림 없이 미국산 신형전자교환기의 한국 상륙을 조정해 나갔다.

9. 미국정부(USTR)와의 제2차 전쟁

9.1 미국산 신형 전자교환기의 현장시험

AT&T는 미국정부(USTR)의 통상마찰에 의한 보복조치와 한국통신과의 실질적인 합의서를 두고 계속 줄타기를 하다가, 결국은 한국통신과의 하와이 합의서를 따르게 되었다. 이에 따라 1995년에 접어들면서 시험용 교환기 일부가 현장시험 장소인 도봉전화국 방학분국에 도착하였다(1995. 2. 15). 이 전자교환기(5ESS-2000)에 대한 종합성능시험은 1995년 4월에 시작하였으며, 시험기간은 성능시험 3개월과 현장적응시험 6개월의 총 9개월로 정하였다.

이 시험에는 한국통신과 전자통신연구소(ETRI)의 전자교환기 전문가 10여명을 선발 시험전담팀을 구성하여 총 574개 항목에 대해 전문적인 평가를 1995년 말에 마치는 것으로 추진하였다. 그런데 이 신형교환기에 대한 성능시험을 시행하고 보니 필수항목 279개 항목 중 133개 항목이 기준에 미달하는 예상치 못한 상황이 발생하였다

(1995. 6). 특히 우리가 필수기능으로 지정한 ISDN, 패킷, 지능망 서비스 기능 등이 개발되어 있지 않은 것으로 확인되었다.

이 신형전자교환기(5ESS-2000)의 현장시험이 착수된 후 이와 같은 상황이 전개되자 AT&T Korea(대표이사 사장 김충세)에서는 5ESS-2000 평가에서 나타난 부적합 사항에 대해 다음과 같이 선처를 요구하였다(1995. 7. 13).

<ATT측의 요청사항>

① 지능망 분야에 관하여는 귀사의 현 기술규격을 기준으로 개발하는데 많은 시간이 소요되며 지능망 국제기술발전 추세와도 상당한 차이가 나고 있습니다. 따라서 당사는 ETSI CORE INAP(Open Interface 기능)을 근간으로 1996년 말까지 개발 완료 예정입니다.

② 패킷교환기능은 귀사 기준대로 가입자 측 X.25 Protocol 및 PSPDN망과의 인터페이스를 위한 X.75 Protocol 수용을 위한 개발계획을 수립 중에 있으며, ETSI 표준 등 국제표준 적용 시 1996년 말 완료 예정입니다.

③ ISDN 기능에 대한 귀사의 기준은 ITU-T BLUE Book을 기준으로 하고 정의가 없는 것에 대해서는 임의로 정의하여 사용 중에 있습니다. 또한 교환기의 효율성 향상을 위하여 ITU/ETSI 등에서는 귀사가 교환기를 요구하는 기능 중 일부는 단말기에서 제공토록 권고하고 있으며, 상당수는 아직 정의를 내리고 있지 않습니다(ETSI 표준에 근간하여 개발된 단말기에서 제공되는 서비스 내역 별첨).

④ 국제 네트워크 환경과 호환성이 없는 규정은 재고하여 주실 것을 앙청하오며, 또한 당사는 AOC/UUS3의 사용자 정보 전송기능 등은 ITU/ETSI의 국제표준권고안 적용 국제통신망 서비스(Global Network Service)를 제공할 수 있도록 개발 진행코져 하오니 선처하여 주시기 바랍니다.

또한 5ESS-2000기종의 현장시험 과정에서 위와 같은 문제가 나타나자 AT&T측에서는 아래와 같은 건의사항을 한국통신으로 제출하였다(1995. 7. 13).

<ATT측의 건의사항>

귀사가 국제수준의 기준을 제정하여 다양한 서비스를 제공하고 있는데 대해 경의를 표합니다. 다만 귀사 및 ETSI와 국내 공급사 간 개발된 국내기종 기준으로 5ESS-2000을 시험하는 것은 다소 무리가 있으며, 당사로 하여금 동등한 기간 내 개발 기회가 부여되었더라면 기능 구현은 물론 국내 기술발전에 이바지할 수 있었으리라 생각합니다.

금번 성능시험 기간 중 확인된 귀사의 기준을 적용하는 데는 일정기간이 필요하며, 동등한 경쟁기회 제공 및 비차별적인 조달절차시행을 위해서 일부 기능에 대하여 당사가 개발기간 중이라도 귀사가 구매하는 모든 교환기(시내, 시외, IN, IGS, Packet 등)에 공급자격을 허용하여 주실 것을 앙청하오니 선처하여 주시기 바랍니다.

9.2 예측치 못한 현장시험결과

가. 불합격처분이라는 과감한 조치

한국통신 기술기획실에서는 전항에서 소개한 AT&T의 서신을 검토한 결과 한국통신이 요구하고 있는 5ESS-2000기종에 대한 ISDN, 패킷기능, ISDN 부가서비스 기능, 동기기준 등은 1996년 말경에나 개발될 것으로 예상되었다. 따라서 AT&T와 합의된 일정(1995. 7. 30) 내에 조건부 공급자격을 부여한다는 것은 불가능하다고 판단하게 되었다. 더구나 AT&T 측의 부적합한 일부기능의 보완이 현실적으로 계획기간 내에 불가능하여 불합격 판정이 불가피하였다.

한국통신은 이러한 상황에 부딪히면서 큰 고민을 하지 않을 수 없었다. 그것은 불합격 판정 시 한·미 통상문제가 재발되지 않을까 걱정되었다. 다시 말해 AT&T가 판정 불복 시 통상문제로 비화할 가능성이 있다고 생각되고, USTR이 일방적으로 불공정행위 판정 시 한국에 대한 무역보복조치가 예상되기 때문이었다. 한편 부적합 사항을 보완하지 않고 공급자격을 부여하는 경우에는 국내통신망과의 연동불가로 정상적인 운용이 곤란할 뿐만 아니라, 국내외 업체 및 국회 등으로부터 AT&T 특혜시비가 예상되고 있었다.

이때 한국통신 기술기획실(실장 이정욱)에서는 위와 같은 어려운 상황에 직면하였지만 5ESS-2000기종을 도입하면 이는 2000년대의 우리나라 기간통신망의 핵심이 된다는 점에서 냉정하게 판단하지 않을 수 없었다. 따라서 그동안 진행해온 5ESS-2000기종의 현장시험을 중단하도록 조치하고, AT&T 측에 평가실적과 이에 따른 불합격을 AT&T사의 아태지역 네트워크 사장, 워싱턴 정부담당 부사장, 아태지역 회장, AT&T Korea 사장에게 다음과 같이 통보하였다(1995. 7. 24).

<불합격 통보 내용요약> 성능시험 기한이 다하도록 일부 기능이 보완되지 아니하여 부득이 7월 15일 성능시험을 중지하였으며, 지금까지의 성능시험결과와 7월 13일자 AT&T Korea의 요구사항은 현재 정밀검토 중임. 그리고 결과는 정밀검토가 완료되는 대로 AT&T Korea에 정식문서로 통보할 것이며, 가까운 시일 내에 조건부 공급자격부여는 불가할 것으로 예상됨.

나. 관계기관과의 협의

5ESS-2000 성능시험문제가 이러한 상황으로 흘러가자 한국통신에서는 정보통신부(정보통신협력국장)에 사전에 불합격 예상을 보고하고 조치사항을 협의하였다(1995. 7. 6). 또한 AT&T 통보서한내용에 대해서도 협의를 마친 후 정보통신부에도 공식적으로 보고하였다(1995. 7. 24). 한편 한국통신은 AT&T에 대한 통보내용을 주미 한국대사관과 USTR 등에도 통보하여 정부차원에서 대책을 강구토록 하였다.

미국에서는 5ESS-2000 전자교환기는 전 세계에서 가장 우수한 신형 전자교환기로 자랑하면서 한국이 이에 대한 성능평가를 하는 것 자체를 못마땅하게 여기고 있는 터에 불합격 처분으로 구매가 늦어지게 되고 말았으니, 그렇지 않아도 USTR이 무역보복조치를 하겠다고 벼르고 있는 상황에 불을 지르고 말았다. 한편 주한 미국대사관과 주미 한국대사관을 경유하여 USTR에 이 상황을 설명하는 서한을 발송하고 대응방안수립을 위해 정보통신부, 재경원, 외무부 등과 정부 내 대책회의를 개최하였다.

다. AT&T와 보다 강력한 협상 재개

결국 1995년 하반기는 제품시험문제로 밀고 당기는 시간으로 보내고 1996년 2월에는 우리의 합리적이고 전문적인 기술회의를 통해 강력하게 미국 측을 설득하면서 한국통신의 방침대로 밀고 나갔다. 그리고 AT&T사가 1996년 말까지 보완조건을 이행하지 못할 경우 1997년 1월 1일자로 조건부 공급자격도 취소한다는 합의서에 AT&T가 서명하는데 까지 끌고 갔다. 이와 관련하여 한국통신은 AT&T와 당시 부적합 항목에 대한 보완개발내용 및 시기에 대해 합의하였는데 주요사항은 다음과 같다(1996. 2. 3).

첫째, ISDN 패킷기능은 1996말까지 개발하며 IN(SSP)기능은 한국통신의 기술적 요구사항에 맞추어 보완 개발한 후 개발된 기능을 확인한다. 그리고 일반기능 중 디지털네트워크 동기기준, ISDN 특수 및 부가서비스는 한국통신의 기술적 요구사항에 맞추어 1996년 말까지 보완 개발한다.

둘째, ISDN 특수 및 부가서비스 중 대표번호와 단축다이얼 그리고 IGS 발신번호요구사항은 시험항목에서 제외한다. 한편 CAMA, 5ESS-2000의 CSSC 및 프로그램 제공조건, MFOS, Time-T 대비 번호계획(Numbering Plan) 등은 AT&T의 제안에 따른다.

셋째, 향후 추진절차는 ① 성능시험 실시 ② 제품규격(잠정) 제정 ③ 조건부 공급자격 부여 ④ 현장시험 실시 ⑤ 부적합 기능의 보완 및 개발(1996년 말) ⑥ 확인시험 ⑦ 제품규격 확정 및 정식공급자격 부여 등으로 진행하는데 합의한다.

넷째, AT&T사가 1996년 말까지 보완조건을 이행하지 못할 경우에는 한국통신은1997년 1월 1일자로 조건부 공급자격을 취소하며 보완개발 제공한 기능의 확인시험에서 2차례 불합격할 경우 공급자격을 취소한다.

9.3 인증시험 재개 및 전자교환기 개발전쟁의 종전

가. 성능시험 부적합사항에 대한 강력한 조치

1995년 7월 5ESS-2000 전자교환기에 대한 성능시험이 중지된 후 AT&T사로부터 두 차례에 걸쳐 재평가 요청이 있었다(1995, 9-1995. 11). 이에 따라 한국통신은 1995년 말부터 다시 AT&T사와 공급조건 및 이행보장방안 등을 협의해 나갔다(1995. 12-1996. 2). 그동안 중단된 성능시험을 재개하기 위해 한국통신은 AT&T와 합의서를 작성하였으며(1996. 2.

3), 이에 따라 현장시험(성능시험)을 재실시하였다(1996. 2-1996. 8). 이때 합의서 내용은 다음과 같다.

(1) 그동안 성능시험의 부적합 기능을 1996년 말까지 보완하는 조건으로 공급자격을 부여한다. 즉 PHI(Packet Handler Interface)를 ETSI기준으로 하고 ISDN 패킷기능, 착신전환 등 6개 서비스를 구현하는 ISDN 부가서비스, 개정되는 한국통신 기준으로 한 동기기준 등 조건부 공급자격부여 관련 항목을 1996년 말까지 개발 제공한다.

(2) 1996년 말까지 미개발되거나 확인시험에 불합격되는 경우에는 조건부 공급자격을 취소한다.

나. 5ESS-2000 전자교환기 운영에 관한 합의서 체결

이후 얼마 지나지 않아 AT&T는 루슨트 테크놀로지스(Lucent Technologies)로 회사명이 변경되고 한국 LT 신임사장으로 알렌(Allen)이 부임하였다. 1996년 후반 그동안 한미간 격심한 통신장비 전쟁을 몰고 왔던 이 신형교환기가 성능시험에 합격하여 한국의 기간통신망에 도입되게 되었다. 이에 대비하여 한국전기통신공사와 루슨트 테크놀로지스 간에 5ESS-2000 전자교환기 운영에 관한 합의서를 체결하였다.

본 합의서는 한국통신 네트워크본부장(이정욱)과 루슨트를 대표하여 한국 LT 사장(David J. Allen)이 서명하였다(1996. 9). 이는 5ESS-2000 교환기의 성능을 보장하고 운용보전을 원활히 하기 위해 구매자인 한국통신과 공급자인 루슨트 테크놀로지스 간에 합의한 것으로 주요내용은 다음과 같다.

① 5ESS-2000 교환기의 설치 및 운용보전과 관련하여 공급자는 지네릭 소프트웨어, 소프트웨어의 고장분석을 위한 운용기술, 프로그램의 논리단계를 실행하기 위해 사용된 명령, 하드웨어의 고장분석을 위한 기술, 입출력 메시지 매뉴얼, 시스템 설치 및 운용에 관련된 설계기술, 시스템 관리 및 운용유지보수기술, 소프트웨어 관리시스템 운용기술 등 주요기술을 제공해야 한다.

② 공급자는 매년 자체 교육훈련기관에서 시행하는 교육훈련과정, 내용 및 비용 등을 구매지에게 제공해야 한다.

③ 공급자는 5ESS-2000 교환기 이외에 구매자의 효율적인 통신망 관리와 운용보전을 위해 집중운용보전 시스템(MOVE, MFOS), 소프트웨어 관리시스템(LSS), 중앙집중과금 시스템(CAMA), 가입자선로 집중관리시스템(SLMOS/LCR), 트래픽 집중관리시스템(CTMS L/T), 통신망관리 시스템(Netkeeper, RNMS), 집중운용보전 시스템(Operation System) 등 운용관리시스템의 설치, 운용 및 개량개선 등에 적극 지원해야 한다.

④ 공급자는 구매자에게 공급한 시스템의 개량개선에 지속적으로 노력해야 하며, 기술상 어떤 개량개선이 있는 경우 즉시 이를 구매자에게 알려야 하고 구매자가 그러한 개량개선사

항을 이용할 수 있도록 해야 한다.

⑤ 공급자는 5ESS-2000 교환기가 서비스의 중단 없이 안정적으로 운용될 수 있도록 24시간 가동되는 기술지원조직 및 시설을 국내에 확보할 것이며, CAROD 시스템을 이용하여 제외국의 5ESS-2000 교환기에 대한 운용기술지원 및 관련 기술정보를 제공하고, 구매자가 운용중인 집중운용보전 시스템(MFOS, MOVE)에 5ESS-2000교환기를 수용하여 집중운용관리 및 원격제어가 가능하여야 한다.

⑥ 공급자는 하자보증기간 내에 재질상의 결함이나 설계, 설치 및 작업상의 결함에서 기인 또는 인수전의 시험과정에서 발견되지 않았던 잠재고장이 사후에 발견되면 공급자의 부담 하에 구매자가 만족하는 수준으로 즉시 수리 또는 교체하여야하며, 이로 인한 구매자의 손해 및 손실에 대해서는 배상 또는 보상하여야 한다.

⑦ 공급자는 5ESS-2000교환기의 하드웨어 및 소프트웨어의 계속적인 업그레이드에 대해 사전에 관련 정보 및 자료를 통보해야 하며, 현재 운용 중에 있는 5ESS교환기를 5ESS-2000 신형교환기로 대체하는 것을 보증하여야 한다.

⑧ 공급자는 ISDN 패킷기능, ISDN 부가서비스 기능(단말기 정합기능 포함), 디지털 네트워크 동기기준 등 조건부 공급자격 부여 관련 기능은 무상으로 개발 제공하며 구매자 확인시험을 시행한다(1996. 12).

⑨ 그 외 주요기능인 ISDN 번호체계로의 전환에 따른 19 디지트 처리용량 확장은 1996년 말까지 구매자 확인시험을 시행한다(1996. 12). 또한 CAMA 기능과 사전등록제 기능은 1997년 중반까지 구매자 확인시험을 완료한다(CAMA 1997. 5/ 사전등록제 1997. 7). 이 기능들도 공급자가 개발하여 무상으로 제공한다.

⑩ 공급자는 구매자가 5ESS-2000교환기의 소프트웨어를 효율적으로 관리할 수 있도록 자동화된 관리시스템을 제공하여야 하며, 여기에는 하드웨어 Tool, 소프트웨어 Tool, 하드웨어 구성, 소프트웨어 구성 내역 등이 포함되어야 한다.

⑪ 공급자는 시스템의 수명기간 동안 운용 및 유지보수를 위해 필요한 예비 PBA 및 장비를 안정적으로 공급해야 하며, 신속한 고장수리를 위해 국내에 수리센터를 설치 운영하여야 한다.

⑫ 공급자는 구매자에게 계약에 따라 공급하여야 할 모든 도면, 도표, 규격서, 설명서, 기타 정보 등 5ESS-2000교환시설의 운용에 필요한 제반 문헌은 시스템 준공 3개월 전에 공급해야 한다. 그리고 공급자는 교환시설 인도 후 하드웨어 또는 소프트웨어 상에 변경이 있을 시는 동 변경에 따른 관련문헌 및 자료를 즉시 무상으로 제공하여야 한다.

⑬ 구매자와 공급자는 본 합의내용과 관련하여 각각 자국정부(공급자의 경우 미국정부)를 이해시키고 동 합의이행과 관련하여 향후 양사 간에 발생하는 문제는 정부의 개입없이 협의하여 처리토록 노력한다.

⑭ 본 합의서 이행보장 및 불이행시 세부조치는 구매자와 공급자 간 상호 적용키로한 구매자의「전기통신제품의 표준화 및 조달규정」에 의거하여 처리한다. 또한 본 합의사항의 해석, 효력발생, 이행 등에 대하여는 대한민국 법령에 따르며 재판의 관할권은 서울지방법원이 갖는다.

다. 전자교환기 개발전쟁의 종전

1996년 하반기 AT&T와 미국정부(USTR)의 공동으로 펼친 한국통신에 대한 2년여의 격렬한 통상전쟁의 종전이 다가가고 있었다. 한편 한국통신 네트워크본부(본부장 이정욱)는 그동안 모든 것을 걸고 업계와 함께 총력을 기울여 개발해 온 국산 신형전자교환기(TDX-10A)의 개발이 드디어 1996년 하반기에 완료되었다. 이에 따라 국산제품을 1997년부터 본격 공급하는 계획을 세웠다.

또한 5ESS-2000 교환기의 제반기능도 1997년 7월에 개발 완료됨에 따라 1997년 하반기부터 이를 공급하기로 결정하였다. 우선 5ESS-2000 전자교환기를 노후화된 반전자교환기의 대체기종으로 1997년도에 총 5만8천회선(연수 13,500회선, 일산 15,500회선, 광명 29,000회선)을 공급하기 시작하였다(1997년도 정보통신 네트워크건설 사업계획, 1996. 12. 17, 한국통신 네트워크본부).

결국 미국정부와 AT&T는 전자교환기 신기종(5ESS-2000)을 우리나라 통신시장에 상륙시키기 위해 강력한 공동전선을 펼쳤었다. 드디어 이 신기종이 인천 연수전화국에 첫 공급하여 1997년 6월에 개통되었으며, 한국통신은 1997년부터 전체 공급물량 중 약 10% 내외에서 구매하기 시작하여 제2의 주력기종으로 운용하게 되었다.

10. 미국 신형전자교환기 구매에 관한 언론보도

10.1 미국과 한국 간 통신협상(1)

2011년 국내언론에서는 1995년 당시 통신시장 개방과 맞물려 미국산 신형 전자교환기 구매를 둘러싸고 벌어진 미국과 한국 간의 협상내용을 특별기획하여 한미통신협상이라는 큰 제목으로 다루었다. 그리고 소제목은「AT&T 교환기라도 인증절차 없이 조달 못한다」로 보도하였다(한미통신회담, 2011. 10. 7, 전자신문). 주요보도내용은 다음과 같다(가항, 나항 및 다항).

가. 미국의 신기종 전자교환기(ESS-2000)의 구매 제안

한미통신회담에서 한국통신(현 KT)과 미 AT&T의 관계가 그랬다. 한미 양국을 대표하는 이들은 한미통신회담에서 늘 이익갈등의 대척점에 서 있었다. 두 업체 관계에 따라 한미통신회담장은 냉온풍이 교차했다. AT&T는 미국정부를 앞세워 한국통신 교환기 입찰허용을 한국에 줄곧 요구했다. 1993년에는 AT&T의 한국통신 교환기 공급자 자격인정을 놓고 한미 간 통신마찰이 빚어졌다.

미국은 한국을 협정불이행 국으로 지정하기 일보직전까지 갔다. 코너에 몰린 한국은 막판에 기존 공급기기에 한해 AT&T 입찰을 허용하기로 미국과 합의했다. 그 대가로 미국은 한국을「협정 불이행국」지정에서 제외했다. 1994년 3월 31일. 미 무역대표부(USTR)는 국가별 무역장벽(NTE) 연례보고서에서 한국이 정부조달에서 미 기업들을 차별 대우하고 있다고 불만을 표시했다. 타깃은 한국통신이었다.

AT&T는 그해 11월 한국통신에 자사 신기종인 5ESS-2000 교환기를 구매해 줄 것을 거듭 제안했다. 그해 12월 22일 USTR도 주한 미국대사관을 통해 1995년부터 AT&T 신기종인 5ESS-2000을 한국통신에 공급할 수 있게 해 줄 것을 요구하는 비공식서한을 우리 측에 전달했다. 미국은 만약 한국이 이를 수용하지 않으면 한국을 협정 불이행국으로 지정해 무역보복조치를 취할 수도 있다고 덧붙였다.

한국은 처지가 난감했다. 미국요구를 거부하면 협정불이행 국 지정이란 압박카드 를 들고 나올 것이고 요구를 수용하면 국내 교환기산업에 심대한 타격이 예상됐다. 당시 한국통신의 구매절차는 3가지 유형이었다. 시판 중인 장비를 처음으로 조달하 는 최초조달, 시중에 없는 제품을 제조업체나 연구기관 등과 공동 또는 위탁개발 한 후 조달하는 연구개발조달, 이미 사용 중인 장비를 계속 구매하는 후속조달 등으로 구분했다.

이중 후속조달은 기존공급자가 부분적인 기능개선제품을 공급하는 개량개선(개량형)조달과 기존제품과 다른 신제품을 공급하는 신규참여(신기종)조달로 구분했다. 신 기종 인증절차는 개량형보다 조달기간이 오래 걸렸다. 따라서 AT&T만 구매절차를 제외하는 것은 조달규정에도 어긋났다. 국내교환기 국산화에도 악영향을 줄 것이 확실했다. 당시 한국은 신형 국산교환기(TDX-10A) 개발이 막바지 단계였다. 대용량 교환기(TDX-100)는 막 개발에 착수한 상태였다. 이 무렵 USTR과 미 통신위원회(FCC) 등에서 5명이 한국통신에 와서 일주일 간 교환기 조달규정과 관련해 실태를 점검했다.

한국통신 기술기획실장을 거쳐 네트워크본부장으로 AT&T 측과 교환기 조달협상을 했던 이정욱 본부장(KT 부사장, 한국정보인증 사장 역임, 현 한국정보통신감리협회장)의 회고.

「표현이 실태점검이지 일주일간 감사를 받는 기분이었습니다. 당시 이런 상황을 정보통신부와 외무부, 통상산업부 등 관련 부서에 설명하고 정부가 전자교환기 시장보호에 공동전선을 구축해 줄 것을 요청했습니다. 처음엔 합동회의를 열어 개방 압력을 막아주겠다고 하더니 외무부는 한미외교 전략상 전자교환기 시장만을 보호해 주기 어렵다고 했고 통상산업부도 대미 자동차 수출에 악영향을 줄 수 있다며 발을 뺐습니다. 달리 대안이 없었습니다. 제가 총대를 메기로 했습니다.」

「이종순 정보통신부 정보통신협력국장(아태전기통신협의체 사무총장 역임, 작고)에게 USTR에 한국통신에게 지시를 해도 책임자가 말을 듣지 않는다. 워낙 원칙주의자여서 정부도 어쩔 수 없다라며 모든 책임을 저한테 떠넘기라고 말했습니다. 그랬더니 정말로 이 국장이 통신회의에서 미국에 그런 말을 했어요.」

이 실장은 1995년 1월 19일 하와이로 가 월터 J 소사 AT&T 아태담당 회장을 만나 한국 측 입장을 전달했다. 이 실장은 AT&T가 5ESS-2000을 한국통신에 공급하려면 한국통신 조달규정과 시험인증 절차를 거쳐야 한다는 점을 강조했다. 이 실장의 계속된 회고.「AT&T 측에 만약 한국통신이 AT&T교환기에 대해서만 시험인증절차를 생략한다면 한국산 제품에 대해서도 인증시험을 할 수 없다. 그러면 한국통신의 통신장비 조달규정은 유명무실하게 된다. 따라서 AT&T도 한국통신 조달규정에 따라야 한다며 설득했습니다. 24시간 그들과 회의 끝에 어렵게 합의문을 작성했습니다.」

이 과정에서 시험항목과 기간을 놓고 양 측은 줄다리기를 했다. 조달규정에 따르면 800개 항목에 대해 시험을 실시할 경우 10개월가량 걸렸다. AT&T 관계자는 기간이 너무 길다며 펄쩍 뛰며 기간을 단축시켜 달라고 했다. 양측은 격론 끝에 9개월로 한국이 제시한 10개월보다 1개월을 단축하기로 했다.

양측이 합의한 내용은 ① 5ESS-2000교환기는 한국통신의 규정에 따라 시험을 거쳐 공급 ② 시험용 교환기를 1995년 3월 말까지 설치, 1995년 4월부터 11월까지 시험하며 시험기간이 단축될 수 있도록 노력 ③ AT&T가 1995년도 전자교환기 공급에 참여할 수 있는 방안을 양측에서 신중히 검토 ④ 본 협의결과를 바탕으로 양측 회사가 양국정부를 이해시켜 양국간의 정치적인 문제로 비화되지 않도록 노력한다 등 4개 항이었다(이현덕).

나. 한미통신회담, 창과 방패

그해 2월 13일 미국을 방문한 박재윤 통상산업부 장관(재경부 장관, 아주대 총장 역임)을 만난 미키 캔터 USTR대표는「한국의 통신장비는 형식승인 및 구매절차 개선이 필요하다」는 입장을 거듭 밝혔다. 그해 2월 28일. 한미 양국은 서울 정보통신부 회의실에서 이종순 정보통신협력국장과 크리스티나 런드 USTR 한국담당국장이 각각 수석대표로 참석한 가운데 통상 실무회의를 열었다.

한국 측 통신회담 대표단에 멤버교체가 있었다. 그동안 장관 자문관으로 협상자문과 통역을 담당했던 최병일 박사(현 이화여대 국제대학원 교수)가 WTO 기본통신협상 업무를 맡게 됨에 따라 정인억 박사(KISTI 부원장 역임, 현 국가정보화전략위원)가 그 업무를 넘겨받았다. 정 박사는 미 밴터빌터대학원 경제학 박사로 1993년부터 통신개발연구원에서 근무했다. 정 박사는 한미통신회담에서 자문역할과 통역을 맡았다.

정 박사의 회고, 「최병일 박사 후임으로 제가 그 임무를 맡았습니다. 1997년 8월 한국에 대한 PFC지정 해제까지 협상단에서 일을 했습니다.」 미국 런드 대표는 회의에서 한국통신 조달과 관련, AT&T의 신기종 5ESS-2000 인증문제가 차별을 받고 있다. 이는 협정위반사항이다. 이달 말까지 5ESS-2000 교환기의 인증 등 주요 현안이 해결되지 않을 경우 한국을 미 종합무역법에 따라 불공정무역 관행국으로 지정될 수 있다고 주장했다.

이종순 국장은 이에 대해 법에 규정된 새 교환기 품질인증을 미국 기업에만 면제하는 것은 어렵다. 인증이 지연되는 것은 AT&T 측이 관련 서류를 늦게 냈기 때문이라며 거부의사를 밝혔다. 미국은 PCS(개인휴대통신) 등 신규 무선통신서비스의 참여문제, 제2 이동통신사업자인 신세기통신의 장비구매 관련 미국 기업에 대한 차별철폐 등도 요구했다. 한미 양측은 교환기 관련 이견(異見)은 한국통신과 AT&T가 별도 협의를 통해 해결키로 하고 회의를 끝냈다(이현덕).

다. AT&T에 조건부 공급자격 부여

한국통신은 그해 3월 4일 「조건부 공급자격 부여방안」을 마련, AT&T에 전달했다. 한국통신의 방안은 △한국통신이 AT&T의 조달참여를 허용하고 대신 △AT&T는 한국통신 조달규정과 필요한 절차를 거치도록 하자는 내용이었다. 양측의 주장을 절충한 안이었다. 그해 3월 10일 박건우 주미대사(외무부 차관, 경희 사이버대 총장 역임, 작고)를 만난 바세프스키 USTR 부대표는 미국 측 입장을 담은 비공식서한을 전달했다.

미국 측은 서한에서 △AT&T의 교환기 입찰 참여보장 △형식승인 관련 제도개선 △제2 이동통신사업자 장비구매 추가협의 등을 3월 31일까지 서한으로 약속해 줄 것을 요구했다. 미국 요구사항이 국내에 알려지자 국내 교환기업체들이 크게 반발하고 나섰다. 삼성전자와 대우통신, LG정보통신, 한화전자정보통신 등 교환기 4사 실무대표들은 3월 13일 상의클럽에서 한국통신산업협회(회장 박성규) 주관으로 기자회견을 갖고 반대 입장을 분명히 밝혔다.

이들은 △AT&T 교환기 5ESS-2000은 신기종이기 때문에 반드시 적합성 시험을 한 후 국내 절차와 규정에 따라 한국 조달입찰에 응해야 하며 △AT&T의 교환기 인증문제는 한국통신과 AT&T 간의 문제로 정부가 미국 압력에 굴복, 특정업체에 특혜를 주는 식의 불공정한 방식을 취해서는 안 된다고 주장했다. 미 의회 협정불이행 국 지정 시한인 3월 말을 며칠 앞둔 시점이어서 한미 양국은 막후채널을 가동해 타결을 위한 사전정지 작업을 벌였다.

한국은 3월 20일 한국 측 입장을 정리한 비공식서한을 미국 측에 전달해 가급적 조속한 타결 입장을 전달했다. AT&T도 이날 한국통신이 제안한 조건부 공급자격 부여 방안을 수용한다는 입정을 밝혔다. 한미 양국은 3월 21일 워싱턴 DC USTR 회의실에서 한미통신 실무협의회를 열고 AT&T의 교환기 및 CNT의 LAN(근거리통신망)장비의 한국시장 진출문제 등에 대한 최종 입장을 조율했다.

한국 측에서 이종순 정보통신협력국장을 단장으로 한국통신, 통신개발연구원 등 관계자 7명이 참석했다. 미국 측에서는 크리스티나 런드 USTR 한국담당국장 등이 참석했다. 이 회의는 당초 22일까지로 예정했으나 일정을 25일까지 연장했다. 한미 양국은 협상에서 한국통신 교환기 조달문제는 당사자인 두 업체의 합의사항을 정부 간 합의서한으로 교환하기로 합의했다. 해당 업체가 합의한 대로 5ESS-2000교환기는 한국 주장처럼 신 기종으로 간주해 납품 전까지 모든 인증절차를 생략 없이 진행하되 성능시험에 합격하면 1995년 말 한국통신 교환기 공급자격을 부여한다는 것이었다.

그해 4월 19일. USTR은 종합무역법 제1377조에 따라 연례점검을 실시한 결과 한국의 협정위반 사실은 없다고 발표했다. 하지만 그것도 잠시였다. AT&T 신형교환기를 한국통신에서 성능시험을 하고 그 결과가 나오자 양국은 다시 갈등국면에 접어들었다. 통신시장 개방을 놓고 한미 양국은 변덕스러운 날씨처럼 수시로 적과 동지 사이를 오갔다(이현덕).

10.2 미국과 한국 간 통신협상(2)

2011년 국내언론에서는 지난 1995년 통신시장 개방과 맞물려 당시 미국산 신형 전자교환기 구매를 둘러싸고 벌어진 미국과 한국 간의 힘겨운 전쟁을 특별기획으로 다루었다. 그중에서도 당시 한국통신이 미국산 신형 전자교환기를 성능평가에서 불합격 조치한 사실을 회고하면서「AT&T교환기 성능평가 항목 중 절반가량 불합격」이라는 소제목으로 보도하였다(한미통신회담, 2011, 10. 14, 전자신문). 이에 대한 기사내용은 다음과 같다.

가. 미국 측에 불합격 통보

한국통신(현 KT)이 미 AT&T의 5ESS-2000 전자교환기에 대한 성능시험에 착수한 1995년 4월. 서울의「녹색허파」도봉산에는 봄의 전령 진달래가 붉은 꽃망울을 터뜨리고 있었다. 도봉산 아래 자리잡은 서울 도봉구 창동의 한국통신 도봉전화국(현 KT 도봉지사) 방학분국은 봄의 전령이 채색한 도봉산 자태조차 감상할 여유가 없었다. 한미통신회담 합의에 따라 방학분국에서 5ESS-2000의 제품 성능시험을 하기로 결정했기 때문이다.

한미 양국 시선이 방학분국으로 쏠리면서 이곳에 팽팽한 긴장감이 넘쳐흘렀다. 한국통신과 AT&T는 그해 3월 4일과 20일 서신을 교환해 기존 합의 내용을 재확인했다. 성능시험에 합격하면 인증절차를 거쳐 1995년 말 입찰참여를 허용한다는 것이었다. AT&T는 한국통신이 성능시험을 시작하기도 전에 자사 제품을 그해 한국통신 조달에 참여할 것이란 기대감에 부풀어 있었다. 떡 줄 사람은 생각도 않는데 김칫국부터 마시는 모양새였다. 그렇다면 많은 전화국 중에서 왜 방학분국에서 5ESS-2000 성능시험을 하게 됐는가.

전자교환기 도입 업무를 총괄한 이정욱 한국통신 기술기획실장(그해 3월 한국통신 조직개편으로 기획조정실장 발령, KT 부사장, 한국정보인증 사장 역임, 현 한국정보통신감리협회장)의 증언.「두 가지 이유가 있었습니다. 우선 방학분국은 신설국 인데다 도심과 떨어져 있었습니다. 시험환경이 쾌적했습니다. 다음은 미아전화국을 집중국으로 하고 있어 다른 기종과 인터페이스 시험과 국간 중계 연결시험이 편했습니다.」

이 실장은 시험평가반을 구성했다. 한국통신 연구개발원과 통신망연구소, 국제통신본부 등 산하 10개 기관에서 전문인력 30명을 차출했다. 한국통신은 5ESS-2000 시험 기간을 9개월로 잡았다. 성능시험 3개월과 현장 적응시험 6개월 등이었다. 한국통신은 AT&T로부터 넘겨받은 시험용 교환기 5ESS-2000을 방학분국에 설치했다. 평가반은 그해 6월 말까지 3개월여에 거쳐 필수항목 274개를 평가했다.

이 실장의 회고.「시험용 교환기는 목적 이외의 사용이 금지됐습니다. 교환기를 해체해서 그 성능을 분석했습니다. 미국 측은 기술이전을 우리 측에 하지 않은 상태여서 이 제품에 관심이 높았던 게 사실입니다.」3개월 간 성능시험을 실시한 결과 133개 항목이 불합격 판정을 받았다. 일반기능과 ISDN, 패킷, 지능망 서비스 기능 등에서 한국통신 기준에 미달했다. 이 실장은 그해 6월 14일 김충세 AT&T 한국지사장(한국쓰리콤 사장, 포스데이타 고문역임)에게 성능시험 기준미달 사항을 통보하고 즉시 보완해 줄 것을 요청했다.

그해 7월 13일 AT&T는 불합격한 자사 교환기의 지능망과 패킷기능 등을 보완하려면 1996년 말이나 가능하다는 점을 한국통신에 통보했다. AT&T는 대안(代案)으로 우선 1995년 교환기 입찰에 참여하고 교환기 기능미비는 최대한 이른 시일 안에 보완하는 방안을 한국통신이 수용해 줄 것을 요청했다. 한국통신은 7월 6일 이종순 정보통신부 정보통신협력국장(아태전기통신협의체 사무총장 역임, 작고)에게 이런 결과를 보고하고 후속 대책도 협의했다.

사태의 심각성을 잘 아는 경상현 정보통신부 장관(현 KAIST 겸직교수)도 박창환 정통부 협력기획과장(작고)에게 자세한 내용을 파악하도록 해 그 결과를 보고받았다. 강문석 사무관(정통부 정책기획과장, 현 LG유플러스 부사장)도 실무라인이었다. 한국통신은 AT&T 제안을 수용할 수 없었다. 한국통신은 그해 7월 15일 교환기 성능시험을 중단했다.

이 실장의 계속된 증언.「시험결과가 불합격인 이상 도리가 없었습니다. 부적합 사항을 보완해 주지 않아 시험을 할 수 없었습니다. 불합격 판정을 내리면 한미통신마찰이 불가피했습니다. 그렇다고 불량품을 구매할 수는 없는 것 아닙니까. 한국통신이 AT&T 측에 조건부 교환기 공급자격을 준다는 것은 불가능했습니다.」

한국통신은 7월 24일자로 월터 J 소사 AT&T 아태지역 회장 등에게 성능시험 결과 기준미달인 기능을 미국 측이 보완해 주지 않아 더 이상 성능시험을 진행할 수 없어 중지했으며 AT&T 측 요구사항은 검토가 끝나는 대로 정식 문서로 통보하겠다는 내용의 문서를 보냈다. 이는 AT&T 측에게 공급자격 부여가 불가능하다는 통보나 다름없었다. 이후 한국통신과 AT&T는 갈등 관계로 변했다. AT&T는 미국정부를 앞세워 한국 측을 다시 압박하기 시작했다.

이 실장의 말.「AT&T는 자사 5ESS-2000기종은 세계에서 가장 우수한 신형 전자교환기라고 자부했어요. 한국통신이 제품 성능평가를 하는 것 자체를 내심 못마땅하게 여기고 있었습니다. 이런 판에 교환기가 성능시험에 불합격 처분을 받았고 조달 참여가 어렵게 됐으니 가만히 있을 리 없었습니다.」한국통신은 USTR에도 AT&T 제품의 불합격 내용을 문서로 보냈다(이현덕).

나. 한미통신회담, 교환기 규격문제 논쟁

한미 양국은 이에 앞서 그해 7월 5일부터 6일까지 워싱턴에서 기술표준분야 한미형식승인 상호인증 추진을 위한 통신전문가 회의를 열었다. 한국 측에서 박정렬 정보통신부 기술기준과장(현 특허청 정보기획국장)을 수석대표로 최세하 사무관(한국정보통신기능대학 교수 역임, 현 개인사업)과 정현철 사무관(현 방통위 전파연구원 전파자원기획과장) 등과 전자통신연구소(현 ETRI)와 통신개발연구원, 한국생산기술연구원, 주미 한국대사관 관계자 등이 참석했다.

미국 측에서 USTR의 패트리샤 파오레타 통신과장을 수석대표로 미 연방통신위원회(FCC), 상무부 등 관계자 등이 대표단으로 나왔다. 회의에서 양국이 이견을 보인 유·무선 통신기기 형식승인 면제방식과 면제범위 등을 집중협의하고 통신기기 상호인증협정 체결 등에 대한 양측 의견도 나눴다.

박 과장의 증언.「한미 간에 형식승인 상호 인정에 이해를 달리하는 점이 있었습니다. 회의에서 서로 자국 관련 제도를 소개하고 질의응답을 통해 한국 측에 문제가 없다는 점을 확인시켰습니다. 한국 측이 규제를 많이 하는 것이 아니라 객관적 기준에 따라 적용하고 있다는 점을 명확히 밝혔습니다. 우리가 미국 기준을 입수해 회의에서 근거를 제시했더니 미국 측도 납득했습니다.」

회의 초반에 USTR 측은 한국 인증제도에 대해 부정적인 시각이었다. 하지만 회의에서 미 FCC 전문가가 미국제도와 한국제도는 본질에서 같다고 인정했고 한국제도에 대해 이의를 제기하지 않아 양측의 쟁점은 해소됐다. AT&T는 그해 8월 22일 한국통신에「자사 제품이 성능시험에서 불합격한 것은 한국업체에 비해 상대적으로 불이익 조치를 받은 결과」라며 시정을 요구하는 서한을 보내왔다.

AT&T는 교환기가 불합격한 것은 바뀐 기능규격을 사전에 통보받지 못했기 때문이며 한국통신 입찰을 불허하는 것은 지난 3월 양국정부 간 합의를 깨는 것이라고 주장했다. AT&T는 교환기입찰에 참여하지 못할 경우 미 정부에 수퍼 301조에 의한 무역보복을 요구하겠다고 압박했다. 자사 교환기 불합격 책임을 한국통신 측에 떠넘긴 것이다.

한국통신 측은 이에 대해 변경한 기능규격은 매년 신문에 공고하므로 특정업체에 늦게 통보했다는 주장은 사실과 다르다고 반박했다. 크리스티나 런드 USTR 부대표는 그해 10월 19일 「AT&T의 교환기 불합격은 한국통신이 관련 정보를 차별적으로 공개해 발생했다」면서 이는 협정위반으로 제제조치 대상이라고 말했다. AT&T 측 주장을 그대로 옮긴 것이었다.

한국 측은 「한국통신 기술규격은 공개적인 입찰공고를 통해 공고되는 것으로 한국기업과 담합했다는 주장은 근거가 없으며 입찰공고 이후 기술규격을 변경한 일이 없다」며 미국 측 주장에 반론을 폈다. 그해 10월 23일 박건우 주미대사(외무부 차관, 경희사이버대 총장 역임, 작고)를 만난 바세프스키 USTR 부대표는 AT&T의 한국통신 교환기 입찰참여를 허용해달라고 요청했다.

캔터 USTR 대표도 그해 12월 1일 경상현 정보통신부장관 앞으로 서한을 보내 한국통신이 12월 입찰하는 한국통신 교환기 분야에 AT&T 신 기종을 참여를 요구했다. 캔터 대표는 이에 앞서 박재윤 통상산업부장관(부산대학교 총장 역임)과 공로명 외무부장관(현 세종재단 이사장) 등 통상장관에게 AT&T의 한국통신 교환기 입찰 참여를 강력히 요구했다.

미국 측은 이를 수용하지 않으면 한국에 제제조치를 취할 수 있다고 밝혔다. 경상현 장관은 12월 9일 캔터 대표에게 답신을 보냈다. 경 장관은 서한에서 한국통신 입찰에는 신형이 아닌 기존제품은 모두 참여 가능하며 기술규격은 이미 1992년 12월 30일 제정, 공표해 AT&T가 국내업체보다 늦게 규격을 알았다는 주장은 억지라며 거부의사를 밝혔다.

한국통신도 이날 알렌 AT&T 회장과 통신망 부분 맥클린 사장에게 캔터 대표 서한을 반박하는 내용의 서한을 보냈다. 한국통신은 「AT&T는 신형교환기 기능을 보완하는 일에 협조해 주고 더 이상 USTR 등 미국정부를 통한 통상압력은 문제해결에 전혀 도움이 되지 않는다」고 거듭 강조했다. 한국통신과 AT&T는 교환기 입찰 참여를 놓고 1995년 12월까지 밀고 당기는 힘겨루기를 계속했다. 한국통신과 AT&T 관계는 「화평(和平) 끝, 갈등 시작」이었다. 평화는 순간이고 갈등은 오래 갔다(이현덕).

참고자료

(1) 한·미 통신협의결과 후속조치(1994. 3. 10)

1994년 2월 한미 통신협의결과 한국통신 소관사항에 대한 후속조치를 시행하였다(한·미 통신협의결과 후속조치, 기설 1260-03557, 1994. 3. 10, 기술기획실). 이 조치의 주요 내용은 다음과 같다. ① 1993년 11월 AT&T사가 한국통신에 제출한 5ESS 규격개정 요구는 합리적으로 처리한다 ② 1994년 4월 말까지 AT&T의 전전자교환기(대형) 기술규격 개정 요구내용에 대해 검토한다 ③ 검토결과에 따라 현행 조달절차를 적용하여 성능시험 및 현장시험 등 평가를 거쳐 규격을 개정한다. 이 계획은 한국통신 기술기획실 조달협력부장(이원형), 설비조달국장(이홍구)이 주관하고 실장(이정욱), 부사장(김상국)의 결재로 결정 시행되었다.

(2) AT&T 전전자교환기 기술규격 개정(1994. 4. 9)

한국통신은 미국의 신형 전자교환기(5ESS-2000)의 공급제안에 따라 전자교환기 기술규격 개정을 위한 계획을 수립 시행하였다(AT&T 전전자교환기 기술규격 개정제안 검토계획, 기교1217-05801, 1994. 4. 9, 기술기획실). 이 계획의 핵심내용은 다음과 같다. ① 제안시스템의 기술성, 경제성 및 사업적용의 타당성을 확인한다 ② 기술기획실 교환기술국장을 위원장으로 하고 15명의 위원으로 제안심의소위원회를 구성하여 심의한다. 이 계획은 기술기획실 교환기술부 과장(장현태), 교환기술부장(이해동), 교환기술국장(여영조)이 주관하고 실장(이정욱)의 결재로서 시행되었다.

(3) 5ESS-2000 교환기 공급방침(1994. 8. 22)

1994년 중반 한국통신은 미국 AT&T사의 신형제품인 5ESS-2000 전자교환기의 공급제안에 대해 심의 의결할 제안심의위원회를 구성하고 이에 대한 한국통신의 방침을 의결하였다(5ESS-2000 교환기 공급방침, 기교 1217-15303, 1994. 8. 22, 기술기획실). 이 방침의 주요내용은 5ESS-2000교환기는 제안평가를 실시하고, 조달절차는 후속조달 신규참여절차에 따른다는 것이었다. 이 방침은 기술기획실 교환기술부 책임자(장현태), 교환기술부장(이해동), 교환기술국장(여영조)이 주관하고 실장(이정욱), 부사장(김상국)의 결재에 의해 시행되었다. 또한 이 공급방침은 당시 재무관리실장(신현대), 통신망본부장(이영환), 전화본부장(박창현), 운용보전실장(김계열)의 협조를 거쳤으며, 체신부장관(윤동윤)에게 보고되었다.

(4) 미국산 전자교환기에 대한 평가계획(1994. 12. 21)

1994년 말 한국통신은 미국산 전자교환기(5ESS-2000)의 도입을 위한 평가계획을 확정하였다(전전자교환기 제안평가계획 승인, 기설 1263-904, 1994. 12. 21). 이 계획의 주요내용은 다음과 같다. ① 제안평가절차, 기준, 방법 등 세부계획은 품질보증단(안)에 의해 시행하고 평가는 1995년 12월에 완료한다 ② 신규서비스 기능에 대해서는 국내 및 사내기술기준 또는 기술표준 등이 있는 경우는 필수항목으로 하고, 없는 경우에는 선택항목으로 평가한다 ③ 제안평가 업무를 수행하기 위해 제안평가전담반(총 30명)을 운영한다. 이 계획은 기술기획실 교환조달부 책임자(박규식), 교환조달부장(이장규), 설비조달국장(김은진)이 주관하고 실장(이정욱)이 결재하여 집행되었다.

제9장

정보통신 신기술 및 신장비 개발

1. 통신사업을 주도하는 연구개발

1.1 핵심기술인력 양성 및 연구단지 건설

가. 전문인력 확보 노력

1980년대 중반 정부와 한국통신은 6차 5개년계획의 주요사항으로 핵심기술 인력을 확보하고 양성하는 계획을 수립 추진하였다. 그중 통신부문의 전문인력 확보를 위한 주요내용은 다음과 같다(제6차 경제사회발전 5개년계획 통신부문계획, 1986. 10, 통신부문계획위원회).

첫째, 한국전기통신공사의 전문인력은 6차 5개년계획 기간(1987년-1991년)에 박사 36명, 석사 564명 등 총 600명을 확보하는 목표를 수립 추진하였으며, 연도별 확보계획은 <표 9-1>과 같다.

둘째, 한국전자통신연구소(ETRI)의 연구원은 6차 5개년계획 기간(1987년-1991년)에 박사 143명, 석사 183명 등 총 326명을 보강하는 목표를 수립 추진하였으며, 연도별 확보계획은 <표 9-2>와 같다.

셋째, 정보통신훈련센터에서는 전산인력을 6차 5개년계획 기간에 총 15,217명을 양성하는 목표를 세웠다. 연도별로 보면 1987년 2,045명, 1988년 2,454명, 1989년 2,944명, 1990년 3,534명, 1991년 4,240명을 양성한다.

<표 9-1> 한국전기통신공사 전문인력 확보계획

구분	1987년	1988년	1989년	1990년	1991년	계
박사	6	7	8	7	8	36
석사	124	137	104	107	92	564
계	130	144	112	114	100	600

<표 9-2> 한국전자통신연구소 연구원 보강계획

구분	1987년	1988년	1989년	1990년	1991년	계
박사	23	24	26	34	36	143
석사	35	28	30	45	45	183
계	58	52	56	79	81	326

이후 한국통신은 전문연구 인력의 확충에 집중하였다. 1992년에는 연구인력을 1,061명(종사원 대비 1.8%)을 확보하였으며, 1993년 중반에는 이미 책임급 연구원 36명, 선임급 연구원 167명, 전임급 연구원 881명, 연구보조원 30명 등 총 1,114명을 확보하였다. 그리고 2001년까지 총 4천명의 연구 인력을 확보하는 중장기 연구인력 확충계획을 <표 9-3>과 같이 수립 추진하였다(업무현황, 1993. 10, 기술기획실).

<표 9-3> 한국통신의 중장기 연구인력 확보계획

구분	1992년	1993년	1994년	1995년	1996년	2001년
연구인력(명)	1,061	1,311	1,660	1,860	2,200	4,000
종사원 대비(%)	1.8	2,1	2.6	2.8	3.3	5.0

1995년 한국통신 연구개발원(원장 이정욱)에서는 1995년 11월 공개채용을 통해 입사한 신임연구원에 대한 임명장 수여식을 대강당에 가졌다(1996. 2. 5). 당시 한국통신 연구개발원 원지는 이에 대해 다음과 같이 소개하였다(1996년 제1기 신입연구원 임명장 수여식, 1996. 2, 한국통신 연구개발원 연구개발한마당 11p).

<기사내용> 이정욱 원장은 환영사를 통해 우수한 신입 연구원들과 같이 일하게 되어 기쁘다고 말하고 한국통신의 주력사업인 전화사업과 데이터통신사업, 차세대통신사업 등의 중요성을 언급하며 각 분야가 경쟁체제로 들어간 어려운 시점에서 연구소의 역할을 강조하며 초고속정보통신망 건설을 위한 R&D, 최첨단 지능형 통신서비스를 위한 R&D에 역점을 두고 연구에 임해 주기를 바란다고 말했다.

1기로 임명된 신임연구원은 선임급 5명, 전임급 80명, 원급 7명이고 전공별로 보면 전자통신공학과 33명, 정보공학과 32명, 경영학과 10명, 기타 산업공학과, 물리학과 등 17명으로 구성되었다. 특히 지난해 10월 한국통신 연구개발원을 알리는 오픈닝 데이(Opening Day)에 참가했거나 행사내용을 인지한 학생들이 26명이나 입사하여 채용홍보행사의 중요성을 실감케 해주었다. 신입연구원들은 2주간의 오리엔테이션과 중앙연수원 교육, 17주 간의 주요통신시설 및 현업실습을 거쳐 7월에는 해외연수를 가게 된다. 신입연구원들은 교육기간 동안 한국통신(KT) 사업현황이나 통신기술에 관한 기초교육 등을 쌓게 된다

나. 한국통신의 전문연구소 설립 운영

1990년대에 들어서면서 한국통신은 통신사업을 선도하는 연구과제를 선정하고 우수 연구개발 인력을 확보하는데 주력하였다. 그리고 연구개발조직을 전문화하고 연구개발 관리기능도 개선하였으며 프로젝트 중심으로 연구 활동을 전개하였다. 또한 대외연구 활동을 강화하고 기술표준화업무를 전담시행토록 하였으며 연구개발비가 합리적으로 집행될 수 있도록 노력하였다.

이러한 연구개발을 위한 중점추진목표를 가지고 한국통신은 우리나라의 정보통신 기술자립을 위해 연구개발단, 통신시스템개발센터, 통신망연구소, 소프트웨어연구소, 선로기술연구소, 서울전자교환운용연구단 등 6개의 전문연구소를 설립 운영하였다(1994년도 주요업무 발전계획, 1993. 7. 26, 한국통신). 각 연구소별 인력 및 예산은 <표 9-4>와 같다. 이때 예산은 1993년도 분을 표기한 것이다.

<표 9-4> 한국통신의 전문연구소 설립운영

연구소명	설립	인력(명)	예산(억원)
연구개발단	1984. 1	524	358
통신시스템개발센터	1992. 11	159	155
통신망연구소	1992. 11	151	82
소프트웨어연구소	1991. 3	150	205
선로기술연구소	1991. 3	127	328
서울전자교환운용연구단	1991. 4	288	37
계		1,399	1,165

다. 한국통신의 연구개발비 규모

한편 한국통신은 연구개발에 대한 투자비를 1992년 1,873억 원으로부터 1993년에는 2,294억 원으로 확대하였다. 이 중 1,359억 원은 한국통신 연구소의 자체집행 분이었으며, 관련 연구기관에는 총 935억 원을 출연하였다. 1990년대 초반 한국통신이 연구기관 및 단체에 출연한 연구비규모는 <표 9-5>와 같다.

<표 9-5> 한국통신의 출연연구비(1)(단위: 억원)

연구기관	1990년	1991년	1992년	1993년
한국전자통신연구소	548	695	795	844
한국과학기술원	10	11	12	12
한국과학기술연구원	-	-	-	1

<표 9-5> 한국통신의 출연연구비(2)(단위: 억원)

연구기관	1990년	1991년	1992년	1993년
통신개발연구원	25	10	6	4
한국전산원	8	-	-	-
한국항공우주연구소	-	6	10	16
한국통신기술협회	3	5	5	7
정보통신진흥협회	-	2	1	1
학술단체(한국통신학회 등)	20	25	25	25
대학(학계와 공동연구)	-	3	6	25
과학기술진흥기금	-	-	150	250
석좌기금(서울대)	-	-	5	-
우수공대 연구시설지원(서울대)	-	-	30	30
대학실험실습기자재 확충지원	-	-	20	20
계	614	757	1,065	935

그리고 1993년 한국전자통신연구소 출연금은 844억 원으로서 여기에는 일반연구출연금 740억 원, HAN/B-ISDN 출연금 104억 원을 포함하였다. HAN/B-ISDN 연구비는 한국통신 자체집행 분이 80억 원, ETRI집행 분은 104억 원으로 시행되었다. 한편 1993년도 과학기술 진흥기금, 우수공대 연구시설지원, 대학실험실습기자재 확충지원금은 연구개발비 규모에서 제외하고, 기타출연금 또는 기부금으로 분류하였다.

1990년대 전반기 한국통신은 한국전자통신연구소 외에도 한국과학기술원, 통신개발연구원, 한국전산원, 한국항공우주연구소, 한국통신기술협회, 정보통신진흥협회 등에 연구비를 출연하였다. 또한 한국통신학회 등 학술단체와 각 대학에도 연구비를 지원하였으며 특히 1992년-1993년에는 과학기술진흥기금을 위해 400억 원을 출연하였다.

라. 대덕연구단지 건설

한국통신은 대덕1 연구센터를 건설하여 우선 선로기술연구소의 수용을 추진하였다. 이를 위해 부지 41,992평을 82억 원에 매입하였으며, 여기에 연건평 10,410평의 건물을 건축하고 이를 위해 199억 원을 들여 공사를 시행하였다(1991. 1. 31-1994. 3. 21). 이 공사는 1993년 하반기에 67%의 공정이 달성되었다(1993. 8. 31). 대덕1 연구센터의 건물계획은 <표 9-6>과 같다.

이어서 대덕2 연구센터를 건설하여 여기에 통신시스템개발센터를 이주하기로 결정하였다. 당시 대덕2단지는 예산 107억 원을 들여 부지 39,300평을 매입하였다. 건물은 연면적 2

만평 규모로 정하여 1단계로 1만평을 1996년에 준공하고 2단계로 다시 1만평을 1998년 이후에 공사 시행을 하는 것으로 추진하였다. 1단계 건축규모는 지하 1층 지상 5층의 연면적 12,575평 건물을 <표 9-7>과 같이 설계 추진하였다. 이를 위해 건설사업단에서 기본설계 및 실시설계를 시행하였다(1993. 7-1994. 4).

1990년대 중반이 되면서 대덕2 연구센터의 건설 및 연구소 이전계획이 보다 구체화되어 추진되었다(1995년도 주요업무 발전계획, 1995. 2, 기술기획실). 건설규모는 대지 38,100평, 건물 연면적 15,950평, 공사기간은 1994년 12월-1997년 8월로 결정되었으며, 소요예산은 총 630억 원으로 결정되었다. 이에 따라 연구단지별 입주기관을 선정하고 직원이주대책을 보완하였다.

<표 9-6> 대덕1 연구단지의 건물계획

구분	용도	층수	연건평(평)
본관, 연구동	연구소	지하1, 지상5	8,743
토목실험동	환경 및 역학실험설비 설치	지하1, 지상2	1,432
케이블동	케이블 곡선부 인장실험장의 실험설비 설치	지상1	169
제어계측동	전주지선 실험설비 계측장비 수용	지상1	12
경비동	경비실	지상1	54

<표 9-7> 대덕2 연구센터 설계

구분	구조	면적(평)	구분	구조	면적(평)
본관동	지하 1층 지상 4층	2,489	연구동	지하 1층 지상 5층	8,147
후생동	지하 1층 지상 3층	790	기타	지하 1층 지상 1층	1,149

1.2 연구개발체계의 개선

가. 연구소의 체계적 확충

한국통신에서는 연구개발을 전문적이고 체계적으로 수행하기 위해 사업지원본부를 1984년 1월 발족시켰다. 이는 1987년 7월 사업지원단으로 개편되었으며 1990년대에 들어와서 연구개발단으로 보강되었다(1990. 1). 앞에서 설명한 바와 같이 선로기술연구소, 소프트웨어연구소가 1991년 3월, 서울전자교환운용연구단이 1991년 4월에 신설되었다. 다음해에는 통신시스템개발센터, 통신망연구소를 신설하였다(1992. 12).

1993년 한국통신 기술기획실(실장 이정욱)에서는 연구기능을 전문분야별로 육성 발전시키기 위해 당시 6개 연구기관을 2001년까지 10개 연구소, 2개 센터로 전문화하기로 추진하였다. 이에 따른 단계별 연구소 및 연구센터의 확충계획은 <표 9-8>과 같이 수립하였다. 특히 자립정착단계에서의 10 연구소 2 연구센터는 한국전자통신연구소(ETRI)의 기능을 흡수하여 설립한다는 방안을 내포하고 있었다(업무현황, 1993. 10, 한국통신 기술기획실).

또한 연구개발단에 의한 연구소 총괄지원체제를 구축하기로 하였다. 이것은 당시 연구개발단 연구관리본부의 기능을 활용하여 전문연구소에 대한 운용지원체제를 확립하는 일이었다. 이에 따라 1993년 조직개편 시 전문연구소를 일원적인 관리체제로 개편하였다. 그리고 사업성위주의 투자로 연구개발(R&D) 효과를 증진시키고, 경쟁과 개방에 대응한 경영연구를 강화하며, 연구개발 자원을 효율적으로 배분하고 활용하는 등 통신사업을 선도하는 정예연구 과제를 선정하고 관리하는 방향으로 조치하였다.

<표 9-8> 단계별 연구소 확충계획

기반조성 (-1991년)	기반조성 (1992년-1994년)	자립정착 (1995년-2001년)
연구개발단 소프트웨어연구소 선로기술연구소	통신망연구소(1992년) 통신시스템개발센터(1992년) 경영연구소(1994년) 휴먼인터페이스연구소(1994년) 기술표준연구센터(1994년)	교환기술연구소 전송기술연구소 무선기술연구소 위성통신연구소
3 연구소	6 연구소, 2 연구센터	10 연구소, 2 연구센터

나. 전문연구소로 통합개편

그 후 연구개발원이 발족되고 소속연구기관이 전문연구소로 통합되었다(1994. 2). 이때 연구개발원 조직을 보면 연구관리단, 표준연구단, 기술개발단, 경영연구단, 통신시스템개발센터, 통신망연구소, 소프트웨어연구소, 선로기술연구소를 두고 있었으며, 연구보조기관으로 전략기획실, 전략기술 총괄팀, 감사실을 운영하고 있었다. 당시 주요 연구소의 기능 및 임무를 보면 아래와 같다.

① 연구개발원은 표준화, 통신망 운용관리, 경영, 기초기술, 연구관리, 연구소 운용지원, 연구시설관리 등을 담당하고 통신시스템개발센터는 시스템 엔지니어링, 사업화지원, 산업체, 연구기관과 공동연구 등을 수행한다.

② 통신망연구소는 통신망 진화, 통신망 간 연동, 성능평가, 통신망 구성계획, 수요예측 등을 전담하고 소프트웨어연구소에서는 공통기반 소프트웨어 기술, 정보통신서비스 개발,

시스템 통합연구 등을 실시한다.

③ 선로기술연구소는 선로, 토목시설의 개량 개선, 시공기술, 공법, 표준품셈, 선로, 토목 구조물에 대한 실험 측정 등을 수행하고 서울전자교환운용연구단은 전자교환기 소프트웨어의 개량개선 보완, 전자교환기 데이터 파일의 생산관리, 전자교환기의 운용지원, 신기술 확산 분야를 전담한다.

1990년대 중반에 들어서면서 한국통신은 연구 인력의 확충 및 연구소 운용방식을 크게 개선하고자 시도하였다(사장업무보고, 1995. 2, 기술기획실). 당시 연구 인력을 보면 책임급 45명, 선임급 201명, 전임급 854명, 연구보조원 32명 등 총 1,132명을 보유하고 있었다 (1994. 12. 31).

1995년 초 한국통신 연구소의 총 연구 인력은 1,431명을 운용하였으며, 주요 연구소별 연구인원은 <표 9-9>와 같다. 이러한 상황에서 1995년도 연구직 충원계획을 <표 9-10>과 같이 수립 추진하였다. 그리고 프로젝트팀 조직의 지속적 발전과 자율경쟁 분위기를 조성하고 연구개발원 내에 76과제 단위로 팀을 구성 운용하였다. 이때 팀장은 추천에 의해 임명하고 팀원은 공모에 의해 선발토록 하였다.

<표 9-9> 주요 연구소별 연구인원(1995. 2)

연구소별	정원(명)	현원(명)		
		연구직	일반직	계
연구개발원	647	258	255	513
통신시스템개발센터	131	115	12	127
통신망연구소	224	201	16	217
소프트웨어연구소	136	116	16	132
선로기술연구소	125	83	37	120
서울전자교환운용연구단	359	111	211	322
합계	1,622	884	547	1,431

<표 9-10> 1995년도 연구직 충원계획

구분	1994년 말	1995년 계획	증감
인원(정원)	1,361	1,444	83
종사원 대비(%)	2.3	2.4	0.1

1995년 한국통신 기술기획실(실장 이정욱)에서는 연구조직을 분야별 전문연구소 구도로 개편하고자 하였다(1995년도 주요업무 발전계획, 1995. 2, 기술기획실).

첫째, 초고속정보통신망, 고도통신사업에 소요되는 전자교환기를 직접 담당할 「교환시스템 연구소」와 초고속 광대역 전송시스템 개발을 전담할「전송시스템 연구소」를 신설한다. 또한 차세대 통신사업에 필요한 연구개발을 주도해 나갈「무선통신연구소」및「멀티미디어 연구소」도 신설한다.

둘째, 연구 인력확보 및 육성제도를 전면 보완한다. 연구원과 일반직의 일체감 조성을 위해 동시 공개채용 및 입사교육 시 통합편성 운영한다. 그리고 연구원 신규 채용 시에는 3-6개월 정도 사업현장 근무 후 연구개발 업무에 투입한다.

셋째, 사업화 촉진을 위해 연구개발체계를 선행연구, 본 연구개발, 후속개발의 3단계로 구분 시행한다. 그리고 연구개발 완료시 필수적으로 개발확인시험을 시행하고, 시스템개발 과정에서 연구개발의 품질보증을 시행하는 등 연구관리체계를 획기적으로 개선한다.

1.3 연구개발의 생산성 개선

가. 연구개발 활동강화

전기통신 기술표준화 관련 국제기구의 연구 활동에 적극 참여하는 등 대외 연구 활동을 강화하였다. 이를 통해 통신망계획 및 연구개발에 필요한 최신기술을 조기에 도입하여 적용함으로서 국제표준화 활동에 대응하고자 하였다. 이를 위해 국제전기통신연합(ITU), 아태전기통신협의체(APT) 등 참가대상 국제표준화기구를 선정하고, 사내 연구소그룹을 통한 집중적 연구 활동을 전개하게 하였다. 또한 사내표준화결과를 국제기구에 기고하여 국제적 지위를 향상한다는 방침을 세웠다.

이에 따라 국제기구에의 참가여부 선정기준을 설정하여 국익 및 사익과 관련된 회의에 적극 참여하여 활동하고, 해당분야업무에 정통한 전문가를 집중 양성하여 국제기구에서의 간부직을 확보하고 역할을 증대하는 계획을 수립하였다. 그리고 정보검색 및 전자회의 등이 가능한 데이터베이스를 구축하여 국제회의 참가활동을 종합관리하게 하고, 연구발표회 등을 통해 국내외 표준화동향을 보급 확대하였다.

또한 한국통신 기술기획실(실장 이정욱)에서는 연구개발의 효율적인 수행을 위해 1994년 1월 1일부터 본사는 제도 및 방침위주의 기획업무를 관장하고 실무운영업무는 연구개발단으로 위양하며, 아태전기통신협의체(APT) 대응업무는 대외협력실로 이관 조치하였다(사내연구단 운영개선계획, 1993, 기술기획실). 그리고 연구개발 활성화 및 생산성 향상을 위해 프로젝트 그룹제 운영, 능력평가에 의한 차등보수체제 운영, 전문연구인력 양성, 취약연구 분야의 조기능력 확충, 인센티브제 운영, 연구협약제 시행 등 6대 실천과제를 골자로 하는 개선계획을 수립하였다.

이 계획의 시행을 위해 기술기획실 연구계획국(국장 조완행)에서는 사전에 소프트웨어연구소를 시범연구소로 지정하여 2년간(1994. 1-1995. 12)에 걸쳐 시범 운영하기로 정하였다(연구개발 활성화 및 생산성향상을 위한 개선계획, 1993. 12. 27, 기술기획실 연구계획국 연구조정부).

나. 출연연구과제의 관리방법 개선

한국통신 기술기획실(실장 이정욱)은 한국통신의 출연연구과제에 대한 관리방법도 개선하였다(업무현황, 1993. 10, 한국통신 기술기획실). 즉 기술개발투자의 효율성을 높이기 위해 연구비 지원방식을 당시 연구소별 지원방식에서 연구팀에 대한 과제별 연구협약 방식으로 점진적으로 전환하였다. 이때 연구비는 총괄적인 형태의 기관 간 협정에 따라 출연연구비를 지원하다보니 단위 과제별 특성에 따라 효율적인 과제관리가 미흡한 실정이었다.

그런데 당시 한국통신은 한국전기통신공사법, 전기통신기본법 등에 따라 정부출연연구소를 육성하고 지원할 의무가 있었다. 그래서 정부출연연구소와 새로운 관계를 정립하고 연구협약방식으로 점진적으로 전환하고자 하였다. 지금까지의 육성지원을 의무로 하는 차원에서 연구업무 위·수탁 관계로 재정립하며, 연구소를 육성 지원하는 차원보다는 기술개발투자의 효율성과 사업성을 높이는데 중점을 두는 방향으로 방침을 정하였다.

특히 한국통신과 전자통신연구소 간에 체결된 연구관리기본협정서를 개정하고 연도별 연구사업에 대한 연구협약을 체결하도록 하며, 그 근거를 마련하기로 하였다. 이에 따라 1993년 5월부터 10월까지 연구관리 기본협약서를 개정하여 1994년부터 적용하는 것을 목표로 추진하였다. 그 주요내용을 보면 다음과 같다.

① 과제별 협약방법을 통한 연구관리 수단을 강구하기 위해 연도 연구협약 체결의 근거를 마련한다. ② 출연연구비의 정산원칙을 명시하여 과제별 연구비의 타목적 전용 및 무분별한 사용을 방지하고 과제선정 시 적정연구비의 계상 난점을 보완한다. ③ 기술이전, 기술료 징수 및 사용조건을 명확히 한다. 그래서 기술료 징수로 인한 한국통신 조달제품의 원가상승요인을 배제하고 출연자의 권리를 확보하며 불이익 행위를 방지한다. ④ 불성실한 연구수행에 대한 제재요건을 강화한다.「불량」이하의 평가 시 연구책임자에게는 한국통신 연구과제에 3년간 참여를 제한한다. 연도연구협약 해약사유 및 연구비 회수요건도 강화한다.

1.4 한국통신의 8개 중점개발사업

한국통신은 1990년대 중반에 들어서면서 종합정보통신망(ISDN) 등 8개 분야를 중점연구과제로 선정하였으며 특히 1993년도 추진상황은 다음과 같다.

(1) ISDN 기술개발

이 연구과제는 한국전자통신연구소(ETRI)가 중심이 되어 1991년부터 1994년까지 시행되었다. 1993년에는 연구비 95억원을 배정하여 TDX-1B 및 TDX-10 전자교환기의 ISDN시스템을 상용화하고 보완 개발하였다.

(2) 광대역 회선분배시스템(BDCS) 개발

ETRI가 중심이 되어 1992년부터 1995년까지 개발하는 과제로서 1993년에는 연구비 24억 원을 투입하여 자동분배와 분기기능을 개발하였다.

(3) 광가입자 전송시스템 기술개발

한국통신 시스템개발센터에서는 1991년부터 1994년까지 최대 2천가입자 규모의 전화, 고속데이터, 전용회선 서비스 등을 제공하는 광가입자 전송장치를 개발하였다. 1993년에는 이를 위해 연구비 15억 원이 배정되었다.

(4) 대용량 광 선송장치 개발

저속, 중속신호를 수용하여 2.5G/bs급 신호로 다중, 광전송하는 기능을 갖는 광통신시스템을 개발하는 연구과제였다. ETRI가 개발 주관하여 1989년에 시작 1994년에 완료토록 되어 있었으며, 1993년에는 19억 원을 투입하였다.

(5) 멀티미디어 HiTEL 데이터베이스 기술개발

한국통신 소프트웨어연구소는 공중통신망을 통한 FAX형 이미지 데이터베이스 서비스를 개발하고, 복합 HiTEL 서비스를 위한 소프트웨어를 개발 시행하였다. 이 과제는 1993년부터 1995년까지 시행하게 계획되었으며, 1993년 연구비는 4억 원으로 결정되었다.

(6) 광케이블TV 시스템 개발

단순 양방향 케이블TV서비스 및 음성서비스가 가능한 광케이블TV시스템을 개발하였다. 이 과제도 ETRI가 개발 주관하여 1989년에 시작 1993년에 완료토록 되어 있었으며, 1993년에는 42억 원의 연구비를 투입하였다.

(7) 차세대 휴대전화 기술개발

차세대 휴대전화실현을 위한 통신망 구성 및 운용기술을 연구하는 과제로서 한국통신 통신시스템개발센터가 수행하였다. 1993년에는 공중용 PCN 소요기술을 집중적으로 연구하였으며 이를 위해 8억 원의 연구비를 배정하였다.

(8) 자동통역전화 요소기술 개발

소프트웨어연구소에서는 음성인식, 음성합성, 자동통역전화 개발에 필요한 음성처리기술 연구를 진행하였다. 또한 동 기술을 이용한 음성정보검색 및 번역모델시스템의 역점적으로 개발하고 있었다. 1993년 연구비는 6억 원으로 배정되었으며, 연구기간은 1991년부터 1997년까지로 결정되었다. 또한 한일 자동통역전화시스템에 필요한 기계식번역 등의 요소기술을 ETRI가 개발 주관토록 하였다. 개발기간은 1991년-1997년으로 정하여 진행되었으며, 1993년 연구비는 12억 원이었다.

2. 대용량 및 광대역 전송장비 개발

2.1 기본방침

가. 초고속 광통신기술 개발 시도

1980년대 후반 정부와 한국통신은 6차 5개년계획에 일환으로 광통신기술 개발계획을 수립 추진하였으며, 주요방침은 다음과 같다(제6차 경제사회발전 5개년계획 통신부문계획, 1986. 10, 통신부문계획위원회).

(1) 장파장 단일모드의 대용량 초고속 시스템을 개발하고, 시스템 고속화를 위한 신 방식으로 개발한다. 그리고 광가입자 접속기술도 개발한다.

(2) 565Mbps 시스템은 1987년-1989년에 개발하고, 2.26Gbps 시스템은 1988년에 개발을 시작하여 1992년에 완성한다. 그리고 가입자접속장치, 가입자선로 등 광가입자 접속장치는 1987년부터 개발하여 1992년에 완성한다. 또한 광소자도 1987년-1991년에 개발한다.

(3) 이를 위한 개발비는 1987년 37억 원, 1988년 43억 원, 1989년 48억 원, 1990년 56억 원, 1991년 60억 원 등 총 244억 원으로 정한다.

나. 초기에는 동기식과 비동기식의 병행공급

한국통신은 1995년도 투자설비계획을 추진하면서 전송망은 비동기식 전송시스템에서 동기식 전송시스템으로 전환하는 것으로 기본방침을 정하였다. 1994년도 동기식 전송시스템 국내개발계획에 의해 622M는 1995년 2월말, 2.5G는 1995년 말에 상용화하는 것으로 추진하였다. 이때 외자사용을 억제하기 위해 국산개발 622M 동기식 전송시스템으로 공급계획을 수립하였다.

그러나 622M 동기식 전송시스템은 시험 중 에러발생 등 불량사항이 발견되고, 이를 개선하기 위한 업체(성미전자, 중앙전기)의 유니트 제작이 지연되는 바람에 1995년도 공급목표량을 연내 준공이 불가한 것으로 판단되었다. 또한 2.5G 장비도 LG정보통신, 삼성전자, 대우통신, 대한전선 등 업체에서 개발이 지연되고 있었다.

이러한 상황이 발생하자 한국통신은 3개 공급방안을 검토하였다. 즉 전 구간에 국내 개발된 622M 동기식 전송방식으로 공급하는 방안(제1안), 대용량 구간에는 동기식 2.5G를 외자구매하고, 중소도시 이하에는 비동기식 전송방식(565M)을 공급하는 방안(제2안), 1995년도 필수회선은 비동기식 전송방식(565M)으로 공급하고, 기타회선은 국산개발 622M 동기식 전송방식을 공급하는 방안(제3안) 등이 논의되었다.

이들 3개 방안에 대해 검토결과 당시 한국통신은 정부정책과 한국통신의 방침을 준수하여 동기식 전송방식으로 전환하여야 하나 국산장비개발 지연으로 1995년도 사업목표량을 동기식 전송방식으로 전환하는 것은 사실상 불가능하다고 판단하였다. 또한 국내개발품을 초년도에 다량으로 시설하게 되면 회선의 신뢰성 및 품질문제 등이 우려되는 상황이었다. 따라서 1995년도에는 동기식과 비동기식을 병행 시설하는 것이 공사의 경영관리측면에서 유리하다고 판단하여 제2안을 채택 추진하게 되었다.

2.2 대용량 광 전송장비의 개발

가. 622M 동기식 광 전송장치

이 장치는 1991년 한국전자통신연구소(ETRI)에서 사용자 요구사항을 연구하였으며, 개발규격은 한국통신 사업개발단이 작성하였다(1991. 1-1993. 7). 이어서 한국통신 기술기획실(실장 이정욱)에서는 조달방침을 개발조달절차로 결정하고, 개발적격업체로 금성, 대우, 대한, 성미, 삼성, 중앙을 지정하여 경쟁체제로 개발을 추진하였다(1993. 7. 19). 그리고 사업개발단에서는 자체성능 확인시험을 실시하였다. 1차 성능확인시험(1994. 3. 14-3. 31)에서는 전 업계가 부적합한 것으로 확인되었으며, 2차 성능확인시험(1994. 4. 29-5. 12)에서는 성미, 중앙은 적합으로, 금성 등 4개사는 부적합으로 판정되었다.

이때 금성과 삼성은 한국통신이 제시한 개발규격과 다르게 각각 자체 규격으로 개발하는 바람에 부적합으로 판정되었다. 당시 한국통신은 622M 전송장치를 156M, 622M, 2.5G 및 B-DCS의 패밀리시스템으로 개발하여 통신망 구성을 단순화하고, 통합적 운용관리를 시도하였다. 다음절차로는 품질보증단의 상용시제품 시험을 거쳐야 하였다. 1차 성능시험(1994. 8-1994. 10), 2차 성능시험(1995. 1-1995. 3)을 거쳐 상용시제품에 대한 현장시험(1995. 3-1995. 5)을 실시한 후 표준규격을 제정하였다(1996. 6). 이때 상용시제품 시험은 총 187개 항목을 실시하였다.

나. 2.5G 동기식 광 전송장치 도입 및 개발

한국통신은 1989년부터 ETRI의 통신시스템연구단 광통신연구실을 통해 2.5G 동기식 광 전송장치를 개발하여 왔다(1989년-1994년). 당시 이 장치의 연구개발을 위해 총 42억6천5백만 원이 투입되었다. 이에 따라 금성정보통신, 대한전선, 대우통신, 삼성전자 등 국내 4개 업체에서는 국내개발생산을 위한 기술이전을 요청하였다(1992. 12. 30). 이때 착수기술료는 투입연구비의 15%를 업체별로 균분 징수하기로 정하였다. 그리고 매출 정율은 공사가 사용하는 제품은 면제하고, 기타의 경우는 매출액의 3%로 정하였다.

한국통신은 이 내용으로 정부에 승인 요청하였으며, 일부 조정되어 이 방안이 승인되었다(1993. 2. 12). 이때 정부는 착수기술료는 면제하고, 매출 정율은 기타의 경우 매출액 발생이후부터 국내 3%, 국외 2%를 징수하는 것으로 조정하였다. 이에 따라 기술이전계약이 시행되고, 기술전수는 1993년부터 1994년까지 2년에 걸쳐 2차로 나누어 이전하게 되었다(1993. 8. 25).

① 1차 기술전수는 실용시제품을 제작하기 위한 것으로 1차 기술교육 및 설계를 실시하였다(1993. 8-1993. 10). 이어서 실용시제품을 제작하고(1993. 10-1993. 12), 실용시험을 실시하였다(1994. 1-1994. 3). ② 2차 기술전수는 상용시제품을 제작하기 위한 것으로 2차 기술전수교육을 실시하였다(1994-1994. 6). 이어서 상용시제품을 제작하고 기능을 보완하였으며(1994. 4- 1994. 10), 현장시험 및 기술지원을 하였다(1994. 10-1994. 12).

한편 한국통신은 2.5G 동기식 광 전송장치(SOTS-16)를 1994년부터 1996년까지 3차에 걸쳐 외자 도입하였다.

2.3 광대역 회선분배장치(BDCS) 개발

가. BDCS 개요

DCS(Digital Cross-connecting System)는 전자적인 저속 교환기능을 통해 전송로상의 특정신호 또는 서비스를 종류 및 목적지에 따라 재구성하는 통신시스템이다. 여기에는 DS1 수준의 상호접속기인 WDCS와 DS3 수준의 상호접속기인 BDCS로 분류된다. 특히 BDCS(Broadband DCS)의 역할, 사용처, 소요기술 등은 다음과 같다.

첫째, BDCS는 신호의 다지점 간 전송으로 통신망을 구성함에 있어 융통성을 부여하고, 전송채널을 시간, 용도별로 신속하게 재구성하는 교환기의 보조기능을 수행한다. 또한 특정회선의 집결 또는 분리를 가변적으로 처리하여 경제적인 링크를 구성하고, OAM 정보의 집중화로 전송망의 운용, 관리 및 유지보수를 자동화한다.

둘째, BDCS는 당초 대용량의 회선분배가 이루어지는 시외통신 국간중계구간에 사용하고, 트래픽 증가에 따라 시내통신망 국간중계구간에도 수요가 발생하고 있다. 또한 탄력적 회선구성이나 통신망의 생존성 등을 위해 기간통신사업자를 중심으로 이의 사용이 확대될 전망이다.

셋째, BDCS 개발을 위해서는 고속 광전송 및 동기식 다중화기술 등 전송기술과 감시, 제어, 절체기술 및 TMN 기술 등 OAM 기술이 소요된다. 그리고 저속 및 광대역 교환기술, 집적화기술, 컴퓨터 및 소프트웨어 관련기술 등이 소요된다.

넷째, 일반적 BDCS에 비해 ETRI에서 개발한 BDCS의 특성은 전송장치와 DCS 기능이 일체형으로 구성되고, 종속망의 관리기능 및 자동복구기능이 월등하다. 또한 TMN 체제와 연계개발하고 있고 낮은 용량의 확장성을 가지고 있다.

나. BDCS 개발 기본방향

한국통신은 1991년 광대역 회선분배장치(BDCS)의 연구개발과제를 선정하여 추진하였다. 이에 따라 이 장치는 ETRI와 대한, 성미, 한화의 공동으로 개발하고, 연구기간은 1992년 -1995년으로 하며, 과제관리는 한국통신 사업개발단이 담당하였다(광대역 회선분배장치

개발 출연과제 중단여부, 1996. 10. 14, 한국통신 연구개발본부). 당시 기간전송망이 초고속 전송망으로 진화함에 따라 1992년 한국통신 기술기획실(실장 김영재)에서는 광대역회선의 분배작업을 수작업방식으로부터 전자적으로 자동분배해주는 방식으로의 전환을 시도하였다. 이를 위한 광대역 회선분배장치(BDCS)의 개발계획을 다음과 같이 수립 추진하였다(동기식 전송망 발전전략, 1992. 4, 한국통신).

① BDCS의 개발 표준화를 1992년-1993년에 시행하고, 1994년-1995년에 상용화하여 1996년부터 상용 공급한다. 이 장치는 소요예산 145억원을 투입하여 ETRI, 대한, 성미, 환화가 공동 개발한다. ② 1996년부터 시내구간 중계전송로의 집중국, 시외중심국 및 총괄국에 BDCS를 공급한다.

이에 따라 한국통신은 BDCS를 1992년부터 1995년까지 연구비 총 97억9천만 원을 투입하여 한국전자통신연구소와 업체 간 공동개발을 추진하였다. 이 연구과제관리는 사업개발단 시스템개발국이 담당하였다. 이때 공동개발대상 업체는 대한전선, 금성정보통신, 삼성전자 등 3개 업체이었으며, 한국통신은 이들을 ETRI의 공동연구자로 선정함을 체신부에 요청하여 이를 승인받았다(1993. 4. 15).

그러나 도중에 삼성전자와 금성정보통신이 불참의사를 통보해 옴에 따라 공동연구자를 재선정하게 되었다. 이후 1993년 이 장비의 개발목표를 당초 256DS3급에서 576DS3급으로 변경하고, 연구내용도 조정하였다. 당초 BDCS는 회선분배단위를 DS3/ DS1급으로 개발계획이었으나, 이 개발계획은 회선분배단위가 DS3급인 BDCS I은 1994년까지 개발하고, 회선분배단위가 DS1/ DS3급인 BDCS II는 1995년까지 개발하는 것으로 변경하였다.

다. BDCS 시스템의 공급추진

1990년대 중반에 들어서면서 기술기획실(실장 이정욱)에서는 기간통신망에 광대역 회선분배장치(BDCS) 공급계획을 다음과 같이 구체화하였다(기간전송망 중장기 발전계획, 1994. 4, 한국통신).

(1) 1994년-1997년 5대도시 간에 구축하는 자동복구망에 BDCS를 공급하고, 1995년-1999년 전국 시외전화국 간에 구축하는 자동복구망에도 BDCS, WDCS를 공급한다.

(2) BDCS의 국내개발은 1992년에 BDCS 시스템 구조를 정립하고, 1993년에는 BDCS 상세설계를 시행하였다. 앞으로의 개발일정은 1994년에는 DS3급 분배시스템(B-DCS1) 시제품 개발한다. 그리고 1995년에는 BDCS1의 실용화 및 상용화를 추진하고,DS1급 분배시스템을 위한 B-DCSII를 추가 개발한다. 또한 1996년에는 BDCS II 시스템을 보완하고 실용화 및 상용화를 지원한다.

그 후 1996년 네트워크본부(본부장 이정욱)에서는 기간통신망에 대용량 DCS의 공급계획을 다음과 같이 수립 추진하였다(시내전화국-시외전화국 간 전송망 발전기본계획, 1996.

3, 한국통신).

첫째, 1996년부터 2005년까지 단계별로 기간전송망을 동기식으로 전환한다. 이를 위해 1단계(1996년-1998년)에는 전송로 집중국간, 시외중계국간에 대용량 DCS와 2.5G 광 전송장치를 공급한다.

둘째, 2단계(1996년-2002년)에는 대용량 시내전화국과 시외국간에 중용량 DCS와 622M 광 단국장치를 공급하고, 3단계(1996년-2005년)에는 기타 소용량 국간에도 전송방식을 동기식으로 전환한다.

셋째, 이들 장비는 국내개발제품의 규격이 제정되는 시점을 기준으로 공급하고, 일정이 지연되는 경우에는 긴급조달 또는 외자조달방식으로 계획대로 추진한다. 그리고 B-DCS 제품은 업체주도로 개발하여 규격을 제정하고, 한국전자통신연구소(ETRI)가 개발하지 않는다.

2.4 차세대 전송장비의 개발

한국통신 기획조정실(실장 이정욱)에서는 광 전송분야, 무선분야, 단말분야, 선로분야의 차세대 전송장비를 개발하기 위한 집행계획을 수립 추진하였다. 시설분야별 세부내용은 다음과 같다(1995년도 업무계획보고, 1995. 6, 기획조정실).

(1) 전송분야 장비는 광가입자 전송시스템(FLC)은 한국통신 연구소에서 자체 개발하고, 광대역 광전송장치(10G, 100G 등)는 한국전자통신연구소(ETRI)와 공동 개발 추진한다. 이를 위한 개발기관, 관리부서 등은 <표 9-11>과 같다.

<표 9-11> 광가입자 전송장치 및 광대역 전송장치 개발

개발장비 및 관련기술	개발기간	개발기관	관리부서
광가입자 전송시스템 FLC표준형/ FLC분기형	1991-1995	통신시스템 개발센터	기획조정실 기술조정2국
수요밀집형 FLC시스템	1995-1997	통신시스템 개발센터	기획조정실 기술조정2국
10G 광 전송장치	1993-1997	ETRI	초고속통신관리단
100G급 광 전송장치	1993-2001	ETRI	초고속통신관리단
광대역 회선분배시스템 (B-DCS)	1992-1996	ETRI	사업개발단
B-ISDN용 광대역 통신망 종단장치(B-NT)	1992-1997	ETRI	초고속통신관리단
광 증폭용 펌핑 LD	1995-1997	ETRI	사업개발단
광통신용 수동부품	1992-1996	ETRI	선로기술연구소

(2) 단말분야의 경우 한국통신은 동영상시스템, ISDN전화기 등 차세대 단말기 부분은 전반적으로 한국통신 연구소에서 자체 개발하는 방안으로 추진한다. 그 주요내용은 <표 9-12>와 같다.

<표 9-12> 단말기 개발

개발장비 및 관련기술	개발기간	개발기관	관리부서
전화망 이용한 실시간 동영상시스템	1995-1996	연구개발원	경영전략실 통신망전략팀
ISDN 공중전화기 규격	1995-1996	통신시스템 개발센터	사업개발단
장애자용 단말기	1993-1995	연구개발원	연구개발원
하이텔 FAX서비스 및 단말기 추가기능	1993-1995	소트트웨어 연구소	데이터사업본부

(3) 무선분야의 차세대 전송기술 중 위성운용기술은 한국통신 위성사업단에서 자체 개발하고, 위성시스템 부품 및 시스템 개발은 항공우주연구소 및 ETRI와 공동 개발하는 방법으로 추진한다. 무선시스템의 연구개발 세부내역은 <표 9-13>과 같고 여기에서 GLC는 Ground Loop Control의 약자이다.

<표 9-13> 무선분야 시스템 개발

개발장비 및 관련기술	개발기간	개발기관	관리부서
무선망 설계시스템	1995-1997	통신시스템 개발센터	무선통신사업 추진단
GLC 시스템 성능향상을 위한 위성운용 지원기술	1995-1998	위성사업단	위성사업단
차세대 위성 BUS핵심부품	1995	항공우주연구소	위성사업단
고선명TV 위성전송시스템	1991-1997	ETRI	위성사업단
DAMA-SCPC 위성지구국 시스템 후속개발	1995	ETRI	위성사업단
위성통신주파수 등록기술지원	1995	ETRI	위성사업단

(4) 광케이블 제작기술, 관련 부품개발, 광 케이블 설계시스템 등 선로분야는 전반적으로 한국통신 선로기술연구소가 자체 개발하는 방향으로 추진하였다. 그 주요내용은 <표 9-14>와 같다. 이때 다심 광케이블 기술, 광케이블 접속함체, 고속 광대역 통신을 위한 광선로 핵심부품 등의 개발과제는 기획조정실 기술조정2국에서 관리하고, 선로시설 설계시스템 개발과제는 운용보전실에서 관리하는 것으로 정하였다.

<표 9-14> 광 케이블 및 부품개발

개발장비 및 관련기술	개발기간	개발기관	관리부서
다심 광케이블 기술	1992-1996	선로기술연구소	기획조정실 기술조정2국
광케이블 접속함체	1995-1997	선로기술연구소	기획조정실 기술조정2국
고속 광대역 통신을 위한 광선로 핵심부품	1995-1997	선로기술연구소	기획조정실 기술조정2국
선로시설 설계시스템	1993-1995	선로기술연구소	운용보전실

한편 한국통신 기획조정실 기술조정2국(국장 김문수)에서는 위와 같은 차세대 정보통신 시스템 및 관련기술개발을 효율적으로 추진하고 관련 산업체 등과의 긴밀한 협조체제를 유지하기 위해「초고속전송기술 발전협의회」를 구성 운영하였다(1995년도 업무계획보고, 1995. 6, 기획조정실 기술조정2국).

이 협의회는 전송, 무선, 단말 및 선로 등 분야별로 협의회와 실무협의회로 구성하였으며, 전송분야 신기술 동향 및 기술발전방향을 협의하고 업체의 애로사항을 파악하여 지원방안을 협의하는 임무를 가지고 있었다. 또한 산학연 상호 정보교류 및 협력, 주요현안 및 관심사항을 논의하는 일을 하게 하였다.

2.5 광 접속장치 및 신형 인수공 개발

가. 광섬유 접속장치 개발

1996년 1월 한국통신 연구개발원(원장 이정욱)에서는 단심 광섬유 접속자와 리본 광섬유 광접속자의 2종을 개발하여 대내외에 발표하였다(기계식 광접속장치 개발, 1996. 2, 한국통신 연구개발원). 이때 개발된 기계식 광접속장치는 선로기술연구소(소장 김현우)가 대우통신, 대한전선, 삼성전자, LG전선 등 국내 4개 업체와 공동 개발한 것이었다(1993. 6-1995. 12). 이 광접속장치는 두 광케이블의 광섬유를 상호 연결시켜주는 장치로서 단일 광섬유들 간의 접속장치와 여러 가닥의 광섬유를 묶어놓은 리본(8심) 광섬유를 접속할 수 있는 두 가지 형태로 개발되었다.

나. 신형 인수공 개발

1990년대 후반 한국통신은 총 60만기의 인수공을 운영하고 있고, 그 중 조립식 인수공은 약 3만기(5%)로 확인되었다(1996. 12). 그리고 이는 매년 2만-3만기가 새롭게 설치되고 있는 상황이었다. 한편 경쟁업체에서는 폴리머 콘크리트 인수공을 설치하고 있으며, 1996년 전반기 한국도로공사는 1천기의 인수공을 운용하고 있고, GNG텔레콤(송유관 공사)은

1997년 상반기에 5백기의 인수공을 확보할 것으로 확인되었다. 그런데 당시 인수공은 현장타설 식으로서 공사기간의 장기화로 교통소통에 장애를 가져와 민원을 유발하고, 공사감독이 어렵고 공사품질 확보가 곤란한 실정이었다.

1996년 22개 우수시공업체의 시공상태를 평가한 결과 약 70% 정도의 인수공이 강도, 철근조립, 단면치수 등에서 규격에 미달하였다. 또한 전체 맨홀의 약 38%가 누수문제가 발생하고, 맨홀 내 작업환경이 열악한 상황이었다. 또한 기존의 시멘트 콘크리트 조립식 인수공은 프리캐스트 제품으로 품질이 양호하나 중량이 과다하여 시공성이 떨어지고 있었다. 예를 들면 기존 인수공(직2호 기준)은 6.03톤이나 되어, 폴리머 제품의 약 3배의 중량이었다. 한편 공사기간은 현장타설 식은 28일이 소요되는데 비해 조립식은 2일 이내로 단축 가능하였다.

1997년 한국통신 연구개발본부 선로기술연구소(소장 김현우)는 그동안 개발해온 신형 인수공의 원활한 사업적용을 위해 개발현황 및 향후 계획을 본사로 보고하였다. 이때 보고의 주요내용은 다음과 같다(신형 인수공 개발현황보고, 1997. 4, 한국통신 연구개발본부 선로기술연구소장).

<보고주요내용> 기존 인수공은 그동안 불량시공으로 인한 기능저하, 공사시간 장기화로 인한 민원발생 등과 같은 문제점을 가지고 있다. 그동안 선로기술연구소는 이 문제를 해결하기 위하여 폴리머 콘크리트 재료를 사용한 경량의 고강도 조립식 인수공 개발을 추진해왔다. 이제 1997년말 개발완료를 앞두고 구조실험 및 개발확인시험, 규격화작업에 들어서 있다. 본 신형 인수공은 1992년에 개발에 착수하여 그동안 폴리머 콘크리트 재료를 개발하고, 인공직선형 2호, 인공직선형 3호, 수공 2호, 소공 3호 등을 개발하여 개발확인시험 단계에 있으며, 연도별 개발실적은 <표 9-15>와 같다.

<표 9-15> 신형 인수공 개발실적

1992년-1994년	1995년	1996년	1997년
-폴리머콘크리트 재료 개발 -인공직선형 2호 제작 -정적구조실험	연구결과 현장시범적용	-인공직선형 3호 개발 -수공2호 추가개발 -수공3호 추가개발 -정적구조실험	-동적구조실험 -개발확인시험 -규격화추진

그리고 기존인수공(현장타설 식)과 폴리머 콘크리트 방식에 대한 단가를 비교하여 보면 <표 9-16>과 같다. 이때 1996년 인공직선형 2호를 기준으로 하여 자재비, 복구비, 공사비를 포함한 단가를 보면 현장타설 식은 4,362,427원이고 폴리머 콘크리트는 4,333,291원으로 나타났다. 이처럼 신형인공이 중량, 시공성에 이어 경제성도 양호하였다. 이에 따라 한국통신은 신형 인수공을 택지개발 및 단지조성지역, 장기간 교통통제가 불가능한 도심지, 오염물질이 많은 공단지역, 해안 매립지 및 온천지역 등에 우선 설치하는 것으로 정하였다.

<표 9-16> 현장타설식과 폴리머 콘크리트 인공의 단가비교

구분	자재비	복구비	공사비	계
현장타설식	346,427	1,695,200	2,320,863	4,362,490
폴리머 콘크리트	2,500,000	1,247,200	586,091	4,333,291

3. 종합정보통신망(ISDN)을 위한 장비개발

3.1 초기 ISDN을 위한 성능개발

가. 종합정보통신망 기술개발방향

1980년대 중반 정부와 한국전기통신공사는 제6차 5개년계획이 추진되는 시기에 맞추어 통신부문에서는 ISDN(Integrated Services Digital Network)을 기술입국을 위한 주제로 정하여 다음과 같이 추진하였다(제6차 경제사회발전 5개년계획 통신부문계획, 1986. 10, 통신부문계획위원회).

(1) ISDN을 체계적으로 개발 추진하고, 기존시설을 최대한 활용하며 서비스의 다양화를 유도한다. (2) 이종통신망 간 접속장치와 인공지능(AI) 감시제어시스템을 1987년-1990년에 개발하며, 종합정보통신망 프로토콜의 표준화를 1987년-1991년까지 완성한다. (3) 이 기간(1987년-1991년)에 소요될 개발비는 총 304억 원으로 확정한다.

또한 정보통신용 단말장치는 국제경쟁력을 강화하고, 새로운 정보통신서비스를 조기에 실용화하기 위해 국내 개발하는 것으로 방침을 정하였다. 이를 위한 추진계획을 보면 팩스, 텔레텍스 등 고속복합단말기는 1987년-1990년, 음성인식 및 합성단말기는 1987년-1991년, 영상전화 단말기는 1987년-1991년, 원격검침장치는 1987년-1989년에 각각 개발하는 것으로 하였다. 이를 위한 개발비 총 120억원을 확보하였다.

1990년대 초반까지 우리나라는 전화망(PSTN)과 데이터망(PSDN)이 각각 별도로 구성되어 있었고 가입자 선로도 각 각 별도 구성하여 사용하고 있었다. 그러나 ISDN에서는 전화와 데이터를 통합하여 하나의 통신망으로 제공한다. 다시 말해 1회선의 가입자 선로를 이용하여 전화 서비스, 데이터 서비스, 화상전화 서비스 등 3개 서비스를 제공할 수 있다.

이처럼 기간통신망이 ISDN으로 진화하기 위해서는 먼저 ISDN기능을 갖춘 전자교환기를 개발해야 하고, 시내교환기와 시외전송로를 디지털화하며 공통선 신호방식을 도입하는 등 시내통신망과 장거리통신망을 동시에 진화시켜야 한다. 그리고 가입자 선로를 FS케이블과 광케이블로 공급하며 전송신호방식을 아날로그 신호에서 디지털 신호로 변경해야 하였다. 또한 ISDN전화기, 터미널 어댑터, 동화상 전화기 등 다양한 단말기도 개발 보급해야 한다.

나. 국산 소용량 전자교환기의 ISDN 성능개발

한국통신은 1990년대 초반에 들어서면서 국내 개발한 전자교환기에 대해 ISDN기능을 개발하기 시작하였다. 1993년도에는 소용량 전자교환기(TDX-1B기종)에 대한 ISDN 기본기능을 개발 완료하였다. 이에 따라 ISDN노드를 을지, 범일, 인천, 서수원, 하남, 신암, 북대전, 전주, 춘천, 청주, 신제주 등 11개 전화국에 설치하여 ISDN 상용망을 개통하였다(1993. 12. 29).

당시 ISDN 통신망의 구성내용을 보면 서울(을지전화국), 대전(북대전전화국), 제주(신제주전화국) 등 3개 지역에 ISDN 전용교환기(TDX-1B/ISDN)를 설치하였으며, 인천전화국 등 8개 지역에는 겸용교환기(TDX-1B)를 공급하여 시범통신망으로 운용하였다. 이때 을지전화국에는 인천, 춘천, 서수원을 연결하고 청주, 신암, 범일, 전주는 북대전전화국으로, 광주 하남전화국은 신제주전화국으로 연결하였다. 그리고 을지, 북대전, 신제주의 3개 전화국 상호 간은 망형으로 직통통신망을 구성하였다.

이와 같이 ISDN 통신망을 구성하게 된 것은 시외교환기에 공통선 신호방식(No.7)이 미비하여 시외통신망을 거치지 않고 소용량 전자교환기(TDX-1B)를 이용하여 임시회선을 구성하여 시범 운용하였다. 서울시내의 경우 을지전화국에 ISDN교환기를 설치하고 서울시내 17개 전화국에 임시시설(P-MUX)을 설치하였다. 그 후 을지전화국에서 각 전화국까지 중계선을 구성하여 가입자를 수용하였다. 이와 같은 방법으로 운용하다 보니 유지보수 문제가 대두되었으며, 추후 정상 통신망으로 환원할 때 전화번호변경이 불가피하게 되었다.

또한 전자교환기 접속개소가 많아져서 규정된 통신품질의 확보가 곤란하게 되었다. 예를 들면 서울 광화문전화국 관내에 있는 ISDN 가입자가 북광주전화국에 있는 ISDN 가입자와 통화하는 경우 5개 전화국의 전화교환기를 경유하여 접속되는 상황이 발생하였다. 또한 이 교환기는 소용량인 관계로 대도시에서 장기적으로 운용하기에는 부적합하였다. 이후 고급기능인 패킷 및 고속데이터 기능 등은 1994년-1996년에 개발하였다(1995년도 주요업무 발전계획, 1995. 2, 기술기획실).

3.2 국산 중용량 전자교환기의 ISDN 성능 개발

가. TDX-10기종의 ISDN 기능개발

1990년대 중반 한국통신 기술기획실(실장 이정욱)에서는 장차 우리나라 통신망의 핵심이 될 중용량 전자교환기인 TDX-10기종에 대해 ISDN기능을 개발하는 계획을 수립하였다(TDX-10 ISDN 교환기 개발추진현황, 1995. 2, 한국통신 기술기획실). 이 중용량 기종의 ISDN교환기는 4년간 총 개발인원 692명, 소요예산 311억3천1백만 원을 투입하여 개발하였다(1991년-1994년).

이때 첫 단계에서는 ISDN 기본기능(BRI, PRI, ISUP, SCCP 부가서비스 등)을 개발하였으며, 개발시험을 실시하고 연동기능을 개발하였다(1991년-1992년). 다음 단계에서는 TDX-10 ISDN교환기에 대해 시범 운용하고 이에 따라 보완 개발하였으며, 상용서비스를 위한 기술도 보완하였다(1993년-1994년). 이어서 실용시험과 상용시험 실시내역은 다음과 같다.

(1) 실용시험실시

당시 TDX-10 ISDN 교환기 개발에 따른 실용시험은 1992년 11월부터 1993년 3월까지 실시하였으며, 이 기간 동안 실용시험, 실용재시험, 보완시험을 거쳐서 양호율 95%를 달성하였다. 이때 실용시험은 서대전전화국에 있는 TDX 개발센터에서 사업개발단이 주관 시행하였다(1992. 11. 23-1993. 3. 7). 그리고 시험시행 세부내역은 <표 9-17>과 같다(ISDN사업추진 실무자회의 결과보고, 1994. 1. 31, 한국통신 전화사업본부 교환국),

<표 9-17> TDX-10 ISDN 교환기의 실용시험결과

구분	대상	실시	양호	불량	미실시	양호율(%)
실용시험	755	755	274	481	-	36.29
실용재시험	755	738	607	131	17	82.2
보완시험	755	755	720	35	-	95.36

이 시험에는 품질보증단과 운용연구단 요원이 참여하였으며, 시험방법은 업체별 공동분담하여 개발한 부문을 단일시스템으로 구성하여 시험하였다. 이때 전체 항목 수(755개)에 대해 1차 시험과 2차 시험을 실시하였으며 상당한 수의 불량항목(131개)이 발견되어 양호율이 저조하였다(82,2%). 이 불량항목에 대해서는 3차 시험을 실시하였는데 여전히 불량항목(51개)이 확인되어 계속 보완하였다.

(2) 상용시험 실시

실용시험을 거친 후 상용시험(1차)을 실시하였으나 양호율은 32%정도로 저조하였다(1993. 6-1993. 9). 이어서 불량부분을 보완하여 재시험을 실시하였으나 시험대상 845항목 중 양호 604개 항목, 불량 201개 항목으로 양호율은 70.5%에 그쳤다(1993. 9- 1993. 10). 이처럼 불량항목이 과다한 상태이었으나 개발업체의 불량항목에 대한 보완 노력이 미진하였으며 이와 같은 최종시험 양호율로는 상용화가 불가능하다고 판단하여 상용시험은 사실상 중단상태에 들어갔다. 또한 타 프로세스를 로딩할 때 OMP가 다운되는 등 시스템 상 주요 문제점이 발생하기도 하였다. 당시 실시한 상용시험결과를 보면 <표 9-18>과 같다(ISDN사업추진 실무자회의 결과보고, 1994. 1. 31, 한국통신 전화사업본부 교환국).

<표 9-18> TDX-10 ISDN교환기의 상용시험결과

구분	대상	실시	양호	불량	미판정	미실시	양호율(%)
상용시험	845	817	604	201	12	28	75

이후 다시 이 교환기에 대해 한국전자통신연구소(ETRI)와 업체가 자체적으로 4개월 동안 보완한 후 한국통신 사업개발단 주관으로 826개 대상항목 중 712개 항목에 대하여 상용시험(2차)을 실시하였다(1994. 3-1994. 5). 시험결과 양호 항목 712개, 양호율 90.12%까지 향상시켰다. 당시 시험주관부서인 사업개발단(단장 이상철)에서는 이와 같이 TDX-10 ISDN교환기의 기능개발이 부진한 사유를 다음과 같이 분석 보고하였다.

① 전자교환기 사업규모가 축소됨에 따라 공동개발업체 경영진의 관심이 저하되고, 개발담당자들의 의욕도 떨어지고 있다.

② 공동개발업체들의 방만한 사업진행으로 개발인력이 절대 부족하여 진행 중인 개발사업의 투입인력이 감소된 상황이다. 또한 동일 인력을 타 사업을 동시에 참여시킴으로서 개발업무의 질이 저하되고 있다. 즉 공동개발업체들의 개발인력이 부족하다.

③ TDX-10기종의 개량형 모델이 추진됨에 따라 개발업체가 TDX-10 ISDN 개발을 상대적으로 소홀히 하고 있다. 또한 공동개발업체에 대한 평가제도가 없어짐으로써 공동개발업체들의 경쟁심이 저하하였다.

나. TDX-10기종의 ISDN 기능개발 2차 추진

1995년 2월 TDX-10 ISDN교환기의 첫 단계 개발이 끝나자 전기통신제품의 표준화 및 조달규정에 의한 표준화절차에 따라 실용시험을 실시하였다(1995. 2. 1). 이 규정에 의하면 실용시험에 합격해야 약식규격을 제정할 수 있고 이에 따라 상용시험을 시행하고 이를 통과하도록 되어 있었다. 이러한 상황에서 사업개발단은 국산 중용량 전자교환기인 TDX-10기종에 ISDN 기능추가에 따른 규격 개정을 제안하였다(1993. 2. 16). 이 제안서에는 실용시험결과 및 불량항목의 보완계획이 첨부되어 있으며, 1993년 8월에 상용화가 가능토록 신속한 규격화를 요구하고 있었다.

이에 따라 TDX-10 ISDN교환기의 상용시험결과를 심의하고 사업적용여부를 검토하는 제1차 회의가 열렸다(1994. 6. 29). 이 회의에는 TDX-10 개량형 개발추진위원회 위원들이 참석하였으며, 회의결과 1994년 7월중에 표준화 추진계획을 수립하여 통신망기획심의위원회에 재상정하기로 결정하였다. 이어서 개발기종의 사업적용여부를 심의하기 위한 제2차 회의(서면의결)를 시행하였다(1994. 7. 6). 이 회의에는 위원 18명중 13명의 의견으로 상정안건이 보류되었다. 반면 불량항목 78건은 규격심의 전까지 보완조치하고 사업추진을 위해 우선 규격화를 추진토록 하며, 규격을 심의할 때까지 미보완 항목은 규격에서 제외하는 것으로 정하였다.

이후 3차 TDX-10 ISDN 사업적용심의회의가 TDX-10 개량형 개발추진위원회 위원들이 참석한 가운데 개최되었으며 이 회의에서 사업적용이 의결되었다(1994. 7. 27). 이때 상용시험 대상항목 총 826개 중에서 미보완 27개 항목을 제외한 799개 항목에 대해서는 규격을 작성하고, 미보완 27개 항목은 1994년 8월말까지 보완하여 별도의 심의를 거쳐 규격작업을 시행하도록 정하여 공급에 차질이 없도록 조치하였다. 그리고 TDX-10 ISDN 교환기 개통이후 현장운용과정에서 발생하는 문제점을 보완하도록 하였다. 그리고 사업개발단은 개통 후 1년간 후속개발 보완차원에서 사후관리를 시행하며, 원활한 운용유지보수를 위해 운용자에 대한 교육을 시행하였다.

1994년 하반기에는 TDX-10 ISDN교환기의 제품규격을 제정하기 위해 물품규격심의회 소심의회(1994. 8. 29), 본심의회(1994. 9. 1)를 개최하고 품질보증단에서 본 규격을 확정하였다(1994. 10. 18). 또한 제3차 TDX-10 ISDN 사업적용심의회의에서는 78개 불량항목의 보완여부를 확인하기 위해 운용보전실에서 종합운용시험을 5주간(1994. 9. 26-10. 29) 시행하게 하였다. 시험결과 대상항목 853, 실시항목 796, 양호 714, 미실시 57, 개선요구항목 82개 항목으로 양호율 89.7%로 확인되었다. 이때 패킷호 관련 시험은 시험환경을 구축할 수 없어 이를 실시하지 못하였으며, 개선요구항목 82건에 대해서는 1994년 12월 17일까지 보완하도록 조치하였다.

다. TDX교환기 계열의 성능개선

1990년대 중반 한국통신은 ISDN 기본서비스 중 H0, D채널 등이 상용화될 수 있도록 교환기의 기능을 개선하고 사업지원을 연구과제로 정하여 다음과 같이 추진하였다(N-ISDN 활성화 종합계획, 1996. 6. 10, 한국통신 네트워크본부).

첫째, TDX-10A 전자교환기의 H0, D채널 상용화를 위한 개발과 보완개발을 추진하고, 기타 필요사항에 대해 교환기 기능을 개선하는 등 문제점을 보완한다. 이 작업은 교환기 제작사와 공동으로 시행한다.

둘째, ISDN 회선교환서비스 및 패킷교환서비스의 상용화를 추진하고, TDX-10과 TDX-1B의 가입자망 간 표준화를 추진한다. 또한 ISDN 응용서비스를 개발하여 보급한다.

셋째, 이 연구과제는 시설운용실 시내교환계획국, 전략영업본부 고도통신국에서 제안하여, 서울통신운용연구단이 수행한다. 그리고 이 과제의 연구인원은 10명 수준으로 투입하여 1997년-1998년에 시행한다.

라. ISDN 후속개발

1995년 한국통신 기술기획실(실장 이정욱)에서는 종합정보통신망(ISDN)의 후속개발을 위한 연구과제 계획을 수립 추진하였다. 특히 ISDN의 핵심시설인 교환기의 안정적인 운용을 위해 현장의 문제점을 보완하고, 각종 부가서비스를 지속적으로 개발하고자 하였다. 이를 통해 통신시장 개방에 따른 경쟁력을 강화하고, 국내 협대역 ISDN을 조기에 정착시키는데 목적을 두었다. 그동안 본 연구개발과제의 연구기간은 1991년부터 1995년까지이고, 연구기관은 ETRI 소프트웨어 공학연구부이었다. 총 연구비는 372억4천8백만 원이고, 연구인원은 연 746명이 투입되었다.

이에 대한 ISDN 후속개발계획은 1994년 12월 한국통신 이사회를 거쳐 1995년 2월 한국통신 연구개발위원회에서 심의 확정되었다(ISDN 후속개발, 1995. 2, 한국통신 기술기획실 교환기술국). 당초 개발계획에 의하면 1995년도 연구내용 및 범위로서 현장 문제점의 보완개발, H채널 중계호 기능개발, 부가서비스 추가 및 보완개발, Centrex 기능실현 등 ISDN 추가기능을 개발하는 것이었다. 그러나 이번 후속개발방안에서는 H채널 중계호 기능개발, 부가서비스 추가 및 보완개발, 패킷가입자 시험기능실현을 TDX-10 개량형 전자교환기에 적용 가능하도록 개발하는 것으로 조정하였다. 그리고 TDX-10A 전자교환기 개발 평가지원(4억6천8백만 원/ 4명)을 하도록 추가하였다. 이와 같이 연구개발내용을 조정하게 된 주요사유는 다음과 같다.

첫째, Centrex 기능개발을 삭제하였다. 이것은 ETRI 연구 인력이 국책연구과제에 집중배치되어 인력계획 상 수행이 불가능하고, ETRI에서 업체용역으로 개발을 추진하는 경우에도 최소의 개발관리 인력이 필요하나 현 상태로는 불가능하기 때문이었다. 이에 따라 Centrex 기능개발은 1996년으로 조정하여 TDX-10A 전자교환기 소프트웨어선정업체를 통해 용역개발을 추진하게 하였다.

둘째, TDX-10 개량형 전자교환기 개발 평가지원을 추가하였다. 이것은 TDX-10A 소프트웨어 선정평가를 위한 사내 전문인력이 부족하고, ISDN 기능시험 등 특정분야에 개발주관자의 참여가 필요하였다. 그리고 ISDN 후속개발은 TDX-10 개량형 교환기에 적용가능토록 개발해야 하기 때문이었다. 이에 따른 평가지원은 소프트웨어 선정평가 및 시험을 실시하고(1995. 3. 6-4. 15), 이어서 개발확인시험을 시행토록 하였다(1995. 6. 15-7. 13).

4. 광대역 ISDN을 향한 과감한 도전

4.1 광대역 ISDN 연구개발

가. 종합정보통신망의 광대역화 시도

1993년 한국통신 기술기획실(실장 이정욱)은 제2차년도 B-ISDN 연구개발사업을 수행하였다. 이때 한국통신은 연구개발 수행체계를 정립하고, B-ISDN 연구개발관리규정 및 지침, 연구개발비 관리 및 정산지침을 제정하였으며, 연구개발 재원관리계획도 수립하였다. 그리고 이 사업을 전담하기 위해 기술기획실 소속으로 광대역 ISDN개발사업추진단(단장 성조경)을 운영하였다.

그리고 필요한 첨단장비와 기술을 서둘러 개발하였다. 당시 광대역 ISDN개발사업추진단 사업개발국(국장 김수형)이 주관 개발한 핵심통신망 장비인 ATM 및 관련기술의 연구개발성과는 <표 9-19>와 같다(1993년도 주요사업 추진실적분석, 1994. 2, 기술기획실).

<표 9-19> ATM 장비의 연구개발성과

단위사업명	세부내용	개발완료	주관부서
ATM 교환기	ATM 교환시스템 구조연구 ATM 스위치 개발 ATM 교환기 정합기술 개발	1993. 12	사업개발1부 (부장 황갑선)
ATM-BX	ATM-BX구조 연구 및 시스템 설계, SW설계환경 구축	1993. 12	
ATM-MSS	ATM-MSS 시스템 구조 및 기능 분석, 가입자망 접속모듈 HW 및 SW 설계	1993. 12	
ATM 단말기	사용자 요구사항분석 및 정의 고선명TV 코덱시스템 기술개발	1993. 12	사업개발2부 (부장 김삼식)

이와 동시에 광대역 ISDN개발사업추진단에서는 1993년도에 B-ISDN 기능구조정립, B-ISDN 개발방법론 정립, B-ISDN 접속규격 선행표준안 제시 등 B-ISDN체계에 대한 종합연구개발을 완료하였다. 또한 개방형 네트워킹 구조정립, 네트워크 서비스 구조정립, 통신망 운용관리 구조정립 등 통신망기술에 대하여도 연구개발을 수행하였다(사업개발국 사업개발1부). 이때 테스트베드와 B-NT에 대해서도 연구개발을 마쳤다(1993. 12, 사업개발국). 테스트베드 분야에서는 NTB구조 및 모델설계, 단계별 통신망구축 및 운용방안수립, 통신망 성능평가 및 서비스 품질평가 기술정립, B-ISDN 서비스 시연방안 수립 등을 연구 개발하였다(사업개발1부). 한편 B-ISDN을 위한 광대역 전송장치를 <표 9-20>과 같이 연구 개발하였다.

<표 9-20> 광대역 광 전송시스템의 연구개발실적

단위사업명	세부내용	주관부서
10G 광전송 시스템	개발체계 정립 채널별 기능블럭 설계	(1) 개발완료 1993년 12월 (2) 주관부서 사업개발2부 (부장 김삼식)
100G 광전송 시스템	개발체계 정립 100G 광신호 발생기술 조사분석	
B-NT	집중형 B-NT 프로토콜 및 다중화 루팅기능 분산형 B-NT 기능 및 구조연구 집중형 B-NT시스템 실험시제품 개발	
B-TA	B-ISDN설계 및 실험시제품 구현 B-TA 실험시제품 제작	

특히 1994년에는 B-ISDN 실현을 위한 단계별 통신망 구성 및 추진방향 등 장기발전 시나리오를 제시하였다. 그리고 소요장비 45개 중 주요장비인 차세대 전자교환기(ATM)를 비롯하여 초고속 광 전송장치(10Gbps, 100Gbps) 등 8개장치를 개발하고, 국책과제에서 제외된 연구개발 방향도 정립하였다(1994년도 주요업무 발전계획 1993. 7. 26, 한국통신 기술기획실).

한편 1993년도 B-ISDN 연구개발비 정산결과를 보면 다음과 같다(1993년도 B-ISDN 연구개발비 정산결과, 1994. 3, 한국통신 광대역 ISDN개발사업추진단).

① 1993년도 B-ISDN 연구개발을 수행한 통신망연구소(1994. 3. 9-3. 10), 통신시스템개

발센터(1994. 3. 11-3. 12), 한국전자통신연구소(1994. 3. 14-3. 19), B-ISDN 개발사업추진단(1994. 3. 23)에 대해 집행실적심사 및 정산을 실시하였다. 그리고 공인회계감사를 실시하였다(1994. 3. 9-3. 23).

② 1993년도 총 재원확보액 428억 원 중 집행액 356억 원으로 집행실적은 83.3%로 나타났다. 장치별로 보면 교환장치 79%, 전송장치 89%, 단말장치 91%, 통신망기술 76%, 연구기획 평가분야 87%이다. 그리고 연구수행 기관별로는 한국전자통신연구소 96%, 한국통신 통신망연구소 56%, 한국통신 통신시스템개발센터 99%, 한국통신 B- ISDN 개발사업추진단 87%, 참여기업체 60%로 확인되었다.

③ 이러한 심사 및 정산결과, 참여기업체의 협약이 지연되는 바람에 연구개발체계 구축 및 연구인력 확보가 미흡한 상황에서 과제수행규모를 과다하게 책정한 문제가 있었다. 그리고 연구개발비를 년도말에 집중적으로 집행하고 있는 실정도 문제점으로 나타났다.

④ 이에 대한 개선대책으로 앞으로 연구개발비사업비 규모를 연구개발 수행능력에 맞게 책정하도록 한다. 1994년부터는 참여기업체의 연구개발수행이 본격적으로 추진될 수 있도록 체제를 강화하고, 연구개발비 집행실적에 대한 분기별 분석을 강화하여 년중 연구비 집행이 평준화되도록 유도할 필요가 있다.

나. B-ISDN장치 개발

1990년대 전반기에는 기술기획실 소속으로 광대역 ISDN개발사업추진단(단장 성조경)을 운영하면서 이에 관한 첨단장비와 관련기술을 개발하였다. 당시 B-ISDN을 위한 장치의 연도별 개발목표 및 계획은 <표 9-21>과 같이 수립 추진되었다(광대역ISDN 연구개발 계획 보완, 1994. 5, 기술기획실 광대역 ISDN개발사업추진단).

<표 9-21> 광대역 ISDN 장치의 연도별 개발목표

분야별	장치명	연구시제품	상용시제품	연구비(억원)	인력(명)
교환기술	ATM-MSS	1994	1995	3,891	6,268
	ATM-BX	-	1996		
	ATM 교환기	1996	1998		
전송기술	10G 광 전송시스템	1995	1996	1,635	2,370
	B-NT	1996	1997		
	100G 광 전송시스템	1999	2001		
단말기술	ATM 통신단말	-	1998	540	720
통신망기술	통신망 테스트베드	단계별축		784	1.225

당초 체신부가 설정한 B-ISDN 연구개발 기본계획은 10년간(1992년-2001년)에 걸쳐 4개

분야 8개장치를 개발하는 것으로 정해져 있었다(1992. 12. 26). 이를 위해 연구비 68억5천만원, 연구인력 총 10,583명을 투입하여 개발하는 계획이었다. 한편 1994년에 들어서면서 체신부는 한국통신에게 이 기본계획에 대한 소요 연구개발비의 적정여부, 연구비 출연기관별 출연금액 및 사용 분야의 적정여부, 기업 참여포기 또는 참여미달과제의 수행방안, 소요 연구원의 확보 가능성 및 확보방안, 연구개발목표, 연구개발비 보조 등 UR협정 관련 사항 등에 대해 검토를 요구하였다(1994. 1. 20).

4.2 광대역 ISDN 개발사업의 보완추진

가. 연구개발계획의 보완 방향

한국통신은 기존의 B-ISDN 연구개발을 수행함에 있어 단계별 및 연도별 개발목표를 설정하고, 개발제품의 상용화를 위한 전략도 병행 수립하는 등 기본계획을 구체화할 필요가 대두되었다. 또한 일부 산업체가 참여하지 않게 되고, 미달과제가 발생하게 되어 개발목표 및 개발방법을 재정립해야 하였다. 또한 UR 협정타결 등 외부의 연구개발 환경이 변화함에 따른 능동적 대처도 요구되었다. 이에 따라 광대역 ISDN 개발사업을 보완하기로 하고 그 방향을 다음과 같이 정하였다(광대역 ISDN 개발사업 보완계획 추진방향, 1994. 1, 한국통신 광대역 ISDN 사업단).

첫째, 기존 B-ISDN 연구개발 기본계획을 구체화한다. 이를 위해 개발목표 및 내용을 연도별, 단계별로 세부계획을 수립하고, 연도별 예산확보 및 배분계획을 1996년부터 2001년까지 세분화한다. 그리고 소자 등 기초기술개발은 가급적 정부출연금으로 사용하고, 시스템개발은 통신사업자 출연금으로 사용하도록 연구개발비의 사용을 특정화한다.

둘째, B-ISDN 연구개발 시험망의 세부구축계획을 수립한다. 개발제품을 연도별로 시연을 하여 수요를 창출하고, 개발제품을 활용한 사업화 방안을 수립한다. 그리고 교환분야는 소용량, 중·대용량으로 단계적으로 개발하고, 단말분야는 초기 단순기능에서 복합 다기능으로 개발하는 등 특정분야 개발체계를 구체화한다.

셋째, B-ISDN 연구개발과제는 중복개발이 발생하지 않도록 업무영역을 명확히 한다. 그리고 산업체가 미참여한 일부분야와 미달과제 부분에 대하여는 출연금만으로 규격까지 개발후 산업체에 기술을 전수하는 것으로 개발방법을 수정하고, 산업체의 미참여과제 부족예산은 타 과제 조정분을 활용하여 지원토록 한다.

넷째, UR 타결 등 외적 연구개발 환경변화에 능동적으로 대처한다. 특히 상용시제품을 시제품 또는 제품규격으로 변경하는 등 용어를 변경한다. 그리고 국책사업으로 개발의 당위성이 취약한 분야는 산업체에서 자체 수행하도록 조정한다.

이와 같은 보완방향에 따라 한국통신은 B-ISDN 개발사업의 중점착안사항을 다음과 같이 재정립하였다(광대역 ISDN 개발사업 보완계획 추진방향, 1994. 1, 한국통신 광대역 ISDN 사업단). 이 계획의 주관부서 및 결재자는 제9장 말미의 참고자료 편에 기록되어 있다.

(1) ATM교환기는 단일제품 개발에서 소형, 중형, 대형으로 단계별로 개발한다. 이때 소용량 및 중용량은 제품을 개발하고, 대용량은 규격까지만 개발한 후 산업체에서 제품을 개발하는 방안도 검토한다. 그리고 ATM-BX는 소형교환기로 명칭을 변경하고, 배당된 예산 중 정부 및 통신사업자 출연금은 타 과제에 활용하고 산업체부담 분은 절감토록 한다. 또한 ATM-MSS는 당초계획대로 추진한다.

(2) 10G 전송시스템은 당초계획대로 추진하고 부족예산은 조정 분을 활용한다. 그리고 100G 전송시스템은 규격개발 후 산업체에서 제품을 개발하도록 기술을 전수하고 B-NT는 당초계획대로 추진한다.

(3) B-TA는 목표 단말을 설정한 후 개발을 추진하고, 단순기능 제품부터 개발한 후 시연, 복합기능개발, 시연 등 단계별로 개발한다. 그리고 광대역 단말기는 당초개발목표를 고화질TV급 영상전화, 원격강의, 전자출판 등으로 정하였으나, 이를 TV급 영상전화, TV 수신, 영상 데이터베이스 검색 등으로 개발범위를 축소한다. 또한 코덱은 현 시설을 이용하여 서비스를 제공할 수 있는 제품부터 개발하는 등 현재 운용중인 통신시설 및 서비스를 감안하여 단계별로 개발한다.

(4) 통신망 분야는 각 단위사업별로 역할을 명확히 정립한다. 그리고 각 사업자 통신망내의 시스템 간 기능규격, 품질표준, 통신망 진화방안 등의 통신망 기술을 개발한다. 또한 통신망 테스트베드는 시스템 간 시험 및 운용기술을 정립하고 개발제품을 시험하고 시연할 수 있게 개발한다.

한편 정부와 한국통신은 광대역 ISDN의 환경변화에 따른 개발계획을 조정하고 분야별 개발과제 간 범위를 조정하기 위해 광대역 ISDN 토론회를 한국통신 도고수련관에서 개최하였다(1994. 4. 15). 이 토론회에는 체신부 및 과기처 담당서기관 등 4명, 학계에서 B-ISDN 사업 참여교수 최양희(서울대) 등 2명, 한국통신 통신망연구소 8명, 한국통신 통신시스템개발센터 8명, 한국전자통신연구소(ETRI) 교환기술연구단장 등 20명이 참석하였다. 또한 업계의 경우 교환분야에서 금성, 삼성, 대우, 동양, 동아, 우진 등 6개사 12명, 전송분야의 대한, 동양, 대영, 금성 등 4개사 8명, 단말분야에서 삼성, 금성, 대영, 동양 등 4개사 8명, 통신망분야의 데이콤, 한국이동통신 등 4명이 참여하였다. 그리고 한국통신에서는 B-ISDN사업단장 등 30명 등 100여명이 참석하였다.

나. 연구개발계획의 조정

위와 같은 연구개발 보완방향에 따라 한국통신 기술기획실의 광대역 ISDN개발사업추진단(단장 성조경)에서는 주요사항을 검토하여 다음과 같이 보완하였다. 이때 개발대상과제

(4개 분야 8개장치)와 개발기간은 변동이 없으며, 주요 연구개발비 및 연구 인력은 축소 조정하였다(광대역ISDN 연구개발계획 보완, 1994. 5, 기술기획실 광대역ISDN 개발사업추진단). 이 계획의 주관부서 및 결재자는 제9장 말미의 참고자료 편에 기록되어 있다.

이 연구개발계획의 조정에 의해 연구 인력은 당초 10,583명으로부터 9,500명선으로 축소하고, 연구개발비도 당초 6,850억 원에서 6,078억 원으로 감소 조정하였다. 특히 산업체의 분담 연구개발비를 당초 3,315억 원에서 2,543억 원으로 축소하여 772억 원의 부담을 줄이는 쪽으로 추진함으로서 당초 산업체 부담비율이 48%에서 42%로 낮추어지게 되었다. 이와 같이 조정되자 정부, 통신사업자, 산업체가 분담하는 연구개발비는 <표 9-22>와 같이 변동되었다. 그리고 B-ISDN 연구개발계획에 대한 이번 보완계획 중 공통분야 세부내용은 다음과 같다.

<표 9-22> 광대역 ISDN 개발분담금 조정(1994. 3)

구분	담당기관	분담금	계	비고
정부	과학기술부	200억원	710억원(12%)	
	체신부	510억원		
통신사업자	한국통신	2,425억원	2,825억원(46%)	한국통신은 전체 금액의 약40%를 부담
	데이콤	200억원		
	한국이동통신	200억원		
산업체		2,543억원	2,543억원(42%)	당초분담금 보다 772억원 감소
총계		6,078억원	6,078억원(100%)	

(1) 일부분야 산업체의 미참여 및 미달과제가 발생한 문제에 대해서는 개발보류 과제분 및 연도별 조정분을 활용하여 산업체 미참여과제의 부족 연구비를 지원한다. 그리고 미참여과제에 대해서는 1996년 이후 산업체가 참여하도록 추진하고 1996년 이후 B-ISDN 연구개발 계획을 재검토 보완한다.

(2) 1992년-1995년까지의 소요 연구개발비는 기본계획대로 확보 추진하고, 1996년-2001년까지의 소요 연구개발비는 연구개발계획에 따라 확보한다.

(3) 연구개발비 사용은 정부 및 통신사업자 출연금은 연구주관기관이 시행하고, 산업체 자체부담금(정부융자금 포함)은 가급적 산업체에서 사용토록 조정한다.

(4) UR협정에 따른 대처방안으로서 용어를 보완한다. 당초 연구시제품은 1차 시제품(Phase 1 Prototype)으로, 상용시제품은 2차 시제품(Phase Ⅱ Prototype)로 보완한다.또한 연구개발사업에 대해 중앙국제법률특허사무소(소장 이병호)로부터 법률자문을 받았다. 자문결과 UR협정 정부보조금(금지, 상계, 허용) 중 허용보조금에 해당되나 상한선 준수 등으로 문제없으며, 정부 융자보조금 중 시중금리 차액만 보조금으로 인정된다고 하였다.

5. 광대역 ISDN의 본격적 연구개발

5.1 광대역화를 위한 장비개발

가. 제3차년도 및 제4차년도 연구개발사업 추진

1994년 한국통신은 제3차년도 B-ISDN 연구개발사업을 수행하였다. 이때 선도기술개발사업 공동관리규정에 따라 연구개발 품질보증활동 및 형상관리를 하였으며, ATM교환기, ATM-MSS, B-TA, B-NT, 10Gbps 장비 등에 대한 1차 시작품을 제작하였다. 그리고 1995년에는 제4차년도 B-ISDN 연구개발사업을 수행하였으며, 총괄주관기관은 한국통신 조직개편에 따라 초고속통신관리단이 담당하게 되었다. 이때 초고속정보통신망 구축의 개발목표를 변경하고, B-ISDN 테스트베드를 구축하였다.

1995년 말 광대역 ISDN장치에 대한 시작품, 개발제품 등의 개발목표를 재차 정하였는데 이 내용은 1994년 개발계획(보완)과 대체로 동일하며 그 세부내역은 <표 9-23>과 같다(초고속핵심장치 연구개발 현황(1995. 11. 23, 한국통신). 여기에서 통신망기술은 통신망 테스트베드를 단계별로 구축하고 서비스를 시연하는 것으로 하였다.

<표 9-23> 제3차년도-제4차년도 B-ISDN 핵심장비 개발목표

구분	장치명	1차시제품 (연구시제품)	개발제품 (상용시제품)
교환기술	ATM-MSS	1994	1995
	소형 ATM교환기	1994	1996
	ATM교환기	1997	1998
전송기술	10G 광전송장치	1995	1996
	B-NT	1996	1997
	100G 광전송장치	1999	2001
단말기술	ATM 통신단말	1996	1998

한편 B-ISDN 연구개발추진체계는 다음과 같이 강화하였다(초고속핵심장치 연구개발현황(1995. 11. 23, 한국통신).

① 총괄부처는 정보통신부가 되고, 과학기술처는 협조부처가 되며, 여기에 사업추진위원회를 둔다. 그리고 총괄주관기관은 한국통신 초고속통신관리단(단장 박학송)이 되고, 여기에 사업개발협의회를 운영한다.

② 주관기관으로는 통신망분야는 한국통신, 교환분야는 한국전자통신연구소, 전송분야

는 한국전자통신연구소, 단말분야는 한국통신이 되고, 여기에 학계(32개 학교), 산업계(10개 기업)가 참여한다.

나. 투입재원 분담실적

한국통신은 1992년 광대역 ISDN 개발사업이 착수된 후 1995년까지의 투입재원, 광대역 ISDN 장치개발, 광대역 ISDN 기술표준화 등 그동안의 추진실적과 향후 추진계획을 정하였다(초고속핵심장치 연구개발현황, 1995. 11. 23, 한국통신). 이때 출연기관별 분담 내역(1992년-1995년)은 <표 9-24>와 같다. 먼저 출연기관별 투입재원을 보면 정보통신부(MIC), 과학기술처(MOST) 등 정부 측에서 505억 원을 지원하였다.

그리고 한국통신(KT), 데이콤, 한국이동통신 등 통신사업자 측에서 1,120억 원을 부담하였다. 또한 참여기업에서도 903억9천8백만 원을 분담하였으며, 그 외 이자수입 9억5천5백만 원 등을 포함하여 총 2,538억5천3백만 원이 투입되었다. 이때 한국통신은 그 중 가장 많은 920억 원을 부담하였으며, 이는 총 투입재원의 36.3%에 해당하는 금액이었다.

<표 9-24> B-ISDN 연구개발 투입재원 분담실적

구분		분담금액(백만원)	분담율(%)	재원투입년도
정부	정보통신부(MIC)	36,000	14.2	1993년-1995년
	과학기술처(MOST)	14,500	5.7	1993년-1995년
통신사업자	한국통신(KT)	92,000	36.3	1992년-1995년
	데이콤(DACOM)	10,000	3.9	1993년-1995년
	한국이동통신(KMT)	10,000	3.9	1993년-1995년
참여기업		90,398	35.6	1993년-1995년
이자수입		955	0.4	1994년-1995년
계		253,853	100	

5.2 ISDN 단말기 개발

가. ISDN 전화기 개발

한국통신은 ISDN 기술개발과제로서 1991년부터 1994년까지 4년간 ISDN 전화기를 개발하였다. 한국전자통신연구소(ETRI)를 연구기관으로 지정하여 ISDN 전화기 시제품을 개발하고 관련기술을 업체에 이전토록 하였다. 또한 상용제품을 생산하기 위한 기술요구서를 개발하고 업체에 보급하였다.

이때 한국통신 기술기획실(실장 이정욱)에서는 ISDN전화기 개발을 추진하였다(ISDN 전화기 표준적합여부 검토보고, 1994. 3. 31, 한국통신 기술기획실 교환기술국).

당시 TDX-1B ISDN을 위한 상용시험 용 전화기를 1991년-1992년에 걸쳐 1,300대를 업체로부터 구매하였다. 그 세부내역을 보면 1991년에는 금성 200대, 동양 150대, 삼성 150대를 구매하고, 이어서 1992년에는 금성 400대, 동양 150대, 삼성 150대, 대우 100대를 구매하였다. 이때 1회용 규격을 가지고 한국통신 사업개발단이 구매하였으나 업체별 자체개발한 관계로 구현내용이 상이한 문제점을 가지고 있었다.

이러한 문제점을 해결하고자 ISDN전화기 관련 표준화를 추진하였다. ISDN전화기 표준은 TTA에서 1992년 제정된 후 개정되었다(1993. 11. 24).한국통신은 이에 맞추어 종합정보통신단말 등의 접속기술기준을 공시하였다(1993. 9. 10). 이어서 삼성에서는 1993년 말 단독으로 ISDN전화기의 형식승인을 획득하였으며, 교환기 제조업체 4개사에서는 업체별로 NT의 형식승인을 추진하였다(1993. 12-1994. 3). 이에 대한 시험은 한국통신 품질보증단이 담당하였다.

나. 정보통신기술표준 연구시행

한편 한국통신 연구개발원 표준연구단에서는 정보통신기술 표준화연구를 거의 5년간 수행하였다(1990년-1994년). 이때 주요연구실적을 보면 다음과 같다(ISDN 전화기 표준적합여부 검토보고, 1994. 3. 31, 한국통신 기술기획실 교환기술국).

① ISDN 전화기의 적합성시험을 위한 테스트베드를 구축하고 시험도구를 개발하였다. 그리고 ISDN망과 단말 간 계층2에 대한 적합성 시험표준을 개발하고, ISDN 전화기 적합성 시험 지침서도 개발하였다. 또한 교환4개사가 생산하는 ISDN 전화기의 표준적합을 확인하였다.

② ISDN 전화기가 CCITT Q.920, Q,921 및 ISDN 사내기술표준 중 BRI D채널 계층 2(LAPD) 프로토콜의 구현여부를 파악하였다. 이를 위해 연구개발단 기술표준연구본부(본부장 최상일)에서 11개월간(1993. 1-1993. 11) 적합확인시험을 실시하였으며, 업체별 시험결과는 <표 9-25>와 같다.

<표 9-25> ISDN 전화기 업체별 시험결과

구분	삼성	대우	금성	동양
합격	144개(27%)	234개(45%)	210개(40%)	133개(25%)
불합격	315개(60%)	274개(52%)	80개(15%)	53개(10%)
미확정	67개(13%)	18개(3%)	236개(45%)	340개(65%)

③ 시험적용범위는 사용자 측 단말장치 및 통신망 측을 대상으로 물리계층, 데이터링크 계층, 통신망계층을 시험하였다. 서비스형태는 기본회선교환서비스, 기본패킷교환서비스, 부가서비스에 대하여 B채널과 D채널 시험을 실시하였다. 그리고 인터페이스 형태는 BRI,

PRI로 구분하여 시행하였다.

이와 같은 연구실적과 시험결과를 검토한 결과를 토대로 한국통신 기술기획실 교환기술국(국장 여영조)은 다음과 같이 조치하였다(ISDN 전화기 표준적합여부 검토보고, 1994. 3. 31, 한국통신 기술기획실).

첫째, ISDN 전화기의 표준화 및 품질보증단 규정 등에 표준적합 확인시험·인증제도 시행에 관한 사항을 추가하여야 하는 등 관련제도의 정비가 시급하다. 그리고 기술표준과 규격 간 상호연계성을 명확하게 하고, 작성지침을 일원적으로 관리하여야 한다.

둘째, 품질보증단 품질연구조직과 표준연구단을 통합할 필요가 있다. 그리고 연구대상을 단계별로 확대 추진해야 한다. 연구대상을 ISDN 사용자단말기 측은 ISDN PC, G4 팩스, PRI 등으로 확대하고, ISDN망 측에는 ISDN 교환기, I-PABX 등을 포함토록 한다. 또한 ISDN망과 단말 간에는 3계층 이하의 상호접속성시험을 시행하고, ISDN 단말 상호 간은 ISDN망을 통한 4계층 이상의 상호 운용성 시험을 시행하는 방향으로 그 대상을 확대한다.

셋째, 사내 표준적합시험·인증제도의 도입계획을 조기에 수립 시행토록 한다. 이를 위해 정부의 표준적합시험·인증제도 도입과 연계하여 추진하고, 한국통신의 적합성시험기관을 지정하고 그 환경을 구축토록 한다. 또한 우선대상 분야, 주관부서, 추진일정 등을 결정한다.

넷째, 한국통신 전화본부에서 계획한 TDX-10 ISDN사업개시 전에 현재 운용중인 TDX-10의 소프트웨어 버전과 통합 버전 환경에서 시험 후 이상이 없을 경우 상용서비스를 개시하도록 표준화방침을 수립한다.

다섯째, 표준화와 품질보증 전체 순기를 연계체제로 운영하고 관리상 문제점을 파악하여 1994년 4월초까지 개선방안을 제시한다. ISDN 전화기의 계층3에 대한 시험을 조기에 실시한다. 이 시험은 교환 4개사 ISDN 전화기를 대상으로 표준연구단이 주관한다(1994. 4-1994. 5). 이를 위해 표준적합 확인시험·인증제도의 도입계획을 1994년 5월까지 수립한다.

6. 정부의 광대역 ISDN 연구개발

6.1 개발목표 및 추진방침

정부에서는 과학기술을 2000년대 선진 7개국 수준으로 진입시키기 위해 G7 프로젝트를 계획하여 해당부처 별로 추진하였다. 이에 따라 제품기술 개발사업으로 국제경쟁력을 보유할 수 있는 제품으로 광대역 ISDN 개발 등 5개 과제, 기반기술 개발사업으로는 제품을 기대할 수는 없으나 기반기술을 도출하기 위한 차세대 원자로 기술개발 등 6개 과제를 선정하였다. 이중 정보통신부와 한국통신은 초고속정보통신망 하부구조인 B-ISDN의 핵심장치 및 소자의 국산개발을 위해 이를 국책사업으로 정하고 산학연이 공동으로 추진하였다.

이때 정부는 이 사업의 성공적 추진을 위해 총괄부처는 정보통신부, 총괄주관기관은 한국통신을 선정하였으며, 분야별로는 통신망분야 한국통신, 교환분야 한국전자통신연구소(ETRI), 전송분야 ETRI, 단말분야 한국통신이 각각 주관하도록 지정하였다. 이에 따라 HAN/B-ISDN 개발사업이라는 명칭으로 시작된 이 사업은 다음과 같이 추진되었다(HAN/B-ISDN 개발장치 표준화 방안, 1996, 한국통신 초고속통신추진본부).

① 정부 G7프로젝트 연구기획 참여에 대한 신문 공고(1991. 10. 17), 연구기획서를 작성하여 과기처, 체신부, KIST에 제출(1992. 4. 29). 정부기본계획에 의한 4개 분야 8개 장치의 연구개발 수행기관 및 과제 확정(1992. 7. 21). ② B-ISDN 공동연구개발을 위한 업체 선정공고(1992. 12. 8), 연구개발관리규정 확정(1993. 2. 26), 공동연구개발 업체의 선정(1993. 4. 29), 공동연구개발 협약체결(1993. 5. 4-10. 7). ③ 분리형 B-TA 개발확인시험(1996. 4. 25-5. 25)

정부와 한국통신은 산·학·연·관이 공동으로 초고속정보통신망의 근간인 B-ISDN의 핵심장치 및 소자를 국산 개발하는 계획을 수립 추진하였다(초고속정보통신사업 종합추진계획, 1996. 6, 한국통신 초고속통신추진본부). 이들 B-ISDN의 핵심장치 및 소자의 국산개발 세부내역은 <표 9-26>과 같다.

<표 9-26> HAN-B ISDN 연구개발사업

분야별	장치명	시제품	주관기관	참여업체
교환기술	소형 ATM 교환기	1996	ETRI	대우, 삼성, LG 한화 동아, 우진
	대형 ATM 교환기	1998		
	ATM-MSS	1995	한국통신	대한, 삼성, 한화
전송기술	10G/100G 광전송시스템	1996	ETRI	-
	100G 광 전송장치	2001		대영, 대한, LG, 한화
	B-NT(집중형/분산형)	1996/1997		삼성, 현대
단말기술	광대역 통신단말기 (PC/전용)	1996/1998	한국통신	대영, 삼성, LG, 한화
	B-TA(분리형/복합형)	1995/1996	ETRI	
통신망 종합기술	체계종합	2001	ETRI	
	통신망 기술	1998	한국통신	
	테스트베드	2001	한국통신	
소자기술	수동 광부품, 다기층 세라믹 광아이소레이터	1996	ETRI	

그리고 HAN/B-ISDN의 핵심장치 및 소자를 국산 개발함에 있어 추진방침은 다음과 같이 정하여 시행하였다.

첫째, 초고속정보통신망 구축사업에 필요한 핵심장치를 개발한다. 이를 통해 국제경쟁력 확보를 위한 요소기술을 확보하고, 기술성, 경제성 평가를 통해 경쟁력 있는 제품을 우선 개발한다.

둘째, 가입자망의 광대역화를 위한 요소기술을 발굴 개발한다. 이를 위해 다양한 서비스 제공이 가능한 가입자망의 진화구조를 설정하고, 통신망 발전단계에 맞는 소요장치기술을 개발한다. 그리고 통합서비스 제공을 위한 유무선 통합기술을 확보한다.

셋째, 개발제품의 다양한 부가기능과 특성향상을 위한 개량 개선을 추진한다. 이를 위해 교환장치와 전송장치는 한국통신 자체과제로 추진하고, 단말장치는 민간기업 주도로 추진한다.

넷째, 상용화 추진을 위한 연계사업을 추진한다. 이를 위해 참여 산업체, 학계, 연구소간 협력 체제를 강화하고, 상용서비스에 적합한 개발제품을 최대한 반영한다.

6.2 재원분담계획

우리나라는 B-ISDN 연구개발사업을 1992년부터 2001년까지 10년간 추진하는 계획을 수립하였으며, 이에 필요한 재원은 정부출연금, 통신사업자 출연금, 산업체 부담금 등을 합친 총 6,850억 원으로 편성하여 추진하였다. 이를 위해 정부, 통신사업자, 산업체의 기관별 연도별 재원확보계획을 다음과 같이 세워 추진하였다(B-ISDN 연구개발사업 재원확보계획 보완, 1997. 7. 30, 한국통신 초고속통신본부).

(1) 정보통신부 510억 원, 연구관리단 200억 원, 과학기술처 200억 원 등 정부측에서총 910억 원을 부담한다(1993년-1998년). 연도별 분담금액은 <표 9-27>과 같다.

<표 9-27> 정부의 B-ISDN 연구개발 부담금(단위 억원)

기관별	1993년	1994년	1995년	1996년	1997년	1998년	계
정보통신부	80	140	140	90	60	-	510
연구관리단	-	-	-	70	70	60	200
과학기술처	20	65	60	30	25	-	200
계	100	205	200	190	155	60	910

(2) 통신사업자는 1992년부터 2001년까지 총 2,625억 원을 부담하게 하였으며, 그 중 한국통신 2,425억 원, 데이콤 10억 원, SKT 100억 원을 분담토록 하였으며, 연도별 출연금액은 <표 9-28>과 같다.

(3) 산업체에는 1993년부터 2001년까지 총 3,315억 원을 부담하게 하였으며, 그 중 자체 부담 2,255억 원, 융자 1,060억 원으로 충당토록 하였으며, 이들의 연도별 분담금액은 <표

9-29>와 같다. 여기에서 산업체에 대한 융자부담금은 정보통신기금에서 560억 원, 과학기술기금에서 500억 원을 융자 조치하는 것으로 되었다.

<표 9-28> 통신사업자별 B-ISDN 연구개발 부담금(단위 억원)

기관별	1992년	1993년	1994년	1995년	1996년-1998년	1999년-2001년	계
한국통신	122	184	249	365	1,176	329	2,425
데이콤	-	20	23	57	-	-	100
SKT	-	20	40	40	-	-	100
계	122	224	312	462	1,176	329	2,625

<표 9-29> 산업체의 B-ISDN 연구개발 부담금(단위 억원)

기관별	1993년	1994년	1995년	1996년	1997년	1998년-2001년	계
자체부담	47	69	271	380	392	1,096	2,255
융자부담	44	197	173	198	151	297	1,060
계	91	266	444	578	543	1,393	3,315

7. 첨단통신서비스를 위한 연구개발

7.1 투자규모 및 연구개발비 배정

가. 연구개발 추진방향 및 투자규모

1990년대 초반 한국통신은 사업수행에 필수적인 소요기술을 확보하는데 연구개발의 중점을 두었다. 그리고 하드웨어 개발중심에서 서비스 지원 소프트웨어 개발을 확대하는 쪽으로 방향을 잡았으며, 통신사업의 핵심기술 중 비교우위분야의 연구개발 투자를 확대하였다. 특히 전략적 중점개발 분야로서 ISDN, 지능망, 위성통신기술 등 기간통신망의 지능화 및 고도화, 하이텔(HiTEL), 케이블TV, PCS 등 정보통신 첨단서비스, 그리고 광대역 ISDN, 대용량 광전송기술 등 초고속 정보통신망 구축기술로 설정하였다. 이를 위한 연구개발 투자규모는 <표 9-30>과 같이 수립 추진하였다.

한편 한국통신 기술기획실(실장 이정욱)에서는 연구개발 기획관리기능을 강화하고 연구자원의 전략적 배분기능을 강화하기 위해 연구개발단을 연구개발원으로 개편하였다(1994. 2). 그리고 국제수준의 우수연구원 50명을 추가 확보하였으며 연구생산성 향상을 위한 프로젝트팀 제, 성과급제, 과제협약제 등을 시행하는 시범연구소를 운영하였다(1994년-1995년). 또한 연구과제별 위탁제도 및 과제별 계약방식을 도입하였으며, 비보직 연구원제, 계약제 등 연구원 인사제도를 개선하였다(1993년-1995년).

특히 1995년 한국통신은 고도통신사업을 위한 연구개발을 강화하는 쪽으로 추진하였다(1995년도 주요업무 발전계획, 1995. 2, 기술기획실). 이때 연구개발은 초고속정보통신망 구축에 필요한 연구개발, 고도통신사업에 필요한 연구개발, 차세대 통신사업을 위한 연구개발 등으로 방향을 정하여 추진하였다. 또한 1994년-1995년도 연구개발비 투자규모는 매출액 대비 7%선으로 상향조정하여 하였는데 그 내용을 보면 <표 9-31>과 같다.

당시 총 132건의 연구개발과제를 결정하여 966억 원의 연구개발비를 집중 투입하였다. 세부내용을 보면 선진국 형 첨단통신서비스 개발을 위해 16개 과제, 국산 전자교환기의 신형개발을 위한 7개 과제, 초고속정보통신망 건설과 관련하여 11개 과제가 있었다. 그리고 가입자선로의 첨단기술도입을 위한 20개 과제, 종합정통신망(ISDN)의 조기추진을 위한 6개 과제, 차세대 통신사업의 본격추진을 위한 14개 과제도 추진되었다. 또한 정보통신을 위한 소프트웨어 개발 분야의 22개 과제, 통신망 운용관리기술의 자력확보를 위하여 14개 과제, 개방과 경쟁대응을 위한 경영연구 22개 과제 등도 포함되었다.

<표 9-30> 연구개발 투자규모(1993-1994년)

구분	단위	1993년	1994년	증감
연구개발투자비	억원	2,790	3,233	443
매출액 대비	%	5.7	6.1	0.4

<표 9-31> 한국통신의 연구개발비 투자규모(1994년-1995년)

구분	단위	1994년	1995년	증감
연구개발비	억원	3,402	4,249	847
투자비율	매출액대비 %	6.2	7.0	0.8

나. 연구개발비 배정내역

1990년대 중반 한국통신 연구개발비는 한국통신 자체 연구과제 뿐만 아니라 한국전자통신연구원(ETRI), 정보통신정책연구원(KISDI), 한국항공우주연구원(KARI), 한국개발연구원(KDI), 대학연구센터 등 외부연구기관, 정보통신부 연구과제를 위해서도 사용되었으며 정부의 정보통신진흥기금, 과학기술진흥기금 등에도 출연하였다. 1994년-1995년 한국통신 기술기획실(실장 이정욱)에서는 연구개발비를 다음과 같이 배정 사용하였다(사장업무보고, 1995. 2, 기술기획실).

(1) 1994년도 연구개발비 3,402억 원 중 한국통신 연구과제를 위해 총 1,957억7천2백만

원을 배분하였다. 여기에는 한국통신 연구기관에 1,136억1천1백만 원을 사용토록 하였으며, ETRI, KISDI, KARI, KDI, 대학연구센터 등 외부연구기관에 590억3천3백만 원을 배정하였다. 특히 외부연구기관 배정액 중 169억 원은 주문형 반도체 개발사업에 투입하였다. 그리고 한국통신 내부관련기관인 품질보증단 외 7개 기관에 231억2천8백만 원을 분배하였다.

정보통신부 연구과제(52개)를 위해 519억8천만 원, HAN/B-ISDN 과제를 위해 249억 원을 배정하였다. 또한 정보통신부의 정보통신진흥기금 320억 원, 과기처의 과학기술진흥기금 200억 원, 인력양성지원(기부금 30억 원 포함)을 위해 151억4천8백만 원 등 총 675억4천8백만 원을 기관 및 단체에 출연하였다.

(2) 1995년에는 연구개발비 4,249억 원 중에서 한국통신 연구과제를 위해 총 242,4억2천만 원을 배분하였다. 여기에는 한국통신 연구기관에 1,539억3천8백만 원을 사용토록 하였으며, ETRI, KISDI, KARI, KDI, 대학연구센터 등 외부연구기관에 511억8천6백만 원을 배정하였다. 또한 한국통신 내부관련기관인 품질보증단 외 7개 기관에 372억9천6백만 원을 분배하였다.

한편 정보통신부 연구과제(52개)를 위해 764억 원, HAN/B-ISDN 과제를 위해 365 억 원을 배정하였다. 또한 체신부의 정보통신진흥기금 425억 원, 과기처의 과학기술 진흥기금 200억 원, 인력양성지원(기부금 30억원 포함)을 위한 7억8천만 원 등 총 695억8천만 원을 기관 및 단체에 출연하였다.

7.2 한국통신의 5개 부문 중점연구과제

1995년 한국통신은 고도통신망 구축을 위한 연구개발, 차세대 휴대전화망 기술개발, 초고속 정보통신망 구축을 위한 연구, 기존 통신망 개선을 위한 기술개발, 신규서비스 제공 및 지능화를 위한 정보통신 기술개발 등 5개 부문을 중점연구과제로 정하여 추진하였다.

첫째, 기간통신망의 고도화를 위해 3개의 연구개발과제를 수행하였다. 기업중심의 광대역 지역정보통신망(MAN) 서비스를 제공하는 ATM-MSS를 자체 개발하였다(1992년-1996년). 그리고 광대역서비스 시대에 대비하여 고속도 대용량 광 전송시스템과 핵심소자 등 10Gbps 동기식 광 전송장치를 한국전자통신연구소(ETRI)가 담당 개발토록 하였다(1993년-1997년). 또한 고선명 TV 위성전송시스템을 개발하였다. 이를 위해 고선명 TV 방송코덱을 개발하고 고선명TV 위성전송시스템의 국내전송규격을 제시하며 위성실험방송을 시행하였는데 이 연구과제도 ETRI가 담당하여 수행하였다(1995년-1997년).

둘째, 차세대 휴대전화망 기술을 개발하였다. 한국통신은 TDX-10 개량형 교환기에서 제공할 PCS교환기를 4년에 걸쳐 자체 개발하였다(1994년-1997년). 또한 이 기간에 PCS용 기지국, 단말기, 가입자 관리장치 등을 개발하였으며, PCS시스템 상세설계 및 고정국 단말기

간 연동시험 환경구축 등을 통해 무선접속규격 등을 자체적으로 개발하였다. 한편 ETRI로 하여금 TDX-10 ISDN 교환기에 무선 ISDN 접속규격도 개발 추진하였다(1993년-1995년).

셋째, 초고속 정보통신망 구축을 위한 연구를 집중적으로 수행하였다. 이 분야에는 ATM 교환기 중심으로 원격진단, 원격교육 등의 광대역 멀티미디어 응용서비스를 개발하였다(1995년-1996년). 그리고 협대역 통신망에서 무선데이터. 전자우편, 인터넷 등 정지영상 급 메시지를 전송하기 위한 소프트웨어를 개발하였다(1995년-1997년). 또한 한국 인터넷을 45Mbps급 초고속 기간망으로 구축하고 초고속 기간망에서 제공 가능한 부가서비스도 개발하였다(1994년-1996년).

넷째, 기존통신망 개선을 위한 기술을 개발하였다. 이를 위해 국제경쟁력을 갖춘 대용량 신형교환기인 TDX-100을 개발하였다(1995년-1997년). 그리고 시내교환기의 트래픽 분석을 자동화하고 감시, 제어하는 시내교환망 관리시스템(RNMS)을 개발하였다(1993년-1995년).

또한 TDX 및 AXE-10 시외교환기를 연결하는 시외통신망의 실시간 감시 제어하는 시외교환망 관리시스템(TMNS), 국간중계회선의 시설관리, 회선관리, 공사관리 업무를 전산화하고 국간중계시설 데이터베이스를 구축하여 타 집중운용보전시스템과 연동 운용을 위한 국간중계회선 종합관리시스템(TRUMAN) 등을 개발하였다(1991년-1995년).한편 TDX-10 ISDN 교환기의 센트렉스, H-채널기능 등을 보완하는 후속개발은 ETRI에서 시행하였다(1995년).

다섯째, 신규서비스 제공 및 지능화를 위한 정보통신기술을 개발하였다. 먼저 멀티미디어 정보검색시스템과 정보제작을 위한 소프트웨어를 개발하였으며, HiTEL FAX통신 데이터베이스를 개발하고 이와 관련된 사업을 지원하였다(1993년-1995년). 그리고 지능망 서비스 개발과제 4건을 시행하였다. 즉 제어기술, 지능망 서비스 교환기능 등을 자체 개발하였다(1992년-1995년). 또한 TDX-10 SSP(FP, CC, PR)를 후속개발하고, 지능망서비스 시스템(PR, SCE 등)은 ETRI에서 개발토록 하였다(1995년-1997년). 한편 문서정보를 표준화된 포맷과 코드체계를 이용하여 교환하는 EDI 시스템을 공중서비스용으로 상용제품으로 개발하였다(1991년-1995년).

8. 차세대 정보통신기술 개발

8.1 지능형통신망 및 차세대 기술개발

1990년대 중반에 접어들면서 한국통신 기술기획실(실장 이정욱)에서는 차세대 유선통신과 무선통신을 위한 초고속형, 지능형 통신망의 연구개발에 주력하는 것으로 정하였다.

이때 기술기획실 통신망계획2국(국장 안승춘)에서는 이와 같은 연구개발방향에 맞추어 다음의 연구과제를 본격 추진하였다(업무보고, 1994. 3, 기술기획실 통신망계획2국).

① 차세대 휴대전화망 기술을 개발한다. 이 연구과제는 시행기간 1994년-1997년, 총 연구비 129억5천8백만 원, 총 연구인원 210명을 투입하여 범용 개인통신시스템을 개발한다. 이 연구과제는 통신시스템 개발센터가 주관한다.

② 고도통신망 구축을 위한 종합계획을 연구한다. 이 연구과제의 시행기간은 1991년-1996년, 총 연구비는 16억 원, 총 연구인원 84명을 투입한다. 최종목표는 초고속 기간전송망 및 국간전송망의 발전전략을 제시하고, 각종 통신망계획용 전산시스템을 개발한다. 그리고 국내통신밍 및 국제통신밍의 효율적인 구성방안을 제시하며, 안정성을 도모하는 신호망 구조 및 구현전략을 제시토록 한다. 또한 통신망계획 및 설계용 자료관리시스템을 구축한다. 이 연구과제는 통신망연구소가 담당한다.

③ 정보통신서비스 및 통신망의 종합 진화전략을 연구한다. 본 과제의 시행기간은 1993년-1997년으로 하고, 총 연구비 4억6천9백만 원, 총 연구인원 56명을 투입 시행하며, 최종목표는 통신망의 종합적 발전을 위한 통신망 진화전략을 수립하는 것으로 정하여 통신망연구소가 주관한다.

④ 무선통신분야 장기발전 방향을 연구한다. 이 연구는 시행기간 1993년-1994년, 총 연구비 1억2천4백만 원, 총 연구인원 12명을 투입 시행하며, 최종목표는 무선통신분야 장기발전방향을 수립하는 것으로서 이 과제도 통신망연구소가 담당한다.

⑤ 차세대 휴대전화 교환기술을 연구한다. 본 연구과제는 시행기간 1994년-1997년, 총 연구비 27억 원, 총 연구인원 105명을 투입한다. 최종목표는 차세대 휴대전화 교환시스템의 역할 정립과 교환시스템 및 운용기술을 개발하며 과제연구는 전자교환운용연구단이 수행한다.

⑥ ISDN 무선접속 서비스를 개발한다. 본 연구과제를 위해 총 연구비 43억1천2백만 원, 총 연구인원 73명을 투입하여 1993년-1994년에 걸쳐 시행한다. 연구개발 최종목표는 차세대 ISDN 무선접속 기능을 구현하는 것으로 이 과제는 한국전자통신연구소(ETRI)에서 수행한다.

한편 연구개발원 소프트웨어연구소(소장 최동휘)는 1995년 11월부터 1998년 10월까지 3년 동안 미국의 전문 소프트웨어회사(UniSQL)와 차세대 분산형 멀티미디어 객체관계형 DBMS를 공동 개발키로 합의하였다. 이 협약에 따라 멀티미디어 서비스 개발의 핵심기술인 차세대 범용 DBMS 기술세미나를 개최하였다(1996. 1. 23).

8.2 개인휴대통신(KT-PCS) 기술개발

가. KT-PCS 기술발표회

1996년 1월 연구개발원은 CDMA방식의 PCS시스템을 조기에 개발하여 상용화하기 위한 방향을 정립하고, 관련업체들의 CDMA 개발현황을 파악하고자 노력하였다. 그리고 해당분야의 기술을 습득하고자 PCS기술 워크샵을 연구개발원 대강당에서 주최하였다(1996. 1. 11-12). 이 워크샵은 연구개발원 무선통신개발단과 한국통신학회가 공동으로 개최되었다.

한국통신 연구개발원장(이정욱)의 환영사와 연구개발원 무선통신개발단장(이용경)의 개회사로 시작된 이 행사에서 한국통신의 무선관련분야 전문가들이 KT-PCS 중장기 발전계획과 개발계획을 발표하고 통신 관련업체와 학계 전문가들이 대거 참여하여 CDMA 개발현황과 네트워크 구성 및 운영, 무선 멀티미디어 등에 관한 주제발표를 하였다(PCS기술 워크샵 개최/연구개발한마당5p, 1996. 1, 한국통신 연구개발원).

이때 한국통신 측에서 무선통신개발단 이승복 팀장이 무선통신 중장기 발전계획을 발표하였고, 본사 이동훈 국장의 KT-PCS 사업계획, 무선망 종합팀 홍원표 팀장의 KT-PCS 기술개발, 전자교환운용연구단 방윤학 팀장의 KT-PCS 교환기 개발, 무선통신망연구실 김한호 팀장의 KT-PCS OSS 개발, 휴대통신팀 이명성 팀장의 KT 차세대 이동통신 개발계획 등이 발표되었다.

학계에서는 서강대 홍대형 교수의 CDMA 시스템 현안, 경희대 조동호 교수의 CDMA 네트워크 구성 및 운용, KAIST 김상우 교수의 무선 멀티미디어, 고려대 오태원 교수의 광대역 CDMA 등의 주제 발표가 있었다. 또한 CDMA 장비제조회사인 LG정보통신, 삼성전자, 현대전자, 모토롤라, 미국 AT&T사의 장비개발 현황발표가 있었고, 미국의 2대 장비회사인 모토롤라와 AT&T는 자기들의 PCS 장비가 개발완료 단계라고 밝히며 국내회사와 경쟁에 돌입하겠다는 강한 의지를 표명하였다.

나. 개인휴대통신 개발협약

1996년 2월 한국통신 연구개발원(원장 이정욱)은 코드분할 다중접속방식(CDMA)의 개인휴대통신기술을 국내외 6개 업체와 공동으로 개발키로 협약을 체결하였다(1996. 2. 2). 이 공동개발사업에 국내업체는 삼성전자, LG정보통신, 현대전자가 참여를 희망하였고, 대우와 모토롤라(Motorola), 한화와 노텔(Nortel)은 연합체로 참여 신청하였으며, 미국 AT&T는 단독으로 제안서를 제출하였다. 이때 연구개발원 무선통신개발단(단장 이용경)에서는 이를 검토한 결과 6개 업체 모두 선정하였다(KT-PCS 6개 업체와 공동개발/연구개발한마당 10p, 1996. 2, 한국통신 연구개발원).

무선통신개발단에서는 1996년 10월까지 6개 업체들이 독자 개발한 PCS 시스템을 평가해 최우수 2개 업체를 선정한 뒤 시스템 적용시험 및 시범서비스를 거쳐 1997년 하반기부터 장비를 구매하고 1998년 초에는 상용서비스를 제공할 계획으로 추진하였다. 또한 연구개발원에서는 1996년 1월 무선통신기술 및 신호압축기술에 대한 외국 학계와의 정보교류를 증진시키기 위해 중국 북경대학교 김동한교수, 짱하이(Xing Haige) 교수를 초빙하여 무선통신 및 데이터 압축기술을 주제로 세미나를 가졌다(무선통신 CDMA 기술세미나 개최/연구개발한마당10p, 1996. 2, 한국통신 연구개발원).

이 세미나에서 김 박사는 JPEG와 MPEG-1, MPEG-2에 대한 코더, 디코더를 실현하는 기존의 DCT 알고리즘에 비해 디지털 TV와 고선명TV 기술에 효과적으로 적용할 수 있는 새로운 방식의 N-FDCT 알고리즘을 발표하고, 짱하이 교수는 CDMA에 관한 기술현황을 각각 발표하였다.

9. 한국통신의 연구개발방향 재정립

9.1 고도통신사업을 위한 발전전략

1995년 7월 한국통신 연구개발원은 이용경 원장이 이임하고 이정욱 원장이 취임하였다. 당시 신임 이정욱 연구개발원장은 취임사에서 향후 한국통신의 통신사업과 연구개발방향을 구체적으로 제시하였다(취임사, 1995. 8, 한국통신 연구개발원 연구개발한마당 3p). 당시 취임사 내용은 다음과 같다.

<취임사> 연구개발원 직원 여러분 안녕하십니까! 여러분과 같이 우리 공사의 연구개발사업을 담당하게 된 것을 영광스럽게 생각합니다. 취임식을 오는 월요일에 가지려고 했습니다만 무궁화위성 발사관계로 내일 사장님을 모시고 해외출장을 가게 되어 오늘 서둘러 취임식을 하게 되었습니다. 취임사에 다소 정리가 안된 부분이 많지만 연구개발에 대한 평소 생각을 그대로 말씀드리겠습니다.

가. 한국통신의 통신사업 발전방향

한국통신의 통신사업은 음성통신사업에서 고도통신사업으로 전환해야하므로 앞으로는 이 부문에 전력을 쏟아야 하는 환경에 와 있습니다. 이러한 고도통신사업을 발전시키기 위한 다섯 가지 전략적인 부문을 강조하고자 합니다.

첫째, 지능형서비스를 포함한 첨단통신서비스를 선진국 수준으로 개발하는 것이 일차적인 전략과제가 되겠습니다. 한국통신은 각종 인텔리젼트 서비스를 조기 개발해서 한국의 정보통신 부문을 선두에서 이끌고 나가야할 임무를 띄고 있습니다.

둘째, 차세대 통신사업을 본격적으로 추진해야겠습니다. 다음 세대를 주도하는 통신사업 중에서 중요한 것이 8월 초에 발사될 무궁화위성을 기반으로 하는 위성통신사업이 될 것이고, 또한 PCS통신사업, 전화비디오사업, 케이블TV사업 등이 큰 줄기가 될 것입니다. 이러한 미래형 사업을 차질없이 선도하기 위한 연구개발을 시기를 놓치지 말고 본격적인 추진을 해나가야 되겠습니다.

셋째, 초고속정보통신망의 건설 운영입니다. 초고속정보통신망을 어떻게 건설할 것인가에 대해 우리 연구개발원이 앞장서서 방법론을 제시해야 합니다. 일차적으로 현재 추진 중인 협대역 ISDN을 마무리함과 동시에 초고속 전용통신망의 건설을 서둘러야 합니다. 지금까지는 일반전화에 대한 전화고장과 이장시간을 줄이는 면에서 서비스 목표가 있었지만 1990년대 후반부터 2000년대까지는 기업통신 및 전용회선을 서비스의 일차목표로 정해야 합니다. 따라서 초고속 전용통신망의 건설은 한국통신 입장에서는 대단히 중요하고 핵심적인 과제가 될 수밖에 없습니다.

우리는 고속의 통신 또는 대량의 통신을 요구하는 기업체, 공공기관, 연구기관, 학교에 대해 가장 먼저 고속통신을 제공해야 할 입장이기 때문입니다. 마지막에 가서 PSTN 전체를 B-ISDN으로 완성시킬 계획인데 과연 이렇게 하는 것이 가장 적절한 기간통신망의 발전모형인가에 대한 검토도 빠른 시간 내에 마무리하여야 할 것입니다. 그래서 현재 정부에서 추진하고 있는 초고속정보통신망이 성공적으로 건설될 수 있도록 뒷받침해야 할 것입니다.

넷째, 차세대형 전자교환기 개발입니다. 잘 아시다시피 우리 한국통신은 PCS를 개발하고 위성통신과 지능망을 개발하고 있으며 또한 신용통화서비스를 개발하는 등 여러 가지 차세대형 통신서비스를 준비하고 있습니다. 그 중에서도 가장 핵심적인 것이 전자교환기의 개발입니다. PCS의 기지국이나 단말기가 개발되더라도 결국은 이것이 교환기와 연결이 되어야 하는데 이 모든 새로운 통신서비스의 제공베이스는 전자교환기이기 때문입니다. 한 가지 예로 국민들에게 ISDN을 제공하겠다고 발표하였습니다만 ISDN교환기가 개발되지 않고서는 전혀 실현이 불가능합니다.

다섯째는 2000년대 정보화사회의 기반을 우리 스스로 마련한다는 측면에서 대규모 정보 데이터베이스를 개발해야 하며 여기에 필요한 장비의 개발, 시스템의 개발 등이 반드시 따라 주어야 할 것입니다.

나. 한국통신의 역할

우리나라 정보통신 분야에서 한국통신은 크게 보아 세 가지 책임을 지고 있다 하겠습니다. 우선 한국통신은 시내전화사업, 시외전화사업, 국제통신사업, 데이터통신사업과 국가기간통신망을 효율적으로 건설 운용해야 할 책임이 있습니다. 다음에는 타 사업자에 대한 여러 가지 지도와 지원을 포함한 우리나라 전반적인 통신사업에 대한 기반을 마련하고 그것을 계획하고 설계해 나가는 임무가 우리에게 있습니다.

다시 말해서 제2 국제통신사업자, 제2 시외통신사업자, PCS 사업자, 이동통신사업자가 다수 출현함에 따라 이러한 사업자들이 기술적으로 우수하고 경제성있는 통신망을 조기에 이용할 수 있도록 기간통신망을 건설해야 합니다. 한편 한국통신은 우리나라의 정보통신산업체를 이끌고 발전시켜 나가야될 책무도 동시에 갖고 있습니다. 국내산업을 보호하고 국산화를 강력히 추진하며 민간기업이 수출을 촉진할 수 있는 바탕을 마련해주는 임무도 있는 것입니다. 예를 들면 전자교환기 개발을 우리가 주도하여 이것을 국내 주력기종으로 육성시키고 이를 기반으로 하여 제조업체들이 수출을 하게 하는 것입니다.

다. 한국통신의 현안문제

현재 한국통신은 어려운 여건에 부딪혀 있습니다. 아시다시피 금년도 예산이 최악의 상태이어서 통신공사가 발족한 이래 가장 자금사정이 나쁜 해라 할 수 있습니다. 또한 대외적으로는 올해부터 정보통신 전 분야에 걸쳐 무한 경쟁이 시작되었습니다. 지난달 정보화촉진법이 국회 통신과학기술위원회의 소위원회를 통과하였는데 그 가운데에는 초고속망사업자에 관한 내용이 있습니다. 초고속망사업자는 50만평이든 100만평이든 특정공간에서 특정사업자로 지정을 받아 통신망을 건설할 수 있게 됩니다.

또 그 동안 논란이 되었던 자가 통신설비를 임대해줄 수 있는 법적인 뒷받침이 결정되었습니다. 내외적으로 대단히 어려운 입장에 있습니다. 또 하나의 현안문제는 전문 인력의 확보와 양성입니다. 우리 공사는 첨단통신사업을 담당하고 있으면서도 전문인력이 부족하고 전문인력 구조가 제재로 구축되지 못했다는 점입니다. 이러한 시기에 한국통신의 연구개발이 어떠한 방향으로 나아가야 될 것인가에 대해 우리는 함께 깊이 생각해야 합니다.

라. 연구개발의 발전방향

한국통신 연구개발 목표는 한마디로 「차세대 통신개발」이라고 설정하고 이를 위하여 아래와 같이 4대 연구개발 목표를 제시합니다. 즉 초고속정보통신망 건설에 관한 연구개발, 차세대통신사업을 위한 연구개발, 선진국 형 첨단통신서비스의 연구개발, 그리고 통신사업경쟁에 대한 전략개발 등을 중점적으로 추진할 것을 제안합니다.

한편 신사업과 직접 연결되는 연구개발, 통신사업을 앞에서 이끌고 가는 연구개발이 되어야겠습니다. 이를 위해서는 연구소의 조직문제를 발전적으로 검토해서 통신사업을 선도할 수 있는 연구기능을 갖추어야 하겠습니다. 예를 들면 지능형 서비스를 개발하기 위한 고도통신연구소, VoD, 케이블TV를 위한 멀티미디어연구소와 교환시스템연구소 등을 신설하여 첨단 전문분야 연구개발을 강화해야 할 것입니다.

아울러 경영분야에 대한 연구개발도 대폭적으로 확대되어야 합니다. 경쟁에 효율적이고 능동적으로 대응하기 위해 한국통신의 본사구조, 현업조직에 관한 연구, 중장기 자금구조 및 확보에 관한 연구, 전문인력 확보에 관한 연구, 외국의 통신사업 경쟁에 관한 연구 등을 본격적으로 추진해야 합니다. 여러 가지 내용을 두서없이 말씀드렸습니다만, 전임 이용경 원장께서 그동안 닦아 놓으신 업적을 기반으로 하여 연구개발원이 한 단계 더 발전하도록 노력하겠습니다. 여러분들도 차세대통신사업을 선도하는 연구개발이 될 수 있도록 다 같이 노력해 주시기 바랍니다. 감사합니다. 1995년 7월 29일 연구개발원장 이정욱

9.2 통신사업 경쟁에 대한 대응전략

연구개발원 이정욱 원장은 1996년 신년사에서 통신사업 경쟁에 대한 대응전략과 이를 위한 연구개발사업 추진방향을 제시하였다(신년사, 연구개발 한마당 2p, 1996. 1, 한국통신연구개발원). 이때 신년사의 주요내용은 다음과 같다.

가. 통신품질과 요금경쟁

병자년 새해를 맞이하여 직원 여러분과 여러분 가정에 건강과 행운이 충만하길 기원합니다. 오늘 아침 이미 데이콤의 시외전화 점유율이 8%를 지나가고 있어 불과 이틀 만에 시외전화 시장구조가 빠른 속도로 바뀌어 가고 있습니다. 이러한 시점에서 우리 한국통신은 너무 조급하게 생각해서는 안 되고 단기적인 대응책으로 일을 해서도 안 되며, 보다 장기적인 시야를 가지고서 경쟁전략을 세워 나가야 합니다.

우선적으로 해야 할 일은 우리 한국통신의 시외전화 품질향상을 위해 어느 때 보다도 많은 노력을 기울이는 일입니다. 통신의 품질을 향상시킨다는 것은 간단히 이루어지는 것이 아니고 중장기적인 측면에서 개선계획을 가지고 추진해야 가능하다는 것을 잊지 말아야 할 것입니다. 우리가 가지고 있는 방대한 규모의 전국 통신망을 고속화시키고 인텔리젼트 네트워크가 될 수 있도록 중장기계획을 가지고 연차적으로 개선해 나가야 될 것입니다.

다음에는 현재 데이콤과의 요금격차를 빠른 시기에 줄여야 합니다. 연휴 동안 TV를 보니까 데이콤에서는 9%의 요금차이에 대해 엄청나게 광고하는 것을 보았습니다. 이 문제를 해결하기 위해서는 우리는 새로운 시외요금제도의 도입을 위해서 부단한 노력을 하지 않으면 안 될 것입니다. 우리 연구개발원에서도 미국이 채택하고 있는 선택요금제도와 요금상한제에 대하여 전문적으로 연구해서 대응할 수 있는 방법론을 구체적으로 제시해 나가야겠습니다.

그리고 시외전화가 경쟁이 된다고 해서 시외전화부문에만 국한해서 전략을 수립한다는 것은 적절하지 못하다고 봅니다. 시내전화, 시외전화, 국제전화, 데이터통신, 전용회선 등 우리가 하고 있는 모든 통신 분야의 서비스를 점진적으로 개선하는 노력을 해야 할 것입니다. 우리가 운용하고 있는 기간통신망을 고속화하고 지능화함으로써 첨단의 새로운 서비스를 국민들에게 제공하고 고장 없는 품질 좋은 통신망을 운용하여야 합니다.

나. 경쟁에 대비한 인력확보와 연구개발

한편 중장기적인 대책이 필요합니다. 지금 경쟁이 시작되었다고 해서 아침밥도 안 먹고 뛴다고 해서 해결될 상황이 아닙니다. 우리는 계획적으로 우리의 전략을 수립하여 멀리 내다보면서 나가지 않으면 경쟁력에서 이길 수 없습니다. 그중에서도 가장 중요한 것이 경쟁체제에서 이길 수 있는 한국통신 조직에 대한 발전계획이 반드시 수립되어야 한다는 것을 다시 한 번 강조합니다. 또한 경쟁사회에서 이길 수 있는 충분한 능력을 갖춘 인력발전계획도 수립되어야 할 것입니다.

정보통신 관련 정부기관에 대한 활동을 지금보다 훨씬 강화해야 할 필요성이 있습니다. 정보통신사업과 직접적으로 관련이 있는 재경원, 정보통신부, 국회, 연구기관, 대학 등에 대하여 통신사업을 이해시키고 우리의 계획을 충분히 설명해서 설득해 나가는 방안이 강구되어야 할 것입니다. 통신사업의 경쟁은 요금의 차등보다는 서비스의 내용면에서 이루어지고 통신품질 면에서 경쟁할 수 있도록 해야 한다는 점을 관련기관에 설명해 나갈 필요가 있습니다.

1996년도에는 연구개발원에서 해야 할 일이 대단히 많습니다. 우선 위에서 말씀드린 여러 가지 경쟁에 대한 전략 및 중장기계획에 대하여 우리 연구소에서 본격적으로 연구해야 할 시기라고 생각합니다. 여러분들이 이러한 연구결과를 한국통신 경영진에게 제시하고 대외적으로 발표해야 합니다.

첫 번째, 연구개발원의 연구기획기능이 가일층 강화되어야 할 것입니다. 우리는 연말에 연구관리단을 개편해서 여러 가지 변화를 시도하고 있으며, 한국통신의 연구개발사업을 주관하는 기관으로서 계획예산제도를 도입 시행해야 합니다. 우리가 필요한 연구개발예산이 연차적으로 얼마나 필요하고 중장기적으로 얼마나 소요되는지 계획예산제도에 의하여 움직일 수 있는 바탕을 금년부터 마련해야 합니다.

또한 연구개발에 관련되는 여러 가지 규정을 가지고 있는데, 연구개발 활동이 긍정적이고 적극적으로 수행될 수 있도록 이러한 규정, 사규 등을 지속적으로 개선해 나가야 합니다. 더욱 중요한 것은 연구개발사업을 연구개발원에서 주도적으로 수행할 수 있는 환경과 여건을 만들어 가는 일입니다. 연구소의 조직발전계획도 우리 스스로가 만들고 연구소 배치계획도 금년 초에 마무리해야 합니다. 그리고 연구 인력이 매년 어느 정도 필요하고 중장기적으로 어떤 수준의 인력이 필요한 것인가에 대해서는 우리 연구개발원이 가장 잘 알고 있기 때문에 우리가 그 계획도 수립해야 합니다.

두 번째 강조하고자 하는 것은 한국통신이 필요로 하는 기술기획업무의 강화입니다. 한국통신이 2000년대 정보화 사회를 내다보면서 가야 할 방향을 예측하고 거기에 맞는 중장기 연구개발계획을 수립해서 그 계획에 의한 전문적인 연구가 수행되어야 합니다. 우리는 한국통신 전 기관은 물론 모든 정보통신 관련기관에 필요한 기술기준과 표준 업무를 금년에 본격적으로 추진해야 할 것입니다. 초고속정보통신망에 관해서 몇 번 강조합니다만 이 부분에 대한 실행계획도 조속히 완성시켜서 우리가 가고자하는 초고속통신망의 실체가 확실하게 구축될 수 있도록 서둘러야 합니다.

세 번째는 통신경제부분과 통신경영부분에 대한 연구의 강화입니다. 현재 주요 이슈가 되고 있는 통신요금문제, 통신법규 등에 대하여 전문적인 연구가 이루어져서 우리 공사의 핵심적인 사업전략으로 뒷받침될 수 있도록 노력해야 합니다. 그리고 한국통신의 조직발전계획과 인력발전계획도 본격적인 연구에 착수해야 할 것입니다.

네 번째는 1996년도 우리 연구개발사업을 주도적으로 수행해야 합니다. 연구 과제라는 표현 대신에 본인이 연구개발사업이라고 변경하여 부르고 있는 것은 우리 공사의 연구개발사업은 연구소가 주관부서이기 때문입니다. 우리는 연구 과제를 수행하는 수탁기관에서 벗어나 연구개발사업을 주관하는 기관으로 빨리 변신해야 합니다. 연구개발사업을 주관하기 때문에 우리는 거기에 필요한 예산, 인력, 관련되는 부수적인 계획까지도 우리 연구소의 책임이라고 생각합니다.

여러 사업부서에서 요청하는 연구개발사업과 연구개발원의 자체사업 등을 종합하여 연구소의 판단에 의해서 연구계획이 추진되어야 합니다. 따라서 연구개발성과에 대한 책임도 우리 연구개발원이 저야 합니다. 지난해부터 이어오는 계속과제도 있고 올해에 새로 시작하는 신규 연구과제도 있으며, 지난 연말로서 일단 연구는 끝났습니다만 계속해야하는 후속개발과제도 있습니다. 우리는 이러한 연구사업 하나하나를 예의 분석해서 가장 효율적인 방법으로 연구 과제를 추진해야겠습니다. 그리고 모든 연구개발의 중심을 외부연구소로부터 한국통신 연구개발원으로 전환해야 할 시기가 1996년도입니다.

우리는 어렵고 힘든 연구사업을 금년도에 수립해 놓고 있습니다. 여러분들이 해내지 않으면 우리 한국통신이 발전할 수 없는 중요한 과제들이기 때문에 과거보다 훨씬 많은 노력을 우리 모두가 해야 할 것으로 생각합니다. 새해에는 우리 한국통신이 그야말로 세계적인 정보통신기관으로 발전하고, 우리 연구개발원이 한국통신의 2000년대를 선도하는 핵심적인 기관으로 발전할 수 있도록 여러분과 같이 노력해야 할 것으로 생각합니다. 감사합니다.
새해 아침에 연구개발원장 이정욱

9.3 연구개발 조직 및 책임자

한국통신은 연구개발사업을 전담 수행하기 위해 본사 직할조직으로 연구개발원을 운영하였다. 정보통신 선진화 30년의 완성시기인 1990년대 중반 연구개발원의 간부진은 다음과 같다.

가. 1995년 연구개발원 간부진

1995년 전반기 연구개발원장 이용경, 연구관리단장 이상일, 표준연구단장 이광진, 무선통신개발단장 유완영, 경영연구단장 김정수, 통신망연구소장 최상일, 통신시스템개발센터소장 이종락, 소프트웨어연구소장 최동휘, 선로기술연구소장 김현우로 보직되었다(2급이상 직원직위 일람표, 1995. 5. 6, 한국전기통신공사).

1995년 하반기에는 연구개발원장 이정욱(집행간부)으로 보직되었다(1995. 7. 29). 이때 연구개발원 간부진은 연구관리단장 공석(관리급), 연구계획국장 홍기수(책임연구원), 연구관리국장 이봉수(1급), 관리국장 김주하(1급), 표준연구단장 이광진(책임연구원), 무선통신

개발단장 이용경(책임기술원), 경영연구단장 김정수(책임연구원), 통신망연구소장 최상일(책임기술원), 통신시스템개발센터소장 이종락(책임기술원), 소프트웨어연구소장 최동휘(책임기술원), 선로기술연구소장 김현우(책임기술원)로 보직되었다(2급이상 직원직위 일람표, 1995. 10. 5, 한국전기통신공사). 1995년 말에는 연구개발원 연구관리단장에 신사승(관리급)이 발령되었다(1995. 12. 22).

나. 1996년 연구개발원 간부진

연구개발원장(이정욱)은 1996년 초 연구소 주요간부(책임연구원 및 책임기술원)에 대한 보직 발령을 다음과 같이 시행하였다(1996. 1. 15).

① 연구관리단 연구기획국장 윤명상, 연구사업국장 홍기수

② 표준연구단 연구기획실장 박정태, 전송표준실장 박의신, 멀티미디어연구실장 윤병흠, 국제표준사무국장 홍진우, 국제표준사무국 전문연구1팀장 김종삼, 국제표준 사무국 전문연구2팀장 임경순

③ 무선통신개발단 연구기획실장 표현명, 차세대무선연구실장 이명성, 무선통신망 연구실장 김한호, PCS시스템 연구실장 홍원표, 시스템통합연구팀장 이승복

④ 경영연구단 연구기획실장 이필환

⑤ 통신망연구소 연구기획실장 김성범, 통신망구조연구실장 이상일, 통신망계획연구실장 류관홍, TMN연구실장 조영현, 통신망운용연구실장 김진호, 초고속망연구실장 박용기, ATM연구실장 이상훈, 통신망분석연구팀장 김재열, 연동기술팀장 송중구, 전송망관리팀장 박창조, NTB연구팀장 심영진, 통신망운용제어팀장 김영호

⑥ 통신시스템개발센터 연구기획실장 한상균, 가입자전송연구실장 송길호, 데이터통신연구실장 신기수, 초고속단말연구실장 권순홍

⑦ 소프트웨어연구소 연구기획실장 허문행, 기반SW연구실장 백기훈, 하이텔연구실장 김상태, 부가통신서비스연구실장 유덕, 초고속통신서비스연구실장 김영환, 서비스통합기술연구실장 최상현, 신경망연구팀장 한일송, 응용서비스연구팀장 장희순

⑧ 선로기술연구소 연구기획실장 이현영, 선로운영연구실장 김성룡

한편 1995년 말 연구개발원(원장 이정욱)은 연말연시를 맞이하여 매년 방문하고 있는 신망애원의 집을 방문하여 불우이웃돕기로 모금된 성금을 전달하고 원생들과 환담하는 시간을 가졌다. 또한 김슬아 양 등 소년소녀가장 5명에게 장학금을 전달하고 작은 둥지 양로원과 양재파출소, 육군 2089부대 등을 방문해서 각각 위문금을 전달했다. 아울러 여직원회에서는 바자회를 통해 모금된 성금을 영아원과 고아원 등에 전달하고 헌옷 등을 모아 구세군회관에 전달했다(연말 불우이웃돕기 행사, 연구개발 한마당 6p, 1996. 1, 한국통신 연구개발원).

한편 1997년 초 당시 연구개발원을 한국통신의 통신사업 위주의 연구개발, 21세기 첨단

통신사업을 선도하는 연구개발, 시설운용 및 영업현장을 뒷받침하는 연구개발을 수행할 수 있는 연구소 조직으로 변모시키고자 하였다. 이를 위해 연구소 모형을 표준연구단, 통신망 연구소, 교환기술연구소, 전송기술연구소, 선로기술연구소, 무선통신연구소, 멀티미디어연구소, 통신경제연구소 등 통신사업 전문화 조직으로 전면 개편하였다.

참고자료

(1) 광대역 ISDN 개발사업 보완계획(1994. 1)

한국통신은 B-ISDN 개발사업의 주요추진방향을 재정립하였다(광대역 ISDN 개발사업 보완계획 추진방향, 1994. 1, 한국통신 광대역 ISDN 사업단). 이 계획의 주요내용은 다음과 같다. ① ATM교환기는 단일제품 개발에서 소형, 중형, 대형으로 단계별로 개발한다 ② 10G 전송시스템은 당초계획대로 추진하고 100G 전송시스템은 산업체에서 제품을 개발하도록 한다 ③ B-TA는 단말기 목표를 설정한 후 개발한다 ④ 통신망 분야는 각 단위사업별로 역할을 명확히 정립한다. 이 계획은 광대역ISDN개발사업추진단의 사업계획부장(이병찬), 사업계획국장(이경준)이 주관하고 사업추진단장(성조경), 기술기획실장(이정욱)의 결재로 확정 시행되었다.

(2) 광대역 ISDN 연구개발 계획보완(1994. 5)

한국통신은 당초 광대역 ISDN개발계획에서 정한 대상과제(4개 분야 8개장치)와 개발기간은 변동하지 않고 연구개발비 및 연구인력은 축소 조정하였다(광대역ISDN 연구개발 계획보완, 1994. 5, 광대역 ISDN개발 사업추진단). 이 계획에 의해 연구인력은 당초 10,583명에서 9,500명선으로 축소하고, 연구개발비도 당초 6,850억 원에서 6,078억 원으로 감소 조정함으로써 정부, 통신사업자, 산업체의 연구개발비를 분담액을 줄였다. 이 계획은 광대역 ISDN개발 사업추진단의 사업계획부장(이병찬), 사업계획국장(이경준)이 주관하고 사업추진단장(성조경), 기술기획실장(이정욱), 부사장(김상국), 사장(조백제)의 결재로 확정 시행되었다.

인명부

ㄱ

김

ㄴ,ㄹ,ㅁ

ㅂ

ㅅ

ㅇ

이

외국인